SANCTI

THOMAE AQUINATIS

OPERA OMNIA

TOMUS IX.

SANCTI

THOMAE

AQUINATIS

DOCTORIS ANGELICI

ORDINIS PRAEDICATORUM

OPERA OMNIA

AD FIDEM OPTIMARUM EDITIONUM

ACCURATE RECOGNITA

TOMUS XI.

PARMAE

TYPIS PETRI FIACCADORI

MDCCCLX

SANCTI THOMAE

AQUINATIS

CATENA AUREA IN QUATUOR EVANGELIA

VOLUMEN PRIMUM

SANCTI

THOMAE AQUINATIS

DOCTORIS ANGELICI

ORDINIS PRAEDICATORUM

CATENA AUREA IN QUATUOR EVANGELIA

ADJECTIS BREVIBUS ADNOTATIONIBUS

VOLUMEN PRIMUM

COMPLECTENS EXPOSITIONEM IN MATTHAEUM ET MARCUM

PARMAE

TYPIS PETRI FIACCADORI

MDCCCLXI

HONORI · ET · VIRTVTI

FELICIS · DVPANLOVP

ARCHIEPISCOPI · AVRELIANENSIS

QVI

IN · SENATV · CONCIONIBVS · SCRIPTIS

LIBRISQVE · EDITIS

CATHOLICVM · NOMEN · LVCVLENTER · ADSERVIT

PETRVS · FIACCADORIVS

OFFICINATOR · LIBRARIVS · ITALVS

VIRI · DOCTRINAM · MAGNITVDINEM · ANIMI

ELOQVENTIAMQVE · MIRATVS

HOC · OPVS

S · THOMAE · AQVINATIS · DOCT.

OFFERT · SEQVE · DEDICAT

OPTIMO · PATRONO

AD LECTOREM

TYPOGRAPHUS

Auream Divi Thomae Catenam quam super quatuor Evangelia ex undique collectis SS. Patrum testimoniis ipse contexuit, hoc et sequens volumen exhibet.
Aureae nomen, sive ex Auctore ipso, sive ex sequioris
aevi scriptoribus obtinuerit, procul dubio sibi vindicat
tum ab insignem eruditionis thesaurum, tum praesertim ob diligens studium, seriemque locorum sele-
ctissimam graecorum pariter et latinorum miro plane
artificio in unam compagem, etsi non semper retenta
fidelitate verborum, at certe sententiarum doctrinaeque nil immutato splendore, consurgentium. Cujus
primam partem, in Matthaeum scilicet, ex mandato
Summi Pontificis Urbani IV se confecisse, testatur
S. Doctor in Praefatione; reliquas vero, post ejus

pontificis obitum, ne *quod opus obedientia inceperat,* *negligentia imperfectum relinqueret,* adornavit. Ad editionem quod attinet, id unum monuisse sufficiat, de instituti mei ratione alias exposita, deque impensis hactenus curis nil admodum sive detractum sive immutatum esse aut fore, dum tamen Dei gratia, doctorum virorum operi meo adstipulantium subsidium, tuaque, optime lector, benevolentia non desint. Vale.

Parmae postrid. non. Octob.

SANCTI
THOMÆ AQUINATIS
CATENA
SUPER MATTHAEI EVANGELIUM

AD URBANUM IV. PONT. MAX.

EPISTOLA DEDICATORIA

Sanctissimo ac Reverendissimo Patri Domino Urbano, divina providentia Papae Quarto, Frater Thomas de Aquino, Ordinis Fratrum Praedicatorum, cum devota reverentia, pedum osculo beatorum. Fons sapientiae unigenitum Dei Verbum praesidens in excelsis, per quod Pater sapienter fecerat et suaviter disposuerat universa, in fine temporum carnem sumere voluit, ut sub tegumento naturae corporeae, splendorem ejus humanus intuitus posset inspicere, quem in celsitudine majestatis divinae attingere non valebat. Diffuderat siquidem radios suos, sapientiae videlicet suae indicia, super omnia opera quae creavit; quodam vero ampliori privilegio imaginem propriam hominum animabus impresserat; quam tamen diligentius (1) expresserat in cordibus ipsum amantium secundum sui muneris largitatem. Sed quid est hominis anima in tam immensa creatura, ut divinae sapientiae vestigia possit conprehendere ad perfectionem? Quinimmo et sapientiae lux infusa hominibus per peccati tenebras et occupationum temporalium caligines fuerat obumbrata; et intantum est quorumdam cor insipiens obscuratum, ut Dei gloriam in idola vana converterent, et quae non conveniunt facerent, in sensum reprobum incidentes. Divina vero sapientia, quae ad sui fruitionem hominem fecerat, eum sui inexpertem esse non sinens, totum se in humanam naturam contulit, eam modo sibi assumendo mirabili, ut errantem hominem ad se totaliter revocaret. Hujus igitur sapientiae claritatem nube mortalitatis velatam, primus Apostolorum Princeps fide conspicere meruit, et eam constanter absque errore et plenarie confiteri, dicens (Matth. 16, 16): *Tu es Christus Filius Dei vivi.* O beata confessio, quam non caro et sanguis, sed Pater caelestis revelat! Haec in terris fundat Ecclesiam, aditum praebet in caelum, peccata meretur solvere, et contra eam portae non praevalent inferorum. Hujus igitur fidei ac confessionis heres legitime, Sanctissime Pater, pio studio mens vestra invigilat, ut tantae (1) sapientiae lux fidelium corda perfundat, et haereticorum confutet insanias, quae portae inferorum merito designantur. Sane si, secundum Platonis sententiam, beata censetur Respublica cujus rectores operam sapientiae dare contigerit; illi siquidem sapientiae quam imbecillitas intellectus humani erroribus plerumque commaculat; quanto magis sub vestro regimine beatus censeri potest populus christianus, ubi tanta diligentia excellentissimae illi sapientiae curam impenditis quam Dei Sapientia carnalibus membris induta et verbis docuit et operibus demonstravit? Et hujus siquidem diligentiae studio Vestrae Sanctitati complacuit mihi committere Matthaei Evangelium exponendum; quod juxta propriam facultatem executus, solicite ex diversis Doctorum libris praedicti Evangelii expositionem continuam compilavi; pauca quidem certorum Auctorum verbis, ut plurimum ex Glossis adjiciens, quae, ut ab eorum dictis possent discerni, sub Glossae titulo praenotavi. Sed et in sanctorum Doctorum dictis hoc adhibui studium, ut singulorum Auctorum nomina, nec non in quibus habeantur libris assumpta testimonia describantur: hoc excepto, quod libros et expositionem supra loca quae exponebantur, non oportebat specialiter designari: puta, sicubi nomen inveniatur Hieronymi, de libro mentione non facta, datur intelligi quod hoc dicat super Matthaeum: et in aliis ratio similis observetur: nisi in his quae de Commentario Chrysostomi super Matthaeum sumuntur, oportuit inscribi in titulo, Super Matthaeum, ut per hoc ab aliis quae sumuntur de ipsius Homiliario distinguan-

---

(1) *Al.* ut ante.

tur. In assumendis autem Sanctorum testimoniis, plerumque oportuit aliqua rescindi de medio ad prolixitatem vitandam, nec non ad manifestiorem sensum, vel secundum congruentiam expositionis, litterae ordinem commutari; interdum etiam sensum posui, verba dimisi, praecipue in Homiliario Chrysostomi, propter hoc quod est translatio vitiosa. Fuit autem mea intentio in hoc opere non solum sensum prosequi litteralem, sed etiam mysticum ponere; interdum etiam errores destruere, nec non confirmare catholicam veritatem. Quod quidem necessarium fuisse videtur, quia in Evangelio praeci-

pue forma fidei catholicae traditur, et totius vitae regula christianae. Prolixum igitur praesens opus non videatur alicui: fieri enim non potuit ut haec omnia sine diminutione prosequerer, et tot Sanctorum sententias explicarem, omnimoda brevitate servata. Suscipiat itaque Vestra Sanctitas praesens opus, vestro discutiendum corrigendumque judicio, vestrae solicitudinis et obedientiae meae fructum; ut dum a vobis emanavit praeceptum et vobis reservatur finale judicium, ad locum unde exeunt flumina revertantur.

PRAEFATIO

Super montem excelsum ascende tu qui evangelizas Sion: exalta in fortitudine vocem tuam qui evangelizas Hierusalem: exalta, noli timere; dic civitatibus Judae: Ecce Deus vester: ecce Dominus Deus in fortitudine veniet, et brachium ejus dominabitur: ecce merces ejus cum eo.

Isa. 40, 9.

EVANGELII (1) praenuntiator apertus Isaias Propheta, evangelicae doctrinae sublimitatem, nomen et materiam breviter comprehendens, evangelicum doctorem ex persona Domini alloquitur, dicens: *Super montem excelsum ascende tu etc.* Ut autem ab ipso Evangelii nomine sumamus exordium: AUGUSTINUS contra Faustum (lib. 3, cap. 2, a medio illius). Evangelii nomen latine interpretatur bonum nuntium, vel bona annuntiatio: quod quidem cum aliquod bonum annuntiatur (2), semper dici potest; proprie tamen hoc vocabulum obtinuit annuntiatio Salvatoris. Narratores quippe originis, factorum dictorum passionum Domini Jesu Christi proprie dicti sunt Evangelistae. CHRYSOSTOMUS in homil. super Matth. (1, non remote a principio). Quid enim his bonis nuntiatis fiat aequale ? Deus in terra, homo in caelo, amicitia Dei ad nostram facta naturam, prolixum solutum praelium, diabolus confusus, mors soluta, paradisus apertus. Et haec omnia super dignitatem nostram, et cum facilitate nobis data sunt: non quia laboravimus, sed quia dilecti sumus a Deo. AUGUSTINUS in lib. de vera Religione (cap. 16, in principio). Cum enim omnibus modis medeatur animis Deus, pro temporum opportunitatibus, quae mira sapientia ejus ordinantur, nullo modo beneficentius consuluit generi humano, quam cum unicus Filius consubstantialis Patri et coaeternus, totum hominem suscipere dignatus est, et Verbum caro factum est, et habitavit in nobis: ita enim demonstravit quam excelsum locum inter creaturas habeat humana natura, in hoc quod hominibus in vero homine apparuit. AUGUSTINUS in serm. de Nativ. (ser. 9, circa principium). Demum factus est Deus homo, ut homo fieret Deus. (3) Hoc igitur bonum evangelizandum praenuntiat Propheta dicens: *Ecce*

Deus vester. LEO in epistola ad Flavianum (epist. 10. cap. 3, in medio). Exinanitio autem illa, qua se invisibilis visibilem praebuit, et creator ac dominus omnium rerum unus voluit esse mortalium, inclinatio fuit miserationis, non desertio potestatis. GLOSSA. Ne ergo sic Deus adesse credatur, ut fieret aliqua diminutio potestatis , subjungit Propheta: *Ecce Dominus in fortitudine veniet.* AUGUSTINUS de Doctrina Christiana (lib. 1, cap. 10). Non per locorum spatia veniendo, sed in carne mortalibus apparendo. (1) LEO in ser. (19, ante medium) de Domini passione. De ineffabili autem Dei potentia factum est ut dum Deus verus est in carne passibili, conferatur homini gloria per contumeliam, incorruptio per supplicium, vita per mortem. AUGUSTINUS de Peccatorum meritis (lib. 2, cap. 30). Fuso enim sanguine sine culpa, omnium culparum chirographa deleta sunt, quibus homines a diabolo antea tenebantur. GLOSSA. Quia ergo per virtutem Christi patientis, homines a peccato liberati, servi facti sunt Dei, sequitur: *Et brachium ejus dominabitur.* LEO Papa in serm. de Passione (serm. 14, parum ante medium). Affuit autem nobis in Christo singulare praesidium, ut in natura passibili mortis conditio non maneret, quam impassibilis essentia recepisset; et per id quod non poterat mori, possit id quod mortuum fuerat, suscitari. GLOSSA. Et sic per Christum nobis immortalis gloriae aditus aperitur; unde sequitur: *Ecce merces ejus cum eo:* de qua scilicet ipse dicit (Matth. 5): *Merces vestra copiosa est in caelis.* AUGUSTINUS contra Faustum (lib 4, cap. 2). Æternae enim vitae promissio, regnumque caelorum ad novum pertinet testamentum, temporalium vero promissiones testamento veteri continentur. GLOSSA. Sic ergo quatuor nobis de Christo evangelica doctrina tradit: divinitatem assumentem, humanitatem assumptam, mortem per

---

(1) *In Veneta edit. an. 1521, huic sententiae praeponitur index Glossae.*

(2) *Al.* annuntiamus.

(3) GLOSSA *(Ex edit. P. Nicolai).*

(1) BEDA *(Ex edit. P. Nicolai).*

quam a servitute eripimur, resurrectionem per quam nobis aditus gloriosae vitae aperitur: et propter hoc in Ezechiele sub figura quatuor animalium demonstratur. Gregorius super Ezech. (hom. 4, parum a princip.). Ipse enim unigenitus Dei Filius veraciter factus est Homo; ipse in sacrificio nostrae redemptionis dignatus est mori, ut Vitulus; ipse per virtutem suae fortitudinis surrexit, ut Leo; ipse etiam ascendens ad caelos est elevatus, ut Aquila. Glossa. In qua ascensione manifeste ostendit suam divinitatem. Matthaeus ergo in Homine intelligitur, quia circa humanitatem Christi principaliter immoratur; Marcus in Leone, quia agit de resurrectione; Lucas in Vitulo, quia agit de sacerdotio (1); Joannes in Aquila, scribens sacramenta divinitatis. Ambrosius super Lucam (in praefatione in Lucam parum ante finem). Et bene accidit, quoniam Evangelii hujus librum secundum Matthaeum dicimus esse moralem, opinio hujus praemitteretur: mores enim proprie dicuntur humani. Figura autem Leonis ascribitur Marco, quia a potentiae coepit expressione divinae cum dixit: « Initium Evangelii Jesu Christi Filii Dei. » Joanni autem figura Aquilae, eo quod divinae miracula resurrectionis expressit. Gregorius in Ezech. (homil. 4, in princ. lib. 1, cap. 6). Haec· autem ipsa uniuscujusque libri evangelica exordia testantur: nam quia ab humana generatione coepit, jure per Hominem Matthaeus; quia per clamorem in deserto, recte per Leonem Marcus: quia a sacrificio exorsus est, bene per Vitulum Lucas; quia vero a divinitate Verbi coepit, digne per Aquilam significatur Joannes. Augustinus de Cons. Evang. (Lib. 1, cap. 6). Vel Matthaeus, qui regiam Christi personam maxime commendavit, per Leonem significatur; Lucas autem per Vitulum, propter victimam sacerdotis; Marcus autem, qui neque stirpem regiam neque sacerdotalem narrare voluit, et tamen in humanis versatus ostenditur. Hominis figura significatur. Haec autem tria animalia, Leo, Homo Vitulus in terra gradiuntur: unde isti tres Evangelistae in istis maxime occupati sunt quae Christus in carne operatus est. At vero Joannes, velut Aquila, volat, et lucem incommutabilis veritatis acutissimis oculis intuetur. Ex quo datur intelligi, tres Evangelistas circa activam vitam fuisse versatos, Joannem vero circa contemplativam. Doctores autem graecorum per Hominem intelligunt Matthaeum, quia genealogiam Domini secundum carnem descripsit: per Leonem vero Joannem, quia sicut Leo suo rugitu cunctis bestiis timorem incutit, sic et Joannes cunctis haereticis timorem incussit; per Vitulum intellexerunt Lucam, quia Vitulus sacerdotalis est hostia, et ipse semper circa templum et sacerdotium versatus est; et per Aquilam Marcum intellexerunt, quia Aquila in Scripturis divinis solet significare Spiritum sanctum, qui locutus fuit per ora Prophetarum, et ipse a prophetico testimonio exorsus est. Hieronymus (in prologo super Evang. ad Eusebium in principio). Circa numerum vero Evangelistarum sciendum est, plures fuisse qui Evangelia scripserunt, sicut et Lucas Evangelista testatur dicens (cap. 1): « Quoniam quidem multi conati sunt ordinare etc. » et sicut perseverantia usque ad praesens tempus monumenta declarant, quae a diversis auctoribus edita, diversarum haeresum fuere principia, ut est illud juxta Ægyptios et Thomam et Matthiam et

Bartholomaeum, duodecim quoque Apostolorum, et Basilidis, atque Apellis, et reliquorum, quos enumerare longissimum est. Ecclesia autem, quae supra petram Domini voce fundata est, quatuor fluminum Paradisi instar eructans, quatuor annulos et angulos habet, per quos quasi arca testamenti et custos legis Domini lignis mobilibus vehitur. Augustinus de Cons. Evan. (lib. 1, c. 2, in princip.). Vel quoniam quatuor sunt partes orbis terrae, per cujus universitatem Christi Ecclesia dilatatur. Alius autem fuit eis ordo cognoscendi atque praedicandi; alius autem scribendi. Ad cognoscendum quippe atque praedicandum primi fuerunt qui secuti sunt Dominum in carne praesentem, docentem audierunt, facientemque viderunt, atque ex ejus ore ad evangelizandum sunt missi; sed in conscribendo Evangelio, quod divinitus ordinatum esse credendum est, ex numero eorum, quos ante passionem Dominus elegit, primum ultimumque locum duo tenuerunt: primum Matthaeus, ultimum Joannes, ut reliqui duo, qui ex illo numero non erant, sed tamen Christum in illis loquentem secuti erant tamquam filii amplectendi, ac per hoc in loco medio constituti, utroque ab eis latere munirentur. Remigius. Matthaeus quidem scripsit in Judaea sub tempore Caji Caligulae Imperatoris; Marcus in Italia, Romae sub tempore Neronis vel Claudii, secundum Rabanum; Lucas vero in Achajae Beotiaeque partibus, rogatus a Theophilo; et Joannes Ephesi in Asia minori sub tempore Nervae Principis. Beda. Sed tamen cum sint quatuor Evangelistae, non tam quatuor Evangelia quam unum quatuor librorum veritati consonum ediderunt. Sicut enim duo versus eamdem prorsus habentes materiam, pro diversitate metri et verborum duo sunt, et tamen non nisi unam continent sententiam; sic Evangelistarum libri, cum sint quatuor, unum continent Evangelium, quia unam doctrinam faciunt de fide catholica. Chrysostomus in homiliario super Matth. (homil. 1 in Matth. in princ). Sufficiebat autem ut unus Evangelista omnia diceret; sed cum quatuor ab uno ore omnia loquantur, non secundum eadem tempora, neque in eisdem locis convenientes, et ad invicem colloquentes, maxima fit demonstratio veritatis. Et hoc ipsum quod in aliquibus modicis dissonare videntur, maximum signum veritatis est. Si enim per omnia consonarent, crederent inimici, quod ex placito quodam humano convenientes scripserint quae scripserunt. In principalibus quidem, quae pertinent ad informationem vitae et praedicationem fidei, nequaquam dissonant nec in parvo. Si autem in miraculis hic quidem haec, ille vero illa dixit, hoc te non conturbet: si enim unus omnia dixisset, superfluus esset numerus reliquorum; si omnes diversa, nequaquam consonantiae demonstratio appareret. Si autem aliquid de temporibus vel modis differenter annuntiant, hoc nihil impedit eorum quae dicta sunt veritatem, ut infra ostendetur. Augustinus de Cons. Evang. (lib. 1, cap. 2, in med.). Quamvis autem singuli eorum suum quemdam narrandi ordinem tenuisse videantur, non tamen unusquisque eorum velut alterius praecedentis ignarus voluisse scribere reperitur, vel ignorata praetermisisse, quae scripsisse alius invenitur; sed sicut unicuique inspiratum est, non superfluam cooperationem sui (1) laboris adjunxit. Glossa.

---

(1) *Al.* de sacrificio.

(1) *Al. deest* sui.

Sublimitas autem evangelicae doctrinae consistit
quidem primo in ejus excellentissima auctoritate.
Augustinus de Cons. Evang. (lib. 1, cap. 1, in princ.).
Inter omnes enim divinas auctoritates, quae sanctis
litteris continentur, Evangelium merito excellit: cujus primi praedicatores Apostoli fuerunt, qui Dominum Jesum Salvatorem nostrum Christum etiam
in carne praesentem viderunt; quorum quidam, hoc
est Matthaeus et Joannes, etiam scripta de illo,
quae scribenda visa sunt, libris singulis ediderunt.
Ac ne putaretur, quod attinet ad percipiendum ac
praedicandum Evangelium, interesse aliquid utrum
illi annuntient qui eumdem Dominum hic in carne
apparentem secuti sunt, an alii qui ex illis com-
perta fideliter crediderunt, divina providentia procuratum est per Spiritum sanctum ut quibusdam
etiam ex illis qui primos Apostolos sequebantur
non solum annunciandi, verum etiam scribendi Evangelium tribueretur auctoritas. Glossa. Et
sic patet quod sublimitas evangelicae auctoritatis a Christo dependet; et hoc designatur in verbis
Prophetae praemissis, cum dicitur: *Super montem
excelsum ascende tu.* Mons enim excelsus Christus
est, de quo idem Isaias dicit (cap. 2): « Erit in
« novissimis diebus praeparatus mons domus Do-
« mini in vertice montium; » idest, super omnes
sanctos, qui a monte Christo montes dicuntur: quia
de plenitudine ejus omnes accepimus. Recte autem
ad Matthaeum dicitur: *Supra montem excelsum
ascende tu*; quia, sicut praedictum est, ipse in propria persona facta Christi vidit, et ejus doctrinam
audivit. Augustinus de Quaest. Evang. (lib. 1, cap.
7). Illud autem discutiendum est quod solet nonnullos movere, cur ipse Dominus nihil scripserit,
ut aliis de ipso scribentibus necesse sit credere,
Sed nequaquam dicendum est quod ipse non scripserit, quandoquidem membra ejus id operata sunt
quod dictante capite cognoverunt. Quicquid enim
de suis factis et dictis nos legere voluit, hoc scri-
bendum illis tamquam suis manibus imperavit (1).
Glossa. Secundo etiam habet evangelica doctrina
sublimitatem virtutis: unde Apostolus dicit (Rom.
1), quod « Evangelium virtus Dei est in salutem
« omni credenti. » Et hoc ostendit Propheta in
praemissis verbis, cum dicit, *Exalta in fortitudine
vocem tuam*: in quo etiam modum evangelicae
doctrinae designat in exaltatione vocis, per quam
doctrinae claritas datur. Augustinus ad Volus. (epist.
3, prope finem). Modus enim ipse quo sancta
Scriptura contexitur, est omnibus accessibilis, paucissimis penetrabilis: ea quae aperte continet quasi
amicus familiaris sine fuco ad cor loquitur indo-
ctorum atque doctorum; ea vero quae in mysteriis
occultat, nec ipsa eloquio superbo erigit, quo non
audeat accedere mens tardiuscula, inerudita, quasi
pauper ad divitem; sed invitat omnes humili sermone, quos non solum manifesta pascat, sed etiam
secreta exerceat veritate; hoc tam in promptis quam

_____
(1) *Al.* impetravit.

in reconditis habens. Sed ne aperta fastidirentur, eadem
rursum aperta desiderantur; desiderata quodammodo
renovantur; renovata suaviter intimantur. His salubriter et prava corriguntur et parva nutriuntur
et magna oblectantur ingenia. Glossa. Sed quia
vox exaltata longius auditur, potuit in exaltatione
vocis, evangelicae doctrinae publicatio designari:
quia non ad unam tantum gentem, sed ad universas nationes praedicanda mandatur. « Praedicate
« (inquit Dominus, Marc. 16) Evangelium omni
« creaturae. » Gregorius (hom. 29, in Evangel.).
Potest enim omnis creaturae nomine natio Gentium
designari. Glossa. Tertio autem habet evangelica
doctrina altitudinem libertatis. Augustinus contra
Adversarium legis et Proph. (lib. 50, cap. 17,
post medium). In veteri enim testamento, propter
temporalium bonorum promissionem, malorumque
comminationem, servos parit temporalis Hierusalem;
in novo autem, ubi fides impetrat caritatem, qua
lex possit impleri, non magis timore poenae quam
dilectione justitiae, liberos parit Hierusalem aeterna.
Glossa. Unde et hanc sublimitatem doctrinae evangelicae Propheta designat dicens: *Exulta, noli timere.* Restat autem videre quibus et qua de causa
hoc Evangelium sit scriptum. Hieronymus (in Prol.
sup. Matth. ad Euseb. in med.). Matthaeus enim E-
vangelium in Judaea Hebraeo sermone edidit, ob
eorum maxime causam qui in Hierusalem crediderant ex Judaeis: cum enim primo praedicasset
Evangelium in Judaea, volens transire ad gentes,
primus Evangelium scripsit Hebraice; quod fratribus
a quibus ibat, in memoria dereliquit. Sicut enim
necesse fuit ad confirmationem fidei Evangelium
praedicari, sic et contra haereticos scribi. Chrysostomus super Matth. (in Prologo super opus imperfectum in Matth.). Corpus autem suae narrationis ordinavit Matthaeus; primum ergo nativitatem,
deinde baptismum, tertio tentationem, quarto doctrinam, quinto miracula, sexto passionem, septimo
resurrectionem et ascensionem ipsius; non solum
historiam de Christo exponere volens per hoc, verum etiam evangelicae vitae statum docere: quoniam
nihil est quod ex parentibus nascimur, nisi iterum
per aquam et Spiritum renati fuerimus ex Deo.
Post baptismum autem necesse est contra diabolum
stare. Post hoc quasi omni superata tentatione
factus idoneus ad docendum, si quidem sacerdos
est, doceat, et doctrinam suam bonae vitae (1),
quasi miraculis factis, commendet; si laicus est,
operibus doceat fidem. Deinde necesse est exire
nos de hoc stadio mundi, et tunc restat ut tentationum victoriam resurrectionis merces sequatur,
et gloria. Glossa. Patet igitur ex praemissis Evangelii nomen, evangelicae doctrinae materia, Scriptorum Evangelii figura, numerus, tempus, lingua,
differentia et ordo, evangelicae doctrinae sublimitas,
et quibus hoc Evangelium sit conscriptum, et ordo processus ipsius.

_____
(1) *Forte:* bona vita.

SANCTUM JESU CHRISTI EVANGELIUM SECUNDUM MATTHAEUM

CAPUT PRIMUM

1. Liber generationis Jesu Christi filii David, filii Abraham.

2. Abraham genuit Isaac. Isaac autem genuit Jacob. Jacob autem genuit Judam et fratres ejus.

3. Judas autem genuit Phares et Zaram de Thamar. Phares autem genuit Esron. Esron autem genuit Aram. Aram autem genuit Aminadab. Aminadab autem genuit Naasson. Naasson autem genuit Salmon. Salmon autem genuit Booz de Rahab. Booz autem genuit Obedh ex Ruth. Obedh autem genuit Jesse. Jesse autem genuit David regem.

4. David autem rex genuit Salomonem, ex ea quae fuit Uriae. Salomon autem genuit Roboam. Roboam autem genuit Abiam. Abias autem genuit Asa. Asa autem genuit Josaphat.

5. Josaphat autem genuit Joram. Joram autem genuit Oziam. Ozias autem genuit Joatham. Joatham autem genuit Achaz. Achaz autem genuit Ezechiam. Ezechias autem genuit Manassen. Manasses autem genuit Amon. Amon autem genuit Josiam. Josias autem genuit Jechoniam et fratres ejus in transmigratione Babylonis.

6. Et post transmigrationem Babylonis Jechonias genuit Salathiel. Salathiel autem genuit Zorobabel. Zorobabel autem genuit Abiud. Abiud autem genuit Eliacim. Eliacim autem genuit Azor. Azor autem genuit Sadoch. Sadoch autem genuit Achim. Achim autem genuit Eliud. Eliud autem genuit Eleazar. Eleazar autem genuit Mathan. Mathan autem genuit Jacob.

7. Jacob autem genuit Joseph virum Mariae, de qua natus est Jesus, qui vocatur Christus.

8. Omnes itaque generationes ab Abraham usque ad David generationes quatuordecim, et a David usque ad transmigrationem Babylonis, generationes quatuordecim, et a transmigratione Babylonis usque ad Christum generationes quatuordecim.

9. Christi autem generatio sic erat. Cum esset desponsata mater Jesu Maria Joseph, antequam convenirent, inventa est in utero habens de Spiritu sancto.

10. Joseph autem vir ejus cum esset justus, et nollet eam traducere, voluit occulte dimittere eam.

11. Haec autem eo cogitante, ecce Angelus Domini apparuit in somnis Joseph, dicens: Joseph fili David, noli timere accipere Mariam conjugem tuam: quod enim in ea natum est, de Spiritu sancto est.

12. Pariet autem filium, et vocabis nomen ejus Jesum: ipse enim salvum faciet populum suum a peccatis eorum.

13. Hoc autem totum factum est ut adimpleretur quod dictum est a Domino per Prophetam dicentem: Ecce virgo in utero habebit, pariet filium, et vocabitur nomen ejus Emmanuel, quod est interpretatum Nobiscum Deus.

14. Exurgens autem Joseph a somno, fecit sicut praecepit ei Angelus Domini, et accepit Mariam conjugem suam: et non cognoscebat eam, donec peperit filium suum primogenitum: et vocavit nomen ejus Jesum.

---

1. HIERONYMUS (1). Quia aciem hominis Matthaeus significat, quasi de homine exorsus est scribere, dicens, *Liber generationis*. RABANUS (2). Quo exordio satis ostendit generationem Christi secundum carnem suscepisse narrandam. CHRYSOSTOMUS (3) (hom. 1, in op. imperf., circa princ.). Judaeis enim Evangelium scripsit, quibus superfluum erat exponere divinitatis naturam, quam cognoscebant: necessarium autem fuit eis mysterium incarnationis ostendere. Joannes autem cum Gentibus Evangelium scripsit, quae non cognoscebant si Deus Filium habet; ideo necessarium fuit primum illis ostendere quia est Filius Dei Deus; deinde quia carnem suscepit. RABANUS. Cum autem parvam libri particulam teneat generatio, dixit, *Liber generationis*. Consuetudo enim Hebraeorum est ut voluminibus ex eorum principiis imponant nomina, ut est Genesis. GLOSSA (ordinaria ex Hieron.). Planior autem sensus esset. Hic est liber generationis; sed hic est mos in multis, ut Visio Isaiae, subaudis, haec est. Generationis autem singulariter dicitur, quamvis multae per ordinem replicentur, quia propter Christi generationem ceterae hic indicuntur. CHRYSOSTOMUS in hom. (11, in Matth.). Vel ideo librum hunc generationis nominat, quia haec est totius dispensationis summa, et radix bonorum omnium, Deum hominem factum esse: hoc enim facto alia secundum rationem sequebantur. REMIGIUS. Dicit

autem: *Liber generationis esu Christi*: quia noverat scriptum esse: Liber generationis Adae: et ideo sic exorsus est, ut opponeret librum libro, Adam novum Adae veteri: quia omnia per istum sunt restaurata quae per illum sunt corrupta. HIERONYMUS (in princ. Com. in Matth.). In Isaia autem legimus (cap. 53): « Generationem ejus quis « enarrabit? » Non ergo putemus Evangelistam Prophetae esse contrarium, ut quod ille impossibile dixit esse effatu, hic narrare incipiat: quia ibi de generatione divinitatis, hic de incarnatione dictum est. CHRYSOSTOMUS in hom. (1, in Matth.). Nec tamen parva aestimes te audire, hanc audiens generationem: est enim valde auditu mirabile quod ineffabilis Deus ex muliere nasci dignatus est (1), et habere progenitores David et Abraham. REMIGIUS. Si autem aliquis dixerit quia Propheta de nativitate humanitatis dixit, non est respondendum ad interrogationem Prophetae (2), Nullus generationem Domini narravit, sed perrarus: quia Matthaeus et Lucas. RABANUS. In hoc autem quod dicit, *Jesu Christi*, regalem et sacerdotalem in eo exprimit dignitatem; nam Jesus, qui nominis hujus praesagium praetulit, primus post Moysen in populo Israel ducatum tenuit; Aaron vero mystico consecratus unguento, primus in lege sacerdos fuit. AUGUSTINUS de Quaest. novi et veteris testamenti ((3) cap. 45). Quod autem per olei unctionem praestabat Deus illis qui in reges vel sacerdotes ungebantur, hoc praestitit Spiritus sanctus homini

---

(1) In Symbol quatuor animalium Ezech. 4 (*Ex edit. P. Nicolai*).

(2) Ex Augustino mutuatus lib. II de Consensu Evangelistarum, cap. 4 (*Ex edit. P. Nicolai*).

(3) Quod nomine Chrysostomi sequitur, est ex Auctore operis imperfecti super Matthaeum hom. 4: quod in aliis ejusmodi citationibus deinceps erit observandum (*Ex edit. P. Nicolai*).

(1) *Al.* valde ineffabile quod Deus ex muliere nasci dignatus est.

(2) *Al. deest* ad interrogationem Prophetae.

(3) Vel initio secundae partis quae incipit, *Deus certe perfectus est (Ex edit. P. Nicolai*).

Christo, addita expiatione: Spiritus enim sanctus purificavit quod de Maria Virgine in corpus Salvatoris profecit; et haec est unctio corporis Salvatoris, quare Christus est appellatus. CHRYSOSTOMUS super Matthaeum (hom. 1, in op. imperf. parum a princ.). Quia vero impia prudentia Judaeorum negabat Jesum de David semine esse natum, subdit: *Filii David, filii Abraham.* Quare autem non sufficiebat dicere illum filium Abrahae solius, aut David solius? Quia ad ambos de Christo nascituro ex eis promissio fuerat facta: ad Abraham quidem sic (Gen. 22): « Et in semine tuo benedicentur « omnes gentes terrae: » ad David autem ita (Ps. 131): « De fructu ventris tui ponam super sedem « tuam. » Ideo ergo utriusque filium dixit, ut utriusque promissiones in Christo adimpletas ostenderet. Deinde, quia Christus tres dignitates fuerat habiturus: Rex, Propheta, Sacerdos. Abraham Propheta fuit et Sacerdos: Sacerdos, sicut Deus ad illum dicit in Genesi (15): « Accipe mihi vaccam « rufam: » Propheta autem, sicut ait Dominus ad Abimelech de illo (ibid. 20): « Propheta est, et « orabit pro te. » David Rex fuit et Propheta; Sacerdos autem non fuit. Ideo ergo amborum filius nominatus est, ut utriusque patris triplex dignitas originali jure recognosceretur in Christo. AMBROSIUS super Lucam (lib. 5, in exp. cap. 5). Ideo etiam duos generis auctores elegit: unum qui de cognatione populorum promissum accepit, alterum qui de generatione Christi oraculum consecutus est: et ideo, licet sit ordine successionis posterior, prior tamen describitur: quia plus est, promissum accepisse de Christo, quam de Ecclesia, quae est per Christum: potior est enim qui salvat eo quod salvatur. HIERONYMUS (circa princ. Commen. in Matth.). Ordo etiam praeposterus, sed necessario commutatus. Si enim primum posuisset Abraham, et postea David, rursus ei repetendus fuisset Abraham, ut generationis series texeretur. CHRYSOSTOMUS super Matth. (hom. 1, in oper. imperf. parum a princ.). Altera autem ratio est, quia regni dignitas major est quam naturae: nam etsi Abraham praecedat (1) in tempore, David praecedebat in dignitate. GLOSSA (2). Quia vero ex hoc titulo apparet totum hunc librum conscribi de Jesu Christo, necessarium est praecognoscere quid sit sentiendum de ipso: sic enim melius exponi poterunt (3) quae in hoc libro de eo dicuntur. AUGUSTINUS de Quaest. Evang. (lib. 5, cap. 45). Error autem haereticorum de Christo tribus generibus terminatur: aut de divinitate, aut de humanitate, aut de utroque falluntur. AUGUSTINUS de Haeres. (cap. 8, et 10). Cerinthus ergo et Ebion Jesum Christum hominem tantum fuisse dixerunt; quos secutus Paulus Samosatenus, Christum non semper fuisse, sed ejus initium, ex quo de Maria natus est, asseverat: nec enim aliquid amplius quam hominem putat; et haec haeresis postea a Photino confirmata est. ATHANASIUS contra haereticos: (4) Joannes autem Apostolus istius insaniam longe ante Spiritu sancto conspiciens, eum alto imperitiae sopore demersum suae vocis praeconio excitat dicens, (cap. 1): « In principio erat Verbum. » Ei ergo

quod in principio erat apud Deum, non relinquitur in novissimo tempore ut originis suae ab homine principium sumpserit. Item inquit (cap. 17): « Pa-« ter, clarifica me illa gloria quam habui apud te « priusquam mundus fieret. » Audiat Photinus, eum gloriam ante principium possedisse (1). AUGUSTINUS de Haeres. (cap. 19). Nestorii autem perversitas fuit, ut hominem tantummodo ex Beata Maria Virgine genitum praedicaret, quem Verbum Dei non in unitatem personae, et in societatem inseparabilem recepisset: quod catholicorum aures nequaquam ferre potuerunt. CYRILLUS ALEX. ad Monachos Ægypti (1 epistola (2) circa med.). Ait enim Apostolus (Phil. 2), de Unigenito: quod « cum in « forma Dei esset, non rapinam arbitratus est esse « se aequalem Deo. » Quis est ergo ille qui est in forma Dei ? Aut quomodo exinanitus est, et descendit ad humilitatem secundum hominis formam ? Et quidem si praedicti haeretici in duo dividentes Christum, idest in hominem et Verbum, hominem dicunt sustinuisse exinanitionem, separantes ab eo Dei Verbum: praeostendendum est, quia in forma et in aequalitate intelligitur et fuit Patris sui, ut exinanitionis sustineret modum. Sed nihil creaturarum est, si secundum propriam intelligatur naturam, in Patris aequalitate quomodo ergo exinanitus dicitur, et ex qua eminentia ut esset homo descendit ? Aut quomodo intelligitur assumpsisse tamquam non habens in principio servi formam ? Sed ajunt quod Verbum Patri aequale existens habitavit in homine nato per mulierem: et haec est exinanitio. Certe audio Filium dicentem sanctis Apostolis (Joan. 14): « Si quis diligit me, verbum meum custodiet: et « Pater meus diliget eum; et ad eum veniemus, et « mansionem apud eum faciemus. » Audis quomodo in eis qui se diligunt, se et sibi cohabitare dixit Deum Patrem ? Putas ergo ipsum exinanitum et vacuatum dabimus, et servi formam accepisse, quia in diligentium se animabus facit mansionem ? Quid autem Spiritus habitans in nobis, putatis, et ipse humanationis dispensationem adimplet ? ABBAS Isidorus ad Atribium presbyterum (3) (epist. (4) 41, 2). Verum ne universa annumeremus, unum, ad quod universa intendunt, dicemus: quia illum qui Deus erat, humilia loqui, et dispensativum simul et utile est, et nihil inviolabili naturae praejudicat; eum vero qui homo est, divina et supernaturalia quaedam loqui summae praesumptionis est malum: nam regi quidem licet etiam et humiliter agere, militi vero non licet imperiales voces emittere. Si igitur Deus erat humanatus, etiam humilia locum habent; si vero homo tantum erat, excelsa non habent locum. AUGUSTINUS de Haeres. (cap. 41). Sabellium discipulum Noeti quidam perhibent, qui dicebat Christum eumdem et Patrem et Spiritum sanctum. ATHANASIUS contra Haeret. (5). Hujus autem insanissimi furoris audaciam caelestium testimoniorum auctoritate frenabo, ad demonstrandum propriae substantiae Filii personam, non illa quae homini suscepto congruere ca-

---

(1) *Al.* praecedebat.
(2) Nihil tale in Glossa quae nunc extat *(Ex edit. P. Nicolai).*
(3) *Al.* potuerunt.
(4) Nullibi occurrere potuit, etsi accurate quaesitum *(Ex edit. P. Nicolai).*

(1) *Al.* possidere.
(2) Refertur in Concil. Ephesino cui Cyrillus praefuit, part. 1, plenius quam hic, et multis interjectis, quae planiorem sensum reddunt *(Ex edit. P. Nicolai).*
(3) *Al.* ad Archipresbyterum.
(4) Seu Isidorus Pelusiota lib. 4, epist. 166, ad *Archibium* sub finem; non sicut prius ad *Atribium (Ex edit. P. Nicolai).*
(5) Jam notatum est non occurrisse, quamvis accurate quaesitum, praesertim vero in tractatibus omnibus qui adversus haereses vel haereticos inscribuntur *(Ex edit. P. Nicolai).*

villatur, assumens: sed illa in medium proferens testimonia quae sine ullo ancipitis intelligentiae scrupulo divinitati ejus competere omnes pariter confitentur. In Genesim enim (c. 3), Deum dixisse legimus: « Faciamus hominem ad imaginem et « similitudinem nostram. » Ecce pluraliter dicit, Faciamus; alium videlicet indicans ad quem loquentis factus est sermo. Si unus est, ad imaginem suam fecisse diceretur; nunc autem alius, et alterius imaginem apertius fecisse describitur. GLOSSA (ex Aug. de Haeresibus). Alii vero veram Christi humanitatem negaverunt. Valentinus enim dixit, Christum a Patre missum spiritale vel caeleste corpus attulisse; nihilque assumpsisse de Maria Virgine, sed per illam tanquam per rivum aut fistulam sine assumpta carne transisse. (Contra Faustum, lib. 20, cap. 7). Nos autem non ideo credimus natum ex Maria Virgine, quod aliter in vera carne existere atque hominibus apparere non posset; sed quia sic scriptum est in ea Scriptura cui nisi crediderimus, nec Christiani nec salvi esse poterimus. Si autem de caelesti, vel aerea, vel humida creatura corpus assumptum, vellet commutare in humanae carnis verissimam qualitatem, hoc eum potuisse facere quis negaret ? AUGUSTINUS de Haeres. (cap. 46). Manichaei vero dixerunt, phantasma esse Dominum Jesum Christum, nec femineo posse nasci ex utero. AUGUSTINUS lib. 82 Qq. (quaest. 13). Sed si phantasma fuit corpus Christi, fefellit Christus: et si fallit, veritas non est: est autem veritas Christus: non ergo phantasma fuit corpus ejus. GLOSSA. (1). Et quia principium hujus Evangelii, et etiam Evangelii secundum Lucam, manifeste ostendit Christum natum ex femina, ex quo apparet vera Christi humanitas; ergo utriusque Evangelii principia negant. AUGUSTINUS contra Faustum (lib. 2, cap. 1). Unde Faustus dicit: Evangelium quidem a praedicatione Christi et esse coepit et nominari, in quo ipse nusquam se natum ex hominibus dicit. At vero genealogia adeo (2) non est Evangelium, ut nec ejus scriptor ausus fuerit eam Evangelium nominare. Quid enim scribit ? *Liber generationis Jesu Christi filii David:* non ergo liber Evangelii Jesu Christi, sed *Liber generationis.* At vero Marcus, quia generationem scribere non curavit, sed tantum praedicationem Filii Dei, quod est Evangelium, vide quam competenter sit exorsus: « Evangelium « (inquit) Jesu Christi Filii Dei. » ut hinc satis appareat genealogiam non esse Evangelium: namque et in ipso Matthaeo (cap. 4), post inclusum Joannem in carcere, tunc legitur, Jesum coepisse praedicare Evangelium regni: ergo quicquid ante hoc narratur, genealogiam esse constat, non Evangelium. (lib. 3 contra Faustum, cap. 1). Ad Joannem ergo et Marcum me contuli, quorum mihi principia non immerito placuerunt, quia nec David nec Mariam inducunt, nec Joseph. Contra quem Augustinus: Quid ergo respondebit (3) Apostolo dicenti (2 Tim. 2): « Memor esto Jesum Christum re- « surrexisse a mortuis, ex semine David, secundum « Evangelium meum ? Quod autem erat Apostoli Pauli Evangelium, hoc etiam ceterorum Apostolorum, et omnium fidelium: hoc enim alibi dicit (1

Corinth. 16), « Sive ego, sive illi Evangelium prae- « dicaverunt. » AUGUSTINUS de Haeres. (c. 49). Ariani autem Patrem et Filium et Spiritum sanctum nolunt esse unius ejusdemque substantiae, naturae, aut existentiae; sed esse Filium creaturam Patris, Spiritum vero sanctum creaturam creaturae; hoc est ab ipso Filio creatum volunt: Christum etiam sine anima carnem suscepisse arbitrantur. AUGUSTINUS 1 de Trinit. (cap. 6. circa princ.). Sed Joannes in eo declarat Filium non tantum Deum esse, sed etiam ejusdem cum Patre substantiae: quia cum dixisset, « Et Deus erat Verbum, » addidit: « Omnia per ipsum facta sunt: » unde apparet ipsum factum non esse, per quem facta sunt omnia; et si factus non est, creatus non est; et sic ejusdem cum Patre substantiae est: omnis enim substantia quae Deus non est, creatura est. AUGUSTINUS contra Felicianum (cap. 13. post medium). Nescio enim quid nobis mediatoris persona contulerit, qui melius (1) nostrum non redimens, carnem quae sine anima nec beneficium possit sentire, suscepit. Si enim venit Christus salvum facere quod perierat, quia totus homo periit, totus beneficio Salvatoris indiget; et ideo Christus veniendo, totum salvat, corpus et animam assumendo. AUGUSTINUS in lib. 83 Qq. (quaest. 80, circa medium). Quomodo etiam ipsi respondent tam manifestis objectionibus ex evangelica Scriptura, in qua contra eos Dominus tam multa commemorat ? ut est illud (infra 26): *Tristis est anima mea usque ad mortem*; et (Joan. 10): « Potestatem habeo ponendi « animam meam; » et multa hujusmodi: qui si dicant in parabolis eum locutum esse, habemus Evangelistarum rationes, qui res gestas narrantes, sicut eum corpus habuisse testantur, sic eum indicant habere animam, per affectiones, quae non possunt esse nisi in anima: eis enim narrantibus legimus: Et miratus est Jesus, et iratus, et multa hujusmodi. AUGUSTINUS de Haeres. (cap. 55). Apollinaristae autem, sicut Ariani, Christum dixerunt carnem solam sine anima suscepisse. In qua quaestione testimoniis evangelicis victi, mentem, quae rationalis est anima hominis, defuisse animae Christi, sed pro hac ipsum Verbum in ea fuisse dixerunt. AUGUSTINUS in lib. 83 Qq. (quaest. 80, in princ.). Sed si ita est, belluam quamdam cum figura humani corporis Dei Verbum suscepisse crederetur. AUGUSTINUS de Haeres. (cap. 45). De ipsa vero ejus carne sic a recta fide dissensisse perhibentur ut dicerent, carnem illam et Verbum unius ejusdemque substantiae esse, contentiosissime asseverantes Verbum carnem factum; hoc est, Verbi aliquid in carnem fuisse mutatum atque conversum, non autem carnem de Mariae carne suscepisse (2). CYRILLUS, in ep. (28) ad Joannem Antiochenum. Furere autem arbitramur eos qui suspicati sunt, quod mutationis obumbratio circa divinam Verbi naturam potest contingere: manet enim quod est semper, et non mutatur, nec conversionis est capax. LEO ad Constantinop. (epist. 23, parum a fine: incipit « Licet de hic »). Nos autem non ita dicimus Christum hominem ut aliquid ei desit quod ad humanam certum est pertinere naturam, sive animam sive mentem rationabilem, sive carnem, quae non de femina sumpta sit, sed facta de Verbo in car-

---

(1) Nec in Glossa quae nunc est, nec alibi occurrit (*Ex edit. P. Nicolai*).
(2) *Al.* a Deo.
(3) *Al.* respondet.

(1) *Al.* medius.
(2) *Al. additur* conversum atque mutatum, non autem in carnem de Maria susceptam.

nem converso atque mutato. Quae ter (1) falsa Apollinaristarum haeresis tres varias protulit partes. Leo ad Palaest. (epist. 83, parum post initium: incipit « Solicitudini meae »). Eutyches quoque tertium Apollinaris dogma delegit; ut negata humanae carnis atque animae veritate, totum Dominum nostrum Jesum Christum unius assereret esse naturae, tamquam Verbi divinitas ipsa se in carnem animamque verteret, et concipi, nasci aut nutriri, et cetera hujusmodi, ejus tantum essentiae fuerit, scilicet divinae: quae nihil horum in se sine carnis recepit veritate; quoniam natura Unigeniti, natura est Patris, natura est Spiritus sancti, simulque impassibilis et sempiterna. Verum si ab (2) Apollinaris perversitate haereticus iste decesserit (3), ne convinceretur deitatem passibilem sentire atque mortalem, et tamen Verbi incarnati, idest Verbi et carnis, unam audet pronuntiare naturam; non dubie in Manichaei et Marcionis transit insaniam, et Dominum Jesum Christum simulatorie omnia credidit egisse, nec humanum ipsum corpus, sed phantasticam corporis speciem oculis apparuisse cernentium. Idem ad Julianum (epist. 11, a medio (4)). In eo vero quod Eutyches in episcopali judicio, ausus est dicere, ante incarnationem duas fuisse in Christo naturas, post incarnationem autem unam, necessarium fuit ut ad reddendam rationem professionis suae solicitis interrogationibus urgeretur. Arbitror enim eum talia loquentem hoc habere persuasum quod anima quam Salvator assumpsit, prius in caelis sit commorata quam de Maria Vergine nasceretur. Sed hoc catholicae mentes auresque non tolerant: quia nil secum Dominus de caelo veniens nostrae conditionis exhibuit: nec animam ejus, quae anterior extitisset, nec carnem, quae non materni corporis esset, accepit. Unde quod in Origene merito damnatum est, qui animarum antequam corporibus insererentur non solum miras, sed et diversas fuisse asseruit actiones, necesse est quod in isto plectatur. Remigius. Has igitur haereses in principio Evangelii sui Evangelistae destruunt: nam Matthaeus cum narrat eum duxisse originem per Reges Judaeorum, verum hominem eum ostendit, et veram carnem habuisse. Similiter et Lucas, qui sacerdotalem stirpem et personam describit. Marcus autem, cum ait, « Initium Evangelii Jesu Christi Filii Dei; » et Joannes cum ait « In principio erat Verbum, «manifestant eum ante omnia saecula semper fuisse Deum apud Deum patrem.

2. Augustinus de Cons. Evang. (lib. 2, cap. 4, post medium). Matthaeus Evangelista ostendit, generationem Christi secundum carnem se suscepisse narrandam, quia genealogiam Christi exorsus est. Lucas autem tamquam sacerdotem in expiandis peccatis magis assignans, non ab initio Evangelii sui, sed a baptismo Christi generationes enarrat, ubi testimonium Joannes perhibuit dicens (Joan. 1): « Ecce qui tollit peccata mundi. » In generationibus etiam Matthaei significatur nostrorum susceptio peccatorum a Domino Christo. In generationibus autem Lucae significatur abolitio nostrorum peccatorum ab ipso: ideo generationes Christi Matthaeus descendens enarrat, Lucas autem ascendens. Hu-

manam autem Christi generationem Matthaeus descendendo describens, ab Abraham generationes commemorat. Ambrosius super Lucam (cap. 3, parum a princ.). Prior enim Abraham meruit fidei testimonium: quia « credidit Deo, et reputatum est ei ad justitiam » (Gen. 15). Ideo etiam auctor generis debuit significari, quia instaurandae Ecclesiae sponsionem primus emeruit: cum dicitur (ibid.): « Benedicentur in te omnes tribus terrae. » Et iterum David delatum est, quod Jesus filius ejus diceretur: unde huic praerogativa servatur ut ab eo generationis dominicae manaret exordium. Chrysostomus (hom. 3, post initium). Evangelista igitur Matthaeus generationem dominicae carnis per seriem parentum volens commendare memoriae, ordiens a patre Abraham, dicit: *Abraham genuit Isaac.* Cur non dixit, Ismael, quem primitus genuit ? Sequitur: *Isaac autem genuit Jacob.* Cur non dixit Esau, qui ejus primogenitus fuit? Quia scilicet per illos ad David pervenire non posset. Glossa. Omnes tamen fratres Judae, cum ipso in generatione computat; quod etiam ideo factum est, quia Ismael et Esau non remanserunt in cultu unius Dei; fratres vero Judae in populo sunt computati. Chrysostomus (hom. 3, in Matth.). Vel propterea duodecim Patriarcharum meminit, ut eam quae ex progenitorum nobilitate est, elationem auferret. Etenim multi horum ex ancillis nati fuerunt; sed omnes similiter erant Patriarchae, et tribuum principes. Glossa. Ideo autem Judam nominatim posuit, quia de illo tantum Dominus descendit (1). In singulis autem Patribus non solum debet notari historia, sed allegoria et moralitas: allegoria quidem in quo unusquisque Patrum Christum praefiguret; moralitas in hoc notatur quod ex singulis Patribus in nobis aliqua virtus per significationem nominis vel exemplum aedificetur. Abraham ergo in multis locis figuram Christi portat, et praeterea in nomine: Abraham enim pater multarum gentium interpretatur, et Christus est pater multorum fidelium: Abraham etiam de cognatione sua exiit, et in terra aliena demoratus est, et Christus derelicto Judaico populo, ad Gentes per praedicatores suos exivit. Chrysostomus super Matth. (hom. 1, in opere imperfecto, non procul a princ.). Isaac autem interpretatur risus; risus autem sanctorum est, non stulta (2) cachinnatio labiorum, sed rationabile gaudium cordis, quod fuit mysterium Christi. Sicut enim ille parentibus in ultima senectute donatus est laetitia suis, ut cognoscatur ut quia non erat filius naturae, sed gratiae; sic et Christus in novissimo fine productus est a matre Judaea gaudium cunctis; sed iste per virginem, ille de anu, ambo contra spem naturae. Remigius. Jacob supplantator interpretatur, et de Christo dicitur (Psal. 17): « Supplantasti insurgentes in me subtus me. »

Jacob genuit Judam et fratres ejus. Chrysostomus super Matth. (hom. 1, in opere imperf. aliquantulum a princ.). Et noster (3) Jacob genuit duodecim Apostolos in spiritu, non in carne; verbo, non in sanguine. Judas autem interpretatur con-

---

(1) *Al.* tria.
(2) *Al. deest* ab.
(3) *Al.* discesserit.
(4) *Al.* Leo Papa ad Palaest.

(1) Anselmus. Ejus nomine praetermisso. Edit. aliae subsequentia cum antecedentibus nectunt, et utraque conjunctim velut ex illa notant; cum tamen prima tantum in illa indicentur, cetera in Anselmo, etsi non eodem tenore, sed quibusdam hinc interjectis (*Ex edit. P. Nicolai*).
(2) *Al.* stricta.
(3) *Al. omittitur* noster.

fessor, quoniam Christi erat imago, qui confessor Patris erat futurus, dicens (infra 11 : *Confitcor tibi Pater Domine caeli et terrae.* GLOSSA (1). Moraliter autem Abraham nobis virtutem fidei per exempla Christi significat, cum de eo legatur (Gen. 15): « Abraham credidit Deo, et reputatum est ei « ad justitiam. » Isaac significat spem, quia interpretatur risus; fuit enim gaudium parentum: spes vero similiter est gaudium nostrum, dum aeterna bona sperare facit, et de eis gaudere. *Abraham ergo genuit Isaac,* quia fides generat spem. Jacob autem significat caritatem: caritas enim amplectitur duas vitas: activam per dilectionem proximi, contemplativam per dilectionem Dei: activa per Liam, contemplativa per Rachel significatur: Lia enim laborans interpretatur, quia activa in labore est; Rachel visum principium, quia per contemplativam principium, idest Deus, videtur. Nascitur ergo Jacob de duobus parentibus, quia caritas nascitur de fide et spe: quod enim credimus et speramus, diligimus.

3. GLOSSA. Praetermissis aliis filiis Jacob, Evangelista Judae prosequitur generationem, dicens: *Judas autem genuit Phares et Zaram de Thamar.* AUGUSTINUS de Civit. Dei (lib. 15, cap. 15). Nec Judas primogenitus, nec istorum geminorum aliquis fuit primogenitus Judae; sed ante illos jam tres genuerat. Eos itaque tenuit in ordine generationum per quos ad David, atque inde quo intenderet, perveniret. HIERONYMUS (super illud, *Phares autem genuit Esron*). Notandum autem in genealogia Salvatoris nullam sanctarum assumi mulierum, sed eas quas Scriptura reprehendit: ut qui propter peccatores venerat, de peccatoribus nascens, omnium peccata deleret: unde et in sequentibus Ruth Moabitis ponitur. AMBROSIUS super Lucam (cap. 3, non parum a medio). Lucas autem has declinavit (2), ut immaculatam sacerdotalis generis seriem declararet; sed sancti Matthaei consilium a rationis justitia non abhorret: nam cum evangelizaret secundum carnem generatum esse qui omnium peccata susciperet, subjectum injuriis, subditum passioni; nec hoc quidem putavit exortem asserendum esse pietatis, ut maculatae quoque originis non recusaret injuriam: simul ne puderet Ecclesiam de peccatoribus congregari, cum Dominus de peccatoribus nasceretur: postremo ut beneficium redemptionis etiam a suis majoribus inchoaret: ne quis putaret originis maculam impedimento posse esse virtuti, nec se insolens de sui nobilitate jactaret. CHRYSOSTOMUS in Hom. (hom. 3, ante med.) Post hoc monstratur omnes obnoxios fuisse peccatis: instat enim Thamar fornicatio Judam accusans, et David a fornicaria muliere (3) genuit Salomonem. Si autem a magnis lex non est impleta, nec a minoribus; et sic omnes peccaverunt, et necessaria facta est Christi praesentia. AMBROSIUS super Lucam (cap. 3, aliquantulum ante medium). Vide autem quia non otiose Matthaeus utrumque significavit, cum Phares tantummodo commemorationem causa deposceret: quia hic in utroque mysterium est: per geminos enim gemina describitur vita populorum; una secundum legem, altera secundum fidem. CHRYSOSTOMUS super Matthaeum (hom. 1, in opere imperfecto, aliquantulum a principio). Per Zaram

enim significatur Judaicus populus, qui primus apparuit in luce fidei, quasi de vulva tenebrosa mundi procedens; et ideo significatus est cocco circumcisionis (1), putantibus omnibus, quia ipse populus Dei erat futurus; sed posita est ante faciem ejus lex, quasi sepes vel maceria. Sic ergo impeditus est populus Judaicus per legem; sed temporibus Christi rupta est sepes legis, quae erat inter Judaeos et Gentes; sicut ait Apostolus (Ephes. 2). « Medium parietem maceriae solvens: » sic factum est ut Gentilis per Phares significatus, postquam rupta est lex per Christi mandata, primus ad fidem procedat; et postea sequitur Judaicus populus.

Sequitur: *Phares autem genuit Esron.* GLOSSA (ordinaria in Matth.). Judas genuit Phares et Zaram antequam intraret Ægyptum, in quam ambo postea cum patre transierunt. In Ægypto vero *Phares genuit Esron. Esron autem genuit Aram. Aram autem genuit Aminadab. Aminadab autem genuit Naasson:* et tunc Moyses eduxit eos de Ægypto. Naasson autem fuit dux sub Moyse in tribu Juda per desertum, in quo genuit Salmon. Iste Salmon fuit princeps de tribu Juda, qui cum Josue terram promissionis intravit. CHRYSOSTOMUS super Matth. (hom. 1. in opere imperfecto). Quoniam autem ex aliqua causa, secundum providentiam Dei, posita horum patrum nomina credimus; sequitur: *Naasson autem genuit Salmon.* Iste Salmon mortuo patre fuit princeps in tribu Juda, qui cum Josue terram promissionis intravit. CHRYSOSTOMUS super Matth. (hom. 1 in opere imperf.). Accepit autem uxorem nomine Rahab. Haec autem Rahab dicitur fuisse Rahab meretrix de Hierico, quae suscepit exploratores filiorum Israel, abscondit eos, et servavit incolumes. Cum autem Salmon nobilis esset inter filios Israel, quia de tribu erat Juda, et quia filius principis erat, vidit Rahab sic fidelem quasi magnam aliquam constitutam, meruit accipere in uxorem. Forsitan autem et ideo interpretatur Salmon, quasi per (2) ipsum nomen invitaretur a providentia Dei ut acciperet vas electionis Rahab. Interpretatur enim Salmon, Accipe vas (3).

Sequitur: *Salmon autem genuit Booz de Rahab.* GLOSSA. Iste Salmon in terra promissionis genuit de illa Rahab Booz. Booz autem genuit Obedh ex Ruth. CHRYSOSTOMUS super Matth. (hom. 1, in opere imperf. ante medium). Quomodo autem Booz accepit uxorem Moabitidem nomine Ruth, exponere aestimavi superfluum: cum de his Scriptura sit omnibus manifesta. Hoc autem dicimus solum, quoniam Ruth, pro merito fidei suae nupsit Booz, quia deos patrum suorum repulit, et Deum viventem elegit. Et Booz pro merito fidei suae illam accepit uxorem, ut ex conjugio tali sanctificato genus nasceretur regale. AMBROSIUS super Lucam (cap. 3). Quomodo autem Ruth, cum esset alienigena, Judaeo nupsit, et qua ratione in Christi generatione ejus putaverit Evangelista copulae commemorationem esse faciendam, quae legis serie moechabatur (4)? Quia ergo non de legitima Salvator generatione manavit, videtur esse deforme, nisi ad apostolicam sententiam revertaris (1 Tim. 1), quia « non est « lex posita justis, sed injustis. » Haec enim cum esset alienigena et Moabitis, praesertim cum lex

---

(1) Quod ex Glossa subjungitur est ex Anselmo (*Ex edit. P. Nicolai*).
(2) *Al.* hic declaravit.
(3) *Al.* David fornicata mulier.

(1) *Al.* circumcisionibus.
(2) *Al.* deest per.
(3) *Al.* accipere.
(4) *Forte* vetabatur.

Moysi prohiberet has nuptias, Moabitasque (1) excluderet ab Ecclesia: quomodo introivit in Ecclesiam nisi quia sancta et immaculata moribus supra legem facta est? Destinationem ergo legis excessit, et meruit inter majores dominici generis computari, propter cognationem mentis electam, non corporis. Magnum autem nobis exemplum est quod in illa nostrum omnium, qui ex gentibus collecti sumus, ingrediendi in Ecclesiam Domini figura praecessit. Hieronymus in epistola ad Paulinum (in praef. Bibliae). Ruth etiam Moabitis Isaiae explet vaticinium dicentis (cap. 26), « Emitte agnum, Do« mine, dominatorem terrae, de petra deserti ad « montem filiae Sion. »

Sequitur: *Obedh autem genuit Jesse*. Glossa (ordinaria sub hoc verbo): Jesse pater David binomius est, quia frequentius vocatus est Isai. Sed quia Propheta vocat eum non Isai, sed Jesse, dicens (Isai. 11): « Egredietur virga de radice Jes« se; » ut ostenderet illam prophetiam completam in Maria et in Christo, Evangelista posuit *Jesse*.

Sequitur: *Jesse autem genuit David regem*. Remigius. Sed quaerendum est quare sanctus Evangelista solum David nominaverit regem; quod ideo dixit, ut ostenderet eum primum fuisse regem in tribu Juda. Ipse autem Christus est Phares divisor, ut est illud (infra 25), *Dividet agnos ab haedis*; est et Zaram oriens, ut est illud (Zach. 6): « Ec« ce vir, oriens nomen ejus. » Est Esron sagitta, ut est illud (Isa. 49), « Posuit me sicut sa« gittam electam. » Rabanus. Vel atrium (2) propter abundantiam gratiae et latitudinem caritatis. Aram electus; secundum illud (Isai. 42), « Ecce « puer meus electus: » vel excelsus, secundum illud (Psal. 112): « Excelsus super omnes gen« tes Dominus. » Ipse est Aminadab, idest voluntarius, qui dicit (Psal. 53), « Voluntarie sacrificabo « tibi. » Idem est et Naasson, idest augurium, qui novit praeterita, praesentia, et futura. Vel serpentinus, secundum illud (Joan. 3): « Moyses exal« tavit serpentem in deserto. » Est et Salmon, idest sensibilis, qui dicit, Ego sensi de me virtutem exisse. Glossa. Ipse accipit Rahab, idest Ecclesiam de Gentibus. Rahab enim fames, vel latitudo, vel impetus: quia Ecclesia Gentium esurit et sitit justitiam, et impetu doctrinae philosophos et reges convertit. Ruth etiam interpretatur videns vel festinans; et significat Ecclesiam, quae puro corde videt Deum, et festinat ad bravium supernae vocationis. Remigius. Est et Booz, in quo robur; ut est illud (Joan 12), « Cum exaltatus fuero a terra, « omnia traham ad me. » Est et Obedh serviens, ut est illud (infra 20), *Filius hominis non venit ministrari, sed ministrare*. Est et Jesse incensum, secundum illud (Luc. 12), « Ignem veni mittere « in terram. » Ipse est David manu fortis, secundum illud (Psal. 23): « Dominus fortis et potens: » desiderabilis, secundum illud (Aggaei 2), « Veniet « desideratus cunctis gentibus: » pulcher aspectu, secundum illud (Ps. 44), « Speciosus forma prae « filiis hominum. » Glossa (3). Interim videamus quas virtutes isti patres in nobis aedificent: quia fides, spes et caritas omnium virtutum sunt fundamentum. Sequentes virtutes sunt quasi superadditiones. Judas interpretatur confessio. Duplex est

autem confessio: est altera fidei, altera peccatorum. Si ergo post tres supradictas virtutes peccatur, necessaria est non solum fidei, sed peccatorum confessio. Post Judam sequitur Phares et Zaram. Phares divisio, Zaram oriens interpretatur, et Thamar amaritudo. Confessio enim generat divisionem a vitiis, et ortum virtutum, et amaritudinem poenitentiae. Post Phares sequitur Esron, qui sagitta interpretatur: postquam enim aliquis divisus est a vitiis et saecularibus, debet fieri sagitta, ut in aliis vitia praedicando perimat. Sequitur Aram, qui interpretatur electus, vel excelsus: quia postquam aliquis a mundo remotus est, et aliis proficit, necesse est ut Deo electus, hominibus celebris, excelsus in virtutibus habeatur. Naasson interpretatur augurium: hoc autem augurium non est saeculare, sed caeleste. De hoc gloriabatur Joseph, fratribus mandans (Gen. « 44), Vos detulistis scyphum domini mei, in quo « augurari solebat. » Scyphus est divina Scriptura, ubi est potus sapientiae: in hac auguratur sapiens; quia ibi videt futura, idest caelestia. Sequitur Salomon; idest sensibilis: postquam enim aliquis studet in divina Scriptura, fit sensibilis, idest discernens gustu rationis, quid bonum, quid malum; quid dulce, quid amarum. Sequitur Booz, idest fortis; instuctus enim in Scripturis, fit ad omnia adversa toleranda fortis. Chrysostomus super Matth. (hom. 1, in oper. imperfecto). Iste autem fortis est filius Rahab, idest Ecclesiae: Rahab enim interpretatur latitudo, vel dilatata; quia enim ex omnibus finibus terrae vocata est Ecclesia Gentium, latitudo appellatur (1). Rabanus (2). Sequitur Obedh, idest servitus; non enim idoneus est ad servitutem nisi qui fortis est: quae servitus generatur ex Ruth, idest festinantia: oportet enim promptum esse servum, non pigrum. Chrysostomus super Matth. (hom. 1, in op. imperf.). Nunc autem qui divitias et non mores, pulchritudinem et non fidem. et quod in meretricibus quaeri solet, hoc in conjugibus optant, non generant subditos filios vel sibi vel Deo, sed contumaces et contra se et contra Deum: ut filii eorum sint poena irreligiositatis eorum. Iste Obedh genuit Jesse, idest refrigerium: nam quicumque est subditus Deo et parentibus suis, tales filios generat. Deo praestante, a quibus refrigeratur. Glossa (3). Vel Jesse, idest incensum. Si enim servimus ex amore et timore, erit devotio in corde, quae ex igne et desiderio cordis, suavissimum incensum offert Deo. Postquam autem aliquis idoneus est servus, et sacrificium Deo factus, sequitur ut sit David, idest manu fortis, qui contra hostes fortiter dimicavit, et Idumaeos tributarios fecit. Similiter ipse debet carnales, idest homines (4), verbo et exemplo Deo subjugare.

4. Glossa (5). Secundi quaterdenarii (6) generationis seriem Evangelista decurrit, quae a regibus continetur; et ideo a David incipit: qui primus in tribu Judae regnavit, dicens: *David rex genuit Salomonem ex ea quae fuit Uriae*. Augustinus de Consens. Evangel. (lib. 2, cap. 4, a med.). Quia enim in generationibus Matthaei significatur nostrorum susceptio peccatorum, ideo ipse a David per Salo-

---

(1) *Al.* Moabitis, quia.
(2) *Al.* alterum
(3) Sive Anselmus (*Ex edit. P. Nicolai*).

---

(1) *Al.* ideo gentium latitudo appellatur.
(2) Sive Anselmus (*Ex edit. P. Nicolai*).
(3) Glossa, sive Anselmus. Tam Glossae quam Anselmi nomine praetermisso, prius confundebantur cum Chrysostomi verbis (*Ex edit. P. Nicolai*).
(4) *Forte* carnales homines.
(5) Sive Anselmus (*Ex edit. P. Nicolai*).
(6) *Al.* quatriduarii.

monem descendit, in cujus matre ille peccavit.
Lucas vero ad David per Nathan ascendit, per
quem Prophetam Deus peccatum illius expiavit:
quia in generationibus Lucae significatur abolitio
peccatorum. Augustinus in lib. Retract. (lib. 2,
c. 16). Dicendum tamen fuit per (1) cujus nominis
Prophetam: ne putaretur idem fuisse homo, cum
alter fuerit; quamvis et ipse hoc nomine vocaretur.
Remigius. Quaerendum est autem quare Evangelista
Bersabee proprio nomine non nominavit sicut ceteras mulieres. Quod ideo est. quia ceterae mulieres quamvis reprehensibiles fuissent, tamen laudabiles
erant virtutibus. Bersabee vero non solum fuit con-
scia adulterii, sed etiam homicidii mariti sui: et
ideo proprio nomine eam non nominavit in genealogia Domini. Glossa (2). Tacet etiam nomen Bersabee, ut nominando Uriam reducat ad memoriam
illud maximum scelus quod in eum fecit. Ambrosius
super Lucam (cap. 3, a medio). At vero sanctus
David, in eo est praecellentior quod hominem se
ipse cognovit, et commissum super arrepta Uriae
uxore peccatum poenitentiae curavit lacrymis abluen-
dum; ostendens nobis neminem propriae virtuti
debere confidere: habemus enim adversarium magnum, qui vinci a nobis sine Dei adjutorio non
possit. Et plerumque in illustribus viris gravia peccata reperies, ut quasi homines tentationi potuisse
succumbere cognoscas, ne virtutibus egregiis plusquam homines crederentur. Chrysostomus super
Matth. (hom. 1 in op. imperf.). Salomon autem
interpretatur pacificus, quoniam omnibus in circuitu
gentibus pacificatis, et tributa reddentibus, pacifi-
cum (3) habuit regnum. *Salomon autem genuit Ro-*
boam. Roboam interpretatur a multitudine populi.
Multitudo enim mater est seditionis: quia quod a
pluribus peccatur, plerumque manet invindicabile.
Paucitas autem magistra est disciplinae.

5. Hieronymus. In quarto autem Regum volumine legimus, de Joram Ochoziam fuisse generatum. Quo mortuo, Josabeth filia Joram regis,
soror Ochoziae, tulit Joas filium fratris sui, et eum
internecioni, quae exercebatur ab Athalia, subtraxit.
Cui successit in regnum filius ejus Amasias: post
quem regnavit filius ejus Azarias, qui appellatur
Ozias: cui successit Joatham filius ejus. Cernis ergo
quod, secundum fidem historiae, tres reges in medio fuerunt, quos Evangelista praetermisit. Joram
quoque non genuit Oziam, sed Ochoziam, et reliquos quos numeravimus. Verum quia Evangelistae
propositum erat tessaradecades in diverso temporis statu ponere, et quia Joram generi se miscue-
rat impiissimae Jezabelis, idcirco usque ad tertiam
generationem ejus memoria tollitur, ne in sanctae
nativitatis ordine poneretur. Hilarius (in Matth.
canone 1 parum ante med.). Purgata vero labe
familiae gentilis, jam regalis in quarta generationum consequentium origo numeratur. Chrysostomus
super Matth. (hom. 1, op. imperf.). Quod Spiritus sanctus per Prophetam contestatus est, dicens,
ut dispergeret omnem masculum de domo Achab
et Jezabel, implevit Jehu filius Nansi, et accepit
promissionem, ut usque ad quartam generationem
sedeant filii ejus in sede regni supra Israel. Quanta
ergo benedictio facta est super domum Achab, tanta maledictio facta est super domum Joram propter

(1) *Al.* deest per.
(2) Sive Anselmus *Ex edit. P. Nicolai).*
(3) *Al.* pacificatum.

filiam iniqui Achab et Jezabel, ut usque ad quartam generationem praecidantur filii ejus de regum
numero, et sic peccatum ejus descendit in filios
ejus; sicut fuerat scriptum (Exod. 29 et 34):
« Reddam peccata patrum in filios, usque ad ter-
« tiam et quartam generationem. » Videte ergo
quam periculosum est inire conjugia ex genere
impiorum. Augustinus de Quaest. nov. et veteris
testamenti (quaest. 85). Vel non immerito sublati
sunt de numero ceterorum Ochozias, Joas et Amasias. Sic enim eorum continuavit impietas ut nullum intervallum haberet. Salomon autem merito
patris dimissus in regno est; Roboam autem merito
filii; illi autem tres maligne agentes erasi (1) sunt.
Ad perditionem enim generis exemplum est quando
jugiter malignitas panditur.

Sequitur. *Ozias autem genuit Joatham. Joatham*
autem genuit Achaz. Achaz autem genuit Ezechiam.
Glossa. Cui, cum esset sine liberis, dictum est
(Isai. 38): « Dispone domui tuae, quia morieris. »
Ideo flevit, non propter longiorem vitam, cum sciret inde Salomonem placuisse Deo, quod non pe-
tiisset ampliores annos; sed quia dubitabat ne promissio Dei impleretur, cum se sciret esse de David,
per quem oportebat venire Christum; et ipse erat
sine liberis.

Sequitur: *Ezechias autem genuit Manassen. Ma-*
nasses autem genuit Amon. Amon autem genuit
Josiam. Josias autem genuit Jechoniam et fratres
ejus in transmigratione Babylonis. Chrysostomus
super Matth. (hom. 1, in op. imperf.) Sed non
sic positum est in libro Regum, ubi talis est ordo
(lib. 4, cap. 23): « Josias genuit Eliacim, »
postea vocatum Joakim. « Joakim autem genuit
« Jechoniam: » Sed Joakim sublatus est de numero regum: quia non populus Dei constituerat eum
in regnum, sed Pharao per potentatum. Si enim
justum fuit ut propter solam commixtionem generis Achab, tollerentur tres reges de numero regum, quare non erat justum ut similiter tolleretur
Joakim, quem Pharao vi hostili fecerat regem ?
Et sic Jechonias, qui est filius Joakim, nepos autem Josiae, sublato patre de numero regum, ipse
est positus pro eo, quasi filius Josiae. Hieronymus.
Vel aliter. Sciamus Jechoniam priorem ipsum esse
qui (2) Joakim; secundum autem filium, non patrem:
quorum primus per *k* et *m*, secundus per *ch* et
n scribitur. Quod scriptorum vitio et longitudine
temporum apud graecos latinosque confusum est.
Ambrosius super Lucam (cap. 2, aliq. ante finem).
Duos enim fuisse Joakim, Regnorum libri indicant:
sic enim scriptum est (4 Reg. 24): « Dormivit
« Joakim cum patribus suis, et regnavit Joachin
« filius ejus pro eo. » Filius autem est cui Hieremias nomen imposuit Jechoniam. Et bene Sanctus Matthaeus a Propheta voluit discrepare, ut non Joachin
et Jechoniam vocaret simul, quia majorem fructum
dominicae pietatis astruxit. Generis enim nobilitatem
Dominus in hominibus non requisivit, sed de captivis et peccatoribus congrue nasci voluit qui
remissionem veniebat praedicare captivis. Non igitur suppressit alterum Evangelista; sed utrumque
significavit, quod uterque Jechonias dictus sit. Remigius. Sed quaeri potest quare dicat Evangelista
eos natos in transmigratione; cum nati fuissent
antequam transmigratio fuerit facta. Ideo autem

(1) *Al.* sublati.
(2) *Al.* quam.

dicit hoc, quia ad hoc nati sunt ut de regno totius populi pro suis et aliorum peccatis captivi ducerentur. Et quia praescius erat Deus eos esse ducendos captivos, idcirco dixit eos natos in transmigratione. De his autem quos sanctus Evangelista in genealogia Domini simul ponit, sciendum quia aut similes fuerunt fama, aut infamia, Judas et fratres ejus laudabiles fuerunt fama; similiter Phares et Zara, Jechonias et fratres ejus notabiles fuerunt infamia. GLOSSA (ordinaria). Mystice autem David est Christus, qui Goliam, idest diabolum, superavit. Urias autem, idest lux mea Deus, est diabolus (1), qui dicit (Isai. 14), Similis ero Altissimo: cui Ecclesiam conjugatam Christus de solario paternae majestatis adamavit, et pulchram factam sibi matrimonio copulavit. Vel Urias, idest Judaicus populus, qui per legem de luce gloriatur. Sed huic Christus legem abstulit, quam de se loqui docuit. Bersabee autem est puteus satietatis, idest abundantia gratiae spiritalis. REMIGIUS. Vel Bersabee interpretatur puteus septimus, sive puteus juramenti, per quod significatur fons baptismatis, in quo datur donum Spiritus septiformis, et sit ibi adjuratio contra diabolum. Est et Christus Salomon pacificus, secundum illud Apostoli (Ephes. 2): « Ipse est pax « nostra. » Est Roboam latitudo populi, secundum illud (infra 2): *Multi venient ab oriente et ab occidente*. RABANUS. Vel impetus populi: quia velociter populos convertit ad fidem. REMIGIUS. Ipse est Abias, idest pater Dominus, secundum illud (infra 23): *Unus est pater vester qui in caelis est:* et iterum (Joan. 13): « Vos vocatis me Magister « et Domine. » Est et Asa, idest attollens, secundum illud (ibid. 1): « Qui tollit peccata mundi. » Est et Josaphat, idest judicans; secundum illud (ibid. 5): « Pater (2) omne judicium dedit Filio. » Est et Joram, idest excelsus, secundum illud (ibid. 3): « Nemo ascendit in caelum, nisi qui de caelo « descendit. » Est et Ozias, idest robustus Domini, secundum illud (Psal. 117): « Fortitudo mea et « laus mea Dominus. » Est et Joatham consummatus vel perfectus, secundum illud Apostoli (Rom. 10): Finis legis Christus. » Est et Achaz convertens, secundum illud (Zach. 1): « Convertimini « ad me. » RABANUS. Vel comprehendens: quia (infra 11), *nemo novit Patrem nisi Filius*. REMIGIUS. Est et Ezechias fortis Dominus, vel Dominus confortavit, secundum illud (Joan. 16): « Confidite, « ego vici mundum. » Ipse est Manasses obliviosus (3) sive oblitus, secundum illud (Ezech. 28): « Peccatorum vestrorum non recordabor amplius. » Est et Amon fidelis, secundum illud (Psal. 144): « Fidelis Dominus in omnibus verbis suis. » Est et Josias, ubi est incensum Domini, secundum illud (Luc. 22): « Factus in agonia, prolixius orabat. » RABANUS. Quod vero incensum orationem significat, Psalmista testatur, dicens (Psal. 140): « Dirigatur « oratio mea sicut incensum in conspectu tuo. » Vel Domini salus, secundum illud (Isai. 55): « Salus autem mea in sempiternum erit. » REMIGIUS. Ipse Jechonias praeparans, vel Domini praeparatio, secundum illud (Joan. 16): « Si abiero, et praeparavero locum. GLOSSA (4). Moraliter autem

(1) *Al.* luxuria idest diabolus etc.
(2) *Al. omittitur* Pater.
(3) *Al.* oblivionis.
(4) Vel potius Anselmus, ut jam supra, cum nec in Glossa qualis modo est, extet (*Ex edit. P. Nicolai*).

post David sequitur Salomon, qui interpretatur pacificus. Tunc enim aliquis fit pacificus, motibus sedatis illicitis, et quasi jam in aeterna tranquillitate positus, cum Deo servit, et alios ad eum convertit. Sequitur Roboam, id est populi latitudo: postquam enim non habet quod in se vincat, amplecti alios debet, et late populum Dei ad superna trahere secum. Sequitur Abias, idest pater Dominus: his enim praemissis potest se profiteri Filium Dei, et tunc esse Asa, idest attollens, ut de virtute in virtutem ad patrem suum ascendat; et tunc erit Josaphat, idest judicans, ut alios judicet, et a nemine judicetur. Ita fit Joram, idest excelsus, quasi in caelestibus habitans: unde efficitur Ozias, idest robustus Domini, quasi robur suum Deo attribuens, et in suo proposito perseverans. Et sequitur Joathan, idest perfectus: quia quotidie in majus proficit. Et sic fit Achaz, idest comprehendens: ex operatione enim augmentatur agnitio, secundum illud (Psal. 63); « Annuntiaverunt opera Dei, et facta « ejus intellexerunt. » Sequitur Ezechias, idest fortis Dominus: quia Deum fortem esse intelligit; et ideo in amorem ejus conversus fit Manasses, idest obliviosus, temporalia tradens oblivioni; et ex hoc fit Amon, idest fidelis: qui enim temporalia contemnit, neminem in re sua defraudat. Et fit Josias, idest salutem Domini secure expectans: Josias enim salus Domini interpretatur.

6. CHRYSOSTOMUS super Matth. (hom. 1, in op. imperf.). Post transmigrationem inter privatas personas primo ponit Jechoniam quasi privatum et ipsum. AMBROSIUS super Lucam (cap. 3, inter med. et fin.). De quo Hieremias (22) dicit: « Scribe « virum istum abdicatum: quia non exurget ex « semine ejus sedens in throno David. » Quomodo autem ex semine Jechoniae nullus regnaturus dicitur per Prophetam? Si enim Christus regnavit, ex semine autem Jechoniae Christus est; Propheta mentitus est. Sed illic futuros ex semine Jechoniae non negatur; et ideo de semine ejus Christus est; et quod regnaverit Christus, non contra Prophetam est: non enim seculari honore regnavit: ipse enim dixit (Joan. 19): « Regnum meum non est de « hoc mundo. »

Jechonias autem genuit Salathiel. CHRYSOSTOMUS super Matth. (hom. 1, in op. imperf., a medio). De Salathiel quidem nihil legimus vel boni, vel mali; tamen putamus sanctum eum fuisse, et in captivitate assidue Deum petiisse pro ipsa calamitate quae contigerat Israel: ideo petitionem Dei eum appellatum fuisse; interpretatur enim petitio Dei. *Salathiel autem genuit Zorobabel*, qui interpretatur fluitio postposita, vel ex commixtione. Vel, hic doctor Babyloniae. Legi (1) (si verum est nescio) quia sacerdotale et regale genus mixtum est in Zorobabel. Propter istum (2) autem reversi sunt filii Israel in terram propriam: quia cum contenderent tres pro sua sententia, vicit Zorobabel, et pronuntiata est omnibus fortior veritas esse; propter quod Darius concessit ei filios Israel redire in sua; et ideo recte secundum providentiam Dei, nominatus est Zorobabel, idest doctor Babyloniae. Quae enim major doctrina quam ostendere veritatem dominatricem esse omnium rerum? GLOSSA (ordinaria). Sed hoc videtur esse contrarium generationi quae legitur in Paralipomenon. Dicitur

(1) *Al.* legitur.
(2) *Al. deest* propter istum.

enim ibi, Jechonias genuisse Salathiel et Phadaja, et Phadaja Zorobabel, et Zorobabel Mosollam, Ananiam et Salamith sororem eorum. Sed scimus multa in Paralipomenon vitio scriptorum depravata. Unde multae et indeterminatae genealogiarum veniunt quaestiones, quas jubet Apostolus evitari. Vel potest dici, Salathiel et Phadaja eumdem esse, quasi binomium. Vel Salathiel et Phadaja fratres esse, et filios ejusdem nominis habuisse; et historiographum secutum fuisse generationem Zorobabel filii Salathiel. De Abiud usque ad Joseph nulla historia invenitur in Paralipomenon; sed alii multi annales leguntur fuisse apud Hebraeos, qui dicebantur Verba dierum, de quibus Herodes rex alienigena dicitur multos combussisse, ut ordo regiae stirpis confunderetur. Et forsitan Joseph nomina parentum ibi legerat, vel alio quoquo modo retinuerat Unde Evangelista seriem istius generationis poterat scire. Notandum tamen, quod prior Jechonias Domini resurrectio, sequens Domini praeparatio dicitur. Utrumque autem convenit Domino Christo, qui dicit (Joan. 11): « Ego sum resurrectio et vita; » et (ibid. 14): « Vado parare vobis locum. » Salathiel, idest petitio mea Deus, illi convenit qui dicit (ibid. 17): Pater sancte, serva illos quos de-« disti mihi. » REMIGIUS. Est etiam Zorobabel, idest magister confusionis, secundum illud (infra 9): *Magister vester cum publicanis et peccatoribus manducat.* Ipse est Abiud, idest pater meus iste, secundum illud (Joan. 10): « Ego et Pater unum « sumus. » Est et Eliacim, idest Deus resuscitans, secundum illud (ibid. 6): « Resuscitabo eum in « novissimo die. » Est et Azor, idest adjutus, secundum illud (1) (ibid. 8): « Qui me misit, me-« cum est. » Ipse est et Sadoch justus, sive justificatus, secundum illud (1 Petr. 3): « Traditus « justus pro injustis. » Est et Achim, idest frater meus iste, secundum illud (infra 12): *Qui fecerit voluntatem Patris mei, hic meus frater est.* Est etiam Eliud, idest, Deus meus iste, secundum illud (Joan. 20): « Deus meus et Dominus meus. » GLOSSA (ordinaria). Est et Eleazar, idest Deus meus adjutor (2), secundum illud Psal. 17, « Deus « meus adjutor meus. » Est et Mathan, idest donans vel donatus, secundum illud (Ephes. 4): « Dedit dona hominibus; » et (Joan. 3): « Sic « Deus dilexit mundum ut Filium suum daret uni-« genitum. » REMIGIUS. Est et Jacob supplantans: quia non solum ipse supplantavit diabolum, sed et hujus potestatem suis fidelibus (3) dedit, secundum illud (Luc. 10); « Ecce dedi vobis potestatem cal-« candi supra serpentes. » Est et Joseph, idest apponens, secundum illud (Joan. 10): « Ego veni « ut vitam habeant, et abundantius habeant. RA-BANUS (4). Sed videamus quid moraliter isti patres significent: quia post Jechoniam, qui dicitur praeparatio Domini, sequitur Salathiel, idest petitio mea Deus: qui enim praeparatus est non petit nisi solum Deum. Sed iterum fit Zorobabel, idest magister Babylonis, scilicet terrenorum hominum, quos facit cognoscere de Deo quod pater est, quod sonat Abiud: et tunc ille populus resurgit a vitiis: unde

sequitur Eliacim, qui resurrectio interpretatur; et idem ad bene operandum adjutus (1), quod sonat Azor; fit Sadoch, idest justus; et tunc dicit fidelis dilectionem proximi. Ipse est frater meus, quod sonat Achim; et per dilectionem Dei dicit, Deus meus, quod sonat Eliud: et sequitur Eleazar, idest Deus meus adjutor: quia recognoscit Deum suum adjutorem. Ad quid autem tendit ostendit Mathan, qui dicitur donum vel donans: expectat enim Deum datorem; et sicut luctatus est in principio, et vitia supplantavit; sic et in fine vitae, quod ad Jacob pertinet; et sic pervenitur ad Joseph, idest ad augmentum virtutum.

7. GLOSSA. Post omnes generationes patrum ponit ultimo generationem Joseph viri Mariae, propter quam omnes aliae introducuntur, dicens: *Jacob autem genuit Joseph.* HIERONYMUS. Hunc locum objicit nobis Julianus Augustus, de dissonantia Evangelistarum: cur Matthaeus Joseph filium dixit Jacob, et Lucas filium eum appellaverit Heli; non intelligens consuetudinem Scripturarum, quod alter secundum naturam, alter secundum legem ei pater sit. Scimus enim hoc per Moysen Deo jubente praeceptum (Deut. 25), ut si frater aut propinquus absque liberis mortuus fuerit, alius ejus accipiat uxorem, ad suscitandum semen fratris vel propinqui sui. Super hoc Africanus temporum scriptor et Eusebius Caesariensis plenius disputaverunt. Ex Historia autem ecclesiastica (in lib. Daphoniae ad Aristidem, lib. 1 ecclesiast. Hist., apud Eusebium Caes. cap. 6, parum ante med.). Mathan enim et Melchi diversis temporibus ex una eademque uxore Jescha nomine singulos filios procrearunt: quia Mathan per Salomonem descendit, uxorem eam primum ceperat, et relicto filio uno Jacob nomine defunctus est: post cujus obitum, quoniam lex viduam alii viro non vetat nubere, Melchi, qui per Mathan genus ducit, cum esset ex eadem tribu, sed non ex eodem genere, relictam Mathan accepit uxorem, ex qua ipse suscepit filium nomine Heli, per quos ex diverso patrum genere efficiuntur Jacob et Heli uterini fratres; quorum alter, idest Jacob, fratris Heli sine liberis defuncti uxorem ex mandato legis accipiens, genuit Joseph, natura quidem generis suum filium; propter quod et scribitur, *Jacob autem genuit Joseph.* Secundum legis vero praeceptum, Heli efficitur filius Jacob: quia frater erat, et ad suscitandum fratris semen acceperat uxorem ejus: et per hoc recta invenitur atque integra generatio et ea quam Matthaeus enumerat, et ea quam Lucas, qui legalem successionem, quae velut adoptione quadam erga defunctos constat, competenti satis per hoc designavit indicio, observans ne in hujusmodi successionibus genuisse aliquem nominaret. AUGUSTINUS de Cons. Evang. (lib. 2, cap. 2, fere sub initio). Commodius enim filius ejus dictus est a quo fuerat adoptatus, quam si diceretur ab illo genitus cujus carne non erat natus. Matthaeus autem dicens, *Abraham genuit Isaac,* et in hoc perseverans donec diceret, *Jacob genuit Joseph,* satis expressit eum patrem produxisse secundum ordinem generationum a quo Joseph non adoptatus, sed genitus erat. Quamquam si etiam Lucas genitum diceret Joseph ab Heli, nec sic nos hoc verbum perturbare deberet: neque enim absurde quisquam dicitur non carne, sed caritate

---

(1) *Al. deest* secundum illud.

(2) *Al. deest* sequens sententia Psal.

(3) *Al.* filiis.

(4) Vel potius Anselmus; nam Rabanus de Christo tantum allegorice interpretatur, nec horum quidquam habet (*Ex edit. P. Nicolai*).

(1) *Il.* et idem et bene operandum ab intus.

genuisse, quem sibi filium adoptaverit. Ex HISTORIA ECCLES. (apud Euseb. lib. 1, cap. 6). Haec autem non nobis ad lubitum reperta, aut absque ullis auctoribus commentata sunt; sed ipsi Salvatoris nostri secundum carnem propinqui, seu studio tanti seminis demonstrandi, seu edocendi quae secundum veritatem gesta sunt, haec tradiderunt. AUGUSTINUS de Cons. Evang. (lib. 2, cap. 4, a med.). Merito autem Lucas, qui non ab initio Evangelii sui, sed a baptismo Christi generationes enarrat, tamquam sacerdotem in expiandis peccatis magis assignans, adoptionis originem ipse suscepit: quia per adoptionem efficimur filii Dei credendo in Filium Dei. Per carnalem vero generationem, quam Matthaeus prosequitur, Filius Dei potius propter nos homo factus est. Satis autem ostendit Lucas se dixisse Joseph filium Heli, quod illi fuerit adoptatus, cum Adam filium dixerit Dei per gratiam, quam postea peccando amisit, tamquam filius in paradiso constitutus sit. CHRYSOSTOMUS in hom. (4, non remote a principio). Positis igitur progenitoribus universis, et finiens in Joseph, addit, *Virum Mariae*, monstrans quod propter illam et hunc in genealogia posuit. HIERONYMUS. Cum autem virum audieris, tibi suspicio non subeat nuptiarum; sed recordare consuetudinis Scripturarum, quod sponsae uxores, et sponsi viri vocantur. GENNADIUS de ecclesiasticis Dogmatibus (10, 11): Natus est autem Dei Filius ex homine, idest ex Maria, et non per hominem (1), idest ex viri coitu, sicut Ebion dicit: unde signanter subdit: *De qua natus est Jesus.* AUGUSTINUS de Haeresibus (cap. 11). Quod est contra Valentinum, qui dixit, Christum nihil assumpsisse de Virgine, sed per illam tamquam per rivum aut fistulam pertransisse. AUGUSTINUS contra Faustum (lib. 26, cap. 7, circa finem). Cur autem carnem ex utero feminae assumere voluerit, summa consilii penes ipsum est: sive quod utrumque sexum hoc modo honorandum judicavit assumendo formam viri, et nascendo de femina; sive aliqua alia causa, quam non temere dixerim. AUGUSTINUS de Quaest. nov. et veter. testam. (2) quaest. 49). Quod autem per olei unctionem praestabat Deus his qui in reges ungebantur, hoc praestitit Spiritus sanctus homini Christo, addita expiatione, quare natus, Christus est (3) appellatus; et hoc est quod dicitur, *Qui vocatur Christus*. AUGUSTINUS de Cons. Evang. (lib. 2, cap. 1, circ. med.). Non tamen erat fas ut eum ob hoc a conjugio Mariae separandum putaret quod non ex ejus concubitu, sed virgo peperit Christum: hoc enim exemplo magnifice insinuatur fidelibus conjugatis, et servata pari consensu continentia, posse permanere conjugium, non permixto corporis sexu, sed custodito mentis affectu; praesertim quia nasci eis filius potuit sine ullo complexu carnali. AUGUSTINUS de Nup. et conc. (lib. 1, cap. 11, in fine). Omne autem nuptiarum bonum impletum est in illis parentibus Christi, fides, proles et sacramentum: prolem cognoscimus ipsum Dominum; fidem, quia nullum adulterium; sacramentum, quia nullum divortium. HIERONYMUS. Quaerat autem diligens lector, et dicat: Cum Joseph non sit pater Domini Salvatoris, quid pertinet ad Dominum ge-

nerationis ordo deductus usque ad Joseph ? Cui respondebimus primo , non esse consuetudinis Scripturarum ut mulierum in generationibus ordo texatur: deinde ex una tribu fuisse Joseph et Mariam: unde ex lege eam accipere cogebatur ut propinquam: et quod simul censentur in Bethlehem, ut de una videlicet stirpe generati. AUGUSTINUS de Nup. et conc. (ut supra). Fuit et series generationis usque ad Joseph producenda, ne in illo conjugio virili sexui, utique potiori, fieret injuria, cum veritati nihil deperiret: quia ex semine David erat Maria. AUGUSTINUS contra Faustum (lib. 13, cap. 9, in initio). Nos ergo credimus etiam Mariam fuisse in cognatione David: quia eis Scripturis credimus quae utrumque dicunt: et Christum ex semine David secundum carnem, et ejus matrem Mariam, non cum viro concumbendo, sed virginem. CONCILIUM EPHESINUM (1) (ex gestis Concil. Ephesini, cap. 6). Cavendus autem est hic Nestorii error, qui sic dicit: Cum divina Scriptura dictura est aut nativitatem Christi, quae ex Maria virgine est, aut mortem, nusquam videtur ponens, Deus, sed aut Christus, aut Filius, aut Dominus: quoniam (2) haec tria naturarum significativa duarum: aliquando quidem hujus, aliquando vero illius, aliquando autem et illius, et istius. Accipe autem ad hoc testimonium: *Jacob genuit Joseph virum Mariae, de qua natus est Jesus qui dicitur Christus.* Deus enim Verbum secunda ex muliere non eguit nativitate. AUGUSTINUS contra Felicianum (cap. 12). Sed non alius Dei et alius hominis; sed idem Christus Dei et hominis filius fuit: et sicut in uno homine aliud animus et aliud corpus; sic in mediatore Dei et hominum aliud Dei Filius, aliud hominis Filius fuit: unus tamen ex utroque Christus Dominus fuit. Aliud, inquam, pro discretione substantiae, non alius pro unitate personae. Sed objicit Haereticus: Nescio quomodo natum doceatis ex tempore quem coaeternum Patri dicitis jam fuisse. Nasci enim est velut quidam motus rei non extantis antequam nascatur, id agens beneficio nativitatis ut sit. Quo colligitur, eum qui erat, nasci non potuisse; et si nasci potuit, non fuisse. Ad quod respondetur ab Augustino (ibid.). Fingamus, sicut plerique volunt, esse in mundo animam generalem, quae sic ineffabili motu semina cuncta vivificet ut non sit concreta cum genitis: nempe cum haec in uterum passibilem materiam ad usus suos formatura pervenerit, unam facit secum esse personam ejus rei, quam non eamdem constat habere substantiam: et fit, operante anima, et patiente materia, ex duabus substantiis unus homo, cum anima aliud doceatur esse (3), aliud caro: sicque animam nasci fatemur ex utero, quam ad uterum (4) venientem vitam dicimus contulisse concepto. Nasci, inquam, ex matre dicitur qui ex hac sibi corpus aptavit, in quo nasci posset: non quia antequam nasceretur; quantum ad se attinet, ipsa penitus non fuisset. Sic ergo, immo multo incomprehensibilius atque sublimius , natus est susceptione perfecti hominis de matre Filius Dei, qui per omnipotentiam singularem omnibus genitis est causa nascendi.

---

(1) *Al.* per hominem, idest non ex Maria, et non per hominem etc.

(2) Vel initio 2 partis quae incipit, *Deus certe perfectus est;* sed non est Augustini (*Ex edit. P. Nicolai*).

(3) *Al.* qua natus est Christus.

(1) Tum part. 1, cap. 9, in epistola Nestorii eo loco relata quoad ultimam appendicem, *Accipe autem etc.* Tum etiam part. 2, act. 1, ex lib. Nestorii quaternione 17 quoad istam (*Ex edit. P. Nicolai*).

(2) *Al.* quam.

(3) *Al.* deest esse.

(4) *Al.* ab utero.

8 Chrysostomus super Matth. (hom. 1, in opere imperfecto). Positis generationibus ab Abraham usque ad Christum, eas in tres partes divisit, per generationes quatuordecim: quia ter completis qua-tuordecim generationibus, mutatus (1) est in Judaeis status hominum: ab Abraham enim usque ad David fuerunt sub Judicibus; a David usque ad transmi-tionem Babylonis sub regibus; a transmigratione usque ad Christum sub Pontificibus. Hoc ergo vult demonstrare: sicut semper completis quatuordecim generationibus, mutatus est hominum status, sic completis quatuordecim generationibus a transmi-gratione ad Christum, necesse est a Christo mutari similiter hominum statum; quod et factum est: post Christum enim omnes gentes sub uno Christo Ju-dice, Rege et Pontifice factae sunt: unde quando Judices, Reges et Pontifices Christi dignitatem prae-figurabant, semper principia eorum in figura fue-runt Christi: primus Judicum Jesus Nave; primus regum David; primus Pontificum Jesus filius Jose-dech. Hoc in figura Christi fuisse, dubitat nemo. Chrysostomus, in hom. (4 in princ.). Vel ideo in tres partes divisit omnes generationes, demonstrans quod neque regimine transmutato facti sunt melio-res; sed sub Judicibus, Regibus, Pontificibus, et Sacerdotibus in eisdem permanserunt malis: pro-pter quod et captivitatem Babylonis commemorat, manifestans quod neque ex hoc sunt correcti. De-scensus autem in Ægyptum non meminit: quia Ægyptios non timebant, sicut Babylonios vel As-syrios (2): et quia illud (3) erat antiquum, hoc autem recens: et quia illuc non propter peccata deducti fuerant, sicut in Babylonem. Ambrosius su-per Lucam (cap. 3, non parum ante finem). Illud autem non praetermittendum putamus quod a David temporibus usque ad Jechoniam, cum septemde-cim fuerint reges Judaeae, quatuordecim generatio-nes Matthaeus posuit. Oportet autem cognoscere, posse plures esse successiones, pauciores generatio-nes: possunt enim diutius vivere aliqui, et serius generare, aut certe penitus exortes generationis (4) existere: itaque non quae regum, eadem genera-tionum tempora. Glossa. Vel potest dici, tres reges esse praetermissos, ut superius dictum est. Ambro-sius super Lucam (cap. 3, non parum ante finem). Rursus ergo cum a Jechonia usque ad Joseph ge-nerationes duodecim computentur; postea quatuor-decim generationes descriptas esse commemoravit. Sed si diligenter advertas, hic quoque quatuorde-cim generationum poterit invenire rationem. Duo-decim enim a Joseph numerantur, tertiadecima est Christus: duos autem Joakim, idest duos Jechonias fuisse Historia indicat, patrem et filium. Non igitur suppressit alterum Evangelista, sed utrumque signi-ficat. Ita, addito minori Jechonia, generationes qua-tuordecim computantur. Chrysostomus super Matth. (homil. 1, in opere imperfecto). Vel unus Jecho-nias bis numeratur in Evangelio, semel ante trans-migrationem, iterum autem post transmigrationem. Hic enim Jechonias, cum esset unus, duas habuit conditiones: fuit enim et rex ante transmigrationem, quasi rex factus a populo Dei; factus est et priva-tus post transmigrationem: ideo ante transmigratio-nem numeratur inter reges, quasi rex; post trans-

migrationem autem inter privatos. Augustinus in lib. de Cons. Evang. (lib. 2, cap. 4). Vel ideo unus in illis progenitoribus bis numeratur, idest Jecho-nias, a quo facta est quaedam in extraneas gentes deflexio, quoniam in Babyloniam transmigratus est. Ubi autem ordo a rectitudine flectitur ut eat in diversum, tamquam angulum facit, illud autem quod in angulo est, bis numeratur: et hic jam Christum praefigurat a circumcisione ad praeputium migra-turum, et lapidem angularem futurum. Remigius. Ideo autem quatuordecim posuit generationes, quia denarius significat decalogum, quaternarius vero quatuor libros Evangelii: unde in hoc ostendit con-cordiam legis et Evangelii. Ideo etiam quaterdena-rium numerum triplicavit, ut ostenderet quia per-fectio legis, prophetiae et gratiae, in fide sanctae Trinitatis consistit. Glossa (1). Vel in hoc numero septiformis gratia Spiritus sancti significatur: hic enim numerus ex septem conficitur: quod autem geminatur, significat, gratiam Spiritus sancti, cor-pori et animae esse necessariam ad salutem. Sic ergo haec generatio dividitur in tres tessaradeca-des: prima est ab Abraham usque ad David, ita quod David ibi includitur; sed secunda a David usque ad transmigrationem, ita quod David ibi non includitur, sed transmigratio sub eo continetur; tertia est a transmigratione usque ad Christum: in qua si dicamus Jechoniam bis numeratum, trans-migratio inclusa est. In prima significantur homi-nes ante legem, in qua quosdam homines natura-lis legis invenies, scilicet Abraham, Isaac et Ja-cob, usque ad Salomonem. In secunda significantur homines sub lege: omnes enim qui in ea inveniuntur, sub lege fuerunt. In tertia homines gratiae; quia terminatur ad Christum, qui gratiae dator fuit: in qua etiam liberatio a captivitate Babyloniae facta est, significans liberationem a captivitate per Chri-stum factam. Augustinus de Cons. Evang. (lib. 2, cap. 4), Cum autem quaterdenas generationes tribus distinxisset articulis, non tamen eas dixit in summa, ut diceret, Fiunt omnes quadraginta et duae: unus enim in illis progenitoribus bis numeratur, scilicet Jechonias: sic ergo non quadraginta et duae, quod faciunt ter quatuordecim, sed propter unam bis nu-meratam quadraginta et una generationes fiunt. Mat-thaeus igitur, qui regiam in Christo constituerat insinuare personam, excepto Christo, quadraginta homines in generationum serie numeravit. Numerus enim iste illud tempus significat quo in hoc sae-culo regi nos oportet a Christo, secundum discipli-nam laboriosam, quam significat illa virga ferrea (2), de qua in Psalmis legitur (Psal. 2), « Reges eos « in virga ferrea. » Quod autem numerus iste hanc temporalem vitam aeternamque significet, illa interim causa de proximo occurrit, quod et tempo-ra annorum quadripartitis vicibus currunt, et mun-dus ipse quatuor partibus terminatur, ab oriente et occidente, aquilone et meridie. Quadraginta au-tem quatuor habent decem. Porro ipsa decem ab uno usque ad quatuor progrediente numero con-summantur. Glossa (3). Vel denarius ad decalogum refertur, quaternarius ad praesentem vitam, quae per quatuor tempora transit: vel per decem vetus

(1) Al. numeratus.
(2) Al non adhuc timebant sicut Assyrios vel Parthos.
(3) Al. aliud.
(4) Al. deest generationis.

(1) Non est in Glossa quae nunc extat, sed in Anselmo; etsi non eodem tenore quo hic, nec eodem ordine (Ex edit. P. Nicolai).
(2) Al. deest sequens Psal. sententia
(3) Sive Anselmus (Ex edit P. Nicolai).

testamentum, per quatuor novum. REMIGIUS. Si quis autem voluerit dicere quod sunt quadraginta et duae generationes, quia non est unus Jechonias, sed duo; dicendum est, quod et iste numerus congruit sanctae Ecclesiae: nascitur enim a septenario et senario: nam sexies septem quadraginta et duo faciunt. Senarius refertur ad laborem, septenarius vero ad requiem.

14. CHRYSOSTOMUS super Matth. (homil. 1, in opere imperfecto). Quoniam superius dixerat, *Jacob autem genuit Joseph*, cui desponsata Maria genuit Jesum: ne aliquis audientium sic aestimaret esse nativitatem quomodo praecedentium patrum, ipse ordinem narrationis suae praecidens dicit: *Christi autem generatio sic erat*; ac si dicat: Generatio quidem eorum quos exposuimus patrum sic fuit quemadmodum retuli; Christi autem generatio non sic, sed ita erat: *Cum esset desponsata mater.* CHRYSOSTOMUS in hom. (4, aliquantulum a princ.). Quasi enim aliquid novum dicturus praemittit modum generationis dicere; ne audiens virum Mariae, aestimes natum esse lege naturae. REMIGIUS. Potest autem ad superiora referri hoc modo: Sic erat Christi generatio sicut dixi; idest, *Abraham genuit Isaac.* HIERONYMUS. Sed quare non de simplici virgine, sed de desponsata concipitur ? Primum ut per generationem Joseph, origo Mariae monstraretur; secundo ne lapidaretur a Judaeis ut adultera; tertio ut in Ægyptum fugiens, haberet solatium mariti. Martyr etiam Ignatius quartam addidit causam, ut partus, inquiens. ejus celaretur diabolo, dum eum putat non de virgine, sed de uxore generatum. CHRYSOSTOMUS super Matth. (homil. 1, in opere imperfecto). Ideo autem et desponsata, et domi habita: nam quemadmodum in ea quae in domo viri concipit, intelligitur conceptio naturalis; ita in ea quae extra domum concepit, est suspecta conjunctio. HIERONYMUS contra Helvidium (in princip. libri). Sciendum autem, quod Helvidius, quidam homo turbulentus, accepta materia disputandi, blasphemare contra Dei matrem incepit; cujus prima propositio fuit: Matthaeus loquitur sic: *Cum esset desponsata.* Ecce, inquit, habes desponsatam, non commendatam, ut dicitis; et utique non ob aliud desponsatam, nisi quoniam nupturam. ORIGENES (hom. 1, inter eas quae ex variis locis sunt collectae, in princ.). Desponsata fuit quidem Joseph, non tamen in concupiscentia juncta. Mater ejus, inquit, mater immaculata, mater incorrupta, mater intacta. Mater ejus: cujus ejus (1) ? Mater est Dei, Unigeniti, Domini, regis, omnium plasmatoris et redemptoris cunctorum. CYRILLUS (2) (ad Joannem Antioch.). Quid enim videbit aliquis in sancta Virgine praeter alias? Si Dei mater non sit, sed Christi, vel Domini, ut Nestorius dicit: nihil enim absurdum est etiam si voluerit quis matrem uniuscujusque unctorum Christi nominare genitricem. Sola vero praeter illas sancta Virgo et Christi genitrix intelligitur ac dicitur. Genuit enim non purum hominem, secundum vos, sed incarnatum potius, et hominem factum ex Deo Pater Verbum. Sed forsitan illud ais: Dic mihi, putasne divinitatis mater facta est Virgo ? Et ad hoc quoque dicimus. quia natum est ex ipsa Dei substantia ejus Verbum, et sine principio temporis

semper coexistens (1) Genitori; in novissimis autem temporibus, quoniam caro factum est, hoc est unitum carni animam habenti rationalem, natum etiam dicitur carnaliter per mulierem. Assimilatur autem quodammodo nativitati quae est secundum nos, hoc sacramentum: matres etenim terrenorum ministrant naturae coagulatam paulatim carnem perficiendam in specie humana. Immittit autem animali spiritum Deus. Sed licet sint istae solummodo terrenorum corporum matres, attamen parientes, totum animal, et non partem, peperisse dicuntur. Tale autem aliquid gestum percipimus in generatione Emmanuel: natum enim est ex Patris substantia Dei Verbum; quia vero carnem assumpsit, propriam eam faciens, necessarium est confiteri quia natus est secundum carnem per mulierem. Quia igitur et Deus vere est, quomodo dubitabit quispiam sanctam Virginem Dei (2) dicere genitricem? LEO Papa (in ser. de Nativ. (3)). Non autem te Dei conceptus turbet, partus te non confundat auditus, quando virginitas quicquid est humani pudoris excusat. Aut quae hic verecundiae laesio, ubi iniit deitas cum amica sibi semper integritate consortium, ubi est interpres Angelus, fides pronuba, dispensatio castitas, donatio virtus, judex conscientia. causa Deus, conceptio integritas, virginitas partus, virgo mater? CYRILLUS ad Joan. Antiochenum (4). Sed si de caelo, et non ex ipsa sanctum corpus Christi factum esse diceremus, ut Valentinus; quomodo intelligeretur Dei genitrix Maria ?

Nomen autem matris ostendit, cum subdit, *Maria.* BEDA super Lucam (lib. 1, cap. 3 (5)). Interpretatur autem Maria stella maris hebraice, domina syriace; quia et lucem salutis, et Dominum mundo edidit.

Cui autem desponsata fuerit, ostendit subdens, *Joseph.* CHRYSOSTOMUS super Matth. (hom. 1, in op. imperf.). Ideoque fabro lignario Maria (6) desponsata erat, quoniam Christus Ecclesiae sponsus omnium salutem hominum operaturus erat per lignum crucis. CHRYSOSTOMUS in hom. (4, inter princ. et medium). Quod autem sequitur, *Antequam convenirent*, non dicitur, Antequam duceretur in domum sponsi, etenim jam intus erat. Consuetudo enim multoties veteribus erat in domo desponsatas habere: quod et nunc quoque fieri videtur, et generi Lot intus cum ipso erant. GLOSSA. Sed dicitur, *Antequam convenirent*, ad carnis commixtionem. CHRYSOSTOMUS super Matth. (hom. 1, in op. imperf.). Ut non ex compassione carnis et sanguinis nasceretur, qui ideo (7) natus est ut carnis et sanguinis solveret passionem. AUGUSTINUS de Nup. et concu. (lib. 1, cap. 12). Nuptialis etiam concubitus ibi non fuit: quia in carne peccati fieri non poterat sine ulla carnis concupiscentia. quae accidit ex peccato, sine qua concipi voluit qui futurus erat sine peccato: ut hinc etiam doceret, omnem quae de concubitu nascitur, carnem esse peccati; quandoquidem sola, quae non inde nata est, non

---

(1) *Al. deest ejus.*

(2) Ad monachos Aegypti: non sicut prius, ad Joannem Antiochenum (*Ex edit. P. Nicolai*).

---

(1) *Al. existens.*

(2) *Al. deest Dei.*

(3) Immo potius Chrysologus post opera Leonis Papae serm. 148 (*Ex edit. P. Nicolai*).

(4) Epist. 28, quae incipit, *Laetertun caeli* (*Ex edit. P. Nicolai*).

(5) Tum in Comment. tum etiam in homiliis hiemalibus feria 4 quatuor temporum (*Ex edit. P. Nicolai*).

(6) *Al. omittitur Maria.*

(7) *Al. ex Deo.*

fuit caro peccati. Augustinus in ser. de Nat. (1)
(ser. 6). Nascitur etiam ab intacta femina Christus:
quia fas non erat ut virtus per voluptatem, castitas
per luxuriam, per corruptionem incorruptio nasceretur. Nec poterat nisi novo ordine adventare de
caelo qui vetustum mortis destruere veniebat imperium. Regnum igitur tenuit virginitatis quae Regem genuit castitatis. Ideo etiam Dominus noster
virgineum sibi requisivit hospitium habitandi, ut
nobis ostenderet Deum in casto corpore portari
debere. Ergo qui scripsit lapideas tabulas sine stilo
ferreo, ipse gravidavit Mariam Spiritu sancto: unde
dicitur: *Inventa est in utero habens de Spiritu sancto.*
Hieronymus. Non ab alio inventa est nisi a Joseph,
qui pene licentia maritali omnia noverat. Chrysostomus super Matth. (hom. 1, in op. imperf.).
Nam, sicut historia non incredibilis docet, quando
gesta sunt quae refert Lucas, Joseph absens erat:
nec enim conveniens est putare praesente Joseph
introisse Angelum ad Mariam, et dixisse quae dixit,
et Mariam respondisse quaecumque respondit. Et
si credamus, Angelum potuisse intrare ad eam et
loqui; plane tamen Mariam abiisse in montana et
mansisse cum Elisabeth mensibus tribus possibile
non fuit praesente Joseph: quia necesse erat ut ab-
sentationis ejus et mansionis diutinae requireret
causas. Postquam autem rediit peregre post tot
menses, invenit eam gravidam manifeste. Chrysostomus in hom. (4, super Matth.). Proprie autem
dicit, *Inventa est*; quod de non excogitatis dici con-
suetum est. Ne autem molestes Evangelistam interrogando qualiter sit natus ex virgine, breviter
expedivit se, dicens, *De Spiritu sancto*; quasi dicat:
Spiritus sanctus est qui est hoc miraculum operatus. Neque enim Gabriel neque Matthaeus amplius (2)
dicere potuerunt. Glossa (3) (ordinaria). Hoc ergo quod dicitur, *Est ex Spiritu sancto*, Evangelista
ex parte sua adduxit, ut cum diceretur habere in
utero, omnis mala removeretur suspicio a mentibus audientium. Augustinus (4) ser. 3 de Trinitate
contra Arianos (serm 191, de tempore). Non
autem sicut quidam sceleratissime opinantur, Spiritum sanctum dicimus fuisse pro semine: sed potentia ac virtute creatoris dicimus operatum. Ambrosius in lib. de Spiritu sancto (lib. 2, cap. 5).
Quod enim ex aliquo est, aut ex substantia est,
aut ex potestate ejus est: ex substantia sicut filius,
qui a patre; ex potestate sicut ex Deo omnia, quomodo et in utero habuit Maria ex Spiritu sancto.
Augustinus (in Ench. ad Laurentium, cap. 40, in
princ.). Profecto autem iste modus quo natus est
Christus de Spiritu sancto insinuat nobis gratiam Dei,
qua homo nullis praecedentibus meritis, in ipso
exordio (5) naturae suae quo esse coepit, Verbo
Dei copularetur in tantam personae unitatem ut
idem ipse esset Filius Dei. Sed cum illam creaturam quam Virgo concepit et peperit, quamvis ad
solam personam Filii pertinentem tota Trinitas fecerit (neque enim separabilia sunt opera Trinitatis), cur in ea facienda solus Spiritus sanctus no-

minatus est? An et quando unus trium in aliquo
opere nominatur, universa operari Trinitas intelligitur? Hieronymus (contra Helvidium non longe ab
exordio.). Sed inquit Helvidius: Neque de non
conventuris Evangelista dixisset, *Priusquam convenirent*: quia nemo de non pransuro dicit, Antequam
pranderet; quasi si quis diceret, Antequam in portu
pranderem, ad Africam navigavi, non posset stare
sententia, nisi ei in portu prandendum sit quandoque: aut non potius sit intelligendum sic, quod
ante, licet saepe et sequentia indicet, tamen nonnunquam (1) ea tantum quae prius cogitabantur
ostendit; nec necesse sit ut cogitata fiant; cum ideo
aliud intervenerit, ne ea quae cogitata sunt fierent.
Hieronymus. Non ergo sequitur ut postea convene-
rint, sed Scriptura quod factum non sit ostendit.
Remigius (2). Vel hoc verbum conveniendi, non
ipsum concubitum, sed tempus significat nuptiarum,
idest quando ea quae fuerat sponsa, incipit esse
uxor. Est enim sensus, *Antequam convenirent*, idest
antequam rite solemnia nuptiarum celebrarent. Augustinus de Cons. Evangel. (lib. 2, cap. 5, in princ.).
Hoc quemadmodum factum sit, quod hic praetermisit Lucas, exponit post commemoratum conceptum
Joannes, ita enarrans (cap. 1): « In mense autem
« sexto missus est Angelus; » et infra: «Spiritus san-
« ctus superveniet in te. » Hoc ergo est quod Matthaeus commemoravit dicens: *Inventa est in utero habens de
Spiritu sancto.*Nec contrarium est, quia Lucas exposuit
quod Matthaeus praetermisit: sicut non est contrarium, quia Matthaeus deinceps continet quod Lucas
praetermisit: sequitur enim: *Joseph autem vir ejus
cum esset justus*, usque ad eum locum ubi scriptum
est de Magis quod *per aliam viam reversi sunt in
regionem suam*. Si quis autem velit unam narrationem ex omnibus quae de Christi nativitate dicuntur ab alterutro, si haec praetermittuntur, ordinare
sic potest: *Christi generatio sic erat*, « Fuit in die-
« bus Herodis, » usque ibi, « Mansit autem Maria
« cum illa quasi mensibus tribus, et reversa est
« in domum suam: » Luc. 1. Et tunc addendum
est quod hic dicitur: *Et inventa est in utero habens
de Spiritu sancto.*

9. Chrysostomus in hom. (4, inter princ. et medium). Cum dixisset Evangelista, quod ex Spiritu
sancto et sine concubitu inventa est in utero habens, ne suspectum habeas Christi discipulum quasi
grandia de suo magistro fingentem, introducit Joseph per ea quae passus est, ad fidem quae dicta
sunt conferentem: unde dicit: *Joseph autem vir ejus
cum esset justus.* Augustinus in ser. de Nativ. (3)
(ser. de temp. 10, de Nativ. 14). Intelligens enim
Joseph Mariae uterum gravidari, turbatur quod
Mariam quam de templo Domini acceperat, et nondum cognoverat, gravidam sentiebat; secumque
aestuabat disputans, et dicens: Quid faciam; Prodo
aut taceo ? Si prodidero, adulterio non consentio,
sed vitium crudelitatis incurro, quia secundum Moysi sententiam lapidandam eam esse cognosco. Si
tacuero, malo consentio, et cum adulteris portionem meam pono. Quoniam ergo tacere malum
est, adulterium prodere pejus est, dimittam eam
a conjugio. Ambrosius super Lucam (lib. 1, cap. 1,

---

(1) Partim sermone 6, partim 13, partim 14, sive in appendice de diversis; tum serm. 22. 23 24, 25. Sed non iisdem verbis quo ad omnia, nec eodem contextu (*Ex edit. P.
Nicolai*).
(2) *Al.* Apostolus.
(3) Sive Anselmus (*Ex edit. P. Nicolai*).
(4) Hieronymus in explanatione cath. fidei, falso ei ad-
scripta (*Ex edit. P. Nicolai*).
(5) *Al.* ex ordine.

(1) *Al.* consequentium.
(2) Habet eadem et Rabanus, quin et Anselmus partim
quo ad ultimam appendicem (*Ex edit. P. Nicolai*).
(3) Nempe in sermone 14, qui est in appendice de diversis 25, nec tamen est Augustini (*Ex edit. P. Nicolai*).

paulo ante finem). Pulchre autem docuit sanctus Matthaeus quid facere debeat justus qui opprobrium conjugis deprehenderit, ut incruentum ab homicidio, castum ab adulterio praestare se debeat: et ideo dicit, *Cum esset justus*. Ubique ergo in Joseph justi gratia et persona servatur, ut testis ornetur: lingua enim justi loquitur judicium veritatis. HIERONYMUS. Sed quomodo Joseph, cum crimen celet uxoris, justus describitur ? In lege enim praeceptum est, non solum reos, sed conscios criminis obnoxios esse peccato. CHRYSOSTOMUS in hom. (4, inter prin. et medium). Sed sciendum, quod justum hic virtuosum in omnibus dicit. Est enim justitia specialis quaedam, ut avaritiam non habere, et altera universalis virtus (1): et sic nomine justitiae maxime utitur Scriptura. Justus igitur existens, idest benignus et mitis, *voluit occulte dimittere eam*, quae non solum traductioni (2), sed etiam poenae secundum legem obnoxia videbatur. Sed Joseph utrumque remisit, quasi supra legem vivens. Sicut enim sol antequam radios monstret, mundum clarificat; sic et Christus antequam nasceretur, multa signa perfectae virtutis apparere fecit. AUGUSTINUS de Ver. Domini (ser. 16, a medio). Vel aliter. Si solus nosti quia aliquis peccaverit in te, eum vis coram hominibus arguere; non es corrector, sed proditor. Unde vir justus Joseph tanto flagitio quod de uxore fuerat suspicatus magna benignitate pepercit. Æstuabat utique certa adulterii suspicio; et tamen, quia ipse solus sciebat, noluit eam divulgare, sed occulte dimittere, volens prodesse peccanti, non punire peccantem. HIERONYMUS. Vel hoc testimonium Mariae est quod Joseph sciens illius castitatem, et admirans quod evenerat, celat silentio, cujus mysterium nesciebat. REMIGIUS (3). Videbat enim gravidam quam noverat castam: et quia legerat (Is. 11): « Egredietur virga de radice Jesse: » unde novit Mariam duxisse originem: et legerat etiam (Isai. 7): « Ecce virgo concipiet; » non diffidebat hanc prophetiam in ea esse implendam. ORIGENES (hom. 1 ex variis locis ante medium). Sed si suspicionem in ea non habebat, quomodo justus erat ut immaculatam dimitteret ? Ideo ergo dimittere volebat, quoniam magnum sacramentum in ea esse cognoscebat, cui approximare se indignum aestimabat. GLOSSA (4). Vel cum vellet eam dimittere, justus erat; cum occulte, pius notatur, eam ab infamia defendens: et hoc est, *Cum esset justus, voluit dimittere eam*; cum nollet eam traducere in publicum, idest diffamare, voluit hoc facere occulte. AMBROSIUS super Lucam (lib. 2, cap. 1 paulo ante fin.). Nemo autem quam non accepit, dimittit; et ideo quam volebat dimittere, fatebatur acceptam. GLOSSA. Vel cum nollet eam traducere in domum suam ad cohabitationem assiduam, *voluit occulte dimittere eam*, idest tempus nuptiarum mutare: vera enim virtus est cum nec pietas sine 'justitia, nec sine pietate servatur justitia; quae separatae ab invicem dilabuntur. Vel justus erat per fidem, qua credebat Christum de virgine nasciturum: unde voluit se humiliare ante tantam gratiam.

12. REMIGIUS. Quia, sicut dictum est, cogitabat Joseph occulte Mariam dimittere; hoc autem si fecisset, perpauci essent qui non magis suspicarentur eam esse meretricem quam virginem: idcirco repente consilium Joseph divino mutatum est consilio: unde dicitur, *Haec autem eo cogitante*. GLOSSA (1). In quo notatur animus sapientis, qui nihil temere vult incipere. CHRYSOSTOMUS in hom. (4, paulo ante medium). Notatur etiam mansuetudo Joseph, quia nulli enarravit suam suspicionem, neque ei quae suspecta erat; sed in se cogitabat. AUGUSTINUS in serm. de Nativ. (ser. de tem. 18, de Nativ. 14). Sed Joseph ista cogitante, non timeat Maria David filia: quoniam sicut David veniam contulit sermo propheticus, sic Mariam liberat Angelus Salvatoris. Ecce enim iterum Virginis ille paranymphus Gabriel advenit: unde sequitur: *Ecce Angelus Domini apparuit Joseph*. GLOSSA (2). Hoc igitur verbo *apparuit* significatur potestas apparentis, qui quando vult, et quomodo, exhibet se videndum. RABANUS. Quomodo autem Angelus Joseph apparuerit, demonstratur cum dicitur, *In somnis*; idest, quomodo Jacob scalam vidit per imaginationem quamdam oculis cordis ostensam. CHRYSOSTOMUS in hom. (4, parum ante med.). Ideo autem non apparuit manifeste Joseph sicut pastoribus, quia valde fidelis erat; pastores autem indigebant quasi rudes. Virgo autem indiguit, quasi primo de maximis instruenda. Similiter etiam Zacharias indiguit ante conceptionem prolis mirabili visione. GLOSSA (3). Apparens Angelus nomen exprimit, genus commemorat, et' timorem excludit, dicens: *Joseph fili David Joseph*; eum ex nomine quasi notum et familiarem sibi ostendit. CHRYSOSTOMUS, super Matth. (hom. 1, in op. imperf.). Filium David eum nominans, voluit eum adducere in memoriam promissionis Dei ad David, ut de semine ejus Christus nasceretur. CHRYSOSTOMUS in hom. (4, parum ante med.) Dicens autem, *Noli timere*. monstrat eum jam timere ne offenderet Deum, quasi adulteram habens; alias neque cogitasset eum expellere. SEVERIANUS (4). Sponsus etiam ne timeat admonetur: quia pius animus, dum compatitur, plus pavescit: ac si dicat: Hic non est mortis causa, sed vitae: quia quae vitam parturit, non meretur occidi. CHRYSOSTOMUS super Matth. (hom. 1, in op. imperf.) Dicens etiam *Ne timeas*, cognitionem se cordis ejus ostendere voluit, ut per hoc futurorum bonorum, quae de Christo erat dicturus, faceret fidem. AMBROSIUS super Lucam (lib. 1, cap. 1, paulo ante finem). Non autem te moveat, quod eam conjugem vocat: non enim virginitatis ereptio, sed conjugii testificatio, nuptiarum celebratio declaratur. HIERONYMUS contra Helvidium (non longe a principio libri qui incipit, « Nuper rogatus »). Non tamen est putandum quod ex eo quod uxor est appellata, sponsa esse desierit: cum hanc esse consuetudinem Scripturae noverimus quod sponsos viros, et sponsas appellet uxores; sicut Deuteronomii (cap. 22) testimonio approbatur. « Si quis (inquit)

---

(1) *Al.* est enim justitia et avaritiam non habere, et universalis virtus.

(2) *Al.* traditoris.

(3) Vel etiam Rabanus, ut jam supra *(Ex edit. P. Nicolai)*.

(4) Minus expresse quam Anselmus his verbis *(Ex edit. P. Nicolai)*.

(1) Sive Anselmus: sic enim tantum Glossa: *Hic docemur diu deliberandum esse in incertis, ne peccetur levitatis (Ex edit. P. Nicolai)*.

(2) Neque id habet Glossa quae nunc extat, sed colligitur ex Ambrosius super illud simile Luc. 1, *Apparuit Angelus etc. (Ex edit. P. Nicolai)*.

(3) Interlinearis aequivalenter, non expresse his verbis: quorum aliqua ex Anselmo etiam desumpta *(Ex edit. P. Nicolai)*.

(4) Immo potius Chrysologus serm. 145, qui *de generatione Christi* inscribitur *(Ex edit. P. Nicolai)*.

« invenerit virginem desponsatam viro in campo,
« et vim faciens dormierit cum ea, moriatur: quia
« humiliavit uxorem proximi sui. » CHRYSOSTOMUS
in hom. (4, parum ante med.) Dicit autem, *Noli
timere accipere*, idest domi retinere (1): jam enim
mente dimissa erat. RABANUS. Vel *noli timere accipere eam*, nuptiali conventu, et assidua cohabitatione.
CHRYSOSTOMUS super Matth. (hom. 1 in op. imperf.)
Propter tres autem causas apparuit Angelus Joseph,
hoc dicens ei. Primo ne justus homo, ignorans
faceret rem injustam ex proposito justo. Deinde propter honorem ipsius matris: nam si dimissa fuisset,
apud infideles, turpi suspicione carere non poterat.
Tertio ut intelligens Joseph sanctam conceptionem,
diligentius se custodiret ab illa quam prius. Ideo
tamen non ante conceptionem Virginis venit ad
Joseph, ut nec cogitaret haec quae cogitavit, nec
pateretur quae passus est Zacharias, culpam infidelitatis incurrens de conceptione conjugis jam lon-
gaevae: incredilior enim erat res virginem posse
concipere quam anum CHRYSOSTOMUS in homil. (4,
paulo ante medium). Vel ideo turbato jam Joseph
Angelus venit, ut appareat Joseph sapientia, et ut
hoc ipsum fieret ei eorum quae dicebantur demonstratio. Dum enim audit ab Angelo quae intra se
cogitaverat, indubitabile signum erat quod a Deo
mitteretur, cujus solius est scire cordis secreta. Sermo
etiam Evangelistae insuspicabilis fit, demonstrans Joseph passum quod probabile (2) est virum pati. Virgo
etiam omnem malam suspicionem effugit, ex hoc
quod vir qui zelotypiam passus est, eam suscepit, et
post conceptionem servavit. Ideo autem Virgo Joseph haec quae Angelus nuntiarat, non dixit, quia
non aestimabat sibi credi a sponso, et maxime
jam in suspicionem adducto: Virgini autem ante
conceptionem annuntiat Angelus, ne si post conceptionem differret, in angustia esset. Oportebat autem
extra turbationem esse illam matrem quae omnium
conditorem recepit. Non solum autem Angelus ab
iniqua commixtione Virginem excusat, sed et supra
naturam concepisse demonstrat, non solum timorem
auferens, sed et laetitiam addens: unde subdit:
Quod enim in ea natum est, de Spiritu sancto est.
GLOSSA (ordinaria) (3). Aliud est nasci in ea, et
aliud ab ea: nasci ab ea, est prodire in lucem;
nasci in ea est idem quod concipi. Vel secundum
praesentiam Angeli quam habet ex Deo, cui futurum quasi praeteritum est, *natum* dicitur. AUGUSTINUS
de Quaest. novi et vet. testamenti (quaest. 52).
Sed si de Spiritu sancto natus est Christus, cur
dictum est (Prov. 7), « Sapientia aedificavit sibi
« domum? » Domus (4) ista gemina ratione debet intelligi. Primum enim domus Christi Ecclesia
est, quam aedificavit sibi sanguine suo: deinde potest et corpus ejus dici domus ejus, sicut dicitur
templum ejus. Factum autem Spiritus sancti, factum
Filii Dei est, propter naturae et voluntatis unitatem; sive enim Pater faciat, sive Filius, sive Spiritus sanctus; Trinitas est quae operatur; et quicquid
tres fecerint, Dei unius est. AUGUSTINUS in Ench.
(ad Laurentium, cap. 58, in princ.). Numquid tamen ideo dicturi sumus patrem hominis Christi
esse Spiritum sanctum, ut Deus Pater Verbum ge-

nuerit, Spiritus sanctus hominem ? Quod ita absurdum est, ut nullae fideles aures id valeant sustinere. Quomodo ergo dicimus Christum natum
de Spiritu sancto, si non eum genuit Spiritus
sanctus?An quia fecit eum?Inquantum enim homo est,
factus est, sicut Apostolus dicit (ad Rom. 1): « Factus
« ex semine David, secundum carnem. » Neque
enim quia mundum istum fecit Deus, dici eum
fas est Dei filium, aut natum ex Deo; sed factum,
vel creatum, vel conditum. Hic autem, cum confiteamur eum natum de Spiritu sancto et Maria
Virgine, quomodo non sit filius Spiritus sancti, et
sit filius Mariae Virginis? (In Ench., cap. 38, in
calce, et princ. 39). Non ergo concedendum est,
quicquid de aliqua re nascitur, continuo ejusdem
rei filium nuncupandum: ut enim omittam aliter
de homine nasci filium, aliter capillum, pediculum
et lumbricum, quorum nihil est filius; certe homines qui nascuntur ex aqua et Spiritu, non aquae
filios recte eos dixerit quispiam; sed Dei Patris, et
matris Ecclesiae. Sic ergo de Spiritu sancto natus
est, et Filius Dei Patris est, non Spiritus sancti.

13. CHRYSOSTOMUS in hom. (4, circa med.).
Quia hoc quod Angelus ad Joseph dixerat, supra
humanam cogitationem et legem naturae erat, non
solum ex praeteritorum revelatione confirmat
quae dixerat, sed etiam ex futuris, dicens, *Pariet
autem filium.* GLOSSA (ordinaria) (1). Ut enim non
videretur Joseph amplius conjugio non esse necessarius, cum conceptio esset facta sine ejus auxilio, ostendit quod quamvis non sit necessarius
conceptui, tamen utilis est procurationi: quia ipsa
pariet filium, et tunc matri et filio erit necessarius:
matri ut ab infamia defendat; filio ut eum nutriat
et circumcidat: quae circumcisio notatur ubi dicit:
Et vocabis nomen ejus Jesum: in circumcisione e-
nim solet dari nomen. CHRYSOSTOMUS super Matth.
(hom 1, in op. imperf.). Non autem dixit, Pariet
tibi filium, sicut ad Zachariam (Luc. 1): « Ecce
« Elisabeth uxor tua pariet tibi filium: » quia
mulier quae ex viro concipit, marito suo filium
parit, quia magis ex illo est quam de ipsa; haec
autem quae non de viro conceperat, non viro filium
peperit, sed sibi tantummodo. CHRYSOSTOMUS in hom.
(4, circa medium). Vel indeterminate hoc posuit,
ut ostendat quod eum peperit orbi terrarum universo. RABANUS. Dicit autem, *Vocabis nomen* (2),
et non impones, quia ab aeterno impositum est.
CHRYSOSTOMUS in hom. (4, ibid.). Hinc autem
ostendit admirabilem esse partum, quia Deus est
qui nomen desuper per Angelum mittit; nec nomen
quodcumque, sed quod est infinitorum bonorum
thesaurus. Ideoque interpretatur illud Angelus, bonam substituens spem, et ex hoc ad credendum
quod dicebatur inducit. Facilius namque solicitamur
ad prospera, et promptius fidem accommodamus
secundis (3). HIERONYMUS (super illud, *Vocabis nomen ejus Jesum*). Jesus enim Hebraeo sermone salvator dicitur. Etymologiam ergo nominis significat
dicens: *Ipse enim salvum faciet populum suum a
peccatis eorum.* REMIGIUS. Ostendit enim eumdem
totius mundi salvatorem, et nostrae salutis auctorem. Salvat quidem non incredulos, sed populum

---

(1) *Al.* intus retinere.

(2) *Al.* improbabile

(3) Quo ad priorem partem ex Anselmo desumpta, sed
non quoad posteriorem (*Ex edit. P. Nicolai*).

(4) *Al.* quomodo.

(1) Ex parte tamen, et obiter: sed plenius Anselmus, ut
jam supra; ubi et habet *officio* pro *auxilio (Ex edit. P. Nicolai).*

(2) Al. *nomen Jesum.*

(3) *Al.* ad talia enim credenda facilius accedere consuevimus.

suum; hoc est, in se credentes salvat, non tam a
visibilibus hostibus (1) quam potius invisibilibus; hoc
est. a peccatis salvat, non armis pugnando, sed
peccata relaxando. SEVERIANUS (2). Veniant et audiant qui requirunt, Quis est quem Maria genuit ?
Ipse enim salvum faciet populum suum, non alterius salvum faciet populum. Unde? *A peccatis eorum.*
Esse Deum qui peccata donat si Christianis non
credis, crede infidelibus, vel Judaeis dicentibus
(Luc. 5): « Nemo potest peccata dimittere nisi
« solus Deus. »

14. REMIGIUS. Mos fuit Evangelistae, ea quae
dicit, de veteri testamento confirmare, propter Judaeos qui in Christum crediderant, ut agnoscerent
ea esse completa in gratia Evangelii quae praedicta
fuerant in veteri testamento; et subdit: *Hoc autem
totum factum est.* Quaerendum autem est in hoc
loco quare dixerit, hoc totum factum esse, cum
superius solam conceptionem narraverit. Sed sciendum, quod hoc ideo dixit, ut demonstraret quod
ante in praesentia Dei factum fuit quam fieret apud
homines. Sive quia praeteritarum rerum erat nar-
rator, totum factum esse dixit: quia quando hoc
scripsit, jam totum factum erat. RABANUS (3). Vel
hoc totum factum esse dicit, quod virgo desponsa-
retur, quod casta servaretur, quod gravida inveniretur, quod per Angelum revelaretur: *ut adimpleretur quod dictum est.* Non enim hoc impleretur
quod virgo conciperet et pareret, nisi desponsata
esset, ne lapidaretur; et nisi ab Angelo secretum
detegeretur, et ita eam Joseph acciperet, ne (4)
dimissa per infamiam efflueret et lapidatione periret. Si ergo ante partum periret, cassaretur prophetia quae ait (Isai. 7): « Pariet filium. » GLOSSA
(ord. super illud. *Ut adimpleretur*). Vel potest
dici, quod *ut* non ponitur causaliter: non enim
ideo impletum est quia implendum erat; ponitur
autem consecutive, sicut et in Genes (49): « Sus-
« pendit alterum in patibulo, ut conjectoris veritas
« probaretur: » quia uno suspenso, conjectoris
veritas est probata: sic et in hoc loco intelligendum
est, quod hoc facto quod praedictum est, prophetia
impleta est. CHRYSOSTOMUS in hom. (5, non procul
mult. a princ.). Vel aliter. Quia vidit Angelus
abyssum divinae misericordiae, naturae leges solu-
tas, et eum qui erat omnibus superior, ad hominem, qui erat omnibus inferior, descendisse: haec
et hujusmodi uno verbo ostendit dicens: *Hoc autem totum factum est*; quasi dicat: Ne putes quod
haec nunc tantum Deo placeant; olim praeordinata
sunt: decenter enim Angelus non Virgini, sed Joseph prophetiam inducit, quasi in Prophetis medi-
tanti et experto Et primo quidem virginem conjugem appellaverat, nunc autem virginem cum
Propheta inducit, ut hoc etiam a Propheta audiret,
quasi diu praemeditatum. Unde ad fidem eorum
quae dicebantur, inducit Isaiam, vel magis Deum:

non enim dicit, Ut impleretur quod dictum est ab
Isaia; sed: *Quod dictum est a Domino* per Isaiam.
HIERONYMUS super Isaiam (lib. 2, in expositione
cap. 7, super illud, « Ecce virgo concipiet »).
Quoniam autem praemittitur in Propheta (Isai. 7):
« Dabit Dominus ipse vobis signum; » novum debet esse atque mirabile. Si autem juvencula vel
puella, ut Judaei volunt, et non virgo pariat; quale
signum poterat appellari, cum hoc nomen aetatis
sit, non integritatis? Et revera virgo Hebraice *Be-
thula* appellatur, quae in praesenti loco non scribitur in Propheta; sed pro hoc verbo positum est
Halma, quod praeter LXX omnes adolescentulam
transtulerunt. Porro *Halma* apud eos ambiguum
est: dicitur enim et adolescentula, et abscondita:
ergo *Halma* non solum puella vel virgo, sed virgo
abscondita dicitur, et secreta, quae nunquam virorum patuerit aspectibus, sed magna parentum diligentia custodita sit. Lingua quoque Punica, quae
de Hebraeorum fontibus manare dicitur (1), proprie
virgo *Halma* appellatur. In nostro quoque sermone
Halma dicitur sancta: omniumque pene linguarum
verbis utuntur Hebraei: et quantum cum mea pu-
gno memoria, nunquam me arbitror *Halma* de
muliere nupta legisse, sed de ea quae est virgo,
ut non virgo solummodo sit, sed in annis adole-
scentiae: potest enim fieri ut virgo sit vetula. Ista
autem virgo erat in annis puellaribus, vel certe
virgo, non puella, quae adhuc virum nosse non
posset. HIERONYMUS super Matth. (super illud, *Hoc
autem totum factum est*). Pro eo autem quod E-
vangelista Matthaeus dicit, *In utero habebit,* in Propheta, quia futurum praedicit, significat quod futurum sit: et scripsit, *Accipiet;* Evangelista autem,
quia non de futuro, sed de praeterito narrat historiam, mutavit, *Accipiet,* et posuit, *Habebit;* qui autem habet, nequaquam accepturus est. Dicit autem:
Ecce virgo in utero habebit, et pariet filium. LEO
in epistola ad Flavianum (epist. 10, cap. 2, paulo
ante medium). Conceptus quippe est de Spiritu
sancto intra uterum Virginis matris, quae ita illum
salva virginitate edidit, quemadmodum salva virginitate concepit. AUGUSTINUS in serm. de Nativit.
(11 de Nativit. et 15 de tempore paulo ante (2)
medium). Qui enim dirupta corporum membra in
aliis poterat reintegrare tangendo, quanto magis in
sua matre quod invenit integrum non violavit nascendo? Crevit enim in ejus partu corporis integritas potius quam decrevit, et virginitas ampliata
est potius quam fugata. THEODOTUS (3) in ser. Ephesini
Concilii. Quia vero Photinus purum hominem dicit
qui natus est, Dei non dicens partum: et qui ex
vulva processit hominem proponit a Deo divisum:
dicat nunc quomodo natura humana per vulvam
virginalem nata, virginitatem vulvae servavit incorruptam ? nullius enim hominis mater virgo permansit. Sed quia natus est carne Deus Verbum,
custodit virginitatem, seipsum Verbum (4) esse o-
stendens: neque enim nostrum verbum cum pari-

---

(1) *Al. deest* hostibus.
(2) Immo potius Chrysologus in ser. 145, qui de *generatione
Christi* inscribitur, circa medium *(Ex edit. P. Nicolai).*
(3) Vel potius Anselmus, ut jam supra: nam Rabanus haec
tantum paulo aliter quam Anselmus: *Quid totum? Quod Angelus ad Virginem missus est, quod ipsa Virgo suo propinquo desponsata est, quod Angelus Joseph per somnium
visus est, quod Mariam accipere jussus est, et pueri nomen
vocare Jesum; et ad quid illud? Ut virgo totius mundi pareret salutem, et virgo intacta in perpetuum perseveraret.
Nec sequentia modo in Glossa extant, sed ex Hugone colliguntur (Ex edit. P. Nicolai).*
(4) *Al. omittitur* ne.

(1) *Al.* ducitur.
(2) *Al.* Qui est in appendice 24, jam ante notatus *(Ex
edit. P. Nicolai).*
(3) Seu ser. 2 de Nativ. Christi, qui refertur in Concilio
Ephesino part. 3, et habitus est a Theodoto Ancyrano, pro
quo corrupte in aliis exemplaribus legitur Theodorus: ut et
serm. 1, quo ad posteriorem appendicem prius corruptam
(Ex edit. P. Nicolai).
(4) *Al.* per verbum.

tur corrumpit mentem, neque Deus Verbum partum eligens peremit virginitatem.

Sequitur, *Et vocabunt nomen ejus Emmanuel.* CHRYSOSTOMUS in hom. (5, ante med.). Consuetudo quidem est Scripturae res quae contingunt pro nominibus ponere. Nihil ergo est aliud quod dicit, *Vocabunt nomen ejus Emmanuel,* quam videbunt Deum cum hominibus: unde non dicit, Vocabis, sed *Vocabunt.* RABANUS lib. 3, ad expositionem cap. 7). Primo quidem Angeli psallentes, secundo Apostoli praedicantes, adhuc et sancti martyres, deinde cuncti credentes. HIERONYMUS super Isaiam. Septuaginta autem, et tres reliqui (1) transtulerunt similiter *Vocabis,* pro quo hic scriptum est *Vocabunt;* quod in Hebraeo non habetur: verbum enim *Charatim* (2), quod omnes interpretati sunt *Vocabis,* potest intelligi *Et vocabit* (3), quod ipsa scilicet virgo quae concipiet et pariet Christum, *Emmanuel* appellatura (4) sit nomine, quod interpretatur *Nobiscum Deus.* REMIGIUS. Quaerendum autem est quis est interpretatus hoc nomen; Propheta aut Evangelista, aut aliquis translator ? Sed sciendum, quod Propheta non est interpretatus: sancto autem Evangelistae quid necesse fuerat interpretari, cum scriberet Hebraeo sermone ? Fortassis quia hoc nomen obscurum erat apud Hebraeos, idcirco dignum erat interpretatione. Sed magis credendum est quod aliquis translator sit interpretatus, ne haberetur hoc nomen obscurum apud Latinos. Hoc denique nomine, duae substantiae, divinitatis scilicet et humanitatis, in una persona Domini Jesu Christi designantur: quia qui ante omnia saecula ineffabiliter genitus est a Deo Patre, idem ipse in fine temporum factus est *Emmanuel,* idest *Nobiscum Deus,* ex Virgine matre. Quod autem dicitur, *Nobiscum Deus,* potest intelligi hoc modo : Nobiscum factus est, idest passibilis mortalis, et per omnia nostri similis absque peccato: sive quia substantiam nostrae fragilitatis quam assumpsit, substantiae suae divinitatis in unitate personae conjunxit. HIERONYMUS super Isaiam (lib. 3, in exposit. cap. 7). Sed sciendum, quod Hebraei hoc de Ezechia filio Achaz prophetari arbitrantur, quod ipso regnante capta sit Samaria: quod omnino probari non potest. Siquidem Achaz filius Joathan regnavit super Judaeam et Hierusalem annis sexdecim, cui successit in regnum filius ejus Ezechias annos natus viginti tres, et regnavit super Judaeam et Hierosolymam annis viginti novem: quomodo ergo quam vidit primo anno Achaz prophetiam, de Ezechiae conceptu dicitur et nativitate, cum eo tempore cum regnare coeperat Achaz, jam novem esset Ezechias annorum ? Nisi forte sextum Ezechiae regni annum quo capta est Samaria, infantiam ejus appellari dicant, non aetatis, sed imperii: quod coactum esse ac violentum etiam stultis patet. Quidam de nostris Isaiam Prophetam duos filios habuisse contendit, Jasub (5) et Emmanuel; et Emmanuel de prophetissa uxore sua esse generatum in typum Domini Salvatoris. Hoc autem fabulosum est. PETRUS Alphonsus (6)

(in dialogo contra Judaeos). Non enim scitur quod aliquis homo illius temporis Emmanuel sit vocatus. Sed objicit Hebraeus: Quomodo stare poterit quod hoc propter Christum dictum sit et Mariam, cum ab Achaz usque ad Mariam multa centena annorum transierunt ? Sed licet ad Achaz loqueretur Propheta, non solum tamen ad eum vel de suo tempore dicta est prophetia. Propter hoc enim dictum est (Isai. 7): « Audite domus David; » non, Audite Achaz. Iterum, « Dabit Dominum ipse vobis signum, » addit ipse; ac si diceret, non alius: ex quo potest intelligi ipsum Dominum signum esse futurum. Quod etiam pluraliter ait, Vobis, et non Tibi, innuit non propter Achaz vel ad ipsum solum hoc dictum fuisse. HIERONYMUS super Isaiam (lib. 3, ad exposit. super haec verba). Est ergo sic intelligendum quod dicitur ad Achaz: Iste puer, qui nascetur ex virgine, domus David, nunc appelletur Emmanuel, idest Nobiscum Deum, quia a rebus ipsis (probabiliter, a duobus regibus inimicis liberata) patebit Deum te habere praesentem. Postea autem vocabitur Jesus, idest salvator, eo quod universum genus hominum sit salvaturus. Non mireris ergo, o domus David, ad rei novitatem, si virgo Deum pariat quae tantam habeat potestatem, ut multo post tempore nasciturus te nunc liberet invocatus. AUGUSTINUS contra Faustum (lib. 12, cap. 45, in initio). Quis autem dementissimus diceret cum Manichaeo, enervis (1) esse fidei de Christo sine teste non credere, cum Apostolus dicat (Rom. 10): « Quomodo cre- « dent ei quem non audierunt ? Aut quomodo au- « dient sine praedicante ? Ut autem non contemnerentur neque fabulosa ducerentur quae Apostoli nuntiabant, demonstrantur haec a Prophetis fuisse praedicta: quia etsi attestabantur miracula, non defuissent qui magicae potentiae cuncta illa tribuerent, nisi talis eorum cogitatio contestatione prophetica vinceretur. Magicis enim artibus longe antequam nasceretur, Prophetas sibi constituere a quibus praenuntiaretur, nemo utique diceret (lib. 13, contra Faustum, cap. 7). Si etiam dixerimus homini gentili, Crede Christo, quia Deus est; et responderit, Unde credo ? prolataque auctoritate Prophetarum, eis se nolle credere dixerit, ostendimus fidem Prophetarum (2) ex his quae ventura cecinerunt, et venisse cernuntur. Credo enim quod eum non lateret, quantas a regibus hujus saeculi persecutiones prius pertulerit christiana religio: videat nunc ipsos reges terrae Christi imperio subjugatos, omnesque gentes eidem servientes: quae omnia per Prophetas fuerunt praedicta. Hoc ergo audiens de scriptura prophetica, et cernens in universa terra completa, moveretur ad fidem. GLOSSA (3) (ord. super illud, *Ut adimpleretur*). Horum ergo errorem Evangelista excludit dicens: *Ut adimpleretur quod dictum est a Domino per Prophetam.* Prophetia autem alia est ex praedestinatione Dei, quam necessarium est evenire omnibus modis, ut sine nostro impleatur arbitrio, ut illa de qua modo agimus:

---

(1) *Al.* septuaginta autem reliqui.
(2) P. Nicolai habet *Verberat,* et in margine Rom. edit. habetur *Karatha.*
(3) Al. *et vocabis.*
(4) *Al.* appellatum.
(5) *Al.* Joseph.
(6) Ille scilicet qui ex Judaeo Christianus, et ab Alphonso rege sic appellatus in baptismate (cum ante Moyses vocare-

---

tur) contra Judaeos ipsos librum scripsit, quem Gesnerus in Biblioth. sua meminit etsi non Possevinus (*Ex edit. P. Nicolai*).
(1) *Al.* verius.
(2) *Al.* prolataque auctoritate Prophetarum ostenderimus fidem Prophetarum etc.
(3) Non sic praecise quantum ad initium ipsum, sed quo ad illa quae sequuntur de prophetiae diversitate, vel aliquam eorum; plenius vero haec eadem Anselmus (*Ex edit. P. Nicolai*).

unde didit, *Ecce*, ad demonstrandum certitudinem
prophetiae: alia est ex praescientia Dei, cui nostrum
admiscetur arbitrium, et cooperante gratia consequimur praemium, vel ab ea juste relicti tormentum: alia non ex praescientia, sed est quaedam comminatio more humano facta; sicut illud (Jonae
3), « Adhuc quadraginta dies, et Ninive subverte-
« tetur » intelligendo, nisi Ninivitae corrigantur.

14. REMIGIUS. Eo aditu rediit vita quo ingressa
est mors. Per inobedientiam enim Adae omnes perditi sumus, per obedientiam Joseph omnes ad pri-
stinum statum incipimus revocari: nam his verbis
magna nobis virtus obedientiae commendatur, quibus
dicitur: *Exurgens autem Joseph fecit sicut praeceperat
ei Angelus Domini.* GLOSSA (ord super illud « E-
« xurgens Maria.) » Non tantum quod praecepit
Angelus fecit, sed etiam sicut praecepit. Quisquis
etiam a Deo monetur, solvat moras, surgat a somno, faciat quod jubetur.

Et accepit Mariam conjugem suam. CHRYSOSTOMUS
super Matth. (hom. 1 in opere imperfecto). Non
in domum accepit eam: nec enim adhuc dimiserat
eam de domo, sed de animo suo deposuerat eam,
et iterum in animum suum eam recepit. REMI-
GIUS (1). Vel accepit celebratis nuptiis ut conjux
vocaretur, non tamen ut concumberet: quia sequitur,
Et non cognoscebat eam. HIERONYMUS contra Helvidium (non longe ab initio libri). Sed Helvidius
superfluo labore desudat, cognoscendi verbum ad
coitum magis quam ad scientiam esse referendum;
quasi hoc quisquam negaverit, et eas ineptias quas
redarguit aliquando prudens quispiam suspicari potuerit. Deinde vult dicere, quod *donec*, sive *usque* adverbium certum tempus significet, quo completo fiat
aliud quod usque ad illud tempus non fiebat: ut hic,
Non cognoscebat eam donec peperit filium. Apparet,
inquit, cognitam esse post partum, cujus cognitionem
filii tantum generatio differebat. Et ad hoc appro-
bandum congerit de Scripturis exempla quam plurima. Ad quod respondemus: *Et non cognoscebat*;
et *usque*, vel *donec* in Scripturis dupliciter intelligenda (2. Et de eo quidem quod scriptum est,
Non cognoscebat, ad coitum esse referendum ipse
disseruit, nullo dubitante quin ad scientiam saepe
referatur, ut ibi (Luc. 2): « Remansit puer Jesus
« in Hierusalem, et non cognoverunt parentes ejus. »
Sic etiam *donec* in Scriptura saepe certum tempus
sicut ipse disseruit, significat, saepe infinitum, ut
est illud (Isai. 46): « Donec senescatis, ego
« sum. » Numquid postquam illi senuerint, Deus
desistit ? Et Salvator in Evangelio (infra 28): *Ecce
ego vobiscum sum usque ad consummationem saeculi.*
Ergo post consummationem saeculi a discipulis ab-
scedet. Et Apostolus (1 ad Corinth. 15): « Opor-
« tet illum regnare donec ponat inimicos sub pe-
« dibus ejus » Numquid postquam illi sub pedibus
erunt, regnare desistet? Intelligat ergo ea de quibus
posset ambigi, si non fuissent scripta, significari; cetera vero nostrae intelligentiae derelinqui: juxta quod
Evangelista illud indicat, de quo scandalum poterat
moveri, non eam cognitam esse a viro usque ad
partum, ut multo magnis intelligeremus cognitam
non fuisse post partum. CHRYSOSTOMUS super Matth.

(hom. 1 in opere imperf. prope fin.) Ut si quis dicat:
Donec ille vixit, non est hoc locutus; numquid per hoc
significavit, quia post mortem ille locutus est ?
quod fieri non potest: sic (1) et Joseph ante partum
credibile fuit ut non cognosceret eam, quia nondum cognoscebat mysterii dignitatem; postquam
vero cognovit quia est facta Unigeniti Dei templum,
quomodo poterat hoc usurpare? Sed sequentes Eunomium putant, quia illi ausi sunt hoc dicere, quod
Joseph hoc ausus fuit, sicut insanus neminem reputat esse sanum. HIERONYMUS contra Helvidium
(parum ante medium libri). Ad summum illud
requiro, cur se abstinuerit Joseph usque ad partus
diem. Respondebit utique: Quia Angelum audierat
dicentem, *Quod in ea natum est.* Qui ergo somnio
tantum credidit ut uxorem non auderet tangere,
hic postquam pastores audierat, Magos viderat, miracula tanta cognoverat, templum Dei, Spiritus
sancti sedem, Domini sui matrem audebat attingere? CHRYSOSTOMUS super Matth. (homil. 1, in opere imperf. prope fin.). Potest etiam dici quod
verbum cognoscendi hic accipitur pro agnitione:
vere enim non agnovit eam ante, cujus fuerat dignitatis; et postquam peperit, tunc cognovit eam,
quia speciosior et dignior facta fuerat quam totus
mundus: quia quem totus mundus capere non poterat, in angusto cubiculo uteri sui sola suscepit.
HILARIUS in hom. (2). Vel aliter. Propter sanctissi-
mae Mariae glorificationem a Joseph cognosci non
potuit, donec peperit: Dominum enim gloriae habens in utero quomodo cognosceretur ? Si Moysi
cum Deo colloquentis glorificata est facies, ut non
possent intendere in eum filii Israel, quanto magis
Maria agnosci vel intueri non poterat, quae Dominum potentiae utero habebat? Post partum autem
a Joseph agnita invenitur specie faciei, non tactu
libidinis. HIERONYMUS super Matthaeum (in fine cap.).
Ex hoc autem quod dicitur, *Filium suum primogenitum*, quidam perversissime suspicantur et alios
filios habuisse Mariam; dicentes, primogenitum non
dici nisi qui habeat et fratres; cum hic mos Scripturarum sit ut primogenitum non eum vocent
quem fratres sequuntur, sed eum qui primus natus sit. HIERONYMUS contra Helvidium (paulo ante
med. lib.). Alioquin si non est primogenitus nisi
quem sequuntur et fratres, tamdiu sacerdotibus
primogenita non debentur, quamdiu et alia fuerint
procreata. GLOSSA (ord. super illud, *Filium suum
primogenitum*). Vel primogenitus dicitur inter omnes electos per gratiam; proprie autem Unigenitus
Dei Patris vel Mariae dicitur.

Sequitur: *Et vocavit nomen ejus Jesum*, die
octavo quo fiebat circumcisio, et nomen impone-
batur. REMIGIUS (3). Liquet autem hoc nomen fuisse
notissimum sanctis Patribus et Dei Prophetis, maxime illi qui dicebat (Psal. 118): « Defecit in
« salutari tuo anima mea; » et (Psal. 12): « Exulta-
vit cor meum in salutari tuo: » et illi qui dicebat
(Habac. 3); « Exultabo in Deo Jesu meo. »

---

(1) Haec habet quoque Rabanus (*Ex edit. P. Nicolai*).
(2) *Al.* intelligi.

(1) *Al.* sicut.
(2) Nihil tale in Hilario, cujus nec stylum sapit, cum nec
ullas penitus homilias inveniatur edidisse, nec verbum *intueri*
passive (ut hic) usurparet. Cujus autem sit non occurrit (*Ex
edit. P. Nicolai*).
(3) Habet eadem et Rabanus vel non dissimilia ubi supra
(*Ex edit. P. Nicolai*).

CAPUT SECUNDUM

1. Cum natus esset Jesus in Bethlehem Judae, in diebus Herodis regis, ecce Magi ab oriente venerunt Hierosolymam, dicentes: Ubi est qui natus est rex Judaeorum? Vidimus enim stellam ejus in oriente, et venimus adorare eum.
2. Audiens autem Herodes rex, turbatus est, et omnis Hierosolyma cum illo. Et congregans omnes principes sacerdotum et scribas populi, sciscitabatur ab eis ubi Christus nasceretur. At illi dixerunt ei: In Bethlehem Judae. Sic enim scriptum est per Prophetam: Et tu Bethlehem terra Juda, nequaquam minima es in principibus Juda: ex te enim exiet dux qui regat populum meum Israel.
3. Tunc Herodes clam vocatis Magis, diligenter didicit ab eis tempus stellae quae apparuit eis; et mittens illos in Bethlehem, dixit: Ite, et interrogate diligenter de puero; et cum inveneritis, renuntiate mihi, ut et ego veniens adorem eum. Qui cum audissent regem, abierunt.
4. Et ecce stella quam viderant in oriente, antecedebat eos, usque dum veniens staret supra ubi erat puer.
5. Videntes autem stellam, gavisi sunt gaudio magno valde. Et intrantes domum, invenerunt puerum cum Maria matre ejus, et procidentes adoraverunt eum: et apertis thesauris suis, obtulerunt ei munera, aurum, thus, et myrrham.
6. Et responso accepto in somnis ne redirent ad Herodem, per aliam viam reversi sunt in regionem suam
7. Qui cum recessissent, ecce Angelus Domini apparuit in somnis Joseph, dicens: Surge, et accipe puerum et matrem ejus, et fuge in Ægyptum, et esto ibi usque dum dicam tibi. Futurum est enim ut Herodes quaerat puerum ad perdendum eum. Qui consurgens accepit puerum et matrem ejus nocte, et secessit in Ægyptum. Et erat ibi usque ad obitum Herodis: ut adimpleretur quod dictum est a Domino per Prophetam dicentem: Ex Ægypto vocavi filium meum.
8. Tunc Herodes videns quoniam illusus esset a Magis, iratus est valde: et mittens occidit omnes pueros qui erant in Bethlehem, et in omnibus finibus ejus, a bimatu et infra, secundum tempus quod exquisierat a Magis.
9. Tunc adimpletum est quod dictum est per Hieremiam Prophetam dicentem: Vox in Rhama audita est, ploratus et ululatus multus: Rachel plorans filios suos; et noluit consolari, quia non sunt.
10. Defuncto autem Herode, ecce Angelus Domini apparuit in somnis Joseph in Ægypto, dicens: Surge, et accipe puerum et matrem ejus, et vade in terram Israel: defuncti sunt enim qui quaerebant animam pueri.
11. Qui consurgens accepit puerum et matrem ejus, et venit in terram Israel. Audiens autem quod Archelaus regnaret in Judaea pro Herode patre suo, timuit illo ire; et admonitus in somnis, secessit in partes Galilaeae. Et veniens habitavit in civitate quae vocatur Nazareth: ut adimpleretur quod dictum est per Prophetas, quoniam Nazaraeus vocabitur.

1. AUGUSTINUS (1) in ser. de Epiph. Post miraculum virginei partus quo uterus divino numine plenus, salvo pudoris signo, Deum hominem profudit, inter obscuras cubiculi latebras, et praesepis angustias, in quibus infinita majestas membris contractioribus stabulabat, dum pendet ad ubera, et vilium patitur Deus involumenta pannorum, repente novum de caelo sidus terris effulsit, et totius mundi dissipata caligine, noctem convertit in diem, ne dies celaretur in nocte: unde Evangelista dicit: *Cum ergo natus esset Jesus in Bethlehem* etc. REMIGIUS. In principio autem hujus evangelicae lectionis tria ponit. Personam, cum dicitur, *Cum natus esset Jesus*; locum, cum ait, *In Bethlehem Judae*; tempus, cum addit, *In diebus Herodis regis*. Et haec tria ad confirmationem narrandae rei ponuntur. HIERONYMUS super Matth. (cap. 2, parum a princ.). Putamus autem ab Evangelista primum editum, sicut in Hebraico legimus, *Judae*, non Judaeae. Quae est enim aliarum gentium Bethlehem, ut ad distinctionem ejus hic Judaeae poneretur? Judae autem idcirco scribitur, quia et aliam Bethlehem in Judaea legimus in lib. Jesu filii Nave. GLOSSA (ord. super illud, *Bethlehem Judae*). Duae enim Bethlehem sunt: alia quae est in terra Zabulon, altera quae in terra Juda, quae prius vocata est Ephrata. AUGUSTINUS in lib. de Cons. Evang. (lib. 2, cap. 5, non remote a princ.). De civitate autem Bethlehem Matthaeus Lucasque consentiunt. Sed quomodo et qua causa ad eam venerint Joseph et Maria, Lucas exponit, Matthaeus praetermittit. E contra de Magis ab oriente venientibus Lucas tacet, Matthaeus dicit. CHRYSOSTOMUS super Matthaeum (hom. 2, in op. imperf., circa princ.). Sed videamus quid ad utilitatem respiciat, quod Evangelista tempus designat quo Christus nascitur, dicens: *In diebus Herodis regis*: quod dicit ut prophetiam Danielis impletam demonstraret, quae post LXX septimanas annorum Christum nasciturum esse praedicit. Nam ex illo tempore usque ad regnum Herodis LXX septimanarum anni sunt consummati: vel ideo quia quamdiu Judaica gens sub Judaicis Regibus, quamvis peccatoribus, tenebatur, Prophetae mittebantur ad remedium ejus; nunc autem quando lex Dei sub potestate regis iniqui tenebatur, et justitia Dei sub dominatione Romana premebatur, nascitur Christus: quia magna et desperabilis (1) infirmitas medicum artificiosiorem quaerebat. RABANUS. Vel ideo regis alienigenae mentionem fecit, ut impleretur prophetia quae dixit (Gen. 59). « Non auferetur sceptrum de Juda, nec dux « de femore ejus, donec veniat qui mittendus est. » AMBROSIUS super Lucam (lib. 3, inter med. et fin.). Fertur autem quod Idumaei latrones Ascalonem ingressi, Antipatrum inter alios adduxerunt captivum. Is igitur imbutus mysteriis Judaeorum, Hircano Judaeae regi amicitia copulatur; quam pro se ad Pompejum Hircanus direxit: et quia legationis fructu potitus est, per eam gratiam partem regni affectavit. Occiso autem Antipatro, filius ejus Herodes sub Antonio Senatus consulto Judaeis regnare praeceptus est: in quo claret Herodem nulla affinitate gentis (2) Judaeorum regnum quaesisse. CHRYSOSTOMUS in hom. (6, circa med.). Dicitur autem, *Herodis regis*, dignitatem addens, quia et alius fuit (3) Herodes qui Joannem interfecit. CHRYSOSTOMUS super Matth. (hom. 2, in opere imperf.). Dum ergo hoc tempore *natus esset, ecce Magi* veniunt; hoc est confestim ut natus est; magnum Deum ostendentes in parvulo homine. RABANUS. Magi vero sunt qui de singulis rebus philosophantur; sed sermo communis Magos pro maleficis accipit; qui aliter tamen habentur apud gentem

(1) Ut ex serm. 5, praecedentia exemplaria notant; Milleloquium ex 11. At nec serm. 5, quidquam habetur, nec in ullo eorum qui recenti editione continentur, ut nec in ea ullus est 11. (*Ex edit. P. Nicolai*).

(1) *Al.* magis desperabilis.
(2) *Al.* generis.
(3) *Al.* et alius filius.

suam, eo quod sint philosophi Chaldaeorum, et
ab hujus artis scientia (1) reges quoque et principes
ejusdem gentis omnia sapiunt, et ipsi primum ortum Domini intellexerunt. AUGUSTINUS in ser. de
Epiph. (serm. 4, qui est de temp. 32, parum a
princ.). Isti autem Magi quid fuerunt nisi primitiae gentium? Israelitae pastores, Magi gentiles; illi
prope, isti longe, utrique tamen ad angularem lapidem cucurrerunt. (Et serm. 2 de Epiph. qui
est 30 de temp.). Manifestatus est ergo Jesus non
doctis, nec justis: praevalet namque imperitia in
rusticitate pastorum, et impietas in sacrilegiis Magorum. Utrosque sibi lapis ille angularis attribuit:
quippe qui venerit stulta eligere, ut confundere
sapientes, et non vocare justos, sed peccatores: ut
nullus magnus superbiret, nullus infirmus desperaret. GLOSSA (ord. super illud, *Ecce Magi venerunt*).
Hi autem Magi reges fuerunt, qui etsi tria munera
obtulisse dicuntur, non ideo non plures quam tres
fuisse probantur; sed ut per eos gentes, quae ex
tribus filiis Noe natae sunt, venturae ad fidem
praefigurarentur. Vel tot fuerunt principes, qui plures duxerunt in comitatu suo. Venerunt autem non
post annum, quia tunc inveniretur in Ægypto, non
in praesepio, sed tertiadecima die. Ad ostendendum
autem unde venirent, dicitur, *Ab oriente*. REMIGIUS.
Sciendum est autem; quia varia est de Magis opinio. Quidam enim dicunt eos fuisse Chaldaeos;
Chaldaei enim stellam pro Deo colebant; et idcirco dixerunt quod nuncupativus eorum Deus ostenderit Deum verum natum. Alii vero dicunt Persas
eos fuisse. Nonnulli dicunt illos de ultimis finibus
terrae fuisse. Alii vero dicunt illos fuisse nepotes
Balaam: quod magis est credendum; Balaam enim
inter cetera quae prophetavit dixit (Num. 24):
« Orietur stella ex Jacob. » Illi vero habentes hanc
prophetiam, mox ut viderunt stellam novam, intellexerunt regem natum, et venerunt. HIERONYMUS
(in Commentariis super Matth. 2). Et sic hanc
stellam (2) futuram vaticinio Balaam noverant,
cujus erant successores. Sed quaerendum est si
Chaldaei vel Persae, aut de ultimis (3) finibus
terrae fuerunt, quomodo in tam brevi spatio Hierosolymam venire potuerunt? REMIGIUS. Sed sciendum est, quod aliqui solent dicere quod puer qui
tunc natus est, in tam brevi spatio temporis de
ultimis finibus terrae ad se perducere potuit. GLOS-
SA. Vel non mirandum est eos in tredecim diebus
venisse in Bethlehem, cum equos Arabicos et dro-
medarios haberent, qui scilicet sunt veloces ad iter.
CHRYSOSTOMUS super Matth. (hom. 2, in op. imperf. post init.). Vel per biennium ante Christi
nativitatem profecti sunt, et stella eos praecedebat,
et neque esca neque potus defecit in peris eorum.
REMIGIUS. Vel si fuerunt successores Balaam, reges
isti (4) non longe distant a terra promissionis;
idcirco in tam brevi spatio temporis Hierusalem
venire potuerunt. Sed tunc quaerendum est quare
Evangelista dicat eos ab oriente venisse. Quod ideo
est, quia ab illa regione venerunt quae in orientali
parte Judaeis posita est. Pulchre autem ipsi ab
oriente venisse dicuntur, quia omnes qui ad Dominum veniunt, ab ipso et per ipsum veniunt: ipse
enim est oriens, secundum illud Zach. 6, « Ecce

« vir, oriens nomen ejus. » CHRYSOSTOMUS super
Matth. (hom. 2, in opere imperf., non remote a
principio). Vel ab oriente venerunt. Unde dies
nascitur, inde initium fidei processit, quia fides lumen est animarum. Ab oriente ergo venerunt, sed
Hierosolymam. REMIGIUS. Quamvis Dominus ibi natus non esset: quia licet agnoscerent nativitatis
tempus, locum tamen non cognoverunt. Hierusalem
enim regia civitas est, et crediderunt quod talis
puer non nisi in urbe regia nasci debuisset. Sive
ideo venerunt. ut adimpleretur quod scriptum est
(Isa. 2): « De Sion exibit lex, et verbum Domi-
« ni de Hierusalem: » quia ibi primo annuntiatus
est Christus: sive ut studio Magorum damnaretur
pigritia Judaeorum. *Venerunt* ergo *Hierosolymam,
dicentes: Ubi est qui natus est rex Judaeorum?*
AUGUSTINUS in serm. de Epiph. (ser. 2, parum ante
medium). Cum autem multi nati atque defuncti
essent reges Judaeorum, numquid quemquam eorum adorandum Magi quaesierunt? Non (1), quia
nec quemquam eorum de caelo loquentem didicerunt. Non itaque regi Judaeorum, quales esse illic
solebant, hunc tam magnum honorem longinqui
alienigenae ab eodem regno prorsus extranei a se
deberi arbitrantur (2). (Et serm. 7, circa med.).
Sed talem natum esse didicerant, in quo adorando
se salutem, quae secundum Deum est, consecuturos minime dubitarent: neque enim aetas erat saltem cui adulatio humana serviret, non de membris
purpura, non in capite diadema fulgebat, non pompa famulantium, non terror exercitus, non gloriosa
fama praeliorum hos ad eum viros ex remotis
terris cum tanto voto supplicationis attraxerunt.
(Et serm. 6, de Epiph.). Jacebat in praesepio
puer, ortu recens, exiguus corpore, contemptibilis
paupertate. Sed magnum aliquid latebat in parvo,
quod illi homines primitiae gentium, non terra
portante, sed caelo narrante didicerant: unde sequitur: *Vidimus enim stellam ejus in oriente*. Annuntiant et interrogant, credunt et quaerunt, tamquam significantes eos qui ambulant per fidem, et
desiderant speciem. CHRYSOSTOMUS in hom. 6.
Sciendum autem, quod Priscillianistae haeretici, qui
nasci unumquemque hominem sub (3) constitu-
tionibus stellarum putant, hoc in adjutorium sui
erroris assumunt, quod nova stella exiit, cum Dominus in carne apparuit: cujus fuisse fatum eamdem quae apparuit stellam putant. AUGUSTINUS contra Faustum (lib. 2, cap. 1, in princ.). Et secundum Faustum, hic stella inducitur, quae confirmat genesim, ut recte Genesidium hoc magis
nuncupari possit quam Evangelium. GREGORIUS in
hom. (10, ante med.). Sed absit a fidelium cordibus ut esse quid fatum dicant. AUGUSTINUS de
Civit. Dei (lib. 5, cap. 1, paulo a principio). Nam
homines quando fatum audiunt, usitata loquendi
consuetudine non intelligunt nisi vim positionis siderum, qualis est quando quis nascitur sive concipitur; quod aliqui alienant a Dei voluntate. Et hi
ab auribus omnium repellendi sunt, qui qualium-
cumque deorum volunt esse cultores. Aliqui vero
stellas hanc putant habere potestatem traditam sibi
a summa Dei potestate: qui magnam caelo faciunt

---

(1) *Al.* et ad hujus artis scientiam.
(2) *Al.* si enim hanc stellam.
(3) *Al. deest* ultimis.
(4) *Al* istorum.

(1) *Al.* omittitur non.
(2) *Al.* non itaque Judaeorum, quales esse illis solebant
hunc tam magnum hominem longinqui alienigenae ab eodem
regno prorsus ab extraneis a se deberi arbitrantur.
(3) *Al. deest* sub.

injuriam, in cujus velut splendidissima curia opinantur scelera facienda decerni, qualia si aliqua terrena civitas decrevisset, genere humano decernente fuerat evertenda. CHRYSOSTOMUS super Matth. (hom. 2, in opere imperf.). Si ergo aliquis adulter et homicida fiat per stellam, magna est iniquitas illarum stellarum, magis autem illius qui creavit stellas: nam cum sit praescius futurorum Deus, ex quo tanta iniquitas futura per stellas, si voluit ei dare, non est bonus; si noluit ei dare, et non potuit (1), impotens est. Si etiam stellae est quod aut mali sumus aut boni, ergo nec bonum nostrum laudandum est, nec malum virtuperandum, quia nec in nobis est voluntarius actus; ut quid enim mali mei poenam suscipiam, quod non voluntate, sed necessitate commisi? Ipsa denique mandata Dei ne peccent homines, aut hortamenta ut faciant bonum, hanc insipientiam destruunt. Quis enim jubet aliquem ne faciat malum quod non potest declinare; aut faciat bonum ad quod non potest pervenire? GREGORIUS NYSSENUS (2) (lib. 6, Philos. cap. 1). Insipientes vero sunt orationes omnibus secundum fatum existentibus; exulat autem et providentia (3) Dei cum pietate; cum his et homo organum solum invenitur superni circularis motus: ab hoc enim moveri ad operationes ajunt, non solum partes corporis, sed animae (4) excogitationes: et universaliter qui hoc dicunt, quae in nobis sunt, et contingentis naturam destruunt: et ita nihil (5) aliud est hoc quam omnia evertere. Ubi etiam de reliquo erit liberum arbitrium? Liberum enim oportet esse quod est in nobis. AUGUSTINUS de Civit. Dei (lib. 5, cap. 6, circa med). Non usquequaque autem absurde dici potest, ad solas corporum differentias afflatus quosdam valere sidereos, sicut solaribus accessibus et decessibus videmus anni tempora variari, et lunaribus incrementis atque decrementis augeri et minui quaedam genera rerum, sicut conchas, et mirabiles aestus Oceani; non autem animi voluntates positionibus siderum subdi. (Et cap. 1). Quod si dicantur stellae significare ista potius quam facere; quid est quod nunquam dicere potuerunt, cur in vita geminorum, in actionibus, in eventibus, professionibus, actibus, honoribus, ceterisque rebus ad humanam vitam pertinentibus, atque in ipsa morte plerumque sit tanta diversitas, ut similiores sint multi extranei, quam ipsi inter se gemini, per exiguum temporis intervallum in nascendo separati, in conceptu autem per concubitum uno etiam momento seminati? (Et cap. 2). Quod (6) ergo conantur efficere de intervallo exigui temporis quod ipsi inter se gemini dum nascerentur habuerunt, non tantum valet quanta invenitur in geminorum voluntatibus, actibus, moribus casibusque diversitas. (Et cap. 7). Quidam vero non astrorum constitutionem, sed omnium connexionem seriemque causarum, quam Dei summi tribuunt voluntati et potestati (7), fati nomine appellant. Si quis ergo

(1) *Forte* si noluit emendare, non est bonus; si voluit, et non potuit etc.
(2) Immo potius Nemesius in lib. de Natura hominis, cap. 55, quod inscribitur nominatim *de fato*, ut videre est tom. 2 Biblioth. Graec. Patrum (*Ex edit. P. Nicolai*).
(3) *Al* ex providentia.
(4) *Al.* et animae.
(5) *Al.* destruunt ea, et nihil.
(6) *Al. deest haec sententia usque ad citationem.*
(7) *Al.* praesenti.

res humanas fato tribuit quia ipsam Dei voluntatem vel potestatem fati nomine appellat; sententiam teneat, linguam corrigat, quoniam fati nomen solet a loquentibus poni in siderum constitutione. (Et cap. 9). Unde voluntatem Dei fati vocabulo non nuncupamus, nisi forte ut fatum a fando, idest a loquendo, dictum intelligamus. Scriptum est enim (Psal. 61): « Semel locutus est Deus: duo haec « audivi. » Unde non est multum cum eis de verbi controversia laborandum atque certandum. AUGUSTINUS contra Faustum (lib. 2, cap. 5, circa med.). Si autem sub fato stellarum nullius hominis genesim ponimus, ut liberum arbitrium voluntatis ab omni necessitatis vinculo vindicemus; quanto minus illius temporalem generationem sub astrorum conditione credimus factam, qui est universorum aeternus creator et Dominus ? Itaque illa stella quam viderunt Magi, Christo secundum carnem nato, non ad decretum dominabatur, sed ad testimonum famulabatur. Proinde non ex illis erat stellis quae ab initio creaturae itinerum suorum ordinem sub creatoris lege custodiunt, sed novo virginis partu novum sidus apparuit, quod ministerium (1) officii sui etiam ipsis Magis quaerentibus Christum, cum ante faciem praeiret, exhibuit, donec eos usque ad ipsum locum ubi Deus (2) Verbum infans, erat, praeeundo perduceret. Quidam autem astrologi ita constituerunt nascentium hominum fata sub stellis, ut aliquam stellarum, homine aliquo nato, circuitus sui ordinem reliquisse, et ad eum qui natus est, perrexisse asseverent. Sortem quippe nascentis astrorum ordini colligari arbitrantur, non astrorum ordinem ad hominis nati diem posse mutari. Quapropter si stella illa ex his erat quae in caelo peragunt ordines suos, quomodo poterat discernere quid Christus acturus erat, quae nato Christo jussa est relinquere quod agebat ? Si autem, ut probabilius creditur, ad demonstrandum Christum, quae non erat, exorta est; non ideo Christus natus quia illa extitit; sed illa extitit, quia Christus natus est: unde si dici oporteret, non stellam Christo, sed Christum stellae fatum fuisse diceremus: ipse quippe illi, non illa huic nascendi attulit causam. CHRYSOSTOMUS in hom. (6, parum a princip.). Non est hoc etiam astronomiae opus a stellis scire eos qui nascuntur, sed ab hora nativitatis futura praedicere; hi autem tempus nativitatis non cognoverunt, ut hinc sumentes initium a stellarum motu futura cognoscerent; sed e converso. Dicunt ergo, *Vidimus stellam ejus*. GLOSSA (interlinearis). Idest propriam, quia hanc creavit ad ostensionem sui. AUGUSTINUS (3) in ser. de Epiph. Pastoribus Angeli, Magis stella, Christum demonstrat: utrisque loquitur lingua caelorum, quia lingua cessaverat Prophetarum. Caelos Angeli habitant, et sidera exornant: utrisque ergo caeli enarrant gloriam Dei. GREGORIUS (hom. in Evangel. 10, circa princ.). Et rationabiliter Judaeis, tamquam ratione utentibus, rationale animal. idest Angelus, praedicare debuit. Gentiles vero, quia ratione uti nesciebant, ad cognoscendum Dominum non per vocem, sed per signa perducuntur: quia et illis prophetiae tamquam fidelibus, et istis signa tamquam infidelibus data sunt. Eisdem autem Gentibus Christum, cum perfectae esset aetatis, Apo-

(1) *Al.* mysterium.
(2) *Al.* Dominus.
(3) Colligitur ex serm. 2, 3, 4 et 6, sed in Glossa plenius, ut hic (*Ex edit. P. Nicolai*).

stoli praedicant, eumque parvulum et necdum per
humanitatis (1) officium loquentem stella Gentibus
denuntiat: quia nimirum rationis ordo poscebat
ut loquentem jam Dominum loquentes nobis praedicatores, et necdum loquentem elementa muta
praedicarent. Leo Papa in ser. 3 de Epiph. Ipse
etiam Christus expectatio gentium, de quibus quondam beatissimo patri Abrahae innumerabilis fuit
promissa successio, non carnis semine, sed fidei
fecunditate generanda: et ideo stellarum multitudini
comparata, ut ab omnium gentium patre, non terrena, sed caelestis progenies speraretur. Ad credendum ergo promissae posteritatis heredes in sideribus
designati, ortu novi sideris excitantur: ut in quo
caelum est adhibitum in testimonium, caeli famule-
tur obsequium. Chrysostomus in hom. (6 , aliq.
a princ.). Quoniam autem non caelestium una stellarum haec fuit, manifestum est: nulla enim alia stellarum hac via procedit: haec enim ab oriente in
meridiem ferebatur, ita enim Palaestina ad Persi-
dem jacet. Secundo autem a tempore quo videbatur:
non enim in nocte apparuit tantum, sed in media
die; quod non est virtutis stellae, sed nec etiam
lunae. Tertio ab eo quod apparebat, et occultaba-
tur rursus: cum enim intraverunt Hierosolymam,
occultavit seipsam; deinde ubi Herodem reliquerunt, seipsam monstravit. Neque etiam proprium
quemdam gressum habebat; sed cum oportebat ire
Magos, ibat; quando autem stare oportebat, stabat;
sicut et de columna nubis erat in deserto. Quarto,
quia non sursum manens (2) partum Virginis ostendebat, sed deorsum descendens hoc faciebat; quod
non est stellae motus, sed virtutis cujusdam rationalis: unde videtur haec stella virtutis (3) invisibilis fuisse in talem apparentiam formata Remigius. Nonnulli
dicunt hanc stellam fuisse Spiritum sanctum, ut
ipse qui postea super baptizatum Dominum descendit
in specie columbae, in specie stellae apparuerit
Magis. Alii dicunt fuisse Angelum, ut ipse qui apparuit
pastoribus, apparuerit etiam Magis. Glossa (ordin.
super illud, *Vidimus stellam ejus*). Sequitur etiam,
In oriente. Utrum stella in oriente orta sit, an ipsi
ibi positi natam et occidentem viderint, ambiguum
est: potuit enim nasci in oriente, et eos in Hierusalem perducere. Augustinus (4) in ser. de Epiph.
Sed dicturus es: A quibus audierunt quod talis,
scilicet stella, Christum natum significaret (5) ? Profecto ab Angelis aliqua monitione revelationis. Quaeris fortassis: Ab Angelis bonis, an malis ? Christum
quidem et angeli mali, hoc est daemones, Filium
Dei esse confessi sunt. Sed cur non et a bonis hoc
audierint, quando in Christo adorando salus eorum
jam quaerebatur, non iniquitas damnabatur ? Potuerunt ergo illis et Angeli dicere: Stella quam vidistis, Christus est. Ite, adorate illum ubi natus est,
et simul judicate qualis quantusque natus sit. Leo
Papa (in ser. 4 de Epiph.). Vel praeter illam
stellae speciem quae corporeum incitavit obtutum,
fulgentior veritatis radius eorum corda perdocuit;
et hoc quidem ad illuminationem fidei pertinebat.
Augustinus in lib. de Quaest. nov. et vet. test.

(quaest. 63, in princ.). Vel Judaeorum natum regem intellexerunt, cum stella indice temporalis rex
soleat designari. Hi enim Magi Chaldaei non male
volentia astrorum cursum, sed rerum curiositate speculabantur. Sicut enim datur intelligi, traditionem Balaam sequebantur, qui dixit Num. 24, « O-
« rietur stella ex Jacob. » Unde videntes stellam
extra ordinem mundi, hanc intellexerunt quam
Balam futuram indicem regis Judaeorum prophetaverat. Leo Papa in serm. 4. de Epiph. Potuerunt autem illis credita et intellecta sufficere, ut
corporali intuitu non inquirerent quod plenissimo
visu mentis inspexerant; sed diligentia sagacis officii
ad videndum usque puerum perseverans nostri temporis hominibus serviebat: ut sicut omnibus nobis
profuit, quod post resurrectionem Domini vestigia
vulnerum ejus, Thomae Apostoli exploravit manus:
ita ad nostram utilitatem proficeret quod infantiam
ipsius Magorum probavit aspectus: unde dicunt:
Venimus adorare eum. Chrysostomus super Matth.
(hom. 2 in opere imperf. non multum remote a
princ.). Sed numquid nesciebant quia in Hierusalem regnabat Herodes ? Numquid non intelligebant quia quicumque, rege vivente, alterum regem
pronuntiat aut adorat, punitur in sanguine ? Sed
dum considerabant regem futurum, non timebant
praesentem: adhuc non viderant Christum, et jam
parati erant mori pro eo. O beati Magi, qui ante
conspectum crudelissimi regis, priusquam Christum
cognoscerent, Christi facti sunt confessores.

2. Augustinus (1) in ser. de Epiphan. Sicut Magi
desiderant redemptorem, ita Herodes timet successorem: unde sequitur: *Audiens autem Herodes rex
turbatus est.* Glossa. Rex dicitur ut ex collatione
ejus qui quaeritur, hic intelligatur extraneus. Chrysostomus super Matth. (hom. 2 in opere imperf.
parum ante medium). Et ideo turbatur audiens
regem natum Judaeis ex genere Judaeorum, cum
esset ipse genere Idumaeus, ne regno revoluto iterum ad Judaeos, ipse a Judaeis expelleretur, et
semen ejus post ipsum praecideretur a regno:
semper enim grandis potestas majori timori subjecta est: sicut enim rami arborum in excelso positarum, etiam si levis aura flaverit, moventur, sic
et sublimes homines etiam levis nuntii fama con-
turbat; humiles autem, sicut in convalle, plerumque
in tranquillitate consistunt. Augustinus in serm. de
Epiph. (2, ante med.) Quid autem erit tribunal
judicantis, quando superbos reges timere faciebat
nativitas infantis (2) ? Pertimeant reges ad Patris
dexteram jam sedentem, quem rex impius timuit
adhuc matris ubera lambentem Leo Papa in ser. de
Epiph. (4, ante medium). Superfluo tamen Herodes timore turbaris: non capit Christum regio tua, nec
mundi Dominus potestatis tuae coepit esse contentus angustiis. Quem in Judaea regnare non vis,
ubique regnat. Glossa (ord. super illud, *Turbatus
est*). Vel non solum propter se timuit, sed propter
iram Romanorum: decreverant enim Romani, ne
quis rex vel Deus, sine eorum consilio diceretur.
Gregorius in hom. (10, super Evang. in princ.)
Caeli autem rege nato, rex terrae turbatus est:
quia nimirum terrena altitudo confunditur, cum
celsitudo caelestis aperitur. Leo Papa in ser. de
Epiph. (6, ante med.). Herodes etiam diaboli per-

---

(1) *Al.* humanioris.
(2) *Al.* neque etiam sursum manens.
(3) *Al.* virtus.
(4) Inter sermones de diversis post sermonem 66, cum
hac inscriptione tantum *ejusdem de eodem (Ex edit. P. Nicolai).*
(5) *Al.* scilicet Christum natum signaret.

(1) Nempe ex serm. 66, de diversis, cujus initium est,
Solemnitas (*Ex edit. P. Nicolai*).
(2) *Al.* cura (*seu potius* cuna) terrebat infantis.

sonam gerit, cujus sicut (1) tunc fuit incentor,
ita nunc quoque est indefessus imitator. Cruciatur
enim vocatione gentium, et quotidiana potestatis
suae destructione torquetur. Chrysostomus super
Matth. (hom. 2, in opere imperf.). Uterque ergo
zelo proprio turbatur, et sui regni successorem
timebat: Herodes terrenum, diabolus autem caelestem. Ecce autem et Judaicus populus turbatur,
quia magis de auditu isto gaudere debuerat, quia
rex Judaeus surgere dicebatur. Sed turbabantur,
quia de adventu justi non poterant gaudere iniqui.
Aut certe turbantur, ne forte iratus Judaico regi
genus ejus vexaret: unde sequitur: *Et omnis Hierosolyma cum illo.* Glossa (ord. super illud, *Et omnis Hierosolyma cum illo.* Volens illi favere quem
timebat: populus enim plus justo eis favit quos
crudeles sustinet.

Sequitur: *Et congregans omnes principes sacerdotum, et scribas populi.* Ubi nota diligentiam inquiren-
tis, ut si invenerit, faciat quod postea se velle ostendit;
sin autem, excusatus (2) sit Romanis. Remigius.
Scribae autem dicti sunt, non tantum ab officio
scribendi, sed potius ab interpretatione Scripturarum: erant enim legis doctores.

Sequitur: *Sciscitabatur ab eis ubi Christus nasceretur.* Hic attendendum est, quia non dixit ubi
Christus natus est, sed *Ubi nasceretur.* Callide e-
nim interrogavit eos, ut posset agnoscere si de
rege nato laetarentur. Christum autem vocat, quia
noverat inungi regem Judaeorum. Chrysostomus
super Matth. (hom. 2, in opere imperf.). Ut quid
autem interrogat Herodes, qui non credebat Scripturis? Aut si credebat, quomodo sperabat posse interficere illum quem regem futurum esse dicebant?
Sed diabolus instigabat, qui credebat quod Scripturae non mentiuntur. Sic sunt omnes peccatores,
qui hoc ipsum quod credunt, perfecte credere non
permittuntur: quod enim credunt, veritatis est virtus, quae non potest esse occulta; quod autem non
credunt, excaecatio est inimici. Si enim perfecte
crederent, sic viverent quasi post modicum transi-
turi de hoc mundo, non quasi in aeternum mansuri.

Sequitur: *At illi dixerunt: In Bethlehem Judae.*
Leo Papa in ser. de Epiph. (1, paulo ante medium). Magi quidem humano sensu significatum
sibi regis ortum existimaverunt in civitate regia
esse quaerendum. Sed qui servi susceperat formam,
et non judicare venerat, sed judicari, Bethlehem
praelegit nativitati, Hierosolymam passioni. Theodotus (3) (in ser. Conc. Ephesini). Si enim maximam Romam elegisset civitatem, potentia civium
mutationem orbis terrarum factam putarent; si filius
fuisset Imperatoris, potestati utilitatem adscriberent.
Sed quid fecit? Omnia egena et vilia elegit, ut
divinitas cognosceretur orbem transformasse terrarum. Propterea paupereulam elegit matrem, pau-
periorem patriam, egenus fit pecuniis, et hoc tibi
exponit praesepe. Gregorius in hom. (8 super
Evang.). Bene etiam in Bethlehem nascitur: Bethlehem quippe domus panis interpretatur: ipse
namque est qui ait (Joan. 6): « Ego sum panis
« vivus, qui de caelo descendi. » Chrysostomus
super Matth. (hom. 2, in opere imperf.). Cum au-

tem debuissent celare mysterium regis praefiniti a
Deo, maxime in conspectu (1) alienigenae regis,
facti sunt non praedicatores operum Dei, sed proditores mysteriorum ejus; et non solum manifestant mysterium, sed etiam propheticum protulerunt exemplum: unde subjungunt: *Sic enim scriptum est per Prophetam,* scilicet Michaeam (cap.
5). *Et tu Bethlehem terra Juda.* Glossa (ordin.
super illud, *Et tu Bethlehem*). Hoc sic ponit ut ab
eis dictum est, qui etsi non verba, veritatem sensus quodammodo ponunt. Hieronymus (de opt. interpretandi genere, a medio). Unde hic reprehenduntur Judaei de ignorantia: quoniam prophetia dicit,
« Tu Bethlehem Ephrata; » illi dixerunt, *Tu Bethlehem terra Judae.* Chrysostomus super Matth.
(hom. 2, in in opere imperf. ante medium). Sed
adhuc ipsam Prophetiam praecedentes interficien-
dorum parvulorum facti sunt causa: sic enim scriptum
erat, « Ex te exiet rex, qui pascet populum meum
« Israel, et dies ejus a diebus saeculi. » Si ergo
integram prophetiam protulissent, considerans Herodes, quia non erat rex terrenus, cujus dies a
diebus saeculi erant, in tantum furorem non exarsisset.
Hieronymus super Matth. (cap. 2, in initio, et super
Michaeam, cap. 5). Est autem sensus prophetiae
talis. Tu Bethlehem terra Juda vel Ephrata (quod
ideo dicitur, quia est alia Bethlehem in Galgalis
sita) quamvis parvus vicus sis inter millia civitatum Juda, tamen ex te nascetur Christus, qui erit
dominator Israel, qui secundum carnem de David
est, de me tamen natus est ante saecula: et ideo
dicitur: « Egressus ejus ab initio a diebus aeterni-
« tatis: » quia (Joan. 1), « in principio Verbum
« erat apud Deum » (2). Sed hoc ultimum, ut
dictum est, Judaei tacuerunt, alia vero mutaverunt,
vel propter ignorantiam, ut dictum est, vel ad majorem manifestationem, ut Herodi alienigenae intellectum
prophetiae aperirent: unde pro eo quod Propheta
dixit, Ephrata, quod erat nomen antiquum, et forte
Herodi ignotum, dixerunt, *Terra Juda;* pro eo autem quod Propheta dixerat, « Minima es in milli-
« bus Juda, » volens (3) ostendere parvitatem ejus
quantum ad populi multitudinem, dixerunt: *Nequaquam minima es in principibus Juda,* volentes
ostendere magnitudinem dignitatis, provenientem
ex dignitate principis nascituri; quasi dicerent: Magna
es inter civitates ex quibus principes prodierunt.
Remigius. Vel talis est sensus: quamvis minima
videaris inter urbes principatum habentes, tamen
non es minima: quia *ex te exiet dux qui regat populum meum Israel.* Dux autem iste Christus est,
qui populum fidelem regit et gubernat. Chrysostomus
in hom. (1, prope princ.). Intende autem certitudinem prophetiae; non enim dixit quod in Bethlehem
erit, sed quod de Bethlehem exiet; ostendens quod
ibi solum nasceretur. Quomodo autem habet rationem de Zorobabel haec dicta esse ut quidam dicunt? Non enim exitus ejus fuit a principio ex
diebus saeculi: neque etiam ex Bethlehem exivit,
cum non in Judaea, sed in Babylonia natus sit.
Est etiam ad hoc, testimonium quod dicit: *Nequa-*

---

(1) *Al. deest* sicut.
(2) *Al.* accusatus.
(3) Sive serm. 1 de Nativitate Domini, qui refertur in
Concil. Ephes. par. 3, cap. 9, ut jam indicatum est supra
(*Ex edit. P. Nicolai*).

(1) *Al.* maximum conspectus.
(2) Glossa. Nihil tale in Glossa quae nunc extat, neque
etiam alibi sub his verbis occurrit, vel in Beda vel in Rabano
vel in Ruperto vel in Anselmo vel in Hugone, ut nec in
Hieronymo vel in Chrysostomo; sed ex his atque illis aequivalenter colligitur (*Ex edit. P. Nicolai*).
(3) *Al.* volentes.

quam minima es, quia ex te exiet: nullus enim alius illustrem fecit villam in qua nasceretur quam Christus. Post nativitatem enim a finibus orbis terrarum veniunt visuri praesepe et tugurii locum. Non autem dixit, Ex te exiet Filius Dei; sed *Dux qui pascet populum meum Israel:* oportebat enim in principio condescendere, ut non scandalizarentur; et quae ad salutem hominum pertinebant praedicare, ut magis inducerentur. Mystice autem dicit (1): *Qui regat populum meum Israel:* Israel enim hic dicit eos qui crediderunt ex Judaeis, si autem non omnes Christus rexit, eorum est accusatio. De gentibus autem interim tacuit, ne scandalizaret Judaeos. Vide autem mirabilem dispensationem: Judaei enim et Magi simul se invicem docent. Judaei a Magis audiunt quod Christum in orientis regione stella praedicabat, et Magi a Judaeis quod Prophetae antiquitus eum nuntiaverunt: ut geminato testimonio confirmati, ardentiori fide expeterent quem et stellae claritas et prophetiae manifestabat auctoritas. Augustinus in serm. de Epiph. (2) (circa medium). Poterat enim stella quae Magos perduxit ad locum ubi erat cum matre Virgine Deus infans. ad ipsam eos perducere civitatem; sed tamen subtraxit se, nec eis prorsus apparuit, donec de civitate in qua Christus nasceretur, et ipsi Judaei dicerent, *In Bethleem Judae:* similes facti fabris arcae Noe, qui aliis ubi evaderent praestiterunt, et ipsi diluvio perierunt; similes lapidibus a milliariis viam ostenderunt, nec ipsi ambulare potuerunt. Audierunt et abierunt inquisitores, dixerunt et remanserunt doctores. Nunc quoque Judaei simile aliquid nobis exhibere non desinunt: nonnulli enim paganorum, quando eis de Scripturis testimonia clare proferimus, ut noverunt Christum ante prophetatum, suspecti ne forte a Christianis ista conficta sint, malunt credere codicibus Judaeorum: et sicut tunc Magi fecerunt, Judaeos dimittunt inaniter lectitare, ipsi pergunt fideliter adorare.

5. Chrysostomus super Matth. (hom. 2 in opere imper., ante medium). Postquam audivit Herodes responsum duplici modo credibile: primum quia a sacerdotibus fuerat dictum, deinde quia exemplo prophetico fuerat comprobatum: non tamen ad devotionem flectitur nascituri regis, sed ad malitiam interfectionis ejus per dolum. Vidit enim quia non poterat Magos nec blandimentis flectere, nec minis terrere, nec auro corrumpere, ut consentirent in interfectionem regis futuri: ideo illos decipere cogitavit: unde dicitur: *Tunc Herodes clam vocatis Magis.* Occulte autem vocavit eos, ut non viderent Judaei quos habebat suspectos: ne forte quasi regem suae gentis amantes proderent consilium ejus. *Diligenter didicit ab eis tempus stellae.* Remigius. Idcirco diligenter, quia callidus erat, et timebat ne non reverterentur ad eum, ut tunc sciret quid ageret de puero occidendo. Augustinus in serm. 7 de Epiph. Ferme autem biennio ante visa est stella mirantibus quid esset. Sed tunc intelligitur indicatum eis cujus esset stella quae jamdiu videbatur, quando natus est qui per illam significabatur (3). Sed postquam Christo nato revelatum est Magis, venerunt ab oriente, et tertiadecima die adoraverunt eum, quem ante paucos dies natum fuisse didicerunt. Chrysostomus in hom. 7. Vel

ante multum tempus haec stella apparuit, quoniam multum tempus in itinere erant Magi consumpturi, ut confestim cum natus esset, Christo assisterent, eum in fasciis adorantes, ut mirabilior appareret. Glossa. Secundum alios vero a die nativitatis Christi creditur stella tantum apparuisse, et peracto officio, cum nova esset, desiit esse. Ait enim Fulgentius (in hom. de Epiph.). Puer natus novam stellam fabricavit. Cognito autem loco et tempore, personam pueri vult non ignorare: unde dicit: *Ite, et interrogate diligenter de puero.* Illud praeceperat quod absque praecepto erant facturi. Chrysostomus in hom. 7. Non autem dicit, *Interrogate* de rege; sed *de puero:* ei enim etiam nomen potestatis inviderat (1). Chrysostomus super Matth. (in opere imperf. ut supra). Ergo ut ad hoc eos induceret, devotionem promittebat, et per eam gladium acuebat, et malitiam cordis sui humilitatis colore depingebat. Talis est consuetudo omnium malignorum, quando aliquem in occulto gravius laedere volunt: humilitatem illi et amicitias fingunt. Unde dicit: *Et cum inveneritis, renuntiate mihi, ut et ego veniens adorem eum.* Gregorius in hom. (10 in Evang. ante med.). Adorare eum se velle simulat, ut quasi hunc, si invenire possit, extinguat.

Sequitur: *Qui cum audissent regem, abierunt.* Remigius. Audierunt Magi Herodem ut quaererent Dominum; sed non ut ad eum reverterentur. Significabant enim bonos auditores, qui bona quae audiunt a malis praedicatoribus faciunt; sed tamen opera illorum non imitantur.

4. Chrysostomus super Matth. (hom. 2 in opere imperf. circa medium). Ex hoc loco ostenditur, quia cum stella deduxisset Magos prope Hierusalem, abscondita est ab eis, ut relicti a stella cogerentur in Hierusalem interrogare de Christo simul et manifestare, propter duo: primo ad confusionem Judaeorum; quia Gentiles stellae tantummodo visione confirmati, Christum per alienas provincias requirebant, et Judaei ab infantia prophetias legentes de Christo, et in suis finibus natum non susceperunt: demum ut interrogati sacerdotes, unde nascitur Christus, ad praejudicium suum responderent, De Bethlehem: quia qui Herodem docuerant de Christo, ipsi ignorabant de illo: et ideo post interrogationem et responsionem habitam subditur: *Et ecce stella quam viderant in oriente, antecedebat eos,* ut considerantes obsequium stellae, regis intelligerent dignitatem. Augustinus in ser. de Epiph. Et ut Christo plenum redderet obsequium, temperavit gradum, donec Magos perduceret ad puerum. Obsequium praebuit, non imperium adduxit: supplices ostendit, hospitium radiavit amplissimo lumine, et tecta nati perfudit, sicque discessit: unde sequitur: *Usque dum veniens staret supra ubi erat puer.* Chrysostomus super Matth. (hom. 2 in opere imperf.). Quid autem mirum si soli justitiae orituro stella ministrabat divina ? Stetit enim supra caput pueri, quasi dicens, Hic est; ut quia loquendo monstrare non poterat, stando demonstraret. Glossa. Hic autem apparet quod stella in aere posita erat, et domui in qua puer erat multum vicina: aliter enim domum non discrevisset. Ambrosius super Lucam (lib. 2, cap. ult.) Haec autem stella via est, et via Christus est. (2): quia secundum incarnationis mysterium

(1) *Al* quod autem dicit.
(2) Et serm. 66, de diversis (*Ex edit. P. Nicolai*).
(3) *Al.* significatur.

(1) *Al.* neque enim principatus nomine eum vocari sustinebat.
(2) *Al.* omittitur est.

Christus est stella: ipse enim est stella splendida
et matutina: unde ubi Herodes est, non videtur;
ubi autem Christus, rursum videtur, et viam monstrat. REMIGIUS. Vel stella significat gratiam Dei,
Herodes diabolum. Qui autem per peccatum se diabolo subdit, mox gratiam perdit; quod si per poenitentiam recesserit, mox gratiam invenit; quae
non dimittit donec perducat ad domum pueri, idest
Ecclesiam. GLOSSA (ord. super illud, *Et ecce stella*).
Vel stella est illuminatio fidei, quae ad proximum
ducit: quam dum divertunt ad Judaeos, Magi amittunt: quia dum a malis consilium quaerunt, veram
illuminationem perdunt.

5. GLOSSA. Postquam praemissit stellae obsequium,
subjungit Evangelista Magorum gaudium, dicens:
*Videntes autem stellam, gavisi sunt gaudio magno
valde*. REMIGIUS. Et sciendum, quod non satis fuit
dicere Evangelistae, *Gavisi sunt*; sed addidit, *Gaudio
magno*; et *valde*. CHRYSOSTOMUS super Matth. (hom.
2 in opere imperf.). Gavisi sunt, quia spes eorum
non erat decepta, sed amplius confirmata, quod
tanti itineris non sine causa susceperunt laborem.
GLOSSA Gaudio gaudet qui propter Deum gaudet,
qui est verum gaudium. Addidit autem et *magno*,
quia de magno gaudebant. CHRYSOSTOMUS (hom. 2
in opere imperf. a medio). Per mysterium enim
stellae intelligebant quoniam dignitas tunc nati
regis excedebat mensuram omnium mundalium regum. Addidit etiam *valde*. REMIGIUS. Quia voluit
ostendere, quod magis gaudent homines de rebus
perditis quam semper possessis.

Subditur autem: *Et intrantes domum, invenerunt.*
LEO Papa in serm. de Epiph. (4, circa medium).
Quantitate parvum, alienae opis indigum, fandi
impotentem, et in nullo ab humanae infantiae generalitate discretum; quia sicut fidelia erant testimonia quae in eo majestatem invisibilis divinitatis
ostenderent, ita probatissimum debebat esse, sempiternam illam essentiam Filii Dei, veram suscepisse hominis naturam.

Cum Maria matre ejus. CHRYSOSTOMUS super
Matth. (hom. 2 in opere imperf.). Non diademate
coronata, aut in lecto aureo recumbente: sed vix
tunicam habente unam, non ad ornamentum corporis, sed ad tegumentum nuditatis, qualem habere
potuit carpentarii uxor peregre constituta. Si ergo
regem terrenum quaerentes venissent, magis fuissent
confusi quam gavisi, quia tanti itineris laborem
sine causa suscepissent. Nunc autem quia caelestem
regem quaerebant, etsi nihil regale videbant, in eo
tamen solius stellae testimonio contenti, gaudebant
oculi eorum contemptibilem puerum aspicere, quia
spiritus in corde eorum terribilem eum monstrabat:
unde *procidentes adoraverunt eum:* vident enim
hominem, et agnoscunt Deum. RABANUS. Divino
autem nutu factum est quod abierat Joseph, ne
aliqua malae suspicionis occasio deretur Gentibus.
GLOSSA (1) (ord. super illud, *Et apertis thesauris*):
Qui licet morem suae gentis in donis offerendis
sequantur, Arabes enim auro, thure et diversis generibus aromatum abundant; tamen aliquid mysterii
muneribus demonstrare volebant: unde sequitur:
*Apertis thesauris suis, obtulerunt ei munera, aurum,
thus, et myrrham.* GREGORIUS (hom. 10 in Evang.
a medio). Aurum quippe regi congruit; thus vero
in Dei sacrificium ponebatur; myrrha autem mor-

tuorum corpora condiuntur. AUGUSTINUS (1) in serm.
de Epiph. Aurum igitur solvitur quasi regi magno;
thus immolatur ut Deo; myrrha praebetur quasi
pro salute omnium morituro. CHRYSOSTOMUS (hom.
2, in opere imperfecto). Haec autem etsi tunc non
intelligebantur secundum quale mysterium (2) ista
gerebant, vel quid significaret unumquodque munus,
eorum nihil contrarium est: gratia enim quae illos
haec omnia facere hortabatur, ipsa ordinaverat
universa. REMIGIUS. Et sciendum, quod isti non singula obtulerunt, sed singuli tria; et singuli cum suis
muneribus regem Deum et hominem praedicaverunt.
CHRYSOSTOMUS in hom. (7, circa medium). Erubescant ergo Marcion et Paulus Samosatenus, qui
nolunt (3) videre quae Magi viderunt, qui Ecclesiae
sunt progenitores (4), Deum in carne adorantes.
Nam quod in carne vera sit, panni monstrant, et
praesepe; quoniam autem non ut purum hominem
adorant, sed ut Deum, demonstrant dona, quae
Deo offerre decens erat. Confundantur et Judaei videntes se praeventos a Magis. et neque post illos
venire studentes. GREGORIUS (hom. 10 in Evang.
a medio). Potest et in his aliud intelligi. Auro
namque sapientia designatur, Salomone teste, qui
ait (Prover. 21), « Thesaurus desiderabilis requie-
« scit in ore sapientis. » Thure, quod Deo incen-
ditur, virtus orationis exprimitur, secundum illud
(Psalm. 140): « Dirigatur oratio mea sicut incen-
« sum in conspectu tuo. » Per myrrham vero
carnis mortificatio figuratur. Nato ergo regi aurum
offerimus, si in conspectu ejus sapientiae lumine
splendemus; thus offerimus, si per orationum studia Deo redolere valeamus: myrrham offerimus, si
carnis vitia per abstinentiam mortificamus. GLOS-
SA (5) (ord. super illud: *Obtulerunt ei*). Tres autem viri qui offerunt, significant gentes de tribus
partibus mundi venientes. Thesauros aperiunt dum
fidem cordis per confessionem ostendunt Bene autem
in domo docentes ne thesaurum bonae conscientiae
jactando propalemus. Offerunt tria munera, hoc
est fidem sanctae Trinitatis; vel apertis thesauris Scripturarum, historicum, moralem, et allego-
ricum sensum offerunt, vel Logicam, Physicam, et
Ethicam, dum illa fidei servire faciunt.

6. AUGUSTINUS (6) in ser. de Epiph. Herodes impius
factus ex timore crudelis voluit desaevire. Sed quomodo poterat capere eum qui ipsas fraudes venerat
amputare? Ut ergo ejus fraus elideretur, sequitur:
Et responso accepto. HIERONYMUS (super illud, *Et
responso accepto*). Qui enim munera obtulerunt
Domino, consequenter responsum accipiunt. Responsum, quod graece χρηματισθεντες dicitur, non per
Angelum fit, sed ipsum Dominum, ut meritorum
Joseph (7) privilegium demonstratur. GLOSSA (ord.
super illud, *Et responso accepto*). Fit autem haec
responsio per ipsum Dominum: quia nullus alius
viam reversionis instituit nisi ille qui dicit (Joan. 14),

---

(1) Vel potius Anselmus, cum in Glossa non habeatur,
qualis nunc est (*Ex edit. P. Nicolai*).

(1) Nec id in Augustino nunc occurrit expresse, sed ex
serm. 4 aequivalenter colligitur, ut et ex Chrysologi Sermonibus 157 et 160, et ex Rabano in Matthaeum (*Ex edit. P.
Nicolai*).

(2) *Al.* quasi mysterium

(3) *Al.* volunt.

(4) *Al.* viderunt Ecclesiae progenitores.

(5) Sive Anselmus, ut jam supra (*Ex edit. P. Nicolai*).

(6) Non occurrit inter sermones qui nunc extant (*Ex edit.
P. Nicolai*).

(7) *Al* responsum enim per Angelum fieri dicitur, ut meritorum Joseph etc.

« Ego sum via: » Non tamen loquitur puer ad eos, ne divinitas ante tempus reveletur, et ut vera humanitas habeatur. Dicit autem, *Et responso accepto*: sicut enim Moyses tacitus clamat, sic isti pie affectu interrogabant quid divina juberet voluntas. Dicit autem: *Per aliam viam reversi sunt in regionem suam*: quia infidelitati miscendi non erant Judaeorum. CHRYSOSTOMUS in hom. (8, non remote a princ.). Intuere autem Magorum fidem, qualiter non scandalizati sunt in seipsis dicentes: Si magnus est puer hic, quae necessitas fugae est, et occultae recessionis ? Hoc enim est verae fidei non quaerere causas eorum quae fieri (1) praecipiuntur; sed suaderi solum ab eis. CHRYSOSTOMUS super Matth. (hom. 2 in opere imperf.) Si autem Magi Christum quasi terrenum regem quaesissent, invenientes eum, apud ipsum mansissent: tunc autem adoraverunt, et reversi sunt. Cum autem reversi fuissent, manserunt colentes Deum magis quam ante, et praedicantes multos erudierunt. Et denique cum Thomas ivisset ad provinciam illam, adjuncti sunt ei (2); et baptizati, facti sunt executores praedicationis ipsius. GREGORIUS (homil. 10 in Evang. prope finem). Magnum vero nobis aliquid Magi innuunt, quod in regionem suam per aliam viam revertuntur. Regio quippe nostra paradisus est, ad quem Jesu cognito redire per viam qua venimus prohibemur. A regione etenim nostra, superbiendo, inobediendo, visibilia sequendo, cibum vetitum gustando discessimus; sed ad eam necesse est ut flendo, obediendo, visibilia contemnendo atque appetitum carnis refrenando redeamus. CHRYSOSTOMUS super Matth. (in opere imperf. ut supra). Nec etiam erat possibile ut qui ab Herode ad Christum venissent, redirent ad Herodem: qui enim relicto Christo ad diabolum transeunt per peccatum, frequenter per poenitentiam revertuntur ad Christum. Qui enim fuit in innocentia, dum nescit quid sit malum, facile decipitur: sed cum expertus fuerit malum quod invenit, et recordatus bonum quod perdidit, compunctus redit ad Deum. Qui autem relicto diabolo, venit ad Christum, difficile redit ad diabolum: quia dum gaudet in bonis quae invenit, et recordatur mala quae evasit, difficile redit ad malum.

7. RABANUS. Hic praetermittit Matthaeus diem purificationis, in qua oportebat primogenitum offerri in templo, et agnum, vel par turturum aut columbarum. Et quamvis timerent Herodem, tamen non sunt ausi transgredi legem, quin ad templum puerum deferrent. Cum itaque rumor de puero jam inciperet dilatari, mittitur Angelus qui in Aegyptum faciat puerum transportari: unde dicit: *Angelus Domini apparuit in somnis Joseph.* REMIGIUS. Per hoc quod semper Angelus Joseph in somnis apparuisse dicitur, mystice designatur quia illi qui a curis terrenis et saecularibus negotiis quiescunt, perfrui angelica visione merentur. Dicit ergo ei: *Surge et accipe puerum et matrem ejus.* HILARIUS (cap. 1 in Matth. circa med.). Cum desponsatam eam justo significabat, conjugem nuncupavit; sed post partum mater tantum Jesu ostenditur, ut quemadmodum justo Joseph deputaretur Mariae in virginitate conjugium, ita venerabilis esse ostenderetur in Jesu matre virginitas. CHRYSOSTOMUS super Matth. (hom. 2, in opere imperf.). Non autem dicit, Accipe matrem, et puerum ejus; sed e converso: quia non

(1) *Al.* vere.
(2) *Al. deest* ei.

propter matrem puer natus est; sed propter puerum mater praeparata est. Sequitur: *Et fuge in Aegyptum.* Quomodo autem Filius Dei ante hominem fugit; aut quis liberet de inimicis, si et ipse inimicos suos timet? Et primum quidem oportet ut regulam humanae naturae quam suscepit conservet et in hac parte; quia humanae naturae et puerilitati convenit fugere potestatem minantem; deinde ut ceteri Christiani, cum necessitas persecutionis advenerit, fugere non erubescant. Sed quare in Aegyptum? Recordatus est enim Dominus, qui non in finem irascitur, quanta mala fecerit super Aegyptum; ideo mittit Filium suum in eam, et dat illi magnae reconciliationis signum, ut decem plagas Aegypti una medicina sanaret; ut populus qui ante fuerat persecutor populi primogeniti, custos fieret Filii unigeniti; ut quia illi violenter dominati sunt, isti cum devotione servirent: ut jam non irent ad mare rubrum demergendi, sed vocarentur ad aquas baptismatis vivificandi. AUGUSTINUS (1) in serm. de Epiph. Audi etiam magni mysterii sacramentum. Moyses aliquando in Aegypto perfidis clauserat diem; illuc Christus adveniens sedentibus in tenebris reddidit lucem; fugit ut illuminaret, non fugit ut lateret. Sequitur: *Et esto ibi usque dum dicam tibi: futurum est enim ut Herodes quaerat puerum ad perdendum eum* (Serm. 2 de innocen.). Putabat enim infelix tyrannus Salvatoris adventu regali se solio detrudendum; sed non ita est: non ad hoc venerat Christus ut alienam gloriam invaderet, sed ut suam donaret.

Sequitur: *Qui consurgens, accepit puerum et matrem ejus nocte, et secessit in Aegyptum.* HILARIUS (Can. 1 in Matth. prope fin.). Scilicet idolis plenam: jam enim post Judaeorum insectationem Judaeam relinquens, Christus ad gentes inanissimis religionibus deditas, colendus infertur. HIERONYMUS (in Matth. cap. 2, super illud, *Ecce Angelus*). Quando igitur tollit puerum et matrem ejus, ut in Aegyptum transeat, nocte tollit et in tenebris; quando vero revertitur in Judaeam, nec nox nec tenebrae ponuntur in Evangelio CHRYSOSTOMUS super Matth. homil. 2, in opere imperf., circa fin.). Omnis enim perfectionis angustia nox est, refrigerium autem dies. RABANUS. Vel quia luce vera recedente, lucis ipsius osores in tenebris remanserunt, ipsa vero redeunte illuminantur. CHRYSOSTOMUS in hom. 8. Vide autem statim ipso nato tyrannum insanire, et quod mater cum puero ad extraneam effugatur regionem, ut si tu incipiens alicui spirituali rei deservire, videaris tribulari, non turberis, sed omnia viriliter feras, hoc habens exemplum. BEDA. (2). Quod enim Dominus a parentibus sublatus est in Aegyptum, significat electos saepius malorum improbitate suis effugandos ex sedibus, vel etiam exilio damnandos. Si quidem ipse qui suis erat praecepturus (infra 10): *Cum vos persecuti fuerint in una civitate, fugite in aliam*: primus fecit quod praecepit. fugiendo hominem quasi homo in terra, quem stella Magis paulo ante adorandum monstravit ex caelo. REMIGIUS. Quod autem Dominus in Aegyptum iturus esset, praedixerat Isaias 19, cum ait: « Ecce Dominus ascendet super

(1) Nec id etiam in sermonibus qui nunc extant occurrit. Perperam autem prius cum iis confundebatur quae mox ex 2 serm. de Innoc. reponimus (*Ex edit. P. Nicolai*).
(2) Hom. scil. in natali ss. Innocentium (*Ex edit. P. Nicolai*).

« nubem levem, et ingredietur Ægyptum, et disperdet
« simulacra Ægypti. » Consuetudo autem fuit istius
Evangelistae omnia quae dixit confirmare; et hoc
ideo, quia Judaeis scribebat: ideoque subjungit: *Ut
adimpleretur quod dictum est a Domino per Prophetam dicentem: Ex Ægypto vocavi Filium meum.*
Hieronymus de optimo genere interpretandi (circa
medium). Hoc LXX Interpretes non habent; sed in
Osee Propheta juxta Hebraicam scribitur veritatem
(cap. 11 : « Quia puer Israel est, et dilexi eum; »
et « ex Ægypto vocavi Filium meum: » pro quo
LXX transtulerunt: « Quia parvulus est Israel, et
« dilexi eum, ex Ægypto vocavi Filium meum (1). »
Hieronymus super Osee (lib. 3 in expositione cap.
2). Hoc autem testimonio utitur Evangelista, quia
haec typice referuntur ad Christum. Notandum
enim, quod in hoc Propheta et in aliis ita de adventu Christi, et de vocatione Gentium praenuntia-
tur ut radix historiae non penitus deseratur. Chrysostomus in hom. (8, in Matth.). Est etiam prophetiae lex multa multoties dici de aliis, compleri
autem in aliis: sicut de Simeone et Levi dictum
est (Gen. 49): « Dividam eos in Jacob, et dis-
« pergam in Israel: » quod non in eis, sed in ne-
potibus completum est: quod et hic apparet. Christus enim natura Dei Filius est (2), et sic in eo
vere prophetia completur. Hieronymus (Matth. 2,
super illud, *Ut adimpleretur*). Possumus autem et
hunc locum conciliare, et inducemus testimonium
ex Numeris (cap. 23): « Deus ex Ægypto vocavit
« eum: gloria ejus sicut unicornis. » Remigius. Per
Joseph autem designatur ordo praedicatorum; per
Mariam sacra Scriptura; per puerum notitia Salvatoris; per persecutionem Herodis, persecutio quam
passa est Ecclesia in Hierosolymis; per fugam Joseph in Ægyptum, transitus praedicatorum ad gentes
infideles: Ægyptus enim tenebrae interpretatur; per
tempus quo fuit in Ægypto, spatium temporis ab
ascensione Domini usque ad adventum Antichristi;
per obitum Herodis, extinctio invidiae in cordibus
Judaeorum.

8. Chrysostomus super Matth. (hom. 2, in opere
imperf.). Postquam parvulus Jesus Magos suo imperio subjugavit, non potestate corporis, sed gratia
spiritus, irascebatur Herodes, quia quos ipse sedens
in throno regni suadere non potuit, his Jesus parvulus placuit in praesepio jacens. Deinde contemnentes eum, Magi addiderunt causas doloris: unde
dicitur: *Tunc Herodes videns quoniam illusus esset
a Magis, iratus est valde.* Illa enim regum ira magna et inextinguibilis est quam regni zelus accendit.
Sed quid fecit? *Mittens occidit omnes pueros.* Sicut
enim bestia vulnerata, quicquid oculis ejus occurrit,
quasi auctorem sui vulneris dilaniat; sic et ille de-
lusus a Magis iram suam super parvulos diffunde-
bat. Dicebat enim cogitans in furore: Certe Magi
puerum invenerunt, quem regnaturum dicebant:
nam rex regni zelo repletus, de his omnia timet,
omnia suspicatur. Ideo ergo misit, et interfecit
omnes parvulos, ut unum inveniret in omnibus.
Augustinus in ser. de Epiph. Et dum insequitur
Christum, regi nostro coaevum procuravit exercitum
stolis victricibus candidatum. Augustinus in ser. (3)

3. de Innocentibus: Ecce profanus hostis beatis
parvulis nunquam tantum prodesse potuisset obsequio, quantum profuit odio: nam quantum contra
eos iniquitas abundavit, tantum gratia benedictionis
effulsit. Idem. O parvuli beati! Ille de vestra corona dubitabit in passione pro Christo qui etiam
parvulis baptismum prodesse non existimat Christi:
nam qui natus habere potuit praedicatores Angelos,
narratores caelos, adoratores Magos, potuit et illis,
ne pro eo sic morerentur, praestare, si sciret illa
morte perituros, et non potius felicitate
victuros. Absit ut ad liberandos homines Christus
veniens, de illorum praemio qui pro illo interficerentur, nihil egerit, qui pendens in ligno pro eis
a quibus interficiebatur, oravit. Rabanus. Non est
autem contentus vastatione Bethlehem, sed et adja-
centia loca vastavit; nec ullam misericordiam aetatis
habuit, a filio unius noctis usque ad filium duorum
annorum, quin omnes occideret: unde subdit: *In
Bethlehem et in omnibus finibus ejus a bimatu et
infra.* Augustinus in serm. de Epiph. In caelo enim
viderant Magi ignotissimam stellam non ante paucos
dies, sed ante finem biennii, sicut inquirenti Herodi patefecerunt; unde a bimatu et infra occidit
infantes; propter quod sequitur: *Secundum tempus
quod exquisierat a Magis.* Augustinus (1) in serm.
de Innoc. Vel quia timebat ne puer cui sidera fa-
mulantur, speciem suam paulo super aetatem vel
infra transformaret, vel aetatem sui temporis oc-
cultaret; ideo videtur pueros a bimatu usque ad
pueros unius diei interfecisse. Augustinus de Cons.
Evang. (lib. 2, cap. 11). Vel aliquorum magis
propinquantium periculorum terroribus agitatus,
Herodes ab illa cura, scilicet interficiendi pueros,
mente abrepta, in aliis potius occupatur: vel potuit
credere, Magos fallaci stellae visione deceptos, posteaquam non invenerunt quem natum putaverant,
erubuisse ad se redire; atque ita timore depulso,
a persequendo puero quievit: et sic completis diebus purgationis, tute cum illo ascendere in templum (2) potuerunt. Quis enim non videat unum
illum diem regem multis occupatum latere potuisse?
deinde vulgatis rebus quae in templo dictae factae-
que fuerant, Herodes sensit se a Magis illusum; ac
deinde, sicut hic dicitur, multos infantes occidit.
Beda in hom. (3) (in festo Innocen.). In hac autem morte puerorum, omnium Christi martyrum
pretiosa est mors designata: quod parvuli occisi
sunt, significat per humilitatis meritum ad martyrii
perveniendum gloriam: quod in Bethlehem, et in
omnibus finibus ejus occisi sunt, ostendit in Judaea,
unde Ecclesiae caepit origo, et ubique per orbem
persecutionem saevituram: quod bimi occisi sunt,
doctrina et operatione perfectos indicant; qui vero
infra, simplices: quod illi quidem occisi sunt, et
Christus evasit, insinuat corpora martyrum ab impiis posse perimi, sed Christum ab eis non posse
auferri

9. Chrysostomus in hom. 9. Quia Evangelista horrore implevit auditorem, crudelem occisionem narrans, rursus mitigationem apponit; ostendens quod haec non facta sunt Deo nequeunte

---

(1) *P. Nicolai habet* filios meos, *ut constet contradictio.*
(2) *Al. omittitur* est.
(3) Qui est 72, in appendice de diversis, ubi ultimam appendicem paulo aliis habetur verbis: *Tantum in eis gratiam
benedictionis refudit:* sed quod sequitur sine certo indice,

desumptum est ex serm. 66, qui de Epiph. inscribitur, circa
medium (*Ex edit. P. Nicolai*).
(1) In Augustino non occurrit; sed habet Glossa sine nomine
Augustini, verbis paululum immutatis (*Ex edit. P. Nicolai*).
(2) *Al. deest* templum.
(3) Quae inter hiemales habetur (*Ex edit. P. Nicolai*).

prohibere, atque ignorante, sed per Prophetam
praedicente: unde dicit, *Tunc impletum est.* Hieronymus super Hierem. (lib. 6 in expos. cap. 31,
super illud, « Vox in excelso audita est »). Hoc
Hieremiae testimonium Matthaeus, non secundum
hebraicam veritatem, nec juxta LXX protulit. Ex
quo perspicuum est Evangelistas et Apostolos non
interpretationem alicujus secutos; sed tamquam
Hebraeos, quod legebant hebraice, suis sermonibus
expressisse. Hieronymus super Matth. (super illud,
Tunc adimpletum est). Quod autem dicitur: *In
Rhama*, non putamus loci nomen esse, quod est
juxta Gabaa; sed Rhama excelsum interpretatur;
ut sit sensus: Vox in excelso audita est, idest longe
lateque dispersa Chrysostomus super Matth (hom.
2, in opere imperf.). Vel quoniam de morte innocentium mittebatur, ideo in excelso audiebatur,
secundum illud (Eccli. 35): « Vox pauperis pe-
« netrat nubes. » Quod autem dicit, *Ploratus*, fletum parvulorum ostendit; quod autem dicit, *Ululatus*, matrum significat lamentum. In parvulis
autem mors faciebat finem doloris, in matribus
autem semper per memoriam reparatur: et ideo
dicit: *Ululatus multus*; *Rachel plorans filios suos.*
Hieronymus (super illud Matth., *Tunc adimpletum
est*). De Rachel natus est Beniamin, in cujus tribu
non est Bethlehem. Queritur ergo quomodo Rachel
filios Judae, idest filios Bethlehem, quasi suos plo-
ret. Respondebimus breviter, quia sepulta sit juxta
Bethlehem in Ephrata; et ex corpusculi hospitio,
matris nomen accepit. Sive quoniam Juda et Beniamin duae tribus junctae erant; et Herodes praeceperat non solum in Bethlehem, interfici pueros,
sed et in omnibus finibus ejus; per occisionem
Bethlehem intelligimus multos etiam de Beniamin
fuisse caesos. Augustinus, de quaest. nov. et vet.
Test. (quaest. 63). Vel quia filii Beniamin, qui ad
Rachel pertinent, olim a reliquis tribubus extincti
sunt, et in praesenti et in futuro erasi (1). Tunc
ergo Rachel caepit filios suos plangere quando filios sororis suae in tali causa vidit occisos, ut aeternae vitae heredes existerent: cui enim aliquid
adversum evenit, ex felicitate alterius infausta sua
miserius luget. Remigius. Assumpsit autem sanctus
Evangelista ad exaggerandam magnitudinem luctus,
ut diceret etiam Rachelem mortuam plorasse filios
suos, *et noluit consolari, quia non sunt.* Hieronymus
(super illud Matth. 2, *Tunc adimpletum est*). Et
hoc secundum duplicem intelligentiam: sive quod
eos in aeternum mortuos existimaret, sive quod se
consolari nollet de his quos scivit esse victuros:
ut sit sensus: *Noluit consolari*, de hoc quod non
essent. Hilarius (can. 1 in Matth., in fine). Non
enim non erant hi qui mortui putabantur: in aeternitatis enim profectum per martyrii gloriam ef-
ferebantur: consolatio autem rei amissae erat prae-
standa, non auctae. Rachel Ecclesiae typum praetulit
diu sterilis, nunc fecundae. Hujus ploratus ex filiis,
non idcirco quia peremptos dolebat, auditur; sed
quia ab his perimebatur quos primum genitos filios
retinere voluisset (2). Rabanus (super illud, *Habitavit in Nazareth*). Vel significat, Ecclesiam quidem
plorare sanctorum de hoc saeculo ablationem; sed non
ita velle se consolari, ut qui saeculum morte vicerunt,
rursus ad saeculi certamina secum redeant toleranda:
quia non sunt ultra revocandi in mundum. Glossa

(ord. super illud· *Vox in Rhama audita est*). Vel
non vult consolari in praesenti, quia non sunt, sed
omnem spem et consolationem ad aeternam transmittit vitam. Rabanus (ubi supra). Bene autem
Rachel, quia ovis vel videns dicitur, Ecclesiam figurat, cujus tota intentio ut Deum contempletur,
invigilat; et ipsa est ovis centesima quam pastor
in humeris reportat.

10. Ex Historia eccles. (1) (apud Eus. lib. 1,
cap. 8, et 9). Cum pro sacrilegio, quod Herodes
in Salvatorem commiserat, et scelere quod in ae-
quaevos (2) ejus peregerat, ultio eum divina pe-
rurgeret in mortem; corpus ejus (ut Josephus refert, lib. 19, c. 7) morbus invasit diversus; ita
ut diceretur a vatibus, non morbi corporis haec,
sed divinae ultionis esse supplicia. Ipse autem furore jam plenus nobiliores et primarios ex omni
Judaea ad se colligi, et recludi jubet in carcere;
mandans, statim ut spiritum exhalasset, omnes interfici, ut ejus obitum omnis Judaea defleret invita.
Paulo autem antequam novissimum spiritum redderet, Antipatrum filium suum jugulavit, post duos
pueros (3) quos ante necaverat, scilicet Alexandrum
et Aristobulum. Talis igitur Herodis finis, qui digna supplicia scelere quod in Bethlehem erga parvulos gesserat, et pro insidiis Salvatoris exactus
est: ab Evangelista designatur cum dicit: *Defuncto
autem Herode.* Hieronymus (super illud, *Videns
quod Archelaus*). Multi propter ignorantiam historiae labuntur in errorem, putantes eumdem esse
Herodem, a quo in passione Dominus irridetur, et
qui nunc mortuus esse refertur. Ergo Herodes ille,
qui cum Pilato postea amicitias fecit, hujus Herodis filius est, frater Archelai, quem Tiberius Caesar Lugdunum relegavit, fratremque ejus Herodem
successorem regni fecit. Primo ergo Herode defuncto, *ecce apparuit Angelus Domini in somnis Joseph
in Ægypto, dicens: Surge, et accipe puerum, et matrem ejus.* Dionysius in caelest. Hierarch. (cap. 4,
par. an. finem). Vide quoniam et ipse Jesus super
caelestibus essentiis superexistens, ad id quod secundum nos est, immutabiliter veniens, non refugit
ad se ordinatam et assumptam humanam ordinationem; sed obediens subditur Dei Patris per Angelos dispositionibus, et per Angelos (4) ipsos annuntiatur Joseph a Patre disposita Filii ad Ægyptum
recessio, et iterum ad Judaeam ex Ægypto trans-
ductio. Chrysostomus super Matth. (hom. 2, in opere
imperf.). Vides enim quia Joseph ad ministerium
Mariae erat electus: eunte enim illa in Ægyptum
et redeunte, quis ministerium ei tantae necessitatis
impleret, nisi desponsata fuisset? Nam prima quidem facie Maria puerum nutriebat, et Joseph conservabat; revera autem puer et matrem nutriebat,
et Joseph tuebatur. Sequitur: *Et vade in terram
Israel*: quasi medicus enim descendit in Ægyptum,
ut visitaret eam languentem erroribus, non ut remaneret in ea. Ratio autem reversionis assignatur
cum subditur: *Defuncti sunt enim qui quaerebant
animam pueri.* Hieronymus (super illud, *Defuncti
sunt*). Ex hoc loco intelligimus non solum Herodem, sed etiam sacerdotes et scribas eo tempore

---

(1) *Al.* etiam.
(2) *Al.* quos filios retinere voluisset.

(1) Ubi Josephum citat 17 Antiq. Jud. quem alia exemplaria non indicant; etsi Josephus nihil, ibi de Innocentium
nece, ut videre est cap. 8 ejus libri (*Ex edit. P. Nicolai*).
(2) *Al.* inique vox.
(3) *Al.* filios.
(4) *Al.* medios.

necem Domini fuisse meditatos. Remigius. Sed si multi fuerunt, quomodo in tam brevi spatio extincti sunt? Quia, ut dictum est, Herode mortuo, occisi sunt omnes majores, qui in custodia tenebantur. Chrysostomus super Matth. (hom. 2 in opere imperf.). Quod dicitur consilio factum esse, quia consenserunt Herodi, ut inquireret puerum et occideret: quia scriptum est: *Turbatus est Herodes, et omnis Hierosolyma cum illo.* Remigius. Aut certe locutus est Evangelista per speciem tropi, quando multi ponuntur pro uno. In hoc autem quod dicit, *Animam pueri,* destruuntur haeretici, qui dixerunt, Christum non sumpsisse animam; sed loco animae habuisse divinitatem. Beda in hom. (de Innoc.). Quod autem occisis pro Domino pueris, Herodes non longe post obiit, et Joseph Dominum cum matre ad terram Israel reduxit, significat omnes persecutiones quae contra Ecclesiam erant movendae, persecutorum morte vindicandas, et pacem Ecclesiae denuo reddendam, et sanctos qui latuerant, ad sua loca reversuros. Vel quod defuncto Herode, redit ad terram Israel Jesus, denuntiat quod, Enoch et Elia praedicantibus, Judaei, sopita modernae invidiae flamma, fidem veritatis accipient.

11. Glossa. Angelicae admonitioni Joseph non inobediens fuit; unde sequitur: *Qui consurgens, accepit puerum et matrem ejus, et venit in terram Israel.* Non enim determinaverat Angelus in quo loco terrae Israel; ut dubitante Joseph, iterum revertatur, et frequentiori visitatione Angeli certior redderetur: unde sequitur: *Audiens autem quod Archelaos regnaret in Judaea pro Herode patre suo, timuit illo ire.* Josephus (1) (lib. 17 Antiq. cap. et lib 1 de Bello Judaico, cap. 18). Habuit siquidem Herodes uxores novem, ex quarum (2) septem numerosam suscepit sobolem: primogenitus ejus Antipater ex Josida; Alexander et Aristobolus ex Marianne; Archelaus exMathaca Samaritide; Herodes Antipas, qui postea tetrarcha fuit, et Philippus, ex Cleopatra Hierosolymitide. Tribus igitur primis ab Herode interfectis, et post mortem ejus occasione testamenti patris, Archelao gubernationem regni usurpante, et causa de successione regni ad Caesarem Augustum delata; tandem de consilio Senatus omnem Herodis monarchiam distribuit: mediam partem, scilicet Idumaeam et Judaeam, tradens Archelao sub nomine tetrarchiae, pollicitus se facturum eum regem, si se dignum praebuisset; mediam vero partem in duas secuit tetrarchias: cessitque (3) Galilaea in partem Herodis tetrarchae; Ituraeae vero et Trachoniditis regio Philippo. Factus est ergo post Herodem defunctum Archelaus quasi diarchus, quod dominii genus hic regnum appellat. Augustinus de Cons. Evang. (lib. 2, cap. 10). Sed hic aliquis quaeret: Quomodo, sicut Lucas narrat, ibant parentes ejus per omnes annos pueritiae Christi (4) in Hierusalem, si Archelai timore ibi prohibebantur accedere? Hoc dissolvere non est difficile: fieri enim poterat ut per diem festum, inter tam ingentem turbam latenter ascenderent mox reversuri, cum tamen aliis diebus habitare metuerent: ut nec solemnitate praetermissa essent irreligiosi, nec continua mansione perspicui. Iste quoque intellectus patet: ut quod Lucas dicit per omnes annos eos

ascendere solitos in Hierusalem, tunc accipiamus factum cum jam non metueretur Archelaus, qui, secundum historiam Josephi (lib. 2, cap. 8), solum novem annis regnavit. Sequitur: *Et admonitus in somnis secessit in partes Galilaeae.* Sed forte hic quispiam moveatur. Cum Matthaeus dixerit, ideo timuisse Joseph cum puero redeuntem ire in Judaeam, quia pro patre (1) suo Herode Archelaus filius ejus regnabat; quomodo potuit ire in Galilaeam, ubi alius filius ejus Herodes tetrarcha erat, ut Lucas testatur? Quasi vero ipsa sint tempora quibus puero timebatur quae Lucas commemoravit, quae usque adeo mutata erant ut in ipsa Judaea non rex esset Archelaus, sed praeses Pilatus. Glossa (ord. super illum, *Timuit illo ire*). Sed tunc quaeritur: Quare non timuit Joseph in Galilaeam ire, cum et ibi Archelaus regnaret? Sed melius potuit latere cum puero in Nazareth, quam in Hierusalem, ubi erat caput regni, et assiduus (2) Archelaus. Chrysostomus in homil. (9, circa medium). Immo quia regionem ortus sui mutavit, res in posterum caligine objecta est. Omnis quippe impetus persequentis in Bethlehem ejusque fines (3) desaevierat. Venit igitur Joseph in Nazareth, et periculum fugiens, et in patriam rediens: unde sequitur: *Et veniens habitavit in civitatem quae vocatur Nazareth.* Augustinus de Cons. Evang. (lib. 2, c. 1). Forte et hoc movet, quomodo dicat Matthaeus, propterea cum puero Jesu parentes ejus isse in Galilaeam, quia metu Archelai in Hierusalem ire noluerint; cum propterea magis esse in Galilaeam videantur, quia civitas eorum erat Nazareth Galilaeae, sicut Lucas non tacuit. Sed intelligendum est, quia ubi Angelus in somnis in Ægypto dixit ad Joseph, *Vade in terram Israel,* sic intellectum primo esse a Joseph ut putaret rectius esse pergere in Judaeam: ipsa enim primitus intelligi potuit terra Israel (4). Postquam vero comperit ibi regnare Archelaum, noluit objicere se periculo; cum posset terra Israel etiam Galilaea intelligi, quia et ipsam populus Israel incolebat. Quamquam possit et aliter solvi: quia potuit videri parentibus Christi non esse habitandum ibi cum puero, nisi in Hierusalem ubi erat templum Domini; et illuc ivissent, nisi Archelai praesentia terrerentur. Non autem divinitus jubebantur in Judaea vel in Hierusalem habitare, ut de Archelao quod timebant deberent contemnere (5); sed in terra Israel, in qua etiam, ut dictum est, poterat intelligi Galilaea. Hilarius (can. 3 in Matth., circ. princ.). Verum typica ratio conservata est: Joseph enim Apostolorum tenet speciem, quibus Christus circumferendus est creditus. Hi tamquam Herode mortuo, idest populo ejus in passione Domini deperdito, Judaeis praedicare sunt jussi (missi enim erant ad oves perditas domus Israel); sed manente hereditariae infidelitatis dominatu, metuunt et recedunt; admoniti per visum, Spiritus sancti donum in gentibus contemplantes, ad eas conferunt Christum. Rabanus. Vel hoc ultima tempora Ecclesiae designat: quando plurimis Judaeorum ad praedicationem Enoch et Eliae conversis, ceteri ad instinctum Antichristi

(1) *Al.* cum patre.
(2) *Al. deest* et assiduus.
(5) *Al.* et etiam quia villam nativitatis mutavit, res obumbratur: impetus enim omnis erat adversus Bethlehem et fines ejus.
(4) *Al.* in Israel.
(5) *Al.* timebant contemnere.

(1) *Al.* ex Histor. Josephi.
(2) *Al.* viginti et quatuor.
(3) *Al.* secessit.
(4) *Al. omittitur* Christi.

contra fidem pugnabunt. Pars igitur Judaeae in qua regnabat Archelaus, Antichristi sequaces ostendit; Nazareth autem Galilaeae, quo transfertur Christus, partem ejusdem gentis quae fidem est susceptura designat: unde Galilaea transmigratio, Nazareth autem flos virtutum interpretatur: quia Ecclesia quo ardentius a terrenis ad caelestia transmigrat, eo magis virtutum flore, et germine abundat. Glossa. Huic autem Prophetae testimonium adjungit dicens: *Ut impleretur quod dictum est per Prophetas, quoniam Nazaraeus vocabitur.* Hieronymus. Si fixum de Scripturis posuisset exemplum, nunquam diceret, *Quod dictum est per Prophetas*; sed simpliciter: Quod dictum est per Prophetam. Nunc autem pluraliter Prophetas vocans, ostendit se non verba de Scripturis sumpsisse, sed sensum. Nazaraeus interpretatur sanctus; sanctum autem Dominum futurum omnis Scriptura commemorat. Possumus et aliter dicere: quod etiam eisdem verbis juxta Hebraicam veritatem in Isaia 11, scriptum sit: « Exiet virga de radice Jesse, et Nazaraeus de « radice ejus consurget. » Chrysostomus super Mat-

th. (1) (hom. 3, in oper. imperf., in fine). Aut forte legerunt et aliquos prophetas ita dicentes, qui non sunt nobis canonizati, sicut Nathan et Esdra. Et quoniam hoc prophetatum erat, manifestat Philippus dicens ad Nathanaelem (Joan. 1): « Quem scripsit « Moyses in lege, invenimus Jesum a Nazareth. » Unde etiam prius Christiani Nazaraei vocabantur; sed apud Antiochiam mutatum est hoc nomen, et dicti sunt Christiani. Augustinus de Cons. Evang. (lib. 2, cap. 5). Haec autem omnia quae sunt a narratione Magorum et deinceps, Lucas tacet. Hoc proinde cognoscendum, quod deinceps ad cetera valeat: sic unumquemque Evangelistarum contexere narrationem suam, ut tamquam nihil praetermittentis series digesta videatur: tacitis enim quae non vult dicere, sic ea quae vult dicere illis quae dicebat adjungit ut ipsa continuo sequi videantur: sed cum alter dicit ea quae alter tacuit, diligenter ordo consideratus indicat locum ubi ea potuerint a quo praetermissa sunt, transiliri.

(1) Et in hom. 9 super Matthaeum (*Ex edit. P. Nicolai*).

CAPUT TERTIUM

1. In diebus autem illis venit Joannes Baptista praedicans in deserto Judaeae, et dicens: Poenitentiam agite, appropinquabit enim regnum caelorum. Hic est enim de quo dictum est per Isaiam prophetam dicentem: Vox clamantis in deserto: Parate viam Domini, rectas facite semitas ejus.

2 Ipse autem Joannes habebat vestimentum de pilis camelorum, et zonam pelliceam circa lumbos suos. Esca autem ejus erat locustae et mel silvestre.

3. Tunc exibat ad eum Hierosolyma, et omnis Judaea, et omnis regio circa Jordanem, et baptizabantur ab eo in Jordane, confitentes peccata sua.

4. Videns autem multos pharisaeorum et sadducaeorum venientes ad baptismum suum, dixit eis: Progenies viperarum, quis demonstrabit vobis fugere a ventura ira? Facite ergo fructum dignum poenitentiae: et ne velitis dicere intra vos: Patrem habemus Abraham. Dico enim vobis, quoniam potens est Deus de lapidibus istis suscitare filios Abrahae. Jam enim securis ad radicem arborum posita est. Omnis

ergo arbor quae non facit fructum bonum, excidetur, et in ignem mittetur

5. Ego quidem baptizo vos in aqua in poenitentiam; qui autem post me venturus est, fortior me est, cujus non sum dignus calceamenta portare. Ipse vos baptizabit in Spiritu sancto et igni: cujus ventilabrum in manu sua: et permundabit aream suam, et congregabit triticum in horreum suum; paleas autem comburet igni inextinguibili.

6. Tunc venit Jesus a Galilaea in Jordanem ad Joannem, ut baptizaretur ab eo. Joannes autem prohibebat eum, dicens: Ego a te debeo baptizari; et tu venis ad me? Respondens autem Jesus dixit ei: Sine modo. Sic enim decet nos implere omnem justitiam. Tunc dimisit eum.

7. Baptizatus autem Jesus, confestim ascendit de aqua. Et ecce aperti sunt ei caeli, et vidit Spiritum Dei descendentem sicut columbam, et venientem super se.

8. Et ecce vox de caelis dicens: Hic est Filius meus dilectus, in quo mihi complacui.

1. Chrysostomus super Matth. (hom. 3 in oper. imperf.). Sol appropians antequam appareat, mittit radios suos, et facit albescere orientem, ut praecedens aurora adventum diei demonstret: sic Dominus natus in mundo, antequam appareat, per doctrinam Spiritus sui fulgore transmisso illuminavit Joannem, ut praecedens ille adventum annuntiet Salvatoris: et ideo post ortum Christi enarratum, doctrinam ejus enarraturus Evangelista et baptismum, in quo testimonium habuit, de praecursore et Baptista praemittit, dicens: *In diebus autem illis venit Joannes Baptista praedicans in deserto.* Remigius. His autem verbis, beati Joannis non solum tempus et locum et personam, sed etiam officium et studium demonstrat. Tempus generale demonstrat cum dicit, *In diebus autem illis.* Augustinus de Cons. Evang. (lib. 2, cap. 6). Hoc autem tempus Lucas per terrenas potestates expressit cum dixit (cap. 3), « Anno quintodecimo. » Sed intelligere debemus Matthaeum cum diceret, *In diebus illis,* in multo longiori spatio accipi voluisse. Mox enim ut narravit regressum de Ægypto Christum,

quod utique tempore pueritiae vel infantiae factum est, ut possit stare quod Lucas de illo cum duodecim esset annorum narravit; continuo intulit, *In diebus autem illis:* non utique pueritiae tantum illius dies insinuans, sed omnes dies ab ejus nativitate usque quo praedicare coepit Joannes. Remigius. Personam ostendit cum dicit, *Venit Joannes;* idest, manifestavit se, qui tamdiu prius latuerat. Chrysostomus in homil. Sed quare necessarium fuit ut Joannes Christum praeveniret operum testimonio Christum praedicante? Primo quidem ut hinc Christi dignitatem discas, quod sicut Pater, ita et ipse Prophetas habet, secundum illud Zachariae (Luc. 1): « Et tu, puer, Propheta Altissimi vocaberis. » Deinde ut nullam causam inverecundiae Judaeis relinquat: quod et ipse demonstrat dicens (Luc. 7): « Venit Joannes neque manducans neque bibens; « et dicunt, Daemonium habet. Venit Filius homi- « nis manducans et bibens; et dicunt, Ecce homo « edax. » Sed et aliter necessarium erat ab alio prius dici quae de Christo erant, et non ab ipso: alias Judaei quid dixissent, qui post testimonium Joannis dixerunt (Joan. 8): « Tu testimonium perhibes de « teipso? Testimonium tuum non est verum. » RE-MIGIUS. Officium subjungit cum dicit, *Baptista:* (1)in quo Domini viam praeparavit: nisi enim baptizari homines consuescerent, baptismum Christi abhor-rerent (2). Studium ostendit, cum ait, *Praedicans.* RABANUS. Quia etiam Christus praedicaturus erat: postquam enim visum fuit idoneum tempus, scili-cet circa triginta annos, incipiens praedicationem suam, viam Domini praeparavit. REMIGIUS. Locum subjungit dicens, *In deserto Judaeae* (3). MAXIMUS. Ubi ad praedicationem ejus nec insolens turba perstreperet, nec infidelis auditor rediret; sed hi tantum audire possent qui praedicationem cura di-vini cultus expeterent. HIERONYMUS super Isaiam (lib. 11, in exp. cap. 40). Vel in hoc consideran-dum est quod salutare Dei et gloria Domini non praedicatur in Hierusalem, sed in solitudine Eccle-siae, et in deserta gentium multitudine. HILARIUS (can. 2 in Matth.) Vel etiam ad Judaeam venit desertam Dei frequentatione, non populi; ut praedi-cationis locus, eorum quibus praedicatio erat missa, solitudinem testaretur. GLOSSA (ord. hoc loco). Vel typice desertum significat vitam a mundi illecebris segregatam, quae poenitentibus competit. AUGUSTI-NUS (4) in lib. de utilitate Poenitentiae (sub initio). Nisi autem poeniteat aliquem vitae veteris, novam non potest inchoare. HILARIUS (ut supra). Et ideo poenitentiam, regno caelorum appropinquante, pro-nuntiat, per quam est reditus ab errore, recursus a crimine, et post vitiorum pudorem professio de-sinendi; dicens, *Poenitentiam agite.* CHRYSOSTOMUS super Matth. (hom. 3 in opere imperf.). Ubi ma-nifestat in ipso principio, quia benigni regis est nuntius: non enim peccatoribus minus intendebat; sed indulgentiam promittebat. Solent reges nato si-bi filio, indulgentiam in regno suo donare; sed ante transmittunt acerbissimos exactores. Deus autem na to sibi filio, volens donare indulgentiam peccatorum, praemisit quasi exactorem exigentem, et dicentem, *Poenitentiam agite.* O exactio quae non fecit pau-peres, sed divites reddit. Nam cum quis debitum justitiae suae reddiderit, Deo nihil praestat, sed sibi lucrum suae salutis acquirit. Poenitentia enim cor emundat (5), sensus illuminat, et ad susceptionem Christi praeparat humana praecordia: unde subjun-git: *Appropinquabit enim regnum caelorum.* HIERO-NYMUS (super Matth. cap. 3). Primus Baptista Joan-nes regnum caelorum praedicat, ut praecursor Do-mini hoc honoretur privilegio. CHRYSOSTOMUS in hom. (10, prope medium). Ideoque quod nunquam Judaei audierunt neque etiam a Prophetis, caelos et regnum quod ibi est, praedicat, et nihil de ce-tero de terra dicit. Sic ergo ex novitate eorum quae dicuntur erigit eos ad quaerendum eum qui praedicatur. REMIGIUS. Regnum autem caelorum qua-tuor modis dicitur: nempe Christus, secundum illud (Luc. 7): « Regnum Dei intra vos est: » sancta Scriptura, secundum illud (infra 21): *Auferetur a*

(1) GLOSSA *(Ex edit. P. Nicolai).*
(2) REMIGIUS *(Ex edit. P. Nicolai).*
(3) Nempe Maximus Taurinensis serm. 1 de S. Joannis praecursoris nativitate, circa medium *(Ex edit. P. Nicolai .*
(4) Sive in lib. 1 homiliarum, hom. ultima quae *de utili-tate atque necessitate poenitentiae* inscribitur et quam etiam Beda 1 ad Corinth. 5 et 6, vocat librum de Poenitentia, ut hic. Extat et aliquid simile hom. 27 ejusdem libri homilia-rum aliis verbis *(Ex edit. P. Nicolai).*
(5) *Al.* cor eorum dat.

vobis regnum Dei, et dabitur genti facienti fructum ejus: sancta Ecclesia, secundum illud (ibid. 25), *Simile est regnum caelorum decem virginibus:* su-pernum solium, secundum illud (ibid. 8): *Multi venient ab oriente et occidente, et recumbent in re-gno caelorum:* et hoc totum hic potest intelligi. GLOSSA (ord. super illud, *Appropinquabit enim regnum cae-lorum*). Dicit autem; *Appropinquabit enim regnum caelorum:* quia nisi appropinquaret, nemo redire posset: quia infirmi et caeci via, quae est Christus, carebant. AUGUSTINUS de cons. Evang. (lib. 2, cap. 12). Haec autem verba Joannis, alii Evangelistae praetermiserunt. Jam vero quod sequitur, *Hic est qui dictus est per Isaiam Prophetam dicentem: Vox clamantis in deserto: Rectas facite semitas ejus:* ambigue positum est, nec elucet utrum ex persona sua Evangelista commemoraverit, an adhuc (1) ver-ba ejusdem Joannis secutus adjunxerit, ut totum hoc Joannes dixisse intelligatur: *Poenitentiam agite: appropinquabit enim regnum caelorum. Hic est enim de quo dictum est per Isaiam Prophetam.* Neque enim hoc movere debet (2) quia non ait, Ego sum, sed *Hic est:* nam et Matthaeus dixit (infra 9), *Invenit hominem sedentem in telonio:* et non dixit Invenit me. Quod si ita est, non est mirum, si et interrogatus quid diceret de seipso, sicut narrat Joannes Evangelista (c. 1) respondit: « Ego vox « clamantis in deserto. » GREGORIUS in hom. (7, in Evang. super « Ego vox »). Scitur autem, quia unigenitus Filius Verbum Patris vocatur, secun-dum illud (Joan. 1) « In principio erat Verbum. » Ex ipsa autem nostra locutione cognoscimur: quia vox sonat, ut verbum possit audiri. Adventum ita-que Domini Joannes praecurrens vox dicitur, quia per ejus ministerium (3) Patris Verbum ab homi-nibus auditur. CHRYSOSTOMUS super Matth. (hom. 3 in opere imperf.). Vox etiam est sonus confu-sus, nullum secretum cordis ostendens, sed hoc tantummodo significans quia vult aliquid dicere ille qui clamat; verbum autem est sermo mysterium cordis aperiens. Ad haec, vox inter homines et ani-malia communis est; verbum autem est hominum tantum. Ideo ergo Joannes dictus est vox, non ver-bum, quia per eum Deus sua consilia non demon-stravit, sed hoc solum quod Deus aliquid facere in hominibus meditabatur; postea autem per Filium suum plenissime mysterium suae voluntatis aperuit. RABANUS (super illud, *Joannes habebat vestimentum.* Qui recte vox clamantis ob fortitudinem praedica-tionis dicitur. Tribus autem modis clamor accidit: hoc est, si longe positus est cui loquatur, si surdus, si per indignationem: et haec humano generi acci-derunt. GLOSSA (ord. super illud, *Vox clamantis*). Est igitur Joannes quasi vox Verbi clamantis: Ver-bum enim clamat in voce, idest Christus in Joanne. BEDA (4) . Sicut etiam clamavit in omnibus qui a principio aliquid divinitus dixerunt; et tamen iste solus est vox: quia per eum praesens Verbum o-stenditur, quod alii longe nuntiaverunt. GREGORIUS (homil. 7, in Evang.). Ipse autem Joannes est cla-mans in deserto, quia derelictae ac destitutae Ju-daeae solatium Redemptoris annuntiat. REMIGIUS.

(1) *Al.* ad haec.
(2) *Al.* dicitur.
(3) *Al.* mysterium.
(4) Non sic expresse Beda, sed subindicat in hunc locum. Habet autem expresse Glossa super illud cap. 4: *Exinde coepit Jesus praedicare,* nullius nomen praeferens; nec ali-bi occurrit sub his verbis *(Ex edit. P. Nicolai).*

Quantum autem ad historiam attinet, in deserto
clamabat, quia remotus erat a turbis Judaeorum.
Quid autem clamet, insinuat cum subjungit, *Parate
viam Domini*. CHRYSOSTOMUS super Matth. (hom.
3 in opere imper. prope princ.). Sicut enim magno
regi in expeditionem venturo praeparatores praecedunt, qui sordida abluunt, dirupta componunt;
sic et Dominum nostrum praecessit Joannes, qui
ab humanis cordibus poenitentiae scopis peccatorum
sordes ejiceret, et quae dissipata fuerant, spiritualium praeceptorum ordinatione componeret. GREGO-
RIUS in hom. (20 in Evang. super illud, *Parate
viam Domini*). Omnis autem qui fidem rectam et
bona opera praedicat, Domino ad corda audientium
viam parat, rectas Domino semitas facit, dum mundas animo cogitationes per sermonem bonae praedicationis format. GLOSSA (interl.). Vel fides est
via qua verbum ad cor descendit: cum mores in
melius mutantur, fiunt semitae rectae.

2. CHRYSOSTOMUS super Matth. (hom. 3 in opere
imperf. prope medium). Postquam ostendit quia ipse
est vox clamantis in deserto, prudenter Evangelista
subjunxit: *Ipse autem Joannes habebat vestimentum
de pilis camelorum*: in quo ostenditur quae sit vita
ipsius: nam ipse quidem testificabatur de Christo,
vita autem ejus de ipso. Nemo autem potest esse
alterius testis idoneus, nisi prius fuerit (1) suus.
HILARIUS (can. 2 super Matth., super illud, *Ipse
autem Joannes*). Fuerant enim praedicanti Joanni
et locus opportunior, et vestitus utilior, et cibus
aptior. HIERONYMUS (super illud, *Ipse autem Joannes*).
De pilis enim camelorum habebat vestimentum, non
de lana. Aliud austerae vestis indicium est, aliud
luxuriae mollioris. CHRYSOSTOMUS super Matth. (hom.
3, in opere imperfecto). Servis autem Dei non
convenit habere vestimentum ad speciem visionis (2)
vel ad carnis delectamentum, sed tantum ad tegumentum nuditatis. Habebat enim Joannes vestem
non mollem neque delicatam, sed cilicinam, gravem
et asperam, et conterentem corpus potius quam fo-
ventem; ut de virtute animae ejus, ipse habitus
corporis loqueretur. Sequitur: *Et zonam pelliceam
circa lumbos suos*. Consuetudo enim erat apud
Judaeos ut zonis laneis uterentur: ideo iste, quasi
durius aliquid facere volens, zona pellicea cingebatur. HIERONYMUS (super illud, *Joannes habebat
vestimentum*) Porro quod sequitur, *Esca ejus erat locustae, et mel silvestre*, habitatori solitudinis congruum
est, ut non delicias ciborum, sed necessitates humanae carnis expleret. RABANUS. Tenui victu contentus, et ex minutis volatilibus, et melle invento
in truncis arborum. In dictis autem Arnulphi (3)
Galliarum Episcopi reperimus minimum genus lo-
custarum fuisse in deserto Judaeae, quae corpusculis in modum digiti manus exilibus et brevibus
in herbis facile capiuntur, coctaeque in oleo pauperem praebent gustum. Similiter narrat, in eodem
deserto esse arbores habentes lata folia et rotunda,
lactei coloris, et melliti saporis, quae natura fra-
gilia manibus fricantur et eduntur, et hoc est quod
mel silvestre dicitur. REMIGIUS. Sub hoc autem habitu vestimentorum et vilitate ciborum ostendit se
peccata totius generis humani deflere. RABANUS (super illud, *Ipse autem Joannes*). Potest et habitus
et gustus ejus, qualitatem internae conversationis

<hr/>

(1) *Al. nisi fuerit fidelis: item, nisi prior fuerit* etc.
(2) *Al. deest* visionis.
(3) *P. Nicolai habet* Arculphi *ex Beda*.

exprimere: nam austerioribus utebatur indumentis,
quia vitam peccantium increpavit. HIERONYMUS (super haec verba). Zona quidem pellicea, qua cinctus
fuit et Elias, mortificationis est indicium. RABANUS
(super illud, *Ipse autem Joannes*). Locustas et mel
silvestre edebat, quia dulcius sapiebat turbis praedicatio ejus; sed citius finem sortita est: in melle
enim dulcedo; in locustis est alacer volatus, sed
cito deciduus. REMIGIUS. Per Joannem autem, qui
Dei gratia interpretatur, significatur Christus, qui
mundo gratiam attulit; per vestimentum illius designatur Ecclesia Gentium. HILARIUS (can. 2 in
Matth). Cum exuviis immundarum pecudum, quibus Gentiles pares existimantur, Christi praedicator
induitur, fitque sanctificatum habitu prophetali quidquid in eis vel inutile fuerat vel sordidum. Zonae
autem praecinctio, efficax in omne opus bonum
est apparatus, ut ad omne ministerium Christi simus accincti. In esum etiam eliguntur locustae
fugaces hominum, et ad omnem adventum nostri
sensus evolantes: nos scilicet, qui ab omni sermone
et congressu ipsis quibusdam corporis saltibus ef-
ferebamur voluntate vagi, in operibus inutiles, in
verbis queruli, sede peregrini; nunc sumus sanctorum alimonia et satietas Prophetarum electi, simul
cum melle silvestri, dulcissimum ex nobis cibum
non ex alveariis legis, sed ex truncis silvestrium
arborum praebituri.

3. CHRYSOSTOMUS super Matth. (hom. 2 in opere
imperf. ante med.). Conversatione Joannis exposita,
convenienter subjungit, *Tunc exibat ad eum*: amplius enim resonabat conversatio vitae ejus in eremo, quam vox clamoris ipsius. CHRYSOSTOMUS in
hom. (10, a medio). Erat enim mirabile in humano corpore tantam patientiam videre: quod denique
et Judaeos magis attrahebat, magnum Eliam in eo
videntes. Conferebat autem ad stuporem quod de-
reliquerat eos gratia Prophetarum, et post longum
tempus reversa videbatur ad eos. Praedicationis e-
tiam modus immutatus ad id proderat: nihil enim
assuetorum apud alios Prophetas audiebant, puta
praelia et victorias Babylonicas et Persicas; sed
caelos, et quidem illic regnum, et supplicium gehennae. Dicit autem: *Tunc exibat ad eum Hierosolyma, et omnis Judaea, et omnis regio circa
Jordanem, et baptizabantur ab eo in Jordane*. GLOS-
SA (interl super illud, *Baptizabantur*). Baptismo
praecurrente, non peccata dimittente. REMIGIUS. Baptismus enim Joannis figuram gerebat catechume-
norum: nam sicut modo catechizantur pueri, ut
digni fiant sacramento baptismatis ; ita Joannes
baptizabat, ut baptizati ab eo, postea devote vivendo digni fierent accedere ad Christi baptismum. In
Jordane autem baptizabat, ut ibi aperiretur janua
regni caelestis ubi datus est aditus filiis Israel terram promissionis intrandi.

Sequitur: *Confitentes peccata sua*. CHRYSOSTOMUS
super Matth. (homil. 3 in opere imperf.). Ad comparationem enim sanctitatis Joannis quis poterat
arbitrari se justum ? Sicut enim vestis candida si
fuerit posita juxta nivem, ad comparationem nivis
sordida invenietur; sic ad comparationem Joannis,
omnis homo videbatur immundus: et ideo peccata
sua confitebantur. Confessio autem peccatorum testimonium est conscientiae timentis Deum. Perfectus
enim timor solvit omnem pudorem. Illic autem
turpitudo confessionis aspicitur ubi futuri judicii
poena non creditur. Et quia ipsum erubescere poe-

na est gravis; ideo jubet nos Deus confiteri peccata nostra, ut verecundiam patiamur pro poena: nam et hoc ipsum pars judicii est. RABANUS (super illud, *Tunc exibant ad eum*). Bene autem qui baptizandi erant, exire ad Prophetam dicuntur: quia nisi quis ab infirmitate recedat, pompae diaboli ac mundi illecebris abrenuntiet, baptismum salubre consequi non poterit. Bene autem in Jordane, qui descensio eorum dicitur, baptizantur: quia de superbia vitae ad humilitatem verae confessionis descenderant. Exemplum autem jam tunc confitendi peccata ac meliorem vitam promittendi baptizandis dabatur.

4. GREGORIUS (1) in Pastor. (lib. 3, cap. 1). Pro qualitate audientium formari debet sermo doctorum, ut ad sua singulis congruat, et tamen a communis aedificationis arce nunquam recedat. GLOSSA. Unde necesse fuit ut post doctrinam quam Joannes turbis tradiderat, Evangelista etiam illius doctrinae faceret mentionem qua instruxit eos qui provectiores videbantur: et ideo dicit: *Videns autem multos Pharisaeorum et Sadducaeorum venientes ad baptismum suum.* ISIDORUS in lib. Etymolog. (8, cap. 4). Pharisaei et Sadducaei inter se contrarii sunt: nam Pharisaei ex hebraeo in latinum interpretantur divisi, eo quod traditionum et observationum justitiam praeferunt: unde divisi vocantur a populo quasi per justitiam. Sadducaei interpretantur justi: vindicant enim sibi quod non sunt, corporum resurrectionem negant, et animam cum corpore interire praedicant. Hi tantum quinque libros legis recipiunt, prophetarum vaticinia respuunt. GLOSSA (ord. super his verbis). Hos ergo qui inter Judaeos majores videbantur, videns Joannes ad baptismum suum venire, dixit eis: *Progenies viperarum, quis vobis demonstrabit fugere a ventura ira?* REMIGIUS. Consuetudo Scripturarum est ab imitatione operum nomina imponere, secundum illud Ezech. 16, « Pater tuus Amorrhaeus: » sic et isti ab imitatione viperarum, progenies viperarum dicuntur. CHRYSOSTOMUS super Matth. (hom. 3 in opere imperf. ante medium). Sicut enim artificiosus medicus si viderit aegrotantis colorem, intelligit speciem passionis; sic Joannes venientium ad se Pharisaeorum pravas cogitationes intellexit: forsitan enim apud se cogitaverunt: Imus, et confitemur peccata nostra: nullum laborem nobis imponit; baptizemur, et consequamur indulgentiam peccatorum. Insipientes, numquid facta digestione impuritatis, non est necessaria sumptio medicinae ? Sic multa diligentia necessaria est homini post confessionem et baptimum, ut vulnus peccatorum perfecte sanetur: ideo dicit, *Progenies viperarum.* Natura enim viperarum est, quod statim cum morderit hominem, currit ad aquam; quam si non invenerit, moritur; ideo istos dicebat progeniem viperarum, quia peccata mortifera committentes currebant ad baptismum, ut sicut viperae per aquam tantum pericula mortis evaderent. Item viperarum natura est rumpere viscera matrum suarum, et sic nasci. Quoniam ergo Judaei assidue persequentes Prophetas corruperunt matrem suam synagogam, ideo progenies viperarum nuncupantur. Item viperae a foris speciosae sunt, et quasi pictae: intus autem veneno repletae: ita et isti pulchritudinem sanctitatis ostendebant in vultu. REMIGIUS. Cum ergo dicitur, *Quis demonstrabit*

vobis fugere a ventura ira? subauditur, nisi Deus. CHRYSOSTOMUS super Matth. (homil. 3 in opere imperf.). Vel *quis vobis demonstravit?* Num Isaias Propheta ? Absit: si enim ipse vos docuisset, non spem in aqua poneretis tantum, sed etiam in operibus bonis: ille enim dicit, cap. 1. « Lavamini, et « mundi estote: auferte nequitiam ab animabus « vestris, discite bene facere. » Numquid etiam David dicens Psalm. 50: « Lavabis me, et super ni- « vem dealbabor ? » Absit: ille enim sic dicit postea: « Sacrificium Deo spiritus contribulatus. » Si ergo essetis discipuli David, cum gemitu ad baptismum veniretis. REMIGIUS. Si vero *quis demonstrabit* sub futuro legatur tempore, hic est sensus: Quis doctor, quis praedicator dabit vobis consilium ut possitis evadere iram aeternae damnationis ? AUGUSTINUS in lib. de Civ. Dei (9, cap. 5, in fine). Deus autem propter quamdam operum similitudinem, non propter affectionum infirmitatem, secundum Scripturas, irascitur, nec tamen ulla passione turbatur: hoc enim verbum vindictae usurpavit effectus, non ille turbulentus affectus. Si ergo vultis effugere, *facite dignum fructum poenitentiae.* GREGORIUS in hom. (20 in Evang., ante fin. aliquantulum). In quibus verbis notandum est, quod non solum fructus poenitentiae, sed dignos poenitentiae admonet esse faciendos. Sciendum enim est, quia quisquis illicita nulla commisit, huic jure conceditur ut licitis utatur; at si quis in culpam lapsus est, tanto a se debet licita abscindere quanto se meminit et illicita perpetrasse. Uniuscujusque ergo conscientia convenitur, ut tanto majora quaerat bonorum operum lucra per poenitentiam, quanto graviora sibi intulerit damna per culpam. Sed Judaei de generis nobilitate gloriantes, idcirco se agnoscere peccatores nolebant, quia de Abrahae stirpe descenderant; et ideo recte dicitur: *Et ne velitis dicere intra vos: Patrem habemus Abraham.* CHRYSOSTOMUS in hom. Haec autem (1) dixit, non prohibens illos dicere ex illo se esse; sed prohibet in hoc confidere, virtuti animae non insistentes. CHRYSOSTOMUS super Matth. (hom. 3 in opere imperf. circa medium). Quid enim prodest ei quem sordidant mores, generatio clara ? Aut quid nocet illi generatio vilis, quem mores adornant ? Melius est enim alicui ut in eo glorientur parentes quia talem filium habent, quam ut ipse in parentibus glorietur. Sic et vos nolite gloriari dicentes quia patrem habemus Abraham; sed magis erubescite, quia filii estis ejus, et sanctitatis ejus non estis heredes. De adulterio enim natus videtur qui non assimilat patrem. Parentum igitur gloriam excludit dicens: *Et ne velitis dicere.* RABANUS. Quia ergo praeco veritatis ad dignum poenitentiae fructum faciendum eos incitare volebat, ad humilitatem provocabat, sine qua nullus poenitere potest; subdens: *Dico enim vobis quoniam potens est Deus de lapidibus istis suscitare filios Abrahae.* REMIGIUS. Fertur, quod in eo loco praedicavit Joannes circa Jordanem ubi jubente Deo duodecim lapides de medio alveo Jordanis sublatis positi sunt. Potuit ergo fieri ut hos demonstrando diceret, *De lapidibus istis.* HIERONYMUS (super illud, *Potens est Deus*). In quo Dei indicat potentiam, quod qui de nihilo cuncta fecerat, posset et de saxis durissimis populum procreare. GLOSSA (2). Prima enim sunt rudimenta fidei credere Deum

---

(1) Sive libro de Cura pastorali, part. 3 in prologo, ut et iterum lib. 30 Moral. cap. 4, super Job 33: « Qui dedit » gallo intelligentiam. »

(1) *Al.* propria.
(2) GLOSSA interlin. (*Ex edit. P. Nicolai*).

posse quicquid voluerit. Chrysostomus (1) in hom.
Ex lapidibus autem generari homines, simile est ei
quod ex Sara processit Isaac: unde et Propheta dicit (Isai. 51): « Aspicite ad petram de qua excisi
estis. Hujus igitur prophetiae eos memores faciens,
monstrat quod possibile est nunc etiam simile fieri.
Rabanus. Vel aliter. Lapidum nomine gentes signi-
ficatae sunt, quae lapides coluerunt. Chrysostomus
super Matth. (hom. 3, in opere imperf.). Item lapis durus est ad opus; sed cum factum fuerit opus
ex eo, deficere nescit; sic et gentes cum difficultate
crediderunt quidem, tamen credentes permanent in
aeternum in fide. Hieronymus (super illud, Potens
est). Lege Ezechielem (cap. 6): « Auferam (inquit)
« a vobis cor lapideum, et dabo vobis cor carneum. »
In lapide duritia, in carne mollitudo monstratur.
Rabanus. De lapidibus ergo filii Abrahae suscitati
sunt: quia dum gentiles in Abrahae semine, idest
in Christo, crediderunt, ejus filii facti sunt cujus
semini sunt uniti.

Sequitur: *Jam enim securis ad radicem arboris
posita est.* Chrysostomus super Matth. (hom. 1, in
opere imperf.) Securis est acutissima ira consummationis, quae totum praecisura est mundum. Sed si posita est, quare non praecidit ? Quia rationales sunt arbores, et in potestate habent facere bonum aut non facere; ut videntes ad radices suas positam esse securim,
timeant, et faciant fructum. Ergo denuntiatio irae, quod
est securis positio, etsi in malis nihil agat, tamen
a malis segregat bonos Hieronymus. Vel securis
est praedicatio Evangelii, juxta Hieremiam qui (cap.
23) verbum Domini comparat securi caedenti petram. Gregorius in hom. (20, circa med.). Vel
securis est Redemptor noster, qui velut ex manu-
brio et ferro, ex divinitate constans et humanitate,
tenetur ex humanitate, sed incidit ex divinitate:
quae videlicet securis ad radicem arboris posita
est, quia etsi per patientiam expectat, videtur tamen quid factura est. *Omnis enim arbor quae non
facit fructum bonum, excidetur, et in ignem mittetur:* quia unusquisque perversus paratam citius
gehennae concremationem invenit qui hic fructum
boni operis facere contemnit. Securim autem non
juxta ramos positam, sed ad radicem dicit: cum
enim malorum filii tolluntur, rami infructuosae
arboris abscinduntur; cum vero tota simul progenies cum parente tollitur, infructuosa arbor a radice abscissa est, ne remaneat unde prava iterum
soboles succrescat. Chrysostomus in hom. 11. Cum
autem dicit, *Omnis,* excludit primatum, quod est
a nobilitate; quasi dicat: Etsi nepos fueris Abrahae,
sustinebis poenam sine fructu manens. Rabanus
(super illud, *Arbor quae non facit fructum*). Quatuor autem sunt species arborum: quarum una
tota est arida, cui assimilantur pagani; altera viridis, sed sine fructu, cui assimilantur hypocritae;
tertia viridis et fructuosa, sed venenosa, cui assimilantur haeretici; quarta viridis est, et fructum
bonum gignit, cui assimilantur viri catholici. Gregorius in hom. (20, circa med.). Igitur omnis arbor non faciens fructum bonum, excidetur, et in ignem
mittetur: quia paratam gehennae concremationem
invenit qui hic boni operis fructum facere contemnit.

5. Glossa (2). Quia in praecedentibus verbis

(1) *P. Nicolai omittit indicem Chrysostomi.*
(2) *Nihil tale in Glossa quae nunc extat, nec in Anselmo
cum quo saepe Glossam ipsam confundit: nec occurrit alibi
(Ex edit. P. Nicolai).*

Joannes explicaverat quod supra summarie de a-
genda poenitentia praedicavit, restabat ut etiam distinctius praedicaret quod de regni caelorum ap-
propinquatione jam dixerat: ideo dixit: *Ego quidem
baptizo vos in aqua in poenitentiam.* Gregorius in
hom. (super Evang.). Joannes non in spiritu sed
in aqua baptizat, quia peccata solvere non valebat:
corpora quidem per aquam lavat, sed tamen animas per veniam non lavat. Chrysostomus in hom.
(10 in Matth., aliquantulum a princ.). Cum enim
nondum esset oblata hostia, neque peccatum solutum esset, nec Spiritus descendisset in aquam,
qualiter fieret remissio peccatorum? Sed quia Judaei nequaquam propria sentiebant peccata, et hoc
erat eis causa malorum, advenit Joannes in cognitionem eos ducens propriorum peccatorum, poenitentiam memorando. Gregorius in hom. (7 in
Evang., par. ante med.). Cur ergo baptizat qui
peccata non relaxat, nisi ut praecursionis suae ordinem servans, qui nasciturum nascendo praeve-
nerat, baptizaturum quoque Dominum baptizando
praeveniret? Chrysostomus super Matth. (hom. 3
in opere imperf., a med. illius). Vel missus erat
Joannes ad baptizandum, ut ad baptismum venientibus praesentiam Filii Dei in corpore praedicaret,
sicut ipse testatur alibi dicens (Joan. 1): « Ut
« manifestetur in Israel, ideo ego veni in aqua
« baptizare. » Augustinus super Joannem (tractat.
4, a med., et tract 5). Vel ideo baptizat quia o-
portebat baptizari Christum. Sed quare non solus
ipse baptizatus est a Joanne, si ad hoc missus erat
Joannes per quem baptizaretur Christus? Quia si
solus Dominus baptizatus esset baptismate Joannis,
non deessent qui putarent baptismum Joannis majorem esse quam baptismum Christi, usque adeo
ut solus Christus eo baptizari meruisset Rabanus
(super illud, *Ego baptizo vos aqua*). Vel ideo baptizat ut poenitentes hoc signaculo ab impoeniten-
tibus secernendo, ad baptismum dirigat Christi.
Chrysostomus super Matth. (hom. 3, in opere imperf). Quia ergo propter Christum baptizabat,
ideo ad ipsum venientibus, Christum praedicat ap-
pariturum, et eminentiam potestatis ejus annuntiat,
dicens: *Qui autem post me venturus est, fortior me
est.* Remigius. Sciendum est autem, quod quinque
modis venit Christus post Joannem: nascendo, praedicando, baptizando, moriendo, et ad inferos descendendo. Et pulchre Dominus dicitur fortior Joanne, quia ille purus homo, hic vero Deus et homo. Rabanus. Ac si Joannes dicat: Ego quidem fortis sum ad poenitentiam invitando, ille peccata
remittendo; ego regnum caelorum praedicando, ille
donando; ego in aqua baptizando, ille in spiritu.
Chrysostomus in hom. (11, a med. illius). Cum
autem audieris, *Quia fortior me est,* ne aestimes
secundum comparationem me hoc dicere: neque
enim inter servos illius ordinari sum dignus, ut
vilissimam ministerii susciperem particulam: unde
subdit: *Cujus non sum dignus calceamenta portare.*
Hilarius (can. 2 in Matth. a med.). Apostolis utique circumferendae praedicationis gloriam derelinquens, quibus speciosis pedibus pacem Dei erat
debitum nuntiare. Chrysostomus super Matth. (hom.
3, in opere imperf., post med.) Vel per pedes
Christi intelligere possumus Christianos, praecipue
Apostolos, ceterosque praedicatores, inter quos erat
Joannes Baptista: calceamenta autem sunt infirmitates quibus operit praedicatores. Haec ergo cal-

ceamenta Christi omnes praedicatores portant; et
Joannes etiam portabat; sed se dignum non esse
portare pronuntiat, ut majorem ostenderet gratiam
Christi meritis suis. Hieronymus (super illud, *Cujus non sum dignus*). In alio Evangelio ait (Joan.):
« Cujus non sum dignus solvere corrigiam calcea-
« menti. » Hic humilitas, ibi ministerium demonstratur: quia Christus cum sponsus sit, et Joannes
non mereatur sponsi corrigiam solvere, ne vocetur
domus ejus, juxta legem Moysi, et exemplum Ruth,
domus discalceati. Chrysostomus super Matth (hom.
3, in opere imperf.). Quia vero nemo potest dare
dignius beneficium quam ipse est, nec facere alterum quod ipse non est; recte subdit: *Ille vos baptizabit in Spiritu sancto et igni.* Joannes quidem
cum sit corporalis, spiritualem baptismum dare
non potest; sed baptizat in aqua, quae corpus est;
et ideo corpus cum corpore baptizat. Christus autem
spiritus est, quia Deus est. Spiritus etiam sanctus,
spiritus est; anima quoque spiritus est: ideo spiritus cum spiritu spiritum nostrum baptizat. Baptismus autem spiritus proficit, quia ingrediens spiritus circumplectitur animam, et quasi muro quodam
inexpugnabili circuit eam, et non permittit ut carnales concupiscentiae praevaleant contra eam. Non
quidem facit ut caro non concupiscat; sed tenet
animam ut ei non consentiat. Et quoniam Christus
judex est, baptizat in igne, idest in tentationibus;
in igne autem baptizare non potest homo purus.
Ille enim tentandi habet licentiam qui remune-
randi habet potestatem. Hic autem baptismus tribulationis, idest ignis, comburit carnem, ut non
germinet concupiscentias: nam caro spirituales qui
dem poenas non timet, sed carnales. Ideo ergo
Dominus super servos suos carnales tribulationes
mittit, ut timens angustias suas caro non concupiscat malum. Vides ergo quia spiritus repellit concupiscentias, et praevalere non sinit; ignis autem
ipsas concupiscentiarum radices comburit. Hieronymus (super illud, *Ipse vos baptizabit*). Vel *in
Spiritu sancto et igni:* quia ignis est Spiritus sanctus, quo descendente, sedit quasi ignis super linguas credentium. Et impletus est sermo Domini
dicens, Luc. 12, « Ignem veni mittere in terram: »
sive quia in praesenti spiritu baptizamur, et in
futuro, igni, secundum illud Apostoli 1 Corinth. 3,
« Uniuscujusque opus quale sit, ignis probabit. »
Chrysostomus in hom. (11, in Matth. circa med.).
Non autem dicit, Dabit vobis Spiritum sanctum;
sed *Baptizabit vos in Spiritu sancto,* copiam gratiae metaphorice ostendens. Per hoc etiam monstratur quod sola voluntate etiam in fide indiget
ad justificandum, non laboribus et sudoribus: et
sicut facile est baptizari, ita facile est per eum
transmutari et fieri meliores. In igne vero vehe-
mentiam gratiae, quae vinci non possit, demonstrat;
et ut intelligatur quod similes antiquis et magnis
Prophetis repente suos faciat: propter hoc enim
ignis meminit, quia plures visionum prophetalium
per ignem apparuerunt. Chrysostomus super Matth.
(hom. 3 in opere imperf. a med. illius). Patet
ergo quod baptismus Christi non solvit Joannis
baptismum, sed in se inclusit: qui enim baptizatur
in nomine Christi, utrumque baptismum habet, et
aquae et spiritus: quia Christus et spiritus erat,
et corpus suscepit, ut et corporale et spirituale
baptisma daret. Joannis autem baptismus non in-
cludit in se baptismum Christi, quia quod minus

est, majus in se includere non potest. Ideo Apostolus cum invenisset quosdam Ephesios Joannis
baptismate baptizatos, iterum baptizavit eos in nomine Christi, quia in spiritu non erant baptizati:
quoniam et Christus iterum baptizavit eos qui a
Joanne fuerant baptizati; sicut sermo Joannis demonstrat, dicens: *Ego vos baptizo in aqua, ille vos
baptizabit in spiritu.* Nec videbatur iterum baptizare, sed semel: quia enim amplius erat baptisma
Christi quam Joannis, novum dabatur, et non ite-
ratum. Hilarius (can. 2 in Matth., a medio). Salutis igitur nostrae et judicii tempus designat in
Domino, dicens: *Baptizabit vos in Spiritu sancto
et igni:* quia baptizatis in Spiritu sancto reliquum
sit consummari igne judicii: unde subditur: *Cujus
ventilabrum in manu sua.* Rabanus (super illud,
Cujus ventilabrum). Per ventilabrum, idest palam (1), discretio justi examinis designatur, quod
habet Dominus in manu, idest in potestate, quia
(Joan. 5), « Pater omne judicium dedit Filio. »
Sequitur: *Et permundabit aream suam.* Chrysostomus super Matth. (hom. 3, in opere imperf.).
Area, idest Ecclesia; horreum vero regnum caeleste;
ager autem hic mundus. Mittens ergo Dominus
Apostolos ceterosque doctores quasi messores, praecidit omnes Gentes de mundo, et in aream Ecclesiae congregavit. Hic ergo triturandi sumus, hic
ventilandi: omnes enim homines in rebus carnalibus delectantur, sicut grana in palea. Sed qui fidelis est, et boni cordis habet medullam, mox ut
leviter tribulatus fuerit, negligens carnalia, currit
ad Dominum: si autem modicae fidei fuerit, vix
cum grandi tribulatione; qui autem omnino infidelis est et vacuus, quantumcumque tribulatus
fuerit, non transit ad Deum. Triticum autem cum
primum trituratum fuerit, jacet cum paleis in uno
loco confusum; postea autem ventilatur ut separetur: sic et in una Ecclesia fideles cum infidelibus
habentur commixti; ideo movetur persecutio quasi
ventus, ut ventilabro Christi jactati, qui jam disjuncti fuerant actibus, separentur et locis. Et vide
quia non dixit, Mundabit aream suam; sed *permundabit:* necesse est enim ut diversis modis tentetur Ecclesia, donec permundetur. Et primum
quidem ventilaverunt illam Judaei, deinde Gentiles,
modo haeretici, postmodum perventilabit Antichristus. Sicut enim quando modica est aura, non
permundatur tota tritici massa; sed leviores paleae
jactantur, graviores autem remanent; sic et modo
modico flatu tentationis sufflante pessimi homines
recedunt. Si autem surrexerit major tempestas,
etiam illi qui videntur esse stabiles, sunt exituri.
Ideo necessaria est tentatio major, ut permundetur
Ecclesia. Remigius. Hanc etiam aream, scilicet Ecclesiam, Dominus mundat in hac vita, cum vel
per judicium sacerdotum mali de Ecclesia tolluntur, vel per mortem de hac vita abscinduntur.
Rabanus (super illud, *Cujus ventilabrum*). Universaliter autem areae purgatio in fine perficietur,
quando mittet Angelos suos Filius hominis, et col-
liget de regno suo omnia scandala. Gregorius 34
Mor. (cap. 3, super illud. « Mittet contra eum
« fulmina: » in novis exemplaribus est cap. 5, a
med.). Nam post trituram vitae praesentis, in qua
nunc triticum sub paleis gemit, ita illo extremi
judicii ventilabro triticum paleaque discernitur, ut

_____

(1) *Al* paleam.

nec in tritici horreum paleae transeant, nec in palearum ignem horrei grana dilabantur: et hoc est quod sequitur: *Et congregabit triticum suum in horreum; paleas autem comburet igni inextinguibili.* Hilarius (can. 2 in Matth., a med.). Triticum suum, perfectos scilicet credentium fructus, dicit caelestibus horreis recondendum; paleas vero infructuosorum hominum inanitatem. Rabanus (super illud, *Paleas comburet igni inextinguibili*). Verum hoc inter paleas et zizania distat, quod paleae non alio quam triticorum semine prodeunt, zizania vero diverso. Paleae ergo sunt qui fidei sacramentis imbuuntur, sed solidi non sunt; zizania vero qui et opere et professione secernuntur a bonorum sorte. Remigius (1). Ignis autem inextinguibilis dicitur poena aeternae damnationis: sive quia quos semel suscepit, nunquam extinguit, sed semper cruciat; sive ad differentiam ignis purgatorii, qui ad tempus accenditur et extinguitur. Augustinus de Concord. Evang. (lib. 2, cap. 12, a med.). Si autem quaeritur quae verba potius Joannes Baptista dixerit, utrum quae Matthaeus, an quae Lucas, an quae Marcus eum dixisse commemorat; nullo modo hic laborandum esse judicat qui prudenter intelligit ipsas sententias esse necessarias cognoscendae veritati, quibuslibet verbis fuerint explicatae. Et in hoc apparet non debere nos arbitrari mentiri quemquam, si pluribus (2) reminiscentibus rem quam audierunt vel viderunt, non eodem modo atque eisdem verbis eadem res fuer't indicata. Quisquis autem dicit Evangelistis per Spiritus sancti potentiam hoc potuisse concedi ut nec in genere verborum nec in ordine nec in numero discreparent, non intelligit quanto amplius Evangelistarum excellit auctoritas, tanto magis per eos fuisse firmandam ceterorum hominum vera (3) loquentium securitatem. Quod autem alius dixit, *Cujus non sum dignus calceamenta portare*; alius vero (Marc. 1), « Calceamenti corrigiam solvere; » non verbis tantum, sed et re ipsa videtur aliud esse. Merito ergo quaeri potest quid horum Joannes dixerit. Verum enim (4) videtur narrasse qui hoc potuit narrare quod ille dixit; qui autem aliud, etsi non est mentitus certe vel oblitus, aliquid pro alio dixisse putabitur. Omnem autem falsitatem abesse ab Evangelistis decet, non solum eam quae mentiendo promitur (5), sed etiam eam quae obliviscendo. Ita si ad rem pertinet aliquid aliud intelligere ex utroque dictorum; recte existimandum est, Joannem utrumque dixisse, sive aliud alio tempore, sive confestim. Si autem nihil intendit Joannes cum de calceamentis Domini diceret, nisi excellentiam ejus et suam humilitatem; quodlibet dictorum dixerit, eamdem tamen sententiam tenuit, quisquis etiam verbis suis per calceamentorum commemorationem eandem significationem humilitatis expressit: unde ab eadem voluntate non aberravit. Utilis ergo modus, et memoriae commendandus, non esse mendacium cum quisque voluntatem ejus explicat de quo aliquid narrat, etiam dicens aliquid aliud quod ille non dixit; voluntatem tamen suam explicavit

eamdem quam et ille cujus verba commemorat. Ita enim salubriter dicimus nihil aliud esse quaerendum quam quid velit ille qui loquitur.

6. Glossa (1) (interlinearis sup. illud, *Tunc venit Jesus a Galilaea*). Postquam praedicatione sui praecursoris Christus mundo praenuntiatus est, tandem qui diu latuerat, hominibus se manifestare voluit; unde dicitur: *Tunc venit Jesus a Galilaea in Jordanem ad Joannem ut baptizaretur ab eo.* Remigius. Est sciendum, quod in his verbis describuntur personae, loca, tempus, et officium. Tempus, cum dicit, *Tunc.* Rabanus. Quando scilicet tricenarius erat: in quo ostendit nullum vel sacerdotem vel praedicatorem debere institui, nisi sit perfectae aetatis. Joseph tricenarius regimen Ægypti suscepit; David ea aetate regnum inchoavit; Ezechiel sub eodem tempore Prophetiam promeruit. Chrysostomus in hom. 10. Quia etiam post baptismum hanc legem cessare oportebat, hac aetate ad baptismum venit, qui potest omnia peccata suscipere; ut lege servata, nullus dicat quia ideo eam solvit quia implere non potuit. Chrysostomus super Matth. (hom. 4 in oper. imperf., sub initio). Tunc etiam, scilicet quando Joannes praedicaverat, *Poenitentiam agite*, ut confirmaret praedicationem ipsius, et ut testimonium acciperet a Joanne. Sicut autem cum processerit lucifer, lux solis non expectat occasum luciferi; sed eo procedente, egreditur, et suo lumine obscurat illius candorem: sic et Christus non expectavit ut cursum suum Joannes impleret; sed adhuc eo docente apparuit. Remigius. Personae ponuntur, cum dicit, *Venit Jesus ad Joannem*; idest, Deus ad hominem, Dominus ad servum, rex ad militem, lux ad lucernam. Loca designantur, cum dicit: *A Galilaea in Jordanem.* Galilaea enim transmigratio interpretatur. Quicumque ergo vult baptizari, transmigret de vitiis ad virtutes, et veniendo ad baptismum se humiliet: Jordanis enim interpretatur descensus. Augustinus (2) (in serm. de Epiphania). Multa autem mirabilia in hoc flumine saepius facta esse Scriptura sancta commemorat, inter cetera dicens (Psal. 113): « Jordanis « conversus est retrorsum. » Ante quidem retrorsum aquae conversae fuerant, modo retrorsum peccata conversa sunt: sicut etiam Elias in Jordane divisionem fecit aquarum, et Christus Dominus (3) in eodem Jordane separationem operatus est peccatorum. Remigius. Officium designatur cum sequitur, *Ut baptizaretur ab eo.* Chrysostomus super Matth. (hom. 4, in opere imperf). Non ut ipse remissionem peccatorum acciperet per baptismum, sed ut sanctificatas aquas relinqueret postmodum baptizandis. Augustinus (4). (Priora verba habentur in serm. 1, infra octavam Epiph.). Salvator enim ideo baptizari voluit, non ut sibi munditiam acquireret, sed ut nobis fluentia mundaret. Ex quo ipse in aquam demergitur, ex eo omnium peccata abluit

---

(1) Tale aliquid Rabanus insinuat; nisi quod inextinguibilem ignem vel aeternum vocari *ad differentiam sacratissimi ignis quo electos Dei baptizandos promisit (Ex edit. P. Nicolai).*
(2) *Al.* non debere eos arbitrari mentiri, quamquam si pluribus etc.
(3) *Al.* veram.
(4) *Al.* etiam.
(5) *Al.* promittitur.

(1) Vel potius Anselmus, pro quo citari Glossa in hoc opere solet: nec hoc in Glossa extat (*Ex edit. P. Nicolai*).
(2) Immo potius Ambrosius in serm. 13, qui est 4 de Epiphania, versus finem: nec in recenti Augustini editione sermo ille habetur, quamvis in aliquibus extiterit (*Ex. edit. P. Nicolai*).
(3) *Al.* omittitur Dominus.
(4) Quo ad priora tamen verba serm. 1 in dom. infra oct. Epiph., ubi tamen insinuatur pars aliqua ultimae appendicis, textu paululum immutato. Reliqua vero partim ex Ambrosio colliguntur in praedicto serm., partim non occurrunt (*Ex edit. P. Nicolai*).

aqua. Nec mirum quod aquam, hoc est substantiam corporalem, ad purificandam animam dicimus pervenire: pervenit plane, et penetrat conscientiae universa latibula. Quamvis enim ipsa sit subtilis et tenuis, benedictione tamen Christi facta subtilior, occultas vitae causas ac secreta mentis subtiliore rore pertransit. Subtilior enim est benedictionum cursus (1) quam aquarum meatus. Unde quae de Salvatoris baptismate benedictio fluxit, tamquam fluvius spiritalis, omnium gurgitum tractus, universorum fontium venas implevit. CHRYSOSTOMUS super Matth. (hom. 4, in oper. imperf.). Ad hoc autem ad baptismum venit, ut qui humanam suscepit naturam, totum humanae naturae inveniatur implesse mysterium: nam quamvis ipse non erat peccator, tamen naturam suscepit peccatricem. Propterea etsi pro se baptismate non egebat, tamen aliis carnalis natura opus habebat. AUGUSTINUS (2) in serm. de Epiph. Item ideo baptizari voluit, quia voluit facere quod faciendum omnibus imperabat; ut bonus magister doctrinam suam non tam verbis insinuaret, quam actibus exerceret. AUGUSTINUS super Joannem (tract. 5). Hinc ergo dignatus est a Joanne baptizari, ut cognoscerent servi quanta alacritate debeant currere ad baptisma Domini, quando ipse non dedignatus est accipere baptisma servi. HIERONYMUS (super illud, Venit Jesus). Item baptizari voluit, ut baptismate suo Joannis baptisma comprobaret. CHRYSOSTOMUS in homil. (12, in init.). Quia vero baptismus poenitentiae erat, et in demonstrationem delictorum inducebatur; ne aliquis aestimaret quod hac ratione Christus ad Jordanem venit, ideo venienti dixit: Ego a te debeo baptizari, et tu venis ad me? quasi dicat: CHRYSOSTOMUS super Matth. (hom. 4 operis imperf. parum a principio). Ut tu me baptizes, est idonea ratio, ut justus efficiar, et dignus caelo; ut autem ego te baptizem, quae est ratio? Omne bonum de caelo descendit in terram, non de terra ascendit in caelum. HILARIUS (can. 2, a medio). Denique a Joanne baptizari prohibetur ut Deus; et ita in se fieri oportere ut homo docet: unde sequitur: Respondens autem Jesus dixit ei, Sine modo. HIERONYMUS (super illud, Sine modo) Pulchre dixit, Modo, ut ostenderet Christum in aqua a Joanne, Joannem a Christo in spiritu baptizandum. Sive aliter, Sine modo, ut qui formam servi assumpsi, expleam et humilitatem ejus; alioquin scito te in die judicii meo esse baptismate baptizandum. Vel sine modo, ut dicat Dominus: Habeo et aliud baptisma, quo et baptizandus sum. Tu me baptizas in aqua, ut ego te baptizem pro me in sanguine tuo. CHRYSOSTOMUS super Matth. (homil 4 in opere imperf. ante med.). In quo etiam ostendit quia postea Christus baptizavit Joannem; quamvis etiam in apocryphis libris hoc manifeste scriptum sit. Sed modo sine ut justitiam baptismatis non verbis, sed factis adimpleam: prius suscipiam, postea praedicabo: unde sequitur: Sic enim decet nos omnem implere justitiam: ubi non hoc significat (3), ut si fuerit baptizatus, adimpleat omnem justitiam, sed sic: idest, quemadmodum baptismatis justitiam prius factis

implevit, postea praedicavit; sic et omnem aliam justitiam: secundum illud Act. 1, « Coepit Jesus « facere et docere. » Aut ita, Sic oportet nos implere omnem justitiam baptismi, idest secundum dispensationem humanae naturae; sic (1) enim implevit justitiam nascendi, crescendi et similium. HILARIUS (can. 2 in Matth.). Erat et per eum omnis implenda justitia, per quem solum lex poterat impleri. HIERONYMUS (super illud, Sic decet nos). Non autem addit justitiam legis, sive naturae, ut utrumque intelligamus. REMIGIUS. Vel sic. Decet nos implere omnem justitiam; idest, ostendere exemplum omnis implendae justitiae in baptismo, sine quo non aperitur aditus regni caelestis. Vel etiam discant superbi exemplum humilitatis, ut non dedignentur baptizari ab humilibus membris meis (2), dum viderint me baptizatum a te Joanne servo meo. Illa autem est vera humilitas quam comes obedientia sequitur: unde subditur, Tunc dimisit eum; idest, ad ultimum assensum praebuit, ut baptizaret eum.

7. AUGUSTINUS (5) in serm. de Epiph. Quia, ut dictum est, cum Salvator noster abluitur, jam tunc (4) in nostrum baptismum tota aqua mundatur, ut secuturis postmodum populis, lavacri gratia ministretur. Oportuit etiam Christi baptismo ea designari quae per baptismum consequuntur fideles: unde dicitur: Baptizatus autem Jesus, confestim ascendit de aqua. CHRYSOSTOMUS super Matth. (hom. 4 operis imperf. ante med.). Factum Christi ad mysterium pertinet omnium qui postmodum fuerant baptizandi; et ideo dixit, Confestim, et non dixit simpliciter, Ascendit: quia omnes qui digne baptizantur in Christo, confestim de aqua ascendunt; idest, proficiunt ad virtutes, et ad dignitatem sublevantur caelestem: qui enim in aquam ingressi fuerant carnales, et filii Adae peccatores, confestim de aqua ascendunt spiritales filii Dei facti. Si autem quidam ex sua culpa nihil proficiunt baptizati, quid ad baptismum? RABANUS. Quia ergo nobis Dominus sui corporis intinctu (5) baptismi lavacrum dedicavit, nobis quoque post acceptum baptisma caeli aditum patere et Spiritum sanctum dari demonstravit (6): unde sequitur, Et aperti sunt ei caeli. HIERONYMUS (in calce Com. in c. 3 Matth.). Non reseratio elementorum (7), sed spiritualibus oculis; sicut et Ezechiel in principio voluminis sui apertos esse commemorat. CHRYSOSTOMUS super Matth. (hom. 4 oper. imperf, circa medium). Si enim ipsa creatura caelorum (8) rupta fuisset, non dixisset, Aperti sunt ei: quia quod corporaliter aperitur, omnibus est apertum. Sed dicet aliquis: Quid enim? Ante oculos Filii Dei clausi fuerant caeli, qui etiam in terra constitutus erat in caelo? Sed sciendum. quod sicut secundum dispensationem humanam baptizatus est, sic secundum humanam dispensationem aperti sunt ei caeli; secundum autem naturam divinam erat in caelis. AUGUSTINUS.

---

(1) Al. subtilior enim benedictionum cursus.

(2) Immo Ambrosius, ut supra, sed serm. 17, qui de baptismo Christi praenotatur, in oct. Epiph. nec in editione August. recentiori extat, etsi aliter indicetur serm. 1 de Epiph. his verbis: Quod facere voluit, prior in se fecit (Ex edit. P. Nicolai).

(3) Al. signatur.

(1) Al. sicut.

(2) Al. deest meis.

(3) Immo iterum Ambrosius, ut supra, in eodem serm. 17, post medium; non sic tamen expresse quo ad posteriorem appendicem, nec per modum redditionis causae quo ad priorem (Ex edit. P. Nicolai).

(4) Al. nunc.

(5) Al. instinctu.

(6) Al. dedicavit nobis quam prius acceptum baptisma caeli additum patere, et Spiritum sanctum demonstravit.

(7) Al. occultorum.

(8) Al. deest caelorum.

Sed numquid tunc primo aperti sunt ei caeli etiam secundum humanam naturam? Fides enim Ecclesiae et credit et tenet quod non minus aperti sunt ei caeli ante quam post. Ideo ergo dicitur quod aperti sunt ei caeli, quia omnibus renatis aperitur janua regni caelestis. Chrysostomus super Matth. (hom. 4 oper. imperf.). Forte enim erant invisibilia quaedam obstacula prius, quibus obsistentibus animae defunctorum non poterant introire caelos. Nullam enim animam ante Christum arbitror ascendisse in caelum ex quo peccavit Adam et clausi sunt caeli. Sed ecce baptizato Christo aperti sunt tantum; postquam vero tyrannum vicit per crucem, quia non erant necessariae portae caelo nunquam claudendo, non dicunt Angeli, Aperite portas, jam enim erant apertae; sed (Psal. 23): « Tollite portas. » Vel baptizatis (1) aperiuntur caeli, et vident ea quae sunt in caelo, non carnalibus oculis videndo, sed spiritualibus fidei credendo. Aut ita. Caeli sunt Scripturae divinae; quas omnes legunt, non tamen omnes intelligunt, nisi qui fuerint sic baptizati ut accipiant Spiritum sanctum. Unde et Apostolis primitus erant clausae Scripturae Prophetarum; sed accepto Spiritu sancto, reseratae sunt eis omnes Scripturae. Tamen quocumque modo intelligatur, caeli aperti sunt ei, idest omnibus propter eum: sicut si Imperator alicui pro alio petenti dicat: Hoc beneficium non illi do, sed tibi; idest, propter te illi. Glossa. Vel tantus splendor circumfulsit Christum in baptismo ut empyreum videretur caelum reseratum esse. Chrysostomus in hom. (12, parum ante med). Si autem tu non vides, non incredulus sis: etenim in principiis spiritualium rerum semper sensibiles apparent visiones, propter illos qui nullam intelligentiam incorporalis naturae suscipere possunt; ut si postea non fiat, ex his quae semel facta sunt, recipiant fidem. Remigius. Sicut autem omnibus per baptismum renatis aperitur janua regni caelestis, ita omnes in baptismate accipiunt dona Spiritus sancti: ideo subditur: *Et vidit Spiritum Dei descendentem sicut columbam, et venientem super se.* Augustinus in serm. de Epph. (dominica infra oct. Epiph. et est serm. de temp. 36). Christus enim postquam natus est hominibus, renascitur sacramentis; ut quemadmodum tunc eum miramur incorrupta matre progenitum, ita et nunc suscipiamus illum pura unda submersum. Filium enim genuit mater, et casta est; Christum lavit unda, et sancta est. Denique Spiritus sanctus, qui tunc illi in utero affuit, modo eum in gurgite circumfulsit; qui tunc Mariam castificavit, nunc fluenta sanctificat. Unde dicit: *Et vidit Spiritum Dei descendentem.* Chrysostomus super Matth. (hom. 4 in opere imperf. non procul a fin.). Ideo autem Spiritus sanctus speciem columbae suscepit, quoniam prae omnibus animalibus haec cultrix est caritatis. Omnes autem justitiae species quas habent servi Dei in veritate, possunt habere servi diaboli in simulatione; solam autem caritatem sancti Spiritus non potest immundus spiritus imitari. Ideo ergo hanc privatam speciem caritatis sibi servavit Spiritus sanctus, quia per nullius (2) testimonium sic cognoscitur ubi est Spiritus sanctus, sicut per gratiam caritatis. Raba-

nus (1). Significantur etiam quatuor virtutes in baptizatis per columbam . Columba enim secus fluenta habitat, ut, viso accipitre, mergat se, et evadat. meliora grana eligit, alienos pullos nutrit, non lacerat rostro, felle caret, in cavernis petrae nidificat, gemitum pro cantu habet: ita et sancti secus divinae Scripturae fluenta resident, ut incursum diaboli evadant; sanas sententias quibus pascantur eligunt, non haereticas; homines qui diaboli fuerunt pulli, idest imitatores, doctrina nutriunt et exemplum; bonas sententias lacerando non pervertunt haereticorum more (2); ira irreconciliabili carent; in plagis mortis Christi, qui petra firma est, nidum ponunt, idest suum refugium et spem; sicut etiam alii delectantur in cantu, ita ipsi in gemitu pro peccatis. Chrysostomus in hom. (12, circa med.). Veteris etiam recordatur historiae: in diluvio enim (3) apparuit hoc animal, ramum ferens olivae, et communem orbis tranquillitatem annuntians; quae omnia typus erant futurorum. Etenim nunc columba apparet, liberatorem nobis demonstrans, et pro ramo olivae adoptionem generi humano affert. Augustinus lib. 2 de Trin. (cap. 5 et 6). Est autem in promptu intelligere cur Spiritus sanctus missus dicatur, cum in ipsum Dominum corporali specie velut columba descendit: facta est enim quaedam creaturae species ex tempore, in qua visibiliter ostenderetur Spiritus sanctus. Haec autem operatio visibiliter expressa, et oculis oblata mortalibus, missio Spiritus sancti dicta est; non ut appareret invisibilis ejus substantia; sed ut corda hominum exterioribus visis commota, ad occultam aeternitatem converterentur. Non autem sic assumpta est creatura, in qua Spiritus sanctus apparuit, in unitatem scilicet personae, sicut assumpta est humana illa forma ex Virgine. Neque enim columbam beatificavit Spiritus, aut sibi in personae suae unitatem in aeternum conjunxit. Proinde, quamquam illa columba Spiritus dicta sit, ut ostenderetur per columbam Spiritum demonstratum, non tamen ita possumus dicere Spiritum sanctum et Deum et columbam, sicut dicimus Filium et Deum et hominem; nec sicut dicimus Filium agnum Dei, non solum Joanne Baptista dicente, sed etiam Joanne Evangelista vidente agnum occisum in Apocalypsi: illa quippe visio prophetica non est exhibita oculis corporeis per formas corporeas, sed in spiritu per spiritales imagines corporum. De illa vero columba nullus unquam dubitavit quin oculis visa sit; nec sicut dicimus Filium petram (scriptum est enim 1 Corinth. 10, « Petra erat Christus ») ita possumus dicere Spiritum columbam. Illa enim petra jam erat in creatura, et per actionis modum nuncupata est nomine Christi quem significabat; non autem sic illa columba, quae ad haec tantummodo significanda repente extitit. Magis autem simile hoc mihi videtur flammae illi quae in rubo apparuit Moysi, et illi quam populus in eremo sequebatur, et fulguribus ac tonitruis quae fiebant dum lex daretur in monte. Ad hoc enim rerum illarum corporalis extitit species ut aliquid significaret atque praeteriret. Propter has ergo corporales formas missus dicitur Spiritus sanctus; illae vero spe-

(1) Immo Anselmus tantum hoc verborum tenore; quamvis Rabanus non dissimili sensu, sed aliis omnino verbis (*Ex edit. P. Nicolai*).

(2) *Al.* morte.

(3) *Al. omittitur* enim.

(1) *Al.* in baptizatis.

(2) *Al. omittitur* nullius.

cies corporales ad demonstrandum quod opus fuit, ad tempus apparuerunt, et postea destiterunt. HIERONYMUS (in fine Com. in cap. 3 Matth). Sedit autem super caput Jesu, ne quis putaret vocem Patris ad Joannem factam, non ad Dominum; unde sequitur, *Et venientem super se.*

8. AUGUSTINUS in ser. Epiph. Non enim ut ante per Moysen aut per prophetas, nec per typos aut figuras, venturum in carne Pater Filium docuit; sed palam venisse monstravit, dicens: *Hic est filius meus.* HILARIUS (can. 2 in Matth., prope finem). Vel ut ex his quae consummabantur in Christo, cognosceremus post aquae lavacrum et de caelestibus portis sanctum in nos Spiritum involare (1), et caelestis nos gloriae unctione perfundi, et paternae vocis adoptione filios Dei fieri. HIERONYMUS (in com. Matth., cap. 3, prope finem). Mysterium autem Trinitatis in baptismate demonstratur. Dominus baptizatur, Spiritus descendit in habitu columbae, Patris vox Filio testimonium perhibentis auditur. AUGUSTINUS (2) in ser. de Epiph. Nec mirum si in dominico lavacro mysterium non defuit Trinitatis, cum nostrum lavacrum Trinitatis compleat sacramentum. Voluit enim Dominus primo circa se exhibere quod erat postea humano generi praecepturus. AUGUSTINUS de Fide ad Petrum (cap. 9, in initio). Quamvis autem Pater et Filius et Spiritus sanctus sint una natura, firmissime tamen tene tres esse personas; Patremque solum esse qui dixit, *Hic est Filius meus dilectus*; et Filium solum esse super quem illa vox Patris insonuit; et Spiritum sanctum solum esse qui in specie columbae super Christum baptizatum descendit. AUGUSTINUS, 4 de Trin. (cap. 21). Haec autem opera sunt totius Trinitatis. In sua quippe substantia Pater et Filius et Spiritus sanctus unum sunt, sine ullis intervallis temporum vel locorum; in meis autem vocibus separati sunt Pater, Filius et Spiritus sanctus, nec simul dici poterunt; et in litteris visibilibus sua separatim locorum spatia tenuerunt: quia similitudine utcumque (3) cognoscitur, inseparabilem in seipsa Trinitatem per visibilis creaturae speciem separabiliter demonstrari. Quod autem solius Patris vox sit, ostenditur ex

(1) *Al.* immolare.
(2) Sive potius Ambrosius, ut jam supra, serm. 4, qui de festo Epiph. IV est; sicut et mox quod sub nomine Augustini *de Fide ad Petrum* annotatur, est Fulgentii, ut jam alibi dictum (*Ex edit. P. Nicolai*).
(3) *Al.* utrumque.

hoc quod dicit, *Hic est Filius meus.* HILARIUS (1) in libro de Trin. Non solum nomine contestatus est eum esse Filium, sed proprietate. Multi enim nos filii Dei sumus; sed non talis est hic Filius: hic enim et proprius et verus est Filius; origine, non adoptione; veritate, non nuncupatione; nativitate, non creatione. AUGUSTINUS super Joannem (tract. 14). Pater autem diligit Filium, sed quomodo pater filium, non quomodo dominus servum; sed quomodo unicum, non quomodo adoptatum: et ideo subditur, *In quo mihi complacui.* REMIGIUS (2), Vel si ad humanitatem Christi referatur, si legatur. *In quo mihi complacui,* talis est sensus: *In quo mihi complacui,* quia istum solum reperi sine peccato. Si vero legatur, *In quo mihi complacuit,* subauditur placitum meum constituere, ut per eum agerem quae agenda sunt; idest, genus humanum redimerem. AUGUSTINUS de Cons. Evang. lib. 2, cap. 14). Haec autem verba et alii duo, Marcus et Lucas, similiter narrant; sed de verbis vocis quae de caelo facta est, variant locutionem, salva tamen sententia. Quod enim Matthaeus ait dictum, *Hic est Filius meus dilectus,* et alii duo dicunt, « Tu es Filius « meus dilectus, » ad eamdem sententiam explicandam valet: vox enim caelestis unum horum dixit; sed Evangelista ostendere voluit ad id valere quod dictum est, *Hic est Filius meus,* ut illis potius qui audiebant indicaretur quod ipse esset Filius Dei; atque ita dictum referre voluit, « Tu es « Filius meus, » ac si illi diceretur: *Hic est Filius meus.* Non enim Christo indicabatur quod sciebat; sed audiebant qui aderant, propter quos vox facta est. Jam vero quod alius dicit, *In quo mihi complacui;* alius, « In te complacuit mihi: » si quaeris quid horum illa voce sonuerit, quodlibet accipe; dum intelligas eos qui non eamdem locutionem retulerunt eamdem retulisse sententiam: quod enim Deus in Filio sibi complacuit, admonetur aliquis ex eo quod dictum est, « In te complacui; » quod autem in Filio Pater placuerit hominibus, admonetur ex eo quod dictum est, « In te complacuit « mihi: » seu intelligatur hoc dictum esse ab omnibus Evangelistis, tamquam diceretur: In te complacitum meum constitui; hoc est, implere quod mihi placet.

(1) Nempe lib. 3, super illud Joan. 17, *Clarifica Filium tuum* (*Ex edit. P. Nicolai*).
(2) Similia Rabanus in hunc locum, non in Matth. 12 sicut prius (*Ex edit. P. Nicolai*).

CAPUT QUARTUM

1. Tunc Jesus ductus est in desertum a Spiritu, ut tentaretur a diabolo. Et cum jejunasset quadraginta diebus et quadraginta noctibus, postea esuriit.
2. Et accedens tentator dixit ei: Si Filius Dei es, dic ut lapides isti panes fiant. Qui respondens dixit: Scriptum est: Non in solo pane vivit homo, sed in omni verbo quod procedit de ore Dei.
3. Tunc assumpsit eum diabolus in sanctam civitatem, et statuit eum super pinnaculum templi, et dixit ei: Si Filius Dei es, mitte te deorsum. Scriptum est enim: Quia Angelis suis mandavit de te, et in manibus tollent te, ne forte offendas ad lapidem pedem tuum. Ait illi Jesus rursum: Scriptum est: Non tentabis Dominum Deum tuum.

4. Iterum assumpsit eum diabolus in montem excelsum valde, et ostendit ei omnia regna mundi et gloriam eorum, et dixit ei: Haec omnia tibi dabo, si cadens adoraveris me. Tunc dicit ei Jesus, Vade Satana: scriptum est enim: Dominum Deum tuum adorabis, et illi soli servies. Tunc reliquit eum diabolus; et ecce Angeli accesserunt et ministrabant ei.
5. Cum autem audisset Jesus quod Joannes traditus esset, secessit in Galilaeam, et relicta civitate Nazareth, venit, et habitavit in Capharnaum maritima, in finibus Zabulon et Nephtalim: ut adimpleretur quod dictum est per Isaiam Prophetam: Terra Zabulon et terra Nephtalim, via maris trans Jordanem Galilaeae Gentium. Populus qui ambulabat in te-

nebris, vidit lucem magnam, et sedentibus in regione umbrae
mortis, lux orta est eis.

6. Exinde coepit Jesus praedicare et dicere: Poenitentiam
agite: appropinquabit enim regnum caelorum.

7. Ambulans autem Jesus juxta mare Galilaeae, vidit
duos fratres; Simonem, qui vocatur Petrus, et Andream fratrem ejus, mittentes rete in mare: erant enim piscatores.
Et ait illis: Venite post me, et faciam vos fieri piscatores hominum. At illi continuo, relictis retibus, secuti sunt eum. Et
procedens inde, vidit alios duos fratres; Jacobum Zebedaei,
et Joannem fratrem ejus in navi cum Zebedaeo patre eorum

reficientes retia sua, et vocavit eos. Illi autem statim, relictis
retibus et patre, secuti sunt eum.

8. Et circuibat Jesus totam Galilaeam, docens in synagogis eorum, et praedicans Evangelium regni, et sanans omnem languorem et omnem infirmitatem in populo. Et abiit
opinio ejus in totam Syriam; et obtulerunt ei omnes male
habentes, variis languoribus et tormentis comprehensos, et
qui daemonia habebant, et lunaticos et paralyticos et curavit
eos. Et secutae sunt eum turbae multae de Galilaea et Decapoli, et de Hierosolymis et de Judaea et de trans Jordanem.

1. CHRYSOSTOMUS super Matth. (hom. 5 in opere
imperfect.). Postquam baptizatus est Dominus a
Joanne in aqua, ducitur a Spiritu in desertum, ut
baptizaretur igne tentationis: unde dicitur: *Tunc
Jesus ductus est in desertum a Spiritu.* Tunc, scilicet quando Pater clamavit de caelo, *Hic est Filius
meus dilectus.* CHRYSOSTOMUS in homil. 13. Quisquis
ergo post baptismum majores sustines tentationes,
non turberis: etenim propter hoc accepisti arma,
ut non cadas, sed ut praelieris. Ideo autem tentationem a te Deus non prohibet, primum quidem,
ut discas quoniam multo factus es fortior; deinde
ut magnitudine donorum non extollaris; tertio ut
diabolus experientia cognoscat quod perfecte ab eo
abscessisti; quarto ut per hoc fortior reddaris; quinto ut crediti tibi thesauri signum accipias: neque
enim diabolus superveniret tibi ad tentandum, nisi
te in majori honore effectum videret. HILARIUS
(can. 5 in Matth., fere in princ.). In sanctificatis
enim maxime diaboli tentamenta grassantur, quia
victoria ei est magis optata de sanctis. GREGORIUS
in homil. (16 in Evang.). Dubitari autem a quibusdam solet a quo spiritu sit ductus Jesus in
desertum, propter hoc quod subditur: *Assumpsit
eum diabolus in sanctam civitatem.* Sed vere et
absque ulla quaestione convenienter accipitur ut
a Spiritu sancto ductus esse credatur, ut illuc eum
suus spiritus duceret ubi (1) hunc ad tentandum
spiritus malignus invenit. AUGUSTINUS in 4 de Trin.
(cap. 13, ante med.). Cur seipsum quoque tentandum praebuit? Ut ad superandas tentationes
mediator esset, non solum per adjutorium, verum
etiam per exemplum. CHRYSOSTOMUS super Matth.
(hom. 5 operis imperfect. in initio). Est autem ductus
a Spiritu sancto, non quasi minor majoris praecepto:
non enim solum ductus dicitur qui alicujus potestate
ducitur, sed etiam ille qui alicujus rationabili ex-
hortatione placatur: sicut scriptum est de Andrea,
quod invenit Simonem fratrem suum, et adduxit eum
ad Jesum. HIERONYMUS super Matth. (in init. Com.
in cap. 4). Ducitur autem non invitus aut captus,
sed voluntate pugnandi. CHRYSOSTOMUS (hom. 5
operis imperfect.) Ad homines enim diabolus vadit
ut tentet eos: quoniam autem adversus Christum
diabolus ire non poterat, ideo contra diabolum
Christus processit: unde dicitur, *Ut tentaretur a
diabolo.* GREGORIUS in hom. 16. Sed sciendum
nobis est, quia tribus modis tentatio agitur: sugge-
stione, delectatione et consensu: et nos cum tenta-
mur, plerumque in delectationem aut in consensum labimur, quia de carnis peccato propagati in
nobisipsis etiam gerimus unde certamina toleramus;
Deus vero, qui in utero virginis incarnatus, in
mundum (2) sine peccato venerat, nihil contradictionis in semetipso tolerabat. Tentari ergo per
suggestionem potuit; sed ejus mentem peccati de-

lectatio non momordit; atque ideo omnis diabolica illa
tentatio, foris, non intus fuit. CHRYSOSTOMUS in homil.
(13, sub initio). Tunc autem maxime instat diabolus ad tentandum, cum viderit solitarios: unde
etiam in principio mulierem tentavit sine viro eam
inveniens: unde et sic per hoc etiam diabolo datur
occasio tentandi quod ducitur in desertum. GLOSSA.
(ord. cir. init. cap. 4 Matth.) Hoc desertum est in
Hierusalem et Hierico ubi morabantur latrones, qui
locus vocatur Dammin (1), idest sanguinis, propter
effusionem sanguinis, quam ibi latrones faciebant:
unde et homo cum descendisset a Hierusalem in
Hierico incidisse dicitur in latrones, gerens figuram
Adae, qui a daemonibus victus est. Conveniens ergo fuit ut ibi Christus diabolum superaret ubi
diabolus hominem sub figura superasse dictum est.
CHRYSOSTOMUS super Matth. (hom. 5 in opere imperf.). Non solum autem Christus ductus est in
desertum a Spiritu, sed et omnes filii Dei habentes Spiritum sanctum: non enim sunt contenti sedere
otiosi, sed Spiritus sanctus urget eos aliquid magnum apprehendere opus, quod est ire in desertum
quantum ad diabolum: quia non est ibi injustitia,
qua diabolus delectatur. Omne etiam bonum est
extra carnem et mundum, quia non est secundum
voluntatem carnis et mundi. Ad tale ergo desertum
omnes filii Dei exeunt ut tententur: ut puta si
non proposuisti ducere uxorem, duxit te Spiritus
sanctus in desertum, idest extra fines carnis et
mundi, ut tenteris concupiscentia carnis: quomodo
enim tentatur libidine qui tota die est cum uxore?
Scire autem debemus, quod filii Dei non tentantur
a diabolo nisi in desertum exierint; filii autem
diaboli in carne et mundo constituti confringuntur
et parent: sicut bonus homo, si uxorem habuerit,
non fornicatur, sed sufficit ei uxor sua; malus autem etiam habens uxorem, fornicatur, et non est
uxore contentus: et sic in omnibus invenies. Filii
ergo diaboli non exeunt ad diabolum ut tententur.
Quid enim opus habet ad certamen exire qui non
desiderat vincere? Qui autem gloriosiores sunt filii
Dei, extra fines carnis exeunt contra illum, quia
victoriae gloriam concupiscunt. Propterea et in hoc
Christus exiit ad diabolum, *ut tentaretur ab eo.*
CHRYSOSTOMUS in hom. 13. Ut autem discas quam
magnum bonum est jejunium, et qualiter scutum
est adversum diabolum, et quoniam (2) post baptismum non lasciviae, sed jejunio intendere oportet;
ipse jejunavit non eo indigens, sed nos instruens.
CHRYSOSTOMUS super Matth. (hom. 5 in opere imperf.). Et ut quadragesimi nostri jejunii poneret mensuram, quadraginta diebus et quadraginta noctibus
jejunavit: unde sequitur: *Et cum jejunasset quadraginta diebus et quadraginta noctibus.* CHRYSOSTOMUS
in homil. 13. Non autem ultra processit jejunan-

(1) *Al.* quo.
(2) *Al.* incarnatus in mundo.

(1) *Al.* Dorohim. *P. Nicolai in editione Herbipolensi habet* Dammaim.
(2) *Al.* quod quoniam.

do quam Moyses et Elias, ne incredibilis videretur carnis assumptio. GREGORIUS in hom. (16, a medio). Ipse autem auctor omnium in quadraginta diebus nullum omnino cibum sumpsit. Nos quoque quantum possumus. quadragesimae tempore carnem nostram per abstinentiam affligamus. Quadragenarius autem numerus custoditur, quia virtus decalogi per libros quatuor sancti Evangelii impletur; denarius etenim quater ductus, in quadragenarium surgit. Vel quia in hoc mortali corpore ex quatuor elementis subsistimus, per cujus voluptatem praeceptis dominicis contraimus (1), quae per decalogum sunt accepta. Qui ergo per carnis desideria decalogi mandata contempsimus, dignum est ut eamdem carnem quaterdecies affligamus. Vel sicut in lege offerre debemus decimas rerum, ita ei offerre contendimus decimas dierum. A prima enim dominica quadragesimae usque ad paschalis solemnitatis gaudia, sex hebdomadae veniunt, quarum dies quadraginta et duo sunt: ex quibus dum sex dies dominici ab abstinentia subtrahuntur, remanent trigintasex. Dum vero per tercentum sexaginta quinque dies annus ducitur; nos autem per trigintasex dies affligimur, quasi anni nostri (2) decimas Deo damus. AUGUSTINUS in lib. 83 Qq. (qu. 81). Vel aliter. Omnis sapientiae disciplina est creatorem creaturamque cognoscere. Creator est Trinitas, Pater et Filius et Spiritus sanctus; creatura vero partim est invisibilis, sicut anima, cui ternarius numerus tribuitur (diligere enim Deum tripliciter jubemus, ex toto corde, ex tota anima, et ex tota mente): partim visibilis, sicut corpus; cui quaternarius debetur, propter calidum et frigidum, humidum, et siccum. Denarius ergo numerus, qui totam insinuat disciplinam, quater ductus, id est numero qui corpori debetur, multiplicatus, quia per corpus administratio geritur, quadragesimum numerum conficit, cujus partes aequales ad quinquaginta perveniunt; unum enim et duo et quatuor et quinque et octo et decem et viginti, quae sunt partes quadragenarii, simul juncta, efficiunt quinquaginta. Et ideo tempus quo ingemiscimus et dolemus quadragenario numero celebratur. Status autem beatitudinis, in quo erit gaudium, quinquagesimae celebratione praefiguratur, idest a Pascha usque ad Pentecosten. AUGUSTINUS in serm. de quadragesima (3). Non autem quia Christus post acceptum baptismum continuo jejunavit, regulam observationis dedisse credendum est, ut post Christi baptismum continuo jejunare necesse sit. Sed quando acriori certamine cum tentatore confligitur, jejunandum est, ut corpus impleat de castigatione militiam, et animus impetret de humiliatione victoriam. CHRYSOSTOMUS super Matth. (hom. 5 in opere imperf.) Sciebat autem Dominus cogitationem diaboli, quia volebat eum tentare: audierat enim quia Christus natus est in hoc mundo Angelis praedicantibus, pastoribus referentibus, Magis quaerentibus, et Joanne ostendente. Unde Dominus processit contra eum, non quasi Deus, sed quasi homo; magis autem quasi Deus et homo. Nam per quadraginta dies non esurire non erat hominis; aliquando autem esurire non erat Dei. Un-

(1) Al. per cujus voluntatem praeceptis dominicis contrahimus.
(2) Al. omittitur nostri.
(3) Est in recenti editione serm 64 de diversis, et inscribitur, Sabbato post dominicam 2 quadragesimae, notaturque quod hic citatum habes, cap. 2 post medium (Ex edit. P. Nicolai).

de esurivit, ne manifeste intelligatur Deus, et sic diaboli spem tentandi extingueret, suam autem victoriam impediret: unde sequitur, Postea esuriit. HILARIUS (can. 3, paulo a princ.). Nam post quadraginta dies, non in quadraginta diebus esuriit. Igitur cum Dominus esuriit, non inediae surrepsit operatio, sed naturae suae hominem dereliquit. Non enim erat a Deo diabolus, sed a carne vincendus. Qua rerum ratione indicat, post quadraginta dierum consummationem, quibus post passionem in saeculo erat commoratus, esuritionem se humanae salutis habiturum; quo in tempore expectatum Deo Patri munus, hominem quem assumpserat, reportavit.

2. CHRYSOSTOMUS super Matth. (hom. 5 operis imperf.). Quia videns per quadraginta dies Christum jejunantem desperaverat, postquam esurientem sensit, iterum cepit sperare: unde sequitur, Et accedens tentator. Si ergo jejunaveris et tenteris, ne dicas quia perdidi fructum jejunii mei: nam etsi non tibi profuit jejunium tuum ut non tenteris, tamen proficiet ut a tentationibus non vincaris. GREGORIUS in hom. (16, aliq. a princ.). Sed si ipsum ordinem tentationis aspicimus, pensamus quanta magnitudine nos a tentatione liberamur. Antiquus enim hostis primum hominem ex gula tentavit, cum cibum ligni vetitum ad comedendum suasit: ex vanagloria, cum diceret (Gen. 3), « Eritis sicut dii; » ex avaritia, cum diceret, « Scientes bonum et malum: » avaritia enim non solum pecuniae est, sed etiam altitudinis, cum supra modum sublimitas ambitur. Quibus autem modis primum hominem stravit, istis (1) modis secundo homini tentato succubuit. Per gulam tentat, cum dicit, Dic ut lapides isti panes fiant: per vanam gloriam, cum dicit, Si Filius Dei es, mitte te deorsum; per sublimitatis avaritiam, cum regna mundi ostendit, dicens, Haec omnia tibi dabo. AMBROSIUS super Lucam (lib. 4, in tit. de prima tentatione Christi). Inde autem coepit unde jam vicerat, scilicet a gula: unde dixit ei: Si Filius Dei es, dic ut lapides isti panes fiant. Quid autem sibi vult talis sermonis exorsus, nisi quia cognoverat Dei Filium esse venturum; sed venisse per infirmitatem corporis non putabat? Aliud explorantis, aliud tentantis est: et Deo se profitetur credere, et homini conatur illudere. HILARIUS (can. 3, parum ante med.). Eam ergo in tentando conditionem operis proposuit, per quam in Deo ex mutatione lapidum in panes virtutem potestas agnosceret et in homine oblectamento cibi potentiam esurientis illuderet. HIERONYMUS (super illud, Dic ut lapides istis panes fiant). Sed duobus contrariis teneris, o diabole: si ad imperium ejus possunt lapides panes fieri, ergo frustra tentas eum qui tantae potentiae est: si autem non potest facere, frustra Dei Filium suspicaris. CHRYSOSTOMUS super Matth. (homil. 5 in opere imperf. ante medium). Sicut autem diabolus omnes excaecabat, sic modo invisibiliter a Christo est excaecatus. Post quadraginta enim dies esurientem sensit, et per quadraginta non esurientem non (2) intellexit. Cum suspicatus est eum non esse Filium Dei, non cogitavit quoniam fortis athleta ad ea quae infirma sunt, descendere potest; infirmus autem ad ea quae fortia sunt, ascendere non potest. Magis ergo ex eo quod per tot dies non esuriit, intelligere debuit quia Deus est, quam ex eo quod post

tot dies esuriit, quia homo est. Sed dicit: Moyses et Elias quadraginta dies jejunaverunt, et homines erant. Sed illi jejunantes esuriebant et sustinebant: iste quadraginta diebus non esuriit, sed postea. Esurire enim et non manducare, patientiae est humanae; non esurire autem, divinae naturae. HIERONYMUS (super illud, *Qui respondens, ait*). Propositum autem Christi erat humilitate vincere; (1) unde adversarium vicit testimoniis legis, non potestate virtutis: ut hoc ipso et hominem plus honoraret, et adversarium plus puniret; cum hostis generis humani non quasi a Deo, sed quasi ab homine vinceretur: unde sequitur: *Qui respondens, dixit ei: Scriptum est: Non in solo pane vivit homo sed in omni verbo quod procedit de ore Dei.* GREGORIUS in hom. (16, paulo ante medium). Sic ergo tentatus a diabolo Dominus, sacri eloquii praecepta respondit; et qui tentatorem suum mergere in abyssum poterat, virtutem suae potentiae non ostendit: quatenus nobis praeberet exemplum ut quoties a pravis hominibus aliquid patimur, ad doctrinam excitemur potius quam ad vindictam. CHRYSOSTOMUS super Matth. (hom. 5 in opere imperf. ante medium). Non autem dixit, Non in solo pane vivo (2), ne videatur de se dictum esse; sed *Non* (3) *in solo pane vivit homo*, ut posset diabolus dicere: *Si Filius Dei es.* Abscondit se, ut non ostendatur; quod potest, si homo est; astute excusat se, ne ostendatur non posse. RABANUS (super illud, *Non in solo pane vivit homo*). Testimonium autem hoc de Deuteronomio sumptum est. Ergo si quis non vescitur verbo Dei, iste non vivit: quia sicut corpus humanum non vivit sine terreno cibo, ita et anima vivere non potest sine Dei verbo. Procedere autem verbum de ore Dei dicitur cum voluntatem suam per Scripturarum testimonia revelat.

3. CHRYSOSTOMUS super Matth. (homil. 5 in opere imperf. ante medium). Cum ex praemisso Christi responso nihil certum discere diabolus potuisset, utrum Christus Deus esset an homo; assumpsit eum ad aliam tentationem, dicens apud se: Iste qui fame non vincitur, etsi Filius Dei non est, tamen sanctus est: valent enim homines sancti fame non vinci; sed postquam omnem necessitatem carnis vicerunt, per vanam gloriam cadunt: ideo coepit eum tentare in gloria vana: propter quod sequitur; *Tunc assumpsit eum diabolus in sanctam civitatem.* HIERONYMUS (super illud, *Tunc assumpsit eum*). Assumptio ista non ex imbecillitate Domini venit, sed de inimici superbia, qui voluntatem Salvatoris necessitatem putat. RABANUS. Sancta autem civitas Hierusalem dicebatur, in qua templum Dei erat, et Sancta sanctorum, et cultus unius Dei secundum legem Moysi. REMIGIUS. In quo ostenditur quia diabolus fidelibus Christi etiam in sanctis locis insidiatur. GREGORIUS in homil. (16, circ. princ.). Sed ecce dum dicitur Deus homo in sanctam civitatem a diabolo assumptus, humanae aures audire expavescunt; iniquorum tamen omnium diabolus caput est. Quid est autem mirum si se ab illo permisit in montem duci qui se permisit a membris illius crucifigi? GLOSSA (ord. super illud, *Super pinnaculum templi*). Diabolus enim semper ad alta ducit elevando per jactantiam, ut praecipitare possit; et

ideo sequitur: *Et statuit eum supra pinnaculum templi.* REMIGIUS. Pinnaculum sedes erat doctorum: templum enim non habebat culmen erectum, sicut nostrae domus habent: sed et planum erat desuper more Palaestinorum, et in ipso templo tria tabulata erant. Et sciendum, quia in pavimento pinnaculum erat, et in unoquoque tabulato pinnaculum erat. Sive ergo statuerit eum in illo pinnaculo quod erat in pavimento, sive in illis quae erant in primo, secundo, vel tertio tabulato; intelligendum est quod in illo statuisset eum unde aliquod praecipitium esse potuit. GLOSSA (ibidem). Nota vero, haec omnia corporeis sensibus esse completa: si enim verba (1) ad invicem conferuntur, in specie hominis diabolum apparuisse verisimile est. CHRYSOSTOMUS super Matth. (homil. 5 in opere imperf. ante medium). Sed forte dicis. Quomodo in corpore constitutum videntibus omnibus statuit supra templum ? Sed forsitan diabolus sic eum assumebat ut ab omnibus videretur; ipse autem, nesciente diabolo, invisibiliter sic agebat ut a nemine videretur. GLOSSA (2) (ibidem). Ideo autem duxit eum supra pinnaculum, cum vellet eum de vana gloria tentare, quia in cathedra doctorum multos deceperat inani gloria, et ideo putavit istum positum in sede magisterii inani gloria extolli posse: unde sequitur: *Et dixit: si Filius Dei es, mitte te deorsum.* HIERONYMUS (super illud, *Statuit supra pinnaculum templi*). In omnibus enim tentationibus hoc agit diabolus ut intelligat si Filius Dei sit. Dicit autem, *Mitte te,* quia vox diaboli, qua semper homines cadere deorsum desiderat, persuadere potest, praecipitare non potest. CHRYSOSTOMUS super Matth. (homil. 5 in opere imperf., circa medium). Per hanc autem propositionem quomodo poterat cognoscere si est Filius Dei, an non? Volare enim per aerem non est proprie opus Dei, quia nulli utile est. Si ergo aliquis volaverit provocatus, propter ostentationem solam hoc facit, et est potius ex diabolo quam ex Deo. Si ergo homini sapienti sufficit esse quod est, et non est necessarium ei apparere quod non est; quanto magis Filius Dei ostendere se necessarium non habet, de quo nemo potest tantum cognoscere quantum est apud se? AMBROSIUS super Lucam (lib. 4 in tit. de tertia tentatione Christi). Sed quia satanas transfigurat se sicut Angelum (3) lucis, et de Scripturis ipsis divinis laqueum fidelibus parat, utitur testimoniis Scripturarum, non ut doceat, sed ut fallat: unde sequitur: *Scriptum est enim: Quia Angelis suis mandavit de te.* HIERONYMUS (super illud, *Angelis suis mandavit*). Hoc enim in 90 Psalmo legimus; verum ibi non de Christo, sed de viro sancto prophetia est. Male ergo diabolus interpretatur Scripturas. CHRYSOSTOMUS super Matth. (homil. 5 in opere imperfect. a medio illius). Vere enim Filius Dei Angelorum manibus non portatur; sed ipse magis Angelos portat: et si portatur manibus Angelorum, non ut offendat ad lapidem pedem suum, quasi infirmus, sed propter honorem, quasi Dominus. O diabole, quoniam Filius Dei manibus portatur legisti: et quia super aspidem et basiliscum calcat, non legisti? Sed illud quidem exemplum profert quasi superbus; hoc autem tacet quasi astutus. CHRYSOSTOMUS in homil.

---

(1) LEO in serm. 1 de quadragesima (*Ex edit. P. Nicolai*).
(2) *Al.* vivit.
(3) *Al.* sed inediae.

(1) *Al.* quia enim prima.
(2) Aequivalenter quo ad sensum, non expresse quo ad verba, quae sunt Anselmi (*Ex edit. P. Nicolai*).
(3) *Al.* Angelus.

(13 in Matth. ante med.). Intuere etiam quia testimonia a Domino allata sunt convenienter, a diabolo autem indecenter: non enim quod scriptum est, *Angelis suis mandavit de te, et in manibus tollent te*, suadet projicere seipsum et praecipitare. GLOSSA (1). Est ergo sic exponendum. Ait enim Scriptura de quolibet bono homine, quod Angelis suis, idest administratoribus spiritibus, praecepit de ipso quod in manibus suis, idest in auxiliis suis, tollant eum et custodiant, ne offendat pedem, idest affectum mentis, ad lapidem, idest ad veterem legem scriptam in lapideis tabulis. Vel per lapidem potest intelligi omnis peccati occasio et ruinae. RABANUS (super illud, *Si Filius Dei es, mitte te deorsum*). Notandum est autem, quod Salvator noster licet permisisset se a diabolo supra pinnaculum templi poni (2), tamen renuit ad imperium ejus descendere: nobis exemplum donans, ut quisquis imperaverit viam veritatis arctam nos ascendere, obtemperemus. Si autem vult nos de altitudine veritatis et virtutum ad ima erroris et vitiorum praecipitare, non illum audiamus. HIERONYMUS (super illud, *Ait illi Jesus rursum*). Falsas autem de Scripturis diaboli sagittas veris Scripturarum frangit clypeis: unde sequitur: *Ait illi rursum Jesus: Scriptum est: Non tentabis Dominum Deum tuum.* HILARIUS (can. 3 in Matth., a med.). Diaboli enim conatus contundens, et Deum se protestatur et Dominum. CHRYSOSTOMUS (homil. 5 in opere imperfect. a med.). Non autem dixit, Non tentabis me Dominum Deum tuum, sed ita, *Non tentabis Dominum Deum tuum*: quod poterat dicere omnis homo Dei tentatus a diabolo: quoniam et qui hominem Dei tentat, Deum tentat. RABANUS. Vel aliter. Suggerebatur ei quasi homini ut aliquo signo exploraret quantum Deus posset. AUGUSTINUS contra Faustum (lib. 22, cap. 36, paulo a princ.). Pertinet autem ad sanam doctrinam, quando habet homo quid faciat, non tentare Dominum Deum suum. THEODOTUS. Tentat enim Deum qui sine ratione objiciens se periculo, quidpiam agit (3). HIERONYMUS (super illud, *Ait illi Jesus rursum*: et quaest. 6 in Deut.). Et notandum, quod necessaria testimonia de Deuteronomio tantum protulit, ut secundae legis sacramenta monstraret.

4. CHRYSOSTOMUS super Matth. (hom. 5 in opere imperf. a medio illius). Diabolus ex secundo responso incertus, transit ad tertiam tentationem: quia enim Christus retia ventris disruperat, retia vanae gloriae transiverat; ponit ei retia avaritiae: propter quod dicitur: *Iterum assumpsit eum diabolus in montem excelsum valde:* quem scilicet diabolus circuiens omnem terram excelsiorem ceteris cognoscebat. Quanto enim excelsior fuerit mons, tanto ex eo spatiosior terra videtur: unde sequitur; *Et ostendit ei omnia regna mundi, et gloriam eorum.* Ostendit autem ita non ut ipse regna vel civitates eorum vel populos, vel argentum vel aurum videret; sed partes terrae in quibus unumquodque regnum vel civitas posita erat: ut puta, si ascendens super excelsum locum digito extenso dicam tibi, Ecce ibi est Roma aut Alexandria, non sic ostendo tibi ut ipsas videas civitates; sed partes terrae in quibus positae sunt: sic et diabolus poterat Christo singula loca demonstrare digito, et uniuscujusque regni honores et statum verbis exponere: nam ostensum dicitur etiam quod exponitur ad intelligendum. ORIGENES super Lucam (hom. 30). Vel aliter. Non est arbitrandum quod regna ei mundi ostendens, Persarum verbi gratia regnum Indorumque ostenderit; sed ostendit ei regnum suum, quomodo regnaret in mundo, idest quomodo alii regnentur (1) a fornicatione, alii ab avaritia. REMIGIUS (2). Gloriam eorum appellat aurum, argentum et lapides pretiosos, et temporalia bona. RABANUS (super illud, *Ostendit ei omnia regna mundi*). Ostendit autem haec diabolus Domino, non quod ipse visum ejus amplificare potuerit, aut aliquid ignotum demonstrare; sed vanitatem pompae mundanae, quam ipse diligebat, quasi speciosam ac desiderabilem verbis ostendens, in amorem Christo suggerens venire volebat. GLOSSA (3) (ord. super illud, *Et gloriam ejus*). Qui non concupiscentiae oculo intuetur sicut nos, sed sicut medici vident morbos sine laesione. HIERONYMUS (super illud, *Haec omnia tibi dabo*). Sequitur: *Et dixit illi: Haec omnia tibi dabo.* Arrogans et superbus de jactantia loquitur: non enim potest omnia regna dare, cum sciamus plerosque sanctos viros a Deo reges factos. CHRYSOSTOMUS super Matth. (hom. 5 in opere imperf.). Sed ea quae per iniquitatem fiunt in mundo, ut puta per furtum aut per perjuria acquisitas divitias diabolus dat. Non ergo diabolus quibus vult divitias dare potest, sed his qui volunt ab illo recipere. REMIGIUS. Miranda etiam est diaboli dementia. Illi promittebat dare regna terrena qui suis fidelibus dat regna caelestia, et gloriam mundi ei qui est caelestis gloriae Dominus. AMBROSIUS (lib. 4 in Lucam, in titulo de tertia tentatione Christi, a med. illius). Habet autem ambitio domesticum periculum: ut enim dominetur aliis, prius servit; curvatur obsequio, ut honore dominetur; et dum vult esse sublimior, fit remissior. Unde aperte subditur: *Si cadens adoraveris me.* GLOSSA. Ecce antiqua diaboli superbia. Sicut enim in principio voluit se similem Deo facere, ita nunc volebat divinum sibi usurpare cultum, dicens, *Si cadens adoraveris me.* Ergo qui adoraturus est diabolum, ante corruit.

Sequitur: *Tunc dicit ei Jesus: Vade, satana.* CHRYSOSTOMUS super Matth. (hom. 5 in oper. imperf.). In quo finem tentandi diabolo ponit, ne progrediatur ulterius tentans. HIERONYMUS (super illud, *Vade satana*). Non autem, ut plerique putant, eadem satanas et Petrus condemnantur sententia. Petro enim dicitur (infra 16): *Vade retro me satana*; idest, sequere me qui contrarius es meae voluntati; huic autem dicitur, *Vade satana*; et non ei dicitur, *Retro*, ut subaudiatur: Vade in ignem aeternum qui paratus est tibi et Angelis tuis. REMIGIUS. Vel secundum alia exempla, *Vade retro*; idest, reminiscere, recordare in quanta gloria conditus fuisti, et in quantam miseriam cecidisti. CHRYSOSTOMUS super Matth. (hom. 5, op. imp.). Videndum autem quia Christus cum passus fuisset

---

(1) Vel potius Anselmus, ut jam supra (*Ex edit. P. Nicolai*).
(2) *Al. deest* poni.
(3) *In quatuor optimae notae exemplis deest tota haec sententia.*

(1) *P. Nicolai habet* regantur.
(2) Similia etiam insinuat Rabanus in hunc locum. (*Ex edit. P. Nicolai*).
(3) Ut ex Rabano citat Glossa; sed ex Anselmo desumptum est, non ex Rabano (*Ex edit. P. Nicolai*).

tentationis injuriam, dicente sibi diabolo, *Si Filius Dei es, mitte te deorsum,* non est turbatus, neque diabolum increpavit. Nunc autem quando diabolus usurpavit sibi Dei honorem, exasperatus est, et repulit eum, dicens, *Vade satana:* ut nos illius discamus exemplo, nostras quidem injurias magnanimiter sustinere, Dei autem injurias nec usque ad auditum sufferre: quoniam in propriis injuriis esse quempiam patientem laudabile est, injurias autem Dei dissimulare, nimis est impium. HIERONYMUS (super illud, *Dominum tuum adorabis*). Dicens autem diabolus Salvatori, *Si cadens adoraveris me,* e contrario audit, quod ipse magis adorare eum debeat Dominum et Deum suum. AUGUSTINUS contra ser. Arianorum (cap. 29). Unde sequitur: *Scriptum est enim: Dominum Deum tuum adorabis, et illi soli servies.* Unus Dominus Deus noster est ipsa Trinitas, cui soli servitutem pietatis jure debemus. AUGUSTINUS 10 de Civitate Dei (cap. 1). Nomine autem servitutis, cultus Deo debitus intelligitur: latriam quippe nostri, ubicumque sanctarum Scripturarum positum est, interpretati sunt servitutem; sed ea servitus quae debetur hominibus, secundum quam praecepit Apostolus servos dominis suis subditos esse debere, graece nuncupari solet dulia; latria vero aut semper aut tam frequenter ut pene semper ea servitus dicitur quae pertinet ad colendum Deum. CHRYSOSTOMUS super Matth. (hom. 5 in opere imperf) Diabolus autem, sicut rationabiliter intelligi potest, non quasi obediens praecepto recessit; sed divinitas Christi et Spiritus sanctus qui erat in eo excussit inde diabolum: unde sequitur: *Tunc reliquit eum diabolus.* Quod ad nostram proficit consolationem: quia non tamdiu homines Dei diabolus tentat quamdiu vult, sed quamdiu Christus permittit. Etsi enim permittit eum paulisper tentare, tamen repellit propter infirmam naturam. AUGUSTINUS 9 de Civitate Dei (cap. 20, in fine). Post tentationem vero sancti Angeli spiritibus immundis metuendi Domino (1) ministrabant, et per hoc magis magisque innotescebat daemonibus quantus esset: unde sequitur: *Et ecce Angeli accesserunt, et ministrabant ei.* CHRYSOSTOMUS super Matth. (hom. 5 in opere imperf. non procul a fine). Non autem dixit, Descendentes Angeli: ut ostendat quia semper ad ministerium ejus erant in terris, sed tunc praecipiente Domino recesserunt ab eo, ut locus diabolo adversus Christum daretur, ne forte videns Angelos circa eum non appropinquaret ad eum. In quibus autem rebus illi ministrabant, scire non possumus: utrum ad sanationes infirmitatum, an ad correctiones animarum, an ad effugationem daemonum; quae omnia per Angelos facit, unde eis facientibus ipse facere videtur: tamen manifestum est quod non propter necessitatem impotentiae ejus ei ministrabant, sed propter honorem potestatis ipsius: non enim dicitur quod adjuvent eum, sed quod ministrent. GREGORIUS in hom. (15, circa medium). Ex his autem unius personae utraque natura ostenditur: quia et homo est quem diabolus tentat, et idem ipse Deus est cui ab Angelis ministratur. CHRYSOSTOMUS super Matth. (hom. 5, oper. imperf.). Nunc (2) breviter perstringamus quid significet Christi tentationes. Jejunium est abstinentia rei malae, esuries est desiderium ejus, usus ejus est panis. Qui ergo pecca-

tum sibi convertit ad usum, lapidem convertit in panem. Respondeat ergo diabolo persuadenti, quia non in solo usu illius rei vivit homo, sed in observantia mandatorum Dei. Quando vero quis inflatus fuerit quasi sanctus, ductus est quasi super templum; et quando aestimaverit se consistere in sanctimoniae summitate, positus est supra pinnaculum templi. Et haec tentatio sequitur primam, quia victoria tentationis gloriationem operatur, et fit causa jactantiae. Sed vide quod Christus jejunium ultro susceperit. Super templum autem diabolus eum duxit, ut tu ad abstinentiam laudabilem sponte procedas; extolli autem ad fastigium sanctitatis non acquiescas: fuge exaltationem cordis, et non patieris ruinam. Ascensio autem montis est processio ad altitudinem divitiarum, et gloriae hujus mundi quae de superbia cordis descendit. Cum ergo volueris dives fieri, quod est ascendere in montem, incipis cogitare de divitiis et honoribus acquirendis; et tunc princeps mundi gloriam regni sui tibi ostendit. Tertio loco providet tibi causas, ut si volueris illa consequi, servias ei, negligens justitiam Dei. HILARIUS (can. 3 in Matth. parum ante finem). Victo autem a nobis calcatoque diaboli capite, Angelorum ministeria et virtutum in nos caelestium officia non defutura ostenditur. AUGUSTINUS de Cons. Evang. (lib. 2 cap. 16). Lucas has tentationes non eodem ordine persecutus est: unde incertum est quid prius factum sit: utrum regna terrae prius demonstrata sint, et postea in pinnaculum templi levatus sit, an e converso: nihil tamen ad rem, dum omnia facta esse manifestum sit. GLOSSA (1) (ordin. super illud, *Tunc assumpsit eum diabolus*). Sed quod dicit Lucas, magis videtur secundum historiam esse; sed Matthaeus has refert tentationes secundum hoc quod in Adam factae sunt.

5 RABANUS. Postquam Matthaeus de quadraginta dierum jejunio et de tentatione Christi, et de Angelorum ministerio narravit, continuo subjecit dicens: *Cum autem audisset* (2) *Jesus quia Joannes traditus esset.* CHRYSOSTOMUS super Matth. (hom. 6, in opere imperf.). Sine dubio a Deo, quia in virum sanctum nemo potest aliquid, nisi tradiderit eum Deus. Sequitur: *Secessit in Galilaeam,* scilicet de Judaea, ut passionem suam opportuno tempori reservaret, deinde ut nobis fugiendi periculum daret exemplum. CHRYSOSTOMUS in hom. 14. Non enim accusabile est non projicere seipsum in periculum, sed incidentem non stare viriliter. Recedit etiam de Judaea, Judaicam invidiam mitigans, simul quidem prophetiam complens, et magistros orbis terrarum piscari studens, qui in Galilaea morabantur. Attende etiam qualiter ad Gentes abiturus a Judaeis accepit causam: etenim cum praecursorem in vincula misissent, impellunt Jesum transire ad Galilaeam Gentium. GLOSSA. Ut autem refert Lucas, venit Nazareth, ubi erat nutritus, et ibi intravit in synagogam, ubi legit et dixit multa, propter quae voluerunt eum praecipitare de monte; et tunc descendit Capharnaum: unde modo ait Matthaeus: *Et relicta civitate Nazareth, venit et habitavit Capharnaum.* HIERONYMUS (de locis Hebraicis). Nazareth est in Galilaea vicus juxta montem Thabor: Capharnaum est oppidum in Galilaea Gentium juxta

---

(1) *Al.* quomodo, *item* Domini.
(2) *Al.* tunc.

(1) Neque istud in Glossa nunc est; sed in Anselmo ad illud verbum, *Tunc assumpsit eum in sanctam civitatem (Ex edit. P. Nicolai).*
(2) Al. *vidisset.*

stagnum Genesareth: et ideo dicit, *Maritima*. Glossa (ord. super illud, *Relicta civitate Nazareth*). Addit etiam: *In finibus Zabulon et Nephtalim*: ubi prima captivitas Hebraeorum fuit ab Assyriis. Ubi ergo prima legis oblivio est, ibi prima Evangelii praedicatio; ut de loco quasi medio diifflueret ad Gentes et Judaeos. Remigius. Reliquit autem unam, scilicet Nazareth, ut praedicando et miracula faciendo plures illuminaret: in quo facto reliquit praedicatoribus exemplum, ut eo tempore et illis in locis studeant praedicare, quando multis prodesse possunt. Sequitur: *Ut adimpleretur quod dictum est per Isaiam Prophetam: Terra Zabulon et terra Nephtalim etc.* In prophetia ita habetur (Isai. 9). « Primo tempore alleviata est terra Zabulon et « terra Nephtalim , et novissimo aggravata est « via maris, trans Jordanem, Galilaeae Gentium. » Hieronymus super Isaiam (lib. 3 in exposit. cap. 9). Dicitur autem primo tempore alleviata esse ab onere peccatorum, quia in regionibus duarum tribuum, primum Salvator Evangelium praedicavit: novissimo vero tempore aggravata est fides eorum, plurimis Judaeorum in errore permanentibus. Mare autem hic lacum appellat Genesareth, qui Jordane influente efficitur, in cujus littore Capharnaum et Tiberias et Bethsaida et Corozaim sitae sunt: in qua maxime regione Christus praedicavit. Vel, secundum Hebraeos in Christum credentes, hae duae tribus Zabulon et Nephtalim ab Assyriis captae sunt, et Galilaea deserta est: quam Propheta dicit esse alleviatam, eo quod peccata populi sustineret: sed postea reliquae tribus, quae habitabant trans Jordanem et in Samaria, ductae sunt in captivitatem: et hoc, inquiunt, Scriptura nunc dicit, quod regio, cujus populus primum captivatus est, ipsam primum lucem praedicantis viderit Christi. Vel, secundum Nazaraeos, adveniente Christo, primo terra Zabulon et Nephtalim est Pharisaeorum erroribus liberata, postea per Evangelium Apostoli Pauli ingravata est, idest multiplicata praedicatio in terminos Gentium. Glossa (1). Hic autem in Evangelio diversi nominativi ad idem verbum reducuntur; ita et terra Zabulon et terra Nephtalim, quae est via maris, quae est trans Jordanem, scilicet populus Galilaeae Gentium, qui ambulabat in tenebris. Hieronymus (2) in lib. de locis Hebr.) Nota autem, quod duae Galilaeae sunt: una quae dicitur Judaeorum, et alia quae dicitur Gentium. Divisa est enim Galilaea a tempore Salomonis, qui dedit viginti civitates in Galilaea Hyram regi Tyri; quae pars dicta est postea Galilaea Gentium; reliqua Judaeorum. Vel legendum est: *Trans Jordanem Galilaeae Gentium*: ita, inquam, ut populus, qui vel sedebat vel ambulabat in tenebris, lucem viderit, nequaquam parvam, ut aliorum Prophetarum, sed magnam, scilicet illius qui in Evangelio (Joan. 8) loquitur: « Ego sum lux « mundi. » *Et qui habitabant in regione umbrae mortis, lux orta est eis.* Inter mortem et umbram mortis hoc interesse puto, quod mors eorum est qui cum operibus mortis ad inferos perrexerunt; umbra autem mortis eorum est qui dum peccant, nondum de hac vita egressi sunt: possunt enim, si voluerint, agere poenitentiam. Chrysostomus super Matth. (hom. 6 in opere imperf. parum ante med.) Vel in regione umbrae mortis sedebant Gentiles,

quia colebant idola et daemones. Judaei autem, qui legis opera faciebant, in tenebris erant, quia Dei justitia nondum erat eis manifesta. Chrysostomus in hom. (10, parum a princip.) Ut autem discas, quod neque lumen neque tenebras sensibiles ait, de lumine dixit, *Lumen magnum,* quod alibi dicitur lumen verum; tenebras autem exponens nominavit umbram mortis. Deinde monstrans quod non ipsi quaerentes invenerunt, sed Deus ipsis apparuit, dixit quod lumen ortum est et effulsit: non enim prius ipsi ad lumen cucurrerunt, etenim in ultimis malis homines erant ante Christi praesentiam: neque enim ambulabant in tenebris, sed sedebant; quod signum erat quia non sperabant liberari: sicut enim nescientes quo oporteret progredi, ita comprehensi a tenebris sedebant, jam non potentes stare. Tenebras autem vocat hic errorem et impietatem. Rabanus (super illud, *Et relicta civitate Nazareth*). Allegorice autem Joannes est vox praecedens Verbum, et alii Prophetae. Postquam autem Propheta cessavit, et ligatus est, accessit Verbum complens quod praedicaverat vox, idest Propheta. *Et secessit in Galilaeam,* idest de figuris ad veritatem. Vel *in Galilaeam,* idest in Ecclesiam, ubi est transmigratio de vitiis ad virtutes. Nazareth interpretatur flos; Capharnaum villa pulcherrima. Reliquit ergo florem figurarum, quo fructus Evangelii significabatur; et venit in Ecclesiam, quae est Christi virtutibus pulchra. Et maritima est, quia juxta fluctus saeculi posita, quotidie tunditur procellis persecutionum. Inter Zabulon et Nephtalim sita est, idest Judaeis communis et Gentibus. Zabulon enim habitaculum fortitudinis dicitur: quia Apostoli, qui de Judaea electi sunt, fortes fuerunt. Nephtalim dilatatio, quia Gentium Ecclesiam per orbem dilatata est. Augustinus de Cons. Evang. (lib. 2, cap. 17, in initio). Joannes autem Evangelista priusquam iret Jesus in Galilaeam, dicit de Petro et Andrea et Nathanaele, et de miraculo in Cana Galilaeae; quae omnia ceteri Evangelistae praetermiserunt, id contexentes suis narrationibus quod Jesus reversus sit in Galilaeam: unde intelligitur fuisse interpositos aliquos dies, quibus illa de discipulis gesta sunt quae interponuntur a Joanne. Remigius. Sed illud solertius attendendum est, quare Joannes dicat Dominum iisse in Galilaeam, antequam Joannes missus fuisset in carcerem. Nam post vinum de aqua factum et descensum ejus in Capharnaum et post ascensum ejus in Hierusalem, dicitur in Evangelio Joannis, quod rediit in Judaeam et baptizabat, et nondum erat missus Joannes in carcerem. Hic autem dicitur, quod postquam traditus fuit Joannes, secessit in Galilaeam: et hoc quidem dicit Marcus. Non autem debet hoc contrarium videri: nam Joannes primum adventum Domini in Galilaeam descripsit, qui scilicet fuit ante incarcerationem Joannis. Sed et de secundo adventu alibi facit mentionem, cum ait (Joan. 4), quod « Jesus « reliquit Judaeam, et abiit iterum in Galilaeam: » et de hoc tantum secundo adventu in Galilaeam, qui scilicet fuit post incarcerationem Joannis, alii Evangelistae dicunt. Eusebius (lib. 3 Historiae eccles. cap. 18 circa medium). Joannem enim tradunt usque ad ultimum pene vitae suae tempus absque ullius scripturae indiciis Evangelium praedicasse; sed cum trium Evangeliorum ad ipsum (1)

---

(1) Non est in Glossa qualis nunc est, sed in Anselmo, ut jam supra (*Ex edit. P. Nicolai*).

(2) In Isaiam ubi supra (*Ex edit. P. Nicolai*).

(1) *Al.* evangelistarum evangelium ad ipsum etc.

notitia pervenisset, probasse quidem veritatem dictorum deesse tamen vidit aliqua, et maxime quae primo praedicationis suae tempore Dominus gesserat. Certum est enim, quod in aliis tribus Evangeliis haec videntur sola contineri quae in eo gesta sunt anno quo Joannes Baptista vel inclusus est in carcerem vel punitus. Matthaeus enim post tentationem Christi continuo subjecit: *Audiens autem quia Joannes traditus esset*: et Marcus similiter. Lucas vero priusquam aliquid de actibus Christi referret, dicit quod Herodes conclusit Joannem in carcerem. Rogatus est ergo Joannes Apostolus, ut ea quae praeterierant priores ante traditionem Joannis, Salvatoris gesta conscriberet: et ideo dicit in Evangelio suo (cap. 2): « Hoc fecit initium signorum Jesus. »

6. CHRYSOSTOMUS super Matth. (hom. 6 operis imperf. a med.). Ille debet Christi justitiam praedicare qui ventri suo contradicere potest, qui saeculi istius bona contemnit, qui vanam gloriam non desiderat. Et ideo dicitur: *Exinde coepit Jesus praedicare*, idest ex quo tentatus, famem vicit in deserto, avaritiam sprevit in monte, vanam gloriam repercussit in templo. Vel *exinde coepit praedicare*, ex quo traditus est Joannes: nam si praedicante Joanne praedicare coepisset, vilem reddidisset Joannem, et inveniretur praedicatio Joannis esse superflua quantum ad istius doctrinam; sicut si uno tempore sol cum lucifero oriatur, gratiam luciferi celat. CHRYSOSTOMUS in hom. (14, inter init. et med.) Ideo etiam non praedicavit donec Joannes in carcerem mitteretur, ne ex hoc multitudo scinderetur: propter quod etiam Joannes nullum fecit signum, ut per miracula omnes traherentur ad Christum. RABANUS (super illud, *Relicta civitate Nazareth*). In hoc etiam docet, ne quis ab inferiori persona sermonem contemnat: unde Apostolus (1 Corinth. 14): « Si cui sedenti revelatum fuerit, prior taceat. » CHRYSOSTOMUS super Matth. (hom. 6 operis imperf. a med.). Sapienter autem inde praedicationis suae sumpsit initium, non ut conculcet Joannis doctrinam, sed ut magis confirmet, et testem eum verum fuisse demonstret. HIERONYMUS (super illud, *Exinde coepit Jesus*). In quo etiam ostendit se ejusdem esse Dei Filium, cujus ille fuerat Propheta; et ideo dicit, *Poenitentiam agite*. CHRYSOSTOMUS super Matth. (hom. 6 operis imperf. non procul a fine). Non enim statim justitiam praedicavit quam omnes cognoscebant, sed poenitentiam, qua omnes indigebant. Quis ergo ausus est dicere: Volo bonus esse, et non possum ? Poenitentia enim correctio est voluntatis: et si vos mala non terrent, ut scilicet poenitentiam agatis, saltem bona delectent: unde sequitur: *Appropinquavit enim regnum caelorum*, idest beatitudo regni caelestis; ac si dicat: Parate vos per poenitentiam, quia appropinquavit tempus mercedis aeternae. REMIGIUS. Et notandum, quia non dicit, Appropinquavit regnum Chananaeorum aut Jebuzaeorum, sed *regnum caelorum*. Lex enim promittebat bona temporalia, sed Dominus regna caelestia. CHRYSOSTOMUS in hom. (14, inter princ. et med.). Considerandum etiam, quod in hac praedicatione nihil de seipso manifeste praedicabat; quod interim conveniens erat, quia nondum de eo decentem habebant opinionem. Incipiens etiam, nihil grave et onerosum dixit, sicut Joannes dixerat securim exscindendae arbori imminentem, et hujusmodi (1); sed in principio benigna propo-

(1) *Al.* securim, et arborem incisam, et hujusmodi.

suit, regnum caelorum (1) evangelizans. HIERONYMUS (super illud, *Exinde coepit Jesus*). Mystice autem: Joanne tradito, Christus incipit praedicare, quia desinente lege, consequenter oritur Evangelium.

7. CHRYSOSTOMUS super Matth. (hom. 7 operis imper. in princ.). Antequam Christus aliquid dicat vel faciat, vocat Apostolos, ut nihil illos lateat nec verborum Christi nec operum; ut postmodum fiducialiter dicere possint (Act. 4): « Non possumus « quae vidimus et audivimus non loqui. » Hinc est quod dicitur, *Ambulans Jesus juxta mare Galilaeae*. RABANUS. Mare Galilaeae idem est quod stagnum Genesareth, mare Tiberiadis, et lacus salinarum. GLOSSA (ordin. super illud, *Piscatores*). Decenter autem per piscatoria vadit loca, piscatores piscaturus: unde sequitur: *Vidit duos fratres, Simonem, qui vocatur Petrus, et Andream fratrem ejus*. REMIGIUS. Vidit autem non tam corporaliter quam spiritualiter ad corda eorum respiciens. CHRYSOSTOMUS, in hom. 14. In mediis autem operationibus existentes eos vocavit, monstrans quod omnibus occupationibus sequelam suam praeponere oportet: unde sequitur, *Mittentes retia in mare*: quod quidem eorum officio congruebat: propter quod sequitur, *Erant enim piscatores*. AUGUSTINUS (2) in serm. de Kalend. Januarii (serm. 49 de verb. Domini). Non enim elegit reges aut senatores aut philosophos aut oratores: immo elegit plebejos, pauperes et indoctos piscatores. AUGUSTINUS super Joannem (tract. 7, a med.). Si enim doctus eligeretur, fortassis ideo se diceret electum, quia doctrina ejus eligi meruit. Dominus autem noster Jesus Christus volens superborum frangere cervices, non quaesivit per oratorem piscatorem, sed de piscatore lucratus imperatorem. Magnus Cyprianus orator, sed prius Petrus piscator. CHRYSOSTOMUS super Matth. (homil. 7 operis imperfecti, parum a princ.). Futurae etiam dignitatis gratiam artificii opera prophetabant: nam sicut qui retia jactat in aquam, nescit quos pisces comprehensurus est; sic et doctor, quando divini sermonis retia super populum jactat, nescit qui sunt accessuri ad Deum. Sed quoscumque (3) Deus excitaverit, illi adhaerent ejus doctrinae. REMIGIUS. De his autem piscatoribus loquitur Dominus per Hieremiam dicens (cap. 16): « Mittam in vos piscatores meos, et piscabuntur « vos. » Unde et hic subditur, *Venite post me*. GLOSSA (interlinearis super illud, *Venite*). Non tam pedibus, quam affectu et imitatione: *Et faciam vos fieri piscatores hominum*. CHRYSOSTOMUS super Matth. (hom. 7 in op. imp.). Idest doctores; ut cum rete verbi Dei comprehendatis homines de mundo tempestuoso et periculoso, ubi homines non ambulant, sed feruntur: quia diabolus cum delectatione compellit eos in mala, ubi alterutrum homines se comedunt, sicut pisces fortiores devorant juniores: ut translati vivant in terra, corporis Christi membra facti. GREGORIUS in homil. (5 in Evangelium). Nulla autem Petrus et Andreas Christum miracula facere viderant; nihil ab eo de praemio (4) aeternae re-

(1) *Al.* deest caelorum.
(2) Habetur in fragmento istam inscriptionem praeferente tom. 10, post seriem serm. de diversis, et apud Bedam in illum locum 1 ad Corinth 1: *Videte quod non multi sapientes*. Tale quiddam etiam paulo aliis verbis Augustinus inculcat serm. 125 de temp., non serm. 49 de verbis Domini sicut prius (*Ex edit. P. Nicolai*).
(3) *Al.* quousque.
(4) *Al.* ab eodem praemio.

ributionis audierant, et tamen ad unum Domini (1) praeceptum, hoc quod possidere videbantur, obliti sunt: unde sequitur: *At illi continuo, relictis retibus, secuti sunt eum.* In quo affectum debemus potius pensare quam censum (2). Multum enim reliquit qui sibi nihil retinuit; multum dimisit qui cum re possessa et concupiscentiis renuntiavit A sequentibus ergo tanta dimissa sunt quanta a non sequentibus concupisci potuerunt. Exteriora enim nostra Domino quamtumlibet parva sufficiunt; nec perpendit quantum in ejus sacrificio, sed ex quanto proferatur. Æstimationem quippe pretii regnum Dei non habet; sed tantum valet quantum habes. Chrysostomus super Matth. (hom. 7 operis imperf., parum ante med.). Non autem praedicti discipuli secuti sunt Christum, doctoris cupientes honorem, sed operis lucrum: sciebant enim quam pretiosa est anima hominis, quam grata est apud Deum salus ipsius, et quanta est merces. Chrysostomus in hom. (14, parum ante med.) Tantae igitur promissioni crediderunt; et per sermones quibus sunt capti, crediderunt se alios posse piscari. Chrysostomus super Matth. (hom. 7 operis imperf. circa med.). Haec igitur cupientes, secuti sunt, omnibus relictis: in quo nos docuerunt quia nemo potest terrena possidere, et perfecte ad caelestia pervenire. Glossa (3). In his ergo datum est exemplum illis qui censum (4) deserunt pro Christi amore. Subditur autem exemplum eorum qui etiam carnales affectus pro Deo postponunt; unde dicitur: *Et procedens inde, vidit alios duos.* Nota, quia vocat binos et binos, sicut alibi legitur quod misit eos binos et binos ad praedicandum. Gregorius in hom. (17 in Evang. circa initium). Quatenus hic nobis tacitus innuat, quia qui caritatem erga alterum non habet, praedicationis officium suscipere nullatenus debet. Duo enim sunt praecepta caritatis: et minus quam inter duos caritas haberi non potest. Chrysostomus super Matth. (hom. 7 operis imperf. a med). Super caritatem etiam fraternitatis Ecclesiae recte posuit fundamenta, ut ex radicibus caritatis exuberans quasi humor ascendat in ramos; et hoc super naturalem caritatem; ut non solum per gratiam, sed etiam per naturam ipsa caritas firmior habeatur: unde dicit, *Fratres;* sic enim fecit Deus et in veteri testamento, super Moysen et Aaron fratres, ponens aedificationis initium. Quoniam autem abundantior est gratia novi testamenti quam veteris: ideo primum populum aedificavit super unam fraternitatem, hunc autem super duas. *Jacobum,* inquit, *Zebedaei, et Joannem fratrem ejus in navi cum Zebedaeo patre eorum, reficientes retia sua:* quod est maximae paupertatis indicium: vetera enim reficiebant qui nova unde emerent non habebant. Et quod ad majorem pietatem eorum pertinet, in tanta paupertate sic patri suo succurrebant ut secum eum bajularent in navi, non ut ille istos adjuvaret in opere, sed ut isti illum consolarentur sua praesentia. Chrysostomus in hom. (14 circa med.) Non parva autem est hic demonstratio virtutis, inopiam facile ferre, ex justis nutriri laboribus, colligari invicem amoris virtute, patrem inopem habere secum, et

in ejus obsequio laborare (1). Chrysostomus super Matth. (hom. 7 oper. imperf.). Æstimare autem primos velociores ad praedicandum, quia retia mittebant: istos autem quasi pigriores, quia adhuc retia componebant, non sumus ausi: quia differentiam eorum cognoscere solius est Christi. Forte ergo (2) illi propter Petrum dicti sunt mittentes retia, qui praedicavit Evangelium, sed non composuit; isti autem propter Joannem componentes, qui Evangelium composuit. Sequitur, *Et vocavit eos:* erant enim habitatione cives, dilectione concordes, artificio pares, fraternitatis conjuncti pietate. Ideo simul vocavit eos, ne tot bonis conjunctos dissimilis vocatio separaret. Chrysostomus in hom. (14, parum ante med.). Vocando autem nihil eis promisit, sicut prioribus: obedientia enim eorum qui praevenerant viam eis ad credendum (3) praeparaverat. Sed et multa de ipso audierant, scilicet tamquam familiares, et consanguinitate conjuncti.

Sequitur: *Illi autem, relictis retibus et patre, secuti sunt eum.* Chrysostomus super Matth. (hom. 7 operis imperf.). Tria enim sunt quae relinquere debet qui venit ad Christum: actus carnales, qui per retia piscationis significantur; substantiam mundialem, quae per navem: et parentes, qui per patrem. Reliquerunt ergo navem, ut fierent ecclesiasticae navis gubernatores; reliquerunt retia, ut non pisces afferrent ad civitatem terrenam, sed homines ad caelestem; reliquerunt unum patrem, ut spirituales patres omnium fierent. Hilarius (can. 3 in in Matth. circa finem). Eis igitur artem et patriam domum relinquentibus, docemur Christum secuturi, et saecularis vitae solicitudine et paternae domus consuetudine non teneri. Remigius. Mystice autem per mare designatur iste mundus, propter amaritudinem et fluctuationem. Galilaea autem interpretatur volubilis, sive rota; et significat mundi volubilitatem. Ambulavit igitur Jesus juxta mare, dum ad nos per incarnationem venit: quis non carnem peccati, sed similitudinem carnis peccati suscepit ex virgine. Per duos fratres duo populi designantur, qui ab uno Deo patre creati sunt: quos vidit quando eos misericorditer respexit. Per Petrum enim, qui interpretatur agnoscens, et dicitur Simon, idest obediens, designatur Judaicus populus, qui per legem Deum agnovit, et praeceptis ejus obedivit; per Andream, qui interpretatur virilis sive decorus, intelligitur Gentilis populus, qui post agnitionem Dei viriliter in fide permansit. Nos populum vocavit quando praedicatores in mundum misit, dicens, *Venite post me;* idest relinquite deceptorem, et sequimini creatorem. De utroque etiam populo facti sunt hominum piscatores, idest praedicatores. Relictis autem navibus, idest carnalibus desideriis, et retibus, idest mundi cupiditatibus, secuti sunt Christum. Per Jacobum etiam intelligitur Judaicus populus, qui per cognitionem Dei diabolum supplantavit; per Joannem Gentilis populus, qui sola gratia salvatus est. Zebedaeus autem, quem relinquunt, et interpretatur fugitivus sive labens, significat mundum qui transit, et diabolum qui de caelis lapsus est. Per Petrum etiam et Andream mittentes retia in mare, designantur illi qui in prima aetate, dum de navi corporis sui mittunt retia carnalis concupiscentiae in mare

---

(1) *Al. deest* Domini.
(2) *Al.* sensum.
(3) Non est in Glossa, sed in Anselmo, tantum paulo alia serie *(Ex edit. P. Nicolai).*
(4) *Al.* sensum.

(1) *Al.* patrem habere secum et curare.
(2) *Al.* vero.
(3) *Al. deest* ad credendum.

hujus saeculi, vocantur a Domino. Per Jacobum et Joannem reficientes retia designantur illi qui post peccata ante adversitates veniunt ad Christum, recuperantes quae perdiderunt. RABANUS (super illud, *Relictis navibus et patre*). Duae naves duas Ecclesias figurant: eam quae ex circumcisione, et eam quae ex praeputio vocata est. Quilibet etiam fidelis fit Simon, Deo obediendo; Petrus, peccatum suum agnoscendo; Andreas, viriliter labores patiendo; Jacobus, vitia supplantando. GLOSSA. Et Joannes, ut totum gratiae Dei adscribat: et ideo quatuor (1) tantum vocatio ponitur, per quos praedicatores Dei a quatuor mundi partibus vocatos signetur. HILARIUS (can. 5, circa finem). Vel in hoc futurorum Evangelistarum numerus figuratur. REMIGIUS. Per hoc etiam quatuor virtutes principales designantur: prudentia enim refertur ad Petrum, propter divinam cognitionem; justitia ad Andream, propter operum virilitatem; fortitudo ad Jacobum, propter diaboli supplantationem; temperantia ad Joannem, propter divinae gratiae effectum. AUGUSTINUS de Consen. Evang. (lib. 2, cap. 17, inter princ. et med.) Sane movere potest quomodo Joannes dicat non in Galilaea, sed juxta Jordanem Andream secutum esse Dominum cum alio cujus nomen tacetur ; deinde Petrum ab illo nomen accepisse; ceteri autem tres Evangelistae de piscatione vocatos eos dicunt, satis inter se convenienter, maxime Matthaeus et Marcus: nam Lucas Andream non nominat, qui tantum intelligitur in eadem navi fuisse. Hoc etiam videtur distare quod tantum Petro a Domino dictum esse commemorat Lucas cap. 5, « Ex hoc jam homines « eris capiens: » quod Matthaeus et Marcus ambobus dixisse narrant. Sed potuit prius Petro dici secundum Lucam, et ambobus postea secundum alios duos. Sed quod de Joanne diximus, diligenter considerandum est: cum et locorum plurimum intersit, et temporis, et ipsius vocationis. Sed intelligendum est, Petrum et Andream non sic vidisse Dominum juxta Jordanem: ut ei jam inseparabiliter inhaererent: sed tantum cognovisse quis esset, et eum miratos ad propria remeasse. Forte autem quod praetermiserat recapitulat; quia sine ulla consequentis temporis differentia dicit, *Ambulans autem juxta mare*. Quaeri etiam potest quomodo binos et binos seorsum eos vocaverit, sicut narrat Matthaeus et Marcus, cum Lucas dicat, Jacobum et Joannem tamquam socios Petri ad adjuvandum vocatos fuisse. et simul subductis ad terram navibus Christum secutos ? Unde intelligendum est hoc primo esse factum quod Lucas insinuat, et eos ad capturam piscium ex more remeasse: non enim erat dictum Petro quod pisces nunquam esset capturus, cum post resurrectionem hoc fecerit, sed quod homines esset capturus: postea hoc factum est quod Matthaeus et Marcus narrant: non enim subductis ad terram navibus, tamquam cura redeundi secuti sunt eum, sed tamquam jubentem ut sequerentur.

8. CHRYSOSTOMUS super Matth. (hom. 8 operis imperf. in init.). Omnis rex pugnaturus contra adversarium, prius congregat exercitum, et sic vadit ad pugnam: sic et Dominus contra diabolum pugnaturus, prius congregavit Apostolos, et sic coepit Evangelium praedicare: unde sequitur, *Et circuibat Jesus*. REMIGIUS. In quo doctorum vita instruitur: ut enim non sint pigri, docentur per hoc

quod dicitur, *Circuibat Jesus*. CHRYSOSTOMUS super Matth. (hom. 8 oper. imperf. circ. initium). Quia enim illi ut debiles ad medicum venire non poterant, ipse sicut studiosus medicus, circuibat graviter aegrotantes: et Dominus quidem circuibat singulas regiones; qui autem sunt unius regionis pastores considerando debent circuire populi singulas passiones, ut ad remedium passionis eorum, aliquod medicamentum in Ecclesia proferatur. REMIGIUS. (Rabanus in hoc loco id habet). Ut autem non sint acceptores personarum, docentur praedicatores per hoc quod subjungitur, *Totam Galilaeam*. Ut autem vacui non discurrant, docentur per hoc quod subditur, *Docens*. Ut autem non paucis, sed multis prodesse studeant, monentur per hoc quod sequitur, *In synagogis*. CHRYSOSTOMUS hom. 14. Hinc quoque Judaeos docebat, quod nec esset Dei adversarius, nec animarum seductor, sed quod Patri consentiens advenisset (1). REMIGIUS. Ut autem non errores neque fabulas, sed salutaria praedicent, docentur per hoc quod subditur, *Praedicans Evangelium regni*. Distat autem inter *docens* et *praedicans*: docens enim refertur ad praesentia, praedicans ad futura: docebat enim de praesentibus mandatis, praedicabat de futuris promissis. CHRYSOSTOMUS super Matth. (hom. 8 oper. imperf. parum ante med.). Vel docebat justitias naturales, quas scilicet ratio naturalis docet: ut castitatem, humilitatem, et hujusmodi, quas per seipsos omnes bona esse intelligunt: de quibus necessaria est doctrina, non tantum propter manifestationem eorum (2), quantum propter excitationem cordis. Praevalentibus enim delectationibus carnalibus, scientia justitiae naturalis quasi in oblivionem deducta obdormit. Cum ergo coepit doctor reprehendere carnalia mala, ejus doctrina non novam scientiam introducit, sed oblitam commonefacit. Praedicabat autem Evangelium, annuntiando bona, quae antiqui manifeste nec audierant, ut beatitudinem caelestem, mortuorum resurrectionem, et hujusmodi. Vel docebat interpretando prophetias de ipso: Evangelium praedicabat denuntiando in se bona futura. REMIGIUS. Ut autem doctores doctrinam suam virtutibus commendare studeant, docentur per hoc quod subditur, *Sanans omnem languorem et omnem infirmitatem in populo*. Infirmitas quidem est corporum, languor autem animarum. CHRYSOSTOMUS super Matth. (hom. 8 in opere imperf.). Vel per languorem, animae aliquam passionem intelligimus, ut avaritiam, libidinem, et hujusmodi: per infirmitatem autem infidelitatem, per quam aliquis infirmatur in fide. Vel per languores intelliguntur graviores corporis pas-

---

(1) *Al.* hinc etiam eos erudiebat quod non est Deo contrarius, Judaeis praedicans, et errorum praedicator; sed consonans Patri advenit. *P. Nicolai habet*: in synagogas Judaeorum intrat, in iisque doctrinae suae caelestis verba diffundit; ut quo ad plures loquentis magistri verba pervenerint, eo plurium corda excitentur, ut vel credant prudenter, vel inexcusabiles facti doctrinam apprime salutarem suo magno malo rejiciant. Est enim Evangelium clarissima quaedam lux, quam sub modio recondi et nefas est, et accurate Christus prohibuit. Hinc etiam erudiebat eos quod non est Deo contrarius, nec est errorum praedicator; sed quod consonans Patri advenit. *Exemplum vel ms. unde hanc hauserit additionem non assignat; quin immo fatetur se nescire unde irrepserit; cum nec in Antuerpiensi editione (verba ejus sunt) reperiatur; et Chrysostomus tantum habeat*: In synagogas Judaeorum intrabat, hinc etiam docens quod non est contrarius Deo, nec seductor, immo consonus (vel consentiens) Patri.

(2) *Al. deest* eorum.

---

siones, per infirmitates autem leviores. Sicut autem passiones corporales divinitatis virtute sanabat, sic spirituales verbo pietatis. Primo autem docet, et postea sanat: propter duo. Primo, quia praemittitur quod magis necessarium est: verba enim pietatis aedificant animam, non miracula: deinde quia verba per miracula commendantur, et non e converso. Chrysostomus in hom. (24. circ. med.). Considerandum autem, quod quando novum fit aliquid, ac politicae cujusdam introductio, signa Deus facere consuevit praestans suae potentiae pignora his qui legem ejus accepturi sunt. Sic cum hominem facturus esset, prius mundum creavit, ac tum demum facto homini legem in paradiso dedit; et cum sancto Noe legem positurus esset, magna utique mirabilia monstravit: sed et Judaeis quidem, cum legem laturus esset, prius prodigia magna ostendit, ac tum demum eis praecepta legis imposuit. Ita hic sublimem quamdam vivendi introducturus disciplinam, auctoritatem mandatis suis praestruxit claritate signorum: quia enim aeternum regnum, quod praedicabat, non apparebat; ex his quae videntur, etiam illud quod nondum apparebat, manifestum fecit (1). Glossa (2) (ord. super illud, *In totam Syriam*). Sed quia praedicatores debent habere bonum testimonium ab his qui foris sunt, ne si vita despicitur, praedicatio contemnatur; subditur, *Et abiit opinio ejus in totam Syriam.* Rabanus (super his verbis). Syria est omnis regio ab Euphrate usque ad mare magnum, a Cappadocia usque ad Ægyptum, in qua est provincia Palaestina, in qua habitant Judaei. Chrysostomus in hom. (14, a med. illius). Intende autem moderationem Evangelistae, quia non unumquemque nobis enarrat curatorum, sed brevibus verbis copiositatem transcurrit signorum: unde sequitur: *Et obtulerunt ei omnes male habentes.* Remigius. Per quos varias vult intelligi infirmitates, sed leviores. Cum vero dicit, *Variis languoribus et tormentis comprehensos*, illos vult intelligi de quibus subinfertur, *Et qui daemonia habebant.* Glossa (3). Languor diuturnus est: tormentum est morbus acutus, ut dolor (4) lateris, et hujusmodi; qui autem daemonia habebant, sunt qui a daemonibus vexabantur. Remigius. Lunatici enim dicti sunt a luna, quae dum menstruis temporibus crescit et decrescit, ipsi vexan-

tur. Hieronymus (in calce Comment. in 4 cap. Matth.). Daemones enim observantes lunaria tempora, creaturam (1) infamare cupiebant, ut in creatorem blasphemiae redundarent. Augustinus XXI de Civit. Dei (cap. 6, circa med.). Illiciuntur tamen daemones ad inhabitandum (2) per creaturas (quas non ipsi, sed Deus condidit) delectabilibus pro sua diversitate diversis, non ut animalia cibis, sed ut spiritus signis, quae cujusque delectationi congruunt. Rabanus. (hoc loco). Paralitici autem sunt corpore dissoluti: paralypsis enim graece, latine dicitur dissolutio.

Sequitur, *Et curavit eos.* Chrysostomus super Matth. (hom. 8 op. imperf.). Cum in quibusdam locis dicatur, Multos curavit; hic simpliciter dicitur (3), *Et curavit eos*; signans, quod omnes curavit; sicut et novitius medicus intrans civitatem, omnes ad se venientes curat, propter suam opinionem commendandam. Chrysostomus in homil. (14 in Matth., a med. illius). A nullo autem eorum fidem exquisivit, quoniam nondum virtutis suae demonstrationem dederat; et illi e longinquo venientes, et aegros adducentes, non parvam ostenderant fidem (4).

Sequitur: *Et secutae sunt eum turbae multae.* Rabanus (super illud, *Et secutae sunt eum turbae*). Quae quadripartitae sunt: alii propter caeleste magisterium, ut discipuli; alii ob curationem infirmitatum; alii sola fama et curiositate, volentes experiri an verum esset quod dicebatur; alii per invidiam, volentes eum in aliquo capere et accusare. Mystice autem Syria interpretatur elata (5), Galilaea volubilis vel rota; idest diabolus et mundus, qui et superbus est, et ad ima semper rotatur: in quo fama Christi per praedicationem innotuit: daemoniaci enim sunt idolatrae; lunatici, instabiles; paraclytici, pigri et dissoluti. Glossa (6). Turbae autem quae sequuntur Dominum, sunt de Ecclesia, quae spiritualiter est Galilaea transmigrans ad virtutes; et Decapolis decem praecepta servans; et Hierosolyma et Judaea, quam visio pacis et (7) confessio illustrat; et trans Jordanem: quia baptismo transito, terram promissionis intrat. Remigius. Vel sequitur Dominum *de Galilaea*, idest de volubilitate mundi, *et Decapoli*, quae est regio decem urbium, et significat decalogi transgressores, *et de Hierosolyma*, quia scilicet prius innoxia pace detinebatur, *et de Judaea* idest de confessione diabolica, *et de trans Jordanem*, qui prius erant in paganismo constituti, sed transeuntes per aquam baptismi venerunt ad Christum.

---

(1) *Al.* quod ubicumque legis cujusdam introductio fit, signa facere Deus assuevit, pignora suae virtutis legem tribuens suscepturis: hominem enim facturus mundum creavit, et tunc illi legem in paradiso proposuit: et quando Noe legem laturus erat magna signa ostendit: et similiter Judaeis legem laturus prodigia ostendit, et tunc legem dedit. Ita et hic sublimem illam legem introducturus, miraculorum demonstratione certificat quae dicuntur. Quoniam enim regnum quod praedicabatur, non apparebat, ab apparentibus signis illum manifestavit.

(2) Ex parte tamen; sed integrius in Anselmo, qui appendicem istam partim usurpat ex Apostolo, 1 ad Timoth. 3, 7, inter conditiones Episcopi, partim ex Gregorio in hom. super Evang. (*Ex edit. P. Nicolai*).

(3) Immo Anselmus tantum (*Ex edit. P. Nicolai*).

(4) *Al.* languor diuturnus est tormentum, et dolor etc.

(1) *Al.* tempora creaturarum.

(2) *Al.* ad habitandum.

(3) *Al.* deest dicitur.

(4) *Al.* et in adveniendo et ferendo a longe, non parvam ostenderant fidem.

(5) *Al.* clara.

(6) Non est in Glossa modo, sed in Anselmo (*Ex edit. P. Nicolai*).

(7) *Al.* in.

CAPUT QUINTUM.

1. Videns autem Jesus turbas, ascendit in montem: et cum sedisset, accesserunt ad eum discipuli ejus: et aperiens os suum, docebat eos, dicens: Beati pauperes spiritu, quoniam ipsorum est regnum caelorum.

2. Beati mites, quoniam ipsi possidebunt terram.

3. Beati qui lugent, quoniam ipsi consolabuntur.

4. Beati qui esuriunt et sitiunt justitiam, quoniam ipsi saturabuntur.

5. Beati misericordes, quoniam ipsi misericordiam consequentur.

6. Beati mundo corde, quoniam ipsi Deum videbunt.

7. Beati pacifici, quoniam filii Dei vocabuntur.

8. Beati qui persecutionem patiuntur propter justitiam, quoniam ipsorum est regnum caelorum.

9 Beati estis cum maledixerint vobis homines, et persecuti vos fuerint, et dixerint omne malum adversum vos, mentientes propter me. Gaudete et exultate, quoniam merces vestra copiosa est in caelis. Sic enim persecuti sunt Prophetas, qui fuerunt ante vos.

10. Vos estis sal terrae. Quod si sal evanuerit, in quo salietur? Ad nihilum valet ultra, nisi ut mittatur foras, et conculcetur ab hominibus.

11. Vos estis lux mundi. Non potest civitas abscondi supra montem posita. Neque accendunt lucernam et ponunt eam sub modio, sed super candelabrum, ut luceat omnibus qui in domo sunt. Sic luceat lux vestra coram hominibus, ut videant opera vestra bona, et glorificent Patrem vestrum qui in caelis est.

12. Nolite autem putare quoniam veni solvere legem aut Prophetas. Non veni solvere, sed adimplere. Amen quippe dico vobis: donec transeat caelum et terra, jota unum aut unus apex non praeteribit a lege. donec omnia fiant. Qui ergo solverit unum de mandatis istis minimis, et docuerit sic homines, minimus vocabitur in regno caelorum; qui autem fecerit et docuerit, hic magnus vocabitur in regno caelorum.

13. Dico autem vobis. quia nisi abundaverit justitia vestra plusquam Scribarum et Pharisaeorum, non intrabitis in regnum caelorum. Audistis quia dictum est antiquis, Non occides; qui autem occiderit, reus erit judicio. Ego autem dico vobis, quia omnis qui irascitur fratri suo, reus erit judicio: qui autem dixerit fratri suo, Racha, reus erit concilio: qui autem dixerit, Fatue, reus erit gehennae ignis.

14. Si ergo offers munus tuum ad altare, et ibi recordatus fueris quia frater tuus habet aliquid adversum te, relinque ibi munus tuum ante altare, et vade prius reconciliari fratri tuo, et tunc veniens offeres munus tuum.

15. Esto consentiens adversario tuo cito dum es in via cum eo, ne forte tradat te adversarius judici, et judex tradat te ministro, et in carcerem mittaris. Amen dico tibi, non exies inde donec reddas novissimum quadrantem.

16. Audistis quia dictum est antiquis, Non moechaberis. Ego autem dico vobis, quia omnis qui viderit mulierem ad concupiscendum eam, jam moechatus est eam in corde suo.

17. Quod si oculus tuus dexter scandalizat te, erue eum, et projice abs te. Expedit enim tibi ut pereat unum membrorum tuorum quam totum corpus tuum mittatur in gehennam ignis. Et si dextera manus tua scandalizat te, abscinde eam, et projice ab te. Expedit enim tibi ut pereat unum membrorum tuorum quam totum corpus tuum eat in gehennam.

18. Dictum est autem: Quicumque dimiserit uxorem suam, det ei libellum repudii. Ego autem dico vobis, quia omnis qui dimiserit uxorem suam, excepta fornicationis causa, facit eam moechari; et qui dimissam duxerit, adulterat.

19. Iterum audistis quia dictum est antiquis: Non perjurabis; reddes autem Domino juramenta tua. Ego autem dico vobis, non jurare omnino, neque per caelum, quia thronus Dei est, neque per terram, quia scabellum est pedum ejus, neque per Hierosolymam, quia civitas est magni regis: neque per caput tuum juraveris, quia non potes unum capillum album facere aut nigrum. Sit autem sermo vester, Est est, Non non. Quod autem his abundantius est, a malo est.

20. Audistis quia dictum est: Oculum pro oculo, dentem pro dente. Ego autem dico vobis, non resistere malo; sed si quis te percusserit in dexteram maxillam tuam, praebe illi et alteram; et ei qui vult tecum in judicio contendere et tunicam tuam tollere, dimitte ei et pallium; et quicumque te angariaverit mille passus, vade cum illo et alia duo. Qui autem petit a te, da ei; et volenti mutuari a te, ne avertaris.

21. Audistis quia dictum est: Diliges proximum tuum, et odio habebis inimicum tuum. Ego autem dico vobis: Diligite inimicos vestros, benefacite his qui oderunt vos, et orate pro persequentibus et calumniantibus vos, ut sitis filii Patris vestri qui in caelis est, qui solem suum oriri facit super bonos et malos, et pluit super justos et injustos. Si enim diligitis eos qui vos diligunt, quam mercedem habebitis? Nonne et publicani hoc faciunt? Et si salutaveritis fratres vestros tantum, quid amplius facitis? Nonne et ethnici hoc faciunt? Estote ergo vos perfecti, sicut et Pater vester caelestis perfectus est.

22. Attendite ne justitiam vestram faciatis coram hominibus, ut videamini ab eis; alioquin mercedem non habebitis apud Patrem vestrum qui in caelis est.

23. Cum ergo facis eleemosynam, noli tuba canere ante te, sicut hypocritae faciunt in synagogis et vicis ut honorificentur ab hominibus. Amen dico vobis: receperunt mercedem suam. Te autem faciente eleemosynam, nesciat sinistra tua quid faciat dextera tua: ut sit eleemosyna tua in abscondito; et Pater tuus, qui videt in abscondito, reddet tibi.

1. CHRYSOSTOMUS super Matth. (hom. 9 operis imperf. in init.). Omnis artifex secundum professionem suam, opportunitatem operis videns gaudet: carpentarius enim si viderit arborem bonam, concupiscit eam praecidere ad opus artificii sui; et sacerdos, cum viderit Ecclesiam plenam, gaudet animus ejus et delectatur, ut doceat. Sic et Dominus videns magnam congregationem populi, excitatus est ad docendum: unde dicit: *Videns, autem turbas Jesus, ascendit in montem.* AUGUSTINUS de Concord. Evang. (lib. 1, cap. 19). Vel hic potest videri multas turbas vitare voluisse, et ob hoc ascendisse in montem ut solis discipulis loqueretur. CHRYSOSTOMUS in homil. 15. Per hoc autem quod non in civitate et foro, sed in monte et solitudine sedit, erudivit nos nihil ad ostentationem facere, et a tumultibus ascendere; et praecipue cum philosophandum est (1), ac de rebus seriis disserendum.

REMIGIUS. Hoc (1) enim sciendum est: quod tria refugia legitur Dominus habuisse: navim, montem et desertum: ad quorum alterum, quotiescumque a turbis opprimebatur, conscendebat. HIERONYMUS (in cap. 5 Matth.). Nonnulli autem simpliciorum fratrum putant, Dominum ea quae sequuntur in Oliveti monte docuisse; quod nequaquam ita est: ex praecedentibus enim et sequentibus in Galilaea monstratur locus; quem putamus esse vel Thabor, vel quemlibet alium montem excelsum. CHRYSOSTOMUS super Matth. (hom. 9 oper. imperf. par. a principio). Ascendit autem in montem: primo quidem ut impleret prophetiam Isaiae dicentis (cap. 40): « Super montem ascende tu: » deinde ut ostendat quoniam in altitudine spiritalium virtutum consistere debet (2) qui docet Dei justitiam, pariter et qui audit: nemo enim potest in valle stare et de monte loqui. Si in terra stas, de terra lo-

(1) *Al.* et maxime cum de negotiis disputare oportet.

(1) *Al.* hic.
(2) *Al.* dicitur.

quere: si autem de caelo loqueris, in caelo consiste. Vel ascendit in montem, ut ostendat quod omnis qui vult discere mysteria veritatis, in montem Ecclesiae debet ascendere: de quo propheta (Psal. 67): « Mons Dei, mons pinguis. » HILARIUS (can. 4 in Matth., sub initio). Vel ascendit in montem, quia in paternae majestatis celsitudine positus, caelestis (1) vitae praecepta constituit. AUGUSTINUS de sermone Domini in monte (lib. 1 cap. 1). Vel ascendit in montem, ut significet, quia minora erant praecepta justitiae quae a Deo data sunt per Prophetas populo Judaeorum, quem timore adhuc alligari oportebat; per Filium autem suum majora populo quem caritate jam convenerat liberari.

Sequitur: Et cum sedisset, accesserunt ad eum discipuli ejus. HIERONYMUS. Ideo autem non stans, sed sedens, loquitur, quia non poterant eum intelligere in sua majestate fulgentem. AUGUSTINUS de sermone Domini in monte (ibid.). Vel quod sedens docebat, pertinet ad dignitatem Magistri. Accesserunt autem ad eum discipuli ejus, ut audiendis verbis illius hi essent etiam corpore viciniores qui praeceptis implendis animo appropinquabant. RABANUS. Mystice autem sessio Domini, incarnatio ejus est: quia nisi Dominus incarnatus esset, humanum genus ad eum accedere non potuisset. AUGUSTINUS de Concor. Evang. (lib. 1, cap 19, a med. illius). Movet autem quod Matthaeus in monte dicit hunc habitum esse sermonem a Domino sedente; Lucas autem in loco campestri a Domino stante. Haec igitur diversitas facit videri alium fuisse illum, alium istum. Quid enim prohibet Christum quaedam alibi repetere quae ante jam dixerat; aut iterum facere quae ante jam fecerat? Quamquam etiam possit illud occurrere: in aliqua excellentiori parte montis primo cum solis discipulis Dominum fuisse, quando ex eis duodecim elegit: deinde cum eis descendisse non de monte, sed de ipsa montis celsitudine in campestrem locum, idest, in aliquam aequalitatem quae in latere montis erat, et multos capere poterat; atque ibi stetisse donec ad eum turbae congregarentur: ac postea cum sedisset, accessisse propinquius discipulos ejus; atque ita illis, ceterisque turbis praesentibus, unum hubuisse sermonem, quem Matthaeus Lucasque narrant diverso narrandi modo, sed eadem veritate rerum. GREGORIUS 4 Moral. (sup illud Job 3, « Aperuit Job os « suum, » et est cap. 5 in novis exemplaribus). Sublimia autem praecepta Domino in monte dicturo praemittitur: Aperiens os suum, docebat eos, qui dudum aperuerat ora Prophetarum. REMIGIUS. Ubicumque autem legitur Dominus aperuisse os, inspiciendum est, quia magna sunt quae sequuntur. AUGUSTINUS de ser. Dom. in monte (lib. 1, cap. 1). Vel dicit, Aperiens os suum, ut ipsa mora commendet aliquanto longiorem futurum esse sermonem. CHRYSOSTOMUS (in homil. 15, par. a princ.). Vel hoc dicit, ut discas quoniam nunc quidem docebat os aperiens in loquendo, nunc autem vocem, quae est ab operibus, emittens. AUGUSTINUS de sermone Domini in monte (ubi supra). Si quis autem pie sobrieque consideraverit, inveniet in hoc sermone, quantum ad mores opportunos pertinet, perfectum vitae christianae modum: unde sic ipse sermo concluditur (cap. 7): Omnis qui audit verba mea haec, et facit ea, similabo eum viro sa-

pienti. AUGUSTINUS de Civitate Dei (lib. 19, cap. 1). Nulla autem est causa philosophandi, nisi finis boni: quod autem beatum facit, ipse est finis boni. Et ideo a beatitudine incipit dicens, Beati pauperes spiritu. AUGUSTINUS de sermone Domini in monte (lib. 1, cap. 2). Praesumptio quidem spiritus, audaciam et superbiam significat. Vulgo etiam magnum spiritum superbi habere dicuntur, et recte: nam spiritus ventus vocatur: quis vero nesciat superbos inflatos dici, quasi vento distentos ? Quapropter recte hic intelliguntur pauperes spiritu, humiles et timentes Deum, idest non habentes inflantem spiritum. CHRYSOSTOMUS in homil. (15 in Matth. parum a princ.). Vel spiritum hic elationem et animum dicit: quia enim sunt multi humiles nolentes, rerum necessitate coacti, non est laus: unde illos beatificat qui se ex electione humiliant. Ideo autem hic incipit radicitus evellens superbiam, quia haec fuit radix et fons malitiae universae: contra quam ponit humilitatem, velut quoddam stabile fundamentum: qua subjecta, cum stabilitate alia superaedificantur; hac autem destructa, pereunt quaecumque congregaveris bona. CHRYSOSTOMUS super Matth. (hom. 9 in oper. imperf.). Ideo autem dixit manifeste, Beati humiles spiritu, ut sic humiles ostendat, ut semper adjutorium Dei sint mendicantes: unde in graeco dicitur : Beati πτωχοι ptochi, idest mendici, vel egeni (1). Sunt enim multi naturaliter humiles, et non ex fide, qui non pulsant adjutorium Dei; sed solum qui secundum fidem sunt humiles. CHRYSOSTOMUS in homil. 15. Vel quia pauperes spiritu hic dicit formidantes et trementes Dei jussiones, quomodo Dominus per Isaiam commendat. Quid autem amplius quam simpliciter humiles? Humilium enim hic quidem mediocriter est; hic autem superabundanter. AUGUSTINUS (lib. 1 de serm. Domini in monte, cap. 2). Superbi ergo appetant regna terrarum; sed humilium est regnum caelorum. CHRYSOSTOMUS super Matth. (hom. 9 operis imperf.). Nam sicut cetera vitia deponunt ad inferos, maxime tamen superbia; sic et omnes virtutes inducunt in regnum caelorum, maxime tamen humilitas: quia proprium est ut qui se humiliat exaltetur. HIERONYMUS (super illud, Beati pauperes spiritu). Vel beati pauperes spiritu: qui scilicet propter Spiritum sanctum voluntarie sunt pauperes. AMBROSIUS de Offic. (lib. 1, cap. 16). Inde autem incipit beatitudo judicio divino, ubi aerumna aestimatur humana. GLOSSA (interlin. super illud, Quoniam ipsorum est regnum caelorum). Pauperibus autem in praesenti convenienter promittuntur divitiae caeli.

2. AMBROSIUS super Lucam (lib. 4, titulo de Beatitudinibus). Cum simpliciter contentus fuero inops, superest ut mores meos temperem. Quid enim mihi prodest carere saecularibus, nisi fuero mitis? Congrue igitur sequitur, Beati mites. AUGUSTINUS (lib. 1 de ser. Dom. in monte, cap. 3). Mites sunt qui cedunt improbitatibus, et non resistunt malo, sed vincunt in bono malum. AMBROSIUS super Lucam (ut supra). Mitiga ergo affectum tuum, ut non irascaris, aut certe iratus ne peccaveris. Praeclarum est enim motum temperare consilio: nec minoris virtutis dicitur prohibere iracundiam, quam omnino non irasci; cum plerumque illud lentius hoc (2), fortius aestimetur. AUGUSTINUS

(1) Al. caelestia.

(1) Al. Beati mendici, vel egeni.
(2) Al. istud.

(de serm. Dom. ubi supra). Rixentur igitur immites, et dimicent pro terrenis et temporalibus rebus; sed *beati mites, quoniam ipsi hereditabunt terram*, de qua evelli non possunt; illam, inquam, terram de qua in Psalmo 140 dicitur: « Portio « mea in terra viventium: » Significat enim quamdam stabilitatem hereditatis perpetuae, ubi anima per bonum affectum tamquam loco suo requiescit, sicut corpus in terra; et inde cibo suo alitur, sicut corpus ex terra: ipsa est requies, et vita sanctorum. CRYSOSTOMUS super Matth. (homil. 9 in op. imperf.). Vel terra hic, sicut quidam dicunt, quamdiu est in hoc statu, terra mortuorum est, quia vanitati subjecta est; cum autem liberata fuerit de corruptione, fit terra vivorum, ut mortales heredit*e*nt immortalem. Alterum exponentem legi, quasi caelum in quo habituri sunt sancti, dicatur terra vivorum, quod quantum ad inferiorem regionem caelum est, quantum autem ad superius caelum dicitur terra. Alii dicunt, quia corpus nostrum terra est: et quamdiu subjacet morti, terra est mortuorum; cum autem fuerit conforme factum gloriae corporis Christi, erit terra vivorum. HILARIUS (can. 4 in Matth., paulo a principio). Vel hereditatem terrae mitibus Dominus pollicetur, idest ejus corporis quod ipse assumpsit habitaculum: et (1) quia per mansuetudinem mentis nostrae habitat Christus in nobis, nos quoque clarificati corporis ejus gloria vestiemur. CHRYSOSTOMUS in hom. (15 in Matth., super illud, *Quoniam ipsi possidebunt terram*). Vel aliter. Christus hic spiritualibus sensibilia immiscuit: quoniam enim aestimatur qui mitis est omnia sua perdere, contrarium promittit, dicens, quod cum stabilitate sua possidet qui non est protervus: qui autem aliter est, multoties animam et hereditatem paternam perdit. Quia vero Propheta dixerat (Psal. 56), « Mansueti hereditabunt terram, » a consuetis verbis contexit sermonem. GLOSSA. Mites etiam, qui seipsos possederunt, hereditatem Patris in futuro possidebunt. Plus autem est possidere quam habere: multa enim (2) habemus quae statim amittimus.

3. AMBROSIUS super Lucam (lib. 4 in Lucam in titulo de Beat. circa med.). Cum hoc feceris, ut scilicet sis pauper et mitis, memento quia peccator es, et lugeto peccata tua (3): unde sequitur, *Beati qui lugent.* Et bene tertia benedictio est peccata deflentis, quia Trinitas est quae peccata condonat. HILARIUS (can. 4 in Matth.) Lugentes enim hic dicuntur non orbitates aut contumelias aut damna moerentes; sed peccata vetera flentes. CHRYSOSTOMUS super Matth. (hom. 9 operis imperf., ante med.). Et qui sua quidem peccata lugent, beati sunt, sed mediocriter; beatiores autem sunt qui aliena lugent peccata: tales convenit esse omnes doctores. HIERONYMUS (super illud, *Beati qui lugent*). Luctus enim hic non mortuorum ponitur communi lege naturae, sed peccatis et vitiis mortuorum. Sic flevit Samuel Saulem, et Paulus eos qui post immunditiam poenitentiam egerunt. CHRYSOSTOMUS super Matth. (hom. 9 operis imperf.). Cum autem consolatio sit lugentium cessatio luctus; qui sua peccata lugent, consolabuntur indulgentiam consecuti. CHRYSOSTOMUS in hom. 15. Et licet talibus sufficiat venia frui, non terminat retributionem in peccato-

rum remissione, sed et multarum facit participes consolationum et hic et in futuro. Semper enim majores laboribus Deus dat retributiones. CHRYSOSTOMUS super Matth. (hom. 9 operis imperf.). Qui vero aliena peccata lugent, consolabuntur: qui cum in saeculo illo providentiam cognoverint Dei, et intellexerint quod qui perierunt non fuerunt Dei, de cujus manu nemo rapere potest: de eis, luctu derelicto, in sua beatitudine laetabuntur. Vel aliter. AUGUSTINUS in Serm. Domini in monte (lib. 1, cap. 4, in princ.). Luctus est tristitia de amissione carorum. Conversi autem ad Deum ea quae in hoc mundo cara habebant amittunt: non enim gaudent his rebus quibus ante gaudebant: et donec fiat in illis amor aeternorum, nonnulla moestitia sauciantur. Consolabuntur ergo Spiritu sancto, qui maxime propterea Paraclitus nominatur, idest consolator, ut temporalem amittentes, aeterna laetitia perfruantur, et ideo dicit: *Quoniam ipsi consolabuntur.* GLOSSA. Vel per luctum duo genera compunctionis intelliguntur: scilicet pro miseris hujus mundi, et pro desiderio caelestium: unde filia Caleph petivit irriguum superius et inferius. Hujusmodi autem luctus non habet nisi pauper et mitis, qui cum mundum non diligat, quod miser est recognoscit, et ideo caelum concupiscit. Convenienter ergo lugentibus promittitur consolatio: ut qui tristatus est in praesenti, gaudeat in futuro. Major est autem retributio lugentis quam pauperis et mitis; plus enim est gaudere in regno, quam habere et possidere: multa enim cum dolore possidemus. CHRYSOSTOMUS in hom. 5. Notandum autem, quod hanc beatitudinem non simpliciter, sed omnino cum intensione et cumulo posuit; ideoque non dixit, Qui moerent, sed *Qui lugent*. Siquidem praeceptum istud totius philosophiae magisterium est. Si enim qui filios vel proximos mortuos lugent, toto illo doloris sui tempore nec pecuniarum nec gloriae amore tenentur, non invidia consumuntur, non injuriis permoventur, nec aliis vitiis obsidentur, utpote solis luctibus mancipati; multo magis qui propria peccata lugent, sicut ea lugere dignum est, celsiorem hanc philosophiam debent ostendere (1).

4. AMBROSIUS super Lucam (lib. 4, titul. de Beatit.). Postquam delicta deflevi, esurire incipio et sitire justitiam. Æger enim cum in gravi morbo est, non esurit: unde sequitur: *Beati qui esuriunt et sitiunt justitiam.* HIERONYMUS (super illud, *Beati qui esuriunt*). Non nobis sufficit velle justitiam, nisi justitiae patiamur famem, ut sub hoc exemplo, nunquam nos satis justos, sed semper esurire justitiae opera intelligamus. CHRYSOSTOMUS super Matth. (hom. 9 operis imperf. circa med.). Quoniam omne bonum quod non ex amore ipsius boni faciunt homines, ingratum est ante Deum. Esurit autem justitiam qui secundum justitiam Dei desiderat conversari; sitit autem justitiam qui scientiam ejus acquirere cupit. CHRYSOSTOMUS in hom. (15, super illud, *Beati qui esuriunt*). Justitiam autem dicit vel universalem, vel particularem avaritiae contrariam. Quia enim de misericordia dicturus

---

(1) *Al.* omittitur et.

(2) *Al.* plus autem est possidere terram quam habere regnum caelorum: multa enim etc.

(3) *Al. deest* tua.

---

(1) Notandum autem quod hanc beatitudinem cum intensione quadam proposuit; ideo non dixit, Qui tristantur, sed *Qui lugent*. In quo etiam perfectionis sapientiae magisterium dedit: si enim qui filios vel alios defunctos lugent, secundum illud tempus non desiderant pecuniam nec gloriam, nec conviciis exacuuntur, nec aliqua alia passione capiuntur; multo magis haec servare debent qui lugent sua peccata.

erat, praemonstrat qualiter misereri oporteat, quia non ex rapina neque ex avaritia: unde etiam quod est avaritiae proprium, scilicet esurire et sitire, justitiae attribuit. HILARIUS (can. 4, in Matth.). Sitientibus autem et esurientibus justitiam, beatitudinem tribuit, significans extensam in Dei doctrinam sanctorum aviditatem perfecta in caelo satietate repleri: et hoc est quod dicitur: *Quoniam ipsi saturabuntur.* CHRYSOSTOMUS super Matth. (homil. 9 operis imperf.). Scilicet largitatem remunerantis Dei; quoniam majora erunt praemia Dei quam sanctorum desideria. AUGUSTINUS de Ser. Domini (lib. 1, cap. 2). Vel illo cibo saturabuntur in praesenti de quo Dominus dicit (Joan. 4): « Meus cibus est ut fa-« ciam voluntatem Patris mei: » quod est justitia: et illa aqua de qua (ibid.) « quisque biberit, fiet « ei fons aquae salientis in vitam aeternam. » CHRYSOSTOMUS in hom. 15. Vel rursus sensibile praemium statuit: quia enim plurimos divites facere putatur avaritia. dicit hoc esse contrarium, magisque id praestare justitiam: qui enim justitiam diligit, tutissime omnia possidet (1).

5. GLOSSA. Justitia et misericordia ita conjunctae sunt, ut altera ab altera debeat temperari: justitia enim sine misericordia crudelitas est; misericordia sine justitia, dissolutio: unde de misericordia post justitiam subdit, *Beati misericordes.* REMIGIUS. Misericors dicitur, quasi miserum habens cor: quia alterius miseriam quasi suam reputat, et de malo alterius quasi de suo dolet. HIERONYMUS (super illud, *Beati misericordes*). Misericordia hic non solum in eleemosynis intelligitur, sed in omni peccato fratris, si alter alterius onera portemus. AUGUSTINUS de Ser. Domini in monte (lib. 1, cap. 2 vel 6). Beatos autem dicit esse qui subveniunt miseris, quoniam eis ita rependitur ut de miseria liberentur: unde sequitur: *Quoniam ipsi misericordiam consequentur.* HILARIUS (can. 4 in Matth.). Intantum enim Deus benevolentiae nostrae in omnes delectatur affectu, ut suam misericordiam sit solis misericordibus praestaturus. CHRYSOSTOMUS in hom. 15. Videtur autem esse aequalis retributio; sed est multo major: non enim est aequalis humana misericordia et divina. GLOSSA (2). Merito ergo misericordibus misericordia impenditur, ut plus accipiant quam meruissent: et sicut plus recipit qui ultra saturitatem habet quam ille qui habet tantum ad saturitatem; sic major est gloria misericordiae quam praecedentium.

6. AMBROSIUS super Lucam (lib. 4 in titulo de Beatit. circa med.). Qui misericordiam defert, misericordiam amittit, nisi mundo corde misereatur: nam si jactantiam quaerit, nullus est fructus: unde sequitur, *Beati mundo corde.* GLOSSA (3). Convenienter autem sexto loco ponitur cordis munditia, quia sexto die homo conditus est ad imaginem Dei; quae quidem obtenebrata erat in homine per culpam, sed in mundis cordibus (4) reformatur

per gratiam. Merito autem post praedicta sequitur; quia nisi illa praecedant, mundum cor in homine non creatur (1). CHRYSOSTOMUS in hom. 15. Mundos autem hic ait vel eos qui universalem virtutem possident, et nullius sibi malitiae conscii sunt; vel eos qui in temperantia consistunt, quae maxime necessaria est ad videndum Deum, secundum illud Pauli (Hebr. 12): « Pacem sequimini cum om-« nibus, et sanctimoniam, sine qua nemo videbit « Deum. » Quia enim multi miserentur quidem, sed impudica agunt; monstrans quod non sufficit primum, scilicet misereri, hoc de munditia opposuit. HIERONYMUS (super illud, *Beati mundo corde*). Mundus autem Deus a mundo corde concupiscitur: templum enim Dei non potest esse pollutum: et hoc est quod dicitur: *Quoniam ipsi Deum videbunt.* CHRYSOSTOMUS super Matth. (hom 9 in opere imperf.). Qui enim omnem justitiam facit et cogitat, mente sua Deum videt: quoniam justitia figura est Dei, Deus enim justitia est. Secundum ergo quod aliquis eripuerit se a malis et fecerit bona, secundum hoc Deum videt. aut parum, aut amplius, aut interdum, aut semper, secundum possibilitatem humanam. In saeculo autem illo mundi corde Deum videbunt facie ad faciem, non in speculo et in aenigmate, sicut hic. AUGUSTINUS in Serm. Domini in monte (lib. 1. cap. 2 vel 7). Stulti autem sunt qui Deum videre istis exterioribus oculis quaerunt, cum corde videatur, sicut alibi scriptum est (Sap. 1): « In simplicitate cordis quaerite illum: » hoc enim est simplex cor quod mundum cor. AUGUSTINUS ult. de Civitate Dei (cap. 29). Si autem tantum poterunt in corpore spirituali oculi etiam ipsi spirituales quantum possunt isti quales nunc habemus, proculdubio per eos Deus videri non poterit. AUGUSTINUS in 1 de Trinit. (cap. 8 et 13). Haec autem visio merces est fidei; cui mercedi per fidem corda mundantur, sicut scriptum est (Act. 15): « Mundans fide cor-« da eorum. » Hoc autem probatur illa maxime sententia: *Beati mundo corde, quoniam ipsi Deum videbunt.* AUGUSTINUS super Gen. ad litteram (lib. 12, cap. 25). Nemo autem videns Deum vivit vita ista qua mortaliter vivitur, et istis sensibus corporis. Sed nisi ab hac vita quisque funditus moriatur, sive omnino exiens de corpore, sive ita alienatus a carnalibus sensibus ut merito nesciat, sicut ait Apostolus, utrum in corpore an extra corpus sit, non in illam subvehitur visionem. GLOSSA. Majorem autem remunerationem isti habent quam primi; sicut qui in curia regis non solum prandet, sed etiam faciem regis videt.

7. AMBROSIUS super Lucam (lib. 4 super Lucam in titulo de Beatit. in med.). Cum interiora tua vacua feceris ab omni labe peccati, ne dissensiones contentionesque ex affectu tuo prodeant, a te pacem incipe, ut sic pacem aliis feras: unde sequitur, *Beati pacifici.* AUGUSTINUS, 19 de Civit. Dei (cap. 13, sub init.). Est autem pax tranquillitas ordinis. Ordo autem est parium dispariumque sua cuique loca tribuens dispositio. Sicut autem nemo est qui gaudere nolit, ita nemo est qui pacem habere nolit; quandoquidem ipsi qui bella volunt, nihil aliud quam ad gloriosam pacem cupiunt bellando pervenire. HIERONYMUS (hoc loco). Pacifici autem dicuntur beati, qui primum in corde suo, deinde et inter fratres diffidentes faciunt pacem.

---

(1) *Al.* vel in hoc terrenum praemium determinat; quia enim aestimatur avaritia abundantes facere, ipse contrarium dicit quod justitia hoc operatur: qui enim justitiam capit, omnia cum stabilitate habet.

(2) Vel potius Anselmus, ut jam supra; nec tale quidquam indicatur in Glossa quae nunc extat (*Ex edit. P. Nicolai*).

(3) Nec sic iterum Glossa, sed Anselmus, his verbis levissime dumtaxat immutatis, nec eadem serie sibi junctis. Aliud vero quiddam Glossa, etsi non dissimili sensu, sed minus pleno (*Ex edit. P. Nicolai*).

(4) *Al.* in mundis corde: *item* immundis cordibus.

(1) *Al.* credatur.

Quid enim prodest alios per te pacari, cum in tua anima sint bella vitiorum? Augustinus in ser. Domini in monte (lib. 1, cap. 2 vel 8). Pacifici autem in semetipsis sunt qui omnes animi sui motus componentes et subjicientes rationi, carnalesque concupiscentias habentes edomitas, fiunt regnum Dei: in quo ita ordinata sunt omnia ut quod est in homine praecipuum et excellens, imperet ceteris reluctantibus quae sunt nobis bestiisque communia; atque idipsum quod excellit in homine, idest mens et ratio, subjiciatur potiori (1) quod est ipsa veritas Filius Dei. Neque enim imperare inferioribus potest nisi superioribus subjiciatur. Et haec est pax quae datur in terra hominibus bonae voluntatis. Augustinus in lib. Retract. (lib. 1, cap. 19, sub initio). Non tamen cuiquam provenire potest in hac vita ut lex repugnans legi mentis omnino non sit in membris. Sed hoc nunc pacifici agunt domando concupiscentias carnis, ut ad pacem plenissimam quandoque veniatur. Chrysostomus super Matth. (hom. 9 operis imperf. a med.). Pacifici autem ad alios sunt non solum qui inimicos in pace reconciliant, sed etiam illi qui immemores malorum, diligunt pacem. Pax enim illa beata est quae in corde posita est, non tantum in verbis. Qui autem pacem diligunt, filii sunt pacis. Hilarius (can. 4, super Beati pacifici). Pacificorum autem beatitudo, adoptionis est merces; et ideo dicitur: Quoniam filii Dei vocabuntur. Parens enim omnium Deus noster est: neque aliter transire in nuncupationem familiae ejus licebit, nisi fraternae invicem caritatis pace vivamus. Chrysostomus in hom. 15. Vel cum pacifici dicantur qui non adversum se mutuo dimicant, sed alios dissidentes in concordiam revocant, jure etiam filii Dei appellantur; quia Unigeniti hoc praecipuum fuit opus, distantia copulare, conciliare pugnantia (2). Augustinus (lib. 1 de ser. Domini in monte, cap. 2 vel cap. 8). Vel quia in pace perfectio est, ubi nihil repugnat; pacifici filii Dei dicuntur, quoniam nihil resistit Deo: et utique filii Dei similitudinem Patris (3) debent habere. Glossa (4). Maximam ergo dignitatem habent pacifici; sicut qui filius regis dicitur, in domo regia (5) summus est. Septimo autem loco beatitudo haec ponitur, quia in sabbato verae requiei dabitur pax, sed aetatibus transactis (6).

8. Chrysostomus in hom. 15. Posita pacificorum beatitudine, ne aliquis existimaret quod semper pacem sibi quaerere sit bonum, subdit: Beati qui persecutionem patiuntur propter justitiam, hoc est propter virtutem, propter defensionem aliorum, propter pietatem: justitiam enim consuevit pro omni virtute animae ponere. Augustinus in serm. Domini in monte (lib. 1, cap. 2 vel 8). Pace enim intrinsecus constituta ac firmata, quascumque persecutiones ille qui foras missus est, forinsecus concitaverit aut gesserit (7), auget gloriam quae se-

cundum Deum est. Hieronymus super illud, Beati qui persecutionem patiuntur). Signanter autem addit, Propter justitiam: multi enim propter sua peccata persecutionem patiuntur, et non sunt justi. Simulque considera, quod octava verae circumcisionis beatitudo martyrio terminetur. Chrysostomus super Matth. (hom. 9 op. imperf.). Non autem dixit: Beati qui a Gentibus persecutionem patiuntur; ne putes illum solum beatum qui persecutionem patitur propter idola non colenda; ideo et ab haereticis persecutionem patiens propter veritatem non relinquendam, beatus est (1), quia propter justitiam patitur. Sed et si quis ex potentibus, qui Christiani videntur, forsitan propter sua peccata correctus a te, fuerit te persecutus; beatus es cum Joanne Baptista. Si enim verum est quod Prophetae martyres sunt, qui a suis occisi sunt; sine dubio qui propter causam Dei aliquid patitur, etsi a suis patitur, mercedem martyrii habet. Et ideo non posuit Scriptura personas persequentium, sed solam causam persecutionis; ut non aspicias quis te persequitur, sed propter quod. Hilarius (can. 4 in Matth. super illud, Beati qui persecutionem patiuntur). Sic ergo ad postremum eos in beatitudine numerat quibus omnia pro Christo pati, qui justitia est, pronus affectus est. His igitur et regnum servatur, qui in contemptu saeculi sunt pauperes spiritu: unde dicit: Quoniam ipsorum est regnum caelorum. Augustinus (lib. 1 de ser. Dom. in monte, cap. 2 vel 9). Vel octava beatitudo tamquam ad caput redit, quia consummatum perfectumque ostendit et probat. Itaque in prima et in octava nominatum est regnum caelorum: septem enim sunt quae perficiunt; nam octava clarificat et perfectum demonstrat; ut (2) per hos gradus perficiantur et ceteri, tamquam accipiatur rursus exordium. Ambrosius super Lucam (lib. 4 in Luc. titulo de Beatit. a med.). Vel aliter. Primum regnum caelorum sanctis propositum est in absolutione corporis; secundum post resurrectionem esse cum Christo. Post resurrectionem enim terram (3) incipies tuam possidere absolutus a morte, et in ipsa possessione consolationem reperies. Consolationem sequitur delectatio, delectationem divina miseratio. Cui autem miseretur Dominus, et vocat, et sic vocatus videt vocantem. Qui autem viderit, in jus divinae generationis assumitur; et tunc demum quasi Dei filius caelestis regni divitiis delectatur. Ille igitur incipit, hic repletur. Chrysostomus in homil. (15, super illud, Quoniam merces vestra multa est). Ne autem mireris si secundum unamquamque beatitudinem regnum non audis: quia cum dicit, Consolabuntur, Misericordiam consequentur, et cetera hujusmodi, per haec universa nihil aliud quam regnum caelorum occulte insinuat, ut nihil sensibile expectes. Neque enim beatus est qui in his coronatur quae cum praesenti vita discedunt. Augustinus (lib. 1 de Ser. Domini cap. 5 vel 9). Diligenter autem attendendus est numerus harum sententiarum: his enim septem gradibus congruit operatio Spiritus sancti septiformis quam Isaias describit; sed ille a summo, hic ab imo: quia ibi docetur Filius Dei ad ima descensurus; hic homo de imis ad similitudinem Dei ascensurus. In his prius est timor, qui congruit hominibus humilibus, de quibus dicitur, Beati pauperes spiritu, idest non

(1) Al. peccatori.
(2) Al. Vel quia pacifici dicuntur qui nec litigant nec odiunt ad invicem, sed et congregant litigantes; recte filii Dei vocantur, quia Unigeniti hoc est opus, congregare dispersa, et pacificare contra se praeliantia.
(3) Al. pacis.
(4) Vel potius Anselmus, ut jam supra, non hac serie tantum, sed prioribus posteriora multo ante praemittens; nec horum quidquam Glossa quae nunc extat (Ex edit. P. Nicolai).
(5) Al. regis.
(6) Al. dabitur vera pax, sed aetatibus transactis.
(7) Al. augerit.

(1) Al. esse.
(2) Al. et.
(3) Al. post resurrectionem tuam, terram.

alta sapientes, sed timentes. Secunda est pietas, quae convenit mitibus: qui enim pie quaerit, honorat, non reprehendit, non resistit; quod est mitem fieri. Tertia est scientia, quae convenit lugentibus, qui didicerunt quibus malis nunc vincti sunt, quae quasi bona petierunt. Quarta, quae est fortitudo, congruit esurientibus et sitientibus: quia desiderantes gaudium de veris bonis, laborant, a terrenis cupientes averti. Quinta, consilium, convenit misericordibus, quia unicum remedium est de tantis malis erui, dimittere aliis et dare. Sexta est intellectus; et convenit mundis corde, qui purgato oculo possunt videre quod oculus non vidit. Septima est sapientia, quae convenit pacificis, in quibus nullus motus est rebellis, sed obtemperant spiritui. Unum autem praemium, quod est regnum caelorum, varie nominatum est. In primo, sicut oportebat, positum est regnum caelorum, quod est perfectae sapientiae initium; ac si diceretur (Psal 110): « Initium sa- « pientiae timor Domini. » Mitibus hereditas tamquam testamentum patris cum pietate quaerentibus. Lugentibus consolatio, tamquam scientibus quid amiserunt et in quibus mersi sunt. Esurientibus saturitas, tamquam refectio laborantibus ad salutem. Misericordibus misericordia, tamquam optimo consilio utentibus, ut hoc eis exhibeatur quod exhibent. Mundis corde facultas videndi Deum, tamquam purum oculum ad intelligenda aeterna gerentibus. Pacificis Dei similitudo. Et ista quidem in hac vita possunt compleri, sicut completa esse in Apostolis credimus: nam quod post hanc vitam promittitur, nullis verbis exponi potest.

12. RABANUS. Superiores sententias generaliter dirigebat (1): jam incipit loqui praesentes compellans, praedicens eis persecutiones quas pro nomine ejus passuri erant, dicens: *Beati estis cum maledixerint vobis homines, et persecuti vos fuerint, et dixerint omne malum adversum vos.* AUGUSTINUS (lib. 1, cap. 5 vel 9, de serm. Domini). Quaeri autem potest quid intersit quod ait, *Cum vobis maledicent, et dicent omne malum;* cum maledicere hoc sit malum dicere. Sed aliter est maledictum jactatum cum contumelia coram illo qui maledicitur, aliter cum absentis fama laeditur. Persequi autem est vim inferre, vel insidiis appetere. CHRYSOSTOMUS super Matth. (hom. 9 operis imperf.). Si autem verum est quoniam qui calicem aquae porrexerit, merces ejus non perit consequenter qui vel unius levissimi verbi injuriam fuerit passus; vacuus non erit a mercede. Ut autem blasphematus sit beatus, duo convenire debent: ut et mendaciter blasphemetur, et propter Deum: alioquin si unum defuerit, non est beatitudinis merces. Et ideo dicit, *Mentientes propter me.* AUGUSTINUS (lib. 1 de ser. Domini in monte, cap. 9). Quod propter illos dictum puto qui volunt de persecutionibus et de fama suae turpitudinis gloriari; et ideo dicere ad se pertinere Christum, quod multa de illis dicuntur mala; cum et vera dicantur, quando et de errore illorum dicuntur; et si aliquando falsa jactantur, non tamen propter Christum ista patiuntur. GREGORIUS super Exechielem (hom. 9 paulo ante med.). Quid autem poterit obesse si homines vobis derogent, et sola vos conscientia defendat? Sed tamen linguas detrahentium sicut nostro studio non debemus excitare, ne ipsi pereant; ita per suam malitiam

excitatam debemus aequanimiter tolerare, ut nobis meritum crescat: unde et hic dicitur: *Gaudete et exultate, quoniam merces vestra copiosa est in caelis.* GLOSSA (1) (interlinearis). *Gaudete,* mente quidem, *et exultate* corpore, *quia merces vestra,* non tantum magna est, sicut aliorum, sed *copiosa est in caelis.* AUGUSTINUS (lib. 1 ser. Domini in monte, cap. 9). Non hic caelos puto dici superiores partes hujus visibilis mundi: non enim merces vestra in rebus visibilibus collocanda est; sed, *In caelis,* dictum puto in spiritalibus firmamentis, ubi habitat sempiterna justitia. Sentiunt ergo istam mercedem qui gaudent spiritualibus; sed ex omni parte perficietur cum mortale hoc induerit immortalitatem. HIERONYMUS (hoc loco). Gaudere igitur et exultare debemus, ut merces nobis in caelestibus praeparetur. Hoc qui vanam sectatur gloriam, implere non potest. CHRYSOSTOMUS super Matth. (hom. 9 operis imperf.). Quia quantum aliquis laetatur de laude hominum, tantum de vituperatione tristatur. Qui vero gloriam concupiscis in caelo, opprobria non times in terris. GREGORIUS super Ezech. (hom. 9). Aliquando tamen detractores debemus compescere, ne dum de nobis mala disseminant, eorum qui audire a nobis bona poterant, corda innocentia corrumpant. GLOSSA (2). Non solum autem praemio, sed etiam exemplo eos ad patientiam provocat, cum subdit: *Sic enim persecuti sunt Prophetae qui fuerunt ante vos.* REMIGIUS. Magnam enim consolationem accipit homo in tribulatione positus, dum recordatur passiones aliorum, a quibus exemplum patientiae accipit; ac si diceret: Mementote quia illius vos estis Apostoli cujus illi fuerunt Prophetae. CHRYSOSTOMUS in hom. (15 super illud, *Si persecuti sunt Prophetas*). Simul etiam insinuat coaequalitatem sui honoris ad Patrem: ac si dicat: Sicut illi propter Patrem, ita et vos propter me patiemini. Cum etiam dixit, *Prophetas qui fuerunt ante vos,* monstrat et ipsos Prophetas jam factos. AUGUSTINUS (de Serm. Domini in monte, cap. 9). Persecutionem autem hic generaliter posuit, et in maledictis, et in laceratione famae.

11. CHRYSOSTOMUS in homil. 15. Quoniam sublimia praecepta Apostolis dederat, et multo quam in lege veteri majora; ne turbarentur, ac dicerent, Quoniam modo haec implere poterimus? eos laudum admixtione permulcet, dicens: *Vos estis sal terrae:* per quod ostendit quam necessario ista praecipiat. Non enim pro vestra, inquit, salute tantummodo, aut pro una solum gente, sed pro universo prorsus orbe haec vobis doctrina committitur. Proinde non oportet vos adulari atque palpare; sed e contrario salis instar mordicare. Quod si homines mordendo ac perstringendo, male audieritis, gaudete: hoc enim salis est opus, laxa quaeque mordicare atque restringere. Sic itaque aliorum maledictio nihil vobis afferet incommodi; sed vestrae potius firmitatis testimonium erit (3). HILARIUS (can. 4,

---

(1) Hoc Anselmi est, etsi ex parte Glossa interlinearis insinuet (*Ex edit. P. Nicolai*).

(2) Insinuatur tantum ibi, non expresse habetur, nec expressius in Anselmo (*Ex edit. P. Nicolai*).

(3) *Al.* quia excelsa praecepta discipulis dederat, ut non dicerent, Qualiter poterimus ea servare, eos laudibus mitigat dicens: *Vos estis sal terrae:* in quo monstrat quod necessario haec injungit: non enim pro vestra vita, aut pro una gente, sed pro universo mundo vos mitto. Et si alios mordentes, mala audiatis, gaudete: hoc enim est opus salis mollia mordicare. Quare aliorum maledictio nihil vobis nocet; sed est testis vestrae virtutis.

---

(1) *Al.* digerebat.

super illud, *Vos estis sal*). Est autem hic proprietas quaerenda dictorum, quam et Apostolorum officium et ipsius salis natura monstrabit. Hoc igitur in omnem usum humani generis effectum incorruptionem corporibus, quibus fuerit aspersum, impertit, et ad omnem sensum conditi saporis aptissimum est. Apostoli autem sunt rerum caelestium praedicatores, et aeternitatis velut salitores (1): merito sal terrae nuncupati, quia per virtutem doctrinae quasi salientes, aeternitati corpora servant. REMIGIUS. Sal etiam, per aquam et ardorem solis et per flatum venti in naturam alteram commutatur; sic et apostolici viri per aquam baptismi et ardorem dilectionis et flatum Spiritus sancti in spiritalem regenerationem commutati sunt. Sapientia etiam caelestis, per Apostolos praedicata, exsiccat humores carnalium operum, aufert foetorem et putredinem malae conversationis, et vermem libidinosae cogitationis, et illum de quo dicit Propheta (Isai. 66): « Vermis « eorum non moritur. » REMIGIUS. Sunt Apostoli sal terrae, idest hominum terrenorum, qui amando terram, terra vocantur. HIERONYMUS (super illud, *Vos estis*). Vel Apostoli sal terrae appellantur, quia per illos universum hominum conditur genus. CHRYSOSTOMUS super Matth. (hom. 10 op. imperf.). Doctor enim cum fuerit omnibus praedictis virtutibus ornatus, tunc est quasi optimum sal, et totus populus de illo conditur videndo eum et audiendo. REMIGIUS. Et sciendum, quia nullum sacrificium offerebatur Deo in veteri testamento nisi prius condiretur sale: quia nullus potest laudabile sacrificium Deo offerre absque sapore caelestis sapientiae. HILARIUS (can. 4, ibid.). Verum quia conversioni homo subjacet, ideo Apostolos sal terrae nuncupatos monet in traditae sibi potestatis virtute persistere, cum subdit: *Quod si sal evanuerit, in quo salietur?* HIERONYMUS (ibidem). Idest si doctor erraverit, a quo alio doctore emendabitur? AUGUSTINUS (lib. 1 de ser. Domini in monte, cap. 10). Et si vos, per quos condiendi sunt populi, metu persecutionum temporalium, amiseritis regna caelorum; qui erunt homines, per quos a vobis error auferatur? Alia littera habet: *Si sal infatuatum fuerit*; ostendens fatuos esse judicandos qui temporalium bonorum vel copiam sectantes vel inopiam metuentes amittunt aeterna, quae nec dari possunt ab hominibus nec auferri. HILARIUS (can. 4, ibid.). Si autem doctores infatuati nil saliant, et ipsi sensu accepti saporis amisso vivificare non possunt corrupta, redduntur inutiles: unde sequitur: *Ad nihilum valet ultra, nisi ut mittatur foras et conculcetur ab hominibus.* HIERONYMUS (super illud, *Ad nihilum valet ultra*). Exemplum de agricultura sumptum est. Sal enim ut in condimentum ciborum et ad siccandas carnes necessarium est, ita alium usum non habet. Certe legimus in Scripturis urbes quasdam ira victorum sale seminatas, ut (2) germen nullum in ipsis oriretur. GLOSSA (3). Postquam ergo illi qui capita sunt aliorum, defecerint, nulli usui apti sunt, nisi ad hoc, ut mittantur foras ab officio docendi. HILARIUS (can. 4, super illud, *Vos estis sal terrae*). Vel etiam de Ecclesiae promptuariis projecti, pedibus incedentium conterantur. AUGUSTINUS (ubi supra). Non autem calcatur ab hominibus qui pati-

(1) *Al.* satores.
(2) *Al.* ita ut.
(3) Immo Anselmus, ut jam supra, nec nisi partem veluti obiter Glossa interlinearis insinuat (*Ex edit. P. Nicolai*).

tur persecutionem, sed qui persecutionem timendo infatuatur. Calcari enim non potest nisi inferior; inferior autem non est qui quamvis corpore multa in terra sustineat, corde tamen in caelo fixus est.

11. CHRYSOSTOMUS super Matth. (hom. 10 oper. imperf.). Sicut doctores propter bonam conversationem sunt sal quo populus conditur; ita propter verbum doctrinae sunt lux qua ignorantes illuminantur. Prius autem est bene vivere quam bene docere: et ideo postquam Apostolos dixerat sal, consequenter vocat eos lucem, dicens: *Vos estis lux mundi.* Vel quia sal in eo statu tenet rem ne ad deterius mutetur, lux autem ad melius perducit illustrando: propter quod Apostoli dicti sunt prius sal propter Judaeos et propter populum Christianum, a quibus Deus cognoscitur, quos servant in Dei scientia; lux autem propter Gentes, quas ad scientiae lumen perducunt. AUGUSTINUS (lib. 1 de ser. Domini, cap. 11). Oportet autem hic mundum non caelum et terram, sed homines qui sunt in mundo, intelligi, vel qui diligunt mundum, quibus illuminandis Apostoli missi sunt. HILARIUS (can. 4, super illud, *Vos estis sal terrae*). Natura enim luminis est ut lucem, quocumque circumferatur, emittat, illatumque aedibus tenebras interimat, luce dominante. Igitur mundus extra cognitionem Dei positus, obscurus tenebatur ignorantiae tenebris (1), cui per Apostolos scientiae lumen invehitur, et cognitio Dei claret, et de parvis eorum corpusculis, quocumque incesserint, lux tenebris ministratur. REMIGIUS. Sicut autem sol dirigit radios suos, ita et Dominus, qui est sol justitiae, direxit Apostolos suos ad effugandas humani generis tenebras. CHRYSOSTOMUS in hom. (15 super illud, *Non potest abscondi civitas*). Intellige autem quam magna eis promittit, ut qui in regione propria cogniti non erant, ad fines orbis terrarum eorum veniret fama. Nec persecutiones quas praedixerat, eos potuerunt occultare; sed propter hoc magis praeclari redduntur. HIERONYMUS (super illud, *Vos estis lux mundi*). Ne autem Apostoli abscondantur ob metum, sed tota libertate se prodant, docet eos fiduciam praedicandi, cum consequenter dicit: *Non potest civitas abscondi supra montem posita.* CHRYSOSTOMUS in hom. (12, a med.). Per hoc etiam eos docet esse solicitos de propria vita, quasi in oculis omnium positos, sicut civitas quae est supra montem posita, vel lucerna supra candelabrum lucens. CHRYSOSTOMUS super Matth. (homil. 10 op. imp. super illud, *Non potest civitas abscondi*). Haec autem civitas Ecclesia sanctorum est, de qua dicitur Ps. 86, « Gloriosa dicta sunt de te, civitas Dei. » Cives ejus sunt omnes fideles, de quibus Apostolus Ephes. 2, « Vos estis cives sanctorum. » Haec ergo civitas posita est supra montem Christum, de quo Daniel (cap. 2): « Lapis abscissus sine manibus, « factus est mons magnus. » AUGUSTINUS (lib. 1 de ser. Dom. c. 13). Vel posita est supra montem, idest supra magnam justitiam, quam significat mons, in quo disputat Dominus. CHRYSOSTOMUS super Matth. (hom. 10 in oper. imperf., ib.). *Non potest ergo civitas abscondi posita supra montem*, etiam si ipsa voluerit: mons enim qui eam portat, facit eam omnibus manifestam: sic et Apostoli, et sacerdotes, qui fundati sunt in Christo, non possunt esse absconditi etiam si voluerint, quia Christus

(1) *Al.* obscuratur ignorantiae tenebris.

eos manifestat. HILARIUS (can. 4, super eodem verbo). Vel civitatem, carnem quam assumpserat nuncupat: quia in eo per naturam suscepti corporis, quaedam humani generis congregatio continetur; et nos per consortium carnis suae sumus habitatio civitatis. Abscondi ergo non potest, quia in altitudine positus celsitudinis Dei, admiratione operum suorum offertur omnibus contemplandus. CHRYSOSTOMUS super Matth. (hom. 10 in opere imperf.). Quare autem sanctos suos Christus manifestet, et non sinat eos esse absconditos, per alteram comparationem ostendit, cum subditur: *Neque accendunt lucernam et ponunt eam sub modio, sed supra candelabrum.* CHRYSOSTOMUS in hom. 15. Vel per hoc quod dixit, *Non potest civitas abscondi,* demonstravit suam virtutem; in hoc autem quod subdit, *Neque accendunt lucernam,* eos inducit ad liberam praedicationem; ac si diceret: Ego quidem lucernam accendi: ut vero perseveret ardens, vestri erit studii, non solum propter vos (1), sed propter alios qui illuminabuntur, sed et propter gloriam Dei. CHRYSOSTOMUS super Matth. (hom. 10 op. imperf.). Lucerna est verbum divinum, de quo dictum est (Psal. 118): « Lucerna pedibus meis « verbum tuum. » Accendentes lucernam sunt Pater et Filius et Spiritus sanctus. AUGUSTINUS (lib. 1 de ser. Domini, cap. 12). Quid autem putamus dictum esse, *Et ponunt eam sub modio?* Ut occultatio tantum lucernae accipienda sit (tamquam si diceret: *Nemo accendit lucernam, et occultat eam*): an aliquid etiam modius significat, ut hoc sit ponere lucernam sub modio, superiora facere corporis commoda quam praedicationem (2) veritatis ? Sub modio ergo lucernam ponit quisquis lucem doctrinae bonae (3) commodis temporalibus obscurat et tegit. Et bene modius dicitur res corporalis, sive propter retributionem mensurae, quia ea quisquis recipit quae gessit in corpore; sive quia temporalia bona, quae corpore peraguntur, circa dierum mensuram, quam significat modius, inchoantur, et transeunt; aeterna vero et spiritualia nullo tali fine coercentur. Super candelabrum autem lucernam ponit qui corpus suum ministerio verbi subjicit, ut superior sit praedicatio veritatis et inferior servitus corporis: per ipsam enim corporis servitutem excelsior lucet doctrina, dum per vocem et ceteros corporis motus in (4) bonis operibus insinuatur discentibus. CHRYSOSTOMUS super Matth. (hom. 10 in opere imperf.). Vel modii sunt homines mundiales: quoniam sicut modii desuper quidem vacui sunt, subtus autem pleni; sic omnes mundi amatores in rebus spiritualibus insensati sunt, in terrenis autem sapientes: et ideo quasi modius verbum Dei tenet absconditum, quando propter aliquam causam terrenam verbum Dei non est ausus palam proloqui, nec fidei veritatem. Candelabrum est Ecclesia, quae bajulat verbum vitae, et omnis ecclesiasticus vir HILARIUS (can. 4 super illud, *Et ponunt eam sub modio*). Vel synagogam Dominus modio comparavit, quae susceptos fructus intra se tantum receptans, certum modium dimensae (5) observantiae continebat. AMBROSIUS super Lucam (loco citato super his verbis). Et i-

---

(1) *Al.* ego quidem lucernam accendi: vestri autem erit studii eam manere ardentem, non solum propter vos.
(2) *Al.* per praedicationem.
(3) *Al. deest bonae.*
(4) *Al. omittitur in.*
(5) *Al.* diversae.

deo nemo fidem suam intra mensuram legis includat, sed ad Ecclesiam conferat, in qua septiformis Spiritus relucet gratia. BEDA in hom. (1 super illud, *Nemo lucernam accendit*). Vel ipse Christus accendit lucernam, qui testam (1) humanae naturae flamma suae divinitatis implevit; quam nec credentibus abscondere, nec modio supponere, hoc est sub mensura legis includere, vel intra unius gentis terminos noluit cohibere. Candelabrum Ecclesiam dicit, cui lucernam superposuit, quia nostris in frontibus fidem suae incarnationis affixit. HILARIUS (can. 4 super illud, *Et ponunt eam sub modio*). Vel lucerna Christi ponitur in candelabro (2), idest in ligno per passionem suspensa, quae lumen aeternum est in Ecclesia habitantibus praebitura: et ideo dicit: *Ut luceat omnibus qui in domo sunt.* AUGUSTINUS (de ser. Domini, ut supra). Si quis enim domum vult accipere Ecclesiam, non est absurdum. Vel domus est ipsa mundus, propter id quod superius ait: *Vos estis lux mundi.* HILARIUS (can. 4, super illud, *Non potest civitas* . Tali etiam lumine monet fulgere Apostolos, ut ex admiratione operis eorum Deo laus impartiatur: unde sequitur: *Sic luceat lux vestra coram hominibus, ut videant opera vestra bona.* CHRYSOSTOMUS super Matth. (hom. 10 in oper. imperf.). Idest sic illuminate docentes ut non vestra tantum audiant verba, sed et opera videant; et quos illuminaveritis per verbum quasi lux, condiatis per exemplum quasi sal. Per illos autem doctores qui docent et faciunt magnificatur Deus: nam disciplina domini ex moribus familiae demonstratur: et ideo sequitur: *Et glorificet Patrem vestrum qui in caelis est.* AUGUSTINUS (lib. 1 de ser. Domini, ubi supra). Si tantummodo diceret, *Ut videant opera vestra bona,* finem constituisse videretur in laudibus hominum, quas quaerunt hypocritae; sed addidit: *Et glorificent Patrem vestrum qui in caelis est*: ut hoc ipsum quod homo per bona opera placet hominibus, non ibi finem constituat, sed referat ad laudem Dei; et propterea placeat hominibus ut in illo glorificetur Deus. HILARIUS (can. 4 super illud, *Non potest civitas*). Non quod ab hominibus oporteat gloriam quaerere; sed ut dissimulantibus nobis, opus nostrum his inter quos vivimus, in honorem Dei eluceat.

12. GLOSSA (ord. super illud, *Nolite putare*). Postquam hortatus est audientes ut se praepararent ad omnia sustinenda pro justitia, et non absconderent quod accepturi erant, sed ea benevolentia discerent, ut ceteros docerent; incipit eos informare qui doceant, tamquam si quaereretur: Quid est hoc quod non vis abscondi, pro quo jubes omnia tolerari ? Numquid aliquid dicturus es extra ea quae in lege sunt scripta ? Ideo inquit: *Nolite autem putare quoniam veni solvere legem aut Prophetas.* CHRYSOSTOMUS super Matth. (hom. 10 oper. imperf. a med.). Quod propter duas causas dicit. Primum ut discipulos his verbis ad suum provocaret exemplum; ut sicut ipse omnem legem adimplebat, sic et illi studerent implere. Denique futurum erat ut calumniarentur eum Judaei, quasi legem solventem: unde priusquam incurrat (3) calumniam, calumniae satisfacit, ne putaretur (4) sic venisse

---

(1) *Al.* testamenta.
(2) *Al.* in candelabrum.
(3) *Al.* quasi solventem, priusquam incurrat.
(4) *Al.* ne autem: *Hic incipit, secundum Nicolaium, auctoritas Remigii infra notata.*

ut simpliciter legem praedicaret, sicut Prophetae fecerant. Remigius. Duo dixit; negat venisse se solvere, et affirmat venisse se implere; et ideo addit: *Non enim veni legem solvere, sed implere.* Augustinus (lib. 1 de ser. Domini, cap. 14). In hac autem sententia duplex est sensus: nam adimplere legem aut est addendo aliquid quod minus habet, aut faciendo quod habet. Chrysostomus in hom. 16, Implevit igitur Christus Prophetas, complendo omnia quae per eos de ipso fuerant dicta: legem autem, primo quidem nihil transgrediendo legalium, secundo justificando per fidem, quod lex per litteram facere non valebat. Augustinus contra Faustum (lib. 19, cap. 7). Demum etiam, quia sub gratia positis in hac mortali vita difficile erat implere quod in lege scriptum est (Exod. 20): « Non con-« cupisces). » Ille per carnis suae sacrificium sacerdos effectus impetrat nobis indulgentiam; etiam hinc (1) adimplens legem, ut quod per nostram infirmitatem minus possumus, per illius perfectionem curetur, cujus capitis membra effecti sumus. (Cap. 22, et 23). Puto etiam sic esse accipiendum quod dicitur: *Non veni legem solvere, sed adimplere:* his videlicet additamentis, quae vel ad expositionem pertinent antiquarum sententiarum, vel ad conversationem in eis. Aperuit enim Dominus, etiam iniquum motum ad nocendum fratri, in homicidii genere deputari. Maluit etiam nos Dominus non jurantes non recedere a vero, quam verum jurantes appropinquare perjurio. (lib. 17, cap. 1). Sed cur, o Manichaei, legem non accipitis et Prophetas; cum Christus (2) eos se non venisse solvere dixerit, sed adimplere.

Ad hoc respondet Faustus haereticus: Quis hoc testatur dixisse Jesum? (3) Matthaeus. Quomodo ergo Joannes non id testatur, qui fuit in monte; Matthaeus hoc scripsit, qui postquam Jesus descendit de monte, secutus est eum ? Ad hoc Augustinus respondet: Si nemo de Christo vera dixit nisi qui vidit eum vel audivit, hodie de eo vera dicit nullus. Cur ergo ex ore Joannis non potuit vera Matthaeus audire de Christo, si ex libro Joannis possumus vera loqui de eo nos tanto tempore post nati ? Hinc enim non solum Matthaei. sed etiam Lucae ac Marci Evangelium, et non impari auctoritate, receptum est (4). Huc accedit, quia et ipse Dominus potuit narrare Matthaeo quod egerat, antequam eum vocasset. Aperte autem dicite non vos credere Evangelio: nam qui in Evangelio non nisi quod vultis creditis, vobis potius quam Evangelio creditis.

Item Faustus (lib. 17, cap. 4). Probemus et Matthaeum hoc non scripsisse, sed alium, nescio quem, sub nomine (5) ejus. Quid enim dicit ? (Infra 9). *Cum transisset Jesus, vidit sedentem hominem ad telonium, Matthaeum nomine.* Et quis ergo scribens de seipso dicat, *Vidit hominem,* et non, *Vidit me ?* Ad quod Augustinus (lib. 17, cap. 5). Ita Matthaeus de se, tamquam (6) de alio scripsit, sicut et Joannes fecit dicens (cap. 21): « Conver-« sus Petrus vidit alium discipulum quem dilige-« bat Jesus. » Manifestum est enim hunc morem fuisse scriptorum cum gesta narrarent.

Item Faustus (lib. 17, cap 2). Quid quod etiam ex ipso sermone quo praecepit non putare quia venerit (1) legem solvere, magis intelligi datur quia solveret ? Neque enim (2) nihil tale eo faciente Judaei suspicari hoc possent. Ad quod Augustinus (lib. 17, c. 6). Hoc (3) quidem valde infirmum est: non enim negamus Judaeis non intelligentibus videri potuisse Christum destructorem esse legis et Prophetarum.

Item Faustus (lib. 17, cap. 2). Quid quod etiam lex et Prophetae nec adimpletione gaudent; cum in Deuteronomio (cap. 12) dicatur: « Haec praecepta « quae mando tibi observabis, nec addas quicquam « eis nec minuas ? » Ad quod Augustinus (lib. 17, cap. 6). Non intelligit Faustus quid sit legem implere, cum hoc de verborum adjectione putat accipiendum. Plenitudo enim legis caritas est, quam Dominus dedit mittendo fidelibus Spiritum sanctum. Impletur ergo lex, vel cum fiunt quae ibi praecepta sunt, vel cum exhibentur quae ibi prophetata sunt.

Item Faustus (lib. 18, cap. 1). Quod novum testamentum Jesum condidisse fatemur quid aliud quam destructionem (4). fatemur veteris testamenti ? Ad quod August. (lib. 18, cap. 4). In veteri testamento figurae erant futurorum, quas rebus (5) per Christum praesentatis, auferri oportebat, ut eo ipso lex et Prophetae implerentur, in quibus scriptum est, daturum Deum novum testamentum.

Item Faustus (lib. 18, cap. 2). Hoc igitur si dixit Christus, aut aliud significans dixit, aut (quod absit) mentiens dixit, aut omnino nec dixit. Sed Jesum quidem mentitum fuisse nullus dicat; ac per hoc aliter dictum est, aut nec omnino dictum est. Me quidem jam adversus capituli hujus necessitudinem Manichaea fides reddidit tutum (6), quae principio mihi non cunctis quae ex Salvatoris nomine leguntur scripta, passim credere persuasit. Esse enim multa zizania, quae in contagium boni seminis Scripturis bene omnibus noctivagus quidam seminator insparsit. Ad quod Augustinus (lib. 18, cap. 7). Manichaeus docuit impiam perversitatem, ut ex Evangelio quod haeresim tuam non impedit hoc accipias, quod autem impedit non accipias. Nos autem docuit Apostolus (Gal. 1) piam provisionem: ut quisquis nobis annuntiaverit praeter id quod accepimus, anathema sit. Dominus autem exposuit quid sint zizania, non aliqua falsa veris Scripturis immissa, sicut tu interpretaris, sed homines filios maligni.

Item Faustus (lib. 18, cap. 3). Cum te Judaeus interpellabit, cur legis et Prophetarum praecepta non serves, quae Christus dixit non se venisse solvere, sed adimplere; cogeris aut vanae superstitioni succumbere, aut capitulum profiteri falsum, aut te Christi negare discipulum. Ad quod Augustinus (lib. 18, cap. 7). Nullas ex hoc capitulo catholici patiuntur augustias, quasi legis et Prophetarum praecepta non servent quia caritatem Dei et proximi habent, in quibus praeceptis pendet lex et Prophetae. Et quaecumque ibi rebus gestis vel sacramentorum celebrationibus vel locutionum modis figurate prophetata sunt, in Christo et Ecclesia

---

(1) *Al.* hic.
(2) *Al.* ad eos.
(3) *Al.* Christum.
(4) *Al.* ad non in rem auctoritatem receptum est.
(5) *Al.* nescio quem suo nomine.
(6) *Al.* antequam.

(1) *Al.* veniret.
(2) *Al. deest* enim.
(3) *Al.* hodie.
(4) *Al.* nisi ad destructionem.
(5) *Al.* in rebus.
(6) *Al.* reddit hic tutum.

compleri cognoscunt. Unde nec vanae superstitioni succumbimus, nec istud Evangelii capitulum falsum esse dicimus, nec Christi discipulos nos negamus. (lib. 19, cap. 16). Qui ergo dicit: Si Christus legem et Prophetas non solvisset, illa sacramenta legis et Prophetarum in Christianorum celebrationibus permanerent: potest dicere: Si Christus legem et Prophetas non solvisset, adhuc promitteretur nasciturus, passurus, resurrecturus; cum ideo magis hoc non solverit sed adimpleverit, quia jam non promittitur nasciturus, passurus, resurrecturus, quod illa sacramenta quodammodo personabant; sed annuntiatur quod natus sit, passus sit, resurrexit; quod haec sacramenta, quae a Christianis aguntur, jam personant. Patet ergo quanto errore delirent qui putant, signis sacramentisque mutatis, etiam res ipsas esse diversas, quas ritus propheticus pronuntiavit promissas, et evangelicus demonstrat impletas.

Item Faustus (lib 19, cap, 1). Quaerendum est si hoc Christus dixit, cur dixerit: utrum ne compalpandi Judaeorum furoris causa, qui sancta sua ab eo conculcari videntes, nec audiendum quidem eum existimabant; aut ut nos, qui ei credebamus ex Gentibus, instrueret legis subire jugum. (lib. 19, cap. 2). Si autem haec non ei fuit causa dicendi, illa debet esse quam dixi; nec hoc ipsum mentitus est. Sunt enim tria genera legum. Unum Hebraeorum, quod peccati ac mortis Paulus appellat: aliud Gentium, quod naturale vocat, dicens (Rom. 1): « Gentes naturaliter, quae legis sunt, « faciunt: » tertium est veritatis, de qua dixit (Rom. 8). « Lex spiritus vitae. » Item Prophetae alii sunt Judaeorum, de quibus notum est. Alii Gentium, de quibus Paulus dicit (ad Tit. 1): « Di- « xit quidam proprius eorum Propheta: » alii veritatis, de quibus Jesus dicit (infra 23): *Mitto ad vos sapientes et Prophetas* (lib. 19, cap. 3). Et quidem si observationes Hebraicas adimpletionis gratia protulisset, dubium non erat quin de Judaeorum lege et Prophetis dixisset; ubi vero sola « recenset antiquiora precepta, idest, Non occides, « non moechaberis, » quae olim promulgata fuerant per Enoch et Seth et ceteros justos; cui non videatur hoc eum dixisse de veritatis lege, et Prophetis ? Ubi vero Judaeorum quaedam visus est nominasse, penitus eradicavit, praecipiendo contraria: ut est illud (Exod. 21): « Oculum pro oculo, « dentem pro dente. » Ad quod Augustinus (lib. 19, cap. 7). Manifestum est quam legem et quos Prophetas Christus non venerit solvere, sed implere. (lib. 19, cap. 19). Ipsa enim est lex quae per Moysen data est. Non autem, sicut Faustus opinatur, quaedam Dominus adimplevit, quae ab antiquis justis jam dicta erant ante legem Moysi, sicut (Exod. 20), « Non occides, » quaedam vero solvit, quae propria videbantur legis Hebraeorum (lib. 19, cap. 17). Nos enim dicimus, et haec pro tempore bene fuisse tunc instituta, et nunc a Christo non soluta, sed adimpleta: ut patebit per singula. Hoc etiam non intelligebant qui in ea perversitate manserunt ut Gentes cogerent judaizare; haeretici scilicet qui Nazaraei dicuntur.

Chrysostomus super Matth. (hom. 10 op. imp.). Quoniam vero omnia quae ab initio mundi usque ad finem erant futura, mystice erant prophetata in lege; ne videatur aliquid eorum quae fiunt non antea cognovisse, propterea dicit: Non potest fieri ut transeat caelum et terra, donec omnia quae in lege prophetata sunt, rebus ipsis fuerint adimpleta: et hoc est quod dicit: *Amen quippe dico vobis, donec transeat caelum et terra, jota unum aut unus a- pex non praeteribit a lege, donec omnia fiant.* Remigius. *Amen,* hebraeus sermo est, et latine dicitur vere, fideliter, sive fiat. Duabus autem de causis hoc sermone utitur Dominus: sive propter duritiam illorum qui tardi erant ad credendum; sive propter credentes, ut profundius attenderant ea quae sequuntur. Hilarius (can. 4, paulo ante medium). Per hoc autem quod ait, *Donec transeat caelum et terra,* caelum quidem et terram maxima elementa non arbitramur esse solvenda. Remigius. Permanebunt enim essentialiter, sed transibunt per renovationem. Augustinus (lib. de ser. Domini, cap. 15). Per hoc autem quod ait, *Jota unum aut unus apex non transibit a lege,* nihil potest aliud intelligi nisi vehemens expressio perfectionis: quae per litteras singulas demonstrata est: inter quas litteras jota minor est ceteris, quia uno ductu fit: apex etiam est ipsius aliqua in summa particula. Quibus verbis ostendit in lege ad effectum et minima quaeque perduci. Rabanus. Apte quoque graecum jota, et non jod hebraeum posuit, quia jota in numero, decem significat, et Decalogum legis enumerat, cujus quidem apex et perfectio est Evangelium. Chrysostomus super Matth. (hom. 10 in oper. imperf.). Si autem ingenuus homo vel in vili mendacio inventus fuerit, erubescit: et vir sapiens verbum quod dixit, non relinquit (1) in vacuum; quomodo verba divina sine exitu vacua poterant permanere ? Unde concludit: *Qui ergo solverit unum de mandatis istis minimis, et docuerit sic homines, minimus vocabitur in regno caelorum.* Puto autem quod ipse Dominus manifeste hoc respondit (2), quae sunt minima mandata monstrans, dicendo: *Si quis solverit unum de mandatis istis minimis,* id est quae modo dicturus sum. Chrysostomus in hom. 16. Non enim pro veteribus legibus hoc dixit, sed pro his quae ipse erat praecepturus; quae quidem minima vocat, licet magna. Sicut enim multoties de se humilia locutus est, ita et de suis praeceptis humiliter loquitur. Vel aliter. Chrysostomus super Matth. (hom. 10 oper. imperf.). Mandata Moysi in actu facilia sunt: « Non occides, non adulterabis » ipsa enim criminis magnitudo voluntatem faciendi repercutit: et ideo in remuneratione modica sunt, in peccato autem magna. Mandata autem Christi, idest « Non « irascaris, non concupiscas, » in actu difficili sunt; et ideo in remuneratione magna, in peccato autem minima. Minima igitur dicit ista (3) Christi mandata, « Non irascaris, non concupiscas: » ergo illi qui levia peccata committunt, minimi sunt in regno Dei; idest, qui iratus fuerit, et grande peccatum non fecerit, a poena quidem securus est, scilicet damnationis aeternae; non tamen est in gloria, scilicet quam consequuntur illi qui etiam haec minima implent. Augustinus (lib. 1 de ser. Domini, cap. 16). Vel e converso illa quae praecepta sunt in lege, dicuntur minima; quae autem Christus dicturus est, sunt maxima. Mandata autem minima significantur per unum jota et unum apicem. *Qui ergo solverit, et docuerit sic,* idest secundum quod solvit, *minimus vocabitur in regno caelorum.* Et

---

(1) *Al.* inquit.
(2) *Al.* ostendit.
(3) *I.* ita.

fortasse ideo non erit, quia ibi nisi magni (1) esse non possunt. GLOSSA (ord. super illud, *Qui solverit unum*). Solvere autem est non agere quod recte quis intelligit, vel non intelligere quae depravavit, aut minuere integritatem superadditionis Christi. CHRYSOSTOMUS in homil. (16 a medio). Vel cum audieris minimum in regno caelorum, nihil suspicare quam supplicium et gehennam. Regnum enim consuevit dicere non solum regni utilitatem, sed tempus resurrectionis, et adventum Christi terribilem. GREGORIUS in hom. (12 in Evang. *Non veni*, a princip.). Vel per regnum caelorum Ecclesia intelligenda est, in qua doctor qui solvit mandatum, minimus vocatur: quia cujus vita despicitur, restat ut ejus praedicatio contemnatur. HILARIUS (can. 4 in Matth. a principio). Vel minima dicit Domini passionem et crucem: quae si quis tamquam erubescenda non confitebitur, erit minimus, idest novissimus, ac pene nullus; confitenti vero, magnam in caelo vocationis gloriam pollicetur: unde sequitur: *Qui autem fecerit et docuerit, hic magnus vocabitur in regno caelorum.* HIERONYMUS (super illud, *Qui solverit unum*). Suggillat in hoc Pharisaeos, qui contemptis mandatis Dei, statuebant proprias traditiones, quod non eis prosit doctrina in populo, si vel parvum quod in lege est destruant. Possumus autem et aliter intelligere: quod magistri eruditio. etiam si parvo peccato obnoxia sit, deducat eum de gradu maximo; nec prosit docere justitiam quam minima culpa destruit; beatitudoque perfecta sit, quae sermone docueris, opere complere. AUGUSTINUS lib. 1 de ser. Domini (cap. 17). Vel aliter. *Qui solverit illa minima.* scilicet praecepta legis, *et sic docuerit, minimus vocabitur; qui autem fecerit*, illa minima, *et sic docuerit*, non jam magnus habendus est; sed tamen non tam minimus quam ille qui solvit. Ut autem sit magnus, facere debet et docere quae Christus docet.

13. HILARIUS (can. 4 in Matth. circa med.). Pulcherrimo ingressu opus legis coepit excedere, aditum in caelum Apostolis, nisi justitiam Pharisaeorum anteissent, denuntians non futurum; et hoc est quod dicit, *Dico enim vobis.* CHRYSOSTOMUS in hom. (16 in initio). Justitiam autem hic dicit universalem virtutem. Intende autem gratiae additamentum: discipulos enim suos adhuc rudes magistris qui in veteri testamento erant, vult esse meliores. Scribas autem ac Pharisaeos non dixit iniquos, quia non dixisset eos habere justitiam. Vide etiam quoniam hic vetus testamentum confirmat, comparationem faciens ejus ad novum: plus enim et minus ejusdem generis est (Et hom. 11 in opere imperf.). Scribarum autem et Pharisaeorum justitiae sunt mandata Moysi; superimpletiones autem istorum mandatorum sunt mandata Christi. Hoc est ergo (2) quod dicit; Nisi quis supra legis mandata etiam haecmea praecepta, quae apud illos minima existimabantur (3), impleverit, non intrabit in regnum caelorum: quoniam illa de poena liberant, quae scilicet transgressoribus legis debetur; non autem in regum inducunt: haec autem et de poena liberant, et in regnum inducunt. Cum autem sit idem solvere minima mandata, et non custodire; quare supra de solvente dicit, quod minimus voca-

bitur in regno Dei: hic autem de non conservante, Non introibit in regnum caelorum ? Sed vide quia minimum esse in regno idem est quod non intrare in regnum. Esse autem aliquem in regno non est regnare cum Christo, sed esse tantum in populo Christi; tamquam si dicat de solvente, quod inter Christianos quidem erit, tamen minimus Christianus. Qui autem intrat in regnum, fit particeps regni cum Christi. Consequenter et iste qui non intrat in regnum caelorum, gloriam quidem non habebit cum Christo, erit tamen in regno caelorum, idest in numero eorum super quos Christus caelorum rex regnat. AUGUSTINUS 20 de Civitate Dei (cap. 10, circa medium). Vel aliter. *Nisi abundaverit justitia vestra plusquam Scribarum et Pharisaeorum*, idest super eos qui solvunt quod docent, quia de iis alibi dictum est (infra 23): *Dicunt enim, et non faciunt*; ac si dicat: *Nisi* ita *abundaverit justitia vestra*, ut vos non solvatis, sed faciatis potius quod docetis, *non intrabitis in regnum caelorum.* Alio ergo modo intelligendum est regnum caelorum ubi ambo sunt, et ille scilicet qui solvit quod docet, et ille qui facit, sed minimus ille, iste magnus: quod quidem regnum caelorum est Ecclesia praesens. Alio autem modo regnum caelorum dicitur quo non intrat nisi ille (1) qui facit; et hoc est Ecclesia, qualis in futuro erit. AUGUSTINUS contra Faustum (2) lib. 19, in fin. lib. et cap. 30). Hoc autem nomen *regnum* (3) *caelorum*, quod tam crebro nominat Dominus, nescio utrum in libris veteris testamenti quisquam inveniat: proprie enim pertinet ad revelationem novi testamenti quod ori ejus etiam nominandum servabatur quem regem ad regendum servos suos vetus testamentum praefigurabat. Hic ergo finis, quo praecepta referenda sunt, occultus erat in veteri testamento; quamvis secundum eum etiam tunc viverent sancti, qui futuram ejus revelationem videbant. GLOSSA. Vel hoc quod dicit (4): *Nisi abundaverit*, referendum est ad intellectum pharisaeorum et scribarum, non ad continentiam veteris testamenti. AUGUSTINUS contra Faustum (lib. 19, cap. 28). Pene enim omnia quae monuit vel praecepit Dominus, ubi adjungebat, *Ego autem dico vobis*, inveniuntur et in illis veteribus libris (lib. 19, cap. 23). Sed quia non intelligebant homicidium nisi peremptionem corporis humani, aperuit Dominus, omnem iniquum motum ad nocendum fratri in homicidii genere deputari: unde subdit: *Audistis quia dictum est antiquis, Non occides.* CHRYSOSTOMUS super Matth. (hom. 11 oper. imperf.). Volens Christus ostendere quia ipse est Deus, qui aliquando locutus est in lege, et qui nunc mandat in gratia, illud mandatum quod ponitur in lege, ante omnia, scilicet prohibitiva, quae sunt contra proximum, et nunc (5) ponit in principio mandatorum suorum. AUGUSTINUS, 1 de Civit. Dei (cap. 20). Non autem quod audivimus, *Non occides*, virgultum vellere nefas ducimus, secundum Manichaeorum errorem: nec de irrationalibus animalibus dictum intelligimus: quia justissima ordinatione creatoris, vita, et mors eorum nostris usibus subditur. Unde restat quod de homine intelligamus quod di-

---

(1) *Al.* esse.
(2) *Al. deest* ergo.
(3) *Al.* nisi quis legis mandata, et haec mea praecepta quae ante illos minima existimabuntur.

(1) *Al.* hic.
(2) Non eadem serie qua hic, sed intermixtis ac transpositis verbis (*Ex edit. P. Nicolai*).
(2) *Al.* regni.
(4) *Al. omittitur* vel hoc quod dicit.
(5) *Al.* non.

ctum est, *Non occides*: non alterum ergo nec te: neque enim qui se occidit, aliud quam hominem occidit. Nequaquam autem contra hoc praeceptum fecerunt qui auctore Deo bella gesserunt, ac personam gerentes publicae potestatis justissimae rationis imperio sceleratos morte punierunt. Et Abraham non solum non est culpatus crudelitatis crimine, verum etiam laudatus est nomine pietatis, quod voluit filium obedienter occidere. Hi ergo excipiuntur quos Deus occidi jubet sive lege data, sive ad personam pro tempore expressa jussione: non autem ipse occidit qui ministerium dat jubenti, sicut adminiculum gladio (1) utenti: nec Sampson aliter excusatur, quod seipsum cum hostibus ruina domus oppressit, nisi quod latenter Spiritus hoc jusserat, qui per illum miracula faciebat. Chrysostomus in hom. 16. Per hoc autem quod dicit, *Dictum est antiquis*, ostendit multum tempus esse ex quo mandatum hoc acceperant. Hoc ergo dicit, ut auditores ad sublimiora progredi praecepta cunctantes acrius incitet: ut si quispiam doctor dicat puero negligenti: Nescis jam quantum temporis syllabarum meditatione consumpseris? (2) Et ideo subdit: *Ego autem dico vobis, quoniam omnis qui irascitur fratri suo, reus erit judicio.* In quo considera legislatoris potestatem: nullus enim antiquorum Prophetarum (3) ita locutus est; sed sic, « Haec dicit Dominus: » quia illi ut servi ea quae sunt Domini annuntiabant; hic autem ut Filius ea quae sunt Patris, quae etiam sua sunt; et illi conservis praedicabant, hic autem suis servis legem ponebat. Augustinus, 9 de Civitat. Dei (cap. 10). Duae quidem sunt sententiae philosophorum de animi passionibus. Stoicis enim non placet hujusmodi passiones cadere in sapientem; Peripatetici vero has passiones in sapientem cadere dicunt, sed moderatas, rationique subjectas; sicut cum ita praebetur misericordia ut justitia conservetur. In disciplina autem Christiana non tam quaeritur utrum prius animus irascatur aut tristetur; sed unde. Chrysostomus super Matth. (hom. 11, in opere imperf.). Qui enim sine causa irascitur, reus erit; qui vero cum causa, non erit reus: nam si ira non fuerit, nec doctrina proficit, nec judicia stant, nec crimina compescuntur. Itaque qui cum causa non irascitur, peccat (4): patientia enim irrationabilis vitia seminat, negligentiam nutrit, et non solum malos, sed etiam bonos invitat ad malum. Hieronymus (super illud, *Omnis qui irascitur*). In quibusdam ergo codicibus additur, *Sine causa*; ceterum in veris definita sententia est; et ira penitus tollitur. Si enim jubemur orare pro persequentibus, omnis irae occasio tollitur. Radendum ergo est. *Sine causa* (5): quia « ira viri justitiam Dei non operatur: » Jacob. 1. Chrysostomus super Matth. (hom. 11, op. imp.). Sed tamen iracundia quae cum causa est, non est iracundia, sed judicium: iracundia enim proprie intelligitur commotio passionis; qui autem cum causa irascitur, ira illius non est ex passione; ideo judicare dicitur, non irasci. Augustinus in lib. Retract. (lib. 1, cap. 19). Illud etiam dicimus intuendum quid sit irasci fratri suo:

quoniam non fratri irascitur qui peccato fratris irascitur. Qui ergo fratri, non peccato irascitur, sine causa irascitur. Augustinus 14 de Civit. Dei (cap. 9) (1). Irasci autem fratri ut corrigatur, nullus sanae mentis reprehendit: hujusmodi enim motus de amore boni et de sancta caritate venientes, vitia dicenda non sunt, cum rectam rationem sequantur. Chrysostomus super Matth. (homil. 11, in opere imperf.). Puto autem quod non de iracundia carnis loquitur Christus, sed de iracundia animae: caro enim non potest obedire, ut non conturbetur. Quando ergo homo irascitur, et non vult facere quod ira compellit, caro ejus irata est, animus autem ejus non est iratus. Augustinus (lib. 1 de serm. Domini, cap. 19). Sic ergo in hoc primo est unum, idest ira sola; in secundo autem sunt duo, scilicet ira et vox, quae iram signat: unde sequitur: *Qui autem dixerit fratri suo, Racha, reus erit concilio.* Nonnulli de graeco trahere voluerunt interpretationem hujus vocis, putantes pannosum dici racha, quoniam graece dicitur pannus ρακος (2), idest racos. Probabilius autem est non esse vocem significantem aliquid; sed indignantis animi motum exprimentem. Has autem voces grammatici interjectiones vocant, velut cum dicitur a dolente, Heu. Chrysostomus in hom. (16, a med. illius). Vel *racha* est verbum contemptus, et parvipensionis (3). Sicut enim nos vel famulis vel junioribus injungentes dicimus, Vade tu, dic illi tu; ita et qui Syrorum utuntur lingua, *racha* dicunt, pro *tu*. Dominus enim et quae parvissima sunt evellit, et cum honore nobis invicem uti jubet. Hieronymus (super hoc verbo Domini). Vel *racha* hebraeum verbum est, et dicitur Κενος, Kenos, idest inanis aut vacuus, quem nos possumus vulgata injuria absque cerebro nuncupare. Signanter autem addidit, *Qui dixerit fratri suo*: frater enim noster nullus est nisi qui eumdem nobiscum habet patrem. Chrysostomus super Matth. (hom. 11, in opere imperf.). Indigna autem res est dicere (4) hominem vacuum, qui habet in se Spiritum. Augustinus (lib. 1 de ser. Domini in monte, cap. 19). In tertio autem significantur tria: ira, et vox quae iram significat, et in voce vituperationis expressio: unde dicitur: *Qui autem dixerit, Fatue, reus erit gehennae ignis.* Gradus itaque sunt in istis peccatis: primo, ut quisquis irascitur, motum retineat corde conceptum (5). Jam si extorsit vocem non significantem aliquid, sed animi motum ipsa eruptione testantem, plus est quam si ira surgens silentio premeretur. Sed adhuc plus est, si etiam verbum proferatur, quod jam certam vituperationem designat. Chrysostomus super Matth. (hom. 11, in opere imperf.). Sicut autem nemo est vacuus qui habet Spiritum sanctum, ita nemo est vacuus qui Christum cognoscit; sed si *racha* idem est quod vacuus, quantum ad sensum verbi, unum est dicere *fatue* et *racha*; sed differunt quantum ad dicentis propositum: *racha* enim verbum vulgare erat apud Judaeos, quod non ex ira neque odio, sed ex aliquo motu vano di-

---

(1) *Al.* gladius.
(2) *Al.* hoc ergo dicit, ut provocet tardos auditores ad altiora praecepta: sicut si magister puerum pigritantem ad excellentiorem doctrinam provocans dicat: Multum tempus consumpsisti in syllabicando etc.
(3) *Al. deest* Prophetarum.
(4) *Forte* qui cum causa irascitur, non peccat.
(5) *Al.* irascendum ergo non est sine causa.

S. Th. Opera omnia. V. 11.

(1) Non tantum ibi, sed quoad primam partem lib. potius 9, cap. 1, etsi verbis paululum immutatis, ut et ad illum librum 9 remittit Augustinus in eo loco quem hic indicat S. Thomas (*Ex edit. P. Nicolai*).
(2) *Al. deest vox graecis characteribus expressa: quod semel adnotatum sit pro vocibus hujusmodi omnibus.*
(3) *Al.* et vilipensionis.
(4) *Al.* indignum autem est dicere.
(5) *Al.* et motum retineat corde receptum.

cebant, magis fiduciae causa quam iracundiae. Sed forte dices: Si *racha* iracundiae causa non dicitur, quare peccatum est? Quia contentionis causa dicitur, non aedificationis: si enim nec bonum verbum dicere debemus nisi pro aedificatione, quanto magis illud quod in se naturaliter malum est? Augustinus (lib. 1 de Serm. Domini in monte, cap. 19, a m·d.). Vide etiam nunc tres reatus: judicii, concilii et gehennae ignis: in quibus quosdam gradus factos admonet a levioribus ad graviora: nam in judicio adhuc defensionis locus datur; ad concilium autem pertinere· videtur sententiae prolatio, quando inter se judices conferunt quo supplicio damnari oporteat, in gehenna vero ignis certa est damnatio et poena damnati. Unde patet quantum intersit inter justitiam Pharisaeorum et Christi: ibi enim occisio (1) reum facit judicio, hic autem ira facit reum judicio, quod horum trium est levissimum. Rabanus (super illud, *Reus erit gehennae ignis*). Gehennam hic Salvator inferni cruciatum nominat, quam nomen traxisse putant a valle idolis consecrata, quae est juxta Hierusalem, repleta olim cadaveribus, quam et Josiam contaminasse in libro Regum legimus. Chrysostomus in hom. 16. Hic autem primum gehennae nomen posuit, postquam de regno caelorum supra dixerat; ostendens quod illud dare, est ex suo amore, hoc autem ex nostra desidia. Multis autem hoc grave videtur, si pro solo verbo tantam patiemur poenam: propter quod quidam dicunt hoc hyperbolice dictum esse. Sed timeo ne verbis hic nosmetipsos decipientes, illic opere ultimum patiamur supplicium. Non ergo aestimes hoc esse onerosum: plures enim poenarum et peccatorum a verbis habent principium: etenim parva verba multoties homicidium pepererunt, et civitates integras everterunt. Nec enim parvum aestimes, fratrem stultum vocare, auferens ei prudentiam et intellectum, quo homines sumus, et ab irrationabilibus distamus. Chrysostomus super Matth. (hom. 11 operis imperf.). Vel *reus erit concilio*; idest, ut sit unus ex concilio eorum qui adversus Christum fuerunt, sicut Apostoli in suis Canonibus interpretantur. Hilarius (can. 4 in Matth.). Vel qui Spiritu sancto plenum convicio vacuitatis insinua, fit reus concilio sanctorum, contumeliam Spiritus sancti sanctorum judicio (2) animadversione luiturus. Augustinus (lib. 1 de serm. Domini, cap. 39). Quisquis autem dixerit, Quo graviori supplicio punitur homicidium, si gehenna ignis punitur convicium? cogit intelligi esse differentiam gehennarum. Chrysostomus in hom. 16. Vel judicium et concilium sunt poenae in praesenti: gehenna autem poena futura. Ideo autem irae judicium apposuit, ut ostendat quod non est possibile hominem omnino esse sine passionibus; sed refrenare eas possibile est: et propterea determinatam poenam non apposuit, ne videretur (3) prorsus iram prohibere. Concilium autem posuit nunc pro judicio Judaeorum, ne videatur semper nova inducere, ac peregrina docere. Augustinus (lib. 1 de serm. Dom. in monte, cap. 19). In istis autem tribus sententiis subauditio verborum intuenda est. Habet enim prima sententia omnia verba necessaria, ut nihil subaudiatur: *Qui irascitur*, inquit, *fratri suo, sine causa*, secundum quosdam; in secunda

(1) *Al.* occidentem.
(2) *Al* judicium.
(3) Total t r.

vero, cum ait, *Qui autem dixerit fratri suo, Racha,* subauditur *sine causa*: nam in tertia, ubi ait, *Qui autem dixerit, Fatue,* duo subaudiuntur. *fratri suo, et sine causa.* Et hoc est unde defenditur quod Apostolus Galatas vocat stultos, quos etiam fratres nominat: non enim id facit sine causa.

14. Augustinus (lib. 1 de serm. Domini in monte, cap. 20). Si irasci non est fas fratri, aut dicere racha, aut fatue, multo minus in animo tenere aliquid, ut in odium indignatio convertatur: et ideo subdit: *Si ergo offers munus tuum ad altare, et ibi recordatus fueris quia frater tuus habet aliquid adversum te etc.* Hieronymus (super illud. *Si offers*). Non dixit, Si tu habes aliquid adversus fratrem tuum; sed *Si frater tuus habet aliquid adversum te,* ut durior tibi reconciliationis imponatur necessitas. Augustinus lib. 1 de serm. Dom. (cap. 20). Tunc enim ipse habet adversus nos, si nos eum in aliquo laesimus: nam nos adversus illum habemus, si ille nos laeserit, ubi non est opus pergere ad reconciliationem: non enim veniam postulabis ab eo qui tibi fecit injuriam; sed tantum dimittas, sicut tibi a Domino dimitti cupis quod ipse commiseris. Chrysostomus super Matth. (hom. 11 in opere imperf. a medio). Si autem ille te laeserit, et prius rogaveris, magnam habebis mercedem. Chrysostomus in hom. 16. Sed si aliquis propter amorem proximi ei reconciliari non curat, ad hoc eum inducit ut saltem ejus opus non remaneat imperfectum, et praecipue in loco sacro: unde subdit: *Relinque ibi munus tuum ante altare, et vade prius reconciliari fratri tuo.* Chrysostomus (1) super Matth. (hom. 11, in opere imperf.). Ecce a discordantibus accipere non vult sacrificium. Hinc ergo perpendite quantum sit malum discordiae, propter quod et illud abjicitur per quod culpa relaxatur. (2) Vide autem misericordiam Dei, quomodo hominum utilitates amplius aspicit quam suos honores: plus enim diligit concordiam fidelium quam munera: quamdiu enim fideles homines aliquam dissensionem habuerint, munus eorum non suspicitur, oratio eorum (3) non exauditur. Nemo enim inter duos inimicos potest esse fidelis amicus amborum; ideo et Deus non vult esse amicus fidelium, quamdiu inter se fuerint inimici. Et nos ergo fidem Deo non servamus, si inimicos ejus non diligimus, et amicos ejus odimus. Qualis autem praecessit offensio, talis debet sequi reconciliatio. Si cogitatu offendisti, cogitatu reconciliare; si verbis offendisti, verbis reconciliare; si operibus offendisti, operibus reconciliare. Omne enim peccatum quomodo committitur, eo modo de ipso poenitentia agitur. Hilarius (can. 4 in Matth., a med. illius). Reconciliata autem humana pace, reverti in divinam jubet, in Dei caritatem de caritate hominum transituros. Et ideo sequitur: *Et tunc veniens offeres munus tuum.* Augustinus (lib. 1 de serm. Domini, cap. 20). Si autem quod hic dicitur, accipiatur ad litteram, fortassis aliquis credit ita fieri oportere, si frater sit praesens: non enim diutius differri potest, cum munus tuum relinquere ante

(1) Gregorius super Ezech. hom. 7, longe ante medium, non Chrysostomus, vel imperfecti operis Auctor hom. 11 a medio, ut prius tum in textu tum ad marginem notabatur; hanc et sequentem citationem confundendo, quae transpositis verbis apud Auctorem reperitur (*Ex edit. P. Nicolai*).
(2) Chrysostomus super Matth. in opere imperf. (*Ex edit. P. Nicolai*).
(3) *Al.* enim.

altare jubearis. Si vero de absente, et, quod fieri potest, etiam trans mare constituto aliquid tale veniat in mentem; absurdum est credere ante altare munus relinquendum, quod post terras et maria pererrata offeras Deo. Et ideo prorsus intro ad spiritualia refugere cogimur, ut quod dictum est, sine absurditate possit intelligi. Altare itaque spiritualiter fidem accipere possumus. Munus enim quod offerimus Deo, sive doctrina, sive oratio, vel quicquid aliud, Deo acceptum esse non potest nisi fide fulciatur. Si ergo fratrem in aliquo laesimus, pergendum est ad reconciliationem, non pedibus corporis, sed motibus animi, ubi te humili affectu prosternas fratri in conspectu ejus, cujus munus es oblaturus. Ita enim, ac si praesens sit, poteris eum non simulato animo lenire veniam postulando; atque inde veniens, idest intentionem revocans ad id quod agere coeperas, offeras munus tuum.

15. HILARIUS (can. 4 in Matth., a med. illius). Quia nullum tempus vacuum affectu placabilitatis Dominus esse permittit, cito in vitae nostrae via reconciliari nos adversario praecepit, ne in mortis tempus non inita pace transeamus; et ideo dicit: *Esto consentiens adversario tuo cito dum es cum eo in via, ne forte tradat te adversarius judici.* HIERONYMUS (super illud, *Esto consentiens*). Pro eo quod nos habemus in latinis codicibus, *Consentiens*, in graecis scriptum est ευνοων eunoon (1), quod interpretatur benevolus, aut benignus. AUGUSTINUS (lib. 1 de serm. Domini, cap. 22). Sed videamus quis sit adversarius, cui jubemur esse benevoli. Aut enim diabolus est, aut homo, aut caro, aut Deus, aut praeceptum ejus. Sed diabolo non video qualiter jubeamur esse benevoli aut consentientes: ubi enim benevolentia, ibi amicitia; nec quisquam dixerit amicitiam cum diabolo esse faciendam; neque concordare cum illo expedit cui semel renuntiando bellum indiximus; neque consentire illi oportet (2), cui si nunquam consensissemus, nunquam in istas incidissemus materias (3). HIERONYMUS (ibidem). Quidam tamen dicunt a Salvatore praecipi ut simus benevoli erga diabolum, ne faciamus eum poenam sustinere pro nobis, quem dicunt pro nobis esse torquendum, si ei consenserimus vitia suggerenti. Quidam cautius disputant, in baptismate singulos pactum inire cum diabolo ei abrenuntiando. Si ergo servaverimus pactum, benevoli et consentientes sumus adversario, et nequaquam in carcere recludendi. AUGUSTINUS (lib. 1 de serm. Domini in monte, cap. 22). Non autem video quomodo accipiam, ab homine nos judici tradi, ubi Christum judicem intelligo, ante cujus tribunal omnes exhiberi oportet. Quomodo ergo judici traditurus est qui ante judicem pariter exhibetur? Et etiam si occidendo quis nocuerit homini, non erit jam tempus quo concordet cum eo in via, idest in hac vita; nec tamen ideo non sanabitur poenitendo. Carni vero multo minus video quomodo consentientes esse jubeamur: magis enim peccatores ei consentiunt; qui vero eam servituti subjiciunt, non ei consentiunt, sed eam sibi consentire cogunt. HIERONYMUS (ibidem). Quomodo etiam caro mittenda erit in carcerem si animae non consenserit, cum et anima et caro pariter recludendae sint, nec quicquam possit caro facere nisi quod animus im-

peraverit? AUGUSTINUS (lib. 1 de ser. Domini, cap. 22). Fortassis ergo jubemur Deo (1) consentire, quia ab eo peccando recessimus, ut adversarius noster dici possit dum nobis resistit: Deus enim superbis resistit. Quisquis ergo in hac vita non fuerit reconciliatus Deo per mortem Filii ejus, tradetur ab illo judici, idest Filio, cui Pater judicium dedit. Quomodo autem potest recte dici homo esse in via cum Deo, nisi quia Deus ubique est? Aut si non placet dici impios esse cum Deo, qui ubique praesto est, sicut non dicimus caecos esse cum luce quae eos circumfundit; unum reliquum est ut hic adversarium praeceptum Dei intelligamus, quod adversatur peccare volentibus, et datum est nobis ad hanc vitam, ut sit nobiscum in via; cui oportet nos consentire cito, legendo, praeaudiendo, deferendo ei culmen auctoritatis, ut quod aliquis intelligit non oderit propter hoc quod adversatur peccatis suis, sed magis diligat propter correctionem (2); quod vero obscurum est, oret ut intelgat. HIERONYMUS (super illud, *Esto consentiens*). Sed ex praecedentibus manifestus est sensus, quod Dominus nos ad concordiam proximi cohortatur: nam supra dictum est: *Vade reconciliari fratri tuo.* CHRYSOSTOMUS super Matth (hom. 11 in opere imperf.). Festinat enim Dominus ut ad amicitiam festinemus inimicorum nostrorum quamdiu vivimus in hac vita, sciens quam periculosum est si unus ex inimicis pace non facta mortuus fuerit. Si enim inimicantes per mortem iveritis ante judicem, tradet te Christo, convincens te reum judicio ejus. Tradet autem te judici, etiam si te prius rogaverit: qui enim rogat prius inimicum, reum facit eum ante Deum. HILARIUS (can. 4 in Matth. a med.). Vel adversarius tradet vos judici, quia manens in eum simultatis vestrae ira vos arguit. AUGUSTINUS (lib. 1 de serm. Domini, cap. 21). Judicem intelligo Christum: « Pater enim omne judicium « dedit Filio. » Joan. 5: ministrum autem intelligo Angelum. *Et Angeli*, inquit (supra 5), *ministrabant ei:* et cum Angelis suis venturum credimus ad judicandum. Unde sequitur: *Et judex tradat te ministro.* CHRYSOSTOMUS super Matth. (homil. 11 in opere imperf., circa finem.). Vel *ministro*, idest angelo poenarum crudeli, et ille mittet te in carcerem gehennae: unde sequitur: *Et in carcerem mittaris.* AUGUSTINUS (lib. 1 de serm. Domini in monte, cap. 23). Carcerem autem intelligo poenas, videlicet tenebrarum. Et ne quis istum carcerem contemneret, sequitur: *Amen dico tibi: non exies inde donec reddas novissimum quadrantem.* HIERONYMUS. Quadrans, genus nummi est quod habet duo minuta: hoc est ergo: Non egredieris de carcere donec etiam minuta peccata persolvas. AUGUSTINUS (lib. 1 de ser. Domini, cap. 22, ante med.). Aut enim pro eo positum est quod nihil relinquitur impunitum; sicut cum volumus exprimere aliquid ita exactum ut nihil relinqueretur, dicimus, Usque ad facem: vel significantur sub nomine quadrantis novissimi terrena peccata. Quarta enim pars elementorum hujus mundi, et ea novissima, terra invenitur. In hoc autem quod dictum est, *Solvas*, significatur poena aeterna. Et sicut positum est *donec*, ubi dictum est (Psal. 109): « Sede a dextris meis, « donec ponam inimicos tuos sub pedibus tuis: » non enim cum fuerint inimici sub pedibus positi,

(1) *Al.* Synocon.
(2) *Al.* debet.
(3) *P. Nicolai* miserias.

(1) *Al.* ideo.
(2) *Al.* non oderit propter correctionem.

desinit regnare; ita et hic accipi potest: *Non exies inde donec solveris novissimum quadrantem*: semper non exiturum, quia solvet semper novissimum quadrantem, dum sempiternas poenas peccatorum terrenorum luet (1). Chrysostomus super Matth. (hom. 11 in opere imperf., circa finem). Vel si quidem in hoc saeculo pacem feceris (2), etiam gravissimi operis poteris accipere indulgentiam (3); si autem semel condemnatus fueris, missus in carcerem non solum de gravibus peccatis, sed etiam de verbo otioso, quod potest significari per quadrantem, exigentur a te supplicia. Hilarius (can. 4 in Matth.). Quia enim caritas plurimum peccatorum tegit , novissimum poenae quadrantem solvemus, nisi pretio ipsius culpa criminum redimatur. Chrysostomus super Matth. (hom. 11 operis imperf., circa finem). Vel angustiae hujus mundi appellantur carceres (4), in quas plerumque peccantes mittuntur a Deo. Chrysostomus in homil. (16, super illud, *Esto consentiens*). Vel loquitur hic de judicibus qui sunt in mundo isto, et de via quae est ad hoc judicium, et de carcere isto: ut non solum a futuris, sed et a praesentibus auditorem inducat, quae sunt ante oculos, et magis consueverunt movere: sicut et Paulus dicit Rom. 13, « Si male feceris, time potestatem: non enim sine « causa gladium portat. »

16. Chrysostomus in hom. (17, in initio). Postquam Dominus quid primum mandatum contineret edocuit, scilicet *Non occides*, instituto pergens ordine provehitur ad secundum, dicens (5): *Audistis quia dictum est antiquis, Non moechaberis*. Augustinus de decem (6) Chordis (cap. 3) (7). Idest, non ibis ad aliquam aliam praeter uxorem tuam. Si enim hoc (8) exigis ab uxore, non vis hoc reddere uxori, cum debeas in virtute praecedere uxorem: Turpe autem est ut vir dicat hoc (9) non posse fieri. Quod femina facit, vir non potest? Noli autem dicere: Uxorem non habeo, ad meretricem pergo, nec hoc praeceptum violo, quod dicit, *Non moechaberis*: jam enim nosti pretium tuum, jam nosti quod manduces, quod bibas. Abstine ergo te a fornicationibus. Cum enim imaginem Dei (quod es tu) corrumpis per fornicationes et defluentias libidinis, ipse etiam Dominus, qui scit quid tibi utile sit, hoc praecipit, ne per illicitas voluptates corruat templum ejus, quod esse coepisti. Augustinus contra Faustum (19, cap. 23). Sed quoniam putabant Pharisaei, tantummodo corporalem cum femina illicitam commixtionem vocari moechiam, demonstravit Dominus talem concupiscentiam nihil aliud esse, dicens: *Ego autem dico vobis quia omnis qui viderit mulierem ad concupiscendum eam, jam moechatus est eam in corde suo*. Quod autem lex praecipit (Exod. 20): « Non concupisces uxo- « rem proximi tui, » videbatur Judaeis intelligendum esse de ablatione, non de concubitu. Hiero-

nymus (super illud, *Qui viderit mulierem*). Inter πάθος pathos, et προπάθιαν propathian, idest inter passionem et propassionem (1), hoc interest: quod passio reputatur in vitium (2); propassio, licet vitii culpam habeat, tamen non tenetur in crimine. Ergo qui viderit mulierem, et anima ejus fuerit titillata: hic propassione percussus est. Si ergo consenserit, de propassione transivit ad passionem: et huic non voluntas peccandi (3) deest, sed occasio. Quicumque igitur viderit ad concupiscendum; idest sic aspexerit ut concupiscat, et facere disponat; recte moechatus dicitur in corde suo. Augustinus lib. 1 de serm. Domini (cap. 23). Nam tria sunt quibus impletur peccatum: scilicet suggestio quae per memoriam fit, sive per corporis sensus: quod si frui delectaverit, delectatio illicita refrenanda est: si autem consensio facta fuerit, plenum peccatum est. Verumtamen delectatio ante consensum vel nulla est, vel tenuis; cui consentire peccatum est. Si autem et in (4) factum processerit, videtur satiari et extingui cupiditas. Sed postea cum suggestio repetitur, major accenditur delectatio, quae adhuc minor est quam illa quae in consuetudinem vertitur; quam vincere difficile est. Gregorius 21 Moral. (cap. 2). Quisquis vero incaute exterius respicit, plerumque in delectationem peccati cadit, atque obligatus desideriis, incipit velle quod noluit. Valde namque est quod caro deorsum trahit, et semel species formae cordi per oculos alligata, vix magni luctaminis manu solvitur. Providendum ergo nobis est: quia intueri non debet quod non licet concupisci. Ut enim munda mens in cogitatione servetur, a lascivia voluptatis suae deprimendi sunt oculi, quasi quidam raptores ad culpam. Chrysostomus in hom. (17, super illud, *Jam moechatus est*). Si ergo studeas venustis vultibus oculos frequenter infigere, profecto capieris, etiam si secundo et tertio possis fortasse animum continere. Neque enim extra naturam aleamque humanam consistis. Qui enim in se flammam cupiditatis accenderit, etiam absente muliere quam vidit, jugiter apud se turpium rerum simulacra depingit, et nonnunquam ad flagitium ipsum etiam opere pervenit. Si qua vero ideo ornatur et comitur, ut in se oculos hominum irritet, etiam si nullum pulchritudine sua potuerit vulnerare, dabit tamen extrema supplicia: paravit quippe venenum, porrexit poculum, etiam si nullus qui biberet, inventus sit. Quod autem ad solos viros videtur dirigere, etiam feminis competit: cum enim capiti loquitur, toti profecto corpori admonitio communis est (5).

17. Glossa (6). Quia non solum peccata vitanda sunt, sed et occasiones peccatorum tollendae;

---

(1) *Al.* luit.
(2) *Al.* si pacem fecisses.
(3) *Al.* intelligentiam.
(4) *Al.* carcer.
(5) *Al.* postquam Dominus primam mandatum adimplevit scilicet *Non occides*, ordinate procedit ad secundum dicens.
(6) *Al.* decimo.
(7) Partim cap. 3, sicut prius notabatur, partim cap. 9 partim 10, ibi non indicatis: plenius tamen et alia serie (*Ex edit. P. Nicolai*).
(8) *Al.* deest hoc.
(9) *Al.* hic etiam omittitur hoc.

(1) *Al.* inter passionem, et propassionem.
(2) *Al.* pro vitio.
(3) *Al.* peccati.
(4) *Al.* et si.
(5) *Al.* Si ergo continue velis oculos pulchris faciebus infigere, capieris omnino, etsi bis vel ter fortasse possis continere, non enim es extra humanam naturam. Qui enim flammam semel accendit, etiam visa muliere absente, format apud se imaginem turpium actionum, a quibus multoties procedit ad opus. Quod si aliquis se ornando, oculos omnium ad se traxerit, etiamsi nulli plagam intulerit, poenam patietur extremam: venenum enim confecit, etsi nullus qui bibat inventus sit Quod autem viris dicit, hoc etiam ad feminas loquitur: capiti enim loquens, et corpori persuadet.
(6) Nec in Glossa, nec in Anselmo, pro quo passim substituitur Glossae nomen, ut nec in Hieronymo, Beda, Rabano vel alibi occurrit (*Ex edit. P. Nicolai*).

postquam docuit vitare moechiae peccatum, non solum in opere, sed etiam in corde; consequenter docet occasiones peccatorum abscindere, dicens: *Quod si oculus tuus dexter scandalizat te.* Chrysostomus super Matth. (hom. 12, oper. imperf.). Sed, si secundum Prophetam (Psal. 37), non est sanitas in carne nostra; quot membra quis habet, debet abscindere, ut secundum malitiam carnis, sufficiat poena membrorum. Sed videamus si sic possibile est intelligere de oculo corporali vel manu. Sicut totus homo, cum conversus fuerit ad Deum, mortuus est peccato; sic (1) et oculus, cum desierit male aspicere, ejectus est peccato: sed neque sic convenit. Si enim dexter oculus scandalizat, sinister quid facit? Numquid contradicit dextero, ut quasi innocens reservetur? Hieronymus (super illud, *Si oculus tuus dexter*). In dextero ergo oculo et dextera manu, et fratrum et uxoris et liberorum atque affinium et propinquorum innititur affectus; quem si ad contemplandam veram lucem nobis impedimento cernimus, debemus truncare hujusmodi portiones. Augustinus (lib. 1 de serm. Domini, cap. 24). Quemadmodum autem in oculo contemplatio, sic in manu actio recte intelligitur. Per oculum autem intelligimus dilectissimum amicum: solet enim ab eis qui vehementer volunt exprimere dilectionem suam, ita dici: Diligo eum ut oculum meum. Oportet autem intelligi per oculum amicum consiliarium, quia oculus iter demonstrat. Quod autem additum est, *Dexter*, fortasse ad augendam vim dilectionis valet: dextrum enim oculum homines magis formidant amittere. Vel quia dexter est, intelligitur consiliarius in rebus divinis, sinister autem oculus est consiliarius in rebus terrenis: ut sic ille sit sensus: Quicquid illud est quod ita diligis ut pro dextero oculo habeas, *si scandalizat te*, idest si impedimento est tibi ad veram beatitudinem, *ejice eum, et projice abs te.* De sinistro autem scandalizante superfluum erat dicere, quandoquidem nec dextero parcendum est. Dextera autem manus accipitur dilectus adjutor in divinis operibus; sinistra autem in operibus quae huic vitae et corpori sunt necessaria. Chrysostomus super Matth. (hom. 12, in opere imperf.). Vel aliter vult Christus ut non solum de periculo nostri peccati curemus, sed etiam ne ad nos pertinentes turbae aliquid agant: ut puta si habes aliquem amicum qui res tuas bene aspicit quasi proprius oculus, aut qui procurat res tuas quasi propria manus, si eum agnoveris aliquid turpiter agere, projice eum longe abs te, quia scandalizat te: quia non solum pro nostro peccato, sed etiam proximorum, quos prohibere possumus, dabimus rationem. Hilarius (can. 4 in Matth.). Fit ergo innocentiae gradus celsior: carere enim non solum propriis vitiis, sed etiam extrinsecus (2) incidentibus admonemur. Hieronymus (super *Si oculus*). Vel aliter. Quia supra de concupiscentia mulieris dixerat, recte nunc cogitationem et sensum in diversa volitantem oculum nuncupavit. Per dexteram autem et ceteras corporis partes, voluntatis ad effectum initia demonstrantur. Chrysostomus super Matth. (hom. 12 in opere imperf.). Oculus enim iste carnalis speculum est interioris oculi Habet autem et corpus suum sensum, quod est oculus sinister; et appetitum, quod est manus sinistra. Partes autem

(1) *Al. deest* sic.
(2) *al.* si extrinsecus.

animae, dextrae vocantur, quoniam in libero arbitrio anima est creata, et sub lege justitiae, ut recte videat et agat. Pars autem corporis, quae non habet liberum arbitrium, et est sub lege peccati, sinistra dicitur. Non autem carnis sensum vel appetitum, praecidere jubet: desideria enim carnis retinere possumus, ut non faciamus quod desiderat caro; praecidere autem non possumus, ut non desideret. Quando autem ex proposito volumus malum et cogitamus; tunc dexter sensus et dextera voluntas nos scandalizant, et ideo hic praecidere jubet. Possunt enim praecidi propter arbitrii libertatem. Vel aliter. Omne bonum generaliter quod nos vel alios scandalizat, praescindere debemus a nobis: sicut si visito aliquam mulierem causa religionis, bonus respectus est oculus dexter: sed si assidue visitans decidi in laqueum desiderii ejus, vel etiam quidam videntes scandalizantur; dexter oculus scandalizat, quod bonum est scandalizat: oculus enim dexter est bonus respectus, idest intentio; manus dextera, bona voluntas. Glossa (ordinaria). Vel oculus dexter est vita contemplativa, quae scandalizat, in desidiam mittendo, vel arrogantiam, vel cum ex infirmitate contemplari ad purum non valemus. Dextera autem manus est bona operatio, vel vita activa, quae scandalizat, dum per saeculi frequentiam et occupationis taedio illaqueamur. Si quis ergo non potest frui contemplativa, non torpeat otio ab activa, vel ne, dum occupatur actibus, arescat ab interna dulcedine. Remigius. Sed quare ejiciendus sit dexter oculus, et dextera manus abscindenda, manifestat cum subdit: *Expedit enim etc.* Chrysostomus super Matth. (hom. 12, in opere imperf.). Quoniam enim alter alterius membra sumus, melius est ut sine uno tali membro salvemur, quam ut volentes tales habere, et ipsi pereamus cum eis. Vel melius est ut sine uno respectu aut uno bono opere salvemur, quam dum omnia opera bona volumus facere, cum omnibus pereamus.

18. Glossa. Docuerat superius Dominus alienam uxorem non esse concupiscendam; consequenter hic docet suam non esse dimittendam, dicens: *Dictum est autem: Quicumque dimiserit uxorem suam, det illi libellum repudii.* Hieronymus (hoc loco). In posteriori parte istum locum plenius Dominus et Salvator exponit, quod Moyses libellum repudii dari jusserit propter duritiam cordis maritorum, non dissidium concedens, sed auferens homicidium. Chrysostomus super Matth. (hom. 12, in op. imp.). Quando enim Moyses filios Israel eduxit de Aegypto, genere quidem erant Israelitae, moribus autem Aegyptii. Propter mores Gentilium contingebat ut vir odiret uxorem: et quia dimittere illam non permittebatur, paratus erat interficere eam, aut assidue affligere. Ideo jussit dari libellum repudii, non quia bonum erat, sed quia remedium erat mali pejoris. Hilarius (can. 4 in Matth.). Sed Dominus aequitatem in omnes concilians, manere eam maxime in conjugiorum pace praecepit: unde subdit: *Ego autem dico vobis, quia omnis qui dimiserit uxorem suam etc.* Augustinus contra Faustum (lib. 19, cap. 26). Quod hic praecepit Dominus de uxore non dimittenda, non est contrarium ei quod lex praecipit, ut Manichaeus dicebat: neque enim ait lex, Qui voluerit dimittat uxorem, cui esset contrarium non dimittere; sed utique nolebat dimitti uxorem a viro, qui hanc interposuit moram, ut in dissidium animus praeceps libella conscri-

ptione refractus absisteret: praesertim quia, ut perhibetur apud Hebraeos, scribere litteras Hebraeas
nulli fas erat nisi scribis solis, qui excellentiorem
profitebantur scientiam. Ad hos igitur lex mittere
voluit eum quem jussit libellum dare repudii, si
dimisisset uxorem, qui inter ipsum et uxorem pacifice agendo, concordiam suaderent, et libellum
non scriberent nisi in animo (1), nimis perverso
consilium concordiae non valeret. Sic ergo neque
primorum hominum legem per verborum additamenta implevit, neque illam quae per Moysen data
est, quasi contrariorum oppositione destruxit, ut
Manichaeus dicebat; sed potius omnia ex Hebraeorum lege commemorata ita commendavit ut quicquid ex persona sua insuper loqueretur, vel ad
expositionem requirendam valeret, si quid illa obscure posuisset, vel ad tutius observandum quod
illa voluisset. Augustinus de serm. Dom. in monte,
(lib. 1, cap. 25). Qui ergo dimittendi moram
quaesivit, significavit quantum potuit duris hominibus, se nolle dissidium. Dominus ergo ad illud
confirmandum, ut non facile uxor dimittatur, solam
causam fornicationis excepit, dicens, *Excepta causa
fornicationis*; ceteras vero universas molestias, si
quae forte extiterint, jubet pro fide conjugali fortiter sustineri. Chrysostomus super Matth. (hom. 12,
in opere imperf.). Si enim extraneorum vitia sup-
portare debemus, dicente Apostolo Galat. 6: « In-
« vicem onera vestra portate: » quanto magis uxorum (2)? Vir autem Christianus non solum se inquinare non debet, sed nec aliis inquinandi occasionem
praebere: alioquin illorum crimen ad istius redun-
dat peccatum qui aliis committendi criminis factus
est causa. Qui ergo dimittens uxorem occasionem
dedit adulteriorum committendorum, ut et illa a-
dulteretur in alterum, et alter in illam, pro adul-
teriis hujusmodi condemnatur: et ideo dicit, quod
qui dimiserit uxorem suam, facit eam moechari.
Augustinus de ser. Dom. in monte (lib. 1, cap.
25). Ulterius etiam moechum dicit virum qui eam
duxerit quae dimissa est a viro, scilicet per libellum repudii; et ideo subdit: *Et qui dimissam duxerit, adulterat.* Chrysostomus in hom. 18. Non e-
nim dicas quoniam vir suus eam (3) dimisit, quia
etiam postquam dimissa est, remanet dimittentis
uxor. Augustinus de ser. Domini (lib. 1, cap. 25).
Hujus autem rei Apostolus terminum ostendit, qui
tamdiu observandum dicit quamdiu vir ejus vivit.
Illo autem mortuo dat nubendi licentiam. Si autem
non conceditur alteri nubere mulieri vivente viro
a quo recessit; multo minus fas est illicita cum
quibuslibet stupra committere; neque enim contra
istud praeceptum, quo Dominus dimitti conjugem
vetat, facit qui cum ea non carnaliter, sed spiritualiter vivit, cum non eam dimittat. Beatiora namque sunt conjugia eorum qui inter se pari consensu (4) continentiam servant. Oritur autem hic
quaestio: cum Dominus causa fornicationis permittat dimitti uxorem, qualiter hic intelligenda sit fornicatio: utrum ut eam fornicationem credamus dictam quae stupris committitur, an quemadmodum
Scripturae solent fornicationem vocare, omnem illicitam corruptionem; sicut est idolatria, vel avaritia, et omnis jam transgressio legis per illicitam

concupiscentiam. Sed si licet, secundum Apostolum,
ut dimittatur conjux infidelis, quamvis melius sit
non dimittere; et tamen non licet secundum praeceptum Domini ut dimittatur conjux, nisi causa
fornicationis; fornicatio est etiam ipsa infidelitas.
Porro si infidelitas fornicatio est, et idolatria infidelitas, et avaritia idolatria; non est dubitandum,
et avaritiam fornicationem esse. Quis ergo jam
quamlibet illicitam concupiscentiam potest recte a
fornicationis genere separare, si avaritia fornicatio
est? Augustinus in lib. Retract. (lib. 1, c. 19).
Nolo tamen putare lectorem in re tam difficili istam
sibi disputationem nostram debere sufficere: non
enim omne peccatum fornicatio est spiritalis: neque
enim omnem peccantem Deus perdit, qui quotidie
sanctos suos exaudit dicentes: *Dimitte nobis debita
nostra*: inf. 6, cum perdat omnem qui fornicatur
ab eo. Utrum etiam propter hanc liceat dimittere
uxorem, latebrosissima quaestio est; licere tamen
propter istam quae in stupris committitur, nulla
quaestio est. Augustinus in lib. 83 Quaestionum
(quaest. ult.). Si enim aliquis asserat solam illam (1) fornicationem Dominum admittere ad causam
relinquendae conjugis, quae concubitu illicito per-
petratur; potest dicere, Dominum de utroque fideli
dixisse, ut neutri liceat alterum relinquere, nisi
causa fornicationis. Augustinus de ser. Dom. (lib.
1, cap. 28). Non (2) tantum fornicantem uxorem
dimittere conceditur; sed quisquis eam quoque u-
xorem dimittit a qua ipse cogitur fornicari, causa fornicationis utique dimittit, non tantum illius, sed et suae: illius, quia fornicatur; suae,
ne fornicetur. Augustinus de Fide et Operib.,
(cap. 16). Eodem etiam modo eam rectissime dimittit, si viro suo dicat, Non ero uxor tua, nisi
mihi de latrocinio divitias congreges, aut si quid
aliud vel facinorosum vel flagitiosum in viro mo-
nuerit. Tunc enim ille cui hoc uxor dicit, si veraciter poenitens est, membrum quod eum scandalizat amputabit. Augustinus de Ser. Domini in monte (lib. 1, cap. 28). Nihil autem est iniquius quam
fornicationis causa uxorem dimittere, si et ipse
convincitur fornicari: occurrit enim (3) illud (Rom.
2): « In quo alterum judicas, teipsum condemnas. »
De eo autem quod dicit, *Et qui dimissam duxerit,
adulterat*, potest quaeri utrum sicut moechatur ille
qui eam ducit, sic et illa quam ducit: jubetur enim
ab Apostolo et illa manere innupta, aut viro reconciliari. Sed tamen si discesserit a viro, multum
interest utrum dimittat an dimittatur: si enim ipsa
virum dimiserit et alteri nupserit, videtur cupiditate mutandi conjugii virum priorem reliquisse;
quae adulterina cogitatio est: sed si dimittatur a
viro, inveniri non potest quomodo, cum vir et
mulier pari consensu misceatur, unus eorum moechatus sit, et non alter. Huc accedit quia si moechatur ille ducendo eam quae dimissa est a viro,
ipsa facit eum moechari; quod hic Dominus vetat.

19. Glossa (4). Docuerat supra Dominus non
esse injuriam proximo inferendam, prohibendo iram
cum homicidio, concupiscentiam cum adulterio, et
dimissionem uxoris cum libello repudii; nunc autem consequenter docet ab injuria Dei abstinendum,

---

(1) *Al.* nisi jam.
(2) *Al.* uxorem.
(5) *Al. deest* eam.
(4) *Al.* sensu.

(1) *Al. omittitur* illam.
(2) *Al.* autem.
(5) *Al.* ei.
(4) Quantum vel qualis non occurrit ullibi, nec habetur
in illa quae nunc extat (*Ex edit. P. Nicolai*).

cum prohibet non solum perjurium tamquam malum, sed etiam juramentum tamquam mali occasionem: unde dicit: *Iterum audistis quia dictum est antiquis, Non perjurabis*. Dicitur enim in Levit. 19): « Non « perjurabis in nomine meo: » et ne creaturas facerent sibi deos, praecepit reddere Deo juramenta, et non jurare per creaturas: unde subditur: *Redde autem Domino juramenta tua;* idest, si jurare contigerit, per creatorem jurabis, non per creaturam: unde dicitur in Deut. 6, « Dominum « Deum tuum timebis, et per nomen ejus jurabis. » Hieronymus (super illud, *Dico vobis non jurare*). Hoc autem quasi parvulis fuerat lege concessum, ut quomodo victimas immolabant Deo, ne eas idolis immolarent, sic et jurare permitterentur in Deum; non quod recte hoc facerent, sed quod melius esset Deo hoc exhibere quam daemoniis. Chrysostomus super Matth. (hom. 12 in opere imperf.). Nemo enim frequenter jurat qui non aliquando perjuret; sicut qui fecit consuetudinem multa loqui, aliquando loquitur importuna. Augustinus contra Faustum (lib. 19, cap. 23, a med. illius). Quia vero perjurare grave peccatum est, longius autem remotus est a perjurio qui nec jurare consuevit, quam cui verum jurare proclivis est, maluit nos Dominus non jurantes non (1) recedere a vero, quam verum jurantes, appropinquare perjurio: unde subdit: *Ego autem dico vobis, Non jurare omnino*. Augustinus de ser. Dom. in monte (lib. 1, cap. 30). In quo Pharisaeorum justitiam, quae est non pejerare, confirmat: non enim potest perjurare qui non jurat. Sed quoniam ille jurat qui adhibet Deum testem, considerandum est ne contra hoc praeceptum Domini Apostolus fecisse videatur, quia saepe hoc modo juravit cum dixit Galat. 1, « Quae scribo « vobis, ecce coram Deo, quia non mentior. » Et Rom. 1, « Testis est mihi Deus, cui servio in spi- « ritu meo. » Nisi forte quis dicat tunc cavendam esse jurationem cum aliquid dicitur per quod juratur: ut non juraverit, quia non dixit per Deum, sed dixit, « Testis est mihi Deus. » Ridiculum est hoc putare: sed tamen etiam sciat hoc modo jurasse Apostolum dicentem 1 Corinth. 15, « Quo- « tidie morior per gloriam vestram, fratres. » Quod ne quis ita existimet dictum tamquam si diceretur, Vestra gloria me fecit quotidie mori, Graeca exemplaria dijudicant, in quibus quod scriptum est, νη την καυχησιϕ ημετεραν, ni tin kauchisin himeteran, idest per gloriam vestram, non nisi a jurante dicitur (2). Augustinus contra Mendac. (cap. 15). Sed pleraque in verbis intelligere non valentes, in factis sanctorum colligimus quemadmodum oporteat accipi quod facile in aliam partem duceretur, nisi exemplis revocaretur. Juravit Apostolus in epistolis suis, et sic ostendit quomodo accipiendum est quod dictum est: *Dico autem vobis, non jurare omnino:* ne scilicet jurando, ad facilitatem jurandi veniatur: ex facilitate autem jurandi veniatur ad consuetudinem: a consuetudine in perjurium decidatur. Et ideo non invenitur jurasse nisi scribens, ubi consideratio cautior non habet linguam praecipitem. Et tamen Dominus omnino ait, *Non jurare:* non enim concessit ut id liceret scribentibus. Sed quia praecepti violati reum Paulum praesertim in epistolis conscriptis nefas est dicere, est intelligendum illud quod

positum est, *Omnino*, ad hoc positum, ut quantum in te est non affectes, vel quasi pro bono cum aliqua delectatione appetas jusjurandum. Augustinus contra Faustum (lib. 19 cap. 23, a med). In scriptis (1) ergo ubi est consideratio major, pluribus locis Apostolus jurasse invenitur, ne quisquam putaret etiam verum jurando peccari, sed potius intelligeret humanae fragilitatis corda non jurando tutius a perjurio conservari. Hieronymus (super *Ego dico vobis*). Denique considera, quod hic Salvator non per Deum jurare prohibuit, sed per caelum, per terram, et per Hierosolymam, et per caput tuum: hanc enim per elementa jurandi pessimam consuetudinem semper habuere Judaei (2). Qui autem jurat, aut veneratur aut diligit eum per quem jurat; Judaei autem per Angelos et urbem Hierusalem, et templum, et elementa jurantes, creaturas venerabantur Dei honore: cum in lege praeceptum sit ut non juremus nisi per Dominum Deum nostrum. Augustinus de ser. Domini in monte (lib. 1, cap. 31). Vel ideo additum est, *Neque per caelum*, quia Judaei non putabant se teneri juramento, si per ista jurassent; ac si dicat: Cum juras per caelum et terram, non te arbitreris non debere Domino jusjurandum tuum, quia per eum jurare convinceris cujus caelum thronus est et cujus terra scabellum est: quod non est sic dictum quasi habeat Deus collocata membra in caelo et in terra, ut nos cum sedemus; sed illa sedes Dei judicium significat. Et quoniam in hoc universo mundi corpore maximam speciem caelum habet, sedere in caelo dicitur tamquam praestantior sit excellenti pulchritudine vis divina; terramque dicitur calcare, quod minimam speciem ordinet in extremis. Spiritualiter autem sanctas animas caeli nomine significat, et terrae, peccatrices (3): quoniam (1 Corinth. 2) « spiritualis omnia judicat. » Peccatori autem dictum est (Gen. 3): « Terra es, et in terram ibis. » Et qui in lege manere voluit, sub lege ponitur: et ideo congruenter dicit, *Scabellum pedum ejus*. Sequitur: *Neque per Hierosolymam, quia civitas est magni regis*: quod melius dicitur, quam si diceret, Mea, cum tamen hoc dixisse intelligatur. Et quia ipse utique est Dominus, Domino jusjurandum debet qui per Hierosolymam jurat. Sequitur: *Neque per caput tuum juraveris*. Quid enim poterat quisquam magis ad se pertinere arbitrari quam caput suum ? Sed quomodo nostrum est ubi potestatem faciendi unum capillum album aut nigrum non habemus ? Propter quod dicitur: *Quia non potes unum capillum album facere, aut nigrum*. Ergo Deo debet jusjurandum quisquis etiam per caput suum jurare voluerit. Et hinc etiam cetera intelliguntur. Chrysostomus (in hom. (4) 17). Attendite autem, quod elementa mundi extollit, non ex propria natura, sed ex habitudine quam habent ad Deum, ne idolatriae daretur occasio. Rabanus. Qui autem jurare prohibuit, quomodo loqui oporteat, docuit subdens: *Sit autem sermo vester, Est est, Non non;* idest quod est, sufficiat dicere, Est; quod non est, sufficiat dicere, Non est. Sive ideo dicitur bis, *Est est, Non non,* ut quod ore affirmas, operibus probes; et quod verbis negas, factis non confirmes. Hilarius (can.

---

(1) *Al. omittitur* non.

(2) *Al.* in quibus quod scriptum est, non nisi a jurante dicitur.

(1) *Al.* in praescriptis.

(2) *Al.* habere Judaei noscuntur.

(3) *Al.* peccatorem.

(4) Non, ut in praecedenti editione notabatur ad marginem, hom. 12 operis imperfecti (*Ex edit. P. Nicolai*).

4 in Matth. inter med. et fin.). Vel aliter. In fidei simplicitate viventibus jurare opus non est cum quibus semper quod est est, quod non non; et per hoc (1) eorum et opus et sermo omnis in vero est. Hieronymus. Evangelica igitur veritas non recipit juramentum, cum omnis sermo fideli pro juramento (2) sit. Augustinus (lib. 1 de serm. Dom., cap. 30). Quapropter qui intelligit non in bonis sed in necessariis jurationem habendam, refrenet se quantum potest, ut non ea utatur nisi in necessitate, cum videt pigros esse homines ad credendum quod utile est credere, nisi juratione firmetur. Hoc ergo est bonum et appetendum, quod hic dicitur, *Sit sermo vester Est est, Non non. Quod autem his a-bundantius est, a malo est,* idest, jurare cogeris scias de necessitate venire infirmitatis (3) eorum quibus aliquid suades; quae utique infirmitas malum est. Itaque non dixit, Quod amplius est malum est: tu enim non malum facis qui bene uteris juratione, ut alteri persuadeas quod utiliter persuades; sed a malo est illius cujus infirmitate jurare cogeris. Chrysostomus in hom. 17. Vel *a malo est,* idest ab infirmitate eorum quibus lex jurare permisit. Ita enim Christus non monstrat veterem legem diaboli esse; sed a veteri imperfectione ducit ad abundantem novitatem.

20. Glossa. Quia superius docuerat Dominus non esse proximo injuriam inferendam, nec irreverentiam Domino, consequenter hic docet qualiter se Christianus habere debeat ad injuriam sibi inferentes: unde dicit: *Audistis quia dictum est: Oculum pro oculo, et dentem pro dente.* Augustinus contra Faustum (lib. 19, cap. 25). Quod quidem ad reprimendas flammas odiorum in se invicem saevientium, et immoderatos animos refrenandos ita praeceptum est. Quis enim facile contentus est tantum rependere vindictae quantum accipit injuriae ? Nonne videmus leviter laesos homines moliri caedem (4), sitire sanguinem, vixque invenire in malis inimici unde satientur ? Huic igitur immoderatae ac injustae ultioni lex justum modum figens, poenam talionis instituit; hoc est, ut qualem quisque intulit (5) injuriam, tale supplicium rependat: quod non fomes, sed limes furoris est: non ut id quod sopitum erat, hinc accenderetur; sed ne id quod ardebat, ultra extenderetur; imposita est enim justa vindicta, quae juste debetur ei qui passus fuerit injuriam. Quod autem debetur, etsi benigne remittitur, non tamen inique repetitur. Itaque cum peccet qui immoderate vult vindicari, non peccet autem qui juste (6), vult vindicari, remotior est a peccato qui non vult omnino vindicari: et ideo subdit: *Ego autem dico vobis, non resistere malo.* Poteram autem et ego sic ponere: Dictum est antiquis: Non juste vindicabis: ego autem dico vobis, Ne vindicetis, quod adimpletio est: si per haec verba, quod legi defuit, a Christo additum mihi videretur; ac non potius id quod lex volebat efficere, ne injuste se quisquam vindicaret, conservari tutius, si omnino non vindicaret. Chrysostomus super Matth. (hom. 12 in opere imperfecto). Sine hoc enim mandato, legis mandatum stare non potest: quia si secundum legis

mandatum omnibus reddere mala pro malis coeperimus, omnes efficiemur mali, eo quod persequentes abundant. Si autem, secundum Christi praeceptum, non resistitur malo, et si mali non leniuntur, tamen boni permanebunt boni. Hieronymus (super illud, *Dentem pro dente*). Dominus ergo noster, vicissitudinem tollens, truncat initia peccatorum: in lege namque culpa emendatur, hic peccatorum auferuntur exordia. Glossa. Vel potest dici, quod Dominus hoc dixit, justitiae veteris legis aliquid addens. Augustinus de ser. Domini in monte (lib. 1, cap. 33). Pharisaeorum enim justitia minor est, non excedere vindictae modum; et hoc est pacis inchoatio; perfecta autem pax est talem penitus nolle vindictam. Intra illud ergo primum quod praeter legem est, ut majus malum pro minori malo reddatur, et hoc quod Dominus perficiendis discipulis dicit, ne pro malo ullum malum reddatur, medium locum tenet ut tantum reddatur quantum et acceptum est: per quod a summa discordia ad summam concordiam transitus factus est. Quisquis enim malum prior infert, maxime a justitia distat: quisquis autem nulli prior malefecit, sed tamen laesus rependit gravius, recessit aliquantulum a summa iniquitate; qui vero tantum reddit quantum accepit, jam aliquid donat: justum est enim eum qui laesit prior, gravius laedi. Hanc ergo inchoatam (1) minimam justitiam ille perficit qui legem venit implere. Duos autem gradus qui intersunt, intelligendos relinquit: nam est qui non reddat tantum, sed minus; et hinc ascendit, qui omnino nil rependerit; quod parum videtur Domino, nisi et amplius sit paratus suscipere. Quapropter non ait, non reddere malum pro malo; sed *non resistere adversus malum:* ut non solum non rependas quod tibi fuerat irrogatum, sed etiam non resistas quin aliud irrogetur. Hoc enim est quod convenienter exponitur: *Sed si quis te percusserit in dexteram maxillam tuam, praebe ei et alteram:* quod ad misericordiam pertinere maxime sentiunt qui eis quos multum diligunt, serviunt, vel pravis vel phreneticis, a quibus multa saepe patiuntur: et si eorum salus id exigat, praebent se etiam ut plura patiantur. Docet ergo Dominus medicus animarum, ut discipuli sui, eorum quorum saluti consulere vellent, imbecillitates aequo animo tolerarent. Omnis namque improbitas ex imbecillitate animi venit: quia nihil innocentius est eo qui in virtute perfectus est. Augustinus (de Mend. ad Consentium, cap. 15). Ea vero quae in novo testamento a sanctis facta sunt, valent ad exempla intelligendarum Scripturarum , quae in praeceptis digesta sunt ; velut cum legimus in Evang. Luc. 6: « Accepisti « alapam etc. » Exemplum autem patientiae nullum quam ipsius Domini excellentius invenimus; et ipse cum alapa percussus esset, non ait, Ecce alteram maxillam; sed ait (Joan. 18): « Si male dixi, « exprobra de malo; si autem bene, quid me cae- « dis ? » ubi ostendit illam praeparationem alterius maxillae in corde faciendam. Augustinus in serm. Domini in monte (lib. 1, cap. 30). Paratus enim fuit Dominus non solum in alteram maxillam caedi pro salute omnium, sed in toto corpore crucifigi (lib. 1, c. 33). Quaeri autem potest quid sit dextera maxilla. Sed cum facies sit qua quisque cognoscitur, in faciem caedi, secundum Apostolum

---

(1) *Al.* omittitur l oc.
(2) *Al.* jurejurando.
(3) *Al.* infirmitate.
(4) *Al.* caedere.
(5) *Al.* instituit.
(6) *Al.* non qui juste etc.

(1) *Al.* minime.

est contemni ac despici. Sed quoniam facies non potest dici dextera et sinistra, et tamen nobilitas est secundum Deum et secundum saeculum, ita distribuitur tamquam in dexteram maxillam et sinistram, ut in quocumque discipulo Christi contemptum fuerit quod Christianus est, multo magis in se contemni paratus sit , si quos hujusmodi saeculi honores habet (lib. 1 cap. 57) Omnia autem in quibus improbitatem aliquam patimur, in duo genera dividuntur: quorum unum est quod restitui non potest, alterum quod potest. Sed in illo quod restitui non potest, vindictae solatium quaeri solet. Quid enim prodest quod percussus repercutis? numquid propterea quod in corpore laesum est restituitur ? Sed tumidus animus talia fomenta desiderat. Chrysostomus super Matth. (hom. 12, in opere imperf.). Numquid autem si repercusseris eum, compescuisti eum, ut te non percutiat? Sed magis excitasti eum ut adhuc percutiat. Nam iracundia per iracundiam non compescitur, sed amplius irritatur. Augustinus in ser. Domini in monte (lib. 1, c. 57). Unde Dominus potius misericorditer perferendam alterius infirmitatem judicat, quam alieno supplicio suam mitigandam: neque tamen hic ea vindicta prohibetur quae ad correctionem valet: ipsa enim pertinet ad misericordiam, nec impedit illud propositum quo quisquam paratus est ab eo quem correctum esse vult, plura perferre Requiritur tamen ut et ille vindicet cui ordine rerum potestas data est, et ea voluntate vindicet qua pater in filium parvulum, quem odisse non potest. Sancti autem viri nonnulla peccata morte punierunt, quo et viventibus utilis metus incuteretur, et illis qui morte puniebantur non ipsa mors noceret. sed peccatum quod augeri posset si viverent. Inde est quod Elias multos morte affecit: de quo cum exemplum cepissent discipuli, reprehendit in eis Dominus non exemplum Prophetae, sed ignorantiam vindicandi, animadvertens eos non amore correctionis, sed odio desiderare vindictam. Sed postquam eos docuit diligere proximum, infuso etiam Spiritu sancto, non defuerunt tales vindictae: nam et verbis Petri Ananias et uxor ejus exanimes ceciderunt; et Paulus apostolus tradidit quemdam satanae in interitum carnis: et ideo quidam adversus corporales vindictas quae sunt in veteri testamento, nescio qua caecitate saeviant, quo animo facta sunt, nescientes. Augustinus ad Bonif. Comitem (ep. 50). Quis autem mente sobrius regibus dicat: Non ad vos pertinet quis velit esse, sive religiosus sive sacrilegus? Quibus dici non potest: Non ad vos pertinet in regno vestro, quis velit pudicus esse aut impudicus. Melius est quidem ad Deum colendum doctrina homines duci, quam poena compelli; multis autem profuit, quod experimentis probavimus, prius dolore vel timore cogi, ut postea possint doceri, aut quod jam verbis didicerant, opere sectari. Sicut enim meliores sunt quos dirigit amor, ita plures sunt quos corrigit timor. Agnoscant in Apostolo Paulo (1) prius cogentem Christum, et postea docentem. Augustinus in ser. Dom. in monte (lib. 1, cap. 39). Tenebitur ergo in hoc injuriarum genere quod per vindictam luitur; iste modus a Christianis: ut accepta injuria non surgat odium, sed paratus sit animus plura perpeti, nec correctionem negligat qui vel consilio vel auctori-

tate uti potest. Hieronymus (super illud, *Si quis te percusserit*). Secundum autem mysticos intellectus percussa dextera nostra, non debemus sinistram praebere, sed alteram, hoc est alteram dexteram: justus enim sinistram non habet. Si nos haereticus in disputatione percusserit, et dextrum dogma voluerit vulnerare, opponatur ei aliud de Scripturis testimonium. Augustinus in ser. Domini in monte l. 50, c. 39). Aliud autem injuriarum genus est quod integrum restitui potest: cujus duae sunt species: una ad pecuniam, altera ad opera pertinet: unde de primo horum duorum subdit: *Et ei qui vult tecum in judicio contendere et tunicam tuam tollere, dimitte ei et pallium.* Sicut ergo quod positum est de percussa maxilla, omnia significat quae sic ingeruntur ab improbis ut restitui non possint nisi vindicta; ita quod positum est de vestimento, omnia significat quae possunt restitui sine vindicta; et hoc etiam ad praeparationem cordis non ad ostensionem operis praeceptum recte intelligitur. Et quod de tunica et vestimento dictum est, in omnibus faciendum est quae aliquo jure temporaliter nostra esse dicimus. Si enim de necessariis hoc imperatum est; quanto magis superflua contemnere convenit? Et hoc ipse signat cum dicit: *Qui vult tecum in judicio contendere:* omnia ergo intelliguntur de quibus in judicio nobiscum contendi potest. Sed utrum et de servis accipiendum sit, magna quaestio est: non enim Christianum oportet sic possidere servum quomodo equum: quamvis fieri possit ut majori pretio valeat equus quam servus. Sed si servus rectius a te regitur quam ab illo qui eum cupit auferre, nescio utrum quisquam audeat dicere, eum ut vestimentum debere contemni. Chrysostomus sup. Matth. (hom. 12. in opere imperf.). Indigna autem res est ut homo fidelis stet in judicio ante conspectum judicis infidelis. Vel si fidelis, certe saecularis, et qui te venerari debuerat propter dignitatem fidei, judicat te propter necessitatem causae, perdes dignitatem Christi propter negotium mundi. Deinde omne judicium irritatio cordis est, et cogitationum malarum: nam si videris quod causa tua fraudibus aut pecuniis expugnetur, et similiter tu causae tuae adesse festinas, etsi ab initio hoc consilium non habuisti. Augustinus in Enchiridion (cap. 78). Et ideo prohibuit hic Dominus suos de saecularibus rebus cum aliis habere judicium. Tamen cum Apostolus sinit in Ecclesia talia judicia finiri inter fratres, fratribus judicantibus, extra Ecclesiam vero terribiliter vetat; manifestum est quid secundum veniam concedatur infirmis. Gregorius in Moralibus (lib. 31, cap. 10). Sed tamen quidam dum temporalia nobis rapiunt, solummodo sunt tolerandi; quidam vero sunt servata caritate prohibendi; non sola cura ne nostra subtrahantur; sed ne rapientes non sua, semetipsos perdant. Plus enim ipsis raptoribus debemus metuere quam rebus irrationabilibus defendendis inhiare. Cum autem pro terrena re pax a corde cum proximo scinditur, apparet quod plus res quam proximus amatur. Augustinus in ser. Domini (lib. 1, cap. 36, a med.). Tertium vero injuriarum genus quod ad operam pertinet, ex utroque confectum est et cum vindicta (1), et sine vindicta potest restitui: nam qui angariat hominem, et cogit se improbe adjuvari ab invito; et poenam

---

(1) *Al.* in Apostolum Paulum, *item* Apostolum Paulum.

(1) *Al. deest* et cum vindicta.

improbitatis potest luere, et operam reddere. In hoc ergo genere injuriarum, Dominus docet animum christianum esse patientissimum, et ad plura perferenda paratum: unde subdit: *Et quicumque te angariavit mille passus, vade cum illo alia duo.* Et hoc utique monet non tam ut pedibus agas, quam ut animo sis paratus. CHRYSOSTOMUS in hom. 18. Angariare enim est injuste trahere, et sine ratione vexare. AUGUSTINUS de ser. Domini in monte (lib. 1, cap. 36). Sic ergo dictum putamus, *Vade cum illo alia duo,* scilicet millia, ut tria compleri voluerit: quo numero significatur perfectio: ut meminerit quisquis hoc facit, perfectam se implere justitiam: propter quod et tribus exemplis hoc praeceptum insinuavit; et in hoc tertio exemplo, simplo duplum additur, ut triplum compleatur. Vel per hoc accipitur quod in praecipiendo tamquam tolerabilius incipiens paulatim creverit: nam primo praeberi voluit alteram maxillam, cum fuerit dextra percussa, ut minus perferre paratus sis quam pertulisti. Deinde illi qui tunicam vult tollere, jubet et pallium dimitti, vel vestimentum, secundum aliam litteram; quod aut tantumdem est, aut non multo amplius. Tertio de mille passibus, quibus addenda dicit duo millia, usque ad duplum perducit. Sed quoniam parum est non nocere nisi et beneficium praestes, consequenter adjungit, et dicit: *Qui autem petit a te, da ei.* CHRYSOSTOMUS super Matth. (homil. 12, in opere imperf.). Quia divitiae nostrae non sunt, sed Dei: Deus enim dispensatores divitiarum suarum voluit nos esse, non dominos. HIERONYMUS (super illud, *Qui petit a te, da ei*). Sed si de eleemosynis tantum dictum intelligamus, in pluribus pauperibus hoc stare non potest; sed et divites si semper dederint, semper dare non poterunt. AUGUSTINUS in ser. Domini (lib. 1, cap. 40 . Dicit ergo: Omni petenti da, non omnia petenti, ut id des quod dare honeste potes et juste. Quid enim si pecuniam petat qua innocentem conetur opprimere? Quid si stuprum petat? Dandum est ergo quod nec tibi nec alteri noceat, quantum ab homine credi potest; et cum negaveris quod petit, indicanda est justitia, ut non eum inanem dimittas; et aliquando melius aliquid dabis, cum petentem injuste correxeris. AUGUSTINUS ad Vincentium (epist. 48). Utilius enim esurienti panis tollitur, si de cibo securus justitiam negligat, quam esurienti panis frangitur, ut vi injustitiae seductus acquiescat. HERONYMUS (ibidem). Potest enim intelligi de pecunia doctrinae, quae nunquam deficit, sed quanto plus datur, tanto amplius duplicatur. AUGUSTINUS (lib. 1 de serm. Domini in monte, cap. 40). Quod autem ait, *Et volenti mutuari a te ne avertaris,* ad animam referendum est: « hilarem enim datorem diligit Deus: 2 Corinth. 9. Mutuatur autem omnis qui accipit, etsi ipse non soluturus sit, quia misericordibus Deus plura restituit. Aut si non placet accipere mutuantem nisi cum qui accipit redditurus, intelligendum est Dominum ipsa duo genera praestandi esse complexum: nam aut donamus, aut reddituro commendamus. Recte ergo ad hoc beneficii genus hortando dicit, *Ne avertaris,* idest, ne propterea voluntatem alienes, quasi Deus non redditurus sit, cum homo reddiderit: cum enim ex praecepto Dei facis, infructuosum esse non potest. CHRYSOSTOMUS super Matth. (hom. 12, in opere imperf.). Ergo jubet nos Christus mutuum dare, non tamen sub usuris: quia

qui sic dat, non sua dat, sed aliena tollit; de uno vinculo solvit, et multis alligat; et non propter Dei justitiam dat, sed propter proprium lucrum. Similis est etiam pecunia usuraria aspidis morsui: nam sicut venenum aspidis latenter omnia membra corrumpit, sic usura omnes facultates convertit in debitum. AUGUSTINUS ad Marcellinum (epist. 5, par. ante med.). Objiciunt autem quidam, quod haec Christi doctrina Reipublicae moribus nulla ex parte conveniat: nam quis, inquiunt, tolli sibi ab hoste aliquid patiatur, vel Romanae provinciae depraedatoribus non mala velit belli jure rependere ? Sunt autem ista praecepta patientiae semper in cordis praeparatione retinenda, ipsaque benevolentia, ne reddatur malum pro malo, sempre in voluntate complenda est Agenda sunt autem mula etiam cum invitis benigna quadam asperitate plectendis; ac per hoc si terrena Respublica praecepta Christiana custodiat, et ipsa bella sine benevolentia non gerentur, ut ad pietatis justitiaeque pacatam societatem victis facilius consulatur: nam cui licentia iniquitatis eripitur, utiliter vincitur: quoniam nihil est infelicius felicitate peccantium, qua poenalis nutritur impunitas, et mala voluntas velut hostis interior roboratur.

21. GLOSSA. Docuit Dominus supra, injuriam inferenti non esse resistendum, sed ad plura perferenda paratum esse; nunc autem ulterius docet injuriam inferentibus impendendum esse caritatis affectum simul et effectum. Et cum praemissa ad complementum justitiae legis pertineant, convenienter hoc ultimum rite (1) pertinet ad impletionem caritatis, quae, secundum Apostolum, est legis plenitudo. Dicit ergo: *Audistis quia dictum est. Diliges proximum tuum.* AUGUSTINUS in 1 de doct. Christiana (cap. 30). Quod autem nullum hominem excepit qui praecepit proximum diligere, Dominus in parabola semivivi relicti ostendit, dicens proximum qui erga illum extitit misericors, ut eum intelligamus proximum cui exhibendum esset misericordiae officium, si indigeret: quod nulli negandum esse, quis non videat? Domino dicente: *Benefacite his qui oderunt vos.* AUGUSTINUS de ser. Domini in monte (lib. 1, cap. 41, a medio). Gradum autem esse in Pharisaeorum justitia, quae ad legem veterem pertineret, hinc intelligitur quod multi etiam eos a quibus diliguntur oderunt. Ascendit ergo aliquem gradum qui proximum diligit, quamvis adhuc oderit inimicum: unde ad hoc designandum subditur: *Et odio habebis inimicum tuum:* quae vox non est accipienda ut jubentis justo, sed permittentis infirmo. AUGUSTINUS contra Faustum (lib. 19, cap. 24). Quaero autem a Manichaeis, cur proprium velint esse legis Moysi quod dictum est antiquis, *Oderis inimicum tuum.* An et Paulus non dixit homines quosdam Deo odibiles? Quaerendum est ergo quomodo intelligatur exemplo Dei, cui dixit Paulus quosdam odibiles, odio habendos inimicos; et rursus exemplo Dei, *qui facit solem suum oriri super bonos et malos,* diligendos inimicos. Haec itaque regula est qua et oderimus inimicum propter id quod in eo malum est, idest iniquitatem; et diligamus inimicum propter id quod in eo bonum est, idest rationalem creaturam. Audito igitur et non intellecto quod antiquis dictum erat, *Oderis inimicum tuum,* ferebantur homines in hominis o-

(1) *Al. deest* rite.

dium, cum non deberent odire nisi vitium. Hos ergo corrigit Dominus cum subdit: *Ego autem dico vobis: Diligite inimicos vestros;* ut qui jam dixerat: *Non veni solvere legem, sed implere,* praecipiendo utique ut diligamus inimicos, cogeret nos intelligere quomodo possemus unum eumdemque hominem et odisse propter culpam, et diligere propter naturam. Glossa (1). Sed sciendum est, in toto corpore legis non esse scriptum: *Odio habebis inimicum tuum:* sed hoc dicitur quantum ad traditionem scribarum, quibus visum est hoc addendum, quia Dominus praecepit filiis Israel persequi inimicos, et delere Amalech de sub caelo. Chrysostomus super Matth. (hom. 12, in opere imperf.). Sicut enim (2) quod dictum est, *Non concupisces,* non dictum est ad carnem, sed ad animam; sic in hoc loco caro quidem inimicum suum diligere non potest, anima autem potest: quia dilectio vel odium carnis in sensu est, animae vero in intellectu. Quando ergo nocemur ab aliquo, et si sentimus odium, non tamen exequi volumus; cognosce quia caro nostra odit inimicum, anima vero diligit. Gregorius, 22 Moral. (3) (cap. 6, 10 et 11). Inimici autem dilectio, tunc veraciter custoditur cum non de profectu dejicimur, nec de ruina illius laetamur. Non enim amat aliquis quem non vult esse meliorem, eumque stantem voto persequitur quem cecidisse gratulatur. Evenire tamen plerumque solet ut non amissa caritate, et inimici nos ruina laetificet, et rursum ejus gloria sine invidiae culpa contristet; cum et reunte eo quosdam bene erigi credimus, et proficiente illo plerosque injuste opprimi timemus. Sed ad hoc servandum est discretionis examen, ne cum nostra odia exequimur, fallamur sub specie utilitatis alienae. Oportet etiam pensare quid debemus ruinae peccatoris, et quid justitiae ferientis: nam cum perversum quemquam Omnipotens percutit, et congaudendum est justitiae judicis, et condolendum miseriae pereuntis. Glossa (4). Qui autem sunt contra Ecclesiam, tribus modis ei adversantur, odio, verbis, cruciatu corporis. Ecclesia (5) contra diligit, unde dicit, *Diligite inimicos vestros:* benefacit, unde sequitur, *Bene facite his qui oderunt vos;* et orat (6) unde sequitur, *Et orate pro persequentibus et calumniantibus vos.* Hieronymus (super illud, *Diligite inimicos vestros*). Multi praecepta Dei imbecillitate sua, non sanctorum viribus aestimantes, impossibilia putant esse quae praecepta sunt; et dicunt sufficere virtutibus, non odisse inimicos: ceterum diligere plus praecipi quam humana natura patiatur. Sciendum est ergo Christum non impossibilia praecipere, sed perfecta; quae fecit David in Saul et Absalon: Stephanus quoque martyr pro lapidantibus deprecatus est: et Paulus anathema cupit esse pro persecutoribus suis. Hoc autem Jesus et docuit et fecit, dicens: Luc. 23, « Pater ignosce illis. » Augustinus in Enchir.

(cap. 73). Sed perfectorum sunt ista filiorum Dei: quo quidem se debet omnis fidelis extendere, et humanum animum ad hunc affectum, orando Deum secumque luctando, perducere. Tamen hoc tam magnum bonum, tantae multitudinis non est, quantam credimus exaudiri, cum in oratione dicitur (infra 6): *Dimitte nobis debita nostra, sicut et nos dimittimus debitoribus nostris.* Augustinus de serm. Domini in monte (lib. 1, cap. 42). Oritur autem hic quaestio, quod huic praecepto Domini in quo nos hortatur orare pro inimicis, multae aliae Scripturae partes videntur adversae: quia in Prophetis inveniuntur multae imprecationes adversus inimicos; ut est illud Psal. 208. « Fiant filii ejus pupilli. » Sed sciendum, quod Prophetae solent figura imprecantis futura praedicere. Sed illud magis movet quod dicit Joannes (1 Joan. 5): « Est autem « peccatum ad mortem, non pro illo dico. ut oret « quis: » aperte enim ostendit esse aliquos fratres pro quibus orare nobis non praecipitur. per hoc quod praemittit: « Si quis scit peccare fratrem « suum etc. » cum Dominus etiam pro persecutoribus nos jubeat orare. Nec ista quaestio solvi potest, nisi fateamur aliqua peccata esse in fratribus, quae inimicorum persecutione sunt graviora. Nam et Stephanus orat pro eis a quibus lapidatur. quia nondum Christo crediderant; et Apostolus Paulus (2 Tim. 4), non orat pro Alexandro, quia frater erat, at per invidentiam, fraternitatem oppugnando peccaverat. Pro quo autem non oras, jam non contra illum oras. Sed quid agimus de his contra quos oratum a sanctis accipimus, non ut corrigerentur (nam hoc modo pro ipsis potius oratum est), sed ad illam ultimam damnationem, non sicut contra Domini traditorem per Prophetam (nam illa, praedictio futurorum, non optatio supplicii fuit) sed sicut in Apocalypsis 6, legimus, martyres orare ut vindicentur? Sed hinc non oportet moveri. Quis enim audeat affirmare utrum contra ipsos homines, an contra regnum peccati petierint? Nam ipsa justitiae et misericordiae vindicta martyrum (1), ut evertatur regnum peccati, quo regnante tenta perpessi sunt. Destruitur autem partim correctione hominum, partim damnatione perseverantium in peccato. Nonne tibi videtur Paulus in seipso Stephanum vindicasse cum dicit (1 Corinth. 9): « Castigo corpus meum, et in servi- « tutem redigo? » Augustinus de Quaest. nov. et vet. Testam. (quaest. 68). Vel animae occisorum clamant, vindicari se postulantes; sicut sanguis Abel clamavit de terra non voce, sed ratione. Nam et opus opificem laudare dicitur per hoc ipsum quod videntem se oblectet: non enim tam impatientes sunt sancti ut urgeant fieri quod sciunt tempore praefinito futurum. Chrysostomus in hom. 18. Vide autem quot gradus ascendit, et qualiter nos in ipsum virtutis verticem statuit. Primus gradus est non incipere injuriam (2): secundus ut injuriam ulciscens, aequali supplicio sis contentus; tertius (3) non facere vexanti quae quis passus est; quartus exponere seipsum ad patiendum mala; quintus amplius se tribuere quam ille vult qui fecit mala; sextus non odio habere eum qui hoc operatur; se-

---

(1) Non sic expresse qualis nunc est; sed pars istius dicti tantum ad marginem notatur ibi, nec indicatur unde sumptum sit (*Ex edit. P. Nicolai*).

(2) *Al.* autem.

(3) Vel in antiquis cap. 1, super illud Job 31, *et gavisus sum ad ruinam ejus qui me oderat (Ex edit. P. Nicolai)*.

(4) Nullius nomen praeferens, et prius diminuta prolata, omittendo quod Ecclesia diligit, quod benefacit, et quod orat (*Ex edit. P. Nicolai*).

(5) *Al.* omittitur Ecclesia.

(6) *Al.* unde sequitur primo, *Diligite inimicos vestros;* secundo *Benefacite his qui oderunt vos;* tertio, *Et orate etc.*

---

(1) *P. Nicolai habet ex textu Augustini:* Nam ipsa est sincera et plena justitiae et misericordiae vindicta martyrum etc.

(2) *Al.* injustitiam.

(3) *Al.* aequalem non vindicari; tertius etc.

ptimus diligere; octavus benefacere; nonus pro ipso
orare. Et quia magnum erat praeceptum, praeclarum praemium subdit, scilicet fieri similes Deo:
unde dicit: *Ut sitis filii Patris vestri qui in caelis
est.* HIERONYMUS (in fin. com., cap. 5). Si quis e-
nim praecepta Dei custodiat filius Dei (1), efficitur: ergo non in natura filius est, hic scilicet de
quo loquitur, sed arbitrio suo. AUGUSTINUS de serm.
Dom. in mont. (lib. 1, cap. 46). Ex illa autem
regula intelligendum est quod hic dicitur, qua et
Joannes dicit (cap. 1): « Dedit eis potestatem
« filios Dei fieri. » Unus enim naturaliter Filius
est; nos autem potestate accepta efficimur filii, inquantum illa quae ab eo praecipiuntur implemus.
Itaque non ait, Facite ista, quia estis filii; sed Facite ista, ut sitis filii. Cum autem ad hoc nos vocat, ad similitudinem suam vocat: unde sequitur:
*Qui solem suum facit oriri super bonos et malos,
et pluit super justos et injustos.* Potest autem per
solem intelligi non iste visibilis; sed ille de quo
dicitur (Malach. 4): « Vobis qui timetis nomen
« Domini, orietur sol justitiae »: et per pluviam
irrigatio doctrinae veritatis; quia et bonis et malis
apparuit et evangelizatus est Christus. HILARIUS
(can. 4 in Matth. non procul a fine.). Vel in baptismi et spiritus sacramento tribuit solem et pluviam. AUGUSTINUS (lib. 1 de serm. Domini in monte, cap. 46). Vel potest accipi sol iste visibilis, et
pluvia qua fructus gignuntur: quia iniqui in Libro
Sapientiae (cap. 5), plangunt: « Sol non ortus est
« nobis. » Et de pluvia spirituali dicitur Psalm. 5,
« Mandabo nubibus meis ne pluant super eam. »
Sed sive hoc sive illud, magna Dei bonitate fit,
quae nobis imitanda praecipitur. Non autem solum
ait, *Qui facit solem oriri*; sed addidit *suum*, idest
quem ipse fecit; ut hinc admoneremur quanta li-
beralitate ex praecepto ejus praestare debemus quod
non creamus, sed ex muneribus ejus accipimus.
AUGUSTINUS ad Vincentium (epist. 48). Sed sicut
ista dona ejus laudamus, ita etiam flagella in eos
quos diligit cogitemus. Unde non omnis qui parcit,
amicus est, nec omnis qui verberat, inimicus: melius est enim cum severitate diligere, quam cum
lenitate decipere. CHRYSOSTOMUS super Matth. (hom.
13 op. imp.). Caute autem dixit, *Super justos et injustos*, non super justos ut injustos: quia omnia bona Deus
non propter homines dat, sed propter sanctos, sicut et flagella propter peccatores; sed in bonis non
separat peccatores a justis, ne desperent; nec in
malis justos a peccatoribus, ne glorientur: maxime
cum malis bona non prosint quae male viventes
ad praejudicium suum percipiunt; nec bonis mala
noceant, sed magis prosint ad justitiae lucrum.
AUGUSTINUS in lib. 1 de civ. Dei (cap. 8). Nam
bonus temporalibus bonis non extollitur, nec malis
frangitur. Malus autem ideo hujusmodi infelicitate (2)
punitur, quia felicitate corrumpitur. Vel ideo ista
temporalia bona et mala utrisque voluit esse communia, ut nec bona cupidius appetantur, quae mali
habere cernuntur; nec mala turpiter evitentur, quibus et boni afficiuntur. GLOSSA (5) (interl. super
illud, *Si diligitis*). Amare autem amantem, naturae
est; inimicum vero amare est caritatis; et ideo se-

quitur: *Si enim diligitis eos qui vos diligunt, quam
mercedem habebitis,* scilicet in caelo? Nullam (1):
de his enim dicitur (infra 6): *Recepistis mercedem
vestram.* Sed tamen haec oportet facere, illa non
omittere. RABANUS (super iisdem verbis). Si ergo
peccatores erga dilectores suos natura duce (2) volunt esse benefici, multo magis vos majoris dilectionis signo (5) amplecti debetis etiam non amantes: unde sequitur: *Nonne et publicani hoc faciunt?*
idest qui publica vectigalia exigunt, vel qui publica
negotia saeculi vel lucra sectantur. GLOSSA. Si vero
pro his tantum oraveritis qui aliqua affinitate vobis
conjuncti sunt, quid amplius habet beneficium vestrum quam infidelium? unde sequitur: *Et si salutaveritis fratres vestros tantum, quid amplius facitis?* Salutatio enim est quaedam species orationis.
Nonne et Ethnici hoc faciunt? RABANUS (loc. cit.).
Idest gentiles: nam ethnos graece, latine gens dicitur, qui tales sunt ut fuerunt geniti, scilicet sub
peccato. REMIGIUS. Quia vero perfectio dilectionis
ultra dilectionem inimicorum non potest procedere;
ideo postquam Dominus praecepit diligere inimicos,
subjunxit: *Estote ergo et vos perfecti, sicut et Pater vester caelestis perfectus est.* Ipse quidem perfectus est ut omnipotens, homo autem ut ab omnipotente adjutus: nam *sicut* quandoque in Scripturis pro veritate et aequalitate accipitur: ut ibi
(Josue 1): « Sicut fui cum Moyse, ita ero et te-
« cum: » aliquando autem pro similitudine, ut hic.
CHRYSOSTOMUS super Matth. (hom. 13, in op. imperf.). Sicut enim filii carnales similant patres in
aliquo corporis signo, ita filii spirituales Deum in
sanctitate.

22. GLOSSA (4). Postquam Christus legem quantum ad praecepta implevit, incipit nunc eam adimplere quantum ad promissa, ut pro caelesti mercede praecepta Dei faciamus, non pro terrenis
quae lex promittebat. Omnia autem terrena ad duo
potissima reducuntur: scilicet ad humanam gloriam,
et ad terrenorum affluentiam; quorum utrumque
in lege promissum esse videtur. De gloria enim
dicitur in Deuter. 28: « Faciet te Dominus excel-
« siorem cunctis gentibus quae versantur in terra. »
De affluentia vero temporalium ibidem subditur:
« Abundare te faciet Dominus in omnibus bonis. »
Et ideo Dominus haec duo ab intentione fidelium
excludit, scilicet gloriam et terrenorum affluentiam
(5). Sed sciendum quod appetitus gloriae propinquus est virtuti. CHRYSOSTOMUS super Matth. (hom.
13, in op. imperf.). Ubi enim res agitur gloriosa,
ibi facilius invenit locum gloriationis occasio; et
ideo intentionem gloriae primo Dominus excludit:
prae omnibus enim vitiis carnalibus periculosius
hoc esse in hominibus intellexit: cum enim omnia
mala servos diaboli vexent, concupiscentia vanae
gloriae magis vexat servos Dei quam servos diaboli. PROSPER in libro de senten. Aug. (sent. 517).
Quas etiam vires nocendi habeat humanae gloriae
amor, non sentit nisi qui ei bellum indixerit: quia
etsi cuiquam facile est laudem non cupere dum
negatur, difficile tamen est ea non delectari cum

---

(1) *Al.* ei filius.
(2) *Al.* felicitate.
(5) Ex interlin. sine ullo nomine colligitur, sed non quoad
ultimam appendicem ex Matth. 25 mutuatam (*Ex edit. P.
Nicolai*).

(1) *Al. deest* nullam.
(2) *Al.* versa vice.
(3) *Al.* signum. *P. Nicolai emendat* sinu.
(4) Non habetur in Glossa quae nunc extat, nec apud interpretes occurrit (*Ex edit. P. Nicolai*).
(5) Chrysostomus hom. 19 in Matth. (*Ex edit. P. Nicolai*).

offertur. Chrysostomus super Matth (1) (hom. 13, in oper. imperf.). Intuere autem qualiter incepit velut de fera aliqua difficile cognita disputans, et apta furari eum qui non valde vigilat: occulte enim ingreditur, et omnia quae intus sunt, insensibiliter aufert. Chrysostomus (2) in hom 19. Et ideo hoc cautius cavendum mandat dicens: *Attendite ne justitiam vestram faciatis coram hominibus.* Cor autem nostrum attendere debemus: invisibilis enim est serpens quem observare jubemur, et latenter ingreditur et seducit. Sed in corde mundo si surreptio inimici successerit, mox homo justus discernit quia spiritu alieno pulsatur; si autem cor fuerit iniquitatibus plenum, suggestionem diaboli non facile intelligit: et ideo praemisit, *Ne irascaris, Ne concupiscas:* quia qui malis istis subjectus est, cor suum non potest attendere. Sed quomodo potest fieri ut non coram hominibus eleemosynam faciamus? Aut si fiat, quomodo non sentiemus? Si enim praesente aliquo occurrerit pauper, quomodo dabitur ei absconse? Sed educendo eum in secreto, videtur quia datur. Sed considera, quia non dixit, Ne tantum coram hominibus faciatis; sed addidit, *Ut videamini ab eis.* Qui ergo non ideo facit ut ab hominibus videatur; etsi coram hominibus fecerit, non tamen coram hominibus fecisse videtur: qui enim aliquid facit propter Deum, neminem videt in corde suo nisi Deum propter quem facit; sicut (3) artifex eum semper habet prae oculis qui sibi opus faciendum commisit. Gregorius (4) (lib. 8 Mor., cap. 3 super illud Job 8, « Inter « lapides »). Si ergo dantis gloriam quaerimus, et publicata nostra opera in conspectu illius occulta servamus; si vero per hoc nostram laudem concupiscimus (5), foras ab ejus conspectu jam fusa sunt, etiam si a multis ignorentur. Sed valde perfectorum est, sic ostenso opere, auctoris gloriam quaerere, ut de illata laude, privata nesciant exultatione gaudere; quam infirmi quia perfecte contemnendo non superant, necesse est ut bonum quod operantur, abscondant. Augustinus de serm. Dom. in monte, (lib. 2, cap. 2 vel 3). In hoc vero quod dicit, *Ut videamini ab eis,* nihil addens, apparet hoc eum prohibuisse ut ibi finem nostri propositi collocemus. Nam et Apostolus qui dicit (Galat. 1): « Si adhuc hominibus placerem, Chri- « sti servus non essem: » alio loco dicit (1 Cor. 10): « Ego omnibus (6) per omnia placeo. » Quod non ideo facit ut placeret hominibus, sed Deo, ad cujus amorem corda hominum volebat convertere ex eo quod eis placebat: sicut non absurde loqueretur qui diceret: In hoc opere quo navem quaero, non navem quaero, sed patriam. Augustinus (7) de ser. Dom. in monte (lib. 2, cap. 3, in fine). Dicit autem, *Ut videamini ab eis:* quia sunt quidam qui sic faciunt justitiam coram hominibus ut non videantur ab eis, sed ut ipsa opera videantur, et glorificetur Pater qui in caelis est: non enim suam justitiam deputant, sed ejus cujus fide vivunt. Au-

gustinus de ser. Domini in monte (ubi supra). In hoc etiam quod addit, *Alioquin mercedem non habebitis apud Patrem vestrum qui in caelis est,* nihil aliud demonstrat, nisi illud, nos cavere oportere ne humanam laudem pro nostrorum operum mercede quaeramus. Chrysostomus super Matth. (homil. 13, in oper. imperf.). Quid autem a Deo recipies qui Deo nihil dedisti? Nam quod propter Deum fit, Deo datur, et ab eo recipitur (1); quod autem propter homines fit, in ventos effunditur. Quae est autem sapientia res dare, et verba vacua comparare, et mercedem Dei contemnere? Vel illum aspice a quo laudem expectas, qui te propter Deum facere putat; alioquin vituperaret te magis. Ille autem qui plena quidem voluntate propter homines facit, ille propter homines fecisse videtur. Si autem per alicujus cor cogitatio vana ascendit, desiderans hominibus apparere, anima autem intelligens contradicit; ille non propter homines fecisse videtur: quia quod cogitavit, passio carnis est; quod elegit, judicium animae.

23. Augustinus de ser. Domini in monte (lib. 2, cap. 3). Generaliter supra Dominus justitiam nominavit cum dixit: *Attendite ne justitiam vestram etc.:* nunc autem per partes exequitur. Chrysostomus super Matth. (homil. 13, in oper. imperf.). Ponit autem tria fortia bona, scilicet eleemosynam, orationem et jejunium, contra tria mala adversus quae Dominus tentationis bellum suscepit: pugnavit enim pro nobis (2) contra gulam in eremo; contra avaritiam supra montem, contra vanam gloriam supra templum. Est ergo eleemosyna quae dispergit, contra avaritiam quae congregat; jejunium contra gulam, quia ei contrarium; oratio vero contra vanam gloriam, quia cum omne malum ex malo nascatur, sola vana gloria de bono procedit: ideo non destruitur per bonum, sed magis nutritur: nullum ergo remedium potest esse contra vanam gloriam nisi oratio sola. Ambrosius (super illud ad Timoth. 4, « Pietas ad omnia utilis est »). Omnis autem sententia disciplinae christianae in misericordia et pietate est; et ideo ab eleemosyna incipit, dicens: *Cum ergo facis eleemosynam, noli tuba canere ante te.* Chrysostomus super Matth. (hom. 12, in op. imperf.). Tuba autem est omnis actus vel sermo per quem operis jactantia demonstratur; puta, qui facit eleemosynam quando aliquem videt praesentem, vel intercedente aliquo, aut honestiori personae quae potest retribuere; alias autem non facit. Sed et si in loco secreto fecerit eo proposito ut laudabilis videatur, tuba est. Augustinus (lib. 2 de serm. Domini in monte, cap. 1). Sic ergo quod dicit, *Noli tuba canere ante te,* ad hoc respicit quod superius ait: *Attendite ne justitiam vestram faciatis coram hominibus.* Hieronymus (initio Comment. in cap. 6 Matth.). Qui autem tuba canit, eleemosynam faciens, hypocrita est: et ideo subdit (3, *Sicut hypocritae faciunt.* Isidorus (lib. 10 Etymol., cap. 8). (4) Nomen hypocritae tractum est a specie eorum qui in spectaculis contecta facie incedunt, distinguentes vultum vario colore, ut ad personae quam simulant, colo-

---

(1) In hom. 19 (*Ex edit. P. Nicolai*).
(2) Super Matth. in oper. imperf. ut supra (*Ex edit. P. Nicolai*).
(3) *Al.* sic.
(4) Vel in antiquis codicibus cap. 38, super illud Job 8: *Inter lapides commorabitur* (*Ex edit. P. Nicolai*).
(5) *Al.* conspicimus.
(6) *Al.* hominibus.
(7) De Verbis Domini, non, sicut prius, de serm. Domini in monte (*Ex edit. P. Nicolai*).

(1) *Al.* recipiunt.
(2) *Al.* bonis.
(3) *Al.* et subdit.
(4) *P. Nicolai habet hic.* Glossa. Forsitan in convocandi populi gratiam hoc faciebant, ut omnes irent ad spectaculum: *unde hauserit non indicans.*

rem perveniant, modo in specie viri, modo in feminae, ut fallant populum dum in ludis agunt.
Augustinus de ser. Dom. in monte (lib. 2, cap.
3, in initio). Sicut ergo hypocritae, idest simulatores, tamquam imitatores personarum aliarum,
agunt partes illius quod non sunt: non enim qui
agit partes Agamemnonis, vere ipse est, sed simulat eum: sic et in Ecclesiis in omni vita humana
quisquis (1) se vult videri quod non est, hypocrita
est: simulat enim se justum et non exhibet, qui
totum fructum in laude hominum ponit. Glossa.
Et ideo subdit loca publica, cum dicit, *In synagogis et vicis*: et finem intentum, cum subdit: *Ut
honorificentur ab hominibus.* Gregorius lib. 31 Moral. (cap. 11, in novis exempl. cap. 8). Sciendum
vero est, quod sunt nonnulli qui et sanctitatis habitum tenent, et perfectionis meritum exequi non
valent; quos nequaquam credendum est inter hypocritarum numerum currere: quia aliud est infirmitate, aliud callida simulatione peccare. Augustinus
de ser. Dom. in monte (lib. 2, cap. 3, circa med.).
Tales autem qui simulatione peccant, ab inspectore
cordis Deo mercedem non capiunt, nisi fallaciae
supplicium: et ideo subditur: *Amen dico vobis, receperunt mercedem suam.* Hieronymus (super hoc
verbo). Non Dei mercedem, sed suam: laudati e-
nim sunt ab hominibus, quorum causa exercuere
virtutes. Augustinus de ser. Dom. in monte (lib.
2, cap. 6). Hoc autem respicit ad illud quod supra posuit: *Alioquin mercedem non habebitis apud
Patrem vestrum.* Sic ergo non quomodo illi eleemosynam facias: sed quomodo facienda sit, jubet
convenienter, cum dicit: *Te autem faciente eleemosynam, nesciat sinistra tua quid faciat dextera tua.*
Chrysostomus in hom. (19, super illud, *Nesciat
sinistra*). Hoc autem per superabundantiam dicitur; ac si dicat: Si possibile est teipsum ignorare,
et ipsas manus latere possibile esset, studiosissi-
mum est tibi. Chrysostomus super Matth. (homil.
13, in op. imperf.). Apostoli autem interpretantur
in lib. Canonum sic. Dextera est populus Christianus, qui est ad dexteram Christi; sinistra autem
est omnis populus, qui est ad sinistram. Hoc ergo
dicit, ne Christiano eleemosynam faciente, qui est
dextera, infidelis aspiciat, qui est sinistra. Augustinus de ser. Dom. in monte (lib. 2, cap. 4 et 5).
Sed secundum hoc videbitur nulla esse culpa velle
placere fidelibus, cum tamen in quorumlibet hominum laude finem boni operis constituere prohibeamur. Ut autem te imitentur quibus facta tua
placuerint, non tantum fidelibus, sed etiam infidelibus exhibendum est. Si autem (ut alii dicunt)
sinistram inimicum putaveris, ut nesciat inimicus
tuus cum eleemosynam facis; cur ipse Dominus
inimicis Judaeis circumstantibus misericorditer sanavit homines? Deinde quomodo cum ipso inimico
faciemus, ut illud impleamus praeceptum (Prov.

(1) *Al.* qui.

21): « Si esurierit inimicus tuus, ciba illum? »
Tertia opinio est ridenda eorum qui dicunt, sinistrae nomine uxorem significari; ut quoniam in re
familiari tenaciores pecuniarum solent esse feminae, lateat eas cum aliquid viri alienis impendunt,
propter domesticas lites. Non autem solis viris hoc
praeceptum datum est, sed etiam feminis: cui ergo
sinistrae jubetur femina occultare opus misericordiae suae? An etiam vir sinistra erit feminae?
Quod si quispiam putat; cum praeceptum sit talibus, ut se invicem bonis moribus lucrifaciant, non
sibi debent occultare bona opera sua; nec furta
facienda sunt ut promereatur Deus. Quod si occultandum est aliquid, quamdiu alterius infirmitas
id aequo animo non potest sustinere, quamvis non
illicite fiat; non tamen femina per sinistram significari facile apparet totius capituli significatione; et
etiam quam sinistram vocet. Quod enim in hypocritis culpatum est, quod scilicet laudes hominum
quaerunt; hoc tu facere vetaris: quapropter sinistra videtur significare delectationem laudis; dextera autem significat intentionem implendi praecepta
divina. Cum ergo conscientiae facienti (1) eleemosynam miscet se appetitio laudis humanae, fit sinistra conscientia dexterae. *Nesciat* ergo *sinistra*;
idest, non se misceat conscientiae tuae, laudis humanae appetitio. Dominus autem noster multo magis prohibet solam sinistram in nobis operari, quam
eam miscere operibus dexterae. Quo autem fine
hoc dixerit, ostendit cum subdit: *Ut sit eleemosyna
vestra in abscondito,* idest in ipsa bona conscientia,
quae humanis oculis demonstrari non potest, nec
verbis aperiri, quandoquidem multi multa mentiuntur. Sufficit autem tibi ad promerendum praemium ipsa conscientia, si ab eo expectas praemium
qui solus conscientiae inspector est. Et hoc est quod
subditur: *Et Pater tuus, qui videt in abscondito,
reddet tibi* Multa latina exemplaria habent, *Reddet
tibi palam.* Chrysostomus super Matth. (hom. 13,
in oper. imperf.). Impossibile est enim ut opus
bonum hominis in abscondito dimittat Deus; sed
in hoc saeculo manifestat, et in illo glorificat, quia
gloria Dei est: sicut et diabolus manifestat malum,
in quo malitiae ejus virtus ostenditur. Proprie autem publicat Deus omne bonum in saeculo illo
cujus bona non sunt communia bonis et malis:
ideo cuicumque illic bene fecerit Deus, manifestum
est quia pro mercede justitiae suae meruit illud.
Merces autem justitiae in hoc saeculo manifesta
non est; quia hic non solum boni, sed etiam mali
sunt divites. Augustinus de ser. Dom. in monte
(lib. 2 cap. 4). Sed in graecis exemplaribus,
quae propria (2) sunt, non invenimus, *Palam.*
Chrysostomus in hom. 19. Si ergo vis habere inspectores eorum quae facis, ecce habes non solum
Angelos aut Archangelos, sed Deum universorum.

(1) *Al.* faciendi.
(2) *Nicolai ponit* priora.

CAPUT SEXTUM.

1. Cum oratis, non eritis sicut hypocritae, qui amant in synagogis et in angulis platearum stantes orare, ut videantur ab hominibus. Amen dico vobis, receperunt mercedem suam. Tu autem cum oraveris, intra in cubiculum tuum; et clauso ostio, ora Patrem tuum in abscondito; et Pater tuus, qui videt in abscondito, reddet tibi.

2. Orantes autem nolite multum loqui, sicut Ethnici faciunt: putant enim quod in multiloquio suo exaudiantur. Nolite ergo assimilari eis. Scit enim Pater vester quid opus sit vobis antequam petatis eum.

3. Sic ergo vos orabitis: Pater noster qui es in caelis.

4. Sanctificetur nomen tuum.

5. Adveniat regnum tuum.

6. Fiat voluntas tua, sicut in caelo, et in terra.

7. Panem nostrum supersubstantialem da nobis hodie.

8. Et dimitte nobis debita nostra, sicut et nos dimittimus debitoribus nostris.

9. Et ne nos inducas in tentationem.

10. Sed libera nos a malo. Amen.

11. Si enim dimiseritis hominibus peccata eorum, dimittet e vobis Pater vester caelestis delicta vestra; si autem non dimiseritis hominibus, nec Pater vester dimittet vobis peccata vestra.

12. Cum autem jejunatis, nolite fieri sicut hypocritae tristes. Exterminant enim facies suas, ut pareant hominibus jejunantes. Amen dico vobis, quia receperunt mercedem suam.

13. Tu autem cum jejunas, unge caput tuum, et faciem tuam lava, ne videaris hominibus jejunans, sed Patri tuo qui est in abscondito; et Pater tuus, qui videt in abscondito, reddet tibi.

14. Nolite thesaurizare vobis thesauros in terra, ubi aerugo et tinea demolitur, et ubi fures effodiunt et furantur. Thesaurizate autem vobis thesauros in caelo, ubi nec aerugo nec tinea demolitur, et ubi fures non effodiunt nec furantur. Ubi enim est thesaurus tuus, ibi est et cor tuum.

15. Lucerna corporis tui est oculus tuus. Si oculus tuus fuerit simplex, totum corpus tuum lucidum erit; si autem oculus tuus fuerit nequam, totum corpus tuum tenebrosum erit. Si ergo lumen quod in te est, tenebrae sunt, ipsae tenebrae quantae erunt?

16. Nemo potest duobus dominis servire. Aut enim unum odio habebit, et alterum diliget; aut unum sustinebit, et alterum contemnet. Non potestis Deo servire et mammonae.

17. Ideo dico vobis: ne soliciti sitis animae vestrae quid manducetis, neque corpori vestro quid induamini. Nonne anima plus est quam esca, et corpus plus quam vestimentum?

18. Respicite volatilia caeli, quoniam non serunt neque metunt, neque congregant in horrea; et Pater vester caelestis pascit illa. Nonne vos magis pluris estis illis? Quis autem vestrum cogitans potest adjicere ad staturam suam cubitum unum?

19. Et de vestimentis quid soliciti estis? Considerate lilia agri quomodo crescunt. Non laborant, neque nent. Dico autem vobis, quoniam nec Salomon in omni gloria sua coopertus et sicut unum ex istis. Si enim fenum agri quod hodie est, et cras in clibanum mittitur, Deus sic vestit; quanto magis vos modicae fidei?

20. Nolite ergo soliciti esse, dicentes: Quid manducabimus aut quid bibemus, aut quo operiemur? Haec enim omnia Gentes inquirunt. Scit enim Pater vester quia his omnibus indigetis. Quaerite ergo primum regnum Dei et justitiam ejus; et haec omnia adjicientur vobis.

21. Nolite ergo soliciti esse in crastinum: crastinus enim dies solicitus erit sibi ipsi: sufficit enim diei malitia sua.

CHRYSOSTOMUS super Matth. (hom. 13. in opere imperf.). Salomon dicit (Eccl. 8). « Ante orationem praepara animam tuam. » Quod quidem facit qui faciens eleemosynam venit ad orationem: bona enim opera excitant fidem cordis, et dant confidentiam animae apud Deum orandi. Ergo eleemosyna praeparatio est orationis; et idem Dominus post eleemosynam convenienter (1) de oratione nos instruit. AUGUSTINUS de serm. Dom. in monte (lib. 2, cap. 6). Non autem hoc monet nunc ut oremus, sed quomodo oremus; sic nec superius ut faciamus eleemosynam, sed quo animo faciamus. CHRYSOSTOMUS super Matth. (ibidem). Est autem oratio quasi quoddam spiritale tributum, quod anima offert Deo de visceribus suis. Quanto ergo gloriosior est, tanto cautius est servanda, ne propter homines facta vilescat: et ideo dicit: Cum oratis, non eritis sicut hypocritae. CHRYSOSTOMUS in hom. 13. Hypocritas vocat, qui Deum se fingentes orare, homines circumspiciunt; et ideo subdit: Qui amant in synagogis orare. CHRYSOSTOMUS super Matth. (hom. 8 in oper. imperf. super illud, Qui amant). Puto autem quod non ad locum hoc refert Dominus (2), sed ad propositum orantis: in conventu enim fidelium orare laudabile est, sicut dictum est Psal. 67: « In ecclesiis benedicite Deum. » Qui ergo sic orat ut ab hominibus videatur, non Deum aspicit, sed homines; et ideo quantum ad propositum suum in synagoga orat. Cujus autem orantis mens solum aspicit Deum, quamvis in synagoga oret, tamen apud se in secreto videtur orare. Sequitur: Et in angulis platearum: ut videantur ab-

sconse orare (1: et sic dupliciter laudantur; et quia orant, et quia absconse orant. GLOSSA. Vel anguli platearum sunt ubi via per transversum viae (2) ducitur, et quadrivium reddit. CHRYSOSTOMUS super Matth. (ibidem). Eo ergo proposito in conventu vetat orare, ut a conventu videatur: unde subditur: Ut videantur ab hominibus. Orans ergo nihil novum faciat quod aspiciant homines, vel clamando, vel pectus percutiendo, vel manus extendendo. AUGUSTINUS de ser. Domini (lib. 2, cap. 6). Non autem videri ab hominibus nefas est: sed ideo hoc agere ut ab hominibus videaris. CHRYSOSTOMUS in hom. (19, ante finem). A vana enim gloria ubique erui bonum est, maxime autem in oratione si enim in hoc cogitationibus circumferimur, si ad orandum ingressi fuerimus hanc habentes aegritudinem, qualiter intelligemus ea quae a nobis dicuntur? AUGUSTINUS de ser. Domini (lib. 2, cap. 6). Sic etiam fugienda est hominum scientia (3) si hoc animo aliquid fiat ut fructus expectetur placendi hominibus: unde subditur: Amen dico vobis, receperunt mercedem suam. CHRYSOSTOMUS super Matth. (hom. 13 in op. imperf.). Unusquisque enim ubi seminat, ibi metit: unde qui propter homines orant, non propter Deum, ab hominibus, non a Deo laudantur. CHRYSOSTOMUS in hom. (19, super Receperunt mercedem). Dicit autem, Receperunt, quia Deus retributionem quae est ab ipso, tribuere vellet; illi autem eam quae est ab hominibus, usurpant. Quomodo autem orandum sit, subjungit dicens: Tu autem cum oraveris, intra in cubiculum

(1) Al. consequenter.
(2) Al. non ad locum hoc referri quod ait Dominus.

(1) Al. ut videantur, absconse orans.
(2) Al. deest viae.
(3) Al. sententia.

tuum, et clauso ostio, ora Patrem tuum in abscondito. Hieronymus (super *Cum oraveris*). Hoc simpliciter intellectum erudit auditorem, ut vanam orandi gloriam fugiat. Chrysostomus super Matth. (hom. 13 in opere imperf.) Ut nemo sit ibi nisi ille qui orat: testis enim orantem gravat, non adjuvat. Cyprianus de Oratione dominica (ser. 6). In abditis etiam locis orare, magis convenit fidei, ut sciamus Dominum ubique esse praesentem, et majestatis suae plenitudine occulta penetrare (1). Possumus etiam intelligere per ostium (2) domus, os corporis, ut non clamosa voce oremus Deum, sed tacito corde, propter tria. Primo, quia Deus non voce clamosa pulsandus est, sed conscientia recta placandus, quia est cordis auditor; secundo, quia secretas orationes tuas non oportet alterum scire, nisi te et Deum: tertio, quia clamose orans, alterum juxta te non permittis orare. Cassianus (in Collat. Patrum 9, cap. 35). Cum summo etiam est orandum silentio, ut ipsos quoque inimicos nostros, qui orantibus nobis maxime insidiantur, lateat nostrae petitionis intentio. Augustinus de serm. Domini in monte (lib. 2 cap. 6). Vel per cubicula nostra sunt intelligenda corda nostra, de quibus dicitur Psal. 4. « Quae dicitis in cordibus vestris, « in cubilibus vestris compungimini. » Ostium est carnalis sensus; foris sunt omnia temporalia, quae per sensum cogitationes nostras penetrant, et turba vanorum phantasmatum orantibus obstrepunt. Cyprianus de Oratione dominica (serm. 6). Quae autem segnitia est alienari et capi ineptis cogitationibus et profanis, cum Dominum deprecaris: quasi sit aliud quod magis debeas cogitare quam quod (3) cum Deo loquaris? Quomodo te audiri a Deo postulas, cum teipsum non audias? Hoc est ab hoste non cavere, hoc est Deum negligentia orationis offendere. Augustinus de serm. Domini (lib. 2, cap. 6). Claudendum est ergo ostium, idest carnali sensui resistendum, ut oratio spiritualis dirigatur ad Patrem, quae fit in intimis cordis, ubi oratur Pater in abscondito: unde sequitur: *Et Pater tuus, qui videt in abscondito, reddet tibi.* Remigius. Et est sensus: Sufficiat tibi ut ille solus noverit tuam orationem qui omnium corda novit occulta: quia ipse qui est inspector, erit exauditor. Chrysostomus in homil. (19, prope finem). Non autem dixit, Gratis dabit, sed *Reddet tibi*; etenim debitorem seipsum tibi constituit.

2. Augustinus de ser. Domini in monte (lib.2, cap. 7). Sicut hypocritarum est praebere se spectandos in oratione, quorum fructus est placere hominibus; ita est Ethnicorum, idest gentilium, in multiloquio se putare exaudiri: et ideo subditur: *Orantes autem nolite multum loqui.* Cassianus libro 9 Collationum (cap. 36). Frequenter enim, sed breviter est orandum; ne immorantibus nobis, inferre aliquid nostro cordi insidiator possit inimicus. Augustinus ad Probam (epist. 121, cap. 10). Non tamen, ut quidam putant, hoc est orare in multiloquio, si diutius oretur. Aliud est sermo multus, aliud diuturnus affectus. Nam et de ipso Domino scriptum est, quod pernoctaverit in orando, et prolixius oraverit, ut

nobis praeberet exemplum. Dicuntur fratres in Ægypto crebras quidem habere orationes, sed eas tamen brevissimas, et raptim quodammodo jaculatas, ne illa violenter (1) erepta, quae oranti plurimum est necessaria, per productiores moras hebetetur intentio: ac per hoc ipsi satis ostendunt hanc intentionem sicut non est obtundenda (2) si perdurare non potest, ita si perduraverit, non cito esse rumpendam. Absit autem ab oratione multa locutio; sed non desit multa precatio, si fervens perseverat intentio: nam multum loqui est in orando rem necessariam superfluis agere verbis. Multum autem precari, est eum quem precamur diuturna cordis excitatione pulsare: nam plerumque hoc negotium plus gemitibus quam sermonibus agitur; plus fletu quam affatu. Chrysostomus in hom. (19 in Matth. . Dissuadet igitur per hoc inanem locutionem in orando; puta cum non petimus decentia a Deo, sed potentatus et glorias, inimicos superare, et pecuniarum abundantiam. Jubet ergo hic non longas orationes facere. Longas autem dico non tempore, sed multitudine eorum quae dicuntur. Perseverare (3) tamen oportet eos qui petunt. « Orationi enim (ait « Apostolus Rom. 12) instantes: » non tamen jubet decem millium versuum orationem componere, et corde tenus enuntiare: quod occulte insinuat, cum dixit, *Nolite multum loqui.* Glossa (ordinaria) Damnat autem multiloquium orationis veniens de infidelitate: unde sequitur, *Sicut Ethnici faciunt.* Gentilibus enim erat necessaria verborum multiplicitas, propter daemones, qui nesciebant (4) quid illi peterent, nisi illorum verbis instructi: unde sequitur: *Putant enim quod in multiloquio suo exaudiantur.* Augustinus de ser. Domini in monte (lib. 2, cap. 7). Et revera omne multiloquium a gentilibus venit, qui exercendae linguae potius quam mundando animo dant operam, et hoc studii genus, etiam ad Deum prece flectendum transferre conantur. Gregorius (5) 14 Moral. (super illud Job 41, « Non pareum verbis »). Sed veraciter orare est amaros in compunctione gemitus, et non composita verba resonare: et ideo subditur: *Nolite ergo assimilari eis.* Augustinus de serm. Domini in monte (lib. 1, cap. 7). Si enim verba multa ad id proferuntur ut instruatur ignarus; quid eis opus est ad rerum omnium conditorem? Unde sequitur: *Scit enim Pater vester quid opus sit nobis, antequam petatis eum.* Hieronymus (super *Scit Pater vester*). Consurgit autem in hoc loco quaedam haeresis philosophorum quorumdam, dogma perversum dicentium: Si novit Deus quid oremus, et antequam petamus scit quo indigeamus; frustra scienti loquimur. Quibus respondendum est, non narratores esse, sed rogatores. Aliud est enim narrare ignoranti, aliud scientem petere 6). Chrysostomus in hom. (19 in Matth.) Non ergo oras ut doceas, sed flectas; ut familiaris efficiaris continuitate interpellationis; ut humilieris; ut rememoreris peccatorum tuorum. Augustinus de ser. Domini in monte (lib. 2, cap. 7). Nec etiam verbis nos agere debemus apud Deum ut impetremus quod volumus, sed rebus quas animo gerimus, et intentione cogitationis, cum dilectione pura,

---

(1) Chrysostomus super Matth. in opere imperfecto, ut supra. Haec appendix cum praecedenti sic nectebatur prius, praetermisso indice Chrysostomi, ac si utraque Cypriani solius esset (Ex edit. P. Nicolai).
(2) Al. et ostium.
(3) Al. deest quod.

(1) Al. vigilanter.
(2) Al. sic esse obruendam.
(3) Al. permanere.
(4) Al nescirent.
(5) Lib. 33, cap. 21 (Ex edit. P. Nicolai).
(6) Al. petere scienti.

et supplici affectu. AUGUSTINUS ad Probam (epist. 121). Sed ideo per certa intervalla temporum etiam verbis rogamus Deum, ut illis rerum signis nos ipsos admoneamus, quantumque in hoc desiderio profecerimus, nobisipsis innotescamus, et ad hoc augendum nosipsos acrius excitemus, ne variis curis quod tepescere coeperat, omnino frigescat, et penitus extinguatur nisi crebrius inflammetur. Nobis ergo necessaria sunt verba quibus commoveamur et inspiciamus quid petemus, non quibus Dominum seu docendum seu flectendum esse credamus. AUGUSTINUS de serm. Domini in monte (lib. 2, cap. 7). Sed rursus quaeri potest, sive rebus sive verbis orandum sit, quid opus sit ipsa oratione, si Deus jam novit quid nobis necessarium sit, nisi quia ipsa orationis intentio cor nostrum serenat et purgat; capaciusque efficit ad excipienda divina munera, quae spiritualiter nobis infunduntur. Non enim ambitione precum nos exaudit Deus, qui semper paratus est dare suam lucem; sed nos non semper parati sumus accipere, cum inclinamur in alia. Fit ergo in oratione conversio corporis ad Deum, et purgatio interioris oculi, cum ea quae cupiebantur, temporaliter excluduntur, ut acies cordis simplicis ferre possit simplicem lucem, et in ea manere cum gaudio, quo beata vita perficitur.

5. GLOSSA (1). Inter salutaria monita et divina quibus consuluit (2) credentibus, formam orandi proposuit, et orationes composuit brevibus verbis, ut sit fiducia cito annuendi, quod breviter vult rogari: unde dicit: *Pater noster qui es in caelis.* CYPRIANUS de Oratione dominica. Qui fecit vivere, docuit et orare: ut dum oratione quam Filius docuit, apud Patrem loquimur, facilius audiamur. Amica et familiaris oratio est Dominum de suo rogare. Agnoscat (3) Pater Filii sui verba, cum precem facimus; et cum ipsum habeamus advocatum apud Patrem pro peccatis nostris, quando peccatores pro delictis nostris petimus, advocati nostri verba promamus. GLOSSA. Non tamen his solis verbis oratur, sed et aliis sub eodem sensu conceptis, quibus cor nostrum accenditur. AUGUSTINUS de serm. Domini in monte (lib. 2, cap. 8). Cum autem in omni deprecatione benevolentia concilianda sit ejus quem deprecamur, deinde dicendum quid deprecemur. Per laudem illius ad quem oratio dirigitur, solet benevolentia conciliari; et hoc in orationis principio poni solet: in quo Dominus noster nihil aliud nos dicere jussit, nisi *Pater noster qui es in caelis.* Multa quidem dicta sunt in laudem Dei; nusquam tamen invenitur praeceptum populo Israel, ut dicerent, *Pater noster*; sed est eis (4) insinuatus ut Dominus tamquam servis. Sed de populo Christiano Apostolus dicit (Rom. 8), quod spiritum adoptionis accepit, in quo clamamus Abba pater, quod non est meritorum nostrorum, sed gratiae. quam in oratione ponimus, cum dicimus, *Pater.* Quo nomine et caritas excitatur: quid enim carius debet esse filiis quam pater? et supplex affectus, cum homines dicunt Deo, *Pater noster*: et quaedam impetrandi praesuppositio (5): quid enim non det

filiis petentibus, cum hoc ipsum ante dederit ut filii essent? Postremo quanta cura animum tangit, ut qui dicit, *Pater noster*, tanto patre non sit indignus? Admonentur etiam hinc divites, vel genere nobiles, cum facti fuerint Christiani, non superbire adversus pauperes vel ignobiles, quoniam simul dicunt Deo, *Pater noster*; quod non possunt pie ac vere dicere, nisi se fratres esse cognoscant. CHRYSOSTOMUS in homil. 20. Quod enim nocumentum est ex inferiori cognatione, cum secundum superiorem omnes simus copulati? Qui etiam patrem dixit, et peccatorum remissionem et adoptionem et hereditatem et fraternitatem, quae est ad Unigenitum, et spiritus largitionem per unam hanc confessus est nuncupationem. Non enim possibile est vocare Deum patrem, nisi eum qui est omnibus istis bonis potitus. Dupliciter orantium igitur erigit sensum: et dignitate ejus qui invocatur, et magnitudine beneficiorum, quibus orans potitus est. CYPRIANUS de Oratione dominica. Non autem dicimus, Pater meus, sed *Pater noster*, quia pacis et unitatis magister noluit sigillatim et privatim precem fieri, ut qui eum precatur, pro se tantum precetur. Publica enim est nobis et communis oratio; et quando oramus, non pro uno tantum, sed pro populo toto oramus, quia totus populus unum sumus. Sic enim unum orare pro omnibus voluit, quomodo in uno omnes ipse portavit. CHRYSOSTOMUS super Matth. (hom. 14. in opere imperf.). Pro se enim orare necessitas cogit, pro altero autem caritas fraternitatis hortatur. Dulcior autem est ante Deum oratio non quam necessitas transmittit, sed quam caritas fraternitatis commendat. GLOSSA. Dicitur etiam *Pater noster*, quod commune est omnibus: non Pater meus, quod soli Christo convenit, qui est Filius per naturam. CHRYSOSTOMUS super Matth. (in opere imperf. ut supra). Addit autem, *Qui es in caelis*, ut sciamus nos habere patrem caelestem, et erubescant se terrenis rebus substernere qui patrem habent in caelis. CASSIANUS lib. 9 Col. (cap. 18). Et ut ad illam regionem in qua patrem nostrum commorari fatemur, summo desiderio properemus. CHRYSOSTOMUS (in hom. 20 super Matth.). *In caelis* ergo cum dicit, non illic Deum concludens, hoc ait; sed a terra abducens orantem, et excelsis regionibus affigens. AUGUSTINUS de serm. Domini in monte (lib. 2, cap. 9) Vel dicitur esse *in caelis*, idest in sanctis et justis: non enim spatio locorum continetur Deus. Sunt quidem caeli excellentia mundi corpora; et si in eis locus Dei esse credatur, melioris meriti sunt aves, quarum vita est Deo vicinior. Non autem est scriptum (Psal. 33): « Prope est Dominus » celsis hominibus, aut eis qui in montibus habitant; sed « contritis corde. » Sed sicut terra appellatur peccator, cui dictum est (Gen. 3): « Terra es, et « in terram ibis; » sic caelum justus e contrario dici potest. Recte ergo dicitur, *Qui es in caelis*: tantum enim spiritaliter interesse videtur inter justos et peccatores, quantum corporaliter inter caelum et terram. Cujus rei significandae gratia orantes ad orientem convertimur, unde caelum surgit; non tamquam Deus ibi sit, ceteras mundi deserens partes; sed ut admoneatur animus ad naturam excellentiorem se convertere, id est ad Deum; cum corpus ejus, quod terrenum est, ad corpus excellentius, idest ad corpus caeleste, convertatur. Convenit etiam ut omnium sensibus et parvulorum,

---

(1) Bedae nomine praenotatur; sed haec in Beda non occurrunt; partem autem eorum habet Cyprianus tract. de Oratione dominica paulo post initium (*Ex edit. P. Nicolai*).
(2) *Al.* consistit.
(3) *Al.* regere, ut ignoscat.
(4) *Al.* in eis.
(5) *Al.* praesumptio.

et magnorum bene sentiatur de Deo: et ideo qui nondum possunt incorporeum (1) cogitare, tolerabilior est illorum opinio (2), si Deum in caelo potius esse credant quam in terra.

4. Augustinus (lib. 2 de serm. Dom. in monte, cap. 10). Dictum est quis sit qui petitur, et ubi habitet: jam videamus quae sint petenda. Primum autem omnium quae petuntur, hoc est, *Sanctificetur nomen tuum*: quod non sic petitur quasi non sit sanctum Dei nomen, sed ut sanctum habeatur ab hominibus: idest, ita innotescat Deus ut non aestimetur aliquid sanctius (3). Chrysostomus in hom. 20 Vel rogare jubet orantem, Deum per nostram glorificari vitam; ac si dicat: Ita fac nos vivere ut per nos universa te glorificent. *Sanctificetur* enim (4 idem est quod glorificetur. Digna est autem Deum deprecantis oratio, nihil petere ante Patris gloriam, sed omnia ejus laudi postponere. Chrysostomus (5) (hom. 14 in Matth., in op. imperf.). Vel aliter. Non optamus Deo ut sanctificetur orationibus nostris, sed ut nomen ejus sanctificetur in nobis. Quia enim ipse dixit (Levit. 30): « Sancti estote, quia ego sanctus sum; » id petimus et rogamus, ut qui in baptismo sanctificati sumus, in eo quod esse coeperimus perseveremus. Augustinus de Bono Perseveran. Cur autem perseverantia ista poscitur a Deo, si, ut Pelagiani dicunt, non datur a Deo? An et ista irrisoria petitio est, cum id ab eo petitur quod scitur non ipsum dare, sed ipso non dante esse in hominis potestate praestare (6)? Cyprianus (ut supra). Et hoc etiam ut sanctificemur, quotidie deprecamur: opus enim est nobis continua sanctificatione, ut qui quotidie delinquimus, delicta nostra sanctificatione assidua purgemus.

5. Glossa. Congrue sequitur ut post adoptionem filiorum, regnum petamus, quod filiis debetur: unde sequitur: *Adveniat regnum tuum*. Augustinus de serm. Dom. in mont. (lib. 2, cap. 10). Quod non ita dictum est, quasi Deus nunc non regnet etiam in terra, semperque in ea regnaverit. *Adveniat* ergo accipiendum est ut manifestetur hominibus. Nulli autem licebit ignorare regnum Dei; cum ejus Unigenitus non solum intelligibiliter, sed etiam visibiliter venerit judicare vivos et mortuos. Tunc autem esse futurum judicii diem Dominus docet, cum Evangelium praedicatum fuerit in omnibus gentibus; quae res pertinet ad sanctificationem nominis Dei. Hieronymus. Vel generaliter pro totius mundi petit regno, ut diabolus in mundo regnare desistat; vel ut in unoquoque regnet Deus, et non regnet peccatum in mortali hominum corpore. Chrysostomus (ubi supra). Vel nostrum regnum petimus advenire a Deo nobis repromissum, et Christi sanguine acquisitum; ut qui in saeculo ante servivimus, postmodum Christo dominante regnemus. Augustinus ad Probam (epist. 121, cap. 11). Regnum namque Dei veniet, sive velimus sive nolimus. Sed desiderium nostrum ad illud regnum excitamus, ut nobis veniat, atque in eo regnemus. Cassianus 9 Col-

lat. (cap. 19) (1). Vel quia novit sanctus testimonio conscientiae suae, cum apparuerit regnum Dei, ejus se futurum esse consortem. Hieronymus (in hoc loco). Attendendum autem quod grandis audaciae sit et purae conscientiae postulare regnum Dei, et judicium non timere. Cyprianus (ut supra). Potest etiam et ipse Christus esse regnum Dei, quem venire quotidie cupimus, cujus adventus ut cito nobis repraesentetur optamus: nam cum resurrectio ipse sit quia in ipso resurgimus, sic et regnum Dei potest intelligi, quia in illo regnaturi sumus. Bene autem regnum Dei petimus, idest caeleste, quia est et terrestre regnum. Sed qui renuntiavit jam saeculo, major est etiam honoribus ejus et regno; et ideo qui se Deo et Christo dedicat, non terrena, sed caelestia regna desiderat. Augustinus de bono Perseverantiae (cap. 2). Cum autem petitur, *Adveniat regnum*, quid orant qui jam sancti sunt, nisi ut in ea sanctitate quae jam illis data est perseverent? Neque enim aliter veniet Dei regnum, quod his qui perseverant usque in finem, certum est esse venturum.

6. Augustinus (lib. 2 de serm. Dom. in monte cap. 10). In illo beatitudinis regno vita beata perficietur in sanctis, sicut nunc in caelestibus Angelis. Et ideo post illam petitionem qua dicimus, *Adveniat regnum tuum*, sequitur, *Fiat voluntas tua, sicut in caelo, et in terra*; idest, sicut in Angelis, qui sunt in caelo, voluntas tua fit, ut te perfruantur, nullo errore obnubilante eorum sapientiam, nulla miseria impediente eorum beatitudinem; ita fiat in sanctis tuis, qui in terra sunt, et de terra, quantum ad corpus attinet, facti sunt. Item *fiat voluntas tua*, recte intelligitur, obediatur praeceptis tuis: *sicut in caelo, et in terra*; idest, sicut ab Angelis, ita ab hominibus: non quod ipsi faciant ut velit Deus, sed quia faciunt quod ille vult; idest, faciunt secundum voluntatem ejus. Chrysostomus in hom. (20 super Matth. prope princ.). Vide autem consequentiam optimam: quia enim concupiscere docuit caelestia, per hoc quod dictum est, *Adveniat regnum tuum*, antequam ad caelum perveniatur, ipsam terram jussit fieri caelum, per hoc quod dicit *Fiat voluntas tua sicut in caelo et in terra*. Hieronymus. Erubescant autem ex hac sententia qui quotidie ruinas in caelo fieri mentiuntur. Augustinus de ser. Dom. in monte (lib. 2, cap. 11). Vel *sicut in caelo, et in terra*; idest, sicut in justis, ita in peccatoribus: tamquam si diceret: Sicut faciunt voluntatem tuam justi, etiam peccatores, ut ad te convertantur, sive, ita ut sua cuique tribuantur, quod fiet in extremo judicio. Vel per caelum et terram, accipiamus spiritum et carnem. Et quod dicit Apostolus Rom. 7: « Mente servio legi Dei; » videamus factam Dei voluntatem in spiritu. In illa autem immutatione quae promittitur justis, *fiat voluntas tua sicut in caelo et in terra*; idest, sicut spiritus non resistit Deo, ita et corpus non resistat spiritui. Vel *sicut in caelo et in terra*, idest, sicut in ipso Jesu Christo, ita et in Ecclesia; tamquam in viro, qui patris voluntatem implevit, ita et in femina, quae illi desponsata est. Caelum enim et terra convenienter intelligitur quasi vir et femina, quoniam terra caelo fecundante fructifera est. Cyprianus (ubi supra). Non ergo petimus ut Deus faciat quod vult: sed ut nos facere possimus quod

---

(1) *Al.* corporeum.
(2) *Al. omittuntur sequentia.*
(3) *Al.* sanctum.
(4) *Al. deest* enim.
(5) Cyprianus de Oratione dominica, non Chrysostomus ut prius notabatur, adjecto ad marginem indice operis imperf. hom. 14 (*Ex edit. P. Nicolai*).
(6) *Al. omittitur* praestare.

(1) *Al. pro Cassiano fere semper citatur hoc modo*: Ex Collat.

Deus vult: quod ut fiat in nobis, opus est Dei voluntate, idest opera ejus et protectione: quia nemo suis viribus fortis est, sed Dei misericordia tutus. CHRYSOSTOMUS in homil. (20 super illud, *Fiat voluntas tua*). Virtus enim non est nostri studii solum, sed superioris gratiae. Rursum autem hic orationem pro orbe terrarum cuilibet nostrorum injunxit: neque enim dixit: Fiat voluntas tua in me' vel in nobis, sed ubique terrarum, ut solvatur error, et plantetur veritas, et expellatur malitia, et revertatur virtus, et sic jam non differat caelum a terra. AUGUSTINUS de bono Perseverantiae (c. 3). Ex hoc autem evidenter ostenditur contra Pelagianos initium fidei esse donum Dei, quando pro infidelibus, ut habere fidem incipiant, sancta orat Ecclesia. Cum etiam in sanctis jam sit facta Dei voluntas; cur ut fiat adhuc petunt, nisi ut perseverent in eo quod esse coeperunt? CHRYSOSTOMUS super Matth. (hom. 14 in opere imperf.) Communiter autem accipi debet quod ait, *Sicut in caelo et in terra*; idest, *sanctificetur nomen tuum sicut in caelo, et in terra; adveniat regnum tuum sicut in caelo, et in terra: fiat voluntas tua sicut in caelo, et in terra.* Et vide quod caute locutus est; non dixit: Pater sanctifica nomen tuum in nobis: adveniat regnum tuum super nos: fac voluntatem tuam in nobis. Nec iterum dicit: Sanctificemus nomen tuum: suscipiamus regnum tuum: faciamus voluntatem tuam: ne hoc aut Dei tantum, aut hominis tantum esse videatur. Sed medie dixit et impersonaliter: nam sicut homo non potest facere bonum nisi habuerit adjutorium Dei, sic nec Deus bonum operatur in homine nisi homo voluerit.

7. AUGUSTINUS (in Ench. cap. 15). Haec ergo tria quae in praemissis petitionibus petuntur, hic inchoantur, et quantumcumque proficimus, augentur in nobis; perfecte vero, quod in alia vita sperandum est, semper possidebuntur. Reliquis vero quatuor quae sequuntur, petuntur temporalia, quae propter aeterna consequenda sunt necessaria: panis enim qui convenienter petitur hic, est necessarius: sequitur enim: *Panem nostrum supersubstantialem da nobis hodie.* HIERONYMUS (in hoc loco). Quod nos supersubstantialem exprimimus, in graeco habetur bis επιουσιον (epiousion) quod verbum LXX Interpretes περιουσιον (periousion) frequentissime transferunt. Consideravimus ergo in hebraeo : et ubicumque illi περιυσιον (periousion) expresserunt, nos invenimus *segola*, quod Symmachus εξαιρετον *exereton*, idest praecipuum vel egregium transtulit; licet in quodam loco *peculiarem* interpretatus sit. Quando ergo petimus ut peculiarem vel praecipuum nobis Dominus tribuat panem, illum petimus qui dicit in Evangelio (Joan. 6), « Ego sum panis « vivus, qui de caelo descendi. » CYPRIANUS (ubi supra). Nam panis vitae Christus est; et panis hic omnium non est, sed noster est. Hunc autem panem dari nobis quotidie postulamus, ne qui in Christo sumus et eucharistiam quotidie accipimus, intercedente aliquo graviori delicto a caelesti pane prohibeamur, et a Christi corpore separemur. Petimus ergo ut qui in Christo manemus, a sanctificatione ejus et corpore non recedamus. AUGUSTINUS de bono Perseverantiae (cap. 4). Perseverantiam ergo a Domino sancti poscunt, quando petunt ne a Christi corpore separentur, sed in ea sanctictate permaneant, ut nullum crimen admittant. CHRYSOSTOMUS (hom. 14 oper. imperf) Vel *panem supersubstantialem* posuit, hoc

est quotidianum. CASSIANUS lib. 9 Coll. (cap. 21). Cum enim (1) dicit, *Hodie*, ostendit eum quotidie esse sumendum, omnique tempore haec oratio debet profundi; quia non est dies qua non opus sit nobis hujus panis (2) perceptione cor interioris hominis confirmare. AUGUSTINUS de serm. Dom. in monte (lib. 2, cap. 12). Sed contra hoc illi movent quaestionem qui in orientalibus partibus non quotidie coenae Domini communicant:' qui de hac re suam sententiam defendunt, vel ipsa auctoritate ecclesiastica, quod sine scandalo ista faciunt, neque ab eis qui Ecclesiis praesunt, facere prohibentur. Sed ut de istis nil in aliquam partem disseramus (3) illud certe debet occurrere cogitantibus, regulam nos orandi a Domino accepisse, quam transgredi non oportet. Quis ergo audeat dicere, semel tantum nos orare debere orationem dominicam, aut si iterum et tertio, usque ad eam tantum horam qua corpori Domini communicamus ? Non enim postea dicere poterimus, *Da nobis hodie*, quod jam accepimus. Aut poterit quisque cogere ut ultima parte diei sacramentum illud celebremus ? CASSIANUS ibidem. Licet istud quod dicitur, *Hodie*, ad praesentem vitam possit intelligi; idest dum in hoc saeculo commoramur, praesta nobis hunc panem. HIERONYMUS (hoc loco) Possumus supersubstantialem panem et aliter intelligere, qui super omnes substantias sit, et universas superet creaturas, scilicet Domini. AUGUSTINUS de ser. Dom. in monte (lib. 2, cap. 12). Vel quotidianum panem accipiamus spiritualem, praecepta scilicet divina, quae quotidie oportet meditari et operari. GREGORIUS 24 Moral. (cap. 7 vel 5 in novis exempl.). Nostrum autem hunc panem dicimus, et tamen ut detur oramus: quia Dei est ex munere (4), et noster fit per acceptionem. HIERONYMUS. Alii simpliciter putant, secundum Apostoli sermonem dicentis (1 Tim. 6), « Habentes victum et vestitum his contenti simus; » de praesenti tantum cibo sanctos curam gerere: unde in posterioribus praeceptum est, *Nolite cogitare de crastino.* AUGUSTINUS ad Probam (epist. 121, cap. 11). Sic ergo hic sufficientiam petimus a parte quae excellit (5), idest nomine panis totum significantes. CHRYSOSTOMUS super Matth. (hom. 14 in opere imperf.). Non solum autem oramus ideo, *Panem nostrum da nobis hodie*, ut habeamus quid manducemus, quod commune est inter justos et peccatores; sed ut quod manducamus, de manu Dei accipiamus, quod est tantum sanctorum. Nam illi Deus dat panem qui cum justitia praeparat, diabolus autem ei qui praeparat cum peccato. Vel ita ut dum a Deo datur, sanctificatus accipiatur: et ideo addidit, *Nostrum*, idest, quem nos habemus paratum, illum da nobis, ut a te sanctificetur: sicut sacerdos panem accipiens a laico, sanctificat, et porrigit ei: panis enim offerentis est; sed quod sanctificatum est beneficium est sacerdotis. Dicit autem, *Nostrum*, propter duo. Primo, quia omnia quae nobis Deus dat, per nos alii dat, ut de eo quod accipimus, partem impotentibus faciamus. Qui ergo de laboribus suis, indigentibus praestat, non tantum panem suum manducat, sed etiam alienum. Deinde qui de justitia acquisitum panem manducat, suum panem mandu-

---

(1) *Al. deest* enim: *item habetur* etiam.
(2) *Al. omittitur* panis.
(3) *Al. deferamus.*
(4) *Al. ex vi naturae.*
(5) *Al. expedit.*

eat; quod autem cum peccato, alienum. Augustinus de serm. Dom. in monte (lib. 2, cap. 12). Forte autem aliquis moveatur cur oremus pro his adipiscendis quae huic vitae sunt necessaria, sicut est victus et tegumentum, cum Dominus dicat: *Nolite soliciti esse quid edatis aut quid induamini*: non potest autem quisque de ea re, pro qua adipiscenda orat, non esse solicitus. Augustinus ad Probam (epistol. 121, cap. 11). Sed sufficientiam vitae non indecenter vult quisquis vult, et non amplius; haec autem sufficientia non appetitur propter seipsam, sed propter salutem corporis, et congruentem habitum personae hominis, quo habito non sit inconveniens eis cum quibus honeste vivendum est. Ista ergo cum habentur, ut teneantur; cum non habentur, ut habeantur orandum est. Chrysostomus in hom. 20. Considerandum est autem, quod postquam dixit, *Fiat voluntas tua sicut in caelo, et in terra ;* quia hominibus loquebatur in terra carne indutis, et non potentibus habere eamdem impassibilitatem cum Angelis; condescendit jam infirmitati nostrae, quae necessario indiget cibo: et ideo pro pane jussit orationem facere, non pro pecuniis neque pro lascivia, sed solum pro pane quotidiano: et neque hoc sufficit, sed apposuit, *Da nobis hodie*, ut non conteramus nosipsos solicitudine supervenientis diei. Chrysostomus super Matth. (hom. 14 in opere imperf.). Et sic prima facie videntur haec verba sonare, ut qui hoc dicunt, non habeant in crastinum aut post crastinum praeparatum. Quod si ita est, oratio ista aut paucis potest convenire, sicut Apostolis, qui docendi gratia omni tempore vagabantur, aut forsitan nulli. Doctrinam autem Christi ita debemus aptare ut omnes in ea proficiant Cyprianus (in tract. de dominica Oratione, circa medium.) Divinum ergo cibum discipulus Christi debet petere, ne in longum desiderium petitionis extendat: quia contrarium sibi fit et repugnans ut quaeramus in saeculo diu manere, qui petimus regnum caelorum velociter advenire (1). Vel addit, *Quotidianum*, ut tantum quis manducet quantum ratio naturalis exigit, non quantum lascivia carnis impellit. Si enim in uno convivio tantum expendas quantum sufficere tibi potest centum diebus, jam non quotidianum cibum manducas, sed multorum dierum. Hieronymus (super illud, *Panem nostrum*). In Evangelio autem quod appellatur secundum Hebraeos pro *supersubstantiali* pane *mohar* (2) reperitur, quod dicitur crastinum: ut sit sensus, *Panem nostrum crastinum*, idest futurum, *da nobis hodie.*

8. Cyprianus (ubi supra). Post subsidium cibi petitur et venia delicti; ut qui a Deo pascitur, in Deo vivat; nec tantum praesenti vitae, sed aeternae consulatur, ad quam venire potest, si peccata donentur, quae debita Dominus appellavit, sicut alibi dicit (infra 18): *Dimisi tibi omne debitum, quia rogasti me.* Unde sequitur: *Dimitte nobis debita nostra.* Quare necessarie et salubriter admonemur, qui peccatores sumus, qui pro peccatis rogare compellimur; et ne quis sibi quasi innocens placeat, et se extollendo plus pereat, instruitur se peccare quotidie dum pro peccatis quotidie jubetur orare. Augustinus de bono Perseverantiae (cap. 5). Hoc autem telo Pelagiani confodiuntur haeretici, qui

audent dicere, hominem justum in hac vita habere nullum omnino peccatum, et in talibus hominibus esse jam in praesenti tempore Ecclesiam, non habentem maculam aut rugam. Chrysostomus in hom. 20. Quoniam vero fidelibus haec oratio convenit, et leges Ecclesiae docent, et orationis principium, quod docet Deum patrem vocare. Qui ergo fidelibus jubet remissionem peccatorum petere, demonstrat quod post baptismum contingit peccata dimitti, contra Novatianos. Cyprianus (ubi supra). Qui ergo pro peccatis nos orare docuit, paternam misericordiam promisit; sed plane addidit legem, certa conditione nos constringens, ut sic nobis debitum dimitti postulemus, secundum quod et ipsi debitoribus nostris dimittimus; et hoc est quod dicit, *Sicut et nos dimittimus debitoribus nostris.* Gregorius 10 Moral. (super illud Job 11, « Si abstuleris iniquitatem, » cap. 2, in nov. exempl.). Ut profecto bonum, quod a Deo compuncti petimus, hoc primum proximo conversi faciamus. Augustinus de serm. Dom. (lib. 2, cap. 13). Hoc non de pecunia dicitur, sed de omnibus quae in nos quisque peccat, ac per hoc etiam de pecunia: peccat namque in te qui pecuniam tibi debitam, cum habeat unde reddere, non reddit: quod peccatum si non dimiseris, non poteris dicere: *Dimitte nobis debita nostra, sicut et nos dimittimus debitoribus nostris.* Chrysostomus super Matth. (14 hom. in oper. imperf.). Cum qua ergo spe orat qui inimicitiam servat adversus alterum, a quo forsitan laesus est? Sicut enim ipse orans mentitur, dicit enim, Remitto, et non remittit. sic a Deo petit indulgentiam, et non illi indulgetur. Sed multi nolentes dare veniam peccantibus in se, fugiunt istam orationem orare. Stulti! Primo, quia qui non sic orat ut docuit Christus, non est Christi discipulus; secundo, quia nec Pater libenter exaudit orationem quam Filius non dictaverit: cognoscit enim Pater Filii sui sensus et verba, neque suscipit quae usurpatio humana excogitavit, sed quae sapientia Christi exposuit. Augustinus in Enchir. (cap. 75). Tamen quia hoc tam magnum bonum, scilicet dimittere debita et diligere inimicos, tantae multitudinis non est quantam credimus exaudiri cum in oratione dicitur: *Dimitte nobis debita nostra, sicut et nos dimittimus debitoribus nostris:* procul dubio verba sponsionis hujus implentur, si homo nondum ita proficit ut diligat inimicum; tamen quando rogatur ab homine qui peccavit in eum ut ei dimittat, dimittit ex corde, qui etiam sibi roganti utique vult dimitti. Jam vero qui eum in quem peccavit, rogat, si peccato suo movetur ut roget, non adhuc est reputandus inimicus, ut eum diligere sit difficile, sicut difficile erat quando inimicitias exercebat.

9. Chrysostomus super Matth. (hom. 14 in oper. imperf.). Quia multa magnifica supra mandavit hominibus, ut Deum patrem suum dicant, ut regnum Dei petant venire: ideo nunc additur humilitatis doctrina, cum dicitur: *Et ne nos inducas in tentationem.* Augustinus de ser. Dom. in mont. (lib. 2, cap. 14). Nonnulli codices habent: *Et ne nos inferas in tentationem:* quod tantumdem valere arbitror: nam ex uno graeco verbo, εισενεγκης, *isenenkis*, utrumque est translatum. Multi autem interpretando ita dicunt: Ne nos patiaris induci in tentationem, exponentes quomodo dictum sit, *Inducas.* Nec enim per seipsum inducit Deus, sed

---

(1) Chrysostomus super Matthaeum hom. 14 operis imp. (*Ex edit. P. Nicolai*).

(2) *Al.* machar.

induci patitur eum quem suo auxilio deseruerit.
Cyprianus (ubi supra). Qua in parte ostenditur,
contra nos nihil adversarium posse, nisi Deus ante
permiserit: ut omnis timor noster et devotio convertatur ad Deum. Augustinus de ser. Dom. in monte (lib. 2, cap. 14). Aliud est autem induci in
tentationem, aliud tentari: nam sine tentatione probatus esse nemo potest. sive sibi ipsi, sive alii;
Deo autem ante omnes tentationes quisque notissimus est. Non ergo hic oratur ut non tentemur,
sed ut non inferamur in tentationem; tamquam si
quispiam cui necesse est igne examinari, non orat
ut igne non contingatur; sed ut non exuratur. In-
ducimur enim, si tales inciderint quas ferre non
possumus. Augustinus ad Probam (epist. 121, cap.
2). Cum ergo dicimus: *Ne nos inducas in tentationem*, nos admonemur hoc petere, ne deserti ejus
adjutorio, alicui tentationi vel consentiamus decepti,
vel cedamus afflicti. Cyprianus (ubi supra). In quo
admonemur infirmitatis et imbecillitatis nostrae, ne
quis se insolenter extollat: ut dum procedit humilis et submissa confessio, et datur totum Deo,
quicquid suppliciter petitur, ipsius pietate praestetur. Augustinus de bono Perseverantiae (cap. 5).
Cum autem sancti petunt, *Ne nos inferas in tentationem*, quid aliud quam ut in sanctitate perseverent orant? Hoc autem sibi concesso (quod esse
de Dei dono (1), cum ab illo poscitur, demonstratur), nemo sanctorum non tenet usque in finem
perseverantiam sanctitatis; neque enim quisquam
in proposito christiano perseverare desistit nisi in
tentationem primitus inferatur. Ideo ergo petimus
ne inferamur in tentationem, ut hoc non fiat; et
si non fit, Deus non permittit ut fiat: nihil enim
fit, nisi quod aut ipse facit, aut fieri permittit. Potens est ergo a malo in bonum flectere voluntates,
et lapsum convertere, ac dirigere in sibi placitum
gressum, cui non frustra dicitur: *Ne nos inferas in
tentationem*: nam qui in tentationem suae malae
voluntatis non infertur, in nullam prorsus infertur:
« unusquisque enim tentatur a concupiscentia sua: »
(Jac. 1). Voluit ergo Deus a se posci ne inferamur in tentationem, quod poterat nobis et non
orantibus dari: quia voluit nos admoneri, a quo
beneficia accipiamus. Attendat ergo Ecclesia quoti-
dianas orationes suas: orat ut increduli credant;
Deus ergo convertit ad fidem: orat ut credentes
perseverent; Deus ergo dat perseverantiam usque
in finem.

10 Augustinus de serm. Dom. (lib. 2, cap.
16). Orandum est, non solum ut non inducamur
in malum quo caremus, sed ab illo etiam liberemur in quod jam inducti sumus; et ideo sequitur:
Sed libera nos a malo. Chrysostomus in hom.
20. Vel malum hic diabolum vocat, propter excellentiam malitiae, non quae ex natura est, sed quae
ex electione. Et quia ad nos implacabile bellum
habet, propter hoc dixit: *Libera nos a malo*. Cyprianus (ubi supra). Post omnia quidem supradicta, in consummatione orationis venit clausula universas preces nostra collecta brevitate concludens:
nihil enim remanet quod ultra adhuc debeat postulari, cum semel protectionem Dei adversus malum petamus, qua impetrata, contra omnia quae
diabolus et mundus operatur, securi sumus. Quis
enim de saeculo metus est, cujus in saeculo Deus

tutor est? Augustinus ad Probam epist. (121, cap.
11). Et hoc ultimum quod in oratione dominica
positum est, tam late patet, ut homo Christianus
in qualibet tribulatione constitutus, in hoc gemitus
edat, et in hoc lacrymas fundat, hinc exordiatur,
in hoc terminet orationem: unde sequitur, *Amen*,
quo desiderium orantis exprimitur. Hieronymus super illud, *Libera nos a malo*. Amen enim, quod
in fine constat scriptum, signaculum est dominicae
orationis; quod Aquila interpretatus est *Fideliter,*
quod nos *Vere* possumus dicere. Cyprianus (ubi
supra). Quid mirum, si talis oratio est quam Deus
docuit, qui magisterio suo omnem precem nostram
salutari sermone breviavit? Hinc per Isaiam fuerat
ante praedictum (cap. 10): « Sermonem brevia-
« tum faciet Deus super terram. » Nam cum Dominus Jesus Christus omnibus venerit, ut colligeret
doctos pariter atque indoctos, omni sexui atque
aetati praecepta salutis ediderit; praeceptorum suorum fecit grande compendium, ut in disciplina
caelesti discentium memoria non laboraret, sed
quod esset simplici fidei necessarium, velociter discerent. Augustinus ad Probam (ep. 121, cap. 12).
Quaelibet autem alia verba dicamus, quae affectus
orantis vel praecedendo format ut clareat, vel
consequendo accendit (1) ut crescat: nil aliud dicimus quam quod in ista oratione dominica positum est, si recte et congruenter oramus. Qui enim
dicit (Eccli. 36 : « Clarificare in omnibus genti-
« bus sicut clarificatus es in nobis » quid aliud
dicit quam *Sanctificetur nomen tuum*? Qui dicit
« (Psal. 79). Ostende faciem tuam, et salvi eri-
« mus, » quid aliud dicit quam *Adveniat regnum
tuum?* Qui dicit (Psal. 118): « Gressus meos di-
« rige secundum eloquium tuum » quid aliud
dicit quam *Fiat voluntas tua*? Qui dicit (Prov. 30):
« Paupertatem et divitias ne dederis mihi, » quid
aliud dicit quam, *Panem nostrum quotidianum da
nobis hodie*? Qui dicit (Psal. 131): « Memento
« Domine, David, et omnis mansuetudinis ejus: »
et (Psal. 7) « si reddidi retribuentibus mihi
« mala: quid aliud dicit quam *Dimitte nobis debita nostra, sicut et nos dimittimus debitoribus nostris*? Qui dicit (Eccli. 23): « Aufer a me con-
« cupiscentias ventris, » quid aliud dicit quam *Ne
nos inducas in tentationem*? Qui dicit (Psal. 58):
« Erue me ab inimicis meis, Deus meus, » quid
aliud dicit quam *Libera nos a malo*? Et si per omnia precationum sanctarum verba discurras, nihil
invenies quod in ista oratione dominica non con-
tineatur. Quisquis autem id dicit quod ad evangelicam istam precem pertinere non possit, carnaliter
orat: quod nescio quomodo non dicatur illicite
quando renatos (2) Dominus, non nisi spiritualiter
docet orare. Qui autem dicit in oratione: Domine,
multiplica divitias meas, et honores meos auge; et
hoc dicit eorum habens concupiscentiam, non id
attendens ut ex his secundum Deum prosit hominibus, puto eum non invenire in oratione dominica
quo possit haec vota aptare. Quamobrem pudeat
saltem petere quod non pudet cupere. Aut si et
hoc pudet, et cupiditas vincit; melius hoc petetur
ut etiam ab isto cupiditatis malo liberet cui dicimus: *Libera nos a malo*. Augustinus de ser. Dom.
(lib. 2, cap. 18). Videtur etiam iste numerus pe-
titionum septenario beatitudinum congruere. Si enim

---

(1) Si autem hoc sibi concesso quidem esse de Dei dono.

(1) *Al.* attendit.
(2) *Al.* renatus.

timor Dei est quo beati fiunt pauperes spiritu, quoniam ipsorum est regnum caelorum, petamus ut sanctificetur in hominibus nomen Dei, timore casto permanente in saecula saeculorum. Si pietas est qua beati sunt mites, petamus ut veniat regnum ejus, ut mitescamus, nec ei resistamus. Si scientia est qua beati sunt qui lugent, oremus ut fiat voluntas ejus sicut in caelo et in terra: quia si corpus tamquam terra cum spiritu tamquam caelo consenserit (1), non lugebimus. Si fortitudo est qua beati sunt qui esuriunt, oremus ut panis noster quotidianus detur nobis hodie, quo ad plenissimam saturitatem venire possimus. Si consilium est quo beati sunt misericordes, quoniam ipsorum (2) miserebitur, dimittamus debita, ut nobis nostra debita dimittantur. Si intellectus est quo beati sunt mundo corde: oremus non induci in tentationem, ne habeamus duplex cor, temporalia et terrena sectando, de quibus tentationes fiunt in nobis. Si sapientia est qua beati sunt pacifici, quoniam filii Dei vocabuntur, oremus ut liberemur a malo: ipsa enim liberatio liberos nos faciet filios Dei. CHRYSOSTOMUS in hom. (20 in Matth., circ. medium). Quia vero solicitos nos fecerat inimici memoria, in hoc quod dixerat, *Libera nos a malo*, rursus audaciam praebet per hoc quod in quibusdam libris subditur: *Quoniam tuum est regnum et virtus et gloria*: quia si ejus est regnum, nullum formidare oportet, cum et qui praeliatur contra nos, sit ei subjectus. Cum autem virtus ejus et gloria sint infinita, non solum a malis eruere potest, sed etiam facere gloriosum. CHRYSOSTOMUS super Matth. (hom. 14 in oper. imperf.). Haec etiam ad praecedentia pertinent: quod enim dicit, *Tuum est regnum*, respondet ad illud quod dixerat, *Adveniat regnum tuum*: ne aliquis dicat, Ergo Deus non habet regnum in terra. Quod autem dicit, *Et virtus*, respondet ad id quod dixerat, *Fiat voluntas tua sicut in caelo et in terra*: ne aliquis dicat, quod Deus non potest facere quod vult. Quod vero dicit, *Et gloria*, respondet ad omnia quae sequuntur, in quibus gloria Dei apparet.

11. RABANUS (super illud, *Libera nos a malo*). Per hoc quod Dominus dixerat, *Amen*, significat, indubitanter illis a Domino conferri omnia quae rite postulant, qui conditionis additae servare pactum non negligunt: unde subditur: *Si enim dimiseritis hominibus peccata eorum, dimittet et vobis Pater vester caelestis delicta vestra*. AUGUSTINUS in ser. Dom. (lib. 2, cap. 18, a med.). Ubi non est praetereundum, quod ex omnibus his sententiis, quibus nos Dominus orare praecepit, eam potissimum commendandam esse judicavit quae pertinet ad remissionem peccatorum, in qua nos misericordes esse voluit; quod est unum consilium miserias evadendi. CHRYSOSTOMUS super Matth. (hom. 14 in oper. imperf.). Non autem dixit, ut prius nobis Deus dimittat, et postea nos debitoribus nostris, scit enim Dominus homines esse mendaces, quoniam etsi acceperint remissionem peccati sui, ipsi suis debitoribus non dimittunt: ideo sic dicitur, ut prius dimittamus, postea petamus dimissionem. AUGUSTINUS in Enchirid. (cap. 73). Quisquis autem roganti et peccati sui poenitenti ex corde non dimittit, nullo modo aestimet a Domino sua peccata

dimitti: et ideo subdit: *Si autem non dimiseritis hominibus, nec Pater vester dimittet vobis peccata vestra*. CYPRIANUS (de Oratione dominica a medio). Excusatio enim tibi nulla est in die judicii, cum secundum tuam sententiam judiceris, et quod feceris, hoc patiaris. HIERONYMUS (super illud, *Si enim dimiseritis*). Si autem hoc quod scriptum est (Psal. 81): « Ego dixi, Dii estis; vos autem sicut « homines moriemini: » ad eos dicitur qui propter peccata homines ex diis esse meruerunt: recte ergo et hi quibus peccata dimittuntur, homines appellati sunt. CHRYSOSTOMUS in hom. 20. Ideo autem caelorum et Patris meminit, ut ex hoc provocet auditorem: nihil enim ita te Deo assimilat, sicut injuriam tibi facientibus ignoscere. Inconveniens est autem, si talis patris filius existens, servilis (1) efficitur; et ad caelum vocatus, terrenum quemdam et vitae hujus proprium habet sensum.

12. CHRYSOSTOMUS super Matth. (hom. 15, in oper. imperf.). Quia oratio illa jam fortis est, quae fit in spiritu humili et corde contrito; qui autem deliciis fruitur, spiritum humilem et cor contritum habere non potest; manifestum est quoniam oratio sine jejunio gracilis est et infirma: et ideo quicumque pro aliqua necessitate voluerunt orare, jejunium adjutorium est orationis. Unde consequenter Dominus, post doctrinam de oratione, subjungit doctrinam de jejunio, dicens: *Cum autem jejunatis, nolite fieri sicut hypocritae tristes*. Sciebat enim Dominus gloriam vanam ex omni bono procedere; ideo spinam vanae gloriae, quae nascitur in terra bona, jubet praecidere, ne suffocet jejunii fructum. Non autem potest fieri ut non sentiatur qui jejunat; sed melius est ut jejunium te ostendat, quam tu jejunium. Non autem potest fieri ut sit hilaris qui jejunat; ideo non dixit, Nolite esse tristes; sed, *Nolite fieri tristes*: qui enim per imposturas aliquas pallentes (2) apparent, illi non sunt tristes, sed fiunt; qui autem naturaliter propter assiduum jejunium tristis est, non fit tristis, sed vere est: unde subdit: *Exterminant enim facies suas, ut pareant hominibus jejunantes*. HIERONYMUS (super illud, *Exterminant facies*). Verbum *exterminant*, quod in ecclesiasticis scripturis vitio interpretum (3) tritum est, aliud multo significat quam vulgo intelligitur. Exterminantur quippe exules, qui mittuntur extra terminos. Pro hoc (4) ergo sermone, *demoliuntur* semper accipere debemus, quod (5) graece dicitur, αφανιζουσι. Demolitur autem hypocrita faciem suam, ut tristitiam simulet, et animo forte laetante luctum gestat in vultu. GREGORIUS 8 Mor. (cap. 30, quod in novis exempl. est 26). Nam ora pallescunt, corpus debilitate quatitur, pectus interrumpentibus suspiriis urgetur, nihilque tanto labore aliud nisi aestimatio humana cogitatur. Leo Papa (in serm. 5 de Epiph.). Non sunt autem casta jejunia quae non de ratione veniunt continentiae, sed de arte fallaciae. CHRYSOSTOMUS super Matth. (hom. 15 in oper. imperf.). Si ergo qui jejunat et tristem se facit, hypocrita est; quanto magis iniquior est qui non jejunat, sed argumentis quibusdam in facie sua pingit venalem pallorem, quasi jejunii signum ? AUGUSTINUS de serm. Dom. in monte (lib. 2, cap.

---

(1) *Al.* quia cum corpus tamquam terra spiritui tamquam caelo consenserit etc.
(2) *Al. deest* ipsorum.

(1) *Al.* ferialis, *item P. Nicolai habet* ferox.
(2) *Al.* fallientes.
(3) *Al.* interpretatum.
(4) *Al.* pro quo.
(5) *Al. deest quod sequitur usque* Demolitur.

19). In hoc autem capitulo maxime advertendum est, non in solo rerum corporearum nitore atque pompa, sed etiam in ipsis sordibus luctuosis esse posse jactantiam, et eo periculosiorem, quo sub nomine servitutis Dei decipit. Qui ergo immoderato cultu corporis atque vestitus vel ceterarum rerum nitore fulget, facile convincitur rebus ipsis pomparum saeculi esse sectator, nec quemquam fallit dolosa imagine sanctitatis; qui autem in professione christianitatis inusitato squalore ac sordibus intentos in se hominum oculos facit, cum id voluntate (1) faciat, non necessitate patiatur, ex ceteris ejus operibus potest cognosci utrum hoc contemptu superflui cultus, an ambitione aliqua faciat. REMIGIUS. Fructus autem jejunii hypocritarum manifestatur cum subinfertur: *Ut pareant hominibus jejunantes. Amen dico vobis, receperunt mercedem suam,* idest quam desideraverunt.

13. GLOSSA (2). Docuit Dominus quid non est faciendum; modo docet quid est faciendum, dicens: *Tu autem cum jejunas, unge caput tuum, et faciem tuam lava.* AUGUSTINUS de serm. Dom. in monte (lib. 2, cap. 22). Quaeri autem solet quid sit quod hic dicitur: non enim quisquam recte praeceperit (quamvis faciem quotidiana consuetudine lavemus), unctis quoque (3) capitibus, cum jejunamus, nos esse debere; quod turpissimum omnes fatentur. CHRYSOSTOMUS super Matth. (hom. 13 in oper. imperf.). Item si ideo jubet nos non fieri tristes, ne per tristitiam appareamus hominibus jejunare; si unctio capitis et lavatio faciei a jejunantibus semper serventur; nihilominus erunt signa jejunii. HIERONYMUS (super illud, *Tu autem cum jejunas*). Sed loquitur juxta ritum provinciae Palaestinae, ubi diebus festis solent ungere capita. Praecipit ergo ut quando jejunamus, laetos et festivos nos esse monstremus. CHRYSOSTOMUS super Matth. (hom. 13 oper. imperf.). Simplex ergo interpretatio (4) hujus est, quoniam per aggregationem intelligenda sunt ista sicut cetera ante dicta, tamquam si dicat: Sic longe te facere debes ab ostentatione jejunii tui, ut si posset fieri (quod tamen non decet), ea etiam facias quae ex diverso luxuriae et epulationis videntur esse indicia: unde sequitur: *Ne videaris hominibus jejunans.* CHRYSOSTOMUS in hom. (21, parum a princ.). In eleemosyna quidem non simpliciter hoc posuit; sed dixit eleemosynam non esse faciendam coram hominibus, apponens ut videremur ab eis: in jejunio autem et oratione nihil tale addidit: quoniam eleemosynam quidem impossibile est omnino latere, orationem autem et jejunium possibile est. Non parvus autem fructus est humanam gloriam contemnere: per hoc enim aliquis a gravi hominum servitute liberatur, et proprie (5) virtutis operator efficitur, eam amans non propter alios, sed propter seipsam. Sicut enim nos contumeliam aestimamus, cum non propter nos, sed propter alios diligimur; ita nec virtutem oportet propter alios sequi, nec Deo propter homines obedire, sed propter seipsum. Ideo sequitur: *Sed Patri tuo, qui est in abscondito.* GLOSSA (interl. et ord. simul.). Id-

est, Patri tuo caelesti qui est invisibilis, vel qui habitat in corde per fidem. Deo autem jejunat qui pro ejus amore se macerat, et quod sibi subtrahit, alteri largitur.

Et Pater tuus, qui videt in abscondito, reddet tibi. REMIGIUS. Sufficit enim tibi ut qui est inspector conscientiae, sit et remunerator. CHRYSOSTOMUS super Matth. (hom. 15 oper. imperf.). Spiritaliter autem facies animae conscientia intelligitur. Sicut enim in conspectu hominum gratiosa est facies pulchra, sic in oculis Dei speciosa est munda conscientia. Has facies hypocritae, qui propter homines jejunant, exterminant, fallere volentes Deum et homines; nam semper vulnerata est conscientia ejus qui peccat. Si ergo abstuleris nequitiam ab anima tua, lavasti conscientiam tuam, et bene jejunas. LEO Papa in ser. de Jejun. (ser. 6 de quadragesima qui incipit « Semper quidem »). Impleri enim debet jejunium, non ciborum tantummodo parcitate, sed maxime privatione vitiorum. Nam cum ob hoc castigatio ista sumatur ut carnalium desideriorum fomites subtrahantur, nullum magis sectandum est conscientiae genus quam ut semper simus ab injusta voluntate sobrii, et ab inhonesta actione jejuni; quae devotio non secernit invalidos, quia etiam in languido corpore potest animae integritas reperiri. CHRYSOSTOMUS super Matth. (hom. 13, in opere imperf.). Spiritualiter autem caput tuum Christus est. Sitientem pota, esurientem ciba: et sic oleo misericordiae unxisti caput tuum, idest Christum, qui clamat in Evangelio (infra 25): *Quod uni ex minimis meis fecistis, mihi fecistis.* GREGORIUS in hom. (16, super Evang.). Illud enim jejunium Deus approbat quod ante oculos ejus manus eleemosynarum lavat. Hoc ergo (1) quod tibi subtrahis, alteri largire; ut unde tua caro affligitur, inde egentis proximi caro reparetur. AUGUSTINUS de serm. Dom. (lib. 2, cap. 20). Vel caput recte accipimus rationem, quia in anima praeeminet, et cetera hominis membra regit. Ungere ergo caput ad laetitiam pertinet. Interius ergo gaudeat de jejunio suo qui jejunando se avertit a voluntate saeculi, ut sit subditus Christo. GLOSSA (ord. super illud, *Unge caput tuum*) Ecce non omnino in novo testamento ad litteram accipiuntur. Ridiculum enim est in jejunio oleo delibari; sed spiritu amoris ejus, cujus passionibus debemus participare, nos macerando, mens debet inungi. CHRYSOSTOMUS super Matth. (hom. 13 in oper. imper.). Proprie autem debet faciem quidem lavare; caput autem non lavare, sed ungere. Quamdiu enim sumus in corpore, conscientia nostra sordida est in peccatis. Caput autem nostrum Christus peccatum non fecit.

14. CHRYSOSTOMUS in hom. 21. Postquam vanae gloriae expulit aegritudinem, optime jam sermonem de contemptu divitiarum inducit. Nihil enim ita pecunias concupiscere facit ut gloriae cupido: propter hoc namque famulorum greges et auro opertos equos et argenteas mensas expetunt homines, non ut utilitatem aut voluptatem impleant, sed ut multis ostendantur: et hoc est quod dicit: *Nolite thesaurizare vobis thesauros in terra.* AUGUSTINUS de serm. Dom. (lib. 2, cap. 21). Si enim eo corde quisque operetur aliquid ut terrenum commodum adipiscatur; quomodo erit cor mundum quod in terra volutatur ? Sordescit enim aliquid cum inferiori mi-

---

(1) *Al.* voluntas.
(2) Non est in Glossa quae nunc extat, sed in Anselmo (*Ex edit. P. Nicolai*).
(3) *Al.* unctisque.
(4) *Al.* intentatio, *forte* intentio.
(5) *Al.* proprius, *item* propriae.

(1) *Al.* autem.

scetur naturae quamvis in suo genere non sordide-
tur, quia etiam de puro argento sordidatur aurum
si misceatur: ita et animus noster terrenorum cupiditate sordescit, quamvis terra in suo ordine munda sit. Chrysostomus super Matth. (hom. 15 in
oper. imperf. a medio). Vel aliter. Quia supra Dominus nihil de eleemosyna, vel oratione, vel jejunio docuerat, sed simulationem eorum compescuit
tantum; nunc secundum tria praedicta, tres conse-
quentias introducit doctrinae: quarum prima pertinet ad eleemosynam, quae est haec: *Nolite thesau-*
rizare vobis thesauros in terra: ubi primo dat consilium ut eleemosyna fiat; ut sit ordo narrationis
talis: *Cum facis eleemosynam, noli tuba canere*
ante te: et postea subsequitur: *Nolite thesaurizare*
vobis thesauros in terra: secundo ostendit quae sit
utilitas in eleemosyna facienda: tertio ut neque timor inopiae accidentis impediat voluntatem eleemosynae faciendae. Chrysostomus in hom. (21 in
Matth. super illud, *Nolite thesaurizare*). Dicens
autem, *Nolite thesaurizare vobis thesauros in terra,*
subdit, *Ubi aerugo et tinea demolitur*: ut demonstret thesauri qui est hic, nocumentum, et ejus
qui est in caelo, utilitatem, et a loco, et ab his
quae nocent; quasi dicat: Quid formidas ne pecuniae
consumantur, si eleemosynam dederis ? Itaque da
eleemosynam, et additionem accipient: etenim quae
in caelis sunt apponentur: quod si non dederis,
pereunt. Et non dixit, Aliis derelinquis, quoniam
hoc delectabile est hominibus. Rabanus (1) (super
eodem verbo.) Tria autem ponit, secundum tres
diversitates divitiarum. Metalla aerugine, vestes tinea demoliuntur: sunt autem alia quae neque
aeruginem neque tineam timent, sicut lapides pretiosi; et ideo ponit generale detrimentum, scilicet
fures, qui omnes divitias rapere possunt. Chrysostomus super Matth. (hom 15 in oper. imper. a
medio). Alia littera habet: *Ubi tinea et commestura*
exterminant. Omnia enim bona mundi triplex (2)
tollit interitus. Aut enim a semetipsis veterascunt
et tineant, sicut vestimenta; aut ab ipsis dominis
luxuriores viventibus comeduntur; aut ab extraneis
vel dolo vel vi vel calumniis, vel alio iniquo modo di-
ripiuntur: qui omnes fures dicuntur, quia per iniquitatem festinant aliena facere sua. Sed dices: Numquid
omnes haec qui habent, perdent ea ? Interim quidem
dicam, quia etsi non omnes perdunt, tamen multi
perdunt. Vere autem et male servatas divitias, etsi
non corporaliter, spiritualiter tamen perdidisti: quia
non proficiunt tibi ad usum salutis. Rabanus. Allegorice autem aerugo significat superbiam, quae
decorem virtutum obscurat. Tinea, quae vestes latenter rodit, invidia est, quae bonum studium lacerat, et per hoc compactionem unitatis (3) dissipat.
Fures sunt haeretici et daemones, qui semper ad
hoc sunt intenti ut spiritualibus spolient. Hilarius
(can. 5 in Matth. parum a princ.) Ceterum
laus caelestis aeterna est, nec furto surrepenti sub-
trahenda, nec tinea et rubigine invidiae excidenda:
et ideo sequitur: *Thesaurizate autem vobis thesau-*
ros in caelis, ubi neque aerugo neque tinea demo-
litur, et ubi fures non effodiunt neque furantur.
Augustinus de ser. Dom. in monte (lib. 2, cap. 21,
parum a princ.). Caelum autem hoc loco non cor-

poreum acceperim, quia omne corpus pro terra
habendum est. Totum enim mundum debet contemnere qui sibi thesaurizat in illo caelo de quo dictum est (Psal. 113): « Caelum caeli Domino, »
idest in firmamento spiritali. *Caelum enim et terra*
transibunt: infra 23: non autem in eo quod transit
collocare debemus thesaurum nostrum, sed in eo
quod semper manet. Chrysostomus super Matth.
(hom. 15 in op. imperf. a med.). Quid ergo melius est, an in terra (1) reponere, ubi incertus est
conservationis eventus: an in caelo, ubi est certa
custodia ? Quae autem stultitia est illic relinquere
unde exiturus es, et illuc non praemittere quo
iturus es ? Illic ergo substantiam tuam colloca ubi
patriam habes. Chrysostomus in hom. (21 in Matth.
ante med.).Quia tamen non omnis terrenus thesaurus
aerugine aut tinea destruitur, aut per fures aufertur; ideo aliud inducit dicens: *Ubi est thesaurus tuus,*
ibi est et cor tuum; ac si dicat: Etsi nihil priorum
veniat, non parvam sustinebis jacturam inferioribus
affixus, et eorum servus factus, et a caelestibus
cadens, et nihil excelsorum cogitare potens. Hieronymus (super illud, *Ubi enim est thesaurus*). Hoc
autem non solum de pecunia, sed de cunctis possessionibus sentiendum est. Gulosi enim Deus venter
est; lascivi thesaurus sunt lubrica amoris (2) libido.
Hinc fuerit unusquisque a quo vincitur. Ibi ergo habet cor, ubi et thesaurum (3). Chrysostomus super
Matth. (hom. 15 in opere imperf.). Vel aliter.
Ponit nunc quae sit utilitas in eleemosyna facienda. Qui enim collocat thesauros in terra, non habet quid speret in caelo. Ut quid ergo aspiciat in
caelum, ubi nihil repositum habet ? Unde dupliciter peccat: primo, quia mala congregat; secundo,
quia cor habet in terra; et ex contrariis causis
dupliciter bene facit qui thesaurizat in caelo.

15. Chrysostomus in homil. (21 ante medium).
Postquam fecit mentionem de intellectu in servitutem redacto et captivato, quia hoc non multis facile
cognoscibile erat, ad exteriorem doctrinam trans-
ponit dicens: *Lucerna corporis tui est oculus tuus;*
ac si dicat (4): Si non nosti quid est jactura intellectus, a corporalibus hoc disce: quod enim est
oculus corpori, hoc est intellectus animae. Sicut
ergo oculis orbatis multum operationis reliquorum
membrorum amittitur, lumine eis extincto, ita et
mente corrupta, multis malis vita tua impletur. Hieronymus (super illud, *Si oculus tuus fuerit simplex*).
Hoc ergo totum transfert ad sensum: quomodo e-
nim corpus totum est in tenebris, si oculus non
fuerit simplex; ita si anima principalem fulgorem
suum perdiderit, universus sensus, vel sensualis
pars animae in caligine commorabitur: unde dicitur,
Si ergo lumen quod in te est, tenebrae sint, ipsae
tenebrae quantae erunt? idest, si sensus, qui lumen
est animae, vitio caligatur, ipsa putas caligo quibus
tenebris obvolvetur ? Chrysostomus super Matth.
(homil. 15 in opere imperf. a med.). Videtur autem quod non de corporali oculo hic loquatur,
nec de hoc corpore quod videtur deforis; alioquin
dixisset, Si oculus tuus sanus fuerit aut infirmus:
nunc autem dicit (5): *Simplex et nequam.* Si autem benignum oculum habet et infirmum, numquid

---

(1) Vel potius Anselmus parum latina phrasi: nam haec
aliis verbis Rabanus habet (*Ex edit. P. Nicolai*).
(2) *Al.* tripliciter.
(3) *Al.* per compactionem unitatis.

(1) *Al.* super terram.
(2) *Al.* amatoris.
(3) *Al.* ubi est thesaurus.
(4) *Al.* dixerit.
(5) *Al.* subdit.

corpus ejus in lumine est? Aut si malignum et sanum, numquid corpus ejus in tenebris est? Hieronymus (ibidem). Sed solent lippientes lucernas videre numerosas; simplex autem oculus et purus simplicia intuetur et pura. Chrysostomus, super Matth. (ibidem). Vel dicitur oculus non a foris sed ab intus. Lucerna enim est mens, per quam anima videt Deum. Qui ergo cor habet ad Deum, illius oculus lucidus est; idest illius mens munda est, non terrenis concupiscentiis sordidata. Tenebrae autem in nobis sunt sensus carnales, qui semper desiderant quae sunt tenebrarum. Qui ergo habet oculum mundum, idest mentem spiritualem, corpus suum servat lucidum, idest sine peccato: etsi enim caro desiderat mala, virtute tamen divini timoris repercutit eam. Qui autem habet oculum, idest mentem, aut malignitate tenebrosam, aut concupiscentia turbulentam, tenebrosum possidet corpus: non enim resistit carni quando concupiscit perversa, quia non habet spem in caelo, quae praestat nobis virtutem ut concupiscentiis resistamus. Hilarius (can. 5 in Matth., paulo post princ.). Vel aliter. De officio luminis oculi, lumen cordis expressit: quod si simplex et lucidum manebit, claritatem aeterni luminis corpori tribuet, et splendorem originis suae corruptioni carnis infundet, scilicet in resurrectione; si autem obscurum peccatis et voluntate erit nequam, vitiis mentis natura corporis subjacebit. Augustinus de serm. Domini (lib. 2, cap. 24 ante med.). Vel aliter. Oculum hic accipere debemus intentionem nostram; quae si munda fuerit et recta, omnia opera nostra, quae secundum eam operamur, bona sunt: quae quidem omnia totum corpus appellavit, quia et Apostolus membra nostra dicit quaedam opera, ubi ait (Coloss. 3): « Mortificate membra vestra, fornicationem et immunditiam. » Non ergo quid quisque faciat, sed quo animo faciat considerandum est. Hoc est enim lumen in nobis, quia hoc nobis manifestum est bono animo nos facere quod facimus. « Omne enim quod manifestatur, lumen est » (Eph. 5). Ipsa vero facta, quae ad hominum societatem procedunt, incertum nobis habent exitum; et ideo tenebras eas vocavit: non enim novi cum pecuniam porrigo indigenti, quid sit inde facturus. Si ergo ipsa cordis intentio, quae tibi nota est, sordidatur appetitu temporalium rerum, magis ipsum factum, cujus incertus est exitus, sordidum erit; quia etsi bene alicui proveniat quod tu non recta intentione facis, quomodo tu feceris imputabitur tibi, non quomodo illi provenerit. Si autem simplici intentione, idest fine caritatis opera nostra fiunt, tunc munda sunt, et placent in conspectu Dei. Augustinus contra Mendac. (cap. 7). Sed ea quae constat esse peccata, nulla velut bona intentione facienda sunt: ea quippe opera hominum si causas habuerint bonas vel malas, nunc sunt bona nunc mala, quae non sunt per seipsa peccata: sicut victum praebere pauperibus bonum est, si fiat misericordiae causa; malum autem, si fiat causa jactantiae. Cum vero opera ipsa peccata sunt, ut furta, stupra et hujusmodi; quis dicat causis bonis esse facienda, vel peccata non esse? Quis dicat: Furemur divitibus, ut habeamus quid demus pauperibus? Gregorius 28 Moral., cap. 15, in antiquis, in novis exemp. 6). Vel aliter. Si lumen quod in te est: idest, si hoc quod nos bene agere coepimus, ex mala intentione offuscamus: ipsa quae mala es-

S. Th. Opera omnia. V. 11.

se non ignoramus, etiam cum facimus, *quantae tenebrae sunt?* Remigius. Vel aliter. Fides lucernae assimilatur, quia per eam egressus interioris hominis, idest actio, illuminatur, ne offendat: secundum illud Psal. 118: « Lucerna pedibus meis verbum « tuum: » quae si fuerit munda et simplex, totum corpus lucidum erit; si vero sordida, totum corpus erit tenebrosum. Vel aliter. Per lucernam intelligitur rector Ecclesiae, qui bene oculus dicitur, quia salutaria plebi subjectae providere debet, quae per corpus intelligitur. Si ergo rector Ecclesiae erraverit, quanto magis errabit populus ei subjectus?

16. Chrysostomus super Matth. (hom. in oper. imperf. in princ.). Superius dixerat Dominus, quod qui habet mentem spiritalem, ille potest corpus suum servare sine peccato; qui autem non habet, non potest; cujus rationem subjungit, dicens: *Nemo potest duobus dominis servire.* Glossa (1). Vel aliter. Quia dictum est supra quod propter intentionem temporalium, bona mala fiunt; unde posset aliquis dicere: Ego faciam bona et propter temporalia et propter caelestia. Contra quod Dominus ait: *Nemo potest duobus dominis servire.* Chrysostomus in hom. 22. Vel aliter. In anterioribus, avaritiae compressit tyrannidem per multa et magna; sed adhuc alia apponit ampliora. Non enim in hoc solum nobis nocent divitiae quod latrones adversus nos armant, et quod intellectum obtenebrant; sed etiam a servitute Dei nos expellunt. Et hoc probat a communibus conceptionibus, dicens: *Nemo potest duobus dominis servire:* duos autem dicit qui contraria injungunt: concordia enim multos unum facit: quod ostenditur per hoc quod subdit: *Aut enim unum odio habebit.* Ideo autem duo ponit, ut monstret facilem esse transmutationem ad melius. Si enim dicas: Servus factus sum pecuniarum, amando scilicet eas; monstrat quod possibile est aliud venire; scilicet non sustinendo servitutem, sed contemnendo. Glossa. Vel duo tangere videtur servientium genera. Quidam enim serviunt liberaliter ex amore, quidam serviliter ex timore. Si ergo aliquis ex amore serviat uni contrariorum dominorum, necesse est ut alterum odio habeat; si vero ex timore serviat, necesse est ut dum unum sustinet, alterum contemnat. Res autem terrena, vel Deus, si in corde hominis dominetur, ad contraria ex utroque trahitur homo: nam Deus trahit ad superiora sibi servientem, res vero terrena ad inferiora: et ideo quasi concludens subdit: *Non potestis Deo servire et mammonae.* Hieronymus (super illud, *Non potestis servire Deo et mammonae*). Mammona sermone syriaco divitiae nuncupantur. Audiat ergo hoc avarus, qui censetur vocabulo christiano, non posse se simul divitiis Christoque servire. Et tamen non dixit, Qui habet divitias; sed, Qui servit divitiis. Qui enim divitiarum servus est, divitias custodit ut servus; qui autem servitutis excussit jugum, distribuit eas ut dominus. Glossa. Per mammonam etiam intelligitur diabolus, qui praeest divitiis; non quod possit eas dare, nisi quando Deus permittit; sed quia per eas homines fallit. Augustinus de sermone Domini in mont. (lib. 2, cap. 22). Qui enim servit mammonae, idest divitiis, illi utique servit qui rebus (2) istis terrenis merito suae perversitatis praepositus, princeps hujus saeculi a Domino

---

(1) Insinuat Anselmus, ut supra, non autem Glossa qualis nunc extat (*Ex edit. P. Nicolai*).

(2) *Al.* quibus.

dicitur. Vel aliter. Qui sint duo domini, ostendit cum dicitur: *Non potestis Deo servire et mammonae*, scilicet Deo et diabolo. *Aut ergo hunc odio habebit* homo, *et alterum diliget*, idest Deum; *aut alterum patietur, et alterum contemnet*. Patitur enim durum dominum quisquis servit mammonae: sua enim cupiditate implicatus subditur diabolo, et non eum diligit. Sicut qui ancillae alienae conjunctus est, propter concupiscentiam, duram patitur servitutem; etsi non diligat eum cujus ancillam diligit. Dixit autem, *Alterum contemnet*, non *Odio habebit*: nullus enim vera conscientia Deum potest odisse. Contemnit autem, idest non timet eum, cum quasi de ejus bonitate securus est.

17. Augustinus de ser. Dom. in mont. (lib. 2, cap. 22). Quia superius docuerat Dominus, quod quisquis vult diligere Deum, et cavere ne offendat, non se arbitretur duobus dominis posse servire; ne forte quamvis jam superflua non quaerantur, propter ipsa tamen necessaria cor duplicetur, et ad ea deflectenda torqueatur intentio; subjungit dicens: *Ideo dico vobis: Ne soliciti sitis animae vestrae quid manducetis, neque corpori vestro quid induamini*. Chrysostomus in hom. 22. Non hoc dicit, quod anima cibo indigeat, incorporea est enim; sed secundum communem locutus est consuetudinem: aliter enim non potest morari in corpore, nisi eo cibato. Augustinus (lib. 2 de serm. Dom. in monte, cap. 22). Vel animam in hoc loco pro animali vita positam noverimus. Hieronymus. In nonnullis codicibus additum est, *Neque quid bibatis*. Ergo quod omnibus natura tribuit, et jumentis et bestiis hominibusque commune est, hujus cura non (1) penitus liberamur (2); sed praecipitur nobis ne soliciti simus quid manducemus: quia in sudore vultus praeparamus nobis panem: labor exercendus est, solicitudo tollenda. Quod autem hic dicitur, *Ne solicit sitis*, de carnali cibo (3) et vestimento accipiamus: ceterum de spiritualibus cibis et vestimentis spiritus debemus esse soliciti. Augustinus de Haer. (cap. 57). Dicuntur autem Euchitae quidam haeretici, opinantes, monacho non licere, sustentandae vitae suae causa, aliquid operari, atque ita seipsos profiteri ut omnino ab operibus vacent. Augustinus de opere Mon. (cap. 1). Inquiunt enim: Non de hoc opere corporali, in quo vel agricolae vel opifices laborant, praecepit Apostolus cum dixit (2 Thess. 3): « Qui non vult operari, non manducet. » Neque enim Evangelio potuit esse contrarius, ubi ait Dominus: *Ideo dico vobis: Ne soliciti sitis*. In verbo ergo Apostoli praedicto spiritualia opera debemus accipere, de quibus alibi dicitur (1 Corinth. 3): « Ego plantavi, Apollo rigavit. » Et ita se arbitrantur apostolicae obtemperare sententiae, cum Evangelium credunt de non curanda corporali vitae hujus indigentia praecepisse, et Apostolum de opere (4) et cibo spiritali dixisse (loc. cit.): « Qui non « vult operari, non manducet. » Prius ergo demonstremus Apostolum opera corporalia servos Dei operari voluisse. Praemiserat enim dicens: « Ipsi « scitis quomodo oporteat nos imitari; quia non « inquieti fuimus inter vos, neque panem ab aliquo « gratis manducavimus; sed in labore et fatigatione « die ac nocte laborantes, ne quem vestrum gra-

« varemus: non quia non habuimus potestatem, « sed ut nosipsos formam daremus vobis, qua nos « imitaremini. Nam et cum essemus apud vos, hoc « denuntiabamus vobis, quoniam si quis non vult « operari, non manducet. » Quid ad hoc dici potest, quando exemplo suo docuit quid praeceperit, scilicet corporaliter operando? Nam quod corporaliter operaretur, ostenditur in Actibus cap. 18, ubi dicitur, quod mansit cum Aquila et uxore ejus Priscilla, opus faciens apud illos: erant enim tabernaculorum artifices (cap. 3). Et tamen Apostolo, tamquam praedicatori Evangelii, militi Christi, plantatori vineae, pastori gregis, constituerat Dominus ut de Evangelio viveret; qui tamen stipendium sibi debitum non exegit, ut se formam daret eis qui exigere indebita cupiebant. Audiant ergo qui non habeat hanc potestatem quam ille habebat, ut tantummodo spiritaliter operantes manducent panem a corporali labore gratuitum (cap. 21). Si autem Evangelistae sunt, si ministri altaris, si dispensatores sacramentorum, habent hanc potestatem, si saltem habebant aliquid in saeculo, quo facile sine opificio sustentarent hanc vitam, quod conversi ad Deum indigentibus dispartiti sunt, et credenda est eorum infirmitas et ferenda. Nec attendendum in quo loco hoc quod habebant impenderint, cum omnium Christianorum sit una respublica (cap. 22). Sed qui veniunt ad professionem servitutis Dei ex vita rusticana, et ex opificum exercitio et plebejo labore, si quo minus operentur, excusari non possunt. Nullo enim modo decet ut in ea vita ubi senatores fiunt laboriosi, ibi fiant opifices otiosi: et quo veniunt relictis deliciis suis qui fuerunt praediorum domini, ibi sint rustici delicati. At cum Dominus ait, *Nolite soliciti esse*, non hoc dicit ut ista non procurent, quantum necessitatis est, unde honeste poterunt; sed ut ista non intueantur, et propter ista faciant quicquid in Evangelii praedicatione facere jubentur: eam namque intentionem paulo superius oculum vocaverat. Chrysostomus in hom. (22 in Matth.). Vel potest aliter continuari: cum enim docuisset Dominus pecuniam despicere; ne aliqui dicerent, qualiter poterimus vivere, si omnia projecerimus ? subjungit dicens: *Ideoque dico vobis: Ne soliciti sitis animae vestrae:* Glossa (interlin.) Idest, cura temporali ne retrahamini ab aeternis. Hieronymus. Praecipitur ergo nobis ne soliciti simus quid comedamus, quia in sudore vultus praeparamus nobis panem (1): ergo labor exercendus est, solicitudo tollenda. Chrysostomus super Matth. (hom. 16. in op. imperf.) Non enim solicitudinibus spiritualibus, sed laboribus corporalibus acquirendus (2) est panis, qui laborantibus pro praemio diligentiae, Deo praestante, abundat, et negligentibus pro poena, Deo faciente, subducitur. Confirmat autem spem nostram Dominus; et primo de majori ad minus descendit dicens: *Nonne anima plus est quam esca, et corpus plus quam vestimentum ?* Hieronymus. Qui majora praestitit, utique et minora praestabit. Chrysostomus super Matth. (hom. 16) in op. imperf.). Nisi enim voluisset conservari quod erat, non creasset: quod autem sic creavit ut per escam servetur, necesse est ut det ei escam quamdiu vult esse quod fecit. Hilarius (can. 5 in Matth. ante medium). Vel aliter. Quia corruptus circa futurorum curam in-

---

(1) *Al.* deest non.
(2) *Al.* omittitur integra sequens sententia.
(3) *Al.* quod autem hic dicitur, de corporali cibo etc.
(4) *Al.* omittitur de opere.

(1) *Al.* poenam.
(2) *Al.* accipiendus.

fidelium sensus est, calumniantium quae in resurrectione corporum species sit futura, quae in substantia aeternitatis alimonia; ideo subsequenter dicitur: *Nonne anima plus est quam esca?* Non enim patitur spem nostram futuri in resurrectione cibi et potus et vestitus solicitudine demorari; ne tanto pretiosiora reddenti, corpus scilicet atque animam, contumelia (1) in non efficiendis levioribus inferatur.

18. Chrysostomus (hom. 16 super Matth. in op. imperf.) Postquam confirmavit spem nostram de majore ad minus descendens, deinde confirmat de minori ad majus ascendens, cum dicit: *Respicite volatilia caeli, quia non serunt neque metunt.* Augustinus de opere Monachorum (cap. 23). Quidam se dicunt propterea operari non debere, quia nec volucres caeli seminant neque metunt. Cur ergo non attendunt quod sequitur: *Neque congregant in horrea.* Cur ergo isti manus otiosas et plena repositoria volunt habere ? Cur denique molunt et coquunt ? Haec enim aves non faciunt. Aut si reperiunt quibus hoc persuadeant, ut eis per singulos dies escas afferant praeparatas; saltem sibi de fontibus aquam afferunt et reponunt, quod volatilia non faciunt. Sed si nec aqua sibi vasa coguntur implere, et jam illos qui tunc erant Hierosolymae novo gradu justitiae supergressi sunt, qui de misso sibi ex gratia (2) frumento panem fecerunt, aut facere curaverunt; quod aves non faciunt. Non possunt autem ista servare, ut scilicet nihil in crastinum reponant, qui se per multos dies a conspectu hominum separatos, et nulli ad se praebentes accessum, includunt seipsos, viventes in magna intentione orationum. An forte quo sunt sanctiores, eo sunt volucribus dissimiliores ? Quod ergo dicit de volatilibus caeli, ad hoc dicit, ne quisquam putet Deum servorum suorum necessario non curare, cum ejus providentia usque ad ista gubernanda perveniat. Neque enim non ipse pascit eos qui manibus operantur: neque etiam quia Deus dixit (Psal. 49): « Invoca me in die tribulationis, et « eruam te: » non debuit fugere Apostolus, sed expectare ut comprehenderetur, et eum Deus sicut tres pueros de mediis ignibus liberaret. Sicut enim qui fugientibus sanctis hujusmodi quaestionem objiceret responderunt, non se oportuisse tentare Deum, sed tunc talia Deum, si vellet, esse facturum, ut eos liberaret, sicut Danielem a leonibus et Petrum a vinculis, cum ipsi quid facerent, non haberent; cum vero eis fugam in potestatem dedisset, etiam si liberarentur per illam, non nisi ab ipso liberari: sic servis Dei valentibus manibus suis victum transigere, si ex Evangelio moverit quaestionem de volatilibus caeli, quae non seminant, neque metunt, facile respondebunt: Si nos per aliquam infirmitatem vel occupationem non possumus operari, ille nos pascet sicut aves, quae nihil operantur. Cum autem possumus, non debemus tentare Deum, quia haec quae possumus, ejus munere possumus: et cum hic vivimus, illo largiente vivimus qui largitus est ut possimus: et ille nos pascit a quo aves pascuntur, sicut dicitur: *Et pater vester caelestis pascit illa. Nonne vos magis pluris estis illis?* Augustinus de serm. Dom. in monte (lib. 2, cap. 22, in fin.). Idest carius vos valetis; quia rationale animal, sicut est homo, sublimius ordinatur in rerum natura quam irrationalia, sicut sunt

aves. Augustinus, 11 de Civit. Dei (cap. 16.) Plerumque tamen carius comparatur equus quam servus, et gemma quam famula, non ratione considerantis, sed necessitate indigentis, seu voluptate cupientis. Chrysostomus super Matth. (hom. 16 in op. imperf.). Omnia enim animalia Deus propter hominem fecit, hominem autem propter se: quanto ergo pretiosior est hominis creatio, tanto major est Dei solicitudo de ipso. Si ergo aves non laborantes inveniunt escas, homo non inveniet, cui Deus dedit et operandi scientiam et fructificandi spem ? Hieronymus (super illud, *Respicite volatilia caeli*). Sunt autem quidam qui dum volunt terminos patrum excedere et ad alta volitare, in ima merguntur. Volatilia caeli Angelos esse volunt, ceterasque in Dei ministerio fortitudines, quae absque sui cura, Dei(1) alantur providentia. Si hoc itaque est, ut intelligi volunt, quomodo sequitur dictum ad homines: *Nonne vos magis pluris estis illis ?* Simpliciter ergo accipiendum (2), quod si volatilia absque cura et aerumnis, Dei aluntur providentia, quae hodie sunt et cras non erunt; quanto magis homines, quibus aeternitas repromittitur ? Hilarius (can. 5 in Matth. circ. med.) Potest autem dici, quod sub nomine volucrum, exemplo nos immundorum spirituum hortatur, quibus sine aliquo negotio quaerendi et congregandi; vivendi tamen tribuitur de aeterni consilii potestate substantia; atque ut ad immundos istud spiritus referatur, opportune adjecit: *Nonne vos pluris estis illis?* de comparationis praestantia differentiam nequitiae et sanctitatis ostendens. Glossa. Non solum autem exemplo avium, sed experimento docet, quod ad hoc quod sumus et vivimus, nostra cura non sufficit, sed divina providentia operatur: dicens, *Quis autem vestrum cogitans potest adjicere ad staturam suam cubitum unum ?* Chrysostomus super Matth. (hom. 16 in op. imp. a medio). Deus enim est qui per singulos dies incrementa corporis tui facit, te non intelligente. Si ergo in teipso quotidie Dei providentia operatur, quomodo in necessariis tuis cessabit ? Si autem vos cogitando modicam partem corpori vestro addere non potestis, quomodo cogitando salvandi estis in toto ? Augustinus de serm. Domini in monte (lib. 2, cap. 23, circ. princ.). Vel potest referri ad sequentia; ac si diceret, non esse cura nostra factum ut ad hanc staturam veniret corpus nostrum: ex hoc intelligi potest quod si velletis adjicere unum cubitum non possetis. Illi ergo tegendi corporis curam relinquite cujus cura factum est ut esset tantae staturae. Hilarius (can. 5 in Matth. circa med.). Vel aliter. Sicut fidem vitalis substantiae nostrae de documento spirituum firmavit, ita opinionem futuri habitus judicio communis intelligentiae dereliquit. Cum enim universorum corporum quae vitam hauserunt, diversitatem in unum perfectum virum sit excitaturus, solusque potens sit ad (3) uniuscujusque proceritatem cubitum unum et alterum tertiumve praestare; de vestitu, idest de specie corporum, cum ejus contumelia ambigimus, qui ut aequalem omnem hominem (4) efficiat, tantum mensurae est humanis corporibus additurus. Augustinus ult. de Civit. Dei (cap. 15 in princ.) Sed si Christus in ea mensura corporis in qua mor-

(1) *Al.* ne redempti in corpus, atque animae contumelia etc.
(2) *Al. P. Nicolai habet* ex Graecia.

(1) *Al.* Dei sui.
(2) *Al.* accipiunt.
(3) *Al. omittitur* ad.
(4) *Al. deest* hominem.

tuus est, resurrexit, nefas est dicere, cum resurrectionis omnium tempus venerit, accessuram corpori ejus eam magnitudinem quam non habuit, quando in ea discipulis, in qua notus erat, apparuit, ut longissimis fieri possit aequalis. Si autem diximus ad dominici corporis modum, etiam minorum majorumque corpora redigenda, peribit de multorum corporibus perplurimum, cum ipse nec capillum periturum esse promiserit. Restat ergo ut quisque recipiet suam mensuram, quam vel habuit in juventute si senex est mortuus, vel fuerat habiturus, si est ante defunctus. Et ideo non est dictum ab Apostolo, In mensuram staturae, sed « In « mensuram aetatis plenitudinis Christi: » Ephes. 4; quia resurgent corpora mortuorum in juvenili aetate et robore, ad quam Christum pervenisse cognovimus.

19. CHRYSOSTOMUS in hom. 23. Postquam monstravit quod non oportet nos pro cibo esse solicitos, ad id quod levius est pertransit: neque enim ita necessarium est indumentum sicut cibus; unde dicit: *Et de vestimentis quid soliciti estis?* Non autem hic utitur exemplo volucrum, ut induceret pavonem et cygnum, a quibus erat similia exempla accipere; sed utitur exemplo liliorum, dicens: *Considerate lilia agri.* Vult ex duobus monstrare superabundantiam: scilicet a munificentia pulchritudinis, et a vilitate (1) participantium tali decore. AUGUSTINUS de ser. Dom. in monte (lib. 2, cap. 23). Ipsa autem documenta non sic allegorice discutienda sunt ut quaeramus quid significent aves caeli aut lilia agri: posita sunt enim ut de rebus minoribus majora persuadeantur. CHRYSOSTOMUS super Matth. (hom. 16, in oper. imperf.). Lilia enim statuto tempore formatur in frondibus, vestiuntur candore, implentur odoribus; et quod terra radici non dederat, Deus invisibili operatione largitur. In omnibus autem eadem plenitudo servatur, ut non ab eventu facta putentur, sed Dei providentia intelligantur esse disposita. Dicendo autem, *Non laborant,* viros confortat; dicendo vero, *Neque nent,* mulieres. CHRYSOSTOMUS in hom. (23, in Matth., parum a princ.). Haec autem dicens, non opus prohibuit, sed solicitudinem, sicut et supra cum de seminatione loqueretur (2). Et ut magis Dei providentiam in ipsis commendet quae omnem superat humanam industriam, subdit: *Dico autem vobis, quoniam neque Salomon in omni gloria sua coopertus est sicut unum ex istis.* HIERONYMUS (super illud, *Considerate lilia agri*). Revera enim quod sericum, quae regum purpura, quae pictura textricum potest floribus comparari? Quid ita rubet ut rosa? Quid ita candet ut lilium? Violae vero purpuram nullo superari murice, oculorum magis quam sermonis judicium est. CHRYSOSTOMUS in hom. (23 in Matth., paulo a princ.). Quantum enim veritatis ad |mendacium, tantum vestimentorum et florum differentia est. Si ergo Salomon a floribus superatus est, qui omnibus regibus fuit praeclarior; quando (3) tu vestimentis poteris vincere florum decorem? Est autem Salomon superatus a florum decore non semel tantum neque bis, sed per totum tempus sui regni; et hoc est quod dicit: *In omni gloria sua:* quia nec in uno die ita decoratus est ut flores.

CHRYSOSTOMUS super Matth. (hom. 16, in opere imperf.). Vel hoc dicit, quia Salomon etsi non laborabat quid vestiretur (1), tamen jubebat. Ubi autem jussio, illic et ministrantium offensa et jubentis ira frequenter invenitur. Haec autem quando nesciunt, sic ornantur. HILARIUS (can. 5. a medio). Vel lilia intelligenda sunt Angelorum caelestium claritates, quibus a Deo gloriae candor indultus (2) est. *Non laborant* autem *neque nent,* quia virtutes Angelorum ex ea quam adeptae sunt originis suae sorte, ut sint semper accipiunt; et cum in resurrectione similes homines Angelis erunt, sperare caelestis gloriae voluit operimentum, exemplo angelicae claritatis. CHRYSOSTOMUS super Matth. (hom. 16, in op. imperf.). Si autem floribus terrenis sic occurrit Deus, qui nati sunt ut tantummodo videantur et pereant; homines negliget, quos sic creavit ut non pro tempore videantur, sed ut perpetuo sint? Et hoc est quod dicit: *Si autem fenum agri, quod hodie est, et cras in clibanum mittitur, Deus sic vestit; quanto magis vos modicae fidei?* HIERONYMUS (super illud, *Nolite soliciti esse*). Cras autem in Scripturis futurum tempus intelligitur, dicente Jacob, Gen. 30. « Exaudiet me cras justi- « tia mea. » GLOSSA (ord. super illud, *In clibanum mittitur*). Alii libri habent, *In ignem,* vel in *acervum,* qui habet speciem clibani. CHRYSOSTOMUS in hom. (23 super Matth., circa princ.). Non autem lilia jam ea vocat, sed fenum agri, ut eorum vilitatem (3) ostendat. Sed et aliam vilitatem apponit dicens, *Quae hodie sunt:* et non dixit, Cras non erunt, sed quod est multo deficientius, *Quod in clibanum mittitur.* Quod autem dicit, *Quanto magis vos,* occulte insinuatur humani generis honor; ac si diceret: Vos quibus animam dedit, corpus plasmavit, Prophetas misit, et unigenitum Filium tradidit. GLOSSA. Dicit autem, *Modicae fidei,* quia modica fides est quae nec de minimis certa est. HILARIUS (can. 5 in Matth., a med.). Vel sub feni nomine gentes nuncupantur. Si igitur gentibus idcirco tantum indulgetur aeternitas corporalis ut mox igni judicii destinentur; quam profanum est sanctos de gloria aeternitatis ambigere, cum iniquis aeternitatis opus praestetur ad poenam ? REMIGIUS. Spiritaliter autem per volatilia sancti viri designantur, qui ex aqua sacri baptismatis renascuntur, et devotione terrena despiciunt et caelestia petunt, quibus pluris dicuntur esse Apostoli, qui principes sunt omnium sanctorum. Per lilia etiam sancti viri intelliguntur, qui absque labore legalium caeremoniarum, sola fide Deo placuerunt: de quibus dicitur Cant. 2, « Dilectus meus mihi, qui pascitur « inter lilia. » Sancta etiam Ecclesia per lilium intelligitur, propter candorem fidei et odorem bonae conversationis: de qua dicitur ibid.: « Sicut li- « lium inter spinas. » Per fenum designantur infideles; de quibus dicitur Isa. 9: « Aruit fenum et « flos ejus cecidit. » Per clibanum aeterna damnatio: ut sit sensus: Si Deus infidelibus tribuit bona temporalia, quanto magis tribuet vobis aeterna?

20. GLOSSA (4). Postquam sigillatim de victu

---

(1) *Al.* utilitate.
(2) Chrysostomus super Matth. in opere imperfecto, ut supra *(Ex edit. P. Nicolai).*
(3) *Al.* quanto,

(1) *Al. deest* quod vestiretur.
(2) *Al.* indutus.
(3) *Al.* utilitatem: *sic etiam infra.*
(4) Sic tantum Glossa: *Plenius inculcat et revolvit quod a principio sermonis docuit, ut sine solicitudine vivamus:* tum subjungit proxime quod paulo post ex Rabano ponitur *(Ex edit. P. Nicolai).*

et vestitu solicitudinem excluserat, argumento ab inferioribus sumpto, hic consequenter utrumque excludit, dicens: *Nolite ergo soliciti esse dicentes: Quid manducabimus, aut quid bibemus, aut quo operiemur?* REMIGIUS. Ideo autem hoc Dominus repetivit, ut ostenderet hanc rem esse pernecessariam, et ut arctius eam in cordibus nostris inculcaret. RABANUS (super illud, *Nolite soliciti esse*). Notandum vero, quod non ait: Nolite quaerere, aut soliciti esse de cibo aut potu, aut indumento; sed, *Quid manducetis aut quid bibatis, aut quid vestiamini:* ubi mihi videntur argui qui spreto victu vel vestimento communi, lautiora sibi vel austeriora his cum quibus vitam ducunt alimenta vel indumenta requirunt. GLOSSA (1). Est etiam alia solicitudo superflua ex vitio hominum, quando fructus et pecuniam plusquam necesse est reservant, et dimissis spiritualibus, illis intenti sunt, quasi de bonitate Dei desperantes: et hoc prohibetur: unde subditur: *Haec enim omnia gentes requirunt.* CHRYSOSTOMUS super Matth. (hom. 16 op. imperf.). Quia in rebus humanis fortunam credunt esse, non providentiam; neque judicio Dei vitas suas gubernari existimant, sed incerto duci eventu: ideo (2) merito timent et desperant, quasi qui neminem habent gubernantem. Qui autem credit se Dei judicio gubernari, escam quidem suam in manu Dei committit: unde sequitur: *Scit enim Pater vester quia his omnibus indigetis.* CHRYSOSTOMUS in hom. 23. Non autem dicit, Scit Deus; sed *Scit Pater vester,* ut eos in majorem spem ducat: si enim pater est, non poterit despicere filios, cum nec homines patres hoc sustineant. Dicit autem: *Quoniam his omnibus indigetis:* ut magis solicitudinem abjiciatis (3), quia necessaria sunt. Qualiter (4) enim est pater qui sustinet etiam necessaria filiis non dare? Si autem essent superflua, non ita oporteret considere. AUGUSTINUS 15 de Trint. (cap. 13). Non autem ista ex aliquo tempore cognovit Deus, sed futura omnia temporalia; atque in eis etiam quid et quando ab illo petituri eramus, sine initio ante praescivit. AUGUSTINUS, 12 de Civitate Dei (cap. 18). Quod autem dicunt quidam, haec Dei scientia non posse comprehendi, quia infinita sunt; restat eis dicere, quod non omnes numeros Deus noverit, quos infinitos esse certissimum est. Infinitas autem numeri non est incomprehensibilis ei cujus intelligentiae non est numerus. Quapropter, si quicquid scientia comprehenditur, scientis comprehensione finitur, profecto omnis infinitas quodam ineffabili modo Deo finita est, quia ejus scientiae incomprehensibilis non est. GREGORIUS NYSSENUS (5) lib. de Homine (seu de Provid., cap. 1, 4, 6, 7). Quoniam autem est (6) providentia, per hujusmodi signa demonstratur: permanentia enim universorum,

et maxime eorum quae sunt in generatione et corruptione, et positio et ordo eorum quae sunt, semper custoditur (1) secundum eumdem modum: qualiter utique (2) perficeretur nullo providente? Sed quidam dicunt, Deo curam esse existentium permanentiae in universali, et hujus solius providentiam habere: singularia vero fieri ut contingit. Tres autem causas solas utique quis dicet non fiendi providentiam singularium: aut enim hoc quod est ignorare Deum quoniam bonum est particularium diligentiam habere; aut non velle; aut non posse. Sed ignorantia omnino aliena est a beata substantia: qualiter enim latebit Deum quod nec homo sapiens ignorabit, quod singularibus destructis, universalia destruentur? Nihil autem prohibet omnia individua perire, nulla procurante potentia. Si autem non vult, propter duas fit causas; aut propter pigritiam, aut propter indecentiam. Pigritia autem a duobus generatur: aut enim volup'ate aliqua attracti pigritamur, aut propter timorem desistimus; quorum neutrum fas est cogitare de Deo. Si autem dicant non decere Deum, indignum enim esse tantae beatitudinis parvis condescendere; qualiter non inconveniens est artificem quidem procurantem universalia, nihil particularium neque pravissimum derelinquere sine procuratione, scientem quod ad totum proficit pars; conditorem vero Deum artificibus enuntiare indoctiorem? Si autem non (3) potest; imbecillis est Deus, et impotens benefacere. Si vero incomprehensibilis nobis est singularium providentiae ratio, non propterea oportet dicere quia non est providentia; ita enim dicerent, quia numerum hominum ignoramus, neque homines esse. CHRYSOSTOMUS super Matth. (hom. 17, in opere imperf.). Sic ergo qui credit se Dei judicio gubernari, escam suam in manu Dei committat: cogitet autem de bono et malo; de quo nisi solicitus fuerit, neque malum fugiet, neque bonum apprehendet. Et ideo subditur: *Quaerite autem primum regnum Dei et justitiam ejus.* Regnum Dei est retributio bonorum operum; justitia autem ejus, via pietatis, per quam itur ad regnum. Si ergo cogites qualis erit gloria sanctorum, necesse est ut aut propter timorem poenae recedas a malo, aut propter desiderium gloriae festines ad bonum. Et si cogitaveris quae sit Dei justitia, quid scilicet odit Deus et quid amat, justitia ipsa ostendit tibi vias suas, quae amantes se sequitur. Non autem daturi sumus rationem, si pauperes sumus aut divites; sed si bene vel male egerimus, quod est in nostro arbitrio. GLOSSA (interlin.). Vel dicit, *Justitiam ejus;* quasi dicat, ut per eum, non per vos justi sitis. CHRYSOSTOMUS super Matth. (ibidem). Terra autem etiam propter peccata hominum maledicitur ut non germinet, secundum illud Gen. 3: « Maledicta terra in opere tuo: » benedicitur autem cum bona fecerimus. Quaere ergo justitiam, et non deerit tibi panis: unde sequitur: *Et haec omnia adjicientur nobis.* AUGUSTINUS de sermone Domini in monte (lib. 2, cap. 24). Scilicet temporalia; quae manifeste hic ostendit non esse talia bona nostra propter quae bene facere debeamus; sed tamen necessaria esse. Regnum vero Dei et justitia ejus bonum nostrum est, ubi finis constituendus est. Sed quia in hac vita militamus, ut ad illud regnum

---

(1) Insinuat Anselmus paulo aliter; sed nihil tale Glossa modo; quam saepe pro Anselmo citatam habes in hoc opere universo (*Ex edit. P. Nicolai*).

(2) *Al.* et ideo.

(3) *Al.* abjicias.

(4) *Al.* qualis.

(5) Immo potius Nemesius *de Natura hominis* partim cap. 42, quod inscribitur *de Providentia,* quoad priorem appendicem; partim 44, quod inscribitur *Quarum rerum sit providentia* quoad posteriorem, ut videre est tom. 2 Biblioth. Graec. PP.: nunc enim nihil tale apud Gregorium Nyssenum, qui antea pro Nemesio citabatur, etsi alia exemplaria citant eum ad marginem hujus Operis *de Provid.* cap. 6 (*Ex edit. P. Nicolai*).

(6) *Al.* eis.

---

(1) *Al.* custoditurus.

(2) *Al. deest* utique.

(3) *Al. omittitur* non.

pervenire possimus, quae vita sine his necessariis agi non potest; *apponentur*, inquit, *haec vobis*. Cum autem dixit illud *primum*, significavit quia hoc posterius quaerendum est non tempore, sed dignitate; illud tamquam bonum nostrum, hoc tamquam necessarium (1) est. Neque enim (verbi gratia) debemus evangelizare ut manducemus, quia sic vilius haberemus Evangelium quam cibum; sed ideo manducare (2) ut evangelizemus. Quaerentibus autem primum regnum Dei et justitiam ejus, idest hoc praeponentibus ceteris rebus, ut hoc propter cetera quaeramus, non debet subesse solicitudo, ne necessaria desint; et ideo ait: *Haec omnia adjicientur vobis*, idest consequenter (3), sine ullo vestro impedimento: ne cum ista quaeritis, illinc avertamini, aut duos fines constituatis. CHRYSOSTOMUS in hom. (23 in Matth.). Et non dixit, Dabuntur, sed *Apponentur*, ut discas quia praesentia nihil sunt ad magnitudinem futurorum. AUGUSTINUS de serm. Domini in monte (lib. 2, cap. 24). Cum autem legimus, in fame et siti Apostolum laborasse, non existimemus hic Domini promissa titubasse; quandoquidem ista sint adjutoria. Medicus iste, cui nos totos commisimus, novit quando apponat et quando detrahat, sicut nobis judicat expedire. Si enim nobis aliquando defuerint (quod plerumque propter nostram exercitationem (4) Deus sinit) non debilitat propositum nostrum, sed examinatum confirmat.

21. GLOSSA (5). Prohibuerat solicitudinem praesentium rerum: modo prohibet solicitudinem futurorum vanam (6) ex vitio hominum provenientem, cum dicit: *Nolite ergo solliciti esse in crastinum*. HIERONYMUS (in fine quasi Com. in 6 cap. Matth.). Cras in Scripturis futurum tempus intelligitur, dicente Jacob, Genes. 35: « Exaudiet me cras justitia « mea: » et in Samuelis phantasmate pythonissa loquitur ad Saulem (2 Regum 28): « Cras eris « mecum. » De praesentibus ergo concessit debere esse solicitos qui futura prohibet cogitare. Sufficit enim nobis praesentis temporis cogitatio: futura, quae incerta sunt, Deo relinquamus. Et hoc est quod dicitur: *Crastinus enim dies solicitus erit sibi ipsi*: idest ipse (7) afferet solicitudinem suam secum. *Sufficit enim diei malitia sua*. Hic malitiam non contrariam virtuti posuit, sed laborem (8) et afflictionem et angustiam saeculi. CHRYSOSTOMUS in hom. (23 in Matth.). Nihil enim ita dolorem infert animae ut solicitudo et cura. Cum autem dicat quod crastina dies erit solicita de seipsa, volens

(1) *P. Nicolai* habet nostrum.
(2) *Al.* manducemus.
(3) *Al.* convenienter.
(4) *Al.* testatorem exercitationem.
(5) Seu potius Anselmus, ut jam supra (*Ex edit. P. Nicolai*).
(6) *Al.* variam.
(7) *Al. omittitur* ipse.
(8) *Al.* in laborem.

manifestius facere quod dicitur, prosopopejam facit temporis, secundum multorum consuetudinem, loquens ad plebem imperfectam: ut enim eos magis moveat, ipsos dies conquerentes inducit pro superflua cura. Numquid enim dies non sufficiens habet onus, idest curam suam? Quid igitur eam aggravas magis, curam quae pertinet ad alium diem apponendo? CHRYSOSTOMUS super Matth. (hom. 16, in opere imperf.). Vel aliter. Per hodie haec solum significantur quae habemus in vita praesenti necessaria. Quia autem dicit, *Cras*, quod superfluum est (1) ostendit: dicit ergo: *Nolite soliciti esse in crastinum*; idest, nihil curetis super id habere quod necessarium est vobis ad vitam quotidianam: quod enim superfluum fuerit, quod est cras, curabit se. Et hoc est quod dicit: *Crastinus enim dies solicitus erit sibi ipsi*; ac si dicat: Superflua cum congregaveris, ipsa se curabunt: te quidem eis non fruente, invenient dominos multos, qui ea procurent. Quid ergo curas de illis, quorum potestatem aliis es dimissurus? *Sufficit enim diei malitia sua*; quasi dicat: Sufficit tibi labor quem pateris propter necessaria: noli de superfluis laborare. Vel aliter. AUGUSTINUS de sermone Domini in monte (lib. 2, cap. 25). Non dicitur crastinus dies nisi in tempore, ubi praeterito succedit futurum. Ergo cum aliquid boni operamur, non terrena, sed aeterna cogitemus. *Crastinus enim dies solicitus erit sibi ipsi*, idest, cum oportuerit, sumamus cibum et hujusmodi, scilicet cum necessitas urgere coeperit. *Sufficit enim diei malitia sua*; idest, sufficit quod ista sumere urgebit necessitas; quam malitiam nominat, quia poenalis est nobis: pertinet enim ad mortalitatem, quam peccando meruimus. Huic ergo poenae temporalis necessitati noli addere aliquod gravius: ut non solum eam patiaris, sed etiam propter hanc explendam milites Deo (cap. 26). Hic est cavendum, ne cum viderimus aliquem servum Dei providere ne ista necessaria desint vel sibi vel eis quorum cura sibi commissa est, judicemus eum contra Domini praecepta facere, et de crastino esse solicitum: nam et ipse Dominus (cui ministrabant Angeli) propter exemplum loculos habere dignatus est. Et in Actibus Apostolorum scriptum est, quae ad victum sunt necessaria, procurata esse in futurum propter imminentem famem. Non ergo hoc Dominus increpat, si quis humano more ista procuret; sed si quis propter ista non militet Deo. HILARIUS (can. 5 in Matth., super *Nolite soliciti esse*). Hoc etiam totum sub dicti caelestis significantia continetur. Jubemur igitur non ambigere de futuris. Satis enim vitae nostrae malitia dierum quibus vivimus, scilicet peccata, sufficiunt, ut circa haec purganda omnis vitae nostrae meditatio laborque versetur. Cessante autem cura nostra, ipsa futura solicita sunt, dum nobis aeternae caritatis profectus Deo procurante proponitur.

(1) *Al. desideratur* est.

CAPUT SEPTIMUM.

1. Nolite judicare, et non judicabimini; nolite condemnare, et non condemnabimini: in quo enim judicio judicaveritis, judicabimini; et in qua mensura mensi fueritis, remetietur vobis.

2. Quid autem vides festucam in oculo fratris tui, et trabem in oculo tuo non vides? Aut quomodo dicis fratri tuo: Frater, sine ejiciam festucam de oculo tuo; et ecce trabs est in oculo tuo? Hypocrita, ejice primum trabem de oculo tuo, et tunc videbis ejicere festucam de oculo fratris tui.

3. Nolite sanctum dare canibus, neque mittatis margaritas vestras ante porcos, ne forte conculcent eas pedibus suis, et canes conversi disrumpant vos.

4. Petite, et dabitur vobis; quaerite, et invenietis; pulsate, et aperietur vobis. Omnis enim qui petit, accipit; et qui quaerit, invenit; et pulsanti aperietur.

5. Aut quis est ex vobis homo, quem si petierit filius panem, numquid lapidem porriget ei? Aut si piscem petierit, numquid serpentem porriget ei? Si ergo vos cum sitis mali, nostis bona data dare filiis vestris, quanto magis Pater vester, qui in caelis est, dabit bona petentibus se?

6. Omnia ergo quaecumque vultis ut faciant vobis homines, et vos facite illis. Haec est enim lex et Prophetae.

7. Intrate per angustam portam: quia lata porta et spatiosa via est quae ducit ad perditionem; et multi sunt qui intrant per eam. Quam angusta porta et arcta via est quae ducit ad vitam; et pauci sunt qui inveniunt eam!

8. Attendite a falsis prophetis, qui veniunt ad vos in vestimentis ovium, intrinsecus autem sunt lupi rapaces. A fructibus eorum cognoscetis eos. Numquid colligunt de spinis uvas, aut de tribulis ficus? Sic omnis arbor bona fructus bonos facit; mala autem arbor malos fructus facit. Non potest autem arbor mala bonos fructus facere, neque arbor bona malos fructus facere. Omnis arbor quae non facit fructum bonum, excidetur, et in ignem mittetur. Igitur ex fructibus eorum cognoscetis eos.

9. Non omnis qui dicit mihi, Domine, Domine, intrabit in regnum caelorum; sed qui facit voluntatem Patris mei qui in caelis est, ipse intrabit in regnum caelorum. Multi dicent mihi in illa die: Domine, Domine, nonne in nomine tuo prophetavimus, et in nomine tuo daemonia ejecimus, et in nomine tuo virtutes multas fecimus? Et tunc confitebor illis, Quia numquam novi vos. Discedite a me omnes qui operamini iniquitatem.

10. Omnis ergo qui audit verba mea haec et facit ea, assimilabitur viro sapienti, qui aedificavit domum suam supra petram; et descendit pluvia, et venerunt flumina, et flaverunt venti, et irruerunt in domum illam; et non cecidit: fundata enim erat super petram. Et omnis qui audit verba mea haec, et non facit ea, similis erit viro stulto, qui aedificavit domum suam super arenam; et descendit pluvia, et venerunt flumina, et flaverunt venti, et irruerunt in domum illam; et cecidit, et fuit ruina ejus magna.

11. Et factum est, cum consummasset Jesus verba haec, admirabantur turbae super doctrina ejus: erat enim docens eos sicut potestatem habens, et non sicut scribae eorum et Pharisaei.

1. AUGUSTINUS de serm. Dom. in monte (lib. 2, cap. 28, in init.). Quia cum ista temporalia procurantur in futurum, incertum est quo animo fiat, cum possit simplici corde fieri, et duplici: opportune hoc loco subjecit, *Nolite judicare*. Vel aliter. CHRYSOSTOMUS super Matth. (hom. 17 in initio quasi in oper. imperf.). Hucusque exposuit consequentiam ad eleemosynam pertinentem: nunc autem incipit exponere consequentiam ad orationem respicientem. Et est doctrina haec quodammodo pars orationis, ut sit ordo narrationis talis: *Dimitte nobis debita nostra*: et sequitur: *Nolite judicare, ut non judicemini*. CHRYSOSTOMUS super Matth. (ubi supra). Sed si judicare prohibet, qua consequentia Paulus Corinthium judicat fornicantem; et Petrus Ananiam et Saphiram mendacii arguit? Sed quidam hunc locum secundum hujusmodi sensum exponunt, quia Dominus hoc mandato non prohibet Christianos ex benevolentia alios corripere; sed ne per jactantiam justitiae suae Christiani Christianos despiciant, ex solis plerumque suspicionibus odientes ceteros et contemnentes, et sub specie pietatis proprium odium exequentes. CHRYSOSTOMUS in homil. (24 in Matth. a principio). Unde non dixit, Ne quiescere facias peccantem; sed, Ne judicaveris; hoc est, ne amarus fias judex: corripe quippe non ut hostis expetens vindictam, sed ut medicus instituens medicinam. CHRYSOSTOMUS super Matth. (hom. 17 in oper. imperf.) Sed ut non sic quidam corriperent Christiani Christianos, convenit sermo qui dicit, *Nolite judicare*. Sed si non sic corripuerint, numquid propter hoc consequuntur indulgentiam peccatorum, quia dictum est, *Non judicabimini*? Quis enim consequitur indulgentiam mali prioris, quia non addidit alterum malum? Hoc autem diximus volentes ostendere, quia hic sermo non est positus de proximis non judicandis qui peccant in Deum, sed qui in nos peccant. Qui enim non judicat proximum propter peccatum in se commissum, illum nec Deus judicat propter peccatum; sed dimittit ei debitum, sicut et ipse dimisit. CHRYSOSTOMUS in hom. (24 in Matth.). Vel aliter. Non simpliciter universa peccata jubet non judicare; sed his qui multis malis sunt pleni, et alios pro minimis judicant, hanc prohibitionem facit. Sicut et Paulus non simpliciter prohibet judicare eos qui peccant, sed discipulos judicantes de magistris redarguit, docens ut eos qui supra nos sunt non judicemus. HILARIUS (can. 5 parum ante finem). Vel aliter. Judicari de sponsionibus suis Deum vetat: quia ut judicia ex incertis rebus inter homines sumuntur, ita et hoc judicium adversus Deum ex ambiguitate suscipitur: quod penitus repellit a nobis, ut constans potius fides retineatur: quia non sicut in ceteris rebus peccatum fit perperam judicasse; sed si in rebus tantummodo dedero judicium, initium fit criminis. AUGUSTINUS de serm. Dom. in monte (lib. 2, cap. 28). Vel aliter. Hoc loco nihil aliud praecipi existimo, nisi ut ea facta quae dubium est quo animo fiant, in meliorem partem interpretemur. De his autem (1) quae non possunt bono animo fieri, sicut sunt stupra, blasphemiae et hujusmodi, nobis judicare permittit; de factis autem mediis, quae possunt bono et malo animo fieri, temerarium est judicare, maxime ut condemnemus. Duo autem sunt in quibus temerarium judicium cavere debemus: cum incertum est quo animo quicquam factum sit, vel cum incertum est qualis quisque futurus est, qui nunc vel bonus vel malus apparet. Non ergo reprehendamus ea quae nescimus quo animo fiant; neque ita reprehendamus quae manifesta sunt ut desperemus sanitatem. Potest autem movere quod ait, *In quo judicio judicaveritis, judicabimini*. Numquid si nos temerario judicio judicaverimus, temere

(1) *Al.* Deus *autem.*

etiam de nobis Deus judicabit ? Aut numquid si mensura iniqua mensi fuerimus, et apud Deum est iniqua mensura, unde nobis remetiatur ? (Cap. 29). Nam mensurae nomine ipsum judicium significatum arbitror. Sed hoc dictum est, quoniam temeritas qua punis alium, ipsa te puniat necesse est. Iniquitas enim saepe nihil nocet ei qui patitur injuriam, ei vero qui facit necesse est ut noceat. AUGUSTINUS, 21 de Civ. Dei (cap 11). Dicunt aliqui: Quomodo verum est quod ait Christus: *Et in qua mensura mensi fueritis, remetietur vobis*: si temporale peccatum supplicio puniatur aeterno ? Nec attendunt non propter aequale temporis spatium, sed propter vicissitudinem mali (idest ut (1) qui mala fecerit, mala patiatur) eamdem dictam mensuram fuisse: quamvis in ea re hoc proprie possit accipi de qua Dominus cum hoc diceret loquebatur, idest de judiciis et condemnationibus. Proinde qui judicat et condemnat injuste, si judicatur et condemnatur juste, in eadem mensura recipit, quamvis non hoc quod dedit: judicio enim fecit quod iniquum est, judicio patitur quod justum est.

2. AUGUSTINUS de serm. Dom. (lib. 2, cap. 30). Quia de temerario et iniquo judicio Dominus admonuerat; maxime autem hi temere judicant, qui de incertis et facile reprehendunt, qui magis amant vituperare et damnare , quam emendare atque corrigere; quod vitium vel superbia est vel invidentia; consequenter subjicit, et dicit: *Quid autem vides festucam in oculo fratris tui; et trabem in oculo tuo non vides ?* HIERONYMUS (in Com. cap. 7 Matth.). De his loquitur qui cum mortali crimine detineantur obnoxii, minora peccata fratribus non concedunt, ut si forte ira ille peccaverit, tu (2) odio reprehendas. Quantum autem inter festucam et trabem, tantum inter iram distat et odium: odium enim ira inveterata est. Fieri autem potest ut si irascaris homini, velis eum corrigi; non autem si eum oderis. CHRYSOSTOMUS in hom. (24, super illud, *Quid vides festucam ?*) Multi etiam hoc faciunt, qui si viderint monachum superfluum vestimentum habentem, aut copiosiori cibo potitum, amari fiunt accusatores, quotidie ipsi rapientes et crapulam patientes. CHRYSOSTOMUS super Matth. (homil. 17 in op. imperf.). Vel aliter. Hoc quod hic dicitur, doctoribus convenit. Omne enim peccatum dijudicatur modicum aut magnum, secundum peccantis personam. Laici enim peccatum modicum est et festuca quantum ad peccatum sacerdotis, quod trabi comparatur. HILARIUS (can. 5 in Matth. parum ante finem). Vel aliter. Peccatum in Spiritum sanctum est divinae virtutis potestatem negare, et Christo substantiam adimere (3) aeternitatis; per quem, quia in hominem venit Deus, homo rursus veniet in Deum. Ergo quantum inter festucam et trabem discriminis (4) est, tantum ostendit peccatum in Spiritum sanctum cetera crimina excedere: ut cum infideles delicta corporis aliis exprobrant, onus peccati, quod de promissis Dei ambigunt, in se ante non videant, in oculo trabe, tamquam in mentis acie incidente.

Sequitur: *Aut quomodo dices fratri tuo: Sine, ejiciam festucam de oculo tuo; et ecce in oculo tuo trabs est ?* CHRYSOSTOMUS (hom. 17 in op. imp.).

Idest, cum qua facie arguis peccatum fratris tui, ipse aut in eodem peccato vel in majori existens ? AUGUSTINUS de serm. Dom. (lib. 2, cap. 30, ante med.) Primum ergo cogitemus cum aliquem reprehendere nos necessitas coegerit, utrum tale sit vitium quod nunquam habuimus; et tunc cogitemus, et nos homines esse, et habere potuisse; vel tale quod habuimus, et jam non habemus; et tunc tangat memoriam communis fragilitas, ut illam correctionem non odium sed misericordia praecedat. Si autem invenerimus nos in eodem vitio esse, non objurgemus, sed congemiscamus, et ad pariter conandum invitemus. Raro autem et ex magna necessitate objurgationes adhibendae sunt; in quibus non ut nobis, sed ut Domino serviatur instemus. CHRYSOSTOMUS super Matth. (homil. 17, in oper. imperf.). Vel aliter. *Quomodo dicis fratri tuo ?* idest, quo proposito putas ? Ex caritate, ut salves proximum tuum ? Non, quia teipsum ante salvares. Vis ergo non alios sanare, sed per bonam doctrinam malos actus celare, et scientiae laudem ab hominibus quaerere, non aedificationem mercedis a Deo; et es hypocrita: unde sequitur: *Hypocrita, ejice primum trabem de oculo tuo.* AUGUSTINUS de serm. Dom. (lib. 2, cap. 30). Accusare enim vitia officium est bonorum; quod cum mali faciunt, alienas partes agunt: sicut hypocritae, qui tegunt sub persona quod sunt, et ostendunt in persona quod non sunt. CHRYSOSTOMUS in hom. (24 in Matth.). Et notandum, quod ubicumque vult monstrare magnum aliquod peccatum, a contumelia incipit; sicut ibi (infra 18): *Serve nequam, omne debitum dimisi tibi*: et ideo hic dicit: *Hypocrita, ejice primum.* Etenim quae sui ipsius sunt, magis aliquis novit quam quae sunt aliorum; et quae majora sunt, magis videt quam quae minora; et seipsum magis diligit quam proximum. Et ideo jubet eum qui obnoxius est multis peccatis, non amarum esse judicem delictorum alterius, et maxime cum fuerint parva: non quidem ab arguendo aut a corrigendo avertens; sed prohibet propria contemnere, et alienis insistere (1). Oportet enim ut primo cum diligentia investiges quae tua sunt, et tunc quae proximi sunt discuties; et ideo sequitur: *Et tunc videbis ejicere festucam de oculo fratris tui.* AUGUSTINUS de ser. Dom. in monte (lib. 2 cap. 30). Auferentes enim de oculo nostro trabem invidentiae vel malitiae vel simulationis, videbimus ejicere festucam de oculo fratris.

3. AUGUSTINUS de serm. Dom. in monte (lib. 2 cap. 31). Quia potest aliquos nomen simplicitatis ad quam per superiora induxerat, decipere, ut sic putetur vitiosum esse aliquando verum occultare, quomodo vitiosum est falsum dicere; recte subjungit: *Nolite sanctum dare canibus, neque mittatis margaritas vestras ante porcos.* CHRYSOSTOMUS super Matth. (hom. 17 in oper. imperf.). Vel aliter. Jusserat superius Dominus diligere inimicos et benefacere his qui peccant in nos. Ne ergo cogitarent sacerdotes etiam quae Dei sunt eis communicare, talem cogitationem compescuit; dicens: *Nolite sanctum dare canibus*: ac si diceret: Mandavi vobis diligere inimicos, et benefacere eis de vestris corporalibus bonis, non tamen de meis spiritalibus passim, quoniam in natura vobiscum communes sunt, non in fide; et Deus carnalia bene-

---

(1) *Al. deest ut.*
(2) *Al.* ut.
(3) *Al.* abnuere.
(4) *Al.* differentia est.

(1) *Al.* insilire.

ficia dignis et indignis similiter praestat, non autem gratias spirituales. Augustinus de ser. Dom. in monte (lib. 2. cap. 51). Quaerendum autem est quid sit sanctum, quid canes, quid margaritae, quid porci. Sanctum est quod corrumpere nefas est; cujus sceleris voluntas rea tenetur, quamvis illud incorruptibile maneat. Margaritae autem sunt quaecumque spiritalia magni aestimanda sunt. Licet itaque una eademque res et sanctum et margarita dici possit; sed sanctum dicitur ex eo quod non debet corrumpi; margarita vero ex eo quod non debet (1) contemni. Chrysostomus super Matth. (homil. 17, ibid.) Vel aliter. Sanctum est sicut baptismus, gratia corporis Christi et hujusmodi: mysteria autem veritatis margaritae sunt: quia sicut margaritae inclusae cochleis, positae sunt in profundo maris, sic mysteria divina verbis inclusa, posita sunt in altitudine sensus sacrae Scripturae. Chrysostomus in hom. 24. Quae quidem his qui bonae mentis sunt et intellectum habent, revelata, honesta apparent; his autem qui insensibiles sunt, magis videntur reverenda cum ignorantur. Augustinus de serm. Dom. (lib, 2, cap. 51). Canes autem pro impugnatoribus veritatis, porcos pro contemptoribus positos non incongrue accipimus. Quapropter, quia canes exiliunt ad dilacerandum, quod autem dilacerant, integrum esse non sinunt, dixit: *Nolite sanctum dare canibus*: quia, quantum in ipsis est, si fieri posset, conantur perimere veritatem. Porci autem quamvis non ita ut canes morsu appetant, passim tamen calcando inquinant: et ideo dicit: *Neque mittatis margaritas vestras ante porcos*. Rabanus (super illud, *Nolite sanctum dare canibus*). Vel canes sunt ad vomitum reversi; porci nondum conversi, sed in luto vitiorum versati (2). Chrysostomus super Matth. (hom. 17, in oper. imper.). Vel aliter. Canis et porcus immunda animalia sunt; sed canis ex omni parte, quia nec ruminat, nec ungulam findit; porcus autem ex parte; nam ungulam habet fissam, sed non ruminat. Propter quod canes puto intelligendos Gentiles omnino immundos, et propter actus et propter fidem; porcos autem haereticos, quia nomen Domini invocare videntur. *Nolite* ergo (3) *sanctum dare canibus*: quia baptismus et alia sacramenta non sunt danda nisi fidem habentibus. Item mysteria veritatis, idest margaritae, non sunt dandae nisi desiderantibus veritatem, et cum ratione humana viventibus. Si enim porcis eas miseris, idest coenosae vitae delectatione gravatis, non intelligunt (4) pretiositatem earum; sed aestimant eas similes ceteris fabulis mundialibus, et eas actibus suis carnalibus conculcant. Augustinus de serm. Dom. (lib. 2, cap. 51). Calcari enim dicitur quicquid contemnitur: et ideo dicitur: *Ne forte conculcent eas pedibus suis*. Glossa (interlin.). Dicit autem, *Ne forte*, quia resipiscere possunt ab immunditia. Augustinus (lib. 2 de serm. Domini, cap. 51). Quod autem sequitur, *Et conversi disrumpant vos*, non ait ipsas margaritas: illas enim conculcant, et cum convertuntur ut adhuc aliquid audiant, disrumpunt eum a quo missas margaritas conculcant: non enim facile inveneris quod ei gratum esse possit, a quo magno labore inventa contemnantur. Qui ergo tales docent, quomodo non disrumpantur indignando et stomachan-

(1) *Al.* potest.
(2) *Al.* conversati.
(3) *Al. non est* ergo etc.
(4) *Al.* intelligerent.

S. Th. Opera omnia. V. 11.

do non video. Chrysostomus super Matth. (hom. 17, in op. imperf.). Vel porci non solum carnalibus actibus margaritas conculcant, sed etiam post modicum conversi , per inobedientiam rumpunt praebitores earum. Frequenter autem et scandalizati calumniantur eos quasi dogmatum novorum seminatores. Canes etiam conculcantes sancta sordidis actibus, disputationibus suis rumpunt praedicatorem veritatis. Chrysostomus in homil. (24 super Matth.). Et bene dixit, *Conversi*: fingunt enim mansuetudinem, ut addiscant; deinde cum didicerint, detrahunt. Chrysostomus super Matth. (hom. 17, in opere imperf.). Rationabiliter autem margaritas dari porcis prohibuit: quia si porcis minus immundis mitti vetantur, quanto magis canibus plus immundis? De sancto autem dando idem aestimare non possumus; quia frequenter etiam benedictionem damus pecorum (1) more viventibus Christianis; non quia merentur accipere, sed ne forte plenius scandalizati dispereant. Augustinus de serm. Domini (lib. 2, cap. 52). Cavendum est ergo ne quid aperiatur ei qui non capit; melius enim quaerit id quod clausum est quam id quod apertum est: aut infestat per odium, ut canis, aut negligit per contemptum, ut porcus. Non est autem consequens ut si verum occultatur, etiam falsum dicatur: quia Dominus quamvis nihil mentitus sit, vera tamen aliqua occultavit, secundum illud Joan. 16: « Adhuc habeo vobis multa dicere quae non potestis « portare modo. » Sed si aliquis non capit propter sordes, mundandus est vel verbo vel opere quantum fieri potest a nobis. Quia autem Dominus quaedam dixisse invenitur quae multi qui aderant, vel resistendo vel contemnendo non receperunt; non putandus est sanctum dedisse canibus, aut margaritas ante porcos misisse. Dedit enim eis qui capere poterant, et simul aderant, quos propter aliorum immunditiam negligi non oportebat: et quamvis tentantes eum in ipsis quae eis respondebat, contabescerent; alii tamen qui poterant capere, ex illorum occasione multa utiliter audiebant. Qui ergo novit quid respondeat, debet respondere, saltem propter illos quibus desperatio suboritur, si propositam quaestionem solvi non posse crediderint: et hoc de rebus ad instructionem salutis pertinentibus. De supervacuis autem et noxiis nihil dicendum est; sed hoc ipsum explicandum est, cur inquirenti talia non oporteat respondere.

4. Hieronymus. Quia carnalia supra vetuerat postulari, quid petere debeamus ostendit dicens: *Petite, et dabitur vobis*. Augustinus de serm. Dom. (lib. 2, cap. 53). Vel aliter. Cum praeceptum esset ne sanctum daretur canibus, et ne margaritae ante porcos mitterentur; potuit auditor suae ignorantiae conscius dicere: Quid sanctum me dare canibus vetas, cum adhuc me habere non videam? et ideo opportune subjecit. dicens: *Petite et accipietis*. Chrysostomus (hom. 18, in oper. imperf.). Vel aliter. Quoniam ad sanctificandam (2) orationem quaedam dederat eis mandata, dicens, *Nolite judicare*; competenter adjungit: *Petite, et dabitur vobis;* quasi dicat: Si hanc clementiam servaveritis ad inimicos, quicquid clausum vobis videtur, *pulsate, et aperietur vobis*. *Petite* ergo precibus, die ac nocte orantes; *quaerite* studio et labore: nec enim laborantes circa Scripturas acquirimus scien-

(1) *Al.* peccatorem.
(2) *Al.* ad significandam.

13

tiam sine gratia Dei, nec gratiam acquirimus nisi studuerimus, ne donum Dei negligentibus detur. *Pulsate* autem oratione, et jejuniis, et eleemosynis. Sicut enim qui pulsat ostium, non tantum voce clamat, sed manu; sic et qui bona opera facit, pulsat operibus bonis. Sed dices: Hoc ipsum peto ut sciam et faciam: quomodo ergo possum facere priusquam accipiam? Sed quod potes fac, ut amplius possis; et quod scis serva, ut amplius scias. Vel aliter. Cum dixisset supra omnibus ut indulgerent inimicis, et postea prohibuerit ne sub obtentu dilectionis sancta canibus darent; nunc dat eis bonum consilium, ut petant Deum pro illis, et dabitur eis; quaerant eos qui perierant in peccatis, et invenient; pulsent eos qui in erroribus sunt conclusi, et aperiet eos Deus, ut habeat sermo eorum ad animas eorum ingressum. Vel aliter. Quoniam majora erant mandata superius posita quam virtus humana, transmittit eos (1) ad Deum, cujus gratiae nihil impossibile est, dicens: *Petite et dabitur vobis:* ut quod ex hominibus consummari non potest, per gratiam Dei adimpleatur. Cum enim alia animalia Deus muniverit veloci pedum cursu, aut velocibus pennis, aut unguibus aut dentibus aut cornibus; hominem solum sic disposuit ut virtus illius sit ipse; ut infirmitatis suae necessitate coactus, semper necessarium habeat Dominum suum. GLOSSA (ord. super illud, *Petite*). Petimus autem fide, quaerimus spe, pulsamus caritate. Primum petere debes, ut habeas; post quaerere, ut invenias; inventa observare, ut introeas. REMIGIUS. Vel aliter. Petimus orando, quaerimus recte vivendo, pulsamus perseverando. AUGUSTINUS de serm. Dom. in monte (lib. 2, cap. 33). Petitio autem pertinet ad impetrandam sanitatem animae, ut ea quae praecipiuntur, implere possimus; inquisitio autem ad inveniendam veritatem. Sed cum quisque veram viam invenerit, perveniet ad ipsam possessionem; quae tantum pulsanti aperietur. AUGUSTINUS in lib. Retract. (lib. 1, cap. 19). Operose quidem ista tria quid inter se differant, sic exponendum putavi; sed longe melius ad instantissimam petitionem omnia referuntur: unde postea concludit dicens: *Dabit bona petentibus se.* CHRYSOSTOMUS in hom. (24 in Matth., super illud, *Petite*). Per hoc ergo quod addidit, *Quaerite et pulsate,* cum instantia multa et robore peti jussit. Qui enim quaerit, omnia alia projicit a mente, et ad illud solum afficitur quod quaerit; qui autem pulsat, cum vehementia et fervida mente venit. CHRYSOSTOMUS super Matth. (hom. 18, in oper. imperf.). Quia vero dixerat, *Petite et accipietis:* ne forte peccatores audientes dicerent: Ad hoc Dominus dignos hortatur; nos autem indigni sumus: ideo repetit, ut tam justis quam peccatoribus misericordiam Dei commendet; et ideo dicit: *Omnis qui petit, accipit*; idest, sive justus sive peccator, tamen petere non dubitet: ut constet neminem sperni, nisi qui petere dubitavit a Deo. Non enim credibile est ut opus pietatis quod exhibetur benefaciendo inimicis, Deus injungat hominibus, ipse autem non faciat; cum sit bonus. AUGUSTINUS super Joannem (tract. 44). Unde peccatores exaudit Deus. Si enim peccatores non audiret, frustra Publicanus dixisset (Luc. 28): « Domine propitius « esto mihi peccatori: » et ex ista confessione meruit (2) justificationem. PROSPER in lib. sent. August.

(1) *Al.* eum.
(2) *Al.* meruisset.

(sent. 212). Fideliter autem supplicans Deo pro necessitatibus hujus vitae, et misericorditer auditur, et misericorditer non auditur. Quid enim infirmo sit utile, magis novit medicus quam aegrotus. Si autem id postulat quod Deus et promittit (1) et praecipit, fiet omnino quod poscit: quia accipiet caritas quod petit veritas. AUGUSTINUS ad Paulinum et Therasiam (epist. 250). Bonus autem Dominus, qui non tribuit saepe quod volumus, ut quod mallemus (2) attribuat. AUGUSTINUS de ser. Dom. (lib. 2, cap. 33). Perseverantia etiam opus est ut accipiamus quod petimus. AUGUSTINUS de ver. Dom. (ser. 5). Cum enim Deus aliquando tardius dat, commendat dona, non negat: diu desiderata, dulcius obtinentur; cito autem data, vilescunt. Pete ergo et quaere justa. Petendo enim et quaerendo, crescit appetitus ut capias: servat tibi Deus quod non vult cito dare, ut tu discas magna magne desiderare (3); ideo oportet semper orare et non deficere.

3. AUGUSTINUS de serm. Dom. (lib. 2, cap. 33, a med.) Sicut in superioribus egit de volatilibus caeli et de liliis agri, ut spes de minoribus ad majora consurgeret; ita et in hoc loco, cum dicit: *Aut quis ex vobis homo?* CHRYSOSTOMUS super Matth. (hom. 18, in oper. imperf.). Ne forte aliquis considerans quanta est differentia inter Deum et hominem, et ponderans peccata sua, dum desperat impetrare, nec incipiat petere; patrum et filiorum similitudinem introduxit; ut si propter peccata nostra desperamus, propter paternam bonitatem Dei (4) speremus. CHRYSOSTOMUS in hom. (24, ante medium). Duo autem oportet adesse oranti: et petere vehementer, et quae oportet petere. Haec autem sunt spiritualia: etenim Salomon, quia petiit quod petere oportebat, velociter accepit. CHRYSOSTOMUS super Matth. (hom. 18, in op. imperf.). Quae autem petere oportet, sub similitudine panis et piscis ostendit. Panis enim est verbum de notitia Dei Patris. Lapis est omne mendacium quod habet scandalum offensionis ad animam. REMIGIUS. Piscem autem possumus intelligere verbum de Christo, serpentem autem, ipsum diabolum. Vel per panem intelligitur doctrina spiritualis; per lapidem ignorantia; per piscem unda baptismatis sacri; per serpentem astutia diaboli, sive infidelitas. RABANUS. Vel panis, qui est communis cibus, caritatem significat, sine qua aliae virtutes nihil valent. Piscis significat fidem; quae ex aqua baptismatis orta est, et in mediis fluctibus hujus vitae pulsatur, et tamen vivit. Lucas autem addidit tertium, scilicet ovum, quod est spes animalis, unde spem significat. Contra caritatem ponit lapidem, idest odii duritiam; contra fidem, serpentem, idest perfidiae venenum; contra spem, scorpionem, idest desperationem, quae retro pungit, sicut scorpio. REMIGIUS. Est ergo sensus: Non est timendum quod si petamus a Deo Patre panem, idest doctrinam vel caritatem, quod porrigat lapidem; idest, quod permittat cor nostrum constringi aut frigore odiorum, aut duritia mentis: vel quod si petierimus fidem, ipse nos (5) permittat perire veneno infidelitatis. Unde sequitur: *Si ergo vos cum sitis mali.* CHRYSOSTOMUS in hom. 24. Haec autem dixit, non detrahens humanae naturae,

(1) *Al. deest* et promittit.
(2) *Al.* malimus.
(3) *Al.* considerare.
(4) *Al. omittitur* Dei.
(5) *Al. deest* nos.

neque malum confitens omne genus humanum; sed ad differentiam bonitatis suae, dilectionem paternam malitiam vocans: tanta est superabundantia amoris ipsius ad homines (1). Quia quantum ad comparationem Dei, qui solus singulariter bonus est, omnes mali videntur; sicut ad comparationem solis omne lucidum videtur obscurum. HIERONYMUS (super illud, *si ergo vos cum sitis mali*). Vel forte Apostolos malos dixit, quia sub Apostolorum persona omne hominum genus damnatur (2), cujus ab infantia cor ad malum appositum est, ut in Genesi 8, legitur. Nec mirum hujus saeculi homines dici malos, cum et Apostolus memoret Ephes. 5, « quoniam dies mali sunt. » AUGUSTINUS de serm. Dom. (lib. 2, cap. 33, a med.). Vel malos appellavit hujus saeculi dilectores, unde et bona quae dant, secundum eorum sensum bona dicenda sunt, quia haec pro bonis habent; quamquam et in rerum natura, ista bona sint, scilicet temporalia, et ad istam vitam infirmam pertinentia. AUGUSTINUS de ver. Dom. (serm. 5). Bonum enim quod facit bonos, Deus est. Aurum autem, et argentum bonum est, non quod te faciat bonum, sed unde facias bonum. Mali ergo cum simus, et bonum patrem habeamus, non semper mali remaneamus. AUGUSTINUS de serm. Domini (lib. 2, cap. 33). Si ergo cum simus mali, novimus id dare quod petimus; quanto magis sperandum est daturum Deum nobis bona petentibus? CHRYSOSTOMUS super Matth. (hom. 18, in op. imp.). Quoniam autem non omnia petentibus praestat, sed bona tantummodo; ideo (3) convenienter addidit, *Bona.* GLOSSA (ordin. super illud, *Nostis bona*). A Deo enim non nisi bona percipimus, qualiacumque nobis videantur: omnia enim dilectis in bonum cooperantur. REMIGIUS. Et sciendum, quod ubi Matthaeus sic dicit, *Dabit bona*; Lucas dicit (cap. 11): « Dabit spiritum bonum. » Sed non debet videri contrarium: quia cuncta bona quae homo a Deo accipit, per gratiam Spiritus sancti dantur.

6. AUGUSTINUS de serm. Dom. (lib. 2, cap. 34). Firmitas quaedam et valentia ambulandi per sapientiae viam in bonis moribus constituta est, quibus perducuntur homines usque ad mundationem et simplicitatem cordis; de qua jam diu loquens, ita concludit: *Omnia quaecumque vultis etc.* Nemo enim est qui velit quemquam duplici corde secum agere. CHRYSOSTOMUS super Matth. (hom. 18 in oper. imperf. a med.). Vel aliter. Supra propter sanctificandam orationem mandavit ut non judicent homines eos qui peccant in ipsos. Et quia ab ordine narrationis suae recedens, introduxit alia quaedam; nunc ad mandatum quod coeperat, rediens, ait: *Omnia quaecumque vultis;* idest, non solum mando, *Nolite judicare*; sed et *omnia quaecumque vultis ut faciant vobis homines, et vos facite eis*: et tunc impetrabiliter poteritis orare. GLOSSA (ord. super illud, *Dabit bona petentibus se*). Vel aliter. Omnium bonorum spiritualium distributor est Spiritus sanctus, ut opera caritatis impleantur: unde subdit: *Omnia ergo etc.* CHRYSOSTOMUS in hom. 24. Vel aliter. Vult Dominus demonstrare quoniam o-

portet homines et superius inquirere auxilium, et quae a seipsis sunt simul inferre: unde cum dixisset: *Petite, quaerite,* et *pulsate,* docet aperte ipsos homines studiosos esse; et ideo subdit: *Omnia quaecumque vultis etc.* AUGUSTINUS de ver. Domini (ser. 5, circa med.). Vel aliter. Promiserat se Dominus petentibus bona largiturum. Ut autem ille agnoscat mendicos suos, agnoscamus et nos nostros. Excepta enim substantia facultatum, tales sunt qui petunt, quales a quibus petunt. Quam frontem habes petendi ad Deum tuum, qui non agnoscis parem (1) tuum? Hinc est quod Prover. 21, dicitur: « Qui obturat aurem suam ad clamo- « rem pauperis, et ipse clamabit, et non exau- « dietur. » Quid autem petenti proximo debeamus impendere ut et ipsi audiamur a Deo, ex hoc considerare possumus quod ab aliis volumus nobis impendi. Et ideo dixit: *Omnia ergo quaecumque vultis.* CHRYSOSTOMUS in hom. (24 in Matth., ante med.). Non simpliciter dicit *omnia*; sed addidit *ergo*; quasi dicat: Si vultis audiri, cum illis quae dixi et haec facite. Non autem dixit, Quaecumque vis effici tibi a Deo, haec fac ad proximum; ut non dicas, Qualiter hoc est possibile? sed ait: Quaecumque volueris effici tibi a conservo, haec et circa proximum ostende. AUGUSTINUS de serm. Domini (lib. 2, cap. 34). Quidam latini codices habent additum, *Bona*; quod additum puto ad manifestationem sententiae. Occurrebat enim quod si quisquam flagitiose aliquid erga se fieri velit, et ad hoc referat istam sententiam, ut hoc prior illi faciat a quo sibi fieri cupit; ridiculum est hunc putare istam implesse sententiam. Intelligendum est autem perfectam esse sententiam, etiamsi hoc non addatur. Quod enim dictum est, *Omnia quaecumque vultis*; non usitate ac passim, sed proprie dictum accipi oportet. Voluntas namque non est nisi in bonis: nam in malis cupiditas proprie dicitur, non voluntas: non quia sic semper loquantur Scripturae, sed ubi oportet, ibi omnino proprium verbum tenent, ut non aliud intelligatur. CYPRIANUS de Oratione dominica (ser. 6). Cum autem Dei verbum Dominus Jesus Christus omnibus venerit, praeceptorum suorum fecit grande compendium, cum dixit: *Quaecumque vultis ut faciant vobis homines, et vos facite eis*: unde subdit: *Haec est enim lex et Prophetae.* CHRYSOSTOMUS super Matth. (hom. 18, in oper. imperf.). Nam quaecumque lex et Prophetae sparsim in omnibus praeceperunt Scripturis, in hoc compendioso continentur mandato, quasi innumerabiles arborum rami in una radice. GREGORIUS, 10 Moral. (super illud Job 11: « Etiam quod multiplex sit lex ejus, » 104, in novis exempl.). Qui enim cogitat ut ea alteri faciat quae ipse sibi ab altero fieri expectat, pensat nimirum ut malis bona et bonis meliora reddat. CHRYSOSTOMUS in hom. 24. Unde manifestum est quoniam ex nobis (2) quae deceant omnes scimus, et non est possibile ad ignorantiam refugere. AUGUSTINUS de serm. Dom. (lib. 2, cap. 34). Videtur autem hoc praeceptum ad dilectionem proximi pertinere, non autem ad Dei; cum in alio loco duo esse praecepta dicat, in quibus lex pendet et Prophetae. Cum autem hic non addit, Tota lex, quod ibi addidit, servavit locum alteri praecepto, quod est de dilectione Dei. AUGUSTINUS, 8 de Trin. (c. 34). Vel aliter. Ideo Scriptura tantum dilectionem

(1) Chrysostomus super Matthaeum in opere imperfecto, ut supra (*Ex edit. P. Nicolai*).

(2) *Al.* vel supra Apostolorum positione omne hominum genus damnatur. *P. Nicolai habet,* Vel sub Apostolorum positione omne.

(3) *Al. omittitur* ideo.

(1) *Al.* patrem.

(2) *Al.* unum manifestum est, et quoniam ex nobis etc.

proximi commemorat, cum dicit, *Omnia quaecumque vultis*; quia qui proximum diligit, consequens est ut et ipsam praecipue dilectionem diligat: Deus autem dilectio est: consequens est ergo ut praecipue diligat Deum.

7. AUGUSTINUS, de sermone Domini in monte (lib. 2, cap. 35). Admonuerat superius Dominus ad habendum cor simplex et mundum, in quo quaeritur Deus; sed quia hoc paucorum est, jam incipit de investiganda sapientia loqui, cui investigandae et contemplandae talis oculus per omnia superiora perductus est, quo videri jam possit arcta via et angusta porta: unde subdit: *Intrate per angustam portam.* GLOSSA (ord. hoc loco). Vel aliter. Etsi difficile sit ut alii facias quod tibi vis fieri; tamen sic faciendum est, ut intremus per angustam portam. CHRYSOSTOMUS super Matth. (hom. 18, in opere imper.) Vel aliter. Tertia haec convenientia ad justitiam jejunii pertinet (1), ut sit ordo narrationis talis: *Tu autem cum jejunas, unge caput tuum;* et postea sequitur: *Intrate per angustam portam.* Praecipue enim tres sunt naturales passiones et intimae carnis: primo esca et potus; deinde amor viri ad mulierem; tertio loco somnus: et ideo gravius est eas a natura carnali praecidere quam ceteras passiones. Et ideo nullius passionis abstinentia sic sanctificat corpus, sicut quod homo sit castus, jejunus, et in vigiliis perseverans. Ergo propter omnes has justitias, et praecipue propter laboriosissimum jejunium, dicit: *Intrate per angustam portam.* Porta perditionis est diabolus, per quem introitur in gehennam; porta vitae est Christus, per quem introitur in regna caelestia. Lata autem porta dicitur esse diabolus, non magnitudine potestatis extensus, sed effrenatae superbiae (2) licentia dilatatus. Porta autem angusta dicitur Christus, non parvitate potestatis exiguus, sed humilitatis ratione collectus: quia quem totus non capit mundus, seipsum intra angustias uteri virginalis inclusit. Via autem perditionis est omnis iniquitas. Dicitur autem spatiosa, quia non est intra regulam disciplinae inclusa; et ambulantes in ea, quicquid eos delectaverit, hoc sequuntur. Via autem vitae dicitur esse omnis justitia, et propter contrarias causas esse arcta. Considerandum autem, quia nisi quis ambulaverit per viam, non potest pervenire ad portam: qui enim non ambulant per viam justitiae, impossibile est ut vere Christum cognoscant. Similiter nec incurrit in manus diaboli nisi qui in via ambulat peccatorum. GREGORIUS super Ezechielem (hom. 17 post med.). Quamvis autem caritas sit lata, tamen per angusta et ardua homines ducit a terra. Satis angustum est omnia praetermittere, unum solum diligere, prospera non ambire, adversa non timere. CHRYSOSTOMUS in hom. 24. Sed cum postea dicat, infra 11, *jugum meum suave est, et onus meum leve;* qualiter hic angustam esse viam ait et arctam ? Sed et hic monstrat eam levem esse et suavem: quoniam via est et porta est; sicut et altera, quae lata et spatiosa dicitur, ipsa via et porta est. Horum autem nihil mansurum est, sed omnia pertranseunt. Transire autem labores et sudores, et in bonum finem devenire, scilicet in vitam, sufficiens est mitigare eos qui agones patiuntur. Si enim tempestates nautis et vulnera militibus levia sunt propter spem praemiorum pereun-

tium: multo magis cum caelum praejacens fuerit, et immortalia praemia, nullum aliquis sentiet imminentium periculorum. Sed et hoc ipsum quod illam arctam vocavit, maxime ad faciendam illam facilem conferebat; per hoc siquidem ut semper vigilarent admonuit (1): hoc enim Dominus dicit erigens nostrum desiderium. Qui enim in agone certat, cum viderit principem admirantem labores agonum, animosior fit. Ne igitur moesti simus cum multa nobis hic contigerint tristia, quia arcta est via, sed non civitas: ideo neque hic quietem oportet expectare, neque ibi triste aliquid praestolari. Dicens autem, *Quam pauci sunt qui inveniunt* (2) *eam,* rursus hic multorum desidiam significavit, et audientes erudivit non multorum prosperitatibus attendere, sed paucorum laboribus. HIERONYMUS (super illud, *Intrate per angustam portam*). Significanter igitur de utraque via locutus dixit, quod per latam multi ambulant, angustam pauci inveniunt: latam enim non quaerimus, nec inventione opus est, quia sponte se offert, et errantium via est: angustam vero nec omnes inveniunt, nec qui invenerint, statim ingrediuntur per eam. Siquidem multi, inventa veritatis via, capti voluptatibus saeculi, de medio itinere revertuntur.

8. CHRYSOSTOMUS super Matth. (hom. 19, in oper. imperf.). Supra mandaverat Apostolis Dominus, ne eleemosynas, orationes et jejunia coram hominibus, sicut hypocritae, faciant; et ideo ad cognoscendum quia haec omnia in hyprocrisi fieri possunt, loquitur dicens: *Attendite a falsis prophetis.* AUGUSTINUS de serm. Dom. (lib. 2, cap. 36). Vel aliter. Cum dixisset Dominus, paucos esse qui inveniunt angustam portam et arctam viam; ne haeretici, qui plerumque se sub nomine paucitatis commendant, se nobis supponant, statim subjicit dicens: *Attendite a falsis prophetis.* CHRYSOSTOMUS in hom. 24. Vel aliter. Quia dictum est, angusta est porta; sed et multi sunt, qui pervertunt eam quae illuc fert viam; ideoque induxit: *Attendite a falsis prophetis*: in quo ut majorem solicitudinem habeant, meminit eorum quae in patribus eorum facta sunt, falsos prophetas vocans, etenim tunc talia contigerunt. CHRYSOSTOMUS super Matth. (hom. 19 oper. imperf.). Quod autem scriptum est, infra 11, quia *lex et Prophetae usque ad Joannem,* dicitur quia prophetia de Christo non erat futura post eum. Prophetae autem et fuerunt et sunt: sed non qui prophetarent de Christo, sed interpretarentur ea quae de Christo ab antiquis fuerant prophetata, idest doctores Ecclesiarum: nec enim potest quis propheticos interpretari sensus nisi per spiritum prophetiae. Sciens ergo Dominus futuros esse falsos doctores haeresum diversarum, admonet dicens: *Attendite a falsis prophetis.* Quia enim non erant futuri manifesti gentiles, sed absconditi sub nomine christiano, non dixit, Aspicite, sed *Attendite*: ubi enim res certa est, aspicitur, idest simpliciter videtur; ubi autem incerta, attenditur, idest caute consideratur. Item dicit, *Attendite,* quia firma tutela salutis est scire quem fugias. Non autem sic admonet, *Attendite,* quasi invito Deo diabolus haereses introducat, sed eo permittente: quia enim non sine judicio vult servos habere, ideo misit tentationem (3);

---

(1) *Al.* ad justitiam jejuniis pertinent.
(2) *Al.* sapientiae.

(1) *Al.* sed et hoc idest angustam vocare, maxime ad faciendum eam levem conferebat: vigilare non enim eos praeparabat.
(2) *Al. invenerunt.*
(3) *Al.* tentatorem.

quia vero non vult eos per ignorantiam perire, i-
deo praemonet. Ne autem aliquis haereticus doctor
dicat quia non dixit eos falsos prophetas, sed Gentilium et Judaeorum doctores; ideo addidit dicens (1):
Qui veniunt ad vos in vestimentis ovium. Oves
enim Christiani dicuntur; vestimentum autem ovile
est species christianitatis et simulatae religionis.
Nulla autem res sic exterminat bonum, sicut simulatio: nam malum sub specie boni celatum, dum
non cognoscitur, non cavetur. Et ne adhuc dicat
haereticus quia de viris doctoribus loquitur, qui
tamen peccatores sunt: ideo addit: *Intrinsecus autem sunt lupi rapaces.* Catholici autem doctores,
etsi fuerint peccatores, servi quidem carnis dicuntur: non tamen lupi rapaces, quia non habent propositum perdere Christianos. Manifeste ergo de
haereticis doctoribus dicit: quia eo proposito speciem Christianorum suscipiunt, ut Christianos iniquo
seductionis morsu dilanient; de quibus dixit Apostolus, Act. 20: « Scio quia post discessum meum
« intrabunt in vos lupi graves, non parcentes gre-
« gi. » CHRYSOSTOMUS in hom. (24, cir. med.). Sed
tamen videtur falsos prophetas hic non haereticos
insinuare, sed eos quidem qui vitae sunt corruptae,
sed facie tamen virtutis induuntur: unde dixit (2):
A fructibus eorum cognoscetis eos. Apud haereticos
enim est multoties et vitam invenire; apud hos autem
quos dixi, nequaquam. AUGUSTINUS de sermone Dom.
(lib. 2, cap. 58). Unde rectissime quaeritur, quos
fructus nos attendere voluerit. Multi enim quaedam
in fructibus deputant quae ad vestitum ovium pertinent, et hoc modo de lupis decipiuntur: secuti
enim sunt vel jejunia vel eleemonsynas vel orationes, quae praetendunt hominibus, placere cupientes eis quibus ista difficilia videntur. Hi ergo non
sunt fructus, de quibus cognosci istos monet. Ista
enim quae cum bono animo fiunt, sunt proprie
ovibus vestes: cum autem malo, in errore, non
aliud quam lupos tegunt: sed non ideo debent oves
odisse vestimentum suum, quod plerumque illo se
occultant lupi. Qui sunt ergo fructus quibus cognoscamus arborem malam ? Dicit Apostolus (Galat.
5): « Manifesta sunt opera carnis, quae sunt for-
« nicatio, immunditia etc. » Qui vero sunt fructus
quibus cognoscamus arborem bonam ? Idem Apostolus ostendit, dicens ibid.: « Fructus autem spiritus
« sunt caritas, gaudium, pax. » CHRYSOSTOMUS super Matth. (hom. 19 oper. imperf.) Fructus etiam
ejus ovis (3) est confessio ejus fidei: qui enim
secundum Deum vocem humilitatis et verae confessionis emittit, ovis est; qui autem contra veritatem blasphemiis ululat contra Deum, lupus est.
HIERONYMUS (super illud, *Attendite a falsis prophetis*).
Etsi ergo potest de omnibus intelligi quod hic de
falsis prophetis dicitur, qui aliud habitu ac sermone
promittunt, aliud opere demonstrant: specialiter de
haereticis intelligendum videtur (4), qui videntur
continentia ac jejunio quasi quadam pietatis veste
se circumdare; intrinsecus autem habentes animum
venenatum, simpliciorum fratrum corda decipiunt.
AUGUSTINUS de sermone Domini in monte (lib. 2, cap.
59). Sed ex operibus conjici potest utrum exteriorem

(1) *Al.* omittitur dicens.
(2) *Al.* quia induxit.
(3) *P. Nicolai habet:* Fructus etiam hominis est.
(4) *Idem habet:* Sic ergo quod hic de falsis prophetis dicitur (qui aliud habitu ac sermone promittunt, aliud opere
demonstrant) specialiter de haereticis intelligendum videtur.

cultum ambitione aliqua faciant. Cum enim coeperint aliquibus tentationibus ea ipsa vel subtrahi
vel negari, quae isto velamine vel consecuti sunt
vel consequi cupierunt, tunc necesse est ut appareat
utrum lupus in ovina pelle sit, an ovis in sua.
GREGORIUS, 31 Moral. (cap. 11, et in no. exemp.
9). Hypocrita etiam sanctae Ecclesiae pace premitur; idcirco ante oculos nostros religione vestitur.
Si qua vero fidei tentatio erumpat, statim lupi mens
rabida habitu se ovinae pellis expoliat, quantumque contra bonos saeviat, persequens demonstrat.
CHRYSOSTOMUS in homil. (24, a medio). Facile etiam
hypocritae capiuntur: via enim quam jussi sunt
ambulare, laboriosa est: hypocrita autem laborare
non utique eliget. Deinde ut non dicas quoniam
impossibile est cognoscere tales, rursum rationem
ab humano exemplo ponit, dicens: *Numquid colligunt de spinis uvas, aut de tribulis ficus ?* CHRY-
SOSTOMUS super Matth. (homil. 19, in oper. imperf.)
Uva in se mysterium Christi habet: sicut enim botrus multa in se grana ligno mediante suspendit,
sic et Christus multos sibi fideles per lignum
crucis tenet adjunctos. Ficus autem est Ecclesia,
quae multos fideles tenet dulci quodam caritatis
amplexu, sicut ficus multa grana uno tegmine tenet
inclusa. Sunt ergo ficus signa haec, caritatis quidem
in dulcedine, unitatis autem in conjunctione granorum. In uva autem patientiae quidem signum est,
quia in torcular mittitur; gaudii autem, quia vinum
laetificat cor hominis; sinceritatis, quia non est
aqua permixtum; suavitatis autem in delectatione.
Spinae autem et tribuli sunt haeretici. Sicut ergo
spina vel tribulus ex quacumque parte habet acu-
leos, sic servos diaboli ex quacumque (1) parte
consideraveris, iniquitatis pleni sunt. Non possunt
ergo hujusmodi spinae et tribuli ecclesiasticos fructus proferre. Quod autem particulariter sub similitudine ficus et vitis, spinae et tribuli dixerat, o-
stendit consequenter universaliter esse verum, cum
dicit: *Sic omnis arbor bona fructus bonos facit,
mala autem arbor fructus malos facit.* AUGUSTINUS,
de serm. Dom. (lib. 2, cap. 36). In hoc autem
loco illorum error cavendus est, qui de duabus
arboribus duas naturas opinantur esse; quarum
una sit Dei, altera vero non. Non autem eos adjuvare duas istas arbores dicendum est: quia de hominibus eum dicere planum est, si quis praecedentia
et consequentia legerit. AUGUSTINUS, 12 de Civ. Dei
(cap. 4. et 5). Hominibus (2) autem praedictis ipsae
naturae displicent, non eas considerantibus secundum
utilitatem suam: non autem ex commodo vel in-
commodo nostro, sed per seipsam considerata
natura dat artifici suo gloriam. Naturae igitur
omnes quoniam sunt, et ideo habent modum suum,
speciem suam et quamdam secum pacem suam,
profecto bonae sunt. CHRYSOSTOMUS in homil. 34.
Ut autem nullus dicat quoniam mala arbor fert
quidem fructus malos, fert autem et bonos; et sic
difficilis sit cognitio, duplici prolatione existente:
ideo subjungit: *Non potest arbor bona fructus malos facere, neque arbor mala fructus bonos facere.*
AUGUSTINUS de serm. Dom. (lib. 2, cap. 36 et 37).
Ex hoc verbo putant Manichaei, neque animam
malam fieri posse ut in melius commutetur, neque
bonam in deterius; quasi dictum sit: Non potest
arbor bona mala fieri, neque mala fieri bona; sed

(1) *Al.* qua.
(2) *Al.* nominibus.

ita dictum est: *Non potest arbor bona fructus malos facere*, nec e converso. Arbor quippe est ipsa anima, idest ipse homo; fructus vero opera hominis. Non ergo potest malus homo bona operari, neque bonus mala. Ergo si vult malus bona operari, prius bonus fiat. Quamdiu autem quisque malus est, non potest facere fructus bonos. Sicut enim potest fieri ut quod fuit nix, non sit; non autem ut nix sit calida: sic potest fieri ut qui malus fuit, non sit malus; non tamen fieri potest ut malus bene faciat: quia etsi aliquando utilis est, non hoc ipse facit, sed fit de illo divina providentia procurante. RABANUS. Homo autem ipse arbor bona vel mala dicitur, propter voluntatem bonam vel malam. Fructus autem sunt opera, quae nec bona malae voluntatis esse possunt, nec mala bonae voluntatis. AUGUSTINUS contra Julianum (lib. 1, cap. 3). Sicut autem manifestum est ex voluntate mala, tamquam ex arbore mala fructus ejus, fieri omnia opera mala; sic ipsam voluntatem malam unde dices esse exortam, nisi quia voluntas mala Angeli ex Angelo, ex homine hominis orta est? Quid autem erant haec duo antequam in eis ista mala orirentur, nisi bonum opus Dei, et bona atque laudanda natura? Ecce ergo ex bono oritur malum; nec fuit omnino unde oriri posset, nisi ex bono; ipsam dico voluntatem malam, quoniam nullum malum praecessit, non opera mala, quae non sunt nisi ex voluntate mala tamquam ex arbore mala: nec ideo tamquam ex bono potuit oriri voluntas mala, quia bonum factum est a bono Deo; sed quia de nihilo factum est, non de Deo. HIERONYMUS (super illud, *Non potest arbor bona*). Quaeramus (1) autem ab haereticis, qui duas in se contrarias dicunt esse naturas, si juxta intelligentiam eorum, arbor bona malos fructus facere non potest, quomodo Moyses arbor bona peccaverit ad aquam contradictionis, Petrus quoque in passione Dominum negaverit, dicens (infra 26): *Nescio hominem.* Aut qua consequentia socer Moysi arbor mala, qui in Deum Israel non credebat, dedit consilium bonum ? CHRYSOSTOMUS in homil. 24. Quia vero punire non jusserat falsos prophetas, ideo terret eos secundum poenam quae est a Deo, dicens: *Omnis arbor quae non facit fructum bonum, excidetur, et in ignem mittetur:* quibus verbis et Judaeos insinuare videtur; ideoque verbum Joannis Baptistae meminit, per eadem verba poenam eis subscribens. Etenim et ille hoc dixit ad Judaeos, instantem securim, et arborem (2) excidendam, et ignem inextinguibilem commemorans. Si quis autem diligenter investigabit, duae poenae sunt: et excidi, et comburi: qui enim comburitur, et a regno exceditur omnino; quae poena difficilior est. Multi autem gehennam solum abhorrent; ego autem casum illius gloriae multo amariorem poenam, quam ipsius gehennae supplicium esse dico (3). Quod enim parvum vel magnum malum non susciperet pater, ut videat, et potiatur dulcissimo filio? Hoc itaque in gloria illa putemus: non enim aliquis filius ita suavis est patri ut illorum bonorum requies, et dissolvi et esse cum Christo. Intolerabilis quidem poena est gehenna (4); sed si quis decem mille ponat gehennas, nihil tale dicit quale est a beata gloria

---

(1) *Al.* quaerebamus.
(2) *Al.* ad Judaeos, securim, et arborem incisam.
(3) *Al.* amariorem poenam gehennae esse dico.
(4) *Al.* et gehenna.

illa excidere, et odio haberi a Christo. GLOSSA (ord. sup. illud, *Igitur ex fructibus*). Ex praemissa autem similitudine concludit quod supra jam dixerat, quasi manifestum, dicens: *Igitur ex fructibus eorum cognoscetis eos.*

8. HIERONYMUS (super illud, *Non omnis qui dicit*). Sicut supra dixerat, eos qui habent vestem bonae vitae, non recipiendos propter dogmatum nequitiam; ita nunc e contrario asserit nec his quidem accommodandam fidem qui, cum polleant integritate doctrinae, malis operibus destruunt: utrumque enim Dei servis necessarium est, ut et opus sermone, et sermo operibus comprobetur: et ideo dicit: *Non omnis qui dicit mihi, Domine, Domine, intrabit in regnum caelorum.* CHRYSOSTOMUS in hom. 25. Ubi Judaeos maxime tangere videtur, in dogmatibus omnia ponentes: unde et Paulus (Rom. 2), eos incusat dicens: « Si autem tu Ju- « daeus cognominaris, et requiescis in lege. » CHRYSOSTOMUS sup. Matth (hom. 19 op. imperf.). Vel aliter. Quoniam falsos prophetas et veros ex fructibus eorum docuit discernendos; hic jam manifestius docet qui sunt fructus quibus discernuntur probi doctores et reprobi. AUGUSTINUS de serm. Domini (lib. 2, cap. 59). Cavendum enim est in ipso Christi nomine ab haereticis vel quibuslibet male intelligentibus et saeculi hujus amatoribus ne decipiamur: et ideo dicit: *Non omnis qui dicit mihi, Domine, Domine.* Sed merito potest movere quomodo huic sententiae conveniat illud Apostoli (1 Corinth 12): « Nemo potest dicere Dominum Je- « sum, nisi in Spiritu sancto. » Non enim possumus dicere, illos qui non intrant in regnum caelorum, habere Spiritum sanctum. Sed Apostolus proprie posuit hoc verbum, « Dicit, » ut significet voluntatem atque intellectum dicentis. Ille enim proprie dicit qui voluntatem ac mentem suam sono vocis enuntiat. Dominus autem generaliter hic posuit verbum dicendi: videtur enim etiam ille dicere qui nec vult nec intelligit quod dicit. HIERONYMUS. Moris est enim Scripturarum dicta pro factis accipere, secundum quem sensum dicit Apostolus (ad Titum 1): « Confitentur scire Deum, factis autem negant. » AMBROSIUS (1) (in exp. 1 ad Cor. cap. 12). Omne etiam verum a quocumque dicatur, a Spiritu sancto est. AUGUSTINUS de serm. Domini (lib. 2, cap. 59). Non ergo putemus ad illos fructus de quibus supra dixerat, pertinere si quis Domino nostro dicat, *Domine, Domine;* et ex eo nobis arbor bona videatur: sed illi sunt fructus, facere voluntatem Dei: unde sequitur: *Sed qui facit voluntatem Patris mei qui in caelis est, ipse intrabit in regnum caelorum.* HILARIUS (can. 6 in Matth. a med.). Caelestis enim regni iter, obedientia voluntatis Dei, non nuncupatio repertura est. CHRYSOSTOMUS super Matth. (hom. 19, in opere imperf.). Quae autem est voluntas Dei ipse Dominus docet. « Haec est (inquit Joan. 6) vo- « luntas ejus qui misit me, ut omnis qui videt Filium, « et credit in eum, habeat vitam aeternam. » Credulitatis autem verbum et ad confessionem respicit et ad actum. Qui ergo non confitetur, aut non conversatur secundum verbum Christi, non intrabit in regnum caelorum. CHRYSOSTOMUS in hom. (25, in princ.). Non autem dixit, *Qui facit volun-*

---

(1) Sive Ambrosiaster, vel supposititius Ambrosius, in illud 1 ad Corinth. 12: *Nemo potest dicere, Dominus Jesus, nisi in Spiritu sancto (Ex edit. P. Nicolai).*

tatem meam, sed *Patris*: quoniam interim conveniens erat prius hoc suscipi ad imbecillitatem eorum: sed et per hoc illud occulte insinuavit: non est enim alia voluntas Filii quam quae est Patris. Augustinus de serm. Domini (lib. 2, cap. 40). Illud autem ad rem pertinet, ne decipiamur non solum nomine Christi per eos qui nomen habent et facta non agunt, sed etiam quibusdam factis atque miraculis, qualia propter infideles cum fecerit Dominus, monuit tamen ne talibus decipiamur, arbitrantes ibi esse invisibilem sapientiam ubi miraculum visibile videmus: unde adjungit, et dicit: *Multi dicent mihi in illa die.* Chrysostomus in hom. (25, prop. init). Vides qualiter latenter jam seipsum introducit. Quia enim omnem complevit sermonem, monstrat seipsum judicem esse. Quae enim poena expectat eos qui peccant, jam ante monstravit. Quia autem est qui punit, hoc jam revelat, dicens: *Multi dicent mihi in illa die.* Chrysostomus super Matth. (hom. 19, in oper. imperf.). Quando scilicet venerit in majestate Patris sui, quando jam nemo ausurus (1) est garrula contentione sermonum aut mendacium defendere aut contradicere veritati; quando opera singulorum loquentur, et ora tacebunt; nec alter pro altero interveniet, sed singuli ibi timebunt. In illo enim judicio non erunt testes adulatores homines, sed Angeli veraces; judex autem Dominus justus: unde proprie timentium hominum et angustias patientium, vocem expressit, dicens: *Domine, Domine.* Non enim semel sufficit illi dicere, *Domine,* quem necessitas timoris astringit. Hilarius (can. 4 in Matth.) Gloriam autem sibi ex verbi intentione praesumunt in doctrinae prophetia et daemoniorum fuga et operum virtutibus: atque hinc sibi regnum caelorum pollicentur, dicentes: *Nonne in nomine tuo prophetavimus?* Chrysostomus in homil. 25. Sed sunt quidam qui dicunt: quoniam mentientes hi hoc dixerunt, et ideo salvati non sunt; sed non auderent judice praesente ad ipsum hoc dicere. Sed et ipsa responsio et interrogatio ostendit eos talia fecisse. Qui enim hic mirabiles erant apud omnes, miracula facientes, illic autem vident seipsos punitos, admirantes dicunt: *Domine, nonne in nomine tuo prophetavimus? etc.* Quidam autem dicunt, quoniam non in tempore in quo haec miracula faciebant, iniqua agebant, sed postea. Sed si hoc erit, rursus quod Dominus volebat monstrare, non constat: quod scilicet neque fides neque miracula valent, bona vita non existente; quod et Paulus dicit (1 Corinth. 13): « Si habuero fidem ut montes transferam, carita- « tem autem non habuero, nihil sum. » Chrysostomus super Matth. (hom. 19, in op. imperf.). Sed considera, quia *In nomine* dicunt, non In spiritu: prophetant enim in nomine Christi, sed in spiritu diaboli; quales sunt divinatores. Sed sic discernuntur: quoniam diabolus interdum falsa dicit, Spiritus sanctus nunquam. Concessum est autem et diabolo interdum vera dicere, ut mendacium suum rara veritate commendet. Daemonia autem ejiciunt in nomine Christi habentes spiritum inimici; magis (2) autem non ejiciunt, sed ejicere videntur, colludentibus sibi daemonibus. Faciunt et virtutes, idest miracula, non utilia et necessaria, sed inutilia et vacua. Augustinus de serm. Domini (lib. 2, cap. 40). Legant enim quanta fece-

rint resistentes Moysi magi Ægyptiorum. Hieronymus (super illud, *Multi dicunt mihi*). Vel aliter. Prophetare, virtutes (1) facere et daemonia ejicere, etiam divina virtute, interdum non est ejus meriti qui operatur; sed vel invocatio nominis Christi hoc agit, vel ob condemnationem eorum qui invocant, aut utilitatem eorum qui vident et audiunt conceditur: ut licet homines despiciant signa facientes, tamen Deum honorent, ad cujus invocationem fiunt tanta miracula: nam et Saul et Balaam et Caiphas prophetaverunt, et in Actibus Apostolorum filii Scevae videbantur ejicere daemonia, et Judas Apostolus cum animo proditoris multa signa inter ceteros Apostolos fecisse narratur. Chrysostomus in homil. 25. Quia enim non omnes ad omnia apte se habebant; sed hi quidem erant vitae purae, fidem autem non tantam habebant, hi autem contrarium: ideo Deus illos per hos convertebat, ut multam ostenderent fidem; hos autem per hoc ineffabile signorum donum, ut fierent meliores, evocabat: unde et cum multa copia hanc gratiam eis dabat. Dicent enim: *Virtutes multas fecimus.* Sed quia circa eum qui eos ita honoravit, ingrati facti sunt, recte sequitur: *Tunc confitebor illis, Quia nunquam novi vos.* Hieronymus. Signanter dicit, *Tunc confitebor,* quia multo tempore ante dicere dissimulaverat Chrysostomus super Matth. (hom. 19, in op imperf.). Grandem enim iram grandis dilatio praecedere debet, quae justius facit Dei esse judicium, et digniorem interitum peccatorum. Sciendum autem, quod peccatores nescit Deus, quia non digni sunt ut cognoscantur a Deo: non quia omnino ipsos non cognoscat, sed quia suos esse illos non cognoscit (2). Deus enim naturaliter omnes cognoscit; sed videtur eos non cognoscere, quia non eos diligit; sicut etiam non videntur Deum cognoscere qui non colunt eum digne. Chrysostomus in hom. 25. Dicit autem eis, *Nunquam novi vos;* quasi, non solum in tempore judicii, sed neque tunc cum miracula faciebatis: multos enim et hic jam odio habet, et ante punitionem avertit. Hieronymus. Observa etiam hoc quod dicit, *Nunquam novi vos,* esse contra quosdam dicentes, quod omnes homines semper conversati sunt inter rationabiles creaturas. Gregorius 20 Moral. (cap. 8 vel 9). Hac autem sententia datur intelligi, quod in hominibus caritas, humilitas, non autem debeant virtutum signa venerari: unde (3) nunc sancta Ecclesia etiam si qua sunt haereticorum miracula, despicit, quia haec sanctitatis speciem non esse cognoscit. Probatio quidem sanctitatis non est signa facere, sed proximum ut se diligere, de Deo vera, de proximo meliora quam de seipso sentire. Augustinus contra Adversarium legis et Prophetarum (lib. 2, cap. 4). Absit autem ut secundum Manichaeos ista de Prophetis sanctis Dominus dixerit; sed dictum est de his qui post ejus (4) Evangelium praedicatum in ejus nomine sibi loqui videntur, nescientes quid loquantur. Hilarius (can. 6, a medio). Sic autem hypocritae gloriati sunt, quasi aliquid proprium sit quod (5) loquuntur aut faciunt, et non omnia virtus Dei invocata perficiat; cujus doctrinae scientiam lectio afferat, daemonio-

(1) *Al.* ausus.
(2) *Al.* magi.

(1) *Al.* vel virtutes.
(2) *Al. deest quod sequitur usque* sed videtur.
(5) *Al.* unde autem.
(4) *Al.* posterius.
(5) *Al.* si quae.

rum fugam Christi nomen exagitet (1). De nostro igitur est beata illa aeternitas promerenda; praestandumque est aliquid ex proprio, ut bonum velimus (2), malum omne vitemus, agamusque potius quod vult quam quod potest gloriemur (3). Repudians igitur eos ac expellens propter opera iniquitatis, dicit: *Discedite a me qui operamini iniquitatem.* HIERONYMUS. Non dixit, Qui operati estis iniquitatem, ne videretur tollere poenitentiam; sed *Qui operamini*; idest, qui usque in praesentem horam cum judicii tempus advenerit, licet non habeatis facultatem peccandi, tamen adhuc habetis affectum. CHRYSOSTOMUS in hom. (19 super Matth. in op. imperf.). Nam mors quidem animam a carne separat; animae autem propositum non immutat.

11. CHRYSOSTOMUS (in hom. 25, a medio). Quoniam quidam futuri erant quae dicta sunt a Domino admirantes; ostensionem autem quae est per opera non tribuentes, praeveniens (4) eos terret dicens: *Omnis ergo qui audit verba mea haec, et facit ea, assimilabitur viro sapienti.* CHRYSOSTOMUS super Matth. (hom. 20 in op. imperf.). Non autem dixit, Æstimabo eum qui audit et facit, virum sapientem; sed *Assimilabitur viro sapienti:* ergo qui similatur homo est: cui autem assimilatur? Christo; Christus autem est sapiens vir, qui aedificavit domum suam, idest Ecclesiam, supra petram, idest supra fortitudinem fidei. Vir autem stultus est diabolus, qui aedificavit domum suam, idest omnes impios, super arenam, idest inconstantiam infidelitatis, aut super carnales homines: qui dicuntur arena propter sterilitatem, et quia non cohaerent sibi, sed sunt per diversas opiniones dispersi, et quia sunt innumerabiles. Pluvia autem est doctrina quae irrigat hominem; nubes autem sunt a quibus pluvia fluit. Quidam a Spiritu sancto excitantur, sicut Apostoli et Prophetae; et quidam a spiritu diaboli, sicut haeretici. Venti autem boni sunt spiritus diversarum virtutum, vel Angeli, qui invisibiliter in sensibus hominum operantur, et adducunt ad bona; venti autem mali sunt spiritus immundi. Flumina autem bona sunt Evangelistae et doctores populi; flumina mala sunt (5) homines immundo spiritu pleni, et verbositate instructi; sicut philosophi, et ceteri saecularis scientiae professores, de quorum ventre exeunt flumina aquae mortuae. Ecclesiam ergo quam Christus fundavit, non pluvia mendacis doctrinae corrumpit, neque diabolicus flatus impellit, neque violentorum fluminum impetus movet. Nec est contrarium quod quidam de Ecclesia cadunt: non enim omnes qui Christiani dicuntur, Christi sunt; sed novit Dominus « qui sunt ejus: » 2 Timoth. 2. Sed contra domum quam aedificavit diabolus, descendit pluvia verae doctrinae; venti, idest spiritales gratiae, aut Angeli; flumina, quatuor Evangelistae, et ceteri sapientes; et sic cecidit domus, idest gentilitas, ut surgeret Christus; et facta est ejus ruina magna, solutis erroribus, convictis mendaciis, et idolis in toto mundo destructis. Christo ergo similis est qui audit

verba Christi et facit ea: ipse enim aedificat supra petram, idest Christum, qui est omne bonum; ut in quacumque specie boni aliquis aedificaverit, supra Christum aedificasse videatur. Sicut autem Ecclesia aedificata a Christo dirui non potest, sic talem Christianum, qui se aedificavit super Christum, nulla adversitas dejicere potest: secundum illud Rom. 8: « Quis nos separabit a caritate Christi? » Diabolo autem est similis qui audit verba Christi et non facit. Verba enim quae audiuntur et non fiunt, separata sunt, et dispersa; et ideo assimilantur arenae. Arena etiam est omnis malitia, vel etiam mundialia bona. Sicut autem domus diaboli destructa est, ita tales supra arenam fundati destruuntur et cadunt. Et est ruina magna, si de fundamento fidei aliquid ruinae fuerit passus; non autem si fornicatus fuerit aut homicidium fecerit; quia habet unde per poenitentiam surgat, sicut et David. RABANUS (super illud, *Et fuit ruina ejus magna*). Vel ruina magna intelligenda est, qua dicturus est Dominus audientibus et non facientibus (infra 25): *Ite in ignem aeternum.* HIERONYMUS. Vel aliter. Super arenam, quae fluida est, et in unam copulam non potest redigi, omnis haereticorum sermo aedificatur ut corruat. HILARIUS (can. 6, par. ante finem). Vel aliter. In pluviis blandarum et sensim illabentium voluptatum illecebras significat, quibus primum fides rivis patentibus immadescit; post quas fluviorum procursus, idest graviorum cupiditatum motus, incurrit, ut exinde tota ventorum vis circumstantium desaeviat, idest universus diabolicae potestatis spiritus inferatur. AUGUSTINUS de ser. Domini (lib. 2, cap. 40). Vel aliter. Pluvia cum in mali alicujus significatione ponitur, caliginosa superstitio intelligitur; rumores autem hominum ventis comparantur; fluvius autem carnalibus concupiscentiis, tamquam fluentibus super terram; et qui prosperitatibus inducitur, adversitatibus frangitur: quorum nihil metuit qui fundatam habet domum supra petram, idest qui non solum audit praeceptum Domini, sed etiam facit. Et in his omnibus periculo se subjicit qui audit et non facit. Non enim quisque firmat in se quae Dominus praecipit vel ipse audit, nisi faciendo. Considerandum autem est, quia cum dixit, *Qui audit verba mea haec*, satis significat istum sermonem omnibus praeceptis, quibus christiana vita formatur, esse perfectum; ut merito qui secundum ea vivere voluerint, comparentur aedificanti supra petram.

11. GLOSSA (1). Posita doctrina Christi, effectum doctrinae ipsius in turbis ostendit, dicens: *Et factum est, cum consummasset Jesus verba haec, admirabantur turbae super doctrina ejus.* RABANUS (parum ante finem lib. 2, in Matth.). Consummatio haec ad perfectionem verborum et integritatem dogmatis pertinet. Quod autem dicitur turbas admirari; aut infideles in turba significat (qui ob hoc stupebant, quia non credebant verbis Salvatoris); aut omnes generaliter demonstrat, qui excellentiam tantae sapientiae in eo venerabantur. CHRYSOSTOMUS super Matth. (hom. 20 in op. imperf. prope finem). Placatus rationabiliter hominis intellectus laudem generat, victus autem admirationem. Quicquid enim digne laudare non possumus,

---

(1) *P. Nicolai habet* daemonis Christi nomen exagitet.

(2) *Al. deest* praestandumque est aliquid ex proprio, ut bonum velimus.

(3) *Al.* quam quod potestate gloriemur: *item:* quam quod potest ut gloriemur. *P. Nicolai habet* quam quod prodest ut gloriemur.

(4) *Al.* sed praeveniens.

(5) *Al. deest* sunt.

(1) Nec in Glossa quae nunc est nec in Anselmo id habetur, pro quo Glossa citari saepe solet, neque in Rabano quoque vel Beda, vel alio simili (*Ex edit. P. Nicolai*).

admiramur. Admiratio tamen eorum magis ad gloriam Christi pertinebat quam ad fidem ipsorum:
si enim crederent in Christum, non mirarentur.
Illud enim movet admirationem quod superat fa-
cientis aut dicentis personam: et ideo quod a Deo
factum aut dictum est, non admiramur, quia omnia minora sunt quam Dei potentia. Turbae autem
erant quae mirabantur, id est populus vulgaris,
non principes populi, qui non discendi studio audire solebant: populus autem simplex simpliciter
audiebat: sed eorum silentium, si illi interfuissent,
suis contradictionibus (1) conturbassent: ubi enim
est major scientia, illic fortior malitia: qui enim
festinat esse prior, non est contentus esse secundus. Augustinus de cons. Evang. (lib. 2, cap. 19).
Ex eo autem quod hic dicitur potest videri discipulorum turbam deseruisse (2), ex quibus illos
duodecim elegerat in monte ex pluribus quos A-
postolos nominavit, quod Matthaeus hic praetermisit. Solis enim discipulis in monte videtur Jesus
hunc habuisse sermonem, quem Matthaeus interposuit et Lucas tacet. Et deinde, cum descendisset
in loco campestri, habuisse alterum similem, de
quo Matthaeus tacet, Lucas non tacet. Quamquam
etiam illud possit occurrere quod, sicut supra dictum est, Apostolis ceterisque turbis praesentibus
unum habuisse sermonem quem Matthaeus Lucasque narrarunt diverso narrandi modo, sed eadem
veritate sententiarum; et sic planum est quod hic
dicitur de admiratione turbae. Chrysostomus in hom.
(26, par. a princ.). Causam autem admirationis
subdit, dicens: *Erat enim docens eos sicut potesta-*
tem habens, et non sicut scribae eorum et Phari-
saei. Si autem hanc potestatem videntes per opera,
scribae eum a se abigebant, ubi sola verba erant
potestatem manifestantia, qualiter scandalizati non (3)
fuissent? Sed turbae hoc non passae sunt: cum e-
nim anima benevola fuerit, facile persuadetur a
sermonibus veritatis. Erat autem potestas docentis,
ut multos eorum caperet, et in admirationem mitteret; ita quod propter delectationem eorum quae
dicta erant, neque tacentem dimittebant: unde et
secutae sunt eum descendentem de monte. Stupebant autem ejus maxime potestatem, quia non ad
alium (4) referens, ut Prophetae et Moyses dixerunt, quae dixit, sed ubique ostendit se eum esse
qui habet dominium: etenim legem ferens, continue
apponebat (supra 5): *Ego autem dico vobis.* Hieronymus (in fin. Com. in 7, cap. Math.). Quia
quasi Deus et Dominus ipsius Moysi pro libertate voluntatis suae, vel ea quae minus videbantur addebat in lege, vel commutans praedicabat in populo, ut supra legimus (ibid.): *Dictum est antiquis;*
ego autem dico vobis. Scribae autem ea tantum
docebant quae scripta sunt in Moyse et Prophetis.
Gregorius, 23 Moral. (super illud Job 33, « Ecce
« aperui os meum: » in novis exemp. est cap. 7,
in fine). Vel singulariter Christus ex bona potestate locutus est, quia ex infirmitate mala nulla
commisit: nos autem quia infirmi sumus, ex pro-

pria infirmitate pensemus quo docendi ordine infirmis fratribus consulamus. Hilarius (can. 6). Vel
in verborum virtutibus effectum potestatis metie-
bantur. Augustinus de ser. Dom. (lib. 2, cap. 40:
Hoc enim quod in Psalmo 11 significatur: « Fi-
« ducialiter agam in eo. Eloquia Domini, eloquia
« casta, argentum igne examinatum, terrae proba-
« batum, purgatum (1) septuplum: » propter quem
numerum admonitus sum omnia ista praecepta ad
septem illas referre sententias quas in principio
sermonis hujus posuit, scilicet de beatitudinibus
(lib. 2, cap. 20). Quod enim aliquis fratri irascatur sine causa, vel racha dicat, vel fatuum eum
appellet, superbissime admittitur; contra quod est
unum remedium, ut supplici animo veniam deprecetur, qui non jactantiae spiritu infletur. *Beati* ergo
pauperes spiritu, quoniam ipsorum est regnum cae-
lorum (lib. 2, cap. 22). Consentit autem adversario, idest verbo Dei reverentiam exhibendo, quisquis ad testamentum patris aperiendum (2) non
litibus acerbus, sed pietate mitis accesserit: *Beati*
ergo *mites, quoniam ipsi hereditate possidebunt ter-*
ram (lib. 1, cap. 25). Quisquis etiam carnalem
delectationem contra rectam voluntatem suam re-
bellare sentit, exclamet (Rom. 7): « Infelix ego
« homo, quis me liberabit de corpore mortis hu-
« jus (3)? » Et ita lugendo imploret consolatoris
auxilium: unde *beati qui lugent, quoniam ipsi con-*
solabuntur (lib. 1, cap. 32). Quid autem labo-
riosius cogitari potest quam ut in vitiosa consuetudine (4) superanda praecidat intra se membra
impedientia regnum caelorum, nec dolore franga-
tur; toleret in conjugali fide omnia quae, quamvis
sint molestissima, crimen tamen fornicationis non
habent; verum loquatur, quod non jurationibus
crebris, sed morum probitate commendet? Sed
quis tantos labores inire audeat, nisi flagret (5)
amore justitiae, quasi fame ac siti vehementi accensus? *Beati* ergo *qui esuriunt et sitiunt, quoniam*
ipsi saturabuntur (lib. 1, cap. 46). Quis autem
potest paratus esse ab infirmis injurias sustinere,
petentia se tribuere, diligere inimicos, benefacere
his qui se oderunt, orare pro persequentibus, nisi
perfecte misericors? *Beati* ergo *misericordes, quo-*
niam ipsi misericordiam consequentur (lib. 2, cap.
33). Mundum autem cordis oculum habet qui finem bonorum operum suorum non in eo constituit ut hominibus placeat, neque ut comparet ea
quae huic vitae sunt necessaria, neque temere animum hominis condemnat; et quicquid exhibet homini, hac intentione exhibet qua sibi vult exhiberi.
Beati ergo (6) *mundo corde, quoniam Deum vide-*
bunt (lib. 1, cap. 40). Oportet etiam ut per mundum cor inveniatur arcta via sapientiae, cui per-
versorum hominum deceptiones obstrepunt; quas
evadere est venire ad pacem sapientiae. *Beati* ergo
pacifici, quoniam filii Dei vocabuntur (In fin. lib.
2). Sed sive iste ordo considerandus sit, sive alius,
facienda sunt quae audivimus a Domino, si volumus aedificare supra petram.

(1) *Al.* conditionibus.
(2) *P. Nicolai ponit forte melius* dixisse.
(3) *Al.* hoc.
(4) *Al.* aliud.

(1) *Al. omittitur* purgatum.
(2) *Al.* operiendum.
(3) *Al.* de morte corporis hujus.
(4) *Al* quam ut otiosa consuetudine: *item* quam ut vitiosa.
(5) *Al.* flagraret.
(6) *Al.* deest ergo.

CAPUT OCTAVUM.

1. Cum autem descendisset Jesus de monte, secutae sunt eum turbae multae; et ecce leprosus veniens adorabat eum dicens: Domine, si vis, potes me mundare. Et extendens Jesus manum, tetigit eum, dicens: Volo: mundare. Et confestim mundata est lepra ejus. Et ait illi Jesus: Vide, nemini dixeris; sed vade, ostende te sacerdoti, et offer munus tuum, quod praecepit Moyses in testimonium illis.

2. Cum autem introisset Capharnaum, accessit ad eum Centurio, rogans eum, et dicens: Domine, puer meus jacet in domo paralyticus, et male torquetur. Et ait illi Jesus: Ego veniam, et curabo eum. Et respondens Centurio ait: Domine, non sum dignus ut intres sub tectum meum; sed tantum dic verbo, et sanabitur puer meus. Nam et ego homo sum sub potestate constitutus, habens sub me milites; et dico huic, Vade, et vadit; et alii, Veni, et venit; et servo meo, Fac hoc, et facit.

3. Audiens autem Jesus miratus est, et sequentibus se dixit: Amen dico vobis, non inveni tantam fidem in Israel. Dico autem vobis, quod multi ab oriente et occidente venient, et recumbent cum Abraham et Isaac et Jacob in regno caelorum; filii autem regni ejicientur in tenebras exteriores. Ibi erit fletus et stridor dentium. Et dixit Jesus Centurioni: Vade, et sicut credidisti fiat tibi. Et sanatus est puer ex illa hora.

6. Et cum venisset Jesus in domum Petri, vidit socrum ejus jacentem et febricitantem, et tetigit manum ejus; et dimisit eam febris, et surrexit, et ministrabat eis.

5. Vespere autem facto, obtulerunt ei multos daemonia habentes, et ejiciebat spiritus verbo, et omnes male habentes curavit: ut adimpleretur quod dictum est per Isaiam Prophetam dicentem: Ipse infirmitates nostras accepit, et aegrotationes nostras portavit.

6. Videns autem Jesus turbas multas circum se, jussit discipulos ire trans fretum. Et accedens unus scriba ait illi: Magister, sequar te quocumque ieris. Et dicit illi Jesus: Vulpes foveas habent, et volucres caeli nidos; Filius hominis non habet ubi caput suum reclinet Alius autem de discipulis ejus ait illi: Domine, permitte me primum ire, et sepelire patrem meum. Jesus autem ait illi: Sequere me, et dimitte mortuos sepelire mortuos suos.

7. Et ascendente eo in naviculam, secuti sunt eum discipuli ejus; et ecce motus magnus factus est in mari, ita ut navicula operiretur fluctibus. Ipse vero dormiebat. Et accesserunt ad eum discipuli ejus, et suscitaverunt eum, dicentes: Domine, salva nos, perimus. Et dicit eis Jesus: Quid timidi estis modicae fidei? Tunc surgens imperavit ventis et mari; et facta est tranquillitas magna. Porro homines mirati sunt, dicentes: Qualis est hic, quia venti, et mare obediunt ei?

8. Et cum venisset Jesus trans fretum in regionem Gerasenorum, occurrerunt ei duo habentes daemonia de monumentis exeuntes, saevi nimis, ita ut nemo posset transire per viam illam. Et ecce clamaverunt dicentes: Quid nobis et tibi Jesu Fili Dei? Venisti huc ante tempus torquere nos, Erat autem non longe ab illis grex multorum porcorum pascens. Daemones autem rogabant eum, dicentes:Si ejicis nos hinc, mitte nos in gregem porcorum. Et ait illis, Ite. At illi exeuntes abierunt in porcos. Et ecce magno impetu abiit totus grex per praeceps in mare, et mortui sunt in aquis. Pastores autem fugerunt, et venientes in civitatem nuntiaverunt haec omnia, et de his qui daemonia habuerant. Et ecce tota civitas exiit obviam Jesu, et viso eo rogabant eum ut transiret a finibus eorum.

1. HIERONYMUS (in com. cap. 8 Matth.). Post praedicationem atque doctrinam, signorum offertur occasio, ut per virtutum miracula praeteritus apud audientes sermo firmetur. CHRYSOSTOMUS (hom. 21, in op. imperf.). Quia enim quasi potestatem habens docebat, ut non aestimaretur ostentatio (1) esse hic doctrinae modus, operibus hoc idem facit, quasi potestatem habens curare: et ideo dicit: *Cum autem descendisset Jesus de monte, secutae sunt eum turbae multae.* ORIGENES (hom. 5, inter eas quae ex variis locis sunt collectae). Docente enim Domino in monte, discipuli erant cum ipso, quibus erat datum caelestis doctrinae nosse secreta; nunc autem descendente eo de monte, turbae secutae sunt eum, quia in monte ascendere nequaquam poterant: quia quos delictorum sarcina deprimit, ad mysteriorum sublimia scandere non valent Descendente autem Domino, hoc est inclinante se ad infirmitatem et impotentiam ceterorum, quando (2) misertus est imperfectioni eorum, vel infirmitati (3), *secutae sunt eum turbae multae:* quidam propter claritatem (4), plerique propter doctrinam, nonnulli propter curationem et administrationem. HAYMO. Vel aliter. Per montem in quo Dominus sedet, caelum intelligitur. de quo scriptum est (Isai. 66): « Caelum mihi sedes est. » Sed cum Dominus in monte sedet, soli discipuli ad eum accedunt: quia antequam fragilitatis nostrae humanitatem assumeret, notus erat tantum in Judaea Deus (Psal. 75): at vero postquam de monte suae divinitatis descendit, et humanitatis nostrae fragilitatem as-

sumpsit, magna turba nationum secuta est eum. Demonstratur autem doctoribus ut in praedicatione sua sermonem habeant temperatum, et sicut viderint unumquemquae capere posse, ita et verbum Dei annuntient. Ascendunt enim in montem doctores, cum perfectioribus excellentia praecepta ostendunt; descendunt vero, cum infirmioribus leviora demonstrant. CHRYSOSTOMUS super Matth. (hom. 21 in op. imp.). Inter ceteros autem qui montem non ascenderant, et leprosus sursum ascendere non valebat, quasi peccatorum bajulans pondus: lepra enim est peccatum animarum nostrarum. Ideo ergo Dominus de altitudine caeli, quasi de excelso monte, descendit, ut lepram peccatorum nostrorum mundaret: et ideo quasi jam praeparatus descendenti occurrit: propter quod dicitur: *Et ecce leprosus veniens.* ORIGENES (hom. 5, ex diversis locis collect. parum a princ.). Deorsum curat, et in monte nihil facit (1): quia tempus est omni rei sub caelo, tempus doctrinae, et tempus curationis. In monte docuit, animas curavit, corda sanavit; quibus completis, sicut de caelestibus montibus ad salvandos carnales descendente (2), venit ad eum leprosus, et adorabat eum. Antequam peteret, adorare coepit, cultum ostendens. CHRYSOSTOMUS super Matth (hom. 21. in op. imperf.). Non enim illum petebat quasi hominem artificem, sed adorabat eum quasi Deum. Oratio autem perfecta est fides et confessio: unde leprosus fidei opus adorans implevit; sed opus confessionis implevit in verbis: unde *adorabat eum dicens.* ORIGENES (hom. 5 inter collectas ex var. locis). Domine, per te omnia facta sunt: tu ergo *si vis, potes me mundare.* Voluntas tua opus est,

(1) Al. ostensio.
(2) Al. deest quando.
(3) Al. vel infirmati.
(4) P, Nicolai habet caritatem,

(1) Al. currit, et in monte nihil dicit.
(2) P. Nicolai habet descenderat.

et opera tuae voluntati obediunt. Tu prius Naaman Syrum per Eliseum a lepra mundasti; et modo, *si vis, potes me mundare.* CHRYSOSTOMUS in hom. 2. Non dixit, Si rogaveris Deum, neque, Si adoraveris; sed *Si volueris, potes me mundare.* Neque dixit, Domine munda; sed ei totum concedit; et dominum eum facit, et potestatem universorum ei attribuit. CHRYSOSTOMUS super Matth. (hom. 21 in op. imperf.). Et ita spirituali medico spiritualem offerebat mercedem: nam sicut medici pecuniis, iste oratione placatur. Nihil enim dignius offerimus Deo quam orationem fidelem. In hoc autem quod dicit, *Si vis,* non dubitat Christi voluntatem ad omne opus bonum paratam. Sed quia non omnibus expedit corporalis integritas, nesciebat utrum ei expediret curatio illa. Dicit ergo: *Si vis;* ac si diceret: Credo quia quod bonum est vis; ignoro autem si est mihi quod desidero, bonum. CHRYSOSTOMUS in hom. 26. Cum autem voluntate ac sermone purgare posset, manus apposuit tactum; unde sequitur: *Et extendens manum, tetigit eum:* ut ostendat quoniam non subjacet legi, et quoniam mundo jam nihil est immundum. Eliseus autem observans legis diligentiam, non exivit, et tetigit Naaman; sed mittit eum ad Jordanem lavandum. Dominus autem monstrat quoniam non ut servus, sed ut Dominus, curat et tangit: non enim manus a lepra facta est immunda, sed corpus leprosum a manu sancta constitutum est mundum. Non enim corpora solum curaturus advenit, sed et animam in veram sapientiam ducturus. Sicut igitur manibus non lotis jam manducare non prohibebat (1); ita et hic erudit quoniam oportet animae lepram formidare solam, quod est peccatum; lepram autem corporis nullum impedimentum esse ad virtutem. CHRYSOSTOMUS super Matth. (hom. 21 in op. imperf.). Quamvis autem litteram legis solverit, propositum tamen ejus non solvit. Ideo enim (2) lex jussit non tangere lepram, quia non poterat facere ut lepra non sordidaret tangentem: ergo vetuit tangere lepram, non ut leprosi non sanarentur, sed ut tangentes non inquinarentur. Iste autem tangens non inquinatus est a lepra, sed ipsam lepram mundavit tangendo. DAMASCENUS (lib. 3 de Fid. orth. cap. 15). Non enim Deus solum erat, sed homo: unde per tactum et per sermonem divina signa operabatur: ut enim per organum, ita per corpus divinae perficiebantur actiones. CHRYSOSTOMUS in hom. 26. Cum autem leprosum tangit, nullus eum incusat, quia nondum invidia detenti erant auditores. CHRYSOSTOMUS super Matth. (hom. 21 in op. imperf.). Si autem tacite eum curasset quis scire poterat cujus virtute sanatus esset ? Igitur voluntas mundandi facta est propter leprosum; verbum autem propter spectantes; ideo dixit: *Volo, mundare.* HIERONYMUS (super illud, *Extendens Jesus*). Non autem ut plerique Latinorum putant, junctim legendum est, *Volo mundare;* sed separatim, ut prius dicatur, *Volo,* deinde ut imperans dicat, *Mundare.* Ille enim dixerat, *Si vis.* Dominus respondit, *Volo:* ille praemiserat, *Potes me mundare;* Dominus dixit, *Mundare.* CHRYSOSTOMUS in hom. 26. Nusquam autem videtur dicere hoc verbum, quamvis magna signa faciens: sed hic propterea apposuit *Volo,* ut opinionem plebis et leprosi de ejus potestate confirmaret.

CHRYSOSTOMUS in hom. 26. Cessit autem mandanti (1) natura cum decenti velocitate: et ideo sequitur: *Et confestim mundata est lepra ejus.* Sed hoc quod dicit, *Confestim,* multum est tardius velocitate quae secundum opus est facta. ORIGENES (hom. 5, ut supra). Quia enim non dubitavit credere, non tardatur sanatio; quia non distulit confessionem. non differtur mundatio. AUGUSTINUS de Contr. Evang. (lib. 2, cap. 19, par. a princ.) Hujus autem leprosi mundati etiam (2) Lucas meminit, non sane hoc ordine, sed ut solent praetermissa recordari, posterius facta praeoccupari, sicut divinitus suggerebantur, ut antea cognita, postea recordando rescriberent. CHRYSOSTOMUS in hom. 26. Curans autem Jesus (3) corpus, jubet nulli dicere: unde sequitur: *Et ait illi Jesus: Vide, nemini dixeris.* Quidam igitur ajunt quoniam ideo jussit hoc, ut non malignentur circa ejus purgationem: quod insipienter dicitur: non enim ita mundavit ut dubitabilis esset mundatio; sed nulli dicere jubet, docens non diligere ostentationem et honorem. Qualiter igitur alii sanato (Marc. 5), jubet dicere ? Sed in hoc erudivit nos bonae mentis esse; non enim illic divulgari se jussit, sed dari gloriam Deo. Per leprosum ergo hunc instruit nos non esse vane gloriosos: per illum autem non esse ingratos, sed omnia ad laudem Dei referre. HIERONYMUS. Et revera quid erat necesse quod sermone jactaret quod corpore praeferebat ? HILARIUS (can. 7, sub initio). Vel ut salus haec non offerretur potius quam quaereretur (4), silentium imperatur.

Sequitur: *Sed vade, ostende te sacerdoti.* HIERONYMUS (super illud, *Vade ostende te*). Mittit autem eum ad sacerdotes, primum propter humilitatem, ut sacerdotibus deferre videatur; deinde ut videntes leprosum mundatum, si crederent Salvatori, salvarentur; si vero non crederent, inexcusabiles fierent; et simul ne quod in eo saepissime criminabantur, legem infringere videretur. CHRYSOSTOMUS in hom. (26, ante medium). Neque enim ubique eam dissolvebat, neque ubique custodiebat; sed quandoque quidem hoc, quandoque illud faciebat: in uno quidem futurae sapientiae praeparans vitam, in altero autem inverecundam Judaeorum cohibens linguam, et condescendens imbecillitati eorum. Unde Apostoli apparent quandoque quidem observantes legem, quandoque autem eam praetermittentes. ORIGENES (hom. 5, inter. collect. ex variis locis.) Vel mittit ad sacerdotes, ut cognoscant quia non per legis consuetudinem mundatus est, sed per gratiae operationem. HIERONYMUS (ibidem). Erat autem in lege praeceptum ut qui mundati fuerant a lepra, offerrent munera sacerdotibus unde sequitur: *Et offer munus tuum, quod praecepit Moyses, in testimonium illis.* CHRYSOSTOMUS super Matth. (hom. 21, in opere imperf.). Non sic intellige, quia hoc *Moyses praecepit in testimonium illis* (5): sed *Vade tu, offer in testimonium illis.* CHRYSOSTOMUS in hom. 26. Praevidens (6) enim Christus eos ex hoc nihil profecturos, non dixit, In emendationem eorum, sed *In testimonium,* idest in accusationem, et attestationem quoniam quae a me

---

(1) *Al.* non manducare prohibebat.
(2) *Al.* tamen.

(1) *Al.* mundani.
(2) *Al.* quem.
(3) *Al.* ejus.
(4) *P. Nicolai habet* non offertur potius quam quaeritur.
(5) *Al. desunt verba sequentia.*
(6) *Al.* prudens.

erant fienda, omnia facta sunt. Et licet eos prae-
viderit non emendari, non tamen dimisit quae facere oportebat: illi autem in propria manserunt
malitia. Non autem dixit, Munus quod ego jubeo,
sed *quod Moyses jussit*, ut interim transmittat ad
legem, et iniquorum obstruat ora: ut enim non
dicant quoniam sacerdotum gloriam rapuit, opus
quidem ipse implevit, probationem autem illis concessit. Origenes (loc. cit.) Vel offer (1) munus
tuum, ut omnes qui vident te portare, miraculo
credant. Crysostomus super Matth. (hom. 21 in
opere imperf.). Vel ideo jubet offerri munera, ut
si postmodum eum expellere vellent, diceret eis:
Munera quasi a mundato accepistis; et quomodo
me quasi leprosum expellitis ? Hilarius (can. 7
super Matth.). Vel legendum est: *Quod Moyses
praecepit in testimonium illis*: quia quod Moyses in
in lege praecepit, testimonium est, non effectus (2).
Beda in hom. (Dom. 5 post Epiph.). Si quem
autem moveat quomodo Dominus cum videatur
Moysi sacrificium approbare, quare id Ecclesia
non recipiat; meminerit quod nondum Christus
corpus suum obtulerat per passionem in holocaustum. Non autem oportebat auferri significantia
sacrificia prius quam illud quod significabatur,
confirmatum esset testimonio Apostolorum praedicantium, et fide credentium populorum. Vir autem
iste genus humanum designat, qui non solum leprosus, verum etiam, juxta Evangelium Lucae,
plenus lepra fuisse describitur. « Omnes enim pec-
« caverunt, et egent gloria Dei: » Rom. 3: illa
scilicet ut extenta manu Salvatoris, hoc est incarnato Dei Verbo, humanamque contingente naturam,
ab erroris prisci vanitate mundentur; et qui (3)
diutius abominabiles, et castris populi Dei ejecti,
jam aliquando templo redditi et sacerdoti, queant
offerre corpora sua hostiam viventem; illi scilicet
cui dicitur Psal. 109: « Tu es Sacerdos in aeter-
« num. » Remigius. Moraliter autem per leprosum
designatur peccator: nam peccatum immundam et
variam animam facit; qui ante Christum procidit,
quando de pristinis peccatis confunditur: et tamen
debet confiteri, et remedium poenitentiae postulare:
nam leprosus vulnus ostendit, et remedium postulavit. Extendit autem Dominus manum, quando
auxilium divinae miserationis impendit: et statim
consequitur remissionem delictorum; nec debet Ecclesia eidem reconciliari, nisi judicio sacerdotis.

2. Chrysostomus super Matth. (hom. 22 in
initio in opere imperf.). Postquam Dominus discipulos docuit in monte, leprosum autem sanavit
sub monte, venit Capharnaum in mysterio, quia
post Judaeorum mundationem venit ad Gentes.
Haymo. Capharnaum enim, quae villa pinguedinis
interpretatur, sive ager consolationis, Ecclesiam quae
ex Gentibus est collecta, significat, quae spirituali
pinguedine est repleta: secundum illud Psal. 62:
« Sicut adipe et pinguedine repleatur anima mea. »
Et inter pressuras saeculi de caelestibus consolatur:
secundum illud Psal. 93: « Consolationes tuae
« laetificaverunt animam meam. » Unde dicitur,
*Cum autem introisset Capharnaum , accessit ad
eum Centurio*. Augustinus de Ver. Dom. (ser. 6).
Iste Centurio de Gentibus erat: jam enim Judaea
gens habebat militem Romani Imperii. Chrysostomus

super Matth. (hom. 22, in op. imperf.) Centurio
autem iste primus fructus ex Gentibus, ad cujus
fidei comparationem omnium Judaeorum fides infidelitas est inventa: qui neque Christum audivit
docentem, neque leprosum, cum mundaretur, aspexit, sed audita tantummodo sanitate leprosi, plus
credidit quam audivit: erat enim in mysterio Gentium futurarum quae neque legem aut Prophetas
legerant de Christo, neque ipsum Christum mirabilia facientem viderant. Accessit ergo rogans, et
dicens: *Domine, puer meus jacet in domo paralyticus, et male torquetur*. Vide autem bonitatem
Centurionis, qui pro salute servi sic solicite festi-
nabat, quasi non damnum pecuniae sed salutis
passurus in morte illius. Nullam enim differentiam
aestimabat inter servum et dominum: quia etsi
dignitas in hoc saeculo diversa est inter illos, una
tamen est illis natura. Fidem autem Centurionis
vide: quia non dixit, Veni et salva eum: quia ille
constitutus in omni loco erat praesens: sapientiam
autem, quia non dixit, Hic constitutus salva eum:
sciebat enim quia potens est ad faciendum, sapiens
ad intelligendum, misericors ad exaudiendum: ideo
infirmitatem tantum exposuit, remedium autem sanitatis in potestate misericordiae ejus dimisit, dicens,
Et male torquetur: in quo apparet quia diligebat
eum: nam unusquisque quem diligit, etsi modice
fuerit taediatus, gravius eum putat habere quam
habet. Rabanus. Omnia ista cum dolore cognomina-
vit: et jacentem, et paralyticum, et male detentum:
ideo ut animae suae angustias demonstraret, et
Dominum commoveret: sic debent omnes condolere
servis, et eorum curam habere. Chrysostomus in
hom. (27, circa initium). Quidam autem dicunt,
quoniam excusans se, hanc causam (1) dixit propter quam non ipsum adduxit Neque enim possibile erat dissolutum, cum torqueretur (2), et ad
ultimas esset expirationes, portari. Ego autem signum hoc esse magnae fidei dico: quia enim sciebat quod sola injunctio sufficeret ad restaurationem
jacentis, superfluum aestimabat eum ducere. Hilarius (can. 7, inter prin. et med.). Jacentes autem
in saeculo et peccatorum morbis dissolutae spiritualiter Gentes aestimandae sunt, omnibus undique
membris fluidis, et ad consistendi officium gradien-
dique corruptis; quarum salutis sacramentum in
puero Centurionis expletur, quem satis dictum sit
principem esse Gentium crediturarum. Quis autem
sit hic princeps, canticum Moysi in Deuteronomio
32, docet, ubi scilicet dicitur: « Constituit terminos
« Gentium juxta numerum Angelorum. » Remigius.
Vel per Centurionem designantur qui primi ex Gentibus crediderunt, et perfecti in virtute (3) fuerunt:
centurio enim dicitur qui centum militibus praeest;
centenarius autem numerus perfectus est. Recte
ergo Centurio pro puero suo rogat, quia primitiae
Gentium pro salute totius Gentilitatis Deum rogaverunt (4). Hieronymus (super illud, *Accessit ad
eum Centurio*). Videns autem Dominus Centurionis
fidem, humilitatem, et providentiam, statim se itu-
rum et sanaturum esse promittit: unde sequitur:
Et ait illi Jesus: Ego veniam, et curabo eum. Chrysostomus, in hom. (27, par. a princ.). Quod nunquam fecit, hic facit Jesus: ubique enim sequitur

---

(1) *Al.* unde offer.
(2) *Al.* in testimonium est non effectus.]
(3) *Al.* quia.

(1) *Al.* in hanc causam.
(2) *Al.* dissolutum eum, cum portaretur,
(3) *Al.* virtutibus.
(4) *Al.* supplicaverunt.

voluntatem supplicantium, hic autem praesilit, et non solum curare promittit; sed ire ad domum. Facit hoc, ut discamus Centurionis virtutes. Chrysostomus, super Matth. (hom. 22 in oper. imperf.). Nisi enim ille dixisset, *Veniam, et curabo eum*, nunquam iste (1) responderet: *Non sum dignus*. Deinde quoniam pro servo petebat, ideo ire promisit, ut nos doceat non colere magnos et contemnere modicos; sed pauperes et divites similiter honorare. Hieronymus (ubi supra). Sicut autem in Centurione commendamus fidem, eo quod credidit (2) paralyticum a Salvatore posse sanari; ita patet humilitas in hoc quod se judicaverit indignum cujus tectum Dominus intraret: unde sequitur: *Et respondens Centurio, ait illi: Domine, non sum dignus ut intres sub tectum meum*. Rabanus (3) (super illud, *Domine non sum dignus*). Propter conscientiam enim vitae gentilis, gravari se magis dignatione putavit, quam juvari, cujus etsi fide praeditus, nondum erat tamen sacramentis inunctus (4). Augustinus de ver. Dom. (ser. 6). Dicendo autem se indignum, praestitit dignum, non in cujus parietes, sed in cujus cor Verbum Dei Christus intraret. Neque hoc diceret cum tanta fide et humilitate, nisi illum quem timebat intrare domum suam, corde gestaret: nam non erat magna felicitas, si Jesus intraret in parietes ejus, et non esset in pectore ejus. Severianus (5) (in homil. loci hujus). Mystice autem hoc tectum corpus est quod tegit animam: quod libertatem mentis caelesti visione in se concludit. Sed Deus neque habitare carnem, neque tectum nostri corporis dedignatur intrare. Origenes (homil. 5 inter collectas ex diversis locis). Nunc etiam quando sancti et a Deo acceptabiles Ecclesiarum antistites sub tectum tuum intrant, tunc ibidem per eos Dominus ingreditur: et tu sic aestimes quasi Dominum suscipiens. Et quando corpus et sanguinem Domini manducas et bibis, tunc Dominus sub tectum tuum ingreditur; et tu ergo humilians teipsum dicas: *Domine*, non *sum dignus*. Ubi enim indigne ingreditur, ibi ad judicium ingreditur accipienti. Hieronymus (super illud, *Accessit ad eum Centurio*). Prudentia autem Centurionis apparet in hoc quod ultra corporis tegumen latentem vidit divinitatem: unde subjungit: *Sed tantum dic verbo, et sanabitur puer meus*. Chrysostomus super Matth. (homil. 22 in oper. imperf.). Sciebat enim quoniam astabant illi invisibiliter Angeli ministrantes, qui omne verbum ejus vertunt in opus; et quod si (6) Angeli cessant, tamen infirmitates praeceptis ejus vivacibus expelluntur. Hilarius (can. 7 ante med.). Dicit etiam Centurio, puerum verbo posse sanari, quia salus Gentium omnis ex fide est, et praeceptis (7) Domini vita est universorum: et ideo subjungit dicens: *Nam et ego homo sum sub potestate constitutus, habens sub me milites; et dico huic, Vade, et vadit; et alii, Veni, et venit; et servo meo, Fac hoc, et facit*. Chrysostomus super Matth. (hom. 22, in oper.

imperf.). Patris et Filii mysterium Spiritu sancto suggerente depinxit, ac si diceret: Etsi ego sum sub potestate alterius, tamen habeo potestatem jubendi eis qui sub me sunt; sic et tu, quamvis sis sub potestate Patris, scilicet inquantum homo, habes tamen potestatem jubendi Angelis. Sed forte dicet Sabellius volens ostendere eumdem esse Patrem qui et Filius est, sic hoc esse intelligendum. Si ego sub potestate constitutus possum jubere; quanto magis tu, qui sub nullius es potestate ? Sed hanc expositionem non recipit textus. Non enim dixit, Si ego homo sub potestate; sed dixit: *Nam et ego homo sum sub potestate*: in quo patet quod inter se et Christum non comparationis differentiam fecit; sed rationem similitudinis introduxit. Augustinus de ver. Dom. (ser. 6). Si ego, qui sum sub potestate (1), jubendi habeo potestatem: quid tu potes, cui omnium serviunt potestates ? Glossa (ord. super illud, *Ego homo sum*). Potes per Angelorum ministeria sine corporis praesentia dicere infirmitati ut recedat, et recedet: et sanitati ut veniat, et veniet. Haymo. Possunt autem per subjectos Centurionis, virtutes naturales intelligi, in quibus plurimi Gentilium pollebant: vel etiam cogitationes bonae aut malae. Malis autem dicamus ut recedant, et recedent; sed bonas vocemus, et venient; servo quoque nostro, hoc est corpori, ut subjiciatur voluntati divinae. Augustinus de Cons. Evang. (lib. 2, cap. 20). Huic autem quod hic dicitur, videtur repugnare quod ait Lucas (cap. 8): « Cum audisset Centurio de Jesu, misit ad eum « seniores Judaeorum, rogans eum ut veniret, et « salvaret servum ejus: » et iterum quod cum « non (2) longe esset a domo, misit ad eum « Centurio amicos, dicens: Domine, noli vexa « ri, non enim sum dignus ut sub tectum meum « intres. » Chrysostomus in hom. (27 in Matth. parum ante med.). Quidam autem dicunt, quoniam non est idem ille et hic; quod (3) multas conjecturas habet. De illo enim ait (Luc. 7), quoniam « synagogam nostram construxit, et gentem « diligit; » de isto autem ipse Jesus ait: *Neque in Israel tantam fidem inveni*: unde videtur Judaeum illum esse. Mihi autem videtur idem hic et ille. Sed quando Lucas dicit quod misit ut veniat, blanditias Judaeorum insinuavit. Conveniens enim est credere Centurionem volentem abire, prohibitum esse a Judaeis blandientibus, et dicentibus, quoniam nos abimus, et conducimus (4) eum. Sed quando ab eorum imminentia erutus est, tunc misit, dicens: Ne aestimes quod propter desidiam non veni: sed quia me indignum aestimavi ut te in domum meam susciperem. Quod autem Matthaeus ait non per amicos, sed per seipsum hoc eum dixisse, nihil contrarium est: uterque enim desiderium viri repraesentavit, et quoniam de Christo docente opinionem habebat. Conveniens autem est opinari et ipsum, postquam misit amicos, ad venientem per se haec dicere. Si autem non hoc dixit Lucas, neque illud Matthaeus, non sibi contradicunt, sed complent quae ab invicem derelinquebantur. Augustinus de cons. Evang. (lib. 2, cap. 20). Matthaeus ergo accessum Centurionis ad Dominum per alios factum compendio dicere voluit, quia fidem ejus qua vere ad Deum

(1) *Al.* omittitur iste.
(2) *Al.* credit.
(3) Sumpsit ex Beda super Luc. 6, cap. sed et Beda priorem partem ex Ambrosio sumpsit super eumdem locum (*Ex edit. P. Nicolai*).
(4) *Al.* imbutus.
(5) Sive potius Chrysologus serm. 106, qui *de Centurione* inscribitur (*Ex edit. P. Nicolai*).
(6) *Al.* quod etsi.
(7) *P. Nicolai habet* et in praeceptis.

(1) *Al.* si ego homo sub potestate.
(2) *Al.* deest non.
(3) *Al.* quod non est idem illic, quod etc.
(4) *Al.* educimus.

acceditur, laudavit, ut diceret: *Non inveni tantam fidem in Israel.* Lucas autem ideo totum ut (1) gestum est aperuit, ut ex hoc intelligere cogeremur qualiter eum accepisse dixerit Matthaeus, qui mentiri non potuit. CHRYSOSTOMUS in hom. (27, in Matth.). Neque enim est contrarium quod fabricavit synagogam, secundum Lucam, et quod hic ostenditur non esse Israelita: possibile enim est Judaeum non existentem, et synagogam fabricasse, et gentem diligere.

3. CHRYSOSTOMUS in hom. 27. Sicut quod leprosus dixerat de Christi potestate, *Si vis, potes me mundare,* Christi voce confirmatur, dicentis: *Volo mundare:* ita et hic Centurionem de Christi potestate testantem non solum non accusavit, sed etiam commendavit. Sed et amplius aliquid fecit: intensionem enim laudis Evangelista significans, dicit: *Audiens autem Jesus miratus est.* ORIGENES (homil. 5, ex diversis locis). Attende quantum sit aut quale quod Deus unigenitus miratur. Aurum, divitiae, regna, principatus in conspectu ejus sunt tamquam umbra vel flos decidens: nihil ergo horum in conspectu Dei mirabile est, quasi magnum vel pretiosum, sed tantum fides: hanc miratur honorificans, hanc acceptabilem sibi aestimat. AUGUSTINUS super Genesim contra Manichaeos (lib. 1, cap. 8). Quis autem in illo fecerat illam fidem, nisi ipse qui admirabatur? Quod si et alius eam fecisset, ut quid miraretur qui praescius erat? Quod ergo miratur Dominus, nobis mirandum esse significat, quibus adhuc opus est sic moveri: omnes enim tales motus ejus non perturbati animi signa sunt, sed docentis magisterium. CHRYSOSTOMUS in hom. 27. Unde plebe omni praesente admiratus esse dicitur, et aliis exemplum dedit, ut eum mirentur: sequitur enim: *et sequentibus se dixit: Amen dico vobis, non inveni tantam fidem in Israel.* AUGUSTINUS contra Faustum (lib. 22, cap. 74). Fidem laudat illius; non autem desertionem militiae imperavit. HIERONYMUS. Hoc autem de praesentibus loquitur, non de omnibus retro Patriarchis et Prophetis. CHRYSOSTOMUS super Matth. (homil. 22 in op. imperf. prope finem). Credidit enim Andreas; sed Joanne dicente (Joan. 1): « Ecce agnus Dei: » credidit Petrus, sed evangelizante sibi Andrea: credidit Philippus, sed legendo Scripturas: et Nathanael prius signum divinitatis accepit, et sic fidei confessionem obtulit. ORIGENES (hom. 5 in collectis ex diversis locis). Jairus Israelis princeps pro filia sua petens, non dixit, *Die verbo,* sed « Veni velociter » (Marc. 5). Nicodemus de fidei sacramento audiens ait (Joan. 3): « Quomodo potest « hoc fieri? » Maria et Martha dicunt (ibid. 6): « Domine, si fuisses hic, frater meus non fuisset « mortuus: » quasi dubitantes, quod ubique posset adesse Dei potentia. CHRYSOSTOMUS super Matth. (homil. 22, in opere imperf.). Aut si volumus fideliorem putare istum quam Apostolos, ita testimonium Christi intelligendum est, quod unumquodque bonum hominis secundum quantitatem personae illius laudatur: rusticum enim dicere aliquid sapienter, magnum est; quod de philosopho non est mirum: sic de Centurione dictum est: *In nullo tantam fidem inveni in Israel.* CHRYSOSTOMUS in hom. (27, parum ante med.). Non enim erit aequale Judaeum credere et Gentilem. HIERONYMUS.

(1) *Al.* quod.

Vel forte in Centurione fides Gentium praeponitur Israeli: unde subdit: *Dico autem vobis, quod multi ab oriente et occidente venient.* AUGUSTINUS de Verbis Dom. Non, omnes ait; sed *Multi,* tamen ipsi *ab oriente et occidente:* istis duabus partibus totus orbis designatur. HAYMO (serm. 61). Vel ab oriente veniunt qui statim illuminati transeunt; ab occidente hi qui persecutionem usque ad mortem toleraverunt pro fide: vel ab oriente quis venit, cum ab infantia Deo servire incipit, ab occidente, dum in ipsa decrepita aetate ad Deum convertitur. ORIGENES (hom. 5, ut supra). Sed quomodo alibi dicit, quod pauci sunt electi? Per diversas enim generationes pauci electi sunt, simul vero congregati in tempore visitationis multi invenientur. Sequitur, *Et recumbent,* non carnaliter jacentes, sed spiritualiter requiescentes; non temporaliter portantes, sed aeternaliter epulantes, *cum Abraham, Isaac et Jacob in regno caelorum,* ubi lux, exultatio, gloria, et longaevitas vitae aeternae. HIERONYMUS (super illud, *Dico autem vobis*). Quia autem Deus Abraham caeli conditor, Pater Christi est; idcirco in regno caelorum est et Abraham cum quo accubiturae sunt nationes quae crediderunt in Christum Filium Creatoris. AUGUSTINUS de ver. Dom. (serm. 5). Sicut autem videmus Christianos vocatos ad caeleste convivium, ubi est panis justitiae, potus sapientiae; ita videmus et Judaeos reprobatos: unde sequitur: *Filii autem regni ejicientur in tenebras exteriores:* Judaei scilicet, qui legem acceperunt, qui celebrant figuras omnium futurorum, qui tamen praesentia non agnoverunt. HIERONYMUS. Vel filios regni dicit Judaeos, quia in eis Deus ante regnavit. CHRYSOSTOMUS in homilia (27, a med.). Vel filios regni eos dicit quibus regnum erat praeparatum; quod et magis eos mordebat. AUGUSTINUS contra Faustum (lib. 16, capit. 24). Si ergo non commendavit Moyses populo Israel Deum, nisi Deum Abraham, Isaac et Jacob, eumque ipsum Christus commendat; non est conatus illum populum avertere a Deo suo; sed ideo minatus est eos ituros in tenebras exteriores, quod aversos videret eos a Deo suo, in cujus regno Gentes vocatas ex toto orbe terrarum recubituras dicit cum Abraham, Isaac et Jacob: non ob aliud quam quod fidem tenuissent Dei Abraham, Isaac et Jacob: (1) quibus non quasi in morte correctis, vel post passionem suam justificatis testimonium Dominus perhibeat. HIERONYMUS (super illud, *Filii regni ejicientur*). Tenebrae autem exteriores dicuntur, quoniam qui a Domino expellitur foras, relinquit lumen. HAYMO. Quid autem ibi passuri sint, manifestat cum subdit: *Ibi erit fletus et stridor dentium.* Per metaphoram enim membrorum poenas describit tormentorum: solent enim oculi fumo tacti lacrymas producere, dentes vero a nimio frigore stridere. Ostenditur ergo quod reprobi in inferno et calorem intolerabilem et frigus sustinebunt: secundum illud Job 24: « Transient ab aquis nivium ad calorem ni « mium. » HIERONYMUS (super illud, *Ibi erit fletus*). Si autem fletus oculorum est, et stridor dentium ossa demonstrat; vera est corporum et eorundem membrorum quae ceciderant resurrectio. RABANUS. Vel stridor dentium prodit indignantis affectum, eo quod sero unumquemque poeniteat, sero sibi irascatur, quod tam pertinaci improbitate deliquit.

(1) *Al. desunt omnia quae sequuntur usque ad alium indicem.*

REMIGIUS. Vel aliter. Tenebras exteriores appellat exteras nationes: quantum enim ad historiam attinet, praedicit Dominus his verbis interitum Judaeorum, quoniam propter infidelitatem ducendi erant captivi, et dispergendi per diversa regna terrarum: fletus enim ab igne solet fieri, stridor dentium a frigore. Illis ergo adscribitur fletus qui in calidioribus locis habitant, sicut in India et Æthiopia; stridor vero dentium illis adscribitur qui in frigidioribus locis commorantur, sicut est Hircania et Scythia. CHRYSOSTOMUS (homil. 27 super Matth). Ne quis autem existimet, blanditiarum esse haec verba quae dicta erant (1), credere facit signo: unde sequitur: *Et dixit Jesus Centurioni: Vade, et sicut credidisti fiat tibi.* RABANUS. Quasi dicat. Secundum mensuram fidei fiat (2) tibi et ista gratia. Potest autem meritum Domini etiam famulis suffragari, non solum merito fidei, sed etiam studio disciplinae: unde sequitur: *Et sanatus est puer ex illa hora.* CHRYSOSTOMUS in homil. 27, a med.). Ubi velocitatem admirare: neque enim solum curare, sed inopinate et in momento temporis hoc facere, virtutem Christi ostendebat. AUGUSTINUS de Verbis Domini (sermone 6, super illud, *Et ego homo*). Sicut enim Dominus domum Centurionis corpore non intravit, sed absens corpore, praesens majestate, puerum sanavit; sic et in solo Judaico populo corpore fuit: apud alias autem gentes, nec de virgine natus est, nec passus est, nec humana pertulit, nec divina mirabilia fecit: et tamen impletum est quod dictum erat (Psalm. 17): « Po-« pulus quem non cognovi, servivit mihi; in audi-« tu auris obedivit mihi. » Judaea enim gens cognovit, et crucifixit; orbis terrarum audivit, et credidit.

4. RABANUS. Postquam ostendit Matthaeus per leprosum totum genus humanum sanatum, et in servo Centurionis gentilis populi sanationem, consequenter per socrum Petri designat curationem synagogae, cum dicit: *Et cum venisset Jesus in domum Petri.* Prius autem narrat de servo, quia majus miraculum fuit, et major gratia in Gentili converso; vel quia in fine saeculi synagoga est plenarie convertenda, cum plenitudo Gentium subintraverit. Domus autem Petri in Bethsaida erat. CHRYSOSTOMUS in hom. (28, circ. initium). Sed cur intravit in domum Petri? Mihi videtur cibum assumpturus: unde sequitur: *Et surrexit et ministrabat eis.* Apud discipulos enim divertebat honorans eos, et avidiores ex hoc faciens. Attende autem Petri ad Christum reverentiam: habens enim socrum domi febricitantem, non traxit eum in domum, sed expectavit doctrinam compleri, et alios curari. Ab exordio enim erudiebatur quae aliorum erant sibi ipsi praeponere. Quocirca neque ipse eum induxit, sed Christus sponte adivit, postquam dixit Centurio: *Non sum dignus ut intres sub tectum meum:* monstrans quantum largiebatur discipulo. Non est autem dedignatus sub vilia tuguria piscatorum intrare, erudiens per omnia humanum conculcare tumorem. Et quandoque solum verbis curat, quandoque autem etiam manum extendit: unde et hic dicitur: *Et tetigit manum ejus, et dimisit eam febris.* Non enim volebat semper cum superabundantia miracula facere: oportebat enim interim latere. Tangens

autem corpus, non febrem (1) extinxit solum, sed et puram tribuit sanitatem. Quia enim aegritudo curabilis erat, modo curationis suam virtutem ostendebat, faciendo quod ars medicinalis non operatur, ut scilicet simul perfectam restituat sanitatem: unde Evangelista hoc innuens dicit, quod *surrexit, et ministrabat eis.* HIERONYMUS (super illud, *Et cum venisset Jesus tetigit*). Natura enim hominum istiusmodi est ut post febrem magis lassescant corpora; et incipiente sanitate, aegrotationis mala sentiant. Verum sanitas quae confertur a Domino, tota simul redit: (2) nec sufficit esse sanatum; sed ut epitasis fortitudinis indicetur, additum est: *Surrexit, et ministrabat eis.* CHRYSOSTOMUS in hom. 28. In hoc ergo quod dicitur, quod *surrexit et ministrabat eis,* et Christi virtutis signum est, et affectus quem mulier erga Christum (3) ostendebat. BEDA in hom. (Matth. 8, super illud, *Et cum venisset in domum*). Mystice autem domus Petri, lex vel circumcisio est: socrus est synagoga, quae quodammodo est mater Ecclesiae Petro commissae. Haec febricitat, quia invidiae aestibus laborabat, persequens Ecclesiam: cujus manum Dominus tangit, quando carnalia ejus opera in spiritualem usum convertit. REMIGIUS. Vel per socrum Petri potest intelligi lex, quae secundum Apostolum, infirmabatur per carnem, idest carnalem intelligentiam. Sed cum Dominus per mysterium incarnationis visibilis in synagoga apparuit; et opere legem implevit, et spiritualiter intelligendam docuit: mox ipsa sociata gratiae Evangelii, tantum robur accepit, ut quae fuerat ministra mortis et poenae, postmodum fieret vitae et gloriae. RABANUS (super illud, *Surrexit, et ministrabat*). Vel unaquaeque anima, quae carnis concupiscentiis militat, quasi febribus aestuat; sed manu misericordiae divinae tacta convalescit, et per continentiae frena carnis lasciviam constringit, et membris quibus servierat immunditiae, servit justitiae. HILARIUS (can. 7 in Matth. parum ante med.) Vel in socru Petri vitiosa infidelitatis aestimatur affectio, cui adjacet libertas voluntatis, quae nos sibi quadam conjugii societate conjungit. Ergo ingressu Domini in Petri domum, idest in corpus (4), curatur infidelitas peccatorum calore aestuans, et salvata officii famulatu ministrat. AUGUSTINUS de cons. Evang. (lib. 2, cap 21). Hoc autem quando factum sit, idest post quid vel ante quid, non expressit Matthaeus: non enim post quod narratur, post hoc etiam factum necesse est intelligatur: nimirum tamen iste hic recoluisse intelligitur quod prius omiserat. Nam id Marcus hic (cap. 2) narrat antequam illud de mundato leproso commemoret, quod post sermonem in monte habitum, de quo ipse tacuit, videtur interposuisse. Itaque et Lucas (cap. 4), hoc post factum narrat de socru Petri, post quod et Marcus: ante sermonem etiam quem prolixum interposuit, qui potest idem videri quam dicit habitum in monte Matthaeus. Quid autem interest, quis quo loco ponat, sive quod ex ordine inserit, sive quod omissum recolit, sive quod postea factum ante praeoccupat, dum tamen non adversetur eadem alia narranti, nec sibi nec alteri? Quia enim nullus in potestate est res opportune cognitas quo quisquam ordine recordetur; satis probabile est quod unusquisque

---

(1) *Al.* quia dictum erat. *P. Nicolai habet* quia dictus erat, credere facit signa.
(2) *Al.* metietur.

(1) *Al.* tangens autem non febrem.
(2) *Al. desunt verba sequentia usque ad finem sententiae.*
(3) *Al.* et dispositionem mulieris, quam erga Christum.
(4) *Al.* in corpore.

Evangelistarum eo se ordine credidit debuisse narrare, quo voluisset Deus ea quae narrabat, ejus recordationi (1) suggerere. Quapropter ubi ordo temporum non apparet, nihil nostra interesse debet quem narrandi ordinem quilibet eorum tenuerit.

5. Chrysostomus in hom. (28, in Matth.). Quia multitudo credentium erat jam aucta, neque tempore impellente a Christo abscedere patiebantur; vespere ei infirmos adducunt: unde dicitur: *Vespere autem facto obtulerunt ei multos daemonia habentes.* Augustinus de cons. Evang. (lib. 2, cap. 22). Per hoc autem quod dicit, *Vespere autem facto,* ad ejusdem diei tempus hoc pertinere satis indicatur, quamvis necesse non sit, ubi dicitur, *Vespere facto,* ejusdem diei vesperum accipere. Remigius. Christus autem Dei Filius auctor humanae salutis, fons et origo totius pietatis, caelestem medicinam tribuebat: unde sequitur: *Et ejiciebat spiritus verbo, et omnes male habentes curavit.* Daemones enim et morbos solo verbo repellebat, ut his signis et virtutibus ostenderet se ad salutem generis humani (2) venisse. Chrysostomus in homil. (28, ante med.). Intende autem quantam multitudinem curatam transcurrunt Evangelistae; non unumquemque curatum enarrantes, sed uno verbo pelagus ineffabile miraculorum inducentes. Ne autem magnitudo miraculi incredulitatem immittat, si tantam plebem et varias aegritudines uno temporis momento curavit, inducit Prophetam attestantem his quae fiebant: unde sequitur (3): *Ut adimpleretur quod dictum est per Isaiam Prophetam dicentem: Ipse infirmitates nostras accepit.* Rabanus (super illud, *Ut adimpleretur*). Non ut sibi haberet, sed ut (4) nobis auferret; *et aegrotationes nostras portavit,* ut quod pro imbecillitate virium ferre non poteramus, ille pro nobis portaret. Remigius. Quia humanae naturae infirmitatem ad hoc suscepit ut nos infirmos faceret fortes atque robustos. Hilarius (can. 7 a med.) Et passione corporis sui, secundum Prophetarum dicta, infirmitates humanae imbecillitatis absorbuit. Chrysostomus in hom. (28, ante med.) Hoc autem de peccatis magis a Propheta dictum esse videtur. Qualiter igitur Evangelista de aegritudinibus hoc exponit ? Sed sciendum, quod vel historiae hic testimonium adaptavit, vel ostendit quoniam plures aegritudines ex peccatis sunt animarum: nam et ipsa (5) mors a peccatis habet radicem. Hieronymus (super illud, *Vespere autem facto*). Attendendum autem, quod omnes non mane, non meridie, sed ad vesperam curantur, quando sol occubiturus est, et quando granum tritici in terra moritur, ut multos afferat fructus. Rabanus (super iisdem verbis). Solis enim occubitus passionem et mortem designat illius qui dixit (Joan. 9): « Quamdiu sum in mundo, lux sum mundi: » qui temporaliter vivens in carne, paucos Judaeorum docuit; calcato autem regno mortis, omnibus per orbem Gentilibus fidei dona promisit.

6. Chrysostomus in homil. (28, ante med.). Quia Christus non solum corpora curabat, sed animam emendabat, et veram sapientiam monstrare voluit, non solum aegritudines solvendo, sed etiam nihil ad ostentationem faciendo; et ideo dicitur,

Videns autem Jesus turbas multas circum se, jussit discipulos ire trans fretum. Faciebat autem hoc et simul moderata nos capere docens, et invidiam Judaicam mitigans, et docens nos nihil ad ostentationem facere. Remigius. Vel hoc facit quasi homo volens turbarum importunitatem declinare. Erant autem ei affixi admirantes eum, et videre ipsum volentes. Quis enim discederet a talia miracula operante ? Quis non in faciem ejus simplicem vellet videre, et os talia loquens ? Si enim Moyses glorificatam faciem habebat, et Stephanus sicut Angeli; intellige communem dominatorem qualem decens est tunc apparuisse; unde Propheta dicit. (Psal. 44): « Speciosus forma prae filiis hominum » Hilarius (can. 7 in Matth. a med. illius). Discipulorum autem nomen non duodecim tantum Apostolis convenire aestimandum est: nam praeter Apostolos plures fuisse discipulos legimus. Augustinus de Con. Evan. (lib. 2, c. 22). Manifestum est autem alium esse diem quo jussit ire trans fretum, non eum qui sequitur illum in quo socrus Petri sanata est, quo die Marcus Lucasque eum in desertum exisse affirmant. Chrysostomus in hom. (27 in Matth. ante medium). Vide autem qualiter turbas non simpliciter abjicit, ut non offendat. Non enim dixit, Recedite, sed ultro discipulos jussit abire, spem dans turbae eundi etiam illuc. Remigius. Sed quid inter jussionem Dei et transfretationem gestum sit, Evangelista studuit manifestare, cum ait: *Et accedens unus scriba ait illi: Magister, sequar te quocumque ieris.* Hieronymus (super illud, *Accedens unus scriba*). Iste scriba, qui tantum litteram noverat occidentem, si dixisset, Domine, sequar te quocumque ieris; non fuisset repulsus a Domino: sed quia magistrum unum de pluribus aestimat, et literator erat (quod (1) significantius graece dicitus γραμματευς, idest grammateus) et non spiritalis auditor, ideo non habet locum in quo possit Jesus reclinare caput suum. Ostenditur autem nobis, et ob hoc scribam repudiatum, quod signorum videns magnitudinem sequi voluerit Salvatorem, ut lucra ex operum miraculis quaereret; hoc idem desiderans quod et Simon Magus a Petro emere voluerat. Chrysostomus in homil. (28 in Matth. parum ante med.). Vide etiam quantus est tumor: ita enim advenit et locutus est sicut dedignans cum turba annumerari; sed ostendens quoniam super multos est ipse. Hilarius (can. 7, in Matth.). Vel aliter. Iste scriba, qui est unus ex doctoribus legis, an sit secuturus interrogat, quasi lege non contineretur hunc esse (2) quem utiliter sequatur. Igitur infidelitatis affectum sub diffidentia interrogationis expressit: quia fidei assumptio non interroganda est, sed sequenda. Chrysostomus in hom. (28 in Matth. circ. med.) Respondet autem ei Christus, non ad interrogationem verborum, sed ad consilium obvians mentis; unde sequitur: *Et dicit ei Jesus: Vulpes foveas habent et volucres caeli nidos; Filius autem hominis non habet ubi caput suum reclinet;* ac si dicat. Hieronymus (ubi supra). Quid me propter divitias et saeculi lucra cupis sequi, cum tantae sim paupertatis, ut nec hospitiolum quidem habeam, et tecto utar non meo ? Chrysostomus in homil. (28, in Matth.). Hoc autem non erat

---

(1) *Al.* recordationem.
(2) *Al.* totius generis humani.
(3) *Al.* subditur.
(4) *Al.* licet ut.
(5) *Al.* animabus et ipsa etc.

(1) *In duobus Venetis exemplis an.* 1521 *et* 1584, *in Antuerpiensi an.* 1569, *et in Herbipolensi P. Nicolai an.* 1704, *omittitur sententia parenthesi inclusa.*
(2) *Al.* hunc esse Christum.

avertentis, sed arguentis quidem malum consilium, concedentis autem si vellet cum paupertatis expectatione sequi Christum. Et ut discas ejus malitiam, audiens hoc et correctus non dixit: Paratus sum sequi. Augustinus de Ver. Dom. (serm. 7). Vel aliter. *Filius hominis non habet ubi caput suum reclinet*, scilicet in fide tua. *Vulpes enim habent foveas*, in corde tuo, quia dolosus es: *volatilia caeli habent nidos*, in corde tuo, quia elatus es. Dolosus et elatus non me sequeris: quomodo enim dolosus sequitur simplicitatem? Gregorius (19 Moral. cap. 1). Vel aliter. Vulpes valde fraudulenta sunt animalia, quae in fossis vel specubus absconduntur; cumque apparuerint, nunquam rectis itineribus sed tortuosis anfractibus (1) currunt; volucres vero alto volatu se sublevant. Nomine ergo vulpium dolosa atque fraudulenta, nomine autem volucrum haec eadem (2) superba daemonia designantur; ac si dicat: Fraudulenta et elata daemonia in corde tuo inveniunt habitationem suam; humilitas autem mea requiem in superba mente non invenit. Augustinus de Quaest. Evang. (in Matth. quaest. 5). Intelligitur enim miraculis motus, propter inanem jactantiam eum sequi voluisse, quam significant aves; finxisse autem discipuli obsequium, quae fictio vulpium nomine significata est. Rabanus (super illud, *Vulpes foveam habent*). Haeretici autem in sua versutia confidentes significantur per vulpes, et maligni spiritus per volucres caeli, qui in corde Judaici populi foveas et nidos, idest domicilia habebant. Sequitur: *Alius autem de discipulis illius ait illi: Domine permitte me ire primum, et sepelire patrem meum.* Hieronymus. Quid simile est inter scribam et discipulum? Ille Magistrum vocat, hic Dominum confitetur. Hilarius (can. 7 in Matth.). Iste pietatis occasione ad sepeliendum patrem ire desiderat, ille secuturum se quolibet ierit (3), promittit, non magistrum quaerens, sed ex magistro lucrum. Ille etiam discipulus non interrogat an sequatur: jam enim sequi se oportere credidit: sed permitti sibi orat sepelire patrem. Augustinus de ver. Dom. (ser. 7, super illud, *Ibo prius sepelire*). Dominus autem quando parat homines Evangelio, nullam excusationem vult interponi carnalis hujus temporalisque pietatis; et ideo sequitur: *Jesus autem dixit ei: Sequere me, et dimitte mortuos sepelire mortuos suos.* Chrysostomus in hom. (28 in Matth. a med.). Hoc autem dixit non jubens contemnere amorem qui est ad parentes, sed monstrans quoniam nihil caelestibus negotiis nobis magis necessarium esse oportet; quoniam cum toto studio his jungi debemus, et neque parum tardare, etiam si valde invitabilia et incitantia fuerint quae attrahunt. Quid enim magis necessarium erat quam sepelire patrem? Quid etiam facilius? Neque enim tempus multum consumendum erat. Per hoc etiam eum Dominus a multis malis eripuit: puta luctibus et moeroribus, et ab his quae hic expectantur. Post sepulturam enim necesse jam erat et testamenta scrutari, et hereditatis divisionem, et alia hujusmodi: et ita fluctuationes ex fluctuationibus ei succedentes, longe eum a veritatis abducere portu potuerunt (4). Si autem adhuc tumultuaris, excogita quoniam multi infirmos non permittunt scire, nec

ad momentum sequi; etiamsi pater aut mater aut filius sit qui defunctus est; nec ex hoc incusantur crudelitatis; sed contrarium, crudelitatis esset. Et multo majus malum est abducere hominem a spiritualibus sermonibus, et maxime cum fuerint qui hoc compleant: erant enim qui completuri erant hujus funeris sepulturam: unde dicit: *Dimitte mortuos sepelire mortuos suos.* Augustinus de ver. Dom. (ser. 7, super illud, *Sine mortuos*). Quasi dicat: Pater tuus mortuus est. Sunt autem alii mortui (1), qui sepeliant mortuos suos, quia infideles sunt. Chrysostomus in hom. (28, in Matth.). In quo monstrat quoniam hic mortuus non erat ejus: etenim qui defunctus erat, sicut aestimo, de numero infidelium erat. Si autem admiraris juvenem, quoniam pro negotio ita necessario interrogavit Jesum, et non spontanee abiit; multo magis admirare quoniam et prohibitus permansit: quod non erat ingratitudinis (2); cum non propter desidiam fecerit, sed ut non intercideret negotium magis necessarium. Hilarius (can. 7 in Matth. parum ante finem). Item quia accepimus in dominicae orationis exordio ita primum precandum (supra 6): *Pater noster, qui es in caelis*, et in discipulo credentis populi persona est, admonetur quod pater sibi vivus in caelis est; deinde inter fidelem filium patremque infidelem jus paterni nominis non relinqui. Admonuit etiam non admisceri memoriis sanctorum mortuos infideles, et etiam eos esse mortuos qui extra Deum vivunt: et idcirco mortui sepeliantur a mortuis: quia (3) per Dei fidem vivos vivo oporteat adhaerere (4). Si autem mortuum sepelit mortuus, non debemus curam habere mortuorum, sed viventium; ne dum soliciti sumus de mortuis, nos quoque mortui appellemur. Gregorius 4 Moral. (super illud Job 3: « Quare lactatus uberibus? ») Mortui etiam mortuum sepeliunt, cum peccatores peccatoribus favent. Qui enim peccantem laudibus prosequuntur, extinctum sub verborum suorum aggere abscondunt. Rabanus. Notandum est etiam (5) in hac sententia, quia aliquando minora bona praetermittenda sunt pro utilitate majorum. Augustinus de cons. Evang. (lib. 2, cap. 23, cir. med.). Quod autem Matthaeus dicit, tunc istud gestum esse quando jussit ut irent trans fretum, Lucas vero ambulantibus illis in via, non est contrarium; quia viam utique ambulabant, ut venirent ad fretum.

7. Origenes (hom. 6, in diversos loc.). Cum multa magna et miranda ostendisset Christus in terra, transit ad mare, ut ibidem excellentia opera demonstraret, quatenus terrae marisque Dominum se esse cunctis ostenderet: unde dicitur: *Et ascendente eo in naviculam, secuti sunt eum discipuli ejus:* non imbecilles, sed firmi et stabiles in fide. Hi ergo secuti sunt eum, non tantum gressus ejus sequentes, sed magis sanctitatem comitantes (6). Chrysostomus in hom. (29, in Matth.). Accepit autem discipulos secum et in navi, ut ad utraque eos erigeret: et ad hoc quod in periculis non stupescerent, et ad hoc quod in honoribus moderata de se autumarent. Ut enim non magna de se saperent, propter hoc quod aliis dimissis eos retinuerat, permittit eos fluctuari. Ubi enim miraculorum osten-

---

(1) *Al.* anfractionibus.
(2) *Al* haec autem.
(3) *Al.* esse.
(4) *Al. deest* potuerunt.

(1) *Al.* sunt alii mortui.
(2) *Al.* magnitudinis.
(3) *Al.* qui.
(4) Hieronymus (*Ex edit. P. Nicolai*).
(5) *Al. deest* etiam.
(6) *Al.* concomitantes.

sio erat, plebem permittit adesse; ubi autem tentationum et timorum arreptio, athletas orbis terrarum, quos exercitaturus erat, hos solos assumit.
ORIGENES (hom. 6, ex diver. locis). Ingressus ergo
naviculam fecit turbari mare: unde sequitur: *Et
ecce motus magnus factus est in mari, ita ut navicula operiretur fluctibus.* Haec tempestas non ex
se orta est, sed potestati paruit imperantis, qui
educit ventos de thesauris suis. Facta est autem
tempestas magna, ut magnum opus ostenderetur:
quia quanto magis fluctus naviculae irruebant, tanto
magis discipulos timor conturbabat, ut plus desiderarent se liberari per mirabilia Salvatoris. CHRY-
SOSTOMUS in hom. 39. Quia enim viderant, alios
Christi beneficia accepisse; non autem similiter aliquis aestimat quae in alienis corporibus fiunt et
quae in seipso; oportuit per familiarem sensum
eos potiri beneficiis Christi. Et ideo voluit hanc
fieri tempestatem, ut per liberationem manifestiorem accipiant beneficii sensum. Erat autem haec
turbatio typus futurarum tentationum, de quibus
Paulus dicit (2 Corinth. 1): « Nolo vos ignorare,
« fratres, quoniam gravati sumus supra virtutem. »
Ut ergo daret tempus formidini, sequitur, *Ipse vero
dormiebat.* Si enim vigilante eo facta fuisset tempestas; vel non rogassent, vel neque posse ipsum
tale aliquid facere crederent. ORIGENES (homil. 6,
in diversos loc.). Est autem res mirabilis et stu-
penda: is qui nunquam dormit neque dormitat,
dormire dicitur. Dormiebat quidem corpore, sed
vigilabat deitate; demonstrans quia verum humanum
portabat corpus, quod corruptibile induerat. Corpore itaque dormiebat, ut Apostolos faceret vigilare, et ne omnes nos unquam animo dormiamus.
Tanto autem metu discipuli fuerant conterriti, et
pene animo alienati, ut irruerent in eum; et non
modeste ac leviter suggererent, sed turbulenter su-
scitarent eum: unde sequitur: *Et accesserunt ad
eum discipuli ejus, et suscitaverunt eum, dicentes:
Domine, salva nos, perimus.* HIERONYMUS. Hujus signi
typum in Jona legimus, quando ceteris periclitan-
tibus ipse securus est, et dormit et suscitatur (1).
ORIGENES (hom. 6, in diversos loc.). O veraces
discipuli, Salvatorem vobiscum habetis, et periculum timetis? Vita vobiscum est, et de morte soliciti estis? Sed respondeant: Parvuli sumus, et adhuc infirmi, ideoque timemus: unde sequitur: *Et
dicit eis Jesus: Quid timidi estis, modicae fidei?*
quasi diceret: Si potentem me super terram co-
gnovistis, quare non creditis quia et in mari potens sim? Et si mors irrueret, nonne debuistis eam
constantissime sustinere? Qui modicum credit, arguatur; qui nihil credit, contemnetur. CHRYSOSTOMUS
in hom. (29, in Matth.). Si autem aliquis dixerit,
quoniam non fuit modicae fidei, accedentes excitare
Jesum; hoc signum fuit quod non decentem de
ipso opinionem habebant. Noverant enim quod excitatus poterat mare increpare; nondum autem quod
dormiens. Propter hoc etiam neque praesentibus
turbis hoc signum fecit, ut non accusentur modicae fidei; sed discipulos solum accipiens corrigit;
et prius solvit turbationem aquarum: unde sequitur: *Tunc surgens imperavit ventis et mari, et facta est tranquillitas magna.* HIERONYMUS (super illud, *Tunc imperavit ventis*). Ex hoc autem loco
intelligimus quod omnes creaturae sentiant creato-

rem: quibus enim imperatur, sentiunt imperantem:
non errore haereticorum, qui omnia putant animantia sensibilia esse; sed majestate conditoris, quae
apud nos insensibilia sunt, illi sensibilia sunt. ORI-
GENES. Imperavit ergo ventis et mari; et de magno
vento facta est tranquillitas magna: decet enim
magnum magna facere: et ideo qui prius magnifice conturbavit profundum maris, nunc iterum
tranquillitatem magnam fieri jussit, ut discipuli nimium conturbati magnifice laetarentur. CHRYSOSTO-
MUS in homil. (29, in Matth.). In hoc etiam ostenditur quia omnis confestim soluta est tempestas, et
neque semita turbationis remansit: quod quidem
extraneum erat: cum enim naturaliter fluctuatio
terminatur, usque ad multum tempus aquae con-
cutiuntur; sed hic simul omnia solvebantur: unde
quod de Patre dictum est (Psal. 106): « Dixit,
« et stetit spiritus procellae, » hoc Christus opere
implevit: solo enim verbo et praecepto mare (1)
sedavit et refrenavit. A visu autem et a somno,
et ex utendo navigio (2, qui aderant, eum hominem aestimabant: propter hoc in admirationem ceciderunt: unde sequitur: *Porro homines mirati sunt,
dicentes: Qualis est hic, quia venti et mare obediunt ei?* GLOSSA. Chrysostomus ponit hanc litteram,
Qualis est hic homo? somnus enim, et quod apparebat, hominem demonstrabat; sed mare et tranquillitas Deum ostendebat. ORIGENES (hom. 6, ex
collectis in diver. loc.). Sed qui homines mirati sunt ? Non putes hic Apostolos significatos:
nusquam enim invenimus praeter honorem cogno-
minari Domini discipulos; sed semper aut Apostoli aut
Discipuli nominantur. Mirabantur ergo hi homines
qui cum eo navigabant, quorum erat navicula.
HIERONYMUS (super illud, *Homines mirati sunt, dicentes*). Si autem quis contentiose voluerit eos qui
mirabantur fuisse discipulos; respondebimus, recte
homines appellatos, quia necdum noverant potentiam Salvatoris. ORIGENES (homil. 6, inter evang.
sunt ex diver. locis collectae). Non autem interrogantes dicunt, *Qualis est iste ?* sed asserentes,
quia iste talis est, cui venti et mare obediunt.
Qualis ergo est iste ? idest, quantus, quam fortis,
quam magnus. Jubet omni creaturae, et non su-
pergreditur jussionem ejus: soli homines resistunt,
et ideo in judicio damnabuntur. Mystice autem omnes in sanctae Ecclesiae navicula cum Domino per
hunc undosum supernatamus mundum. Ipse autem
Dominus pio obdormit somno, patientiam nostram
et impiorum poenitentiam expectans. HILARIUS (can.
7, in Matth.). Vel dormit, eo quod somno nostro
consopiatur in nobis. Maxime autem id accidit ut
a Deo auxilium in periculi metu speremus: atque
utinam vel spes sera confidat se periculum posse
evadere, Christi intra se vigilantis (3) virtute. ORI-
GENES (hom. 6, ex collectis). Alacriter ergo accedamus ad eum, cum Propheta dicente (Psal. 43),
« Exurge, quare obdormis Domine ? » Et ipse
imperabit ventis, idest daemonibus, qui concitant
fluctus, idest principes hujus mundi, ad persecutiones
sanctis immittendas, facietque tranquillitatem magnam circa corpus et spiritum, pacem Ecclesiae,
et serenitatem mundo. RABANUS (super illud, *Ascendente illo in naviculam*). Vel aliter. Mare est
aestus saeculi: navicula quam Christus ascendit,

---

(1) *Al.* suscitavit

(1) *Al. deest* mare.
(2) *P. Nicolai* et ex usu navigii.
(3) *Al.* vigilante.

intelligitur arbor crucis: cujus auxilio fideles, transactis mundi fluctibus, perveniunt ad caelestem patriam, quasi ad littus securum, in qua Christus una cum suis ascendit: unde post ait (infra 16): *Qui vult venire post me, abneget semetipsum, et tollat crucem suam, et sequatur me.* Cum ergo Christus in cruce positus fuisset, motus magnus factus est: quia commotae sunt mentes discipulorum de ejus passione, et navicula operta est fluctibus: quia tota vis persecutionis circa crucem Christi fuit, ubi scilicet morte occubuit: unde dictum est: *ipse vero dormiebat.* Suum dormire, mori est. Excitant autem discipuli Dominum, dum turbati morte, maximis votis resurrectionem quaerunt dicentes: *Salva,* resurgendo, quia *perimus,* turbatione tuae mortis. Ipse vero resurgens increpat duritiam cordis eorum, ut alibi legitur. *Imperavit* autem *ventis,* quia diaboli superbiam stravit; imperavit *mari,* quia vesaniam Judaeorum disjecit; *et facta est tranquillitas magna,* quia sedatae sunt mentes discipulorum visa resurrectione. GLOSSA (1) Vel navicula est Ecclesia praesens, in qua Christus cum suis mare saeculi transit, aquas persecutorum compescit. Unde miremur, et gratias agamus.

8. CHRYSOSTOMUS in hom. (29, a med.). Quidam homines (2) Christum hominem esse dicebant: venerunt daemones divinitatem ejus divulgantes, ut qui mare procellosum et rursus quietum non audierunt, daemones audirent clamantes : unde dicitur: *Et cum venisset trans fretum in regionem Gerasenorum, occurrerunt ei duo homines habentes daemonia.* RABANUS. Gerasa urbs est Arabiae trans Jordanem, juncta monti Galaad, quam tenuit tribus Manasse, non longe a stagno Tiberiadis, in quo porci praecipitati sunt. AUGUSTINUS de cons. Evang. (lib. 2 cap. 24). Quod autem Matthaeus duos dicit fuisse qui daemonia patiebantur, Marcus autem et Lucas unum commemorant; intelligas unum eorum fuisse personae alicujus clarioris et famosioris, quem regio illa maxime dolebat, et pro cujus salute plurimum (3) satagebat, de quo facti hujus fama praeclarius fragravit. CHRYSOSTOMUS in homil. (29, in Matth. ante med.) Vel Lucas et Marcus unum eorum saeviorem elegerunt: unde et ejus calamitatem exprimunt. Lucas enim dicit, quod ruptis vinculis agebatur in deserto; Marcus autem quia et lapidibus seipsum intercidebat; nec tamen dicunt quoniam unus solus erat, ne Matthaeo contraria dicere viderentur. Per hoc autem quod subditur, *De monumentis exeuntes,* perniciosum dogma imponere volebant, scilicet quod animae morientium daemones fiant: unde multi aruspicum occidunt pueros, ut animam eorum cooperantem habeant; propter quod et daemoniaci clamant, quoniam anima illius ego sum. Non est autem anima defuncti quae clamat; sed daemon hoc fingit, ut decipiat audientes. Si enim in alterius corpus animam mortui possibile esset intrare, multo magis in corpus suum. Sed neque habet rationem, iniqua passam animam cooperari iniqua sibi facienti, vel hominem posse virtutem incorpoream in aliam transmutare substantiam, scilicet animam in substantiam daemonis. Neque enim in corporibus hoc

machinari quis potest, ut in hominis corpus transmutet asini corpus: neque enim rationabile est animam a corpore separatam hic jam oberrare. « Justorum enim animae in manu Dei sunt, » Sap. 3); unde et quae puerorum; neque enim malae sunt. Sed et quae peccatorum sunt, confestim hinc abducuntur: et hoc manifestum est ex Lazaro et divite. Quia vero nullus eos afferre audebat ad Christum propter saevitiam horum daemoniacorum (1), Christus ad eos vadit. Quae quidem eorum saevitia designatur, cum subditur: *Saevi nimis, ita ut nemo posset transire per viam illam.* Sed quia alios prohibebant pertransire, obstruentem sibi (2) viam invenerunt. Etenim flagellabantur invisibiliter, intolerabilia patientes ex Christi praesentia: unde sequitur: *Et ecce clamaverunt dicentes: Quid nobis et tibi Jesu fili Dei ?* HIERONYMUS (super illud, *Quid nobis et tibi Jesu?*). Non est autem voluntatis (3) ista confessio, quam praemium (4) sequitur confitentium: sed necessitatis extorsio, quae cogit invitos. Velut si servi fugitivi post multum temporis dominum suum videant, nihil aliud nisi de verberibus deprecantur; sic et daemones cernentes Dominum in terris repente versari, ad eos judicandos se venisse credebant. Ridiculum autem putant quidam daemonia scire Filium Dei, et diabolum ignorare, eo quod minoris minoris malitiae sint isti quam ille cujus satellites sunt; cum omnis scientia discipulorum ad magistrum referenda sit. AUGUSTINUS, 9 de Civitate Dei (cap. 21, parum a princ.). Tantum autem innotuit eis Deus, quantum voluit: tantum autem voluit, quantum oportuit. Innotuit ergo eis non per id quod vita aeterna est, et lumen quod illuminat pios; sed per quaedam temporalia suae virtutis effecta, et occultissimae praesentiae signa, quae angelicis spiritibus etiam malignis potius quam infirmitati hominum possunt esse perspicua. HIERONYMUS (ibid.) Sed tamen tam daemones quam diabolus suspicari magis Filium Dei quam nosse intelligendi sunt. AUGUSTINUS in libro de Quaestionibus novi et veteris testamenti (5) (quaest. 66). Quod autem daemones clamant: *Quid nobis et tibi Jesu Fili Dei ?* magis ex suspicione quam ex cognitione dixisse credendi sunt. « Si enim cognovissent, nunquam Dominum glo- « riae crucifigi permississent: » 1 Corinth. 9. REMIGIUS. Sed quotiescumque ejus virtute torquebantur, et signa et miracula facientem videbant, aestimabant eum (6) esse Filium Dei: postquam videbant eum esurire, sitire et his similia pati, dubitabant, et credebant hominem purum. Considerandum est, quod etiam Judaei increduli dicentes Christum in Beelzebub ejecisse daemonia, et Ariani dicentes eum esse creaturam, non solum judicio Dei sed etiam daemonum confessione damnari merentur, qui Christum Filium Dei dicunt. Recte autem dicunt: *Quid nobis et tibi Jesu Fili Dei ?* hoc est, nihil commune est nostrae malitiae et tuae gratiae: quia, secundum Apostolum 2 Corinth. 6, nul-

---

(1) Nihil in Glossa quae nunc extat; sed insinuat Beda paulo plenius, et ex Beda Rabanus in hunc locum *(Ex edit. P. Nicolai).*

(2) *Forte quoniam homines.*

(3) *Al.* populus.

(1) *Al.* quia vero nullus afferre audebat ad Christum propter saevitiam hos daemoniacos.

(2) *Al.* igitur.

(3) *Al.* voluntaria.

(4) *Al.* primum.

(5) Lib. 2, quaest. 66; quamvis nec vere Angustini sunt, nec in illis expresse omnia haec habentur; sed partim desumpta sunt ex Hieronymo, et ex Rabano post Hieronymum *(Ex edit. P. Nicolai).*

(6) *Al.* deest eum.

la societas est lucis ad tenebras. Chrysostomus in hom. (29, inter princ. et med.) Ut autem non videretur adulationis hoc esse, ab experientia clamabant, dicentes: *Venisti ante tempus torquere nos* Augustinus, 8 de Civit. Dei (cap. 25). Sive quia subitum illis fuit quod futurum quidem, sed tardius opinabantur; sive quia perditionem suam hanc ipsam dicebant, quia fiebat ut eorum cognitio sperneretur; et hoc erat ante tempus judicii, quo aeterna damnatione puniendi sunt. Hieronymus. Praesentia etiam Salvatoris tormenta sunt daemonum. Chrysostomus in hom. (29, ante med.) Non autem poterant dicere se non peccasse, quia eos Christus invenerat mala operantes, et facturam Dei punientes; unde aestimabant propter superabundantiam malorum quae fecerant, quod non expectaretur in eis tempus extremae punitionis, quae erit in die judicii. Augustinus de cons. Evang. (lib. 2, cap. 24). Quod autem verba daemonum diversimode ab Evangelistis sunt dicta, non habet aliquid scrupuli: cum vel in unam redigi sententiam, vel omnia dicta possint intelligi: nec quia pluraliter apud Matthaeum, apud alios autem singulariter loquitur; cum et ipsi narrent, quod interrogatus quid vocaretur, legionem se esse respondit, eo quod multa essent daemonia.

Sequitur: *Erat autem non longe ab eis grex porcorum multorum pascens. Daemones autem rogabant eum, dicentes: Si ejicis nos hinc, mitte nos in porcos.* Gregorius 2 Moral. (super illud Job 1. « Extende manum tuam: » cap. 6, in novis exempl.) Scit enim diabolus, quia quodlibet agere ex semetipso non sufficit; quia nec per semetipsum in eo quod est spiritus existit. Remigius. Sed ideo non petierunt ut in homines mitterentur, quia illum cujus virtute torquebantur, humanam speciem gestare videbant. Nec etiam petierunt ut in pecora mitteretur, quia pecora, Dei praecepto, munda sunt animalia, et tunc in templo Dei offerebantur. Prae aliis autem immundis in porcos mitti petierunt, quia nullum animal est immundius porco: unde et porcus dicitur quasi spurcus, eo quod in spurcitiis delectetur: sic et daemones spurcitiis peccatorum delectantur. Non autem petierunt ut in aera mitterentur propter nimiam cupiditatem nocendi hominibus.

Sequitur: *Et ait illis, Ite.* Chrysostomus in hom. (26, in Matth.)(1). Non autem hoc fecit Jesus quasi a daemoniis persuasus, sed multa hinc dispensans: unum quidem, ut instruat magnitudinem nocumenti daemonum, qui illis hominibus insidiabantur; aliud, ut discant omnes quoniam neque adversus porcos audent, nisi ipse concesserit: tertium, ut ostendat quod graviora in illos homines operati essent quam in porcos, nisi essent homines illi inter calamitates divina providentia adjuti: magis enim odio habent homines quam irrationalia. Per hoc autem manifestum est quoniam nullus est qui non potiatur divina providentia. Si autem non omnes similiter neque secundum unum modum; et haec etiam providentiae maxima species est: ad id enim (2) quod unicuique expedit, providentia ostenditur. Cum praedictis autem et aliud ex hoc discimus: quoniam non communiter omni providet solum, sed singulariter unicuique: quod in daemoniacis his aliquis aspiciet manifeste: qui olim suffo-

cati essent, nisi divina procuratione potiti essent. Propterea etiam concessit abire in gregem porcorum, ut qui regiones habitabant illas, discant ejus virtutem. Ubi enim nullus eum cognoverat, fulgere faciebat miracula, ut eos in suae divinitatis cognitionem trahat. Hieronymus (parum ant. fin. Com. in cap. 8). Non ergo ut concederet Salvator daemonibus quod petebant, dixit. *Ite*, sed ut per interfectionem porcorum, hominibus salutis occasio praeberetur. Sequitur. *At illi exeuntes,* scilicet ab hominibus, *abierunt in porcos; et ecce magno impetu abiit totus grex praeceps in mare. et mortui sunt in aquis* Erubescat Manichaeus. Si de eadem substantia et ex eadem origine hominum bestiarumque sunt animae, quomodo ob unius hominis vel duorum salutem, duo millia porcorum suffocantur? Chrysostomus in hom. (29, in Matth. a med.). Ideo autem porcos daemones occiderunt, quia ubique homines in moestitiam mittere student, et de perditione laetantur. Damni etiam magnitudo augebat ejus quod factum erat famam: a multis enim divulgabatur: scilicet ab his qui curati erant, a porcorum dominis, et a pastoribus; unde sequitur: *Pastores autem fugerunt, et venientes in civitatem nuntiaverunt omnia, et de his qui daemonia habuerant: et ecce tota civitas exiit obviam Jesu.* Sed cum deceret eos adorare et admirari virtutem, emittebant eum a se: unde sequitur: *Et viso eo rogabant eum ut transiret a finibus eorum.* Intuere autem et Christi mansuetudinem post virtutem: quia enim beneficia adepti abigebant eum, non restitit, sed recessit; et eos qui indignos se nuntiaverunt ejus doctrina, dereliquit, dans eis doctores liberatos a daemonibus, et porcorum pastores. Hieronymus (loco cit.). Vel quod rogant ut transeat fines eorum, non de superbia hoc faciunt, sed de humilitate, qua se indignos Domini praesentia judicabant; sicut et Petrus ait (Luc. 5): « Exi a me Domine, quia vir peccator « sum. » Rabanus. Interpretatur autem (1) Gerasa colonum ejiciens, vel advena propinquans, hoc est Gentilitas, quae diabolum a se ejecit: et quae prius longe, modo facta est prope, post resurrectionem visitata a Christo per praedicatores. Ambrosius super Lucam (cap. 9). Duo quoque daemoniaci figuram populi gentilis accipiunt: quoniam cum tres filios Noe generavit, Cham, Sem et Japhet; Sem tantummodo familia in possessionem accita est Dei, ex duobus autem aliis nationum populi pullularunt. Hilarius (can. 8, parum ante med.). Unde extra urbem, idest extra legis et Prophetarum synagogam, duos homines in monumentis daemones detinebant; duarum scilicet gentium origines, intra defunctorum sedes et mortuorum reliquias obsederant, efficientes praetereuntibus viam vitae praesentis infestam. Rabanus (super illud, *Ut nemo posset*). Vel non immerito in monumentis illos habitasse significavit: quid enim aliud sunt corpora perfidorum nisi quaedam defunctorum sepulcra, quibus non Dei sermo, sed anima peccantis morte recluditur (2)? Dicit autem: *Ita ut nemo posset transire per viam illam:* quia ante adventum Salvatoris invia Gentilitas fuit. Vel per duos, Judaeos et Gentes accipe, qui non habitabant in domo; idest, in conscientia sua non requiescebant. In monumentis manebant, idest in operibus mortuis delectabantur; nec sinunt per viam fidei, quam viam Judaei in-

---

(1) Beda in Luc. cap. 8 *Ex edit. P. Nicolai*).
(2) *Al.* autem,

(1) *Al.* omittitur autem
(2) *Al.* excluditur.

pugnabant (1), aliquem transire. Hilarius (can. 8, circa med.). Occursu (2) autem eorum, concurrentium ad salutem voluntas indicatur. Videntes autem daemones non sibi jam locum in Gentibus derelinqui, ut patiatur habitare se in haereticis deprecantur; quibus occupati, in mare, idest in cupiditatem saecularem, daemonum praecipitantur instinctu; et cum reliquarum Gentium infidelitate moriuntur (3). Vel porci sunt qui lutulentis delectantur actibus: nam nisi quis porci more vixerit, non in eum diaboli accipiunt potestatem; aut ad probandum tantum, non ad perdendum accipiunt (4). Quod autem in stagnum praecipitati sunt porci, significat quod, etiam liberato populo Gentium a damnatione dae-

(1) *Al.* impugnant.
(2) *Al.* occursus.
(3) Beda in Luc. cap. 8 (*Ex edit. P. Nicolai*).
(4) *Al.* accipient.

monum, in abditis agunt sacrilegos ritus suos qui Christo credere noluerunt, caeca (1) et profunda curiositate submersi. Quod autem pastores porcorum fugientes ista nuntiant, significat quosdam etiam primates impiorum, qui (2) quamquam christianam legem fugiant, potentiam tamen Christi stupendo praedicare non cessant. Quod autem magno timore percussi, rogant ut ab eis discedat, significat multitudinem vetusta sua vita delectatam, honorare quidem se nolle christianam legem, dum dicunt quod eam implere non possunt. Hilarius (ut supra). Vel urbs illa Judaici populi habuit speciem, quae, Christi operibus auditis, Domino suo obviam pergit, prohibens ne fines suos urbemque contingeret: neque enim Evangelia recepit (3).

(1) *Al.* caecati.
(2) *Al. deest* qui.
(3) *Al.* recipit. *P. Nicolai habet* lex recepit.

CAPUT NONUM.

1. Et ascendens Jesus in naviculam, transfretavit, et venit in civitatem suam. Et ecce offerebant ei paralyticum jacentem in lecto. Videns autem Jesus fidem illorum, dixit paralytico: Confide fili: remittuntur tibi peccata tua. Et ecce quidam de scribis dixerunt intra se, Hic blasphemat. Et cum vidisset Jesus cogitationes eorum, dixit: Ut quid cogitatis mala in cordibus vestris? Quid est facilius dicere, Dimittuntur tibi peccata tua, an dicere, Surge, et ambula? Ut autem sciatis quia Filius hominis habet potestatem in terra dimittendi peccata; tunc ait paralytico: Surge, tolle lectum tuum, et vade in domum tuam. Et surrexit, et abiit in domum suam. Videntes autem turbae, timuerunt, et glorificaverunt Deum, qui dedit potestatem talem hominibus.

2. Et cum transiret inde Jesus, vidit hominem sedentem in telonio, Matthaeum nomine, et ait illi, Sequere me. Et surgens secutus est eum. Et factum est, discumbente eo in domo, ecce multi publicani et peccatores venientes discumbebant cum Jesu et discipulis ejus. Et videntes Pharisaei, dicebant discipulis ejus: Quare cum publicanis et peccatoribus manducat magister vester? At Jesus audiens ait: Non est opus valentibus medicus, sed male habentibus. Euntes autem dicite quid est, Misericordiam volo, et non sacrificium. Non enim veni vocare justos, sed peccatores.

3. Tunc accesserunt ad eum discipuli Joannis, dicentes: Quare nos et Pharisaei jejunamus frequenter; discipuli autem tui non jejunant? Et ait illis Jesus: Numquid possunt filii sponsi lugere, quamdiu cum illis est sponsus? Venient autem dies cum auferetur ab eis sponsus, et tunc jejunabunt. Nemo autem immittit commissuram panni rudis in vestimentum vetus. Tollit enim plenitudinem ejus a vestimento, et pejor scissura fit. Neque mittunt vinum novum in utres veteres. Alioquin rumpuntur utres, et vinum effunditur, et utres pereunt. Sed vinum novum in utres novos mittunt, et ambo conservantur.

4. Haec illo loquente ad eos, ecce princeps unus accessit,

et adorabat eum, dicens: Domine. filia mea modo defuncta est; sed veni, impone manum tuam super eam, et vivet. Et surgens Jesus sequebatur eum, et discipuli ejus. Et ecce mulier quae sanguinis fluxum patiebatur duodecim annis, accessit retro, et tetigit fimbriam vestimenti ejus. Dicebat enim intra se: Si tetigero tantum vestimentum ejus, salva ero. At Jesus conversus, et videns eam, dixit: Confide filia: fides tua te salvam fecit. Et salva facta est mulier ex illa hora.

5. Et cum venisset Jesus in domum principis, et vidisset tibicines, et turbam tumultuantem, dicebat: Recedite; non est enim mortua puella, sed dormit. Et deridebant eum. Et cum ejecta esset turba, intravit, et tenuit manum ejus, et dixit, Puella, surge. Et surrexit puella: et exiit fama haec in universam terram illam.

6. Et transeunte inde Jesu, secuti sunt eum duo caeci clamantes, et dicentes: Miserere nostri, Fili David. Cum autem venisset domum, accesserunt ad eum caeci: et dixit eis Jesus: Creditis quia hoc possum facere vobis? Dicunt ei, Utique Domine. Tunc tetigit oculos eorum, dicens: Secundum fidem vestram fiat vobis. Et aperti sunt oculi eorum; et comminatus est illis Jesus dicens: Videte ne quis sciat. Illi autem exeuntes diffamaverunt eum in tota terra illa.

7. Egressis autem illis, ecce obtulerunt ei hominem mutum daemonium habentem: et ejecto demonio locutus est mutus: et miratae sunt turbae, dicentes: Nunquam apparuit sic in Israel. Pharisaei autem dicebant: In principe daemoniorum ejicit daemones.

8. Et circuibat Jesus omnes civitates et castella, docens in synagogis eorum, et praedicans Evangelium regni, et curans omnem languorem et omnem infirmitatem Videns autem turbas, misertus est eis, quia erant vexati et jacentes, sicut oves non habentes pastorem. Tunc dicit discipulis suis: Messis quidem multa, operarii autem pauci. Rogate ergo dominum messis ut mittat operarios in messem suam.

---

1. Chrysostomus in homil. (30, in Matth.). Monstravit superius Christus suam virtutem per doctrinam, quando docuit eos ut potestatem habens; per leprosum quando dixit: *Volo, mundare*; per Centurionem, qui dixit; *Dic verbo, et sanabitur puer meus*; per mare, quod verbo refrenavit; per daemones, qui eum confitebantur: hic autem rursus alio majori modo inimicos ejus cogit confiteri aequalitatem honoris ad Patrem: unde ad hoc ostendendum subditur: *Et ascendens Jesus in naviculam, transfretavit, et venit in civitatem suam.* Navigium autem intrans pertransit qui pede mare poterat

pertransire: non enim semper mirabilia volebat facere, ne incarnationis noceat rationi. Joannes (1) Episcopus. Creator autem rerum, orbis terrae Dominus, posteaquam se propter nos nostra angustavit in carne, coepit habere humanam patriam, coepit civitatis Judaicae esse civis. parentes habere

(1) Immo potius Petrus Ravennas Chrysologus, qui Episcopus etiam ipse: nam haec habentur apud illum serm. 60, quem Chrysostomo quidam adscribunt : et hinc forte factum est ut sub Joannis Episcopi nomine notaretur: ex Chrysologo autem refert Breviarium Domin. 18 post Pentecost. vel juxta usum Praedicatorum Dom. 16 post oct. Trinitatis (*Ex edit. P. Nicolai*).

coepit parentum omnium ipse parens, ut attrahere caritas quos disperserat metus. CHRYSOSTOMUS in hom. (30, in Matth.). Civitatem autem suam hic Capharnaum dicit: alia enim eum susceperat nascentem, scilicet Bethlehem; alia eum nutrivit, scilicet Nazareth; alia autem habuit continue habitantem, scilicet Capharnaum. AUGUSTINUS de Con. Evang. (lib. 2, cap. 25). Vel aliter. Quod Matthaeus hic scribit de civitate Domini, Marcus autem de Capharnaum, difficilius solveretur, si Matthaeus Nazareth nominaret; nunc vero cum potuerit ipsa Galilaea dici civitas Christi, quia in Galilaea erat Nazareth, sicut universum regnum Romanum in tot civitatibus constitutum, dicitur modo Romana civitas; quis dubitaverit ut veniens in Galilaeam Dominus recte diceretur venisse in civitatem suam, in quocumque esset oppido Galilaeae: praesertim quia et ipsa Capharnaum extollebatur in Galilaea ut tamquam Metropolis haberetur? HIERONYMUS. Vel civitatem ejus non aliam intelligamus quam Nazareth: unde et Nazarenus appellatus est. AUGUSTINUS de cons. Evan. (lib. 2, c. 25). Et secundum hoc, dicimus Matthaeum praetermisisse quae gesta sunt postea quam Jesus venit in civitatem suam donec veniret Capharnaum, et hic adjunxisse de sanato paralytico; sicut in multis faciunt pretermittentes media; tamquam hoc continuo sequatur, quod sine ulla praetermissionis significatione subjungunt: et hoc modo hic subditur: *Et ecce offerebant ei paralyticum jacentem in lecto.* CHRYSOSTOMUS in hom. (30 in Matth. sub initio) Paralyticus autem hic alter est praeter eum qui in Joanne potitur. Ille quidem in natatoriis jacebat. hic autem in Capharnaum; ille famulis carebat, hic autem habebat eos qui sui curam habebant, qui et portantes eum attulerunt. HIERONYMUS. Obtulerunt autem ei jacentem in lecto, quia ipse ingredi non valebat. CHRYSOSTOMUS in hom. (30 in Matth.). Non autem ubique ab aegris solum quaerit fidem, puta cum insaniunt, vel aliter ab aegritudine in excessu fuerint mentis: unde subditur: *Videns autem Jesus fidem illorum.* HIERONYMUS. Non ejus qui offerebatur, sed eorum qui offerebant. CHRYSOSTOMUS in homil. (ut supra). Quia igitur tantam ostendunt fidem, monstrat et ipse suam virtutem, cum omni potestate solvens peccata: unde sequitur: *Dixit paralytico: Confide fili, remittuntur tibi peccata.* JOANNES (1) Episcopus. Quantum valet apud Deum fides propria, apud quem sic valuit aliena, ut intus ut extra sanaret hominem? Audit veniam, et tacet paralyticus: nec ullam respondet gratiam, quia plus corporis quam animae tendebat ad curam. Merito ergo Christus offerentium recipit fidem, non vecordiam jacentis. CHRYSOSTOMUS (hom. 30. in princ.) Vel erat magna fides etiam hujus infirmi: non enim permisisset se submitti, ut alius Evangelista dicit, per tectum, non credens. HIERONYMUS (Commen. in cap. 19 Matth.). O mira humilitas! Despectum et debilem, totis membrorum compagibus dissolutum, filium vocat, quem sacerdotes non dignabantur attingere; aut certe ideo filium, quia dimittuntur ei peccata sua: ubi datur nobis intelligentia propter peccata plerasque evenire corporum debilitates. Et idcirco forsitan prius dimittuntur peccata; ut causis debilitatis ablatis, sanitas restituatur. CHRYSOSTOMUS in hom. (ibid.) Scribae autem diffamare volentes,

etiam nolentes fecerunt clarere quod factum est: eorum enim aemulatione ad signi ostensionem usus est Christus: hoc enim est superabundantia ejus sapientiae quod sua per inimicos manifestat: unde sequitur: *Ecce quidam de scribis dixerunt intra se, Hic blasphemat.* HIERONYMUS (super illud, *Ecce quidam de scribis*). Legimus in Propheta (Isai. 43): « Ego sum qui doleo omnes iniquitates tuas. » Consequenter ergo Scribae, quia hominem putabant, et verba Dei non intelligebant, arguunt eum vitio blasphemiae. Videns autem cogitationes eorum, ostendit se Deum, qui potest cordis occulta cognoscere, et quodammodo tacens loquitur: Eadem potentia qua cogitationes vestras intueor, possum et hominibus delicta dimittere. Ex vobis intelligite quid paralyticus consequatur. Unde sequitur: *Et cum vidisset Jesus cogitationes eorum, dixit: Ut quid cogitatis mala in cordibus vestris?* CHRYSOSTOMUS (hom. 30). Non quidem eorum destruxit suspicionem, qua scilicet cogitabant eum praedicta dixisse ut Deum. Si enim non esset aequalis Deo Patri, oportebat eum dicere, Longe sum ab hac potestate, scilicet dimittendi peccata. Nunc autem contrarium firmavit sua voce, et miraculi ostensione: unde subdit: *Quid est facilius dicere, Dimittuntur tibi peccata tua; an dicere, Surge. et ambula?* Quanto quidem anima corpore potior est, tanto peccatum dimittere majus est quam corpus sanare. Sed quia illud quidem non manifestum, hoc autem manifestum; facit minus, quod est manifestius, ut demonstret majus, et non manifestum. HIERONYMUS (super illud, *Quid est facilius dicere?*). Utrum enim sint paralytico peccata dimissa, solus noverat qui dimittebat; *surge autem et ambula,* tam ille qui surgebat quam hi qui surgentem videbant, poterant approbare; quamquam ejusdem virtutis sit et corporis et animae vitia dimittere. Inter dicere autem et facere, multa distantia est. Sit ergo carnale signum, ut probetur spirituale: unde sequitur: *Ut autem sciatis quoniam Filius hominis habet potestatem in terra dimittendi peccata.* CHRYSOSTOMUS in hom. 30. Supra quidem paralytico non dixit, Dimitto tibi peccata, sed *Dimittuntur tibi peccata:* quia vero scribae resistebant, altiorem suam potentiam demonstrat, dicens: *Quia Filius hominis habet potestatem dimittendi peccata.* Et ut ostendat se Patri aequalem; non dixit, Filius hominis indiget aliquo ad dimittendum peccata, sed quoniam habet. GLOSSA (1) (interlinearis ibidem). Haec autem verba, *Ut sciatis,* possunt esse Christi, vel Evangelistae; quasi Evangelista diceret: Ipsi dubitabant eum peccata dimittere; sed *ut sciatis quoniam Filius hominis habet potestatem,* ait paralytico. Si autem Christus dicatur pronuntiasse haec verba, sic intelligentur: Vos dubitatis me posse peccata dimittere: sed *ut sciatis quoniam Filius hominis habet potestatem dimittendi peccata:* quae quidem oratio imperfecta est; sed subditur actus loco consequentis; unde dicitur: *Ait paralytico: Surge et tolle lectum tuum.* JOANNES (2) Episcopus. Ut quod fuit probatio infirmitatis, sit testimonium sanitatis. *Et vade in domum tuam;* ne christiana fide cu-

---

(1) Jam Petrum Chrysologum hic restitui oportere, ab initio notatum est (*Ex edit. P. Nicolai*).

(1) Nihil tale in Glossa quae nunc extat; sed in Anselmo; etsi priores hujus operis editiones ad marginem inepte notant *Glossa interlinealis (Ex edit. P. Nicolai)*.

(2) Immo, ut supra, Petrus Ravennas Chrysologus in praedicto serm. 60, qui Chrysostomo perperam tribuitur (*Ex edit. P. Nicolai*).

ratus moriaris in perfidia Judaeorum. CHRYSOSTOMUS in hom. (50, a med.). Hoc autem praecepit, ut non aestimetur phantasia esse quod factum est: unde ad veritatem facti ostendendam subditur: *Et surrexit, et abiit in domum suam.* Sed tamen astantes homines adhuc deorsum trahuntur: unde sequitur: *Videntes autem turbae, timuerunt, et glorificaverunt Deum qui dedit talem potestatem hominibus.* Si enim (1) bene cogitassent apud se, agnovissent quia Filius Dei erat. Interim autem (2 non parum erat aestimare omnibus hominibus majorem, et a Deo venire. HILARIUS (can. 8 in Matth. circa med.). Mystice autem a Judaea repudiatus in civitatem suam revertitur. Dei civitas fidelium plebs est: in hanc ergo introivit per navim, idest Ecclesiam, vectus. JOANNES (3) Episcopus. Non autem Christus indiget navi, sed navis Christo: quia sine caelesti gubernatione navis Ecclesiae per mundanum pelagus ad caelestem portum non valet pervenire. HILARIUS (ibid. a med.). In paralytico autem Gentium universitas offertur medenda. Hic itaque Angelis ministrandus offertur; hic filius nuncupatur, quia Dei opus est; huic remittuntur animae peccata, quae lex laxare non poterat: fides enim sola justificat Deinde virtutem resurrectionis ostendit, cum sublatione lectuli, infirmitatem corporibus docuit defuturam. HIERONYMUS (in Com. in 9 cap. Matth. sub initio). Juxta tropologiam autem, interdum anima jacens in corpore suo virtutibus dissolutis, a perfecto doctore. Domino offertur curanda: unusquisque enim aeger petendae salutis precatores debet adhibere (4), per quos actuum nostrorum clauda vestigia, verbi caelestis remedio reformentur. Sunt igitur monitores mentis qui animum auditoris ad superiora erigunt, quamvis exterioris corporis debilitate torpentem. JOANNES (5). Episcopus Dominus autem in hoc saeculo insipientium voluntates non quaerit; sed respicit ad alterius fidem: nec medicus languentium respicit voluntatem, cum contraria requirat infirmus. RABANUS. Surgere autem est animam a carnalibus desideriis abstrahere; lectum tollere est carnem a terrenis desideriis ad voluptatem spiritus attollere; domum ire est ad paradisum redire, vel ad internam sui custodiam, ne iterum peccet. GREGORIUS 23 Moral (cap. 23, super illud Job 33: « Increpat pro dolore in lectulo: » cap. 13, in novis exemp.). Vel per lectum voluptas corporis designatur. Jubetur itaque ut hoc sanus portet ubi infirmus jacuerat: quia omnis qui adhuc vitiis delectatur, infirmus jacet in voluptatibus carnis; sed sanatus hoc portat, quia ejusdem carnis contumelias postmodum tolerat, in cujus intus (6) prius desideriis requiescebat. HILARIUS (can. 8 in Matth., circa finem). *Videntes autem turbae timuerunt.* Magni enim timoris res est, non dimissis a Christo peccatis, in mortem resolvi: quia nullus est in domum aeternam reditus, si cui indulta non fuerit venia delictorum. Cessante autem timore, honor Deo (7) redditur, quod potestas hominibus hac

via (1) data sit per verbum ejus, et peccatorum remissionis, et corporum resurrectionis, et reversionis in caelum.

2. CHRYSOSTOMUS in hom. (31, in princ.). Cum Christus fecisset miraculum, non permansit in eodem loco, ne Judaeorum zelum accenderet ampliorem. Hoc et nos faciamus, non obstinate obsistentes eis qui insidiantur: unde (2) dicitur: *Et cum transiret inde Jesus,* scilicet a loco ubi miraculum fecerat, *vidit hominem sedentem in telonio, Matthaeum nomine.* HIERONYMUS (super illud, *Vidit hominem sedentem*). Ceteri Evangelistae propter verecundiam et honorem Matthaei, noluerunt eum nomine appellare vulgato, sed dixerunt Levi: duplici enim vocabulo fuit. Ipse autem Matthaeus (secundum illud Salomonis Prov. 18, « Justus « accusator est sui »). Matthaeum se et publicanum nominat, ut ostendat legentibus nullum debere salutem desperare, si ad meliora conversus sit (3), cum ipse de publicano in Apostolum sit repente mutatus. GLOSSA (ord. super illud, *In telonio*). Dicit autem, *Sedentem in telonio,* idest in domo ubi vestigalia congregantur. Erat enim telonearius dictus, a telon graece, quod est vectigal. CHRYSOSTOMUS in hom. (31, in Matth.). Per hoc ergo monstrat vocantis virtutem: quoniam non desistentem a periculoso officio ex mediis ipsum evulsit malis, sicut et Paulum adhuc insanientem: et ideo sequitur: *Et ait illi, Sequere me.* Sicut vidisti vocantis virtutem, ita addisce vocati obedientiam. Neque enim resistit, neque domum abire rogavit, et suis hoc communicare. REMIGIUS. Humana etiam pericula, quae ei a principibus accidere poterant, parvipendit, dum officii sui rationes imperfectas reliquit: unde sequitur: *Et surgens secutus est eum.* Et quia terrena lucra deseruit, ideo jure factus est dominicorum talentorum dispensator. HIERONYMUS (super illud, *Vidit hominem sedentem*). Arguit autem in hoc loco Porphyrius et Julianus Augustus vel imperitiam historici mentientis, vel stultitiam eorum qui statim secuti sunt Salvatorem; quasi irrationabiliter quemlibet vocantem hominem sint secuti, cum tantae virtutes tantaque signa praecesserint (4), quae Apostolos, antequam crederent, vidisse non dubium est. Certe fulgor ipse, et majestas divinitatis occultae, quae etiam in facie refulgebat humana, ad se videntes trahere poterat in primo aspectu (5). Si enim in (6) magnete lapide haec esse vis dicitur ut ferrum trahat; quanto magis Dominus omnium creaturarum ad se trahere poterat quos volebat? CHRYSOSTOMUS in hom. (31 in Matth., circ. princ.). Sed cur non cum Petro et Joanne et aliis eum vocavit? Quoniam durius adhuc dispositus erat; sed post multa miracula et multam Christi famam, quando aptiorem eum ad obedientiam scivit qui intima cordis novit. AUGUSTINUS de cons. Evang. (lib. 2, cap. 26, cir. finem). Vel probabilius videtur quod haec praetermissa recordando Matthaeus commemorat: quia ante sermonem habitum in monte credendum est vocatum esse Matthaeum: in eo quippe monte tunc

---

(1) *Al.* deest enim.
(2. *Al.* enim.
(3) Rursus hic Petrum Chrysologum restituendum esse memineris (*Ex edit. P. Nicolai*).
(4) *Al.* petitores dicit adhibere.
(5) Et hic tandem, ut jam toties dictum, Petrus Ravennas Chrysologus reponi debet (*Ex edit. P. Nicolai*).
(6) *Al* quod intus.
(7) *Al.* omittitur Deo.

(1) *Al.* haec via *item* hac vita.
(2) *Al* cum.
(3) *Al.* sed ad meliorem conversus, cum ipse etc.
(4) *Al.* cum tanta signa praecesserint.
(5) *Al.* quae etiam in facie refulgebat, ex primo ad se videntes trahere poterat in aspectu.
(6) *Al.* ex.

Lucas commemorat omnes (1) duodecim electos, quos Apostolos nominat. GLOSSA. Matthaeus enim vocationem suam refert inter miracula: magnum enim miraculum fuit quod publicanus factus est Apostolus. CHRYSOSTOMUS in hom. (31 in Matth., paulo a princ.). Quid est autem quod de aliis Apostolis non dicitur qualiter et quando sunt vocati, nisi de Petro et Andrea et Jacobo et Joanne et Matthaeo? Hi enim maxime erant in inconvenientibus, et humilibus studiis: neque enim telonii officio est aliquid deterius, neque piscatione vilius. GLOSSA (2). Congruam autem caelestis beneficii vicem impendens Matthaeus, Christo magnum convivium in domo sua paravit, ut illi commodaret sua temporalia a quo expectabat perpetua bona: unde sequitur: *Et factum est discumbente eo in domo.* AUGUSTINUS de cons. Evang (lib. 2, cap. 22). Hic Matthaeus non expressit in cujus domo discumbebat Jesus: unde posset videri non hoc ex ordine subjunxisse, sed quod alio tempore factum est recordatus interposuisse; nisi Marcus et Lucas, qui hoc omnino similiter narrant, manifestarent, in domo Levi, hoc est Matthaei, discubuisse Jesum. CHRYSOSTOMUS in hom. (31, in Matth.). Honoratus autem Matthaeus ingressu Christi in domum ejus, omnes publicanos, qui erant ejusdem artis, convocavit: unde sequitur: *Ecce multi publicani et peccatores venientes discumbebant cum Jesu et discipulis ejus.* GLOSSA (3) (ordinaria). Publicani enim vocantur qui publicis negotiis implicantur, quae sine peccato aut vix aut nunquam possunt tractari. Et pulchrum fuit praesagium: quia qui Apostolus et doctor Gentium erat futurus, in prima sua conversione peccantium gregem post se trahit ad salutem; ut jam perficeret exemplo quod perficere debebat et verbo. HIERONYMUS (4). Tertullianus hos dicit fuisse ethnicos, dicente Scriptura: « Non erit vectigal pendens ex Israel; » quasi Matthaeus non fuerit Judaeus. Dominus autem non convivatur cum ethnicis, cum id maxime caveret, ne legem solvere videretur, qui et discipulis praecepit (infra 10): *In viam Gentium ne abieritis.* Viderant autem publicanum a peccatis ad meliora conversum, locum invenisse poenitentiae, et ob id etiam ipsi non desperant salutem. CHRYSOSTOMUS (5) in hom. (31, in Matth.). Unde accesserunt ad Redemptorem nostrum, et non solum ad colloquendum, sed etiam ad convescendum recepti sunt: non enim solum disputans aut curans aut arguens inimicos (6), sed etiam convescens emendabat multoties eos qui male dispositi erant, per hoc docens nos quoniam omne tempus et omne opus potest nobis tribuere utilitatem. Hoc autem videntes Pha-

risaei indignati sunt: de quibus subditur: *Et videntes Pharisaei dicebant discipulis ejus: Quare cum publicanis et peccatoribus manducat magister vester?* Notandum, quod cum discipuli visi sunt peccare, Christum alloquuntur dicentes (infra 12): *Ecce discipuli tui faciunt quod non licet facere in sabbato:* hic apud discipulos Christo detrahunt: quae omnia (1) malignantium erant, et volentium separare a doctore corda discipulorum. RABANUS (super illud, *Cum publicanis manducat*). Duplici autem errore tenebantur; quia et se justos arbitrabantur, qui superbiae fastu a justitia longe discesserant, et eos criminabantur injustos qui resipiscendo a peccatis, justitiae appropinquabant. AUGUSTINUS de cons. Evang. (lib. 2, cap. 27). Lucas autem aliquanto differentius hoc videtur commemorasse, secundum quem Pharisaei dicunt discipulis (Luc. 5): « Quare cum publicanis et peccatoribus manducatis et bibitis? » Christo et discipulis ejus hoc objectum insinuantes. Sed cum discipulis dicebatur, magis magistro objiciebatur (2), quem sectando imitabantur. Una est ergo sententia: et tanto melius insinuata, quanto quibusdam verbis, manente veritate, mutata. HIERONYMUS (super illud, *Et factum est discumbente*). Neque vero in pristinis permanentes veniunt ad Jesum, et Pharisaei et Scribae murmurant, sed poenitentiam agentes; quod et praesens sermo Domini significat: unde sequitur: *At Jesus audiens ait: Non est opus valentibus medicus, sed male habentibus.* RABANUS (super illud, *Non est opus valentibus*). Seipsum medicum dicit, qui miro medicandi genere propter iniquitates nostras vulneratus est, ut vulnus peccatorum nostrorum sanaret. Sanos quidem eos appellat, qui suam volentes statuere justitiam, verae Dei justitiae subjecti non sunt. Male habentes eos vocat qui suae fragilitatis conscientia devicti, nec per legem videntes se justificari, poenitendo se submittunt gratiae Dei. CHRYSOSTOMUS in hom. (31, ante med.). Postquam a communibus opinionibus eos allocutus est, alloquitur eos ex Scripturis, cum dicit: *Euntes autem discite quid est, Misericordiam volo, et non sacrificium.* HIERONYMUS. De Propheta, scilicet Osee, sumens testimonium, sugillat Scribas et Pharisaeos, qui se justos aestimantes, peccatorum et publicanorum consortia declinabant. CHRYSOSTOMUS in homil. (31, ante medium). Ac si dicat: Cur accusatis me, quoniam peccatores corrigo? Ergo et Deum Patrem ex hoc incusate. Sicut enim ille vult peccatorum emendationem, ita et ego. Et sic ostendit non solum non esse prohibitum quod incusabant, sed et secundum legem majus esse sacrificio: non enim dixit, Misericordiam volo et sacrificium; sed hoc injunxit, illud autem ejecit. GLOSSA. Non tamen despicit Deus sacrificium, sed sacrificium sine misericordia. Faciebant autem Pharisaei saepe sacrificia in templo, ut justi apparerent coram populo; sed non exercebant misericordiae opera, in quibus probatur vera justitia. RABANUS (super illud, *Discite quid est, Misericordiam volo*). Admonet itaque eos, ut per opera misericordiae sibimetipsis supernae misericordiae praemia requirant; et non, contemptis pauperum necessitatibus, per oblationem sacrificiorum se Deo placere confidant: unde dicit, *Euntes,* scilicet a temeritate stultae vituperationis ad diligentiorem Scripturae sanctae meditationem, quae

---

(1) *Al deest* omnes.

(2) Nihil tale in Glossa quae nunc extat; sed in Anselmo; in quo tamen alia paulo ante notata sub eodem nomine Glossae non occurrunt, ut nec alibi (*Ex edit. P. Nicolai*).

(3) Neque ista in Glossa extant, sed in Anselmo: quamvis partem ex Glossa sumptam editiones aliae ad marginem per fictionem notaverint. Habet autem Anselmus paulo infra: *Ut jam proficeret exemplo qui proficere debebat et verbo* (*Ex edit. P. Nicolai*).

(4) Quod sequitur Hieronymi nomine ut ex Tertulliano, sic notat Glossa, licet hactenus apud neutrum occurrat, etsi posterior appendix ex Hieronymo in Matthaeum sumitur (*Ex edit. P. Nicolai*).

(5) Prima pars hujus quod sequitur ex Chrysostomo, expressius apud Gregorium habetur hom. 34 in Evang., non tamen super istud (*Ex edit. P. Nicolai*).

(6) *Al.* non solum deputans aut arguens inimicos.

(1) *Al.* omnium.

(2) *Al.* objicitur.

misericordiam maxime commendat: unde et suum de misericordia exemplum eis proponit, dicens: *Non enim veni vocare justos, sed peccatores.* Augustinus de cons. Evang. (lib. 2, cap. 27). Lucas addidit (cap. 5): « In poenitentiam; » quod ad explanandam sententiam valet, ne quisquam peccatores ob hoc ipsum quod peccatores sunt, diligi arbitretur (1) a Christo: cum et illa similitudo de aegrotis bene intimet quid velit Deus vocando peccatores, tamquam medicus aegros, utique ut ab iniquitate, tamquam ab aegritudine, salvi fiant; quod fit per poenitentiam. Hilarius (can. 9 in Matth.). Omnibus autem Christus venerat: quomodo ergo non se justis venisse dicit? Erant ergo quibus necesse non erat ut veniret? Sed nemo justus ex lege est. Ostendit ergo inanem justitiae jactantiam, quia sacrificiis infirmis ad salutem, misericordia erat universis in lege positis necessaria. Chrysostomus in hom. 31. Unde ironice videtur ad eos loquens, sicut cum dicitur (Genes. 3): « Ecce « jam Adam factus est quasi unus ex nobis. » Quoniam enim nullus justus erat in terra, Paulus significat dicens Rom. 3, « Omnes peccaverunt, et « egent gloria Dei. » In hoc autem et illos mitigavit qui vocati erant; quasi dicat: Tantum renuo abominari peccatores, quin propter eos solos adveni. Rabanus (super illud, *Non veni vocare*). Vel quia qui (2) justi erant, sicut Nathanael et Joannes Baptista, non erant ad poenitentiam invitandi. Vel *non veni vocare justos*, falsos, qui de justitia sua gloriantur, ut Pharisaeos, sed illos qui se peccatores cognoscunt. Per Matthaei autem et publicanorum vocationem fides Gentium exprimitur, qui prius mundi lucris inhiabant, et nunc spiritualiter cum Domino reficiuntur; per superbiam Pharisaeorum, invidia Judaeorum de salute Gentium. Vel Matthaeus significat hominem terrenis lucris inhiantem, quem videt Jesus, dum oculo misericordiae respicit. Matthaeus enim interpretatur donatus, Levi (3) assumptus: poenitens autem a massa perditorum assumitur, et gratia Dei Ecclesiae donatur. *Et ait illi Jesus, Sequere me*: vel per praedicationem, vel per Scripturae admonitionem, vel per internam inspirationem.

3. Glossa (4). Cum de convivio peccatorum et de participatione respondisset eis, de comestione eum aggrediuntur: unde dicitur: *Tunc accesserunt ad eum discipuli Joannis dicentes: Quare nos et Pharisaei jejunamus frequenter; discipuli autem tui non jejunant?* Hieronymus (hoc loco). Superba interrogatio, et jejunii reprehendenda jactantia ! Nec poterant discipuli Joannis non esse sub vitio, qui jungebantur Pharisaeis, quos a Joanne noverant condemnatos; et calumniabantur eum quem sciebant magistri vocibus praedicatum. Chrysostomus in homil. (31, a med.). Quod autem dicunt tale est: Esto tu (5) ut medicus haec facis; sed cur discipuli tui dimittentes jejunium, talibus mensis accedunt (6) ? Deinde incusationem ex comparatione augere volentes, primo seipsos ponunt, et deinde Pharisaeos. Jejunabant illi quidem a lege discentes (7), sicut

et Pharisaeus dixit Luc. 8, « Jejuno bis in sab- « bato; » ipsi autem a Joanne. Rabanus (super illud, *Quare nos et discipuli*). Joannes enim vinum et siceram non bibit: quod abstinentiae meritum in eo auget (1), cui nulla est potentia naturae. Dominus autem qui peccata potest condonare, cur a peccatoribus manducantibus (2) declinaret, quos abstinentibus poterat facere justiores ? Jejunat autem Christus, ne praeceptum declinet; manducat autem cum peccatoribus, ut gratiam et potestatem intelligas. Augustinus de cons. Evang. (lib. 2, cap. 27). Sed cum Matthaeus tantum discipulos Joannis hoc dixisse perhibebat, verba quae apud Marcum leguntur, magis indicant alios hoc dixisse de aliis, idest convivas de discipulis Joannis et Pharisaeis: quod Lucas evidentius expressit, qui alios de aliis dixisse narravit. Unde ergo Matthaeus dicit, *Tunc accesserunt ad eum discipuli Joannis*, nisi quia et ipsi aderant, et omnes certatim, ut quisque poterat, hoc objecerunt? Chrysostomus in hom. (31, parum ante med.). Vel Lucas dicit, quod Pharisaei hoc dixerunt; hic autem (3) dicit, quod discipuli Joannis: quia Pharisaei illos secum acceperunt ad dicendum, quod postea in herodianis fecerunt. Sed considerandum, quod, quando pro extraneis, sicut pro publicanis, sermo erat, ut eorum turbatam mitiget animam, vehementius exprobrantes incusavit; ubi autem discipulos conviabantur, cum mansuetudine respondet; unde sequitur: *Et ait illis Jesus: Numquid possunt filii sponsi lugere, quamdiu cum illis est sponsus ?* Primo quidem seipsum medicum vocaverat, hic autem sponsum, in memoriam reducens verba Joannis quae dixit (cap. 3): «Qui habet sponsam sponsus « est. » Hieronymus (super illud, *Numquid possunt filii sponsi*). Sponsus Christus est, sponsa autem Ecclesia. De hoc spirituali connubio Apostoli sunt creati, qui lugere non possunt quamdiu (4) sponsum in thalamo vident, et sciunt sponsum esse cum sponsa. Quando vero transierint (5) nuptiae, et passionis ac resurrectionis tempus advenerit (6), tunc sponsi filii jejunabunt. Et hoc est quod subditur: *Venient autem dies quando auferetur ab eis sponsus; et tunc jejunabunt.* Chrysostomus in hom. (31 in Matth.). Quod autem dicit, tale est: Gaudii est praesens tempus et laetitiae: non ergo introducenda sunt tristia: etenim jejunium triste est non naturaliter, sed istis (7) qui imbecillius adhuc dispositi sunt: his enim qui sapientiam contemplari desiderant, delectabile est: unde secundum opinionem illorum hoc dixit. Per hoc autem monstrat quod non gulae erat quod fiebat, sed dispensationis cujusdam. Hieronymus (ibidem). Nonnulli autem putant idcirco dies quadraginta passionis jejunia debere committi, licet statim dies Pentecostes et Spiritus sanctus veniens inducat nobis festivitatem. Ex hujusmodi occasione testimonii Montanus, Prisca et Maximilla, etiam post Pentecosten faciunt quadragesimam, quia ablato sponso, filii sponsi debeant jejunare. Ecclesiae autem consuetudo ad passionem Domini et resurrectionem per humilitatem

(1) *Al.* arbitraretur.
(2) *Al.* omittitur qui.
(3) *Al.* levita.
(4) Non est in Glossa ut nunc extat, sed in Anselmo (*Ex edit. P. Nicolai*).
(5) *Al.* ex quo tu.
(6) *Al.* attendunt.
(7) *Al.* discedentes.

(1) *Al.* meritum non auget. *P. Nicolai legit* meritum eo auget.
(2) *Al.* mendicantibus.
(3) *Al. deest* autem.
(4) *Al.* tamdiu.
(5) *Al* transierunt.
(6) *Al.* advenit.
(7) *Al.* illis.

carnis venit, ut spirituali saginae (1) jejunio corporis praeparemur. Chrysostomus, in hom (ibidem). Rursus autem a communibus exemplis (2) confirmat hunc sermonem, cum subdit: *Nemo autem mittit commissuram panni rudis in vestimentum vetus: tollit enim plenitudinem ejus a vestimento, et pejor scissura fit*; quasi diceret: Nondum effecti sunt fortes mei discipuli, sed adhuc multa indigent condescensione; nondum sunt per Spiritum renovati. Sic autem dispositis non oportet gravedinem imponere praeceptorum. Hoc autem dixit, regulam dans suis discipulis, ut discipulos ex universo orbe terrarum cum mansuetudine suscipiant. Remigius. Vestimentum vetus discipulos vult intelligi, quia nondum erant per omnia innovati. Pannum rudem, idest novum, appellat novam gratiam, idest evangelicam doctrinam, cujus quaedam particula est jejunium; et ideo non conveniebat ut saeviora praecepta jejunii illis committerentur, ne forte austeritate jejunii frangerentur, et fidem perderent quam habebant: ideo subdit: *Tollit enim plenitudinem ejus a vestimento, et pejor scissura fit*. Glossa (3). Quasi dicat: Ideo rudis pannus, idest novus, non debet poni in vestimento veteri, quia tollit saepe a vestimento plenitudinem ejus, idest perfectionem; et tunc fit pejor scissura. Grave enim onus rudi injunctum; illud boni quod prius inerat, saepe destruit. Remigius. Duabus autem similitudinibus positis, scilicet nuptiarum, et de panno rudi et de vestimento veteri, nunc tertiam addit similitudinem de utribus et de vino: *Neque mittunt vinum novum in utres veteres*. Utres veteres appellat suos discipulos, qui nondum perfecte erant innovati. Vinum novum appellat plenitudinem Spiritus sancti, et profunda caelestium mysteriorum, quae tunc discipuli ferre non poterant; sed post resurrectionem utres novi facti fuerunt, et vinum novum receperunt quando Spiritus sanctus replevit corda eorum. Unde quidam dixerunt: Act. 2, « Omnes isti musto « pleni sunt. » Chrysostomus in hom. (31, a med.). Hinc et nos causam docuit humilium verborum quae continuo ad eos dicebat propter imbecillitatem ipsorum. Hieronymus (super illud, *Nemo autem immittit*). Vel aliter. Per vestimentum vetus et utres veteres debemus intelligere Scribas et Pharisaeos: particula (4) vestimenti novi et vinum novum praecepta evangelica sentiendo, quae non possunt sustinere Judaei, ne major scissura fiat. Tale quid et Galatae facere cupiebant, ut cum Evangelio legis praecepta miscerent, et in utribus veteribus mitterent vinum novum. Sermo igitur evangelicus Apostolis potius quam Scribis et Pharisaeis est infundendus, qui majorum traditionibus depravati, sinceritatem praeceptorum Christi non poterant custodire. Glossa (5) Per hoc ergo significat quod Apostoli non erant in veteribus observantiis detinendi, quos oportebat gratiae novitate perfundi. Augustinus in serm. de Quadragesima (6).

(1) *Al.* spiritualis sagina.
(2) *Al. deest* exemplis.
(3) Non est in Glossa quae nunc extat, sed in Anselmo (*Ex edit. P. Nicolai*).
(4) *Al.* plagula.
(5) Non occurrit in Glossa quae nunc extat, nec in Anselmo, nec alibi etiam sub his verbis (*Ex edit. P. Nicolai*).
(6) Quod subjungitur, sumptum est ex serm. 74, de diversis, qui notatur sabbato post dom. 2 quadrag. assuiturque, sed extra locum, sermoni 1 dom. in oct. Paschae ad competentes, vel serm. 86 in Appendice de diversis (*Ex edit. P. Nicolai*).

Vel aliter. Omnis qui recte jejunat, aut animam suam in gemitu orationis et castigatione corporis humiliat, aut illecebras carnales (1) spiritualis sapientiae delectatione suspendit. De utroque autem jejunii genere Dominus hic respondet: nam de primo, quod habet animae humiliationem, dicit: *Non possunt filii sponsi lugere*: de illo quod habet epulum mentis, consequenter, locutus est, dicens: *Nemo mittit commissuram panni rudis*. Deinde quia sponsus ablatus, utique nobis est, lugendum est. Et recte lugemus, si flagramus desiderio ejus. Beati quibus licuit eum ante passionem tunc habere praesentem, interrogare sicut vellent, audire sicut deberent. Illos dies concupierunt videre patres ante adventum ejus, neque viderunt, quia in alia dispensatione sunt ordinati, per quos venturus annuntiaretur, non a quibus veniens audiretur; in nobis autem illud impletum est quod ipse dicit Luc. 17: Venient dies quando desidera- « bitis videre unum de diebus istis, et non pote- « ritis. » Quis ergo hic non lugebit ? Quis non dicat: « Factae sunt mihi lacrymae meae panes « die ac nocte, dum dicitur mihi quotidie, Ubi est « Deus tuus? » Psal. 41. Merito ergo Apostolus cupiebat dissolvi, et esse cum Christo. Augustinus de cons. Evang (lib. 2, cap. 27). Quod ergo dixit Matthaeus, *Lugere*, ubi Marcus (2) et Lucas dicunt jejunare, significat de tali jejunio Dominum locutum quod pertinet ad humilitatem tribulationis, ut illud alterum quod pertinet ad gaudium mentis in spiritualia suspensae, et ob hoc alienatae a corporalibus cibis, posterioribus similitudinibus significasse intelligatur; ostendens (3), quod circa corpus occupatis et ob hoc veterem sensum habentibus, hoc genus jejunii non congruat. Hilarius (can. 9 in Matth. parum ante med.). Mystice vero, quod praesente sponso jejunandi necessitatem discipulis non esse respondet, praesentiae suae gaudium, et sacramentum sancti cibi edocet, quo nemo se praesente (idest, in conspectu mentis Christum continens) indigebat; ablato autem se, jejunaturos esse dicit; quia omnes non credentes resurrexisse Christum, habituri non essent cibum vitae. In fide enim resurrectionis sacramentum panis caelestis accipitur. Hieronymus (super illud, *Numquid possunt filii sponsi jejunare?*). Vel cum propter peccata a nobis recesserit, tunc indicendum est jejunium, tunc luctus est recipiendus. Hilarius (can. 9 in Matth. cir. med.). Ponit etiam exempla, quibus ostendit, infirmatas (4) vetustate peccatorum et animas et corpora novae gratiae sacramenta non capere. Rabanus. Cum autem datae sint diversae similitudines ad idem, differunt tamen: vestis enim qua foris tegimur, opera bona significat, quae foris agimus; vinum quo intus reficimur, fervor est fidei et caritatis, quo intus reformamur.

4. Chrysostomus in hom. (32 in Matth. in princ.). Post sermones opus adjunxit, in quo amplius Pharisaei obstruerentur; eo quod qui advenit ad miraculum petendum, archisynagogus erat, et luctus magnus, quia puella unigenita erat, et duodecim annorum, quando incipit esse flos aetatis: et ideo dicitur: *Haec illo loquente ad eos, ecce princeps unus accessit*. Augustinus de cons. Evang. (lib. 2, cap. 28, sub initio). Dicunt autem hoc et Marcus

(1) *Al.* illecebra carnalia.
(2) *Al.* significavit.
(3) *Al.* id ostendens.
(4) *Al* infirmitates.

et Lucas, sed ab isto ordine jam recedunt: eo enim loco hoc inserunt ubi post expulsa daemonia, et in porcos missa, transfretando redit a regione Gerasenorum. Et per hoc quod Marcus dicit, intelligendum est hoc factum esse postquam venit rursus trans fretum; sed quantum post, non apparet. Nisi autem fuisset aliquod intervallum, non esset quando fieret quod narrat Matthaeus in convivio domus suae. Post hoc factum continuo sequitur de archisynagogi filia. Si enim loquente eo de panno novo, accessit princeps, nihil aliud factorum dictorumque ejus interpositum est; in narratione autem Marci patet locus ubi alia interponi potuerunt. Similiter autem et Lucas non renititur Matthaeo: quod enim adjunxit cap. 8, « Et ecce vir cui nomen erat « Jairus, » non continuo accipiendum est factum, sed post illud de convivio publicanorum, ut narrat Matthaeus dicens: *Haec illo loquente ad eos, ecce princeps unus*, scilicet Jairus archisynagogus, *accessit et adorabat eum, dicens, Domine, filia mea modo defuncta est*. Considerandum est autem, ne repugnare videatur, quod alii duo Evangelistae morti jam proximam, non tamen mortuam eam dicant, usque adeo ut dicant venisse postea qui mortuam enuntiarent; et ob hoc non debere vexari magistrum: intelligendum est enim (1) brevitatis causa Matthaeum hoc potius dicere voluisse, rogatum Dominum esse ut faceret (2), quod ipsum fecisse manifestum est, ut scilicet et mortuam suscitaret. Attendit enim non verba patris de filia sua, sed, quod potissimum est, voluntatem. Ita enim desperaverat ut potius eam vellet reviviscere, non credens vivam posse inveniri, quam morientem reliquerat. Duo itaque posuerunt quid dixerit Jairus; Matthaeus autem quid voluerit atque cogitaverit. Sane si quisquam illorum duorum patrem ipsum commemorasset dixisse, ut non (5) vexaretur Jesus, quod puella mortua fuisset, repugnarent ejus cogitationi verba quae posuit Matthaeus. Nunc vero non legitur quod suis nuntiantibus ille consenserit. Hinc autem rem pernecessariam discimus: nihil in cujusque verbis debere inspicere nisi voluntatem, cui debent verba servire; nec mentiri quamquam, si aliis verbis dixerit quod ille voluerit cujus verba non dicit. CHRYSOSTOMUS in hom. (32 in Matth., circa princip.). Vel hoc quod princeps dixit de morte puellae est augere calamitatem. Etenim consuetudo est rogantibus extollere sermone propria mala, et amplius aliquid eo quod est dicere, ut magis attrahant eos quibus supplicant: unde subjungit: *Sed veni, impone manum super eam, et vivet*. Vide autem ejus crassitiem (4). Duo enim expetit a Christo: et accedere ipsum, et manum imponere. Hoc etiam Syrus ille Naaman a Propheta expetebat. Etenim et visu indigent et sensibilibus rebus qui crassius (5) dispositi erant. REMIGIUS. Miranda est autem pariter atque imitanda Domini humilitas et mansuetudo: nam mox ut rogatus est, rogantem coepit sequi: unde subdit: *Et surgens Jesus sequebatur eum*. Hic subditos et praelatos pariter instruxit; subditis exemplum obedientiae reliquit, praelatis vero instantiam et solicitudinem docendi demonstravit: ut quotiescumque audierint aliquem mortuum in ani-

ma, statim adesse studeant. *Et cum eo ibant discipuli ejus*. CHRYSOSTOMUS in hom. (32 in Matth. par. a princ.). Et Marcus quidem et Lucas dicunt, quoniam tres accepit discipulos, scilicet Petrum, Jacobum et Joannem. Matthaeum autem non assumpsit, ampliorem ei concupiscentiam immittens, et quia imperfectius adhuc dispositus erat; propter hoc enim illos honorat, ut alii similes illis efficiantur. Sufficiebat enim interim Matthaeo videre ea quae facta sunt circa sanguinis fluxum patientem, de qua subditur: *Et ecce mulier quae sanguinis fluxum patiebatur duodecim annis, accessit retro, et tetigit fimbriam vestimenti ejus*. HIERONYMUS (super illud, *Ecce mulier*). Haec autem mulier sanguine fluens, non in domo, non in urbe accedit ad Dominum, quia juxta legem urbibus excludebatur; sed in itinere ambulante Domino; ut dum pergit ad aliam, alia curaretur. CHRYSOSTOMUS (in homil. 32 in Matth.). Ideo autem non libera propalatione ad Christum venit, quia verecundabatur propter passionem, immundam se existimans: etenim apud legem multa immunditia aestimabatur esse haec passio; propter hoc latet et occultatur. REMIGIUS. In quo laudanda est ejus humilitas; quia non ad faciem accessit, sed retro, et indignam se judicavit pedes Domini tangere; et non plenitudinem vestimenti tetigit, sed tantummodo fimbriam: habuit enim Dominus fimbriam juxta legis praeceptum. Pharisaei etiam fimbrias habebant, quas magnificabant, in quibus etiam spinas appendebant. Sed fimbriae Domini non habebant vulnerare, sed potius sanare: et ideo sequitur: *Dicebat enim intra se: Quia si tetigero tantum vestimentum ejus, salva ero*: in quo fides ejus admiranda est, quia desperans de salute medicorum, in quos sua erogaverat, ut Marcus dicit, intellexit caelestem adesse medicum, et in eo totam suam intentionem collocavit, et ideo salvari promeruit: unde sequitur: *At Jesus conversus et videns eam, dixit: Confide filia: fides tua te salvam fecit*. RABANUS (super illud, *Confide filia*). Quid est quod eam confidere jussit; quae si fidem non haberet, salutem ab eo non quaereret? Sed robur et perseverantiam fidei ab ea expostulavit, ut ad certam et veram perveniat salutem. CHRYSOSTOMUS in hom. 32. Vel quia formidolosa erat haec mulier, propter hoc ait, *Confide*. Et filiam eam vocat, quia fides eam filiam fecerat. HIERONYMUS. Non autem dixit, Quia fides tua te salvam factura est; sed *Salvam fecit*: in eo enim quod credidisti, jam salva facta es. CHRYSOSTOMUS in hom. 32 in Matth. Nondum tamen perfectam de Christo opinionem habebat, quia nequaquam aestimasset eum latere; sed Christus non dimisit eam latere, non quasi gloriam concupiscens, sed multorum causa. Primo enim solvit timorem mulieris, ne a conscientia pungatur, quasi donum furatura; secundo eam emendat de hoc quod aestimat se latere; tertio omnibus fidem ejus ostendit, ut eam aemulentur; quarto dedit in hoc signum, quod monstravit se nosse omnia, non minus eo quod fontem sanguinis siccavit, de quo sequitur: *Et salva facta est mulier ex illa hora*. GLOSSA (1). Intelligendum est ex illa hora ex qua tetigit fimbriam; non ex illa hora ex qua Jesus conversus est ad eam: jam enim salva facta erat, ut alii Evangelistae manifeste ostendunt, et ex verbis Domini perpendi potest. HILARIUS (can. 10 in

(1) *Al. omittitur* enim.
(2) *Al.* Dominum facere.
(5) *Al. deest* non.
(4) *Al.* grossitiem.
(5) *Al.* grossius.

(1) Non est in Glossa ut nunc extat, sed in Anselmo (*Ex edit. P. Nicolai*).

Matth.). In quo magna virtutis dominicae admiratio est; cum potestas intra corpus manens, rebus caducis efficientiam (1) adderet sanitatis, et usque in vestium fimbrias operatio divina procederet: non enim comprehensibilis erat Deus, ut corpore clauderetur. Assumptio namque corporis non naturam virtutis inclusit, sed ad redemptionem nostram fragilitatem corporis virtus assumpsit. Mystice autem princeps hic lex (2) esse intelligitur, quae Dominum orat ut plebi quam ipsa Christo, ejus adventus expectatione praedicata, nutrierat: vitam mortuae reddat. RABANUS (super illud, *Ecce princeps unus accessit*. Vel archisynagogus signat Moysen, et dicitur Jairus, idest illuminans, sive illuminaturus, quia accepit verba vitae dare nobis, et per hoc cunctos illuminat ipse a Spiritu sancto illuminatus. Filia igitur archisynagogi, idest ipsa synagoga, velut duodecimo aetatis anno, idest tempore pubertatis, postquam spiritalem sobolem Deo generare debebat, errorum languore consternata est. Ad hanc ergo (3) principis filiam dum properat Dei Verbum, ut salvos faceret filios Israel, sancta Ecclesia ex Gentibus congregata, quae interiorum lapsu criminum deperibat, paratam aliis fide percepit sanitatem. Notandum autem, quod (4) dum archisynagogi filia sit duodennis, et mulier haec ab annis duodecim sanguine fluxit, eo tempore quo haec nata est, illa coepit infirmari: una enim pene saeculi aetate et synagoga ex Patriarchis coepit nasci, et Gentium exterarum natio idolatriae sanie foedari. Nam fluxus sanguinis bifariam potest intelligi: hoc est super idolatriae pollutione, et super his quae carnis et sanguinis delectatione geruntur: et sic quamdiu synagoga viguit, laboravit Ecclesia; sed illorum delicto salus Gentibus facta est. Accedit autem et tangit Dominum Ecclesia, cum ei per fidem appropinquat. GLOSSA (5). Credidit, dixit, tetigit, quia his tribus fide, verbo et opere omnis salus acquiritur. RABANUS (super illud, *Et ecce mulier*). Accedit autem retro, sive juxta hoc quod ipse ait (6) Joan. 12: « Si quis mihi ministrat, me « sequatur: » sive quia praesentem Dominum in carne non videns, peractis jam sacramentis incarnationis illius, ad agnitionis ejus gratiam pervenit. Unde et fimbriam vestimenti tangit; quia cum Christum in carne gentilis populus non vidisset, verba incarnationis recepit. Vestimentum enim Christi dicitur mysterium incarnationis ejus, quo divinitas induta est; fimbriae vestimenti, verba de incarnatione ejus dependentia. Non autem vestem, sed fimbriam tangit: quia non vidit in carne Dominum, sed suscepit per Apostolos incarnationis verbum. Beatus qui extremam partem Verbi fide tangit. Non autem in urbe, sed in itinere pergente Domino sanatur: unde Apostoli (Act. 13): « Quia indi- « gnos vos judicatis vita aeterna, ecce convertimur « ad Gentes. » Gentilitas autem ex hora dominici adventus coepit habere salutem.

5. GLOSSA (7). Post mulieris haemorrhoissae

(1) *Al.* efficaciam.
(2) *Al. deest* lex.
(3) *Al. omittitur* ergo.
(4) *Al. deest* quod.
(5) Nec in Glossa nec in Anselmo sed in Beda occurrit, ut et subinde in Rabano verbis paululum immutatis (*Ex edit.* P. *Nicolai*).
(6) *Al.* hoc est quod ipse ait.
(7) Nec in Glossa, nec in Anselmo, nec alibi occurrit (*Ex edit.* P. *Nicolai*).

curationem, sequitur de mortuae suscitatione, cum dicitur: *Et cum venisset Jesus in domum principis etc.* CHRYSOSTOMUS in hom. (32, in Matth.). Considerandum est autem, quod propter hoc tardius vadit, et plura loquitur mulieri curatae, ut permittat mori puellam, et sic manifesta fiat resurrectionis demonstratio. Et similiter in Lazaro usque ad tertiam diem mansit. Sequitur: *Et cum vidisset tibicines, et turbam tumultuantem*: quod est mortis demonstratio. AMBROSIUS super Lucam (lib. 9, in titulo de filia principis). More enim veteri tibicines ad excitandos luctus in mortuis ferebantur adhiberi. CHRYSOSTOMUS (ut supra). Sed Christus tibias universas projecit; parentes autem puellae introduxit, ne posset dici, quod aliter curavit; sed et ante suscitationem puellae sermone spem erigit: unde sequitur: *Dicebat: recedite, non est enim mortua puella, sed dormit*. RABANUS. Quasi dicat: Vobis mortua est; Deo autem, qui suscitare potest, dormit (1) tam in anima quam in corpore. CHRYSOSTOMUS (hom. 32, ante med.). Per hoc autem et tumultum mentis removit eorum qui aderant, et ostendit quoniam facile est ei mortuos suscitare: quod utique in Lazaro fecit dicens (Joan. 11): « Lazarus amicus « noster dormit. » Et simul docuit non formidare mortem: quia enim et ipse erat moriturus, in aliorum corporibus instruxit discipulos confidere, et viriliter ferre mortem. Etenim eo accedente, jam mors somnus erat. Hoc autem Domino dicente, deridebant (2): unde sequitur: *Et deridebant eum*. Non autem increpavit derisionem, ut et ipsa derisio, et tibiae, et alia universa demonstratio fiant mortis: quia enim multoties, postquam facta sunt miracula, non credunt homines, antea eos convincit propriis responsionibus: quod et in Lazaro fecit cum dixit (Joan. 11): « Ubi posuistis eum? » ut qui dixerunt. Veni et vide, et quoniam « foetet, « quatriduanus enim est, » non amplius possint non credere quoniam mortuum suscitavit. HIERONYMUS (super illud, *Et cum ejecta esset*). Non autem erant digni ut viderent mysterium resurgentis qui resuscitantem indignis contumeliis irridebant; et ideo sequitur: *Et cum ejecta esset turba, intravit, et tenuit manum ejus, et surrexit puella*. CHRYSOSTOMUS (hom. 32, par. ante med.). Non quidem aliam superinducens animam, eam suscitavit, sed eam quae exierat reinducens, et velut ex somno erigens, ut ante viam faciat per visum fidei resurrectionis: et non solum puellam resuscitat (3) sed et cibum ei jubet dari, ut alii Evangelistae dicunt, ut non videatur phantasma esse quod factum est. Sequitur: *Et exiit fama haec in universam terram illam*. GLOSSA. Quod ad magnitudinem et novitatem miraculi pertinet, et ad manifestam veritatem ipsius, ne confictum putetur. HILARIUS (can. 9, in Matth.) Mystice autem Dominus domum principis, scilicet synagogam, ingreditur, cui in canticis legis hymnus luctum personabat. HIERONYMUS (super illud, *Et cum venisset in domum principis*). Usque enim hodie jacet in domo principis mortua; et qui videntur magistri, tibicines sunt, carmen lugubre canentes: turba quoque Judaeorum non est turba credentium, sed tumultuantium. Sed cum intraverit plenitudo Gentium, tunc omnis Israel salvus fiet. HILARIUS (can. 9, inter med. et finem).

(1) *Al.* vivit.
(2) *Al.* deridebatur.
(3) *Al.* resuscitavit.

Ut autem rarus ex lege credentium electionis numerus posset intelligi, turba omnis expulsa est; quam utique salvari Dominus optasset: sed irridendo dicta, gestaque ejus, resurrectionis non fuit digna consortio. Hieronymus (super illud, *Et tenuit manum ejus*). Tenuit autem manum ejus, et surrexit puella: quia nisi prius mundatae fuerint manus Judaeorum, quae sanguine plenae sunt, synagoga eorum mortua non consurget. Hilarius (can. 9, in Matth.). Exeunte autem fama in universam terram illam, electionis salus, donum Christi, atque opera praedicantur. Rabanus (super illud, *Exiit fama ejus in universam terram illam*). Moraliter autem puella in domo mortua, est anima mortua in in cogitatione. Dicit autem quod puella dormit, quia qui peccant in praesenti, adhuc per poenitentiam resuscitari possunt. Tibicines sunt adulatores, qui fovent mortuam. Gregorius, 18 Moral. (cap. 28, super illud Job 28: « Et mare loquitur, « Non est mecum: » cap. 25, in nov. exemp.). Foras autem turba ejicitur, ut puella suscitetur: quia nisi prius a secretioribus cordis expellatur saecularium multitudo curarum, anima quae intrinsecus jacet mortua, non resurgit. Rabanus. In domo autem puella paucis arbitris surgit, juvenis extra portam, et Lazarus coram multis: quia publica noxa publico eget; levis remedio leviori, et secreta potest deleri poenitentia.

6. Hieronymus (super illud, *Transeunte Jesu*). Priori signo de principis filia et morbosa muliere, consequenter signum de duobus caecis adjungitur, ut quod ibi mors et debilitas, hic caecitas demonstraret; et ideo dicitur: *Et transeunte inde Jesu*, scilicet a domo principis, *secuti sunt eum duo caeci, clamantes, et dicentes: Miserere nostri, fili David.* Chrysostomus (hom. 33). Non autem parva hic Judaeorum accusatio est: cum hi quidem oculis carentes, ex auditu solo fidem suscipiant; illi autem habentes visum non attestentur miraculis quae fiebant. Vide autem et eorum desiderium: neque enim simpliciter recesserunt, sed cum clamore, et nihil aliud quam misericordiam postulantes. Filium autem David vocabant, quia nomen honoris esse videbatur. Remigius. Recte ergo filium David vocant, quia Virgo Maria de stirpe David originem duxit. Hieronymus (super illud, *Miserere nostri, fili David*). Audiant Marcion et Manichaeus, et ceteri haeretici, qui vetus laniant testamentum: et discant Salvatorem appellari filium David: si enim non est natus in carne, quomodo vocatur filius David? Chrysostomus (in hom. 33 in Matth.). Considerandum autem; quod multoties Dominus noluit (1) rogatus sanare, ut non aliquis aestimet eum propter captandam honoris magnificentiam ad miracula insilire. Hieronymus (super illud, *Transeunte inde Jesu*). Et tamen rogantes non curantur in itinere; non transitorie, ut putabant; sed postquam venit in domum illam, accedunt ad eum, ut introeant: et primum eorum discutitur fides, ut sic verae (2) fidei lumen accipiant: unde sequitur: *Cum autem venisset Dominus, accesserunt ad eum caeci; et dixit eis Jesus: Creditis quia hoc possum facere vobis?* Chrysostomus (hom. 33 in Matth.). Rursum autem hic erudit nos gloriam multitudinis expellere: quia enim prope erat domus, ducit eos illuc singulariter curaturus. Remigius. Qui autem caecis reddere po-

terat visum, non ignorabat si crederent; sed ideo interrogavit, ut fides eorum, quae gestabatur corde, dum confiterentur ore, digna fieret ampliori mercede, secundum illud Apostoli Rom. 10: « Ore confessio fit ad salutem. » Chrysostomus (hom. 33, in Matth.). Et non propter hoc solum: sed ut ostenderet quoniam digni erant curatione; et ut non aliquis dicat, quoniam si misericordia solum salvabat, omnes salvari oportebat. Ideo etiam fidem ab eis expetit. ut ex hoc (1) ad excelsius eos reducat: quia enim dixerant eum filium David, erudit quod oportet de eo majora sentire: unde non dixit, Creditis quoniam possum (2) rogare Patrem? sed *Creditis quoniam possum hoc facere?* de quorum responsione sequitur: *Dicunt ei, Utique, Domine,* Non ultra filium David eum vocant, sed altius elevantur (3), et dominationem confitentur. Ex tunc jam ipse imponit eis manum: unde sequitur: *Tunc tetigit oculos eorum, dicens: Secundum fidem vestram fiat vobis.* Dicit autem hoc, fidem eorum affirmans, et contestans, quoniam non adulationis erant verba quae dixerant. Postea curationem subjungit, dicens: *Et aperti sunt oculi eorum.* Deinde post sanationem jubet nulli dicere; et non simpliciter jubet, sed cum multa vehementia: unde sequitur: *Et comminatus est eis Jesus dicens: Videte ne quis sciat. Illi autem exeuntes, diffamaverunt eum in tota terra.* Hieronymus (super illud, *Comminatus est illis Jesus*). Dominus quidem propter humilitatem fugiens jactantiae gloriam, hoc praeceperat; et illi propter memoriam gratiae non possunt tacere beneficium. Chrysostomus (hom. 32 in Matth., super *Cavete ne quis sciat*). Quod autem alteri dixit (Luc. 8): « Vade, et annuntia gloriam Dei, » non est contrarium: erudit enim nos prohibere eos qui volunt nos propter nos laudare. Si autem ad Domini gloriam refertur, non debemus prohibere, sed magis injungere ut hoc fiat Hilarius (can. 9 in Matth. parum ante finem). Vel silentium caecis Dominus imperat, quia Apostolorum proprium erat praedicare. Gregorius, 19 Moral. (cap. 18, super illud Job 39, « Oculus fui caeco: » cap. 14, in nov. exemp.). Quaerendum autem nobis est quid sit hoc quod ipse Omnipotens, cui hoc est velle quod posse; et taceri virtutes suas voluit, et tamen ab eis qui illuminati sunt quasi invitus indicatur: nisi quod servis suis se sequentibus exemplum dedit, ut ipsi quidem virtutes suas occultari desiderent; et tamen ut aliis eorum exemplo proficiant, prodantur inviti. Occultentur ergo studio, necessitate publicentur; et eorum occultatio sit custodia propria, eorum publicatio sit utilitas aliena. Remigius. Allegorice autem per hos duos caecos duo populi designantur, idest Judaicus et Gentilis, vel duo populi Judaicae gentis: nam tempore Roboam, regnum ejus divisum est in duas partes. De utroque autem populo in se credentes Christus illuminavit in domo, per quam intelligitur Ecclesia, quia absque unitate Ecclesiae nullus salvari potest. Illi autem qui ex Judaeis crediderunt adventum Domini, per universum orbem diffamaverunt. Rabanus. Domus autem principis synagoga est subdita Moysi; domus Jesus caelestis est Hierusalem. Domino ergo per hoc saeculum transeunte, et domum suam revertente, duo caeci secuti sunt eum: quia praedicato Evangelio per Apostolos, multi ex Judaeis et Gentibus coeperunt eum sequi. Sed postquam in caelum conscenderat, intravit in domum, idest in Ecclesiam, et ibi illuminati sunt.

7. REMIGIUS. Pulchre, illuminatis caecis, muto loquelam reddidit, et obsessum a daemone curavit: in quo facto ostendit se dominum virtutis, et caelestis medicinae auctorem: nam per Isaiam dictum est (cap. 35): « Tunc aperientur oculi caecorum, « et aures surdorum patebunt, et aperta erit lin- « gua mutorum. » Unde dicitur: *Egressis autem illis, ecce obtulerunt ei hominem mutum daemonium habentem*, HIERONYMUS (super illud, *Obtulerunt ei hominem habentem daemonium*). Quod autem dicitur Graece *cophos*, magis tritum est sermone communi, ut tam surdus quam mutus intelligatur: sed moris est Scripturarum *cophon* indifferenter vel surdum vel mutum dicere CHRYSOSTOMUS (homil. 35 in Matth. Non autem naturae erat haec passio; sed ex daemonis insidiis: ideoque et aliis indiguit qui eum adducerent: neque enim per seipsum rogare poterat sine voce existens, neque aliis supplicare, daemone animam cum lingua colligante: propter hoc neque expetit fidem ab eo; sed confestim aegritudinem sanat: unde sequitur: *Et ejecto daemonio, locutus est mutus*. HILARIUS (can. 9 in Matth. circa finem). In quo rerum ordo servatus est: nam daemon prius ejicitur, et tunc reliqua corporis officia succedunt, Sequitur: *Et miratae sunt turbae dicentes: Nunquam apparuit sic in Israel*. CHRYSOSTOMUS (hom. 35). Praeponebant quidem ceteris eum, non quia curabat solum, sed quoniam facile et velociter infinitas aegritudines et insanabiles sanabat. Hoc autem maxime Pharisaeos contristabat: quoniam omnibus eum praeponebant, non solum his qui tunc erant; sed et his qui antea (1) geniti fuerunt in Israel: unde Pharisaei concitati e contrario detrahebant: propter quod sequitur: *Pharisaei autem dicebant: In principe daemoniorum ejicit daemones*. REMIGIUS. Scribae namque et Pharisaei facta Domini negabant quae poterant; et quae non poterant negare, in sinistram partem interpretabantur: secundum illud Psalmi 65, « In multitudine virtutis tuae mentien- « tur tibi inimici tui. » CHRYSOSTOMUS (hom. 35 in Matth. super illud, *In principe daemoniorum*). Eorum autem dicto quid est dementius ? Non enim confingi potest, projicere daemonem alterum daemonem: suis enim applaudere consuevit, non dissolvere sua. Christus autem non solum daemones ejiciebat, sed et leprosos mundabat, et mortuos suscitabat, et peccata solvebat et regnum Dei praedicabat, et ad Patrem homines adducebat, quae daemon neque posset facere neque vellet. RABANUS. Mystice autem, sicut in duobus caecis signatus est uterque populus, Judaeorum et Gentium; ita in homine muto et daemoniaco, generaliter signatum est omne genus humanum. HILARIUS (can. 9, in Matth. circa finem). Vel in muto surdo et daemoniaco Gentium plebs indigna totius salutis infertur: omnibus enim undique malis circumsessa, totius corporis vitiis implicabatur. REMIGIUS. Gentilis enim populus mutus erat: quia in confessione verae fidei et in laude sui creatoris os aperire non poterat; sive quia mutis idolis cultum impendebat, similis illis factus. Daemoniacus erat quia per mortem infidelitatis diaboli imperiis subditus erat. HI-

LARIUS (ibidem). Dei autem cognitione, superstitionum omnium vesania effugata, et visus et auditus et sermo salutis invehitur. HIERONYMUS (super illud, *Obtulerunt ei hominem*). Sicut enim caeci lumen recipiunt, sic et muti ad loquendum lingua laxatur, ut confiteatur eum quem antea denegabat. In turba autem admirante confessio nationum est. Pharisaei autem per suam calumniam usque hodie Judaeorum infidelitatem demonstrant. HILARIUS (ib.). Admirationem autem turbae talis confessio subsecuta est: *Nunquam apparuit sic in Israel* : quia is cui per legem nihil opis afferri potuit, Verbi virtute salvatur. REMIGIUS. Illi vero qui mutum sanandum Domino obtulerunt, intelliguntur Apostoli et praedicatores, qui aspectibus divinae pietatis gentilem populum salvandum obtulerunt. AUGUSTINUS, de cons. Evang. (lib. 2, cap. 29). Quod autem hic dicitur de duobus caecis et daemonio muto, solus Matthaeus posuit. Illi duo caeci de quibus alii narrant, non sunt isti; sed tamen simile factum est; ita ut si ipse Matthaeus non etiam illius facti meminisset, posset putari hoc quod nunc narrat, dictum fuisse etiam ab aliis duobus. Quod commendare memoriae diligenter debemus, esse quaedam facta similia quod probatur non esse idem, cum ipse Evangelista utrumque commemorat (1); ut, si quando talia singula apud singulos invenerimus (2), atque in eis contrarium quod solvi non possit, occurrat nobis, non esse factum idem, sed aliud simile, vel similiter factum

8. CHRYSOSTOMUS (hom. 35). Voluit Dominus ipso facto redarguere accusationem Pharisaeorum dicentium: *In principe daemoniorum ejicit daemonia*: daemon enim convicium passus non benefacit, sed nocet eis qui eum inhonorant. Dominus autem contrarium facit, qui post convicia et contumelias non solum non punit, sed etiam nec increpavit, quinimmo beneficia praestitit: unde sequitur: *Et circuibat Jesus omnes civitates et castella*. In quo erudit nos accusatoribus nostris retribuere non accusationes, sed beneficia. Qui enim post accusationem desistit a beneficio, monstrat quoniam propter hominum laudem benefacit. Si vero propter Deum benefacis conservis, quicquid illi fecerint, non desistis benefaciens, ut major sit merces. HIERONYMUS (super illud, *Et circuibat per omnem civitatem*). Vides autem quod aequaliter et vicis et urbibus et castellis, idest et magnis et parvis, Evangelium praedicaverit, ut non consideraret nobilium potentiam sed salutem credentium. Sequitur: *Docens in synagogis eorum*: hoc scilicet habens operis quod mandaverat Pater, et hanc esuriem ut doctrina (3) salvos faceret infideles. Docebat autem in synagogis Evangelium regni: unde sequitur: *Et praedicans Evangelium regni*. REMIGIUS. Intelligendum est Dei. Quamvis enim annuntientur bona temporalia, tamen non dicitur Evangelium. Hinc est quod lex non nominatur Evangelium: quia suis observatoribus non promittebat bona caelestia, sed terrena. HIERONYMUS. Post praedicationem autem et doctrinam curabat omnem languorem et omnem infirmitatem, ut quibus sermo non suaserat, opera persuaderent: unde sequitur: *Curans omnem languorem et omnem infirmitatem*: quod de ipso pro-

---

(1) *Al.* usquam.

(1) *P. Nicolai habet* quod probatur; cum idem ipse Evangelista utrumque commemorat.
(2) *Al.* inveniremus.
(3) *Al.* per doctrinam.

prie dicitur, nihil quippe ei impossibile est. Glossa (1). Languorem vocat diuturnam infirmitatem, infirmitatem autem leves morbos. Remigius. Sciendum
est autem quia illos quos corpore sanabat forinsecus,
mente sanabat intrinsecus. Alii vero hoc facere non
possunt sua potestate, sed per Dei gratiam. Chrysostomus (hom. 33 in Matth.). Non autem in hoc stat Christi bonitas, sed et aliam providentiam circa eos
ostendit, viscera misericordiae circa eos expandens:
unde sequitur; *Videns autem turbas, misertus est
eis.* Remigius. Per quod officium boni pastoris magis quam mercenarii in se Christus ostendit. Quare
autem misertus sit subjungit: *Quia erant vexati et
jacentes sicut oves non habentes pastorem:* vexati
quidem e daemonibus; sive quia a diversis infirmitatibus, et languoribus erant attriti. Rabanus (hoc
loco). Vel vexati per diversos errores, et jacentes,
idest torpentes, non valentes surgere: et cum haberent pastores, erant quasi non haberent pastorem. Chrysostomus (hom. 33). Haec principum
Judaeorum excusatio, quoniam pastores existentes,
ea quae luporum erant ostendebant: non solum
enim non emendabant multitudinem, sed et noce-
bant ecrum profectui. Illis enim admirantibus et
dicentibus, *Nunquam apparuit sic in Israel,* e contrario dicebant, quoniam *in principe daemoniorum
ejicit daemonia.* Remigius. Postquam autem Dei Filius de caelo prospexit in terram ut audiret gemitus compeditorum, mox multa messis coepit augeri:
turbae namque humani generis fidei non appro-
pinquassent, nisi quia auctor humanae salutis de
caelis prospexit in terram: et ideo sequitur: *Tunc
dixit discipulis suis: Messis quidem multa, operarii
autem pauci.* Glossa (2). Messis ergo dicuntur homines, qui possunt meti a praedicatoribus, et de
collectione perditorum separari, ut grana excussa
a paleis; postea in horreis reponantur. Hieronymus.
Messis multa, populorum signat multitudinem; operarii pauci, penuriam magistrorum. Remigius. Par-

(1) Non est in Glossa quae nunc extat, sed in Anselmo
(*Ex edit. P. Nicolai*).
(2) Ex Anselmo, ut supra, non ex Glossa quae nunc est
desumitur (*Ex edit. P. Nicolai*).

vus enim erat numerus Apostolorum ad comparationem tantarum segetum. Hortatur autem Dominus suos praedicatores, idest Apostolos, et eorum
sequaces, ut quotidie sui numeri augmentationem
exposcant: unde subdit: *Rogate ergo dominum messis
ut mittat op rarios in messem suam.* Chrysostomus
(hom. 33). Latenter seipsum Dominum ostendit:
ipse enim est qui messis est dominus. Si enim
metere misit quae Apostoli non seminaverunt,
manifestum est quoniam non aliena metere misit,
sed ea quae ipse per Prophetas seminavit. Sed
cum duodecim Apostoli sint operarii, dixit: *Depre-
camini dominum messis ut mittat operarios in messem suam:* et tamen nullum eis adjecit, quia scilicet eos jam duodecim existentes multiplicavit, non
numero (1) adjiciens, sed virtutem largiens. Remigius. Vel tunc augmentatus est quando designavit
et alios septuaginta duos, et quando sunt facti
multi praedicatores, Spiritu sancto descendente super credentes. Chrysostomus (hom. 33). Ostendit
autem quia magnum donum sit hoc, scilicet ut
aliquis habeat virtutem decenter praedicandi, per
hoc quod dicit hoc esse orandum. Commemorat
autem in hoc loco verborum Joannis de area et
ventilabro et palea et frumento. Hilarius (can.
10 in Matth., parum a princ.). Mystice autem,
salute Gentibus data, civitates omnes et castella omnia,
virtute et ingressu Christi illuminantur, et omnem
infirmitatem veterem languoris evadunt. Immundi
autem spiritus dominante violentia vexatam et sub
legis onere aegrotam plebem Dominus miseretur:
quia nullus adhuc eis pastor erat custodiam Sancti
spiritus redditurus. Erat autem doni istius copio-
sissimus fructus, cujus copia haurientium multitudinem vincit: nam quantumlibet assumatur a cunctis, ad largiendum tamen semper exuberat: et
quia plures esse utile est per quos ministratur, rogari dominum messis jubet, ut ad capessendum
quod praeparabatur donum Spiritus sancti messo-
rum copiam Deus praestet: per orationem enim
hoc munus a Deo nobis effunditur.

(1) *Al.* numerum.

CAPUT DECIMUM.

1. Et convocatis duodecim discipulis suis, dedit illis potestatem spirituum immundorum, ut ejicerent eos, et curarent
omnem languorem et omnem infirmitatem. Duodecim autem
discipulorum nomina sunt haec. Primus Simon, qui dicitur
Petrus, et Andreas frater ejus, Philippus, et Bartholomaeus,
Jacobus Zebedaei et Joannes frater ejus, Thomas, et Matthaeus publicanus, et Jacobus Alphaei, et Thadaeus, Simon
Chananaeus et Judas Iscariotes, qui et tradidit eum.
2. Hos duodecim misit Jesus, praecipiens eis et dicens:
In viam Gentium ne abieritis, et in civitates Samaritanorum
ne intraveritis; sed potius ite ad oves quae perierunt domus
Israel. Euntes autem praedicate dicentes, quia appropinquabit
regnum caelorum. Infirmos curate, mortuos suscitate, leprosos mundate, daemones ejicite: gratis accepistis, gratis date.
3. Nolite possidere aurum neque argentum neque pecuniam in zonis vestris, non peram in via, neque duas tunicas,
neque calceamenta, neque virgam: dignus est enim operarius
cibo suo.
4 In quamcumque autem civitatem aut castellum intraveritis, interrogate quis in ea dignus sit, et ibi manete donec
exeatis. Intrantes autem in domum salutate eam, dicentes:

Pax huic domui. Et si quidem fuerit domus illa digna, veniet pax vestra super eam; si autem non fuerit digna, pax
vestra revertetur ad vos. Et quicumque non receperit vos,
neque audierit sermones vestros, exeuntes foras de domo vel
civitate, excutite pulverem de pedibus vestris. Amen dico
vobis, tolerabilius erit terrae Sodomorum et Gomorrhaeorum
in die judicii, quam illi civitati.
5. Ecce ego mitto vos sicut oves in medio luporum. E-
stote ergo prudentes sicut serpentes, et simplices sicut columbae. Cavete ab hominibus: tradent enim vos in conciliis,
et in synagogis suis flagellabunt vos, et ad praesides et ad
reges ducemini propter me, in testimonium illis et Gentibus.
6. Cum autem tradent vos, nolite cogitare quomodo aut
quid loquamini: dabitur enim vobis in illa hora quid loquamini: non enim vos estis qui loquimini, sed Spiritus Patris
vestri qui loquitur in vobis.
7. Tradet autem frater fratrem in mortem, et pater filium; et insurgent filii in parentes, et morte eos afficient; et
eritis odio omnibus propter nomen meum. Qui autem perseveraverit usque in finem, hic salvus erit.
8. Cum autem persequentur vos in civitate ista, fugite

in aliam. Amen dico vobis: non consummabitis civitates Israel, donec veniat Filius hominis.

9. Non est discipulus super magistrum, nec servus super dominum suum. Sufficit discipulo ut sit sicut magister ejus, et servo sicut dominus ejus. Si patremfamilias Beelzebub vocaverunt, quanto magis domesticos ejus?

10. Ne ergo timueritis eos. Nihil enim est opertum quod non reveletur, et occultum quod non sciatur. Quod dico vobis in tenebris, dicite in lumine; et quod in aure auditis, praedicate super tecta. Et nolite timere eos qui occidunt corpus, animam autem non possunt occidere; sed potius timete eum qui potest et animam et corpus perdere in gehennam.

11. Nonne duo passeres asse veneunt? et unus ex illis non cadet super terram sine Patre vestro? Vestri autem capilli capitis omnes numerati sunt. Nolite ergo timere; multis passeribus meliores estis vos.

12. Omnis ergo qui confitetur me coram hominibus confitebor et ego eum coram Patre meo qui in caelis est. Qui

autem negaverit me coram hominibus, negabo et ego eum coram Patre meo qui in caelis est.

13. Nolite arbitrari quia venerim pacem mittere in terram. Non veni pacem mittere, sed gladium: veni enim separare hominem adversus patrem suum, et filiam adversus matrem suam, et nurum adversus socrum suam; et inimici hominis, domestici ejus.

14. Qui amat patrem aut matrem plus-quam me, non est me dignus; et qui amat filium aut filiam super me, non est me dignus; et qui non accipit crucem suam et sequitur me, non est me dignus. Qui invenit animam suam, perdet illam; et qui perdiderit animam suam propter me, inveniet eam.

15. Qui recipit vos, me recipit; et qui recipit me, recipit eum qui me misit. Qui recipit Prophetam in nomine Prophetae, mercedem Prophetae accipiet; et qui recipit justum in nomine justi, mercedem justi accipiet; et quicumque potum dederit uni ex minimis istis calicem aquae frigidae tantum in nomine discipuli, amen dico vobis, non perdet mercedem suam.

1. GLOSSA (1). A curatione socrus Petri usque huc continuationem habuerunt relata miracula; et fuerunt ante sermonem in monte habitum facta: quod ex electione Matthaei, quae inter ipsa refertur, indubitanter habemus: fuit enim unus de duodecim electus in monte ad apostolatum. Hic autem redit ad ordinem rei, sicut gesta est, post curatum centurionis servum, dicens: *Et convocatis duodecim discipulis.* REMIGIUS. Narraverat enim supra Evangelista, quia cohortatus est Dominus discipulos rogare dominum messis ut mitteret operarios in messem suam; et quod hortatus est, hoc nunc implere videtur. Duodenarius enim numerus perfectus est: nascitur enim a senario, qui perfectionem habet, eo quod ex suis partibus, quae sunt unum, duo, et tria, in seipsum formatur: senarius autem numerus duplicatus duodenarium gignit. GLOSSA (2). Quae quidem duplicatio ad duo praecepta caritatis, vel ad duo testamenta pertinere videtur. RABANUS. Duodenarius etiam numerus, qui conficitur ex ternario et quaternario, designat eos per quatuor mundi climata fidem sanctae Trinitatis praedicaturos. Iste etiam numerus per multas figuras in veteri testamento praesignatus est. Per duodecim filios Jacob, per duodecim principes filiorum Israel, per duodecim fontes viventes in Helim, per duodecim lapides in rationali Aaron, per duodecim panes propositionis, per duodecim exploratores a Moyse missos, per duodecim lapides unde factum est altare, per duodecim lapides sublatos de Jordane, per duodecim boves qui sustinebant mare aeneum. In novo etiam testamento per duodecim stellas in corona sponsae, per duodecim fundamenta Hierusalem, quae vidit Joannes, et per duodecim portas. CHRYSOSTOMUS (homil. 33). Non solum autem eos confidere fecit, eorum ministerium vocando missionem in messem, sed et faciendo eos potentes ad ministerium: unde sequitur: *Dedit illis potestatem spirituum immundorum, ut ejicerent eos, et curarent omnem languorem et omnem infirmitatem.* REMIGIUS. In quo aperte demonstratur quia vexatio turbarum non fuit tantum una aut simplex, sed varia; et hoc est misereri turbis, dare discipulis potestatem curandi et sanandi eas. HIERONYMUS (in

princ. Commen. in cap. 10 Matth.). Benignus etenim, et clemens dominus ac magister non invidet servis atque discipulis virtutes suas; et sicut ipse curaverat omnem languorem et infirmitatem, Apostolis quoque suis tribuit potestatem ut curent omnem languorem, et omnem infirmitatem. Sed multa differentia est inter habere et tribuere, donare et accipere. Iste quodcumque agit, potestate domini agit; illi, si quid faciunt, imbecillitatem suam et virtutem domini confitentur, dicentes (Act. 3): « In nomine Jesu surge et ambula. » Catalogus autem Apostolorum ponitur, ut extra hos, qui pseudo apostoli sunt, excludantur: unde sequitur: *Duodecim autem Apostolorum nomina sunt haec. Primus Simon qui vocatur Petrus et Andreas frater ejus.* Ordinem quidem Apostolorum et meritum uniuscujusque, illius fuit distribuere qui cordis arcana rimatur. Primus scribitur Simon cognomine Petrus, ad distinctionem alterius Simonis qui appellatur Chananaeus de vico Galilaeae Chana, ubi Dominus aquas convertit in vinum. RABANUS. Idem est autem graece sive latine Petrus, quod syriace Cephas; et in utraque lingua nomen a petra derivatum est. Nec dubium quin illa de qua Paulus ait 1 Corinth. 10: « Petra autem erat Christus. » REMIGIUS. Fuerunt autem nonnulli qui in hoc nomine, graeco scilicet atque latino, quod est Petras, quaerentes hebraicae linguae interpretationem, dixerunt, quod interpretatur discalcians, sive dissolvens vel agnoscens. Sed illi qui hoc dicunt, duabus tenentur contrarietatibus. Prima est ex proprietate hebraicae linguae, in qua *p* non exprimitur, sed loco ejus *ph* ponitur. Unde Pilatum dicunt Philatum. Secunda ex interpretatione Evangelistae, qui narrat Dominum dixisse (Joan. 1): « Tu vocaberis Cephas, » et ipse de suo addit: « Quod interpretatur Petrus. » Simon interpretatur obediens: obedivit (1) enim verbis Andreae, et cum eo venit ad Christum; sive quia obedivit praeceptis divinis, et quia ad unius jussionis vocem secutus est Dominum; sive, ut quibusdam placet, interpretatur deponens maerorem, et audiens tristitiam: Domino enim surgente deposuit maerorem dominicae passionis, et tristitiam audivit, dicente ei Domino (Joan. 21): « Alius te cinget, et ducet quo tu non vis. »

Sequitur: *Et Andreas frater ejus.* CHRYSOSTOMUS (hom. 33). Non parva autem et haec laus est. Petrum enim denominavit a virtute, Andream vero a nobilitate, quae est secundum morem, in hoc

---

(1) Nempe collateralis ad initium cap. 10, quod incipit ab illis verbis, *Videns autem turbas misertus est eis*; etsi accommodetur et applicetur illis a quibus hic incipit (*Ex edit. P. Nicolai.*).

(2) Non est in Glossa quae nunc extat, neque in Anselmo vel alibi occurrit; etsi pars ejus prima quoad praecepta caritatis ex Gregorio sumi potest hom. 17 in Evang. super illud Luc. 10: *Misit illos binos etc.* (*Ex edit. P. Nicolai.*).

(1) Al. obediunt.

quod eum fratrem Petri dixit. Marcus autem post duos vertices, scilicet Petrum et Joannem, Andream numerat; hic autem non ita: Marcus enim secundum dignitatem eos ordinavit. REMIGIUS. Andreas autem interpretatur virilis. Sicut enim apud latinos a viro derivatur virilis, ita apud graecos ab andros (1) (ανδρος) derivatur Andreas. Bene autem virilis dicitur, quia relictis omnibus secutus est Christum, et viriliter in mandatis ejus perseveravit. HIERONYMUS (super *Primus Simon qui dicitur Petrus*). Evangelista autem paria juga Apostolorum quaeque consociat. Jungit enim Petrum et Andream fratres, non tam carne quam spiritu; Jacobum et Joannem qui patrem corporis relinquentes, verum patrem secuti sunt: unde sequitur: *Jacobus Zebedaei et Joannes frater ejus.* Jacobum quoque appellat Zebedaei, quia et alius sequitur Jacobus Alphaei. CHRYSOSTOMUS (homilia 35 in Matth.). Vide autem quia non secundum dignitatem ordinat. Mihi enim videtur Joannes non aliis solum, sed etiam fratre major esse. REMIGIUS. Interpretatur autem Jacobus supplantans, sive supplantator: quia non solum vitia carnis supplantavit, sed etiam eamdem carnem Herode trucidante contempsit. Joannes interpretatur Dei gratia, quia prae omnibus diligi a Domino meruit: unde ob praecipui amoris gratiam, super pectus Domini in coena recubuit. Sequitur: *Philippus, et Bartholomaeus.* Philippus interpretatur os lampadis, sive lampadarum, quia lumen quo illuminatus est a Domino, mox invento fratri per officium oris studuit propinare. Bartholomaeus Syrum nomen est, non Hebraeum, et interpretatur filius suspendentis aquas, idest Christi: qui corda suorum predicatorum de terrenis ad caelestis sublevat et suspendit, ut quo magis caelestia penetrat, eo corda suorum auditorum gutta sanctae praedicationis magis inebriet et infundat.

Sequitur: *Thomas, et Matthaeus publicanus.* HIERONYMUS (loc. cit.). Ceteri Evangelistae in conjunctione nominum primum ponunt Mattheum, postea Thomam; nec publicani nomen ascribunt, ne antiquae conversationis recordantes sugillare Evangelistam viderentur: iste vero et post Thomam se ponit, et publicanum appellat; ut ubi abundavit peccatum, superabundet et gratia. REMIGIUS. Thomas autem interpretatur abyssus, sive geminus, qui graece dicitur Didymus. Bene autem Didymus abyssus interpretatur; quia quo diutius dubitavit, eo profundius effectum dominicae passionis credidit, et mysterium divinitatis agnovit: unde dixit (Joan. 20): « Dominus meus et Deus meus. » Matthaeus autem interpretatur donatus, quia Dei munere de publicano Evangelista factus est.

Sequitur: *Et Jacobus Alphaei et Thadaeus.* RABANUS (super *Jacobus Alphaei et Thadaeus*). Iste Jacobus est qui in Evangeliis frater Domini nominatur, et etiam in Epistola ad Galatas: quia Maria uxor Alphaei, soror fuit Mariae matris Domini, quam Joannes Evangelista Mariam Cleophae nominavit: fortasse quia idem Cleophas et Alphaeus est dictus. Vel ipsa Maria, defuncto Alphaeo, post Jacobum natum, nupsit Cleophae REMIGIUS. Et bene dicitur, *Filius Alphaei*, idest justi, sive docti: quia non solum vitia carnis supplantavit, sed etiam curam carnis contempsit: nam cujus meriti fuerit, testes sunt Apostoli qui eum Episcopum Hierosoly-

mitanae Ecclesiae ordinaverunt: unde et ecclesiastica Historia inter cetera de eo dicit, Quia carnem nunquam comedit, et vinum et siceram non bibit, balneis et lineis vestibus non est usus, die noctuque flexis genibus orabat. Adeo etiam magni meriti fuit ut ab omnibus justus vocaretur. Thadaeus autem ipse est quem Lucas Judam Jacobi, idest fratrem Jacobi appellat, cujus Epistola in Ecclesia legitur, in qua se fratrem Jacobi nominat. AUGUSTINUS de cons. Evang. (lib. 2, cap. 30, inter princ. et med.). Nonnulli autem codices habent *Lebbaeum.* Quis autem unquam prohibuit duobus vel tribus nominibus unum hominem vocari? REMIGIUS. Judas autem interpretatur confessus, eo quod Filium Dei confessus sit. RABANUS. Thadaeus autem sive Lebbaeus interpretatur corculus, idest cordis cultor.

Sequitur: *Simon Chananaeus, et Judas Iscariotes, qui et tradidit eum.* HIERONYMUS (super, *Simon Chananaeus*). Simon Chananaeus ipse est qui ab alio Evangelista scribitur Zelotes. Chana quippe zelus interpretatur. Judas autem Iscariotes, vel a vico in quo ortus est, vel ex tribu Issachar vocabulum sumpsit, ut quodam vaticinio in condemnationem sui natus sit. Issachar enim interpretatus est merces, ut significetur pretium proditoris. REMIGIUS. Interpretatur autem Iscariotes memoria Domini, quia secutus est Dominum; sive memoriale mortis, quoniam meditatus est in corde suo ut Dominum traderet in mortem; seu suffocatio, quia seipsum strangulavit. Et sciendum, quod duo discipuli hoc nomine sunt vocati, per quos omnes Christiani designantur: per Judam Jacobi illi qui in confessione fidei perseverant, per Judam Iscariotem illi qui relicta fide retro convertuntur. GLOSSA (1). Duo et duo nominatim exprimuntur, ut jugalis societas approbetur. AUGUSTINUS, 18 de Civitate Dei cap. 49. Elegit ergo hos in discipulos, quos et Apostolos nominavit, humiliter natos, inhonoratos, illitteratos (2), ut quicquid magnum essent et facerent, ipse in eis esset et faceret. Habuit inter eos unum quo malo utens bene, et (3) suae passionis impleret dispositum, et Ecclesiae suae tolerandorum malorum praeberet exemplum. RABANUS (4) (super *Judas Iscariotes*). Qui etiam non per imprudentiam inter Apostolos eligitur: magna est enim veritas quam nec adversarius minister infirmat. Voluit etiam a discipulo prodi, ut tu a socio proditus, modeste feras tuum errasse judicium, periisse beneficium.

2. GLOSSA. Quia manifestatio spiritus, ut Apostolus dicit, ad utilitatem Ecclesiae datur, post datam Apostolis potestatem, mittit eos ut potestatem ad aliorum utilitatem exequantur: unde dicitur: *Hos duodecim misit Jesus.* CHRYSOSTOMUS (homil. 33, in Matth.). Attendite autem opportunitatem missionis. Postquam enim viderunt mortuum suscitantem, mare increpantem, et cetera hujusmodi, et sufficienter virtutis ejus demonstrationem susceperant per verba et per opera, tunc eos mittit. GLOSSA (5). Mittens autem docet eos quo eant, quid

---

(1) Al. anir.

(1) Nec in Glossa quae nunc extat nec in Anselmo nec alibi occurrit. Quod autem subjungitur ex Augustino Glossa refert (*Ex edit. P. Nicolai*).

(2) Al. illuminatos.

(5) Al. bene ut

(4) Quod sub Rabani nomine sequitur, sumptum est ex Ambrosio in 6 Lucae capitulum (*Ex edit. P. Nicolai*).

(5) Insinuat Anselmus, ut ea quae sub Glossae nomine inferius adduntur, ad eamdem divisionem pertinentia (*Ex edit. P. Nicolai*).

praedicent, et quid faciant. Primo quidem quo eant: unde dicitur: *Praecipiens eis, et dicens: In viam Gentium ne abieritis, et in civitates Samaritanorum ne intraveritis: sed potius ite ad oves quae perierunt domus Israel.* HIERONYMUS (super, *In viam Gentium ne abieritis*). Non est autem contrarius locus iste ei praecepto quo postea dicitur (infra 28): *Euntes docete omnes gentes:* quia hoc ante resurrectionem, illud post resurrectionem praeceptum est. Et oportebat primum adventum Christi nuntiare Judaeis, ne justam haberent excusationem, dicentes, ideo a se Dominum rejecisse, quia ad Gentes et Samaritanos Apostolos miserit. CHRYSOSTOMUS (hom. 33). Ideo etiam primo ad Judaeos mittit, ut quasi in quadam palaestra in Judaea exercitati, ad agones orbis terrarum intrarent, et velut quosdam pullos debiles ad volandum eos inducens. GREGORIUS in hom. (4, in Evang.). Vel quia prius soli Judaeae voluit, et postmodum Gentibus praedicari, quatenus Redemptoris nostri praedicatio a propris repulsa gentiles populos quasi extraneos quaereret. Erant etiam tunc quidam qui de Judaeis vocandi essent et de Gentilibus vocandi non essent; qui nec ad vitam reparari mererentur, nec tamen gravius de contempta praedicatione judicari. HILARIUS (can. 10 in Matth.). Legis etiam lectio (1) obtinere privilegium Evangelii debebat, hoc minus Israel sceleris suis excusationem habiturus, quod plus sedulitatis in admonitione sensisset. CHRYSOSTOMUS (hom. 33). Item ne aestimarent, quia Christo conviciabantur et daemoniacum eum vocabant, quod propter hoc eos odio haberet, primum eos emendare studuit, et ab omnibus aliis discipulos (2) abducens, eis medicos et doctores mittit; et non solum prohibuit aliis annuntiare antequam Judaeis, sed neque viam quae ad Gentes fert, pertingere concedebat: quod signat cum dicit: *In viam Gentium ne abieritis.* Et quia Samaritani contrarii erant Judaeis, quamvis faciliores essent ut converterentur ad fidem; tamen neque Samaritanis priusquam Judaeis praedicari permisit: unde dicit: *Et in civitates Samaritanorum ne intraveritis.* GLOSSA (3). Samaritani quidem fuerunt Gentiles dimissi in terra Israel a rege Assyriorum post captivitatem ab eo factam, et multis periculis coacti ad Judaismum sunt conversi, circumcisionem, et quinque libros Moysi recipientes, cetera vero omnino abhorrentes: unde Judaei Samaritanis non coutebantur. CHRYSOSTOMUS (hom. 33 in Matth.). Ab his ergo discipulos avertens, ad filios Israel mittit, quos pereuntes vocat, non abscondentes (4), undique veniam eis excogitans, et attrahens eorum mentem. HILARIUS (can. 10, post princ.). Qui tamen licet oves vocentur, in Christum luporum ac viperarum linguis et faucibus saevierunt. HIERONYMUS (super *In viam Gentium ne abieritis.*) Juxta tropologiam vero praecipitur nobis qui Christi censemur nomine, ne in viam gentium, et haereticorum ambulemus errorem; ut quorum religio separata est, separetur et vita. GLOSSA. Postquam autem docuit eos quo eant, insinuat quid praedicent: unde subditur: *Euntes autem praedicate dicentes, quia appropinquabit regnum caelorum.* RABANUS (super *Appropinquabit re-*

gnum caelorum). Hic appropinquare dicitur regnum caelorum per collatam nobis fidem invisibilis creatoris, non aliqua motione electorum (1). Recte autem caeli vocantur sancti, qui Deum fide retinent, et diliguntur caritate. CHRYSOSTOMUS in hom. (33, ante med.). Vides mysterii (2) magnitudinem, vides Apostolorum dignitatem. Nihil sensibile praecipiuntur dicere, ut Moyses et Prophetae; sed nova quaedam et inopinata. illi enim terrena bona praedicaverunt, hi autem regnum caelorum, et omnia quae illic sunt bona. GREGORIUS in homil. (4 in Evang.). Adjuncta sunt autem praedicatoribus sanctis miracula, ut fidem verbis daret virtus ostensa, et nova facerent qui nova praedicarent: unde sequitur: *Infirmos curate, mortuos suscitate, leprosos mundate, daemones ejicite.* HIERONYMUS (super *Euntes praedicate*). Ne enim hominibus rusticanis, et absque eloquii (3) venustate, indoctis et illitteratis nemo crederet pollicentibus regna caelorum, dat potestatem praedicta faciendi, ut magnitudinem promissorum probet magnitudo signorum. HILARIUS (can. 10, post princ. aliquantulum). Tota autem virtutis dominicae potestas in Apostolis refertur: ut qui (4) in Adam imagine et similitudine Dei erant figurati, nunc perfectam Christi imaginem sortiantur (5); et quicquid malorum Adae corpori satanae instinctus intulerat, hoc rursum ipsi de communione dominicae potestatis emendent. GREGORIUS in hom. (29, in Evang.) Haec autem signa in exordio Ecclesiae necessaria fuerunt: ut enim fides cresceret credentium, miraculis erat nutrienda. CHRYSOSTOMUS (ibidem). Postea autem steterunt, reverentia fidei ubique plantata. Si autem et postea facta sunt, pauca et rara fuerunt: consuetudo enim est Deo talia facere cum aucta fuerint mala: tunc enim suam demonstrat potentiam. GREGORIUS in homil. 29 in Evang. ante med.). Sancta tamen Ecclesia quotidie spiritaliter facit quod tunc per Apostolos corporaliter faciebat; quae nimirum tanto majora sunt, quanto per haec non corpora, sed animae suscitantur. REMIGIUS. Infirmi quippe sunt ignavi, qui non habent vires bene vivendi; leprosi sunt immundi opere, vel delectatione carnali; mortui sunt qui opera mortis agunt; daemoniaci fiunt qui in potestatem diaboli sunt redacti. HIERONYMUS (super *Euntes autem praedicate*). Et quia semper dona spiritalia, si merces media sit, viliora sunt, adjungitur avaritiae condemnatio, cum subdit: *Gratis accepistis, gratis date:* quasi dicat: Ego magister et dominus absque pretio vobis hoc tribui: ergo et vos sine pretio date. GLOSSA. Hoc autem dicit ne Judas, qui loculos habebat, de praedicta potestate pecuniam congregare vellet, damnans etiam hic perfidiam simoniacae haereseos. GREGORIUS in hom. (4, ut supra). Praesciebat namque nonnullos donum accepti spiritus in usum negotiationis inflectere, et miraculorum signa ad avaritiae obsequium declinare. CHRYSOSTOMUS (in hom. 33). Vide autem qualiter morum diligentiam non minus habet quam signorum, monstrans quoniam signa sine his nihil sunt. Etenim superbiam eorum comprimit, dicens, *Gratis accepistis;* et ab amore pecuniarum mundos esse praecipit dicens, *Gratis date.* Vel ut non vi-

---

(1) *P. Nicolai habet* latio.
(2) *Al.* adducens.
(3) Non est in Glossa quae nunc extat sed in Anselmo (*Ex edit. P. Nicolai*).
(4) *Forte* abscedens.

(1) *P. Nicolai legit* elementorum.
(2) *Idem habet* ministerii.
(3) *Al.* elogii.
(4) *Al.* et quod.
(5) *Al.* sortiuntur.

deatur eorum esse beneficium, ait, *Gratis accepistis*: quasi dicat: Nihil vos de vestro largimini suscipientibus: neque enim mercede hoc accepistis, neque laborantes in ea gratia: *Gratis* enim *accepistis*; ita igitur aliis date; neque enim est condignum pretium eorum invenire.

3. CHRYSOSTOMUS (hom. 33). Quia spiritualium mercationem supra Dominus prohibuerat, consequenter radicem omnium malorum evellens, ait: *Nolite possidere aurum neque argentum*. HIERONYMUS (super *Nolite possidere aurum*). Si enim sic praedicant ut pretium non accipiant, superflua est auri et argenti nummorumque possessio: nam si haec habuissent, videbantur non causa salutis hominum, sed causa lucri praedicari. CHRYSOSTOMUS (hom. 33). Per hoc ergo praeceptum primo quidem discipulos facit non esse suspectos; secundo ab omni eos liberat solicitudine, ut vacationem omnem tribuant verba Dei; tertio docet eos suam virtutem. Hoc nempe eis postea dixit (Luc. 22): « Numquid « aliquid defuit vobis, quando misi vos sine saccu- « lo et pera? » HIERONYMUS (ut supra). Qui autem divitias detruncaverat, quae per aurum et argentum et aes signantur, propemodum et vitae necessaria amputat, ut Apostoli doctores verae religionis, qui instituebant, omnia Dei providentia gubernari, seipsos ostenderent nihil cogitare de crastino. GLOSSA. Unde addit: *Neque pecuniam in zonis vestris*. Duo enim sunt genera necessariorum: unum quo emuntur necessaria, quod intelligitur per pecuniam in zonis; aliud ipsa necessaria, quod intelligitur per peram. HIERONYMUS (ibid.). Per hoc autem quod dicit, *Neque peram in via*, arguit philosophos qui vulgo appellantur Baetroperitae (1), quod contemptores saeculi et omnia pro nihilo ducentes, cellarium secum vehant. Sequitur. *Neque duas tunicas*. In duabus tunicis duplex mihi videtur innuere vestimentum: non quod in locis Scythiae et glaciali nive (2) rigentibus, una quis tunica debeat esse contentus: sed quod in tunica vestimentum intelligamus, ne alio vestiti, alid nobis futurorum timore reservemus. Sequitur, *Neque calcea- menta*. Et Plato etiam praecipit illas duas corporis summitates non esse velandas, nec assuefieri debere mollitiei capitis et pedum: cum enim haec habuerint firmitatem, cetera robustiora sunt. Sequitur, *Neque virgam*: qui enim Domini habemus auxilium, baculi praesidium cur quaeramus? REMIGIUS. Ostendit etiam Dominus his verbis, quia sancti praedicatores revocati sunt ad primi hominis dignitatem: qui quamdiu caelestes possedit thesauros, ista non concupivit: sed mox ut peccando illa amisit, ista desiderare coepit. CHRYSOSTOMUS in hom. (33, a medio). Felix autem est ista commutatio : nam pro auro et argento et hujusmodi, acceperunt potestatem curandi infirmos, suscitandi mortuos, et alia hujusmodi: unde non a principio dixit eis: *Non possideatis, aurum vel argentum*: sed quando dixerat: *Leprosos mundate, daemones ejicite*. Ex quo patet quod Angelos eos ex hominibus, ut ita dicam constituit, ab omni solvens vitae hujus solicitudine: ut una sola detineantur cura, quae est doctrinae; a qua et eos solvit, dicens (infra hoc cap.): *Ne soliciti sitis quid loquamini*. Quare quod videtur esse valde onerosum et grave, hoc maxime leve eis ostendit, et

facile: nihil enim est ita jucundum, ut a cura et solicitudine erutum esse; et maxime cum possibile fuerit ab hac erutos in nullo minorari, Deo praesente, et pro omnibus nobis effecto. HIERONYMUS (super *Nolite possidere*). Et quia nudos quodammodo et expeditos ad praedicandum Apostolos miserat, et dura videbatur esse conditio magistrorum; severitatem praecepti sequenti sententia temperavit, dicens: *Dignus est enim operarius cibo suo*; quasi dicat: Tantum accipite quantum in vestitu et victu vobis necessarium est: unde Apostolus 1 Timoth. 6, « Habentes victum et vestitum, his contenti si- « mus: » et alibi (Galat. 7): « Communicet is « qui catechizatur ei qui se catechizat in omnibus « bonis; » ut quorum discipuli metunt spiritalia, consortes faciant eos carnalium suorum, non in avaritiam, sed in necessitatem. CHRYSOSTOMUS (hom. 33 . A discipulis autem Apostolos cibari oportebat; ut neque ipsi magna saperent adversus eos qui docebantur, sicut omnia praebentes; et nihil accipientes: neque rursus illi abscedant, quasi ab his despecti. Deinde ut non dicant Apostoli, Mendicantes ergo nos jubet vivere, et in hoc verecundaventur; monstrat hoc eis debitum esse, operarios eos vocans (1), et quod datur mercedem appellans: non enim quia Apostolorum in sermonibus operatio erat, aestimare debebant parvum esse beneficium quod praestabant; et ideo dicit: *Dignus est operarius cibo suo*. Hoc autem dixit, non quidem ostendens tanto pretio apostolicos dignos esse labores, sed Apostolis legem inducens, et tribuentibus suadens, quia quod ab ipsis datur, debitum est. AUGUSTINUS (2) de Pastor. (cap. 2). Non ergo est venale Evangelium, ut pro temporalibus praedicetur. Si enim sic vendunt, magnam rem vili vendunt (3). Accipiant ergo praedicatores sustentationem necessitatis a populo, mercedem dispensationis a Deo. Non enim a populo redditur quasi merces illis qui sibi in caritate Evangelii serviunt; sed tamquam stipendium datur, quo ut possint laborare, pascantur. AUGUSTINUS de cons. Evang. (lib. 2, cap. 30). Vel aliter. Cum dixerit Dominus Apostolis, *Nolite possidere aurum*, continuo subjecit: *Dignus est operarius cibo suo*: unde satis ostendit cur eos possidere hoc ac ferre noluerit: non quod necessaria non sint sustentationi hujus vitae; sed quia sic eos mittebat ut eis hoc deberi demonstraret ab illis quibus Evangelium credentibus annuntiarent, tamquam stipendia militantibus. Apparet autem hic non praecepisse Dominum ita tamquam evangelice (4) vivere aliunde non debeant, quam eis praebentibus quibus annuntiant Evangelium: alioquin contra hoc praeceptum fecit Paulus, qui victum de manuum suarum laboribus transigebat. Sed apparet potestatem dedisse Apostolis, domum in qua starent, sibi ista debere (5). Cum autem a Domino aliquid imperatur, nisi fiat, inobedientiae culpa est: cum autem a Domino potestas datur, licet cuique non uti, et tamquam de suo jure recedere. Hoc ergo ordinans Dominus, quod qui Evangelium annuntiant, de Evangelio vivant, illa Apostolis loquebatur, ut securi non possiderent, neque portarent huic vitae necessaria, nec magna

---

(1) *Al.* bactae operitae. *Corrigit ex Graeco P. Nicolai* Bactroperatae.
(2) *Al.* omittitar nive.

(1) *Al.* esse vocans.
(2) *Al.* Chrysostomus.
(3) *Al.* vilipendunt.
(4) *Al.* Evangelistae.
(5) *P. Nicolai legit.* Sed apparet potestatem dedisse Apostolis, in qua scirent sibi ista deberi.

nec minima; ideo posuit, *Nec virgam*, ostendens a
fidelibus suis omnia deberi ministris suis nulla superflua requirentibus. Hanc ergo potestatem, virgae
nomine significavit, cum dixit secundum Marcum
(cap. 6), ne quid tollerent in via nisi virgam tantum. Sed et calceamenta cum dicit Matthaeus in
via non esse portanda, curam prohibuit, qua ideo
portanda cogitantur ne desint. Hoc et de duabus
tunicis intelligendum est, ne quisquam eorum praeter eam qua esset indutus, aliam portandam putaret, solicitus ne opus esset; cum ex potestate illa
possit accipere. Proinde Marcus dicendo calceari
eos sandaliis vel soleis, aliquid hoc calceamentum
mysticae significationis habere admonet, ut pes neque tectus sit desuper, neque nudus ad terram;
idest, non occultetur Evangelium, nec terrenis commodis innitantur. Et quia non portari duas tunicas,
sed expressius indui prohibet; monet non dupliciter,
sed simpliciter ambulare. Ita Dominum omnia dixisse nullo modo dubitandum est, partim proprie,
partim figurate; sed Evangelistas alia istum, alia
illum inseruisse scriptis suis. Quisquis autem putat
non potuisse Dominum in uno sermone quaedam
figurate, quaedam proprie ponere eloquia, cetera
ejus inspiciat; et videbit quam temere atque inerudite arbitretur: quia enim Dominus monet ut
nesciat sinistra quid facit dextera, ipsas eleemosynas, et quicquid hic aliud praecipit, figurate
accipiendum putabit. HIERONYMUS (super illud, *Nolite possidere aurum*). Haec historice dixerimus; cetera secundum anagogem. Non licet magistris aurum et argentum et pecuniam quae in zonis est
possidere. Aurum saepe legimus pro sensu, argentum pro sermone, aes pro voce: haec non licet
vobis ab aliis accipere, sed data a Domino possidere; neque haereticorum et philosophorum per-
versaeque doctrinae suscipere disciplinas. HILARIUS
(can. 10 in Matth.). Quia vero zona ministerii
apparatus est, et ad efficaciam operis praecinctio;
per hoc quod aeris in zona inhibetur possessio,
ne quid in ministerio venale sit admonemur. Admonemur etiam nec peram habere in via, curam
scilicet saecularis substantiae relinquendam: quia
omnis thesaurus in terra perniciosus est cordi, illic
futuro ubi condatur thesaurus. Dicit autem, *Non
duas tunicas*: sufficit enim nobis semel Christus
indutus: neve post intelligentiam veram, altera deinceps vel haeresis vel legis veste induamus. Non
calceamenta: quia in sancta terra, peccatorum spinis atque aculeis non obsessa, ut Moysi dictum
est, nudis pedibus statuti, admonemur non alium
gressus nostri habere quam quem accipimus a Christo apparatum (1). HIERONYMUS (loc. cit.). Vel docet
Dominus pedes nostros mortiferis vinculis non alligari, sed sanctam terram ingredientes esse nudos,
neque habere virgam quae vertatur in colubrum,
neque in aliquo praesidio carnis inniti: quia hujusmodi virga et baculus arundineus est, quem si
paululum presseris, frangitur, et manum transforat
incumbentis. HILARIUS (ibidem). Potestatis autem
externae jure non sumus indigi, habentes virgam
de radice Jesse.

4. CHRYSOSTOMUS (in hom. 33). Quia dixerat superius Dominus, *Dignus est operarius cibo suo*, ne
crederetur propter hoc omnium eis januam aperire,
multam diligentiam hic jubet facere de hospite eli-

gendo: unde dicitur: *In quamcumque civitatem aut
castellum intraveritis, interrogate quis in ea dignus
sit.* HIERONYMUS (super *In quamcumque civitatem*).
Apostoli novam introeuntes urbem scire non poterant quis qualis (1) esset: ergo fama hospes eligendus est populi et judicio vicinorum; ne praedicatoris dignitas, suscipientis infamia deturpetur.
CHRYSOSTOMUS (in hom. 33, a medio). Qualiter ergo
ipse Christus apud publicanum manebat? Quia scilicet dignus effectus erat ex conversione: hoc etiam
non solum in gloriam eis proderat, sed in cibatio-
nem. Si enim dignus est, omnino dabit cibum; et
maxime cum nihil amplius necessariis peteretur.
Intende autem qualiter omnibus eos denudans, omnia eis dedit, permittens in domibus eorum qui
docebantur, manere. Ita enim et ipsi a solicitudinibus eruebantur, et aliis suadebant quoniam propter eorum advenerant salutem solam, in hoc quod
nihil deferebant, et nihil amplius necessariis expetebant. Et non ad omnes simpliciter introibant: non
enim signis solum volebat eos claros apparere, sed
magis virtute. Nihil autem ita virtutem designat,
sicut non superfluis uti. HIERONYMUS (ibidem). Hospes
unus etiam eligitur non tribuens beneficium ei qui
apud se mansurus est, sed accipiens; hic enim dicitur, *Quis in ea dignus sit*, ut magis se noverit
accipere gratiam quam dare. CHRYSOSTOMUS in homil. (33, a medio). Intende autem quia nondum
omnia eis tribuit; neque enim eis largitur ut sciant
quis sit dignus, sed jubet scrutari: non solum autem dignos jubet quaerere, sed neque de domo in
domum transmutari, cum subdit: *Et ibi manete
donec exeatis*: ut neque suscipientem contristent,
neque ipsi opinionem accipiant levitatis, aut gulae.
AMBROSIUS super Lucam (lib. 5, in cap 9, qua iter
discipuli scilicet habere debeant). Non ergo otiose
domus quam ingrediantur Apostoli, eligenda de-
cernitur, ut mutandi hospitii causa non suppetat;
non tamen eadem cautio receptori mandatur; ne
dum hospes eligitur, hospitalitas minuatur.

Sequitur: *Intrantes autem domum, salutate eam,
dicentes: Pax huic domui.* GLOSSA (interlinearis).
Quasi diceret: Pacem hospiti precamini, ut sopiatur
omnis repugnantia contra veritatem. HIERONYMUS
(super illud, *Intrantes domum salutate*). In hoc
etiam occulte salutationem (2) Hebraei ac Syri sermonis expressit. Quod enim graece dicitur *Chore*,
et latine *Ave*, hoc hebraico syroque sermone appellatur *Salemlach*, sive *Samalach*, idest pax tecum. Quod autem praecipit tale est: Introeuntes
autem, pacem imprecamini hospiti, et quantum in
vobis est, discordiae bella sedate. Sin autem orta
fuerit contradictio; vos mercedem habebitis de illata
pace; illi qui habere noluerunt, bellum possidebunt:
unde sequitur: *Et si quidem fuerit domus illa digna, veniet pax vestra super eam; si autem non
fuerit digna, pax vestra ad vos revertetur.* REMIGIUS.
Quia scilicet aut erit quisque praedestinatus ad vitam, et caeleste verbum sequitur, quod audit; aut si
nullus audire voluerit, ipse praedicator sine fructu
non erit: quia ad eum pax revertitur, quando ei
a Domino pro labore sui operis recompensatur.
CHRYSOSTOMUS (in hom. 33). Instruit ergo eos Dominus quod non propter hoc expectent ab aliis
praesalutari, quia docebant; sed antecedere salutatione, alios honorando. Deinde monstrat quod

---

(1) *Al.* paratum.

(1) *Al.* talis.
(2) similitudinem.

non sola salutatio, sed benedictio: per hoc quod dicit: *Si fuerit domus illa digna, veniet pax vestra super eam.* REMIGIUS. Docuit ergo Dominus discipulos suos offerre pacem introitu domus, ut salutatione pacis eligeretur domus digna, vel hospes; ac si patenter diceret: Omnibus offerte pacem: quia aut accipiendo dignos, aut non accipiendo indignos se manifestabunt: quamvis enim fama populi dignus electus sit hospes, tamen salutandus est, ut magis sua dignitate praedicatores vocentur, quam ultro se ingerere videantur. Haec autem pax paucorum verborum ad totam explorationem dignae domus vel hospitis potest referri. HILARIUS (can. 10, in Matth. par. ante med.). Salutant ergo Apostoli domum cum pacis affectu; sed ita ut potius pax dicta sit quam data. Porro autem pacem propriam, quae viscera miserationis sunt, non oportere in eam venire nisi sit digna; quae si digna reperta non fuerit, sacramentum pacis caelestis intra propriam Apostolorum conscientiam est continendum. In eos autem qui caelestis regni praecepta respuerint, egressu Apostolorum et signo pulveris a pedibus excussi, aeterna maledictio relinquatur: unde sequitur: *Et quicumque non receperit vos, neque audierit sermones vestros, exeuntes foras de domo vel de civitate, excutite pulverem de pedibus vestris.* Existenti enim in loco cum loco videtur esse communio. Totum ergo quod est illius domus, excusso pulvere pedum, relinquitur, nihilque sanitatis de insistentium Apostolorum vestigiis mutuatur. HIERONYMUS (super illud, *Excutite pulverem*). Pulvis etiam excutitur de pedibus in testimonium laboris sui, quod ingressi sint civitatem, et praedicatio apostolica ad illos usque pervenerit. Sive excutitur pulvis; ut si tolerabilius erit terrae Sodomorum quam illi civitati quae non recipit Evangelium; nihil ab eis accipiant, nec ad victum quidem necessaria, qui Evangelium spreverint. RABANUS (super his verbis). Vel aliter. Pedes discipulorum ipsum opus incessumque praedicationis signant. Pulvis vero quo asperguntur, terrenae levitas est cogitationis, a qua etiam summi doctores immunes esse nequeunt; cum pro auditoribus soliciti salubribus curis incessanter (1) intendunt, et quasi per itinera mundi, uno calcaneo terrae pulverem legunt. Qui ergo spreverint doctrinam docentium, sibi labores et pericula taediumque solicitudinum ad testimonium suae damnationis inflectunt. Qui vero receperint verbum, afflictiones curasque doctorum quas pro se tolerabunt, in argumentum sibi vertunt humilitatis. Et ne levis culpa videatur esse Apostolos non recipere, subdit: *Amen dico vobis: tolerabilius erit terrae Sodomorum et Gomorrhaeorum in die judicii quam illi civitati.* HIERONYMUS (super, *Tolerabilius isti erit*). Quia Sodomitis et Gomorrhaeis non fuit praedicatum; huic autem cum praedicatum sit, non recipit Evangelium. REMIGIUS. Vel quia Sodomitae et Gomorrhaei inter vitia carnis et hospitales fuisse leguntur: quamvis non tales hospites receperint sicut Apostoli. HIERONYMUS (ibidem). Si autem tolerabilius erit terrae Sodomorum quam illi civitati quae non recipit Evangelium, ergo inter peccatores supplicia diversa (2) sunt. REMIGIUS. Specialiter (3) tamen Sodomorum et Gomorrhaeorum mentionem facit,

(1) *Al. omittitur* incessanter.
(2) *Al.* divisa.
(3) *Al.* spiritualiter.

ut per hoc demonstret quia illa peccata sunt Deo magis odibilia quae fiunt contra naturam, pro quibus deletus est mundus aquis diluvii. quatuor civitates subversae, et mundus quotidie diversis malis affligitur. HILARIUS (can. 10 in Matth. ante med.). Mystice autem instruit nos Dominus non immisceri eorum domibus aut familiaritatibus qui Christum aut insectantur aut nesciunt; et in quacumque civitate interrogare quis eorum habitatione sit dignus; idest, sicubi Ecclesia sit, et Christus habitator; neque quoquam alibi transire, quia haec est domus digna et justus hospes. Judaeorum autem plures erant futuri quorum tantus in favorem legis affectus esset, ut quamvis per admirationem operum in Christum credidissent, tamen in legis operibus morarentur; alii vero explorandae libertatis, quae in Christo est, curiosi, transire se ad Evangelia ex lege essent simulaturi; multi etiam in haeresim per intelligentiae perversitatem traducerentur. Et quia istiusmodi omnes penes se esse veritatem catholicam mentiuntur, domo ipsa, idest Ecclesia, caute utendum est.

5. CHRYSOSTOMUS in hom. 34. Quia superius Apostolorum removit solicitudinem, et signorum suorum (1) ostensione eos armavit, consequenter praedicit eis mala quae debebant eis contingere. Primo quidem ut discerent praescientiae ejus virtutem; secundo ut nullus suspicaretur quoniam propter imbecillitatem magistri haec eis supervenirent mala; tertio ut ipsi sustinentes non obstupescerent, dum inopinabiliter et praeter spem evenirent; quarto ut hoc audientes non turbentur in tempore crucis; deinde ut discant quoniam nova haec praelii lex est. Nudos enim mittit, a suscipientibus jubet cibari; neque in hoc sistit, sed ulterius suam virtutem ostendit dicens: *Ecce ego mitto vos, sicut oves in medio luporum.* Ubi considerandum, quod non simpliciter ad lupos, sed in medio luporum mittit, ut sic suam virtutem magis demonstrent, cum oves lupos superaverint, etiam in medio luporum existentes; et plurimos morsus accipientes ab eis, non solum non consumuntur, sed et illos convertunt: multo autem mirabilius est et majus, transmutare mentes eorum quam interficere eos. Inter lupos autem ovium mansuetudinem eos docet ostendere. GREGORIUS in hom. (17, in Evang.). Qui enim locum praedicatoris suscipit, mala inferre non debet, sed tolerare; ut ex ipsa sua mansuetudine iram sumentium mitiget, et peccatorum vulnera ipse in aliis afflictionibus vulneratus sanet. Quoniam et si quando zelus rectitudinis exigit ut erga subditos saeviat, furor ipse de amore sit, non de crudelitate; quatenus et jura disciplinae foris exhibeat, et intus paterna pietate diligat quos foris castigat. Multi autem cum regiminis jura suscipiunt, ad lacerandos subditos inardescunt, terrorem potestatis exhibent, domini videri appetunt, patres se esse minime recognoscunt, humilitatis locum in elationem dominationis immutant; et si quando extrinsecus blandiuntur, intrinsecus saeviunt: de quibus dicitur (supra 7): *Veniunt ad vos in vestimentis ovium, intrinsecus autem sunt lupi rapaces.* Contra quae nobis considerandum est, quia sicut oves inter lupos mittimur, ut (2) sensum servantes innocentiae, morsum malitiae non habeamus. HIERONYMUS. Lupos autem Scribas

(1) *Al. deest* suorum.
(2) *Al. omittitur* ut.

et Pharisaeos vocat, qui sunt clerici Judaeorum. Hilarius (can. 10 in Matth) Lupos etiam significat omnes hos qui vesano furore in Apostolos desaevituri erant. Chrysostomus in hom. (34 in Matth.). Malorum autem erat eis consolatio mittentis virtus: et ideo ante omnia posuit dicens: *Ecce ego mitto vos*: quasi dicat: Ne turbemini, quoniam in medio luporum mittimini: possum enim facere ut nihil mali sustineatis; non solum lupis non suppositi, sed leonibus terribiliores effecti. Sed ita expedit fieri: hoc enim vos clariores facit, et meam virtutem magis divulgat. Deinde ut aliquid etiam a seipsis inferant, et non sine causa coronari aestimentur, subdit: *Estote ergo prudentes sicut serpentes, et simplices sicut columbae*. Hieronymus. Ut per prudentiam devitent insidias, per simplicitatem non faciant malum. Et serpentis astutia ponitur in exemplum: quia toto corpore occultat caput, ut illud in quo vita est, protegat. Ita et nos toto periculo corporis caput nostrum, qui Christus est, custodiamus; idest fidem integram et incorruptam servare studeamus. Rabanus (super illud, *Estote prudentes*). Solet etiam serpens eligere strictas rimas, per quas transiens veterem pellem exuat: similiter praedicator transiens per angustam viam, veterem hominem omnino deponat. Remigius. Pulchre etiam Dominus (1) praedicatores serpentis prudentiam monet habere: quia primus homo per serpentem deceptus est; ac si diceret: Quia hostis callidus fuit ad decipiendum, vos prudentes sitis ad liberandum: ille laudavit lignum, vos laudate crucis virtutem. Hilarius (can. 10 in Matth.) Ille animum primo mollioris sexus aggressus est, spe deinde illexit (2), et communionem immortalitatis spopondit. Pari ergo opportunitate, introspecta uniuscujusque natura et voluntate, verborum adhibenda prudentia est, spes futurorum bonorum revelanda; ut quod ille mentitus est, nos praedicemus ex vero, secundum sponsionem Dei, Angelis similes futuros esse qui credant. Chrysostomus in hom. 34. Sicut autem prudentiam serpentis oportet habere, ut in principalibus non laedamur; sic et simplicitatem columbae in non vindicando cum injusta patimur, neque per insidias alicui nocendo. Remigius. Ideo autem Dominus haec duo sociavit: quia simplicitas absque prudentia facile decipi potest: et prudentia periculosa est, nisi simplicitate temperetur alicui non nocendo (3). Hieronymus. Simplicitas autem columbarum ex Spiritus sancti specie demonstratur: unde dicit Apostolus: « Malitia parvuli « estote. » Chrysostomus in hom. 34. Quid autem durius his fiet jussionibus? Non enim sufficiens est pati mala: sed neque turbari conceditur, quod est columbae: ira enim non per iram, sed per mansuetudinem extinguitur. Rabanus. Quod autem lupi, de quibus supra dixerat, sint homines, ostendit cum subdit: *Cavete autem ab hominibus*. Glossa (4). Ideo autem necessarium est ut sitis sicut serpentes, idest astuti: nam secundum suam consuetudinem *tradent vos* primum *in conciliis*, prohibendo ne praedicetis in nomine meo: deinde incorrectos *flagellabunt vos*: tandem *ad reges et praesides ducemini*. Hilarius (can. 10 in Matth.). Qui extorque-

(1) *Al. deest* Dominus.
(2) *Al. omittitur* spe deinde illexit.
(3) *Al.* alicui nocendo. *P. Nicolai omittit.*
(4) Non est in Glossa quae nunc extat, sed in Anselmo: eam consuetudinem plenioribus verbis explicat, et huic appendici praemittit (*Ex edit. P. Nicolai*).

re silentium vestrum, aut conniventiam tentant. Chrysostomus in hom. 34. Mirandum est autem qualiter hoc audientes non statim abscesserint homines, qui stagnum illud nunquam egressi fuerant, circa quod piscabantur: quod non virtutis eorum erat solum, sed sapientiae doctoris. Unicuique enim malorum mitigationem adjungit: unde et hic dicit, *Propter me*: non enim parva consolatio est propter Christum pati: quoniam non ut perniciosi et nocivi haec patiebantur. Et iterum addit, *In testimonium illis*. Gregorius in hom. (34, in Evang.). Qui scilicet persequendo, mortem intulerunt, vel qui videndo non sunt mutati. Mors quippe sanctorum bonis est in adjutorium, malis in testimonium: ut inde perversi sine excusatione pereant unde electi exemplum capiunt et vivunt. Chrysostomus in hom. 34. Hoc autem eos consolabatur: non quia aliorum cupiebant poenam; sed ut confidentiam habeant; quoniam ubique eum habent praesentem et praescientem. Hilarius (can. in Matth.). Non solum autem hoc testimonio excusatio ignoratae divinitatis adimenda est persequentibus, sed etiam Gentibus via pandenda credendi in Christum, pertinaciter, inter saevientium poenas, confessorum vocibus praedicatum: et hoc est quod subjungit, *Et Gentibus*.

6 Chrysostomus in hom. 34. Cum praemissis consolationibus non parvam et aliam apponit: ut enim non dicerent, Qualiter suadere poterimus hominibus talibus persequentibus, persecutionibus existentibus? jubet eos de responsione confidere dicens: *Cum autem tradent vos, nolite cogitare quomodo aut quid loquamini*. Remigius. Duo autem dicit, *Quomodo aut quid*; quorum unum refertur ad sapientiam, alterum ad oris officium. Quia enim et ipse subministrabat verba quae loquerentur, et sapientiam qua ea proferrent; non fuerat necesse sanctis praedicatoribus cogitare (1) quid loquerentur aut quomodo. Hieronymus (super illud, *Cum autem tradent vos*). Cum enim propter Christum ducamur ad judices, voluntatem tantum nostram pro Christo debemus offerre. Ceterum ipse Christus, qui in nobis habitat, loquitur pro se, et Spiritus sancti in respondendo gratia ministrabitur. Hilarius (can. 10). Fides enim nostra omnibus praeceptis divinae voluntatis intenta, ad responsionem scientiae instruetur, in exemplo habens Abraham, cui postulanti (2) ad hostiam Isaac, non defuit aries ad victimam: et ideo sequitur: *Non enim vos estis qui loquimini, sed Spiritus Patris vestri qui loquitur in vobis*. Remigius. Et est sensus: Vos acceditis ad certamen, sed ego sum qui praelior; vos verba editis, sed ego sum qui loquor. Hinc Paulus ait 2 Corinth. 13: « An experientiam quaeritis ejus qui in me loquitur « Christus? » Hieronymus (3). Per hoc autem ad Prophetarum dignitatem eos reduxit, qui scilicet Dei spiritu sunt locuti. Cum autem hic dicat, *Ne soliciti sitis quid loquamini*, alibi dicitur 1 Petr. 3): « Parati semper ad satisfactionem omni po- « scenti vos rationem reddere de ea quae in vobis « est spe. » Cum enim in medio amicorum certamen erit, jubemur esse soliciti; cum autem est judicium terribile, et plebes insanientes, et timor undique, auxilium a Christo praebetur, ut confidenter loquantur, et non obstupescant

7. Glossa (ord. super illud, *Tradet frater fra-*

(1) *Al. deest* cogitare.
(2) *P. Nicolai habet* postulato.
(3) Chrysostomus hom. 34 (*Ex edit. P. Nicolai*).

trem) (1). Praemissa consolatione, subdit graviora pericula: unde dicitur: *Tradet autem frater fratrem in mortem, et pater filium; et insurgent filii in parentes, et morte eos afficient.* GREGORIUS in hom. (55, in Evang.). Minorem enim dolorem ingerunt mala quae ab extraneis, majorem quae ab illis patimur de quorum mentibus praesumebamus: quia cum damno corporis mala nos cruciant caritatis amissae. HIERONYMUS (ibidem). Hoc autem in persecutionibus fieri crebro videmus: nec ullus est inter eos fidus affectus quorum diversa (2) est fides. CHRYSOSTOMUS (hom. 54). Deinde quod est multo horribilius apposuit, dicens: *Et eritis odio omnibus hominibus.* Ut enim communes orbis terrarum hostes, ita eos expellere tentabant. Hinc etiam rursus apponitur consolatio cum dicit, *Propter nomen meum.* Et cum hoc rursus aliud consolatorium ponitur, cum subditur: *Qui autem perseveraverit usque in finem, hic salvus erit.* Quoniam enim consueverunt multi in principio quidem esse vehementes, postea vero dissolvi, propter hoc ait: Quoniam finem requiro. Quae enim utilitas est seminum in principio quidem florescentium, postmodum autem tabescentium? Propter hoc autem sufficientem perseverantiam expetit ab ipsis HIERONYMUS. Non enim coepisse sed perfecisse virtutis est. REMIGIUS. Nec inchoantibus, sed perseverantibus praemium tribuitur. CHRYSOSTOMUS (homil. 54). Ne autem aliquis dicat, quia omnia Christus in Apostolis fecit, nihil mirabile est tales illos esse effectos, nihil patientes onerosum: propter hoc ait, quod perseverantia eis est opus. Etsi enim ex primis eruti fuerint periculis, aliis difficilioribus conservantur; et post illa rursus alia succedent, et non stabunt quin insidias patiantur donec vivunt: et hoc occulte insinuat, dicens: *Qui perseveraverit usque in finem, hic salvus erit.* REMIGIUS. Idest qui praecepta fidei non deseruerit, et in persecutionibus non defecerit, salvus erit: quia pro persecutionibus terrenis percipiet praemia regni caelestis. Et notandum, quia finis non semper signat consumptionem, sed aliquando perfectionem, juxta illud Rom. 10, « Finis legis Christus est. » Unde etiam potest esse sensus: *Qui perseveraverit usque in finem,* idest in Christo. AUGUSTINUS, 21 de Civ. Dei (cap. 25). In Christo namque perseverare, est in fide ejus permanere, quae per dilectionem operatur.

8. CHRYSOSTOMUS in hom. 55. Postquam praedixit terribilia quae post crucem et resurrectionem et ascensionem, eis erant ventura, rursus ducit eos ad mansuetiora; non enim jussit eos ad persecutionem audacter ire, sed fugere: unde dicit: *Cum autem persequentur vos in civitate ista, fugite in aliam.* Quia enim interim principium erat conversionis eorum, condecente utitur sermone. HIERONYMUS (super, *Cum persecuti*). Hoc enim ad illud tempus referendum est, cum ad praedicationem Apostoli mittebantur, quibus et proprie dictum est: *In viam Gentium ne abieritis;* quod persecutionem timere non debeant, sed declinare. Quod quidem videmus in principio fecisse credentes, quando orta Hierosolymis persecutione, dispersi sunt in universam Judaeam, ut tribulationis occasio fieret Evangelii seminarium. AUGUSTINUS cont. Faust. lib.

22. cap. 59). Neque tamen Salvator non poterat tueri discipulos suos, quibus fugere praecepit (1): et hujus rei prior exemplum praebuit: sed instruebat hominis infirmitatem, ne Deum tentare audeat quando habet quid faciat, ut quod cavere oportet, evadat. AUGUSTINUS, 1 de Civit. Dei (cap. 25). Potuit autem eos admonere ut sibi manus inferrent, ut non in manus persequentium devenirent. Porro si hoc ille non jussit aut monuit, ut hoc modo sui ex hac vita emigrarent, quibus migrantibus se mansionem aeternam praeparaturum esse promisit: quaelibet (2) exempla opponent gentes quae ignorant Deum, manifestum est hoc non licere credentibus unum verum Deum. CHRYSOSTOMUS in hom. 55. Ne autem dicant, Quid igitur si persecutionem passi fugeremus, et rursus hinc nos abjecerint? hunc destruens timorem ait: *Amen dico vobis, non consummabitis,* idest non pervenietis ad me, circueuntes Palaestinam, donec vos assumam. RABANUS. Vel praedicit quod non ante praedicationibus suis ad fidem perducent omnes civitates Israel, quam resurrectio Domini fuerit perpetrata, et in toto orbe terrarum praedicandi Evangelium potestas concessa. HILARIUS (can. 10). Vel aliter. Ex una in aliam fugam suadet: quia praedicatio ejus primum a Judaea effugata transit ad Graeciam; deinde diversis intra Graeciae urbes Apostolorum passionibus fatigata, tertio in universis Gentibus demoratur. Sed ut ostenderet, Gentes quidem Apostolorum praedicationi credituras; verum ut reliquum Israel crederent esse adventui suo debitum, ait; *Non consummabitis civitates Israel;* idest, post plenitudinem Gentium, quod erit reliquum Israel ad implendum numerum sanctorum, futuro claritatis Christi adventu est in Ecclesia convocandum. AUGUSTINUS in epistola (180, ad Honor.) Faciant ergo servi Christi quod praecepit vel permisit: sicut ipse (5) fugit in Aegyptum, fugiant omnino de civitate in civitatem, quando eorum quisquam specialiter a persecutoribus quaeritur: ut ab aliis qui non ita requiruntur, non deseratur Ecclesia; sed praebeant cibaria conservis, quos aliter vivere non posse noverunt, Cum autem omnium, idest Episcoporum, clericorum et laicorum, est commune periculum, hi qui aliis indigent non deserantur ab his quibus indigent. Aut igitur ad loca munita omnes transeant; aut qui habent necessitatem remanendi, non relinquantur ab eis per quos illorum Ecclesiastica est supplenda necessitas: ut vel pariter vivant, vel pariter sufferant quod eos paterfamilias volet pati. REMIGIUS. Praeterea sciendum est, quod sicut praeceptum perseverandi in persecutionibus specialiter ad Apostolos pertinet, et ad eorum successores viros fortes; sic licentia (4) fugiendi satis convenit infirmis in fide, quibus condescendit pius magister: ne si se ultro ad martyrium obtulissent, fortassis positi in tormentis negarent: levius enim erat fugere quam negare. Sed quamvis fugiendo perfectae fidei constantiam in se non ostenderent, tamen magni meriti erant; quoniam omnia pro Christo parati erant deserere, scilicet fugiendo. Nisi autem illis licentiam fugiendi dedisset, dicerent eos aliqui alienos esse a gloria regni caelestis. HIERONYMUS (super *Cum persecuti*

---

(1) Non est in Glossa quae nunc extat, sed in Anselmo; etsi sequentem appendicem ex Gregorio sumptam Glossa refert, ejus nomine non expresso (*Ex edit. P. Nicolai*).
(2) *Al.* divisa.

(1) *Al.* quia non poterat tueri discipulos suos, ideo fugere praecipit.
(2) *Al.* quae licet.
(5) *Al.* Christus.
(4) *Al.* licet licentia.

vos fuerint). Spiritualiter autem possumus dicere: *Cum persecuti vos fuerint in una civitate,* hoc est in uno Scripturarum libro vel testimonio, nos fugiamus ad alias civitates, idest ad alia volumina: quamvis enim contentiosus fuerit persecutor, ante praesidium Salvatoris adveniet quam adversariis victoria concedatur.

9. CHRYSOSTOMUS in homil. 35. Quia futurum erat ut discipuli cum praemissis persecutionibus etiam diffamati malam opinionem paterentur, quod multis onerosius esse videbatur; hic eos consolatur a seipso, et ab his quae de ipso sunt dicta; cui consolationi nulla poterat esse aequalis. HILARIUS (can. 10 in Matth.). Dominus enim lumen aeternum, dux credentium, et immortalitatis parens, discipulis suis futurarum passionum solatium (1) ante praemisit, ut gloriae loco amplectamur, si Domino nostro vel passionibus adaequemur: unde dicit: *Non est discipulus super magistrum, nec servus super dominum suum.* CHRYSOSTOMUS in hom. 35. Intelligendum, donec fuerit discipulus et servus: non est inquam, super magistrum et dominum, secundum honoris naturam. Nec mihi ea quae raro contingunt hic objicias; sed ab his quae sunt in pluribus, suscipe hunc sermonem. REMIGIUS. Magistrum autem et dominum semetipsum appellat: per servum et discipulum, suos vult intelligi Apostolos. GLOSSA (ordinaria). Quasi dicat: Ne indignemini tolerare quae tolero, quia dominus sum, faciens quod volo, et magister, docens quod utile scio. REMIGIUS. Et quia haec sententia minus videbatur superioribus verbis congrua; quo tendant verba, manifestatur cum subditur: *Si patremfamilias Beelzebub vocaverunt, quanto magis domesticos ejus ?* CHRYSOSTOMUS in hom. 35. Non dixit servos, sed domesticos, ut multam ad eos familiaritatem ostenderet; sicut et alibi dixit (Joan. 15): «Non dicam vos « servos, sed amicos meos. » REMIGIUS. Quasi dicat: Vos ergo temporales honores et humanam gloriam non quaeratis, dum me videtis per irrisiones et opprobria genus humanum redimere. CHRYSOSTOMUS in hom. 35. Non solum autem dixit, Si domus dominum conviciati sunt; sed ipsam speciem convicii, quoniam Beelzebub eum vocaverunt. HIERONYMUS (super *Si patremfamilias Beelzebub*). Beelzebub idolum est Accaron, quod vocatur in Regum volumine idolum muscae: Beel, ipse est (2) Bel, sive Baal; zebub autem musca dicitur. Principem ergo daemoniorum ex spurcissimi idoli appellabant vocabulo, qui musca dicitur propter immunditiam, quae exterminat suavitatem olei.

11. REMIGIUS. Post praemissam consolationem, aliam non minorem subjungit dicens: *Ne ergo timueritis eos,* scilicet persecutores. Quare autem non esset timendum manifestat cum subjungit: *Nihil enim est opertum quod non reveletur, et occultum quod non sciatur.* HIERONYMUS (hoc loco). Quomodo ergo in praesenti saeculo multorum vitia nesciuntur ? Sed de futuro tempore scribitur; quando judicabit Deus occulta hominum, et illuminabit latebras tenebrarum, et manifesta faciet consilia cordium (1 Corinth. 4). Et est sensus: Nolite timere persecutorum saevitiam, et blasphemantium rabiem: quia veniet dies judicii, in quo et vestra virtus, et illorum nequitia demonstrabitur. HILARIUS (can. 10 in Matth.). Igitur non minas, non con-

(1) *Al.* in futurarum passionum solatium.
(2) *Al. omittitur* est.

vicia non potestates insectantium monet esse metuendas; quia dies judicii nulla haec fuisse atque inania revelabit. CHRYSOSTOMUS, in hom. 35. Vel aliter. Figura quidem eorum quae dicuntur. universalem videtur enuntiationem habere: verum non de omnibus, sed de praemissis solum dictum est: quasi dicat: Si doletis audientes convicia, hoc cogitate, quia et ab hac suspicione post parum eruemini. Vocant quidem vos ariolos et magos et seductores; sed expectate parum, et salvatores vos orbis terrarum universi dicent; cum per res ipsas (1) apparueritis benefactores: nec illorum attendent (2) sermonibus homines, sed rerum veritati (REMIGIUS. Quidam autem dicunt, quod his verbis promiserit Dominus discipulis suis quod per eos essent revelanda omnia occulta mysteria, quae sub velamine litterae legis latebant: unde Apostolus dicit Corinth. 5: « Cum conversi fuerint ad Christum, « tunc auferetur velamen »). Et est sensus: Quare debetis timere vestros persecutores, cum tantae sitis dignitatis ut per vos occulta mysteria legis et Prophetarum sint manifesta ? CHRYSOSTOMUS in hom. 35. Deinde quia eos ab omni timore liberaverat, et altiores opprobriis fecerat, nunc opportuno tempore eis loquitur de libera propalatione, quae est in praedicatione, dicens: *Quod dico vobis in tenebris, dicite in lumine; et quod in aure auditis, praedicate super tecta.* HILARIUS (can. 10 in Matth.). Non legimus Dominum solitum fuisse noctibus sermocinari, aut doctrinam in tenebris tradidisse; sed hoc dicit, quia omnis sermo ejus carnalibus tenebrae sunt, et verbum ejus infidelibus nox est. Itaque quod ab eo dictum est, cum libertate fidei et confessionis, est loquendum. REMIGIUS. Est ergo sensus: *Quod dico vobis in tenebris,* idest inter Judaeos incredulos, vos *dicite in lumine,* idest fidelibus praedicate: *et quod in aure auditis,* idest quod dico vobis secrete, *praedicate super tecta,* idest palam coram omnibus. Solemus enim dicere. In aurem loquitur illi, idest secrete. RABANUS. Sane quod ait, *Praedicate super tecta,* juxta morem provinciae Palaestinae loquitur, ubi solent in tectis residere: quia non sunt cacuminata, sed aequalia. Ergo praedicabitur in tectis quod cunctis audientibus palam dicetur. GLOSSA (ordinaria). Vel aliter: *Quod dico vobis in tenebris,* idest dum adhuc in timore carnali estis, *dicite in lumine,* idest in fiducia veritatis, cum a Spiritu sancto eritis illuminati; *et quod in aure auditis,* idest solo auditu percipitis, *praedicate,* opere complendo, *super tecta,* existentes, idest corpora vestra quae sunt domicilia animarum. HIERONYMUS. Vel aliter. *Quod dico vobis in tenebris, dicite in lumine;* idest, quod auditis in mysterio, apertius praedicate: *et quod in aure auditis, praedicate super tecta;* idest, quod vos erudivi in parvulo Judaeae loco, universis urbibus in toto mundo audacter edicite (3). CHRYSOSTOMUS (in homil. 35 . Sicut autem quando dicebat Joan. 14: « Qui credit in me, opera « quae ego facio et ille faciet, et majora his fa- « ciet: » ita et hic monstrat quoniam omnia per eos operatur, etiam plusquam per seipsum; quasi dicat: Principium ego dedi; sed quod plus est, per

(1) *Al.* per ipsos.
(2) *Al.* intendent.
(3) *In Venetis duobus jam citatis exemplis, et in eodem Antuerpiensi sic legitur.* Super tecta; idest, quod vos erudivi in parvulo Judaeae loco universis urbibus in toto mundo audacter edicite: *omnibus intermediis omissis.*

vos explere volo. Hoc autem non injungentis est solum, sed et futurum praedicentis et ostendentis quoniam omnia superabunt. HILARIUS (can. 10, a medio). Constanter ergo ingerenda est Dei cognitio, et profundum doctrinae evangelicae secretum lumine praedicationis revelandum, non timendo eos quibus cum sit licentia in corpora tantum, in animam jus nullum est: et ideo subditur: *Et nolite timere eos qui occidunt corpus, animam autem non possunt occidere.* CHRYSOSTOMUS in hom. (35, super, *Nolite timere*). Vide qualiter omnibus eos statuit superiores: non solicitudinem solum et maledictionem, neque pericula, sed et ipsam quae omnibus videtur terribilior, mortem suadens propter Dei timorem contemnere: unde subdit: *Sed potius eum timete qui potest et animam et corpus perdere in gehennam.* HIERONYMUS (hoc loco). Nomen gehennae in veteribus libris non invenitur; sed primo a Salvatore ponitur. Quaeramus ergo quae sit hujus sermonis occasio. Idolum Baal fuisse juxta Hierusalem ad radices montis Moria, in quibus Siloa fluit, non semel legimus. Haec vallis et parva campi planities irrigua erat et nemorosa, plenaque deliciis, et lucus (1) in ea idolo consecratus. In tantam autem populus Israel dementiam venerat ut, deserta templi vicinia, ibi hostias immolaret, et rigorem religionis deliciae vincerent, filiosque suos incenderent daemoni : et appellabatur locus ipse Gehennon, idest vallis filiorum Hennon. Hoc Regum volumen, et Paralipomenon et Hieremias scribunt plenissime: et comminatur Deus se locum ipsum impleturum cadaveribus mortuorum, ut nequaquam vocetur Tophet et Baal, sed vocetur πολυανδριον polyandrion, idest tumulus mortuorum. Futura ergo supplicia et poenae perpetuae quibus peccatores cruciandi sunt, hujus loci vocabulo denotantur. AUGUSTINUS, 13 de Civit. Dei (cap. 2). Hoc autem non antea fiet quam anima corpori fuerit copulata, ut nulla direptione separentur; et tamen tunc recte mors animae dicitur, quia non vivit ex Deo; mors autem corporis, quia in damnatione novissima quamvis homo sentire non desinat, tamen quia sensus ipse nec voluntate suavis nec quiete salubris, sed dolore poenalis est, mors potius appellata quam vita. CHRYSOSTOMUS in homil. (35, in Matth.). Vide autem rursus, quia non promittit eis liberationem a morte, sed suadet contemnere mortem; quod multo majus est quam erui a morte; et quod hoc sermone ea quae de immortalitate sunt dogmata eis infigit.

11. CHRYSOSTOMUS (in hom. 35). Postquam timorem mortis excluserat, ne aestimarent Apostoli quod si interficerentur, essent derelicti a Deo, rursus sermonem de providentia Dei inducit, dicens: *Nonne duo passeres asse veneunt; et unus ex illis non cadet super terram sine Patre vestro?* HIERONYMUS (super *Nonne duo passeres*). Et est sensus: Si parva animalia absque Deo non decedunt auctore, et omnibus est providentia, et quae in his peritura sunt, sine voluntate Dei non pereunt, vos qui aeterni estis, non debetis timere quod absque Dei vivatis providentia. HILARIUS (can. 10). Mystice autem quod venditur, corpus atque anima est; et cui venditur, peccatum est. Qui ergo duos passeres asse vendunt, seipsos peccato minimo vendunt, natos ad volandum, et ad caelum pennis spiritualibus efferendos; sed capti pretiis praesentium vo-

(1) *Al.* locus.

luptatum, et ad luxum saeculi venales, totos se talibus actionibus nundinantur. Dei autem voluntatis est ut unus ex illis magis evolet; sed lex constitutione Dei perfecta (1) decernit unum ex eis potius decidere. Quemadmodum enim si evolarent, unum essent, fieretque corpus spirituale; ita peccatorum pretio venditis, anima terrenam contrahit ex vitiorum sorde materiam, fitque unum ex illis quod tradatur in terram. HIERONYMUS. Quod autem ait, *Vestri autem capilli capitis omnes numerati sunt,* immensam Dei erga homines ostendit providentiam, et ineffabilem signat affectum, quod nihil nostrorum Deum lateat. HILARIUS (loc. cit.). In numerum enim aliquid colligi. diligentiae est. CHRYSOSTOMUS (homil. 35). Unde hoc dixit, non quod pilos Deus numeret; sed ut diligentem cognitionem et multam circa eos providentiam ostendat. HIERONIMUS (super, *Nonne duo passeres*). Derident autem intelligentiam ecclesiasticam in hoc loco qui carnis resurrectionem negant; quasi nos et capillos qui numerati sunt, et a tonsore decisi, omnes dicamus resurgere; cum Salvator non dixerit: Vestri autem et capilli omnes salvandi sunt, sed *Numerati sunt.* Ubi numerus est, scientia numeri demonstratur, non ejusdem numeri conservatio. AUGUSTINUS ult. de Civitate Dei (cap. 19). Quamvis de ipsis capillis possit inquiri, utrum redeat quicquid tondentibus decidit: quod si rediturum est, quis non exhorreat illam deformitatem? Semel autem intellecto, ita nihil periturum esse de corpore, ita ut deforme nihil sit in corpore; simul intelligitur, ea quae deformem factura fuerant enormitatem, massae ipsi accessura esse, non locis quibus membrorum forma turbetur: velut si de limo vas fieret quod rursus in eumdem limum redactum, totum de toto iterum fieret; non esset necesse ut illa pars limi quae in ansa fuerat, ad ansam rediret; aut quae fundum fecerat, ipsa rursus faceret fundum; dum tamen totum reverteretur in totum; idest, totus ille limus in totum vas, nulla sui parte perdita, remearet (2). Quapropter, si capilli toties tonsi ad sua loca deformiter redeunt, non redibunt, quia in eamdem carnem, ut quemcumque locum ibi corporis teneant, servata partium congruentia, materiae in utilitatem (3) vertentur. Quamvis quod dicit Lucae 21: « Capillus capitis vestri non peribit, » non de longitudine, sed de numero capillorum posset intelligi: unde et hic dicitur: *Capilli capitis vestri numerati sunt.* HILARIUS (can. 10, ut supra). Neque enim dignum negotium est peritura numerare: ut igitur nihil ex nobis periturum esse cognosceremus, ipso capillorum nostrorum supputatorum numero indicatur. Nullus igitur corporum nostrorum casus est pertimescendus: et ideo subditur: *Nolite ergo timere: multis passeribus meliores estis vos.* HIERONYMUS. In quo manifestius superior expositionis sensus expressus est, quo ti mere non debeant eos qui possunt corpus occidere: quoniam si sine Dei scientia, parva quoque animalia non decidunt, quanto magis homo, qui apostolica fultus sit dignitate? HILARIUS (ibid.). Vel cum dicit plurimis eos antestare passeribus, ostendit multitudini infidelium electionem fidelium praeesse: quia his casus in terra est, illis volatus in caelum. REMIGIUS. Mystice autem Christus caput est,

(1) *P. Nicolai habet* ex constitutione Dei profecta.
(2) *Al.* remaneat.
(3) *P. Nicolai legit* materiae mutabilitate.

18

Apostoli capilli; qui pulchre numerati dicuntur, quia nomina sanctorum scripta sunt tn caelis.

15. CHRYSOSTOMUS (homil. 55). Ejiciens Dominus timorem qui discipulorum concutiebat animam , per ea quae consequuntur rursus eos confortat, non solum timorem ejiciens, sed et spe praemiorum majorum eos erigens in liberam propalationem veritatis, dicens: *Omnis ergo qui confitebitur me coram hominibus, confitebor et ego eum coram Patre meo qui est in caelis* (1). Considera autem diligenter, quod non dixit, *Qui confitebitur me*: sed quemadmodum graece legitur, *Qui confitebitur in me*; ut tibi ostenderet non propria virtute, sed gratia superiore adjutum, confiteri eum qui confitetur. HILARIUS (ibidem). Hoc concludendo dicit, quia doctrinis talibus confirmatos oportet liberam Dei confitendi (2) habere constantiam. REMIGIUS. Confessio autem hic illa intelligenda est de qua dicit Apostolus, Rom. 10: « Corde creditur ad justitiam, « ore fit confessio ad salutem. » Ne ergo aliquis putaret se absque oris confessione posse salvari, non solum ait, *Qui me confessus fuerit*; sed addit, *Coram hominibus*; et iterum addit: *Qui autem negaverit me coram hominibus, negabo et ego eum coram Patre meo qui est in caelis*. HILARIUS (ibid.). In quo ostendit, quales nos testes hominibus fuerimus, tales apud Deum Patrem testimonio ejus usuros. CHRYSOSTOMUS (in hom. 55, circa med.). Ubi considerandum est, quia in poena amplius est supplicium, et in bonis major retributio. Quasi dicat: Superabundasti prius, me hic confitendo aut negando; superabundabo et ego, ineffabiliter tibi majora dando: illic enim ego te confitebor aut negabo. Propter hoc si feceris aliquod bonum, et non susceperis retributionem, ne turberis: cum additamento enim in futuro tempore retributio te expectat. Et si feceris aliquod malum, et non exsolveris vindictam, non. contemnas; illic enim te excipiet poena, nisi transmuteris, et melior fias. RABANUS (super, *Omnis qui confitebitur*). Et sciendum. quod negare quod Deus non sit, nec Pagani possunt; sed quod non sit Deus Filius et Pater, negari ab infidelibus potest. Confitebitur ergo aliquem Filius apud Patrem, quia per Filium habebit accessum ad Patrem, et quia Filius dicit (infra 25): *Venite, benedicti Patris mei*. REMIGIUS. Negabit autem negantem se, quia per ipsum non habebit accessum ad Patrem, et a conspectu suae divinitatis et Patris repelletur. CHRYSOSTOMUS (hom 55, a med.). Ideo autem non solum fidem quae est secundum mentem, sed et confessionem exigit oris, ut erigat nos in liberam propalationem et ampliorem amorem, excelsos nos faciens. Haec autem verba ad universos loquitur: et neque in persona Apostolorum loquitur solum: non enim solos Apostolos, sed et discipulos eorum facit viriles. Qui nunc hoc servat, non solum cum libera propalatione docebit, sed et omnibus facile suadebit: hujus enim verbi observatio multos ad Apostolos adduxit. RABANUS. Vel confitetur quis Jesum ea fide quae per dilectionem operatur, mandata ejus fideliter implendo; negat qui praeceptis non obedit.

15. HIERONYMUS. Supra dixerat: *Quod dico vobis in tenebris, dicite in lumine*: nunc infert quid post praedicationem sequatur, dicens: *Nolite arbitrari quia venerim pacem mittere in terram. Non veni pacem mittere, sed gladium*. GLOSSA (1). Vel aliter continua. Sicut timor mortis non debet attrahere (2), sic nec carnalis affectus. CHRYSOSTOMUS (hom. 56). Qualiter ergo eis injunxit ut in unamquamque domum: ingredientes pacem indicerent; qualiter etiam et Angeli dixerunt, Luc. 2: « Gloria « in excelsis Deo, et in terra pax hominibus: » quoniam haec maxime est pax, cum id quod aegrotat, inciditur; cum id quod litem infert, separatur: ita enim possibile erit caelum terrae copulari. Nam et medicus ita reliquum conservat corpus, cum id quod insanabiliter se habet absciderit. Ita quidem et in turri Babel gestum est: malam enim pacem bona dissonantia solvit. Ita et Paulus eos qui adversus eum consonabant, divisit. Non enim ubique concordia bonum est: nam et latrones consonant (3) Hoc autem praelium non est sui propositi, sed illorum consilii. HIERONYMUS (ibidem). Ad fidem enim Christi totus orbis contra se divisus est. Unaquaeque domus et infideles habuit et credentes; et propterea bellum missum est bonum, ut rumperetur pax mala. CHRYSOSTOMUS (hom. 56 in Matth., sub initio fere). Hoc autem dixit quasi discipulos consolans: ac si diceret: Ne turbemini, quasi praeter spem his contingentibus: propter hoc enim veni, ut praelium mittam. Et non dixit, Praelium; sed, quod difficilius est, *Gladium*. Voluit enim asperitate verborum eorum excitare auditum, ut non in difficultate rerum deficiant: ne aliquis dicat, quod blanda suasit, sed difficilia occultavit. Melius est enim in rebus mansuetudinem videre, quam in verbis; et propter hoc in his non stetit; sed exponens praelii speciem, ostendit hoc esse civili bello difficilius, dicens: *Veni enim separare hominem adversus patrem suum, et filiam adversus matrem suam, et nurum adversus socrum suam* In quo ostendit quod non solum in familiaribus erit hoc praelium, sed in amantissimis et valde necessariis: quod maxime Christi virtutem ostendit: quia discipuli haec audientes et ipsi susceperunt, et aliis suaserunt. Quamvis autem non ipse Christus hanc separationem fecerit, sed illorum malitia; tamen dicit se facere, secundum Scripturae consuetudinem. Scriptum est enim (Isai. 6): « Dedit eis Deus oculos ut non « videant. » Hoc autem maxime ostendit, vetus testamentum novo esse cognatum (4). Etenim in Judaeis unusquisque proximum interficiebat, quando vitulum fecerunt, et quando Beelphegor immolaverunt: unde, ut monstraret eumdem esse cui haec et illa placuerunt, prophetiae meminit, dicens: *Et inimici hominis, domestici ejus*. Et in Judaeis tale aliquid contigit: erant enim Prophetae et pseudoprophetae; et plebs scindebatur, et domus dividebantur; et hi quidem his credebant, alii autem illis. HIERONYMUS (super *Veni enim separare*). Hic autem locus prope iisdem verbis in Michaea Propheta scribitur. Et notandum, ubicumque de veteri testamento testimonium ponitur, utrum sensus tantum, an et verba consentiant. HILARIUS (can. 10, post med.). Mystice autem gladius telorum omnium

---

(1) *In duobus exemplis Venetis supra indicatis, in Antuerpiensi solito, et in Edition. Nicolai desunt sequentia usque ad indicem Hilarii.*

(2) *Al.* de Deo confitendi.

(1) Interlinearis; quae tamen initium illud non habet, *Vel aliter continua*, sed sequentia simpliciter proponit *(Ex edit. P. Nicolai).*

(2) *Al.* sicut mors non debet attrahere.

(3) *Al.* consonabant.

(4) *Al.* non esse cognatum.

acutissimum est, in quo est jus potestatis, et judicii severitas, et animadversio peccatorum. Dei igitur verbum nuncupatum meminerimus in gladio; qui gladius missus est in terram; idest, praedicatio ejus hominum cordibus infusa. Hic igitur quinque habitantes in una domo dividit, tres in duos, et duos in tres: et tria ad hominem referimus; idest, corpus et animam et voluntatem: nam ut corpori anima data est, ita et potestas homini utendi utroque ut vellet, indulta est: atque ob illud lex est proposita voluntati. Sed hoc tantum in illis deprehenditur qui primi a Deo figurati sunt. Sed ex peccato atque infidelitate primi parentis, sequentibus generationibus coepit esse corporis nostri pater peccatum, mater animae infidelitas. Voluntas autem sua unicuique adjacet: ergo jam unius domus quinque sunt. Cum ergo innovamur baptismi lavacro, per virtutem verbi ab originis nostrae peccatis separamur, recisique quadam (1) absectione gladii Dei, a patris et matris affectionibus dissidemus, fitque gravis in domo una dissensio, et domestica novo homini erunt inimica: quia ille manere in spiritus novitate gaudebit; ea vero quae a prosapiae antiquitate deducta sunt, consistere in his quibus oblectantur concupiscunt. AUGUSTINUS de quaest. Evang. (in Matth. qu. 3). Vel aliter: *Veni separare hominem adversus patrem suum:* quia renuntiat quis diabolo qui fuit filius ejus: *et filiam adversus matrem suam;* idest, plebem Dei adversus mundanam civitatem, hoc est perniciosam societatem generis humani, quam nunc Babylonia nunc Ægypto, nunc Sodoma, nunc aliis atque aliis nominibus Scriptura signat. *Nurum adversus socrum suam:* Ecclesiam adversus synagogam, quae secundum carnem Christum peperit sponsum Ecclesiae. Dividuntur autem in gladio spiritus, quod est verbum Dei. *Et inimici hominis, domestici ejus,* cum quibus ante consuetudine implicatus erat. RABANUS. Nulla apud eos jura custodiri possunt inter quos fidei bellum est. GLOSSA (2). Vel aliter. Hoc dicit, quasi dicat: Non ad hoc inter homines veni ut carnales affectus confirmem, sed spiritali gladio dissecem; unde recte dicitur: *Et inimici hominis domestici ejus.* GREGORIUS, 3 Mor. (cap. 5). Callidus namque adversarius, cum a bonorum cordibus repelli se conspicit, eos qui ab illis valde diliguntur, exquirit; et per eorum verba blandiens loquitur qui plus ceteris amantur: ut dum vis amoris cor perforat, facile persuasionis ejus gladius ad intimae rectitudinis munimina (3) irrumpat.

14. HIERONYMUS (super illud, *Qui amat patrem*). Quia ante praemiserat: *Non veni pacem mittere, sed gladium, et dividere hominem adversus patrem et matrem et socrum:* ne quis pietatem religioni auferret, subjecit, dicens: *Qui amat patrem aut matrem plusquam me, non est me dignus.* Et in Cantico legimus Canticorum (cap. 2): « Ordinavit « in me caritatem. » Hic enim ordo in omni affectu necessarius est. Ama post Deum, patrem aut matrem aut filios. Si autem necessitas venerit ut amor parentum aut filiorum Dei amori comparetur, et non possit utrumque salvari; odium in suos, pietas in Deum est. Non ergo prohibuit amari patrem aut matrem; sed signanter addidit, *Plusquam me.* HILARIUS (can. 10, prope finem). Illi enim qui

domesticas hominum caritates dilectioni ejus praetulerint, futurorum bonorum indigni erunt (1) hereditate. CHRYSOSTOMUS (hom. 36, ante med.). Si autem Paulus jubet per omnia parentibus obedire, non mireris: in illis enim solum dicit obediendum quae non nocent pietati: etenim sanctum est omnem eis alium reddere honorem. Cum autem plus debito exegerint, non oportet assentire. Sunt autem haec veteri testamento consonantia : etenim illic eos qui idola colebant, non odio habere solum, sed et lapidare Dominus jubet: et in Deuteronomio (cap. 33) dicitur: « Qui dixerit patri « suo et matri suae, Nescio vos; et fratribus suis, « Ignoro illos: hi custodierunt eloquium tuum. » GLOSSA (2). Videtur autem id (3) in pluribus accidere ut parentes plus diligant filios, quam filii diligant eos: et ideo gradatim postquam suum amorem amori parentum esse praeponendum docuit, docet consequenter praeferendum esse filiorum amori, dicens: *Et qui amat filium aut filiam super me, non est me dignus.* RABANUS. Per quod signat illum divino consortio esse indignum qui consanguinitatis carnalem amorem praeponit spiritali amori Dei. CHRYSOSTOMUS (in hom. 36). Deinde ut non moleste ferant illi, scilicet quibus amor Dei praefertur; ad altiorem adducit sermonem. Anima enim nihil est familiarius alicui, sed tamen et hanc non simpliciter eam haberi odio jussit (4), sed ut eam quis tradat in occisiones et sanguines; ostendens quod non solum ad mortem oportet esse paratum, sed ad mortem violentam et reprobatissimam, scilicet mortem crucis; unde sequitur: *Et qui non accipit crucem suam et sequitur me, non est me dignus.* Nihil autem adhuc eis de propria dixerat passione; sed interim in his eos erudit ut sermonem de passione ejus magis suscipiant. HILARIUS (can. 10, super *Qui non accipit crucem*). Vel qui Christi sunt, crucifixerunt corpus suum cum vitiis et concupiscentiis; et indignus est Christo qui non crucem suam, in qua compatimur, commorimur, consepelimur, consurgimus, accipiens, Dominum sit secutus, in hoc sacramento fidei spiritus novitate victurus. GREGORIUS in hom. (32, in Evang., al. hom. 37). Crux quippe a cruciatu dicitur: et duobus modis crucem Domini bajulamus: cum aut per abstinentiam carnem affligimus; aut per compassionem proximi, necessitatem illius nostram putamus. Sciendum vero est, quod sunt nonnulli qui carnis abstinentiam non pro Deo, sed pro inani gloria exhibent; et sunt nonnulli qui compassionem proximo non spiritaliter sed carnaliter impendunt, ut ei non ad virtutem, sed quasi miserando ad culpas faveant. Hi itaque crucem videntur ferre, sed Dominum non sequuntur: et ideo ait, *Et sequitur me.* CHRYSOSTOMUS (homil. 36 in Matth., ante med.). Quia vero praecepta haec quae injunguntur, onerosa videbantur, ponit et utilitatem eorum maximam existentem, dicens, *Qui invenit animam suam, perdet eam;* quasi dicat: Non solum haec quae praemisi, non nocent, sed maxime proderunt; contraria vero nocebunt: et hoc ubique facit. Ab his enim

---

(1) *Al.* recisi, quia. *P. Nicolai habet* recisique quibusdam etc.
(2) Interlinealis (*Ex edit. P. Nicolai*).
(3) *Al.* munimen.

(1) *Al.* indiguerunt.
(2) Nec in Glossa quae nunc est, nec in Anselmo extat; ut nec apud alium interpretem occurrit (*Ex edit. P. Nicolai*).
(3) *Al.* omittitur id.
(4) *Supplet sensum P. Nicolai hoc modo:* Sed tamen et hanc nisi oderis, contraria retribuentur tibi. Non tamen simpliciter eam haberi odio jussit etc.

quae homines concupiscunt inducit, sicut si dicat: Propter quid non vis contemnere animam tuam? Quia diligis eam? Quocirca propter hoc contemne, et tunc ei maxime proderis. REMIGIUS. Anima autem in hoc loco non substantia est intelligenda, sed haec vita praesens; et est sensus: Qui invenit animam suam, scilicet hanc presentem vitam; idest, qui hanc lucem et ejus dilectionem et voluptates ad hoc desiderat ut semper invenire possit; istam quam semper servare cupit, perdet, et animam suam aeternae damnationi praeparat. RABANUS (hoc loco). Vel aliter. Qui salutem animae suae quaerit aeternam, eam (1) perdere, hoc est in mortem dare, non dubitat. Utrique autem sensui congruit apte quod sequitur: *Et qui perdiderit animam suam propter me, inveniet eam.* REMIGIUS. Idest, qui hanc temporalem lucem, et ejus dilectiones et voluptates tempore persecutionis propter confessionem nominis mei contempserit, animae suae inveniet aeternam salutem. HILARIUS (can. 10, prope finem). Sic ergo proficit lucrum animae in mortem, et damnum in salutem: detrimento enim brevis vitae, fenus immortalitatis acquiritur.

16. HIERONYMUS (super illud, *Qui recipit vos me recipit*). Dominus ad praedicationem discipulos mittens, docet pericula non timenda, et affectum subjicit religioni: aurum supra tulerat, aes de zona excusserat: dura Evangelistarum conditio. Unde ergo sumptus, unde victus, unde necessaria, et cetera? Et ideo austeritatem praeceptorum, spe temperat promissorum, inquiens: *Qui recipit vos, me recipit*: ut in suscipiendis Apostolis unusquisque credentium Christum se suscepisse arbitretur. CHRYSOSTOMUS (hom. 36). Sufficientia siquidem erant praemissa ad persuadendum eis qui erant Apostolos suscepturi. Quis enim eos qui ita erant fortes, et omnia (2) contemnebant ut alii salverentur, non susciperet omni cum desiderio? Et superius quidem poenam comminatus est his qui non reciperent; hic autem retributionem promittit recipientibus. Et primo quidem repromittit honorem suscipientibus Apostolos, ut Christum suscipiant, et etiam Patrem: unde subdit: *Et qui me recipit, recipit eum qui me misit.* Quid autem huic honori fiet aequale, ut quis Patrem et Filium recipiat? HILARIUS (can. 10, paulo ante finem). In quibus verbis docet etiam in se mediatoris officium; qui cum sit receptus a nobis, atque ipse profectus ex Deo sit, Deus per illum transfusus in nobis sit; et per hunc ordinem gratiarum non est (3) aliud Apostolos recepisse quam Deum: quia et in illis Christus, et in Christo Deus habitat. CHRYSOSTOMUS (homil. 36, parum ante med.). Promittit autem post haec et aliam retributionem, dicens: *Qui recipit Prophetam in nomine Prophetae, mercedem Prophetae accipiet.* Non autem simpliciter dixit: *Qui suscipit Prophetam;* aut *qui suscipit justum;* sed addit, *In nomine Prophetae, et in nomine justi;* hoc est, si non propter vitae hujus eminentiam, neque propter aliud temporalium susceperit, sed quia vel Propheta est vel justus. HIERONYMUS (super illud, *Qui Prophetam recipit*). Vel aliter. Quia ad susceptionem magistrorum discipu-

los provocaverat, poterat credentium occulta esse responsio: Ergo et pseudoprophetas, et Judam proditorem debemus suscipere. Unde Dominus dicit, non personas suscipiendas esse, sed nomina; et mercedem non perire suscipientis, licet indignus fuerit qui susceptus sit. CHRYSOSTOMUS (hom. 36, parum ante medium). Dicit autem, *Mercedem Prophetae, et mercedem justi accipiet;* idest qualem decens est accipere eum, qui suscipit Prophetam vel justum; vel qualem Propheta aut justus est accepturus (1). CHRYSOSTOMUS in hom 36. Non enim ait mercedem de Propheta, vel justo, sed mercedem Prophetae vel justi. Iste enim fortasse justus est; et quanto in hoc mundo nihil possidet, tanto loquendi pro justitia fiduciam majorem habet. Hunc cum ille sustentat qui in hoc mundo aliquid possidet; illius justitiae libertatem sibi participem facit, et cum eo pariter justitiae praemia recipiet quem sustentando adjuvit. Ille prophetiae spiritu plenus est, sed tamen corporeo eget alimento: et si corpus non reficitur, certum est quod vox ipsa subtrahatur. Qui igitur Prophetae alimenta tribuit, vires illi ad loquendum dedit: cum Propheta ergo mercedem Prophetae accipiet qui hoc ante Dei oculos exhibuit quod adjuvit. HIERONYMUS (super his verbis). Mystice autem qui Prophetam recipit ut Prophetam, et intelligit eum de futuris loquentem, hic Prophetae mercedem accipiet. Igitur Judaei carnaliter intelligentes Prophetas, mercedem non accipient Prophetarum. REMIGIUS. Nonnulli vero Prophetam intelligunt Dominum Jesum Christum, de quo Moyses dicit (Deut. 18): « Prophetam vobis « suscitabit Deus: » quem similiter per justum intelligunt, quia incomparabiliter justus est. Qui ergo in nomine justi et Prophetae, scilicet Christi, Prophetam vel justum suscipit, ab eo recipiet remunerationem pro cujus amore recipit. HIERONYMUS (circa finem com. in cap. 10 Matth.). Poterat autem aliquis causari et dicere: Paupertate prohibeor ut hospitalis esse non possim: et hanc excusationem levissimo exemplo diluit, ut calicem aquae frigidae toto animo porrigamus, dicens: *Et quicumque potum dederit uni ex minimis istis, aquae frigidae calicem tantum in nomine discipuli, amen dico vobis, non perdet mercedem suam.* Frigidae, inquit, non calidae; ne et in calida paupertatis et penuriae lignorum occasio quaereretur. REMIGIUS. Dicit autem, *Minimis,* idest non Prophetae non justo, sed alicui ex minimis. GLOSSA (ordinaria). Ubi nota, Deum magis ad pium affectum dantis respicere quam ad quantitatem rei exhibitae. Vel minimi (2) sunt qui nihil penitus habent in hoc mundo, et judices erunt cum Christo. HILARIUS (can. 10 in fine). Vel praevidens plures futuros tantum apostolatus nomine gloriosos, omni vero vitae suae opere improbabiles; obsequium quod ipsis sub religionis opinione delatum est, mercede non fraudat: nam licet et ipsi minimi essent, idest peccatorum omnium ultimi, non inania tamen in eos, etiam levia, sub frigidae aquae nomine designata, officia esse decernit. Non enim peccatis hominis, sed discipuli nomini honor praestitus est.

---

(1) *Al. deest* eam.
(2) *Al* omnes.
(3) *Al. omittitur* est.

(1) Gregorius in hom. 20, in Evang. (*Ex edit. P. Nicolai*).
(2) *Al.* ut minimi.

CAPUT UNDECIMUM.

1. Et factum est cum consummasset Jesus praecipiens duodecim discipulis suis, transiit inde, ut doceret et praedicaret in civitatibus eorum.

2. Joannes autem cum audisset in vinculis opera Christi, mittens duos de discipulis suis, ait illi: Tu es qui venturus es, an alium expectamus? Et respondens Jesus, ait illis: Euntes renuntiate Joanni quae audistis et vidistis. Caeci vident, claudi ambulant, leprosi mundantur, surdi audiunt, mortui resurgunt, pauperes evangelizantur: et beatus est qui non fuerit scandalizatus in me.

5. Illis autem abeuntibus, coepit Jesus dicere ad turbas de Joanne: Quid existis in desertum videre? Arundinem vento agitatam? Sed quid existis videre? Hominem mollibus vestitum? Ecce qui mollibus vestiuntur, in domibus regum sunt. Sed quid existis videre? Prophetam? Etiam dico vobis, et plusquam Prophetam: hic est enim de quo scriptum est: Ecce ego mitto Angelum meum ante faciem tuam, qui praeparabit viam tuam ante te.

4. Amen dico vobis, non surrexit inter natos mulierum major Joanne Baptista. Qui autem minor est in regno caelorum, major est illo.

5. A diebus autem Joannis Baptistae usque nunc, regnum caelorum vim patitur, et violenti rapiunt illud. Omnes enim Prophetae et lex usque ad Joannem prophetaverunt: et si vultis recipere, ipse est Elias, qui venturus est. Qui habet aures audiendi, audiat.

6. Cui autem similem aestimabo generationem istam? Similis est pueris sedentibus in foro, qui clamantes coaequalibus dicunt: Cecinimus vobis, et non saltastis; lamentavimus, et non planxistis. Venit enim Joannes neque manducans neque bibens; et dicunt, Daemonium habet. Venit Filius hominis manducans et bibens; et dicunt: Ecce homo vorax et potator vini, publicanorum et peccatorum amicus. Et justificata est sapientia a filiis suis.

7. Tunc coepit exprobrare civitatibus in quibus factae sunt plurimae virtutes ejus, quia non egissent poenitentiam. Vae tibi Corozaim, vae tibi Bethsaida: quia si in Tyro et Sidone factae essent virtutes quae factae sunt in vobis, olim in cilicio et cinere poenitentiam egissent. Verumtamen dico vobis: Tyro et Sidoni remissius erit in die judicii quam vobis. Et tu, Capharnaum, numquid usque in caelum exaltaberis? Usque in infernum descendes: quia si in Sodomis factae fuissent virtutes quae factae sunt in te, forte mansissent usque in hanc diem. Verumtamen dico vobis, quia terrae Sodomorum remissius erit in die judicii quam tibi.

8. In illo tempore, respondens Jesus dixit: Confiteor tibi, Pater Domine caeli et terrae, quia abscondisti haec a sapientibus et prudentibus, et revelasti ea parvulis. Ita, Pater, quoniam hoc fuit placitum ante te.

9. Omnia mihi tradita sunt a Patre meo. Et nemo novit Filium nisi Pater, neque Patrem quis novit nisi Filius, et cui voluerit Filius revelare.

10. Venite ad me omnes qui laboratis et onerati estis, et ego reficiam vos. Tollite jugum meum super vos, et discite a me quia mitis sum et humilis corde, et invenietis requiem animabus vestris. Jugum enim meum suave est, et onus meum leve.

---

1. RABANUS. Postquam discipulos suos Dominus ad praedicandum mittens, praemissis verbis eos instruxit, ipse etiam quod docuerat verbis, factis implevit, offerens primam praedicationem Judaeis; et hoc est quod dicitur: *Et factum est cum consummasset Jesus.* Dicit autem, *Transiit inde.* CHRYSOSTOMUS in hom. 57. Quia enim eos misit, subtraxit seipsum, dans locum eis et tempus facere quae injunxerat: eo enim praesente et curante, nullus ad discipulos vellet accedere. REMIGIUS. Pulchre autem de speciali (1) doctrina, qua scilicet Apostolos instruxerat, ad generalem transit, in civitatibus praedicando; quia in hoc de caelis ad terras descendit, ut omnes illuminaret: in quo facto monentur etiam sancti praedicatores ut omnibus prodesse studeant.

2. GLOSSA (2). Posuerat supra Evangelista quomodo per miracula et doctrinam Christi tam discipuli quam turbae instruebantur (3); nunc ostendit quomodo haec instructio usque ad discipulos Joannis perveniret, qui ad Christum aemulationem habere videbantur: unde dicit: *Joannes autem cum audisset in vinculis opera Christi, mittens duos ex discipulis suis, ait illi: Tu es qui venturus es, an alium expectamus?* GREGORIUS (hom. 6 in Evang.). Quaerendum autem nobis est :Joannes Propheta, et plusquam Propheta, qui venientem ad baptismum Dominum ostendit, dicens (Joan. 1) « Ecce agnus Dei, ecce qui tollit peccata mundi: » cur in carcere positus mittens discipulos requirit: *Tu es qui venturus es, an alium expectamus?* tamquam si ignoraret quem ostenderat, et an ipse sit nesciat quem ipse prophetando, baptizando, ostendendo, ipsum esse clamaverat. AMBRO-

(1) *Al.* de spirituali.
(2) Nec in Glossa nec in Anselmo est, ut nec apud alium interpretem occurrit (*Ex edit. P. Nicolai*).
(5) *Al.* instruantur.

sius super Luc. (cap. 7). Nonnulli autem hoc sic intelligunt. Magnum quidem ita Prophetam esse Joannem, ut Christum agnosceret, annuntiaret remissionem peccatorum futuram; sed tamen, tamquam pium vatem, quem venturum crediderat, non credidisse moriturum. Non igitur fide, sed pietate dubitavit. Dubitavit etiam Petrus dicens (infra 16): *Propitius tibi esto Domine: non fiet hoc.* CHRYSOSTOMUS in hom. 57. Sed non utique hoc habet rationem. Joannes enim neque hoc ignorabat: sed hoc primum testatus est dicens (loc. cit.): « Ecce agnus « Dei, ecce qui tollit peccata mundi. » Agnum enim vocans, crucem divulgat: nec aliter quam per crucem peccatum abstulit mundi. Qualiter autem major Propheta est, hic, si neque quae Prophetarum sunt noscit? Etenim Isaias (cap. 55) dicit: « Sicut ovis ad occisionem ductus est. » GREGORIUS in homil. (6, in Evang.) Sed aliter haec quaestio solvitur, si gestae rei tempus pensatur. Ad Jordanis enim fluenta positus, quia ipse Redemptor mundi esset, asseruit; missus vero in carcerem, an ipse veniat, requirit: non quia ipsum esse mundi Redemptorem dubitat; sed quaerit, ut sciat si is qui per se in mundum venerat, per se etiam ad inferni claustra descendat. HIERONYMUS (super *Tu es qui venturus es ?*). Unde non ait, Tu es qui venisti? sed, *Tu es qui venturus es ?* et est sensus: Manda mihi, quia ad inferna descensurus sum, utrum te etiam inferis debeam nuntiare; an alium ad haec sacramenta missurus es ? CHRYSOSTOMUS in hom. (57, a medio). Sed qualiter et hoc habet rationem ? Cujus enim gratia non dixit, Tu es qui venturus es in infernum ? sed simpliciter, *Qui venturus es ?* Quamvis et derisibilius videatur quod propter hoc ei dixerit, ut et illuc abiens praedicaret: praesens enim vita, gratiae tempus est; post obitum autem judicium est et poena: quare in

nullo opus erat praecursore illic. Sed aliter. Si infideles post mortem credentes essent salvandi, nullus peribit aliquando: omnes enim poenitebunt tunc,
et adorabunt. « Omne enim genu flectetur, caele-
« stium, terrestium, et infernorum: » Philip. 2.
GLOSSA. Considerandum autem est, quod non ideo
Hieronymus et Gregorius dixerunt, quod Joannes
adventum Christi in infernum praenuntiaturus esset
quia ejus praedicatione aliqui non credentes converterentur ad fidem; sed ut justis in expectatione
Christi manentibus ex vicino adventu consolationem
afferret, HILARIUS (can. 1 in princ.). Certum est tamen
quod qui venturum ut praecursor nuntiavit, consistentem ut Propheta agnovit, adeuntem ut confessor veneratus est, ejus abundanti scientiae error
non obrepsit. Nec sane credi potest, Spiritus sancti
gratiam in carcere posito defuisse, cum Apostolis
virtutis suae lumen esset in carcere positis ministra-
turus. HIERONYMUS (in princ. Com. in cap. Matth.).
Non ergo quasi ignorans interrogat; sed quomodo
Salvator interrogat ubi sit Lazarus positus; ut
qui locum sepulcri indicabant, saltem sic pararen-
tur ad finem, ut viderent mortuum resurgentem;
sic et Joannes interficiendus ab Herode discipulos
suos mittit ad Christum, ut per hanc occasionem
videntes signa atque virtutes, crederent in eum,
et magistro interrogante sibi discerent. Quod autem haberent discipuli Joannis aliquid mordacita-
tis ex invidia adversus Dominum, superior quoque
interrogatio demonstravit, cum dixerunt: *Quare nos
et Pharisaei jejunamus frequenter, discipuli autem
tui non jejunant?* CHRYSOSTOMUS in hom. 57. Donec
igitur Joannes erat cum ipsis, suadebat eis continue de Christo: quia autem jam erat obiturus, amplius studium facit. Etenim formidabat, ne relinquat in discipulis suis perniciosi dogmatis conditionem, et maneant abjecti a Christo, cui et a principio omnes suos afferre studuit. Si autem dixisset
eis, Abite ad ipsum, quia melior me est; non utique persuasisset, sed aestimaretur humilia de se
sentiens hoc dicere; et sic magis essent ei affixi.
Quid igitur facit? Expectat ab eis audire quod
Christus miracula facit. Neque omnes misit; sed
duos quosdam, quos noverat fortassis aliis persua-
sibiliores existentes: ut insuspicabilis interrogatio
fieret, et ex rebus ipsis discerent distantiam inter
eum et Jesum. HILARIUS (can. 11). Joannes igitur non
suae, sed discipulorum ignorantiae consulit: ut enim
scirent non alium a se praedicatum, ad opera ejus
intuenda discipulos suos misit, ut auctoritatem dictis suis illius opera conferrent; nec Christus alius
expectaretur quam cui testimonium opera praesti-
tissent. CHRYSOSTOMUS (hom. 57, in Matth.). Idem
Christus autem mentem noscens Joannis, non dixit, Quoniam ego sum: quia per hoc rursus obsi-
sterent audientibus (1): excogitassent enim, etsi
non dixissent, quod Judaei ad ipsum dixerunt (Joan.
8), « Tu de teipso testimonium perhibes. » Et
propter hoc a miraculis fecit eos discere, insuspi-
cabilem doctrinam faciens, et manifestiorem. Testimonium enim quod est a rebus, credibilius est testimonio quod est a verbis. Unde confestim curavit
caecos et claudos et alios multos, non ut doceret
Joannem scientem, sed hos qui dubitabant: et ideo
sequitur: *Et respondens Jesus ait illis: Euntes renuntiate Joanni quae audistis et vidistis. Caeci vident, claudi ambulant, leprosi mundantur, surdi*

(1) *Al.* hoc audientibus.

audiunt, mortui resurgunt, pauperes evangelizantur.
HIERONYMUS (sup. illud, *Pauperes evangelizantur*).
Quod praemissis non minus est. Pauperes autem
evangelizatos intellige, vel pauperes spiritu, vel
certe opibus pauperes : ut nulla inter nobiles
et ignobiles, inter divites et egenos in praedicatione distantia sit: haec magistri rigorem, haec
praeceptoris comprobant veritatem, quando omnis
apud eum qui salvare (1) potest aequalis est. CHRY-
SOSTOMUS (ut supra). Quod autem ait, *Et beatus
est qui non fuerit scandalizatus in me,* internun-
tios percutit: quia enim scandalizabantur in ipso,
dubitationem eorum non divulgans, et soli eorum
conscientiae derelinquens, redargutionem eorum latenter induxit. HILARIUS (can. 11 super his verbis).
Itaque cui rei Joannes cavisset, ostendit dicens beatos eos in quibus aliquid in se scandali non fuisset:
quia metu ejus, scilicet ne scandalizarentur, discipulos suos Joannes, ut Christum audirent, misit.
GREGORIUS (hom. 6 in Evang.). Vel aliter. Infidelium mens grave in Christo scandalum pertulit, cum
eum etiam post tot miracula morientem vidit: unde Paulus dicit 1 Corinth. 1, « Nos praedicamus
« Christum crucifixum, Judaeis quidem scandalum. »
Quid ergo est dicere, *Beatus qui non fuerit scandalizatus in me,* nisi aperta voce abjectionem mortis suae humilitatemque signare ? ac si patenter
dicat: Mira quidem facio, sed abjecta perpeti non
dedignor. Quia ergo moriendo te subsequor, cavendum valde est hominibus ne in me mortem despiciant qui signa venerantur. HILARIUS (ibidem).
Praebetur etiam mystice in his quae in Joanne
gesta sunt, intelligentia amplior, ut Propheta ipso
conditionis suae genere prophetizaret, quia in eo
forma legis lata (2) est: Christum enim lex annuntiavit, et remissionem peccatorum praedicavit, et
regnum caelorum spopondit; et Joannes totum hoc
opus legis explevit. Igitur cessante jam lege (quae
peccatis plebis inclusa, ne Christus posset intelligi, quasi vinculis et quasi carcere continebatur),
ad Evangelia contuenda lex mittit, ut infidelitas
fidem dictorum contempletur in factis. AMBROSIUS
super Lucam (cap. 7, vel lib. 5 in Lucam in cap.
de missione discipulorum Joannis). Et fortasse isti
discipuli quos misit, sunt populi: unus qui ex Judaeis
credidit, aliter qui ex Gentibus.

3. CHRYSOSTOMUS (hom. 58, circa princ.) Quantum ad discipulos Joannis, satis actum erat: cer-
tificati enim de Christo per signa quae viderant,
recesserunt. Sed oportebat etiam turbas sanari,
quae ex interrogatione discipulorum Joannis multa
inconvenientia subintellexerint, ignorantes mittentis consilium. Poterant utique dicere: Qui tanta
testatus est de Christo, aliter persuasus est nunc,
et dubitat utrum sit ipse. Numquid ergo altercans (3)
ad Jesum hoc dicit ? Numquid timidior a carcere
factus ? Numquid vane et inaniter priora dixit ?
HILARIUS (can. 11). Ac ne illud quod immediate
praemiserat, referri posset ad Joannem, tamquam
scandalizatus esset de Christo (4), subditur: *Illis
autem abeuntibus, coepit Jesus dicere ad turbas de
Joanne.* CHRYSOSTOMUS in hom. (58, parum a princ.).
Propter hoc autem abeuntibus eis, ut non videatur
homini adulari. Corrigens autem et plebem, non

(1) *Al.* salvari.
(2) *P. Nicolai habet* elata.
(3) *Al.* alterius, *item* alteratus. *P. Nicolai legit* altercatus.
(4) *Al.* in Christo.

ducit in medium suspicionem eorum, sed solutionem cogitationum eorum inducit, quae eos in dubitationem mittebant, demonstrans se nosse occulta. Neque enim dixit sicut Judaeis, *Quid cogitatis mala ?* etsi mala cogitaverint: non tamen ex malitia, sed ex ignorantia; unde non loquitur eis dure, sed respondet pro Joanne, ostendens quod non excidit a priori opinione. Hoc autem docet, non solum proprio verbo, sed eorum testimonio; non tantum per ea quae dixerunt, sed per ea quae egerunt: ideoque ait: *Quid existis in desertum videre ?* ac si diceret: Propter quod civitates dimittentes convenistis in desertum? Non enim plebs tanta cum tanto desiderio in eremum venisset, nisi magnum quemdam et mirabilem et petra solidiorem se videre existimans. GLOSSA (1). Non autem tunc exierant in desertum ad hoc ut viderent Joannem: nec enim erat tunc in deserto, sed in carcere; sed praeteritum refert, quia frequenter exierat populus in desertum videre Joannem, cum adhuc esset in deserto. CHRYSOSTOMUS in hom. 38. Et vide quia, omnem aliam malitiam praetermittens, removet a Joanne levitatem, de qua turbae dubitabant, dicens: *Arundinem vento agitatam ?* GREGORIUS in hom. (6 in Evang.). Quod videlicet non asserendo, sed negando intulit. Arundinem quippe, mox ut aura contingit, in partem flectit; per quam carnalis animus designatur, qui mox ut favore et detractione tangitur, in partem quamlibet declinatur. Arundo ergo vento agitata Joannes non erat, quem a status sui rectitudine nulla rerum varietas inflectebat. Ac si Dominus diceret. HIERONYMUS (super illud, *Illis abeuntibus*). Numquid ob hoc existis in desertum ut videretis hominem calamo similem, qui omni vento circumfertur, et levitate mentis de eo ambigeret quem antea praedicaret ? An forsitan stimulis invidiae contra me cogitur, et praedicatio ejus vanam sectatur gloriam, ut ex ea quaerat lucra ? Cur divitias cupiat ? Ut affluat dapibus ? Locustis vescitur et melle silvestri. An ut mollibus vestiatur ? Pili camelorum sunt tegmen ejus; et ideo subdit: *Sed quid existis videre ? Hominem mollibus vestitum ?* CHRYSOSTOMUS in hom. 38. Vel aliter. Quod non sit Joannes similis calamo mobili, per vestium studium significastis, scilicet in desertum exeuntes. Non tamen potest aliquis dicere, quod Joannes quidem constans erat, sed postea lasciviae serviens factus est mobilis: sicut aliquis est iracundus natura, alius per infirmitatem longam: ita aliqui sunt mobiles per naturam, alii vero lasciviae serviendo mobiles fiunt. Joannes autem neque natura mobilis erat; propter quod dixerat: *Num existis videre arundinem vento agitatam?* neque lasciviae dans se ipsum, perdidit quam habebat excellentiam: quod enim non servierit lasciviae, monstrat stola, solitudo et carcer (2). Si enim vellet mollibus vestiri, non eremum inhabitasset, sed regum palatia: unde sequitur: *Ecce qui mollibus vestiuntur, in domibus regum sunt.* HIERONYMUS (ibidem). Ex hoc ostenditur rigidam vitam et austeram praedicationem vitare debere aulas regum, et mollium hominum palatia declinare. GREGORIUS in hom. (6 in Evang.). Nemo

autem existimet in fluxu (1) atque studio pretiosarum vestium peccata deesse: quia si hoc culpa non esset, nullo modo Joannem Dominus de vestimenti sui asperitate laudasset. Et nequaquam Petrus feminas a pretiosarum vestium appetitu compesceret, dicens (1 Pet. 3): « Non in veste pretiosa. » AUGUSTINUS, 3 de Doctrina Christiana (cap. 12). Cum in omnibus talibus non usus rerum, sed libido utentis in culpa est. Quisquis enim rebus restrictius utitur quam se habent mores eorum cum quibus vivit, aut temperans (2), aut superstitiosus est. Quisquis vero sic utitur, ut metas consuetudinis bonorum inter quos versatur excedat; aut aliquid significat, aut flagitiosus est. CHRYSOSTOMUS in hom. 38. A loco autem et vestimentis, et a concursu hominum, ejus moribus designatis, inducit jam et Prophetam eum (3) esse, dicens: *Sed quid existis videre ? Prophetam ? Dico vobis etiam plus quam Prophetam.* GREGORIUS (hom. 6). Prophetae enim ministerium est ventura praedicere, non etiam demonstrare. Joannes ergo plusquam Propheta est: quia eum quem praecurrendo prophetaverat, etiam ostendendo nuntiabat. HIERONYMUS. In quo etiam ceteris Prophetis major est: et quia ad privilegium prophetale etiam baptismi accessit praemium, ut suum Dominum baptizaret. CHRYSOSTOMUS in hom. 38. Deinde monstrat secundum quid est major, dicens: *Hic est enim de quo scriptum est: Ecce mitto Angelum meum ante faciem tuam.* HIERONYMUS (super *Sed quid existis videre?*). Ut enim meritorum Joannis augmentum faceret, de Malachia testimonium infert, in quo etiam Angelus praedicatur. Angelum autem hic dici Joannem non putemus naturae societate, sed officii dignitate; idest nuntium qui venturum Dominum nuntiavit. GREGORIUS (hom. 6). Qui enim graece Angelus, hic latine Nuntius dicitur. Recte ergo qui nuntiare supernum nuntium venerat, Angelus vocatur, ut dignitatem servet in nomine, quam explet in operatione. CHRYSOSTOMUS in hom. 38. Monstrat igitur secundum quid est major Joannes Prophetis; secundum id scilicet quod est prope Christum: et ideo dicit: *Mitto ante faciem tuam,* hoc est prope te: sicut enim qui prope currum regis incedunt, aliis sunt clariores, ita et Joannes prope Christi praesentiam. GLOSSA (4). Deinde alii Prophetae missi sunt ut adventum Christi annuntiarent; iste autem, ut praepararet viam ipsius: unde sequitur: *Qui praeparabit viam tuam ante te;* idest, pervia reddet tibi corda auditorum, poenitentiam praedicando et baptizando. HIERONYMUS (can. 11 in Matth. super his verbis). Mystice autem desertum Spiritu sancto vacuum est sentiendum, in quo habitatio Dei nulla sit; in arundine homo talis ostenditur de gloria saeculi vitae suae inanitate speciosus, in se autem fructu veritatis cavus, exterior placens, et nullus interior, ad omnem ventorum motum, idest, immundorum spirituum flatum, movendus, neque ad consistendi firmitatem valens, et animae medullis inanis. Veste autem, corpus quo induitur anima signatur, quod luxu ac lasciviis mollescit. In regibus transgressorum angelorum nuncupatio est: hi enim sae-

---

(1) Sic exemplar utrumque S. Thomae quod ad manum est; nihil tale in Glossa quae nunc extat; sed in Auctore imperfecti operis in Matthaeum, inter Opera Chrysost. hom. 27, paulo ante medium (*Ex edit. P. Nicolai*).

(2) *Al.* monstrat stola, solicitudo, et carcer: *item* monstrat solitudo et carcer. *P. Nicolai habet* monstrat sola solitudo, et carcer.

(1) *Forte* in luxu.

(2) *Al.* intemperans.

(3) *Al* etiam eam.

(4) Interlinealis quo ad posteriorem tamen appendicem: prima enim iterum ex Auctore operis imperfecti sumpta est, inter Opera Chrysost. ut supra (*Ex edit. P. Nicolai*).

culi sunt potentes, mundique dominantes. Ergo vestiti mollibus in domibus regum sunt; idest, illos (1) quibus per luxum fluida et dissoluta sunt corpora, patet esse daemonum habitationem. GREGORIUS (hom. 6). Joannes etiam mollibus vestitus non fuit, quia vitam peccantium non blandimentis fovit, sed rigore asperae invectionis increpavit, dicens (supra 5): *Genimina viperarum etc.*

4. CHRYSOSTOMUS (hom. 38). Praemissa commendatione Joannis ex Prophetae testimonio, non hic stetit, sed jam sententiam propriam de ipso inducit, dicens: *Amen dico vobis, non surrexit major inter natos mulierum Joanne Baptista.* RABANUS (super illud, *Non surrexit major Joanne Baptista*). Ac si diceret: Quid dicere per singula de commendatione Joannis ? *Amen dico vobis, inter natos mulierum etc.* Inter natos, inquit, mulierum, non virginum: mulieres enim proprie corruptae vocantur. Si autem Maria aliquando mulier in Evangelio nuncupatur, sciendum est, Interpretem, mulierem pro femina posuisse, sicut ibi, « Mulier, ecce filius tuus: » Joan. 19. HIERONYMUS (ibidem). His ergo praefertur hominibus qui de mulieribus nati sunt et de concubitu viri, et non ei qui natus est ex Virgine et Spiritu sancto; quamvis in eo quod dicit, *Non surrexit inter natos mulierum major Joanne Baptista,* non ceteris Prophetis et Patriarchis cunctisque hominibus (2) Joannem praetulit, sed Joanni ceteros exaequavit: non enim statim sequitur ut si alii majores eo non sunt, ille major aliorum sit CHRYSOSTOMUS super Matth. (homil. 28, in oper. imperf.). Sed tanta cum sit justitiae altitudo ut in illa nemo possit esse perfectus nisi solus Deus; puto quia omnes sancti quantum ad subtilitatem divini judicii invicem sibi inferiores sunt aut priores. Ex quo intelligimus quoniam qui majorem se non habet, major omnibus est. CHRYSOSTOMUS in hom. 38. Ne autem rursus superabundantia laudum pariat aliquod inconveniens Judaeis Joannem praeferentibus Christo, convenienter hoc removet dicens, *Qui autem minor est in regno caelorum, hic major est illo.* AUGUSTINUS contra Adversarium legis et Prophetarum (lib. 2, cap. 5). Argumentatur autem ex hoc haereticus ita, velut ratiocinando, tamquam Joannes non pertineat ad regnum caelorum, et ob hoc multo minus ceteri Prophetae illius populi, quibus major est Joannes. Haec autem verba Domini duobus modis possunt intelligi. Aut enim regnum caelorum appellavit hoc quod nondum accepimus, de quo in fine dicturus est (infra 25): *Venite benedicti Patris mei, percipite regnum:* et quia ibi sunt Angeli, quilibet (5) in eis minor major est quolibet justo portante corpus quod corrumpitur. Aut si regnum caelorum intelligi voluit Ecclesiam, cujus filii sunt ab institutione generis humani usque nunc omnes justi, Dominus seipsum signavit; qui nascendi tempore minor erat Joanne; major autem divinitatis aeternitate et dominica potestate. Proinde secundum priorem expositionem, ita distinguitur: *Qui minor est in regno caelorum,* ac deinde subinfertur, *Major est illo.* Secundum hanc autem posteriorem, ita: *Qui autem minor est,* ac deinde subinfertur, *In regno caelorum major est illo.* CHRYSOSTOMUS (hom. 38 in Matth.). Dicit autem, *In regno caelorum,* idest in spiritualibus, et universis quae

sunt secundum caelum. Quidam autem dicunt quoniam de Apostolis hoc dixit Christus. HIERONYMUS (super *Qui minor est in regno*). Nos autem (1) simpliciter intelligamus, quia omnis sanctus qui jam cum Domino est, sit major illo qui adhuc consistit in praelio: aliud est enim victoriae coronam possidere, aliud adhuc in acie dimicare.

5. GLOSSA (2). Quia dixerat superius: *Qui minor est in regno caelorum, est major Joanne;* ne videretur Joannes a regno caelorum esse alienus, hoc removet subdens: *A die autem Joannis Baptistae usque nunc regnum caelorum vim patitur, et violenti rapiunt illud* (hom. 6). Per regnum caelorum supernum solium signatur; quo (5) cum peccatores quolibet facinore polluti ad poenitentiam redeunt, et semetipsos corrigunt, quasi peccatores (4) in locum alienum intrant et violenter regnum caelorum rapiunt. HIERONYMUS (super *A diebus Joannis Baptistae*). Si autem primus Joannes Baptista poenitentiam populis nuntiavit, dicens (supra 5), *Poenitentiam agite, appropinquabit enim regnum caelorum;* convenienter a diebus illius *regnum caelorum vim patitur, et violenti rapiunt illud.* Grandis est enim violentia, in terra nos esse generatos, et caelorum sedem quaerere, et possidere per virtutem quae non tenuimus per naturam. HILARIUS (can. 11). Vel aliter. Dominus Apostolos ire ad oves perditas Israel jusserat; sed omnis haec praedicatio profectum publicanis et peccatoribus asserebat. Itaque vim regnum patitur, et violenti diripiunt: quia gloria Israel patribus (5) debita, Prophetis nuntiata, a Christo oblata, fide Gentium occupatur et rapitur. CHRYSOSTOMUS (hom. 38). Vel rapiunt regnum Dei per fidem Christi omnes qui cum festinatione veniunt: unde dicit: *A diebus autem Joannis usque nunc:* et ita impellit et festinare facit ad fidem suam, simul autem et his quae antea dicta sunt a Joanne opitulatur (6). Si enim usque ad Joannem omnia completa sunt, ipse est qui venturus est: unde subdit: *Omnes enim Prophetae et lex usque ad Joannem prophetaverunt* (7). HIERONYMUS (super his verbis). Non quod post Joannem excludat Prophetas: legimus enim in Actibus Apostolorum cap. 21 et Agabum prophetizasse et quatuor virgines filias Philippi: sed quod lex (8) et Prophetae quos scriptos legimus, quicquid prophetaverunt, de Domino vaticinati sunt. Quando ergo (9) dicitur, *Usque ad Joannem prophetaverunt,* Christi tempus ostenditur; et quem illi dixerunt esse venturum, Joannes venisse ostendit. CHRYSOSTOMUS (hom. 38). Deinde aliam conjecturam sui adventus ponit, dicens: *Et si vultis recipere, ipse est Elias, qui venturus est.* Dicit Dominus in Malachia (cap. 4): « Mittam vobis Eliam Thesbitem: » et de isto dicit: *Ecce ego mitto Angelum meum ante faciem tuam,* HIERONYMUS (super *Ipse est Elias*). Elias ergo Joannes dicitur, non secundum stultos

---

(1) *Al.* non autem.
(2) Nec in Glossa nec in Anselmo nec alibi occurrit. Quod autem subjungitur ex Gregorio, habetur hom. 20 in Evang. super illud Luc. 5: *Qui habet duas tunicas etc.* (*Ex edit. P Nicolai*).
(3) *Al.* cum quo.
(4) *Al. Forte* praedatores.
(5) *Al.* a patribus.
(6) *Al.* simul et his quae antea dicta sunt de Joanne opitulantur.
(7) *Al. baptizaverunt.*
(8) *Al.* ut lex.
(9) *Al. omittitur* ergo.

---

(1) *Al.* illorum.
(2) *Al. deest* cunctisque hominibus.
(5) *Al.* quibus.

Philosophos, et quosdam haereticos, qui metempsychosin, idest animae ex uno iu aliud corpus migrationem, introducunt (1); sed quod, juxta aliud testimonium Evangelii, venerit in spiritu et virtute Eliae, et eamdem Spiritus sancti vel gratiam habuerit vel mensuram. Sed et vitae austeritas rigorque mentis Eliae et Joannis pares sunt: uterque in eremo, uterque zona pellicea cingebatur: ille, quoniam regem Achab et Jezabel impietatis arguit, fugere compulsus est; iste, quia Herodis et Herodiadis illicitas arguit nuptias, capite truncatur. Chrysostomus (hom. 38). Et bene dixit, *Si vultis recipere*, libertatem ostendens, et voluntariam expetens mentem. Est enim ille hic, et ille: quia praecursores facti sunt utrique. Hieronymus (loc. cit.). Hoc autem quod dictum est, *Ipse est Elias*, mysticum esse, et egere intelligentia, sequens Domini sermo demonstrat, dicens: *Qui habet aures audiendi, audiat*. Remigius. Ac si diceret: Qui habet aures cordis audiendi, idest intelligendi, intelligat: quia non dixit Joannem Eliam esse in persona, sed in spiritu.

6. Hilarius (can. 11). Totus hic sermo infidelitatis opprobrium est, et de affectu superioris querimoniae descendit: quia insolens plebs per diversa sermonum genera docta non fuerit. Chrysostomus (hom. 38). Unde et interrogatione utitur, monstrans quoniam nihil quod debere fieri ad salutem eorum, derelictum est: dicens: *Cui autem similem aestimabo generationem istam?* Glossa (2) (ordinaria): Quasi dicat: Tantus est Joannes: sed vos nec sibi nec mihi voluistis credere: et ideo cui vos similes aestimabo? Per generationem accipit communiter et Judaeos, et se cum Joanne. Remigius. Mox autem sibi ipsi respondet. subjungens: *Similis est pueris sedentibus in foro, qui clamantes coaequalibus dicunt: Cecinimus vobis, et non saltastis; lamentavimus, et non planxistis*. Hilarius (can. 11, in medio). In pueris Prophetae signantur. qui in simplicitate sensus, ut pueri, praedicaverunt, et in medio synagogae tamquam in publico fori conventu coarguunt, quod cantantibus sibi officio corporis non obsecundaverint, et quod dictis suis non paruerint (3): ad cantantium enim modum saltantium motus aptatur. Prophetae enim ad confessionem psallendi Deo provocaverunt, ut cantico Moysi tenetur, ut Isaiae, ut David. Hieronymus (super *Similis est pueris*). Dicunt ergo: *Cecinimus vobis, et non saltastis*: idest, provocavimus vos ut ad nostrum canticum bona opera faceretis, et noluistis. Lamentati sumus, et vos ad poenitentiam provocavimus; et nec hoc quidem facere voluistis, spernentes utramque praedicationem, tam exhortationis ad virtutes, quam poenitentiae post peccata. Remigius. Quid est autem quod dicit, *Coaequalibus*? Numquid infideles Judaeis coaequales erant sanctis Prophetis? Sed hoc dicit, quoniam de una stirpe orti fuerunt. Hieronymus (ibidem). Pueri etiam sunt de quibus Isaias loquitur (cap. 8): « Ecce ego « et pueri mei quos dedit mihi Dominus. » Isti ergo pueri sedent in foro, ubi multa venalia sunt, et dicunt. Chrysostomus (homil. 38, circ. med.). *Cecinimus vobis, et non saltastis*; hoc est, remissam

vitam ostendi, et non persuasi estis: *lamentavimus, et non planxistis*; hoc est, Joannes duram sustinuit vitam, et non attendistis. Non autem dicit ille illud et ego hoc, sed communiter: quia una intentio utriusque erat: unde sequitur: *Venit enim Joannes neque manducans neque bibens; et dicunt, Daemonium habet. Venit Filius hominis etc.* Augustinus contra Faustum (lib. 16, cap. 31). Vellem autem ut mihi Manichaei dicerent quid manducabat et quid bibebat Christus, qui in comparatione Joannis non manducantis neque bibentis, hic se dixit manducantem ac bibentem. Non enim dictum est quod Joannes omnino non biberet; sed quod vinum et siceram non biberet: bibebat ergo aquam. Cibus autem ejus non omnino nullus erat, sed locustae, et mel silvestre. Unde ergo dictus est non manducans neque bibens, nisi quia illo victu quo Judaei utebantur, non utebatur? Hoc ergo Dominus nisi uteretur, non in ejus comparatione manducans bibensque diceretur. Mirum autem si non manducans dicitur qui locustas et mel comedit, et manducans dicitur qui pane et olere contentus est. Chrysostomus (homil. 38 in Matth.). Dicit ergo, *Venit Jesus*; ac si dicat: Per contrariam viam venimus ego et Joannes, et idem fecimus: sicut si venatores per duas contrarias vias aliquod animal insequantur, ut in alterum incidat. Universum autem hominum genus jejunium et duram vitam admiratur ; et propter hoc dispensatum est a prima aetate ita nutriri Joannem, ut per hoc digna fide essent quae dicerentur ab ipso. Incessit siquidem Dominus per hanc viam quando quadraginta diebus jejunavit; sed tamen et aliter docuit quod sibi esset credendum: multo enim majus erat quod testaretur pro eo Joannes qui per hanc viam incesserat, quam quod ipse per hanc viam incederet. Aliter Joannes nihil plus ostendit praeter vitam et justitiam; Christus autem et a miraculis testimonium habebat. Dimittens ergo Joannem jejunio fulgere (1), ipse contrariam incessit viam, ad mensam intrans publicanorum, et manducans et bibens. Hieronymus (ibidem). Si ergo jejunium vobis placet, cur Joannes displicuit? Si saturitas, cur Filius hominis? Quorum alterum daemonium habentem, alterum voracem et ebrium nuncupastis. Chrysostomus (homil. 38 in Matth. post med.). Qualem igitur jam excusationem accipient? Propter hoc subdit: *Et justificata est sapientia a filiis suis*: hoc est, etsi vos persuasi non estis, sed me jam incusare non habetis; quod et de Patre ait Propheta, Psal. 1: « Ut justificeris in sermonibus tuis: » etsi enim nihil in vobis expleatur a procuratione Dei, quae est circa vos; omnia quae sunt ex parte sua, complet, ut inverecundis neque umbram reliquat ingratae dubitationis. Hieronymus (super *Coepit Jesus exprobrare*). *Justificata est ergo sapientia a filiis suis*; idest, Dei dispensatio atque doctrina, vel ipse Christus, qui est Dei virtus et Dei sapientia, juste fecisse, ab Apostolis suis filiis comprobatus est. Hilarius (can. 10 in Matth. a medio). Est autem ipsa sapientia non ex effectu, sed ex natura. Plures enim dictum apostolicum, quod ait 1 Corinth. 1: « Christum Dei sapientiam et Dei virtutem, » his modis solent eludere, quod in eo ex Virgine creando efficax Dei sapientia et virtus extiterit. Sed ne tale posset intelligi, ipsum se sapientiam

---

(1) *Al.* qui reversionem animarum introducunt.

(2) Non sic expresse Glossa; etsi partem istorum insinuet aequivalenter; sed ex Anselmo tota sententia peritur explicite (*Ex edit. P. Nicolai*).

(3) *Al.* non pervenerint.

---

(1) *Al.* fluere.

nuncupavit, eam in se, non quae sunt (1) ejus ostendens. Non enim idem opus virtutis et virtus; et efficiens discernitur ab effectu. Augustinus de Quaest. Evang. (lib. 2, cap. 2). Vel *justificata est sapientia a filiis suis*: quia sancti Apostoli intellexerunt regnum Dei non esse in esca et potu, sed in aequanimitate tolerandi; quos nec copia sublevat, nec deprimit egestas; unde et Paulus dicebat Philip. 4, « Scio abundare et penuriam pati. » Hieronymus (ibid. ut sup.). In quibusdam libris legitur: *Justificata est sapientia ab operibus suis*: sapientia namque non quaerit vocis testimonium, sed operum. Chrysostomus (homil. 58). Si autem exempla vilia sunt de pueris, non mireris: ad imbecillitatem enim audientium loquebatur: sicut Ezechiel multa dicit exempla Judaeis convenientia, Dei magnitudine indigna (2). Hilarius (can. 10 a med.). Mystice autem Judaeos nec Joannis praedicatio inflexit, quibus et potibus cibisque praescriptis, et difficilis et molesta peccatum in se, quod daemonium (3) nuncupat, habens: quia per observantiae difficultatem necesse eis esset in lege peccare: rursusque in Christo Evangelii praedicatio vitae libertate non placuit. per quam difficultates legis et onera laxata sunt, et ad eam (4) publicani peccatoresque crediderunt. Atque ita tot (5) et tantis admonitionum generibus frustra habitis, nec per gratiam justificantur, et a lege sunt abdicati; *et justificata est sapientia a filiis suis*, ab his scilicet qui regnum caelorum fidei justificatione diripiunt, confitentes justum sapientiae opus, quod munus suum ad fideles a contumacibus transtulerit.

7. Glossa (6) (ordinaria). Hucusque Judaeos communiter increpaverat; nunc autem quasi nominatim quasdam civitates increpat, quibus specialiter praedicaverat, nec tamen converti volebant: unde dicitur: *Tunc coepit exprobrare civitatibus in quibus facta sunt plurimae virtutes ejus, quia non egissent poenitentiam.* Hieronymus (super *Tunc coepit exprobrare*). Exprobratio enim civitatum Corozaim et Bethsaidae et Capharnaum, capituli hujus titulo panditur, quod ideo exprobaverit eis, quia post factas virtutes et signa quamplurima, non egerint poenitentiam: unde subdit: *Vae tibi Corozaim, vae tibi Bethsaida.* Chrysostomus (hom. 58). Ut autem non dicas a natura ipsos esse malos, ponit nomen civitatis, scilicet Bethsaida, a qua quandoque processerunt Apostoli; etenim Philippus et duo binarii principalium Apostolorum hinc fuerunt: scilicet Petrus et Andreas, Jacobus et Joannes. Hieronymus (super *Vae tibi Corozaim*). Sed per hoc quod dicit, *Vae*, hae urbes Galilaeae a Salvatore planguntur, quod post tanta signa atque virtutes non egerint poenitentiam. Rabanus. Corozaim autem, quae interpretatur mysterium meum, et Bethsaida, quae domus fructuum, vel domus venatorum dicitur, civitates sunt Galilaeae sitae in littore maris

(1) *Al.* quae non sunt.
(2) *In Herbipolensi Nicolai edit. an.* 1704, *ista subduntur.* Idest quae Judaeorum quidem conditioni accommodata essent, sed indigna quae de divina magnitudine dicerentur: nisi et hoc maxime **Deo** dignum quod ad hominum utilitatem spectat etc.
(3) *Al.* nuncupavit.
(4) *P. Nicolai legit* et jam.
(5) *Al. deest* ita.
(6) Paulo aliis verbis, etsi eodem sensu; sed his iisdem plane verbis Anselmus; cujus corrupto textu prius obtrasum erat *spiritualiter;* ubi repositum est *specialiter* (*Ex edit. P. Nicolai*).

Galilaeae. Plangit ergo Dominus civitates quae quondam mysterium Dei tenuerunt, et virtutum jam fructum gignere debuerunt, et in quas spirituales venatores sunt missi. Hieronymus (ibidem). Et praeferuntur eis Tyrus et Sidon urbes idolatriae et vitiis deditae; et ideo sequitur: *Quia si in Tyro et Sidone factae essent virtutes quae factae sunt in vobis, olim in cilicio et cinere poenitentiam egissent.* Gregorius, 35 Moral. (cap. 5. super illud Job 41, « Ago poenitentiam in favilla: » in novis exemp. cap. 2). In cilicio quidem asperitas, quae punctio peccatorum, in cinere autem pulvis ostenditur mortuorum: et idcirco utrumque hoc adhiberi ad poenitentam solet, ut in punctione cilicii cognoscamus quid per culpam fecimus, et in favilla cineris perpendamus quid per judicium facti sumus. Rabanus (super, *Si in Tyro et Sidone*). Tyrus autem et Sidon sunt urbes Phoenicis. Interpretatur autem Tyrus angustia, et Sidon venatio; et significat Gentes quas venator diabolus in angustia peccatorum comprehendit, sed Salvator Jesus per Evangelium absolvit. Hieronymus (super *Vae tibi Corozaim*). Quaerimus autem ubi scriptum sit quod in Corozaim et Bethsaida Dominus signa fecerit. Supra (cap. 9) legimus: *Et circuibat civitates omnes et vicos, curans omnes infirmitates,* et reliqua: inter ceteras ergo urbes et viculos existimandum est in Corozaim et in Bethsaida Dominum signa fecisse. Augustinus de Perseverantia (cap. 9, parum a princ.). Non ergo verum est quod his temporibus et his locis Evangelium ejus praedicatum non est, in quibus tales omnes futuros esse praesciebat, quales multi in ejus corporali praesentia fuerunt, qui in eum nec suscitatis ab eo mortuis credere voluerunt. Ecce enim Dominus attestatur quod Tyrii et Sidonii acturi essent magnae humilitatis poenitentiam, si in eis facta essent divinarum signa virtutum. Porro si etiam secundum facta quae facturi essent si viverent, mortui judicantur; profecto quia fideles futuri erant isti, si eis cum tantis miraculis Evangelium fuisset praedicatum, non sunt utique puniendi, et tamen in die judicii punientur: sequitur enim: *Verumtamen dico vobis etc.* Severius ergo punientur illi, isti remissius. Hieronymus (ibidem). Quod ideo est, quia Tyrus et Sidon naturalem tantum legem calcaverant: istae vero civitates post transgressionem naturalis legis et scriptae, etiam signa quae apud eos facta sunt, parvi duxerunt. Rabanus (ubi supra). Impletum autem hodie videmus dictum Salvatoris: quia scilicet Corozaim et Bethsaida praesente Domino credere noluerunt; Tyrus autem et Sidon , postea evangelizantibus discipulis crediderunt. Remigius. Capharnaum autem metropolis erat Galilaeae, et insignis civitas illius provinciae: et ideo Dominus specialiter mentionem illius facit, dicens: *Et tu Capharnaum, numquid usque in caelum exaltaberis ? Usque ad infernum descendes.* Hieronymus (super *Et tu Capharnaum*). In altero exemplari reperimus: *Et tu Capharnaum, quae usque ad caelum exaltata es, usque ad inferna descendes*: et est (1) duplex intelligentia. Vel ideo ad inferna descendes, quia contra praedicationem meam superbissime restitisti: vel ideo quia exaltata usque in caelum meo hospitio, et meis signis atque virtutibus tantum habens privilegium, majoribus plecteris suppliciis, quod his quoque credere noluisti. Remigius. Non solum autem Tyri

(1) *Al.* ad infernales; et est etc.

et Sidonis, sed ipsa Sodomorum et Gomorrhaeorum fuerunt levia peccata per comparationem: et ideo sequitur: *Quia si in Sodomis factae essent virtutes quae factae sunt in te, forte mansissent usque in hunc diem.* Chrysostomus (hom. 38, in Matth. a med.). In quo augetur eorum accusatio: etenim maxima malitiae demonstratio est, cum non solum his qui tunc erant, sed his qui unquam (1) fuerant mali, apparent deteriores. Hieronymus (super *Si in Tyro et Sidone*). In Capharnaum autem, quae interpretatur villa pulcherrima, condemnatur Hierusalem: cui dicitur per Ezechielem cap. 16: « Justificata « est Sodoma ex te. » Remigius. Ideo autem Dominus, qui omnia novit, in hoc loco verbum dubitativum posuit, scilicet *forte*, ut demonstraret, quia liberum arbitrium concessum est hominibus. Sequitur: *Verumtamen dico vobis, quia terrae Sodomorum remissius erit in die judicii quam vobis.* Et sciendum est, quod nomine civitatis vel terrae, non aedificia vel domorum parietes Dominus increpat; sed homines in eis commorantes; secundum speciem tropi, quae est metonymia, in qua per hoc quod continet id quod continetur ostenditur. Per hoc autem quod dicit, *Remissius erit in die judicii,* aperte demonstrat quia diversa sunt supplicia in inferno, sicut et diversae sunt mansiones in regno caelorum. Hieronymus (super illud, *Si in Tyro et Sidone*). Quaerat autem prudens lector, et dicat: Si Tyrus et Sidon et Sodoma potuerunt agere poenitentiam ad praedicationem Salvatoris, signorumque miracula: non sunt in culpa, quia non crediderunt; sed vitii silentium in eo est qui acturis poenitentiam noluit praedicare. Ad quod facilis et aperta est responsio: ignorare nos judicia Dei, et singularium ejus dispensationum sacramenta nescire. Propositum fuerat Domino Judaeae fines non excedere, ne justam Pharisaeis et sacerdotibus occasionem persecutionis daret: unde et Apostolis praecepit (supra 10): *In viam Gentium ne abieritie.* Corozaim et Bethsaida damnantur, quod praesente Domino credere noluerunt: Tyrus et Sidon justificantur, quod Apostolis illius crediderunt. Non quaeras tempora, cum credentium intuearis salutem. Remigius. Solvitur autem et aliter. Fortassis erant plurimi in Corozaim et Bethsaida qui credituri erant: et erant multi in Tyro et Sidone qui non erant credituri, et ideo non erant digni Evangelio. Dominus ergo ideo habitatoribus Corozaim et Bethsaidae praedicavit, ut illi qui credituri erant, crederent; et habitatoribus Tyri et Sidonis praedicare noluit, ne forte illi qui non erant credituri, contemptu Evangelii deteriores facti atrocius punirentur. Augustinus de bono Perseverantiae (cap. 10). Quidam autem disputator catholicus non ignobilis hunc Evangelii locum sic exposuit ut diceret, praescisse Dominum Tyrios et Sidonios a fide fuisse postea recessuros, cum factis apud se miraculis credidissent; et misericordia potius non eum illic ista fecisse, quoniam graviori poenae obnoxii fierent, si fidem quam tenuerant reliquissent, quam si eam nullo tempore tenuissent. Vel aliter Praescivit profecto Deus beneficia sua, quibus nos liberare dignatur. Haec est autem praedestinatio sanctorum, praescientia scilicet et praeparatio beneficiorum Dei, quibus certissime liberantur quicumque liberantur. Ceteri autem non nisi in massa perditionis

justo divino judicio relinquuntur, ubi Tyrii relicti sunt et Sidonii, qui etiam credere poterant, si multa Christi signa vidissent: sed quoniam ut crederent non eis erat datum; et unde crederent est negatum. Ex quo apparet habere quosdam in ipso ingenio divinum naturaliter munus intelligentiae, quo moveantur ad fidem, si congrua suis mentibus vel audiant verba vel signa conspiciant: et tamen si Dei altiore judicio a perditionis massa non sunt gratiae praedestinatione discreti, nec ipsa eis adhibentur vel dicta divina vel facta, per quae possent credere, si audirent utique talia vel viderent. In eadem perditionis massa relicti sunt etiam Judaei, qui non potuerunt credere factis in conspectu suo tam magnis clarisque virtutibus. Cur enim non poterant credere, non tacuit Evangelium dicens: *Dum autem tanta signa fecisset coram eis, non poterant credere: quia dixit Isaias: Excaecavi oculos illorum, et induravi cor eorum.* Non erant ergo sic excaecati oculi nec sic induratum cor Tyriorum et Sidoniorum: quia credidissent, si qualia viderunt isti, signa vidissent. Sed nec illis profuit quod poterant credere quia praedestinati non erant, nec istis obfuisset quod non poterant credere, si ita praedestinati essent ut eos caecos Dominus illuminaret, et induratis cor lapideum vellet auferre. Augustinus de cons. Evang. (lib. 2, cap. 32). Hoc autem quod hic dicitur, etiam Lucas commemorat, continuatim cuidam sermoni Domini etiam hoc (1) ex ipsius ore conjungens: unde magis videtur ipse hoc ordine illa commemorare quo a Domino dicta sunt: Matthaeus autem suae recordationis ordinem tenuisse. Aut illud quod Matthaeus ait, *Tunc coepit exprobrare civitatibus,* sic accipiendum putant ut punctum ipsum temporis voluisse credatur exprimere, in hoc quod est *Tunc*; non autem ipsum tempus aliquanto latius quo hic multa gerebantur et dicebantur. Quisque ergo hoc credit, credat hoc esse bis dictum Cum enim apud unum Evangelistam inveniantur quaedam quae bis dixerat Dominus, sicut apud Lucam de non tollenda pera in via; quid mirum si aliquid aliud bis dictum sigillatim a singulis dicitur eodem ordine quo dictum est? Et ideo diversus ordo apparet in singulis: quia et tunc quando ille, et tunc quando iste commemorat, dictum est.

8. Chrysostomus (hom. 28, in opere imperf.). Quia sciebat Dominus multos de superiori quaestione dubitaturos, scilicet quod Judaei Christum non receperunt, quem gentilitas tam prona suscepit; respondet hic cogitationibus eorum; et ideo dicit: *Respondens Jesus dixit: Confiteor tibi Pater, Domine caeli et terrae.* Glossa (ordinaria). Idest, qui facis caelos, et relinquis in terrenitate quos vis. Vel ad litteram. Augustinus, de verbis Domini (ser. 8). Si Christus dixit, *Confiteor,* a quo longe est omne peccatum; confessio non est solius peccatoris, sed aliquando etiam laudatoris. Confitemur ergo sive laudantes Deum, sive accusantes nosmetipsos. Dixit ergo, *Confiteor tibi;* idest, laudo te, non accuso me. Hieronymus. Audiant ergo qui Salvatorem non natum, sed creatum calumniantur, quod Patrem suum vocet caeli et terrae Dominum. Si enim et ipse creatura est, et creatura conditorem suum patrem appellare potest, stultum fuit non et sui et caeli,

---

(1) *Al.* nunquam.

(1) *Al.* hic.

et terrae dominum, vel patrem similiter appellare. Gratias autem agit, quod Apostolis adventus sui aperuerit sacramenta, quae ignoraverunt Scribae et Pharisaei, qui sibi sapientes videntur, et in conspectu suo prudentes: et ideo sequitur: *Quia abscondisti haec a sapientibus et prudentibus, et revelasti ea parvulis.* Augustinus de verbis Domini (serm. 8). Nomine sapientum et prudentum superbos intelligi posse ipse (1) exposuit, cum ait, *Revelasti ea parvulis:* quid enim est *parvulis,* nisi humilibus? Gregorius, 27 Moral. (cap. 9, super illud Job 36: « In manibus abscondit lucem: » in novis exempl. cap. 7). Quod enim non subjungit, Revelasti ea stultis, sed *parvulis,* tumorem se damnasse innuit, non acumen. Chrysostomus (homil. 39 in Matth.). Vel dicens sapientes, non veram sapientiam dicit, sed eam quam videbantur Scribae et Pharisaei ab eloquentia habere. Propter hoc neque dixit, Revelasti ea stultis, sed *parvulis,* idest informibus aut rusticis: in quo erudit nos per omnia ab elatione erui, humilitatem antem zelare. Hilarius (can. 11 in Matth.). Caelestium ergo verborum arcana atque virtutes sapientibus absconduntur. et parvulis revelantur; parvulis malitia, non sensu; sapientibus vero stultitiae suae praesumptione, non sapientiae (2) causa. Chrysostomus (hom. 39, ut supra). Revelatum autem esse his, dignum est laetitia; occultari autem his, non laetitia, sed lacrymis dignum est. Non ergo propter hoc laetatur, sed quoniam quae sapientes non cognoverunt, cognoverunt hi. Hilarius (ut supra). Facti autem hujus aequitatem Dominus paternae voluntatis judicio confirmat; ut qui indignantur parvuli in Deo fieri, stulti deinceps in sapientia sua fiant: et ideo subditur: *Ita, Pater, quoniam sic placitum fuit ante te.* Gregorius 25 Moral. (cap. 18, super illud Job 34: « Quis « est qui condemnet? » cap. 15, in novis exemp.). Quibus verbis exempla humilitatis accipimus, ne temere discutere superna consilia de aliorum vocatione, aliorum vero repulsione praesumamus: ostendens quod injustum esse non potest quod placuit justo. Hieronymus (ubi supra). In his etiam verbis blandientis affectu loquitur ad Patrem, ut coeptum in Apostolis compleatur beneficium. Chrysostomus (3) (hom. 39). Haec autem quae Dominus discipulis dixit, studiosiores eos fecerunt: quia enim consequens erat eos de se magna sapere, quia daemones abigebant, ideo hic eos reprimit: revelatio enim erat quod eis factum est, non illorum studium; ideoque scribae, sapientes et prudentes existimantes se esse, exciderunt propter proprium tumorem: unde si (4) propter hoc ab eis abscondita sunt Dei mysteria, Timete, dicit, et vos, et manete parvuli: hoc enim fecit vos revelatione potiri. Sicut autem cum Paulus dicit Rom. 1: « Tradidit illos Deus in repro- « bum sensum; » non (5) hoc dicit inducens Deum hoc agentem, sed illos qui causam tribuerunt, ita et hic: *Abscondisti haec a sapientibus et prudentibus.* Et propter quid abscondita sunt ab illis? Audi Paulum dicentem, Rom. 10, quoniam « quaerentes

(1) *Al. deest* ipse.
(2) *Al.* prudentiae.
(3) Glossa. Ex parte tantum quo ad posteriorem appendicem, sed initium est expressius ex Anselmo. Prius autem nomine Chrysostomi notabatur, apud quem non occurrit, nec in veris istius homiliis, nec in opere imperf.; et ultima tantum pars notabatur ex Glossa (*Ex edit. P. Nicolai*).
(4) *Al.* omittitur si.
(5) *Al.* non.

« propriam justitiam statuere, justitiae Dei non « sunt subjecti. »
9. Chrysostomus (hom. 39). Quia dixerat: *Confiteor tibi Pater, quoniam abscondisti haec a sapientibus:* ut non existimes quoniam ita gratias agit Patri sicut si ipse sit hac virtute privatus, consequenter adjungit: *Omnia mihi tradita sunt a Patre meo.* Cum autem audieris quoniam *tradita sunt* (1), nihil humanum suspiceris: ut enim non duos deos ingenitos esse aestimes, hanc ponit dictionem. Simul enim cum genitus est, omnium dominator fuit. Hieronymus (super *Omnia mihi tradita sunt*). Alioquin si juxta nostram fragilitatem sentire volumus, cum coeperit habere qui accepit, incipiet non habere qui dedit. Vel tradita sibi omnia, non caelum et terra et elementa intelligenda sunt, et cetera quae ipse fecit et condidit; sed hi qui per Filium accessum habent ad Patrem. Hilarius. Vel hoc dixit, ne quid in illo minus quam quod in Deo est, aestimaretur. Augustinus contra Maximum (lib. 3, cap. 12). Nam si minus habet in potestate aliquid quam Pater, non sunt ejus omnia quae habet Pater: gignendo enim dedit Pater potentiam Filio, sicut omnia, quae habet in substantia sua, gignendo (2) dedit ei quem genuit de substantia sua. Hilarius (can. 12 in Matth.). Deinde in mutua cognitione Patris et Filii, dat intelligere non aliud in Filio quam quod in Patre extitisse: sequitur enim: *Et nemo novit Filium nisi Pater, neque Patrem quis novit nisi Filius.* Chrysostomus (homil. 39, in Matth.). Ex eo enim quod solus Patrem novit, latenter ostendit ejusdem in se esse substantiae; ac si diceret: Quid mirum est, si omnium sum dominator, cum aliquid aliud majus habeam, scilicet scire Patrem, et ejusdem esse substantiae? Hilarius (can. 11, ante finem) Eamdem enim utriusque in mutua cognitione docet esse substantiam; cum qui Filium cognosceret, Patrem quoque cogniturus esset in Filio; quia omnia ei a Patre sunt tradita. Chrysostomus (homil. 58, in op. imperf.). Cum autem dicat, *Neque Patrem aliquis cognoscit nisi Filius,* hoc ait, non quoniam eum omnes omnino ignorent; sed quoniam cognitione qua ipse eum novit, nullus eum scit; quod et de Filio dicendum est. Neque etiam de ignoto quodam Deo hoc dixit, sicut Marcion ait. Augustinus 1 de Trinit. (cap. 8). Denique propter substantiae inseparabilitatem sufficienter aliquando nominatur vel solus Pater vel solus Filius: nec inde separatur utriusque Spiritus, qui proprie dicitur Spiritus veritatis. Hieronymus (super *Nemo novit Filium*). Erubescat ergo Eunomius haereticus tantam sibi notitiam Patris et Filii quantam ad (3) alterutrum inter se habent, vindicans. Quod si inde contendit, et suam consolatur insaniam, quia sequitur, *Et cui voluerit filius revelare;* aliud est naturae aequalitate nosse quod noveris, aliud revelantis dignatione. Augustinus, 7 de Trinit. (cap. 3). Revelatur autem Pater per Filium, idest per Verbum suum. Si enim hoc verbum quod nos proferimus temporale et transitorium, et seipsum ostendit, et illud de quo loquimur; quanto magis Verbum Dei, per quod facta sunt omnia, quod ita ostendit Patrem sicuti est Pater, quia et ipsum ita est et hoc est quod Pater? Augustinus de quaest. Evang. (lib. 2, cap. 1). Cum autem di-

(1) *Al.* audita sunt.
(2) *Al. deest* gignendo.
(3) *Al. omittitur* ad.

cerct, *Nemo novit Filium nisi Pater*, non dixit, Et
cui voluerit Pater Filium revelare; sed cum diceret, *Nemo novit Patrem nisi Filius*, addit, *Et cui
voluerit Filius revelare*: quod non ita intelligendum
est quasi Filius a nullo possit agnosci nisi a Patre
solo, Pater autem non solum a Filio, sed etiam
ab eis quibus revelaverit Filius: sic enim potius
dictum est, ut intelligamus Patrem et ipsum Filium per Filium revelari, quia ipse est mentis nostrae lumen; et quod postea intulit, *Et cui voluerit
Filius revelare*, non tantum Patrem, sed etiam Filium accipiamus: ad totum enim quod dixit. illatum
est: Verbo enim suo se Pater declarat; verbum autem non solum id quod per verbum declaratur,
sed etiam seipsum declarat. Chrysostomus (homil.
59 in Matth., oper. imperf.). Si ergo Patrem revelat, et seipsum revelat. Sed hoc quidem ut manifestum dimisit; illud autem posuit, quia scilicet
poterat esse dubium. Per hoc etiam instruit quod
adeo concordat Patri quod non est possibile aliquem
venire ad Patrem nisi per Filium: hoc enim maxime scandalizabat, quod videbatur Deo contrarius;
et ideo per omnia hoc destruere studuit.

10. Chrysostomus (hom. 59, ante medium).
Per ea quae dicta sunt, in desiderium sui discipulos constituerat, ostendens ineffabilem suam virtutem; nunc autem eos ad se vocat, dicens: *Venite
ad me omnes qui laboratis et onerati estis*. Augustinus de verbis Domini (serm. 10, in princ).
Quare enim omnes laboramus, nisi quia sumus
homines mortales, lutea vasa portantes, quae faciunt invicem angustias? Sed si angustiantur vasa
carnis, dilatentur spatia caritatis. Ad quid ergo dicit, *Venite ad me omnes qui laboratis*, nisi ut non
laboretis? Hilarius (can. 11, circa finem). Legis
etiam difficultatibus laborantes et peccatis saeculi
oneratos ad se advocat. Hieronymus. Gravia enim
esse onera peccati, et Zacharias Propheta testatur
cap. 5, iniquitatem dicens sedere super talentum
plumbi. Et Psalmista, Psal. 37, complevit: « Ini-
« quitates meae aggravatae sunt super me. » Gregorius, 30 Mor. (c. 25, super illud Job 39: « Quis
« dimisit onagrum? » cap. 12, in nov. exemp.).
Asperum etiam jugum et durum servitutis pondus
est subesse temporalibus, ambire terrena, retinere
labentia, velle stare in non stantibus, appetere
quidem transeuntia, sed cum transeuntibus nolle
transire. Dum enim contra votum cuncta fugiunt,
quae prius mentem ex desiderio adeptionis afflixe-
rant, post ex pavore amissionis premunt. Chrysostomus (hom. 59, in Matth.). Non autem dicit,
Venite ille et ille; sed omnes qui in solicitudinibus, qui in tristitiis, qui in peccatis estis; non ut
expetam noxas, sed ut solvam peccata. Venite, non
quoniam indigeo vestra gloria, sed quia volo vestram salutem: unde dicit: *Et ego reficiam vos*;
non dixit, Salvabo solum: sed quod multo amplius
erat, *Reficiam vos*; idest, in omni quiete constituam.
Rabanus. Non solum exonerabo, sed interna refectione saturabo. Remigius. Venite, dicit, non pedibus, sed moribus; non corpore, sed fide. Iste namque est spiritualis accessus, quo quisque Deo appropinquat: et ideo sequitur: *Tollite jugum meum
super vos*. Rabanus. Jugum Christi est Evangelium
Christi quod Judaeos et Gentes in unitate fidei (1)
conjungit et sociat. Hoc autem super nos jubemur

sumere, idest in honore habere, ne forte subtus
ponentes, idest illud prave contemnentes, lutulentis
pedibus vitiorum conculcemus; unde subditur: *Discite a me*. Augustinus de ver. Dom. (ser. 10). Non
mundum fabricare, non in ipso mundo miracula
facere; sed *quia mitis sum et humilis corde*. Magnus esse vis? A minimo incipe. Cogitas magnam
fabricam constituere celsitudinis? De fundamento
prius cogita humilitatis. Et quanto quisque vult
superponere (1) majus aedificium, tanto altius fo-
diat fundamentum. Quo autem perventurum est
cacumen nostri aedificii? Usque ad conspectum Dei.
Rabanus (super *Tollite jugum meum super vos*).
Discendum ergo nobis est a Salvatore nostro ut
simus mites moribus et humiles mentibus: neminem laedamus, neminem contemnamus, et virtutes
quas foris ostendimus in opere, intus teneamus in
corde. Chrysostomus (homil. 59, in Matth.). Et
ideo incipiens divinas leges, ab humilitate incipit;
et maximum praemium ponit, dicens: *Et invenietis
requiem animabus vestris*. Hoc maximum est praemium: non enim alteri efficeris utilis solum, sed
teipsum requiescere facis: et ante futura hanc tibi dat
promissionem (2); in futuro autem perpetua gau-
debis requie. Chrysostomus (ibidem). Et ne formidarent quia dixerat *onus* et *jugum*, subdit: *Jugum enim meum suave est, et onus meum leve*. Hilarius. Jugi autem suavis et levis oneris blandimenta proponit, ut credentibus ejus boni scientiam
praestet quod ipse solus novit in Patre. Gregorius,
4 Moral. (cap. 39, super illud Job 3: « Impii ces-
« saverunt: » cap. 32, in nov. exemp.). Quid grave mentis nostrae cervicibus imponit qui vitare omne desiderium quod perturbat, praecipit, qui declinare laboriosa mundi hujus itinera monet? Hilarius (can. 11, in fine illius). Et quid jugo ipso
suavius, quid onere levius? Probatiorem fieri (3),
scelere abstinere, bonum velle, malum nolle, amare
omnes, odisse nullum, aeterna consequi, praesentibus non capi, nolle inferre alteri quod sibi perpeti sit molestum. Rabanus (hoc loco). Sed quomodo jugum Christi suave, cum supra dicatur, cap.
7: *Arcta est via quae ducit ad vitam*? Sed quod
angusto initio incipitur, processu temporis ineffabili
dilectionis dulcedine dilatatur. Augustinus de verbis
Domini (ser. 9). Item qui jugum Domini intrepi-
da cervice subierunt, tam difficilia pericula patiuntur, ut non a laboribus ad quietem, sed a quiete
ad laborem vocari videantur. Sed profecto aderat (4)
Spiritus sanctus, qui in exterioris hominis corruptione interiorem renovaret de die in diem; et gustata requie spirituali in affluentia deliciarum Dei
in spe futurae beatitudinis, omnia praesentia deli-
niret aspera, et omnia gravia relevaret. Secari et
uri se homines patiuntur, ut dolores non aeterni,
sed aliquanto diuturnioris ulceris, acriorum dolorum pretio redimantur. Quibus tempestatibus vel
poenis importuni (5) sunt mercatores, ut divitias
perituras acquirant? Sed qui has non amant, eadem
gravia patiuntur; qui vero amant, eadem quidem,
sed non gravia patiuntur. Omnia enim saeva et
immania, prorsus facilia et prope nulla efficit a-
mor: quanto ergo facilius ad veram beatitudinem

---

(1) *Al*. omittitur fidei.

(1) *Al*. super imponere.
(2) *Al*. et ante futuram hanc tibi retributionem.
(3) *At*. probatior fieri.
(4) *Al*. adest.
(5) *P. Nicolai ex Aug*. *legit* impleti.

caritas facit quod ad miseriam, quantum potuit, cupiditas fecit? HIERONYMUS (super *Jugum meum suave est*). Quomodo etiam levius est lege Evangelium, cum in lege homicidium et adulterium, in Evangelio ira concupiscentiaque puniantur; in lege enim multa praecepta sunt, quae Apostolus non posse compleri, plenissime docet: in lege opera requiruntur; in Evangelio voluntas quaeritur,

quae etsi effectum non habuerit, tamen praemium non amittit. Evangelium ea praecipit quae possumus, ne scilicet concupiscamus: hoc in nostro arbitrio est; lex cum voluntatem non puniat, punit effectum, ne adulterium facias. Finge in persecutione aliquam virginem prostitutam: haec apud Evangelium, quia voluntate non peccat, virgo suscipitur; in lege quasi corrupta repudiatur.

CAPUT DUODECIMUM.

1. In illo tempore abiit Jesus per sata sabbato; discipuli autem ejus esurientes coeperunt vellere spicas, et manducare. Pharisaei autem videntes dixerunt ei: Ecce discipuli tui faciunt quod non licet eis facere sabbatis. At ille dixit eis: Non legistis quid fecerit David, quando esuriit ipse et qui cum eo erant: quomodo intravit in domum Dei, et panes propositionis comedit, quos non licebat ei edere, neque his qui cum eo erant, nisi solis sacerdotibus? Aut non legistis in lege, quia sabbatis sacerdotes in templo sabbatum violant, et sine crimine sunt? Dico autem vobis, quia templo major est hic. Si autem sciretis quid est, Misericordiam volo, et non sacrificium; nunquam condemnassetis innocentes. Dominus enim est Filius hominis etiam sabbati.

2. Et cum inde transisset, venit in synagogam eorum. Et ecce homo manum habens aridam: et interrogabant eum, dicentes: Si licet sabbatis curare? ut accusarent eum. Ipse autem dixit illis: Quis erit ex vobis homo qui habeat ovem unam, et si ceciderit haec sabbatis in foveam, nonne tenebit et levabit eam? Quanto magis melior est homo ove? Itaque licet sabbatis benefacere. Tunc ait homini: Extende manum tuam. Et extendit, et restituta est sanitati, sicut altera.

3. Exeuntes autem Pharisaei, consilium faciebant adversus eum, quomodo perderent eum. Jesus autem sciens, secessit inde; et secuti sunt eum multi, et curavit eos omnes. Et praecepit eis ne manifestum eum facerent; ut adimpleretur quod dictum est per Isaiam Prophetam dicentem: Ecce puer meus, quem ego elegi; dilectus meus, in quo bene complacuit animae meae: ponam spiritum meum super eum, et judicium Gentibus nuntiabit. Non contendet neque clamabit, neque audiet aliquis in plateis vocem ejus: arundinem quassatam non confringet, et linum fumigans non extinguet; donec ejiciat ad victoriam judicium: et in nomine ejus Gentes sperabunt.

4. Tunc oblatus est ei daemonium habens, caecus et mutus; et curavit eum, ita ut loqueretur et videret. Et stupebant omnes turbae, et dicebant: Numquid hic est filius David? Pharisaei autem audientes dixerunt: Hic non ejicit daemones nisi in Beelzebub principe daemoniorum.

5. Jesus autem sciens cogitationes eorum, dixit eis: Omne regnum divisum contra se, desolabitur et omnis civitas; vel domus divisa contra se, non stabit. Et si satanas satanam ejicit, adversus se divisus est: quomodo ergo stabit regnum ejus?

6. Et si ego in Beelzebub ejicio daemones, filii vestri in quo ejiciunt? Ideo ipsi judices vestri erunt. Si autem ego in spiritu Dei ejicio daemones, igitur pervenit in vos regnum Dei.

7. Aut quomodo potest quisquam intrare in domum fortis, et vasa ejus diripere, nisi prius alligaverit fortem? Et tunc domum illius diripiet.

8. Qui non est mecum, contra me est; et qui non congregat mecum, spargit.

9. Ideo dico vobis: omne peccatum et blasphemia remittetur hominibus; spiritus autem blasphemiae non remittetur. Et quicumque dixerit verbum contra Filium hominis, remittetur ei; qui autem dixerit contra Spiritum sanctum, non remittetur ei neque in hoc saeculo, neque in futuro.

10. Aut facite arborem bonam, et fructum ejus bonum; aut facite arborem malam, et fructum ejus malum: siquidem ex fructu arbor agnoscitur. Progenies viperarum, quomodo potestis bona loqui, cum sitis mali? Ex abundantia enim cordis, os loquitur. Bonus homo de bono thesauro profert bona, et malus homo de malo thesauro profert mala.

11. Dico autem vobis, quoniam omne verbum otiosum quod locuti fuerint homines, reddent rationem de eo in die judicii. Ex verbis enim tuis justificaberis, et ex verbis tuis condemnaberis.

12. Tunc responderunt ei quidam de Scribis et Pharisaeis, dicentes: Magister, volumus a te signum videre. Qui respondens ait illis: Generatio mala et adultera signum quaerit; et signum non dabitur ei, nisi signum Jonae Prophetae. Sicut enim fuit Jonas in ventre ceti tribus diebus et tribus noctibus; sic erit Filius hominis in corde terrae tribus diebus, et tribus noctibus.

13. Viri Ninivitae surgent in judicio cum generatione ista, et condemnabunt eam, quia poenitentiam egerunt in praedicatione Jonae. Et ecce plus quam Jonas hic. Regina Austri surget in judicio cum generatione ista, et condemnabit eam: quia venit a finibus terrae audire sapientiam Salomonis. Et ecce plusquam Salomon hic.

14. Cum autem immundus spiritus exierit ab homine, ambulat per loca arida, quaerens requiem, et non invenit. Tunc dicit: Revertar in domum meam, unde exivi. Et veniens invenit eam vacantem, scopis mundatam et ornatam. Tunc vadit, et assumit septem alios spiritus secum, nequiores se, et intrantes habitant ibi; et fiunt novissima hominis illius pejora prioribus. Sic erit generationi huic pessimae.

15. Adhuc eo loquente ad turbas, ecce mater ejus et fratres stabant foris, quaerentes loqui ei. Dixit autem ei quidam: Ecce mater tua et fratres tui foris stant, quaerentes te. At ipse respondens dicenti sibi, ait: Quae est mater mea, et qui sunt fratres mei? Et extendens manum in discipulos suos, dixit: Ecce mater mea, et fratres mei. Quicumque enim fecerit voluntatem Patris mei qui in caelis est, ipse meus frater, et soror, et mater est.

1. GLOSSA (ord. in princ. cap. 12). Narrata praedicatione cum miraculis unius anni ante quaestionem Joannis factis, transit ad ea quae facta sunt in alio anno, scilicet post mortem Joannis, quando jam in omnibus Christo contradicitur: unde dicitur: *In illo tempore abiit Jesus per sata sabbato.* AUGUSTINUS de cons. Evang. (lib. 2, cap. 34). Hoc autem quod hic sequitur, sine ulla repugnantiae quaestione commemoratur a Marco et a Luca; sed illi non dicunt, *In illo tempore:* unde fortassis Matthaeus res gestae hic ordinem tenuit; illi autem recordationis suae: nisi latius accipiatur quod dictum est, *In illo tempore,* idest quo haec multa

et diversa gerebantur: unde concipitur ista omnia post mortem Joannis completa esse. Cum enim Joannes discipulos suos ad Christum misisset, creditur post paululum decollatus fuisse: unde cum dicitur, *In illo tempore,* interminatum tempus ponere videtur. CHRYSOSTOMUS (hom. 40). Quare autem per sata sabbato eos ducebat qui omnia praescivit, nisi quia volebat solvere sabbatum? Volebat quidem, sed non simpliciter; ideoque non sine causa id solvit, sed dans occasionem rationabilem, ut et legem cessare faciat, et legem non offendat: et ideo hic, ut Judaeos mitiget, naturae necessitatem praemittit; et hoc est quod dicitur: *Discipuli autem ejus esurientes coeperunt vellere spicas, et manducare.* Quamvis in peccatis quae manifesta sunt, nulla sit excusatio: neque enim occidens, ad sui excusationem potest furorem praetendere, neque qui adulterat, concupiscentiam, sed nec ullam aliam causam; hic tamen famem inducens, discipulos ab omni accusatione liberat. HIERONYMUS (in princ. Comment. in cap. 12 Matth.). Ut autem in alio Evangelista legimus, propter nimiam importunitatem, nec vescendi quidem habebant locum; et ideo quasi homines esuriebant. Quod autem segetum spicas manibus confricant, et in eisdem consolantur, vitae austerioris indicium est; non praeparatas epulas, sed simplicem cibum quaerentium. CHRYSOSTOMUS (ut supra). Tu autem admirare discipulos, qui ita erant oppressi quod nullam (1) corporalium habebant curam, sed contemnebant carnalem mensam; et fame oppugnabantur, nec tamen desistebant a Christo: nisi enim eos cogeret vehementer esuries, nequaquam hoc fecissent. Quid autem Pharisaei ad hoc dicerent, subditur: *Pharisaei autem videntes, dixerunt ei: Ecce discipuli tui faciunt quod non licet facere sabbatis.* AUGUSTINUS de operibus Monachorum (cap. 23). De sabbato autem potius quam de furto discipulos Domini Judaei calumniati sunt: quia populo Israel per legem praeceptum est ut in agris suis furem nullum tenerent, nisi qui secum aliquid vellet auferre: nam qui nihil aliud attigisset quam id quod comedisset, liberum impunitumque abire sinerent. HIERONYMUS (super *Pharisaei autem videntes*). Nota vero, quod primi Apostoli Salvatoris litteram sabbati destruunt adversus Ebionitas, qui cum ceteros recipiant Apostolos, Paulum tamquam transgressorem legis repudiant. Deinde ad excusationem eorum subditur: *At ille dixit eis: Non legistis quid fecerit David, quando esuriit ?* Ad confutandam siquidem calumniam Pharisaeorum, veteris recordatur historiae: quando David fugiens Saulem, venit in Nobe, et ab Abimelech sacerdote susceptus postulavit cibos (1 Reg. 21), qui cum panes laicos non haberet, dedit eis consecratos panes, quibus non licebat vesci nisi solis sacerdotibus et levitis: melius arbitratus de famis periculo homines liberare, quam Deo sacrificium offerre: hostia enim Deo placabilis est hominum salus. Opponit ergo Dominus, et dicit: Si et David sanctus est, et Abimelech pontifex a vobis non reprehenditur, et legis utrique mandatum probabili excusatione transgressi sunt, et fames in causa est; cur eamdem famem non probatis in Apostolis quam probatis in ceteris? Quamquam et in hoc multa distantia sit. Isti spicas in sabbato manu confricant; illi panes comederunt leviticos, et ad sabbati solemnitatem accedebant neomeniarum dies, quibus requisitus in convivio fugit ex aula regia. CHRYSOSTOMUS (hom. 40 in Matth.). Excusans autem discipulos, David in medium adducit. Etenim multa Prophetae hujus erat gloria apud Judaeos. Nec potest responderi, quod David Propheta erat: quia nec propter hoc ei licebat, sed sacerdotibus solis. Tanto autem magis discipulos ab accusatione liberat, quanto major invenitur qui hoc fecit; sed etsi David Propheta erat, non tamen qui cum ipso erant. HIERONYMUS (super *Non legistis*). Observa tamen, quod panes propositionis nec David nec pueri ejus acceperunt, antequam mundos se a mulieribus esse responde-

rint. CHRYSOSTOMUS (hom. 40, in Matth.). Sed dicet aliquis: Quid est exemplum hoc ad id quod quaeritur? Non enim David sabbatum transgressus est. Sed in hoc ostenditur Christi sapientia, qui exemplum fert sabbatis majus (1). Neque enim est aequale transgredi sabbati diem, quod multoties factum est, et sacram illam tangere mensam, quod nulli fas erat. Deinde rursus et aliter solvit, principaliorem inducens solutionem, cum dicit: *Aut non legistis in lege, quia sabbatis sacerdotes in templo sabbatum violant, et sine crimine sunt?* HIERONYMUS (ubi supra). Ac si diceret. Calumniamini discipulos meos, cur sabbato spicas triverint, famis necessitate cogente; cum ipsi sabbatum violetis in templo immolantes victimas, caedentes tauros, holocausta super lignorum struem incendio concremantes; et juxta alterius Evangelii fidem, circumciditis parvulos in sabbato, ut dum aliam legem servare cupitis, sabbatum destruatis. Nunquam autem leges Dei sibi contrariae sunt; et prudenter, ubi discipuli sui argui poterant transgressionis, et Abimelech et David dicit exempla sectantes; veram autem, et absque necessitatis obtentu, sabbati praevaricationem in ipsos refert qui calumniam fecerant. CHRYSOSTOMUS (hom. 40, ante medium). Ne autem mihi dicas, quoniam afferre in medium alium peccantem, non est erui ab accusatione: cum enim non accusatur qui fecit, excusatio fit circa id quod factum est. Verum hoc non sufficit (2); sed quod majus est dixit, quod sine crimine sunt. Vide autem quanta posuit. Locum, ubi dicit, *In templo*; tempus, cum dicit, *Sabbatis*; legis remissionem, cum dicit, *Violant,* et non solum solvunt (3); et quod non solum liberantur a poena, sed a culpa liberati sunt: unde dicit, *Sine crimine sunt.* Neque autem hoc secundum simile est priori quod dixerat de David: illud enim et semel factum est, et a David non sacerdote, et necessitatis causa fuit; hoc autem secundum singulo sabbato, et a sacerdotibus, et secundum legem. Et ideo non secundum veniam, ut in primo exemplo; sed secundum legem sunt discipuli ab accusatione liberati. Sed numquid discipuli sunt sacerdotes? Immo sunt sacerdotibus majores: ipse enim aderat, qui templi est Dominus, qui veritas est, et non typus: et ideo subditur: *Dico autem vobis, quia templo major est hic.* HIERONYMUS (super *Dico vobis*). Hic non pronomen, sed adverbium loci legendum est, quod major templo sit locus qui Dominum templi teneat. AUGUSTINUS de quaest. Evangel. (in Matth. capit. 10). Notandum autem, unum exemplum datum esse regiae potestatis de David, alterum sacerdotalis, de his qui propter ministerium templi sabbata violant; ut multo minus ad ipsum evulsarum sabbato spicarum crimen pertineat, qui verus rex et verus Sacerdos est. CHRYSOSTOMUS in hom. 40. Deinde, quia grave audientibus videbatur esse quod dixerat, rursus convolat ad misericordiam, sermonem cum quadam vehementia inducens, cum dicit: *Si autem sciretis quid est, Misericordiam volo, et non sacrificium; nunquam condemnassetis innocentes.* HIERONYMUS (super *Si autem sciretis quid est*). Quid autem est *Misericordiam volo, et non sacrificium,* supra diximus. Quod autem dicit, *Nunquam con-*

---

(1) *Al.* et nullam.

(1) *Al.* quod aliud exemplum fert sabbato majus. *P. Nicolai habet* quod aliud affert sabbato majus.
(2) *Al.* verum hoc his non suffecit.
(3) *Al.* et non solvunt.

demnassetis innocentes, de Apostolis intelligendum
est: et est sensus: Si misericordiam comprobastis
Achimelech, eo quod periclitantem fame David re-
focillavit; quare meos discipulos condemnatis? CHRY-
SOSTOMUS (hom. 40, in Matth.). Vide autem rursus
qualiter ad veniam ducens sermonem, discipulos
rursus venia superiores ostendit in hoc quod dicit
eos innocentes; quod quidem supra et de sacerdotibus dixerat. Deinde et aliam causam dicit quare
sunt innocentes, dicens: *Dominus est Filius hominis etiam sabbati*. REMIGIUS. Filium autem hominis
seipsum appellat: et est sensus: Ille quem vos purum hominem putatis, Deus est omnium creaturarum Dominus, et etiam sabbati; et ideo potest legem mutare pro sua voluntate, quia fecit eam.
AUGUSTINUS contra Faustum (lib. 16, cap. 28).
Discipulos autem suos vellere spicas sabbato non
prohibuit, ut inde convinceret et praesentes Judaeos
et futuros Manichaeos, qui herbam non evellunt,
ne homicidium perpetrent. HILARIUS (can. 12, in
princ.). Mystice autem in principio est contuendum,
sermonem hunc ita coeptum esse, *In illo tempore*,
quo scilicet Deo Patri gratiam, data (1) Gentibus
salute, confessus est. Ager autem mundus est, sabbatum otium est, seges crediturorum profectus in
messem: ergo (2) sabbato in agrum profectus in
legis otio, Domini progressus in hunc mundum est;
esuries fames est salutis humanae. RABANUS (super
Discipuli tui). Spicas vellunt dum singulos homines a terrena intentione retrahunt; fricant dum a
concupiscentia carnis mentes exuunt; grana comedunt dum emendatos in corpus Ecclesiae trajiciunt.
AUGUSTINUS de quaest. Evang. (lib. 1, quaest. 2).
Nullus autem transit in corpus Christi nisi carnalibus spoliatus fuerit indumentis, secundum illud
Apostoli ad Coloss. 3: « Exuite vos veterem homi-
« nem. » GLOSSA. Sabbato hoc agunt, scilicet spe
quietis aeternae, ad quam alios invitant. RABANUS
(super *Discipuli tui faciunt quod non licet*). Item
ambulant per sata cum Domino, qui in Scripturarum meditatione delectantur; esuriunt dum panem
vitae, idest Dei amorem, in eis invenire desiderant:
vellunt spicas et terunt dum testimonia discutiunt,
donec inveniant quod latebat in littera; et hoc, sabbato, dum a turbidis cogitationibus vacant. HILARIUS
(can. 12, par. a princ.). Pharisaei, qui penes se
clavem caelorum esse existimabant, illicita agere
discipulos arguunt; quos Dominus sanctorum, in quibus sub rerum argumento Prophetiae ratio continetur,
admonuit; atque ut ostenderet omnium rerum efficaciam, speciem futuri operis continere adjecit: *Si autem
sciretis quid est, Misericordiam volo*: opus enim salutis nostrae non in sacrificio legis, sed in misericordia
est; et lege cessante, in Dei bonitate salvamur.
Cujus rei donum si intellexissent, nunquam con-
demnassent innocentes, idest Apostolos suos, quos
insimulaturi erant transgressae legis invidia, cum
sacrificiorum vetustate cessante, universis per eos
misericordiae novitas subveniret.

2. HIERONYMUS (super *Et interrogabant eum
dicentes*). Quia destructionem sabbati, qua discipulos arguebant, probabili exemplo excusaverat,
ipsum calumniari volunt: unde dicitur: *Et cum
inde transisset, venit in synagogam eorum*. HILARIUS
(can. 12). Haec enim quae praemissa sunt, in
campo dicta gestaque sunt, et post haec synago-

gam ingreditur. AUGUSTINUS de cons. Evang. (lib.
2, cap. 35). Posset autem putari eodem die factum
et de spicis et de isto sanato, quoniam et sabbatum hic commemoratur: nisi Lucas aperuisset, alio
sabbato factum fuisse. Proinde quod dicit Matthaeus,
Et cum inde transisset, venit in synagogam eorum,
non quidem venit nisi cum inde transisset: sed
post quot dies in synagogam eorum venerit posteaquam a segete illa transiit, an recte continuoque
illuc ierit, non expressum est: ac per hoc locus
datur narrationi Lucae, qui dicit alio sabbato hujusmodi manum fuisse sanatam. HILARIUS (can. 12).
Ingresso autem synagogam, hominem aridae manus
offerunt, interrogantes an curare sabbatis liceret, occasionem arguendi eum ex responsione quaerentes:
unde sequitur: *Et ecce homo manum habens aridam: et
interrogabant eum dicentes: Si licet sabbato curare?*
CHRYSOSTOMUS (hom. 41). Non autem interrogant
ut addiscant, sed ut accusent eum: unde sequitur:
Ut accusarent eum. Quamvis et ipsum opus sufficeret si accusare volebant; sed et per verba volebant
captionem invenire, majorem copiam arguitionum
sibi praeparantes. HIERONYMUS. Et interrogant, utrum
liceat curare sabbatis: ut si non curaverit, crudelitatis aut imbecillitatis; si curaverit, transgressionis vitio eum accusent. AUGUSTINUS de cons. Evang.
(lib. 2, cap. 35). Sed potest movere quomodo
Matthaeus dixerit, quod ipsi interrogaverunt Dominum: *Si licet sabbato curare?* cum Marcus et Lucas illos potius a Domino interrogatos esse perhibeant (Luc. 6): « Licet sabbato bene facere, an
« male? » Itaque intelligendum, quod illi prius
interrogaverunt Dominum: *Si licet sabbato curare?*
deinde intelligens cogitationes eorum, aditum accusandi quaerentium, constituit in medio illum quem
erat sanaturus, et interrogavit quae Marcus et Lucas eum interrogasse commemorant: et tunc illis
tacentibus, proposuit similitudinem de ove, et conclusit quod licet sabbato benefacere: unde sequitur:
*Ipse autem dixit illis: Quis erit ex vobis homo, qui
habens ovem unam etc*. HIERONYMUS (super *Ipse dixit eis*). Ubi sic solvit propositam quaestionem, ut
interrogantes avaritiae condemnaret. Si vos, inquit,
in sabbato ovem et aliud quodlibet animal in foveam decidens eripere festinatis, non animali sed
vestrae avaritiae consulentes; quanto magis ego hominem, qui multo melior est ove, debeo liberare?
RABANUS (1) (in hoc loc.). Competenti ergo exemplo
solvit quaestionem eorum, ut eos ostendat sabbatum
violare in opere cupiditatis, qui eum violare arguunt
in opere caritatis; legem male interpretantes, qui
dicunt in sabbato a bonis feriandum, in quo a malis tantum feriandum est. Unde Levit. 35 « opus ser-
« vile non facietis in eis, » hoc est, peccatum. Sic
in aeterna requie a malis tantum feriabitur, non a
bonis. AUGUSTINUS de cons. Evang. (lib. 2, cap. 35,
a med.) Proposita autem similitudine de ove, concludit, quod liceat sabbato benefacere, dicens: *Itaque licet sabbatis benefacere*. CHRYSOSTOMUS (hom.
12 in Matth. post princ.). Intende autem qualiter
varias excusationes (2) de solutione sabbati inducit.
Sed quia jam insanabiliter aegrotabat, ad opus
processit: unde sequitur: *Tunc ait homini, Extende
manum tuam: et extendit, et restituta est sanitati,
sicut altera*. HIERONYMUS (super *Tunc ait homini*).
In Evangelio quo utuntur Nazaraei et Ebionitae

---

(1) *Al.* gratiam d tam.
(2) *Al.* est ergo.

(1) Immo potius Glossa (*Ex edit. P. Nicolai*).
(2) *Al.* vanae excusationis.

(quod (1) nuper in graecum de hebraico sermone transtulimus, et quod vocatur a plerisque Matthaei authenticum) homo iste qui aridam habet manum, caementarius scribitur, istiusmodi vocibus auxilium precans: *Caementarius eram manibus victum quaeritans: precor te, Jesu, ut mihi restituas sanitatem, ne turpiter mendicem cibos.* RABANUS (super *Si licet sabbatis curare*). Sabbatis autem praecipue docet et operatur Jesus, non solum propter spirituale sabbatum, sed etiam propter celebriorem populi conventum, quaerens salutem omnium. HILARIUS (can. 12 in Matth.). Mystice autem post reditum de segete, ex qua jam Apostoli fructus sationis acceperant, ad synagogam venit, jam illic messis suae opus paraturus: quia plures postmodum una cum Apostolis extiterunt qui curabantur. HIERONYMUS (ubi supra). Usque autem ad adventum Domini Salvatoris arida manus in synagoga Judaeorum fuit, et Dei opera non fiebant in ea; postquam autem ille venit in terras, reddita est in Apostolis credentibus dextera, et operi pristino restituta. HILARIUS (can. 12, inter princ. et med.). Curatio autem omnis in verbo est: et manus sicut altera redditur; idest, similis ministerio Apostolorum in officium dandae salutis efficitur: docetque Pharisaeos aegre ferre non oportere operationem humanae salutis in Apostolis, cum ipsis ad officii ejusdem ministerium manus sit reformanda, si credant. RABANUS (super *Et ecce homo habens manum aridam*). Vel aliter. Homo qui habebat manum aridam, humanum genus indicat, sterilitate boni operis arefactum per manum ad pomum extensam, quam sanavit manus innocens in cruce extensa. Et bene manus in synagoga erat arida: quia ubi majus donum scientia, ibi gravius est inexcusabilis noxae periculum. Sananda autem manus arida jubetur extendi: quia infructuosae debilitas animae nullo melius ordine quam eleemosynarum largitate curatur. Habebat autem homo dexteram manum languidam, quia ab eleemosynis torpebat; sinistram sanam, quia suae utilitati intendebat. Sed veniente Domino, dextra sanatur ut sinistra: quia quod congregaverat avide, modo distribuit caritative.

3. HILARIUS (can. 12 in Matth.). Invidia autem (2) facti Pharisaeos commovet: quia contuentes hominem in corpore, Deum in operibus non intelligebant: unde dicitur: *Exeuntes autem Pharisaei consilium faciebant adversus eum quomodo eum perderent.* RABANUS (super hoc verbo). *Exeuntes* dicit, quia eorum mens a Domino aversa fuit. Consilium fecerunt quomodo vitam perderent, non quomodo ipsi vitam invenirent. HILARIUS. Sciensque eorum consilia secessit, ut a consiliis malignantium procul abesset: unde sequitur: *Jesus autem sciens secessit inde.* HIERONYMUS (ubi supra). Sciens, inquam, eorum insidias recessit, ut Pharisaeis contra se occasionem impietatis auferret. REMIGIUS (super *Sciens autem Jesus secessit*). Sive secessit inde quasi homo fugiens insidias suorum persequentium; sive quia non erat tempus neque locus patiendi: « non enim capit « perire Prophetam extra Hierusalem; « sicut ipse dicit Luc. 13. Declinavit etiam Dominus odio se persequentes, et pervenit illuc ubi invenit plurimos se per amorem diligentes: unde sequitur: *Et secuti sunt eum multi.* Quem Pharisaei unanimi consilio per-

dere quaerunt, turba indocta unanimi dilectione sequitur: unde mox sui desiderii consequuntur effectum: nam sequitur· *Et curavit eos omnes.* HILARIUS (can. 12, ante med.). His autem quos curavit, silentium imperavit: unde sequitur: *Et praecepit eis ne manifestum eum facerent:* nam salus unicuique reddita, erat sibi ipsi testis. Sed jubendo silentium teneri; et gloriandi de se jactantiam declinat, et nihilominus cognitionem sui praestat in eo ipso, cum admonet (1) de se taceri; quia observatio silentii ex re quae sit silenda proficiscitur. RABANUS (super *Praecepit eis ne eum manifestarent*). In hoc etiam nos instruit, ne cum aliquid magni fecerimus, laudem foris quaeramus. REMIGIUS. Ideo etiam praecipit ut non manifestarent eum, ne persequentes ipsum deteriores fierent. CHRYSOSTOMUS in hom. 41. Deinde ut non turberis in his quae fiunt insania inopinabili (2) Pharisaeorum, inducit Prophetam hoc praedicentem; tanta erat enim Prophetarum diligentia, ut neque hoc derelinquerent; sed et vias ejus et transitus prophetizarent, et intentionem cum qua hoc faciebat; ut discas quoniam omnia a Spiritu sancto loquebantur: si enim cogitationes hominum impossibile est scire, multo magis Christi intentionem, nisi Spiritus sanctus revelaret. Sequitur ergo: *Ut impleretur quod dictum est per Isaiam Prophetam dicentem: Ecce puer meus quem elegi.* REMIGIUS. Dominus quidem Jesus Christus puer omnipotentis Dei dictus est, non secundum divinitatem, sed secundum assumptae carnis dispensationem: quia cooperante Spiritu sancto carnem suscepit ex Virgine absque macula peccati. Quidam libri habent: *Electus, quem elegi:* electus enim fuit a Deo Patre, idest praedestinatus, ut esset Filius Dei proprius, non adoptivus. RABANUS (super hoc loco). *Quem elegi,* dicit, ad opus quod nemo alius fecit, ut redimeret genus humanum, et pacificaret mundum cum Deo. Sequitur, *Dilectus meus, in quo bene complacuit animae meae:* quia ipse solus est agnus sine macula peccati, de quo Pater dicit, inf. 17: *Hic est Filius meus dilectus in quo mihi bene complacui.* REMIGIUS. Quod autem dicit, *Animae meae,* non ita intelligendum est quod Deus Pater animam habeat; sed translative anima in Deum ascribitur, ut per eam demonstretur (3) Dei affectus. Nec mirum si anima translative in Deo dicitur, cum etiam cetera corporis membra ei ascribantur. CHRYSOSTOMUS (hom. 41, in Matth. ante med.). Hoc autem in principio Propheta ponit, ut discas quia hoc quod dicitur, fuit secundum consilium Patris: dilectus enim secundum consilium ejus qui diligit facit. Sed iterum electus, non ut adversarius solvit legem, neque ut inimicus existens legislatori, sed ei concordans. Quia ergo dilectus est, *ponam spiritum meum super eum.* REMIGIUS. Tunc etiam Deus Pater posuit spiritum suum super eum ,cum operante Spiritu sancto suscepit carnem ex Virgine, et mox ut homo factus est, plenitudinem Spiritus sancti suscepit. HIERONYMUS (super *Ecce puer meus quem elegi.*) Ponitur autem Spiritus sanctus non super Dei Verbum, sed super Unigenitum, qui de sinu Patris processit, scilicet super eum de quo dictum est, *Ecce puer meus.* Quid autem per ipsum facturus sit, subditur: *Et judicium Gentibus nuntiabit.* AUGUSTINUS, 20 de civit. Dei (cap. 30). Quia

---

(1) *In quatuor jam citatis exemplis quae vidimus desunt haec verba* quod nuper in graecum de hebraico sermone transtulimus.

(2) *Al.* deest autem.

(1) *Al.* admoneret.

(2) *Al.* in insania opinabili.

(3) *Al.* demonstraretur.

scilicet judicium praenuntiavit futurum, quod Gentibus erat occultum. CHRYSOSTOMUS (hom. 41, in Matth.). Deinde humilitatem ejus manifestans, dicit, *Non contendet*: qui sicut illi placuit oblatus est, et manibus persequentium se ultro obtulit; *neque clamabit*: quia sicut agnus coram tondente se obmutuit; *neque audiet aliquis in plateis vocem ejus.* HIERONYMUS (super *Nec audietur in plateis*). Lata enim est et spatiosa via quae ducit ad perditionem, et multi ingrediuntur per eam; qui multi non audiunt vocem Salvatoris, quia non sunt in arcta via, sed in spatiosa. REMIGIUS. Platea namque graece, latine latitudo dicitur. In plateis ergo vocem ejus nemo audivit: quia suis dilectoribus non delectabilia in hoc mundo promisit, sed aspera. CHRYSOSTOMUS (hom. 41, ante med.). Volebat autem Dominus per hujusmodi mansuetudinem curare Judaeos. Sed licet isti renuerent, non tamen eis restitit, eos destruendo: unde et ejus virtutem et illorum imbecillitatem Propheta ostendens dicit: *Arundinem quassatam non confringet, et linum* (1) *fumigans non extinget.* HIERONYMUS (super illud, *Arundinem quassatam*). Qui peccatori non porrigit manum nec portat onus fratris sui, iste quassatum calamum confringit; et qui modicam scintillam fidei contemnis in parvulis, hic linum extinguit fumigans. AUGUSTINUS (20 de civit. Dei, cap. 30). Unde persecutores Judaeos, qui calamo quassato, perdita integritate, et lino fumanti, amisso lumine, comparati sunt, non contrivit, non extinxit: quia pepercit eis, quod nondum venerat eos judicare, sed judicari ab eis. AUGUSTINUS de quaest. Evang. (lib. 2, quaest. 3). In lino etiam fumigante notandum est, quia desertum lumine facit putorem (2). HILARIUS. Vel in hoc quod dicit, *Arundinem quassatam non confringet*, ostendit quod ita facile erat ei omnes eos frangere, sicut arundinem; et non simpliciter arundinem, sed jam contritam. In hoc autem quod dicit, *Linum fumigans non extinguet*, demonstrat et illorum furorem accensum, et virtutem Christi potentem ad extinguendum hujusmodi furorem cum omni facultate: unde in hoc multa mansuetudo Christi ostenditur (3) RABANUS. Vel per hoc quod dicit, arundinem quae quassata est, non esse confractam, ostendit caduca et quassata Gentium corpora non fuisse contrita, sed in salutem potius reservata. Per hoc autem quod dicit, *Linum fumigans non extinguet*, ostendit exiguitatem ignis jam tantum fumigantis in lino non extinctam, idest Israel ex reliquiis veteris gratiae spiritum non ablatum, quia resumendi totius luminis in tempore poenitentiae sit facultas. RABANUS (4). Vel e converso, arundinem quassatam vocat Judaeos, quos a vento agitatos, et quasi ab invicem dissipatos, non statim Dominus condemnavit, sed patienter supportavit; linum autem fumigans vocat populum de Gentibus congregatum, qui, extincto naturalis legis ardore, fumi amarissimi et oculis noxii, tenebrosaeque caliginis involvebantur erroribus; quem non solum extinxit et redegit in cinerem, sed e contrario de parva scintilla et pene moriente maxima suscitavit incendia. CHRYSOSTOMUS (hom. 41 in Matth.). Sed posset aliquis dicere: Quid igitur? Semper haec erunt;

et feret usque in finem eos qui sic insidiantur et insaniunt? Absit: sed cum sua omnia facta erunt, tunc et illa operabitur. Et hoc signavit dicens: *Donec ejiciat ad victoriam judicium;* ac si dicat: Cum ea quae ex se sunt, omnia compleverit, tunc perfectam ultionem inducet: tunc enim puniuntur cum claram fecerit suam victoriam, ut non relinquatur eis inverecunda contradictionis occasio. HILARIUS (can. 12). Vel *donec ejiciat ad victoriam judicium:* sublata scilicet mortis potestate. judicium et claritatis suae reditum introducat. RABANUS (super *Donec ejiciat ad victoriam*). Vel donec illud judicium quod in eo agebatur, ad victoriam perveniret: quia postquam mortem resurgendo superavit, expulso principe hujus mundi, victor ad regnum rediit in Patris dextera sedens, donec ponat sub pedibus omnes inimicos suos. CHRYSOSTOMUS (hom. 41 in Matth.). Sed non in hoc stabunt ea quae sunt dispensationis, ut solum puniantur qui non crediderunt; sed et orbem terrarum ad se trahet: unde sequitur: *Et in nomine ejus Gentes sperabunt.* AUGUSTINUS, 20 de civit. Dei (cap. 30). Hoc autem ultimum jam videmus impletum: et sic (1) per hoc quod negari non potest, creditur et illud quod imprudenter a quibusdam negatur, novissimum judicium, quod ponet in terra, cum venerit ipse de caelo. Quis enim speraret Gentes in Christi nomine speraturas, quando tenebatur, ligabatur, caedebatur, illudebatur et crucifigebatur; quando et ipsi discipuli spem perdiderant, quam in illo habere jam coeperant? Quod tunc vix unus latro speravit in cruce, nunc sperant Gentes longe lateque diffusae. Et ne in aeternum moriantur, ipsa in qua ille mortuus est cruce signantur. Nullus igitur dubitet per Jesum Christum novissimum futurum esse judicium. REMIGIUS. Sciendum est autem, quia non solum istius loci sensus, sed et multorum aliorum hoc testimonio confirmatur: nam quod dicit, *Ecce puer meus*, ad illum locum refertur ubi dixerat Pater, supra 3: *Hic est Filius meus*: quod vero ait, *Ponam spiritum meum super eum*, ad hoc refertur quod Spiritus sanctus descendit super Dominum baptizatum: quod autem subjungit, *Judicium Gentibus nunciabit*, refertur ad id quod infra 25, dicitur, *Cum sederit Filius hominis in sede majestatis suae*: quod autem subdit, *Non contendet neque clamabit*, ad hoc refertur quod Dominus pauca respondit principi sacerdotum et Pilato, Herodi vero nulla: quod vero dicitur, *Arundinem quassatam non confringet*, ad hoc pertinet quod Dominus suos persecutores declinavit, ne fierent deteriores: quod vero dicit, *In nomine ejus Gentes sperabunt*, ad hoc refertur quod ipse dixit, infra ult., *Euntes docete omnes Gentes.*

4. GLOSSA (2). Confutaverat superius Dominus Pharisaeos Christi miracula calumniantes ex hoc quod sabbatum solvere videbatur: sed quia majori nequitia ipsa Christi miracula divina virtute facta pervertebant, attribuentes ea immundo spiritui; ideo Evangelista praemittit miraculum ex quo blasphemandi occasionem sumpserunt, dicens: *Tunc oblatus est ei daemonium habens, caecus et mutus.* REMIGIUS. Quod autem dicit, *Tunc*; ad superiora refertur, quando sanato homine qui habebat manum aridam, exivit de synagoga. Sive quod dicit, *Tunc*, potest referri ad latius atque prolixius tempus; ut

---

(1) Al. *lignum.*

(2) Chrysostomus hom. 41, ut supra (*Ex edit. P. Nicolai*).

(3) Hilarius can. 12, ut supra (*Ex edit. P. Nicolai*).

(4) Ex Hieronymo mutuatus epist. 151 quam Algasiae scripsit qu. 11 (*Ex edit. P. Nicolai*).

(1) *Al. et si. P. Nicolai habet* et super hoc.

(2) Nec in Glossa quae nunc extat est, nec in Anselmo vel alibi occurrit (*Ex edit. P. Nicolai*).

sit sensus: Tunc quando haec vel illa dicebantur vel gerebantur. Chrysostomus (hom. 41). Miranda est autem nequitia daemonis. Utrumque ingressum oppilavit per quem ille erat crediturus, scilicet et auditum et visum. Sed Christus utrumque aperuit: unde sequitur: *Et curavit eum ita ut loqueretur et videret.* Hieronymus. Tria autem signa simul in uno homine perpetrata sunt: caecus videt, mutus loquitur, possessus a daemone liberatur. Quod et tunc quidem carnaliter factum est: sed quotidie completur in conversione credentium: ut expulso daemone, primum fidei lumen aspiciant, deinde in laudes Dei tacentia prius ora laxentur. Hilarius (can. 12). Non autem sine ratione cum turbas omnes curatas in communi dixisset, nunc seorsum daemonium habens, caecus et mutus offertur. Oportebat enim ut postquam manus aridae homo oblatus est, qui in synagoga curabatur, in unius hujusmodi hominis forma Gentium salus fieret; ut qui erat habitatio daemonii, et caecus et mutus, Deo capax pararetur, et Deum contineret in Christo, et Christi opera Dei confessione laudaret. Augustinus de quaest. Evang. (lib. 2, quaest. 5). Daemonium enim habens, caecus et mutus est qui non credit et subditus est diabolo; qui non intelligit et non confitetur ipsam fidem, vel non dat laudem Deo. Augustinus de cons. Evang. (lib. 2, 37). Hoc autem non isto ordine, sed post multa alia Lucas commemorat; et mutum dicit tantum et non caecum. Sed non (1) ex eo quod aliquid tacet, de alio dicere putandus est: ea enim sequentia et ipse contexit quae Matthaeus. Hilarius (can. 12). Stupuerunt facti istius omnes turbae; sed Pharisaeorum ingravescit invidia: unde sequitur: *Et stupebant omnes turbae, et dicebant: Numquid iste est filius David?* Glossa. Ob misericordiam et beneficia filium David praedicant. Rabanus (haec habet Beda cap. 2 Lucae super id, *in Beelzebub*). Turbis quae (2) minus eruditae videbantur, Domini semper facta mirantibus, illi contra vel negare hoc, vel quae negare nequiverant sinistra interpretatione pervertere laborabant; quasi haec non divinitatis, sed immundi spiritus opera fuissent; idest Beelzebub, qui Deus erat Accaron: unde sequitur: *Pharisaei autem audientes dixerunt; Hic non ejicit daemones nisi in Beelzebub principe daemoniorum.* Remigius. Beelzebub autem, ipse est Beel et Baal et Beelphegor. Beel fuit pater Nini regis Assyriorum; Baal dictus est, quia in excelso colebatur; Beelphegor a loco, idest a monte Phega. Zebub servus fuit Abimelech filii Gedeonis, qui occisis septuaginta fratribus aedificavit templum Baal, et constituit eum sacerdotem in ipso ad abigendas muscas quae ibi congregabantur, propter nimium cruorem victimarum. Zebub namque musca dicitur. Beelzebub ergo vir muscarum interpretatur: unde propter spurcissimum ritum colendi, dicebant eum esse principem daemoniorum. Nihil ergo sordidius invenientes quod Domino objicerent, dicebant eum (5) in Beelzebub ejicere daemonia. Et sciendum quod non est legendum per *d* vel *t* in fine, ut quaedam mendosa exemplaria habent, sed per *b*.

5. Hieronymus (super *Jesus autem sciens*). Pharisaei opera Dei principi daemoniorum deputabant; quibus Dominus non ad dicta, sed ad cogitata re-

spondit, ut vel sic compellerentur credere potentiae ejus qui cordis videbat occulta: unde dicitur: *Jesus autem sciens cogitationes eorum, dixit eis.* Chrysostomus (hom. 42). Superius quidem et de hoc Christum accusaverant, quia in Beelzebub ejiceret daemonia; sed tunc quidem eos non increpavit, concedens eis et a pluribus signis cognoscere ejus virtutem, et a doctrina discere ejus magnitudinem. Sed quia permanebant eadem dicentes, jam increpat eos, quamvis eorum accusatio valde irrationabilis esset. Invidia autem non quaerit quid dicat, sed solum ut dicat. Neque tamen Christus eos contempsit, sed respondet cum decenti mansuetudine, docens nos mites esse inimicis, et non turbari, etiam si talia dicant quae nos in nobis non recognoscimus, neque habent aliquam rationem. In quo etiam ostendit mendacia esse quae ab ipsis sunt dicta: neque enim est daemonium habentis, tantam ostendere mansuetudinem, et cogitationes scire. Et quia valde irrationabilis erat eorum suspicio, et multitudinum timebant, non audebant publicare Christi accusationem, sed in mente volvebant: propter quod dicit, *Sciens cogitationes eorum.* Ipse autem accusationem quidem in respondendo non ponit, neque divulgat eorum nequitiam: solutionem autem inducit: studium enim ejus erat prodesse peccantibus, non publicare. Non autem respondet eis a Scripturis, quia non attenderent aliter exponentes; sed a communibus opinionibus: non enim ita exteriora praelia corrumpunt, sicut ea quae interiora (1): hoc enim fit in corporibus, et in omnibus rebus; sed interim a magis cognitis exempla ducit, dicens: *Omne regnum contra se divisum desolabitur.* Nihil enim est in terra regno potentius; sed tamen per altercationem perit. Quid autem dicendum est de civitate, vel de domo? Sive magnum sive parum fuerit, contra seipsum pugnans perit. Hilarius (can. 12 in Matth.). Unde domus, et civitatis eadem est hic ratio quae est regni: propter quod sequitur: *Et omnis civitas vel domus divisa contra se, non stabit.* Hieronymus (super *Si satanas satanam ejicit*). Quomodo enim concordia parvae res crescunt, sic discordia maximae dilabuntur. Hilarius (can. 12). Sermo autem Dei dives est; et vel simpliciter intellectus, vel inspectus interius, ad omnem profectum est necessarius. Relictis ergo his quae ad communem intelligentiam patent, causis interioribus immoremur. Responsurus enim Dominus ad id quod de Beelzebub dictum erat, in ipsos quibus respondebat, responsionis conditionem retorsit: lex enim a Deo est, et regni Israel pollicitatio ex lege est: si regnum legis contra se dividitur, dissolvatur necesse est; et sic Israel amisit legem, quando impletionem legis in Christo plebs legis impugnat. Sed civitas hic Hierusalem indicatur, quae postquam in Dominum suum furore plebis exarsit, et Apostolos ejus cum credentium turbis fugavit, post divisionem non stabit; atque ita (quod per hanc divisionem mox consecutum est) civitatis illius denuntiatur excidium. Deinde assumit: *Et si satanas satanam ejicit, adversus se divisus est: quomodo ergo stabit regnum ejus?* Hieronymus (ubi supra). Ac si diceret, Si satanas pugnat contra se, et daemon inimicus est daemoni; deberet jam mundi venire consummatio; nec habent in eo locum adversariae potestates, quarum inter se bel-

(1) *Al.* sed etiam.
(2) *Al.* turbae autem, *et infra* mirantes.
(5) *Al.* enim.

(1) *Al.* quae sunt contribulim.

lum pax hominum est. GLOSSA (ordinaria, super *regnum in se divisum*). Necessaria ergo complexione eos argunt. Vel enim Christus in virtute Dei daemones ejicit, vel in principe daemoniorum. Si in virtute Dei, frustra calumniantur; si in principe daemoniorum, regnum ejus divisum est nec stabit: et ideo a regno ejus recedant: quod innuit sibi eos elegisse, dum in se non credunt. CHRYSOSTOMUS (hom. 42, aliq. a princ.). Vel sic: divisus est, imbecilior factus est, et perit: si autem perit, qualiter potest alium projicere ? HILARIUS (can. 12, paulum ante med.). Vel aliter. Si ad divisionem suam coactus est daemon, ut daemones perturbaret: hinc quoque aestimandum est plus in eo qui diviserit, quam in his qui divisi sunt, esse (1) virtutis: ergo regnum diaboli, divisione facta, a Christo est dissolutum. HIERONYMUS (super id, *Si satanas satanam ejicit*). Si autem putatis, o Scribae et Pharisaei, quod recessio daemonum obedientia sit in principem suum, ut homines ignorantes fraudulenta simulatione deludantur (2); quid potestis dicere de corporum sanitatibus quas Dominus perpetravit ? Aliud est, si membrorum quoque debilitates, et spiritualium virtutum insignia daemonibus assignetis.

6. CHRYSOSTOMUS (hom. 42). Post primam solutionem, venit ad secundam prima manifestiorem, dicens: *Et si ego in Beelzebub ejicio daemones, filii vestri in quo ejiciunt ? Ideo ipsi judices vestri erunt.* HIERONYMUS (super *Si ego in Beelzebub*). Filios Judaeorum vel exorcistas gentis illius, ex more signat, vel Apostolos ex eorum stirpe generatos. Si exorcistas, qui ad invocationem Dei ejiciebant daemones; coarctat Pharisaeos interrogatione prudenti, ut confiteantur Spiritus sancti esse opus eorum (3). Quod si expulsio, inquit, daemonum in filiis vestris, Deo, non demonibus deputatur: quare in me idem opus non eamdem habeat et causam ? Ergo ipsi vestri judices erunt, non potestate, sed comparatione; dum illi expulsionem daemonum Deo assignant, vos principi daemoniorum. Sin autem et de Apostolis dictum est (quod et magis intelligere debemus), ipsi erunt judices eorum: quia sedebunt in duodecim soliis, judicantes duodecim tribus Israel. HILARIUS (can. 12). Idcirco autem digne judices sunt in eos constituti, quibus id dedisse Christus adversus daemones potestatis reperitur quod ipse est negatus habuisse. RABANUS. Vel quia Apostoli bene sibi conscii erant, nihil malae artis se ab eo didicisse. CHRYSOSTOMUS (hom. 42). Non autem (4) dixit, Discipuli mei, neque Apostoli, sed *Filii vestri:* ut si quidem voluerint reverti ad illorum dignitatem, multam hinc accipiant occasionem: si autem ingrati fuerint, neque inverecundam habeant (5) excusationem. Ejiciebant autem Apostoli daemones quia acceperant potestatem ab ipso; et tamen nihil eos incusabant: non enim rebus, sed personae Christi adversabantur. Volens igitur monstrare quoniam invidiae erant quae dicebantur de ipso, Apostolos in medium ducit. Rursus autem ad sui cognitionem inducit eos, demonstrans quoniam propriis adversantur bonis, et contrariantur suae saluti; cum deceret eos laetari, quod magna bona illis advenerat donaturus: unde sequitur: *Si autem ego in spiri-*

tu Dei ejicio daemones, igitur pervenit in vos regnum Dei. Per hoc autem demonstrat quod magnae virtutis opus est daemones ejicere, non et cujuslibet gratia. Et ob hoc quidem syllogizat dicens: *Ergo pervenit in vos regnum Dei;* ac si dicat: Si hoc est, profecto Filius Dei advenit. Hoc autem obumbrate dicit: ut non illis sit grave. Deinde ut illos alliciat, non dixit simpliciter, *Pervenit regnum,* sed *in vos:* quasi dicat: Vobis veniunt bona: propter quid vestram impugnatis salutem ? Hoc enim est signum a Prophetis traditum praesentiae Filii Dei, tanta fieri potestate divina. HIERONYMUS (super *Igitur pervenit*). Regnum enim Dei seipsum signat, de quo in alio loco scriptum est (Luc. 17 : « Regnum « Dei intra vos est: » et Joan. 1: Medius stat « intra vos quem nescitis » Vel certe illud regnum quod et Joannes et ipse Dominus praedicaverant: supra 1, 3 et 4: *Poenitentiam agite: appropinquabit enim regnum caelorum.* Est et tertium regnum Scripturae sanctae, quod auferetur a Judaeis, et tradetur Genti facienti fructus ejus. HILARIUS (can. 12). Si ergo discipuli operantur per Christum, et ex spiritu Dei Christus operatur: adest regnum Dei jam in Apostolos mediatoris officio transfusum (1). Diminutio etiam regni diaboli, est augmentatio regni Dei. AUGUSTINUS de quaest. Evang. (lib. 1, q. 5.) Unde potest etiam hic esse sensus: *Si ego in Beelzebub ejicio daemones,* etiam secundum vestram sententiam, *pervenit in vos regnum Dei:* quia regnum diaboli stare non potest, quem adversum se divisum fatemini. Regnum enim Dei nunc dixit quo damnantur impii, et a fidelibus de peccatis suis poenitentiam nunc agentibus secernuntur.

7. CHRYSOSTOMUS (hom. 42). Posita secunda solutione, inducit et tertiam, dicens: *Aut quomodo potest quisquam intrare in domum fortis ?* Quod enim non potest satanas satanam ejicere; manifestum ex dictis est. Sed quoniam neque alius potest eum ejicere nisi prius eum superaverit, omnibus est manifestum. Constituitur ergo quod et antea ex manifestiori (2) abundantia: dicit enim: Tantum absisto ab hoc quod utar diabolo coadjutore, quod praelier cum eo et ligem eum: et hujusmodi conjectura est quod vasa ejus diripio. Et sic contrarium ejus quod illi tentabant dicere, demonstrat. Illi enim volebant ostendere quod non propria virtute ejicit daemones, ipse autem ostendit quod non solum daemones, sed et eorum principem ligavit: quod manifestum est ab his quae facta sunt. Qualiter enim principe non victo, hi qui subjacent daemones direpti sunt ? Hoc autem mihi prophetia videtur esse, quod dicitur; non enim solum daemones ejicit, sed et errorem universi orbis terrarum abiget et machinationem diaboli dissolvet. Et non dixit, Rapiet, sed *Diripiet,* ostendens quod hoc cum potestate fiat. HIERONYMUS (super *Aut quomodo potest quisquam.* Domus illius mundus est, in (3) maligno positus, non creatoris dignitate, sed magnitudine delinquentis. Alligatus est fortis, et religatus in tartarum, et Domini pede contritus. Non autem debemus esse securi: adversarius noster fortis victoris quoque vocibus comprobatur. CHRYSOSTOMUS (hom. 42 in Matth. a med.). Fortem autem eum vocat, anti-

(1) *Al.* inesse.
(2) *Al.* deludant.
(3) *Al. omittitur* eorum.
(4) *Al.* ergo.
(5) *Al.* verecundam habent.

(1) Glossa, vel potius Anselmus, pro quo citari Glossa solet; sed loco utriusque prius ista confundebantur cum Hilarii verbis quasi ex illo essent (*Ex edit. P. Nicolai*).
(2) *Al.* cum manifestiori.
(3) *Al.* qui in.

quam ejus ostendens tyrannidem. quae ex nostra desidia orta est. Augustinus de quaest. Evang. (lib. 1, qu. 5). Quos scilicet ipse tenebat, ne possent viribus suis ab illo se homines eruere, sed per gratiam Dei. Vasa ejus dicit omnes infideles. Alligavit autem fortem, quia potestatem illi ademit impediendi voluntatem fidelium a sequendo Christo et obtinendo (1 regno Dei. Rabanus. Domum ergo ejus diripuit; quia ereptos a diaboli laqueis eos quos suos esse praevidit, Ecclesiae adunavit: vel quia omnes mundi partes Apostolis et eorum successoribus convertendas distribuit. Ostendit igitur per manifestam parabolam, dicens, quia non concordat in fallaci operatione cum daemonibus ut calumniabantur, sed virtute divinitatis homines a daemonibus liberavit.

8. Chrysostomus (hom. 42 a med.). Posita tertia solutione, hic ponit quartam. dicens: *Qui non est mecum. contra me est.* Hilarius(can.1, parum a med.). In quo ostendit longe a se esse ut aliquid a diabolo mutuatus sit potestatis; et ex hoc ingentis periculi res intelligitur male de eo opinari, cum quo non esse, idipsum est quod contra esse. Hieronymus (super *Qui non est mecum*). Non tamen putet hoc quisquam de haereticis dictum et schismaticis; quamquam et ita ex superfluo posset intelligi; sed ex consequentibus textuque sermonis ad diabolum refertur, eo quod non possint opera Salvatoris Beelzebub operibus comparari. Ille cupit animas hominum tenere captivas, Dominus liberare; ille praedicat idola, hic unius Dei notitiam; ille trahit ad vitia, hic revocat ad virtutes. Quomodo ergo possunt inter se habere concordiam quorum opera sunt diversa? Chrysostomus (hom. 33, parum a med.). Qui ergo non mecum congregat, neque mecum est, non erit mihi comparandus, ut mecum daemones ejiciat; sed magis desiderat quae mea sunt spargere. Sed dic mihi: Si oportuerit cum aliquo praeliari: qui non vult tibi auxiliari, hoc ipso non est adversum te? Ipse etiam Dominus alio loco dixit (Luc. 9): « Qui non est adversum vos, pro vobis « est. » Sed non est contrarium hoc quod hic dicitur. Hic enim loquitur de diabolo adversario existente, ibi autem de homine qui in parte erat cum eis, de quo dictum erat (ibid.): « Vidimus quemdam in nomine tuo ejicientem daemonia. » Videtur autem Judaeos hic occulte insinuare, cum diabolo statuens eos: ipsi enim adversus eum erant, et spargebant quae ipse congregabat. Sed et decens est credere hoc de seipso dixisse: quia adversus diabolum erat, et quae illius sunt dispergebat.

9. Chrysostomus (hom. 6). Quia Dominus Pharisaeis excusando respondebat, jam eos terret Est enim hoc correctionis non parva pars, non solum excusando respondere, sed et comminari (2). Hilarius (can. 12, parum a medio) Pharisaeorum enim sententiam, et eorum qui ita cum his sentiunt, perversitatem severissima definitione condemnat; peccatorum omnium veniam promittens, et blasphemiae spiritus indulgentiam abnegans: *Ideo dico vobis: omne peccatum et blasphemia remittetur hominibus.* Remigius. Sciendum est tamen, quod non passim quibuscumque dimittuntur; sed illis qui pro suis reatibus dignam poenitentiam egerint. Destruitur autem his verbis error Novatiani, qui dicebat, quod fideles post lapsum per poenitentiam non

possunt surgere, neque peccatorum suorum veniam promereri; maxime illi qui in persecutione positi negabant.

Sequitur: *Spiritus autem blasphemiae non remittetur.* Augustinus de ver. Dom. (ser. 2). Quid enim interest ad rem utrum dicatur, *Spiritus blasphemiae non remittetur*, an dicatur, « Qui blasphe- « maverit in Spiritum sanctum, non ei remittetur, » ut Lucas dicit cap. 11? nisi forte quod eadem sententia apertius isto modo quam illo dicitur; et alium Evangelistam non destruit alius, sed exponit. Spiritus enim blasphemiae clause dictum est, quia non est expressum cujus spiritus; et ideo ad hujusmodi expositionem subditur: *Et quicumque dixerit verbum contra Filium hominis, remittetur ei.* Ideo post universalem commemorationem omnis blasphemiae, eminentius voluit exprimere blasphemiam quae dicitur contra Filium hominis, quam in Evangelio secundum Joannem valde gravem ostendit (1): ubi (c. 16), ait de Spiritu sancto: « Ille « arguet mundum de peccato, de justitia, et de « judicio: de peccato quidem, quia non credunt in « me. » Sequitur: *Qui autem dixerit contra Spiritum sanctum verbum, non remittetur ei neque in hoc saeculo neque in futuro.* Non ergo hoc dicitur propterea quia in Trinitate major est Filio Spiritus sanctus: quod nullus unquam vel haereticus dixit. Hilarius (can. 12, post med.). Quid autem tam extra veniam est quam in Christo negare quod Dei est, et consistentem in eo paterni spiritus substantiam adimere, cum in spiritu Dei omne opus consummet, et in eo Deus sit mundum reconcilians sibi ? Hieronymus (super *Quicumque dixerit verbum*). Vel ita locus iste est intelligendus. Qui verbum dixerit contra Filium hominis, scandalizatus carne mea, et me hominem tantum arbitrans; talis opinio atque blasphemia, quamquam culpa non careat erroris, tamen habet veniam propter corporis vilitatem (2). Qui autem manifeste intelligens opera Dei, cum Dei virtutem negare non possit, eadem calumniatur stimulatus invidia; et Christum Dei verbum et opera Spiritus sancti dicit esse Beelzebub, isti non remittetur neque in hoc saeculo neque in futuro. Augustinus de ver. Dom. (ser. 11). Sed si hoc propterea dictum esset, profecto de omni blasphemia taceretur, et haec sola remissibilis videretur quae contra Filium hominis dicitur. quasi cum homo solum putatur: cum vero praemissum sit, *Omne peccatum, et blasphemia remittetur hominibus*; proculdubio et illa blasphemia quae contra Patrem dicitur, ista generalitate concluditur; et tamen haec sola irremissibilis definitur quae dicitur contra Spiritum sanctum. Numquidnam et Pater formam servi accepit, quasi sit major Spiritus sanctus? Quis etiam non convincitur dixisse verbum contra Spiritum sanctum antequam Christianus vel catholicus fieret? Primo ipsi Pagani, cum dicunt Christum magicis artibus fecisse miracula, nonne similes sunt his qui dixerunt eum in principe daemoniorum ejecisse daemonia? Judaei etiam, et quicumque haeretici qui Spiritum sanctum confitentur, sed negant eum esse in corpore Christi, quod est Ecclesia catholica, similes sunt Pharisaeis, qui negabant Spiritum sanctum esse in Christo (3). Quidam etiam heretici ipsum Spiritum

(1) *Al.* non obtinendo.
(2) *Al.* et contrariari.

(1) *Al.* valde grave ostendit esse peccatum.
(2) *Al.* utilitatem.
(3) *Al.* spiritum esse in Christo.

sanctum vel creaturam esse contendunt, sicut Ariani, Eunomiani et Macedoniani; vel eum prorsus ita
negant ut Deum negent esse Trinitatem; sed solum
Patrem esse Deum asseverant; et ipsum aliquando
vocari Filium, aliquando Spiritum sanctum, sicut
Sabelliani. Photiniani (1) quoque Patrem solum
esse dicentes Deum, Filium vero non nisi hominem; negant omnino tertiam esse personam Spiritum sanctum. Manifestum est igitur, a Paganis,
Judaeis et haereticis blasphemari Spiritum sanctum:
Numquid ergo deserendi sunt, et sine ulla spe de-
putandi? Quibus si non est dimissum verbum quod
dixerunt contra Spiritum sanctum, inaniter eis promittitur quod in baptismo sive in Ecclesia remissionem accipiant peccatorum. Non enim dictum est,
Non remittetur ei in baptismo; sed *Neque in hoc
saeculo neque in futuro*: et sic illi soli aestimandi
sunt ab hujusmodi gravissimi peccati reatu liberi
qui ab infantia sunt catholici. Nonnullis autem videtur eos tantummodo peccare in Spiritum sanctum
qui lavacro regenerationis abluti in Ecclesia, et
accepto Spiritu sancto, velut tanto postea dono Salvatoris ingrati, mortifero aliquo peccato se immer-
serunt; qualia sunt vel adulteria, vel homicidia,
vel ipsa discessio a nomine christiano, sive catholica Ecclesia. Sed sensus unde probari possit ignoro;
cum et poenitentiae quorumcumque criminum locus in Ecclesia non negetur, et ipsos haereticos
ad hoc utique corripiendos dicat Apostolus, 2 Timoth. 2: « Ne forte det illis Deus poenitentiam ad
« cognoscendam veritatem. » Postremo non ait
Dominus: Qui fidelis catholicus dixerit verbum
contra Spiritum sanctum; sed *Qui dixerit*, hoc est
quicumque dixerit, *non remittetur ei neque in hoc
saeculo neque in futuro*. AUGUSTINUS de ser. Domini in monte (lib. 1, capitul. 43 et 44). Vel aliter. Dicit Joannes Apostolus (1 Joan. 5): « Est
« peccatum ad mortem, non pro eo dico, ut roget
« quis » Peccatum autem fratris ad mortem dico
esse, cum post Dei agnitionem per gratiam Domini nostri Jesu Christi quisquam oppugnat fraternitatem, aut adversus ipsam gratiam qua reconciliatus est Deo, invidentiae facibus agitatur. Hujus
peccati tanta labes est ut deprecandi humilitatem
subire non possit, etiam si peccatum suum mala
conscientia et agnoscere et annuntiare cogatur.
Quam (2) mentis affectionem propter peccati magnitudinem jam de damnatione aliquos habere credendum
est: et hoc fortasse est peccare in Spiritum sanctum;
idest, per malitiam et invidiam, fraternam impugnare caritatem, post acceptam gratiam Spiritus
sancti; quod peccatum Dominus neque hic neque
in futuro saeculo dimitti dicit. Unde quaeri potest
utrum in Spiritum sanctum Judaei peccaverint,
quando dixerunt, quod in Beelzebub principe daemoniorum Dominus daemonia expellebat. Utrum
enim hoc in ipsum Dominum dictum accipiamus,
quia de se dicit alio loco (supra 10): *Si patrem-
familiam Beelzebub vocaverunt, quanto magis domesticos ejus?* An quoniam de magna invidentia
dixerant, ingrati tam praesentibus beneficiis, quamvis nondum Christiani fuerint, tamen propter (3)
ipsam invidentiae magnitudinem in Spiritum sanctum peccasse credendi sunt? Non enim hoc colligitur de verbis Domini. Videri tamen potest adhuc

(1) *Al.* Phormiani.
(2) Quis, *et infra*, credendus.
(3) *Al* non propter.

eos monuisse, ut accedant ad gratiam, et post acceptam gratiam non ita peccent ut nunc peccaverunt. Neque enim in Filium hominis dixerunt verbum nequam; et potest eis dimitti, si conversi
fuerint et ei crediderint. Si autem postquam Spiritum sanctum acceperint; fraternitati invidere, et
gratiam quam acceperunt (1), oppugnare voluerint,
non eis dimittitur neque in hoc saeculo neque in
futuro. Nam si eos sic haberet condemnatos ut
nulla spes reliqua illis esset, non adhuc monendo
indicaret, cum addidit dicens: *Aut facite arborem
bonam etc.* AUGUSTINUS in lib. Retract. (lib. 1, capit. 19). Hoc autem non confirmavi, quia hoc
putare me dixi; sed tamen addendum fuit: Si in
hac tam scelerata mentis perversitate finierit hanc
vitam: quoniam de quocumque pessimo in hac vita
constituto non est utique desperandum; nec pro
illo imprudenter oratur de quo non desperatur.
AUGUSTINUS de verbis Dom. (serm. 2). Est autem
magnum secretum hujus quaestionis. Lumen ergo
expositionis a Domino quaeratur. Dico autem ca-
ritati vestrae, forte in omnibus Scripturis sanctis
nulla major quaestio, nulla difficilior invenitur. Prius
ergo ut advertatis admoneo, non dixisse Dominum,
Omnis blasphemia spiritus non remittetur; neque
dixisse, Qui dixerit quodcumque verbum contra
Spiritum sanctum; sed *Qui dixerit verbum.* Quapropter non est necesse ut omnem blasphemiam
et omne verbum quod dicitur contra Spiritum sanctum, remissionem quisquam existimet non habere;
sed necesse est plane ut sit aliquod verbum quod si
dicatur contra Spiritum sanctum, nullam remissionem mereatur. Solent enim Scripturae ita loqui: ut
quando aliquid sic dicitur ut neque ex toto neque
ex parte dictum sit; non sit necesse ut ex toto fieri possit, ut ex parte non intelligatur: sicut cum
Dominus dixit Judaeis (Joan. 11), « Si non venissem,
« et locutus eis non fuissem, peccatum non habe-
« rent. » Non enim ita dictum est ut sine ullo
omnino peccato vellet intelligi futuros fuisse Judaeos: sed esse aliquod peccatum quod non haberent nisi Christus venisset. Quis autem sit iste
modus contra Spiritum sanctum, ordo postulat ut
dicamus. Insinuatur siquidem nobis in Patre auctoritas, in Filio nativitas, in Spiritu sancto Patris
Filiique communitas. Quod ergo commune est Patri
et Filio, et per hoc nos voluerunt habere communionem et inter nos et secum: « Caritas enim Dei
« diffusa est in cordibus nostris per Spiritum san-
« ctum qui datus est nobis: » ad Rom. 5. et quia
peccatis alienabamur a possessione bonorum vero-
rum, « caritas operit multitudinem peccatorum: »
1 Pet. 1. Quod enim Christus in Spiritu sancto
peccata dimittat, hinc intelligi potest quod cum
divisset discipulis (Joan. 20): « Accipite Spiritum
« sanctum, » continuo subjecit: « Si cui dimise-
« ritis peccata, dimittentur illis. » Primum itaque
credentium beneficium est in Spiritu sancto remissio peccatorum. Contra hoc donum gratuitum
loquitur cor impoenitens: ipsa ergo impoenitentia
est spiritus blasphemiae; quae non remittetur neque
in hoc saeculo neque in futuro. Contra enim Spiritum sanctum, quo peccata dimittuntur, verbum
valde malum, sive cogitatione sive lingua sua dicit
qui secundum duritiam cordis sui et cor impoenitens thesaurizat sibi iram in die irae. Haec om-

(1) *Al.* acceperat.

nino impoenitentia non habet remissionem neque in hoc saeculo neque in futuro: quia poenitentia impetrat remissionem in hoc saeculo, quae valeat (1) in futuro. Sed ista impoenitentia, quamdiu quisque in hac carne vivit, non potest judicari: de nullo enim desperandum est quamdiu patientia Dei ad poenitentiam adducit. Quid enim, si isti quos in quocumque genere erroris notas et tamquam desperatissimos damnas, antequam istam vitam finiant, agant poenitentiam, et inveniant veram vitam in futuro? Haec autem blasphemia, quamvis prolixa, et pluribus verbis contexta sit, solet tamen Scriptura etiam multa verba verbum appellare: neque enim unum verbum locutus est Dominus cum Propheta: et tamen legitur: Verbum quod factum est ad illum vel ad illum Prophetam. Hic autem fortassis aliquis quaerat utrum tantummodo Spiritus sanctus peccata dimittat, an et Pater et Filius. Respondemus, quia et Pater et Filius: ipse enim Filius de Patre dicit (supra 6): *Dimittet vobis Pater vester peccata vestra*: et de se ait (supra 9): *Filius hominis potestatem habet in terra dimittendi peccata.* Cur ergo illa impoenitentia quae nunquam dimittitur, solum ad Spiritus sancti blasphemiam dicitur pertinere? Tamquam ille qui in hoc impoenitentiae peccato fuerit obligatus, dono Spiritus sancti resistere videatur, quod eo dono fiat remissio peccatorum. Sed peccata, quia praeter Ecclesiam non dimittuntur, in eo spiritu dimitti oportebat quo in unum Ecclesia congregatur. Remissio ergo peccatorum, quam tota Trinitas facit, proprie ad Spiritum sanctum dicitur pertinere: ipse enim est « Spiritus adoptionis filiorum, in quo clamamus, « Abba Pater: » Rom. 8: ut ei possimus dicere: *Dimitte nobis debita nostra*, supra 6. Et hinc cognoscimus (sicut dicit Joannes Epist. 1, cap. 4), « quoniam Christus manet in nobis, de Spiritu « sancto quem dedit nobis. » Ad ipsum etiam pertinet societas qua efficimur unum corpus unici Filii Dei: quia quodammodo societas Patris et Filii est ipse Spiritus sanctus. Quisquis ergo reus fuerit impoenitentiae contra Spiritum sanctum in quo unitas et societas communionis congregatur Ecclesiae, nunquam illi remittitur. CHRYSOSTOMUS (hom 42 in Matth. a med.). Vel aliter secundum primam expositionem. Judaei quidem ignorabant Christum quis esset; Spiritus autem sancti sufficiens acceperunt experimentum; etenim Prophetae per eum locuti sunt. Quod ergo dicit hoc est: Esto quia me offendistis propter carnem circumpositam; numquid et de Spiritu sancto habetis dicere, Quoniam ignoramus eum? Propter hoc non ignoscibilis est vobis haec blasphemia, et hic et illic dabitis vindictam; quia enim daemones ejicere et sanitates perficere Spiritus sancti est; non ergo mihi contumelias infertis solum, sed Spiritui sancto; ideoque vobis inevitabilis erit condemnatio et hic et illic. Etenim hominum hi quidem hic solum puniuntur, sicut qui indigni participaverunt mysteriis apud Corinthios; hi autem illic solum, sicut dives in inferno; hi autem hic et illic, sicut et ipsi Judaei, qui et hic intolerabilia passi sunt, Hierusalem capta, et ibi difficillimam sustinent poenam. RABANUS. In hac autem auctoritate extinguitur haeresis Origenis, qui asserit, post multa saecula omnes peccatores veniam consecuturos; quae refellitur per hoc quod dicitur,

quod non remittetur neque in hoc saeculo neque in futuro. GREGORIUS in Dialogo (lib. 4, cap. 39, alias 30, circa medium). Datur enim intelligi quasdam culpas in hoc saeculo, quasdam vero in futuro relaxari: quod enim de uno negatur, de quibusdam conceditur. Sed tamen hoc de parvis minimisque peccatis fieri posse credendum est; sicut est assiduus otiosus sermo, immoderatus risus, vel peccatum curae rei familiaris, quae vix sine culpa vel ab ipsis agitur qui culpam qualiter debeant declinare sciunt; aut in non gravibus culpis error ignorantiae, quae etiam post mortem gravant, si nobis in hac vita adhuc huc positis minime fuerint relaxata. Hoc tamen sciendum est, quia illic saltem de minimis nil quisque purgationis obtinebit nisi qui hoc bonis actibus in hac vita positus ut obtineat, promeretur.

11. CHRYSOSTOMUS (homil. 43 in princip.). Post priores redargutiones rursus eos aliter confundit. Hoc autem facit non ut seipsum accusatione liberet (ad hoc enim sufficiebant priora); sed eos corrigere volens: unde dicit: *Aut facite arborem bonam et fructum ejus bonum; aut facite arborem malam, et fructum ejus malum*; ac si dicat: Nullus vestrum dixit quod malum est aliquos a daemone liberare. Sed quia operibus non maledicebant, sed diabolum dicebant hoc operantem; demonstrat quod haec accusatio est praeter consequentiam rerum, et praeter communes conceptiones. Talia autem confingere est immensae verecundiae. HIERONYMUS (super *Aut facite arborem bonam*). Constringit ergo eos syllogismo quem Graeci vocant aphycton, nos inevitabilem possumus appellare: quia interrogatos hinc inde concludit, et utroque (1) cornu premit. Si, inquit, diabolus malus est, bona opera facere non potest; si autem bona sunt quae facta cernitis, sequitur ut non sit diabolus qui illa fecit: neque enim fieri potest ut ex malo bonum, aut ex bono oriatur malum. CHRYSOSTOMUS (hom. 43, in Matth.). Etenim arboris dijudicatio a fructu apparet, non fructus ab arbore: unde sequitur: *Siquidem ex fructu arbor cognoscitur.* Etsi enim arbor fructus est causa; sed tamen fructus arboris demonstrativus. Vos autem contrarium facitis: in operibus enim nihil accusare habentes, contrariam de arbore fertis sententiam, me daemoniacum appellantes. HILARIUS (can. 12 in Matth. a med.). Sic ergo in praesens Judaeos refellit; quia cum intelligerent Christi opera ultra humanam esse virtutem, noluerunt tamen ea quae Dei sunt confiteri. Futuram vero omnem fidei perversitatem coarguit; eorum scilicet qui divinitatem et communionem paternae substantiae Domino detrahentes, in diversa haeresum studia ceciderunt (2), neutrum facientes: nec inter Gentes sub venia ignorationis habitantes, nec in veritatis cognitione versantes. Arborem se in corpore positum signat; quia per interiorem virtutis suae fecunditatem exeat ubertas omnis (3) in fructus. Igitur arbor bona facienda cum fructibus bonis est, aut mala constituenda cum malis fructibus: non quia arbor mala possit constitui quae bona est; nec e converso: sed ut per hanc significantiam intelligeremus Christum tamquam inutilem (4) relinquendum, aut tamquam bonorum fru-

(1) *Al.* et in utroque.
(2) *Al.* efferbuerunt.
(3) *Al.* hominis.
(4) *Al.* vilem, *item* utilem.

(1) *Al.* quae erit.

ctuum utilitate retinendum. Ceterum medium se agere, et in Christum aliqua deferre, negare quae maxima sunt, venerari tamquam Deum, Dei communione spoliare, blasphemia Spiritus est: ut cum per admirationem tantorum operum Dei nomen detrahere non audeas, per malevolentiam mentis generositatem ejus, abnegata paternae substantiae communione, deturpes. AUGUSTINUS de verb. Dom. (serm. 12). Vel in hoc admonuit nos Dominus ut bonae arbores simus, ut bonos fructus producere possimus: ubi enim ait: *Facite enim arborem bonam, et fructum ejus bonum*, est praeceptum salubre, cui obedientia est necessaria. Quod autem dicit, *Facite arborem malam, et fructum ejus malum*, non praeceptum est ut faciatis, sed monitio ut caveatis: contra hos enim dixit qui putabant se cum mali essent, bona loqui posse, vel bona opera habere: hoc Dominus dicit esse non posse. Prius enim est mutandus homo, ut opera mutentur: si enim manet homo in eo quod malus est, bona opera habere non potest; si manet in eo quod bonus est, mala opera habere non potest. Omnes ergo malas arbores Christus invenit; sed dedit potestatem filios Dei fieri credentibus in nomine ejus. CHRYSOSTOMUS (hom. 43, non procul a princip.). Quia vero non pro seipso, sed pro Spiritu sancto facit sermonem, eos convenienter increpat dicens: *Progenies viperarum, quomodo potestis bona loqui, cum sitis mali?* Hoc autem dicit et eos incusans, et eorum quae dicta sunt, demonstrationem ex ipsis praebens, quasi dicat: Ecce vos cum sitis arbores malae, non potestis portare fructum bonum. Non ergo miror quod haec loquimini: etenim male nutriti estis a malis progenitoribus, et mentem malam habetis. Et vide, quod non dixit, Qualiter potestis bona loqui, cum sitis progenies viperarum? nihil enim hoc ad illud pertinet; sed *Qualiter potestis bona loqui, cum sitis mali?* Progenies autem viperarum eos dicit, quia in progenitoribus gloriabantur: ut ergo excluderet eorum superbiam, separavit eos a cognatione Abraham, attribuens eis progenitores similium morum. RABANUS (super *Progenies viperarum*). Vel *progenies viperarum*, idest filios et imitatores diaboli, eos appellat: quia scienter bonis operibus detrahunt, quod diabolicum est: quod sequitur: *Ex abundantia enim cordis os loquitur.* Ille homo ex abundantia cordis loquitur qui non ignorat ex qua intentione verba promantur: quod apertius ostendere volens, subjungit: *Bonus homo de bono thesauro profert mala.* Thesaurus cordis, intentio est cogitationis, ex qua interius arbiter judicat proventum operis, ut aliquando ob incuriam cordis tepidi, majorum virtutum opera ostentantes, minora a Domino praemia sortiantur. CHRYSOSTOMUS (hom. 43). Ex his etiam demonstrat suam deitatem scientem cordis occulta: quoniam non verborum solum, sed etiam malarum cogitationum exsolvent vindictam. Est autem naturae continentia supereminentis (1), inter nequitiae verba per os extra effundi. Quare cum audieris hominem male loquentem, multo ampliorem aestimes nequitiam quam verba demonstrant. Quod enim exterius dicitur, est supereffluentia ejus quod intus est; in quo eos vehementer tetigit. Si enim quod dictum est ab eis, ita est malum; excogita radix verborum

quam maligna est (1). Contingit autem hoc decenter; lingua enim confusa multoties non repente effundit nequitiam: cor autem nullum hominum habens testem, sine timore quaecumque vult parturit mala: Dei enim non multa cura est ei. Sed cum augetur multitudo malorum quae intus sunt, quae interim occultabantur, extra per verba proveniunt: et ideo dicit: *Ex abundantia cordis os loquitur*; eo quod homo de thesauris cordis loquitur. HIERONYMUS. In hoc autem quod dicit, *Bonus homo de bono thesauro profert bona etc.*, vel ipsos Judaeos Deum blasphemantes ostendit, de quali thesauro blasphemiam proferant. Vel cum superiori quaestione haeret sententia, quod quomodo non possit bonus homo proferre mala, nec malus, bona; sic non possit Christus mala, nec diabolus bona opera facere.

11. CHRYSOSTOMUS (hom. 43). Post praemissa, eis Dominus multum timorem incutit, ostendens quod ultimam dabunt vindictam quia talia deliquerunt: unde dicit: *Dico enim vobis, quod omne verbum otiosum quod locuti fuerint homines, reddent rationem de eo in die judicii.* HIERONYMUS (super *Dico autem vobis*). Et est sensus: si otiosum verbum, quod nequaquam aedificat audientes, non est absque periculo ejus qui loquitur; et in die judicii reddet unusquisque rationem sermonum suorum: quanto magis vos, qui opera sancti Spiritus calumniamini, et dicitis me in Beelzebub ejicere daemonia, reddituri estis rationem calumniae vestrae? CHRYSOSTOMUS (hom. 43). Non autem dixit, Quod locuti estis vos: simul quidem omne hominum erudiens genus: simul autem minus onerosum faciens suum sermonem. Otiosum autem verbum est quod mendax est, quod calumniam habet. Quidam autem dicunt quoniam et vanum: quale est quod risum movet inordinatum; vel turpe, vel inverecundum. GREGORIUS in hom. 6 in Evang. Vel (2) otiosum verbum est quod aut utilitate rectitudinis, aut ratione justae necessitatis caret (3): quod scilicet sine utilitate et loquentis dicitur et audientis: si omissis seriis, de rebus frivolis loquamur, et fabulas narremus antiquas. Ceterum qui scurrilia replicat, et cachinnis ora dissolvit, et aliquid profert turpitudinis; hic non otiosi verbi, sed criminosi tenetur reus. REMIGIUS. Ex superioribus autem verbis adhuc sequens dependet sententia, cum dicitur: *Ex verbis enim tui justificaberis, et ex verbis tuis condemnaberis.* Non est autem dubium quia unusquisque de verbis suis malis quae loquitur condemnatur; verumtamen ex bonis (4) verbis non justificatur quis, nisi ex intimo corde et devota intentione ea proferat. CHRYSOSTOMUS (hom. 43). Vide autem quia non est onerosum hoc judicium. Non ex quibus alius dixit de te, sed ex quibus ipse locutus es, sententiam judex feret. Non igitur accusatos timere oportet, sed accusantes: non enim illi coguntur accusare se pro his malis quae audierunt, sed hi pro his (5) quae male dixerunt.

12. CHRYSOSTOMUS (hom. 44, in princ.). Quia Dominus superius multoties verbis inverecundam Pharisaeorum obstruxerat linguam, rursus ad ope-

---

(1) *Al.* superemanantis. *Legit P. Nicolai:* Est autem naturae consequentia supereminentis intus nequitiae verbo etc.

(1) *Al.* excogitata radix verborum quam magna **est?**

(2) *Al. deest* vel.

(3) Hieronymus. Hieronymi nomine praetermisso, editiones alia sequentiae cum Gregorii appendice confundunt (*Ex edit. P. Nicolai*).

(4) *Al.* quia ex bonis.

(5) *Al.* sed pro his.

ra veniunt; quod admirans Evangelista dicit: *Tunc responderunt ei quidam de Scribis et Pharisaeis, dicentes: Magister volumus a te signum videre:* tunc scilicet cum flecti oportebat, cum admirari, cum obstupescere; sed tunc a malitia non desistunt. Dicunt enim: *Volumus a te signum videre,* ut eum capiant. HIERONYMUS (super *Magister volumus a te signum*). Sic (1) signa postulant, quasi quae viderant, signa non fuerint; sed in alio Evangelista quid petant plenius explicatur (Luc. 11): « Volu- « mus a te signum videre de caelo: » vel in morem Eliae ignem de sublimi venire cupiebant; vel in similitudinem Samuelis tempore aestivo contra naturam loci mugire tonitrua, coruscare fulgura, imbres ruere; quasi non possint et illa calumniari, et dicere ex occultis et variis aeris passionibus accidisse: nam qui calumniaris ea quae oculis vides, manu tenes, utilitate sentis; quid facturus esses in his quae de caelo veniunt ? Utique respondebis (2) et magos in Ægypto multa signa fecisse de caelo. CHRYSOSTOMUS (hom. 44). Verba autem eorum adulatione et ironia sunt plena. Et prius quidem conviciabantur, daemoniacum cum dicentes; nunc autem adulantur, vocantes eum magistrum. Propter hoc et Dominus eos vehementer arguit: unde sequitur: *Qui respondens ait illis: Generatio mala et adultera signum quaerit.* Et quidem cum ei conviciabantur, mansuete eis respondebat; cum autem adulabantur, conviciose: demonstrans quod utraque passione erat superior: et neque conviciis in iram deducitur, neque ab adulatione mollitur. Quod autem dicit, tale est. Quid mirum, si hoc in me facitis, qui ignotus sum vobis; cum in Patrem, cujus tantam accepistis experientiam, hoc idem fecistis, derelicto eo, ad daemones currentes ? Propter hoc autem eos dicit generationem malam, quia ingrati semper facti sunt circa benefactores, et bene patientes deteriores fiunt (5); quod est ultimae malitiae. HIERONYMUS (super *Generatio mala et adultera*). Egregie autem dixit, *Et adultera,* quia dimiserat virum, et juxta Ezechielem, multis se amatoribus copulavit. CHRYSOSTOMUS (hom. 44). Unde et monstrat se Patri aequalem, si ei non credere generationem adulteram facit. RABANUS (super *Et signum non dabitur ei*). Deinde respondere incipit, non eis signum de caelo, quod indigni erant videre, sed de profundo inferni tribuens. Discipulis autem suis signum de caelo dedit, quibus aeternam beatitudinis gloriam et prius in monte figuraliter et post veraciter in caelum superelevatus ostendit: unde sequitur: *Et signum non dabitur ei, nisi signum Jonae Prophetae.* CHRYSOSTOMUS (homil. 44). Quia non ut eos inducerent signa faciebat (sciebat enim eos lapideos esse) sed ut alios emendaret (4), aut quoniam non acciperent signum, quale est illud quod petebant. Signum enim eis factum est quando per propriam poenam cognoverunt ejus virtutem. Hoc igitur occulte insinuans dicit: *Signum non dabitur ei:* ac si diceret: Multa beneficia demonstravi: nihil horum vos allexit ad venerandum meam virtutem, quam cognoscetis per poenam quando civitatem vestram in terram projectam videbitis. Interim autem sermonem de resurrectione interponit, quem cognituri erant per ea quae postea erant

passuri, dicens: *Nisi signum Jonae Prophetae.* Crux enim profecto credita non esset, nisi signa testantia habuisset. Hac autem non credita, et resurrectio utique credita non esset. Propter hoc et signum hoc vocat, et figuram in medium fert, ut veritas credatur: unde sequitur: *Sicut fuit Jonas in ventre ceti tribus diebus et tribus noctibus.* RABANUS (ubi supra). Ostendit Judaeos ad instar Ninivitarum criminosos, et nisi poeniterent, subversioni proximos. Sed sicut illis denuntiatur supplicium et demonstratur remedium; ita Judaei non debent desperare veniam, si saltem post Christi resurrectionem egerint poenitentiam. Jonas enim, idest columba, vel dolens, signum est ejus super quem descendit Spiritus sanctus in specie columbae, et qui dolores nostros portavit. Piscis qui Jonam devoravit in pelago, significat mortem quam Christus passus est in mundo. Tribus diebus et noctibus fuit ille in ventre ceti, et iste in sepulchro; ille ejectus est in aridam, iste resurrexit in gloriam. AUGUSTINUS de cons. Evang. (lib. 5, cap. 24). Quidam autem modum locutionis Scripturae nescientes, noctem voluerunt advertere (1) tres illas horas a sexta usque ad nonam, quibus sol obscuratus est; et diem tres horas alias, quibus iterum terris est redditus, idest a nona usque ad ejus occasum. Sequitur enim nox futura sabbati, qua cum suo die computata, erunt jam duae noctes et duo dies. Porro autem post sabbatum sequitur nox primae sabbati, idest illucescentis diei dominici (2), in qua tunc Dominus resurrexit. Erunt ergo duae noctes et duo dies et una nox, etiam si tota posset intelligi; nec ostenderemus quod illud diluculum pars ejus extrema sit: quapropter nec annumeratis illis sex horis quarum tribus tenebratus est et tribus illuxit, constabit ratio trium dierum et trium noctium. Restat ergo ut hoc inveniatur illo Scripturarum usitato loquendi modo, quo a parte totum intelligitur. HIERONYMUS (super *Sicut fuit Jonas in ventre ceti*). Non quod omnes tres dies et tres noctes in inferno fuerit: sed quod in parte parasceves, et dominicae, et tota die sabbati, tres dies et tres noctes intelligantur. AUGUSTINUS 5 de Trinit. (cap. 9). Ipsum triduum non plenum et totum fuisse Scriptura testis est; sed primus dies a parte extrema totus annumeratus est; dies vero tertius a parte prima et ipse totus; medius autem inter eos, idest secundus dies, absolute totus vigintiquatuor horis suis, duodecim nocturnis et duodecim diurnis: nox enim usque ad diluculum, quo Domini resurrectio declarata est, ad tertium pertinet diem. Sicut enim primi dies propter futurum hominis lapsum a luce in noctem: ita isti propter hominis reparationem a tenebris in lucem computantur. CHRYSOSTOMUS (hom. 44) Non autem manifeste dixit quod resurgeret; quia eum derisissent: sed occulte insinuat, ut et illi crederent quod praescivit. Non autem dixit, in terra, sed *In corde terrae:* ut et sepulcrum ostenderet, et quod nullus solam mortis apparentiam suspicetur. Et tres dies propter hoc posuit, ut credatur quod mortuus est. Sed ipsa figura veritatem demonstrat: non enim fuit Jonas in ventre ceti in phantasia, sed in veritate: neque figura fuit in veritate, et veritas in imaginatione Propter quod manifestum est quod filii sunt diaboli Marcionem sequentes, qui Christi pas-

---

(1) *Al.* omittitur sic.
(2) *Al.* respondebitis.
(5) *Al.* et beneficiis deteriores fiunt.
(4) *Al.* emendet.

(1) *P. Nicolai habet* annumerare.
(2) *Il.* Domini.

sionem phantasticam esse asseruit; et quod pro eis esset passurus licet eis non proficeret, ostendit per hoc quod innuit quod illi generationi signum daretur Jonae Prophetae.

12. CHRYSO TOMUS (hom. 44). Ne aliquis aestimaret quod talia deinceps futura essent in Judaeis qualia Ninivitis contigerant, ut sicut Jonas illos convertit, et civitas fuit a periculo liberata, ita isti post resurrectionem converterentur; Dominus nunc totum contrarium ostendit, quoniam scilicet ex beneficio passionis nullum fructum perceperunt; sed et gravia patientur, ut infra ostendit per exemplum daemonis. Interim autem ostendit quod juste patientur, dicens: *Viri Ninivitae surgent in judicio cum generatione ista.* REMIGIUS. Ostendit autem Dominus his verbis unam esse malorum et bonorum resurrectionem futuram, contra quosdam haereticos, qui dixerunt unam esse (1) resurrectionem bonorum, et alteram malorum. Destruitur etiam his verbis fabula Judaeorum, qui solent dicere, quod ante judicium mille annis celebretur resurrectio: aperte his verbis ostendens quia mox ut celebrabitur resurrectio, celebrabitur et judicium.

Et condemnabunt eam. HIERONYMUS (super *Ninivitae surgent in judicio*). Non sententiae potestate, sed comparationis exemplo: unde subditur: *Quia poenitentiam egerunt in praedicatione Jonae; et ecce plusquam Jonas hic.* Hic adverbium loci, non pronomen intelligas. Jonas, secundum septuaginta Interpretes, triduum praedicavit: ego tanto tempore: ille Assyriis genti incredulae, ego Judaeis populo Dei: Ille voce locutus est simplici, nihil signorum faciens: ego tanta faciens, Beelzebub calumniam sustineo. CHRYSOSTOMUS (hom. 44). Non autem hic stat Dominus, sed et aliam annuntiationem adjungit dicens: *Regina Austri surget in judicio cum generatione ista, et condemnabit eam: quia venit a finibus terrae audire sapientiam Salomonis.* Istud plus fuit quam prius. Jonas enim ad illos abiit; regina autem Austri non expectavit Salomonem ad ipsam ire, sed ipsa ad eum accessit: et mulier, et barbara, et tantum remota, non mortem formidans, sola cupidine verborum sapientum. Ibi ergo mulier advenit, hic ego veni: et ipsa quidem a finibus terrae surrexit: ego autem civitates et castra circumeo: et ille quidem de arboribus et lignis disputavit, ego autem de ineffabilibus mysteriis. HIERONYMUS (super *Regina Austri*). Eodem ergo modo condemnabit regina Austri populum Judaeorum, quo condemnabunt viri Ninivitae Israelem incredulum. Ista est regina Saba, de qua in Regum volumine et in Paralipomenon legimus, quae per tantas difficultates gente sua et imperio derelictis, venit in Judaeam sapientiam audire Salomonis, et ei multa munera obtulit. In Ninive autem et in Regina Saba occulte fides nationum praefertur Israeli. RABANUS (super *Quia venit a finibus*). Ninivitae significant eos qui peccare desistunt; Regina vero eos qui peccare nesciunt: poenitentia enim peccatum abolet, sapientia cavet. REMIGIUS. Pulchre autem Ecclesia de Gentibus congregata regina dicitur, quia mores suos regere novit: de qua Psalmista (Psal. 44): « Astitit regina a dextris tuis. » Austri autem regina est, quia ardore Spiritus sancti superabundat: auster enim ventus calidus significat Spiritum sanctum. Salomon autem, qui interpreta-

tur pacificus, significat ipsum de quo dictum est Ephes. 2: « Ipse est pax nostra. »

13. CHRYSOSTOMUS (hom. 44, parum ante med.). Quia Dominus dixerat Judaeis: *Viri Ninivitae surgent in judicio, et condemnabunt generationem istam:* ne propter temporis tardationem contemnerent et fierent pigriores, ostendit quod non solum in futuro saeculo, sed et hic gravissima patientur; futuram in eis poenam sub quodam aenigmate subdens: unde dicit: *Cum autem immundus spiritus exierit ab homine.* HIERONYMUS (super *Cum immundus spiritus*). Quidam istum locum de haereticis dictum putant: quod immundus spiritus, qui in eis ante habitaverat, quando Gentiles erant, ad confessionem verae fidei ejiciatur; postea vero cum se ad haeresim transtulerint, et simulatis virtutibus ornaverint domum suam, tunc aliis septem nequam spiritibus adjunctis, revertatur ad eos diabolus, et habitet in aliis; fiantque novissima eorum pejora pejoribus. Multo quidem pejori conditione sunt (1) haeretici quam gentiles: quia in illis spes fidei, in istis est pugna discordiae: cum haec intelligentia plausum quemdam et colorem doctrinae praeferat, nescio an habeat veritatem; ex eo enim quod, finita vel parabola vel exemplo, sequitur, *Sic erit generationi huic pessimae,* compellimur non ad haereticos et quosque homines, sed ad Judaeorum populum referre parabolam: ut contextus loci non passim (2) et vagus in diversum fluctuet, atque insipientium more turbetur; sed haerens sibi vel ad priora vel ad posteriora respondeat. Unde immundus spiritus exiit a Judaeis quando acceperunt legem; expulsus autem a Judaeis, ambulavit per Gentium solitudines: unde sequitur: *Ambulat per loca arida, quaerens sibi requiem.* REMIGIUS. Loca arida appellat corda Gentium ab omni humore salutarium aquarum, hoc est sanctarum Scripturarum et spiritualium donorum, et ab infusione sancti Spiritus aliena. RABANUS. Vel loca arida sunt corda fidelium, quae a mollitie fluxae cogitationis expurgata, callidus insidiator explorat, si quos gressus ibi figere possit; sed castas mentes effugiens diabolus in solo corde pravorum gratam sibi potest invenire quietem: unde sequitur, *Et non invenit.* REMIGIUS. Putabat autem diabolus se perpetuam quietem posse habere in gentili populo: sed subditur: *Et non invenit:* quia apparente Dei Filio per mysterium incarnationis suae, gentilitas credidit, HIERONYMUS (super *Revertar in domum meam*). Quae cum Domino credidisset, ille non invento loco in nationibus, dixit: *Revertar in domum meam unde exivi. Habeo Judaeos quos ante dimiseram. Et veniens invenit eam vacantem, scopis mundatam et ornatam.* Vacabat enim templum Judaeorum et Christum hospitem non habebat dicentem (Joan 14): « Surgite et abeamus hinc. » Quia igitur et Dei et Angelorum praesidia non habebant, et ornati erant superfluis observationibus legis, et traditionibus Pharisaeorum: revertitur diabolus ad sedem suam pristinam, et septenario numero sibi addito daemonum, habita pristinam domum: et fiunt novissima illius populi pejora prioribus: multo enim nunc majore daemonum numero possidentur blasphemantes in synogogis suis Christum Jesum, quam in Ægypto possessi fuerant ante legis notiam; quia aliud est venturum non credere, aliud

---

(1) Al. *omittitur* esse.

(1) Al. *deest* sunt.
(2) Al. *passivus.*

non suscepisse qui venerit. Septenarium autem numerum adjunctum diabolo, vel propter sabbatum
intellige, vel propter numerum Spiritus sancti: ut
quomodo in Isaia super florem qui de radice
Jesse descendit, septem spiritus virtutum descendisse narrantur, ita e contrario vitiorum numerus in
diabolo consecratus sit. Pulchre ergo septem spiritus assumi dicuntur, vel propter violationem sabbati, vel propter criminalia peccata, quae contraria sunt
septem donis Spiritus sancti. Chrysostomus (hom.
44 in Matth. circ. med.). Vel hic poenam eorum
demonstrat: dicit enim quod sicut cum (1) daemoniaci liberati fuerint ab infirmitate, si desidiores
efficiantur, graviorem attrahunt adversus se phanta
siam; ita in vobis fiet: etenim ante detinebamini
a daemone, quando idola adorabatis, et filios vestros daemonibus occidebatis; sed tamen non dere-
liqui vos: sed expuli daemonem illum per Prophetas, et per memetipsum rursus veni, amplius ex-
purgare vos volens. Quia igitur non vultis attendere,
sed in majorem excidistis nequitiam (gravius enim
est occidere Christum quam Prophetas); propter
hoc difficiliora patiemini. Quae enim sub Vespasiano
et Tito contigerunt eis, multo graviora fuerunt
his quae passi sunt in Ægypto et in Babylone
et sub Antiocho. Nec hoc solum ostendit, sed
quoniam ab omni virtute erunt desolati, et daemonum actibus occupabiles magis quam ante. Haec
autem non solum ad illos, sed ad nos etiam dicta
esse, rationem habet; si illuminati, et a prioribus
eruti malis, rursus ab eadem possideamur nequitia:
etenim difficilior jam erit poena posteriorum peccatorum: propter quod paralytico Christus dicit
Joan. 5: « Ecce sanus factus es: noli peccare, ne
« deterius tibi aliquid contingat. » Rabanus. Homo
enim quilibet ad fidem conversus est, a quo diabolus per baptismum ejicitur, qui ejectus inde loca
arida peragrat, idest corda fidelium. Gregorius 33
Moral. (cap. 5, super illud Job. 40, « Sub umbra
« dormit: » cap. 5 in nov. exempl.). Loca enim
arentia atque inaquosa sunt corda justorum, quae
per disciplinae fortitudinem ab omni carnalis concupiscentiae humore siccantur. Loca vero humentia
sunt terrenorum hominum mentes, quas humor
carnalis concupiscentiae, quia replet, fluidas facit:
in quibus diabolus iniquitatis suae vestigia tanto
altius imprimit quanto in eisdem mentibus pes
transitus illius, quasi in fluxa terra, descendit.
Rabanus. Rediens autem ad domum suam unde e-
xierat, *invenit eam vacantem*, a bonis actibus per
negligentiam; *scopis mundatam*, scilicet a vitiis pristinis per baptismum; *ornatam* simulatis virtutibus
per hypocrisim. Augustinus de Quaest. Evang. (lib.
quaest. 8). Unde per haec vera signat Dominus
quosdam ita credituros, ut non possint ferre labo
rem continentiae, et ad saeculum redituri sint.
Quod dicit, *Assumit secum alios septem*, intelligitur,
quia cum quis ceciderit de justitia, etiam simulationem habebit. Cupiditas enim carnis expulsa per poenitentiam consuetis operibus, cum non
invenerit in quibus delectationibus conquiescat, avi-
dius redit, et rursus occupat mentem hominis, si
negligentia subsecuta est, ut non introduceretur
tamquam habitator mundatae domus sermo Dei
per sanam doctrinam: et quoniam non solum habebit illa septem vitia quae septem virtutibus

(1) *Al.* quod cum.

sunt contraria spiritualibus; sed etiam per hypocrisim se ipsas habere virtutes simulabit: propterea
assumptis secum septem aliis nequioribus, hoc est
ipsa septenaria simulatione, redit ipsa concupiscentia, ut sint novissima hominis illius pejora prioribus. Gregorius 7 Moral. (super illud Job 67, « Qui
« coepit, ipse me conterat: » cap. 6, in novis e-
xemp.). Plerumque etiam fit ut cum mens ex ipso exordio sui profectus extollitur, cumque se jam
quasi de virtutibus erigit, saevienti contra se adversario aditum pandat; tantoque se vehementius
in ejus confractione exhibet, quanto et gravius,
quia vel ad modicum fuerat projectus, dolet.

14. Hilarius (1) (can. 12). Quia praedicta
omnia in paternae majestatis virtute loquebatur,
nuntianti sibi, quod foris a matre atque fratribus
expectaretur; quid responderit. Evangelista demonstrat, subdens; *Adhuc eo loquente ad turbas, ecce
mater ejus et fratres foris stabant, quaerentes loqui
ei.* Augustinus de cóns. Evang. (lib. 2, cap. 40). Hoc
sine dubio convenienter gestum intelligere debemus:
praemisit enim cum ad hoc narrandum transiret:
Adhuc eo loquente ad turbas. Quid est autem *adhuc*
nisi quando illud loquebatur ? Nam et Marcus post
illud quod de blasphemia Spiritus sancti retulerat,
dixit cap. 13: « Et veniunt mater ejus et fratres. »
Lucas autem non hujus rei gestae ordinem tenuit,
sed praeoccupavit hoc, et recordatum ante narravit. Hieronymus contra Helvidium (circ. med.) Hinc
Helvidii una propositio sumitur, ex hoc quod fratres Domini in Evangelio nominantur. Unde, inquit,
fratres Domini dicti sunt (2 qui non erant fratres?
Sed jam nunc sciendum est quatuor modis in Scripturis divinis fratres dici: natura, gente, cognatione, et affectu. Natura, ut Esau et Jacob. Gente,
ut omnes Judaei fratres inter se vocantur, ut in
Deuteronomii cap. 17: « Non poteris constituere su-
« per te hominem alienum qui non est frater
« tuus. » Porro cognatione fratres vocantur qui
sunt de una familia, sicut in Genesi cap. 13 dixit Abraham ad Lot: « Non sit rixa inter te et me,
« quoniam fratres sumus. » Affectu etiam fratres
dicuntur: quod in duo dividitur: in speciali, et in
communi 3). In speciali, quia omnes Christiani
fratres dicuntur, ut Salvator dicit Joan. 20, « Va-
« de, dic fratribus meis. » Porro in communi,
quia omnes homines ex uno patre nati, pari inter
nos germanitate conjungimur, sicut ibi Isa. 66:
« Dicite his qui oderunt vos: Fratres nostri vos
« estis. » Interrogo ergo, juxta quem modum fratres
Domini in Evangelio appellentur. Juxta naturam ?
Sed Scriptura non dicit, nec Mariae eos vocans (4)
filios, nec Joseph. Juxta gentem ? Sed absurdum
est ut pauci ex Judaeis vocati sint fratres, cum
omnes qui ibi fuerunt Judaei (5), fratres potuerint
appellari. Juxta affectum humani juris, et spiritus ?
Verum sit: qui magis erant fratres, quam Apostoli, quos Dominus docebat intrinsecus ? Aut si omnes
quia homines, sunt fratres, stultum fuit nuntiare
quasi proprium: *Ecce fratres tui quaerunt te.* Restat igitur ut fratres eos intelligas appellatos cognatione, non affectu, non gentis privilegio, non na-

(1) Paulo aliis verbis quo ad posteriorem appendicem (*Ex*
edit. P. Nicolai).
(2) *Al.* Domini Dei sunt.
(3) *Al.* in speciale, et commune, *et sic infra*.
(4) *Al.* vocatos.
(5) *Al.* deest Judaei.

tura. HIERONYMUS super Matth. (in fine quasi Com.
12 cap.). Quidam vero fratres Domini de alia
uxore Joseph filios suspicantur, sequentes delira-
menta apocryphorum, et quamdam Escam mulierculam (1) confingentes. Nos autem fratres Domini,
non filios Joseph, sed consobrinos Salvatoris, sororis Mariae materterae Domini filios intelligimus: quae
esse dicitur mater Jacobi minoris et Joseph et
Judae, quos in alio Evangelii loco fratres Domini
legimus appellatos. Fratres autem consobrinos dici
omnis Scriptura demonstrat. CHRYSOSTOMUS (homil.
44). Vide autem et fratrum ejus elationem: cum
enim deceret eos ingredi, et audire cum turba;
vel si hoc non vellent, expectare finem sermonis,
et tunc eum adire: hi extra eum vocant; et coram
omnibus hoc faciunt; et superfluum honoris amorem ostendentes, et monstrare volentes quod cum
omni potestate Christo aliquid injungunt: quod et
Evangelista ostendit, hoc ipsum obscure insinuans,
cum dicit: *Adhuc eo loquente*; ac si diceret: Numquid non erat tempus aliud ? Quid autem ei loqui
volebant ? Si pro veritatis dogmatibus, communiter hoc proponere oportebat, ut et alios lucrarentur;
si autem de aliis sibiipsis pertinentibus, non oportebat ita festinanter vocare: unde manifestum est
quoniam solum ex vana gloria hoc faciebant. AUGU-
STINUS de Natura et Gratia (cap. 36). Sed quidquid dicatur (2) de fratribus, de sancta Virgine
Maria, propter honorem Christi, nullam prorsus,
cum de peccatis agitur, habere volo quaestionem.
Inde enim scimus quod ei plus gratiae collatum
fuerit ad vincendum omni ex parte peccatum, quod
concipere et parere meruit eum quem constat nullum habuisse peccatum.

Sequitur: *Dixit autem ei quidam: Ecce mater
tua et fratres tui foris stant, quaerentes te.* HIERO-
NYMUS (super *Adhuc eo loquente*). Videtur mihi
iste qui nuntiat, non fortuito et simpliciter nuntiare; sed insidias tendere, utrum spirituali operi carnem et sanguinem praeferat: unde et Dominus non
quod matrem negaret et fratres, exire contempsit,
sed quo responderet insidianti. CHRYSOSTOMUS (hom.
45). Neque autem dixit: Vade dic ei, quoniam non
est mater mea; sed ad eum qui nuntiaverat extendit
sermonem: sequitur enim: *Et ipse respondens dicenti
sibi ait: Quae est mater mea et qui sunt fratres
mei ?* HILARIUS (can. 12). Non autem fastidiosa
de matre sua sensisse existimandus est, cui in
passione positus maximae solicitudinis tribuit affectum. CHRYSOSTOMUS (hom. 45). Quod si negare
vellet matrem, tunc utique negasset quando Judaei
exprobrabant ei de matre. HIERONYMUS. Non ergo,
juxta Marcionem et Manichaeum, matrem negavit,

(1) *Al.* et quamdam moecham, vel escam mulierculam.
(2) *Al.* sed, inquit, dicatur.

ut natus de phantasmate putaretur: sed Apostolos
cognationi praetulit, ut et nos in comparatione dilectionis carni spiritum praeferamus (1): nec maternum refutat obsequium pietatis, cujus praeceptum
est Exod. 20: « Honora patrem tuum et matrem
« tuam: » sed paternis se mysteriis vel affectibus
amplius quam maternis debere demonstrat: unde
sequitur: *Et extendens manum in discipulos, dixit:
Ecce mater mea et fratres mei.* GREGORIUS in homil.
(3 in Evang.). Fideles quidem discipulos fratres
nominare dignatus est Dominus, dicens. infra 28:
Ite, nuntiate fratribus meis. Qui ergo frater Domini
fieri ad fidem veniendum potuit, quaerendum est
quomodo etiam esse possit mater. Sed sciendum
nobis est, quia qui Christi frater vel soror est
in credendo, mater efficitur praedicando: quasi
enim parit Dominum, quem cordi audientis infun-
dit: et mater ejus efficitur, et per ejus vocem a-
mor Domini in proximi mente generatur. CHRYSOS-
TOMUS (hom. 45). Cum his autem quae dicta sunt
et aliud nos docuit: videlicet in nulla cognatione
confidentes, virtutem negligere. Si enim matri nihil prodest matrem esse, nisi virtus adesset; quis
utique alius per cognationem salvabitur ? Una e-
nim nobilitas sola est Dei facere voluntatem.: et ideo
sequitur: *Quicumque enim fecerit voluntatem Patris
mei, qui in caelis est etc.* Multae mulieres beatifi-
caverunt sanctam Virginem illam et ejus uterum,
et optaverunt tales fieri matres. Quid est igitur
quod prohibeat? Ecce latam vobis constituit viam: et
licet non mulieribus solum, sed et viris fieri matrem
Dei. HIERONYMUS (cir. fin. Com. in 12 cap.). Dicamus autem et aliter. Salvator loquitur ad turbas:
intrinsecus erudit nationes: mater ejus et fratres,
hoc est synagoga et populus Judaeorum, foris stant.
HILARIUS (can. 12 ut supra). Cum itaque ingrediendi ad eum haberent, ut ceteri, potestatem:
quia (2) tamen in sua venit, et sui eum non receperunt, ingressu ejus atque aditu abstinent. GREGORIUS
in hom. (1 in Evang.). Unde et mater ejus cum
quasi non agnoscitur, foris stare perhibetur; quia
videlicet synagoga idcirco ab auctore suo non re-
cognoscitur, quia legis observationem tenens, spiritualem intellectum perdidit, et se ad custodiam
litterae foris fixit. HIERONYMUS (in fin. Com. ad 12
cap. Matth.). Cumque rogaverint et quaesierint
et nuntium miserint, responsum accipient, liberos
eos esse arbitrii, et intrare posse, si velint et ipsi
credere.

(1) Ambrosius in Lucam lib. 6, super 8 cap. Lucae, ubi
haec ipsa referuntur. Perperam porro Ambrosii appendix
prius confundebatur cum praecedente, quae Hieronymi est
(Ex edit. P. Nicolai).
(2) *Al.* sed quia.

CAPUT DECIMUMTERTIUM.

1. In illo die exiens Jesus de domo, sedebat secus mare:
et congregatae sunt ad eum turbae multae, ita ut in naviculam ascendens sederet: et omnis turba stabat in littore: et
locutus est eis multa in parabolis, dicens: Ecce exiit qui seminat seminare semen suum. Et dum seminat, quaedam ceciderunt secus viam, et venerunt volucres caeli et comede-

runt ea. Alia autem ceciderunt in petrosa, ubi non habebant
terram multam; et continuo exorta sunt, quia non habebant
altitudinem terrae; sole autem orto aestuaverunt, et quia
non habebant radicem, aruerunt. Alia autem ceciderunt in
spinas, et creverunt spinae, et suffocaverunt ea. Alia autem
ceciderunt in terram bonam, et dabant fructum, aliud cen-

tesimum, aliud sexagesimum, aliud trigesimum. Qui habet aures audiendi, audiat.

2. Et accedentes discipuli dixerunt ei : Quare in parabolis loqueris eis ? Qui respondens ait illis: Quia vobis datum est nosse mysterium regni caelorum, illis autem non est datum. Qui enim habet, dabitur ei, et abundabit: qui autem non habet, et quod habet auferetur ab eo. Ideo in parabolis loquor eis, quia videntes non vident, et audientes non audiunt neque intelligunt: et adimpletur in eis prophetia Isaiae dicentis: Auditu audietis, et non intelligetis; et videntes videbitis, et non videbitis. Incrassatum est enim cor populi hujus; et auribus graviter audierunt, et oculos suos clauserunt, ne quando videant oculis, et auribus audiant, et corde intelligant, et convertantur, et sanem eos. Vestri autem beati oculi quia vident, et aures vestrae, quia audiunt. Amen quippe dico vobis, quia multi Prophetae et justi cupierunt videre quae videtis, et non viderunt; et audire quae auditis, et non audierunt.

3. Vos ergo audite parabolam seminantis. Omnis qui audit verbum regni, et non intelligit, venit malus, et rapit quod seminatum est in corde ejus: hic est qui secus viam seminatus est. Qui autem super petras seminatus est, hic est qui verbum audit, et continuo cum gaudio accipit illud: non habet autem in se radicem, sed est temporalis. Facta autem tribulatione et persecutione propter verbum, continuo scandalizatur. Qui autem seminatus est in spinis, hic est qui verbum Dei audit, et solicitudo saeculi istius et fallacia divitiarum suffocat verbum, et sine fructu efficitur. Qui vero in terram bonam seminatus est, hic est qui audit verbum, et intelligit: et fructum affert; et facit aliud quidem centesimum, aliud autem sexagesimum, illud vero tricesimum.

4. Aliam parabolam proposuit illis dicens: Simile factum est regnum caelorum homini qui seminavit bonum semen in agro suo. Dum autem dormirent homines, venit inimicus ejus, et superseminavit zizania in medio tritici, et abiit. Cum autem crevisset herba et fructum fecisset, tunc apparuerunt et zizania. Accedentes autem servi patrisfamilias, dixerunt ei: Domine, nonne bonum semen seminasti in agro tuo? Unde ergo habet zizania? Et ait illis: Inimicus homo hoc fecit. Servi autem dixerunt ei: Vis imus, et colligimus ea? Et ait: Non: ne forte colligentes zizania, eradicetis simul et triticum. Sinite utraque crescere usque ad messem: et in tempore messis dicam messoribus: Colligite primum zizania, et alligate in fasciculos ad comburendum; triticum autem congregate in horreum meum.

5 Aliam parabolam proposuit eis dicens: Simile est regnum caelorum grano sinapis, quod accipiens homo seminavit in agro suo: quod minimum quidem est omnibus seminibus: cum autem creverit, majus est omnibus oleribus; et fit arbor, ita ut volucres caeli veniant, et habitent in ramis ejus.

6. Aliam parabolam locutus est eis dicens: Simile est regnum caelorum fermento, quod acceptum mulier abscondit in farinae satis tribus donec fermentatum est totum.

7. Haec omnia locutus est Jesus in parabolis ad turbas, et sine parabolis non loquebatur eis: ut impleretur quod dictum erat per Prophetam dicentem: Aperiam in parabolis os meum, eructabo abscondita a constitutione mundi.

8. Tunc dimissis turbis venit in domum; et accesserunt ad eum discipuli ejus dicentes: Edissere nobis parabolam zizaniorum agri. Qui respondens ait illis: Qui seminat bonum semen, est Filius hominis; ager autem est mundus; bonum vero semen, hi sunt filii regni; zizania autem filii sunt nequam; inimicus autem qui seminavit ea, est diabolus; messis vero consummatio saeculi est; messores autem Angeli sunt. Sicut ergo colliguntur zizania, et igni comburuntur; sic erit in consummatione saeculi. Mittet Filius hominis Angelos suos, et colligent de regno ejus omnia scandala et eos qui faciunt iniquitatem, et mittent eos in caminum ignis. Ibi erit fletus et stridor dentium. Tunc justi fulgebunt sicut sol in regno Patris eorum. Qui habet aures audiendi, audiat.

9. Simile est regnum caelorum thesauro abscondito in agro: quem qui invenit homo, abscondit, et prae gaudio illius vadit, et vendit universa quae habet, et emit agrum illum.

10. Iterum simile est regnum caelorum homini negotiatori quaerenti bonas margaritas. Inventa autem una pretiosa margarita, abiit, et vendidit omnia quae habuit, et emit eam.

11. Iterum simile est regnum caelorum sagenae missae in mare, et ex omni genere piscium congreganti; quam cum impleta esset, educentes, et secus littus sedentes, elegerunt bonos in vasa sua, malos autem foras miserunt. Sic erit in consummatione saeculi. Exibunt Angeli, et separabunt malos de medio justorum, et mittent eos in caminum ignis. Ibi erit fletus et stridor dentium.

12. Intellexistis haec omnia? Dicunt ei, Etiam. Ait illis: Ideo omnis scriba doctus in regno caelorum, similis est homini patrifamilias, qui profert de thesauro suo nova et vetera.

13. Et factum est, cum consummasset Jesus parabolas istas, transiit inde; et veniens in patriam suam, docebat eos in synagogis eorum, ita ut mirarentur, et dicerent: Unde huic sapientia haec et virtus? Nonne hic est fabri filius? Nonne mater ejus dicitur Maria, et fratres ejus Jacobus et Joseph et Simon et Judas? Et sorores ejus nonne omnes apud nos sunt? Unde ergo huic omnia ista? Et scandalizabantur in eo. Jesus autem dixit eis: Non est Propheta sine honore nisi in patria sua et in domo sua. Et non fecit ibi virtutes multas, propter incredulitatem illorum.

---

1. CHRYSOSTOMUS (hom. 45). Postquam increpaverat eum qui matris et fratrum praesentiam nuntiavit, dehinc fecit quod illi cupiebant: exiit scilicet domum, primo sanans aegritudinem vanae gloriae fratrum; secundo decentem honorem exhibens matri: unde dicitur: *In illo die exiens Jesus de domo, sedebat secus mare.* AUGUSTINUS de contr. Evang. (lib. 2, cap. ult.). Cum dicit, *In illo die,* satis indicat aut hoc consequenter gestum post praemissa, aut non multa interponi potuisse, nisi forte dies more Scripturarum tempus significet. RABANUS. Non solum autem verba et facta Domini, verum etiam itinera ac loca in quibus virtutes operatur (1) et praedicat, caelestibus sunt plena sacramentis. Post sermonem quippe in domo habitum, ubi nefanda blasphemia daemonium habere dictus est, egrediens docebat ad mare, ut ostenderet se, relicta ob culpam perfidiae Judaea, ad Gentes salvandas esse transiturum. Gentilium enim corda diu superba et incredula, merito tumidis amarisque fluctibus maris assimilantur; domum vero Domini per fidem fuisse Judaeam quis nesciat? HIERONYMUS (in princ. Com. in 13 cap. Matth.). Considerandum etiam, quod populus domum Jesu non poterat intrare, nec esse ibi ubi

Apostoli audiebant mysteria: idcirco miserator Dominus egreditur de domo sua, et sedet juxta hujus saeculi mare, ut congregentur ad eum multae turbae, et audiant in littore quae intus non merebantur audire: unde sequitur: *Et congregatae sunt ad eum turbae multae, ita ut in naviculam ascendens sederet: et omnis turba stabat in littore.* CHRYSOSTOMUS (hom. 45). Hoc autem non simpliciter Evangelista posuit, sed ut monstraret quod Dominus hoc fecerit, volens cum diligentia hoc spectaculum statuere, ut nullum dimittat post dorsum, sed omnes coram facie habeat. HILARIUS (can. 13 in Matth. in initio). Sedisse autem Dominum in navi, et turbas foris stetisse, ex subjectis rebus est ratio. In parabolis enim erat locuturus; et facti ipsius genere significat, eos qui extra Ecclesiam positi sunt, nullam divini sermonis posse capere intelligentiam. Navis enim Ecclesiae typum praefert, intra quam verbum vitae positum est, et praedicatum his qui extra sunt, et arenae modo steriles intelligere non possunt. HIERONYMUS (in initio Com. in 13 cap. Matth.). Jesus etiam in mediis fluctibus est: hinc inde mari tunditur, et in sua majestate securus appropinquare facit terrae naviculam suam, ut populus nequaquam periculum sustinens, non tentationibus circumdatus, quas ferre non poterat, stet in littore fixo gradu, ut audiat quae dicuntur.

(1) *Al.* operabatur.

RABANUS (super illud, *Et congregatae sunt ad eum turbae*). Vel quod ascendens navem sedebat in mari, significat quod Christus per fidem ascensurus erat in mentes Gentilium, et Ecclesiam collecturus in mari, idest in medio nationum contradicentium. Turba vero quae stabat in littore, quae neque in navi neque in mari erat, gerit figuram recipientium verbum Dei, et jam fide a mari, idest a reprobis, separatorum, sed necdum mysteriis caelestibus imbutorum.

Sequitur: *Et locutus est eis multa in parabolis.* CHRYSOSTOMUS (hom. 45 in Matth.). Quamvis in monte ita non fecerit: non enim per parabolas sermonem contexit. Tunc enim turbae solae erant, et plebs incomposita; hic autem et Scribae et Pharisaei. Non propter hoc autem solum in parabolis loquitur, sed ut manifestiorem sermonem faciat, et ampliorem memoriam imponat, et sub visum res reducat. HIERONYMUS (super *Et locutus est eis multa in parabolis*). Est notandum, quod non omnia locutus sit eis in parabolis, sed multa: si enim dixisset cuncta in parabolis, absque emolumento populi recessissent. Perspicua miscet obscuris: ut per ea quae intelligunt, provocentur ad eorum notitiam quae non intelligunt. Turba etiam non unius sententiae est, sed diversarum in singulis voluntatum: unde loquitur ad eam in multis parabolis: ut juxta varias voluntates, diversas recipiant disciplinas. CHRYSOSTOMUS (hom. 45). Primam autem parabolam ponit eam quae faciebat auditorem attentiorem: quia enim sub aenigmate erat tractaturus, erigit mentes audientium per primam parabolam, dicens: *Ecce exiit qui seminat seminare semen suum.* HIERONYMUS (super *Exiit qui seminat*). Significatur autem sator iste qui seminat, esse Filius Dei, et Patris in populis seminare sermonem. CHRYSOSTOMUS (hom. 45 in Matth.). Unde autem exiit qui ubique praesens est, vel qualiter exiit? Non loco, sed incarnatione propinquior factus nobis per habitum carnis: quia enim nos intrare non poteramus ad eum, peccatis nostris prohibentibus nobis ingressum, ipse ad nos egreditur. RABANUS. Vel exiit cum, relicta Judaea, per Apostolos ad Gentes transivit. HIERONYMUS (ibidem). Vel intus erat dum domi versabatur, et loquebatur discipulis sacramenta. Exiit ergo de domo sua, ut seminaret in turbis. CHRYSOSTOMUS (ibid. post med.). Cum autem audieris, quoniam exiit qui seminat ut seminet, non aestimes esse identitatem sermonis. Egreditur enim multoties qui seminat et ad aliam rem: vel ut scindat terram, vel ut spinas evellat, vel ut aliam talem quamdam diligentiam exhibeat: hic autem ad seminandum exivit. Quid igitur fit de semine isto? Tres depereunt partes, et una salvatur; et hoc non aequaliter, sed cum differentia quadam: unde sequitur: *Et dum seminat, quaedam ceciderunt secus viam.* HIERONYMUS (super illud, *Quaedam ceciderunt*). Hanc parabolam ad probandam haeresim suam Valentinus assumit, tres introducens esse naturas: spiritualem, naturalem vel animalem, atque terrenam; cum hic quatuor sint, una juxta viam, alia petrosa, tertia plena spinis, quarta terra bona. CHRYSOSTOMUS (hom. 45, a med.). Sed secundum hoc, qualiter haberet rationem inter spinas seminare, et super petram, et in via? In seminibus quidem et terra materialibus non haberet utique rationem: non enim est in potestate petrae fieri terram, neque viae non esse viam, neque spinae non esse

spinam. In animabus autem et doctrinis multam habet hoc laudem: possibile enim est petram fieri terram pinguem, et viam non ultra conculcari, et spinas destrui. Quod igitur plus seminis periit, non est ab eo qui seminat, sed a suscipiente terra, idest ab anima. Ipse enim qui seminat, non divitem, non pauperem discernit, non sapientem neque insipientem; sed omnibus loquebatur, quae a seipso erant complens, praevidens tamen quae futura erant, ut liceat ei dicere: Quid me oportuit facere, et non feci? Ideo autem non dicit manifeste, quoniam haec susceperunt desides, et perdiderunt (1); haec autem divites, et suffocaverunt; haec autem molles, et perdiderunt: quia (2) non voluit eos vehementer tangere, ut non in differentiam (3) mittat. Per hanc etiam parabolam discipulos erudit, etsi plures (4) audientium eos fuerint qui pereunt, ut non propter hoc desides sint: quia nec propter hoc Dominus, qui omnia praevidit, destitit a seminando. HIERONYMUS (super *Exiit qui seminat*). Observa autem hanc esse primam parabolam, quae cum interpretatione sua posita est: et cavendum est ubicumque Dominus exponit sermones suos, ne vel aliud, vel quid plus, vel minus praesumas intelligere, quam ab eo expositum est. RABANUS (hoc loco) Quae vero tacita nostrae intelligentiae dereliquit, perstringenda sunt breviter. Via est mens sedulo malarum cogitationum meatu trita atque arefacta; petram, duritiam protervae mentis; terram, levitatem animae obedientis; solem dicit fervorem persecutionis saevientis. Altitudo terrae est probitas animae disciplinis caelestibus institutae. In qua expositione diximus, quia nequaquam ipsae res in una eademque significatione semper allegorice ponuntur. HIERONYMUS (super *Qui habet aures audiendi*). Provocamur autem ad dictorum intelligentiam quoties his sermonibus commonemur ut sequuntur: *Qui habet aures audiendi, audiat.* REMIGIUS. Aures audiendi sunt aures mentis, scilicet intelligendi et faciendi quae jussa sunt.

2. GLOSSA (5). Intelligentes discipuli esse obscura quae a Domino populo dicebantur, voluerunt Domino intimare ne parabolice loqueretur: unde dicitur: *Et accedentes discipuli dixerunt ei: Quare in parabolis loqueris eis?* CHRYSOSTOMUS (hom. 46). Ubi dignum est admirari discipulos, quare discere cupientes, sciunt quando interrogare oporteat: non enim coram omnibus hoc faciunt. Et hoc ostendit Matthaeus cum dicit, *Et accedentes*; Marcus autem manifestius demonstrat dicens, quod singulariter accesserunt. HIERONYMUS (super *Et accedentes discipuli*). Quaerendum est autem quomodo accedunt tunc ad eum, cum Jesus in navi sedeat: nisi forte intelligatur, quod dudum cum ipso navem conscenderint, et ibi stantes super interpretatione parabolae sciscitati sint. REMIGIUS. Dicit ergo Evangelista, *Accedentes*, ut ostenderet quo solicitati sunt (6): sive poterant accedere corpore, quamvis esset aliquod vel breve spatium inter eos. CHRYSOSTOMUS (hom. 46). Consideranda est autem et eorum rectitudo: qualiter multam pro aliis habent curam, et prius quae alio-

---

(1) *Al.* prodiderunt.
(2) *Al omittitur* quia.
(3) *P. Nicolai legit* in diffidentiam.
(4) *Al.* et si plus.
(5) Non est in Glossa quae nunc extat, sed in Anselmo (*Ex edit. P. Nicolai*).
(6) *P. Nicolai habet* quod sciscitati sunt.

rum sunt quaerunt, et tunc quae sunt ipsorum:
non enim dixerunt, In parabolis loqueris nobis: sed
*In parabolis loqueris illis. Qui respondens ait illis;
Quia vobis datum est nosse mysterium regni caelorum.* REMIGIUS. Vobis, inquam, qui mihi adhaeretis,
et in me creditis. Mysterium autem regni caelorum
appellat evangelicam doctrinam. *Illis autem,* scilicet qui foris sunt, et in eum credere nolunt, scribis scilicet et Pharisaeis, et ceteris in infidelitate
perseverantibus, *non est datum.* Accedamus ergo
cum discipulis ad Dominum puro (1) corde, ut
nobis evangelicam doctrinam interpretari dignetur,
juxta illud (Deut. 33): « Qui appropinquat pedi
« bus ejus, accipient de doctrina ipsius » CHRYSO-
STOMUS (hom. 46, parum a princ.). Hoc autem
dixit, non necessitatem inducens, neque fatum: sed
monstrans quoniam illis quibus non est datum, causa
sibi sunt universorum malorum; et ostendere volens quoniam cognoscere divina mysteria donum
Dei est, et gratia desuper data. Non tamen propter hoc liberum arbitrium destruitur: et hoc ex
his quae sequuntur manifestum est: ut enim neque
isti desperent neque illi pigritentur, audientes quoniam eis datum est; demonstrat a nobis principium
horum esse, cum subdit: *Qui enim habet, dabitur
ei, et abundabit; qui autem non habet, et quod habet auferetur ab eo*; ac si diceret: Cum aliquis desiderium habuerit et studium, dabuntur ei universa quae a Deo sunt; cum autem his vacuus
fuerit, et quae ad se pertinent non inferat; neque
quae a Deo sunt, ei dantur; sed et quod habet
auferetur ab eo, non Deo auferente, sed se indignum faciente his quae habet. Unde et nos si viderimus aliquem desidiose audientem, et exhortan-
tes quod attendat, non ei persuaserimus, sileamus:
quia si magis immorati fuerimus, intendetur ei desidia. Studentem autem discere allicimus, et multa
effundimus. Et bene dixit, secundum Evangelistam,
Quod videtur habere: neque enim habet ipsum quod
habet. REMIGIUS. Qui etiam habet studium legendi,
dabitur ei et facultas intelligendi; et qui non habet
legendi studium, hoc quod per naturae bonum
videtur habere, auferetur ab eo. Vel qui habet caritatem, dabuntur ei ceterae virtutes; et qui non
habet, auferetur ab eo; quia absque caritate nullum bonum esse potest. HIERONYMUS (super *Qui
enim habet, dabitur ei*). Vel Apostolis in Christo
credentibus conceditur; Judaeis vero, qui non crediderunt in Filium Dei, etiam si quid per naturae
bonum possident, tollitur: neque enim possunt aliquid sapienter intelligere, quia sapientiae non habent caput HILARIUS (can. 13, parum a princ.).
Fidem etiam Judaei non habentes, legem quoque
quam habuerant perdiderunt; et ideo perfectum
fides evangelica habet donum: quia suscepta, novis
fructibus ditat; repudiata vero, etiam veteris substantiae opes detrahit. CHRYSOSTOMUS (homil. 46
in Matth. parum a princ.). Ut autem manifestius
quod dixerat fiat, subdit: *Ideo in parabolis loquor
eis, quia videntes non vident, et audientes non audiunt neque intelligunt.* Et si quidem naturae haec
excaecatio esset, aperire eorum oculos oportebat:
quia vero voluntaria est haec excaecatio, propter
hoc non dixit simpliciter, Non vident, sed *Videntes
non vident.* Viderunt enim daemones exeuntes; et
dixerunt (supra 12): *In Beelzebub ejicit daemonia.*

Audiebant quod ad Deum omnes attrahebat; et dicunt (Joan. 9): « Non est hic homo a Deo. »
Quia ergo contraria his quae videbant et audiebant, enuntiabant, propter hoc ipsum videre et
audire eis aufertur: nihil enim proficiunt, sed in judicium magis incidunt: unde et a principio non
eis parabolice loquebatur, sed cum multa certitu-
dine. Quia autem audita et visa pervertunt, jam
in parabolis loquitur. REMIGIUS. Et notandum est,
quia non solum quae loquebatur, verum etiam
quae faciebat, parabolae fuerunt, idest signa spiritualium rerum: quod liquido ostendit cum dicit:
Et videntes non videant: verba namque videri non
poterant, sed audiri. HIERONYMUS (super *Ideo in
parabolis*). Haec de his loquitur qui stant in littore, et dividuntur a Jesu, et sonitu fluctuum per-
strepente non audiunt ad liquidum (1) quae dicuntur. CHRYSOSTOMUS (hom. 46). Deinde ut non
dicerent quoniam ut inimicus noster nobis detrahit, Prophetam inducit eadem sentientem (2): unde
sequitur: *Ut impleatur in eis Prophetia Isaiae dicentis: Auditu audietis, et non intelligetis; et videntes videbitis, et non videbitis;* idest *auditu audietis* verba, sed *non intelligetis* verborum arcana:
videntes videbitis, carnem scilicet, *et non videbitis;*
hoc est, non intelligetis divinitatem. CHRYSOSTOMUS
(ibidem). Hoc autem dixit, quia ipsi sibi (3) abstulerunt videre et audire, aures et oculos sibi
claudentes, et cor incrassantes. Non enim solum
non audiebant, sed et graviter audiebant: unde sequitur: *Incrassatum est cor populi hujus, et auribus
graviter audierunt.* RABANUS (hoc loco). Incrassatum est enim cor Judaeorum crassitudine malitiae,
et abundantia peccatorum graviter verba Domini
audierunt, quia ingrati susceperunt. HIERONYMUS
(super *Incrassatum est cor*). Ac ne forte arbitre-
mur crassitudinem cordis et gravitatem aurium
naturae esse, non voluntatis; subjungit culpam arbitrii, et dicit: *Et oculos suos clauserunt.* CHRYSO-
STOMUS (hom. 44). In hoc autem intensam eorum
nequitiam ostendit, et aversionem cum studio. Ut
autem attrahat eos, subdit: *Et convertantur, et sanem eos.* In quo demonstrat quia, si converterentur,
sanarentur: sicut si aliquis diceret, Si rogatus essem,
confestim donaturus eram, ostendit qualiter aliquis
sibi reconcilietur; ita et hic cum dicit, *Ne quando
convertantur, et sanem eos,* demonstrat quoniam et
converti possibile est, et poenitentiam agentes salvari. AUGUSTINUS de quaest. Evang. (4) (cap. 14).
Vel aliter. Oculos suos clauserunt, ne quando oculis videant; idest, ipsi causa fuerunt ut Deus eis
oculos clauderet. Alius enim Evangelista dicit (Joan.
16): « Excaecavit oculos eorum. » Sed utrum ut
nunquam videant; an vero ne vel sic aliquando
videant, caecitate sua sibi displicentes, et se dolentes, et ex hoc humiliati atque commoti ad
confitendum peccata sua, et pie quaerendum Deum?
Si enim Marcus hoc dicit (cap. 4): « Ne quando
« convertantur, et dimittantur eis peccata. » Ubi intelliguntur peccatis suis meruisse ut non intelligerent;
et tamen hoc ipsum misericorditer eis factum ut pec-

---

(1) *Al. deest* puro.

(1) *Al. deest* ad liquidum.
(2) *Al.* sententiantem.
(3) *Al.* quia sibi ipsi.
(4) Sive in lib. Qq. super Matthaeum, vel ex Matthaeo,
quaest. 14, post alias Evang. Quaestiones hoc nomine inscri-
ptis generatim, et comprehensas duobus libris (*Ex edit.* P.
Nicolai).

cata sua cognoscerent, et conversi veniam mererentur. Quod autem Joannes (cap. 12) hunc
locum ita dicit: « Propterea non poterant credere,
« quia iterum dixit Isaias: Excaecavit oculos eo-
« rum, et induravit cor eorum (1), ut non videant
« oculis, et non intelligant corde, et convertantur
« et sanem eos: » adversari videtur huic sententiae, et omnino cogere ut quod hic dictum est, *Ne
quando oculis videant*, non accipiatur, ne vel sic
aliquando oculis videant, sed prorsus ut non videant: quandoquidem aperte dicit: « Ita ut oculis
« non videant. » Et quod ait, « Propterea non
« poterant credere, » satis ostendit, non ideo a-
ctam excaecationem ut ea commoti et dolentes se
non intelligere, converterentur aliquando per poenitentiam: non enim possent hoc facere nisi prius
crederent, ut credendo converterentur, et conversione sanarentur, et sanati (2) intelligerent; sed
ideo potius excaecatos ut non crederent: dicit enim
apertissime: « Propterea non poterant credere. »
Quod si ita est: quis non exurgat in defensionem
Judaeorum, ut eos extra culpam fuisse proclamet,
quod non crediderunt? « Propterea enim non po-
« terant credere, quia excaecavit oculos eorum. »
Sed quoniam potius Deus extra culpam debet intelligi, cogimur fateri aliis quibusdam peccatis ita
eos excaecari meruisse, qua tamen excaecatione non
poterant credere: verba enim Joannis ista sunt:
« Non poterant credere: » quia iterum dixit Isaias:
« Excaecavit oculos eorum. » Frustra itaque conantur intelligere ideo fuisse caecatos ut converterentur; cum ideo converti non poterant, quia non
credebant; et ideo credere non poterant, quia excaecati erant. An forte non absurde dicimus, quosdam Judaeorum fuisse sanabiles; sed tanto tamen
tumore superbiae periclitatos, ut eis expedierit primo non credere, ut non intelligerent Dominum
loquentem parabolas, quibus non intellectis non in
eum crederent; non credentes autem cum ceteris
desperatis crucifigerent eum; atque ita post ejus
resurrectionem converterentur, quando jam de reatu
mortis Domini amplius humiliati diligerent eum (3)
a quo sibi tantum scelus dimissum esse gauderent:
quoniam tanta eorum superbia tali humiliatione
esset dejicienda? Quod incongrue dictum esse quilibet arbitretur, si non ita contigisse in Actibus A-
postolorum manifeste legerit. Non ergo abhorret
quod ait Joannes: « Propterea non poterant cre-
« dere, quia excaecavit oculos eorum, ut non vi-
« deant: » ab ea sententia qua intelligimus, ideo
excaecatos ut converterentur: hoc est, ideo eis per
obscuritates parabolarum occultatas sententias Domini,
ut post ejus resurrectionem salubriori poenitentia resi-
piscerent; quia per obscuritatem sermonis excaecati,
dicta Domini non intellexerunt; et ea non intelligendo
non in eum crediderunt, non credendo, eum crucifixerunt; atque ita post resurrectionem miraculis, quae
in ejus nomine fiebant, exterriti, majoris criminis
reatu compuncti sunt, et prostrati ad poenitentiam;
deinde accepta indulgentia ad obedientiam fla-
grantissima dilectione conversi: quibusdam autem
non profuit illa caecitas ad conversionem. REMIGIUS.
Et quantum ad hoc potest haec sententia sic intelligi, ut in omnibus subaudiatur *non*, hoc modo:
ne quando oculis videant, et ne quando auribus

audiant, et ne quando corde intelligant, et ne quando
convertantur, et sanem eos. GLOSSA (1). Sic ergo
oculi eorum qui vident, et nolunt credere, sunt
miseri; vestri autem beati: unde sequitur: *Vestri
autem beati oculi quia vident, et aures vestrae
quia audiunt.* HIERONYMUS (super *Vestri autem beati
oculi*). Nisi autem supra legissemus auditores ad intelligentiam provocatos, Salvatore dicente: *Qui habet aures audiendi, audiat*: putaremus nunc oculos
et aures, qui beatitudinem accipiunt, corporales intelligi. Sed mihi videntur oculi illi beati qui Christi possunt agnoscere sacramenta, et illae beatae
aures de quibus Isaias cap. 50 loquitur: « Domi-
« nus apposuit mihi aurem. GLOSSA (ordinaria).
Mens enim est oculus, quia naturali vigore ad intelligendum aliquid dirigitur; auris, quia alio docente discit. HILARIUS (can. 13 in Matth.). Vel a-
postolici temporis beatitudinem docet, quorum oculis atque auribus contigit Dei salutare videre et
audire, Prophetis atque justis cupientibus videre
et audire in plenitudine temporum destinatum: unde
sequitur: *Amen quippe dico vobis, quia multi Prophetae et justi cupierunt videre quae vos videtis,
et non viderunt; et audire quae vos auditis, et non
audierunt.* HIERONYMUS (super *Amen dico vobis
quia multi*). Videtur autem huic loco illud esse
contrarium quod alibi dicitur (Joan. 7): « Abraham
« cupivit videre diem meum: vidit et gavisus est. »
RABANUS. Isaias quoque et Michaeas et multi alii
Prophetae viderunt gloriam Domini: qui etiam propterea videntes appellati sunt. HIERONYMUS (ibidem).
Non autem dixit, Prophetae et justi, sed *multi*: inter multos enim potest fieri ut alii viderint, alii
non viderint: licet et in hoc periculosa sit interpretatio, ut inter sanctorum merita discretionem
quamlibet facere videamur, scilicet quantum ad fidem de Christo habitam: ergo Abraham vidit in
aenigmate, non vidit in specie Vos autem impraesen-
sentiarum tenetis et habetis Dominum vestrum, et
ad voluntatem interrogatis, et convescimini ei. CHRY-
SOSTOMUS (hom. 46 in Matth., a med.). Haec ergo
quae Apostoli viderunt et audierunt; praesentiam
suam dicit, miracula, vocem et doctrinam. In hoc
autem non solum malis, sed his qui boni fuerant
eos praeponit: etenim antiquis justis beatiores eos
dicit: quoniam non solum quae Judaei non viderant
hi vident, sed et quae justi et Prophetae cupierunt
videre et non viderunt. Illi enim fide solum consideraverunt; hi autem visu, et multo manifestius.
Vides autem qualiter vetus testamentum copulat
novo: non enim si Prophetae alieni cujusdam, et
contrarii Dei servi fuissent, Christum cupivissent.

3. GLOSSA (2). Dixerat superius, quia Judaeis
non est datum nosse regnum Dei, sed Apostolis, et
ideo concludit dicens: *Vos ergo audite parabolam
seminantis*, quibus scilicet committuntur caeli mysteria. AUGUSTINUS. 7 super Genesim ad litteram (3)
(cap. 5, sub initio). Quod narravit Evangelista,
factum est, Dominum scilicet talia locutum fuisse:
ipsius autem Domini narratio parabola fuit, de qua
nunquam exigitur ut etiam ad litteram facta mon-
strarentur quae sermone proferuntur. GLOSSA. Unde

---

(1) *Al.* omittitur et induravit cor eorum.
(2) *Al.* et sanitate.
(3) *Al.* deest eum.

(1) Non est in Glossa quae nunc extat, sed in Anselmo (*Ex edit. P. Nicolai*)
(2) Neque hoc est in Glossa ut modo extat, sed in An-
selmo (*Ex edit. P. Nicolai*).
(3) Hoc notatur in Glossa ut ex cap. 7, cum sit ex 4
(*Ex edit. P. Nicolai*).

parabolam exponentis subdit: *Omnis qui audit verbum regni*, idest praedicationem meam quae ad regnum caelorum adipiscendum valet; *et non intelligit*. Quomodo autem non intelligit, subjungit: *Venit enim malus*, idest diabolus, *et rapit quod seminatum est in corde ejus*. Omnis, inquam, qui talis est, *hic est qui secus viam seminatus est*. Notandum est autem, quod seminatum diversis modis accipitur. Dicitur enim et semen seminatum, et ager seminatus: quod utrumque hic invenitur. Ubi enim ait, *Rapit quod seminatum est*, de semine intelligendum est; ubi autem sequitur, *Secus viam seminatus est*, non de semine, sed de loco seminis intelligendum est, idest homine, qui est quasi ager divini verbi semine seminatus. REMIGIUS. His autem verbis exponit Dominus quid sit semen: verbum scilicet regni, idest evangelicae doctrinae. Sunt enim nonnulli qui verbum Dei nulla cordis devotione suscipiunt: et ideo semen verbi Dei quod in eorum cordibus seminatur, daemones quasi semen viae tritae subito auferunt. Sequitur: *Qui autem est seminatus supra petram, hic verbum audit etc.* Semen enim, seu verbum Dei, quod in petra, idest corde duro et indomito seminatur, fructificare non potest: quia multa est ejus duritia, et parvum caeleste desiderium: unde propter nimiam duritiam non habet in se radicem. HIERONYMUS (super *Continuo scandalizatur*). Attende autem quod dictum sit. *Continuo scandalizatur*. Est ergo aliqua distantia inter eum qui multis tribulationibus poenisque compellitur Christum negare, et eum qui ad primam persecutionem statim scandalizatur et corruit: de qua hic loquitur. Sequitur: *Qui autem seminatus est in spinis*. Mihi videtur et illud quod juxta litteram ad Adam dicitur (Gen. 3): « Inter spinas et tribulos panem tuum manducabis: » hic significare mystice, quod quicumque saeculi se dederit voluptatibus, curisque istius mundi, panem caelestem et cibum verum inter spinas comedit. RABANUS (hoc in loco) Recte autem spinae vocantur, quia cogitationum suarum punctionibus mentem lacerant, et quasi strangulando, spirituales virtutum fructus gignere non permittunt. HIERONYMUS (super *Qui autem seminatus est in spinis*). Et eleganter adjunxit: *Fallacia divitiarum suffocat verbum*: blandae enim sunt divitiae, aliud agentes, aliud pollicentes. Lubrica est illarum possessio, dum huc illucque circumferuntur, et instabili gradu vel habentes deserunt, vel non habentes reficiunt. Unde et Dominus divites asserit difficulter intrare in regnum caelorum, suffocantibus divitiis verbum Dei, et vigorem virtutum emollientibus. REMIGIUS. Et sciendum, quia his tribus generibus terrae nequam comprehenduntur omnes qui verbum Dei audire possunt, sed tamen ad salutem perducere non valent. Excipiuntur Gentiles, qui nec audire meruerunt. Sequitur: *Qui vero in terram bonam seminatus est*. Terra bona est fidelis conscientia electorum, sive mens sanctorum, quae verbum Dei cum gaudio et desiderio et cordis devotione suscipit, et inter prospera et adversa viriliter conservat, et ad fructum (1) perducit: unde sequitur: *Et facit fructum, aliud centesimum, aliud sexagesimum, aliud vero tricesimum*. HIERONYMUS (super *Qui vero in terram bonam*). Et notandum, quod sicut in terra mala tres fuere diversitates, scilicet secus viam, et petrosa,

et spinosa loca; sic in terra bona trina diversitas est, centesimi, sexagesimi, et fructus tricesimi. Et in illa autem et in ista (1) non mutatur substantia, sed voluntas; et tam (2) incredulorum quam credentium corda sunt qui semen recipiunt: unde primo dixit: *Venit malus, et rapit quod seminatum est in corde ejus:* et secundo et tertio ait: *Hic est qui verbum audit.* In expositione quoque terrae bonae, *Iste est qui audit verbum*. Primum ergo debemus audire, deinde intelligere, post intelligentiam fructus reddere doctrinarum, et facere vel centesimum fructum vel sexagesimum sive trigesimum. AUGUSTINUS, 21 de Civit. Dei (cap. 27). Quidam putant hoc sic esse intelligendum quod sancti pro suorum diversitate meritorum, alii tricenos homines liberent, alii sexagenos, alii centenos: quod in die judicii futurum suspicari solent, non post judicium. Qua opinione quidam cum viderent homines impunitatem perversissime pollicentes, eo quod omnes isto modo ad liberationem pertinere posse videantur; respondit, bene potius esse vivendum, ut inter eos quisque reperiatur qui pro aliis intercessuri sunt liberandis: ne tam pauci sint, ut cito ad numerum suum pervenientes, multi remaneant qui erui jam de poenis illorum intercessione non possint, et in eis inveniatur quisquis sibi spem fructus alieni temeritate vanissima pollicetur. REMIGIUS. Tricesimum ergo fructum facit qui fidem sanctae Trinitatis docet; sexagesimum vero qui perfectionem bonorum operum commendat (senario enim numero omnis mundi ornatus completus est): centesimum autem fructum facit qui vitam aeternam promittit: centenarius enim de laeva transit ad dexteram: per laevam autem vita praesens designatur, per dexteram futura. Aliter semen verbi Dei tricesimum fructum facit, quando bonam cogitationem gignit; sexagesimum quando bonam locutionem; centesimum quando ad fructum boni operis perducit. AUGUSTINUS de Qu. Evang. (lib. 1, cap. 10 et 11). Vel aliter. Centesimus fructus est martyrium (3) propter sanctitatem vitae, vel contemptum mortis: sexagenarius virginum propter otium interius, quia non pugnant contra consuetudinem carnis: solet enim otium concedi sexagenariis post militiam, vel post actiones publicas: tricesimus vero conjugatorum; quia haec est aetas praeliantium; et ipsi habent acriorem conflictum, ne libidinibus superentur. Vel aliter. Confligendum est cum amore temporalium bonorum, ut ratio vincat ; aut etiam edomitus subditusque esse debet (4), ut cum surgere coeperit, facile reprimatur; aut ita extinctus ut se omnino nulla ex parte commoveat. Ex quo fit ut ipsam etiam mortem propter veritatem alii fortiter spernant (5), alii aequanimiter, alii libenter: quae tria genera fructus sunt terrae, tricesimi, et sexagesimi, et centesimi. In horum aliquo genere inveniendus est tempore mortis suae, si quis de hac vita recte cogitat emigrare. HIERONYMUS (super *Qui vero in terram bonam*). Vel centesimus fructus virginibus , sexagesimus viduis et continentibus, tricesimus sancto matrimonio deputatur (6). IDEM (in

(1) *Al.* ad futura.
S. Th. Opera omnia. V. 11.

(1) *Al.* et illa, aut etiam in ista.
(2) *Al.* et non tam.
(3) *Al.* martyrium.
(4) *Al. omittitur* debet.
(5) *Al.* subeant.
(6) *P. Nicolai legit* casto matrimonio deputatur. Sive aliter. Triginta refertur ad nuptias: nam ipsa etc.

22

Apologia pro libris adversus Jovinianum (1)). Nam ipsa digitorum conjunctio, et quasi molli se osculo complectens et foederans, maritum pingit et conjugem. Sexaginta ad viduas: eo quod in angustia et tribulatione sint positae: unde et inferiori digito deprimuntur; quia (2) quanto major est difficultas expertae quondam voluptatis illecebris abstinere, tanto majus est praemium. Porro centesimus numerus a sinistra transit ad dexteram; et iisdem quidem non eadem manu circulum faciens exprimit virginitatis coronam.

4. CHRYSOSTOMUS (hom. 47). In praecedenti parabola locutus est Dominus his qui verbum Dei non suscipiunt: hic autem de his qui suscipiunt corruptivum sermonem : etenim hoc est diabolicae machinationis veritati semper errorem inserere: unde dicitur: *Aliam parabolam proposuit illis dicens.* HIERONYMUS (super *Aliam parabolam*). Proposuit autem aliam parabolam, quasi dives paterfamilias invitatos diversis reficiens cibis, ut unusquisque secundum naturam sui stomachi varia alimenta susciperet. Non autem dixit alteram, sed *aliam*: si enim proposuisset alteram, expectare tertiam non poteramus. Praemisit aliam, ut plures sequantur. Quae autem sit parabola, ostenditur cum subditur: *Simile factum est regnum caelorum.* REMIGIUS. Regnum caelorum appellat ipsum Filium Dei: quod regnum simile dicitur esse *homini qui seminavit bonum semen in agro suo.* CHRYSOSTOMUS (hom. 47 in Matth.). Deinde modum insidiarum diaboli ostendit, dicens: *Cum autem dormirent homines, venit inimicus ejus, et superseminavit zizania in medio tritici, et abiit.* Demonstrat hic quod error post veritatem existit: quod et rerum exitus testatur: etenim post Prophetas fuerunt pseudoprophetae , et post Apostolos pseudoapostoli, et post Christum Antichristus. Nisi enim diabolus viderit quid imitetur, vel quibus insidietur, non tentat. Quia igitur vidit quod hic reddit in fructu centum, ille sexaginta, alius triginta, et non poterat rapere et (3) suffocare quod radicatum erat; per aliam deceptionem insidiatur, interserens sua, multis ea similitudinibus colorans, ut facile surripiat his qui habiles sunt ad deceptionem. Propter hoc non dicit quod seminet aliquod aliud semen, sed zizania, quae secundum visum assimilantur quodammodo frumento. Hinc etiam apparet diaboli malignitas: tunc enim seminavit quando universa erant completa, ut magis noceret agricolae studio. AUGUSTINUS de Quaest. Evang. (4 (cap. 11). Dicit autem, *Cum dormirent homines*: quia cum negligentius agerent praepositi Ecclesiae, aut dormitionem mortis acciperent Apostoli; venit diabolus, et superseminavit eos quos malos filios Dominus interpretatur. Sed recte quaeritur utrum haeretici sint, aut male viventes catholici. Sed quod dicit eos in medio tritici seminatos, quasi videntur illi significari qui unius communionis sunt. Verumtamen quoniam agrum ipsum non Ecclesiam, sed hunc mundum interpretatus est, bene intelliguntur haeretici, qui (5) in hoc mundo permiscentur bonis; ut illis qui in eadem fide mali sint palea potius quam zizania deputentur: quia palea etiam fun-

damentum habet cum frumento radicemque communem. Schismatici autem videntur spicis corruptis etiam similiores vel paleis aristarum fractis vel scissis, et de segete abjectis. Nec tamen consequens est ut omnis haereticus vel schismaticus ab Ecclesia corporaliter separetur: multos enim portat Ecclesia, quia non ita defendunt falsitatem sententiae suae, ut intentam multitudinem faciant: quod si fecerint, tunc pelluntur. Cum ergo diabolus sparsis pravis erroribus falsisque opinionibus superseminasset, hoc est praecedente nomine Christi, haereses superjecisset, magis ipse latuit, atque occultissimus factus est: hoc est enim quod dicit, *Et abiit*: quamquam in hac parabola Dominus, sicut in expositione conclusit non quaedam, sed omnia scandala; et eos qui faciunt iniquitatem, zizaniorum nomine significasse intelligatur. CHRYSOSTOMUS (hom. 47). Ex posterioribus autem diligenter haereticorum formam describit, dicens: *Cum autem crevisset herba, et fructum fecisset, tunc apparuerunt et zizania.* In principio enim haeretici obumbrant seipsos; cum autem multam acceperint libertatem, et sermone aliquis cum eis participaverit, tunc venenum effundunt. AUGUSTINUS de quaest. Evang. (1) (cap. 12). Vel aliter. Cum homo spiritalis esse coeperit dijudicans omnia, tunc ei errores incipiunt apparere: discernit enim quicquid audierit aut legerit abhorrere a regula veritatis: sed donec in eisdem perficiatur spiritualibus, potest eum movere: quare sub nomine christiano tam multae haereticorum extitere falsitates: unde sequitur: *Accedentes autem servi patrisfamilias dixerunt ei: Domine, nonne bonum semen seminasti in agro tuo? unde ergo habet zizania?* Utrum autem ipsi sint servi quos postea messores appellat, an quia in expositione parabolae messores dicit esse Angelos; nec quisquam (2) dicere facile ausus fuerit Angelos nescisse quis zizania superseminaverit: magis oportet intelligi, homines ipsos fideles servorum nomine hoc loco signatos. Nec mirum si et bonum semen i, si dicuntur: ex diversis enim significationibus una res diversas similitudines recipit: sicut et de se ait, quod ipse sit janua, quod ipse sit pastor REMIGIUS. Accedunt autem ad Deum sine corpore, sed corde, et mentis desiderio: quo docente intelligunt, diaboli calliditate hoc esse factum: unde sequitur: *Et ait illis: Inimicus homo hoc fecit.* HIERONYMUS (super *Qui seminat bonum semen*). Diabolus propterea inimicus homo appellatur, quia (5) Deus esse desiit: et in 19 Psal. scriptum est de eo, « Exurge Domine, non « confortetur homo. » Quamobrem non dormiat qui Ecclesiae praepositus est: ne per illius negligentiam inimicus homo superseminet zizania, hoc est haereticorum dogmata. CHRYSOSTOMUS (homil. 47). Inimicus autem vocatur propter jacturam quam infert hominibus: vexatio enim diaboli adversus nos est: principium autem vexationis factum est non ab inimicitia quae est ad nos, sed quae est ad Deum. AUGUSTINUS de Quaest Evang. (cap. 12) Cum autem servi Dei cognoverint hanc excogitasse diabolum fraudem, cum contra tanti nominis auctorem nihil se valere sentiret, ut fallacias suas eodem nomine obtegeret; potest sibi suboriri voluntas ut tales homines de rebus humanis auferant, si aliquam temporis habeant facultatem; sed utrum facere debeant,

---

(1) Epist. 1 ad Pammachium (*Ex edit. P. Nicolai*).

(2) *Al. deest* quia.

(3) *Al.* neque.

(4) Sive ex lib. Qq. super Matthaeum vel ex Matthaeo quaest. 11 (*Ex edit. P. Nicolai*).

(5) *Al.* quia,

(1) Aut, ut supra, ex lib. Qq. super Matthaeum, seu ex Matthaeo quaest 12, et sic infra (*Ex edit. P. Nicolai*).

(2) *I.* quicquam.

(3) *Al.* qui.

justitiam Dei consulunt: unde sequitur: *Servi autem dixerunt: Vis imus, et colligimus ea?* Chrysostomus (ibid. super *Vis colligimus ea*). Ubi intuenda est servorum diligentia et dilectio : etenim festinant zizania evellere: quod monstrat eorum de semine solicitudinem; ad hoc enim solum respiciunt, non ut aliquis puniatur, sed ut seminata non pereant. Quid autem Dominus responderit subditur: *Et ait, Non.* Hieronymus (ubi supra). Datur enim locus poenitentiae; et monemur, ne cito amputemus fratrem: quia fieri potest ut ille qui hodie noxio depravatus est dogmate, cras resipiscat, et defendere incipiat veritatem: unde subditur: *Ne forte colligentes zizania, eradicetis simul et triticum.* Augustinus de Quaest. Evang. (cap. 12). In quo eos patientissimos et tranquillissimos reddit: hoc enim dicitur, quia boni dum adhuc infirmi sunt, opus habent in quibusdam malorum commixtione; sive ut per eos exerceantur, sive ut eorum comparatione magna illis exhortatio fiat, et invitentur ad melius. Aut forte simul eradicatur triticum cum auferuntur zizania: quia multi primo zizania sunt, et postea triticum fiunt; qui nisi patienter, cum mali sint, tolerentur, ad laudabilem mutationem non perveniunt. Itaque si evulsi fuerint, simul eradicatur et triticum, quod futuri essent, si eis parceretur. Ideo dicit tales non esse auferendos de hac vita, ne cum malos conatur interficere, bonos interficiat, quod forte futuri sint; aut bonis obsit, quibus et invitis utiles sunt. Sed tunc opportune hoc fiet cum jam in fine (1) non restat vel tempus commutandae vitae, vel proficiendi ad veritatem ex occasione atque comparatione alieni erroris: et ideo subdit: *Sinite utraque crescere usque ad messem,* idest usque ad judicium. Hieronymus (super *Qui seminat*). Videtur autem hoc esse contrarium illi praecepto (1 Corinth. 5): « Auferte malum de « medio vestrum. » Si enim prohibetur eradicatio, et usque ad messem tenenda est patientia; quomodo ejiciendi sunt quidam de medio nostrum? Sed inter triticum et zizania (quod nos appellamus lolium) quamdiu herba est et nec dum calamus venit ad spicam, grandis similitudo est, et in discernendo aut nulla aut difficilis distantia (2). Primo monet ergo Dominus, ne verbi, quod ambiguum est, cito sententiam proferamus; sed Deo judici reservemus: ut cum dies judicii venerit, ille non suspicionem criminis, sed manifestum reatum de sanctorum coetu ejiciat. Augustinus contra Epistolam Parmeniani (lib. 3, cap. 2, circa med.). Cum enim quisque Christianorum intus in Ecclesia constitutorum in aliquo tali peccato fuerit deprehensus ut anathemate dignus habeatur, fiat hoc (ubi periculum schismatis non timetur) cum dilectione non ad eradicandum, sed ad corrigendum. Quod si se non agnoverit, neque poenitendo correxerit; ipse foris exiet, et per propriam voluntatem ab Ecclesiae communione dirimetur: unde Dominus cum dixisset: *Sinite utraque crescere usque ad messem,* subjunxit causam, dicens: *Ne forte cum vultis colligere zizania, eradicetis simul et triticum:* ubi satis ostendit: cum metus iste non subest, sed omnino de frumentorum stabilitate certa securitas manet; idest, quando ita cujusque crimen notum est et omnibus execrabile apparet ut vel nullos prorsus, vel non tales habeat defensores per quos

(1) *Al.* de fine.
(2) *Al.* substantia.

possit schisma contingere; non dormiat severitas disciplinae: in qua tanto est efficacior emendatio pravitatis, quanto diligentior fuerit observatio caritatis. Cum vero idem morbus plurimos occupaverit, nihil aliud boni restat quam dolor et gemitus. Sic igitur misericorditer corripiat homo quod potest; quod autem non potest, patienter ferat, et ex dilectione gemat atque lugeat, donec ille desuper emendet et corrigat; atque usque ad messem differat eradicare zizania, et paleam ventilare. Turba autem iniquorum, cum facultas est in populis promendi sermonem, generali objurgatione ferienda est; et maxime si occasionem atque opportunitatem praebuerit aliquod Domini desuper flagellum, quo eos appareat pro suis meritis vapulare: tunc enim aures humiles praebet emendantis sermoni calamitas (1) auditorum, et facilius in gemitum confitendi, quam in murmura resistendi afflicta corda compellit: quamquam etsi nulla calamitas tribulationis premat, cum facultas detur, utiliter corripitur in multitudine multitudo: nam sicut separata saevire, sic in ipsa congregatione objurgata gemere consuevit. Chrysostomus (homil. 47, ante med.). Hoc autem dixit Dominus prohibens occisiones fieri: neque enim oportet interficere haereticum: quia praelium inexpiabile in orbe terrarum induceretur: et ideo dicit: *Ne eradicetis simul eum eis frumentum;* idest, si moveritis arma, et occideritis haereticos, necesse est multos sanctorum simul submitti. Non ergo detinere haereticos et abscindere liberam eorum propalationem et synodos et studia dissolvere prohibet, sed interficere et occidere. Augustinus ad Vincentium (epist. 48, circa med.). Haec autem primitus mea sententia erat, neminem ad unitatem Christi esse cogendum: verbo enim agendum, disputatione pugnandum, ratione vincendum: ne fictos catholicos haberemus quos apertos haereticos noveramus. Sed haec opinio mea non contradicentium verbis, sed demonstrantium superabatur exemplis: harum enim legum terror quibus promulgandis reges serviunt Domino in timore, ita profuit, ut nunc alii dicant: Jam hoc volebamus; sed Deo gratias, qui nobis occasionem praebuit, et dilationum moras amputavit. Alii dicant. Hoc esse verum jam sciebamus; sed nescio qua consuetudine tenebamur: gratias Deo, qui vincula nostra disrupit. Alii dicant: Nesciebamus hoc esse veritatem, nec eam discere volebamus: sed ad eam cognoscendam metus fecit intentos: gratias Domino, qui negligentiam nostram stimulo terroris excussit. Alii dicant: Nos falsis rumoribus terrebamur intrare, quos falsos esse nesciremus nisi intraremus, nec intraremus nisi cogeremur: gratias Deo qui praedicationem nostram flagello abstulit, expertos docuit, quam vana et inania de Ecclesia sua mendax fama jactaverit. Alii dicant: Putabamus quidem nihil interesse, ubi fidem Christi teneremus; sed gratias Domino, qui nos a divisione collegit, et hoc uni Deo congruere ut in unitate colatur, ostendit. Serviant ergo reges terrae Christo, leges edendo pro Christo. Augustinus ad Bonifacium Comitem (epist. 50, longe post med.). Quis autem vestrum velit non solum aliquem haereticorum perire, verum etiam aliquid perdere? Sed aliter non meruit habere pacem domus David, nisi Absalon filius ejus in bello quod contra patrem ge-

(1) *Al.* emendari sermonem calamitatis.

rebat, fuisset extinctus: quamvis magna cura man daverit suis ut eum quantum possent vivum sal vumque servarent, et esset cui poenitenti paternus affectus ignosceret. Quid autem ei restitit nisi perditum flere, et sui regni pace acquisita, suam moestitiam consolari? Sic ergo catholica mater Ecclesia, si a liquorum perditione tam multos ceteros colligit, dolorem materni cordis lenit, et sanat tantorum li beratione populorum. Ubi est autem quod isti cla mare consueverunt, Liberum est credere? Cui vim Christus intulit? Quem coegit? Ecce habet Aposto lum Paulum: agnoscat in eo prius cogentem Chri stum, et postea docentem; prius ferientem, et po stea consolantem. Mirum autem est quomodo ille qui poena corporis ad Evangelium coactus intra vit, plus illis omnibus qui solo verbo vocati sunt in Evangelio laboravit. Cur ergo non cogeret Ec clesia perditos filios ut redirent, si perditi filii coe gerunt alios ut perirent?

Sequitur: *Et in tempore messis dicam messoribus: Colligite primum zizania, et alligate ea in fascicu los ad comburendum.* REMIGIUS. Messis autem ap pellatur tempus metendi; per messem vero desi gnatur dies judicii, in quo separandi sunt boni a malis. CHRYSOSTOMUS (hom. 47 in Matth., ante med.). Sed propter quid dicit, *Colligite primum zizania?* Ut non timeant boni, quasi simul cum zizaniis tol latur frumentum. HIERONYMUS (super *Qui seminat semen bonum*). Quod autem dicit zizaniorum fasci culos igni tradi, et triticum congregari in horrea; manifestum est, haereticos quosque et hypocritas gehennae ignibus concremandos; sanctos vero, qui appellantur triticum, horreis, idest caelestibus man sionibus, recipi. AUGUSTINUS de quaest. Evang. (1) (cap. 12). Quaeri autem potest cur non unum fascem aut unum acervum zizaniorum fieri dixe rit; nisi forte propter varietatem haereticorum, non solum a tritico, sed etiam a seipsis discrepantium, ipsas uniuscujusque haereses, in quibus sigillatim sua communione disjuncti sunt, nomine fasciculo rum designavit: ut etiam tunc incipiant alligari ad comburendum, cum a catholica communione se gregati, suas proprias quasi ecclesias habere coe perint, ut combustio eorum sit in fine saeculi, non alligatio fasciculorum. Sed si ita esset, non tam multi resipiscendo, et in catholicam Ecclesiam re meando ab errore discederent. Quapropter alligatio fasciculorum in fine profutura est, ut non confuse, sed pro modo perversitatis suae uniuscujusque er roris pertinacia puniatur. RABANUS. Et notandum, quod ubi dicit, *Seminavit bonum semen,* notat bo nam voluntatem, quae in electis est; ubi vero di cit, *inimicus venit etc.,* cautelam habendam intima re voluit: quando autem crescentibus zizaniis (2), quasi patienter ferens ait, *Inimicus homo hoc fecit,* patientiam nobis commendavit; ubi vero ait, *Ne forte colligentes zizania,* donavit nobis discretionis exemplum; quando autem subjungit, *Sinite utraque crescere usque ad messem,* commendavit longanimi tatem; ad ultimum justitiam, cum dicit, *Alligate ea in fasciculos ad comburendum.*

3. CHRYSOSTOMUS (ubi supra). Quia Dominus dixerat, quod de semine tres partes pereunt, et salvatur una; et in ipsa rursus quae salvatur, mul ta efficitur jactura, propter zizania quae superse minantur; ne dicerent, Qui ergo erunt et quanti

fideles? consequenter hunc timorem aufert per pa rabolam sinapis: et ideo dicitur: *Aliam parabolam proposuit eis, dicens: simile est regnum caelorum grano sinapis.* HIERONYMUS (super *Simile est re gnum caelorum grano sinapis*). Regnum caelorum praedicatio Evangelii est, et notitia Scripturarum quae ducit ad vitam: de qua dicitur ad Judaeos (infra 21): *Auferetur a vobis regnum Dei.* Hujus modi ergo regnum caelorum est simile grano si napis. AUGUSTINUS de quaest. Evang. (lib. 1, quaest. 12). Granum namque sinapis ad fervorem fidei pertinet, vel eo quod dicatur venena expellere (1).

Sequitur: *Quod accipiens homo seminavit in agro suo.* HIERONYMUS. Homo qui seminat in agro suo, a plerisque Salvator intelligitur, qui in animis credentium seminat; ab aliis ipse homo seminans in agro suo, idest in corde suo. Quis autem est iste qui seminat nisi sensus noster et animus, qui suscipiens granum praedicationis, et fovens semen tem humore fidei, facit in agro sui pectoris pul lulare? Sequitur: *Quod minimum quidem est omni bus seminibus.* Praedicatio Evangelii minima est omnibus disciplinis: ad primam quidem doctrinam fidem non habet veritatis, hominem Deum, Deum mortuum, et scandalum crucis praedicans. Confer hujusmodi doctrinam dogmatibus philosophorum, et libris eorum, et splendori eloquentiae, compo sitionique sermonum; et videbis quanto minus sit ceteris seminibus semen Evangelii. CHRYSOSTOMUS (hom. 47 in Matth.). Vel minimum est semen Evangelii, quia discipuli universis erant imbecillio res; sed tamen quia magna erat virtus in eis, ex pansa est eorum praedicatio ubique terrarum: et ideo sequitur: *Cum autem creverit, majus est om nibus oleribus,* idest dogmatibus. AUGUSTINUS de Quaest. Evang. (lib. 1, quaest. 12). Dogmata au tem sunt placita sectarum, idest ut placuit sectis. HIERONYMUS. (ubi supra) Philosophorum enim dog mata (2) cum creverint, nihil mordax, nihil vitale demonstrant: totum flaccidum marcidumque ebullit in olera et in herbas, quae cito arescunt et cor ruunt. Praedicatio autem evangelica quae parva vi debatur in principio, cum vel in animam creden tis, vel in totum mundum sata fuerit, non exurgit in olera, sed crescit in arborem, ita ut volucres caeli (quas vel animas credentium, vel fortitudines Dei servitio mancipatas sentire debemus) veniant, et habitent in ramis ejus: unde sequitur: *Et fit ar bor, ita ut volucres caeli veniant, et habitent in ramis ejus.* Ramos puto evangelicae arboris, qui de grano sinapis creverunt, dogmatum esse diversita tes, in quibus supradictarum volucrum unaquaeque requiescit. Assumamus et nos pennas columbae, ut ad altiora volitantes, possimus habitare in ramis hujus arboris, et nidos nobis facere doctrinarum, terrenaque fugientes ad caelestia festinare. HILARIUS (can. 13 in Matth., ante med.). Vel grano sinapis seipsum Dominus comparavit, acri semini, et omnium seminum, minimo cujus virtus pressuris accenditur. GREGORIUS, 19 Moral. (cap. 1). Ipse quidem est granum sinapis, qui in horto sepulturae plantatus, arbor magna sur rexit: granum namque fuit cum moreretur. arbor cum resurgeret; granum per humilitatem carnis, arbor per potentiam majestatis. HILARIUS (ubi su pra). Granum igitur hoc postquam in agro semi natum fuit, idest ubi a populo comprehensus et

(1) Ex Matthaeo ut supra (*Ex edit. P. Nicolai*).
(2) *Al.* de qua crescentibus zizaniis.

(1) *Al. Addit P. Nicolai* idest omnia dogmata pravitatis.
(2) *Al.* Pharisaeorum enim dogmata.

traditus morti, tamquam in agro fuit satione quadam corporis consepultus, ultra mensuram omnium olerum excrevit et universam Prophetarum gloriam excedit. Oleris enim vice (1) tamquam aegroto Israel data est praedicatio Prophetarum; sed jam in ramis arboris caeli volucres inhabitant. Apostolos scilicet ex Christi virtute protensos, et mundum inumbrantes in ramis intelligimus, in quo gentes in spem vitae advolabunt, et aurarum turbine, idest diaboli spiritu flatuque vexatae, tamquam in ramis arboris conquiescent. GREGORIUS 19 Moral. (cap. 1). In istis etiam ramis volucres requiescunt; quia sanctae animae, quae quibusdam virtutum pennis a terrena cogitatione se sublevant, in eorum dictis atque consolationibus ab hujusmodi fatigatione vitae respirant.

6. CHRYSOSTOMUS (hom. 47). Ad idem ostendendum Dominus apponit parabolam de fermento: unde dicitur: *Aliam parabolam locutus est eis: Simile est regnum caelorum fermento:* quasi dicat: Sicut fermentum multam farinam transmutat in suam virtutem, ita et vos totum mundum transmutabitis. Et vide Christi prudentiam: ea enim quae sunt naturae inducit, demonstrans quoniam sicut illa possibile est fieri, ita et hoc. Non autem dixit quod posuit simpliciter, sed *Abscondit*; ac si diceret: Ita et vos cum subjecti fueritis impugnatoribus vestris, tunc eos superabitis. Et sicut fermentum suffoditur quidem, non autem destruitur, sed paulatim ad suum habitum omnia transmutat; sic et in praedicatione vestra continget. Non itaque quia multas dixi superventuras vobis vexationes timeatis; ita enim fulgebitis, et omnes superabitis. Tria autem sata hic pro multis posuit: hunc enim numerum determinatum pro multitudine indeterminata accepit. HIERONYMUS. Satum autem est genus mensurae juxta morem provinciae Palaestinae, unum modium et dimidium accipiens AUGUSTINUS de Quaest. Evang. (lib. 1, quaest. 12). Vel fermentum dicit dilectionem, eo quod fervescere facit, et excitat; mulierem, sapientiam dicit. In farinae satis tribus intelliguntur vel tria illa in homine, ex toto corde, ex tota anima, et ex tota mente: vel tria illa fructifera, centesimum, sexagesimum, et tricesimum; vel tria illa genera hominum, Noe, Daniel et Job. RABANUS. Dicit autem: *Donec fermentatum est totum:* quia caritas in nostra mente recondita eo usque crescere debet ut totam mentem in sui perfectionem commutet: quod hic quidem (2) inchoatur, in futuro vero perficitur. HIERONYMUS (super *Simile est regnum caelorum fermento*). Vel aliter. Mulier ista, quae fermentum accipit et abscondit, praedicatio mihi videtur Apostolica, vel Ecclesia de diversis gentibus congregata. Haec tollit fermentum, intelligentiam scilicet Scripturarum, et abscondit illud in farinae satis tribus, ut spiritus, anima et corpus in unum redacta, non discrepent inter se. Vel aliter. Legimus in Platone tria esse in anima: rationale, irascibile et concupiscibile: et nos ergo si acceperimus fermentum evangelicum sacrarum Scripturarum, in ratione possideamus prudentiam; in ira odium contra vitia, in desiderio cupiditatem virtutum: et hoc totum fiat per evangelicam doctrinam, quam nobis mater Ecclesia praestitit. Dicam et quorumdam intelligentiam: mulierem istam et ipsi Ecclesiam interpretantur, quae fidem hominis

(1) *Al* vitae.
(2) *Al. omittitur* quidem.

farinae satis tribus commiscuit, scilicet credulitat Patris et Filii et Spiritus sancti: cum in unum fuerit fermentata, non nos ad triplicem Deum, sed ad unius divinitatis perducit notitiam. Pius quidem sensus: sed nunquam parabolae et dubia aenigmatum intelligentia possunt ad auctoritatem dogmatum proficere. HILARIUS (can. 13 in Matth. circa medium). Vel aliter (1). Fermento se Dominus comparavit: fermentum enim de farina est, quod virtutem acceptam acervo sui generis reddit. Hoc autem fermentum acceptum mulier, synagoga scilicet, per judicium mortis abscondit: hoc autem in farinae mensuris tribus, idest Legis, Prophetarum, Evangeliorum aequalitate coopertum, omnia unum fecit: ut quod lex constituit, Prophetae nuntiaverunt, idipsum Evangeliorum profectionibus expleatur: quamquam ad trium gentium vocationem, ex Sem, Cham et Japhet, tres mensuras farinae esse referendas sensisse multos memini. Sed nescio an hoc ita opinari ratio permittat; cum etsi omnium gentium vocatio sit, in his tamen Christus non absconsus sit, sed ostensus; et in tanta infidelium multitudine non fermentatum sit (2) totum.

7 CHRYSOSTOMUS (hom. 48). Post praemissas parabolas, ne aliquis opinaretur, quod Christus nova induceret, induxit Evangelista Prophetam etiam hunc praedicentem doctrinae modum; et ideo dicit: *Haec omnia locutus est Jesus in parabolis ad turbas.* Marcus autem ait (cap. 3): « Quoniam sicut « poterant audire, loquebatur eis sermonem in pa« rabolis. » Unde non mireris si de regno disputans, grani et fermenti meminit: hominibus enim loquebatur idiotis et indigentibus ab his induci. REMIGIUS. Parabola graece, latine dicitur similitudo, per quam veritas demonstratur. Ostendit quippe in ipsa similitudine quasdam figuras verborum, et imagines veritatis. HIERONYMUS (super *Haec omnia in parabolis locutus est*). Non autem discipulis, sed turbis parabolas loquebatur: et usque hodie turbae in parabolis audiunt: et ideo dicitur: *Et sine parabolis non loquebatur eis.* CHRYSOSTOMUS (hom. 48). Quamvis enim multa sine parabolis non turbis dixerit, sed tamen tunc nihil. AUGUSTINUS de Quaest. Evang. (3) (cap. 14). Vel hoc dicitur non quia nihil proprie locutus est: sed quia nullum fere sermonem explicavit, ubi non per parabolam aliquid significaverit; quamvis in eo aliqua et proprie dixerit: ita ut saepe inveniatur totus sermo ejus parabolis explicatus, totus autem proprie dictus nullus inveniatur. Explicatos autem sermones dico, quando ex aliqua occasione rerum incipit loqui quousque terminet quidquid ad ipsam rem pertinet, et transeat ad aliud. Nonnunquam sane alius Evangelista contexit quod alius diversis temporibus dictum indicat: non enim omnino secundum rerum gestarum ordinem, sed secundum suae quisque recordationis facultatem, narrationem quam exortus est, ordinavit. Quare autem in parabolis loqueretur, manifestat Evangelista, cum subdit: *Ut adimpleretur quod dictum est per Prophetam dicentem: Aperiam in parabolis os meum, eructabo abscondita a constitutione mundi.* HIERONYMUS (super *Ut adimpleretur*). Hoc testimonium de 76 Psalmo sumptum est. Legi in nonnullis codicibus eo loco ubi nos posuimus et vulgata editio habet, *Ut adimple-*

(1) *Al. desideratur* vel aliter.
(2) *Al.* est.
(3) Ex Matthaeo qu. 14; *quod semper intelligendum ubi per capita tantum notatur (Ex edit. P. Nicolai).*

retur quod dictum est per Prophetam dicentem, ubi scriptum est, *Per Isaiam* (1) *Prophetam dicentem*. REMIGIUS. Unde Porphyrius objecit fidelibus: Evangelista vester tantae insipientiae fuit ut quod reperitur in Psalmis, ipse deputaverit Isaiae. HIERONYMUS (ibidem). Quia ergo minime inveniebatur in Isaia, arbitror postea a prudentibus viris esse sublatum: sed mihi videtur in principio ita editum: *Quod scriptum est per Asaph Prophetam dicentem*: septuagesimus enim septimus Psalmus, de quo sumptum est hoc testimonium, Asaph Prophetae inscribitur; et primum non intellexisse *Asaph*, et putasse scriptoris vitium, atque emendasse nomen *Isaiae*, cujus vocabulum manifestius erat. Sciendum est itaque, quod non solum David, sed etiam ceteri (quorum in Psalmis et Hymnis et Canticis Dei, praescripta sunt nomina) Prophetae sunt appellandi, Asaph videlicet, et Idithim, et Heman Ephraites, et reliqui quos Scriptura commemorat: quodque in persona Domini dicitur, *Aperiam in parabolis os meum*, considerandum attentius et inveniendum (2) describi egressum Israelis ex Ægypto, et omnia signa narrari quae in Exodi continentur historia. Ex quo intelligimus universa illa quae ibi scripta sunt, parabolice sentienda, et manifestare abscondita sacramenta: hoc enim Salvator edicturum se esse promittit, dicens: *Aperiam in parabolis os meum*. GLOSSA (3) Quasi dicat: Qui prius locutus sum per Prophetas, modo in propria persona aperiam os meum in parabolis, et eructabo de thesauro mei secreti; emittam mysteria quae abscondita erant a constitutione mundi.

8. CHRYSOSTOMUS (4) (hom. 58). Locutus fuerat Dominus turbis in parabolis, ut eos ad interrogandum induceret; et quamvis multa in parabolis dixisset, nullus tamen eum interrogavit; et ideo eos dimisit: unde sequitur: *Tunc dimissis turbis venit in domum*. Nullus autem eum scribarum sequitur: unde manifestum est quod propter nihil aliud prius sequebantur quam ut eum caperent in sermone. HIERONYMUS (super *Tunc dimissis turbis*). Dimittit autem turbas Jesus (5), et domum revertitur, ut accedant ad eum discipuli, et secreto interrogent quae populus nec merebatur audire nec poterat. RABANUS. Mystice autem dimissa turba tumultuantium Judaeorum, ingreditur Ecclesiam Gentium, et ibi fidelibus exponit sacramenta caelestia: unde sequitur: *Et accesserunt ad eum discipuli ejus dicentes, Edissere nobis parabolam zizaniorum agri*. CHRYSOSTOMUS (hom. 58). Cum aliquando volentes discere formidaverint interrogare, nunc libere interrogant, et confisi sunt, quoniam audierant, Mar. 4: « Vobis datum est nosse mysterium regnum « Dei: » ideoque singulariter interrogant, non multitudinem aemulantes, quibus non erat datum. Dimittunt autem parabolam fermenti et sinapis, ut manifestiores; interrogant autem de parabola zizaniorum, quia habet convenientiam ad praemissam parabolam de semine, et aliquid amplius ostendit, Dominus autem quae esset parabola exponit: unde sequitur: *Qui respondens ait eis: Qui seminat*

bonum semen, est Filius hominis. REMIGIUS. Ideo autem Dominus se Filium hominis appellavit, ut hoc indicio nobis exemplum humilitatis relinqueret; sive quia futurum erat ut haeretici negarent eum verum hominem esse; sive ut per humanitatis fidem possimus conscendere ad divinitatis cognitionem.

Sequitur: *Ager autem est mundus*. GLOSSA (1). Cum autem ipse sit qui seminat agrum suum, manifestum est quia praesens mundus est ejus.

Sequitur: *Bonum vero semen hi sunt filii regni*. REMIGIUS. Idest sancti et electi viri, qui inter filios regni computantur. AUGUSTINUS contra Faustum (lib. 18, capit. 7). Zizania exponit Dominus non aliqua falsa veris Scripturis immissa, sicut Manichaeus interpretatur; sed omnes filios maligni, idest imitatores diabolicae falsitatis: unde sequitur: *Zizania autem sunt filii nequam*: per quos omnes impios et malignos vult intelligi. AUGUSTINUS de quaest. Evang. (lib. 1, cap. 31). Omnis autem immunditia in segete zizania dicuntur.

Sequitur: *Inimicus autem qui seminavit ea, est diabolus*. CHRYSOSTOMUS (hom. 48). Etenim hoc diabolicae est machinationis, veritati semper inserere errorem. Sequitur: *Messis vero consummatio saeculi est*. Alio autem loco ait, de Samaritanis loquens (Joan 4): « Levate oculos vestros, et con « siderate regiones, quoniam jam albae sunt ad « messem: » et rursus (supra 9): *Messis quidem multa, operarii autem pauci*: in quibus verbis messem dicit jam adesse. Qualiter ergo hic eam dicit esse futuram? Sed sciendum, quod in alia significatione messem dicit: unde et ibi dicit, quod alius est qui seminat, et alius qui metit; hic autem eumdem dicit esse qui seminat et qui metit: quoniam ibi non ad sui differentiam, sed Apostolorum, Prophetas induxit: etenim ipse Christus per Prophetas seminavit in Judaeis et Samaritanis. Idem ergo nominat semen et messem (2) secundum aliud et aliud. Cum enim de obedientia loquatur, et persuasione ad fidem, tunc (3) vocat messem, sicut in quo totum perficitur: sed cum inquirit de fructu auditionis verbi Dei, tunc consummationem dicit messem, sicut hic. REMIGIUS. Per messem enim designatur dies judicii, in quo separandi sunt boni a malis; quod fiet ministerio Angelorum: unde infra dicitur, quod veniet Filius hominis cum Angelis suis judicare: propter quod sequitur: *Messores autem Angeli sunt*.

Sequitur: *Sicut ergo zizania colliguntur et igni comburuntur, sic erit in consummatione saeculi. Mittet Filius hominis Angelos suos, et colligent de regno ejus omnia scandala, et eos qui faciunt iniquitatem*. AUGUSTINUS, 20 de Civitate Dei (cap. 9). Numquid de regno illo ubi sunt nulla scandala? De regno ergo isto ejus quod est hic, scilicet Ecclesia, colligentur. AUGUSTINUS de quaest. Evang. (lib. 1, cap. 10 et 11). Quod autem primo separantur zizania, hoc est quia tribulatione praecedente separabuntur impii a piis: quod per bonos Angelos intelligitur fieri, quia officia vindictae possunt implere boni bono animo quomodo lex, quomodo judex; officia vero misericordiae mali implere non possunt. CHRYSOSTOMUS (homil. 48 in Matth.).

---

(1) *P. Nicolai legit* ibi scriptum, *Per Isaiam etc.*
(2) *Forte* et inveniemus.
(3) Interlinealis verbis aliquantum immutatis, et minus plene quam hic; sed expressius et plenius Anselmus (*Ex edit. P. Nicolai*).
(4) Gregorius in hom. (4, ut supra) (*Ex edit. P. Nicolai*).
(5) *Al. deest* Jesus.

(1) Chrysostomus in hom. 48, ut supra; non Glossa, sicut prius, in qua nihil omnino tale reperitur (*Ex edit. P. Nicolai*).
(2) *Al. omittitur* et messem.
(3) *Al.* hic.

Vel potest intelligi de regno caelestis Ecclesiae; et tunc ostenditur hic duplex poena: videlicet quod excidunt a gloria, in hoc quod dicit, *Et colligent de regno ejus omnia scandala*, scilicet ne scandala in regnum ejus intrent: et quod comburuntur: in hoc quod subdit: *Et mittent eos in caminum ignis.* HIERONYMUS (1) (super *Qui seminat bonum semen*). Omnia autem scandala referuntur ad zizania. Hoc autem quod dicit, *Et colligent de regno ejus omnia scandala, et eos qui faciunt iniquitatem*, inter haereticos et schismaticos, qui faciunt iniquitatem. voluit distinguere: ut per eos qui faciunt scandala, intelligantur haeretici; per eos vero qui faciunt iniquitatem, intelligantur schismatici. GLOSSA (2). Vel aliter. Per scandala possunt intelligi illi, qui praebent proximo occasionem offensionis, aut ruinae, per facientes iniquitatem quoscumque peccantes. RABANUS (super *Et eos qui faciunt iniquitatem*). Observa quod dicit, *Et eos qui faciunt iniquitatem*: non qui fecerunt, quia non qui conversi sunt ad poenitentiam, sed solum qui permanent in peccatis, aeternis cruciatibus mancipandi sunt. CHRYSOSTOMUS (hom. 48 in Matth.). Vide autem ineffabilem Dei amorem ad homines; est enim ad beneficia promptus, et ad poenam tardus: cum enim seminat, per seipsum seminat; cum autem punit, per alios: mittit enim ad hoc Angelos suos.

Sequitur: *Ibi erit fletus et stridor dentium.* REMIGIUS. His verbis demonstratur vera corporum resurrectio: nihilominus ostenditur per hoc duplex poena inferni, scilicet nimii caloris, et nimii frigoris. Sicut autem scandala referuntur ad zizania, ita justi reputantur in filios regni: de quibus sequitur: *Tunc justi fulgebunt sicut sol in regno Patris eorum.* In praesenti enim saeculo fulget lux sanctorum coram hominibus: post consummationem autem mundi ipsi justi (5) fulgebunt sicut sol in regno Patris sui. CHRYSOSTOMUS (homil. 48, inter princ. et med.). Non quia ita solum sicut sol; sed quia hoc sidere aliud magis luculentum non noscimus, cognitis nobis utitur exemplis. REMIGIUS. Quod autem dicit, *Tunc fulgebunt*, intelligendum est quia et nunc fulgent in exemplum aliorum; sed tunc fulgebunt sicut sol ad laudandum Deum.

Sequitur: *Qui habet aures audiendi, audiat.* RABANUS. Idest, qui habet intellectum intelligat. quia mystice haec omnia intelligenda sunt.

9. CHRYSOSTOMUS (homil. 47, parum ante med.). Parabolae quas supra Dominus posuerat de fermento et sinapi, ad virtutem evangelicae praedicationis referuntur, quoniam superavit orbem terrarum; nunc autem ut pretiositatem et magnificentiam ejusdem ostenderet, proponit parabolam de thesauro et margarita, dicens: *Simile est regnum caelorum thesauro abscondito in agro.* Praedicatio enim Evangelii occultata est in mundo, et si non vendideris omnia, non emes eam: et cum gaudio hoc oportet facere: unde sequitur: *Quem qui invenit homo abscondit.* HILARIUS (can. 15 in Matth., inter med. et finem). Hic quidem thesaurus gratis invenitur. Evangeliorum enim praedicatio in ab-

scondito (1 est; sed utendi et possidendi hujusmodi thesauri cum agro potestas non potest esse sine pretio: quia caelestes divitiae non sine damno saeculi possidentur. HIERONYMUS (super *Simile est regnum caelorum thesauro*). Quod autem abscondit, non de invidia facit; sed more servantis et nolentis prodere, abscondit in corde (2), quem pristinis praetulit facultatibus. GREGORIUS in homil. (12 in Evang. quasi in princ.). Vel aliter. Thesaurus in agro absconditus est caeleste desiderium; ager vero in quo thesaurus absconditur, est disciplina studii caelestis: quem scilicet thesaurum cum invenit homo abscondit, scilicet ut servet: quia studium caelestis desiderii a malignis spiritibus custodire non sufficit ei qui hoc ab humanis laudibus non abscondit. In praesenti etenim vita quasi in via sumus, qua ad patriam pergimus. Maligni autem spiritus iter nostrum quasi quidam latrunculi obsident. Depraedari ergo desiderant qui thesaurum publice portant in via. Hoc autem dico, non ut proximi nostri opera nostra non videant; sed ut per hoc quod agimus. laudes exterius non quaeramus. Caelorum autem regnum idcirco terrenis rebus simile dicitur, ut ex his quae animus novit, surgat ad incognita: ut per hoc quod scit notum diligere, discat ignotum amare. Sequitur: *Et prae gaudio illius vadit, et vendit universa quae habet, et emit agrum illum.* Agrum profecto venditis omnibus comparat qui voluptatibus carnis renuntians, cuncta sua terrena desideria per disciplinae celestis custodiam calcat. HIERONYMUS (supra). Vel thesaurus iste, in quo sunt omnes thesauri sapientiae et scientiae absconditi, aut Deus Verbum est, qui in carne Christi videtur absconditus; aut sanctae Scripturae, in quibus reposita est notitia Salvatoris. AUGUSTINUS de quaest. Evang. (lib. 1, cap. 13) Hunc autem thesaurum dixit in agro absconditum, scilicet duo testamenta in Ecclesia; quae cum quis ex parte intellectus attigerit, sentit illic magna latere: et vadit, et vendit omnia sua, et emit illum; idest, contemptu temporalium comparat sibi otium, ut sit dives cognitione Dei.

10. CHRYSOSTOMUS (hom. 48 in Matth., a med). Evangelica praedicatio non solum lucrum multiplex praebet ut thesaurus, sed et pretiosa est ut margarita: unde post parabolam de thesauro, ponit parabolam de margarita, dicens: *Iterum simile est regnum caelorum homini negotiatori etc.* In praedicatione enim duo oportet adesse: scilicet ab hujus vitae negotiis separari, et vigilantes esse; quod negotiatio designat. Una autem est veritas et non partita; et propter hoc una margarita dicitur inventa. Et sicut qui margaritam habet, ipse quidem novit quod dives est, aliis vero non est cognitus, multoties eam manu detinens propter ejus parvitatem; ita est in praedicatione Evangelii: qui enim eam detinent, sciunt se divites esse; infideles autem hunc thesaurum nescientes, divitias nostras ignorant. HIERONYMUS (super *Homini quaerenti bonas margaritas*). Bonae autem margaritae possunt intelligi lex et Prophetae. Audi ergo, Marcion et Manichaee, quod bonae margaritae sunt lex et Prophetae. Una ergo pretiosissima margarita est scientia Salvatoris, et sacramentum passionis et resurrectionis illius: quod cum invenerit homo negotiator, similis Pauli Apostoli, omnia legis, Propheta-

(1) Nihil tale in Hieronymo nec in Rabano, qui Hieronymum hic transcripsit, in Beda, vel alibi occurrit (*Ex edit. P. Nicolai*).

(2) Quod sequitur Glossae nomine, nec apud illam quae nunc est, nec etiam apud Anselmum exstat, vel alium quemlibet quem viderim (*Ex edit. P. Nicolai*).

(5) *Al. deest justi.*

(1) *Al.* in absoluto.

(2) *Al.* perdere abscondita in corde.

rumque mysteria, et observationes pristinas, in quibus inculpate vixerat, quasi purgamenta contemnit, ut Christum lucrifaciat (1): non quod inventio bonae margaritae condemnatio sit veterum margaritarum; sed quod comparatione ejus omnis alia gemma sit vilior. GREGORIUS (homil. 11 in Evang.). Vel per margaritam pretiosam intelligitur caelestis vitae dulcedo; quam inventam omnia vendens emit: quia qui caelestis vitae dulcedinem, inquantum possibilitas admittit, perfecte cognoverit, ea quae in terris amaverat, libenter cuncta derelinquit: deforme conspicitur quicquid de terrenae rei placebat specie, quia sola pretiosae margaritae claritas fulget in mente. AUGUSTINUS de quaest. Evang. (2) (cap. 12). Vel homo cum quaerat bonas margaritas, invenit unam pretiosam: quia quaerens homines bonos cum quibus utiliter vivat, invenit unum sine peccato Jesum Christum: aut praecepta quaerens, quibus servatis, cum hominibus recte conversetur; invenit dilectionem proximi (in quo uno dicit Apostolus omnia contineri): aut bonos intellectus quaerens, invenit illud Verbum quo cuncti continentur: « In principio erat Verbum » Joan. 1, quod est lucidum candore veritatis, et solidum firmitate aeternitatis, et undique sibi simile pulchritudine veritatis; qui Deus penetrata testudine intelligendus est. Quodlibet vero illorum trium sit, vel si aliud occurrere potuerit quod margaritae unius pretiosae nomine significetur ; pretium ejus est nos ipsi, qui ad eam possidendam non sumus liberi, nisi omnibus pro nostra liberatione contemptis quae temporaliter possidentur. Venditis enim rebus nostris, nullum aliud pretium majus accipimus quam nos ipsos (quia talibus implicati, nostri non eramus), ut rursus nos pro illa margarita demus: non quia tantum valet, sed quia plus dare non possumus.

10. CHRYSOSTOMUS (hom. 48). Postquam per praedictas parabolas evangelicam praedicationem commendaverat; ut non confidamus in praedicatione solum, neque fidem nobis aestimemus sufficere ad salutem, aliam parabolam terribilem subdit, dicens: *Iterum simile est regnum caelorum sagenae missae in mare.* HIERONYMUS (super *Simile est regnum caelorum sagenae*). Impleto enim Hieremiae vaticinio dicentis, cap. 16: « Ece ego mittam ad « vos piscatores multos: » postquam autem audierunt Petrus et Andreas, Jacobus et Joannes (supra 4), *Sequimini me: faciam vos piscatores hominum:* contexuerunt sibi ex veteri et ex novo testamento sagenam evangelicorum dogmatum, et miserunt eam in mare hujus saeculi; quae usque hodie in mediis fluctibus tenditur, capiens de falsis et amaris gurgitibus quicquid inciderit, idest bonos homines et malos; et hoc est quod subdit: *Ex omni genere piscium congreganti*). GREGORIUS (homil. 11 in Evang.). Vel aliter. Sancta Ecclesia sagenae comparatur, quia et piscatoribus est commissa, et per eam quisque ad aeternum regnum a praesentis saeculi fluctibus trahitur, ne aeternae mortis profundo mergatur: quae ex omni genere piscium congregat, quia ad peccatorum veniam sapientes et fatuos, liberos et servos, divites et pauperes, fortes et infirmos vocat: quae sagena scilicet tunc universaliter impletur, cum in fine suo humani generis summa concluditur: unde sequitur: *Quam cum impleta esset, educentes, et secus littus sedentes, elegerunt bonos in aisa sua, malos autem foras miserunt.* Sicut enim mare saeculum, ita saeculi finem significat littus maris: in quo scilicet fine, boni pisces in vasis eliguntur; mali projiciuntur foras: quia et electus quisque in tabernacula aeterna recipitur; et interni regni (1) luce perdita, ad exteriores tenebras reprobi protrahuntur. Nunc enim malos bonosque communiter quasi permixtos pisces fidei sagena continet: sed littus indicat sagena Ecclesiae quid trahebat. HIERONYMUS (super *Sagenae missae*). Dum enim sagena extrahetur ad littus, tunc verum secernendorum piscium judicium demonstrabitur. CHRYSOSTOMUS (hom. 48). Quid autem distat haec parabola a parabola zizaniorum? Etenim illic hi quidem salvantur, hi autem pereunt, sicut et hic; sed illic quidem propter pravorum dogmatum haeresim, et in anteriori parabola (2) de semine, quia non attendebant quae dicebantur; hic autem propter vitae nequitiam, propter quam, quamvis et piscatione capti, idest cognitione Dei fruentes. non possunt salvari. Ne audiens quoniam malos foras miserunt, aestimes hanc poenam non esse periculosam, per expositionem ejus gravitatem ostendit, dicens: *Sic erit in consummatione saeculi: exibunt Angeli etc.* Quamvis alibi dicat, quod ipse segregabit eos sicut separat pastor oves, hic Angelos hoc facere dicit, sicut et in parabola zizaniorum. GREGORIUS in hom. (11 in Evang.). Timendum est autem hoc potius quam exponendum: aperta enim voce tormenta peccantium dicta sunt, ne quis ad ignorantiae suae excusationem recurreret, si quid de aeterno supplicio obscure diceretur. RABANUS. Cum enim venerit finis mundi, tunc verum secernendorum piscium judicium demonstrabitur; et quasi in quodam quietissimo portu boni mittentur in vasa caelestium mansionum; malos autem torrendos et exsiccandos, gehennae flamma suscipiet.

12. CHRYSOSTOMUS (homil. 48). Recedentibus turbis, Dominus discipulis in parabolis loquitur; ex quibus sapientiores sunt facti, ita quod intelligunt quae dicuntur: quocirca dicit eis: *intellexistis haec omnia? Dicunt ei, Etiam.* HIERONYMUS (super *Intellexistis*). Ad Apostolos enim proprie sermo est, quos non vult audire tantum ut populum, sed etiam intelligere ut magistros futuros. CHRYSOSTOMUS (ubi supra). Deinde quia intellexerunt, rursus eos laudat: unde sequitur: *Ait illis: Ideo omnis scriba doctus in regno caelorum, similis est homini patrifamilias, qui profert de thesauro suo nova et vetera.* AUGUSTINUS, 20 de Civitate Dei (cap 4). Non dixit, Vetera et nova; quod utique dixisset, nisi maluisset meritorum ordinem servare quam temporum. Manichaei etiam dum sola Dei promissa nova tenere se arbitrantur, remanent in vetustate carnis, et novitatem inducunt erroris. AUGUSTINUS de quaest. Evang. (cap. 16). Utrum autem ista conclusione exponere voluit quem dixerit thesaurum in agro absconditum (quoniam sanctae Scripturae intelliguntur, quae nomine duorum testamentorum novi et veteris concluduntur); an ostendere voluit, eum doctum habendum in Ecclesia qui etiam Scripturas

(1) *Al.* lucrifaceret.
(2) Ex Matthaeo: *quod, ut dictum est, in ceteris ubi puer non ponitur, intelligi oportet (Ex edit. P. Nicolai).*

(1) *Al.* et in aeterni regni: *forte etiam possit legi* et aeterni regni etc.
(2) *Al.* in anteriori autem parabola.

veteres (1) parabolis explicatas intellexerit, ab istis novis accipiens regulas, quia et ista Dominus per parabolas enuntiavit; ut si ipse, in quo illa complentur et manifestantur, per parabolas adhuc loquitur, donec passio ejus velum discindat, ut nihil sit occultum quod non reveletur; multo magis illa quae tam longe de illo scripta sunt parabolis operta esse noverimus: quae cum Judaei ad litteram accipiant, noluerunt esse docti in regno caelorum. GREGORIUS (hom. 11 in Evang.). Sed si per novum et vetus quod dicitur, utrumque testamentum accipimus, Abraham doctum fuisse denegamus, qui novi et veteris testamenti etsi facta novit, minime verba nuntiavit. Moysen quoque docto patrifamilias comparare non possumus: quia etsi testamentum edocuit vetus, novi tamen dicta non protulit. Sed in eo quod hic dicitur, intelligi valet quia non de his qui fuerant, sed de his qui esse in Ecclesia poterant, loquebatur; qui tunc nova et vetera proferunt, cum utriusque testamenti praedicamenta vocibus et moribus loquuntur HILARIUS (can. 13 in Matth.). Discipulis enim est locutus, quos scribas propter scientiam nuncupat, eo quod intellexerint ea quae ille nova et vetera, idest in Evangeliis et lege protulit (2), quae sunt et ejusdem patrisfamilias, uniusque utraque thesauri: ipsos etiam sub patrisfamilias nomine sibi comparat, eo quod doctrinam de Spiritus sancti thesauro suo novorum ac veterum sunt adepti. HIERONYMUS (super Omnis scriba doctus). Vel Apostoli instructi scribae dicuntur, quasi notarii Salvatoris, qui verba illius et praecepta signabant in tabulis cordis carnalibus regnorum (3) caelestium sacramentis, et pollebant opibus patrisfamiliae, ejicientes de thesauro doctrinarum suarum nova et vetera: ut quicquid in Evangelio praedicabant, legis et Prophetarum vocibus comprobarent. Unde et Sponsa dicit in Cantico canticorum (cap. 7): « Nova cum vete- « ribus, dilecte mi, servavi tibi. » GREGORIUS (hom. 11 in Evang.). Vel aliter. Vetus est ut pro culpa humanum genus in aeterna poena intereat, et novum ut conversus in regnum vivat. Prius autem de regni similitudine thesaurum inventum ac margaritam bonam protulit: postmodum inferni poenas de malorum combustione narravit: atque in conclusione subjungit: Ideo doctus scriba etc.: ac si dicat: Ille in sancta Ecclesia doctus praedicator est qui et nova scit proferre de suavitate regni, et vetusta dicere de terrore supplicii: ut vel poenae terreant quos praemia non invitant.

14. HIERONYMUS (super Et cum consummasset parabolas). Post parabolas quas Dominus ad populum est locutus, et quas soli Apostoli intelligunt, transit in patriam suam, ut ibi apertius doceat: et hoc est quod dicitur: Et factum est, cum consummasset Jesus parabolas istas, transiit inde; et veniens in patriam suam, docebat eos in synagogis eorum. AUGUSTINUS de cons. Evang. (lib. 2, cap. 42). A superiori sermone parabolarum istarum sic transit ut non ostendat consequentis ordinis necessitatem; praesertim quia Marcus ab istis parabolis non in quod Matthaeus, sed in aliud intendens, in quod et Lucas, ita contexuit narrationem ut credibilius ostendatur hoc esse potius consequenter gestum quod ipsi duo consequenter ad-

jungunt, de navi scilicet in qua dormiebat Jesus, et de miraculo expulsorum daemoniorum; quae Matthaeus superius recolens interposuit. CHRYSOSTOMUS (hom. 49). Patriam autem ejus hic Nazareth vocat: non enim fecit ibi virtutes multas, ut infra dicitur, sed in Capharnaum fecit multa signa; sed doctrinam eis ostendit non minorem admirationem habentem quam signa. REMIGIUS. In synagogis autem docebat, ubi plurimi conveniebant: quia propter multorum salutem de caelis descendit ad terras. Sequitur: ita ut mirarentur, et dicerent: Unde huic sapientia haec et virtutes? Sapientia refertur ad doctrinam; virtutes vero ad miraculorum operationem. HIERONYMUS (super Unde huic sapientia?). Mira stultitia Nazaraeorum! Mirantur unde habeat sapientiam sapientia, et virtutes virtus: sed error (1) in promptu est, quia fabri filium suspicantur: unde et dicunt: Nonne hic est fabri filius? CHRYSOSTOMUS (hom. 49). Per omnia ergo erant insensati, vilipendentes eum ab eo qui aestimabatur esse pater; quamvis multa horum exempla habentes in antiquis temporibus, et patrum ignobilium nobiles videntes filios; etenim David cujusdam agricolae Jesse fuit filius, et Amos cujusdam pastoris, et ipse pastor. Oportebat enim propter hoc maxime eum honorare, quoniam a talibus existens talia loquebatur. Ex hoc enim erat manifestum quoniam non ex humana diligentia erat, sed ex divina gratia. AUGUSTINUS in serm. de Nativ. (2) (in ser. de dominica infra oct. Epiph.). Est autem pater Christi faber Deus, qui totius mundi opera fabricatus est, arcam Noe disposuit, Moysi tabernaculum ordinavit, arcam testamenti instituit. Fabrum dixerim, qui mentem rigidam explanat, ac cogitationes superbas excidit. HILARIUS (can. 14). Fabri etiam hic erat filius, ferrum ignea vincentis (3) ratione, saeculi virtutem judicio decoquentis, massamque formantis in omne opus utilitatis humanae; formam scilicet corporum nostrorum in diversa membrorum ministeria, et ad omnia aeternae vitae opera fingentis. HIERONYMUS (super Nonne hic est filius fabri?). Cum autem errent in patre, non est mirandum si errent in fratribus: unde subditur: Nonne ejus mater dicitur Maria, et fratres ejus, Jacobus et Joseph et Simon et Judas? Et sorores ejus nonne apud nos omnes sunt? HIERONYMUS contra Helvidium (aliq. a med.). Fratres Domini hic appellantur filii materterae ejus Mariae; et haec est mater Jacobi et Joseph, idest Maria Cleophae uxor Alphaei; et haec dicta est Maria mater Jacobi minoris. AUGUSTINUS de quaest. Evang. (cap. 17). Non ergo mirum est dictos esse fratres Domini ex materno genere quoscumque cognatos: cum etiam ex cognatione Joseph dici potuerint fratres ejus ab illis qui eum patrem Domini esse arbitrabantur. HILARIUS (can. 14 in Matth.). Inhonoratur ergo Dominus a suis; et quamquam docendi prudentia et operandi virtus admirationem commoveret, non tamen credunt haec in nomine Domini agere, et paternae artis quodam opprobrio lacessunt. Inter tot ergo magnifica quae gerebat, corporis ejus contemplatione commovebantur; et ideo dicunt: Unde huic omnia ista?

(1) Al. deest veteres.
(2) Al. protulerit.
(3) Forte iterum.

S. Th. Opera omnia. V. 11.

(1) Al. unde habeat sapientiam et virtutes; sed error etc.
(2) Nihil tale in Augustino inter sermones de Nativitate qui nunc extant; sed simile aliquid, etsi aliis verbis et alio tenore quam hic, serm. 1 infra oct. Ep. qui de baptismo inscribitur (Ex edit. P. Nicolai).
(3) Nicolai legit ferrum igne vincentis.

23

Sequitur: *Et sic scandolizabantur in eo.* Hieronymus (ubi supra). Error Judaeorum salus nostra est, et haereticorum condemnatio: intantum enim cernebant hominem Jesum Christum ut putarent filium fabri. Chrysostomus (homil. 49 in Matth.). Intuere enim Christi mansuetudinem: conviciatus est; sed cum multa mansuetudine respondit: unde sequitur: *Jesus autem dixit eis: Non est Propheta sine honore nisi in patria sua et in domo sua.* Remigius. Prophetam seipsum appellat; quod et Moyses mánifestat cum dicit Deut. 18: « Prophetam « suscitabit Deus de fratribus vestris vobis. » Et hoc sciendum, quia non solum Christus. qui est caput omnium Prophetarum, sed etiam Hieremias, Daniel, et ceteri minores Prophetae majoris honoris et dignitatis fuerunt apud exteros quam apud suos. Hieronymus (super *Non est Propheta sine honore*). Propemodum enim naturale est cives semper civibus invidere: non enim considerant praesentia viri opera, sed fragilis recordantur infantiae: quasi non et ipsi per eosdem aetatum gradus ad maturam aetatem venerint. Hilarius (can. 14 in Matth.). Inhonorabilem etiam Prophetam in patria sua esse respondit, quia in Judaea esset usque ad crucis sententiam condemnandus, et quia penes

solos fideles Dei virtus est: et propter eorum incredulitatem operibus divinae virtutis abstinuit: unde sequitur: *Et non fecit ibi virtutes multas propter incredulitatem eorum.* Hieronymus (circ. fin. Comment. in cap. 13 Matth.). Non quod etiam incredulis illis (1) facere non potuit virtutes multas; sed quod ne multas faciens virtutes, cives incredulos condemnaret. Chrysostomus (hom. 49 in Matth.). Si autem admiratio ei adveniebat ex miraculis, quare non multa fecit? Quia non ad ostentationem suam inspiciebat, sed ad ea quae aliis erant (2) utilia. Hoc igitur non proveniente, despexit quod erat sui ipsius, ut non poenam augeat. Cur igitur vel pauca fecit signa? Ut non dicant: Si utique facta essent signa, nos credidissemus. Hieronymus (ubi supra). Potest etiam aliter intelligi: quod Jesus despiciatur in domo, et in patria sua, hoc est in populo Judaeorum; et ideo pauca signa fecerit, ne penitus inexcusabiles fierent; majora autem signa quotidie in Gentibus per Apostolos facit non tam in sanatione corporum quam in animarum salute.

(1) Al. *deest* illis.
(2) Al. *omittitur* erant.

CAPUT DECIMUMQUARTUM.

1. In illo tempore audivit Herodes tetrarcha famam Jesu, et ait pueris suis: Hic est Joannes Baptista: ipse surrexit a mortuis, et ideo virtutes operantur in eo. Herodes enim tenuit Joannem, et alligavit eum, et posuit in carcerem propter Herodiadem uxorem fratris sui. Dicebat enim illi Joannes: Non licet tibi habere eam Et volens illum occidere, timuit populum, quia sicut Prophetam eum habebant.

2. Die autem natalis Herodis, saltavit filia Herodiadis in medio, et placuit Herodi: unde cum juramento pollicitus est ei dare quodcumque postulasset ab eo. At illa praemonita a matre sua, Da mihi, inquit, hic in disco caput Joannis Baptistae. Et contristatus est rex; propter juramentum autem, et eos qui pariter recumbebant, jussit dari. Misitque, et decollavit Joannem in carcere. Et allatum est caput ejus in disco, et datum est puellae, et illa attulit matri suae. Et accedentes discipuli ejus, tulerunt corpus ejus, et sepelierunt illud, et venientes nuntiaverunt Jesu.

3. Quod cum audisset Jesus, secessit inde in navicula in locum desertum seorsum. Et cum audissent turbae, secutae sunt eum pedestres de civitatibus. Et exiens vidit turbam multam, et misertus est eis, et curavit languidos eorum.

4. Vespere autem facto, accesserunt ad eum discipuli ejus dicentes. Desertus est locus, et hora jam praeteriit: dimitte turbas, ut euntes in castella, emant sibi escas. Jesus autem dixit eis: Non habent necesse ire: date illis vos manducare. Responderunt ei: Non habemus hic nisi quinque panes et duos pisces. Qui ait eis: Afferte mihi illos huc. Et cum jussisset turbam discumbere super fenum, acceptis quinque panibus et duobus piscibus, aspiciens in caelum, benedixit, et

fregit: et dedit discipulis panes, discipuli autem turbis; et manducaverunt omnes et saturati sunt. Et tulerunt reliquias duodecim cophinos fragmentorum plenos. Manducantium autem fuit numerus quinque millia virorum, exceptis mulieribus et parvulis.

5. Et statim compulit discipulos ascendere in naviculam, praecedere eum trans fretum, donec dimitteret turbas. Et dimissa turba, ascendit in montem solus orare. Vespere autem facto, solus erat ibi. Navicula autem in medio mari jactabatur fluctibus: erat enim contrarius ventus. Quarta autem vigilia noctis venit ad eos ambulans supra mare. Et videntes eum supra mare ambulantem, turbati sunt, dicentes, quia phantasma est; et prae timore clamaverunt. Statimque Jesus locutus est eis, dicens: Habete fiduciam; ego sum: nolite timere. Respondens autem Petrus dixit: Domine, si tu es, jube me ad te venire super aquas. At ipse ait, Veni. Et descendens Petrus de navicula ambulabat super aquam, ut veniret ad Jesum. Videns vero ventum validum, timuit: et cum coepisset mergi, clamavit dicens: Domine salvum me fac Et continuo Jesus extendens manum, apprehendit eum, et ait illi: Modicae fidei, quare dubitasti? Et cum ascendisset in naviculam, cessavit ventus. Qui autem in navicula erant, venerunt, et adoraverunt eum, dicentes: Vere Filius Dei es.

6. Et cum transfretassent, venerunt in terram Genesareth. Et cum cognovissent eum viri loci illius, miserunt in universam regionem illam, et obtulerunt ei omnes male habentes, et rogabant eum ut vel fimbriam vestimenti ejus tangerent. Et quicumque tetigerunt, salvi facti sunt.

1. Glossa (1). Quia supra Evangelista ostenderat quomodo Pharisaei Christi miracula calumniabantur, concives autem ejus haec admirantes, Christum tamen contemnebant; refert nunc quam opinionem ex auditis miraculis Herodes de Christo conceperat: unde dicitur: *In illo tempore audivit Herodes tetrarcha famam Jesu.* Chrysostomus (hom. 49). Non absque causa hic tempus Evangelista designat,

(1) Nec in Glossa quae nunc est, nec in Anselmo extat, ut nec apud alium interpretem occurrit *(Ex edit. P. Nicolai).*

sed ut discas tyranni superbiam, et negligentiam: neque enim a principio didicit ea quae erant de Christo (1), sed post plurimum tempus: sic etiam multi qui in potestatibus sunt multa elatione circumdati, hujusmodi tarde addiscunt, quia non multam horum faciunt curam. Augustinus de cons. Evang. (lib. 2, cap. 45). Dixit autem Matthaeus, *In illo tempore*, non, In illo die, vel ipsa hora: nam

(1) Al. a Christo.

et Marcus quidem hoc eodem modo dicit, sed non eodem ordine: sed postquam discipulos ad praedicandum misit; nulla tamen facta necessitate, qua hoc consequenter (1) gestum esse intelligeretur. Lucas etiam narrandi eum ordinem tenet quem et Marcus; nec ipse tamen rerum gestarum ordinem fuisse eumdem credi cogit. Chrysostomus (hom. 49 super Matth.). Vide ergo quam magnum quid est virtus: nam et defunctum Joannem Herodes formidavit, et de resurrectione philosophatur: et ideo sequitur: *Et ait pueris suis: Hic est Joannes Baptista: ipse surrexit a mortuis; et ideo virtutes operantur in eo.* Rabanus. Sed quanta est invidia Judaeorum, ex isto loco docemur. Joannem enim a mortuis potuisse resurgere nullo attestante Herodes alienigena pronuntiavit (2); Judaei vero Christum quem Prophetae praedixerant, non resurrexisse, sed furtim ablatum esse credere maluerunt. In quo insinuatur, quod promptior est animus Gentium ad credulitatem quam Judaeorum. Hieronymus (in fin. com. in 14 cap. Matth.). Quidam autem ecclesiasticorum Interpretum quaerit quare Herodes iste sit suspicatus, ut putet Joannem a mortuis resurrexisse: quasi alieni erroris nobis reddenda sit ratio, aut ex his verbis habeat occasionem haeresis μετεμψυχῶσεος (metempsychoseos), quae post multos annorum circulos in diversa corpora dicit animas insinuari: cum eo tempore quo Joannes decollatus est, Dominus triginta annorum esset (5). Rabanus. Bene autem de resurrectionis virtute omnes senserunt, quod majoris potentiae sunt sancti futuri cum a mortuis resurrexerint, quam fuere dum adhuc carnis infirmitate gravarentur: propterea dicit: *Et ideo virtutes operantur in eo.* Augustinus de cons. Evang. (lib. 2, cap. 45). Lucas autem dicit, cap. 19: « Et ait « Herodes: Joannem ego decollavi. Quis est iste de « quo audio talia ? » Quia ergo haesitantem Lucas commemoravit Herodem, intelligendum est, aut post hanc haesitationem confirmasse in animo suo quod ab aliis dicebatur, cum dixit pueris suis, sicut hic Matthaeus narrat, *Hic est Joannes Baptista:* aut ita pronuntianda sunt haec verba, ut haesitantem adhuc indicent: utroque enim modo pronuntiari potest: ut aut confirmatum eum ex aliorum verbis accipiamus, aut adhuc haesitantem, ut Lucas commemorat. Remigius. Forte autem quaeret aliquis quare dicat Matthaeus, *in illo tempore audivit Herodes*; cum longe superius dicat, quod mortuo Herode, reversus est Dominus ex Aegypto. Sed haec quaestio solvitur, si intelligatur duos fuisse Herodes: mortuo namque priore Herode, successit ei Archelaus filius ejus, qui post decem annos relegatus est exilio apud Viennam urbem Galliae. Deinde Caesar Augustus jussit dividi illud regnum in tetrarchias, et tres partes dedit filiis Herodis. Iste ergo Herodes qui Joannem decollavit, est filius majoris Herodis, sub quo Dominus natus est: et ut hoc ostenderet Evangelista, addidit *Tetrarcha.* Glossa (ord. super *Herodes enim tenuit*). Quia vero dixerat de opinione resurrectionis Joannis, cum nihil de morte dixisset; ideo revertitur, et narrat qualiter obierit. Chrysostomus (hom. 49 in Matth.).

Et hanc historiam nobis Evangelista non principaliter inducit, quia totum studium fuit ei dicere de Christo, et nihil aliud, nisi ad hoc conferre deberet. Dicit ergo: *Herodes tenuit Joannem, et alligavit eum.* Augustinus de cons. Evang. (lib. 2, cap. 44). Lucas quidem non eodem ordine recordatur, sed circa baptismum quo Dominus baptizatus est; unde hoc praeoccupasse intelligitur, ut narret quod multo post factum est. Cum enim commemorasset Joannes verba de Domino, quod ventilabrum in manu ejus sit, continuo hoc subjecit, quod non continuo factum esse Joannes Evangelista exponit, cum commemoret, postea quam baptizatus est Jesus, iisse eum in Galilaeam, et post rediisse in Judaeam, et ibi baptizasse circa Jordanem, antequam Joannes in carcerem missus esset. Sed nec Matthaeus nec Marcus eo ordine de Joanne in carcerem misso in sua narratione posuerunt: quod factum apparet in eorum scriptis: nam et ipsi dixerunt, tradito Joanne Dominum iisse in Galilaeam; et post multa quae fecit ibi, ex occasione famae venientis ad Herodem de Christo, narrant omnia quae de Joanne fuerunt incluso et occiso. Causam autem quare positus sit in carcerem, ostendit cum dicit: *Propter Herodiadem uxorem fratris sui. Dicebat enim illi Joannes: Non licet tibi habere eam.* Hieronymus (ubi supra). Vetus narrat historia, Philippum Herodis majoris filium, fratrem hujus Herodis, duxisse uxorem Herodiadem filiam Arethae regis Arabum; postea vero socerum ejus, uxoris quibusdam contra generum simultatibus, tulisse filiam suam, et in dolorem prioris mariti, Herodis inimici ejus nuptiis copulasse. Ergo Joannes Baptista, qui venerat in spiritu et virtute Eliae, eadem auctoritate qua ille Achab corripuerat et Jezabel, arguit Herodem et Herodiadem, quod illicitas nuptias fecerint, et non liceat fratre vivente germano, uxorem ejus ducere; malens periclitari apud regem, quam propter adulationem esse immemor praeceptorum Dei. Chrysostomus (hom. 49 in Matth.). Non tamen uxori loquitur, sed viro ejus, quoniam principalior erat hic: forsan enim legem Judaeorum tenebat; et ideo Joannes eum ab adulterio prohibuit.

Sequitur: *Et volens eum occidere, timuit populum.* Hieronymus. Seditionem quidem populi verebatur propter Joannem, a quo sciebat turbas in Jordane plurimas baptizatas; sed amore vincebatur uxoris, ob cujus ardorem etiam Dei praecepta neglexerat. Glossa (ordinaria). Timor enim Dei corrigit; timor hominum differt, sed voluntatem non aufert: unde et avidiores reddit ad crimen quod aliquando suspendit a crimine.

2. Chrysostomus (1) (homil. 49). Postquam enarravit Evangelista incarcerationem Joannis, prosequitur de occisione ipsius, dicens: *Die autem natalis Herodis saltavit filia Herodiadis in medio.* Hieronymus (super *Die autem natalis*). Nullum invenimus alium observasse diem natalis sui, nisi Herodem et Pharaonem: ut quorum erat par impietas, esset una solemnitas. Remigius. Et sciendum quod consuetudo est non solum divitum, sed etiam pauperum mulierum, ita pudice filias suas nutrire ut vix ab extraneis videantur. Haec autem impudica mulier impudice filiam sua nutrivit, quam non docuit pudorem, sed saltationem. Nec minus

(1) *Al.* convenienter.
(2) *Al.* nuntiavit.
(5) *In editione Romana an.* 1570, *et Veneta an.* 1593, *fit superflua hujusmodi repetitio:* μετεμψυχωσις metempsychosis *autem post multos annorum circulos in diversa corpora dicat animas insinuari.*

(1) Glossa. *Nec in Glossa quae nunc extat, nec in Anselmo vel alibi occurrit (Ex edit. P. Nicolai).*

reprehendendus est Herodes, qui oblitus est domum suam esse aulam regiam, quam praedicta mulier fecerat theatrum: unde sequitur: *Et placuit Herodi: unde cum juramento pollicitus est ei dare quodcumque postulasset ab eo.* Hieronymus (super *Cum juramento*). Ego autem non excuso Herodem quod invitus et nolens propter juramentum homicidium fecerit, qui ad hoc forte juravit ut futurae occisionis machinas praepararet: alioquin, si ob jusjurandum fecisse dicit, si matris si patris postulasset interitum, facturus fuerat, an non ? Quod in se ergo (1) repudiaturus fuit, contemnere debuit in Propheta. Isidorus (2). In malis ergo promissis rescinde fidem. Impia est promissio quae scelere adimpletur. Illud non est observandum sacramentum quo malum incaute promittitur.

Sequitur: *At illa praemonita a matre sua, Da mihi, inquit, hic in disco caput Joannis Baptistae.* Hieronymus (super *Da mihi in disco*). Herodias enim timens ne Herodes aliquando resipisceret, vel Philippo fratri amicus fieret; atque illicitae nuptiae repudio solverentur; monet filiam ut in ipso statim convivio Joannis caput postulet: digno operi saltationis dignum sanguinis praemium. Chrysostomus (homil. 49). Duplex est autem hic puellae accusatio: et quoniam saltavit: et quoniam ita ei placuit ut occisionem expeteret in mercedem. Vide autem qualiter crudelis (3) et qualiter mollis est Herodes: seipsum enim obnoxium juramento facit, illam autem dominam petitionis constituit. Quia ergo scivit quod ejus petitione malum eveniebat, tristatus est: unde sequitur: *Et contristatus est rex.* Virtus enim etiam apud malos admiratione et laudibus digna est. Hieronymus (super *Et contristatus est rex*). Vel aliter. Consuetudinis Scripturarum est ut opinionem multorum sic narret historicus quomodo eo tempore ab omnibus (4) credebatur. Sicut Joseph ab ipsa quoque Maria appellabatur pater Jesu, ita et tunc Herodes dicitur contristatus, quia hoc discumbentes putabant. Dissimulator enim mentis suae, et artifex homicidii, tristitiam praeferebat in facie, cum laetitiam haberet in mente. Sequitur: *Propter jusjurandum, et propter eos qui pariter recumbebant jussit dari.* Scelus excusat juramento, ut sub occasione pietatis impius fieret. Quod autem subjicit, *Et propter eos qui pariter discumbebant,* vult omnes sceleris sui esset consortes, ut in luxurioso convivio cruentae epulae deferrentur. Chrysostomus (hom. 49). Si autem testes habere perjurationis formidavit, quanto magis timuisse oportebat iniquae occisionis tantos testes habere ? Remigius. Sed in eo minus peccatum factum est causa majoris peccati: nam quia libidinosam voluntatem non extinguit, idcirco ad luxuriam usque pervenit; et quia luxuriam non coercuit, ideo ad reatum homicidii descendit: unde sequitur: *Misitque, et decollavit Joannem in carcere; et allatum est caput ejus in disco.* Hieronymus (super *Allatum est caput Joannis*). Legimus in Romana historia, Flaminium ducem Romanorum, quod accubanti juxta meretriculae quae nunquam vidisse se diceret hominem decollatum assensu (5) sit ut reus

(1) *Al.* tulit: quod in se ergo etc.
(2) Lib. Synonimorum cap. 10, ex quo refertur in Decretis causa 22, quaest. 1, cap. 5, quod incipit *In malis* (*Ex edit. P. Nicolai*).
(3) *Nicolai addit* obscoena saltatrix.
(4) *Al.* ab hominibus.
(5) *Al.* accensus.

quidam capitalis criminis in convivio truncaretur, a censoribus pulsum curia, quod epulas sanguini commiscuerit; et mortem, quamvis noxii hominis, in alterius delicias praestiterit, ut libido et homicidium pariter miserentur. Quanto sceleratior Herodes et Herodias, ac puella quae saltavit: in pretium sanguinis petiit caput Prophetae, ut haberet in potestate linguam, quae illicitas nuptias arguebat.

Sequitur: *Et datum est puellae, et attulit matri suae.* Glossa (interlinearis). Ut habeat in potestate linguam quae illicitas nuptias arguebat. Gregorius 3 Moral. (cap. 4, super illud Job. 2, « Qui testa saniem radebat »). Sed non sine admiratione gravissima perpendo, quod ille Prophetiae spiritu intra matris uterum impletus, quo inter natos mulierum nemo major surrexit, ab iniquis in carcerem mittitur; et pro puellae saltu capite truncatur; et vir tantae severitatis pro risu turpium moritur. Numquid nam credimus aliquid fuisse quod in ejus vita illa sic despecta mors tergeret ? Sed idcirco Deus suos sic premit in infimis, quia videt quomodo remuneret in summis. Hinc ergo unusquisque colligat quid illi sint passuri quos reprobat, si sic cruciat quos amat. Gregorius, 29 Moral. (cap. 6, super illud Job. 38, « Auferetur ab im- « piis lux sua: » cap. 6 in nov. exempl.). Neque autem Joannes de confessione Christi, sed de justitiae veritate requisitus occubuit. Sed quia Christus est veritas, usque ad mortem pro Christo quasi pro veritate pervenit.

Sequitur: *Et accedentes discipuli ejus tulerunt corpus ejus, et sepelierunt illud.* Hieronymus. In quo ipsius Joannis et Salvatoris discipulos intelligere possumus. Rabanus. Narrat autem Josephus vinctum Joannem (1) in castellum Mecheronta adductum, ibique truncatum; ecclesiastica vero narrat historia sepultum eum in Sebastia urbe Palaestinorum, quae quondam Samaria dicta est. Chrysostomus (hom. 50 in Matth.). Intende autem qualiter discipuli Joannis jam magis familiares facti sunt Jesu: ipsi enim sunt qui annuntiaverunt ei quod factum est de Joanne: unde sequitur: *Et venientes nuntiaverunt Jesu.* Etenim universos dimittentes ad ipsum confugiunt; et ita paulatim post calamitatem et responsionem a Christo datam directi sunt. Hilarius (can. 14 in Matth.). Mystice autem Joannes praetulit formam legis: quia lex Christum praedicavit; et Joannes profectus ex lege est, Christum ex lege praenuntians. Herodes vero princeps est populi, et populi princeps subjectae sibi universitatis nomen causamque complectitur. Joannes ergo Herodem monebat ne fratris sui uxorem sibi jungeret. Sunt enim atque erant duo populi, circumcisionis et gentium. Hi igitur fratres ex eodem sunt humani generis parente; sed Israelem lex admonebat ne opera gentium et infidelitatem sibi jungeret, quae ipsis tamquam vinculo conjugalis amoris annexa est. Die autem natalis, idest rerum corporalium gaudiis, Herodiadis filia saltavit: voluptas enim tamquam ex infidelitate orta, per omnia Israel gaudia totis illecebris suae cursibus efferebatur; cui se etiam sacramento venalem populus addixit: sub peccatis enim et saeculi voluptatibus Israelitae vitae aeternae munera vendiderunt. Haec matris suae, idest infidelitatis, instinctu oravit deferri sibi caput Joannis, idest gloriam

(1) *Al.* hominem.

legis; sed populus boni ejus quod in lege erat conscius, voluptatis conditionibus non sine periculi sui dolore concedit; scitque se talem praeceptorum gloriam non oportuisse concedere; sed peccatis tamquam sacramento coactus, et principum adjacentium metu atque exemplo depravatus et victus, illecebris voluptatis moestus obtemperat. Igitur inter reliqua dissoluti populi gaudia, in disco Joannis caput offertur: damnum (1) scilicet legis, voluptas corporum, et saecularis luxus augetur. Igitur per puellam ad matrem defertur; ac sic probrosus Israel etiam voluptati et infidelitati suae gloriam legis addixit (2). Finitis igitur legis temporibus, et cum Joanne sepultis, discipuli ejus res gestas Domino annuntiant, ad Evangelia scilicet ex lege venientes. HIERONYMUS (super *Et allatum est caput ejus*). Vel aliter. Nos usque hodie cernimus in capite Joannis Prophetae, Judaeos Christum, qui caput Prophetarum est, perdidisse. RABANUS. Sed et linguam et vocem apud eos perdidit Propheta. REMIGIUS. Vel aliter. Decollatio Joannis signat minorationem famae illius qua aestimatur a populo Christus, sicut exaltatio Domini in cruce signat profectum fidei: unde Joannes dixerat (Joan. 1): « Illum oportet crescere, me autem minui. »

3. GLOSSA (3). Salvator, audita nece sui Baptistae, secessit in locum desertum: unde sequitur: *Quod cum audisset Jesus, secessit inde in navicula in locum desertum seorsum.* AUGUSTINUS de cons. Evang. (lib. 2, cap. 45). Hoc autem continuo post Joannis passionem Evangelista factum esse commemorat: unde post haec, facta sunt illa quae primo narrata sunt; quibus motus Herodes dixit, *Hic est Joannes.* Illa enim posteriora debent intelligi quae ad Herodem pertulit fama, ut moveretur, et haesitaret quisnam iste esse posset de quo audiret talia, cum Joannem ipse occidisset. HIERONYMUS (super *Et venientes nuntiaverunt Jesu*). Non autem secedit in locum desertum, ut quidam arbitrantur, timore mortis; sed parcens inimicis suis, ne homicidium homicidio jungerent; vel in diem paschae suum interitum differens, in quo propter sacramentum immolandus est agnus, et postea credentium sanguine respergendi: sive ideo recessit ut nobis praeberet exemplum temeritatis ultro se tradentium vitandae: quia non omnes eadem constantia perseverant in tormentis qua (4) se torquendos offerunt. Ob hanc causam in alio loco (supra 10) praecipit: *Cum persecuti vos fuerint in ista civitate, fugite in aliam.* Unde eleganter quoque Evangelista non dicit, Fugit in locum desertum, sed *Secessit*, ut persecutores vitaverit magis quam timuerit. Potest etiam aliam ob causam, audito Joannis interitu, secessisse in desertum locum, ut credentium probaret fidem. CHRYSOSTOMUS (hom. 50). Vel ideo hoc fecit quia plura humanitus vult dispensare, nondum tempore existente denudandi suam manifeste deitatem: propter quod et discipulis dixit, quod nulli dicerent quod ipse esset Christus. Post resurrectionem autem volebat hoc fieri manifestum. Ideo autem quamvis per se noverit quod factum est, tamen antequam nuntia-

retur ei, non secessit, ut demonstraret per omnia incarnationis veritatem: non enim solo visu, sed operibus hoc credi volebat. Recedens vero non abiit in civitatem, sed in desertum in navigio, ut nullus sequeretur. Turbae autem neque ita desistunt, sed sequuntur; et neque quod gestum est de Joanne eos terruit: unde sequitur (1): *Et cum audissent turbae, secutae sunt eum pedestres de civitatibus.* HIERONYMUS (super *Secutae sunt cum pedestres*). Secutae sunt autem eum pedestres, non in jumentis, non in vehiculis, sed proprio labore pedum, ut ardorem mentis ostenderent. CHRYSOSTOMUS (hom. 50). Et propter hoc statim retributionem acceperunt: unde sequitur: *Et exiens vidit turbam multam, et misertus est eis, et curavit languidos eorum:* etsi enim multa erat affectio eorum qui civitates dimittebant, et diligenter eum quaerebant; sed tamen quae ab ipso fiebant, omnis studii superexcedunt retributionem. Ideoque causam talis curationis misericordiam ponit. Est autem magna misericordia quod omnes curat, et fidem non expetit. HILARIUS (can. 14 in Matth.). Mystice autem Dei Verbum, lege finita, navem conscendens, Ecclesiam adiit, in desertum descendit: relicta quippe conversatione Israel, in vacua divinae cognitionis pectora transit. Turba autem hoc audiens, Dominum de civitate sequitur in desertum, de synagoga videlicet ad Ecclesiam tendens: quam videns misertus est, et omnem languorem infirmitatemque curat, obsessas scilicet mentes et corda infidelitatis vitio ad intelligentiam novae praedicationis emundat. RABANUS. Illud quoque notandum, quod postquam Dominus in desertum venerit, secutae sunt eum turbae multae: nam antequam (2) veniret in solitudinem Gentium, ab uno tantum populo colebatur. HIERONYMUS (super *Exiens vidit turbas*). Relinquunt autem civitates suas, hoc est pristinas conversationes et varietates dogmatum. Egressus autem Jesus signat quod turbae quidem habebant eundi voluntatem, sed perveniendi vires non habuerunt; ideo Salvator egreditur de loco, et obviam pergit.

4 CHRYSOSTOMUS (homil. 50). Turbarum fidem ostendit quod Dominum etiam famem patientes expectabant usque ad vesperam: ideo sequitur: *Vespere autem facto, accesserunt ad eum discipuli ejus dicentes: Desertus est locus, et hora jam praeteriit.* Cibaturus quidem eos Dominus expectat rogari, quasi ubique non insiliens prior ad miracula, sed vocatus. Ideo autem nullus de turba accedit: venerabantur enim eum abundanter, et neque famis sensum accipiebant amore instantiae. Sed neque discipuli accedentes dicunt, Ciba eos: adhuc enim imperfectius erant discipuli dispositi; sed dicunt, *Desertus est locus:* quod enim videbatur Judaeis in eremo esse miraculum, cum dicerent (Psalm. 77): « Numquid potest parare mensam « in deserto? » hoc et per opera ostendit. Propter hoc autem et in desertum eos ducit, ut sine omni suspicione sit hoc miraculum, et nullus aestimet ex castello aliquo prope existenti inferri aliquid ad mensam. Sed quamvis desertus sit locus, tamen qui nutrit orbem terrarum, adest; etsi hora jam praeteriit, ut dicunt, tamen qui non erat horae suppositus, loquebatur. Et quamvis praeveniens discipulos Dominus multos infirmos curaverit, tamen

(1) *Al.* damno.
(2) *Al.* adduxit.
(3) Non est in Glossa quae nunc extat, sed in Anselmo: et colligitur ex Hieronymo cum ceteris paulo infra notandis quae nomen ejus praetulerunt (*Ex edit. P. Nicolai*).
(4) *Al.* qui.

(1) *Al. deest* unde sequitur.
(2) *Al* non antequam.

interim ita imperfecti erant quod neque quid de panibus facturus erat, poterant aestimare: unde subdunt: *Dimitte turbas, ut euntes in castella, e-mant sibi escas.* Vide autem magistri sapientiam: non enim statim dixit eis, Ego cibabo eos (neque enim facile suscepissent); sed subditur: *Jesus autem dixit eis: Non habent necesse ire: date illis vos manducare.* HIERONYMUS. In quo provocat Apostolos ad fractionem panis, ut illis se non habere testantibus, magnitudo miraculi notior fieret. AUGUSTINUS de cons. Evang. (lib. 2, cap. 46). Potest autem movere, si Dominus, secundum narrationem Joannis, prospectis turbis, quaesivit a Philippo unde illis escae dari possent, quomodo sit verum quod Matthaeus hic narrat prius dixisse Domino discipulos ut dimitteret turbas, quo possent alimenta emere de proximis locis. Intelligitur ergo, post haec verba Dominum inspexisse multitudinem, et dixisse Philippo quod Joannes commemorat, Matthaeus autem et alii praetermiserunt. Et omnino talibus quaestionibus neminem moveri oportet, cum ab aliquo Evangelistarum dicitur quod ab alio praetermittitur. CHRYSOSTOMUS (hom. 50 in Matth.). Discipuli vero neque per praemissa verba directi sunt, sed adhuc ut homini loquuntur: unde sequitur: *Responderunt ei: Non habemus hic nisi quinque panes et duos pisces.* Addiscimus autem in hoc discipulorum philosophiam, qualiter contempserunt escam. Duodecim enim existentes, quinque panes habebant et duos pisces: contemptibilia enim illis erant corporalia, et a spiritualibus possidebantur. Quia igitur discipuli adhuc ad terram trahebantur, jam Dominus inducere incipit quae ab ipso erant: unde sequitur: *Qui ait eis: Afferte illos mihi huc.* Propter quid autem non facit panes ex nihilo, quibus turbam pascat? Ut scilicet obstruat Marcionis et Manichaei os, qui creaturas alienant a Deo; et per opera doceat quoniam omnia quae videntur, ejus opera et creationes sunt; et ut ostendat quoniam ipse est qui fructus tradidit, qui dixit a principio (Gen. 1): « Terra germinet herbam virentem: » neque enim hoc minus illo est. Non enim minus est de quinque panibus facere panes tantos, et de piscibus similiter, quam de terra educere fructum, et ab aquis reptilia, et alia animata; quod demonstrabat eum esse dominum terrae et maris. Oportet autem erudiri discipulorum exemplo: quoniam etsi pauca habuerimus, oportet ea retribuere indigentibus. Jussi namque discipuli afferre quinque panes, non dicunt, Unde mitigabimus famem nostram? sed obediunt confestim: unde sequitur: *Et cum jussisset turbam discumbere super fenum, acceptis quinque panibus et duobus piscibus, aspiciens in caelum, benedixit ac fregit.* Quare autem aspexit in caelum, et benedixit ? Oportebat namque credi de eo quoniam a Patre est; et quoniam ei aequalis est, aequalitatem demonstrabat, cum potestate omnia faceret. A Patre autem esse se monstrabat per hoc quod ad ipsum omnia referens faciebat, invocans eum ad ea quae fiebant: ut ideo ut utrumque ostendat, nunc quidem potestate, nunc autem orans miracula facit. Deinde considerandum, quod in minoribus quidem (1) respicit in caelum, in majoribus autem potestate omnia facit. Quando enim peccata dimisit, mortuos suscitavit, mare refrenavit, occulta cordium redarguit, oculos condidit caeci nati, quae solius

(1) *Al. omittitur* quidem.

Dei sunt, nequaquam videtur orans; quando autem panes multiplicans fecit, quod his omnibus minus est, tunc respexit in caelum; ut discas quoniam et in minoribus non aliunde virtutem habet quam a Patre. Simul autem erudit nos non prius tangere mensam, donec gratias egerimus ei qui cibum dat nobis. Propter hoc etiam et in caelum respicit: aliorum enim signorum multorum exempla habebant discipuli, hujus autem nullum. HIERONYMUS (super *Acceptis quinque panibus*). Frangente autem Domino, seminarium fit ciborum: si enim fuissent integri, et non in frusta discerpti, et non divisi in multiplicem segetem, tantam multitudinem alere non poterant. Turbae autem a Domino per Apostolos alimenta suscipiunt: unde sequitur: *Et dedit discipulis panes, discipuli autem turbis.* CHRYSOSTOMUS (homil. 50 in Matth.). In quo quidem non solum eos honoravit, sed voluit ut hoc miraculo facto, non increduli fiant, neque obliviscantur cum praeterierit, manibus ipsis testantibus. Ideoque turbas dimittit prius famis sensum accipere, et discipulos accedere et interrogare: et ab ipsis accepit panes, ut multa essent testimonia ejus quod fiebat, et multas rememorationes haberent miraculi. Ex hoc autem quod nihil amplius quam panes et pisces eis dedit, et ex hoc quod omnibus communiter ea apposuit, humilitatem, parsimoniam, et caritatem qua omnia aestimarent communia, eos erudivit: quod et a loco docuit, cum super fenum eos discumbere fecit: non enim nutrire solum corpora volebat, sed et animam erudire. Panes autem et pisces in discipulorum manibus augebantur: unde sequitur: *Et manducaverunt omnes, et saturati sunt.* Sed neque usque ad hoc stetit miraculum: sed et superabundare fecit, non panes integros, sed fragmenta: ut ostendat quoniam illi panes neque quantum reliquiae erant (1), et ut absentes dicant quod factum est, et ne ullus quod factum est aestimet esse phantasiam: unde sequitur: *Et tulerunt reliquias duodecim cophinos plenos fragmentorum.* HIERONYMUS (super *Intulerunt reliquias*). Unusquisque enim Apostolorum de reliquiis Salvatoris implet cophinum suum, ut ex reliquiis doceat veros fuisse panes qui multiplicati sunt. CHRYSOSTOMUS (hom. 50 in Matth.). Propter hoc enim duodecim cophinos superabundare fecit, ut et Judas suum cophinum portaret. Accipiens autem fragmenta, dedit discipulis et non turbis, quae adhuc imperfectius dispositae erant quam discipuli (2). Juxta numerum quinque panum et comedentium virorum quinque millium multitudo est: unde sequitur: *Manducantium autem fuit numerus quinque millia virorum, exceptis mulieribus et parvulis.* CHRYSOSTOMUS (hom. 50, paulo ante med.). Hoc enim erat plebis maxima laus: quoniam mulieres et viri astabant, quando hae reliquiae factae sunt. HILARIUS (can. 1 in Matth.). Non autem quinque panes multiplicantur in plures, sed fragmentis fragmenta succedunt. Crescit deinde materies, nescio utrum in mensarum loco, aut in sumentium manibus. RABANUS. Hoc autem miraculum scripturus Joannes praemisit quia proximum esset pascha; Matthaeus vero et Marcus hoc, interfecto Joanne, continuo factum esse commemorant:

(1) *P. Nicolai reponit ex Graeco textu* quoniam illorum panum hae reliquiae erant
(2) HIERONYMUS. Ejus nomine praetermisso prius cum praedictis ex Chrysostomo confundebantur (*Ex edit. P. Nicolai*).

unde colligitur imminente paschali festivitate fuisse decollatum, et anno post sequente, cum paschale tempus rediret, mysterium dominicae passionis esse completum. HIERONYMUS (super *Vespere autem facto*). Omnia autem haec plena mysteriis sunt: hoc enim facit Dominus non mane, non meridie, sed vespere, quando sol justitiae occubuit. REMIGIUS. Per vesperam enim mors Domini designatur: quia postquam ille verus sol in ara crucis occubuit, famelicos satiavit. Vel per vesperum ultima aetas saeculi designatur, in qua Filius Dei veniens, turbas in se credentium refecit. RABANUS. Quod autem discipuli rogant Dominum ut dimittat turbas, ut emant sibi cibos per castella, signat fastidium Judaeorum contra turbas Gentium, quos judicabant magis aptos ut quaererent sibi cibum in conventiculis Pharisaeorum, quam divinorum librorum uterentur pastu. HILARIUS (can. 14 a med.) Sed Dominus respondit, *Non habent necesse ire*: ostendens eos quibus medetur venalis doctrinae cibo non (1) egere neque necessitatem habere regredi ad Judaeam, cibosque mercari: jubetque Apostolis ut escam darent. Numquid autem ignorabat non esse quod dari posset? Sed erat omnis typica ratio explicanda: nondum enim concessum Apostolis erat ad vitae aeternae cibum caelestem panem perficere ac ministrare: quorum responsio ad spiritualis intelligentiae ordinem tendit: quia adhuc sub quinque panibus, idest quinque libris legis, continebantur; et piscium duorum, idest Prophetarum et Joannis praedicationibus alebantur. RABANUS. Vel per duos pisces et Prophetias et Psalmos habemus: totum enim vetus testamentum in his tribus completur, Lege, Prophetis et Psalmis. HILARIUS (ubi supra). Haec igitur primum, quia in his adhuc erant, Apostoli obtulerunt; sed ex his Evangeliorum praedicatio in majorem suae virtutis abundantiam crescit. Accumbere post hoc supra fenum populus jubetur, non jam in terra jacens, sed lege suffultus: et tamquam terrae feno, fructibus operis sui unusquisque substernitur. HIERONYMUS (super *Cum jussisset turbam discumbere*). Vel discumbere jubentur super fenum, et. secundum alium Evangelistam, per quinquagenos et centenos, ut postquam calcaverint carnem suam et saeculi voluptates quasi arens fenum sibi subjecerint, tunc per quinquagenarii numeri praesentiam (2), ad perfectum centesimi numeri culmen ascendant. Aspicit autem ad caelum, ut illuc dirigendos oculos doceat. Frangitur autem lex cum Prophetis, et in ejus medio proferuntur mysteria; ut quod integrum non alebat, divisum per partes alat Gentium multitudinem. HILARIUS (can. 14). Dantur autem Apostolis panes, quia per eos erant divinae gratiae dona reddenda. Idem autem edentium numerus invenitur qui futurus fuerat crediturorum: nam, sicut in libro Actuum cap. 4 continetur, ex Israel populi infinitate virorum quinque millia crediderunt. HIERONYMUS (super *Manducantium fuit*). Comederunt autem quinque millia virorum, qui in perfectum virum creverant; mulieres autem et parvuli sexus fragilis, et aetas minor, numero indigni sunt: unde et in Numerorum libro, servi, mulieres, et parvuli et vulgus ignobile, absque numero praetermittitur. RABANUS. Turbis autem esurientibus, non nova creat cibaria; sed acceptis eis quae habebant discipuli, benedixit: quia veniens in carne, non alia

quam quae praedicta sunt, praedicabat; sed legis et Prophetarum scripta mysteriis gravida esse demonstrat. Quod autem superest turbis, a discipulis tollitur; quia secretiora (1) mysteria, quae a rudibus capi nequeunt, non sunt negligenter habenda; sed a duodecim Apostolis, qui per duodecim cophinos signantur, et ab eorum successoribus diligenter inquirenda. Cophinis enim servilia opera aguntur; et Deus infirma mundi elegit, ut confundat fortia. Quinque autem millia, pro quinque sensibus corporis, hi sunt qui in saeculari habitu exterioribus recte uti noverunt.

5. CHRYSOSTOMOS (hum. 50). Diligentem examinationem eorum quae facta erant, tradere volens, eos qui praemissum signum viderant, jussit a se separari; quia etsi praesens visus fuisset, phantastice, et non in veritate, fecisse miraculum diceretur (2); non tamen ut absens: et ideo dicitur: *Et statim compulit Jesus discipulos ascendere in naviculam, et praecedere eum trans fretum, donec dimitteret turbas.* HIERONYMUS (super *Et statim compulit eos*). Quo (3) sermone ostenditur invitos eos a Domino recessisse, dum amore praeceptoris ne ad punctum quidem temporis ab eo volunt separari. CHRYSOSTOMUS (hom. 50). Considerandum autem, quod cum Dominus magna operatur, dimittit turbas: docens nos nusquam gloriam multitudinis prosequi, neque attrahere multitudinem. Et iterum docet, non debere turbis nos commiscere continuo, neque fugere multitudinem semper; sed alterutrum utiliter facere: unde sequitur: *Et dimissa turba, ascendit in montem solus orare*: in quo nos docet quia solitudo bona est, cum nos Deum interpellare oporteat. Propter hoc etiam ad desertum vadit, et ibi pernoctat dum orat, erudiens nos in oratione tranquillitatem quaerere et a tempore et a loco. HIERONYMUS. Quod autem ascendit solus orare, non ad eum referas qui de quinque panibus quinque millia hominum satiavit, sed ad eum qui audita morte Joannis secessit in solitudinem: non quod personam Domini separemus, sed quod opera ejus inter Deum hominemque divisa sunt. AUGUSTINUS de cons. Evang. (lib. 2, cap. 46), Potest autem hoc videri contrarium quod Matthaeus dimissis turbis eum dicit ascendere in montem, ut illic solus oraret; Joannes autem in monte fuisse, cum easdem turbas pavit. Sed cum et ipse Joannes dicat, post illud miraculum fugisse eum in montem, ne a turbis teneretur quae eum volebant facere regem, utique manifestum est quod de monte in planiora descenderat, quando illi panes ministrati sunt. Nec illud repugnat quod Matthaeus dixit, *Ascendit in montem solus orare*; Joannes autem cap. 6: « Cum cognovisset, inquit, quod venturi essent ut facerent « eum regem, fugit iterum in montem ipse solus: » neque enim causa orandi contraria est causae fugiendi: quandoquidem et hinc Dominus docet hanc esse nobis magnam causam orandi quando est causa fugiendi. Nec illud contrarium est quod Matthaeus prius dixit, eum jussisse ascendere discipulos in naviculam, ac deinde dimissis turbis ascendisse in montem solus orare; Joannes vero prius eum fugisse commemorat solum in montem, ac deinde, « Ut autem sero factum est, inquit, de- « scenderunt discipuli ejus ad mare, et cum a-

(1) *Al.* omittitur non.
(2) *P. Nicolai* poenitentiam.

(1) *Al.* sacratiora.
(2) *Al.* demonstraretur.
(3) *Al.* omittitur quo.

« scendissent etc. »: quis enim non videat hoc recapitulando Joannem postea dixisse factum a discipulis, quod jam Jesus jusserat antequam fugisset in montem? HIERONYMUS (super illud, *Et navicula in medio mari*). Recte autem quasi inviti et detrectantes (1) Apostoli a Domino recesserant, ne illo absente naufragia sustinerent: sequitur enim: *Vespere autem facto, solus erat ibi*, idest in monte; *navicula autem in medio mari jactabatur fluctibus: erat enim ventus contrarius.* CHRYSOSTOMUS (homil. 51). Rursus autem discipuli tempestatem sustinent sicut et prius; sed tunc quidem habentes eum in navigio, hoc passi sunt, nunc autem soli existentes. Paulatim enim ad majora eos ducit, et ad ferendum omnia viriliter instruit. HIERONYMUS. Domino quidem in montis cacumine commorante, statim ventus contrarius oritur, et turbat mare, et periclitantur Apostoli; et tamdiu imminens naufragium perseverat quamdiu Jesus veniat. CHRYSOSTOMUS (hom. 51). Tota autem nocte dimittit eos fluctuari, erigens eorum cor post timorem, in majus sui desiderium immittens eos, et in memoriam continuam: propter hoc non confestim eis astitit: unde sequitur, *Quarta autem vigilia noctis venit ad eos ambulans supra mare.* HIERONYMUS (super *Quarta vigilia noctis*). Stationes enim et vigiliae militares in trina horarum spatia dividuntur. Quando ergo dicit, quarta vigilia noctis venisse ad eos Dominum, ostendit tota nocte periclitatos. CHRYSOSTOMUS (hom. 51). Erudiens eos non cito solutionem inquirere advenientium malorum, sed ferre ea quae contingunt viriliter. Quando autem putaverunt erui, tunc intensus est timor; unde sequitur: *Et videntes eum supra mare ambulantem, turbati sunt, dicentes, quia phantasma est; et prae timore clamaverunt.* Semper enim hoc Dominus facit: cum soluturus sit mala aliqua, difficilia et terribilia inducit. Quia enim non est longo tempore tentari; cum finiendi sunt agones justorum, volens amplius eos lucrari, auget eorum certamina: quod et in Abraham fecit, ultimum certamen tentationem filii ponens. HIERONYMUS (super *Prae timore clamaverunt*). Confusus autem clamor et incerta vox, magni timoris (2) indicium est. Si autem, juxta Marcionem et Manichaeum, Dominus noster non est natus ex Virgine, sed visus in phantasmate, quomodo nunc Apostoli timent ne phantasma videant? CHRYSOSTOMUS (hom. 51 in Matth.). Christus ergo non prius se revelavit discipulis donec clamaverunt: quanto enim magis intendebatur timor, tanto magis laetati sunt in ejus praesentia: unde sequitur: *Statimque Jesus locutus est eis dicens: Habete fiduciam; ego sum, nolite timere.* Hoc autem verbum et timorem solvit, et fiduciam praeparavit HIERONYMUS (super *Statim locutus est ad eos Jesus*). Quod autem dicit, *Ego sum*, nec subjungit quis sit; vel ex voce sibi nota poterant intelligere eum qui per obscuras noctis tenebras loquebatur; vel ipsum esse scire poterant quem locutum ad Moysen noverant (Exod. 5): Haec dices filiis Israel: « Qui est, misit me ad « vos. » In omnibus autem locis ardentissimae fidei invenitur Petrus. Eodem igitur fidei ardore quo semper, nunc quoque, tacentibus ceteris, credit se posse facere per voluntatem magistri quod non poterat per naturam: unde sequitur: *Respondens autem Petrus dixit: Domine, si tu es, jube me*

venire ad te super aquas; quasi dicat: Tu praecipe, et illico solidabuntur: unde et leve fiet corpus quod per se grave est. AUGUSTINUS de ver. Domini (serm. 13). Non enim possum hoc in me, sed in te. Agnovit Petrus quid sibi esset a se, quid ab illo; cujus voluntate se credidit posse quod nulla humana infirmitas posset. CHRYSOSTOMUS (hom. 51 in Matth.). Vide autem quantus est fervor, quanta fides. Non dixit, Ora et deprecare; sed *Jube*: non enim solum credidit quoniam potest Christus ambulare super mare, sed quoniam potest et alios inducere: et concupiscit velociter ad eum ire: hoc enim tam magnum quaesivit propter amorem solum, non propter ostentationem. Non enim dixit, Jube me ire super aquas; sed *Jube me venire ad te.* Patet autem quod cum in miraculo supra posito ostenderit quod dominatur mari, nunc ad mirabilius signum eos inducit: unde sequitur: *At ille ait, Veni. Et descendens Petrus de navicula, ambulabat super aquas, ut veniret ad Jesum.* HIERONYMUS. Qui putant Domini corpus ideo non esse verum, quia super molles aquas quasi molle et aereum incesserit (1), respondeant quomodo ambulaverit Petrus, quem utique verum hominem non negabunt RABANUS. Denique Theodorus scripsit corporale pondus non habuisse Dominum secundum carnem, sed absque pondere super mare ambulasse; sed contrarium fides catholica praedicat: nam Dionysius dicit, quod non infusis pedibus corporale pondus habentibus et materiale onus, deambulabat super undam. CHRYSOSTOMUS (hom. 51, in Matth.). Petrus autem quod majus est superans, scilicet undam maris, a minori turbatur, scilicet a venti impulsu: unde sequitur: *Videns autem ventum validum, timuit.* Talis est enim natura humana ut multoties in magnis recte se habens, in minoribus reprehendatur. Hic autem quod Petrus timuit, differentiam monstrabat magistri et discipuli: sed et alios discipulos mitigabat. Si enim in duobus fratribus sessuris ad dexteram molestati sunt, multo magis hic molestati fuissent: nondum enim erant spiritu pleni; postea vero spirituales effecti, ubique Petro primatum concedunt, et in concionibus eum praemittunt. HIERONYMUS (super illud, *Videns ventum validum*). Paululum etiam relinquitur tentationi, ut augeatur fides, et intelligat se non facultate postulationis, sed potentia Domini conservatum. Ardebat enim in animo ejus fides; sed humana fragilitas in profundum trahebat. AUGUSTINUS de verb. Dom. (serm. 13). Praesumpsit ergo Petrus de Domino, titubavit ut homo, sed rediit ad Dominum: sequitur: *Et cum coepisset mergi, clamavit dicens: Domine, salvum me fac.* Numquid autem Dominus desereret titubantem, quem audierat invocantem? Unde sequitur: *Et continuo Jesus extendens manum apprehendit eum.* CHRYSOSTOMUS (hom. 51 in Matth.). Ideo autem non injunxit ventis quiescere, sed extendens manum, apprehendit eum, quoniam illius fide opus erat. Cum enim quae a nobis sunt defecerint, tunc ea quae a Deo sunt, stant. Ut igitur monstraret quia non venti immissio, sed illius modica credulitas periculum operabatur, subditur: *Et ait illi: Modicae fidei, quare dubitasti?* In quo manifestat quia

---

(1) *Al.* retractantes.
(2) *Al.* clamoris.

(1) *In editionibus Venetis anni 1521 et 1584 et etiam in Antuerpiensi an. 1569, sic legitur, intermediis omissis:* Unde sequitur: *At ille ait, Veni: et descendens Petrus, quasi molle et incesserit. Respondeant quomodo ambulaverit Petrus etc.*

neque ventus nocere potuisset, si fides firma fuisset. Sicut autem pullum ante tempus ex nido exeuntem et casurum, mater alis portans, rursus ad nidum reducit; ita et Christus fecit: unde sequitur: *Et cum ascendisset in naviculam, cessavit ventus. Qui autem erant in navicula, venerunt, et adoraverunt eum, dicentes: Vere Filius Dei es.* RABANUS. Quod quidem de nautis intelligendum est, sive de Apostolis. CHRYSOSTOMUS (ubi supra). Vide autem qualiter paulatim ad id quod est excelsius universos ducebat: supra enim increpavit mare: nunc autem magis virtutem suam demonstrat, super mare ambulando, et alii hoc idem facere jubendo, et periclitantem salvando: ideoque dicebant ei: *Vere Filius Dei es:* quod supra non dixerant. HIERONYMUS (super *Qui autem in navicula*). Si ergo ad unum signum tranquillitate maris reddita, quae post nimias procellas interdum et casu fieri solet, nautae atque rectores vere Filium Dei confitentur; cur Arius ipsum in Ecclesia praedicat creaturam? AUGUSTINUS de ver. Domini (serm. 14). Mystice autem mons altitudo est. Quid autem altius caelo in hoc mundo? Quis vero in caelum ascendit. novit fides nostra. Cur autem solus ascendit in caelum? Quia nemo ascendit in caelum nisi qui de caelo descendit; quamvis et cum in fine venerit, et nos in caelum levaverit, etiam tunc solus ascendet; quia caput cum corpore suo unus est Christus; nunc autem solum caput ascendit. Ascendit autem orare, quia ascendit ad Patrem pro nobis interpellare. HILARIUS (can. 14 in Matth.). Vel quod vespere solus est, solicitudinem suam in tempore passionis ostendit, ceteris trepidatione dilapsis. HIERONYMUS (super *Et dimissa turba*). Ascendit etiam in montem solus, quia turba ad sublimia sequi non potest, nisi docuerit eam juxta mare in littore. AUGUSTINUS de verb. Dom. (serm. 14). Verumtamen dum Christus orat in excelso, navicula turbatur magnis fluctibus in profundo; et quia insurgunt fluctus, potest ista navicula turbari; sed quia Christus orat, non potest mergi. Naviculam quippe istam, Ecclesiam cogitate; turbulentum mare, hoc saeculum. HILARIUS (can. 14). Quod autem navem conscendere discipulos jubet, et ire trans fretum, dum turbas ipse dimittit, et dimissis turbis ascendit in montem orare; esse intra Ecclesiam jubet, et periculum fieri usque in id tempus quo revertens in claritatis adventu populo omni qui ex Israel erit reliquus salutem reddat, ejusque peccata dimittat; dimissoque eo, vel in caeleste regnum potius admisso, agens Deo Patri gratias, in gloria ejus et majestate consistat. Sed inter haec discipuli vento ac mari deferuntur: et totius saeculi motibus, immundo spiritu adversante, jactantur. AUGUSTINUS de ver. Dom. (ser. 14, ante med.). Quando enim aliquis impiae voluntatis, maximae potestatis, persecutionem inducit Ecclesiae, super naviculam Christi grandis unda consurgit. RABANUS. Unde bene dicitur, quia navis erat in medio mari, et ipse solus in terra: quia nonnunquam Ecclesia tantis pressuris est afflicta ut eam Dominus deseruisse videatur ad tempus. AUGUSTINUS de ver. Dom. (ser. 14, a medio). Venit autem Dominus ad visitandos discipulos suos, qui turbabantur in mari, quarta vigilia noctis, idest extrema parte noctis: vigilia enim una tres horas habet, ac per hoc nox quatuor vigilias habet. HILARIUS (can. 14). Prima igitur vigilia fuit legis, secunda Prophetarum, tertia

S. Th. Opera omnia. V. 11.

corporalis adventus, quarta in reditu claritatis. AUGUSTINUS de verb. Dom. (serm. 14). Quarta igitur vigilia noctis, hoc est pene jam nocte finita, veniet in fine saeculi, iniquitatis nocte transacta, ad judicandum vivos et mortuos. Venit autem mirabiliter. Surgebant enim fluctus, sed calcabantur: quantumlibet enim potestates saeculi consurgant, premit earum caput, nostrum caput. HILARIUS (canon. 14). Veniens autem Christus in fine invenit Ecclesiam fessam, et Antichristi spiritu et totius saeculi motibus inveniet circumactam. Et quia de Antichristi consuetudine ad omnem tentationum novitatem soliciti erunt, etiam ad Domini adventum expavescent, falsas rerum imagines metuentes. Sed bonus Dominus timorem depellet dicens, *Ego sum;* et adventus sui fide metum naufragii imminentis repellet. AUGUSTINUS de quaest. Evang. (lib. 1, cap. 13). Vel quod dixerunt discipuli phantasma esse, signat quia quidam qui cesserint diabolo, de Christi adventu dubitabunt. Quod autem Petrus implorat auxilium a Domino ne mergatur, signat quibusdam tribulationibus, etiam post ultimam persecutionem, purgaturum Ecclesiam: quod et Paulus signat dicens 1 Corinth. 3: « Salvus erit, sic tamen quasi per ignem. » HILARIUS (can. 14). Vel quod Petrus ex omni consistentium in navi numero respondere audet, et juberi sibi ut supra aquas ad Dominum veniat precatur, passionis tempore voluntatis suae designat affectum, dum vestigiis Domini inhaerens, ad contemnendam mortem conatus est. Sed infirmitatem futurae tentationis timiditas ejus ostendit: per metum enim mortis, usque ad negandi necessitatem coactus est. Clamor autem ejus poenitentiae suae gemitus est. RABANUS. Respexit Dominus, et ad poenitentiam convertit; manum extendit, et indulgentiam tribuit: et sic discipulus salutem invenit: quia (Rom. 9): « non est volentis neque currentis, sed miserentis Dei. » HILARIUS (ibid. paul. ante finem). Quod autem trepidante Petro virtutem perveniendi (1) ad se Dominus non inducit, sed manu apprehensum sustinuit, haec est ratio: solus enim passurus pro omnibus omnium peccata solvebat; nec socium admittit quicquid universitati praestatur ab uno. AUGUSTINUS de ver. Domini (serm. 13 et 14). In uno etiam Apostolo, idest Petro, in ordine Apostolorum primo et praecipuo, in quo figurabatur Ecclesia, utrumque genus significandum fuit; idest firmi in hoc quod super aquas ambulavit, et infirmi in hoc quod dubitavit: nam et unicuique sua cupiditas tempestas est. Amas Deum? Ambulas supra mare: sub pedibus tuis est saeculi timor. Amas saeculum? Absorbet te. Sed cum fluctuat cupiditate cor tuum, ut vincas cupiditatem, invoca Christi divinitatem. RABANUS (2). Aderit autem Dominus, si sopitis tentationum periculis, protectionis suae fiduciam retribuat; et hoc, diluculo appropinquante: cum enim humana fragilitas pressuris obsita, suarum virium parvitatem considerat, erga se tenebras cernit; cum autem mentem ad supernum praesidium erexerit, repente exortum luciferi conspicit, qui totam vigiliam matutinam illuminat. (3) Nec mirandum, si ascendente in naviculam Domino ventus cessavit: in quocumque enim corde Dominus per gratiam adest, mox universa bella quie-

(1) *Al.* veniendi.
(2) REMIGIUS (*Ex edit. P. Nicolai*).
(3) RABANUS (*Ex edit. P. Nicolai*).

24

scunt. Hilarius (can. 14). Ascensu etiam Christi in navim, ventum et mare esse sedatum, post claritatis suae reditum aeternae Ecclesiae pax et tranquillitas indicatur: et quia tunc manifestius adveniet, recte admirantes universi locuti sunt: *Vere Filius Dei es*. Confessio enim universorum tunc absoluta et publica erit: Dei Filium non jam in humilitate corporea, sed in gloria caelesti pacem Ecclesiae reddidisse. Augustinus de quaest. Evang. (lib. 1, cap. 15). Signatur enim, claritatem ejus tunc manifestam futuram per speciem jam videntibus qui per fidem nunc ambulant.

6. Remigius. Narraverat superius Evangelista, Dominum jussisse discipulos suos ascendere in naviculam, et praecedere eum trans fretum; nunc autem in cepta intentione perseverans, dicit quo in transfretando pervenerint, dicens: *Et cum transfretassent, venerunt in terram Genesareth*. Rabanus. Terra Genesar juxta stagnum Genesareth a loci ipsius natura nomen trahens, qua crispantibus aquis de seipso sibi excitare auram perhibetur: Graeco enim vocabulo quasi generans sibi auram dicitur. Chrysostomus (homil. 51). Monstrat autem Evangelista quod post multum tempus ad partes illas Christus venerat: et ideo sequitur: *Et cum cognovissent eum viri loci illius, miserunt in universam regionem illam*. Hieronymus (super *Et cum cognovissent eum*). Cognoverunt autem eum rumore, non facie; vel certe pro signorum magnitudine quae perpetrabat in populis, vultu plurimis notus erat. Et vide quanta fides sit hominum terrae Genesareth, ut non praesentium tantum salute contenti sint, sed mittant ad alias per circuitum civitates. Chrysostomus (hom. 51). Neque enim similiter ut prius ad domos trahebant, et tactum manus inquirebant, sed cum majori fide eum alliciebant: unde sequitur: *Et obtulerunt ei omnes male habentes, et rogabant eum ut vel fimbriam vestimenti ejus tangerent*. Mulier enim quae fluxum sanguinis patiebatur, universos hanc sapientiam docuit, ut sci-

licet tangendo fimbriam vestimenti Christi, salvarentur. Patet etiam quod tempus quo Christus absens fuit, non solum fidem eorum non dissolvit, sed et majorem reddidit, cujus virtute omnes salvati sunt: et ideo sequitur: *Et quicumque tetigerunt, salvi facti sunt*. Hieronymus (super *Et cum transfretassent*). Si autem sciremus quid in nostra lingua resonat Genesareth, intelligeremus quomodo Jesus per typum Apostolorum et navis, Ecclesiam de persecutionis naufragio liberatam transducat ad littus, et in tranquillissimo portu faciat requiescere. Rabanus. Genesar enim interpretatur ortus (1) principium. Tunc autem plena nobis tribuetur tranquillitas, quando paradisi per Christum nobis restituetur hereditas, ac primae stolae jucunditas. Hilarius (can. 14). Vel aliter. Finitis legis temporibus, et ex Israel quinque millibus virorum intra Ecclesiam collocatis, jam credentium populus occurrit: jam ipse ex lege per fidem salvus, reliquos ex suis infirmos aegrotosque offert (2) Domino; oblatique fimbrias vestimentorum contingere optabant, salvi per fidem futuri; sed ut ex veste tota fimbriae, ita ex Domino nostro Jesu Christo sancti Spiritus gratiae virtus exiit (3), quae Apostolis data, ipsis quoque tamquam ex eodem corpore exeuntibus, salutem his qui contingere cupiunt, subministrat. Hieronymus (in fin. Comment. in 14 cap. Matth.). Vel fimbriam vestimenti ejus minimum mandatum intellige; quod qui transgressus fuerit, minimus vocabitur in regno caelorum: vel assumptionem corporis, per quam venimus ad Verbum Dei. Chrysostomus (hom. 51, circ. medium). Nos autem non solum fimbriam aut vestimentum Christi habemus; sed etiam corpus ejus, ut comedamus. Si ergo qui fimbriam vestimenti ejus tetigerunt, tantam acceperunt virtutem, multo magis qui totum ipsummet.

(1) *Al.* ortus principum, *item* hortus principum.
(2) *Al.* offerunt.
(3) *Al.* sancti Spiritus gratia virtus exit. *P. Nicolai habet* sancti Spiritus virtus exit.

CAPUT DECIMUMQUINTUM.

1. Tunc accesserant ad eum ab Hierosolymis Scribae et Pharisaei, dicentes: Quare discipuli tui transgrediuntur traditiones seniorum? Non enim lavant manus suas, cum panem manducant. Ipse autem respondens, ait illis: Quare et vos transgredimini mandatum Dei propter traditionem vestram? Nam Deus dixit: Honora patrem tuum et matrem tuam; et, Qui maledixerit patri vel matri, morte moriatur. Vos autem dicitis: Quicumque dixerit patri vel matri: Munus quodcumque est ex me, tibi proderit; et non honorificabit patrem suum aut matrem suam: et irritum fecistis mandatum Dei propter traditionem vestram.
2. Hypocritae, bene prophetavit de vobis Isaias dicens: Populus hic labiis me honorat; cor autem eorum longe est a me. Sine causa autem colunt me, docentes doctrinas et mandata hominum. Et convocatis ad se turbis, dixit eis: Audite, et intelligite. Non quod intrat in os, coinquinat hominem; sed quod procedit ex ore, hoc coinquinat hominem.
3. Tunc accedentes discipuli ejus, dixerunt ei: Scis, quia Pharisaei audito hoc verbo scandalizati sunt? At ille respondens ait: Omnis plantatio quam non plantavit Pater meus caelestis, eradicabitur. Sinite illos: caeci sunt, et duces caecorum. Caecus autem si caeco ducatum praestet, ambo in foveam cadunt.
4. Respondens autem Petrus, dixit ei: Edissere nobis parabolam istam. At ille dixit: Adhuc et vos sine intellectu

estis? Non intelligitis quia omne quod in os intrat, in ventrem vadit, et in secessum emittitur? Quae autem procedunt de ore, de corde exeunt, et ea coinquinant hominem: de corde enim exeunt cogitationes malae, homicidia, adulteria, fornicationes, furta, falsa testimonia, blasphemiae: haec sunt quae coinquinant hominem. Non lotis autem manibus manducare, non coinquinat hominem.
5. Et egressus inde Jesus, secessit in partes Tyri et Sidonis. et ecce mulier Chananaea a finibus illis egressa, clamavit dicens ei: Miserere mei Domine fili David: filia mea male a daemonio vexatur. Qui non respondit ei verbum. Et accedentes discipuli ejus rogabant eum, dicentes: Dimitte eam, quia clamat post nos. Ipse autem respondens ait: Non sum missus nisi ad oves quae perierunt domus Israel. At illa venit, et adoravit eum dicens: Domine, adjuva me. Qui respondens ait: Non est bonum sumere panem filiorum, et mittere canibus. At illa dixit: Etiam Domine: nam et catelli edunt de micis quae cadunt de mensa dominorum suorum. Tunc respondens Jesus, ait illi: O mulier, magna est fides tua: fiat tibi sicut vis. Et sanata est filia ejus ex illa hora.
6. Et cum transisset inde Jesus, venit secus mare Galilaeae; et ascendens in montem, sedebat ibi. Et accesserunt ad eum turbae multae habentes secum mutos, caecos, claudos, debiles, et alios multos, et projecerunt eos ad pedes ejus, et curavit eos; ita ut turbae mirarentur, videntes mu-

tos loquentes, claudos ambulantes, caecos videntes, et magnificabant Deum Israel.

7. Jesus autem convocatis discipulis suis dixit: Misereor turbae, quia triduo jam perseverant mecum, et non habent quod manducent; et dimittere eos jejunos nolo, ne deficiant in via. Et dicunt ei discipuli: Unde ergo nobis in deserto panes tantos ut saturemus turbam tantam? Et ait illis Jesus: Quot panes habetis? At illi dixerunt: Septem, et paucos pisciculos. Et praecepit turbae ut discumberent super terram. Et accipiens septem panes et pisces, et gratias agens, fregit, et dedit discipulis, et discipuli dederunt populo; et comederunt omnes, et saturati sunt. Et quod superfuit de fragmentis, tulerunt septem sportas plenas. Erant autem qui manducaverant quatuor millia hominum, extra parvulos et mulieres.

1. RABANUS. Homines Genesareth et minus docti credunt; sed qui sapientes videntur, ad pugnam veniunt: juxta illud (supra 11): *Abscondisti haec a sapientibus, et revelasti ea parvulis*: unde dicitur: *Tunc accesserunt ad eum ab Hierosolymis Scribae et Pharisaei.* AUGUSTINUS de cons. Evang. (lib 2, cap. 49). Ita autem conserit Evangelista narrationis suae ordinem, dicens, *Tunc accesserunt*: ut quantum ipse transitus indicat, rerum etiam consequentium ordo servetur. CHRYSOSTOMUS (hom. 52). Propter hoc autem Evangelista hic tempus designat ut ostendat ineffabilem illorum nequitiam nulli cedentem: tunc enim venerunt quando plurima signa operatus est, quando infirmos ex tactu fimbriae curaverat. Quod autem ab Hierosolymis venisse dicuntur Scribae et Pharisaei; sciendum est, quod per omnes tribus erant disseminati; sed qui in Metropoli habitabant, pejores aliis erant, velut ampliori fruentes honore, et majorem superbiam possidentes. REMIGIUS. Duobus autem de causis reprehenduntur: et quia ab Hierosolymis venerant, idest a loco sancto descenderant; et quia seniores populi et legis doctores erant; et non ad discendum, sed ad reprehendendum Dominum venerant: subditur enim: *Dicentes: Quare discipuli tui transgrediuntur traditionem seniorum?* HIERONYMUS (in princ. Comment. in 15 cap. Matth.). Mira Pharisaeorum scribarumque stultitia! Dei Filium arguunt, quare traditiones hominum et praecepta non servet. CHRYSOSTOMUS (ubi supra). Vide autem qualiter et a sua interrogatione capiuntur: non enim dicunt: Quare transgrediuntur legem Moysi: sed *traditionem seniorum*: unde manifestum est, quod multa nova inducebant sacerdotes. quamvis Moyses dixerit (Deut. 4): « Non adjicietis ad verbum « quod ego propono vobis hodie, et non auferetis « ab eo; » et quando oportebat eos ab observationibus liberari, tunc amplioribus observationibus se alligabant, timentes ne aliquis eorum principatum auferret; terribiliores esse volentes, quasi et ipsi essent legislatores. REMIGIUS. Quae autem fuerint traditiones, manifestat Marcus (cap. 7), cum ait: Pharisaei et « omnes Judaei, nisi crebro la- « vent manus suas, non manducant panem » Unde et hic discipulos reprehendunt, dicentes: *Non enim lavant manus suas cum panem manducant.* BEDA. Verba enim Prophetarum carnaliter accipientes. quod dictum erat Isai. 1: « Lavamini, et mundi « estote, » de corpore solum lavando servabant; et ideo statuerant non nisi lotis manibus manducandum esse. HIERONYMUS (ubi supra). Manus autem, idest opera, non corporis sed animae lavandae sunt, ut fiat in illis verbum Dei. CHRYSOSTOMUS (homil. 52). Ideo autem discipuli non lotis manibus manducabant, quia jam superflua despiciebant, ea solum quae sunt necessaria attendentes; et neque lavari (1) neque non lavari pro lege habentes, sed ut contingebat alterutrum facientes.

Qui enim et ipsum necessarium cibum contemnebant, qualiter circa hoc studium haberent? REMIGIUS. Vel reprehendebant Pharisaei discipulos Domini, non de ista lavatione, quae consueto more congruit, et necessariis temporibus agitur; sed de illa superflua quae de superstitiosa traditione seniorum fuerat reperta. CHRYSOSTOMUS (ubi supra). Christus autem non excusavit, sed confestim reaccusavit. demonstrans quoniam eum qui magna peccat, pro parvis peccatis aliorum solicitum esse non oportet: unde sequitur: *Ipse autem respondens ait illis: Quare et vos transgredimini mandatum Dei propter traditionem vestram?* Non autem dicit quod bene faciunt transgredientes, ut non det eis occasionem calumniae; neque tamen vituperat quod ab Apostolis factum est, ne approbet eorum tradiciones; neque rursus accusat seniores, ne tamquam injuriatorem eum repulissent; sed increpat eos qui advenerint, tangens etiam seniores qui talem traditionem statuerant, dicens: HIERONYMUS (ubi sup.). Cum vos propter traditionem hominum praecepta Dei negligatis, quare discipulos meos arguendos creditis, quod seniorum jussa parvipendant, ut Dei praecepta custodiant? *Nam Deus dixit: Honora patrem et matrem.* Honor in Scripturis non tantum in salutationibus et officiis deferendis, quantum in eleemosynis ac munerum oblatione sentitur. « Ho- « nora (inquit Apostolus 1 Tim. 5) viduas quae « vere viduae sunt. » Hic enim honor donum intelligitur. Praeceperat ergo Dominus, vel imbecillitates vel aetates vel penurias parentum considerans, ut filii honorarent etiam in vitae necessariis ministrandis parentes suos CHRYSOSTOMUS (hom. 52). Voluit autem monstrare quod parentes essent valde honorandi, per hoc quod adjunxit et praemium et poenam. Sed Dominus hic praemium praetermittens (1) quod honorantibus repromittitur, scilicet esse longaevum super terram, ponit quod terribilius est, scilicet poenam: ut et ipsos stupefaceret, et alios attraheret: unde addit: *Et qui maledixerit patri vel matri, morte moriatur*: in quo demonstrat eos morte dignos esse. Si enim qui verbo dehonorat parentem, morte punitur; multo magis vos qui opere: et non solum (2) dehonoratis parentes, sed et alios hoc docetis. Qui igitur neque vivere debetis, qualiter meos discipulos incusatis? Quomodo autem Dei mandatum transgrediantur, manifestat cum subdit: *Vos autem dicitis: Quicumque dixerit patri vel matri: Munus quodcumque est ex me, tibi proderit.* HIERONYMUS (super *Honora patrem et matrem*). Praemissam enim providentissimam Dei legem volentes Scribae Pharisaeique subvertere, ut impietatem sub nomine pietatis inducerent, docuerunt pessimos filios, ut si quis ea quae parentibus offerenda sunt, Deo voluerit vovere (3), qui verus est pater; oblatio De-

---

(1) *Al. omittitur* lavari.

mini praeponatur parentum muneribus. GLOSSA (1) (ordinaria super illud, *Quicumque dixerit*). Ut sit sensus: Quod ego offero Deo, et mihi et tibi proderit: et ideo non debes sumere, scilicet res meas in tuos usus; sed pati ut Deo offeram. HIERONYMUS (super *Honora patrem tuum et matrem*). Vel certe ipsi parentes, qui Deo consecrata cernebant, ne sacrilegii crimen incurrerent, declinantes, egestate conficiebantur; atque ita fiebat ut oblatio liberorum sub occasione templi et Dei in lucra cederet sacerdotum. GLOSSA. Ut sit sensus: *Quicumque*, idest quisquis vestrum, o juvenes, *dixerit*, idest dicere poterit vel dicet, *patri vel matri*: O pater, *munus quod est ex me, Deo* jam devotum, *proderit tibi!* admirando; quasi diceret: Non debes sumere, ne sis reus sacrilegii. Vel potest legi per defectum hoc modo: *Quicumque dixerit patri etc.* subaudi, faciet Dei mandatum, vel complebit legem, vel erit dignus vita aeterna. HIERONYMUS (ubi supra). Potest autem et hunc breviter habere sensum. Compellitis, inquit, filios, ut dicant parentibus suis: Quodcumque donum oblaturus eram Deo, in tuos consumis cibos, tibique prodest, o pater et mater; quasi diceret, non. GLOSSA. Et sic propter istas persuasiones avaritiae vestrae, ille juvenis non honorificabit patrem et matrem: unde sequitur: *Et non honorificabit patrem et matrem*; quasi diceret: Vos filiis ista pessima suasistis; et propter hoc filius postea patrem et matrem non honorificabit; et ita mandatum Dei de sustentandis parentibus fecistis irritum propter traditionem vestram, scilicet avaritiae vestrae servientes. AUGUSTINUS contra Adversarium legis et Prophetarum (lib. 2, cap. 1). Evidenter autem hic Christus ostendit, et illam esse Dei legem quam haereticus blasphemat, et Judaeos habere suas traditiones a libris propheticis et legitimis alienas; quas Apostolus appellat profanas fabulas et viles. AUGUSTINUS contra Faustum (lib. 16, cap. 24). Multa etiam nos hic Dominus docet: et Judaeos a Deo suo se non avertere, et ejus mandata non tantum se non infringere, verum etiam illos a quibus infringerentur arguere, et non nisi per Moysen ista mandasse. AUGUSTINUS, de quaest. Evang. (lib. 1, cap. 16). Vel aliter. *Munus quodcumque est ex me, tibi proderit*; idest, munus quod offers causa mei, ad te jam pertinebit: quibus verbis significant filii jam sibi non necesse esse parentum pro se oblationem, quod ad eam aetatem pervenissent ut possent jam ipsi offerre pro se. In hac ergo aetate constitutos, ut possent parentibus suis hoc dicere, cum hoc dixissent, negabant Pharisaei reos esse, si parentibus non praestarent honorem.

2. CHRYSOSTOMUS (hom. 52). Monstraverat Dominus quod Pharisaei non erant digni accusare transgredientes mandata seniorum, cum Dei legem destruerent; rursus autem demonstrat hoc ipsum et a Propheta: unde dicit: *Hypocritae, bene prophetavit de vobis Isaias dicens: Populus hic labiis me honorat; cor autem eorum longe est a me.* REMIGIUS. Hypocritae dicuntur, quia sub honore Dei terrena sibi lucra accumulare cupiebant. RABANUS. Praevidit autem Isaias simulationem Judaeorum, quod in dolo pugnarent contra Evangelium; et ideo dixit ex persona Domini: *Populus hic labiis me (2)*

honorat etc. REMIGIUS. Judaeorum namque populus labiis et ore Deo appropinquare et honorare eum videbatur, quia unius Dei cultum se habere gloriabatur; sed corde longe a Deo recessit: quia visis signis atque miraculis, nec divinitatem ejus cognoscere, nec eum suscipere voluerunt. RABANUS. Item labiis eum honorabant quando dicebant (infra 22): *Magister, scimus quia verax es*; sed cor eorum longe ab eo fuit quando miserunt insidiatores, ut eum caperent in sermone. GLOSSA (1) (ord. super illud, *Labiis me honorat*). Vel commendando exteriorem munditiam eum honorabant; sed dum interiori, quae vera est, carebant, cor eorum longe erat a Deo, et illis talis honor inutilis erat: unde sequitur: *Sine causa autem colunt me, docentes doctrinas et mandata hominum.* RABANUS. Non enim habebunt mercedem cum veris cultoribus, docentes doctrinas et mandata hominum, contemptis praeceptis divinis. CHRYSOSTOMUS (homil. 52 in Matth.). Augmentata ergo accusatione Pharisaeorum a testimonio Prophetae, et illis non emendatis, jam eis non loquitur, sed turbis: unde dicit: *Et convocatis ad se turbis, dixit eis: Audite, et intelligite.* Quia turbis dogma excelsum et multa philosophia plenum propositurus erat, non simpliciter hoc enuntiat, sed susceptibilem fecit sermonem. Primo quidem et ore et solicitudine (2) exhibita circa turbas; quod ostendit Evangelista dicens: *Et convocatis ad se turbis.* Deinde etiam susceptibilem facit sermonem ex tempore: quia post victoriam contra Pharisaeos habitam, tunc legem proponit, ut facilius suscipiatur. Et non solum simpliciter turbas advocavit; sed etiam eos attentiores facit in hoc quod dixit: *Audite et intelligite*; idest, attendite et erigimini mente ad hoc audiendum. Non autem dixit eis, Nihil est observatio escarum, neque quod Moyses male injunxerat; sed per modum admonitionis et consilii, a rerum ipsarum natura testimonium accipiens ait: *Non quod intrat in os, coinquinat hominem; sed quod procedit ex ore, hoc coinquinat hominem.*

Hieronymus habet *Communicat*. HIERONYMUS (super *Non quod intrat*). Verbum *communicat* proprie Scripturarum est, et publico (3) sermone non teritur. Populus autem Judaeorum partem (4) Dei se esse jactans, communes cibos vocat quibus omnes utuntur homines, verbi gratia, suillam carnem, ostreas, lepores et istiusmodi animantia, quae ungulam non findunt, nec ruminant, nec squammosa in piscibus sunt. Unde et in Actibus Apostolorum (cap. 10) scriptum est: « Quod Deus sanctificavit, tu « ne commune dixeris. » Commune ergo quod ceteris hominibus patet, et quasi non de parte Dei, pro immundo appellatur. AUGUSTINUS contra Faustum (lib. 6, cap. 6 et 7). Testamento autem veteri non est contraria ista sententia, qua Dominus dicit *Non quod intrat in os*; in qua Apostolus ad Tit. 1, dicit: « Omnia munda mundis: » et 1 Timoth. 4: « Omnis creatura Dei bona est. » Si possunt, hoc Apostolum de ipsis dixisse naturis, intelligant Manichaei; illas autem litteras, propter quasdam praefigurationes tempori congruentes animalia quaedam non natura, sed significatione immunda dixisse. Itaque, verbi gratia, si de porco et agno requira-

---

(1) Est Anselmi, non Glossae quae nunc extat (*Ex edit. P. Nicolai*).
(2) *Al.* eum,

(1) Ex parte tantum, vel implicite; sed expresse Anselmus quo ad omnia, et ex integro (*Ex edit. P. Nicolai*).
(2) *P. Nicolai, forte melius, legit* honore et solicitudine,
(3) *Al.* et proprio.
(4) *Al.* cum partem.

tur, utrumque natura mundum est, quia natura (1) omnis creatura Dei bona est; quadam vero significatione agnus mundus, porcus immundus est; tamquam si stultum et sapientem diceres, utrumque hoc verbum natura vocis et litterarum et syllabarum quibus constat, utique mundum est; significatione autem unum horum verborum, quod dicitur stultus, immundum dici potest, non natura sui, sed quoniam quoddam immundum significat. Et fortasse quod est in rerum figuris porcus, hoc est in hominum genere stultus: et tam illud animal quam istae duae syllabae, quod dicitur stultus, quoddam unum idemque significant (2). Immundum quippe illud animal in lege positum est, eo quod non ruminet; non autem hoc ejus vitium, sed natura est. Sunt autem homines, qui per hoc animal significantur, immundi proprio vitio, non natura; qui cum libenter audiant verba sapientiae, postea de his omnino non cogitant, Quod enim utile audieris, velut ab intestino memoriae, tamquam ad os cogitationis recordandi dulcedine revocare, quid aliud est quam spiritualiter ruminare? Quod qui non faciunt, illorum animalium genere figurantur. Hae autem similitudines rerum in locutionibus vel observationibus figuratis rationales mentes utiliter et suaviter movent; sed priori populo multa talia non tantum audienda, verum etiam observanda praecepta sunt. Tempus enim erat quo non tantum dictis, sed etiam factis prophetizari oportebat ea quae posteriore tempore fuerant revelanda: quibus per Christum atque in Christo revelatis, fidei Gentium onera observationum non sunt imposita, prophetiae tamen est auctoritas commendata. Requiro autem a Manichaeis, utrum ista Domini sententia qua dixit, non inquinari his hominem quae in os ejus intrant, vera, aut falsa sit. Si falsam dicunt, cur eam (3) eorum doctor Adimantus a Christo prolatam dicens, ad expugnandum vetus testamentum objecit? Si autem vera est, cur adversus eam credunt se coinquinari? HIERONYMUS (super *Non quod intrat in os*. Opponat autem prudens lector, et dicat: Si quod intrat in os, non coinquinat hominem, quare idolothytis non vescimur? Sciendum igitur, quod ipsi quidem cibi, et omnis Dei creatura, per se munda sit; sed idolorum et daemoniorum invocatio ea facit immunda; apud eos scilicet qui cum conscientia idoli idolothytum manducant, et conscientia eorum, cum sit infirma, polluitur, ut Apostolus dicit. REMIGIUS. Quicumque autem tantae fidei est ut intelligat creaturam Dei nullo modo inquinari posse, sanctificetur cibus per verbum Dei et orationem, et comedat quicquid vult: ita tamen quod haec licentia offendiculum non fiat infirmis, ut Apostolus dicit.

3. HIERONYMUS. Ex uno sermone Domini, omnis superstitio observationum Judaicarum fuerat elisa, qui in cibis sumendis abominandisque religionem suam sitam arbitrabantur. CHRYSOSTOMUS (hom. 52). Praemissa itaque cum audissent Pharisaei, nihil contradixerunt illi, quia vehementer eos convicerat, non redarguendo solum, sed et dolum illorum propalando: sed scandalizati sunt, Pharisaei scilicet, non autem turbae: unde dicitur: *Tunc accedentes discipuli ejus, dixerunt ei: Scis quia Pharisaei, audito hoc verbo, scandalizati sunt?* HIERONYMUS (super

Accedentes discipuli ejus). Quia crebro teritur in ecclesiasticis scripturis scandalum, breviter dicendum quid significat scandalum. Nos offendiculum vel ruinam et impactionem pedis possumus dicere. Quando ergo legimus, Quicumque scandalizaverit, hoc intelligimus, Qui dicto vel facto occasionem ruinae dederit. CHRYSOSTOMUS (hom. 52). Christus autem non solvit Pharisaeorum scandalum, sed magis eos increpavit: unde sequitur: *At ille respondens ait: Omnis plantatio quam non plantavit Pater meus caelestis, eradicabitur.* Hoc autem Manichaei de lege dictum esse dicunt: sed confutant eos quae antea dicta sunt. Si enim de lege dixisset, qualiter superius pro lege pugnasset, dicens: *Quare transgredimini mandatum Dei propter traditionem vestram?* Qualiter etiam Prophetam induxisset in medium? Si etiam Deus dixit, Exod. 20: « Honora patrem « et matrem; » qualiter hoc quod in lege dictum est, non est Dei plantatio? HILARIUS (can. 14, in fin.). Dicens ergo omnem plantationem quae non a Patre sit, docet traditionem hominum eradicandam, cujus favore (1) legis praecepta trangressi sunt. REMIGIUS. Omnis etiam falsa doctrina, et superstiosa observatio cum suis actoribus permanere non potest; et quia a Deo Patre non est, cum eisdem eradicabitur. Illa ergo sola permanebit quae a Deo Patre est. HIERONYMUS (super *At ille respondens dixit*). Numquid ergo eradicabitur et illa plantatio, de qua Apostolus 1 Corinth. 3, ait, « Ego « plantavi, Apollo rigavit? » Sed solvitur quaestio ex eo quod sequitur; « Deus autem incrementum « dedit. » Dicit et ipse: Dei agricultura, Dei aedi- « ficatio estis: » et alibi; « Cooperatores Dei su- « mus. » Si autem cooperatores Dei: plantante (2) Paulo et rigante Apolline, Deus cum operatoribus suis plantat et rigat Abutuntur autem hoc loco qui diversas naturas introducunt, dicentes: Si plantatio quam non plantavit Pater, eradicabitur; ergo quam ille plantavit, non potest eradicari. Sed audiant illud Hieremiae cap. 2: « Ego vos plantavi vineam « veram: quomodo versi estis in amaritudinem « vitis alienae? » Plantavit quidem Deus, et nemo potest eradicare plantationem ejus. Sed quoniam ista plantatio in voluntate proprii arbitrii est, nullus alius eam eradicare poterit, nisi ipsa tribuerit assensum. GLOSSA (interlinearis). Vel plantatio ista doctores legis significat cum sequacibus suis, qui Christum non habebant fundamentum. Quare autem sunt eradicandi, subditur: *Sinite illos: caeci sunt, et duces caecorum.* RABANUS. Caeci quidem sunt, idest luce mandatorum Dei privati; et sunt duces caecorum, quia alios in praecipitium trahunt, errantes, et in errorem mittentes; unde subditur: *Caecus autem si caeco ducatum praestet, ambo in foveam cadunt.* HIERONYMUS (super *Si caecus caeco*). Hoc etiam est quod Apostolus praeceperat ad Tit. 3: « Haereticum hominem post primam et alteram « correptionem devita, sciens quod perversus sit « hujuscemodi. » In hunc sensum et Salvator praecepit doctores pessimos dimittendos arbitrio suo, sciens eos difficulter ad veritatem posse trahi (3).

3. REMIGIUS. Consueverat Dominus parabolice loqui; et ideo Petrus cum audisset, *Quod intrat in*

---

(1) *Al.* omittitur natura.
(2) *Al.* significavit.
(3) *Al. deest* eam.

(1) *P. Nicolai corrigit sic:* quae non a Patre sit, eradicandam docet, traditionem hominum eruendam, cujus favore.
(2) *Al.* si autem cooperatores, igitur plantante etc. *Forte:* Si autem cooperatores Dei, igitur plantante etc.
(3) *Al.* retrahi.

os, *non coinquinat hominem*, putavit illum parabolice fuisse locutum; et ideo interrogavit, ut subditur: *Respondens autem Petrus dixit ei: Edissere nobis parabolam istam.* Et quia ex persona ceterorum hoc dixerat, idcirco simul cum aliis a Domino reprehensus est: unde sequitur: *At ille dixit: Adhuc et vos sine intellectu estis ?* HIERONYMUS super *Edissere nobis*). Corripitur autem a Domino, quare parabolice dictum putet quod perspicue locutus est. Ex quo animadvertimus, vitiosum esse auditorem qui obscura manifeste, aut manifeste dicta, obscure velit intelligere. CHRYSOSTOMUS (hom. 52). Vel ideo Dominus increpat eum, quia non erat ex incertitudine quod quaesierat sed ex scandalo quo scandalizatus erat. Turbae enim non intellexerant quod dictum erat; discipuli autem scandalizati fuerant; unde a principio quasi pro Pharisaeis interrogare volebant; sed quia audierant eum magna dicentem, *Omnis plantatio etc.*, repressi fuerunt. Sed Petrus, qui ubique fervens erat, neque ita silet; quem Dominus increpat, et increpationi rationem addidit dicens: *Non intelligitis quia omne quod in os intrat, in ventrem vadit, et in secessum emittitur ?* HIERONYMUS (super illud *Non intelligitis*). Ex hac sententia quidam calumniantur quod Dominus physicae disputationis ignarus, putet omnes cibos in ventrem ire, et in secessum digeri, cum statim infusae escae per artus et venas ac medullas nervosquae fundantur. Sed sciendum: quod tenuis humor et liquens esca, cum in venis et artubus concocta fuerit et digesta, per occultos meatus corporis quos graeci, πορος, poros vocant, ad inferiora dilabitur, et in secessum vadit. AUGUSTINUS de vera Religione (cap. 40 in princ.). Alimenta carnis corrupta, idest amittentia formam suam, in membrorum fabricam migrant, et corrupta reficiunt, in aliam formam per convenientiam transeuntia, et per vitalem motum dijudicantur quodammodo, ut ex eis in structuram hujus pulchri visibilis, quae apta sunt, assumantur, non apta vero per congruos meatus abjiciantur: quorum aliud faeculentissimum redditur terrae ad alias formas assumendas, aliud per totum corpus exhalat, aliud totius animalis latentes nervos accipit et inchoatur in prolem. CHRYSOSTOMUS (hom. 42). Cum autem hoc Dominus dicit, adhuc discipulis secundum Judaicam infirmitatem respondet: dicit enim, quoniam cibus non manet, sed egreditur; quamvis etsi maneret, non faceret immundum. Sed nondum haec audire poterant. Propter hoc autem et Moyses per tantum tempus dicit esse immundos, quantum cibus intus manet: in vespere enim jubet lavari et mundum esse, quasi tempus digestionis et egestionis dimetiens. AUGUSTINUS 15 de Trinit. (cap. 10). Duo autem quaedam hominis ora Dominus complexus est: unum corporis, aliud cordis: nam cum dicit, *Omne quod in os intrat, non coinquinat hominem*, apertissime demonstravit os corporis; at in eo quod sequitur, os cordis ostendit, dicens: *Quae autem procedunt de ore, de corde exeunt, et ea coinquinant hominem.* CHRYSOSTOMUS (hom. 52). Quae enim cordis sunt, intus in homine manent, et exeuntia inquinant, non manentia solum, immo tune magis cum exierint; unde subjunxit: *De corde enim exeunt cogitationes malae*: quas primo ponit, quia hoc erat Judaicum vitium, qui scilicet ei insidiabantur. HIERONYMUS (super *De corde exeunt*). Principale igitur animae non, secundum Platonem, in cerebro

est, sed juxta Christum in corde: et arguendi sunt ex hac sententia qui cogitationes a diabolo immitti putant, et non ex propria nasci voluntate. Diabolus adjutor esse, et incentor malarum cogitationum potest esse; auctor esse non potest. Si autem semper in insidiis positus levem cogitationum nostrarum scintillam suis fomitibus inflammaverit, non debemus opinari eum quaeque occulta cordis rimari: sed ex corporis habitu et gestibus aestimare quid versemus intrinsecus. Verbi gratia, si pulchram mulierem nos crebro viderit inspicere, intelligit cor ab oculis vulneratum. GLOSSA (1). Ex cogitationibus autem malis proveniunt et mala facta et mala verba; quae lege prohibentur: unde subdit, *Homicidia*, quae prohibentur illo legis praecepto, « Non occides: » *adulteria, fornicationes*, quae intelliguntur prohiberi illo praecepto, « Non moe- « chaberis: » *furta*, quae prohibentur in praecepto, « Non furtum facies: » *falsa testimonia*, contra illud praeceptum, « Non dices adversus proximum « tuum falsum testimonium: » *blasphemiae*, contra illud praeceptum, « Non assumas nomen Dei in « vanum. » REMIGIUS. Nominatis autem vitiis quae divina lege prohibentur, pulchre Dominus subjungit: *Haec sunt quae coinquinant hominem;* idest, immundum et impurum reddunt. GLOSSA (2). Et quia hujusmodi verba Domini ex Pharisaeorum nequitia occasionem sumpserant, qui traditiones suas divinis praeceptis praeferebant: consequenter concludit intervenientiam traditionis praemissae, dicens: *Non lotis autem manibus manducare non coinquinat hominem.* CHRYSOSTOMUS hom. 52). Non autem dixit, Escas in lege prohibitas manducare non coinquinat hominem, ut non possent illi contradicere; sed concludit de illo de quo disputatio erat.

5. HIERONYMUS (super *Et egressus inde Jesus*). Scribis et Pharisaeis et calumniatoribus derelictis, transgreditur in partes Tyri et Sidonis, ut Tyrios Sidoniosque curaret: et ideo dicitur: *Et egressus inde Jesus, secessit in partes Tyri et Sidonis.* REMIGIUS. Tyrus et Sidon civitates fuere gentilium: nam Tyrus metropolis fuerat Chananaeorum. Sidon terminus Chananaeorum respiciens ad aquilonem. CHRYSOSTOMUS (hom. 53, in princ.). Considerandum autem, quod quando ab escarum observatione Judaeos eripuit, tunc et Gentibus januam aperuit; sicut et Petrus prius in visione jussus est hanc legem solvere, et post ad Cornelium mittitur. Si quis autem quaerat, cum discipulis suis dixerit (supra 10): *In viam Gentium ne abieritis*, qualiter hanc ambulat viam: Primum quidem illud dicemus quia non erat obnoxius praecepto quod discipulis dederat. Secundo autem quia neque ut praedicaturus abiit: unde et Marcus dicit (cap. 7), quoniam occultavit seipsum. REMIGIUS. Ivit autem, ut Tyrios Sidoniosque curaret; sive ut hujus mulieris filiam liberaret a daemonio; quatenus per ejus fidem, Scribarum et Pharisaeorum nequitiam condemnaret: de qua quidem muliere subditur: *Et ecce mulier Chananaea a finibus illis egressa.* CHRYSOSTOMUS (hom. 53, non remote a principio). Dicit autem Evangelista eam esse Chananaeam, ut osten-

dat virtutem praesentiae Christi. Chananaei enim, qui expulsi fuerant ut non perverterent Judaeos, hi Judaeis apparuerunt prudentiores, ut exirent a terminis suis, et accederent ad Christum. Cum autem haec mulier accessisset, nihil aliud quam misericordiam poposcit: unde sequitur: *Clamavit dicens ei: Miserere mei Domine fili David.* GLOSSA (1). Magna fides Chananaeae hic notatur. Deum credit, ubi Dominum vocat hominem, ubi dicit filium David. Nihil ex merito postulat, sed solam misericordiam Dei efflagitat, dicens, *Miserere*. Nec dicit, *Miserere filiae*, sed *Miserere mei* : quia dolor filiae dolor est matris; et ut magis eum ad compassionem moveat, totum ei dolorem enarrat: unde sequitur: *Filia mea male a daemonio vexatur*: in quo vulnera medico detegit, et magnitudinem et qualitatem morbi: magnitudinem, cum dicit, *Male vexatur*; qualitatem cum dicit, *A daemonio*. ORIGENES in hom. (2) (7 in diver. locos). Vide autem prudentiam feminae: non ivit ad homines seductores; non quaesivit inanes ligaturas; sed omnes relinquens diaboli cultus, venit ad Dominum. Non petivit Jacobum, non rogavit Joannem, non accessit ad Petrum; sed suscepit in se poenitentiae patrocinium, et sola cucurrit ad Dominum. Sed vide inexpertum negotium. Petit, et lamentum suum producit in clamorem; et amator hominum Deus non respondet verbum: unde sequitur: *Qui non respondit ei verbum*. HIERONYMUS (super *Qui non respondit ei verbum*). Non autem de superbia pharisaica, nec de scribarum supercilio, sed ne ipse sententiae suae contrarius videretur, per quam jusserat (supra 10): *In viam Gentium ne abieritis*: nolebat enim occasionem calumniantibus dare, perfectamque salutem Gentium passionis et resurrectionis tempori reservabat. GLOSSA (3). Differendo etiam et non respondendo, patientiam mulieris et perseverantiam nobis ostendit. Ideo etiam non respondit, ut discipuli pro ea rogarent: ostendens per hoc, necessarias esse preces sanctorum ad aliquid impetrandum: unde sequitur: *Et accedentes discipuli ejus, rogabant eum, dicentes: Dimitte eam, quia clamat post nos.* HIERONYMUS (super illud *Accedentes discipuli*). Discipuli adhuc illo tempore mysteria Domini nescientes, vel misericordia moti, rogabant pro Chananaea muliere, vel importunitate ejus carere cupientes. AUGUSTINUS de cons. Evang. (lib. 2, cap. 29, par. ante med.). Affert autem aliquam repugnantiae quaestionem quod Marcus in domo dicit fuisse Dominum cum ad illum venit mulier pro filia sua rogans. Matthaeus autem posset intelligi de domo tacuisse, eamdem tamen rem commemorasse. Sed quoniam dicit, discipulos Domino ita suggessisse, *Dimitte illam, quoniam clamat post nos*, nihil videtur aliud significare quam post ambulantem Dominum, mulierem istam deprecatoriam vocem misisse. Intelligendum est ergo, divisse quidem Marcum quod intraverit ubi erat Jesus, cum eum praedixisset fuisse in domo. Sed quia Matthaeus ait, *Non respondit ei verbum*, dedit agnoscere, quod

tacuerunt ambo, et in eo silentio egressum fuisse Jesum de domo illa; atque ita cetera contexuntur quae jam in nullo discordant. CHRYSOSTOMUS (hom. 53, aliquant. a principio). Aestimo autem et discipulos ad calamitatem mulieris esse tristatos: sed tamen non sunt ausi dicere, Da ei hanc gratiam, sed *Dimitte eam*: sicut et nos cum volumus alicui persuadere, multoties contraria dicimus.

Ipse autem respondens ait: Non sum missus nisi ad oves quae perierunt domus Israel. HIERONYMUS (super *Non sum missus nisi ad oves*). Non autem hoc dicit quin ad Gentes non missus sit: sed quod primum ad Israel missus est, ut illis non recipientibus Evangelium, justa fieret ad Gentes transmigratio. REMIGIUS. Specialiter enim missus est ad salutem Judaeorum, ut etiam corporali praesentia eos doceret. HIERONYMUS (super *Ad oves Israel*). Signanter autem dixit, *Ad oves perditas domus Israel*, ut etiam ex hoc loco nunc (1) erroneam ovem de alia parabola intelligamus. CHRYSOSTOMUS (in hom. 53). Sed quia mulier vidit nihil posse Apostolos; inverecunda effecta est bona inverecundia: ante enim (2) neque in conspectum venire audebat: unde dictum est, *Clamat post nos*. Quando autem videbatur ut angustiata recederet, tunc propius venit: unde sequitur: *At illa venit, et adoravit eum*. HIERONYMUS (super *At illa venit et adoravit*). Nota, quod ista Chananitidis perseveranter primum filium David, deinde Dominum vocat, et ad extremum, Deum adoravit. CHRYSOSTOMUS (hom. 53, super *Non est bonum*). Ideoque non dixit, Roga vel deprecare Deum; sed, *Domine, adjuva me*. Quanto ergo magis mulier multiplicabat supplicationem, tanto et ipse multiplicabat negationem: et non adhuc Judaeos oves vocat, sed filios, illam autem canem: unde sequitur: *Qui respondens ait: Non est bonum sumere panem filiorum, et dare canibus*. GLOSSA (3). Filii sunt Judaei generati et nutriti sub cultu unius Dei per legem; panis est Evangelium, miracula, et alia quae ad salutem nostram pertinent. Non est ergo conveniens ut a filiis auferantur, et dentur Gentibus, qui sunt canes, donec Judaei repudient. RABANUS. Canes autem Gentiles propter idolatriam dicuntur, qui esui sanguinis dediti, et cadaveribus mortuorum, vertuntur in rabiem. CHRYSOSTOMUS (homil. 53 in Matth.). Vide autem mulieris prudentiam, qualiter neque contradicere ausa est, neque tristata in aliorum laudibus, neque molestata in proprio convicio: unde sequitur: *At illa dixit: Etiam Domine: nam et catelli edunt de micis quae cadunt de mensa dominorum suorum.* Ille dixit (4), *Non est bonum*: haec autem dixit, *Utique Domine*: ipse Judaeos filios vocat; haec autem dominos: ipse canem eam nominavit; haec autem et opus canis adjecit; ac si dicat: Si canis sum, non sum aliena: canem me dicis; ergo nutri me ut canem: non possum relinquere mensam Domini mei. HIERONYMUS (ubi supra). Mira autem hujus mulieris fides, patientia et humilitas praedicantur: fides, qua credebat sanari posse filiam suam: patientia, qua toties contempta in precibus perseverat; humilitas, quod se non canibus, sed catulis comparat. Scio me, inquit, filiorum panem

---

(1) Non est in Glossa quae nunc extat, sed in Anselmo (*Ex edit. P. Nicolai*).

(2) Chrysostomus in hom. 17, in varios Matthaei locos: non Origenes, ut prius notabatur pro Chrysostorio, apud quem haec habentur extra Commentarium homiliarum in Matthaeum, serie tamen aliquatenus mutata in eo loco quem notamus (*Ex edit. P. Nicolai*).

(3) Non est in Glossa quae nunc extat, sed in Anselmo (*Ex edit. P. Nicolai*).

(1) *Al. omittitur* nunc.

(2) *Al.* inverecunda facta est: ante enim etc.

(3) Neque hoc est in Glossa quae nunc extat, sed in Anselmo (*Ex edit. P. Nicolai*).

(4) *Al.* dixerat.

non mereris nec integros capere posse cibos, nec
sedere ad mensam posse cum patre; sed contenta
sum reliquiis. catulorum, ut per humilitatem mica-
rum ad panis integri veniam magnitudinem. Chrysostomus (hom. 53, ante medium). Propter hoc
autem Christus tardabat: praesciebat enim eam hoc
dicturam, nec occultari volebat tantam mulieris
virtutem: unde sequitur: *Tunc respondens Jesus ait
illi*: *O mulier, magna est fides tua: fiat tibi sicut
vis*: ac si dicat: Fides tua majora his audire potest; verum interim fiat tibi sicut vis. Vide autem (1) qualiter non parum et haec mulier intulit in filiae medicinam: propter hoc enim neque
Christus dixit, Sana sit filia tua; sed *Magna est
fides tua: fiat tibi sicut vis*: ut discas quoniam
simpliciter loquebatur, et non adulationis, sed multae fidei erant verba ipsius. Haec autem Christi
vox similis est illi voci qua dixit Gen. 1: « Fiat
« firmamentum: et factum est: » unde sequitur:
Et sanata est filia ejus ex illa hora. Intende autem
qualiter Apostolis non impetrantibus impetrat ipse:
tam magnum quid est instantia orationis: etenim
pro nostris noxis a nobis vult magis rogari, quam
ab aliis pro nobis. Remigius. His etiam verbis datur nobis exemplum catechizandi et baptizandi pueros: quoniam haec mulier non ait, Salva filiam
meam, aut adjuva eam: sed *Miserere mei, et adjuva
me.* Hinc etenim descendit consuetudo in Ecclesia
ut fideles pro suis parvulis fidem Deo promittant,
quando ipsi non sunt tantae aetatis et rationis ut
per se fidem Deo promittere valeant; quatenus sicut fide istius mulieris sanata est filia ejus, ita et
fide virorum catholicorum peccata parvulis relaxentur. Allegorice autem haec mulier sanctam Ecclesiam significat de Gentibus congregatam. Per hoc
enim quod Dominus relictis Scribis et Pharisaeis,
venit in partes Tyri et Sidonis, praefigurabatur
quia relicturus erat Judaeos, et transiturus ad
Gentes. Est autem haec mulier egressa a finibus
suis, quoniam Ecclesia sancta recessit a pristinis
erroribus et vitiis. Hieronymus (super *Filia mea*).
Filiam autem Chananaeae puto animas esse credentium, quae male a daemonio vexabantur, ignorantes
creatorem, et adorantes lapidem. Remigius. Filios
autem Dominus appellat Patriarchas et Prophetas
illius temporis. Per mensam designatur sacra Scriptura; per micas vero minima praecepta, vel interna mysteria, quibus sancta Ecclesia pascitur; per
crustas vero carnalia praecepta, quae Judaei obser-
vant. Micae autem sub mensa comedi dicuntur,
quia Ecclesia humiliter se submittit ad implenda
divina praecepta. Rabanus (super *Et catelli*). Non
autem crustas, sed micas de pane puerorum edunt
catelli: quia conversi ad fidem, quia erant despecti
in Gentibus. non litterae superficiem in Scripturis,
sed spiritualem sensum quo in bonis actibus proficere valeant, inquirunt. Hieronymus (super *Etiam
Domine*). Mira autem rerum conversio. Israel
quondam filius, nos canes: pro diversitate fidei ordo nominum commutatur: de illis postea dicitur
Psal. 21: « Circumdederunt me canes multi »: nos
audivimus cum muliere: *Fides tua te salvam fecit.*
Rabanus (super *Magna est fides tua*). Quae merito
magna dicitur: quia cum Gentes nec lege fuerint
imbutae, nec vocibus Prophetarum instructae, ad
praedicationem mox Apostolorum, in auditu auris

(1) 4l. *deest* autem.

obedierunt; ideoque salutem impetrare meruerunt.
Verum si ad primas Ecclesiae rogantis lacrymas
Dominus salutem animae differt dare: non est desperandum, vel a petendo cessandum; sed magis
precibus insistendum. Augustinus de Quaest. Evang.
(lib. 1. cap 18). Quod et puerum Centurionis
et filiam Chananaeae mulieris, non veniens ad domos eorum sanat, significat, Gentes ad quas non
venit, salvas fore per verbum suum. Quod ipsis rogantibus filii sanantur, intelligenda est (1) persona
Ecclesiae, quae sibi est et mater et filii: nam simul
omnes quibus constat Ecclesia, mater dicitur; singuli
autem iidem ipsi filii appellantur. Hilarius (can.
15 in Matth.). Vel haec mulier proselytorum formam praefert, fines suos egreditur, et ex Gentibus,
scilicet in populi alterius nomen excedens: quae pro
filia, videlicet Gentium plebe, dominatu immundorum spirituum occupata, orat; et quia Dominum
cognovit ex lege , David filium nuncupat. Rabanus. Item si quis conscientiam habet alicujus
vitii sorde pollutam, filiam habet male a daemonio
vexatam. Item si quis bona quae gessit, peccatorum
peste foedavit, filiam habet immundi spiritus furiis
agitatam; ideoque necesse est ut ad preces lacry-
masque confugiat: sanctorumque intercessiones et
auxilia quaerat.

6. Hieronymus (2) Sanata Chananaeae filia, revertitur Dominus ad Judaeam: unde dicitur: *Et cum
transisset Jesus, venit secus mare Galilaeae.* Remigius. Hoc mare diversis vocabulis appellatur: dicitur
enim mare Galilaeae propter Galilaeam adjacentem;
mare Tiberiadis propter Tiberiadem civitatem.

Sequitur: *Et ascendens in montem, sedebat ibi.*
Chrysostomus (hom. 55). Considerandum autem,
quod aliquando Dominus circuit ut sanet infirmos:
aliquando autem sedet expectans eos: et ideo convenienter hic subditur: *Et accesserunt ad eum turbae multae, habentes secum mutos, claudos, caecos,
debiles, et alios multos.* Hieronymus (super *Et cum
transisset inde.* In eo loco ubi latinus Interpres
transtulit *debiles*, in graeco scriptum est κυλλχς
cyllous, quod non debilitatis generale, sed unius
infirmitatis nomen est: ut quomodo claudus dicitur,
qui pede claudicat uno, sic κυλλὸς cyllos appelletur
qui unam manum debilem habet. Chrysostomus
(hom. 55). Hi autem in duobus fidem suam
demonstrabant; et in ascendendo montem: et in hoc
quia aestimabant se nullo alio indigere nisi ut projicerentur ad pedes Jesu; neque etiam adhuc tangunt
fimbriam vestimenti. sed et ad altiorem fidem ascendunt: unde dicitur *Et projecerunt eos ad pedes ejus.* Et
mulieris quidem filiam cum multa tarditate curavit,
ut ejus virtutem ostenderet: his autem, non quia
meliores erant, sed ut infidelium Judaeorum ora
obstrueret, confestim sanationem praebet: unde sequitur: *Et curavit omnes.* Multitudo autem eorum
qui curabantur, et facilitas sanationis eos in stuporem mittebat: unde sequitur: *Ita ut turbae mirarentur, videntes multos loquentes.* Hieronymus (ubi
supra). De debilibus tacuit, quia quid e contrario
diceret uno verbo non habebat. Rabanus. Mystice
autem, cum filia Chananaeae praefigurasset salutem
Gentium, venit in Judaeam: quia « cum plenitudo
« Gentium intraverit, tunc omnis Israel salvus erit: »
Rom. 11. Glossa. Mare autem juxta quod venit

(1) Al. quod rogantibus filii sanantur. Et intelligenda est.
(2) Glossa, nempe collateralis paulo plenius, ut et Anselmus,
non, sicut prius, Remigius (*Ex edit. P. Nicolai*).

Jesus, turbida hujus saeculi volumina signat: quod est Galilaeae, cum homines a vitiis ad virtutes transmigrant. HIERONYMUS (super *Et curavit eos*). Ascendit autem in montem, ut quasi avis teneros fetus provocet ad volandum. RABANUS. Ut scilicet auditores suos erigat ad superna et caelestia meditanda. Sedebatque ibi, ut demonstraret, non nisi in caelestibus requiem esse quaerendam. Eo autem sedente in monte, idest in caelorum arce, accedunt turbae fidelium, devota mente illi appropinquantes, ducentes secum mutos et caecos etc., eosque ad pedes Jesu projiciunt: qui peccata confitentes ipsi soli curandos subjiciunt (1): quos ita curat ut turbae mirentur et magnificent Deum Israel; quia fideles, quando viderint eos qui spiritualiter aegrotaverant, diversis operibus virtutum ditatos; laudem Deo decantant. GLOSSA (2). Muti autem sunt qui non laudant Deum; caeci qui non intelligunt vias vitae: surdi qui non obtemperant: claudi per devia boni operis non recte euntes: debiles sunt qui infirmi sunt in bonis operibus.

8. HIERONYMUS (super *Convocatis discipulis*). Prius Christus infirmorum debilitates abstulerat, postea vero sanatis offert cibos. Convocat quoque discipulos suos, et quod facturus est loquitur; unde dicitur: *Jesus autem convocatis discipulis suis dixit, Misereor turbae.* Hoc autem facit ut magistris exemplum tribuat, cum minoribus atque discipulis communicandi consilia; vel ut (3) ex confabulatione intelligant signi magnitudinem. CHRYSOSTOMUS (hom. 54, circ. princ.). Turbae enim cum ad sanationem venissent, non audebant petere panes: unde ipse amator hominum, et omnium curam gerens, etiam non petentibus dat: propter quod dicit, *Misereor turbae.* Ne autem dicatur quoniam venientes viaticum portaverant, dicit: *Quia triduo jam perseverant mecum, et non habent quod manducent.* Etsi enim quando venerunt, cibos habuerunt, tamen jam consumpti erant: et propter hoc non in prima aut secunda die hoc fecit, sed in tertia, quando jam omnia erant, corrupta: ut prius ipsi in necessitate constituti, cum ampliori desiderio susciperent quod fiebat. Monstrat autem et quod de longe venerant, et nihil eis reliquum fuerat, in hoc quod dicit: *Et dimittere eos jejunos nolo, ne deficiant in via.* Cum autem nolit eos jejunos dimittere, ideo tamen non statim signum facit, ut ex hac interrogatione et responsione attentiores discipulos faciat, et fidem suam ostendant, dicentes, Fac panes. Et quamvis Christus plurima fecerit ut miraculi prius facti recordarentur, quia fecit eos ministros, et partiti sunt cophinos; adhuc tamen imperfectius dispositi erant: quod patet per hoc quod sequitur: *Et dicunt ei discipuli: Unde ergo nobis in deserto panes tantos ut saturemus turbam tantam?* Ipsi quidem infirma cogitatione hoc dixerunt; per hoc tamen miraculum futurum insuspicabile facientes: ne aliquis enim suspicaretur quod ab aliquo propinquo castello accepti sunt cibi, propter hoc miraculum istud in solitudine fit, multum a castellis distante. Ipse autem Christus, ut discipulorum erigat mentem, eos interrogat; ut ex modo interrogationis eos commemoret illorum quae prius facta

sunt: unde sequitur: *Et ait illis Jesus: Quot panes habetis? At illi dixerunt: Septem, et pisciculos paucos.* Non autem addunt: *Sed haec quid sunt inter tantos?* sicut antea dixerant: jam enim paulatim profecerant, licet non totum apprehendatur ab eis. Admirare autem in Apostolis veritatis amorem, qualiter ipsi scribentes non occultant suos etiam magnos defectus: non enim est quantalibet accusatio, parum ante tali signo facto confestim oblivisci. Admirare autem et aliam sapientiam eorum, qualiter ventrem superabant, non multam mensae curam facientes: in eremo enim existentes, et per tres dies ibi morantes, solum septem panes ibi habebant. Alia vero similiter prioribus fecit: etenim recumbere eos fecit in terra, et in manibus discipulorum crescere panes: unde sequitur: *Et praecepit turbae ut discumberent super terram.* HIERONYMUS (super *Et dicunt ei discipuli*). De hoc autem supra diximus, et eadem repetere otiosi est: tantum in his quae discrepant immoremur. CHRYSOSTOMUS (hom. 54). Finis autem utriusque miraculi non similis est: sequitur enim: *Et quod superfuit de fragmentis, tulerunt septem sportas plenas. Erant autem qui manducaverant quatuor millia hominum, extra parvulos et mulieres.* Quare autem minores fuerunt reliquiae in hoc miraculo quam in primo, etsi non tot fuerint qui comederunt? Aut igitur hoc est, quia sportae cophinis majores erant; aut ut (1) ex diversitate rememorentur et illius et hujus miraculi: et propter hoc tunc quidem fecit cophinos reliquiarum numero aequales discipulis, nunc autem sportas panibus aequales. REMIGIUS. In hac autem evangelica lectione consideranda est in Christo operatio divinitatis et humanitatis: per hoc enim quod turbis miseretur, ostendit se humanae fragilitatis affectionem habere; in eo vero quod panes multiplicavit et turbas pavit, ostenditur divinitatis operatio. Destruitur ergo hic error Eutychetis, qui in Christo dicebat unam naturam. AUGUSTINUS de cons. Evang. (lib. 2, cap. 50). Sane non abs re est (2) admonere in hoc miraculo: quod si aliquis Evangelistarum hoc dixisset, qui de quinque panibus non dixisset (3), contrarius ceteris putaretur. Sed quia illi qui miraculum de septem panibus narraverunt, nec illud de quinque tacuerunt; neminem movet, et utrumque factum homines intelligunt. Hoc ideo diximus, ut sicubi simile reperitur factum a Domino, quod in aliquo alter alteri Evangelistae ita repugnare videatur ut omnino solvi non possit, nihil aliud intelligatur quam utrumque factum esse, et aliud ab alio commemoratum. GLOSSA (4) (interlinearis). Notandum autem, quod prius Dominus aufert debilitates, et postea cibat: quia prius sunt removenda peccata, et postea anima verbis Dei nutrienda. HILARIUS (canon. 15 in Matth., circ. fin.). Sicut autem illa turba quam prius pavit, Judaicae credentium convenit plebi; ita haec populo Gentium comparatur. Quod vero quatuor millia virorum congregantur, multitudo innumerabilium ex quatuor orbis partibus intelligitur. HIERONYMUS (parum ante finem Com. in cap. 15). Isti etiam non sunt quin-

---

(1) *Al.* qui peccata confitentes ipsi soli curanda subjiciunt.

(2) Vel potius Anselmus, ut jam supra: etsi obiter ac ex parte dumtaxat insinuat Glossa, partim collateralis, partim interlinealis (*Ex edit. P. Nicolai*).

(3) *Al.* omittitur ut.

S. Th. Opera omnia. V. 11.

---

(1) *Al.* deest ut.

(2) *Al.* ut abs re est etc.

(3) *In Veneta Nicolini editione anni 1593, omittitur* qui de quinque panibus non dixisset.

(4) Quod subjungitur ex Glossa, non est in Glossa quae nunc extat, sed in Anselmo (*Ex edit. P. Nicolai*).

que millia, sed quatuor millia qui numerus semper in laudibus ponitur; et quadrangulus lapis non fluctuat, non est instabilis: et ob hanc causam etiam Evangelia in hoc numero consecrata sunt. In superiori ergo signo, quia propinqui erant et vicini quinque sensuum, non ipse Dominus eorum recordatur, sed discipuli; hic autem ipse Dominus misereri se dicit eorum quia triduo jam perseverant cum eo: quia scilicet Patri Filio Spirituique sancto credebant. HILARIUS (can. 15 in Matth. a med.). Vel quia omne passionis dominicae tempus cum Domino agunt; sive quia venturi ad baptismum confitentur se credere in passione ac resurrectione ejus; sive quia toto passionis dominicae tempore jejuniis Domino quadam compassionis societate junguntur. RABANUS (super *Quia jam triduo*). Vel hoc dicitur, quia in toto saeculo triplex (1) tempus est quo gratia datur: primum ante legem, secundum sub lege, tertium sub gratia: quartum est in caelo, ad quod tendens reficitur in via. REMIGIUS. Vel quia peccata commissa per poenitentiam corrigentes. cogitatione, locutione (2) et opere convertuntur ad Dominum. Has turbas noluit Dominus dimittere jejunas, ne deficerent in via: quia peccatores per poenitentiam conversi, in cursu labentis saeculi pereunt, si absque sacrae doctrinae pabulo dimittantur. GLOSSA. Septem panes sunt Scriptura novi testamenti, in quo gratia Spiritus sancti et revelatur et datur: neque sunt hordeacei, ut supra, quia non hic, ut in lege, vitale alimentum figuris quasi tenacissima palea tegitur: hic non duo pisces, ut in lege duo ungebantur (3), scilicet rex et sacerdos; sed pauci, idest sancti novi testamenti, qui de fluctibus saeculi erepti, et sustinent turbulentum mare, et exemplo suo nos reficiunt, ne in via deficiamus. HILARIUS (can. 15, parum ante finem). Turbae autem in terra recumbunt: nullis

enim legis operibus fuerant ante substratae (1); sed peccatorum et corporum suorum (2) inhaerebant. GLOSSA (ordinaria super illud, *Septem sportas*). Vel ibi super fenum, ut desideria carnis comprimantur; hic super terram, ubi et ipsi mundus relinqui praecipitur. Vel mons in quo Dominus reficit, est altitudo Christi: ibi ergo fenum super terram, quia ibi celsitudo Christi (3), propter carnales, carnali spe et desiderio tegitur; hic remota omni cupiditate carnali, convivas novi testamenti spe permanentes solidatosque continet: ibi quinque millia, qui carnales quinque sensibus subditi; hic quatuor, propter quatuor virtutes quibus spiritualiter muniuntur, temperantiam, prudentiam, fortitudinem et justitiam: quarum prima est cognitio rerum appetendarum et vitandarum; secunda refrenatio cupiditatis ab his quae temporaliter delectant; tertia firmitas contra molesta saeculi; quarta, quae per omnes diffunditur, dilectio Dei et proximi: et ibi et hic mulieres et parvuli excepti sunt: quia in veteri et novo testamento non admittuntur ad Dominum qui non perdurant occurrere in virum perfectum, vel infirmitate virium, vel levitate mentis. Utraque refectio in monte celebrata est, quia utriusque testamenti Scriptura et altitudinem caelestium praeceptorum mandat et praemium (4). Utraque altitudinem Christi praedicat. Altiora mysteria, quae non capit communis turba, Apostoli sufferunt et implent, scilicet perfectorum corda septiformis Spiritus gratia ad intelligendum illustrata. Sportae junco et foliis palmarum solent contexi; et significant sanctos, qui radicem cordis in ipso fonte vitae collocant ne arescant ut juncus in aqua, et palmam aeternae retributionis in corde retinent.

(1) *Al.* tertium.
(2) *Al.* omittitur locutione.
(3) *Al.* injungebantur.

(1) *Al.* subtractae.
(2) *P. Nicolai apponit* origini.
(3) *Al.* quia ibi est celsitudo Christi.
(4) *P. Nicolai habet* et praemiorum.

CAPUT DECIMUMSEXTUM.

1. Et dimissa turba, ascendit in naviculam, et venit in fines Mageddan. Et accesserunt ad eum Pharisaei et Sadducaei tentantes, et rogaverunt eum ut signum de caelo ostenderet eis. At ille respondens ait illis: Facto vespere dicitis: Serenum erit, rubicundum est enim caelum; et mane: Hodie tempestas, rutilat enim triste caelum. Faciem ergo caeli dijudicare nostis; signa autem temporum non potestis. Generatio mala et adultera signum quaerit; et signum non dabitur ei, nisi signum Jonae Prophetae. Et relictis illis, abiit.

2. Et cum venissent discipuli ejus trans fretum, obliti sunt panes accipere. Qui dixit illis: Intuemini, et cavete a fermento Pharisaeorum et Sadducaeorum. At illi cogitabant inter se, dicentes: Quia panes non accepimus. Sciens autem Jesus dixit eis: Quid cogitatis inter vos modicae fidei, quia panes non habetis? Nondum intelligitis, neque recordamini quinque panum, et quinque millium hominum, et quot cophinos sumpsistis? Neque septem panum et quatuor millium hominum, et quot sportas sumpsistis? Quare non intelligitis, quia non de pane dixi vobis: Cavete a fermento Pharisaeorum et Sadducaeorum? Tunc intellexerunt, quia non dixerit cavendum a fermento panum, sed a doctrina Pharisaeorum et Sadducaeorum.

3. Venit autem Jesus in partes Caesareae Philippi; et interrogabat discipulos suos, dicens: Quem dicunt homines esse Filium hominis? At illi dixerunt: Alii Joannem Baptistam,

alii autem Eliam, alii vero Hieremiam, aut unum ex Prophetis. Dicit illis Jesus: Vos autem quem me esse dicitis? Respondens Simon Petrus dixit: Tu es Christus Filius Dei vivi. Respondens autem Jesus dixit ei: Beatus es Simon Barjona; quia caro et sanguis non revelavit tibi, sed Pater meus qui in caelis est. Et ego dico tibi, quia tu es Petrus, et super hanc petram aedificabo Ecclesiam meam: et portae inferi non praevalebunt adversus eam. Et tibi dabo claves regni caelorum: et quodcumque ligaveris super terram, erit ligatum et in caelis; et quodcumque solveris super terram, erit solutum et in caelis.

4. Tunc praecepit discipulis suis ut nemini dicerent quia ipse esset Jesus Christus. Exinde coepit Jesus ostendere discipulis suis quia oportet eum ire Hierosolymam, et multa pati a senioribus et scribis et principibus sacerdotum, occidi, et tertia die resurgere.

5. Et assumens eum Petrus, coepit increpare illum, dicens: Absit a te, Domine; non erit tibi hoc. Qui conversus dixit Petro: Vade post me satana: scandalum es mihi, qui non sapis ea quae Dei sunt, sed ea quae hominum.

6. Tunc Jesus dixit discipulis suis: Si quis vult post me venire, abneget semetipsum, et tollat crucem suam, et sequatur me. Qui enim voluerit animam suam salvam facere, perdet eam; qui autem perdiderit animam suam propter me, inveniet eam.

7. Quid enim prodest homini, si mundum universum lucretur, animae vero suae detrimentum patiatur? Aut quam dabit homo commutationem pro anima sua? Filius enim hominis venturus est in gloria Patris sui cum Angelis suis; et

tunc reddet unicuique secundum opera ejus. Amen dico vobis: sunt quidam de hic stantibus qui non gustabunt mortem donec videant Filium hominis venientem in regno suo.

1. CHRYSOSTOMUS (homil. 54). Sicut post miraculum quinque panum, Dominus turbas dimisit, ita et nunc: nec autem pedes recedit, sed navigio. ne turba eum sequatur: unde dicitur: *Et dimissa turba, ascendit in naviculam, et venit in fines Mageddan.* AUGUSTINUS de cons. Evang. (lib. 2, cap. 51). Marcus autem dicit, quod in Dalmanutha: nec est dubitandum eumdem locum esse sub utroque nomine: nam plerique codices non habent, etiam secundum Marcum, nisi Mageddan. RABANUS. Est autem Mageddan regio contra Gerasam, et interpretatur poma, vel nuntia; et significat hortum, de quo dicitur Cant. 4: « Hortus conclusus, fons signatus: » in quo crescunt poma virtutum, et ubi nuntiatur nomen Domini. Docet autem, quod praedicatores, ministrato verbo turbae. ipsi intra cubiculum cordis virtutum pomis debent refici. Sequitur: *Et accesserunt ad eum Pharisaei et Sadducaei tentantes et rogaverunt eum ut signum de caelo ostenderet eis.* REMIGIUS. Admiranda quippe est caecitas Pharisaeorum et Sadducaeorum: sic enim postulabant signum de caelo, quasi ea non essent signa quae facere videbatur. Quod autem signum postularent, Joannes manifestat: refert enim (cap. 6), post refectionem de quinque panibus, turbam accessisse ad Dominum, et dixisse: Quod signum facis, ut « videamus, et credamus tibi? Patres nostri manna « in deserto comederunt, sicut scriptum est: Panem « de caelo dedit eis manducare. » Ideoque et hic dicunt: Ostende nobis signum de caelo; idest fac, ut uno vel duobus diebus manna pluat. ut totus populus pascatur, sicut multo tempore factum est in deserto. Ipse vero inspiciens cogitationes eorum, ut Deus, et sciens quod si etiam signum de caelo eis ostenderet, non crederent; noluit eis dare signum quod postulabant: unde sequitur: *At ille respondens ait illis: Facto vespere dicitis, Serenum erit etc.* HIERONYMUS (in principio Com. in cap. 16 Matth.). Hoc apud graecos in plerisque codicibus non habetur. Sensus autem manifestus est, quod ex elementorum ordine et consonantia possunt et sereni et pluviosi dies praenosci. Scribae autem et Pharisaei, qui videbantur legis esse doctores, ex Prophetarum vaticinio non poterant cognoscere Salvatoris adventum. AUGUSTINUS de quaest. Evang. (lib. 1, cap. 20). Potest etiam intelligi quod dixit Dominus: *Facto vespere dicitis: Serenum erit, etenim rubicundum est caelum;* idest, sanguine passionis Christi, primo adventu indulgentia peccatorum datur. *Et mane: Hodie tempestas, rubet enim cum tristitia caelum:* illud est quod secundo adventu igne praecedente venturus est. GLOSSA (ordinaria). Vel aliter. *Rutilat triste caelum;* idest, patiuntur Apostoli post resurrectionem: post quos me judicare in futuro scire potestis quia cum non parco meis bonis quin patiantur, non parcam aliis in futuro. *Faciem ergo caeli dijudicare nostis; signa autem temporum non potestis* (1). Signa temporum dixit de adventu suo vel passione, cui simile est roseum caelum vespere; et idem de tribulatione,

ante adventum suum futura, cui simile est mane roseum cum tristitia caelum CHRYSOSTOMUS (hom. 54 in Matth). Sicut ergo in caelo aliud quidem est signum serenitatis, aliud pluviae; ita et in me putare oportet: nunc enim, scilicet in primo adventu his signis quae in terra sunt, opus est; quae autem in caelo sunt, conservantur tempori secundi adventus. Nunc enim sicut medicus veni; tunc sicut judex adero: propter hoc nunc occultus veni; tunc autem cum multa divulgatione quando virtutes caelorum movebuntur. Sed non est nunc tempus horum signorum: quia veni mori, et quae abjecta sunt pati: et ideo sequitur: *Generatio mala et adultera signum quaerit; et signum non dabitur ei, nisi signum Jonae Prophetae.* AUGUSTINUS de cons. Evang. (lib. 2, cap. 51). Hoc autem et alibi jam dixit Matthaeus: unde retinendum est, eadem Dominum saepe dixisse; ut quod existente contrario solvi non poterit, bis dictum intelligatur. GLOSSA (interlinearis). Dicit autem, *Generatio mala et adultera,* idest incredula, pro spirituali carneum habens intellectum. RABANUS. Non ergo generationi illi tentantium Dominum signum caeleste datur, quale quaerebant, quibus multa signa dedit in terra; sed generationi quaerentium Dominum, idest Apostolis; quibus cernentibus, ascendit in caelum, et Spiritum sanctum misit. HIERONYMUS (super *Et relictis*). Quid autem sibi velit signum Jonae, jam supra dictum est. CHRYSOSTOMUS (ut supra). Cum autem hoc Pharisaei audissent, oportebat interrogare, et dicere: Quid est quod dicitur? Sed ipsi non desiderio discendi hoc a Domino quaesierunt; et ideo Dominus eos reliquit; unde sequitur *Et relictis illis, abiit.* RABANUS. Idest relicta generatione mala Judaeorum, abiit trans fretum, et Gentium secutus est populus. Nota, quod non, sicut in aliis legitur locis, dimissis turbis abiit; sed quia infidelitatis error insolentium animos obtinebat, dicitur quod eos reliquit.

2. GLOSSA (1). Sicut Dominus Pharisaeos reliquerat propter eorum infidelitatem, ita consequenter et doctrinam eorum a discipulis cavendam esse docet: unde sequitur: *Et cum venissent discipuli ejus trans fretum, obliti sunt accipere panes.* REMIGIUS. Tanto enim amore magistri detinebantur ut nec etiam ad punctum vellent ab eo recedere. Animadvertendum est ergo quantum alieni essent ab appetitu deliciarum, cum tam parvam haberent de necessariis curam ut etiam obliti sint panes accipere, sine quibus humana fragilitas subsistere non potest.

Sequitur: *Qui dixit illis: Intuemini et cavete a fermento Pharisaeorum et Sadducaeorum.* HILARIUS (can. 16. inter. med. et fin.). In quo monentur Apostoli non admisceri Judaeorum doctrinae: quia legis opera in effectum fidei et praefigurationem rerum consequentium constituta sunt: et in quorum tempora atque aetatem veritas contigisset, nihil ultra in veritatis similitudinem positum arbitrarentur: ne doctrina Pharisaeorum Christum nesciens, effectum evangelicae veritatis rumperet. HIERONYMUS

(1) RABANUS. Haec editiones aliae sub eodem indice cum praedictis confundunt, et Rabani nomine praetermisso Glossae tribuunt. (*Ex edit. P. Nicolai*).

(1) Nec in Glossa quae nunc est nec in Anselmo reperitur, nec alibi occurrit (*Ex edit. P. Nicolai*).

(super *Qui dixit illis, Intuemini*). Qui enim cavet a fermento Pharisaeorum et Sadducaeorum, legis, ac litterae praecepta non servat, traditiones hominum negligit, ut faciat Dei mandata. Hoc est fermentum de quo Apostolus ait 1 Cor. 5: « Modi- « cum fermentum totam massam corrumpit. » Istiusmodi fermentum etiam omni ratione vitandum est, quod habuit Marcion, Valentinus et omnes haeretici. Fermentum enim hanc habet vim ut, si farinae mixtum fuerit, quod parum videbatur, crescat in majus, et ad saporem suum universam conspersionem trahat: ita et doctrina haeretica. si vel modicam scintillam jecerit in tuum pectus, in brevi ingens flamma concrescit, et totam hominis passionem ad se trahit. CHRYSOSTOMUS (homil. 54). Quare non dixit: Attendite a doctrina Pharisaeorum manifeste? Quia vult commemorare ea quae facta sunt, scilicet de multiplicatione panum: etenim noverat eos esse oblitos. Simpliciter autem de hoc eos incusare non videtur rationem habere: occasione autem ab eis recepta eos increpare, susceptibilem faciebat incusationem; et ideo quae cogitabant discipuli, Evangelista in medium introducit, dicens: *At illi cogitabant intra se dicentes, Quia panes non accepimus.* HIERONYMUS (super illud. *Quid cogitatis*). Quomodo autem panes non habebant qui statim impletis septem sportis, ascenderunt in naviculam, et venerunt in fines Mageddan? Ibi (1) audiunt navigantes quod cavere debeant a fermento Pharisaeorum et Sadducaeorum. Sed Scriptura testatur, quod obliti sunt eos secum tollere. CHRYsostomus (homil. 54 . Quia vero discipuli circa observationes Judaicas adhuc repebant, ideo Dominus vehementer eos increpat ad utilitatem omnium: unde sequitur: *Sciens autem Jesus, dixit eis: Quid cogitatis inter vos, modicae fidei, quia panes non habetis?* GLOSSA (ordinaria). Quasi dicat: Quid cogitatis me dixisse de terrenis panibus, de quibus non est vobis dubitandum, cum de tam paucis tantas feci abundare reliquias? CHRYSOSTOMUS (hom. 54). Hoc autem facit. ut solicitudinem escarum ab eis abjiciat. Sed quare non arguit eos, cum dixerunt, *Unde nobis in solitudine panes tanti?* etenim opportunius videbatur hoc dici. Sed ideo tunc non reprehendit eos, ne videretur se ingerere ad signa facienda; et nolebat ante turbas eos increpare. Tunc etiam (2) rationabilior haec accusatio fuit quando jam duplici miraculo de panibus facto tales erant ut adhuc de escis dubitarent. Vide autem et increpationem cum mansuetudine: velut enim excusando respondet, pro his quos increpaverat dicens: *Nondum intelligitis, neque recordamini quinque panum?* GLOSSA (interlinearis). Quasi dicat Neque mysterium intelligitis, neque virtutem in memoria habetis. CHRYSOSTOMUS (homil. 54). Per quod in memoriam eis reducit ea (3) quae praeterierunt, et ad futura attentiores facit. HIERONYMUS (super illud, *Sciens Jesus dixit*). Per hoc autem quod dicit, *Quare non intelligitis?* ecce per occasionem docet eos quid significent quinque panes et septem, quinque millia hominum et quatuor millia. quae pasta sunt in eremo. Si enim fermentum Pharisaeorum et Sadducaeorum non corporalem panem, sed traditiones perversas et haeretica significat dogmata; quare cibi quibus nutritus est populus

Dei, non veram doctrinam integramque significent? CHRYSOSTOMUS (homil. 14). Ut autem discas quantum in discipulis potuit increpatio (4) Christi, et qualiter eorum mentem erexerit dormientem, audi quid Evangelista dicat: *Tunc intellexerunt quod non dixit cavendum a fermento panum; sed a doctrina Pharisaeorum et Sadducaeorum,* quamvis eo hoc non intrepretante. Intrepretatio ergo Domini eos a Judaicis observationibus abduxit, desides existentes attentiores fecit, et a parva fide eos eripuit, ut non timeant si quando paucos panes habere videantur, neque pro pane soliciti sint, sed haec despiciant (2) universa.

3. GLOSSA (3). Postquam discipulos a Pharisaeorum doctrina removerat Dominus, convenienter evangelicae doctrinae altitudinem in eis fundat: et ut major solemnitas designetur, locus describitur cum dicitur: *Venit autem Jesus in partes Caesareae Philippi.* CHRYSOSTMUS (hom. 55). Ideo autem non simpliciter Caesaream nominat. sed Caesaream Philippi; quia est et alia Caesarea quae est Stratonis: non autem in illa, sed in hac discipulos interrogavit; longe eos a Judaeis abducens, ut ab omni timore eruti, libere dicant quae habebant in mente (4). Philippus autem iste, frater fuit Herodis tetrarchae (5) Ithureae et Trachonitidis regionis. qui in honorem Tiberii Caesariis Caesaream Philippi, quae nunc Paneas dicitur, appellavit. GLOSSA (ordinaria . Confirmaturus autem in fide discipulos, prius opiniones et errores aliorum a mentibus eorum voluit removere: unde sequitur: *Et interrogavit discipulos suos, dicens: Quem dicunt homines esse Filium hominis ?* ORIGENES (6) (in Comm. Matthaei, tractatu ex his quos nunc habemus 1). Interrogat Christus discipulos, ut ex Apostolorum responsionibus nos discamus diversas opiniones fuisse tunc apud Judaeos de Christo; et ut nos semper scrutemur qualis opinio sit apud homines de nobis: ut si quid male dicitur de nobis, occasiones illius praecidamus: si quid autem boni, ejus occasiones augeamus Sed et discipuli Episcoporum Apostolorum (7) instruuntur exemplo, ut qualescumque opiniones audierint foris de Episcopis suis, referant eis. HIERONYMUS (super *Et interrogabat discipulos*). Pulchre autem interrogat: *Quem dicunt homines esse Filium hominis ?* Quia qui de Filio hominis loquuntur, homines sunt; qui vero divinitatem ejus intelligunt, non homines sed dii appellantur. CHRYSOSTOMUS (hom. 55, parum a princ.). Non autem dicit: Quem me dicunt Scribae et Pharisaei esse ? sed, Quem me dicunt homines esse ? plebis mentem quae ad malum inflexa non erat, investigans. Etsi enim multo humilior quam oportebat eorum erat de Christo opinio, sed tamen a nequitia libera erat; Pharisaeorum autem opinio de Christo erat plena multa malitia. HILARIUS (can. 16). Dicendo ergo, *Quem dicunt homines esse Filium hominis ?*

(1) *Al.* interpretatio.
(2) *Al* respiciant.
(3) Nec in Glossa quae nunc est nec in Anselmo extat ut nec alibi apud Interpretes occurrit (*Ex edit. P. Nicolai*).
(4) RABANUS. Ejus nomine praetermisso, prius cum dictis Chrysostomi confundebatur haec appendix (*Ex edit. P. Nicolai*).
(5) *P. Nicolai legit* Herodis Tetrarcha etc.
(6) Quod hic Origenis nomine de discipulis Episcoporum subjungitur, non habet Origenes, qui solum ait: *Discipulos Jesu curiosos esse debere de his quae de illo dicuntur: nec* alibi occurrit (*Ex edit. P. Nicolai*).
(7) *Al. deest* Apostolorum.

(1) *P. Nicolai habet* ibique.
(2) *Al.* enim.
(3) *Al.* eos reducit ad ea.

significavit, praeter id quod in se videbatur, esse aliud sentiendum: erat enim hominis Filius. Quod igitur de se opinandi judicium desiderabat? non illud, arbitramur, quod de se ipse confessus est: sed occultum erat de quo quaerebatur, in quod se credentium fides debebat extendere. Est autem haec confessionis tenenda ratio: ut sicut Dei Filium, ita et Filium hominis meminerimus: quia alterum sine altero nihil suei tribuit ad salutem; et ideo signanter dixit: *Quem dicunt homines esse Filium hominis?* HIERONYMUS (loc. cit.). Non enim dixit, Quem me esse dicunt homines? sed *Quem dicunt esse Filium hominis?* ne jactanter de se quaerere videretur. Et nota, quod ubicumque in veteri testamento scriptum est, Filius hominis; in Hebraeo positum est, Filius Adam. ORIGENES (ut supra). Diversas autem Judaeorum opiniones de Christo discipuli referunt: unde dicitur: *At illi dixerunt: Alii Joannem Baptistam,* aestimationem scilicet secuti Herodis: *alii autem Eliam,* videlicet aestimantes, quod aut secundam nativitatem susceperit Elias, aut ex eo tempore in corpore vivens, in tempore apparuit illo: *Alii vero Hieremiam,* quem Dominus in Gentibus Prophetam constituit: non intelligentes quoniam Hieremias typus fuerat Christi; *aut unum ex Prophetis,* ratione simili, propter illa quae Deus ad ipsos locutus est per Prophetas, non tamen in ipsis, sed in Christo (1) sunt impleta. HIERONYMUS (super, *At illi dixerunt*). Sed tamen turbae sic errare potuerunt in Elia et Hieremia, quomodo Herodes erravit in Joanne: unde miror quosdam Interpretes causas errorum inquirere singulorum. CHRYSOSTOMUS (hom. 55 in Matth.). Quia vero discipuli opinionem turbae recitaverant, evocat eos per secundam interrogationem ad opinandum aliquid majus de ipso: et ideo sequitur: *Dicit illis Jesus: Vos autem quem me esse dicitis?* Vos inquam (2) qui simul mecum estis semper, quia majora signa vidistis quam turbae, non oportet vos in opinione convenire cum turbis: et propter hoc non a principio praedicationis eos de hoc interrogavit, sed postquam multa signa fecit, et multa locutus est eis de sua deitate. HIERONYMUS (super *Vos autem quem me esse dicitis?*). Attende autem, quod ex hoc textu sermonis Apostoli nequaquam homines sed dii appellantur: cum enim dixisset, *Quem dicunt homines esse Filium hominis?* subjecit: *Vos autem quem me esse dicitis?* Ac si dicat: Illis, quia homines sunt, humana opinantibus, vos, qui dii estis, quem me esse existimatis? RABANUS (ibidem). Non autem quasi nesciens, de se sententiam discipulorum vel extraneorum inquirit; sed ideo discipulos quid de se sentiant interrogat, ut confessionem rectae fidei digna mercede remuneret. Ideo quid alii de se sentiant inquirit, ut expositis primo sententiis errantium, discipuli probarentur veritatem suae confessionis non de opinione vulgata, sed de ipso percepisse dominicae revelationis arcano. CHRYSOSTOMUS (hom. 55). Quando vero Dominus de plebis opinione interrogat, omnes respondent; sed omnibus discipulis interrogatis, Petrus tamquam os Apostolorum et caput, pro omnibus respondet: unde sequitur: *Respondens Simon Petrus, dixit: Tu es Christus Filius Dei vivi.* ORIGENES (in Commentariis super capitulum Matth. 16 tractatu, 1). Denegavit quidem Petrus aliquid eorum esse Jesum quae arbitrabantur Judaei,

confessus est autem *Tu es Christus,* quod nesciebant Judaei; sed et quod majus est, *Filius Dei vivi,* qui et per Prophetas dixerat: « Vivo ego, dicit Dominus; » et ideo dicebatur vivus, sed secundum supereminentiam, quia supereminet omnibus habentibus vitam: quia solus habet immortalitatem, et est fons vitae, quod proprie dicitur Deus Pater; vita autem est quasi de fonte procedens, qui dixit (Joan. 14): « Ego sum vita. HIERONYMUS (ut supra). Deum etiam vivum appellat, ad comparationem eorum deorum qui putantur dii, sed mortui sunt. Saturnum dico, Jovem, Venerem, et Herculem, et cetera idolorum portenta. HILARIUS (can. 16 in Matth.). Est autem haec vera et inviolabilis fides, ex Deo Deum Filium profectum esse, cui sit ex aeternitate Patris aeternitas. Hunc igitur assumpsisse corpus, et hominem factum esse, perfecta confessio est. Complexus est itaque omnia qui et naturam et nomen expressit: in quo summa virtutum est. RABANUS (super *Tu es Christus Filius Dei vivi*). Mira autem distinctione factum est ut Dominus ipse humilitatem assumptae humanitatis profiteatur, discipulus excellentiam divinae aeternitatis ostendat. HILARIUS (can. 16 in Matth., par. a medio). Dignum autem confessio Petri praemium consecuta est, quia Dei Filium in homine vidisset: unde sequitur: *Respondens autem Jesus dixit ei: Beatus es Simon Barjona: quia caro et sanguis non revelavit tibi, sed Pater meus qui est in caelis.* HIERONYMUS (super illud, *Tu es Petrus*). Reddit enim Christus Apostolo vicem pro testimonio quod de se Petrus dixerat: *Tu es Christus Filius Dei vivi.* Dominus autem dixit ei: *Beatus es Simon Barjona.* Quare? Quia non revelavit tibi caro et sanguis; sed revelavit Pater. Quod caro et sanguis revelare non potuit, Spiritus sancti gratia revelatum est. Ergo ex confessione sortitur vocabulum, quod revelationem ex Spiritu sancto habeat, cujus et filius appellandus sit: siquidem Barjona in lingua nostra sonat Filius columbae. Alii simpliciter accipiunt: quod Simon, scilicet Petrus, filius sit Joannis, juxta alterius loci interrogationem, Joan. 20: « Simon Joannis, diligis me? » et volunt scriptorum vitio depravatum: ut pro *Barjoanna* (1, idest filius Joannis, *Barjona* scriptum sit, una detracta syllaba; Joanna vero interpretatur Dei gratia. Utrumque autem nomen mystice intelligi potest: quod et columba Spiritum sanctum, et gratia Dei donum significet spiritale. CHRYSOSTOMUS (hom. 55 in Matth.). Vanum est enim dicere (2), Tu es filius Jonae, vel Joanna, nisi ut ostendat quoniam ita naturaliter est Christus Filius Dei sicut Petrus filius Jonae, ejusdem substantiae cum eo qui genuit. HIERONYMUS (super *Respondens Jesus ait illi*). Illud autem quod ait, *Quia caro et sanguis non revelavit tibi,* Apostolicae narrationi compara, in qua ait (Galat 1): « Continuo non acquievi carni et sanguini: » carnem ibi et sanguinem Judaeos significans: ut hic quoque sub alio sensu demonstretur, quod ei non per doctrinam Pharisaeorum, sed per Dei gratiam Christus Dei Filius revelatus sit. HILARIUS (can. 16 in Matth. a med.). Vel aliter. Beatus hic, quia ultra humanos oculos et intendisse et vidisse laudatus est, non id quod ex carne et sanguine est contuens (3), sed Dei Filium caelestis Patris

---

(1) *Al.* in ipso.
(2) *Al.* vos autem, inquam etc.

(1) *Al.* Barjona.
(2) *Al.* vanum esset dicere.
(3) *Al.* contentus.

revelatione conspiciens; dignusque judicatus est ut primus agnosceret quod divinitas esset in Christo. ORIGENES (tract. 1 in 16 cap. Matth, a medio). Est autem in hoc loco quaerendum utrum cum prius mitterentur, jam cognoscebant discipuli quoniam ipse erat Christus. Hic enim sermo demonstrat, quoniam tunc primum confessus fuerit eum Petrus Christum Filium Dei vivi. Et vide, si potes hujusmodi questionem solvere, dicens, quoniam credere (1) Jesum esse Christum, minus est quam cognoscere: ut dicamus, quod quando mittebantur ad praedicandum, credebant quidem Jesum esse Christum; postea autem proficientes etiam cognoverunt. Aut ita est respondendum ut dicamus quoniam tunc quidem Apostoli initia cognitionis habebant Christi, et exigua cognoscebant de illo; postea autem profecerunt in agnitione ipsius, ut possent capere scientiam Christi revelatam a Patre: sicut et Petrus qui beatificatur, non solum in eo quod dicit, *Tu es Christus*; sed in eo magis quod addidit, *Filius Dei vivi*. CHRYSOSTOMUS (hom. 55 in Matth. super illud, *Beatus*). Nimirum autem, si non confessus esset Petrus Christum proprie ex Patre natum, non esset hic revelatione opus: neque aestimare Christum unum ex multis filiis adoptivis, beatitudine dignum esset: nam et ante hoc illi qui erant in navi dixerunt (supra 14) *Vere Filius Dei est hic.* Sed et Nathanael dixit (Joan. 1): « Rabbi, tu es Filius Dei. » Non tamen beati dicti sunt, quia non talem confessi sunt filiationem qualem Petrus: sed unum ex multis eum aestimabant, non vere filium; vel etsi praecipuum quidem prae multis, non autem ex substantia Patris. Vides autem qualiter et Filium revelat Pater, et Patrem Filius. Non enim ab alio est dicere Filium quam a Patre, nec ab alio Patrem quam a Filio: quare et hinc manifestum est quod Filius est consubstantialis et coadorandus Patri. Ostendit autem Christus ex hinc jam multos credituros quod fuerat Petrus confessus: unde subditur: *Et ego dico tibi quia tu es Petrus.* HIERONYMUS (super illud, *Et ego tibi dico*). Ac si dicat: Quia tu mihi dixisti *Tu es Christus Filius Dei vivi*, et ego dico tibi, non sermone casso et nullum opus habente : sed dico tibi (quia meum dixisse, fecisse est) *quia tu es Petrus* ; sicut enim ipse lumen Apostolis donavit ut lumen mundi appellentur, et cetera quae a Domino sortiti vocabula sunt; ita et Simoni qui credebat in petram Christum, Petri largitus est nomen. AUGUSTINUS de cons. Evang. (lib. 2 cap. 53, a med.). Nullus tamen arbitretur quod hic Petrus nomen acceperit: non enim accepit hoc nomen nisi ubi Joannes (cap. 1) commemorat ei dictum esse: « Tu vocaberis Cephas; quod intrepretatur Petrus. » HIERONYMUS (super *Quia tu es Petrus*). Secundum autem metaphoram petrae, recte dicitur ei: et hoc est quod sequitur: *Et super hanc petram edificabo Ecclesiam meam.* CHRYSOSTOMUS (hom. 55). Idest in hac fide et confessione aedificabo Ecclesiam meam. Hinc ostendit multos jam credituros quod Petrus confessus fuerat, et erigit ejus sensum, et pastorem ipsum facit. AUGUSTINUS in lib. Retract. (lib. 1, cap. 21). Dixi in quodam loco de Aposto lo Petro, quod in illo tamquam in petra aedificata est Ecclesia; sed scio me postea saepissime sic exposuisse quod a Domino dictum est: *Tu es Petrus,*

(1) *In quatuor exemplis quae supra retulimus legitur*: Et vide si potes, quoniam credere etc. *intermediis omissis.*

et super hanc petram aedificabo Ecclesiam meam, ut super hanc intelligeretur quam confessus est Petrus dicens, *Tu es Christus Filius Dei vivi*; ac sic Petrus ab hac petra appellatus, personam Ecclesiae figuraret, quae super hanc petram aedificatur; non enim dictum est illi, Tu es petra, sed *Tu es Petrus*: petra autem erat Christus, quem confessus Simon, sicut ei (1) tota Ecclesia confitetur, dictus est Petrus. Harum autem duarum sententiarum quae sit probabilior, eligat lector. HILARIUS (can. 16 in Matth.) Est autem in nuncupatione novi nominis felix fundamentum, dignaque aedificatione illius petra, quae infernales leges et tartari portas et omnia mortis claustra dissolveret: unde ad ostendendam firmitatem Ecclesiae supra petram fundatae, subditur: *Et portae inferi non praevalebunt adversus eam.* GLOSSA (interlinearis hoc loco). Idest, non separabunt eam a caritate mea et fide. HIERONYMUS (super *Et portae inferi*). Ego portas inferi, vitia reor atque peccata; vel certe haereticorum doctrinas: per quas illecti homines ducuntur ad tartarum. ORIGENES (super 16 Matth. tract. 1, ante med.). Sed et singulae spirituales nequitiae in caelestibus portae sunt inferorum, quibus contrariantur portae justitiae. RABANUS. Portae quoque inferi, etiam tormenta et blandimenta sunt persecutorum; sed et prava infidelium opera ineptaque colloquia portae sunt inferi, quia iter perditionis ostendunt. ORIGENES (ubi supra). Non autem exprimit utrum petrae non praevalebunt in qua aedificat Christus Ecclesiam, aut Ecclesiae quam aedificat supra petram: tamen manifestum est quia nec adversus petram nec adversus Ecclesiam portae praevalent inferorum. CYRILLUS in lib. Thesauri (2) (simile quippiam legitur in Epistola Marci Papae, quae habetur Conciliorum tom. 1). Secundum autem hanc Domini promissionem, Ecclesia Apostolica Petri ab omni seductione haereticaque circumventione manet immaculata, super omnes praepositos et Episcopos, et per omnes primates Ecclesiarum et populorum in suis Pontificibus, in fide plenissima et auctoritate Petri. Et cum aliae Ecclesiae, quorumdam errore sint verecundatae, stabilita inquassabiliter ipsa sola regnat, silentium imponens, et omnium obturans ora haereticorum: et nos necessario salutis, non decepti superbia, neque vino superbiae inebriati, typum veritatis et sanctae apostolicae traditionis jura cum ipsa confitemur et praedicamus. HIERONYMUS (super *Et portae*). Nemo autem putet haec de morte dici, quod Apostoli conditioni mortis subjecti non fuerint quorum martyria videat coruscare. ORIGENES (Matth. 16, tract. 1). Si ergo et nos, Patre nobis revelante qui est in caelis, quando scilicet conversatio nostra in caelis est, confessi fuerimus Jesum Christum esse Filium Dei vivi; et nobis dicetur. Tu es Petrus: petra enim est omnis qui imitator est Christi. Adversus quem autem portae praevalent inferorum, ille neque petra dicendus est, supra quam aedificat Christus Ecclesiam; neque Ecclesia, neque pars Ecclesiae, quam Christus aedificat supra petram. CHRYSOSTOMUS (hom. 55). Deinde et alium Petri dicit honorem, cum

(1) *Al.* eum.
(2) An mutata sunt quaedam quae sensum turbent? Nec recurri ad fontem potest, cum in libris Thesauri qui nunc extant, nihil tale reperiatur, seu latine, seu graece; adeoque aliquos excidisse conjectura sit, ut Bellarminus Tract. de Scriptoribus notat (*Ex edit. P Nicolai*).

subditur: *Et tibi dabo claves regni caelorum*; quasi dicat: Sicut Pater tibi dedit me cognoscere, ita et ego tibi aliquid dabo, scilicet claves regni caelorum. RABANUS (super *Et tibi dabo*). Qui enim regem caelorum majori prae ceteris devotione confessus est, merito prae ceteris ipse collatis clavibus regni caelestis donatus est; ut constaret omnibus, quia absque ea confessione ac fide regnum caelorum nullus posset intrare. Claves autem regni caelorum ipsam discretionem et potentiam nominat: potentiam, qua liget et solvat; discretionem, qua dignos vel indignos discernat. GLOSSA (interlinearis). Unde sequitur: *Et quescumque ligaveris*, idest, quemcumque indignum remissione judicaveris dum vivit, indignus apud Deum judicabitur: *et quodcumque solveris*; idest quemcumque solvendum judicaveris dum vivit, remissionem peccatorum consequetur a Deo. ORIGENES (Matth. 16, tract. 1). Vide autem quantam potestatem habet petra super quam aedificatur Ecclesia, ut ejus etiam (1) judicia maneant firma, quasi Deo judicante per eam. CHRYSOSTOMUS (hom. 55). Vide autem qualiter Christus reducit Petrum ad excelsam de ipso intelligentiam. Haec enim ei se promittit daturum quae sunt propria Dei solius: scilicet peccata solvere, et Ecclesiam immutabilem facere inter tot persecutionum et tentationum procellas RABANUS (super *Et quaecumque ligaveris*). Haec autem ligandi atque solvendi potestas quamvis soli Petro data videatur a Domino, tamen et ceteris Apostolis datur, nec non etiam nunc in (2) Episcopis ac presbyteris omni Ecclesiae. Sed ideo Petrus specialiter claves regni caelorum et principatum judiciariae potestatis accipit, ut omnes per orbem credentes intelligant quia quicumque ab unitate fidei vel societatis illius quolibet modo semetipsos segregant, tales nec vinculis peccatorum absolvi, nec januam possunt regni caelestis ingredi. GLOSSA (3). Specialiter etiam eam Petro concessit, ut ad unitatem nos invitaret. Ideo enim eum principem Apostolorum constituit, ut Ecclesia unam principalem Christi haberet vicarium, ad quem diversa membra Ecclesiae recurrerent, si forte inter se dissentirent. Quod si diversa capita essent in Ecclesia, unitatis vinculum rumperetur. Quidam autem dicunt, quod ideo dicit, *Super terram*: non enim data est potestas hominibus ligandi vel solvendi mortuos, sed vivos. Qui autem mortuos solveret vel ligaret, non super terram, sed post terram hoc faceret. Ex SENTENTIIS Constantin. Concilii (4) (Constantin. Syn. 5). Quomodo autem praesumunt quidam dicere de vivis tantummodo haec dicta esse ? An ignorant quia judicium anathematis nihil est aliud quam separatio ? Evitandi sunt autem illi qui pessimis culpis detinentur, sive in vivis sint, sive non. A nocente enim semper refugere (5) necessarium est. Sed et Augustini religiosae memoriae, qui inter Africanos Episcopos splenduit, diversae Epistolae recitatae sunt, significantes quod oporteret haere-

ticos et post mortem anathematizare. Talem autem ecclesiasticam traditionem et alii Africani Episcopi servaverunt. Sed et sancta Romana Ecclesia quosdam Episcopos post mortem anathematizavit, licet pro fide in vita sua non essent accusati. HIERONYMUS (super *Et tibi dabo claves regni*). Istum locum Episcopi et presbyteri non intelligentes, aliquid sibi de Pharisaeorum assumunt supercilio, ut vel damnet innocentes, vel solvere se noxios arbitrentur; cum apud Dominum non sententia sacerdotum sed reorum vita quaeratur. Legimus in Levitico de leprosis, ubi jubentur ostendere se sacerdotibus; et si lepram habuerint, tunc a sacerdote immundi fiant; non quod sacerdotes leprosos faciant et immundos: sed quod habeant notitiam leprosi et non leprosi, et possint discernere qui mundus quive immundus sit. Quomodo ergo ibi leprosum sacerdos immundum facit; sic et hic alligat vel solvit Episcopus vel presbyter, non eos qui insontes sunt vel innoxii; sed pro officio suo, cum peccatorum audierit varietates, scit qui ligandus sit, qui solvendus. ORIGENES. Sit ergo (1) irreprehensibilis qui alterum ligat vel solvit, ut inveniantur dignos ligare vel solvere in caelo. Sed et ei qui potuerit virtutibus portas obstruere inferorum, quasi praemium dantur claves regni caelorum: omnis enim species virtutis, cum quis eam coeperit operari, quasi ipsa se adaperit ante eum (2), Domino videlicet aperiente eam per gratiam suam, ut inveniatur eadem virtus et porta esse et clavis portae. Forsitan autem et unaquaeque virtus est regnum caelorum.

4. ORIGENES (3) (tract. 1 in Matth.). Postquam Petrus confessus est Christum Filium Dei vivi, quia noluit hoc eos interim praedicare, subdit: *Tunc praecepit discipulis suis ut nemini dicerent quia ipse esset Jesus Christus.* HIERONYMUS (super *Praecepit discipulis suis*). Sed cum supra mittens discipulos ad praedicandum jusserit eis ut annuntiarent adventum suum, videtur esse contrarium quod hic praecipit ne se dicant esse Jesum Christum. Mihi videtur aliud esse Christum praedicare, aliud Jesum Christum. Et Christus commune dignitatis est nomen, Jesus proprium vocabulum Salvatoris. ORIGENES (ubi supra a med.). Vel tunc leviter quidem de eo annuntiabant, quasi de magno et mirabili viro; Christum autem esse eum nondum annuntiabant. Qui autem vult etiam Christum eum praedicatum prius ab Apostolis, dicet, quoniam leviter praemittere voluit eos mentionem nominis sui, ut interim facto silentio praedicationis hujus, hoc ipsum quod leviter de Christo auditum fuerat, digeratur in sensibus auditorum. Aut ita est solvenda quaestio: ut videantur ea quae superius de annuntiando Christo sunt dicta, non ad tempus pertinere quod fuit ante Christi resurrectionem, sed ad tempora post futura. Haec autem quae mandat ut nemini dicant, tunc Apostolis convenire: inutile enim est ipsum quidem praedicare, crucem autem ejus tacere. Propterea praecepit eis ut nemini dicerent quia ipse est Christus, et praepara-

---

(1) *Al.* Ecclesia ejus, ut etiam etc.

(2) *Al. omittitur* in.

(3) Non est in Glossa quae nunc extat, sed in Anselmo, apud quem tamen posterior appendix huic priori praemittitur (*Ex edit. P. Nicolai*).

(4) Nempe 2, quod fuit 5 oecumenicum, ubi haec in 8 collat. parsim insinuantur, ut in iis quae sequuntur ibid. velut 5 synodi appendices. Refertur autem saltem quadam ex parte in Decretis causa 24, quaest. 2, cap. *Sane profertur* etc. (*Ex edit. P. Nicolai*).

(5) *Al.* resurgere.

---

(1) *Al.* est ergo.

(2) *Al.* omnes enim species virtutis (*item* virtutum) cum quis eam coeperit operari, quasi ipse se aperit ante eum. *P. Nicolai autem sic habet*: omnes enim species virtutum cum quis coeperit operari, quasi ipse sibi aperit portam regni caelorum, Domino videlicet etc.

(3) GLOSSA (*Ex edit. P. Nicolai*).

bat eos, ut postmodum dicant, quoniam ipse est Christus, qui crucifixus est, et resurrexit a mortuis. HIERONYMUS (ubi supra). Quod ne quis putet nostrae tantum esse intelligentiae quod sequitur, causas tunc prohibitae praedicationis exponit: sequitur enim: *Exinde coepit Jesus ostendere discipulis suis quia oporteret eum ire Hierosolymam, et multa pati a senioribus et scribis et principibus sacerdotum, et occidi, et tertia die resurgere.* Est autem sensus: Tunc me praedicate cum ista passus fuero: quia non prodest Christum publice praedicari, et ejus vulgare in populis majestatem, quem post paululum flagellatum visuri sunt et crucifixum. CHRYSOSTOMUS (hom. 55). Quod enim semel radicatum est et postea evulsum, si iterum plantetur, difficile retinebitur apud multos: quod autem infixum semel est, et mansit postea immobile, facile provehitur ad augmentum. Propter hoc autem immoratur tristibus praedicandis, et sermonem multiplicat, ut aperiat discipulorum mentes. ORIGENES (Matth. 16, tract. 1, a med.). Et vide quia non dixit, Coepit dicere vel docere; sed *ostendere*: quia sicut corporalia ostendi dicuntur, sic ostendi dicuntur a Christo ea quae loquebatur. Non autem sic puto eis qui corporaliter eum multa patientem viderunt, ostensa ea quae videbantur, quomodo discipulis ostensus est rationabilis sermo de mysterio passionis et resurrectionis Christi: et tunc quidem coepit ostendere; consequenter autem postea capacioribus factis plenius demonstravit: quia omne quod coepit Jesus, hoc perfecit. Oportebat autem eum ire in Hierusalem, ut occidatur quidem in Hierosolymis quae sunt deorsum, regnet autem resurgens in Hierusalem caelesti. Postquam enim resurrexit Christus, et alii consurrexerunt ei, jam non deorsum quaeritur Hierusalem, vel domus orationis in ea. sed sursum. Patitur autem multa a senioribus Hierusalem terrenae, ut glorificetur ab his qui capiunt beneficia ejus caelestibus senioribus. Tertia autem die resurrexit a mortuis, ut eripiens maligno (2), acquirat eis qui liberati fuerint hoc donum, ut baptizentur spiritu et anima et corpore in nomine Patris et Filii et Spiritus sancti, qui sunt tres dies simul perpetuo instantes eis qui per eos facti fuerunt filii lucis.

5. ORIGENES (Matth. 16, tract. 1). Adhuc initia eorum quae ostendebantur dicente Christo (2), Petrus indigna haec Filio Dei vivi arbitrabatur; et quasi oblitus quoniam Filius Dei vivi nihil dignum increpatione facit aut agit, coepit increpare; et hoc est quod dicitur: *Et assumens eum Petrus coepit increpare illum.* HIERONYMUS (super *Assumens eum Petrus*). Saepe diximus nimii ardoris amorisque quam maximi fuisse Petrum in Dominum Salvatorem. Qui ergo post confessionem suam et praemium Salvatoris quod audierat, non vult destrui confessionem suam, nec putat posse fieri ut Dei Filius occidatur, assumit eum in affectum suum, vel separatim ducit, ne praesentibus ceteris condiscipulis videatur magistrum arguere; et coepit illum increpare amantis affectu, et obstans dicere: *Absit a te Domine.* Vel, ut melius habetur in graeco (ἵλεώς σοι κύρις ȣ μὴ ἔȿαι σοι τȣτο) *Ileos si Kyrie, umi este si tuto;* hoc est, *propitius sis tibi Domine, non erit tibi hoc;* quasi necessariam haberet propitiationem. Cujus affectum quidem suscipiens Chri-

stus, ignorantiam exprobrat: unde sequitur: *Qu conversus dixit Petro: Vade post me, satana; scandalum mihi es.* HILARIUS (can. 16 in Matth., prope finem). Sciens enim Dominus diabolicae artis instinctum, Petro ait: *Vade retro post me,* idest ut exemplum suae passionis sequatur. In eum vero per quem opinio haec suggerebatur, conversus, adjecit: *Satana, scandalum mihi es.* Non enim convenit existimare Petro satanae nomen et accusationem (1) scandali deputari, post indulta illa beatitudinis et potestatis tanta praeconia. HIERONYMUS (ut supra). Sed mihi error apostolicus de pietatis affectu veniens, nunquam incentivum videbitur diaboli. Prudens ergo lector consideret, Petro illam beatitudinem ac potestatem in futuro promissam, non in praesenti datam; quam si statim dedisset ei, nunquam in eo pravae confessionis error invenisset locum. CHRYSOSTOMUS (homil. 55, par. ante med.). Quid etiam mirabile est haec pati Petrum, qui de his revelationem non suscepit? Ut enim discas, quia neque illa quae de Christo confessus fuerat, ex se locutus est, vide qualiter in his quae non revelata sunt ei, turbationem patiatur: humana enim et terrestri cogitatione, quae sunt Christi considerans, aestimabat turpe et indignum esse ei quod pateretur. Et ideo Dominus subjecit: *Quia non sapis ea quae Dei sunt, sed ea quae hominum.* HIERONYMUS (ubi supra). Quasi dicat: Meae voluntatis est et Patris, ut pro hominum salute moriar; tu tuam tantum considerans voluntatem, non vis granum tritici cadere in terram, ut multos afferat fructus: et ideo, quia contraria loqueris voluntati meae, debes adversarius appellari. Satanas enim interpretatur adversarius, sive contrarius. Non tamen, ut plerique putant, eadem satanas et Petrus sententia condemnantur: Petro enim dicitur: *Vade retro me, satana;* idest, sequere me, qui contrarius es voluntati meae: ille audit, *Vade, satana;* et non ei dicit *retro,* ut subaudiatur, Vade in ignem aeternum. ORIGENES (Matth. 16, tract. 1). Dixit ergo Petro, *Vade post me,* quasi desistenti per ignorantiam ire post Christum. *Satana* autem dixit ei, quasi per ignorantiam aliquid habenti contrarium Deo. Beatus autem ad quem convertitur Christus, etiam si corripiendi causa convertitur. Sed quare dixit ad Petrum, *Scandalum mihi es,* cum in Ps. 118 dicatur: « Pax multa diligentibus legem tuam, « et non est illis scandalum? » Sed respondendum est. quoniam non solum Jesus non scandalizatur, sed nec omnis homo qui in dilectione Dei perfectus est. Sed quantum ad se, qui tale aliquid vel agit vel loquitur, scandalum est alteri; licet ille inscandalizabilis sit. Aut certe omnem discipulum peccantem scandalum sibi appellat, sicut et Paulus dicebat 2 Corinth. 11: « Quis scandalizatur, et « ego non uror? »

6 CHRYSOSTOMUS (homil. 56). Postquam Petrus dixerat, *Propitius esto tibi: nequaquam erit tibi hoc;* et audivit, *Vade retro me Satana:* non fuit Dominus hac solum increpatione contentus; sed ex superabundantia voluit ostendere inconvenientiam dictorum a Petro, et fructum suae passionis: unde subditur: *Tunc Jesus dixit discipulis suis: Si quis vult post me venire, abneget semetipsum, et tollat crucem suam, et sequatur me;* quasi dicat: Tu dicis mihi, *Propitius esto tibi;* ego autem dico tibi,

quoniam non solum me prohibere a passione nocivum tibi est; sed neque salvari poteris, nisi patiaris et moriaris, et vitae abrenunties semper. Et vide quia non coactivum fecit sermonem: non enim dicit: Si nolueritis (1), oportet vos hoc pati; sed *Si quis vult*. Hoc autem dicens magis attrahebat: qui enim libertati auditorem dimittit, magis attrahit; qui vero violentiam infert, multoties impedit. Non autem solis discipulis suis (2); sed commune hoc dogma orbi terrarum proponit, dicens, *Si quis vult*, idest, si mulier, si vir, si rex, si liber, si servus. Tria autem sunt quae dicuntur: *Abneget semetipsum, et tollat crucem suam, et sequatur me*. GREGORIUS in hom. (32 in Evang.). Quia nisi quis a semetipso deficiat, ad eum qui super ipsum est, non appropinquat. Sed si nos ipsos relinquimus, quo ibimus extra nos? Vel quis est qui vadit, si se deseruit? Sed aliud sumus per peccatum lapsi, aliud per naturam conditi. Tunc ergo nosmetipsos relinquimus et abnegamus, cum vitamus quod per vetustatem fuimus, et ad hoc nitimur ad quod per novitatem vocamur. GREGORIUS super Ezech. (hom. 10 a principio). Semetipsum etiam abnegat quicumque mutatur ad meliora, et incipit esse quod non erat, et desinit esse quod erat. GREGORIUS, 23 Moral. (super illud Job 49, « Absorbebit fluvium: » cap. 6, in nov. exem.) Semetipsum etiam abnegat qui calcato typo superbiae, ante Dei oculos se esse a se alienum demonstrat. ORIGENES (3). Quamvis autem videatur aliquis a peccato abstinere; tamen nisi in crucem Christi crediderit, non potest dici Christo confixus, sive cruci: unde sequitur: *Et tollat crucem suam*. CHRYSOSTOMUS (hom. 61). Vel aliter. Qui negat alium, vel fratrem, vel famulum, vel quemcumque, et si flagellatum viderit, et quodcumque patientem. non assistit, non adjuvat: ita vult corpori nostro nos non ignoscere: ut si flagellaverint, vel quodcumque aliud fecerint, corpori non parcamus. Hoc enim est parcere: sicut patres tunc ignoscunt filiis, cum magistris eos tradentes, jusserint ut non parcant. Ne autem aestimes quod usque ad verba tantum et contumelias oportet abnegare seipsum, ostendit usque ad quantum abnegare seipsum oporteat: quia usque ad mortem, etiam turpissimam, scilicet crucis; quod significat in hoc quod dicit: *Et tollat crucem suam, et sequatur me*. HILARIUS (can. 16, in Matth.). Sequendus enim est Dominus, cruce assumpta passionis suae; et si non sorte, tamen voluntate comitandus est. CHRYSOSTOMUS (ut supra). Quia etiam latrones multa gravia patiuntur, ut non aestimes quod passio malorum sufficiat, adjungit causam patiendi, cum dicit, *Et sequatur me*, ut propter eum omnia sustineas, et alias ejus virtutes addiscas: hoc est enim sequi Christum ut oportet, diligentem esse circa virtutes, et pati omnia propter ipsum. GREGORIUS (hom. 32 in Evang.). Duobus etiam modis crux tollitur: cum aut per abstinentiam affligitur corpus, aut per compassionem proximi affligitur animus. Sed quia ipsis virtutibus quaedam vitia mixta sunt, dicendum nobis est, quod abstinentiam carnis nonnunquam vana gloria obsidet: quia dum tenuitas in corpore, dum pallor in vultu respicitur, virtus patefacta laudatur. Compassionem vero animi plerumque latenter obsidet pietas falsa, ut hanc

nonnunquam usque ad condescendendum vitiis pertrahat: unde ad haec excludenda, subdit, *Et sequatur me*. HIERONYMUS (super *Tunc Jesus dixit discipulis*). Vel aliter. Tollit crucem suam qui mundo crucifigitur; cui autem mundus crucifixus est, sequitur Dominum crucifixum. CHRYSOSTOMUS (hom. 56 in Matth.). Deinde, quia grave videbatur quod dictum est, per ea quae consequuntur id mitigat, praemia ponens supereminentia laboribus, et malitiae poenas: unde sequitur: *Qui enim voluerit animam suam salvam facere, perdet eam*. ORIGENES (tract. 2 in Matth. 16). Quod dupliciter potest intelligi. Primum sic. Si quis amator vitae praesentis, parcit animae suae, timens mori, et putans animam suam per hanc mortem perire; iste volens hoc modo salvare animam suam, perdet eam, alienam illam faciens a vita aeterna. Si quis contemnens vitam praesentem, usque ad mortem pro veritate certaverit, perdet quidem animam suam quantum ad vitam praesentem; sed quoniam propter Christum perdet eam, magis eam salvam faciet in vitam aeternam. Alio modo sic. Si quis intelligit quae est vera salus, et acquirere vult eam ad salutem animae suae, iste abnegans semetipsum, perdit quantum ad voluptates carnales animam suam propter Christum; et perdens animam suam hoc modo, salvat eam per opera pietatis: dicendo enim, *Qui voluerit*, praecedentem et sequentem unum sensum esse ostendit. Si ergo quod superius dixit, *Abneget semetipsum*, de morte corporali dixit, consequenter hoc de sola morte intelligere debemus dictum esse. Si autem abnegare seipsum est carnalem conversationem rejicere, et perdere animam est deponere voluptates carnales.

7. CHRYSOSTOMUS (homil. 56). Quia dixerat, Qui vult salvare, perdet, et Qui perdet, salvabit; utrobique salutem et perditionem ponens; ne aliquis aestimet aequalem esse hinc inde perditionem et salutem, subjungit: *Quid enim prodest homini si mundum universum lucretur, animae vero suae detrimentum patiatur?* quasi dicat: Ne dicas, quod qui pericula quae propter Christum imminent, effugit, salvet animam suam, idest vitam temporalem. Sed pone etiam cum anima, idest vita temporali, totum orbem terrarum: quid ex his homini erit amplius anima in perpetuum pereunte? Si enim famulos tuos videres in laetitia, te autem in malis ultimis constitutum; quid lucrareris ex eorum dominio? Hoc etiam in anima tua reputa, cum carne lasciviente, ipsa futuram perditionem expectat. ORIGENES (ut supra). Puto etiam quod mundum lucratur qui non abnegat semetipsum, nec perdit animam suam quantum ad voluptates carnales, et ipse facit animae suae detrimentum; ideo duobus nobis propositis, magis (1) est eligendum ut mundum perdamus, et lucremur animas nostras. CHRYSOSTOMUS (ut supra). Sed si regnaveris super universum orbem terrarum, non poteris animam tuam emere: unde sequitur: *Aut quam dabit commutationem pro anima sua?* ac si dicat: Divitias si perdideris, poteris dare divitias alias ad eas redimendas; animam autem perdens, non poteris animam aliquam dare, sed neque aliquid aliud. Quid autem mirabile est si in anima hoc contingit? etenim in corpore hoc videtur contingere. Etsi enim decem millia diademata corpori insanabiliter aegroto circumposueris,

---

(1) *Al.* volueritis.
(2) *Al. omittitur* suis.
(3) Tract. 2 in Matth. 16 (*Ex edit. P. Nicolai*).
S. Th. *Opera omnia. V.* 11.

(1) *Al.* majus.

non curatur. Origenes (ubi supra). Et prima quidem facie commutatio animae est in substantia, ut det substantiam suam homo pauperibus, et salvet animam suam. Sed puto quod non habet aliquid homo quod dans quasi commutationem animae suae liberet eam de morte. Deus autem pro animabus hominum dedit commutationem pretiosum sanguinem Filii sui. Gregorius (hom. 32 in Evang.). Vel aliter potest continuari: quia sancta Ecclesia aliud habet tempus persecutionis, et aliud pacis; Redemptor noster ipsa ejus tempora distinguit in praeceptis: nam persecutionis tempore ponenda est anima; pacis autem tempore ea quae amplius dominari possunt, frangenda sunt desideria terrena: unde dicitur: *Quid enim prodest homini?* Hieronymus (super *Filius hominis venturus est*). Provocatis autem discipulis ut abnegarent se et tollerent crucem suam, grandis fit error audientium. Idcirco tristibus laeta succedunt; et dicit: *Filius enim hominis venturus est in gloria Patris sui cum Angelis suis.* Times mortem? Audi gloriam triumphantis. Vereris crucem? Ausculta Angelorum ministeria. Origenes (tract. 2 in Matth., capit. 16). Quasi dicat: Nunc quidem Filius hominis venit, sed non in gloria: non enim decebat eum in gloria constitutum peccata nostra portare; sed tunc veniet in gloria cum ante praeparaverit discipulos suos, factus sicut illi, ut illos faceret sicut et ipse, conformes gloriae suae. Chrysostomus (homil. 54). Non autem dixit in tali gloria in quali est Pater, ne alteritatem (1) gloriae suspiceris; sed ait, *Gloria Patris,* ut eadem gloria ostendatur. Si autem gloria una est, manifestum quod et substantia una est. Quid ergo times, Petre, mortem audiens? Tunc me videbis in gloria. Si autem ego in gloria, et vos. Sed tamen dicens gloriam, terribilia immiscuit, in medium judicium introducens: unde sequitur: *Et tunc reddet unicuique secundum opera ejus.* Hyeronymus (prope finem Comm. in 16 capit. Matth.). Non est enim distinctio Judaei et Gentilis, viri et mulieris, pauperum et divitum, ubi non personae, sed opera considerantur. Chrysostomus (ut supra). Hoc autem dixit, non solum peccatoribus poenas commemorans, sed justis bravia et coronas. Hieronymus. Poterat autem Apostolorum tacita cogitatio istiusmodi scandalum sustinere. Occisionem et mortem nunc dicis esse futuram; quod autem promittis te affuturum in gloria, in tempora longa differtur. Praevidens ergo occultorum cognitor quid possent objicere, praesentem timorem praesenti compensat praemio, dicens: *Amen dico vobis: sunt quidam de hic stantibus qui non gustabunt mortem donec veniat Filius hominis in regno suo.*

(1) *Al.* alternitatem.

Chrysostomus (homil. 57). Volens ergo monstrare quid est illa gloria in qua postea venturus est, eis in praesenti vita revelavit, sicut possibile erat eos discere, ut neque in Domini morte jam doleant. Remigius. Quod ergo hic dicitur, impletum est in tribus discipulis, quibus Dominus transfiguratus in monte, gaudia aeternae repromissionis ostendit; qui viderunt eum in regno suo venientem, idest in ea claritate fulgentem, in qua, peracto judicio, videbitur ab omnibus sanctis. Chrysostomus (ubi supra). Propter hoc autem non praedicit nomina eorum qui ascensuri erant in montem, quia reliqui valde concupiscerent sequi, exemplum illius gloriae visuri, et graviter tulissent velut despecti. Gregorius (hom. 32, in Evangel.). Vel regnum Dei, praesens Ecclesia vocatur: et quia nonnulli ex discipulis ejus usque adeo in corpore victuri erant ut Ecclesiam Dei constructam conspicerent, et contra hujus mundi gloriam erectam, consolatoria promissione nunc dicitur: *Sunt quidam de hic stantibus.* Origenes (tract. 3 in cap. 16 Matth., circ. finem). Moraliter autem Verbum Dei his qui noviter inducuntur ad fidem, formam habet servi; perfectis autem venit in gloria Patris sui. Angeli autem illius sunt Prophetarum sermones, quos non est possibile ante spiritualiter intelligere nisi cum spiritualiter intellectum fuerit verbum Christi, ut videantur simul apparere in majestate. Tunc autem dabit unicuique de gloria sua secundum actum ejus: quia quanto quis melior fuerit in actibus suis, tanto spiritualius intelligit Christum vel Prophetas ipsius. Stantes autem ubi stat Jesus, sunt qui fundatas habent apud Jesum animae bases: ex quibus qui melius stant, dicuntur non gustare mortem, donec videant Verbum Dei quod venit in regno suo, videntes (1) eminentiam Dei, quam videre non possunt qui diversis involuti sunt peccatis; quod est mortem gustare, qua peccans anima meritur. Sicut enim vita est et panis vivus qui de caelo descendit, sic et inimica ejus mors panis est mortuus. Ex istis autem panibus quidam modicum manducant, tantum gustantes; quidam autem abundantius: qui enim raro et modicum peccant, tantummodo gustant mortem; qui autem perfectius susceperint spiritualem virtutem, non gustant eam, sed vivo pane semper vescuntur. Quod autem dicit, *Donec videant,* non definit tempus, ut postquam transierit illud *donec,* fiat quod ante non fuerat factum; sed rem quae necessaria est, exponit: qui enim semel videt eum in gloria ejus, jam nequaquam gustabit mortem. Rabanus. Sanctos autem mortem gustare testatur, a quibus mors corporis quasi libando gustatur, vita vero animae possidendo tenetur.

(1) *Al.* videns.

CAPUT DECIMUMSEPTIMUM.

1. Et post dies sex assumpsit Jesus Petrum et Jacobum et Joannem fratrem ejus, et duxit illos in montem excelsum seorsum, et transfiguratus est ante eos: et resplenduit facies ejus sicut sol; vestimenta autem ejus facta sunt alba sicut nix: et ecce apparuerunt illis Moyses et Elias cum eo loquentes. Respondens autem Petrus dixit ad Jesum: Domine, bonum est nos hic esse. Si vis, faciamus hic tria tabernacula; tibi unum, Moysi unum, et Eliae unum.
2. Adhuc eo loquente, ecce nubes lucida obumbravit eos: et ecce vox de nube dicens: Hic est Filius meus dilectus, in quo mihi bene complacui: ipsum audite. Et audientes discipuli ceciderunt in faciem suam, et timuerunt valde; et ac

cessit Jesus, et tetigit eos, dixitque eis: Surgite, et nolite timere. Levantes autem oculos suos, neminem viderunt nisi
solum Jesum. Et descendentibus illis de monte, praecepit illis
Jesus, dicens: Nemini dixeritis visionem hanc, donec Filius
hominis a mortuis resurgat.

3. Et interrogaverunt eum discipuli ejus, dicentes: Quid
ergo Scribae dicunt, quod Eliam oporteat primo venire? At
ille respondens, ait eis: Elias quidem venturus est, et restituet omnia. Dico autem vobis, quia Elias jam venit, et non
cognoverunt eum; sed fecerunt in eo quaecumque voluerunt.
Sic et Filius hominis passurus est ab eis. Tunc intellexerunt
discipuli quia de Joanne Baptista dixisset eis.

4. Et cum venisset ad turbam, accessit ad eum homo,
genibus provolutus ante eum, dicens: Domine, miserere filio
meo, quia lunaticus est, et male patitur; nam saepe cadit in
ignem, et crebro in aquam. Et obtuli eum discipulis tuis; et
non potuerunt curare eum. Respondens autem Jesus ait: O
generatio incredula et perversa, quousque ero vobiscum?
Usquequo patiar vos? Afferte huc illum ad me. Et increpavit
illum Jesus; et exiit ab eo daemonium, et curatus est puer
ex illa hora.

5. Tunc accesserunt discipuli ejus ad Jesum secreto, et
dixerunt: Quare nos non potuimus ejicere illum? Dixit illis
Jesus: Propter incredulitatem vestram. Amen quippe dico vobis, si habueritis fidem sicut granum sinapis, dicetis monti
huic, Transi hinc illuc, et transibit; et nihil impossibile erit
vobis. Hoc autem genus non ejicitur nisi per orationem et
jejunium.

6. Conversantibus autem eis in Galilaea, dixit illis Jesus:
Filius hominis tradendus est in manus hominum; et occident
eum, et tertia die resurget. Et contristati sunt vehementer.

7. Et cum venisset Capharnaum, accesserunt qui didrachma accipiebant, ad Petrum, et dixerunt ei: Magister vester
non solvit didrachma? Ait, etiam: et cum intrasset in domum,
praevenit eum Jesus dicens: Quid tibi videtur, Simon? Reges
terrae a quibus accipiunt tributum vel censum; a filiis suis,
an ab alienis? Et ille dixit, Ab alienis. Dixit illi Jesus: Ergo
liberi sunt filii. Ut autem non scandalizemus eos, vade ad
mare, et mitte hamum, et eum piscem qui primus ascenderit, tolle: et aperto ore ejus invenies staterem: illum sumens, da eis pro me et te.

1. REMIGIUS. Claritatem suae visionis, quam promiserat Dominus discipulis suis, in hac transfiguratione habita in monte post sex dies complevit:
unde dicitur: *Et post sex dies assumpsit Petrum
et Jacobum et Joannem fratrem ejus.* HIERONYMUS
(in Comm. super 17 cap. Matth.). Quaeritur autem quomodo post sex dies assumpsit eos, cum
Lucas Evangelista octonarium numerum ponat. Sed
facilis est responsio: quia hic medii ponuntur dies,
ibi primus additur et extremus. CHRYSOSTOMUS (hom.
57). Ideo autem non confestim facta promissione
eos sursum ducit, sed post sex dies, ut reliqui discipuli nihil patiantur humanum, idest aliquem invidiae motum; vel ut horum dierum spatio vehementiori concupiscentia repleti, qui assumendi erant,
solicita mente accederent. RABANUS. Merito autem
post sex dies gloriam illam ostendit, quia post sex
aetates futura est resurrectio. ORIGENES. Vel quia
in sex diebus totus factus est (1) visibilis mundus;
qui transcendit omnes res mundi, potest ascendere
super montem excelsum, et gloriam aspicere Verbi
Dei. CHRYSOSTOMUS (homil. 57). Ideo autem hos
tres assumpsit, quoniam aliis potiores erant. Intende autem qualiter Matthaeus non occultat eos qui
sibi praepositi sunt: hoc enim et Joannes facit,
praecipuas Petri laudes commemorans. Ab aemulatione enim et vana gloria mundus fuit Apostolorum chorus. HILARIUS (can. 17 in Matth.). In tribus autem assumptis, de trium origine, Sem, Cam
et Japhet, futura electio populi ostenditur. RABANUS.
(hoc loco). Vel tres solummodo discipulos secum
ducit, quia multi sunt vocati, pauci vero electi.
Vel quia (2) qui nunc fidem Sanctae Trinitatis
incorrupta mente servant, tunc aeterna ejus visione laetantur. REMIGIUS. Ostensurus autem Dominus
gloriam suae claritatis discipulis, duxit eos in montem: unde sequitur: *Et duxit illos in montem excelsum seorsum:* in quo docet quia necesse est omnibus qui Deum contemplari desiderant, ut non
in infirmis voluptatibus jaceant, sed amore supernorum semper ad caelestia erigantur; et ut ostendat discipulis quatenus gloriam divinae claritatis
non in hujus saeculi profundo quaerant, sed in
caelestis beatitudinis regno. Ducuntur autem seorsum, quia sancti viri toto animo et fidei intentione separati sunt a malis, funditusque separabuntur
in futuro: vel quia multi vocati, pauci vero electi.

Sequitur: *Et transfiguratus est ante eos.* HIERO-
NYMUS (super *Et transfiguratus est*). Qualis enim
futurus est tempore judicandi, talis Apostolis apparuit. Nemo autem putet pristinam eum formam et
faciem perdidisse, vel amisisse corporis veritatem,
et assumpsisse corpus spirituale vel aereum; sed
quomodo transfiguratus sit, Evangelista demonstrans
dicit: *Et resplenduit facies ejus sicut sol; vestimenta autem ejus facta sunt alba sicut nix.* Ubi splendor faciei ostenditur, et candor describitur vestium,
non substantia tollitur, sed gloria commutatur. Certe transformatus est Dominus in eam gloriam qua
venturus est postea in regno suo. Transformatio
splendorem addidit, faciem non subtraxit, etsi corpus spirituale fuerit: unde et vestimenta mutata
sunt, quae intantum fuere candida ut alius Evangelista dixerit, qualia fullo super terram non posset facere: hujusmodi autem corporale est et tactui
subjacet, non spirituale et aereum, quod illudat
oculis, et tantum in phantasmate aspiciatur. REMI-
GIUS. Si autem facies Domini resplenduit sicut sol,
et sancti sicut sol fulgebunt; numquid erit aequalis claritas Domini et servorum? Nequaquam. Sed
quia nihil lucidius invenitur sole, idcirco ad mani-
festandum exemplum futurae resurrectionis, et facies Domini resplendere, et justi fulgere dicuntur
sicut sol. ORIGENES (in Matth. cap. 17, tract. 5).
Mystice autem, cum aliquis transcenderit sex dies,
secundum quod diximus, videt transfiguratum Jesum
ante oculos cordis sui. Diversas enim habet Verbum Dei formas, apparens unicuique secundum
quod videnti expedire cognoverit; et nemini supra
quod capit, semetipsum ostendit: unde non dixit
simpliciter, *transfiguratus est,* sed *coram eis.* In
Evangeliis enim Jesus simpliciter (1) intelligitur
ab eis qui non ascendunt per excitationem (2)
verborum spiritualium super excelsum sapientiae
montem; eis autem qui ascendunt, jam non secundum carnem cognoscitur, sed Deus Verbum intelligitur. Coram his ergo transfiguratur Jesus, et non
coram illis qui sunt deorsum in conversatione terrena viventes. Hi autem coram quibus transfiguratur, facti sunt filii Dei, et ostenditur eis sol esse
justitiae; et vestimenta ipsius fiunt candida sicut
lumen; quae sunt sermones et litterae Evangeliorum, quibus Jesus est indutus, secundum illa quae

(1) *Al.* totus perfecti numeri factus est etc.
(2) *Al.* omittitur quia.

(1) *Al.* similiter.
(2) *Al.* exercitationem.

ab Apostolis dicuntur de eo. GLOSSA (1). Vel vestimenta Christi sanctos significant, de quibus Isaias cap. 49: « Omnibus his velut vestimento ve-
« stieris: » et nivi comparantur (2), quia candidi
erunt virtutibus, et omnis vitiorum aestus ab eis
remotus erit.

Sequitur: *Et apparuerunt illis Moyses et Elias
cum eo loquentes.* CHRYSOSTOMUS (hom. 57 in Matth.). Hoc autem multas habet rationes. Et prima
quidem est haec. Quia enim turbae dicebant eum
esse Eliam vel Hieremiam, aut unum ex Prophetis, capita Prophetarum secum ducit, ut salutem
hinc videatur differentia servorum, et Domini. Alia
ratio est. Quia enim continue Jesum accusabant Judaei tamquam transgressorem legis, et blasphemum, Patris sibi gloriam usurpantem; ut ostendatur ab utraque accusatione innoxius, eos qui in
utroque fulserunt, in medium ducit. Etenim Moyses legem dedit, et Elias pro gloria Dei aemulator
fuit. Alia ratio est, ut discant quoniam mortis et
vitae potestatem habet: propter hoc et Moysen, qui
morte defecerat, et Eliam, qui nondum mortem
passus fuerat, in medium ducit. Aliam causam et
ipse evangelista revelat, scilicet monstrare crucis
gloriam, et mitigare Petrum et alios discipulos
passionem timentes: loquebantur enim, ut alius
Evangelista dicit, de excessu quem completurus
erat in Hierusalem: unde eos in medium ducit qui
se morti exposuerunt pro his quae Deo placebant,
et pro plebe credentium: etenim tyrannis uterque
se libere praesentavit: Moyses quidem Pharaoni,
Elias autem Achab. Ducit autem et propter hoc
eos in medium: volebat enim quod discipuli illorum privilegia zelarent, ut scilicet fierent mansueti
sicut Moyses, et zelantes sicut Elias. HILARIUS (can.
17 in Matth.). Quod etiam Moyses et Elias ex
omni sanctorum numero assistunt, medius inter
legem et Prophetas Christus in regno est: cum his
enim Israelem, quibus testibus praedicatus (5) est,
judicabit. ORIGENES (in cap. 17 Matth., tract. 5).
Si quis etiam intelligit spiritualem legem convenientem sermonibus Jesu, et in Prophetis absconditam Christi sapientiam; ille vidit Moysen et Eliam
in gloria una cum Jesu. HIERONYMUS (super *Ecce
apparuit Moyses*). Considerandum est etiam, quod
Scribis et Pharisaeis de caelo signa poscentibus
dare noluit; hic vero, ut Apostolorum augeat fidem,
dat signum de caelo, Elia inde descendente quo
conscenderat, et Moyse ab inferis resurgente: quod
et Achaz per Isaiam praecipitur, ut petat sibi signum de inferno vel de excelso. ORIGENES (ubi
supra). Quid autem fervidus Petrus dixerit, subditur: *Respondens autem Petrus dixit ad Jesum:
Domine, bonum est nos hic esse.* Quia enim audivit quod oportet eum Hierosolymam ire, adhuc timet pro Christo: sed post increpationem non audet
dicere rursus, *Propitius esto tibi*; sed idem occulte
per alia signa insinuat. Quia enim videbat multam
quietem et solitudinem, cogitavit convenientem ibi
stationem esse ex loci dispositione: quod significat
dicens: *Bonum est nos hic esse.* Vult etiam ibi
semper esse; ideo tabernaculorum meminit, dicens:
Si vis, faciamus hic tria tabernacula. Cogitavit enim
quod si hoc fieret, non ascenderet Hierosolymam; et

si non ascenderet, Christus non moreretur: ibi e-
nim sciebat Scribas insidiari ei. Cogitabat etiam
quod Elias aderat, qui in monte ignem descendere
fecit, et Moyses, qui intravit nebulam, et Deo locutus est: unde occultari poterant, ut nullus persecutorum sciret ubi essent. REMIGIUS. Vel aliter.
Visa Domini majestate et duorum servorum, Petrus
adeo delectatus est ut cuncta temporalia oblivioni
traderet, et ibi in perpetuum vellet manere. Si autem tunc Petrus sic accensus est; quanta erit sua-
vitas et dulcedo videre regem in decore suo, et
interesse choris Angelorum et omnium sanctorum?
In eo sane quod ait Petrus, *Domine si vis*, devotionem subditi et obedientis (1) servi ostendit HIE-
RONYMUS (super illud, *Si vis, faciamus hic tria tabernacula*). Erras tamen Petre, et sicut alius Evangelista testatur, nescis quid dicas. Noli tria tabernacula quaerere; cum unum sit tabernaculum E-
vangelii, in quo lex et Prophetae recapitulanda
sunt. Si autem quaeris tria tabernacula, nequaquam
servos cum Domino conferas; sed fac tria tabernacula, immo unum Patri et Filio et Spiritui
sancto: ut quorum est una divinitas, unum sit in
pectore tuo tabernaculum. REMIGIUS. Erravit etiam,
quia (2) voluit ut regnum electorum constitueretur in
terra; quod Dominus promiserat dare in caelis.
Erravit etiam, quia oblitus est se et socios suos
esse mortales; et absque gustu mortis voluit subire
aeternam felicitatem. RABANUS (hoc loco). Et in
eo quod caelesti conversationi tabernacula facienda
putavit; in qua domus necessaria non erat, cum
scriptum sit Apoc. 21: « Templum non vidi in ea. »

2. HIERONYMUS. Qui carnale (3) ex frondibus
aut tentoriis quaerebant tabernaculum, nubis luci-
dae operiuntur umbraculo: unde dicitur: *Adhuc eo
loquente, ecce nubes lucida obumbravit eos.* CHRY-
SOSTOMUS (hom. 57, ante medium). Cum Dominus
comminatur, nubem tenebrosam ostendit, sicut in
Sina; hic autem quia non terrere volebat, sed docere, nubes apparuit lucida. ORIGENES (ubi supra).
Lucida autem nubes obumbrans sanctos, est virtus
paterna, vel forte Spiritus sanctus: dicam etiam
Salvatorem nostrum esse lucidam nubem, quae
obumbrat Evangelium et legem et Prophetas;
sicut intelligunt qui possunt aspicere lumen ipsius
in praemissis. HIERONYMUS (super *Adhuc eo loquente*). Quia vero imprudenter interrogaverat Petrus,
propterea responsionem non meretur; sed Pater
respondet pro Filio, ut verbum Domini (Joan. 8)
compleretur: « Qui me misit, ipse de me testimo-
« nium perhibet. » CHRYSOSTOMUS (hom. 57, ante
medium). Neque autem Moyses loquitur neque
Elias, sed Pater omnibus major vocem emittit ex
nube, ut discipuli credant quod a Deo haec vox
erat. Semper enim apparere solet Deus in nube,
sicut scriptum est Psal. 96: « Nubes et caligo in
« circuitu ejus: » et hoc est quod dicitur, *Et ecce
vox de nube.* HIERONYMUS (ut supra). Vox quidem
Patris de caelo loquentis auditur, qui testimonium
perhibeat Filio, et Petrum, errore sublato, doceat
veritatem; immo per Petrum ceteros Apostolos: unde subdit dicens: *Hic est Filius meus dilectus*: huic
est faciendum tabernaculum, huic obtemperandum:
hic est Filius, illi servi sunt: debent et ipsi vobiscum in penetralibus cordis sui Domino tabernaculum

---

(1) Non est in Glossa quae nunc extat, sed in Anselmo
(*Ex edit. P. Nicolai*).
(2) *Al.* et vivi operantur.
(5) *Al.* praedicaturus.

(1) *Al.* sibi subditi obedientis.
(2) *Al.* qui.
(3) *Al.* quia carnale.

praeparare. Chrysostomus (hom. 57 circ. medium). Ne igitur timeas Petre. Si enim potens est Deus, manifestum quia et Filius similiter potens est: si autem diligitur, ne timeas: nullus enim eum quem diligit prodit; nec tu aequaliter eum diligis genitori. Neque autem solum diligit eum quia genuit, sed et quia unius est voluntatis cum ipso: sequitur enim: *In quo mihi complacui*; ac si diceret: In quo requiesco, quem accepto: quia omnia quae sunt Patris, cum diligentia exequitur, et est voluntas una ipsius et Patris: quare et si crucifigi vult, non contradicas. Hilarius (can. 17 in Matth.). Hunc esse Filium, hunc dilectum, hunc complacitum, sed et hunc audiendum, vox (1) de nube significat, dicens, *Ipsum audite*: ut scilicet idoneus ipse praeceptorum talium auctor esset qui saeculi damnum, crucis voluntatem, obitum corporis, et post haec regni caelestis gloriam facti confirmasset exemplo. Remigius. Dicit ergo, *Ipsum audite*, ac si aliis verbis diceret: Recedant umbrae legales, et typi Prophetarum; et solum coruscum lumen Evangelii sequamini. Sive ideo ait, *Ipsum audite*, ut illum esse ostenderet quem Moyses praedixerat, dicens (Deut. 18): « Prophetam suscitabit vobis Deus de fratri- « bus vestris: tamquam me audietis ipsum. » Sic ergo Dominus undique habuit testes, ex caelo vocem Patris, ex paradiso Eliam, ex inferis Moysen, ex hominibus Apostolos, ut in nomine Jesu omne genuflectatur, caelestium, terrestrium et infernorum. Origenes (tract. 5 in cap. 17 Matth.). Vox autem de nube, aut ad Moysen et Eliam loquitur, qui desiderabant videre Filium Dei et audire eum; aut discipulos docet. Glossa (2). Notandum autem quod bene convenit mysterium secundae regenerationi (quae scilicet erit in resurrectione, ubi caro suscitabitur) cum mysterio primae, quae est in baptismate, ubi anima resuscitatur. In baptismate enim Christi, operatio totius Trinitatis ostensa est; fuit enim ibi Filius incarnatus, apparuit in columbae specie Spiritus sanctus: et Pater fuit ibi in voce declaratus: et similiter in transfiguratione, quae est sacramentum secundae regenerationis, tota Trinitas apparuit: Pater in voce, Filius in homine, Spiritus sanctus in nube. Quaeritur autem quare Spiritus sanctus ibi in columba, hic in nube declaratus est. Dona siquidem sua per species declarare solet. Innocentiam autem in baptismate donat, quod per avem simplicitatis designatur. Daturus est autem claritatem et refrigerium in resurrectione; et ideo in nube refrigerium, in fulgore nubis claritas resurgentium corporum designatur.

Sequitur: *Et audientes discipuli ceciderunt in faciem suam, et timuerunt valde.* Hieronymus (super *Audientes discipuli ceciderunt*). Triplicem autem ob causam pavore terrentur: vel quia se errasse cognoverant, vel quia nubes lucida operuerat eos, aut quia Dei Patris vocem loquentis audierant: humana enim fragilitas conspectum majoris gloriae ferre non sustinet, ac toto animo et corpore contremiscens ad terram cadit: quanto enim quis ampliora quaesierit, tanto magis ad inferiora collabitur, si ignoraverit mensuram suam. Remigius. In eo vero quod sancti Apostoli in faciem ceciderunt, fuit indicium sanctitatis: quia sancti in faciem cadere dicuntur, impii vero retrorsum. Chrysostomus

(ut supra). Sed cum ante in Christi baptismo, quando talis etiam vox de caelo delata est, nullus ex turba quae aderat, tale aliquid passus est, quomodo discipuli in monte ceciderunt? Quia scilicet et solitudo et altitudo et silentium erat multum, et transfiguratio stupore plena, et lumen purum, et nubes extensa: ex quibus omnibus stupor in eis congregabatur. Hieronymus (super *Accessit Jesus*). Quia vero illi jacebant et surgere non poterant, ipse clementer accedit, et tangit eos, ut tactu fuget timorem, et debilitata membra solidentur; et hoc est quod dicitur: *Et accessit Jesus, et tetigit eos.* Quos autem manu sanaverat, etiam sanavit imperio: unde sequitur: *Dixitque eis: Surgite, et nolite timere.* Primum timor expellitur, ut postea doctrina tribuatur. Sequitur: *Levantes oculos suos, neminem viderunt nisi solum Jesum:* quod rationabiliter factum est, ne si Moyses et Elias perseverassent cum Domino, Patris vox videretur incerta cui potissimum daret testimonium. Vident etiam Jesum stantem ablata nube, et Moysen et Eliam evanuisse: quia postquam legis et Prophetarum umbra discesserat, utrumque in Evangelio reperitur. Sequitur: *Et descendentibus illis de monte praecepit eis Jesus, dicens: Nemini dixeritis visionem hanc, donec Filius hominis a mortuis resurgat.* Non vult ergo in populis praedicari, ne et incredibile esset pro rei magnitudine, et post tantam gloriam apud rudes animos sequens crux scandalum faceret. Remigius. Sive quia, si majestas illius divulgaretur in populo, populi impedirent dispensationem passionis ejus, resistendo principibus sacerdotum; et sic redemptio humani generis retardaretur. Hilarius (can. 17). Silentium etiam rerum gestarum quas viderant imperat, ut cum essent Spiritu sancto repleti, tunc gestorum spiritualium testes essent.

5. Hieronymus (super *Quid ergo Scribae dicunt*). Traditio Pharisaeorum est juxta Malachiam Prophetam, quod Elias veniat ante Salvatoris adventum, et reducat cor patrum ad filios et filiorum ad patres, et restituat omnia in antiquum statum. Aestimant ergo discipuli transformationem gloriae hanc esse quam in monte viderant; et ideo dicitur: *Et interrogaverunt eum discipuli ejus dicentes: Quid ergo Scribae dicunt, quod Eliam oporteat primum venire?* ac si dicerent: Si jam (1) venisti in gloriam; quomodo praecursor tuus non apparet ? Maxime autem hoc dicunt, quia Eliam viderant recessisse. Chrysostomus (hom. 57). Non autem adventum Eliae discipuli de Scripturis sciebant; sed Scribae eis manifestabant; et ferebatur hic sermo in plebe indocta; sicut et de Christo. Non autem, ut oportebat, adventus Christi et Eliae a Scribis interpretabatur. Scripturae enim duos dant Christi adventus; eum scilicet qui factus est, et eum qui futurus est. Sed Scribae plebem evertentes, secundum adventum solum commemorabant plebi, et dicebant, quoniam si hic est Christus, oportebat Eliam praevenire. Est igitur solutio quam Christus inducit. Sequitur: *At ille respondens ait: Elias quidem venturus est, et restituet omnia. Dico autem vobis, quia Elias jam venit.* Ne autem existimes eum in sermone errasse, si quandoque dicit Eliam venturum, et quandoque venisse: cum enim dicit quod Elias venturus est et restaurabit omnia, de ipso Elia in propria persona loquitur: qui quidem restaurabit omnia, dum

---

(1) *Al.* audientium vox.
(2) Quod subditur ex Glossa, nec in ea est quae nunc extat, nec etiam habetur in Anselmo (*Ex edit P. Nicolai*).

(1) *Al.* deest jam.

corriget infidelitatem Judaeorum qui tunc invenientur, quod est convertere corda patrum ad filios,
idest Judaeorum ad Apostolos. Augustinus de Quaest.
Evang. (lib. 1, cap. 21). Vel restituet omnia, idest
eos quos Antichristi persecutio perturbaverit: vel ut
ipse restituat moriendo quae debet. Chrysostomus
(hom. 58). Si autem tot bona erunt ex Eliae praesentia, quare tunc non eum misit ? Dicemus, quia
et tunc Christum aestimantes Eliam, non crediderunt
ei. Tunc autem Eliae credent (1), quia cum post
tantam expectationem venerit, annuntians Jesum,
facilius suscipient quae ab eodem dicentur. Cum
vero dicit quod *Elias jam venit*, Joannem Eliam
vocat, propter ministerii modum: sicut enim Elias
secundi adventus praecursor erit, ita Joannes praecursor factus est primi. Propter hoc autem Joannem Eliam nominat, ut ostendat primum suum adventum veteri testamento et prophetiae convenire.
Hieronymus (super *Elias venturus est*). Ipse ergo
qui venturus est in secundo Salvatoris adventu
juxta corporis fidem, nunc per Joannem venit in
virtute et spiritu. Sequitur: *Et non cognoverunt
eum; sed fecerunt in eo quaecumque voluerunt*, hoc
est, spreverunt et decollaverunt eum. Hilarius (can.
16). Ut Domini adventum praenuntians, passionem
quoque praecurreret et injuriae et vexationis exemplo: unde sequitur: *Sic et Filius passurus est ab
eis*. Chrysostomus (hom. 58). In quo opportune
suam passionem commemorat ex passione Joannis,
multam eis praebens consolationem. Hilarius (ubi
supra). Quaeritur ergo, cum Herodes et Herodias
Joannem interfecerint, quomodo ipsi quoque Jesum
crucifixisse dicantur, cum legamus eum a Scribis et
Pharisaeis interfectum. Et breviter respondendum,
quod in Joannis necem Pharisaeorum factio consenserit: et in occisione Domini Herodes junxerit voluntatem suam, qui illusum atque despectum remisit ad
Pilatum, ut eum crucifigeret. Rabanus (super *Intellexerunt quia de Joanne*). Ex indicio autem passionis suae, quam Dominus eis saepius praedixit, et
praecursoris sui, quem jam completam cernebant,
discipuli cognoscebant Joannem sibi in Eliae vocabulo
demonstratum esse: unde sequitur: *Tunc intellexe-
sunt discipuli quia de Joanne Baptista dixisset eis*.
Origenes (trac. 3 in 17 cap. Matth.). Quod autem
dixit propter Joannem, *Elias jam venit*, non anima
Eliae est intelligenda, ne incidamus in dogma trans-
corporationis, quod alienum est ab ecclesiastica
veritate; sed, sicut Angelus praedixit, *venit in spiritu et virtute Eliae*.

4. Origenes (tract. 3, ubi supra). Concupiscens
Petrus spectabilem illam vitam, et praeponens utilitatem suam utilitatibus plurimorum, dicebat: *Bonum
est nos hic esse* Sed quoniam caritas non quaerit quae
sua sunt, hoc quod videbatur bonum Petro, non fecit
Jesus; sed quasi de monte excelso divinitatis descendit
ad turbam: ut qui non poterant ascendere sursum propter infirmitatem animarum suarum, illis proficiat;
unde dicitur *Et cum venisset ad turbam*: nisi enim
cum discipulis suis electis venisset ad turbam. non
accessisset ad eum ille de quo subditur: *Accessit
ad eum homo genibus provolutus ante eum, dicens:
Domine, miserere filio meo*. Ubi considerandum est,
quod quandoque qui patiuntur, credunt, et deprecantur pro sua salute; quandoque autem pro eis
alii faciunt: sicut nunc qui genibus volvitur, pro

filio rogat; quandoque vero a semetipso Salvator
etiam a nullo rogatus, sanat. Primo autem quaeramus quid est quod sequitur. *Quia lunaticus est,
et male patitur*. Medici ergo loquuntur quae volunt: quia nec immundum spiritum arbitrantur, sed
corporalem aliquam passionem; et dicunt humida
moveri in capite secundum aliquam compassionem
ad lumen lunare. quod humidam habet naturam.
Nos autem qui Evangelio credimus, dicemus hanc
passionem immundum spiritum in hominibus operari. Observat enim quaedam schemata (1) lunae,
et sic operatur, ut ab observatione lunae pati homines mentiatur, et per hoc culpabilem Dei creaturam ostendat: sic et alii daemones secundum
aliqua stellarum schemata insidiantur hominibus, ut
iniquitatem in excelso loquantur (2), quasdam stellas dicentes maleficas, quasdam beneficas: cum nulla stella a Deo sit facta ut male faciat.

In hoc autem quod subditur, *Nam saepe cadit in
ignem, et crebro in aquam*. Chrysostomus (hom. 58)
considerandum est, quod nisi providentia hic homo
esset (3) munitus, dudum periisset: daemon enim
qui ipsum in ignem et in aquam mittebat, inter-
fecisset eum omnino, nisi Deus eum refrenasset.
Hieronymus (super *Miserere filio meo*). Quod autem
dicit, *Et obtuli eum discipulis tuis, et non potuerunt curare eum*, latenter accusat Apostolos: cum
impossibilitas curandi interdum non ad imbecillitatem curantium, sed ad eorum qui curandi sunt,
fidem referatur. Chrysostomus (ubi supra). Inspice
autem et aliunde ejus insipientiam, qualiter coram
turba interpellat Jesum adversus discipulos. Sed
ipse eos liberat ab accusatione, defectum curationis imputans illi: ex multis enim monstratur eum
infirmum in fide fuisse. Non tamen tantum in ejus
personam invehitur, ne ipsum conturbaret; sed in
omnes Judaeos. Probabile est enim multos praesentium de discipulis inconvenientia cogitasse; et ideo
sequitur: *Respondens Jesus ait: O generatio incredula et perversa, quousque ero vobiscum? Usquequo patiar vos?* Per hoc autem quod dicit, *Usquequo ero vobiscum?* ostendit desideratam ab eo esse
mortem, et concupiscibilem recessum. Remigius.
Sciendum quoque, quia Dominus non tantum tunc
coeperat pati improbitatem Judaeorum, sed a longo prius tempore: et ideo hic dicit: *Usquequo patiar vos?* ac si dicat: Quia longo tempore coepi
pati vestras improbitates, ideo indigni estis mea
praesentia. Origenes (tract. 3). Vel quoniam non potuerunt eum sanare discipuli, quasi adhuc modicae
fidei constituti, propterea dixit, *O generatio incredula*: et quod ait. *Perversa*, ostendit quoniam ex
perversitate malitia est introducta extra naturam.
Puto autem, quod propter perversitatem totius humani generis, quasi gravatus malitia eorum, dixit,
Usquequo ero vobiscum? Hieronymus (super *O generatio perversa*). Non autem credendum est quod
taedio superatus sit, et mansuetus, ac mitis in
verba furoris eruperit; sed quod in similitudinem
medici, si aegrotum videat contra sua praecepta se-
gerere dicat: Usquequo ascendam in domum tuam ?
Usquequo artis perdam industriam, me aliud jubente, et te aliud perpetrante ? Quod autem non sit
iratus homini sed vitio, ac per unum hominem

---

(1) *Al.* crederent.

(1) *Al.* schismata.
(2) *Al.* ut iniquitatem cum in excelso loquitur. *P. Nicolai*
legit ut iniquitatem quidam in excelso loquantur.
(3) *Al.* potitus.

Judaeos arguat infidelitatis, patet ex hoc quod infert: *Afferte huc illum ad me.* Chrysostomus (hom. 58, prope med.). Postquam enim discipulos excusaverat, ducit patrem pueri ad spem benignam credendi, quod ab hoc malo eripietur; et ut inducatur pater ad fidem futuri miraculi, videns daemonem tumultum pati ex hoc solum quod vocabatur, increpavit eum: unde sequitur: *Et increpavit eum Jesus.* Non ille qui patiebatur, sed daemon increpatur. Remigius. In quo facto reliquit exemplum praedicatoribus, ut vitia persequantur, homines vero sublevent. Hieronymus (hoc loco). Sive increpavit puerum, quia propter peccata sua a daemone fuerat oppressus.

Sequitur: *Et exiit ab eo daemon, et curatus est puer ex illa hora.* Rabanus (super illud, *Quia lunaticus est*). Mihi autem videtur. juxta tropologiam, lunaticus esse qui per horarum momenta mutatur ad vitia; et nunc quidem in ignem fertur, quo adulterantium corda succensa sunt; nunc in aquas, scilicet voluptatum, vel cupiditatum, quae non valent extinguere caritatem. Augustinus de Quaest. Evang. (lib. 1, cap. 22). Vel ignis ad iram pertinet, eo quod alta petat; aqua ad voluptates carnis. Origenes (tract. 4, in cap. 17 Matth.). De inconstantia autem peccatoris dicitur Eccli. 27: « Stultus ut « luna mutatur. » Et est videre in talibus impetus quosdam quasi operum bonorum subrepere; aliquando autem quasi quadam abreptione spiritus a passionibus comprehenduntur, et cadunt a statu bono in quo stare putabantur. Forsitan ergo Angelus, qui sortitus est hujus lunatici custodiam, pater hujus appellatur, deprecans quasi pro filio medicum animarum, ut liberet eum qui non potest sanari a passione per verbum humile discipulorum Christi, quia non recipit eorum admonitionem veluti surdus; et ideo opus est ei Christi sermo, ut jam de cetero sine ratione non agat.

5. Chrysostomus (hom. 58). Acceperant discipuli a Domino potestatem spirituum immundorum; et quia oblatum daemoniorum curare non potuerant, videtur quod in dubitationem devenerint, ne forte gratiam, quae erat eis tradita, perdidissent; et ideo dicit: *Tunc accesserunt ad Jesum discipuli ejus secreto, et dixerunt: Quare nos non potuimus ejicere illum?* Interrogant quidem singulariter, non propter verecundiam, sed quia de ineffabili et magna re erant eum interrogaturi.

Sequitur: *Dixit illis Jesus: Propter incredulitatem vestram.* Hilarius (can. 17, ante medium). Crediderant quidem Apostoli, nondum tamen erant perfectae fidei: nam Domino in monte demorante, et ipsis cum turbis residentibus, quidam tepor eorum fidem retardaverat. Chrysostomus (hom. 58). Unde manifestum est hinc quoniam et discipuli in fide infirmati sunt, sed non omnes: columnae enim illae non aderant, scilicet Petrus et Jacobus et Joannes. Hieronymus (super *Quare non potuimus?*). Hoc est autem quod in alio loco Dominus dicit (infra 21). *Quaecumque in nomine meo petieritis, credentes accipietis.* Ergo quoties non accipimus, non praestantis est impossibilitas, sed poscentium culpa. Chrysostomus (ubi supra). Sciendum tamen, quod sicut multoties accedentis fides accipere sufficit effectum miraculi; ita multoties facientium miracula sufficit virtus, etiam non credentibus illis qui expetierint miracula operari: etenim qui circa Cornelium, ex propria fide allexerunt gratiam Spiritus

sancti; ille autem mortuus qui projectus est in sepulcrum Elisei, sola virtute corporis sancti resuscitatus est. Contigit autem et tunc discipulos infirmari in fide: imperfectius enim dispositi erant ante crucem; et ideo fidem dicit hic esse causam signorum: unde subditur: *Amen quippe dico vobis: si habueritis fidem sicut granum sinapis;* dicetis monti huic, *Transi hinc, et transibit.* Hieronymus (super *Si habueritis fidem*). Putant aliqui fidem grano sinapis comparatam parvam dici, cum Apostolus dicat (Corinth. 13): « Et si habuero tantum fidem ita « ut montes transferam. » Magna est ergo fides quae grano sinapis comparatur. Gregorius, 1 Moral. (in praefatione expos. Job, cap. 2, in novis exemp. 4). Granum quippe sinapis nisi teratur, nequaquam virtus ejus agnoscitur: sicut si virum sanctum tritura persecutionis opprimat, mox in fervorem virtutis vertitur quidquid in illo antea despicabile infimumque videbatur. Origenes (tract. 4, ante med.). Vel ideo omnis fides grano sinapis comparatur, quoniam contemnitur quidem fides ab hominibus, et modicum aliquid et vile apparet: cum vero consecutum fuerit hujusmodi semen bonam animam quasi terram, fit arbor magna. Sic autem magna est praedicta lunatici infirmitas, et fortis ad curandum inter omnia mala, ut monti assimiletur, nec expellatur nisi per omnem fidem ejus qui passiones hujusmodi sanare voluerit. Chrysostomus (hom. 58, a med.) Unde et de translatione montium mentionem facit, et ultra procedit dicens: *Et nihil impossibile erit vobis.* Rabanus. Sic enim fides mentem nostram capacem donis caelestibus facit, ut quaecumque volumus, facillime a fideli Domino impetrare possimus. Chrysostomus (homil. 58, a medio). Si autem dixeris. Ubi Apostoli montes transtulerunt? illud dicam, quia multa majora fecerunt, mortuos plurimos suscitantes. Dicuntur autem post Apostolos sancti quidam Apostoli minores, montes necessitate imminente transtulisse. Si autem Apostolorum tempore montes non sunt translati, hoc non fuit quia non potuerunt sed quia noluerunt, utilitate non imminente. Nec Dominus dixit quod hoc essent facturi, sed quod hoc facere possunt. Probabile tamen est factum esse, sed scriptum non est (1): neque enim omnia miracula quae fecerunt, scripta sunt. Hieronymus (super *Si habueritis fidem*). Vel montis translatio non ejus significatur quem oculis carnis aspicimus, sed illius qui a Domino translatus fuerat ex lunatico, qui per Prophetam corrumpere dicitur omnem terram. Glossa (interlinearis). Ut sit sensus: *Dicetis monti huic,* idest superbo diabolo, *Transi hinc,* idest ab obsesso corpore in altum maris, idest in profundum inferni, *et transibit*; *et nihil impossibile erit vobis,* idest nulla incommoditas insanabilis. Augustinus de Quaest. Evang. (lib. 1, cap. 22). Vel aliter. Ne discipuli in miraculis faciendis extollerentur in superbiam, admoniti sunt potius per humilitatem fidei, quasi per sinapis granum, elationem terrenam, quae montis nomine significata est, curare transferre. Rabanus (super *Hoc genus daemoniorum*). Dum autem docet Apostolos quomodo daemon debeat expelli, omnes instituit ad vitam: ut scilicet noverimus graviora quaeque vel immundorum spirituum vel hominum tentamenta jejuniis et orationibus esse superanda, iram quoque

_____
(1) *Al.* esse.

Domini hoc remedio singulari posse placari: unde subdit: *Hoc autem genus non ejicitur nisi per orationem et jejunium.* CHRYSOSTOMUS (hom. 58, a medio). Quod dicit non solum de genere lunaticorum, sed de universo genere daemonum. Jejunium enim multam sapientiam imponit, et hominem quasi Angelum de caelo constituit, et incorporeas potestates impugnat. Sed et oratione opus est, quasi principaliori. Qui enim orat ut oportet, et jejunat, non multis indiget; et ita non fit avarus, sed ad eleemosynam promptus est. Qui etiam jejunat, levis est, et vigilanter orat, et concupiscentia perniciosas extinguit, et propitium Deum facit, et animam superbam humiliat. Qui ergo orat cum jejunio, duplices habet alas, etiam ipsis ventis leviores. Neque enim oscitat et torpet orans (quod et multi patiuntur); sed est igne vehementior, et terra fixior; ideoque talis maxime daemoniis adversatur; nihil enim est homine decenter orante potentius. Si autem infirmum est tibi corpus ad continue jejunandum, non tamen ad orandum; et si jejunare non potes, potes tamen non lascivire. Non parvum autem est hoc, neque multum a jejunio distans. ORIGENES (tract. 4 in 17 cap. Matth. ante medium). Si ergo aliquando oportuerit nos circa curationem tale aliquid patientium permanere, non adjuremus, neque interrogemus, neque loquamur quasi audienti spiritui immundo; sed abigamus jejuniis et orationibus nostris spiritus malignos. GLOSSA (ordinaria super *Nisi per orationem*). Vel hoc genus daemonii, idest ista carnalium voluptatum mutabilitas, non vincitur nisi spiritus oratione confirmetur, et caro per jejunium maceretur. REMIGIUS. Vel jejunium hic intelligitur generale, quo non solum abstinemus a cibis, sed ab omnibus illecebris carnalibus, et peccatorum passionibus. Similiter oratio intelligenda est generalis, quae in piis et bonis operibus consistit: de qua dicit Apostolus, 1 Thess. 5, « Sine intermissione orate. »

6. REMIGIUS. Saepe Dominus mysteria suae passionis discipulis praedixit, ut quando acciderent, tanto levius ea ferrent quanto praecognita haberent: et ideo hic dicitur: *Conversantibus autem eis in Galilaea, dicit illis Jesus: Filius hominis tradendus est in manus hominum, et occident eum.* ORIGENES (tract. 4). Videntur quidem haec illis quae supra dixerat similia esse, ut facile quis dicat, Dominum eadem ipsa repetere; quod non est ita, tradendum enim superius non est dictum: hic autem non solum tradendum, sed etiam in manus hominum tradendum audivimus. Traditum igitur Apostolus Filium narrat a Deo Patre; sed etiam contrariae potestates eum in manus hominum tradiderunt. HIERONYMUS (super *Conversantibus autem eis*). Semper autem prosperis miscet tristia : si enim contristat eos quia occidendus est, debet laetificare quod subditur, *Et die tertia resurget.* CHRYSOSTOMUS (homil. 59). Neque enim multum tempus dixit quo in morte maneret; sed tertia die se dixit resurrecturum. ORIGENES (ubi supra). Praedicente autem haec Domino, tristati sunt discipuli: unde sequitur *Et contristati sunt vehementer* non attendentes ad illud quod dixerat, *Et tertia die resurget,* nec considerantes quis esset cui ad destruendam mortem trium dierum tempus sufficeret. HIERONYMUS (ubi supra). Porro quod contristabantur vehementer, non de infidelitate venit: verum pro dilectione Magistri, nihil de eo sinistrum et humile patiuntur audire.

GLOSSA (1). Quia discipuli audita Domini passione contristati erant, ne aliquis passionem Christi necessitati ascriberet, non humilitati, subjungit factum, in quo Christi libertas et humilitas demonstratur: unde dicitur: *Et cum venissent Capharnaum, accesserunt qui didrachma accipiebant ad Petrum, et dixerunt ei: Magister vester non solvit didrachma?* HILARIUS (can. 17). Dominus didrachma solvere postulatur, idest denarios (1): hoc enim omni Israel lex pro redemptione corporis et animae constituerat in ministerio templi servientium. CHRYSOSTOMUS (homil. 59). Cum enim primogenita Ægyptiorum interfecit Deus, tunc tribum Levi pro eis accepit. Deinde quia primogenitis qui erant apud Judaeos, minor hujus tribus numerus erat, pro deficientibus in numerum, siclum jussit inferri; et ex tunc tenuit consuetudo ut primogenita vectigal hoc inferrent. Quia igitur primogenitus erat Christus, videbatur autem discipulorum primus esse Petrus; ad eum accedunt. Et, ut mihi videtur, non in unaquaque civitate hoc expetebant: ideoque in Capharnaum adeunt Christum, quia ejus patria existimabatur. HIERONYMUS (super *Et cum pervenissent Capharnaum*). Vel aliter. Post Augustum Caesarem Judaea facta est tributaria, omnes censi capite ferebantur: unde et Joseph cum Maria cognata sua professus est in Bethlehem. Rursus, quoniam Dominus nutritus erat in Nazareth, quod est oppidum Galilaeae subjacens Capharnaum urbi, ibi deposcitur tributum: et pro signorum magnitudine hi qui exigebant, non audebant ipsum repetere, sed discipulum conveniunt. CHRYSOSTOMUS (hom. 59). Et neque hunc cum multa vehementia, sed mansuetius: neque enim incusantes, sed interrogantes dixerunt; *Magister vester non solvit didrachma?* HIERONYMUS (ubi supra). Sive malitiose interrogant utrum reddat tributa, an contradicat Caesaris voluntati. CHRYSOSTOMUS (homil. 59). Quid igitur Petrus ? *Ait, Etiam.* Et his quidem dixit quoniam solvit; Christus autem non dixit, erubescens fortassis pro his ei loqui. GLOSSA (2). Vel aliter. Et Petrus respondit, *Etiam*; idest, ita est quod non solvit. Voluit autem Petrus Domino intimare, quod herodiani peterent censum sed Dominus praevenit eum: unde sequitur: *Et cum intrasset in domum, praevenit eum Jesus, dicens: Reges terrae a quibus recipiunt tributum vel censum,* idest redditum de capite: *a filiis suis, an ab alienis?* HIERONYMUS (super *Praevenit eum Jesus*). Ante quidem quam Petrus suggerat, Dominus interrogat, ne scandalizentur discipuli ad postulationem tributi, cum videant eum nosse quae absente se gesta sunt.

Sequitur. *At ille dixit, Ab alienis. Dixit illi Jesus: Ergo liberi sunt filii.* ORIGENES (tract. 4, a med.). Sermo iste duplicem habet sensum. Secundum unum enim filii regnum terrae liberi sunt apud reges terrae; extranei autem extra terram liberi non sunt propter eos qui deprimunt eos, sicut Ægyptii filios Israel (2). Secundum alterum autem, propter hoc ipsum quod aliqui sunt alieni a filiis regum terrae, sed sunt filii Dei; liberi

(1) Nihil occurrit in Glossa quae nunc extat, nec in Anselmo, sed nec alibi apud Interpretes occurrit (*Ex edit. P. Nicolai*).

(2) *P. Nicolai legit* idest denarios duos.

(3) Non est in Glossa quae nunc extat, sed in Anselmo

(4) *Al.* sicut Aegyptii filios Israel servi. *Legit sic P. Nicolai:* extranei autem extra terram quidem liberi sunt; propter eos autem qui deprimunt eos (sicut Aegyptii filios Israel) servi.

sunt qui manent in verbis Jesu, et cognoverunt veritatem, et veritas liberavit eos a servitute peccati. Filii
autem regum terrae liberi non sunt: quoniam
« qui facit peccatum, servus est peccati. » Joan.
8. HIERONYMUS (super *Reges terrae*). Dominus autem noster et secundum carnem et secundum
spiritum filius erat regis; vel ex David stirpe generatus, vel omnipotentis Patris Verbum: ergo tributa quasi filius regis non debebat. AUGUSTINUS de
Quaest. Evang. (lib. 1, cap. 23). Dicit enim in
omni regno liberos esse filios, idest non esse ve-
ctigabiles. Multo ergo magis liberi esse debent in
quolibet regno terreno filii regni ipsius, sub quo
sunt omnia regna terrena. CHRYSOSTOMUS (homil.
59). Si autem non erat filius, inaniter hoc exemplum induxit. Sed dicet aliquis: Filius est, sed non
proprius: est ergo alienus; et sic hoc exemplum
non habet veritatem: ipse enim de propriis filiis
disputat, ad quorum differentiam alienos vocat qui non
ex parentibus substantialiter nati sunt. Intende autem
qualiter et hinc Christus certificat eam cognitionem
quae Petro revelata est a Deo, per quam dixit supra 16, Tu *es Christus Filius Dei vivi*. HIERONYMUS
(ubi supra) Quamvis ergo liber esset: quia tamen
humilitatem carnis assumpserat, debuit omnem justitiam adimplere: unde sequitur: *Ut autem non
scandalizemus eos, vade ad mare.* ORIGENES (in 17
capit. Matth., tract. 4) Consequens quoque est intelligere quoniam quoties exurgunt quidam qui per
justitiam tollant nostra terrena, reges hujus terrae
eos transmittunt, ut exigant a nobis quae sunt
ipsorum; et suo exemplo prohibet Dominus aliquod
scandalum fieri etiam hujusmodi hominibus, sive
ne amplius peccent sive ut salventur. Filius enim
Dei, qui nullum opus fecit servile, quasi habens
formam servi, quam propter hominem suscepit, tributum et censum dedit. HIERONYMUS (1) (super
Ut autem non scandalizemus). Quid primum in
hoc loco mirer nescio: utrum praescientiam, an
magnitudinem Salvatoris: praescientiam, quod noverat habere piscem in ore staterem, et quod primus ipse capiendus esset; magnitudinem atque
virtutem, si ad ejus verbum stater in ore piscis
creatus est; et quod futurum erat, ipse loquendo
fecerit. Ipse ergo Christus propter eximiam caritatem, et crucem sustinuit, et tributa reddidit: nos
infelices qui Christi censemur nomine, et nihil tanta dignum facimus majestate: pro illius honore et
tributa non reddimus, et quasi filii regis a vecti-
galibus immunes sumus. Hoc etiam simpliciter intellectum aedificat auditorem, dum audit Dominum
tantae fuisse paupertatis ut unde tributa pro se et
Apostolo redderet, non habuerit. Quod si quis objicere voluerit, quomodo Judas in loculis portabat
pecuniam; respondebimus: Rem pauperum in usus
suos convertere nefas putavit, nobisque idem tribuit
exemplum. CHRYSOSTOMUS (hom. 59). Vel ideo non
ex repositis jubet dare, ut ostendat quod maris et

piscium dominetur ORIGENES (ubi supra). Vel quoniam Jesus non habuit imaginem Caesaris (princeps enim hujus saeculi nihil habebat in eo), propterea non ex proprio, sed ex mari imaginem Caesaris accepit. Non autem suscepit ipse staterem,
neque fecit eum sibi possessionem, ne sit aliquando
imago Caesaris apud imaginem invisibilis Dei. Vide
etiam Christi prudentiam: qualiter nec renuit tributum, nec simpliciter jubet dari; sed prius ostendit se non esse obnoxium, et tunc dat: quorum
unum fecit, scilicet dare tributum, ut illi, scilicet
exactores, non scandalizentur; hoc autem, scilicet
ut ostendat se liberum, ut non scandalizentur discipuli. Alio vero loco contemnit Pharisaeorum scandalum, quando de escis disputabat; docens nos scire
tempora secundum quae oportet non contemnere eos
qui scandalizantur, et secundum quae oportet contemnere. GREGORIUS super Ezech. (hom. 7). Considerandum enim est quia inquantum sine peccato possumus,
vitare proximorum scandalum debemus. Si autem de
veritate scandalum sumitur, utilius permittitur nasci
scandalum quam veritas relinquatur. CHRYSOSTOMUS
(hom. 59). Sicut autem stupescis de Christi virtute, ita admirare Petri fidem, quoniam rei tam
difficili obedivit. Ideoque de fide eum remunerans,
copulavit eum sibi in tributi datione: quod fuit a-
bundantis honoris: et hoc est quod dicitur: *Invenies staterem: illum sumens da eis pro me et te.*
GLOSSA (1) Consuetudo enim erat ut unusquisque
pro se didrachma redderet. Stater vero est pondus
duorum didrachmatum. ORIGENES (ubi supra paulo
ante finem). Mystice autem in agro consolationis
(sic enim interpretatur Capharnaum) consolatur
omnem discipulum, et liberum filium esse pronuntiat, et dat ei virtutem piscandi primum piscem, ut
ascendente eo, consolationem accipiat Petrus super
eum quem piscatus est. HILARIUS (can. 17). Cum
autem primum piscem admonetur Petrus inquirere,
ascensuri ostenduntur et plures. Beatus ille primus
martyr Stephanus, primus ascendit, et staterem in
ore continuit; in quo didrachma novae praedicationis tamquam duo denarii habebantur (2): Dei enim
gloriam et Dominum Christum in passione contuens praedicabat. HIERONYMUS (in fine Comment.
in cap. 17 Matth.). Vel iste piscis primus (3)
captus, est primus Adam, qui per secundum Adam
liberatur: et id quod in ore ejus, hoc est in confessione, fuit inventum, pro Petro et Domino redditur. ORIGENES (ubi supra). Cum etiam videris
avarum hominem ab aliquo Petro correctum, quod
abstulit de ore ejus verbum pecuniae; dices eum
ascendisse de mari, idest de fluctibus solicitudinum
avaritiae, ad hamum rationalem; et comprehensum
atque salvatum ab aliquo Petro, qui eum docuit veritatem, ut pro statere habeat imaginem Dei, idest
eloquia ejus. HIERONYMUS (ubi supra). Et pulchre
illud ipsum quidem datur pretium; sed divisum est:
quia pro Petro quasi pro peccatore pretium red-
debatur; Dominus autem noster peccatum non fecit. Ostenditur autem similitudo carnis dum eodem
et Dominus et servus pretio liberantur.

(1) Non eodem ordine quo hic, ac eadem serie; sed primam istam appendicem sequenti substituens, ac illam ipsam
quidem subsequentem, serie rursus aliquatenus immutata,
praemittens, et sine illis verbis *propter eximiam caritatem*,
quae insinuat Apostolus Ephes. 2, 4; ultimam autem infra
primam submittens, quibusdam tamen interjectis, quae ad
mysticum sensum spectant (*Ex edit. P. Nicolai*).

S. Th. Opera omnia. V. 11.

(1) Non est in Glossa quae nunc extat, sed in Anselmo
(*Ex edit. P. Nicolai*).
(2) *Al.* habentur.
(3) *Al.* qui primus.

CAPUT DECIMUMOCTAVUM.

1. In illa hora accesserunt discipuli ad Jesum, dicentes: Quis putas major est in regno caelorum? Et advocans Jesus parvulum, statuit eum in medio eorum, et dixit: Amen dico vobis: nisi conversi fueritis, et efficiamini sicut parvuli, non intrabitis in regnum caelorum. Quicumque ergo humiliaverit se sicut parvulus iste, hic est major in regno caelorum. Et qui susceperit unum parvulum talem in nomine meo, me suscipit; qui autem scandalizaverit unum de pusillis istis qui in me credunt, expedit ei ut suspendatur mola asinaria in collo ejus et demergatur in profundum maris.

2. Vae mundo a scandalis. Necesse est enim ut veniant scandala; veruntamen vae homini illi per quem scandalum venit Si autem manus tua vel pes tuus scandalizat te, abscinde eum, et projice abs te. Bonum tibi est ad vitam ingredi debilem vel claudum, quam duas manus vel duos pedes habentem mitti in ignem aeternum. Et si oculus tuus scandalizat te erue eum, et proji e abs te. Bonum est tibi unum oculum habentem in vitam intrare, quam duos oculos habentem mitti in gehennam ignis.

3. Videte ne contemnatis unum ex his pusillis: dico enim vobis quia Angeli eorum in caelis semper vident faciem Patris mei qui in caelis est. Venit enim Filius hominis salvare quod perierat. Quid vobis videtur? Si fuerint alicui centum oves, et erraverit una ex eis; nonne relinquit nonagintanovem in montibus, et vadit quaerere eam quae erravit? Et si contigerit ut inveniat eam; amen dico vobis, quia gaudet super eam magis quam super nonagintanovem quae non erraverunt. Sic non est voluntas ante Patrem vestrum qui in caelis est ut pereat unus de pusillis istis.

4. Si autem peccaverit in te frater tuus, vade, et corripe eum inter te et ipsum solum. Si te audierit, lucratus eris fratrem tuum. Si autem non te audierit, adhibe tecum adhuc unum vel duos, ut in ore duorum vel trium testium stet omne verbum. Quod si non audierit eos, dic Ecclesiae. Si autem Ecclesiam non audierit, sit tibi sicut ethnicus et publicanus.

5. Amen dico vobis: quaecumque alligaveritis super terram, erunt ligata et in caelo; et quaecumque solveritis super terram, erunt soluta et in caelo. Iterum dico vobis, quia si duo ex vobis consenserint super terram de omni re quamcumque petierint, fiet illis a Patre meo qui in caelis est. Ubi enim sunt duo vel tres congregati in nomine meo, ibi sum in medio eorum.

6. Tunc accedens Petrus ad eum, dixit: Domine, quoties peccaverit in me frater meus, et dimittam ei? Usque septies? Dicit illi Jesus: Non dico tibi usque septies, sed usque septuagies septies.

7. Ideo assimilatum est regnum caelorum homini regi, qui voluit rationem ponere cum servis suis. Et cum coepisset rationem ponere, oblatus est ei unus qui debebat ei decem millia talenta. Cum autem non haberet unde redderet, jussit eum dominus ejus venumdari, et uxorem ejus et filios et omnia quae habebat, et reddi. Procidens autem servus ille orabat eum, dicens: Patientiam habe in me, et omnia reddam tibi Misertus autem dominus servi illius, dimisit eum, et debitum dimisit ei. Egressus autem servus ille, invenit unum de conservis suis, qui debebat ei centum denarios; et tenens suffocabat eum, dicens: Redde quod debes. Et procidens conservus ejus, rogabat eum, dicens: Patientiam habe in me; et omnia reddam tibi. Ille autem noluit; sed abiit, et misit eum in carcerem, donec redderet debitum. Videntes autem conservi ejus quae fiebant, contristati sunt valde, et venerunt, et narraverunt domino suo omnia quae facta fuerant. Tunc vocavit illum dominus suus, et ait illi. Serve nequam, omne debitum dimisit tibi, quoniam rogasti me: nonne ergo oportuit et te misereri conservi tui, sicut et ego tui misertus sum? Et iratus dominus ejus tradidit eum tortoribus quoadusque redderet universum debitum. Sic et Pater meus caelestis faciet vobis, si non remiseritis unusquisque fratri suo de cordibus vestris.

1. HIERONYMUS (in princ. Commen. in 18 cap.). Quia discipuli viderant pro Petro et Domino idem tributum redditum, ex aequalitate (1) pretii arbitrati sunt omnibus Apostolis Petrum esse praelatum. CHRYSOSTOMUS (hom. 59). Unde passi sunt aliquid humanum; quod Evangelista designat dicens: In illa hora accesserunt discipuli ad Jesum, dicentes: Quis putas major est in regno caelorum? Verecundati siquidem passionem confiteri quam passi sunt, non dicunt manifeste, Petrum cur praehonorasti nobis? sed indeterminate interrogant, Quis major est? Quando autem tres praehonoratos viderunt, scilicet Petrum, Jacobum et Joannem in transfiguratione, nihil tale passi sunt; quando vero in unum solum contulit honorem, tunc doluerunt. Tu autem considera primum quidem quod nihil eorum quae sunt in terris, quaerunt: deinde quod postea hanc passionem deposuerunt. Nos autem neque ad defectus eorum contingere possumus: neque enim quaerimus, Quis major est in regno caelorum? sed Quis major est in regno terrae? ORIGENES (Matth. 18 tract. 5). In his autem imitatores discipulorum esse debemus, si quando aliquid in nobis dubium quaeritur et non invenitur, ut cum omni consensu accedamus ad Jesum, qui potens est illuminare corda hominum ad intelligendum solutionem omnium quaestionum. Interrogemus etiam aliquem doctorum, qui praepositi habentur in Ecclesiis. Sciebant autem discipuli hoc interrogantes, quia non est aequalitas sanctorum in regno caelesti; sed quomodo major, et qualiter vivens minimus, hoc discere cupiebant. Vel sciebant quis esset minimus et quis magnus, ex eo quod supra Dominus dixerat; sed ex multis magnis quis esset major, hoc eis non erat manifestum. HIERONYMUS (ubi supra). Videns autem Jesus cogitationes eorum, voluit desiderium gloriae (1), humilitatis contentione sanare: unde sequitur: Et advocans Jesus parvulum, statuit eum in medio eorum. CHRYSOSTOMUS (hom. 59 in Matth.). Mihi videtur valde parvulum in medio statuere, omnibus passionibus exutum. HIERONYMUS (super Et advocans Jesus parvulum). Ut in eo et aetatem quaereret, et similitudinem innocentiae demonstraret. Vel certe parvulum statuit in medio eorum seipsum, qui non venerat ministrari sed ministrare, ut eis humilitatis tribueret exemplum. Alii parvulum interpretantur Spiritum sanctum, quem posuerit in cordibus discipulorum, ut superbiam in humilitatem mutaret. Sequitur: Et dixit: Amen dico vobis: nisi conversi fueritis, et efficiamini sicut parvuli, non intrabitis in regnum caelorum. Non praecipit Apostolis ut aetatem habeant parvulorum, sed innocentiam; et quod illi per annos possident, hi possideant per industriam; ut malitia non sapientia parvuli sint; ac si dicat: Sicut iste parvulus, cujus vobis exemplum tribuo, non perseverat in iracundia, laesus non meminit, videns pulchram mulierem, non delectatur, non aliud cogitat et aliud loquitur; sic et vos, nisi talem habueritis innocentiam et animi puritatem,

(1) Al. ex qualitate.

(1) Al. voluit desiderio gloriae, humilitatis contentionem sanare.

in regnum caelorum non poteritis intrare. HILARIUS
(can. 18 in Matth., circ. princ.). Pueros etiam
credentes omnes per audientiae fidem (1) nuncupavit: hi enim patrem sequuntur, matrem amant,
velle malum nesciunt, curam operum (2) negligunt,
non insolescunt, non oderunt, non mentiuntur, dictis credunt, et quod audiunt, verum habent. Littera ergo sic legitur. GLOSSA (3). *Nisi conversi
fueritis* ab hac elatione et indignatione, in qua
modo estis, *et efficiamini* omnes ita (4) *innocentes
et humiles per virtutem sicut parvuli sunt per
aetatem, non intrabitis in regnum caelorum:* et
quandoquidem aliter non intratur, *quicumque ergo
humiliaverit se sicut parvulus iste, hic major est in
regno caelorum:* quanto enim quis erit humilior,
tanto major efficitur in regno caelorum. REMIGIUS.
Idest, in cognitione gratiae, vel ecclesiastica dignitate, vel certe in aeterna beatitudine. HIERONYMUS
(super *Quicumque se humiliaverit*). Vel aliter.
Quicumque humiliaverit se sicut parvulus iste, idest
qui se in exemplum mei humiliaverit, *hic intrabit
in regnum caelorum.*

Sequitur: *Et qui susceperit unum parvulum
talem in nomine meo, me suscipit.* CHRYSOSTOMUS
(hom. 59). Ac si dicat: Non solum si tales efficiamini, mercedem accipitis, sed et si alios tales
propter me honorabitis; et honoris qui est ad illos
retributionem vobis determino regnum. Magis autem
quod multo majus est ponit, dicens, *Me suscipit.*
HIERONYMUS (super *Qui susceperit unum parvulum*).
Qui enim talis fuerit ut Christi imitetur humilitatem et innocentiam, in eo Christus suscipitur: et
prudenter, ne cum delatum fuerit Apostolis, se pu-
tent honoratos, adjecit, non suo illos merito, sed
Magistri honore suscipiendos CHRYSOSTOMUS (homil.
50). Deinde facile susceptibilem hunc sermonem
facit, poenam inducens: unde sequitur: *Qui autem
scandalizat unum de pusillis istis etc ;* ac si diceret: Sicut qui hos honorant propter me, mercedem
habent, ita et qui hos dehonorant, ultimam sustinebunt vindictam. Si autem convicium scandalum
vocat, ne mireris: multi enim pusillanimes ex eo
quod despiciuntur, scandalizati sunt. HIERONYMUS
(super *Qui scandalizaverit*). Nota, quod qui scandalizatur, parvulus est: majores enim scandala non
recipiunt. Et quamquam generalis possit esse sententia adversus omnes qui aliquem scandalizant,
tamen, juxta consequentiam sermonis, etiam contra
Apostolos (5) dictum intelligi potest; qui interrogando quis major esset in regno caelorum, videbantur inter se de dignitate contendere: et si in
hoc vitio permansissent, poterant eos quos ad fidem vocabant, per suum scandalum perdere, dum
Apostolos viderent inter se de honore pugnare. O-
RIGENES (Matth. 18, tract. 5). Quomodo autem
qui conversus est, et factus quasi puer et minimus, est et potens scandalizari? Hoc sic possumus
explanare. Omnis qui Filio Dei credit, et conversatur secundum evangelicos actus, conversus ambulat quasi puer; qui autem non convertitur ut
fiat sicut puer, hunc impossibile est intrare in re-

(1) *P. Nicolai habet* per audientiam fidei.
(2) *Forte* opum.
(3) Interlinealis quo ad priores appendices, quas divisim
et sparsim habet; sed posterior est Anselmi (*Ex edit. P. Nicolai*).
(4) *Al. omittitur* ita.
(5) *Al.* Apostolum.

gnum caelorum. In omni autem credentium multitudine sunt quidam nuper conversi ut fiant sicut
parvuli. nondum autem sunt facti; hi pusilli habentur in Christo, et sunt scandali receptores. HIERO-
NYMUS (super illud *Ut suspendatur*). Quod autem
dicitur, *Expedit ei ut suspendatur mola asinaria
in collo ejus,* secundum ritum provinciae loquitur
quo majorum criminum ista apud veteres Judaeos
poena fuerat, ut in profundum ligato saxo demer-
geretur. Expedit autem ei: quia multo melius est
pro culpa brevem recipere poenam, quam aeternis
servari cruciatibus. CHRYSOSTOMUS (hom 59). Consequens autem erat prioribus dicere, Me non suscipit, quod erat omni poena amarius; sed quia cras-
si (1) erant, et praedicta poena eos non movebat,
comparatione exempli cogniti manifestat praepara-
tam poenam: propter hoc enim dicit quod expedit
ei hoc sustinere, quoniam eos alia gravior poena
expectat. HILARIUS (can. 18 in Matth.). Mystice
autem molae opus labor est caecitatis: nam clausis
jumentorum oculis aguntur in gyrum: et sub asini
quidem nomine frequenter Gentes cognominatas reperimus, qui caeci laboris ignorantia continentur.
Judaeis autem scientiae iter in lege praestitum est;
qui si Christi Apostolos scandalizaverint, rectius,
alligata collo mola asinaria, demersi in mari fuissent, id si Gentium labore depressi ignorantia (2)
saeculi demonstrarentur: quia illis tolerabilius fuerat nescisse Christum, quam Prophetarum Dominum
non recepisse. GREGORIUS lib. 11 Moral. (super
illud Job 5: « Ingredieris in abundantia sepulcrum: »
cap. 17, in nov. exemp.). Vel aliter. Quid per
mare nisi saeculum, quid per molam asinariam
nisi actio terrena significatur? quae cum colla mentis per stulta desideria stringit, hanc in laboris circuitum mittit. Sunt utique nonnulli qui dum terrenas actiones deserunt, et ad contemplationis studia
humilitate postposita ultra intelligentiae vires surgunt, non solum se in errorem dejiciunt, sed infirmos quosque de gremio veritatis dividunt. Qui
ergo unum de minimis meis scandalizat, melius ei
fuerat, ligata collo mola asinaria, in mare projici:
quia nimirum perversae menti expedientius esse
potuisset ut occupata mundo terrena negotia ageret,
quam per contemplationis studia ad multorum per-
niciem vacaret. AUGUSTINUS de quaest. Evang. (lib.
1, cap. 34). Vel aliter. *Qui scandalizaverit unum
ex pusillis istis,* idest ex humilibus, quales vult
esse discipulos suos, non obtemperando, vel etiam
contradicendo (sicut de Alexandro Apostolus dicit
2 Tim. 4), *expedit ei ut mola asinaria suspendatur in collo ejus, et praecipitetur in profundum
maris,* idest congruit ei ut cupiditas rerum temporalium, cui stulti et caeci alligantur, eum de-
vinctum pondere suo deducat ad interitum.

2. GLOSSA (3). Dixerat Dominus, quod expedit
ei qui scandalizat, ut suspendatur mola asinaria in
collo ejus: cujus rationem assignans, subdit: *Vae
mundo a scandalis,* idest propter scandala. ORIGENES
(tract. 5 in Matth., cap. 18). Hoc non de elementis mundi intelligamus; sed hic homines, qui sunt
in mundo, dicuntur mundus Non sunt autem discipuli Christi de hoc mundo: unde non potest eis

(1) *Al.* grossi.
(2) *Al.* ignorantiae. *P. Nicolai habet* in ignorantia saeculi
demorarentur.
(3) Non est in Glossa quae nunc extat, nec in Anselmo,
nec alibi occurrit (*Ex edit. P. Nicolai*).

esse a scandalis vae: nam etsi multa sunt scandala, non tangunt eum qui non est de hoc mundo. Si autem adhuc est de hoc mundo, propterea quod diligit mundum, et quae sunt in eo; tanta scandala comprehendent eum quantis fuerat obligatus in mundo.

Sequitur: *Necesse est enim ut veniant scandala.* CHRYSOSTOMUS (hom. 60). Cum autem dicit, *Necesse est*, non destruit libertatem arbitrii, neque necessitati aliquarum rerum supponit; sed quod omnino futurum est, praedicit. Scandala quidem sunt prohibitiones rectae viae. Non autem praedictio Christi scandala inducit: neque enim (1) quia praedixit, propter hoc fit; sed quia omnino futurum erat, propter hoc praedixit (2). Sed dicet aliquis: Si omnes corrigantur, et nullus sit qui scandala afferat, nonne mendacii arguetur hic sermo ? Nequaquam: quia enim praevidit inemendatos futuros homines esse, propter hoc dixit: *Necesse est ut veniant scandala*; idest omnino venient. Si autem corrigendi essent, non dixisset. GLOSSA (interlinearis). Vel *necesse est ut veniant scandala*, quia sunt necessaria, idest utilia, ut per hoc qui probati sunt, manifesti fiant. CHRYSOSTOMUS (hom. 60). Scandala enim erigunt homines, et acutiores eos faciunt; et eum qui cadit, velociter erigunt, inquantum scilicet ingerunt sollicitudinem. HILARIUS (can. 18). Vel humilitas passionis scandalum mundo est, quod sub deformitate crucis aeternae gloriae Dominum voluit accipere. Et quid mundo (3) tam periculosum quam non recepisse Christum ? Ideo vero necesse ait venire scandala, quia ad sacramentum reddendae nobis aeternitatis, omnis in eo passionis humilitas esset complenda. ORIGENES (ubi supra a med.) Vel venientia scandala sunt angeli satanae. Nec tamen putes secundum naturam vel substantiam esse hujusmodi scandala; sed libertas arbitrii in quibusdam genuit scandalum, nolens (4) suscipere pro virtute laborem. Non potest autem esse verum bonum, nisi habeat impugnationem mali. Sic ergo necesse est venire scandala, sicut necesse est sustinere malitiam caelestium; qua tanto magis irritantur, quanto magis verbum Christi in hominibus invalescens expellit ab eis malignas virtutes. Quaerunt autem organa per quae scandala operentur, quibus est magis vae: nam multo pejus erit ei qui scandalizat quam ei qui scandalizatur: unde sequitur: *Verumtamen vae homini illi per quem scandalum venit.* HIERONYMUS (super *Si manus tuas scandalizat*). Ac si dicat: Vae homini illi qui vitio suo facit ut per se fiat quod necesse est ut in mundo fiat. Simulque per generalem sententiam percutitur Judas qui proditioni animum praeparaverat. HILARIUS (can. 18). Vel sub hominis nuncupatione actorem scandali hujus quod est circa (5) passionem Christi, Judaicum populum designat, per quem omne huic mundo periculum comparatur, ut Christum in passione abnegent, quem lex et Prophetae passibilem praedicaverunt. CHRYSOSTOMUS (hom. 60 in Matth.) Ut autem discas quod non sunt absolutae necessitatis scandala, audi quae sequuntur: *Si autem manus tua vel pes tuus scandalizat te etc.* Non autem hoc de membris corporalibus dicit, sed de amicis, quos in ordine necessariorum membrorum habemus: nihil est enim ita nocivum ut conversatio mala. RABANUS (super *Si oculus*). Scandalum quippe sermo graecus est, quod nos offendiculum vel ruinam et impactionem pedis dicere possumus. Ille ergo scandalizat fratrem qui ei dicto factove minus recto occasionem ruinae dederit. HIERONYMUS (ubi supra). Igitur omnis truncatur affectus, et universa propinquitas amputatur: ne per occasionem pietatis unusquisque credentium scandalis pateat. Si, inquit, ita est tibi conjunctus ut manus, pes et oculus, et est utilis atque solicitus et acutus ad perspiciendum: scandalum autem tibi faciat, et propter morum dissonantiam te pertrahat in gehennam: melius est ut propinquitate ejus careas et emolumentis carnalibus, quam dum vis lucrifacere cognatos et necessarios, causam habeas ruinarum. Novit enim unusquisque credentium quid sibi noceat, vel in quo solicitetur ac saepe tentetur: melius est enim vitam solitariam ducere, quam ob vitae praesentis necessaria vitam aeternam perdere. ORIGENES (Matth. 18, tract. 5). Vel sacerdotes rationabiliter possunt dici Ecclesiae oculus, quoniam speculatores habentur; diaconi autem ceterique, manus, quia per eos opera spiritualia geruntur; populus autem sunt pedes corporis Ecclesiae; quibus omnibus parcere non oportet, si scandalum Ecclesiae facti fuerint. Vel actus animae, peccans manus intelligitur; et incessus animae, peccans pes, et visus animae, peccans oculus: quos oportet praecidere, si scandalum praebent; frequenter enim ipsa opera membrorum pro membris in Scriptura ponuntur.

3. HIERONYMUS (super *Vide, te ne contemnatis*). Supra dixerat Dominus per manum et pedem et oculum, omnes propinquitates et necessitudines quae scandalum facere poterant amputandas. Austeritatem itaque sententiae subjecto praecepto temperavit, dicens: *Videte ne contemnatis unum ex his pusillis*: ac si dicat: Quantum in vobis est nolite contemnere: sed post vestram salutem etiam illorum quaerite sanitatem. Sin autem perseverantes in peccatis videritis; melius est vos salvos fieri quam perire cum multis. CHRYSOSTOMUS (hom. 60). Vel aliter. Sicut fugere malos, ita honorare bonos magnum habet lucrum. Supra ergo docuit scandalizantium abscindere amicitias; hic autem docet exhibere sanctis honorem et procurationem. GLOSSA (1). Vel aliter. Quia tantum malum provenit ex scandalizatis fratribus, *videte ne contemnatis unum ex his pusillis*. ORIGENES (ut supra). Pusilli autem sunt qui nuper in Christo sunt nati; aut tales qui permanent sine profectu, quasi nuper nati. Non autem habuit necesse mandare Christus de perfectioribus fidelibus non contemnendis, sed de pusillis; sicut et supra dixerat: *Si quis scandalizaverit unum ex pusillis istis.* Alius autem forte dicit: Pusillum hic dicit perfectum, secundum quod alibi ait (Luc. 22): « Qui minimus fuerit in vobis, hic « erit major. » CHRYSOSTOMUS (hom. 60). Vel quia perfecti parvuli apud multos aestimantur, scilicet pauperes et contemptibiles. ORIGENES (ubi supra). Sed huic expositioni non videtur convenire quod dicitur, *Si quis scandalizaverit unum de pusillis istis*: perfectus enim non scandalizatur nec perit. Sed qui hanc expositionem aestimat veram, dicit

(1) *Al.* deest enim.
(2) *Al.* praedixerit.
(5) *Al.* et quod in mundo.
(4) *Al.* volens.
(5) *Al.* extra.

(1) Sive Anselmus (*Ex edit. P. Nicolai*).

quod justi homini anima vertibilis est, et scandalizatur aliquando, etsi non facie. GLOSSA (1). Ideo autem non sunt contemnendi, quia adeo cari sunt Deo quod Angeli sunt eis ad custodiam deputati: unde sequitur: *Dico enim vobis, quia Angeli eorum in caelis semper vident faciem Patris mei qui in caelis est.* ORIGENES (Matth. 18, tract. 5). Quidam volunt ex eo dari hominibus Angelum adjutorem ex quo per lavacrum regenerationis nati sunt infantes in Christo; dicentes non esse credibile (2), incredulis et errantibus praeesse Angelum sanctum; sed tempore infidelitatis et peccatorum est homo sub angelis satanae. Alii autem volunt mox eum quis fuerit natus eorum qui praecogniti sunt a Deo, accipere sibi praepositum Angelum. HIERONYMUS (super *Videte ne contemnatis*). Magna enim dignitas animarum ut unaquaeque habeat ab ortu nativitatis in custodiam sui Angelum delegatum. CHRYSOSTOMUS (hom. 60). Hic autem non de quibuscumque Angelis loquitur, sed de superioribus (3). Cum enim dicat, *Vident faciem Patris mei*; nihil aliud ostendit quam magis liberam praesentiam et majorem eorum (4) apud Deum. GREGORIUS in homil. 24 in Evangel.) Dionysius autem dicit, quod ex minoribus Angelorum agminibus ad explendum ministerium vel visibiliter vel invisibiliter mittuntur: nam superiora illa agmina usum exterioris ministerii nequaquam habent. GREGORIUS 2 Moral. (capit. 3, vel 2 in nov. exemp.) Et faciem ergo Patris Angeli semper vident; et tamen ad nos veniunt: quia ad nos spirituali praesentia foras exeunt, et tamen ibi se unde recesserant, per internam contemplationem servant: neque enim sic a divina visione foras exeunt ut internae contemplationis gaudiis priventur. HILARIUS (can. 18). Salvandorum igitur per Christum orationes Angeli Deo quotidie offerunt: ergo periculose ille contemnitur cujus desideria ac postulationes ad aeternum et invisibilem Deum Angelorum famulatu ac ministerio pervehuntur (5). AUGUSTINUS ult. de Civ. Dei (cap. 29). Vel Angeli nostri dicuntur qui sunt Angeli Dei. Dei sunt, quia Deum non reliquerunt; nostri sunt, quia suos cives nos habere coeperunt. Sicut ergo nunc illi vident Deum; ita et nos sumus visuri facie ad faciem: de qua visione dicit Joannes (Epist. 1, cap. 3): « Videbimus eum sicuti est. » Facies enim Dei manifestatio ejus intelligenda est; non aliquod tale membrum, quale nos habemus in corpore, atque isto nomine nuncupamus. CHRYSOSTOMUS (homil. 60). Rursus aliam rationem ponit, quare pusilli non sint contemnendi, propter majorem, dicens: *Venit enim Filius hominis salvare quod perierat.* REMIGIUS. Quasi dicat: Non contemnatis pusillos, quia ego pro hominibus homo fieri dignatus sum. Cum enim dicit, *Quod perierat*, subintelligendum est genus humanum: omnia enim elementa suum ordinem servant; sed homo erravit, quia suum ordinem perdidit. CHRYSOSTOMUS (ubi supra). Deinde ad hanc rationem parabolam copulat, per quam et Patrem inducit salutem hominum volentem, dicens: *Quid vobis videtur si fuerint alicui centum oves?* GREGORIUS in hom. (34 in

Evang.) Hoc ad ipsum auctorem hominum pertinet: quia enim centenarius perfectus est numerus, ipse centum oves habuit, cum Angelorum et hominum substantiam creavit. HILARIUS (can. 18). Ovis autem una homo intelligendus est, et sub homine universitas (1) sentienda est; in unius enim Adae errore, omne hominum genus aberravit. Igitur et quaerens hominem Christus est, et nonagintanovem relictae caelestis gloriae multitudo est. GREGORIUS (ut supra). Dicit autem Evangelista eas relictas in montibus, ut significet in excelsis: quia nimirum oves quae non perierant, in sublimibus stabant. BEDA. Ovem ergo Dominus invenit, quando hominem restauravit: et super eam inventam majus gaudium est in caelo, quam super nonagintanovem: quia major materia divinae laudis est in restauratione hominum quam in creatione Angelorum. Mirabiliter enim Angelos creavit, sed mirabilius hominem restauravit. RABANUS (super, *Si fuerint alicui centum oves*). Nota, quod unum deest a novem ut decem sint, et nonagintanovem ut centum sint. Variari ergo per brevitatem et magnitudinem numeri possunt, quibus unum deest ut perficiantur (2); ipsum vero unum sine varietate in se manens, cum accesserit, ceteros perficit. Et ut perfecta summa ovium integraretur in caelo, homo perditus quaerebatur in terra. HIERONYMUS. Alii vero nonagintanovem ovibus, justorum putant numerum intelligi, et in una ovicula perfectorum; secundum quod in alio loco dixerat (supra 9): *Non veni vocare justos, sed peccatores.* GREGORIUS in homil. (34 in Evang.). Considerandum autem nobis est cur Dominus plus de conversis peccatoribus quam de stantibus justis gaudium esse fateatur: quia scilicet plerumque pigri remanent ad exercenda bona praecipua qui valde sibi securi sunt, quod nulla commiserunt mala graviora. At contra nonnunquam hi qui se aliquid (3) egisse illicite meminerunt, ex ipso suo dolore compuncti inardescunt in amore Dei: et quia se errasse a Deo considerant, damna praecedentia lucris subsequentibus recompensant: sic et dux in proelio plus eum militem diligit qui post fugam conversus hostem fortiter premit, quam illum qui nunquam terga praebuit, et nunquam aliquid fortiter fecit. Sed et sunt quidam justi, de quibus tantum est gaudium ut eis nullus poenitens praeponi possit; qui etsi non sint sibi malorum conscii, tamen licita respuunt, et in omnibus se humiliant. Quantum ergo gaudium est si humiliter plangat justus, cum gaudium sit, si quod male gessit, damnat injustus? BEDA. Vel per nonagintanovem oves quas in montibus reliquit, superbos significat, quibus ad perfectionem unitas deest. Cum ergo invenerit peccatorem, magis super eum gaudet, idest suos gaudere facit, quam super justos falsos. HIERONYMUS (super *Sic non est voluntas ante Patrem*). Quod autem subditur, *Sic non est voluntas*, refertur ad superius propositum, de quo dixerat: *Videte ne contemnatis unum de pusillis istis*: et docet idcirco parabolam positam, ut pusilli non contemnantur. In eo autem quod dicit, *Non est voluntas ante Patrem etc.*, ostendit quod quotiescumque perierit aliquis ex pusillis, non voluntate Patris perit.

4. CHRYSOSTOMUS (homil. 61, in principio). Quia

---

(1) Non iterum in Glossa haec extant; sed in Anselmo, immediate post praedicta. (*Ex edit. P. Nicolai*).
(2) *Al.* incredibile.
(3) *Al.* supervenientibus.
(4) *P. Nicolai supplet* honorem.
(5) *Al.* provehuntur.

(1) *Al.* homine uno.
(2) *Al.* deest est ut perficiantur: *item* deest, et ut perficiantur *item* deficit ut perficiantur.
(3) *Al.* aliud.

superius vehementem sermonem adversus scandalizantes proposuit, undique eos terrens; ne rursus
hi quibus scandala inferuntur, sic fiant resupini ut
totum contemnentes, in aliud vitium incidant, scilicet negligentiae; ac per omnia sibi parci volentes,
in elationem (1) incidant: hic Dominus eos comprimit,
et redargutionem fieri jubet, dicens: *Si autem peccaverit in te frater tuus, vade, et corripe eum inter te et ipsum solum.* AUGUSTINUS de ver. Dom. (serm.
16, in princ.). Admonet nos quidem Dominus noster non negligere invicem peccata nostra, non
quaerendo quid reprehendas, sed videndo quid cor-
rigas. Debemus enim amando corripere, non nocendi aviditate. sed studio corrigendi. Si neglexe-
ris, pejor eo factus es. Ille injuriam faciendo, gravi
seipsum vulnere percussit; tu vulnus fratris contemnis: pejor es tacendo, quam ille conviciando.
AUGUSTINUS, 1 de civit. Dei (cap. 9). Plerumque
enim a malis docendis et admonendis, aliquando
etiam objurgandis et corripiendis male dissimula-
tur; vel cum laboris piget, vel cum eorum inimicitias devitamus, ne impediant et noceant in i-tis
temporalibus rebus, sive quas adipisci adhuc nostra cupiditas appetit, sive quas adhuc amittere
formidat infirmitas. Si autem propterea quisque
objurgandis et corripiendis male agentibus parcit,
quia opportunius tempus inquiritur, vel eisdem i-
psis metuit, ne deteriores ex hoc efficiantur, vel
ad bonam vitam et piam erudiendos impediant
alios infirmos, aut premant atque avertant a fide;
non videtur esse cupiditatis occasio. sed consilium
caritatis. Longe autem graviorem habent causam
Ecclesiarum praepositi qui in Ecclesiis constituti
sunt ut non parcant objurgando peccata: nec ideo
tamen ab hujuscemodi culpa penitus alienus est qui,
licet praepositus non sit, in eis tamen quibus vitae
hujus necessitate conjungitur. multa monenda vel
arguenda novit et negligit: devitans eorum offen-
siones propter illa quibus in hac vita non indebite
utitur sed plusquam debuit delectatur. CHRYSOSTOMUS
(hom. 61, parum a princ.). Considerandum autem,
quod quandoque Dominus eum quem contristavit,
ad eum qui contristatus est ducit, sicut cum dicit
(supra 5): *Si recordatus fueris quod frater tuus
habet aliquid adversum te, vade reconciliari fratri
tuo.* Quandoque autem eum qui injusta passus est,
jubet dimittere proximo; sicut ubi (supra 6): *Dimitte nobis debita nostra, sicut et nos dimittimus
debitoribus nostris.* Hic autem alium excogitat modum: cum enim qui contristatus est, ducit ad eum
qui contristavit; et ideo dicit: *Si peccaverit in te
frater tuus:* quia enim ille qui injusta fecit, non
facile veniret ad excusationem verecundatus, hunc
qui passus est ad illum trahit; et non simpliciter,
sed ut corrigat quod factum est: unde dicit: *Vade
et corripe eum.* RABANUS (hoc loco). Non passim
jubet peccanti dimittere, sed audienti, idest obedienti (2) et poenitentiam agenti: ne vel difficilis
sit venia, vel remissa indulgentia. CHRYSOSTOMUS
(homilia 61 in Matth.). Non autem dicit, Accusa,
neque Increpa, neque Vindictas expete; sed *Argue;*
idest; rememora sibi peccatum, die ei quae ab eo
passus es. Ipse enim ira et verecundia detinetur,
ebrius factus quasi gravi somno. Unde oportet te,
qui sanus es, ad illum qui aegrotat abire. HIERO-

NYMUS (super *Si peccaverit in te frater*). Sciendum
tamen, quod si peccaverit in vos frater vester, et
in qualibet causa vos laeserit, dimittendi habetis
potestatem, immo necessitatem: quia **praecipitur** ut
debitoribus nostris debita dimittamus: propter quod
et hic dicitur: *Si peccaverit in te frater tuus.* Si
autem in Deum quis peccaverit, non est nostri arbitrii. Nos e contrario, in Dei injuria benigni sumus, in nostris contumeliis exercemus odia. CHRY-
SOSTOMUS (hom. 61). Ideo autem praecipit **arguere**
ei qui passus est injuriam, et non alii; quia ille
qui fecit injuriam, ab eo mansuetius sustinet; et
maxime cum solus eum corripiat. Cum enim qui
vindictam expetere debebat. hic salutis videtur diligentiam habere, maxime hoc eum potest propitium facere. AUGUSTINUS de ver. Dom (ser 16, ante
med.). Quando ergo in nos aliquis peccat, habeamus magnam curam, non pro nobis, nam gloriosum est injuriam oblivisci; sed obliviscere injuriam
tuam, non vulnus fratris tui: ergo corripe inter te
et ipsum solum, studens correctioni, parcens pudo-
ri. Forte enim prae verecundia incipit defendere
peccatum suum, et quem vis facere correctiorem,
facis pejorem. HIERONYMUS (ubi supra). Corripien-
dus est seorsum frater, ne si semel pudorem atque
verecundiam amiserit, permaneat in peccato. AUGU-
STINUS de ver. Dom. (serm. 16). Apostolus autem
dicit (1 Thess. 5): « Peccantem coram omnibus
« argue; ut et ceteri timorem habeant. » Aliquando ergo scias corripiendum esse fratrem inter te
et fratrem solum 1), aliquando autem coram omnibus. Quid autem ante facere debeamus, intendite
et videte. *Si peccaverit,* inquit, *in te frater tuus,
corripe eum inter te et ipsum solum.* Quare? Quia
in te peccavit. Quid est, in te peccavit? Tu scis
quia peccavit: quia enim secretum fuit quando in
te peccavit, secretum quaere cum corrigis quae
peccavit. Nam si solus nosti quia peccavit in te,
et eum vis coram omnibus arguere; non es corrector, sed proditor. Peccavit ergo in te frater tuus;
sed si tu solus nosti, tunc vere in te solum peccavit: nam si multis audientibus tibi fecit injuriam; et in illos peccavit, quos testes suae i-
niquitatis effecit. Ergo ipsa corripienda sunt coram omnibus, quae peccantur coram omnibus;
ipsa corripienda sunt secretius quae peccantur secretius. Distribuite tempora, et concordate Scripturas. Quare autem proximum corrigis? Quia tu do-
les quod peccaverit in te? Absit. Si autem amore
tui id facis, nihil facis; si amore illius facis, optime
facis. Denique in ipsis verbis attende cujus amore
id facere debeas: utrum tui, an illius: sequitur enim:
Si te audierit, lucratus eris fratrem tuum. Ergo
propter illum fac, ut lucreris illum. Agnosce, quia
in hominem peccando periisti: nam si non perieras,
quomodo te lucratus est? Nemo ergo contemnat
quando peccat in fratrem. CHRYSOSTOMUS (hom. 61
in Matth.). In quo etiam demonstratur quod inimicitia damnum est commune; et propter hoc non
dixit quod ille lucratus est seipsum, sed quod tu
lucratus es eum: ex quo ostendit quoniam et tu
et ille damnum passi eratis ex discordia. HIERONYMUS
(ubi supra). Per salutem enim alterius nobis quoque acquiritur salus. CHRYSOSTOMUS (ut supra).
Quid autem facere debeas si non persuadeatur,
subditur: *Si autem te non audierit, adhibe tecum*

---

(1) *Al.* sed scandalizantes, per omnia sibi parci volentes,
in elevationem etc.
(2) *Al. deest* obedienti.

(1) *Al.* fratrem solum.

unum vel duos. Quanto enim inverecundior fuerit et pertinacior, tanto magis nos ad medicinam studere oportet, non ad iram et odium. Etenim medicus cum viderit morbum non remitti, non desistit, sed tunc magis praeparatur ad curandum. Vide autem qualiter non vindictae gratia haec correptio fit, sed emendationis: et propter hoc non confestim jubet duos accipere, sed quando ipse corrigi non voluerit; neque tunc ad eum mittit multitudinem, sed unum vel duos; et ad hoc legis testimonium inducit, dicens: *Ut in ore duorum testium vel trium stet omne verbum;* quasi dicat: Habes testimonium quia totum fecisti quod tuum erat. Hieronymus (ibidem) Vel intelligendum est hoc modo. Si te audire noluerit, adhibeatur unus frater tantum: quod si nec illum audierit, adhibeatur et tertius: vel corrigendi studio, ut scilicet vel admonitione aut pudore corrigatur; vel conveniendi sub testibus. Glossa (1) Vel si dixerit, non esse peccatum, ut probent illud esse peccatum (2). Hieronymus (ibidem). Porro si nec illos audire voluerit, tunc multis dicendum est, ut detestationi eum habeant; ut qui non potuit pudore salvari, salvetur opprobriis: unde sequitur: *Quod si non audierit eos, dic Ecclesiae.* Chrysostomus (homil. 61). Idest his qui Ecclesiae praesident. Glossa. Vel dic toti Ecclesiae, ut majorem erubescentiam patiatur. Post haec omnia sequitur excommunicatio, quae fieri debet per os Ecclesiae, idest per sacerdotem; quo excommunicante, tota Ecclesia cum eo operatur: unde sequitur: *Si autem Ecclesiam non audierit, sit tibi sicut ethnicus et publicanus.* Augustinus de ver. Dom. (serm. 16). Idest, noli illum jam deputare in numero fratrum tuorum: nec sic tamen salus ejus negligenda est: nam et ipsos ethnicos, idest gentiles et paganos, in numero quidem fratrum non deputamus (3), sed tamen eorum salutem semper inquirimus. Chrysostomus (hom. 61). Nihil tamen tale praecipit Dominus observandum in his qui extra Ecclesiam sunt, quale praecipit hic de fratribus corripiendis. Sed de exterioribus dicit (supra 5): *Si quis percusserit te in una maxilla, praebe ei et aliam;* quod et Paulus dicit (1 Corinth. 5): « Quid mihi est de his qui « foris sunt, judicare? » Fratres autem et arguere et avertere (4) jubet. Hieronymus (ubi supra). Quod autem dicit, *Sicut ethnicus et publicanus,* ostenditur majoris esse detestationis qui sub nomine fidelis agit opera infidelium quam hi qui aperte gentiles sunt. Publicani enim vocantur qui saeculi sectantur lucra, et exigunt vectigalia per negotiationes et fraudes, ac furta scelerata atque perjuria. Origenes (trac. 6 in Matth., cap. 18). Videamus autem ne forte sententia haec, non de quocumque peccato posita sit: quid enim si aliquis peccaverit aliquod peccatorum quae sunt ad mortem: puta masculorum concubitor factus, adulter, homicida, aut mollis: numquid talem rationis est arguere solum ad solum? Et, si audierit, statim eum dicere lucrefactum: et non prius expulerit eum (5) de Ecclesia, nisi postquam coram testibus argutus, et ab

Ecclesia, perstiterit in actu priori ? Alius autem respiciens ad immensam misericordiam Christi, dicet, quoniam eum verba Christi nullam faciant differentiam peccatorum, contra Christi misericordiam faciunt qui haec ad minima tantum peccata pertinere distinguunt. Alius contra, caute ipsa verba considerans, non de omni peccato haec dicta defendet: quoniam qui grandia illa peccata facit, non est frater, sed nominatur frater; cum quo, secundum Apostolum, non oportet nec cibum sumere. Sicut autem negligentibus peccandi occasionem dant qui (1) ad omne peccatum hoc pertinere exponunt; sic e contra qui docet in minimis et non mortiferis peccatis peccantem post argutionem testium vel Ecclesiae, fieri oportere sicut ethnicum et publicanum; aliquid crudelitatis videtur inducere. Utrum enim omnino pereat, pronuntiare non possumus. Primum, quia qui ter argutus non obedivit, potest in quarto obedire; deinde, quia aliquando non secundum opera hominis redditur ei, sed amplius quam peccavit, quod expedit in hoc mundo; demum quia non dixit solum, *Sit sicut ethnicus et publicanus;* sed *Sit tibi.* Qui ergo (2) in peccato levi correctus ter, non se emendat, nos quidem debemus eum habere sicut ethnicum et publicanum, abstinentes ab eo, ut confundatur. An autem etiam a Deo quasi publicanus et ethnicus judicetur, non est nostrum pronuntiare, sed est in judicio Dei.

5. Hieronymus (super *Amen dico vobis*). Quia dixerat: *Si Ecclesiam non audierit, sit tibi sicut ethnicus et publicanus;* et poterit contempti fratris haec esse responsio, vel tacita cogitatio: Si me despicis, et ego te despicio; si me condemnas, et tu mea sententia condemnaberis; potestatem tribuit Apostolis ut sciant qui (3) talibus condemnantur, humanam sententiam divina sententia corroborari: unde dicitur: *Amen dico vobis: quaecumque alligaveritis super terram, erunt ligata et in caelo; et quaecumque solveritis super terram, erunt soluta et in caelo.* Origenes (tract. 6 in 18 cap. Matth.). Non dixit, In caelis, sicut Petro, sed *In caelo* uno: quia non sunt tantae perfectionis sicut Petrus Hilarius (can. 18). Per hoc tamen ad terrorem maximi metus, quo ad praesens omnes continentur, immobile severitatis apostolicae judicium demonstravit; ut quos in terris alligaverint, idest peccatorum nodis innexos (4) reliquerint, et quos solverint, concessionem scilicet veniae acceperint in salutem, hi in caelis ligati sint vel soluti. Chrysostomus (homil. 61). Et notandum, quod non dixit primati Ecclesiae, Liga talem; sed, Si ligaveritis, indissolubilia erunt ligamina; quasi hoc ejus judicio dimittens. Vide autem qualiter incorrigibilem duplicibus colligavit necessitatibus: scilicet et poena quae est hic, scilicet projectione ab Ecclesia, quam supra posuit, dicens, *Sit tibi sicut ethnicus;* et supplicio futuro, quod est ligatum esse in caelo: ut multitudine judiciorum dissolvat fratris iram. Augustinus de ver. Domini (serm. 16). Vel aliter. Coepisti habere fratrem tuum tamquam publicanum, ligans eum in terra; sed ut juste alliges, vide: nam injusta vincula disrumpit justitia. Cum autem correxeris, et concordaveris cum fratre tuo, solvisti illum in terra: cum solveris in terra, solutus erit

---

(1) Non est in Glossa quae nunc exstat, sed in Anselmo, ut et illud quod paulo infra rursus ex Glossa praenotatur (*Ex edit. P. Nicolai*).
(2) *ut* necessarium.
(3) *Al.* putamus.
(4) *Al.* advertere.
(5) *P. Nicolai habet* et si non audierit, non prius expellat eum etc.

(1) *Idem apponit* non.
(2) *Al.* si ergo.
(3) *Al.* quod qui.
(4) *Al.* innoxios.

et in caelo. Multum praestas non tibi sed illi, quia multum nocuit non tibi sed sibi. GLOSSA (1 (ordinaria). Non solum autem de excommunicatione, sed etiam de omni petitione quae fit a consentientibus in unitate Ecclesiae, dat confirmationem, cum subdit: *Iterum dico vobis, quia si duo ex vobis consenserint super terram*, vel poenitentem recipiendo, vel superbum abjiciendo, *de omni re quam petierint* (2), quae non est contraria Ecclesiae unitati, *fiet illis a Patre meo qui in caelis est*. Per hoc autem (3) quod dicit, *Qui in caelis est*, eum super omnia esse ostendit, et per hoc complere eum posse quod petitur. Vel *in caelis est*. idest in sanctis; quod valet ad probandum, quod fiet illis quicquid petierint quod dignum sit, quia illum apud se habent a quo petunt. Unde rata est sententia consentientium, quia Deus cum eis habitat; et ideo sequitur: *Ubi enim sunt duo vel tres congregati in nomine meo, ibi sum in medio eorum.* CHRYSOSTOMUS (hom. 61). Vel quia dixerat, *Fiet illis a Patre meo*, ut ostendat se etiam esse datorem simul cum Patre, subdit: *Ubi sunt enim duo vel tres.* ORIGENES (ubi supra). Non autem dixit, *In medio eorum ero* (4) sed *sum*: mox enim ut aliqui consenserint, Christus invenitur in eis. HILARIUS (can. 18). Ipse enim qui pax atque caritas est, sedem atque habitationem in bonis atque pacificis voluntatibus collocabit. HIERONYMUS (super *Si duo ex vobis consenserint*). Vel aliter. Omnis superior sermo ad concordiam nos provocaverat: igitur et praemium pollicetur, ut solicitius festinemus ad pacem, cum se dicat inter duos vel tres medium fore. CHRYSOSTOMUS (homil. 61). Non autem dixit simpliciter, *Ubi congregati fuerint*; sed addit, *In nomine meo;* quasi dicat: Si quis me principalem (5) causam amicitiae ad proximum habuerit, cum eo ero, si et in aliis virtuosus erit. Quomodo ergo non ibi consentientes consequuntur id quod petunt ? Primo quidem, quia non expedientia petunt. Secundo, quia indigni sunt qui petunt, et ea quae sunt a seipsis non inferunt: unde dicit, *Si duo ex vobis*, qui evangelicam ostenditis conversationem. Tertio, quia adversus eos qui contristaverunt orant vindictam quaerentes. Quarto, quia petunt misericordiam peccantibus qui non poenituerunt. ORIGENES (Matth. 18, tract. 6). Et ista est etiam causa propter quam non exaudimur orantes, quia non consentimus nobis per omnia super terram, neque dogmate neque conversatione. Sicut enim in musicis, nisi fuerit convenientia vocum, non delectat audientem; sic in Ecclesia, nisi consensum habuerit, non delectatur Deus in ea, nec audit voces eorum. HIERONYMUS (ubi supra). Possumus autem et hoc spiritualiter intelligere, quod ubi (6) spiritus et anima corpusque consenserint, et non intra se bellum diversarum habuerint voluntatum, de omni re quam petierint, impetrent a Patre: nulli enim dubium est quin bonarum rerum postulatio sit, ubi corpus vult habere ea quae spiritus. ORIGENES (Matth. 18, tr. 6). Vel in quo duo testamenta consentiunt sibi, ejus invenitur oratio de omni re acceptabilis Deo.

6. HIERONYMUS (super *Quoties peccabit in me?*).

Supra dixerat Dominus, *Videte ne contemnatis unum de pusillis istis*: et adjecerat: *Si peccaverit in te frater tuus etc.*; et praemium repromiserat, dicens: *Si duo ex vobis etc.*: unde provocatus Apostolus Petrus interrogat; et hoc est quod dicitur: *Tunc accedens ad eum Petrus, dixit: Domine, quoties peccaverit in me frater meus, et dimittam ei?* et cum interrogatione profert sententiam, dicens, *Usque septies?* CHRYSOSTOMUS (hom. 62). Putavit quidem Petrus aliquid se magnum dicere. Sed quid amator hominum Christus responderit, subditur: *Dicit illi Jesus: Non tibi dico usque septies; sed usque septuagies septies.* AUGUSTINUS de ver Dom. (ser. 16). Audeo dicere: Et si septuagies octies peccaverit, ignoscas; et si centies; et omnino quoties peccavit, ignosce. Si enim Christus millia peccatorum invenit, et tamen omnia donavit; noli subducere misericordiam. Ait enim Apostolus (Col. 3): « Donantes vobis « metipsis, si quis adversus aliquem habet quere-« lam, sicut et Deus in Christo donavit nobis. » CHRYSOSTOMUS (ubi sup.). Cum ergo dicit, *Usque septuagies septies*, non numerum determinatum ponit, ut numero concludat remissionem: sed quod continue et semper est significavit. AUGUSTINUS de ver. Dom. (ser. 15). Non tamen sine causa Dominus *Septuagies septies* dixit: nam lex decem praeceptis commendatur: lex enim per decem, peccatum per undecim significatur, quia transgressio denarii est. Septem autem solet pro toto computari. quia septem diebus volvitur tempus. Duc autem septies undecim, fiunt septuagies septies. Omnia ergo peccata dimitti voluit, quia ea septuagesimo septimo numero praesignavit ORIGENES (tract. 6). Vel quia numerus sex videtur esse operis et laboris, septimus autem repausationis; dicit remissionem fieri oportere (1) fratribus in hoc mundo degentibus, et secundum res hujus mundi peccantibus. Si autem aliquis ultra ea peccata peccaverit, jam non habebit remissionem. HIERONYMUS (ubi supra). Vel intelligendum est *septuagies septies*, idest quadringentis nonaginta vicibus ut toties peccanti fratri dimitteret quoties ille peccare posset. RABANUS. Aliter tamen datur venia petenti fratri: ut nobis scilicet socia caritate communicet, sicut Joseph fratribus; aliter inimico persequenti, ut bonum ei velimus et si licet, faciamus, ut David lugens Saul.

7. CHRYSOSTOMUS (homil. 62) Ne aliquis existimaret magnum quid et grave Dominum injunxisse, cum dicit dimittendum usque septuagies septies, adjecit parabolam. HIERONYMUS (hoc loco). Familiare enim est Syris, et maxime Palaestinis, ad omnem sermonem suum parabolam jungere: ut quod per simplex praeceptum ab auditoribus teneri non potest, per similitudinem exemplaque teneatur: unde dicitur: *Ideo assimilatum est regnum caelorum homini regi qui voluit rationem ponere cum servis suis.* ORIGENES (Matth. 18, tract. 6). Filius Dei, sicut est sapientia, justitia et veritas, ita ipse est regnum; non autem alicujus eorum quae sunt deorsum, sed omnium quae sunt sursum: in quorum sensibus justitia et ceterae virtutes regnant; qui facti sunt caeli per hoc

(1) Non est in Glossa quae nunc extat, sed in Anselmo (*Ex edit. P. Nicolai*).
(2) *Al.* vel de alia re quam petierint.
(3) *Al.* omittitur quod.
(4) *Al. desideratur* ero.
(5) *Al.* propter me principalem.
(6) *Al.* nisi.

(1) *P. Nicolai* haec habet: Septimus autem repausationis, vel quietis; propterea is qui diligit mundum et ea quae sunt in mundo agit, sive saecularia operatur, septies peccat. Petrus ergo tale aliquid intellexit quando putavit esse septies indulgendum. Sed quoniam sciebat Christus extendere aliquos peccata sua etiam ulterius, propterea ultra septenarium numerum addidit adhuc septuagesimum, ut dicat remissionem fieri oportere etc.

quod portant caelestis imaginem. Hoc ergo regnum caelorum, idest Filius Dei quando factus est in similitudinem carnis peccati, tunc similis factus est homini regi, uniens hominem sibi. REMIGIUS. Vel regnum caelorum congrue sancta Ecclesia intelligitur, in qua Dominus operatur hoc quod in ista parabola loquitur. Nomine autem hominis aliquando designatur pater, sicut ibi, *Simile est regnum caelorum homini regi, qui fecit nuptias filio suo*; aliquando vero designatur Filius: hic autem utrumque intelligi potest: et Pater et Filius qui sunt unus Deus. Deus autem rex dicitur, cuncta quae creavit regendo et gubernando. ORIGENES (tract. 6). Servi autem hi soli sunt, quantum ad istas parabolas, qui dispensatores verbi habentur, et quibus hoc est commissum, ut negotientur. REMIGIUS. Vel per servos hujus hominis regis, designantur omnes homines, quos ad laudandum se creavit, quibusque legem naturae dedit; cum quibus rationem ponit, quando vitam et mores et actus singulorum discutit, ut unicuique secundum quod gessit tribuat; unde sequitur: *Et cum coepisset rationem ponere, oblatus est ei unus qui debebat decem millia talenta.* ORIGENES (tract. 6 in 18 cap. Matth.). Omnis autem vitae nostrae ratio ponenda est a rege, quando omnes nos praesentari oportuerit ante tribunal Christi. Nec hoc dicimus ut suspicio sit ne forte res ipsa necessarium habeat longum tempus. Volens enim Deus ventilare omnium mentes, cito omnia ab omnibus omni tempore gesta, singulis quibuscumque faciet in mentem venire, ineffabili quadam virtute. Dicit autem; *Et cum coepisset rationem ponere*, quia initium judicii est ut incipiat a domo Dei. In principio ergo ponendae rationis oblatus est debitor talentorum multorum, qui scilicet multa fecerat damna, et magna ei erant injuncta, et nullum attulit lucrum: qui forsitan tot talenta perdidit quantos perdidit homines; et ideo talentorum multorum est factus debitor, quoniam secutus est mulierem super talentum plumbi sedentem, cujus nomen iniquitas. CHRYSOSTOMUS (super *Oblatus est unus qui debebat*). Scio quosdam istum qui debebat decem millia talenta, diabolum interpretari, cujus uxorem et filios venumdandos, perseverante illo in malitia, insipientiam et malas cogitationes intelligi volunt. Sicut enim uxor justi dicitur sapientia: sic uxor injusti et peccatoris appellatur stultitia. Sed quomodo ei dimittat Dominus decem millia talenta, et ille nobis conservis suis decem denarios non dimiserit, nec ecclesiasticae interpretationis est, nec a prudentibus viris recipienda. AUGUSTINUS de ver. Domini (serm. 15 a med.) Ideo dicendum est quod, quia lex in decem praeceptis commendatur, ille debebat decem millia talentorum: per quod omnia peccata significat, quae secundum legem fiunt. REMIGIUS. Homo autem sua voluntate et sponte peccans, suo conatu nullo modo surgere valet: et non habet unde reddat, quia nihil in se invenit per quod se a peccatis solvat: unde sequitur: *Cum autem non haberet unde redderet, jussit eum dominus venumdari, et uxorem ejus et filios et omnia quae habebat, et reddi.* Uxor quidem stulti est stultitia, et carnis voluptas seu cupiditas. AUGUSTINUS de Quaest. Evang. (lib. 1, cap. 25). Per hoc ergo significatur, transgressorem decalogi pro cupiditate et pravis operibus tamquam uxore et filiis, poenas solvere debuisse; quod est pretium ejus: pretium enim venditi est supplicium damnati. *S. Th. Opera omnia. V. 11.*

CHRYSOSTOMUS (hom. 62). Hoc autem non ex crudelitate jussit, sed ex ineffabili affectione. Vult enim eum terrere per has minas, ut supplicet, et non vendatur; quod et factum ostenditur (1) cum subditur: *Procidens autem servus ille rogabat eum, dicens: Patientiam habe in me, et omnia reddam tibi.* REMIGIUS. His autem verbis humiliatio et satisfactio peccatoris demonstratur dum dicitur, *Procidens.* In hoc vero quod dicit, *Patientiam habe in me*, vox exprimitur peccatoris poscentis tempus vivendi, et spatium corrigendi. Est autem larga Dei benignitas et clementia erga peccatores conversos: quoniam ipse semper paratus est per baptismum aut poenitentiam peccata dimittere: unde sequitur: *Misertus autem dominus servi illius, dimisit eum, et debitum dimisit ei* (2). CHRYSOSTOMUS (homil. 62 in Matthaeum). Vide autem divini amoris superabundantiam: petit servus solius temporis dilationem; ipse autem majus eo quod petiit dedit; dimissionem et concessionem totius mutui. Volebat autem et a principio dare; sed nolebat solum suum esse donum, sed et supplicationis illius, ut non incoronatus abscedat. Ideo autem antequam rationem poneret, debitum non dimisit, quia docere voluit a quantis debitis eum liberat, ut saltem ita ad conservos mansuetior fieret. Et quidem usque ad quae praemissa sunt acceptabilis fuit: etenim confessus est, et promisit se reddere debitum, et procidens rogavit, et debiti magnitudinem cognovit. Sed quae postea fecit, indigna fuere prioribus: sequitur enim (3): *Egressus autem servus ille invenit unum de conservis suis qui debebat ei centum denarios.* AUGUSTINUS de ver. Domini (serm. 15). Quod autem dicitur quod debebat et centum denarios, ab eodem numero, scilicet decem, sumitur, qui est numerus legis: nam et centum centies fiunt decem millia; et decies deni sunt centum; et illa decem millia talentorum et illi decies deni a legitimo numero non recedunt: in quo utroque invenies peccata. Uterque est ergo debitor, uterque veniae deprecator: omnis enim homo et debitor est Dei, et debitorem habet fratrem suum. CHRYSOSTOMUS (hom. 62). Tanta autem differentia est peccatorum quae committuntur in hominem et quae committuntur in Deum, quanta est differentia decem millium talentorum et centum denariorum: magis autem et multo plus; quod (4) patet ex differentia personarum, et a paucitate peccantium. Homine enim vidente, et desistimus, et pigritamur peccare; Deo autem vidente secundum unumquemque diem non absistimus; sed agimus informidabiliter omnia et loquimur. Non hinc autem solum graviora apparent peccata in Deum, sed etiam et beneficio quo sumus potiti ab ipso: fecit enim nos esse, et omnia propter nos operatus est: animam rationalem nobis inspiravit, Filium suum misit, caelum nobis aperuit, et nos filios suos fecit. Numquid ergo si unaquaque die moreremur pro illo, retribueremus ei aliquod dignum? Nequaquam; sed hoc rursus ad utilitatem nostram pertineret (5). Nos autem e contrario in legibus ejus offendimus. REMIGIUS. Si ergo per debitorem decem millium talentorum designantur illi qui majora cri-

---

(1) *Al.* est.
(2) *In Veneta edit. an.* 1521, *additur* idest, a peccatis eum absolvit.
(3) *Al.* omittitur enim.
(4) *Al.* deest quod.
(5) *Al.* pertinet.

mina committuntur: per debitorem autem centum
denariorum qui minora committit. HIERONYMUS (super *Oblatus est ei unus*). Quod ut manifestus fiat,
dicamus sub exemplo. Si quis vestrum commiserit
adulterium, homicidium. sacrilegium, majora crimina decem millium talentorum roganti dimittuntur,
si et ipse dimittat minora peccantibus. AUGUSTINUS de
ver. Dom. (ser. 15). Sed ille servus ingratus, iniquus,
noluit praestare quod illi indigno praestitum fuit:
sequitur enim: *Et tenens suffocabat eum, dicens: Red-*
de quod debes. REMIGIUS. Idest, acriter insistebat, ut
vindictam ab eo exigeret. ORIGENES (in cap. 18
Matth., tract. 6). Ideo, ut arbitror, suffocabat. quoniam a rege exierat: non enim suffocaret conservum suum, si non exisset a rege. CHRYSOSTOMUS
(hom. 62). Per hoc etiam quod dicitur *Egressus*,
ostenditur quod non post multum tempus, sed confestim: adhuc quasi in auribus habens beneficium,
in malitiam abusus est liberatione a proprio domino sibi data. Quid igitur ille fecerit, subditur: *Et*
procidens conservus ejus rogabat eum, dicens: Pa-
tientiam habe in me, et omnia reddam tibi. ORIGENES
(ubi supra). Considera subtilitatem Scripturae:
quoniam servus multorum debitor talentorum procidens adoravit regem: qui autem centum debebat
denarios, procidens non adorabat, sed rogabat conservum, dicens *Patientiam habe.* CHRYSOSTOMUS (hom.
62). Sed neque haec verba ingratus servus reveritus
est, quibus salvatus est: sequitur enim, *Ille autem*
noluit. AUGUSTINUS de Quaest. Evang. (lib. 1, cap.
25). Idest, tenui contra eum hunc animum, ut
supplicium illi vellet.

Sed abiit. REMIGIUS. Idest, magis ira exarsit, ut
ab eo vindictam exigeret, *Et misit eum in carcerem*
donec redderet debitum; idest, apprehenso fratre,
vindictam ab eo exigit. CHRYSOSTOMUS (ubi supra).
Vide Domini caritatem, et servi crudelitatem: hic
pro decem millibus talentis, hic autem pro centum
denariis: hic conservum, hic autem dominum rogabat; et hic quidem totalem absolutionem accepit,
ille autem solam dilationem petebat; nec tamen (3)
hoc dedit. Condoluerunt qui non debebant: unde
sequitur: *Videntes autem conservi ejus quae fiebant,*
contristati sunt valde. AUGUSTINUS de Quaest. Evang.
(lib. 1, cap. 25). Per conservos intelligitur Ecclesia, quae illum solvit, et illum ligat. REMIGIUS. Vel
conservi forte Angeli sunt intelligendi, aut praedicatores sanctae Ecclesiae: sive quicumque fideles, qui
videntes aliquem fratrem remissionem peccatorum
adeptum, non velle misereri conservi sui, contristantur de ejus perditione. Sequitur: *Et venerunt*
et narraverunt Domino quae facta fuerant. Veniunt
quidem non corpore, sed corde. Domino autem
narrare, est dolores, et contristationes cordis in suo
affectu demonstrare. Sequitur: *Tunc vocavit eum*
dominus suus. Vocavit quidem per sententiam mortis, et ab hoc saeculo migrare jussit: et dixit ei:
Serve nequam, omne debitum dimisi tibi, quoniam
rogasti me. CHRYSOSTOMUS (hom. 62). Et quando
quidem millia talenta debebat, non vocavit eum
nequam, neque est conviciatus, sed misertus; quando autem contra conservum ingratus est effectus,
tunc dicitur, *Serve nequam:* et hoc est quod dicitur:
Nonne ergo oportuit et te misereri conservi tui ?

REMIGIUS. Et sciendum, quia servus ille nullum responsum legitur domino dedisse: in quo demonstratur quod in die judicii, et statim post hanc
vitam, omne argumentum excusationis cessabit. CHRY-
SOSTOMUS (·hom. 62). Quia vero beneficio non
est factus melior, relinquitur ut poena corrigatur:
unde sequitur: *Et iratus dominus ejus tradidit eum*
tortoribus, quoadusque redderet universum debitum.
Non autem simpliciter dixit, *Tradidit eum,* sed
iratus: quod non posuit quando jussit eum vendi:
non enim hoc erat irae, sed magis amoris ad correptionem; nunc autem haec sententia est supplicii
et poenae. REMIGIUS. Tunc enim dicitur Deus irasci
quando adversus peccatores vindicat. Tortores autem dicuntur daemones, quia semper ad hoc parati
sunt ut perditas animas suscipiant, et in poena
aeternae damnationis eas torqueant. Numquid au em
postquam aliquis demersus fuerit in aeternam damnationem, poterit invenire spatium corrigendi aut
aditum exeundi? Non; sed *quousque* ponitur pro
infinito; et est sensus: Semper solvet, sed nunquam
persolvet, et semper poenam luet. CHRYSOSTOMUS
(hom. 62). Per hoc ergo ostenditur quod continue, idest aeternaliter, punietur, neque reddet aliquando Quamvis autem irrevocabilia sint charismata et Dei vocationes, tamen tantum valuit malitia ut et hanc legem solvere videatur. AUGUSTINUS
de ver. Dom. (serm 15, a med.). Dicit enim
Deus (Luc. 6): « Dimittite, et dimittetur vobis: »
sed ego prior dimisi, dimitte (1) vel postea: nam
si non dimiseris, revocabo te, et quicquid tibi dimiseram, replicabo tibi: non enim fallit aut falli-
tur Christus, qui subjecit, dicens: *Sic et Pater meus*
caelestis faciet vobis, si non remiseritis unusquisque
fratri suo de cordibus vestris. Melius est enim ut
clames ore, et dimittas in corda, quam sis blandus ore et crudelis in corde. Ideo enim Dominus subdit, *De cordibus vestris,* ut si per caritatem
imponitis disciplinam, de corde lenitas non recedat.
Quid enim tam pium, quam medicus ferens ferra-
mentum? Saevit in vulnus, ut homo curetur (2):
quia si vulnus palpatur, homo perditur. HIERONYMUS
(in fine Comment. in cap. 18 Matth.). Ideo et
Dominus addidit, *De cordibus vestris,* ut omnem
simulationem fictae pacis averteret. Praecipit ergo
Dominus Petro. sub comparatione regis, domini,
et servi qui debitor decem millium talentorum a
domino rogans veniam impetraverat, ut ipse quoque dimittat et conservis suis minora peccantibus.
ORIGENES (ubi supra). Vult etiam docere faciles
nos esse ad indulgendum eis qui nocuerunt nobis;
maxime si satisfaciant, et deprecentur sibi veniam
dari. RABANUS (super *Oblatus est ei unus*). Allegorice autem servus hic qui decem millia talentorum debuit. Judaicus est populus decalogo legis
astrictus: cui Dominus saepius dimisit debita, quando in angustiis constituti illius misericordiam deprecabantur; sed liberati omnes debitores atrociter
repetebant, et a gentili populo, quasi sibi obnoxio,
circumcisionem et caeremonias legis expetebant (3);
sed et Prophetas et Apostolos crudeliter trucida-
bant. Unde tradidit eos Dominus in manus Romanorum, vel malignorum spirituum, qui aeternis
cruciatibus eos punirent.

---

(1) *Al. omittitur* tamen.

(1) *Al.* dimittite.
(2) *Al.* sanetur.
(3) *Al.* expetunt, *et infra* trucidant.

CAPUT DECIMUMNONUM.

1. Et factum est, cum consummasset Jesus sermones istos, migravit a Galilaea, et venit in fines Judaeae trans Jordanem, et secutae sunt eum turbae multae, et curavit eos ibi. Et accesserunt ad eum Pharisaei tentantes eum, et dicentes: Si licet homini dimittere uxorem suam quacumque ex causa? Qui respondens ait eis: Non legistis quia qui fecit hominem ab initio, masculum et feminam fecit eos? Et dixit: Propter hoc dimittet homo patrem et matrem et adhaerebit uxori suae, et erunt duo in carne una. Itaque jam non sunt duo, sed una caro. Quod ergo Deus conjunxit, homo non separet. Dicunt illi: Quid ergo Moyses mandavit dari libellum repudii, et dimittere? Ait illis: Quoniam Moyses ad duritiam cordis vestri permisit vobis dimittere uxores vestras; ab initio autem non fuit sic.

2. Dico autem vobis, quia quicumque dimiserit uxorem suam nisi ob fornicationem, et aliam duxerit, moechatur: et qui dimissam duxerit, moechatur.

3. Dicunt ei discipuli ejus: Si ita est causa hominis cum uxore, non expedit nubere. Qui dixit illis: Non omnes capiunt verbum istud, sed quibus datum est. Sunt enim eunuchi qui de matris utero sic nati sunt, et sunt eunuchi qui facti sunt ab hominibus, et sunt eunuchi qui seipsos castraverunt propter regnum caelorum. Qui potest capere, capiat.

4. Tunc oblati sunt ei parvuli, ut manus eis imponeret et oraret. Discipuli autem increpabant eos. Jesus vero ait eis: Sinite parvulos, et nolite eos prohibere ad me venire: talium est enim regnum caelorum. Et cum imposuisset eis manus, abiit inde.

5. Et ecce unus accedens ait illi: Magister bone, quid boni faciam ut habeam vitam aeternam? Qui dixit ei: Quid me interrogas de bono? Unus est bonus, Deus. Si autem vis ad vitam ingredi, serva mandata. Dicit illi. Quae? Jesus autem dixit: Non homicidium facies, non adulterabis, non facies furtum, non falsum testimonium dices, honora patrem tuum et matrem, diliges proximum tuum sicut teipsum. Dicit illi adolescens: Omnia haec custodivi a juventute mea: quid adhuc mihi deest? Ait illi Jesus: Si vis perfectus esse, vade, et vende omnia quae habes, et da pauperibus; et habebis thesaurum in caelo: et veni, sequere me. Cum audisset autem adolescens verbum, abiit tristis: erat enim habens multas possessiones.

6. Jesus autem dixit discipulis suis: Amen dico vobis, quia dives difficile intrabit in regnum caelorum. Et iterum dico vobis: Facilius est camelum per foramen acus transire quam divitem intrare in regnum caelorum. Auditis autem his, discipuli mirabantur valde, dicentes: Quis ergo poterit salvus esse? Aspiciens autem Jesus dixit illis: Apud homines hoc impossibile est; apud Deum autem omnia possibilia sunt.

7. Tunc respondens Petrus dixit: Ecce nos reliquimus omnia, et secuti sumus te: quid ergo erit nobis? Jesus autem dixit illis: Amen dico vobis, quod vos qui secuti estis me, in regeneratione, cum sederit Filius hominis in sede majestatis suae, sedebitis et vos super sedes duodecim, judicantes duodecim tribus Israel Et omnis qui reliquerit domum vel fratres aut sorores aut patrem aut matrem aut uxorem aut filios aut agros propter nomen meum, centuplum accipiet, et vitam aeternam possidebit. Multi autem erunt primi novissimi, et novissimi primi.

1. CHRYSOSTOMUS (in hom. 63). Dominus prius Judaeam relinquens propter illorum aemulationem, nunc ibidem jam immoratur: quia passio in proximo futura erat. Non tamen ad Judaeam interim ascendit, sed in terminos Judaeae: unde dicitur: *Et factum est, cum consummasset Jesus sermones istos, migravit a Galilaea.* RABANUS (hoc loco). Hic ergo incipit narrare quae in Judaea fecit, docuit, sive passus est: et primo quidem trans Jordanem ad orientem; deinde etiam trans Jordanem, quando venit Hierico et Bethphage et Hierusalem: unde sequitur: *Et venit in fines Judaeae trans Jordanem.* CHRYSOSTOMUS super Matth. (hom. 32, in opere imp.). Quasi justus dominus omnium, qui sic diligit alios servos, ut alios non contemnat. REMIGIUS. Sciendum est autem, quod omnis illa Israelitarum provincia, generaliter Judaea dicebatur, ad comparationem aliarum gentium. Veruntamen meridiana ejus plaga in qua habitabat tribus Juda, et tribus Benjamin, specialiter dicebatur Judaea, ad distinctionem aliarum regionum, quae in ipsa provincia continebantur, idest Samaria, Galilaea, Decapolis, et reliquae aliae.

Sequitur: *Et secutae sunt eum turbae multae* CHRYSOSTOMUS super Matth. (ibidem). Perducebant eum quasi parvuli filii patrem peregre longe proficiscentem. Ipse autem tamquam pater proficiscens, pignora caritatis filiis reliquit remedia sanitatum: unde dicitur, *Et curavit eos.* CHRYSOSTOMUS (in homil. 63). Considerandum etiam, quod neque doctrinae verborum continue Dominus insistit, nec signorum operationi; sed nunc quidem hoc, nunc autem illud facit: ut a signis credibilis appareret in his quae dicebat; ex sermonum autem doctrina utilitas quae erat in signis ostenderetur. ORIGENES (tract. 7). Sanabat autem Dominus turbas trans Jordanem. ubi baptismus dabatur. Vere enim omnes a spiritualibus infirmitatibus salvantur etiam in baptismo; et quidem multi sequuntur Christum sicut turbae, tamen non surgentes, ut Matthaeus, qui surgens secutus est Dominum. RABANUS. Curat etiam Galilaeos in Judaeae finibus, ut peccata Gentium in eam veniam (1) quae Judaeae parabatur, admitteret. CHRYSOSTOMUS (in hom. 63). Curabat siquidem Christus homines, et illis benefaciens, et per eos multis aliis. Horum enim sanatio aliis erat occasio divinae cognitionis: sed non Pharisaeis, qui ex signis duriores fiebant: unde sequitur: *Et accesserunt ad eum Pharisaei tentantes eum, et dicentes: Si licet homini dimittere uxorem suam quacumque ex causa?* HIERONYMUS (in princ. Comm. in 19 cap. Matth.). Ut quasi cornuto eum teneant syllogismo, et quodcumque respondeat, pateat captioni. Si dixerit dimittendam uxorem qualibet ex causa, et ducendam aliam: pudicitiae praedicator sibi videtur dicere contraria. Si autem responderit non omnem ob causam debere dimitti, quasi sacrilegii reus tenebitur, et adversus doctrinam Moysi et Dei facere. CHRYSOSTOMUS in hom. 63. Intuere autem ex modo etiam interrogationis malitiam. Dominus enim supra de lege hac disputaverat; ipsi autem quasi jam nullo dicto interrogant, scilicet opinantes quod oblitus esset eorum quae dixerat. CHRYSOSTOMUS super Matth. (hom. 32 in opere imperf.). Sicut autem si videas hominem assidue amicitias medicorum colentem, intelligis quia infirmus est; sic et cum videas virum sine mulierem de dimittendis uxoribus aut viris interrogantes, cognosce, quia vir ille lascivus est, mulier illa meretrix est: nam in matrimonio castitas delectatur, libido autem quasi vinculo conjugii alligata torquetur. Sciebant autem quoniam nullam causam idoneam habebant circa dimittendas

(1) *Al.* vineam.

uxores, praeter solam turpitudinem, et alias atque
alias sibi jungebant. Timuerunt autem interrogare
ex quibus causis, ne seipsos infra angustias certa-
rum causarum astringerent; sed interrogaverunt si
ex omnibus causis licet: scientes, quia modum nescit nec infra terminos unius conjugii capit libido;
sed quanto magis exercetur, magis accenditur. O-
RIGENES (tract. 7 in Matth.). Tentato autem Domino, nullus discipulorum ejus, qui positus est
ad docendum, graviter ferat si tentatus fuerit a quibusdam: tamen et tentatoribus respondet dogmata pietatis. HIERONYMUS (ubi supra).
Sic autem responsionem temperat ut decipulam (1)
transeat, Scripturam sanctam adducens in testimonium, et naturalem legem, primamque Dei sententiam secundae opponens: unde sequitur: *Qui respondens ait eis: Non legistis, quia qui fecit hominem
ab initio, masculum et feminam fecit eos ?* Hoc in
exordio Genesis scriptum est. Dicendo autem masculum et feminam, ostendit secunda vitanda conjugia: non enim ait, Masculum et feminas, quod
ex priorum repudio quaerebatur, sed *Masculum et
feminam,* ut unius conjugii consortia necterentur.
RABANUS (super *Erunt duo in carne una*). Salubri
autem consilio Dei factum est ut sui corporis portionem vir amplecteretur in femina, nec a se putaret esse diversum quod de se cognosceret fabri-
catum. CHRYSOSTOMUS super Matth. (homilia 32
in opere imperf.). Si ergo ad hoc (2) Deum ma-
rem et feminam ex uno creavit ut sint unum; quare ergo et de cetero vir et mulier non ex uno
utero nascuntur, sicut volatilia quaedam ? Quia
Deus masculum quidem creavit et feminam propter
necessitatem filiorum generandorum; tamen semper fuit castitatis amator et continentiae auctor:
Ideo illum typum non servavit in omnibus; ut si
quidem vult homo nubere, secundum primam dispositionem creationis humanae, intelligat quid est
vir et uxor; si autem noluerit nubere, non habebit
necessitatem nubendi propter conjunctionem nativitatis, ne forte videatur per suam continentiam alterum perdere, qui nolebat esse continens: sicut
Dominus post conjunctum matrimonium jubet ne
alter altero nolente se separet. CHRYSOSTOMUS (in
homil. 63). Non solum autem ex modo creationis sed etiam ex modo legislationis monstravit
quoniam unum oportet uni conjungi, et nunquam
rescindi: unde sequitur: *Et dixit: Propter hoc relinquet homo patrem et matrem, et adhaerebit uxori suae.* HIERONYMUS (super *Qui respondens ait illis*).
Similiter ait, *Uxori,* non Uxoribus: et expresse subditur: *Erunt duo in carne una.* Praemium enim
est nuptiarum ex duobus unam carnem, scilicet
prolis, fieri. GLOSSA (interlinearis). Vel *in carne
una,* idest in carnali copula. CHRYSOSTOMUS super
Matth. (hom. 32 in opere imperf). Si ergo quia
ex viro est uxor, et ex una carne sunt ambo, relinquet homo patrem suum et matrem; major nunc
caritas debet esse inter fratres et sorores: quia hi
quidem ex eisdem parentibus exeunt, illi autem ex
diversis. Sed hoc magnum est nimis, quia fortior est Dei constitutio quam virtus naturae. Non
enim praecepta Dei naturae subjecta sunt; sed
natura Dei praeceptis obtemperat. Deinde fratres ex uno nascuntur, ut diversas vias petant ;
vir autem et uxor ex diversis nascuntur, ut in

unum conveniant. Ordo etiam naturae Dei ordinationem sequitur. Quod enim est in arboribus humor, hoc est in hominibus amor. Humor autem
de radicibus ascendit in herbam et sursum (1)
transmittitur in semen. Ideo parentes quidem diligunt: sed non sic diliguntur a filiis: homo enim
non ad parentes, sed ad procreandos filios transmittit affectum: et hoc est quod dicitur: *Propter
hoc relinquet homo patrem et matrem, et adhaerebit uxori suae.* CHRYSOSTOMUS in hom. (63).
Vide etiam sapientiam Doctoris. Interrogatus e-
nim, *Si licet,* non confestim dixit, Non licet,
ut non turbarentur; sed per probationem hoc
constituit. Deus enim a principio masculum et
feminam fecit, et non simpliciter eos conjunxit, sed matrem jussit dimittere et patrem; et
non simpliciter virum mulieri dixit advenire, sed
conjungi; ex ipso modo locutionis indivisibilitatem
ostendens. Sed et majorem copulam adjunxit, cum
dixit: *Et erunt duo in carne una.* AUGUSTINUS 9
super Genesim ad litteram (cap. 19). Haec tamen
verba cum primi hominis fuisse Scriptura testetur,
Dominus tamen hic Deum hoc dixisse declarat,
ut hinc intelligeremus propter extasim quae prae-
cesserat in Adam, hoc divinitus tamquam Prophetam dicere potuisse. REMIGIUS. Mysterium enim hoc
esse Apostolus dicit in Christo et Ecclesia: Dominus enim Jesus Christus quasi Patrem deseruit
cum de caelis ad terram descendit, et matrem deseruit, idest synagogam, propter infidelitatem; et
adhaesit uxori suae, sanctae scilicet Ecclesiae; et
sunt duo in carne una, idest Christus et Ecclesia
in uno corpore. CHRYSOSTOMUS in hom. 63. Postquam vero veteris legis et verba et facta induxit,
cum potestate jam et ipse interpretatur, et legem
inducit dicens: *Itaque jam non sunt duo, sed una
caro.* Sicut enim qui spiritualiter se diligunt, u-
na anima esse dicuntur, dicente Scriptura (Act.
4): « Omnium credentium erat cor unum et anima
« una: » sic vir et uxor, qui carnaliter se diligunt,
una caro esse dicuntur. Quemadmodum igitur carnem incidere est sordidum, ita et mulierem dividere
est iniquum. AUGUSTINUS 14 de Civit. (cap. 22).
Unum etiam dicuntur, vel propter conjunctionem, vel propter originem feminae, quae de masculi latere creata est. CHRYSOSTOMUS in hom. 63.
Ulterius autem et Deus induxit, dicens: *Quod ergo
Deus conjunxit, homo non separet*: demostrans,
quod et praeter naturam et praeter legem est
uxorem dimittere: praeter naturam quidem, quia una
caro dividitur; praeter legem autem, quoniam Deo
copulante et jubente non dividi, uxor dimittitur.
HIERONYMUS (super *Quod Deus conjunxit*). Deus
enim conjunxit, unam faciendo carnem viri et feminae: hanc ergo homo non potest separare, sed
solus Deus. Homo separat, quando propter deside-
derium secundae uxoris prima dimittitur ; Deus
separat, qui et conjunxerat, quando ex consensu
propter servitutem Dei sic habemus uxores quasi
non habentes. AUGUSTINUS contra Faustum (lib. 19,
cap. 29). Ecce Judaei ex libris Moysi convincuntur non esse uxorem dimittendam, qui secundum
voluntatem legis Moysi arbitrabantur (2) se facere
cum dimitterent. Simul et illud hic, ipso Christo
attestante, cognoscimus, Deum fecisse et conjunxisse masculum et feminam, quod Manichaei negando

---

(1) *Al.* discipulam, *item* disciplinam.
(2) *Al.* ex hoc.

(1) *Al.* et rursum.
(2) *Al.* arbitrantur.

damnantur (1), Christi Evangelio resistentes Chrysostomus super Matthaeum (homil. 32, in op. im perf.). Gravis est autem fornicariis interpretatio castitatis; sed contra rationem respondere non possunt; veritati tamen credere non acquiescunt. Conferunt ergo se ad patrocinium Moysi; sicut homines malam causam habentes confugiunt ad potentes viros, ut si per justitiam non possunt, vincant per personam: unde sequitur: *Dicunt illi: Quid ergo Moyses mandavit dari libellum repudii, et dimittere?* Hieromymus (super *Moyses mandavit*). Aperiunt calumniam quam paraverant: licet Dominus non propriam sententiam protulerit, sed veteris historiae et mandatorum Dei fuerit recordatus. Chrysostomus in hom. 63). Si autem Dominus alienus esset a veteri testamento, non decertasset pro Moyse, neque quae sua sunt monstrasset veteribus convenire. Sed ineffabilis Christi sapientia et pro his excusando respondit: unde sequitur: *Et ait illis: Quoniam Moyses ad duritiam cordis vestri permisit vobis dimittere uxores vestras.* In quo liberat Moysen ab accusatione, et totum in illorum caput convertit. Augustinus contra Faustum (lib. 19, cap. 29). Quanta enim erat duritia, quae nec per libelli interpositionem, ubi dissuadendi locus justis et prudentibus tribuebatur, solvi et flecti posset ad recipiendam vel revocandam conjugii caritatem? Porro qua calliditate reprehendunt Manichaei Moysen, tamquam conjugia dirimentem per libellum repudii, et laudant Christum tamquam ejus (2) vinculum confirmantem? cum secundum suam sacrilegam scientiam, Moysen laudare debuerint separantem quod conjunxerat diabolus, et Christum vituperare diaboli ligamenta solidantem. Chrysostomus (in hom. 62). Denique quia grave erat quod dictum erat, statim reducit sermonem ad antiquam legem, dicens: *Ab initio autem non fuit sic.* Hieronymus (super *Moyses ad duritiam cordis*). Quod dicit, hujusmodi est. Numquid potest Deus sibi esse contrarius, ut aliud ante jusserit, et sententiam suam novo frangat imperio? Non ita sentiendum est: sed Moyses cum videret propter desiderium conjugum secundarum, quae illis ditiores vel juniores vel pulchriores essent, primas uxores interfici, aut malam vitam ducere, maluit indulgere dissidium, quam odia et homicidia perseverare. Simulque considera, quod non dixit: *Propter duritiam cordis vestri permisit vobis Deus, sed Moyses:* ut, juxta Apostolum, consilium esset hominis, non imperium Dei. Chrysostomus super Matth. (hom 32 in op. imperf.). Propterea bene dixit, quod Moyses hoc permisit, non praecepit. Quod enim praecipimus, semper volumus: quod autem permittimus, nolentes indulgemus: quia malam voluntatem hominum ad plenum prohibere non possumus. Permisit ergo vobis facere mala, ne faceretis pejora: ergo hoc vobis permittendo, non vobis Dei justitiam demonstravit, sed a peccato abstulit culpam peccandi: ut quasi secundum legem agentibus vobis. peccatum vestrum non videatur esse peccatum.

2. Chrysostomus in hom. (63). Quia os illorum oppilaverat (3), jam cum auctoritate legem inducit, dicens: *Dico autem vobis quia qui-*

cumque dimiserit uxorem suam nisi ob fornicationem, et aliam duxerit, moechatur. Origenes (tract. 7). Forte autem dicet aliquis, quoniam Jesus dicens, *Quicumque dimiserit uxorem suam, nisi ob fornicationem,* permisit uxorem dimittere, quemadmodum Moyses; quem retulit propter duritiam cordis Judaeorum hoc praecepisse. Sed ad hoc respondendum, quoniam si secundum legem adultera lapidatur, non secundum hoc intelligitur res turpis, propter quam Moyses permittit libellum repudii. nec enim in causa adulterii oportebat libellum dare repudii. Sed forsitan Moyses omnem culpam mulieris turpem rem appellavit; quae si inventa fuerit in uxore, scribitur ei libellus repudii. Quaerendum est autem: Si propter solam causam fornicationis dimittere jubet uxorem, quid est, si mulier non fuerit fornicata, sed aliud quid gravius fecerit: puta venefica inveniatur, aut interfectrix filiorum? Sed Dominus exponens rem alibi (supra 5), dixit: *Qui dimiserit, excepta causa fornicationis, facit eam moechari,* dans ei occasionem secundarum nuptiarum. Hieronymus (super *Qui dimiserit uxorem*). Sola ergo fornicatio est quae uxoris vincit affectum: immo cum illa unam carnem in aliam diviserit, et se fornicatione separaverit a marito, non debet teneri, ne virum quoque sub maledictione faciat: dicente Scriptura, Prov, 18: « Qui adulteram tenet, stultus et « impius est. » Chrysostomus super Matth. (hom. 32 in opere imperf.). Sicut enim crudelis est et iniquus qui castam dimittit; sic fatuus et iniquus qui retinet meretricem; nam patronus turpitudinis est qui crimen celat uxoris. Augustinus de adulterinis Conjugiis (lib. 2, cap. 9). Non tamen erit turpis nec difficilis, etiam post patrata et purgata adulteria, reconciliatio conjugii, ubi per claves regni caelorum non dubitatur fieri remissio peccatorum: non ut post viri divortium adultera revocetur, sed ut post Christi consortium adultera non vocetur. Chrysostomus super Matth. (homil. 33 in opere imperf.). Omnis autem res per quas causas nascitur, per ipsas solvitur. Matrimonium autem non facit coitus, sed voluntas: et ideo non solvit illud separatio corporis, sed separatio voluntatis. Ideo qui dimittit conjugem suam, et aliam non accipit, adhuc maritus est: nam etsi corpore jam separatus est, tamen adhuc voluntate conjunctus est. Cum ergo aliam acceperit, tunc plane (1) dimittit: et ideo Dominus non dicit, Qui dimittit, moechatur: sed *Qui alteram ducit.* Rabanus. Una ergo solummodo carnalis est causa, idest fornicatio; una spiritualis. hoc est timor Dei, ut uxor dimittatur. Nulla autem causa est ut, vivente ea quae relicta est, alia ducatur. Hieronymus (super *Qui dimiserit uxorem*). Poterat autem accidere ut aliquis calumniam faceret innocenti uxori, et ob secundam copulam nuptiarum veteri crimen impingeret. Ideo sic priorem dimittere jubetur uxorem ut secundam, prima vivente, non habeat. Nec non quia poterat evenire ut, juxta eamdem legem, uxor quoque marito daret repudium, eadem cautela praecipitur ne secundum accipiat virum: et quia meretrix, et quae (2) semel fuerat adultera, opprobrium non timebat, secundo non nubere praecipitur viro. Quod si talem duxerit, sub adulterii crimine sit: unde sequitur: *Et*

(1) *Al.* damnabant.
(2) *Al.* ejus in omnibus, *item* in omni. *P. Nicolai legit* ejusmodi.
(3) *Al.* opitulaverit.

(1) *Al.* plene.
(2) *Al.* et quia.

qui dimissam duxerit, moechatur. GLOSSA (1) (ordinaria). Accipientem terret: quia adultera non timet opprobrium.

5. HIERONYMUS (super *Si ita est non expedit nubere*). Grave pondus uxor est, si excepta causa fornicationis, eam dimittere non licet. Quid enim si temulenta fuerit, si iracunda, si malis moribus, tenenda erit? Videntes ergo apostoli grave uxorum jugum proferunt motum animi sui: unde dicitur: *Dicunt ei discipuli ejus: Si ita est causa hominis cum uxore, non expedit nubere.* CHRYSOSTOMUS in hom. 63. Levius enim est contra concupiscentiam praeliari et contra seipsum, quam ad mulierem malam. CHRYSOSTOMUS super Matth. (hom. 32 in opere imperf.). Non autem dixit Dominus, quia expedit; sed magis consensit quod non expedit; sed infirmitatem carnis consideravit; unde sequitur: *Qui dixit eis: Non omnes capiunt verbum istud*, idest. non omnes hoc possunt. HIERONYMUS (super *Non omnes capiunt*). Nemo autem putet sub hoc verbo quod addit, *Sed quibus datum est*, vel fatum vel fortunam introduci: quod hi sunt virgines quos ad hoc casus adduxit. Sed his datum est a Deo qui petierunt, qui voluerunt, qui ut acciperent, laboraverunt. CHRYSOSTOMUS super Matth. (hom. 32 in opere imperf.). Ideo ergo non omnes capere possunt, quia non omnes volunt. Palma proposita est: qui concupiscit gloriam, non cogitet de labore. Nemo vinceret, si omnes periculum timerent. Ex eo ergo quod quidam a proposito continentiae cadunt, non debemus circa virtutem castitatis fieri pigriores; sicut et qui in pugna cadunt non exanimant ceteros (2). Quod ergo dicit, *Quibus datum est*, illud ostendit, quia nisi auxilium gratiae acciperemus, nihil nobis valeret. Hoc autem auxilium gratiae volentibus non denegatur: dicit enim Dominus supra 7, *Petite, et accipietis* (3). CHRYSOSTOMUS in homil. 63. Deinde possibile hoc esse ostendens, ait: *Sunt enim eunuchi*; quasi dicat: Excogita: si ab aliis excisus esses, quid utique faceres? Voluptate quidem privatus esses, mercedem autem non haberes. CHRYSOSTOMUS super Matth. (hom. 32 in opere imperf.). Sicut enim peccatum opus sine voluntate non facit, ita et justitia ex opere non consummatur nisi et voluntas affuerit. Illa est ergo gloriosa continentia, non illa quam transgredi non potest necessitas debilitatis corporis, sed quam complectitur voluntas sancti propositi. HIERONYMUS (super *Sunt eunuchi*). Triplex ergo genus eunuchorum posuit; quorum duo sunt carnales, et tertii spirituales. Alii enim sunt qui de utero matris sic nascuntur; alii quos vel captivitas facit, vel deliciae matronales; tertii sunt qui seipsos castraverunt propter regnum caelorum et qui cum possint esse viri, propter Christum eunuchi fiunt. Istis promittitur praemium; superioribus autem quibus necessitas castimonia est, non voluntas, nihil omnino debetur. HILARIUS (can. 19). In uno enim eorum posuit naturam, scilicet in eo qui nascitur; in altero necessitatem, scilicet in eo qui factus est: in tertio voluntatem, qui scilicet spe regni caelestis talis esse decrevit. CHRYSOSTOMUS super Matth. (hom. 32 in opere imp.). Quod autem aliqui sic nascuntur, hac ratione fit sicut et nascuntur sex di-

gitos habentes aut quatuor. Si enim Deus sicut ab initio constituit unamquamque naturam, sic dimitteret illam immutabiliter semper in suo ordine permanere, in oblivionem deduceretur coram hominibus operatio Dei. Ideo ergo interdum natura rerum convertitur contra suam naturam, ut semper Deus naturae opifex in memoriam reducatur. HIERONYMUS (ubi supra). Possumus et aliter dicere. Eunuchi sunt ex matris utero qui frigidiores naturae sunt, nec libidinem appetentes: et alii qui ab hominibus fiunt, quos aut Pharisaei faciunt, aut propter idolorum cultum emolliuntur in feminas, vel persuasione haeretica simulant castitatem, ut mentiantur religionis veritatem. Sed nullus eorum consequitur regnum caelorum, nisi qui se propter Christum castraverit: unde sequitur: *Qui potest capere, capiat*: ut unusquisque consideret vires suas, utrum possit virginalia et pudicitiae implere praecepta. Per se enim castitas blanda est, et quemlibet ad se alliciens; sed considerandae sunt vires, ut qui potest capere, capiat. Quae hortantis Domini vox est, et milites suos ad pudicitiae praemium concitantis, quasi, qui potest pugnare, pugnet, et superet. ae triumphet. CHRYSOSTOMUS (in hom. 63.) Cum autem dicit *Qui se castraverunt*, non membrorum dicit abscissionem, sed malarum cogitationum interemptionem: maledictioni enim est obnoxius qui membrum abscindit: etenim quae homicidarum sunt talis praesumit; et Manichaeis, qui detrahunt creaturis, tribuit occasionem, et eadem cum gentibus membra detruncantibus inique agit (1), abscindere enim membra daemoniacae tentationis est. Cum his autem quae dicta sunt neque concupiscentia mansuetior ita fit, sed molestior: aliunde enim habet fontes sperma quod in nobis est, et praecipue a proposito incontinenti, et mente negligente: et si ipsa sobria fuerit, naturalium motuum nullum est nocumentum; nec ita abscissio membri comprimit tentationes et tranquillitatem facit, ut cogitationis frenum.

4. CHRYSOSTOMUS super Matth. (hom. 32 in op. imperf.). Dominus de castitate sermonem fecerat; audientes autem quidam obtulerunt ei infantes castitate mundissimos: putabant enim quia Dominus corpore mundos tantum laudaret: et hoc est quod dicitur: *Tunc oblati sunt ei parvuli, ut manus eis imponeret, et oraret.* ORIGENES (tract. 7). Jam enim ex praecedentibus virtutibus ejus experti erant quoniam per impositionem manuum ejus, et orationem repelluntur mala. Offerunt ergo ei pueros, considerantes quoniam impossibile est ut postquam per tactum Dominus dederit eis divinam virtutem, ruina (2) aut daemonium aliquod tangere eos possit. REMIGIUS. Consuetudo etiam fuit apud veteres ut parvuli offerentur senioribus. quatenus eorum manu vel ore benedicerentur; et juxta hanc consuetudinem parvuli oblati sunt Domino. CHRYSOSTOMUS super Matth. (hom. 32 in op. imperf.). Caro autem, quia non delectatur in bono, facile obliviscitur bonum; malum autem quod audierit. retinet semper. Ante modicum autem tempus Christus accipiens puerum (supra 18) dixit: *Nisi facti fueritis sicut parvulus iste, non intrabitis in regnum caelorum*: et ecce statim obliti discipuli puerilis innocentiae, vetabant pueros ad Christum quasi indignos accedere; unde sequitur: *Discipuli autem increpabant eos.* HIERONY-

(1) Quod sequitur ex Glossa, est expressius in Anselmo (*Ex edit. P. Nicolai*).

(2) *Al.* omittitur ceteros.

(3) Al. *et invenietis.*

(1) *Al.* de qua ait.

(2) *Al.* ut ruina.

MUS (super *Tunc oblati*). Non quia nollent eis
Salvatoris et manu et voce benedici; sed quod
nondum habentes plenissimam fidem, putarent eum,
in similitudinem aliorum hominum, offerentium importunitate lassari. CHRYSOSTOMUS in hom. 63. Vel
discipuli expellebant pueros, causa dignitatis Christi.
Dominus autem docens eos moderata sapere, et
tumorem (1) conculcare mundanum, accepit parvulos, et in ulnis tenuit eos: et talibus regnum
caelorum promittit: unde sequitur: *Jesus autem ait
eis: Sinite parvulos, et nolite prohibere eos ad me
venire: talium est enim regnum caelorum.* CHRYSO-
STOMUS super Matth. (hom. 52 in op. imperf.).
Quis enim mereatur appropinquare Christo, si repellitur ab eo simplex infantia? Ideo dixit: *Nolite
prohibere eos.* Nam si sancti futuri sunt; quid ve-
tatis filios ad patrem venire? Si autem peccatores
futuri sunt; ut quid sententiam condemnationis pro-
fertis, antequam culpam videatis? HIERONYMUS (super *Sinite parvulos venire*). Signanter autem dixit:
Talium est regnum caelorum: non istorum, ut o-
stenderet, non aetatem regnare, sed mores: et his
qui similem haberent innocentiam et simplicitatem
praemium repromitti.

Sequitur: *Et cum imposuisset eis manus, abiit
inde.* CHRYSOSTOMUS super Matth. (hom. 52, in op.
imperf.). Praesens locus instruit omnes parentes,
ut filios suos sacerdotibus offerant; non enim sacerdos manus imponit, sed Christus, in cujus nomine manus imponitur. Si enim qui escas suas
per orationem offert Deo, sanctificatas eas manducat: sanctificatur enim per verbum Dei et orationem, ut Apostolus dicit (1 Tim. 4), quanto magis pueros offerri Deo et sanctificari necesse est ?
Causa autem sanctificandarum escarum haec est,
« quoniam totus mundus in maligno positus est: »
1 Joan. 5: unde et res corporales quae sunt magna pars mundi, in maligno positae sunt. Consequenter infantes quando nascuntur, et ipsi quantum ad carnem in maligno positi sunt. ORIGENES
(tract. 7). Pueros autem mystice dicimus qui in
Christo adhuc carnales sunt, et lacte opus habentes. Qui autem profitentur verbi doctrinam, simpliciores quidem, et quasi puerilem sermonem habentes quo nutriuntur, adhuc novitii sunt, qui offerunt Salvatori pueros et infantes. Qui autem videntur esse perfectiores, et ideo sunt discipuli Jesu, priusquam discant rationem justitiae de pueris,
reprehendunt eos qui per simplicem doctrinam
pueros et infantes, idest minus adhuc eruditos,
offerunt Christo. Dominus autem hortans discipulos suos jam viros constitutos condescendere utilitatibus puerorum, ut fiant pueris quasi pueri, ut
pueros lucrentur, dicit (2): *Talium est enim regnum
caelorum.* Nam et ipse, cum in forma Dei esset,
factus est puer. Haec ergo debemus attendere, ne
aestimatione sapientiae excellentioris et profectus
spiritualioris, contemnamus quasi magni pusillos
Ecclesiae, prohibentes pueros venire ad Jesum.
Quoniam autem pueri non omnia quae dicuntur,
sequi possunt, imposuit eis manum Jesus, et virtutem relinquens in eis per tactum, abiit ab eis,
quasi non potentibus sequi Christum, sicut ceteri
discipuli ejus perfecti. REMIGIUS. Manibus etiam impositis benedixit pueris, significans quod humiles
spiritu sunt digni ejus gratia et benedictione. GLOSSA

(1) *Al.* et timorem.
(2) *Al. omittitur* dicit.

(1) (ordinaria). Imposuit etiam eis manus, viris
continentibus, ut gratiam (2) sui auxilii conferen-
dam significaret. HILARIUS (can. 19). Infantes etiam
Gentium forma sunt, quibus per fidem et auditum
salus redditur. Verum ex affectu primo salvandi
Israel, a discipulis inhibentur accedere, quos Dominus ait non oportere prohiberi. Munus enim
Spiritus sancti per impositionem, cessante (3) legis
opere, erat Gentibus largiendum.

5. RABANUS (super *Magister bone*). Audierat
forsan homo iste a Domino, tantum eos qui volunt parvulis similes esse, dignos introitu regni
caelestis: et ideo certior cupiens esse, non per parabolas, sed aperte postulat exponi, quibus meritis
vitam aeternam consequi possit. Et ideo dicitur;
*Et ecce unus accedens ait illi: Magister bone, quid
boni faciam ut habeam vitam aeternam?* HIERONYMUS
(super eodem loco). Iste qui interrogat, et adolescens et dives erat et superbus, et non voto di-
scentis sed tentantis interrogat: quod ex eo probare
possumus quod dicente sibi Domino, *Si vis ad vitam ingredi, serva mandata,* rursum fraudulenter
interrogat, quae sunt illa mandata; quasi non et
ipse legere, aut Dominus posset eidem haec jubere
contraria (4). CHRYSOSTOMUS in hom. 64. Ego autem
avarum quidem eum et pecuniarum amatorem
nequaquam recuso dicere, quia et Christus talem
eum esse redarguit; simulatorem autem nequaquam,
quia non est securum de incertis judicare, et maxime accusando. Marcus autem hanc suspicionem
destruit: dicit enim, quod occurrens, et genuflectens
rogabat eum; et quoniam inspiciens eum, Jesus,
amavit eum. Si etiam eum tentans accessisset, de-
monstrasset nobis hoc Evangelista, sicut in aliis
facit. Si autem et ipse siluisset, Christus eum non
permisisset latere, sed redarguisset manifeste, aut
occulte insinuasset. Hoc autem non facit: sequitur
enim: *Qui dicit ei: Quid me interrogas de bono?*
AUGUSTINUS de cons. Evang. (lib. 2, cap. 63). Potest autem videri distare aliquid: quod hic secundum Matthaeum dicitur, *Quid me interrogas de bono?* secundum alios autem (Marc. 10 et Luc. 18):
« *Quid me dicis bonum?* » Nam *Quid me interrogas de bono?* ad illud magis referri potest quod
ait ille quaerens, *Quid boni faciam?* Ibi enim et
bonum nominavit, et interrogatio est. *Magister* autem *bone,* nondum est interrogatio. Commodissime
ergo intelligitur utrumque dictum: « Quid me di-
« cis bonum: » et *Interrogas de bono?* HIERONYMUS
(super *Quid me interrogas de bono?*). Quia vero
Magistrum vocaverat bonum, et non Deum vel Dei
Filium confessus erat; dixit quemvis sanctum hominem comparatione Dei non esse bonum: de quo
dicitur Psal. 117: « Confitemini Domino, quoniam
« bonus. » Et ideo dicit: *Unus est bonus Deus.*
Ne quis autem putet in eo quod bonus Deus dicitur, excludi a bonitate Filium Dei; legimus in alio
loco (Jo. 19): « Pastor bonus ponit animam suam
« pro ovibus suis. » AUGUSTINUS 1 de Trinit. (cap.
13). Vel quia ille vitam aeternam quaerebat (vita
autem aeterna est in illa contemplatione, qua non

(1) Non est in Glossa, nisi quo ad veros humiles prius hoc
loco praetermissos: quo ad utrumque autem est in Anselmo
(*Ex edit. P. Nicolai*).
(2) *P. Nicolai habet* ut veris continentibus et veris humilibus gratiam etc.
(3) *Al.* testante.
(4) *Idem legit* posset Deo jubere contraria.

ad poenam videtur Deus, sed ad gaudium sempiternum) et non intelligebat cum quo loquebatur,
quoniam tantummodo eum Filium hominis arbitrabatur; ideo dicit: *Quid me interrogas de bono*; et
vocas me secundum quod vides Magistrum bonum?
Haec forma Filii hominis apparebit in judicio, non
tantum justis, sed et impiis; et ipsa visio malum
eis erit, quia poenalis erit. Est autem visio formae
meae. in qua aequalis sum Dei. Ille ergo unus
Deus, Pater, Filius et Spiritus sanctus, ipse est solus bonus; quia nemo videt eum ad luctum et
planctum. sed tantum ad salutem et laetitiam veram. Hieronymus (ubi supra). Salvator etiam noster
bonitatis testimonium non renuit, sed magistri absque Deo exclusit errorem. Quae autem utilitas est
ut ita responderet? Reducit enim eum paulatim. et
erudit liberari ab omni adulatione; et ab his quae
sunt super terram eum abducens, Deo adhaerere
suadet, et futura quaerere, et nosse eum qui vere
est bonus, et radix et fons universorum bonorum.
Origenes (tract. 8, in 19 cap. Matth.). Respondet
etiam sic Christus, propter eum qui dixit, *Quid
boni faciam*? quando enim declinamus a malo et
facimus bonum, quantum ad comparationem ceterorum hominum, dicitur bonum quod facimus;
quantum autem ad veritatem secundum quod hic
dicitur, *Unus est bonus*, bonum nostrum non est
bonum. Dicere autem potest quis, quoniam sciens
Dominus propositum interrogantis non esse ut faciat vel humanum bonum, dixit: *Quid me interrogas de bono*? ac si dicat: Cum sis imparatus ad ea
quae dicuntur bona, cur me interrogas de bono?
Post hoc autem dicit: *Si vis ad vitam ingredi, serva
mandata*. Ubi considera, quoniam adhuc quasi extra
vitam constituto respondit: *Si vis ad vitam ingredi*:
secundum enim unum modum homo est extra vitam, qui est extra eum qui dixit (Joan 11 et 14):
« Ego sum vita. » Alias autem omnis qui super
terram est, quamvis justissimus, potest quidem in
umbra esse vitae, non autem in ipsa vita, cum sit
corpore mortis circumdatus. Introibit autem quis
in vitam, abstinens se ab operibus mortuis, appe-
tens autem opera viva. Sunt autem et verba mortua et verba viva, et cogitationes mortuae et cogitationes vivae: et ideo dicit, *Si vis ad vitam
ingredi, serva mandata*. Augustinus de ver. Dom.
(serm. 17). Nec etiam dixit. Si vis venire ad vitam aeternam; sed *Si vis ingredi ad vitam*, eam
definiens vitam quae fuerint aeterna vita. Hic ergo
considerandum est, quemadmodum amanda sit aeterna vita, quando sic amatur misera ista et quandoque finienda vita. Remigius. Demonstratur autem
his verbis quia lex suis impletoribus non solum
bona temporalia dabat, sed et vitam aeternam. Et
quia hoc audierat, solicitus factus interrogavit: unde
sequitur: *Dicit illi, Quae*? Chrysostomus in hom.
64. Hoc autem non tentans dixit; sed aestimans
alia quaedam praecepta esse praeter legalia quae
vitae causa fierent ei. Remigius. Jesus vero quasi
infirmo condescendens, clementissime legis praecepta exposuit: unde sequitur: *Jesus autem dixit:
Non homicidium facies*: quorum praeceptorum expositio est sequens sententia, qua dicitur: *Et diliges
proximum tuum sicut teipsum*. Etenim Apostolus
dicit (Rom. 16): « Qui diligit proximum, legem
« implevit. » Quaerendum est autem: Quare Dominus tantum secundae tabulae praecepta commemoravit? Idcirco scilicet quia forte iste studiosus

erat in dilectione Dei; sive quia dilectio proximi
gradus est ascendendi ad dilectionem Dei. Origenes
(tract. 8 in 19 cap. Matth.). Forsitan autem ista
praecepta sufficiunt, ut in principium, ut ita dicam,
vitae ingrediatur quis; non autem sufficiunt haec
vel alia similia istis ad interiora vitae introducere
quemquam. Qui autem praeterierit unum istorum
mandatorum, nec in principium vitae intrabit.
Chrysostomus in hom. 54. Quia ergo Dominus ea
praecepta commemoraverat quae erant in lege;
ideo sequitur: *Dicit illi adolescens: Haec omnia
servavi a juventute mea*. Et neque hic stetit; sed
rursus interrogat: *Quid adhuc deest*? Quod et i-
psum signum est vehementis desiderii. Remigius. Illis
autem qui in gratia perfecti esse volunt, ostendit
qualiter ad perfectionem venire possunt: unde sequitur: *Ait illi Jesus: Si vis perfectus esse, vade, et
vende omnia quae habes, et da pauperibus*. Notanda
sunt ista verba: non enim ait, Vade et manduca omnia
quae habes; sed *Vade et vende*. Et non ait, Aliqua,
sicut Ananias et Saphira; sed *Omnia*. Et pulchre subjungit, *Quae habes*: illa enim habemus quae juste possidemus. Illa ergo quae juste possidentur, vendenda
sunt; quae vero injuste, sunt eroganda illis quibus
fuerant ablata. Nec ait, Da proximis aut divitibus.
a quibus accipies similia; sed, *Da pauperibus*. Augustinus de Operibus Monachorum (cap. 25). Nec
attendendum in quibus monasteri s. vel in quo loco indigentibus fratribus hoc quod habebat aliquis
impenderit: omnium enim Christianorum una Respublica est. Et ideo quisquis Christianus necessaria
ubilibet erogaverit. ubicumque etiam ipse quod
necessarium est sibi, accipit, de eo quod est Christi
accipit. Rabanus (super *Si vis perfectus esse*).
Ecce duas vitas hominibus propositas audivimus:
activam, ad quam pertinet, Non occides, et cetera
legis mandata; et contemplativam, ad quam pertinet,
Si vis perfectus esse. Activa ad legem pertinet, contemplativa ad Evangelium: quia sicut vetus novum
praecessit testamentum, ita bona actio praecedit
contemplationem. Augustinus contra Faustum (lib.
5, cap. 9.). Nec tamen illi soli qui ut sint perfecti
vendunt vel dimittunt omnia sua, pertinent ad regnum caelorum; sed huic militiae Christianae, propter quoddam commercium caritatis, subjungitur
etiam quaedam stipendaria multitudo; cui dicetur
in fine (infra 25): *Esurivi, et dedistis mihi manducare*: quo absit ut istos a mandatis evangelicis
alienos a vita aeterna separandos judicemus. Hieronymus contra Vigilantium (prope fin.). Quod autem Vigilantius asserit, eos melius facere qui utantur
rebus suis, et paulatim fructus possessionum pauperibus dividant, quam illos qui possessionibus venum-
datis semel omnia largiantur: non a me ei, sed a Deo
respondebitur: *Si vis esse perfectus, vade, et vende*, Iste,
quem tu laudas, secundus, aut tertius gradus est; quem
et nos recipimus, dummodo sciamus prima secundis et tertiis praeferenda. Gennadius de ecclesiast.
Dogmatibus (cap. 71, inter op. Aug. (1)). Bonum
est enim facultates cum dispensatione pauperibus
erogare: melius est pro intentione sequendi Dominum insimul donare. et absolutum solicitudine egere
cum Christo. Chrysostomus in hom. 62. Et quia

(1) *Al.* quos *P. Nicolai legit* quos absit ut sicut istos a
mandatis evangelicis alienos a vita aeterna separandos judicemus.

(2) Ubi notatur esse Gennadii Massiliensis, qui Semipela-
gianorum haeresi et factione notatus est (*Ex edit. P. Nicolai*).

de pecuniis erat sermo, a quibus denudari admonuit, ostendit quod ampliora his retribuet quanto terra majus est caelum; et ideo dicit: *Et habebis thesaurum in caelo.* In thesauro enim copiam et permanentiam retributionis ostendit. ORIGENES (Matth. 19, tract. 8). Si autem omne mandatum in hoc verbo impletur, *Diliges proximum tuum sicut teipsum*; perfectus autem est qui impleverit omne mandatum: quomodo Dominus dicenti adolescenti, *Haec omnia servavi a juventute mea*, quasi nondum perfecto, dicit: *Si vis perfectus esse ?* Forte autem quod ait, *Diliges proximum tuum*, non a Domino positum est, sed ab aliquo additum: quia nec Marcus nec Lucas hunc locum exponentes hoc addiderunt. Vel aliter. Scriptum est in Evangelio secundum Hebraeos, quod cum Dominus dixisset ei; *Vade, et vende omnia quae habes*, coepit dives scalpere caput suum, et non placuit ei. Et dixit ad eum Dominus. Quomodo dicis, Feci legem et Prophetas? quoniam scriptum est in lege: *Diliges proximum tuum sicut te ipsum.* Et ecce multi fratres tui filii Abrahae amicti sunt stercore morientes prae fame; et domus tua plena est multis bonis, et non egreditur omnino aliquid ex ea ad eos. Volens ergo Dominus arguere divitem illum, dicit: *Si vis perfectus esse, vade et vende omnia quae habes, et da pauperibus.* Sic enim apparebit si diligis proximum tuum sicut teipsum. Sed si perfectus est qui habet omnes virtutes, quomodo fit perfectus qui vendit omnia sua, et pauperibus dat ? Ponamus enim aliquem hoc fecisse; quomodo statim erit sine ira, sine concupiscentia, suscipiens omnes virtutes, et deponens malitiam universam ? Sapientia ergo videbitur forsan dicere, quoniam qui pauperibus tradidit bona sua, ipsorum orationibus adjuvatur accipiens ad suam spiritualem inopiam illorum spiritualem abundantiam, et fit hoc modo perfectus, quamvis aliquas humanas habuerit passiones. Aut ita iste qui mutavit pro divitiis paupertatem ut fiat perfectus, credens sermonibus Christi, adjuvabitur, ut sapiens fiat in Christo, justus et castus et absque omni passione, non tamen sic ut in ipso tempore quo tradidit bona sua pauperibus, fiat omnino perfectus; sed ex illo die incipiet speculatio Dei adducere eum ad omnes virtutes. Aliter autem ad expositionem moralem transibit, dicens substantiam esse uniuscujusque actus animae ejus (1). Imperat ergo Christus vendere omnem substantiam malam, et quasi tradere eam virtutibus operantibus eam quae ab omni bono pauperes sunt. Sicut enim pax Apostolorum revertitur ad ipsos nisi fuerit filius pacis, sic universa peccata revertuntur ad actores eorum, cum non fuerit quis utens malis eorum; et sic neque dubitatio erit quin statim erit perfectus qui sic vendidit omnes proprias facultates. Manifestum est autem quod qui talia agit habet (2) thesaurum in caelo, et ipse factus caelestis. In suo enim caelo habebit thesaurum gloriae Dei, et divitias in omni sapientia Dei. Talis autem poterit sequi Christum: quia non distrahitur ab aliqua mala possessione quo minus Christum sequatur. HIERONYMUS (super *Si vis perfectus esse*). Multi etiam divitias relinquentes, Dominum non sequuntur; nec hoc (3) ad perfectionem sufficit, nisi post contemptas divi-

tias Salvatorem sequantur: idest relictis malis, faciant bona. Facilius enim sacculus contemnitur quam voluntas: et ideo sequitur: *Et veni, sequere me*: sequitur enim Dominum qui imitator est ejus, et per vestigia illius graditur. Sequitur: *Cum autem audisset adolescens verba haec, abiit tristis.* Haec est tristitia quae ducit ad mortem. Causaque tristitiae redditur: *Erat enim habens multas possessiones:* idest spinas et tribulos, qui sementem dominicam suffocaverunt. CHRYSOSTOMUS (hom. 69). Non enim similiter detinentur qui pauca habent, et qui multis abundant: quoniam abjectio divitiarum majorem accendit flammam, et violentior fit cupido. AUGUSTINUS in epistola ad Paulinum et Therasiam (epist. 34). Nescio autem quomodo cum superflua terrena diliguntur, arctius adepta quam corrupta constringunt; nam unde juvenis iste tristis discessit, nisi quia magnas habebat divitias ? Aliud est enim jam nolle incorporare quae desunt, aliud jam incorporata divellere: illa enim velut extranea repudiantur, ista velut membra praeciduntur (1). Secundum historiam autem, iste adolescens laudabilis quidem est, quia non occidit, non adulteratus est; vituperabilis autem, quia contristatus est in verbis Christi vocantibus eum ad perfectionem. Adolescens quippe erat secundum animam; et propterea relinquens Christum, abiit.

6. GLOSSA (2). Occasione hujus avari de quo praedictum est, habuit sermonem Dominus de avaro: unde dicitur: *Jesus autem dixit discipulis suis: Amen dico vobis etc.* CHRYSOSTOMUS (hom. 64). Quod quidem dixit non pecuniis (3) quidem detrahens, sed eis qui detinentur ab ipsis; et discipulos pauperes existentes monens (4) non verecundari ob inopiam. HILARIUS (can. 19). Habere enim divitias criminis non est; sed modus in habendo retinendus est. Nam quomodo communicandum est necessitatibus sanctorum, si communicanda materia non relinquitur ? RABANUS (super *Dives difficile intrabit*). Sed inter pecunias habere et pecunias amare nonnulla distantia est; tutius autem est nec habere nec amare divitias. REMIGIUS. Unde Dominus in Marco (cap. 10) exponens hujus loci sensum, dixit (5): « Difficile est confidentibus in divitiis intrare in regnum caelorum. » Illi enim in divitiis confidunt qui omnem suam spem in divitiis collocant. HIERONYMUS (ubi supra). Quia vero divitiae habitae difficile contemnuntur, non dixit quod impossibile est divitem intrare in regnum caelorum, sed difficile. Ubi difficile ponitur, non impossibilitas praetenditur, sed raritas demonstratur. HILARIUS (can. 19). Periculosa enim cura est velle ditescere, et grave onus innocentia subiit incrementis opum occupata; rem enim saeculi famulatus Dei non sine vitiis assequetur. Hinc difficile est divitem regnum caelorum adire. CHRYSOSTOMUS in hom. 64. Quia vero dixerat difficile divitem intrare in regnum, procedit ad ostendendum quod est impossibile: unde sequitur: *Et iterum dico vobis: facilius est camelum per foramen acus transire quam divitem intrare in regnum caelorum.* HYERONYMUS (su-

---

(1) *Construit sic P. Nicolai:* uniuscujusque animae actus ejus.

(2) *Al.* non habet.

(3) *Al. omittitur* hoc.

S. Th. Opera omnia. V. 11.

(1) ORIGENES, cujus nomine praetermisso sequentem appendicem edit. aliae cum praecedenti confundebant (*Ex edit. P. Nicolai*).

(2) Non est in Glossa quae nunc extat, sed in Anselmo (*Ex edit. P. Nicolai*).

(3) *Al.* de pecuniis.

(4) *Al. deest* monens.

(5) *Al. desideratur* dixit.

per *Facilius est camelum*). Secundum hoc nullus divitum salvus erit. Sed si legamus Isaiam, quomodo cameli Madian et Epha veniant ad Hierusalem cum donis atque muneribus, et qui quondam curvi erant et vitiorum gravitate distorti ingrediantur portas Hierusalem; videbimus quomodo et isti cameli. quibus divites comparantur, cum deposuerint gravem sarcinam peccatorum et totius corporis pravitatem, intrare possunt per angustam et arctam viam quae ducit ad vitam. Chrysostomus super Matth. (hom. 33 in op. imperf.). Gentium etiam animae assimilatae sunt tortuosis camelis, in quibus erat gibbus idolatriae: quoniam cognitio Dei erectio est animarum. Acus autem est Filius Dei, cujus prima pars subtilis est secundum divinitatem, alia vero crassior (1) secundum incarnationem ejus. Tota autem recta est et nullam habet deflexionem, per cujus vulnus passionis, Gentes ingressae sunt in vitam aeternam. Hac acu consuta est immortalitatis tunica: ipsa est quae spiritui consuit carnem: haec acus Judaicum populum junxit et Gentium: haec acus amicitiam Angelorum et hominum copulavit. Facilius est ergo Gentiles transire per foramen acus, quam divites Judaeos intrare in regnum caelorum. Si enim Gentes cum tanto labore divelluntur ab irrationabilibus idolorum culturis, quanto magis Judaei divelluntur a rationabilibus Dei culturis? Glossa (2). Aliter dicitur, quia Hierosolymis quaedam porta erat, quae foramen acus dicebatur, per quam camelus nisi deposito onere et flexis genibus transire non poterat: per quod significatur, divites non posse transire viam arctam quae ducit ad vitam, nisi sordibus peccatorum et divitiis depositis, saltem non amando. Gregorius, 36 Moral. (super illud Job 42, « Et facta sunt « ei sex millia camelorum: » cap. 21, in nov. exemp.). Vel nomine divitis quemlibet elatum, cameli appellatione propriam condescensionem significat. Camelus autem per foramen acus transiit, cum Redemptor noster usque ad susceptionem mortis, per angustias passionis intravit: quae passio velut acus extitit, quia dolore corpus pupugit. Facilius autem camelus foramen acus quam dives regnum caelorum ingreditur: quia nisi ipse prius per passionem suam formam nobis humilitatis ostenderet, nequaquam se ad humilitatem ipsius superba nostra rigiditas inclinaret. Chrysostomus in hom. (64). Discipuli autem inopes existentes turbantur, pro salute aliorum dolentes. et doctorum jam viscera assumentes: unde sequitur: *Audientes autem discipuli, mirabantur dicentes: Quis ergo poterit salvus esse?* Augustinus de Quaest. Evang. (lib. 1, cap. 26). Cum autem pauci sint divites in comparatione multitudinis pauperum, intelligendum est, quod omnes qui divitias cupiunt, in divitum numero haberi discipuli animadverterunt. Chrysostomus in hom. 64. Dei autem opus hoc esse consequenter ostendit, quoniam multa opus est gratia ut homo in divitiis dirigatur: unde sequitur: *Aspiciens autem Jesus dixit eis: Apud homines hoc impossibile est; apud Deum autem omnia possibilia sunt.* Per hoc quod dicit, *Aspiciens*, significat Evangelista, quod mansueto oculo timidam eorum mentem mitigavit. Remigius. Non autem hoc sic intelligendum

est quod possibile est apud Deum quod dives cupidus avarus et superbus intret in regnum caelorum; sed ut convertatur, et sic intret. Chrysostomus in hom. (ibid.) Neque etiam hoc ideo dicitur ut resupinus jaceas, et sicut ab impossibilibus abstineas; sed magnitudinem justitiae considerans insilias, Deum rogans.

7. Origenes (tract. 9). Audiverat Petrus verbum Christi dicentis: *Si vis perfectus esse, vade, et vende omnia quae habes;* deinde consideravit adolescentem cum tristitia abeuntem, et difficultatem divitum ingrediendi in regnum caelorum: ideo quasi qui non facilem rem consummaverat, fiducialiter quaesivit. Etsi enim minima cum fratre reliquit; sed non minima aestimata sunt apud Deum, considerantem quoniam ex tanta plenitudine dilectionis illa minima reliquerunt, ut etiam si multas habuissent possessiones, omnia reliquissent. Et puto quod magis Petrus confidens de affectu suo quam de ipsa quantitate rerum relictarum, fiducialiter interrogavit; unde dicitur: *Tunc respondens Petrus dixit ei: Ecce nos reliquimus omnia.* Chrysostomus in hom. 65. Qualia omnia, o beate Petre? Arundinem, rete, navigium. Omnia quidem haec dicit, non propter munificentiam, sed ut per interrogationem hanc inopem inducat plebem. Quia enim Dominus dixerat, *Si vis perfectus esse;* ne dicat aliquis inopum: Quid igitur si non habuero, non possum esse perfectus? interrogat Petrus, ut tu inops discas quoniam in nullo hinc diminutus es. Qui claves regni caelorum acceperat, pro his quae ibi sunt jam confidit, et pro orbe terrarum universo interrogat. Intuere autem et qualiter respondet diligenter, sicut Christus inquisivit: etenim Christus duo a divite expetiit, dare pauperibus quae habebat, et sequi se: propter hoc ipse addidit: *Et secuti sumus te.* Origenes (Matth. 19, tr. 9). Potest dici secundum omnia quae Pater revelavit Petro esse Filium suum, secuti sumus te. justitiam, sanctificationem, et hujusmodi. Propter hoc quasi victor, athleta interrogat quae sunt praemia certaminis. Hieronymus (super *Tunc respondens Petrus*). Quia ergo non sufficit tantum relinquere, jungit quod perfectum est, *Et secuti sumus te.* Fecimus quidem quod jussisti: quid ergo nobis dabis praemii? et hoc est quod dicitur: *Quid ergo erit nobis?*

Sequitur: *Jesus autem dixit illis: Amen dico vobis quod vos qui secuti estis me etc.* Hieronymus (super *Jesus autem dixit*). Non dixit, Qui reliquistis omnia: hoc enim et Socrates (1) fecit philosophus, et multi alii divitias contempserunt, sed Qui secuti estis me: quod proprie Apostolorum est atque credentium. Hilarius (can. 20). Secuti sunt quidem discipuli Christum in regeneratione, idest in lavacro baptismi, in fidei sanctificatione: haec enim illa regeneratio est quam Apostoli sunt secuti, quam lex indulgere non potuit. Hilarius (ubi supra). Vel aliter debet construi. *Vos qui secuti estis me, sedebitis in regeneratione;* idest, quando mortui ex corruptione resurgent incorrupti, sedebitis et vos in soliis judicantium condemnantes duodecim tribus Israel: quia vobis credentibus, illi credere noluerunt. Augustinus, de Civit. Dei (cap. 5). Sic enim caro nostra (2) regenerabitur per incorruptionem, quemadmodum anima nostra regenerabitur per fidem. Chrysostomus super Matth. (hom. 32,

---

(1) *Al.* grossior.
(2) Non est in Glossa nova, quae tantum de gentilibus comparative ad Judaeos explicatus, sed in Anselmo (*Ex edit. P. Nicolai*).

(1) *P. Nicolai* habet Crates.
(2) *Al.* vestra.

in oper. imperf.). Futurum enim erat ut in die judicii responderent Judaei: Domine, non te cognovimus Filium Dei in corpore constituti. Quis hominum videre poterat thesaurum in terra absconditum, solem nube celatum ? Respondebunt ergo discipuli: et nos homines fuimus, rustici et obscuri in plebe; vos sacerdotes et scribae: sed in nobis bona voluntas facta est quasi lucerna rusticitatis nostrae; in vobis autem malitia facta est quasi caligo scientiae vestrae. Chrysostomus in hom. (65 in Matth.). Propter hoc autem non dixit, Et gentes et orbem terrarum, sed *Tribus Israel*: quia in eisdem erant educati et legibus et consuetudinibus Apostoli et Judaei. Cum ergo dixerint Judaei quoniam propter hoc non potuimus credere Christo, quia lex prohibuit; discipuli in medium inducentur (1) qui eamdem susceperunt legem. Sed dicet aliquis: Quid magnum promisit eis, si id quod Ninivitae habent et regina Austri, hoc et ipsi habebunt? Maxima quidem alia praemia ante et post eis promittit; sed et hic occulte insinuat aliquid plus illis. De illis enim simpliciter dixit, quod surgent, et condemnabunt generationem hanc; de his autem: *Cum sederit Filius hominis, sedebitis et vos.* Manifestum est ergo quod conregnabunt ei et communicabunt in gloria illa: honorem enim et gloriam ineffabilem significavit per thronos. Qualiter autem haec promissio completa est? Numquid enim et Judas sedebit? Nequaquam. Lex enim a Domino posita est per Hieremiam Prophetam cap. 18: « Loquar super gentem et regnum, ut aedificem et plantem illud. Sed si fecerit malum in conspectu meo, poenitebo et ego de bonis quae locutus sum ut facerem eis; » quasi dicat: Si indignos scipsos promissione faciant, non adhuc faciam quod promisi. Indignum autem seipsum principatu Judas ostendit; et propter hoc tunc loquens discipulis, non simpliciter eis promisit: neque enim dixit, Vos sedebitis; sed adjunxit: *Qui secuti estis me*: ut et hinc Judam excludat, et eos qui postea futuri erant attraheret: non enim ad illos solos dictum est, neque ad Judam jam indignum effectum. Hilarius (can. 20). Sequela ergo Christi Apostolos super duodecim thronos judicandis duodecim tribubus Israel in duodecim Patriarcharum gloriam copulavit. Augustinus 20 de Civit. Dei (cap. 5). Ex hoc enim loco discimus, cum suis discipulis judicaturum Jesum: unde et alibi Judaeis dicit (supra 12): *Ideo judices vestri erunt.* Nec quoniam super duodecim sedes sessuros esse ait, duodecim solos homines cum ipso judicaturos putare debemus. Duodenario quippe numero universa quaedam significata est judicantium multitudo, propter duas partes numeri septenarii quo significatur plerumque universitas quia duae partes, idest tres et quatuor, altera per alteram multiplicatae duodecim faciunt: alioquin quoniam in locum Judae traditoris, Apostolum Matthiam legimus ordinatum, Apostolus Paulus, qui plus illis omnibus laboravit, ubi ad judicandum sedeat non habebit: qui profecto cum aliis sanctis ad numerum judicum se pertinere demonstrat, cum dicit, 1 Corinth. 6: « Nescitis quia Angelos judicabimus? » Augustinus in lib. de Poenitentia. In hoc ergo numero judicantium omnes intelliguntur qui propter Evangelium sua omnia dimiserunt, et secuti sunt Dominum. Gregorius, 10 Moral. (cap.

50, in novis exemp. 17). Quisquis enim stimulo divini amoris excitatus hic possessa reliquerit, illic proculdubio culmen judiciariae potestatis obtinebit: ut simul tunc judex cum judice veniat qui nunc consideratione judicii sese spontanea paupertate castigat. Augustinus. 10 de Civ. Dei (cap. 5). De ipsis quoque judicandis, in hoc numero duodenario similis causa est: non enim quia dictum est, *Judicantes duodecim tribus Israel*, tribus Levi quae decimatertia (1) est, ab eis judicanda non erit; aut solum illum populum, non etiam gentes ceteras judicabunt. Chrysostomus super Matth. (hom. 55, in op. imperf.) Vel per hoc quod dicit, *In regeneratione*, praemittit Christus tempus christianitatis futurum post ascensionem suam, quando (2) scilicet homines regenerantur per baptismum, et illud est tempus quando Christus sed et in sede majestatis suae. Et vide, quia non de tempore futuri judicii dicit, sed de vocatione Gentium universarum: non enim dixit, Cum venerit Filius hominis sedens super sedem majestatis suae; sed, *In regeneratione cum sederit in sede majestatis suae*: quod ex tunc fuit ex quo Gentes credere coeperunt in Christum: secundum illud Psalmi 46: Regnabit Dominus super gentes, Deus sedet super sedem sanctam « suam. » Et ex tunc Apostoli sederunt super duodecim thronos, idest in omnibus Christianis: omnis enim Christianus qui suscipit verbum Petri, thronus fit Petri: et sic de aliis Apostolis. Sedent ergo Apostoli in his thronis, idest in duodecim partes distinctis, secundum differentias animarum et diversitates cordium, quas solus Deum cognoscit. Sicut enim Judaeorum populus in duodecim tribus fuit divisus; sic et universus populus Christianus dividitur in duodecim tribus ut quaedam animae sint de tribu Ruben, et sic de aliis, propter diversas virtutes. Non enim omnes gratiae in omnibus aequaliter sunt; sed unus praecedit in ista, alius in illa. Et sic Apostoli judicabunt duodecim tribus Israel, idest omnes Judaeos, per hoc quod verbum Apostolorum est a Gentibus receptum. Omnes autem Christiani sunt quidem duodecim sedes Apostolorum, sed una sedes Christi. Christi enim omnes virtutes sunt quasi in una sedes: quia in omni virtute aequaliter ipse solus perfectus est. Unusquisque etiam Apostolorum in aliquo bono speciali fit perfectior, ut Petrus in fide: et ideo Petrus requiescit in fide, Joannes in innocentia; et sic de aliis. Et quod de retributione Apostolis in hoc mundo danda Christus loquatur, demonstrat quod sequitur: *Et omnis qui reliquerit domum vel fratres.* Si enim in hoc saeculo centuplum recipiunt sine dubio et Apostolorum etiam in hoc saeculo merces futura promittebatur. Chrysostomus in hom. 65. Vel discipulis promittit futura, quia excelsiores erant jam, et nihil praesentium quaerebant; aliis autem quae sunt hic repromittit. Origenes (Matth. 19, tract. 9). Vel aliter. Si quis reliquerit omnia, et secutus fuerit Christum; quae promissa sunt Petro, et ipse recipiet. Si autem non omnia reliquit, sed quaedam, quae specialiter referuntur; hic multiplicia recipiet, et vitam possidebit aeternam. Hieronymus (circ. fin. Comm. ad cap. 19). Ex occasione autem hujus sententiae, quidam introducunt mille annos post resurrectionem, dicentes, tunc nobis centuplum omnium rerum quas dimisimus et vitam aeternam esse reddendam: quod si in ceteris digna sit promissio, in uxoribus appareat turpitudo, ut qui unam pro Domino dimiserit, centum recipiat in futuro. Sensus igitur iste est: Qui carnalia pro Salvatore dimiserit, spiritualia recipiet: quae comparatione et merito sui (1) quasi parvo numero centenarius numerus compararetur. ORIGENES (Matth. 19, tract. 9). Sed in hoc saeculo: quia pro fratribus carnalibus multos inveniet fratres secundum fidem: sic et parentes, omnes Episcopos et praesbyteros: et filios, omnes aetatem filiorum habentes. Sunt autem et Angeli fratres, et sorores omnes quae exhibuerunt se Christo virgines castas; tam istae quae nunc habentur in terris, quam illae quae jam vivunt in caelis. Agros autem et domos multiplices intellige in requie paradisi et civitate Dei. Super haec autem omnia possidebunt vitam aeternam. AUGUSTINUS, 10 de Civitate Dei (cap. 7). Hoc etiam quod hic dicitur, Centuplum accipiet, exponens quodammodo Apostolus ait (2 Corinth. 6): « Quasi nihil habentes et « omnia possidentes. » Centum enim pro ipsa universitate ponuntur aliquando. HIERONYMUS (hoc loco). Quod autem dicit, Et omnis qui reliquerit fratres, congruit illi sententiae qua dixerat (supra 10): Veni separare hominem a patre suo. Qui enim propter fidem Christi ac praedicationem Evangelii omnes affectus contempserint atque divitias et saeculi voluptates, isti centuplum recipient et vitam aeternam possidebunt. CHRYSOSTOMUS (in hom. 65). Cum autem dicit, Qui reliquerit uxorem, non hoc ait ut simpliciter, sed ut omnibus prae-

feramus fidei pietatem. Videtur autem mihi et persecutionis tempus occulte insinuare: quia enim multi futuri erant filios ad impietatem trahentes, cum hoc acciderit, neque pro patribus neque pro viris habeantur. RABANUS. Verum, quia multi virtutum studia, non eadem qua incipiunt intentione pietatis consummant; sed vel tepescunt, vel accelerate labuntur; sequitur: Multi autem erunt primi novissimi, et novissimi primi. ORIGENES (ubi supra). Per hoc exhortatur eos qui nuper accedunt ad verbum divinum ut festinent ad perfectum ascendere prae multis qui videntur senuisse (1) in fide. Potest etiam hic sensus destruere eos qui gloriantur eo quod christianis parentibus sunt enutriti in ipsa christianitate: neque pusillanimes fiant, quod christianitatis dogmata novissime receperint. Habet etiam alium intellectum, ut sint primi Israelitae, qui facti sunt novissimi propter infidelitatem; Gentes autem novissimae, primi. Caute dicit, Multi: non enim omnes primi erunt novissimi, nec omnes novissimi primi. Adhuc autem multi hominum qui natura novissimi sunt, efficiuntur per vitam angelicam quibusdam Angelis superiores; et quidam Angeli qui fuerunt primi, facti sunt novissimi propter culpam. REMIGIUS. Potest etiam specialiter referri ad tristitiam divitis, qui primus videbatur, legis praecepta implendo; sed quia terrenam substantiam praetulit Deo, novissimus factus est. Sancti vero Apostoli novissimi videbantur: sed relinquendo omnia, per humilitatis gratiam facti sunt primi. Sunt etiam plurimi qui post studia bonorum operum a bonis operibus deficiunt; et cum fuerint primi, fiunt (2) novissimi.

(1) 41. sensisse.
(2) Al. sunt.

(1) Supple cum Nicolai ita erunt, ut est in Hieronymo.

CAPUT VIGESIMUM.

1. Simile est regnum caelorum homini patrifamilias, qui exiit primo mane conducere operarios in vineam suam. Conventione autem facta cum operariis ex denario diurno, misit eos in vineam suam. Et egressus circa horam tertiam, vidit alios stantes in foro otiosos, et dixit illis; Ite et vos in vineam meam, et quod justum fuerit dabo vobis. Illi autem abierunt. Iterum autem exiit circa sextam et nonam horam, et fecit similiter. Circa undecimam vero exiit, et invenit alios stantes, et dixit illis: Quid hic statis tota die otiosi? Dicunt ei: Quia nemo nos conduxit. Dicit illis: Ite et vos in vineam meam. Cum sero autem factum esset, dicit dominus vineae procuratori suo: Voca operarios, et redde illis mercedem suam, incipiens a novissimis usque ad primos. Cum venissent ergo qui circa undecimam horam venerant, acceperunt singulos denarios. Venientes autem et primi, arbitrati sunt quod plus essent accepturi. Acceperunt autem et ipsi singulos denarios. Et accipientes, murmurabant adversus patremfamilias, dicentes: Hi novissimi una hora fecerunt, et pares illos nobis fecisti qui portavimus pondus diei et aestus? At ille respondens uni eorum, dixit: Amice, non facio tibi injuriam. Nonne ex denario convenisti mecum? Tolle quod tuum est, et vade. Volo autem et huic novissimo dare sicut et tibi. Aut non licet mihi quod volo facere? An oculus tuus nequam est, quia ego bonus sum? sic erunt novissimi primi et primi novissimi. Multi enim sunt vocati, pauci vero electi.

2. Et ascendens Jesus Hierosolymam, assumpsit duodecim discipulos secreto, et ait illis: Ecce ascendimus Hierosolymam, et Filius hominis tradetur principibus sacerdotum et scribis: et condemnabunt eum morte, et tradent eum Gentibus ad

illudendum et flagellandum et crucifigendum; et tertia die resurget.

3. Tunc accessit ad eum mater filiorum Zebedaei cum filiis suis, adorans, et petens aliquid ab eo. Qui dixit ei: Quid vis? Ait illi: Dic ut sedeant hi duo filii mei, unus ad dexteram tuam, et unus ad sinistram in regno tuo. Respondens autem Jesus, dixit: Nescitis quid petatis. Potestis bibere calicem quem ego bibiturus sum? Dicunt ei, Possumus. Ait illis: Calicem quidem meum bibetis; sedere autem ad dexteram meam vel sinistram, non est meum dare vobis; sed quibus paratum est a Patre meo.

4. Et audientes decem indignati sunt de duobus fratribus. Jesus autem vocavit eos ad se, et ait: scitis quia principes gentium dominantur eorum, et qui majores sunt, potestatem exercent in eos. Non ita erit inter vos. Sed quicumque voluerit inter vos major fieri, sit vester minister; et qui voluerit inter vos primus esse, erit vester servus: sicut Filius hominis non venit ministrari, sed ministrare, et dare animam suam redemptionem pro multis.

5. Et egredientibus illis ab Hierico, secuta est eum turba multa. Et ecce duo caeci sedentes secus viam audierunt quia Jesus transiret, et clamaverunt dicentes: Domine miserere nostri, fili David. Turba autem increpabat eos ut tacerent. At illi magis clamabant dicentes: Domine miserere nostri, fili David. Et stetit Jesus, et vocavit eos, et ait; Quid vultis ut faciam vobis? Dicunt illi: Domine, ut aperiantur oculi nostri. Misertus autem eorum Jesus, tetigit oculos eorum. Et confestim viderunt. Et secuti sunt eum.

Remigius. Quia dixerat Dominus, *Multi erunt primi novissimi, et novissimi primi*; ut hanc sententiam confirmaret, subjunxit similitudinem. dicens: *Simile est regnum caelorum homini patrifamilias.* Chrysostomus super Matth. (hom. 34 in opere imperf.) Homo paterfamilias Christus est, cui caeli et terra, quasi una est domus: familia autem caelestium et terrestrium et inferiorum creaturarum. Vinea autem ejus justitia est, in qua diversae species justitiarum positae sunt quasi vites: puta, mansuetudo, castitas, patientia, ceteraeque virtutes: quae omnes generaliter justitia appellantur. Homines autem vineae cultores ponuntur: unde dicitur: *Qui exiit primo mane conducere operarios in vineam suam.* Deus enim justitiam suam dedit in sensibus nostris, non propter suam utilitatem, sed propter nostram. Scitote ergo quia mercenarii sumus conducti. Sicut ergo nemo ideo conducit mercenarium ut hoc solum faciat quod manducat; sic et nos non ideo vocati sumus a Christo ut haec solum operemur quae ad nostrum pertinent usum, sed ad gloriam Dei: et sicut mercenarius prius aspicit opus suum, deinde quotidianum cibum; sic et nos primum debemus aspicere quae ad gloriam Dei pertinent, deinde quae ad nostram utilitatem: et sicut mercenarius totam diem circa domini opus impendit, unam autem horam circa suum cibum; sic et nos omne tempus vitae nostrae debemus impendere circa gloriam Dei, modicam autem partem circa usus nostros terrenos. Et sicut mercenarius ea die qua opus non fecerit, erubescit intrare in domum et petere panem; quomodo tu non confunderis intrare in Ecclesiam et stare ante conspectum Dei, quando nihil bonum in conspectu Dei gessisti? Gregorius in hom. (19 in Evang.). Vel paterfamilias, idest conditor noster, habet vineam, universam scilicet Ecclesiam. quae ab Abel justo usque ad ultimum electum qui in fine mundi nasciturus est, quot sanctos protulit, quasi tot palmites misit. Ad erudiendam autem Dominus plebem suam, quasi ad excolendam vineam suam, nullo tempore destitit operarios mittere: quia et prius per Patres, et postmodum per legis doctores, deinde per Prophetas, ad extremum vero per Apostolos, quasi per operarios in vineae cultum laboravit; quamvis in quolibet modulo vel mensura quisquis cum fide recta bonae actionis extitit, hujus vineae operarius fuit. Origenes (tract. 10). Totum autem hoc saeculum praesens, unum diem dicere possumus; magnum quidem quantum ad nos, modicum autem quantum ad Dei vitam. Gregorius in homil. (19 in Evang.). Mane autem mundi fuit aetas ab Adam usque ad Noe; et ideo dicitur: *Qui exiit primo mane conducere operarios in vineam suam.* Et modum conductionis subjungit dicens: *Conventione autem facta cum operariis ex denario diurno.* Origenes (tract. 10). Salutis autem arbitror nomen esse denarium. Remigius. Denarius enim dicitur qui antiquitus pro decem nummis imputabatur, et figuram regis habet. Recte ergo per denarium designatur observati decalogi praemium. Pulchre ergo dicit: *Conventione facta ex denario diurno*; quia unusquisque in agro sanctae Ecclesiae pro spe futurae remunerationis laborat. Gregorius (ibidem). Tertia vero hora a Noe fuit usque ad Abraham; de qua dicitur: *Et egressus circa horam tertiam vidit alios in foro stantes otiosos.* Origenes (tract. 10). Forum autem est quicquid est extra vineam idest extra Ecclesiam Christi. Chrysostomus super Matth. (hom. 34 in op. imperf.). In hoc enim mundo vendendo, emendo vivunt homines, et invicem sibi fraudem facientes, vitam suam sustentant. Gregorius (hom. 19). Qui autem sibi vivit, qui carnis suae voluptatibus pascitur, recte otiosus arguitur, quia fructum divini operis non sectatur. Chrysostomus super Matth. (homil. 34 in op. imperf.). Vel otiosi sunt peccatores, illi enim mortui dicuntur. Otiosus autem est qui opus Dei non operatur. Vis ergo non esse otiosus? Non aliena tollas, et de tuis des; et operatus es in vinea Domini, misericordiae vitem colens. Sequitur: *Et dixit illis: Ite et vos in vineam meam.* Nota, quod solis primis convenit specialiter dare denarium; alios autem sub incerto pacto conduxit, dicens: *Quod justum fuerit dabo vobis.* Sciens enim Dominus quia praevaricaturus fuerat Adam, et omnes postmodum in diluvio erant perituri, certum fecit pactum ad eum, ne quando dicat, ideo se neglexisse justitiam, quia nesciebat quae praemia fuerat recepturus. Istis autem non fecit pactum, quia tantum paratus est retribuere quantum mercenarii recipere non sperabant. Origenes (Matth. 20, tractat. 10). Vel operarios (1) tertiae horae non invitavit ad totum opus; quicquid autem poterant operari, suo arbitrio servavit. Poterant enim aequale opus facere in vinea eis qui ex mane sunt operati, quicumque in tempore brevi volebant operantem virtutem ad opus extendere, quae ante non fuerat operata. Gregorius (homilia 19). Sexta quoque hora est ab Abraham usque ad Moysen; nona est a Moyse usque ad adventum Domini: unde sequitur: *Iterum autem exiit circa sextam et nonam horam, et fecit similiter.* Chrysostomus super Matth. (homil. 34 in op. imperf.). Ideo autem conjunxit sextam et nonam, quia in sexta et nona generationem vocavit Judaeorum, et frequentavit cum hominibus disponere testamenta, quasi definito salutis omnium tempore jam appropinquante. Gregorius (hom. 19). Undecima vero hora est ab adventu Domini usque ad finem mundi. Operator ergo mane, hora tertia, sexta et nona, antiquus ille et Hebraicus populus designatur, qui in electis suis ab ipso mundi exordio, dum recta fide Deum studuit colere. quasi non destitit in vineae cultura laborare. Ad undecimam vero Gentiles vocantur: unde sequitur: *Circa undecimam vero exiit, et invenit alios stantes, et dixit illis: Quid hic statis tota die otiosi?* Qui enim transacto tam longo mundi tempore pro sua vita laborare neglexerant, quasi tota die otiosi stabant. Sed pensate quid inquisiti respondeant: sequitur enim: *Dicunt ei: Quia nemo nos conduxit.* Nullus quippe ad eos Patriarcha, nullus Propheta ad eos venerat. Et quid est dicere, *Nemo nos conduxit,* nisi vitae nobis nemo viam praedicavit? Chrysostomus super Matth. (hom. 34 in op. imp.). Quae est enim conductio nostra, et conductionis merces? Promissio vitae aeternae: Gentes enim solae neque Deum sciebant neque Dei promissa. Hilarius (can. 20 super Matth.). Hi igitur mittuntur ad vineam: unde sequitur: *Dixit eis: Ite et vos in vineam meam.* Rabanus (super *Cum sero esset*). Postquam autem operis diurni (2) ratio reddita est, ad remunerationis tempus opportunum, dicit, *Cum autem sero factum esset*; hoc est, cum dies totius mundi ad vesperam consummationis

(1) *Al.* vel quia operarios etc. *item,* Vel quia per operarios
(2) *Al.* divini.

inclinata esset. Chrysostomus super Matth. (hom.
34 in oper. imperf.). Considera, quia sero, non
alio mane mercedem reddit: ergo adhuc stante
saeculo isto judicium est futurum, et unicuique
merces sua reddenda: et hoc propter duas rationes.
Prima est quia ipsa beatitudo futura est merces
justitiae; ideo non in illo saeculo fit judicium, sed
ante illud. Deinde ante adventum diei illius praemittitur judicium, ne videant peccatores diei illius
beatitudinem. Sequitur: *Dicit Dominus procuratori*
suo; idest, Filius Spiritui sancto. Glossa (1). Vel
si volueris, dicit Pater Filio; qui scilicet Pater operatur per Filium, et Filius per Spiritum sanctum,
non propter aliquam differentiam substantiae aut
dignitatis. Origenes (Matth. 20, tract. 10). Vel *di-*
cit Dominus procuratori suo, idest alicui Angelorum
qui super mercedes retribuendas est positus, sive
alicui ex multis procuratoribus, secundum quod
scriptum est Galat. 4, sub curatoribus et tutoribus
esse heredem in tempore quo parvulus est. Remigius. Vel Dominus Jesus Christus ipse est paterfamilias et vineae procurator, sicut et ipse est et
ostium et ostiarius. Ipse enim est venturus ad judicium, ut unicuique reddat secundum quod gessit. Vocat ergo operarios et reddit illis mercedem,
quando omnes congregabuntur in judicio, ut unusquisque accipiat secundum opera sua. Origenes
(ubi supra a med.). Primi autem operarii testimonium habentes per fidem, non acceperunt Dei
promissionem, pro nobis aliquid melius prospicien-
te patrefamilias, ut non sine nobis perficiantur.
Et quia misericordiam consecuti sumus, primi mercedem speramus accipere, qui sumus Christi; post
nos autem qui ante nos operati sunt: et ideo dicitur: *Voca operarios, et redde illis mercedem suam,*
incipiens a novissimis usque ad primos. Chrysostomus super Matth. (hom. 34 in oper. imperf.).
Semper enim libentius aliquid damus illis quibus
gratis donamus, quia pro solo nostro honore donamus. Ergo omnibus sanctis Deus reddens mercedem, justus ostenditur; Gentibus autem dans, misericors, dicente Apostolo Rom. 15: « Gentes autem
« super misericordiam honorare Deum. » Et ideo
dicitur, *Incipiens a novissimis usque ad primos.*
Aut certe ut ostendat Deus inaestimabilem misericordiam suam, primum novissimis et indignioribus
reddit mercedem, postea primis: nimia enim misericordia ordinem non aspexit. Augustinus de Spiritu
et Littera (capit. 24). Vel ideo velut priores re-
periuntur minores, quia minores ditati (2) sunt.

Sequitur: *Cum venissent autem qui circa unde-*
cimam horam venerant etc. Gregorius (homilia 29
in Evangel.) Eumdem denarium accipiunt qui
laboraverunt ad undecimam (quem expectaverunt
toto desiderio) et qui laboraverunt ad primam:
quia aequalem vitae aeternae retributionem sortiti
sunt cum his qui ab initio mundi vocati fuerant,
hi qui in fine mundi ad Deum venerunt. Chrysostomus super Matth. (hom. 34 in oper. imperf.).
Non autem injuste: nam et qui in prima parte saeculi natus est, non amplius vixit quam statutum
tempus vitae suae; et quid illi nocuit, si post illius
exitum mundus stetit? Et qui circa finem nascuntur, non minus vivent quam dies qui numerati

sunt eis; et quid illis prodest ad compendium laboris, si cito mundus finitur, cum pensum vitae
suae compleant ante mundum? Deinde non est in
homine quando nascatur prius aut postea; sed potestatis divinae. Nec ille quidem sibi priorem debet locum defendere qui prius natus est, nec ille
contemptibilior debet esse qui postea. Sequitur. *Et*
accipientes murmurabant adversus patremfamilias,
dicentes. Si autem verum est quod diximus, quia
primi et posteriores tempus suum vixerunt, et non
amplius neque minus; et unicuique mors sua est
consummatio ipsius: quid est quod dicunt, *Porta-*
vimus pondus diei et aestus? Quia scilicet magna
est nobis virtus ad faciendam justitiam, cognoscere
prope esse finem mundi. Unde et Christus nos ar-
mans, dicebat (supra 4): *Appropinquabit regnum cae-*
lorum. Illis autem infirmatio erat scire mundi spatia esse longinqua. Quamvis ergo non per omne
saeculum vixerint, tamen totius saeculi gravamina
pertulisse videntur. Aut pondus totius diei dicit
onerosa legis mandata; aestum autem urentem erroris tentationem quam conflabant spiritus maligni
in eos, ad aemulationem Gentium eos irritantes: a
quibus omnibus Gentiles liberi extiterunt, Christo
credentes, et per compendium gratiae ad plenum
salvati. Gregorius (hom. 19 in Evang.). Vel pondus diei et aestus ferre, est per longioris vitae
tempora carnis suae calore fatigari. Sed potest
quaeri: Quomodo murmurare dicti sunt, qui ad
regnum vocantur caelorum (1) ? Etenim regnum
nullus qui murmurat accipit, nullus qui accipit,
murmurare potest. Chrysostomus in hom. (65, circa
med.). Non autem oportet ea quae in parabolis
sunt, secundum totum quod dicitur, investigare;
sed intentionem propter quam composita est, intelligere, et nihil ultra scrutari. Non ergo inducit
hoc ut ostendat aliquos esse invidia morsos, sed
ut ostendat hos tanto potitos esse honore quod et
invidiam aliis poterat generare. Gregorius (hom.
19, par. ante med.). Vel quia antiqui patres usque ad adventum Domini, quantumlibet juste vixerint, ducti ad regnum non sunt, eorum hoc i-
psum murmurasse est. Nos autem qui ad undecimam venimus, post laborem non murmuramus:
quia post mediatoris adventum in hoc mundo venientes, ad regnum ducimur mox ut de corpore
eximus. Hieronymus (super *Non facio tibi injuriam*).
Vel omnis retro vocatio Gentilibus invidet, et in
Evangelii torquetur gratia. Hilarius (can. 20, circa medium). Et secundum insolentiam populi jam
sub Moyse contumacis hoc murmur operantium est.

Sequitur: *At ille respondens uni eorum, dixit:*
Amice, non facio tibi injuriam. Remigius. Per hunc
unum possunt intelligi omnes qui ex Judaeis crediderunt; quos amicos propter fidem nominat. Chrysostomus (hom. 34 in oper. imperf.). Non autem
dolebant quasi defraudati de mercede sua; sed quia
illi amplius quam merebantur, acceperant. Sic e-
nim dolent invidi quando alteri aliquid additur,
quasi eis subtrahatur. Ex quo patet quod ex vana
gloria nascitur invidia. Ideo enim dolet esse secundus, quia desiderat esse prior; et ideo invidiae
motum removet, dicens: *Nonne ex denario conve-*
nisti mecum? Hieronymus (super *Nonne ex denario*
convenisti)? Denarius figuram regis habet. Recepisti ergo mercedem quam tibi promiseram, hoc

---

(1) Nihil tale in Glossa collaterali, sed aliquid simile Glossa
interlinealis his verbis: *Pater Filio, cui omnia dedit in ma-*
nus: nec aliud etiam in Anselmo (*Ex edit. P. Nicolai*).

(2) *Al.* quia minus dilati; *item* quia minus ditati.

(1) *Al.* illud caelorum.

est imaginem et similitudinem meam: quid quaeris amplius; et non tam ipse plus accipere quam alium nihil accipere desideras?

Tolle quod tuum est, et vade. Remigius. Idest, recipe mercedem tuam, et vade in gloriam. *Volo autem et huic novissimo,* idest gentili populo, *dare* secundum meritum, *sicut et tibi.* Origenes (Matth. 20, tract. 10). Forsitan autem Adae dicit: *Amice, non facio tibi injuriam. Nonne ex denario convenisti mecum? Tolle quod tuum est, et vade.* Tuum est salus, quod est denarius. *Volo autem et huic novissimo dare sicut et tibi.* Non incredibiliter potest quis arbitrari, hunc novissimum esse Apostolum Paulum, qui una hora operatus est, et similiter omnes qui ante eum fuerunt (1). Augustinus de sancta virg. (c. 24 in fine). Quia vero ipsa vita aeterna pariter erit omnibus sanctis aequalis, denarius omnibus est attributus, qui est omnium merces; quia vero in ipsa vita aeterna distincte fulgebunt flumina meritorum, multae mansiones sunt apud Patrem: ac in denario quidem impari non vivet alius alio prolixius: in multis autem mansionibus honoratur alius alio clarius. Gregorius (hom. 19 in Evang.). Et quia ipsa regni perceptio, ejus est bonitas voluntatis, recte subjungitur: *Aut non licet mihi quod volo facere?* Stulta (2) enim est quaestio hominis contra bonitatem Dei murmurare. Conquerendum quippe esset, non si dat quod non debet; sed si non daret quod deberet: unde aperte subditur: *An oculus tuus nequam est, quia ego bonus sum?* Remigius. Per oculum enim vult intentionem intelligi. Judaei namque nequam habuerunt oculum, idest intentionem malam, quia de salute Gentium dolebant. Ad quid autem sensus hujus parabolae tendat, manifesta! cum subditur: *Sic erunt primi novissimi, et novissimi primi:* eo scilicet quod Judaei de capite vertantur in caudam, et nos de cauda mutamur in caput. Chrysostomus super Matth. (hom. 34, in op. imperf.). Aut ideo primos dicit novissimos, et novissimos primos, non ut novissimi digniores sint quam primi, sed ut coaequentur, et nulla sit inter eos differentia temporis causa. Quod autem dicit, *Multi sunt vocati, pauci vero electi*, non ad superiores sanctos pertinet, sed ad Gentes: quoniam ex ipsis Gentibus, qui multi vocati sunt, pauci sunt eligendi. Gregorius (hom. 19) Ad fidem enim plures veniunt, et ad caeleste regnum pauci perducuntur: plerique enim Deum vocibus sequuntur, moribus fugiunt. Ex hoc ergo duo pensare debemus. Primum est ut de se quisque minime praesumat: quia etsi jam ad fidem vocatus est, utrum ad regnum eligendus sit, nescis. Secundum vero est ut unusquisque proximum suum quem jacere in vitiis conspicit, desperare non audeat: quia divinae misericordiae divitias ignorat. Vel aliter. Mane nostrum pueritia est; hora tertia, adolescentia intelligi potest, quia quasi jam sol in altum proficit dum calor aetatis crescit; sexta autem, juventus est, quia velut in centro sol figitur dum in ea plenitudo roboris solidatur; nona autem, senectus intelligitur, in qua velut sol ab alto axe descendit, quia aetas a calore juventutis deficit; undecima vero est ea aetas quae decrepita vel veterana vocatur. Chrysostomus in homilia 65. Quod autem non omnes simul con-

duxit, sed alios mane, alios hora tertia, et sic de aliis; ex differentia mentis eorum processit. Tunc enim eos vocavit quando erant obedituri; nam et latronem vocavit quando obediturus erat. Si autem dicant, *Quia nemo nos conduxit*, sicut dictum est, non oportet omnia scrutari quae in parabolis sunt. Item hoc non dicit dominus, sed operarii: quod ipse enim omnes, quantum ad se pertinet, a prima aetate vocet, significatur cum dicitur: *Exiit primo mane operarios conducere.* Gregorius (homil. 19). Qui ergo usque ad ultimam aetatem Deo vivere neglexerunt, usque ad horam undecimam otiosi steterunt; et tamen tales paterfamilias vocat, et plerumque ante remunerantur: quia prius ad regnum de corpore exeunt quam hi qui modo in pueritia vocati esse videbantur. Origenes (Matth. 20, tract. 10). Non autem dicitur, *Quid hic statis tota die otiosi?* his qui spiritu incipientes (1), carnae consummuntur, si postea regredi volunt ut iterum spiritu vivant: quod non dicimus dissuadentes, ne ad domum paternam revertantur lascivi filii, qui vivendo luxuriose evangelicae doctrinae substantiam consumpserunt; sed quoniam non similes sunt eis qui peccaverunt in juventute sua dum non adhuc didicissent quae fidei erant. Chrysostomus (in homilia 65, a med.). Quod autem dicit, *Erunt primi novissimi, et novissimi primi*, eos occulte insinuat qui a principio claruerunt, et postea virtutem contempserunt; et rursus eos qui a malitia reducti sunt, et multos superexcesserunt. Composita est ergo haec parabola, ut eos avidiores faceret qui in ultima senectute convertuntur, ne aestimarent se minus aliquid habituros.

2. Chrysostomus in hom. 66. Dominus a Galilaea veniens, non repente Hierosolymam ascendit, sed prius miracula fecit, Pharisaeos confutavit, et discipulos de vitae perfectione et remuneratione instruxit; nunc jam ascensurus Hierusalem, rursus eis de passione loquitur: unde dicitur: *Et ascendens Jesus Hierosolymam assumpsit duodecim discipulos secreto.* Origenes (tract. 11) In duodecim adhuc erat et Judas: adhuc enim forsitan dignus erat cum aliis seorsum audire quae passurus erat magister. Chrysostomus super Matth (hom. 35 in oper. imperf.). Omnis autem salus hominum in Christi morte posita est, nec est aliquid propter quod magis Deo gratias agere debeamus quam propter mortem ipsius. Ideo duodecim Apostolis in decreto mortis suae annuntiavit mysterium: quia semper pretiosior thesaurus in melioribus vasis includitur. Si autem alii audissent passionem Christi futuram, viri forsitan turbarentur propter infirmitatem fidei, et mulieres propter mollitiem suae naturae, ex qua in tali negotio ad lacrymas excitantur. Chrysostomus in hom. 66. Dictum est quidem, et ad multos, tamen occulte sicut ibi (Joan. 2): « Solvite templum hoc: et supra 12: *Signum non dabitur ei nisi signum Jonae Prophetae.* Discipulis autem manifeste exposuit dicens: *Ecce ascendimus Hierosolymam.* Chrysostomus super Matth. (hom. 35 oper. imperf.). Quod dicit, *Ecce*, constantiae sermo est, ut memoriam praesentiae hujus (2) in cordibus recondant. Dicit autem, *Ascendimus*; ac si dicat, Videte quia voluntarie vado ad mortem. Cum ergo

---

(1) *P. Nicolai ex Origene legit*: et forte super omnes qui ante eum fuerunt.

(2) *Al.* soluta.

(1) *Al.* insipientes. *P. Nicolai habet* qui spiritu incipientes consummantur.

(2) *P. Nicolai legit*: contestantis est sermo, ut memoriam praescientiae hujusmodi etc.

videritis me in cruce pendentem, ne aestimetis me
hominem esse tantum: nam etsi posse mori, hominis est; velle tamen mori, hominis non est. ORIGENES
(tract. 11). Hoc igitur considerantes scire debemus quoniam frequenter, etiam cognoscentes quoniam et tentationes aliquas subituri sumus, nos
ipsos offerre debemus. Sed supra (1) 10, dictum
est: *Si quis vos persecutus fuerit in una civitate,
fugite in aliam*: sapientis in Christo est ut cognoscat quale tempus exigit declinationem, quale autem obviationem periculorum. HIERONYMUS (super
Ascendimus Hierosolymam). Crebro autem de passione sua discipulis dixerat; sed quia multis in
medio disputationis (2) poterat labi de memoria
quod audierant, iturus Hierosolymam et secum
ducturus Apostolos, ad tentationem eos parat, ne
cum venerit (3) persecutio, et crucis ignominia,
scandalizentur. CHRYSOSTOMUS super Matth. (homil.
35 in opere imperf.). Tribulatio enim cum su-
pervenerit expectantibus nobis, levior invenitur quam
esset futura si repentina venisset. CHRYSOSTOMUS in
hom. 66. Praedicit etiam eis, ut discant quoniam
praescius (4 ad passionem venit et volens. Sed a
principio quidem mortem praedixit eis solam; quando
autem exercitati sunt, adducit alia, scilicet quoniam
tradent eum Gentibus. RABANUS (super *Tradent eum
Gentibus*). Tradidit enim Judas Dominum Judaeis,
et ipsi tradiderunt eum Gentibus, idest Pilato, et
potestati Romanorum. Ideo autem Dominus in mundo noluit prosperari sed gravia pati, ut ostenderet
nobis, qui per delectationem cecidimus, cum qua
amaritudine redire debeamus: unde sequitur: *Ad
illudendum et flagellandum et crucifigendum.* Au-
GUSTINUS 18 de Civitate Dei (cap. 49). Passione
ostendit quid sustinere pro veritate, resurrectione
quid sperare in Trinitate (5) debeamus: unde dicitur: *Et tertia die resurget.* CHRYSOSTOMUS in homilia
66. Quae quidem hujus gratia dixit, ut cum tristia (6)
viderint, resurrectionem expectarent: unde subdit:
Et tertia die resurget. AUGUSTINUS, 4 de Trinitate
(cap. 3). Una enim mors, scilicet Salvatoris secundum corpus, duabus mortibus nostris saluti fuit,
scilicet animae et corporis; et una ejus resurrectio
duas nobis resurrectiones praestitit. Haec autem
ratio simpli (7) ad duplum, oritur quidem a ternario numero, unum quippe et duo tria sunt. ORIGE-
NES (tract. 11). Hic autem non referuntur discipuli dixisse aut fecisse aliquid, cum audissent tristia haec Christo futura, recordantes quae Dominus
dixit ad Petrum, ne audiant talia vel pejora. Et
nunc quidem qui divinas litteras scire se arbitrantur scribae condemnant Jesum morte, et in linguis
suis flagellant et crucifigunt eum per hoc quod
tollere volunt doctrinam ipsius: ille autem paululum deficiens, surgit apparens his qui acceperunt
posse videre.

3. HIERONYMUS (hoc loco). Quia post omnia dixerat Dominus, *Et tertia die resurget,* putavit mulier post resurrectionem illico (8) regnaturum; et
aviditate feminea praesentia cupit, immemor futurorum: unde dicitur: *Tunc accessit ad eum mater*

(1) *Idem habet* sed quoniam supra etc.
(2) *Al.* disputans. *Apud P. Nicolai est* disputatus.
(3) *Al.* veniat.
(4) *Al.* praesciens.
(5) *P. Nicolai* in aeternitate.
(6) *Al.* tristitia.
(7) *Al.* simplici.
(8) *Al.* eum.

filiorum Zebedaei cum filiis suis. CHRYSOSTOMUS super Matth. (homil. 35 in op. imperf.). Haec mater filiorum Zebedaei est Salome, cujus apud alterum Evangelistam ponitur nomen; vere pacifica,
quae vere filios genuit pacis. Magna laus mulieris
ex hoc loco colligitur: quia non solum filii reliquerunt patrem; sed ipsa reliquerat virum suum,
et secuta fuerat Christum: quia ille sine ista vivere
poterat; ista autem sine Christo salva esse non poterat: nisi forte quis dicat, quia infra tempus vocationis Apostolorum et passionis Christi mortuus est
Zebedaeus; et sic illa sexu fragilis, aetate defecta,
Christi vestigia sequebatur : quia fides nunquam
senescit, et religio fatigationem non sentit. Auda-
cem autem fecerat eam ad petendum naturae affectus: unde dicitur: *Adorans, et petens aliquid ab
eo*; idest, reverentia exhibita petit, ut quod petierit
sibi detur. Sequitur: *Qui dixit ei, Quid vis ?* Non
interrogat quasi nesciens; sed ut illa exponente,
manifestum faceret irrationabilem esse petitionem:
unde subditur: *Ait illi: Dic ut sedeant hi duo filii.*
AUGUSTINUS de cons. Evang. (lib. 2, cap. 64). Quod
autem hic per matrem dictum esse Matthaeus expressit, Marcus ipsos filios Zebedaei perhibet dixisse, cum illa illorum voluntatem attulisset ad Dominum: unde magis ipsos quam illam dixisse quod
dictum est, Marcus breviter intimavit. CHRYSOSTOMUS
(in hom. 66). Videbant enim seipsos honoratos
prae aliis, et audierant quod super duodecim thronos sedebitis: unde primatum ipsius cathedrae petebant accipere. Et quod quidem plus alii honoris
apud Christum habebant, noverant; timebant vero
Petrum sibi praeferri: unde et alius Evangelista
dicit, quod quia prope erant Hierusalem, putabant
quod regnum Dei esset in januis, idest aliquid sensibile. Unde manifestum est quod nihil spiritale
petebant, nec intelligentiam superioris regni habebant. ORIGENES (tract. 12). Si enim (1) in regno
mundiali in honore esse videntur qui sedent cum
rege; non fuit mirum si mulier muliebri simplicitate vel imperitia talia se debere petere aestimavit; et ipsi fratres adhuc imperfecti, et nihil altius
cogitantes de regno Christi, talia arbitrati sunt de
his qui sedebunt cum Jesu. CHRYSOSTOMUS super
Matth. (hom. 25 in oper. imperf.). Vel aliter.
Non dicimus quod recte peteret haec mulier; sed
hoc dicimus , quia non terrena , sed caelestia
filiis suis optabat: non enim sentit sicut ceterae matres, quae corpora natorum suorum amant,
animas autem contemnunt: desiderant illos valere
in saeculo isto, et non curant quid sint passuri in
illo, ut ostendant quia corporum sunt parentes,
non animarum. Æstimo autem quod hi fratres cum
audissent Dominum de passione ac resurrectione
sua prophetantem, coeperunt dicere intra se, cum
essent fideles: Ecce rex caelestis descendit ad regna
tartarea, ut regem mortis destruat. Cum autem
victoria fuerit consummata. quid aliud restat nisi
ut regni gloria subsequatur ? ORIGENES (tract. 12).
Destructo enim peccato, quod regnabat in corporibus mortalibus hominum, et omni principatu
malignarum virtutum, eminentiam regni in hominibus Christus recipit (2); quod est ipsum sedere in
sede gloriae suae. Quod autem omnia Deus facit
ad dexteram et sinistram, hoc est ut jam nullum
malum sit ante eum: et quidem praecellunt prae

(1) *Il.* sicut enim.
(2) *Al.* eminentiam Christi in hominibus Christum recipiat.

ceteris appropinquantibus Christo, sunt a dextris ejus; qui autem inferiores sunt, a sinistris sunt ejus. Dexteram autem Christi vide si potes intelligere invisibilem creaturam; sinistram autem visibilem et corporalem. Appropinquantium enim Christo quidam dexteram sortiuntur, ut intelligibilia; alii sinistram, ut sensibilia. Chrysostomus super Matth. (homil. 35 in opere imperf.) Qui autem seipsum donavit hominibus, quomodo regni sui societatem non donabit? Petentis negligentia reprehenditur, ubi de dantis misericordia non (1) dubitatur. Si nos rogamus magistrum, forsitan ceterorum fratrum corda concutimus: etsi enim vinci a carne non possunt, quasi jam spirituales; tamen percuti possunt, quasi adhuc carnales. Ergo submittamus matrem nostram, ut suo nomine deprecetur pro nobis. Si enim reprehensibilis inventa fuerit, facile merebitur veniam: ipse enim sexus excusat errorem. Si autem non fuerit importuna, facilius impetrabit mater pro filiis suis rogans. Ipse enim Dominus, qui maternos animos filiorum miseratione implevit, facilius audiet maternum affectum. Tunc Dominus occultorum cognitor non ad verba intercedentis mulieris respondit, sed ad consilia suggerentium filiorum. Bonum quidem erat eorum desiderium, sed inconsiderata petitio: ideo etsi impetrare non debebant, simplicitas tamen petitionis eorum confundi non merebatur, quia de amore Domini talis petitio nascebatur: propterea ignorantiam in eis Dominus reprehendit: unde sequitur, *Respondens autem Jesus dixit: Nescitis quid petatis.* Hieronymus (super *Tunc accessit ad eum*). Nec mirum si ista arguatur imperitiae, cum et de Petro dicatur Luc. 9 » « Nesciens quid diceret. » Chrysostomus super Matth. (ubi supra). Nam frequenter Dominus patitur discipulos suos aliquid non recte aut agere aut cogitare, ut ex illorum culpa occasionem inveniat exponendi regulam pietatis; sciens quia error eorum non nocet praesente magistro; et non solum in praesenti, sed etiam in futuro doctrina ejus aedificat. Chrysostomus super Matth. (2) ibidem). Hoc autem dicit ostendens quod vel nihil spirituale petebant; vel si novissent quod petebant, non ausi fuissent tantum quid petere quod superexcedit superiores virtutes. Hilarius (can. 20). Nesciunt etiam quid petant, quia nihil de gloria Apostolorum ambigendum erat: judicaturos enim eos sermo superior exposuit. Chrysostomus super Matth. (hom. 35 in opere imperf.). Vel *nescitis quid petatis*: quasi dicat: Ego vos vocavi ad partem dexteram de sinistra, et vos vestro consilio curritis ad sinistram. Ideo forsitan per mulierem res agebatur. Contulit enim se diabolus ad consueta arma mulierum; ut sicut Adam per mulierem spoliavit, ita et istos separeret per matrem. Sed jam non poterat per mulierem perditio introire in sanctos, ex quo de muliere salus cunctorum processit. Vel ideo dicit: *Nescitis quid petatis*, non enim solum debemus cogitare qualem gloriam consequamur (3), sed quomodo evadamus ruinam peccati: quia et in saeculari bello, qui semper de praeda victoriae cogitat, difficile vincit: ideo petendum erat (4): Da nobis auxilium gratiae tuae, ut omne malum vincamus. Rabanus (super *Nescitis*

quid petatis.) Nesciebant etiam quid peterent: quia sedem gloriae a Domino, quam nondum merebantur, inquirunt. Delectabat eos culmen honoris: sed prius habebant exercere viam laboris: unde subdit: *Potestis bibere calicem quem ego bibiturus sum ?* Hieronymus (super *Potestis bibere calicem*). Calicem in Scripturis divinis passionem intelligimus, ut in Psalmo 115: « Calicem salutaris accipiam: » statimque infert quis iste sit calix: « Pretiosa in conspectu « Domini mors sanctorum ejus. » Chrysostomus super Matth. (homil 35 in op. imperf.). Sciebat autem Dominus quia passionem ipsius poterant imitari; sed ideo interrogat, ut omnes audiamus, quia nemo potest cum Christo regnare, nisi passionem Christi fuerit imitatus: res enim pretiosa non nisi pretioso pretio comparatur. Passionem autem Domini dicimus non solum persecutionem gentilium, sed omnem violentiam quam patimur contra peccata certantes. Chrysostomus in homil. 66. Dicit ergo *Potestis bibere?* ac si dicat: Vos mihi de honore et coronis loquimini; ego autem vobis de agonibus et sudoribus: non enim hoc est praemiorum tempus. Ex modo autem interrogationis eos attrahit: non enim dixit: Potestis sanguinem vestrum effundere? sed *Potestis bibere calicem?* Deinde addit: *Quem ego bibiturus sum.* Remigius. Ut ex communione ad ipsum avidiores fiant (1). At illi qui jam martyrii libertatem constantiamque retinebant, bibituros se pollicentur: unde sequitur: *Dicunt ei, Possumus.* Chrysostomus super Matth. (hom. 35, in opere imperf.) Vel dicunt hoc non tam ex fiducia suae fortitudinis quam ex ignorantia: inexpertis enim levis videtur esse tentatio passionis et mortis. Chrysostomus in homil. 66. Vel hoc ex desiderio promittunt. Neque enim hoc dixissent, nisi expectassent audire quod petebant. Dominus autem eis prophetat magna bona, idest martyrio dignos efficiendos.

Sequitur: *Ait illis: Calicem quidem meum bibetis.* Origenes (Matth. 20, tract. 12). Non ita respondit Christus: Calicem meum bibere potestis; sed ad futuram eorum perfectionem respiciens, dixit: *Calicem quidem meum bibetis.* Hieronymus (super *Calicem quidem meum bibetis*). Quaeritur autem quomodo calicem martyrii filii Zebedaei, Jacobus videlicet et Joannes, biberint; cum Scriptura narret Jacobum tantum Apostolum ab Herode capite truncatum; Joannes autem propria morte vitam finierit. Sed si legimus in ecclesiastica Historia, quod ipse Joannes propter martyrium sit missus in ferventis olei dolium, et relegatus in Pathmos insulam sit; videbimus martyrio animum non defuisse; et bibisse Joannem calicem confessionis, quem et tres pueri in camino ignis biberunt, licet persecutor non fuderit sanguinem. Hilarius (can. 20). Dominus ergo collaudans eorum fidem (2) ait, martyrio quidem eos secum compati posse; sed laevae ejus ac dexterae assidere aliis a Deo Patre fuisse dispositum: unde sequitur: *Sedere autem ad dexteram meam etc.* Et quidem quantum arbitramur, ita honor iste aliis est reservatus, quod tamen nec Apostoli ab eo erunt alieni, qui in duodecim Patriarcharum sede considentes, Israelem judicabunt; et quantum sentire ex ipsis Evangeliis licet, in regno caelorum Moyses et Elias assidebunt; quibus comitantibus, cum gloriae suae

(1) Al. omittitur non.
(2) Homil. 67, ut supra (Ex edit. P. Nicolai).
(3) Al. sequemur, item consequimur.
(4) Al. erit.
S. Th. Opera omnia. V. 11.

habitu in monte apparuit. HIERONYMUS (ubi supra). Sed mihi hoc nequaquam videtur: sed ideo sedentium in regno caelorum vocabula non dicuntur, ne paucis nominatis ceteri putarentur exclusi; regnum enim caelorum non est tantum dantis, sed accipientis. Non enim est personarum acceptio apud Deum; sed quicumque talem se praebuerit ut regno caelorum dignus fiat, hoc accipiet, quod non personae, sed vitae paratum est. Si itaque tales estis qui consequamini regnum caelorum quod Pater meus victoribus praeparavit; vos quoque accipietis illud. Ideo tamen non dixit neque Non sedebitis, ne duos confunderet: neque Sedebitis, ne ceteros irritaret. CHRYSOSTOMUS in homil. 66. Vel aliter. Videtur invius (1) omnibus esse locus ille, non solum hominibus, sed etiam Angelis: sic enim praecipuum Unigeniti ponit id Paulus dicens Hebr. 1: « Ad quem autem Ange- « lorum dixit unquam: Sede a dextris meis ? » Dominus ergo non quasi existentibus quibusdam qui assessuri sunt, sed condescendens interrogantium suspicioni respondit. Hoc enim unum solum quaerebant prae aliis stare apud ipsum; sed Dominus respondet: Moriemini quidem propter me: non tamen hoc sufficit vos facere primum ordinem obtinere. Si enim aliquis alius venerit cum martyrio, ampliorem virtutem possidens, non quia vos amo, illum expellam, et vobis dabo primatum. Propter hoc autem ut non infirmus ipse (2) ostendatur, non dixit simpliciter, Non est meum dare; sed *Non est meum vobis dare, sed quibus paratum est*; his scilicet qui ab operibus possunt fieri clari. REMIGIUS. Vel aliter. *Non est meum dare vobis*, idest super talibus quales vos estis, sed humilibus corde *quibus paratum est a Patre meo*. AUGUSTINUS de Trinit. (cap. 12). Vel aliter. Secundum formam servi discipulis Dominus respondet: *Sedere autem ad dexterum meam vel sinistram, non est meum dare vobis*. Quod autem paratum est a Patre eis, et ab ipso Filio est paratum, quia et ipse et Pater unum sunt.

4. CHRYSOSTOMUS in homil. 66. Donec Christi sententia incerta erat, non tristabantur alii discipuli: sed tunc tristati sunt quando eos increpavit: unde dicitur: *Et audientes decem, indignati sunt de duobus fratribus*. (3) HIERONYMUS (super *Et audientes decem*). Non ad mulieris audaciam referunt postulantis, sed ad filios, quod ignorantes mensuram suam, non modica cupiditate exarserunt. CHRYSOSTOMUS in hom. 66. Intellexerunt enim quia haec petitio discipulorum fuit, quando eos Dominus increpavit. Quando autem eos a Domino praehonoratos viderunt in transfiguratione, etsi secundum mentem dolebant, in medium afferre non audebant, honorantes (4) doctorem. CHRYSOSTOMUS super Matth. (hom. 35 in oper. imperf.) Sicut autem duo carnaliter peti runt; ita et decem carnaliter contristati sunt; nam velle quidem esse super omnes vituperabile est: sustinere autem alium super se minus est gloriosum. HIERONYMUS (ubi supra). Humilis autem magister et mitis nec cupiditatis duos arguit postulantes, nec decem reliquos indignationis increpat et livoris: unde sequitur: *Jesus autem vocavit eos ad se*. CHRYSOSTOMUS in hom. 66. Quia

enim turbati erant, vocatione eos consolatur, de propinquo eis loquendo: etenim duo a societate decem seipsos separantes, propius stabant, seorsum Domino loquentes: non tamen sicut prius pueros in medium ducens eos consolatur; sed a contrario inseruit, dicens: *Scitis quia principes gentium dominantur eorum*. ORIGENES (tract. 12). Idest, non contenti tantum regere suos subjectos, sed violenter eis dominari nituntur. Inter vos autem, qui estis mei, non erunt haec: quoniam sicut omnia carnalia in necessitate sunt posita, spiritalia autem in voluntate; sic et qui principes sunt spiritales, principatus eorum in dilectione subditorum debet esse positus, non in timore corporali. CHRYSOSTOMUS in hom. 66. Ostendit autem in hoc, quod Gentilium est primatus cupere; et sic Gentium comparatione eorum animam aestuantem convertit. CHRYSOSTOMUS super Matth. (hom. 35 in op. imperf.). Et opus (1) quidem desiderare bonum, bonum est, quia nostrae voluntatis est, et nostra est merces; primatum autem honoris concupiscere vanitas est; hoc enim consequi, judicium Dei est: propter quod ex primatu honoris nescimus si mercedem justitiae meremur. Neque enim Apostolus laudem habebit apud Deum quia Apostolus fuit; sed si opus Apostolatus sui bene implevit: nec Apostolus pro merito suo antecedenti honoratus est ut esset Apostolus; sed ad hoc ministerium aptus est judicatus, secundum motum animae suae. Primatus etiam fugientem se desiderat, et desiderantem se horret. Conversatio ergo melior desideranda est, non dignior gradus. Volens ergo Dominus, duorum fratrum Zebedaei et aliorum indignationem extinguere, introducit differentiam inter principes mundiales et ecclesiasticos, ostendens quia primatus in Christo nec ab aliquo appetendus est non habente, nec alteri invidendus est habenti: quia principes mundi ideo sunt ut dominentur minoribus suis, et eos servituti subjiciant et expolient, et usque ad mortem eis utantur ad suam utilitatem et gloriam; principes autem Ecclesiae sunt, ut serviant minoribus suis, et ministrent eis quaecumque acceperunt a Christo; ut suas utilitates negligant et illorum procurent, et mori non recusent pro salute inferiorum. Primatum ergo Ecclesiae concupiscere neque justum est neque utile. Nullus sapiens vult ultro se subjicere servituti et periculo tali, ut det rationem pro omni Ecclesia; nisi forte qui non timet Dei judicium, abutens primatu suo ecclesiastico saeculariter, ita ut convertat illum 'in saecularem. HIERONYMUS (super *Scitis quia principes*). Denique sui proponit exemplum, ut si dicta parvipenderent, erubescerent ad opera: unde subdit: *Sicut Filius hominis non venit ministrari, sed ministrare*. ORIGENES (Matth. 20, tract. 12). Nam etsi Angeli et Martha ministraverunt ei, tamen non ideo venit ut ministretur, sed ut ministret; et tantum crevit ministrans, ut impleretur quod sequitur: *Et daret animam suam redemptionem pro multis*, scilicet (2) qui crediderunt in eum: daret, inquam, in mortem. Sed quoniam solus erat inter mortuos liber et fortior omni potestate mortis, omnes sequi se volentes liberavit a morte. Ecclesiarum ergo principes imitari debent Christum accessibilem, et mulieribus loquentem, et pueris manus imponentem, et discipulis pedes lavantem; ut ipsi similiter

(1) *Al.* communis.
(2) *Al.* infirmius esse.
(3) HILARIUS (*Ex edit. P. Nicolai*).
(4) *al.* venerantes.

(1) *Al.* corpus.
(2) *P. Nicolai ex Origene omittit* scilicet.

faciant fratribus. Nos autem tales sumus ut etiam principum mundi excedere videamus superbiam, vel non intelligentes, vel contemnentes (1) mandatum Christi; et quaerimus sicut reges acies praecedentes, et terribiles nos et accessu (2) difficiles maxime pauperibus exhibemus, nullam affabilitatem habentes, vel habere ad nos permittentes. CHRYSOSTOMUS in hom. 66. Quantumcumque ergo te humiliaveris (3), non poteris tantum descendere quantum Dominus tuus.

5. CHRYSOSTOMUS super Matth. (hom. 36, in op. imperf.). Sicut testimonium studiosi agricolae est messis fecunda; ita assidui doctoris est documentum Ecclesia plena (4): unde et hic dicitur: *Et egredientibus illis ab Hierico, secuta est eum turba multa.* Neminem labor itineris impedivit, quia amor spiritalis fatigationem non sentit; neminem possessionum suarum recordatio retraxit, quia ingrediebantur possessionem regni caelestis. Vere enim non habet super terram quod amet qui bonum caeleste in veritate gustaverit. Opportune autem oblati sunt ante faciem Christi duo caeci, ut apertis oculis quasi testes virtutis ascenderent cum eo in Hierusalem: unde sequitur, *Et ecce duo caeci.* Hi currentium strepitum audiebant, et personas non videbant, nihil solutum habentes de toto corpore nisi vocem: et ideo, quia pedibus eum sequi non poterant, voce sequebantur: unde dicitur: *Audierunt quia Jesus transiret, et clamaverunt dicentes: Domine miserere nostri, fili David.* AUGUSTINUS de cons. Evang. (lib. 2, cap. 65). Hoc autem factum Marcus commemorat; sed de uno caeco factum: quae ita solvitur quaestio: nam duorum caecorum quos Matthaeus interposuit, unum fuisse in illa civitate famosissimum, ex hoc satis apparet quod et nomen ejus et patris ejus Marcus commemoravit: Barthimaeus enim Timaei filius ex aliqua magna felicitate dejectus notissimus (5) fuit; qui non solum caecus, verum etiam mendicus sedebat. Hinc est ergo quod ipsum solum voluit commemorare Marcus, cujus illuminatio tam claram famam huic miraculo comparavit quam erat illius nota calamitas. Lucas vero quamvis omnino eodem modo factum, tamen in alio caeco intelligendus est par commemorare miraculum. Ille quippe hoc factum dicit, cum appropinquaret Hierico; alii cum egrederetur ab Hierico.

Sequitur: *Turba autem increpabat eos, ut tacerent.* CHRYSOSTOMUS super Matth. (hom. 36 in oper. imperf.). Videbant enim sordidas vestes, et non considerabant conscientiae claritatem. Ecce fatua sapientia hominum: existimant enim injuriam pati magnos, si a pauperibus honorentur. Quis enim pauper ausus est divitem publice salutare? (6) HILARIUS. Vel silentium non causa honoris exigunt; sed quod acerbe a caecis audiunt (7) quod negabant, scilicet Dominum esse David filium. ORIGENES (tract. 15). Vel qui crediderant increpabant eos, ut non appellarent eum contemptibili nomine filium David, sed potius dicerent: Fili Dei miserere no-

stri (1). HILARIUS. Invitabantur (2) autem magis vetiti, quam compescebantur: fides enim quando vetatur, magis accenditur; et ideo in periculis secura est, et in securitate periclitatur: unde sequitur: *At illi magis clamabant dicentes: Miserere nostri fili David.* Primo enim clamabant, quia caeci erant; secundo magis clamabant, quia vetabantur ad lumen accedere. CHRYSOSTOMUS in hom. 67. Christus autem permittebat eos vetari, ut plus eorum desiderium appareret. Hinc autem disce quoniam, etsi abjecti fuerimus, cum studio accedentes ad Deum, per nosipsos, assequemur quod petimus.

Sequitur: *Et stetit Jesus, et vocavit eos, et ait: Quid vultis ut faciam vobis?* HIERONYMUS (super *Stetit Jesus.* Ideo autem stetit Jesus, quia caeci quo pergerent ignorabant. Multae foveae erant in Hierico, multae rupes et praerupta in profundum vergentia; idcirco Dominus stat, ut venire possint. ORIGENES (tract. 15). Vel Jesus non pertransit, sed stat, ut stante eo, non transfluat beneficium; sed quasi de fonte stante misericordia defluat usque ad eos. HIERONYMUS (ubi supra). Vocari autem jubet, ne turbae prohibeant; et interrogat quid velint, ut ex responsione eorum, manifesta debilitas appareat, et virtus ex remedio cognoscatur. CHRYSOSTOMUS super Matth. (hom 56 in oper. imperf.). Vel interrogat propter fidem; ut dum caeci Christum Filium Dei confitentur, confundantur videntes qui eum tantum hominem putant. Dominum quidem Christum vocaverant; et verum dixerant; sed dicentes filium David, dissipabant quod bene confessi sunt: nam abusive et homines domini dicuntur; vere autem nemo bonus, nisi Deus. Cum ergo dicunt, *Domine fili David,* abusive Christum secundum hominem honorant; si autem solummodo Dominum dicerent, deitatem confiterentur: ideo interrogat, *Quid vultis?* Tunc illi jam non dixerunt, Domine fili David; sed tantum *Domine:* sequitur enim: *Dicunt illi: Domine, ut aperiantur oculi nostri.* Filius enim David caecos illuminare non potest, Filius Dei potest. Quamdiu ergo dixerunt, *Domine fili David,* suspensa est sanitas; mox autem ut dixerunt, *Domine,* infusa est sanitas: sequitur enim: *Misertus autem eorum Jesus tetigit oculos eorum; et confestim viderunt.* Tetigit autem ut homo carnaliter, sanavit ut Deus. HIERONYMUS (super *Misertus eorum*). Praestat enim artifex quod natura non dederat; aut certe quod debilitas tulerat, misericordia donat. CHRYSOSTOMUS in hom. 67. Hi autem sicut ante donationem (3) fuerunt perseverantes, ita et post donationem non fuerunt ingrati. CHRYSOSTOMUS super Matth. (hom. 36, in op. imperf.). Bonum enim munus obtulerunt Christo sanati: sequitur enim, *Et secuti sunt eum.* Hoc enim Deus a te requirit secundum Prophetam, solicitum te ambulare cum Domino Deo tuo. HIERONYMUS (in fine Com. in cap. 20). Qui ergo in Hierico contracti sedebant, et clamare (4) tantum noverant, postea sequuntur Jesum non tam pedibus quam virtutibus. RABANUS. Hierico autem, quae interpretatur luna, defectum nostrae mutabilitatis significat. ORIGENES (tract. 15). Mystice autem Hierico intelligitur mundus, in quem Christus descen-

---

(1) *Al.* et contemnentes.
(2) *Al.* excessus.
(3) *Al.* tu humiliatus fueris.
(4) *Al.* est praedicando Ecclesia plena.
(5) *Al.* notissime.
(6) Non, sicut prius in exemplari Parisiensi, ORIGENES; tametsi eum Glossa notat, hanc appendicem cum sequente confundens (*Ex edit. P. Nicolai*).
(7) *Al.* audierant.

(1) CHRYSOSTOMUS super Matth. in oper. imperf. Pro Auctore operis imperfecti, quem reponimus, Hilarius antea notabatur (*Ex edit. P. Nicolai*).
(2) *Al* imitabantur.
(3) *Al.* dationem.
(4) *Al.* nec clamare.

dit. Qui autem sunt in Hierico, exire nesciunt de sapientia mundi, nisi viderint non solum Jesum exeuntem de Hierico, sed etiam discipulos ejus. Haec ergo videntes, secutae sunt eum turbae multae, mundum et mandata omnia contemnentes, ut Christo duce ascendant in Hierusalem caelestem. Duos caecos possumus dicere Judam et Israel, qui ante Christi adventum caeci fuerunt, quia non videbant verbum verum, quod erat in lege et Prophetis; tamen sedentes secus viam legis et Prophetarum, et secundum carnem tantum intelligentes, clamabant tantum ad eum qui factus est ex semine David secundum carnem. HIERONYMUS (super *Et egredientibus illis.*). Vel duos caecos plerique Pharisaeos et Sadducaeos intelligunt (1). Vel aliter, *Duo caeci sedentes juxta viam* significant de utroque populo quosdam jam cohaerentes per fidem dispensationi temporali secundum quam Christus via est, et desiderantes illuminari; idest, aliquid de Verbi aeternitate intelligere: quod transeunte Domino (2) impetrare cupiebant, idest per meritum fidei, qua creditur Filius Dei, et natus homo, et passus propter nos: per hanc enim dispensationem quasi transit Jesus, quia actio temporalis est. Oportebat autem ut tantum clamarent donec resistentis sibi turbae strepitum vincerent; idest, tam perseverando animum intenderent orando atque pulsando, quousque consuetudinem desideriorum carnalium (quae tamquam turba obstrepit cognitioni lucem veritatis aeternae videre conanti) vel ipsam hominum carnalium turbam, studia spiritualia impedientem, fortissima intensione superarent. AUGUSTINUS de verb. Dom. (serm. 18). Bonos enim Christianos volentes facere praecepta Dei, Christiani mali

et tepidi prohibent; clamant tamen illi non deficientes: cum enim quisque Christianus coeperit bene vivere mundumque contemnere, in ipsa sui novitate (1) patitur reprehensores frigidos Christianos; sed si perseveraverit, ipsi jam obsequentur qui ante prohibebant. AUGUSTINUS de quaest. Evang. (lib. 2, cap. 28). Itaque audiens Jesus, qui ait, supra 7, *Pulsanti aperietur* (2), stans eos tangit et illuminat: quia enim fides incarnationis temporalis ad aeterna intelligenda nos praeparat, transeunte Jesu admoniti sunt ut illuminarentur, et ab eo stante illuminati sunt: temporalia enim transeunt, aeterna stant. CHRYSOSTOMUS super Matth. (homil. 36 in oper. imperf.). Quidam interpretantur duos caecos Gentiles: unum ex Cham. alium (3) ex Japhet: qui secus viam sedebant: idest, juxta veritatem conversabantur, sed veritatem invenire non poterant; vel secundum rationem verbi consistentes, qui notitiam verbi nondum acceperant. RABANUS (super *Turba increpabat eos*). Agnita autem fama nominis Christi, participes ejus fieri quaerebant. Contradicebant multi: primo Judaei, ut in Actibus legimus; deinde etiam Gentiles persecutione instabant: nec tamen eos qui erant ad vitam praeordinati, salute privare volebant. CHRYSOSTOMUS super Matth. (hom. 36 in op. imperf.). Consequenter autem Gentium oculos mentis tetigit Jesus, dans eis gratiam Spiritus sancti: quae illuminatae secutae sunt eum operibus bonis. ORIGENES (tract. 15). Et nos ergo sedentes juxta Scripturarum viam, et intelligentes in quibus caeci sumus, si ex affectu petierimus, tanget oculos animarum nostrarum, et recedet a mentibus (4) nostris tenebra ignorantiae, ut eum in scientiae lumine sequamur (5) qui dedit nobis posse videre propter nihil aliud nisi ut eum sequamur.

(1) AUGUSTINUS de quaest. Evang. lib. 1, cap. 20. Ejus nomine praetermisso prius cum Hieronymi verbis confundebantur sequentia, quasi ex illo essent; qui ad utrumque illum populum duos caecos referri notat, sed aliter (*Ex edit. P. Nicolai*).

(2) *Al.* Jesu.

(1) *Al.* voluntate.
(2) *Al.* audiens Jesus quia pulsanti aperietur.
(3) *Al.* unus et alius.
(4) *Al.* a sensibus
(5) *Al.* ut eum videamus, et sequamur.

CAPUT VIGESIMUMPRIMUM.

1. Et cum appropinquasset Hierosolymis, et venisset Bethphage ad montem Oliveti, tunc Jesus misit duos discipulos, dicens eis: Ite in castellum quod contra vos est; et statim invenietis asinam alligatam, et pullum cum ea: solvite, et adducite mihi. Et si quis vobis aliquid dixerit, dicite quia Dominus his opus habet; et confestim dimittet eos. Hoc autem totum factum est ut adimpleretur quod dictum est per Prophetam dicentem: Dicite filiae Sion: Ecce rex tuus venit tibi mansuetus, sedens super asinam et pullum filium subjugalis. Euntes autem discipuli fecerunt sicut praecepit illis Jesus; et adduxerunt asinam et pullum, et imposuerunt super eos vestimenta sua, et eum desuper sedere fecerunt. Plurima autem turba straverunt vestimenta sua in via; alii autem caedebant ramos de arboribus, et sternebant in via. Turbae autem quae praecedebant et quae sequebantur, clamabant dicentes: Hosanna filio David, benedictus qui venit in nomine Domini, hosanna in altissimis.

2. Et cum intrasset Hierosolymam, commota est universa civitas dicens, Quis est hic? Populi autem dicebant: Hic est Jesus Propheta a Nazareth Galilaeae. Et intravit Jesus in templum Dei, et ejiciebat omnes vendentes et ementes in templo, et mensas nummulariorum et cathedras vendentium columbas evertit; et dixit eis: Scriptum est: Domus mea domus orationis vocabitur; vos autem fecistis illam speluncam latronum. Et accesserunt ad eum caeci et claudi in templo,

et sanavit eos. Videntes autem principes sacerdotum et scribae mirabilia quae fecit, et pueros clamantes in templo, et dicentes, Hosanna filio David, indignati sunt, et dixerunt ei: Audis quid isti dicunt? Jesus autem dixit eis: Utique. Nunquam legistis quia ex ore infantium et lactentium perfecisti laudem?

3. Et relictis illis, abiit foras extra civitatem in Bethaniam, ibique mansit. Mane autem revertens in civitatem, esuriit. Et videns fici arborem unam secus viam, venit ad eam, et nihil invenit in ea nisi folia tantum: et ait illi: Nunquam ex te fructus nascatur in sempiternum. Et arefacta est continuo ficulnea. Et videntes discipuli mirati sunt, dicentes: Quomodo continuo aruit? Respondens autem Jesus ait eis: Amen dico vobis, si habueritis fidem et non haesitaveritis, non solum de ficulnea facietis; sed et si monti huic dixeritis, Tolle, et jacta te in mare. fiet: et omnia quaecumque petieritis in oratione credentes, accipietis.

4. Et cum venisset in templum, accesserunt ad eum docentem principes sacerdotum et seniores populi dicentes: In qua potestate haec facis? Et quis tibi dedit hanc potestatem? Respondens Jesus dixit eis: Interrogabo vos et ego unum sermonem; quem si dixeritis mihi, et ego vobis dicam in qua potestate haec facio. Baptismus Joannis unde erat? e caelos an ex hominibus? At illi cogitabant inter se dicentes: Si dixerimus, E caelo, dicet nobis: Quare ergo non credidisti,

illis? Si autem dixerimus, Ex hominibus, timemus turbam. Omnes enim habebant Joannem sicut Prophetam. Et respondentes Jesu, dixerunt, Nescimus. Ait illis et ipse: Nec ego dico vobis in qua potestate haec facio.

5. Quid autem vobis videtur? Homo quidam habebat duos filios: et accedens ad primum, dixit: Fili, vade hodie operari in vineam meam. Ille autem respondens ait. Nolo. Postea autem poenitentia motus, abiit. Accedens autem ad alterum, dixit similiter. At ille respondens ait, Eo domine; et non ivit. Quis ex duobus fecit voluntatem patris? Dicunt ei, Primus. Dicit illis Jesus: Amen dico vobis, quia publicani et meretrices praecedent vos in regno Dei. Venit enim ad vos Joannes in via justitiae, et non credidistis ei. Publicani autem et meretrices crediderunt ei; vos autem videntes, nec poenitentiam habuistis postea, ut crederetis ei.

6. Aliam parabolam audite. Homo erat paterfamilias qui plantavit vineam, et sepem circumdedit ei, et fodit in ea torcular, et aedificavit turrim, et locavit eam agricolis, et peregre profectus est. Cum autem tempus fructuum appropinquasset, misit servos suos ad agricolas, ut acciperent fructus ejus. Et agricolae, apprehensis servis ejus. alium caecide-

runt, alium occiderunt, alium vero lapidaverunt. Iterum misit alios servos plures prioribus; et fecerunt illis similiter. Novissime autem misit ad eos filium suum, dicens: Verebuntur forte filium meum. Agricolae autem videntes filium, dixerunt inter se: Hic est haeres: venite, occidamus eum, et habebimus hereditatem ejus. Et apprehensum eum ejecerunt extra vineam, et occiderunt. Cum ergo venerit dominus vineae, quid faciet agricolis illis? Ajunt illi: Malos male perdet, et vineam suam locabit aliis agricolis, qui reddant ei fructum temporibus suis. Dicit illis Jesus: Nunquam legistis in Scripturis: Lapidem quem reprobaverunt aedificantes, hic factus est in caput anguli? A Domino factum est istud, et est mirabile in oculis nostris? Ideo dico vobis, quia auferetur a vobis regnum Dei, et dabitur genti facienti fructus ejus. Et qui ceciderit super lapidem istum, confringetur; super quem vero ceciderit, conteret eum.

7 Et cum audissent principes Sacerdotum et Pharisaei parabolas ejus, cognoverunt quod de ipsis diceret. Et quaerentes eum tenere, timuerunt turbas, quoniam sicut Prophetam eum habebant.

1. REMIGIUS. Narravit superius Evangelista Dominum egressum a Galilaea, et coepisse ascendere Hierosolymam. Postquam ergo narravit quid in via gesserit, in incepta intentione perseverans dicit: Et cum appropinquasset Hierosolymis, et venisset Bethphage. Bethphage viculus fuit sacerdotum, situs in latere montis Oliveti, distans uno milliario a Hierusalem. Sacerdotes enim, qui per certos dies in templo deserviebant, completo officio vicis suae, illuc divertebant ad manendum: similiter et illi qui accipiebant officium, illuc divertebant: quia praeceptum fuit in lege, ut nullus diebus sabbatorum plus quam mille passus incederet. ORIGENES (tract. 14). Unde et interpretatur Bethphage, maxillarum domus: quoniam maxilla propria erat pars sacerdotum in lege.

Sequitur: Tunc Jesus misit duos discipulos. CHRYSOSTOMUS super Matth. (homil. 37 in op. imperf.). Non dixit discipulis: Dicatis: Dominus tuus his opus habet, vel Dominus vester: ut intelligant, quia ipse sit solus Dominus, non solum animalium. sed omnium hominum: nam et peccatores conditione quidem sui sunt, voluntate autem sua diaboli. CHRYSOSTOMUS in homil. 67. Neque parvum enim existimes quod factum est. Quis enim suasit dominis jumentorum non velle contradicere, volentes silere, et concedere? Et in hoc discipulos erudit quoniam poterat et Judaeos prohibere, sed noluit; sed et docet ut quoscumque petitum fuerit darent. Si enim qui ignorabant Christum, ita concesserunt, multo magis discipulos convenit omnibus dare.

Quod autem dicitur, Et confestim dimittet eos, CHRYSOSTOMUS super Matth. (hom. 37 in op. imperf.), intelligendum est, quod animal postquam ingressum est in Hierusalem, ad dominum suum remissum est a Christo GLOSSA (1) (interlinearis). Vel dominus jumentorum confestim dimittet eos in Domini servitio mancipandos. Adhibetur autem huic facto Prophetae testimonium, ut appareat Dominum omnia quae de ipso scripta erant, implevisse; sed invidia caecatos Scribas et Pharisaeos ea quae ipsi legebant intelligere noluisse: et ideo sequitur: Hoc autem totum factum est ut adimpleretur quod dictum est per Prophetam, scilicet Zachariam. CHRYSOSTOMUS super Matth. (hom. 37 in op. imperf.). Sciens enim Propheta malitiam Judaeorum, quia

contradicturi erant Christo, ascendenti in templum, praemonuit, ut per hoc signum cognoscerent regem suum dicentem: Dicite filiae Sion. RABANUS (super Dicite filiae Sion). Filia Sion historialiter dicitur Hierusalem civitas, quae sita est in monte Sion; mystice autem est Ecclesia fidelium, pertinens ad supernam Hierusalem. CHRYSOSTOMUS super Matth. (hom. 37 in opere imperf.). Ecce ostendentis est verbum; idest, non carnali aspectu (1), sed spirituali intellectu opera virtutum ejus aspicite. Ante tempora quidem multa dicebat, Ecce, ut ostenderet (2) quia ille de quo loquebatur, antequam nasceretur, jam erat rex tuus. Cum ergo videritis eum, nolite dicere (Joan. 19), « Non habemus regem « nisi Caesarem ». Venit tibi: si intellexeris, ut salvet te; si non intellexeris, venit contra te. Mansuetus: non ut propter potentiam timeretur, sed ut propter mansuetudinem amaretur: unde non sedet in curru aureo, pretiosa purpura fulgens; nec ascendit super fervidum equum discordiae amatorem et litis; sed super asinam tranquillitatis et pacis amicam: unde sequitur: Sedens super asinam et pullum filium subjugalis. AUGUSTINUS de cons. Evang. (lib. 2, cap. 36). In hoc autem testimonio prophetico aliquanto diversa est Evangelistarum locutio. Hoc enim Matthaeus sic adhibet ut asinam dicat commemorasse Prophetam: non autem ita se habet vel quod Joannes interponit, vel codices ecclesiasticae interpretationis LXX. Cujus rei causa mihi videtur quod Matthaeus Hebraea lingua perhibetur Evangelium conscripsisse: manifestum est autem interpretationem illam quae dicitur LXX in nonnullis aliter se habere quam inveniunt in Hebraeo qui eam linguam noverunt, et qui interpretati sunt singuli eosdem libros Hebraeos. Hujus autem distantiae causa si quaeratur, nihil probabilius aestimo quam eos LXX spiritu interpretatos quo et illa quae interpretabantur dicta fuerant, quando ex ipsa eorum mirabili quae praedicatur consensione firmatum est. Ergo et ipsi nonnulla in eloquio variando, et voluntati Dei, cujus verba erant, non credendo (3), nihil aliud demonstrare voluerunt quam hoc ipsum quod (4) in Evangelistarum concordia, quadam

(1) Interlinealis quantum ad primam partem; sed quae sequuntur sunt ex Anselmo, non ex Glossa quae nunc extat (Ex edit. P Nicolai).

(1) Al. idest carnali aspectu.
(2) Al. multi dicebant, Ecce, ut ostenderent.
(5) P. Nicolai melius habet et a voluntate Dei, cujus verba erant, non recedendo.
(4) Al. deest quod.

diversitate narratur (1); qua nobis ostenditur non esse mendacium, si (2) quisquam ita diverso modo aliquid narret ut ab ejus voluntate cui consentiendum est, non recedat: quod noscere, in moribus utile est propter cavenda mendacia; et ipsi fidei, ne putemus quasi consecratis sonis ita muniri veritatem, tamquam Deus nobis, quemadmodum ipsam rem, sic verba quae propter illam sunt dicenda commendet; cum potius ita res sermonibus proferatur ut istos omnino quaerere non deberemus, si rem sine his nosse possemus, sicut illam novit Deus, et in eo Angeli ejus. Sequitur, *Euntes autem discipuli fecerunt sicut praecepit illis Jesus, et adduxerunt asinam et pullum.* Ceteri autem Evangelistae de asina tacent. Non deberet autem permovere lectorem nec si Matthaeus de pullo tacuisset, sicut illi de asina tacuerunt: quanto minus moveri oportet (3), quia unus ita commemoravit asinam, de qua ceteri tacuerunt, ut tamen pullum non taceret, de quo illi dixerunt? Ubi enim utrumque potest intelligi factum, nulla repugnantia est nec, si alius aliud commemoraret: quanto minus ubi unus unum, alius utrumque?

Sequitur: *Et imposuerunt super eos vestimenta sua, et eum desuper sedere fecerunt.* HIERONYMUS (super *Ut adimpleretur*). Sed videtur quod super utrumque animal in parvo itineris spatio Dominus sedere nequiverit: ergo cum historia aut impossilitatem habeat aut turpitudinem, ad altiora transmittimur, idest ad mysticum sensum. REMIGIUS. Licet potuerit fieri ut super utrumque animal Dominus sederit. CHRYSOSTOMUS in homil. 67. Mihi autem videtur quod non propter mysterium solum super asinam sedit, sed et mensuram nobis sapientiae tribuens: demonstrat scilicet quod non super equos ferri necesse est, sed sufficit asino uti, et eo quod necessitatis est, esse contentum. Interroga autem Judaeos: Quis rex super asinam delatus intravit Hierosolymam? Sed non utique alium habent dicere, nisi istum solum. HIERONYMUS (super *Turbae autem*). Turbae ergo quae egressae fuerant de Hierico, et secutae Salvatorem, supposuerunt vestimenta sua, et straverunt viam ramis arborum: et ideo sequitur: *Plurima autem turba straverunt vestimenta sua in via,* pedibus asini, necubi offendat in lapidem, nec calcet spinam, nec labatur in foveam. Sequitur: *Alii autem caedebant ramos de arboribus, et sternebant n via:* de arboribus scilicet fructiferis, quibus mons Oliveti consitus est. Cumque opere cuncta fecissent, vocis quoque tribuunt testimonium: unde sequitur: *Turbae autem quae praecedebant et quae sequebantur, clamabant dicentes: Hosanna filio David.* Quid autem significet Hosanna, nunc perstringam breviter. In 117 Psalmo, qui manifeste de adventu Salvatoris scriptus est, inter cetera hoc quoque legimus: « O « Domine salvum me fac, o Domine bene prospe- « rare. Benedictus qui venturus es in nomine Do- « mini: » Pro eo quod in LXX. habetur Interpretibus, ῶ κύριε σοσον δη, o Kyrie soson di; idest « o Domine salvum fac; » in Hebraeo legimus: « An- « na Jehova (4) Hosianna: » quod manifestius interpretatus est Symmachus dicens: « Obsecro, Do-

« mine salva obsecro (1). » Nemo ergo putet ex duobus verbis, graeco scilicet et Hebraeo, sermonem esse compositum; sed totum Hebraicum est. REMIGIUS. Et est compositum ex integro et corrupto (2). *Hosi* enim latine dicitur salve, sive salvifica; *Anna* vero apud illos interjectio est obsecrantis: nam sicut apud illos ab obsecrante dicitur anna, sic apud latinos dicitur heu. HIERONYMUS (ubi supra ante illa verba, *Cum intrasset Hierosolymam*). Significavit enim quod adventus Christi salus mundi sit: unde sequitur. *Benedictus qui venit in nomine Domini:* Salvatore quoque idipsum in Evangelio comprobante: « Ego (inquit Joan. 5) venit in nomine « Patris. » REMIGIUS. Quia scilicet in omnibus bonis operibus non suam, sed Patris gloriam quaesivit. GLOSSA (3). Et est sensus: *Benedictus,* idest gloriosus sit, *qui venit,* idest incarnatus est, *in nomine Domini,* idest Patris, eum glorificando. Iterum repetunt: *Hosanna,* idest salva obsecro; et determinant ubi se vellent salvari, *in altissimis,* idest in caelestibus, non in terrenis (4). Vel per hoc quod jungitur, *Hosanna,* idest salus in excelsis, perspicue ostenditur quod adventus Christi non tantum hominis salus, sed totius mundi sit, terrena jungens caelestibus. HIERONYMUS (5) (ubi supra). Vel humanam quidem Christi dispensationem laudant in eo quod dicebant. *Hosanna filio David: benedictus qui venit in nomine Domini:* restitutionem autem ejus in sancta, in eo quod dicebant , *Hosanna in excelsis.* CHRYSOSTOMUS (hom. 37 in op. imperf.). Hosanna etiam quidam interpretantur gloriam, alii vero redemptionem: nam et gloria illi debetur. et redemptio illi convenit qui omnes redemit. HILARIUS (6) (can. 21 in Matth). Laudationis enim verba, redemptionis in eo exprimunt potestatem; filium autem David nuncupant, in quo agnoscerent aeterni regni hereditatem. CHRYSOSTOMUS (7) (hom. 67 in princ.). Numquam antea Dominus sibi adhibuit ministeria jumentorum, nec ramorum virentia circa se ornamenta constituit, nisi modo quando Hierusalem ut pateretur ascendit. Excitavit enim videntes ut facerent quod prius volebant: ergo potestas eis data est, non mutata voluntas HIERONYMUS (in princ. Commen. in 21 cap. Matth.). Mystice autem appropinquat Dominus Hierosolymis egrediens de Hierico, turbis inde eductis quamplurimis, quia magnus magnis ditatus mentibus salute credentium rediens (8), ingredi cupit urbem pacis, et locum visionis Dei. Et venit Bethphage, idest ad domum maxillarum, et confessionis portabat typum; et erat situs in monte Oliveti, ubi est lumen scientiae, laborum et dolorum requies. Per castellum enim, quod contra Apostolos erat, mundus iste designatur: contra Apostolos enim erat, nec lumen doctrinarum volebat accipere. REMIGIUS. Dominus ergo de monte Oliveti discipulos ad castellum (9)

---

(1) *Al* salvum me fac.
(2) *Al.* ex integro corrupto.
(3) Non est in Glossa quae nunc extat, sed in Anselmo (*Ex edit. P. Nicolai*).
(4) HIERONYMUS (*Ex edit. P. Nicolai*).
(5) *Al.* ORIGENES, *ut habet etiam Nicolai.*
(6) Quod subjungitur ex Hilario, male prius ex Hieronymo notabatur. (*Ex edit. P. Nicolai*).
(7) Super Matth. in op. imperf. ut supra. Male quasi ex Chrysostomo (*Ex edit. P. Nicolai*).
(8) *Legit P. Nicolai* quia magnus magnis ditatus meccibus, salute credentium reddita: *et in fine appendicis habet* jugum doctrinarum *pro* lumen doctrinarum.
(9) *Al* omittitur ad castellum.

---

(1) *Apud P. Nicolai est* miramur.
(2) *Al.* sicut.
(3) *Al.* oporteret.
(4) *Al.* Adonai.

misit, quia de primitiva Ecclesia praedicatores in mundum direxit. Duos quippe misit propter duos ordines praedicatorum, quos manifestat Apostolus dicens Gal. 2: « Qui operatus est Petro in Aposto- « latum circumcisionis, operatus est et mihi inter « Gentes: » sive quia duo sunt praecepta ca- ritatis, sive propter duo testamenta, sive propter litteram et spiritum. Hieronymus (super *Hoc fac- tum*). Sive propter theoricam et practicam, idest scientiam et opera. Asina autem ista quae su- bjugalis fuit, et edomita, et jugum legis traxerat, synagoga intelligitur. Pullus asinae lascivus et liber, Gentium populus: Judaea enim secundum Deum mater est Gentium. Rabanus (super *Et sta- tim invenietis*). Unde Matthaeus solus, quia Judaeis Evangelium scripsit, asinam Domino refert ad- ductam, ut eidem etiam genti Hebraeae, si poeni- teat, non desperandam monstret esse salutem. Chry- sostomus super Matth. (hom. 37 in op. imperf.). Propter quasdam autem similitudines, animalibus assimilati sunt homines, Dei Filium non cogno- scentes. Est enim animal immundum, et prae cete- ris pene jumentis magis irrationabile et stultum, et infirmum et ignobile, et oneriferum. Sic fuerunt homines ante Christi adventum, passionibus diver- sis immundi, irrationabiles, verbi ratione carentes, stulti propter Dei contemptum, infirmi secundum animam; ignobiles, quia obliti generationis caele- stis, facti fuerant servi passionum et daemonum; oneriferi, quia sufferebant sarcinam erroris a dae- monibus vel Pharisaeis impositam. Ligata autem erat asina, idest diabolici erroris vinculo impedita, ut non haberet libertatem eundi quo vellet: nam antequam peccemus, liberum habemus arbitrium sequi voluntatem diaboli an non: quod si semel peccantes obligaverimus nos operibus ejus, jam nostra virtute evadere non possumus; sed sicut na- vis fracto gubernaculo illuc ducitur ubi tempestas voluerit; sic et homo divinae auxilio gratiae perdi- to per peccatum, non quod vult agit, sed quod diabolus vult. Et nisi Deus valida manu misericor- diae suae solverit eum, usque ad mortem in pec- catorum suorum vinculis permanebit: et ideo dicit discipulis, *Solvite*, scilicet per doctrinam vestram, et per miracula vestra: quia omnes Judaei et Gen- tes per Apostolos sunt liberati: *et adducite mihi*; idest, ad gloriam meam illos convertite. Origenes (tract. 14). Unde et ascendens in caelum jussit discipulis suis ut solverent peccatores, dans eis Spiritum sanctum. Absoluti autem et proficientes, et nutriti Verbi divinitate, digni habentur remitti in locum ex quo erant assumpti, non jam ad ope- ra priora, sed ut praedicarent eis Filium Dei; et hoc est quod significat dicens: *Et confestim dimittet eos*. Hilarius (can. 21). Vel per asinam et pul- lum duplex vocatio ex Gentibus ostenditur. Erant enim Samaritani sub quadam observantiae suae consuetudine servientes (1), qui scilicet significan- tur per asinam: erant etiam indomitae Gentes et feroces, qui scilicet significantur per pullum. Igitur duo mittuntur, ut solvant ligatos erroris vinculis: per Philippum enim Samaria credidit, per Petrum Cornelius Christo, tamquam primitiae Gentium, adductus est. Remigius. Sicut autem tunc dictum est Apostolis: *Si quis vobis aliquid dixerit, dicite quia Dominus his opus habet*; sic (2) nunc praedi-

catoribus est praeceptum, ut si aliquid adversitatis obstiterit, a praedicando non cessarent. Hieronymus (super *Euntes autem fecerunt*). Vestis autem apo- stolica quae jumento superponitur (1), vel doctrina virtutum, vel discretio Scripturarum intelligi potest, sive ecclesiasticorum dogmatum veritate (2); quibus nisi anima instructa fuerit et ornata, sessorem habere Dominum non meretur. Remigius. Dominus autem super asellum sedens, Hierosolymam tendit: quia praesidens sanctae Ecclesiae, vel animae fide- li, et eam in hoc saeculo regit, et post hanc vi- tam ad visionem caelestis patriae introducit. Apostoli autem et ceteri doctores vestimenta posuerunt su- per asinam: quia gloriam quam acceperunt a Chri- sto, Gentibus dederunt. Turba autem vestimenta sternebant in via: quia credentes ex circumcisione, gloriam quam habebant ex lege, contemnebant. Ramos autem de arboribus praecidebant: quia ex Prophetis acceperunt exempla de Christo, quasi de arboribus virentibus. Vel turba, quae vestimenta stravit in via, significat martyres, qui vestimenta sua, idest corpora, quae tegumenta sunt animarum, pro Christo ad martyrium tradiderunt. Vel signi- ficantur illi qui corpora sua per abstinentiam do- mant. Illi autem ramos arborum praecidunt qui dicta et exempla sanctorum patrum quaerunt ad suam, vel filiorum salutem. Hieronymus (super *Turbae autem quae praecedebant*.) Quod autem ait, *Turbae autem quae praecedebant et quae sequeban- tur*, utrumque populum ostendit, et qui ante Evan- gelium, et qui post Evangelium Domino credide- runt, consona Jesum confessionis voce laudare (3). Chrysostomus super Matth. (hom. 37 in opere im- perf.). Et illi quidem prophetantes de Christo ven- turo clamaverunt; hi autem laudantes clamant de adventu Christi jam (4) adimpleto.

2. Hieronymus (super *Et cum intrasset*). In- troeunte Jesu cum turba, tota Hierosolymorum ci- vitas commovetur, mirans frequentiam, nesciens virtutem (5): unde dicitur: *Et cum intrasset Hie- rosolymam, commota est universa civitas, dicens. Quis est hic*? Chrysostomus super Matth. (hom. 38 in op. imperf.). Merito autem commovebantur vi- dentes rem mirabilem. Homo laudabatur quasi Deus, sed Deus laudabatur in homine. Puto autem quod nec ipsi qui laudabant, sciebant quid laudabant; sed Spiritus subito ingressus in eos, veritatis verba fundebat. Origenes (tract. 15). Sed et quando in- travit Jesus Hierosolymam veram (6), admirantes virtutes caelestes, dicebant (Psal. 23): « Quis est « iste rex gloriae? » Hieronymus (ubi supra). Aliis autem vel ambigentibus vel interrogantibus, nisi plebecula confitetur: unde sequitur: *Populi autem dicebant: Hic est Jesus Propheta a Nazareth Gali- laeae*. A minoribus incipiunt, ut ad majora perve- niant. Prophetam enim dicunt quem Moyses qui similem dixerat esse venturum (7), et qui proprie apud Graecos scribitur cum τοῦ ἄρθρου μαρτυρία, tu arthru martyria, idest cum articuli testimonio. *A Nazareth autem Galilaeae*, quia ibi educatus fuerat,

(1) *Al.* servientes, et feroces.
(2) *Al.* sicut.

(1) *Al.* supponitur.
(2) *Al.* varietate.
(3) *Al.* laudarunt.
(4) *Al.* deest jam.
(5) *Al.* veritatem.
(6) *Al.* veterani. *P. Nicolai se expedit, utrumque omit- tendo.*
(7) *In quatuor saepe jam recensitis exemplis omittuntur sequentia usque ad punctum.*

ut flos campi nutriretur in flore virtutum. RABANUS (super *Et intravit Jesus*). Notandum autem, quod hic introitus ejus in Hierusalem fuit ante quinque dies paschae. Narrat enim Joannes, quod ante sex dies paschae venerit in Bethaniam, et in crastinum asino sedens venerit (1) in Hierusalem; ubi notanda est concordia, non solum in rebus, sed etiam in temporibus, veteris et novi testamenti. Decima enim die mensis primi, agnus qui in pascha immolaretur, domum introduci jussus est: quia et Dominus decima die ejusdem mensis, hoc est ante quinque dies paschae, civitatem, in qua pateretur, erat ingressurus.

Sequitur: *Et intravit Jesus in templum Dei.* CHRYSOSTOMUS super Matth. (hom. 38 in opere imperf.). Hoc erat proprium boni filii ut ad domum curreret patris, et illi honorem redderet; et tu imitator Christi factus, cum ingressus fueris in aliquam civitatem, primo ad Ecclesiam curras. Hoc etiam erat boni medici ut ingressus ad infirmam civitatem salvandam, primum ad originem passionis intenderet: nam sicut de templo omne bonum egreditur, ita de templo omne malum procedit: si enim sacerdotium integrum fuerit, tota Ecclesia floret; si autem corruptum fuerit, tota fides marcida est: sicut enim cum videris arborem pallentibus foliis, intelligis quia vitium habet in radice; sic cum videris populum indisciplinatum, sine dubio cognosce quia sacerdotium ejus non est sanum.

Sequitur: *Et ejiciebat omnes vendentes et ementes.* HIERONYMUS (2) (super *Et intravit Jesus in templum*). Sciendum quidem est, quod juxta mandata legis in venerabili toto orbe templo Domini, et de cunctis pene regionibus Judaeorum illuc populo confluente, innumerabiles immolabantur hostiae, maxime festis diebus, taurorum, arietum, hircorum; pauperibus, ne absque sacrificio essent, pullos columbarum et turtures offerentibus. Accidebat autem ut qui de longe venerant, victimas non haberent. Excogitaverunt igitur sacerdotes quo modo praedam de populo facerent; et omnia animalia quibus opus erat ed sacrificia, venderent; et ut venderent non habentibus, et ut ipsi rursus empta susciperent. Hanc ergo stropham, idest fraudem se in diversa vertentem, crebro venientium inopia dissipabat, qui indigebant sumptibus, et non solum hostias non habebant, sed nec unde emerent. Posuerunt itaque nummularios, qui mutuam sub cautione darent pecuniam. Sed quia erat lege praeceptum ut nemo usuras acciperet, et prodesse non poterat pecunia fenerata, quae commodi nihil haberet, et interdum perderet sortem; excogitaverunt et aliam technam, idest artem (3), ut pro nummulariis collibystas facerent cujus (4) verbi proprietatem latina lingua non exprimit. Collyba dicuntur apud illos, quae nos appellamus tragemata, vel vilia munuscula; verbi gratia, frixi ciceris, uvarumque passarum, et poma diversi generis. Igitur quia usuras accipere non poterant, collibystae pro usuris accipiebant varias species; ut quae in nummo non licebant, in his rebus exigerent, quae nummis coemuntur; quasi non hoc ipsum Ezechiel praedica-

verit dicens cap. 18: « Usuram et superabundan- « tiam non accipietis. » Istiusmodi Dominus cernens in domo Patris, negotiationem seu latrocinium, ardore spiritus concitatus, tantam hominum multitudinem ejecit de templo. ORIGENES (Matth. 21, tract. 15). In quo non debent vendere et emere, sed orationibus tantum vacare qui congregantur, quasi in domo orationis: unde sequitur: *Et dicit eis: Scriptum est* (scilicet in Isaiae 36): *Domus mea domus orationis vocabitur.* AUGUSTINUS in Regula. Nemo ergo in oratorio aliquid agat nisi ad quod factum est, unde et nomen accepit.

Sequitur: *Vos autem fecistis illam speluncam latronum.* HIERONYMUS (super *Et intravit Jesus*). Latro enim est, et templum Dei in latronum convertit speluncam, qui lucra de religione sectatur. Mihi autem inter omnia signa quae fecit Dominus, hoc videtur esse mirabilius, quod unus homo, et illo (1) tempore contemptibilis, intantum ut postea crucifigeretur, Scribis et Pharisaeis contra se saevientibus et videntibus lucra sua destrui, potuerit ad unius flagelli verbera tantam ejicere multitudinem. Igneum enim quiddam atque sidereum radiabat ex oculis ejus, et divinitatis majestas lucebat in facie. AUGUSTINUS de cons. Evang. (lib. 2, cap. 67 in fine). Manifestum autem est, hoc non semel, sed iterum a Domino esse factum; sed primum commemoratum est a Joanne, hoc autem ultimum a ceteris tribus CHRYSOSTOMUS in hom. (68 in Matth.). In quo major est accusatio Judaeorum: quoniam cum bis hoc idem fecisset, morabantur tamen in sua dementia. ORIGENES (tract. 15). Mystice autem templum Dei est Ecclesia Christi. Sunt autem multi in ea non, sicut decet, viventes spiritualiter; sed secundum carnem militant; qui domum orationis de lapidibus vivis constructam, faciunt speluncam esse latronum actibus suis. Si autem oportet tres species ejectas a templo cautius exponere, possumus dicere. Quicumque in populo Christiano ad nihil aliud vacant, nisi circa emptiones et venditiones, rarius autem in orationibus permanent, vel in aliis actibus rectis, ipsi sunt vendentes et ementes in templo Dei. Diaconi qui non bene tractant Ecclesiarum pecunias, et divites sunt de rebus pauperum, ipsi sunt nummularii, pecuniarum mensas habentes, quas Christus evertit. Quod autem mensis ecclesiasticarum pecuniarum diaconi praesint, docemur in Actibus Apostolorum. Episcopi autem qui tradunt Ecclesias quibus non oportet, ipsi sunt qui vendunt columbas, idest gratiam Spiritus sancti (2), quorum cathedras Christus evertit. HIERONYMUS (super *Accesserunt ad eum*). Juxta simplicem enim intelligentiam, columbae non erant in cathedris, sed in caveis; nisi forte columbarum institores sedebant in cathedris: quod absurdum est, quia in cathedris magistrorum magis dignitas indicatur; quae ad nihilum redigitur, cum mixta fuerit lucris. Observa etiam propter avaritiam sacerdotum, altaria Dei, nummulariorum mensas appellari. Quod autem de Ecclesiis diximus, unusquisque de se intelligat: dicit enim Apostolus 2 Corinth. 6: « Vos estis templum Dei. » Non sit ergo in domo pectoris vestri negotiatio, non donorum cupiditas, ne ingrediatur Jesus iratus et rigidus, et non aliter mundet templum suum nisi flagello adhibita, ut de spelunca latronum, domum

---

(1) *Al.* venit.
(2) Ejus nomine praetermisso, prius appendix ista confundebatur cum praecedenti, quasi ex Chrysostomo esset (*Ex edit. P. Nicolai*).
(3) *Al.* omittitur idest artem.
(4) *Al.* hujusmodi.

(1) *Al.* in illo.
(2) *Al.* idest Spiritus sancti.

faciat orationum (1). ORIGENES (Matth. 21, tract. 15, a medio). Vel in secundo adventu ejiciet, vel avertet quos invenerit (2) in templo Dei indignos. CHRYSOSTOMUS super Matth. (hom. 38 in op. imp.). Ideo etiam nummulariorum mensas evertit: quod significat quod in templo Dei non debent esse nummi, nisi spirituales qui Dei habent imaginem, non qui portant imaginem terrenam (3). Cathedras vendentium columbas evertit, loquens ipso facto: Quid faciunt in templo multae columbae venales, ex quo una columba gratuita descendit in templum corporis mei ? Quod autem turbae clamaverunt, Dominus factis ostendit: unde sequitur: *Et accesserunt ad eum caeci et claudi in templo; et sanavit eos.* ORIGENES (Matth. 21, tract. 15 prope finem). In templo enim Dei, idest in Ecclesia, non sunt omnes videntes, neque recte ambulantes: sed qui ex eis intelligunt quia nullius est opus nisi Christi ut sanentur, accedentes ad Verbum Dei sanantur. REMIGIUS. Quod autem in templo sanantur, significat quod homines non nisi in Ecclesia sanari possunt, cui data est potestas ligandi atque solvendi. HIERONYMUS (super *Et accesserunt ad eum caeci*). Nisi autem mensas nummulariorum subvertisset cathedrasque columbas vendentium, caeci et claudi lucem pristinam et concitum gradum in templo non meruissent recipere. CHRYSOSTOMUS in hom. 68. Principes autem sacerdotum neque ita persuadebantur; sed ex reliquis miraculis et praeconiis puerorum eum extollentibus indignabantur: unde sequitur: *Videntes autem principes sacerdotum etc.* HIERONYMUS (super *Videntes autem principes*). Cum enim manum non audeant in eum injicere sacerdotes, tantum opera calumniantur. et testimonium populi atque puerorum qui clamabant: *Hosanna filio David; benedictus qui venit in nomine Domini*: quod videlicet hoc non dicitur nisi soli Filio Dei. Videant ergo Episcopi, et quilibet sancti homines, cum quanto periculo dici sibi ista patiantur, si vero Domino, cui hoc dicebatur, quia nondum solida erat credentium fides, pro crimine impingitur. CHRYSOSTOMUS super Matth. (homil. 38 operis imperf.). Sicut autem (4) columna si modicum obliquata fuerit, accepto pondere amplius vadit in latus; sic et cor hominis cum perversum fuerit, si alicujus viri justi opera videat vel audiat, non confirmatur, sed magis ad invidiam concitatur. Hoc modo sacerdotes concitati sunt contra Christum, dicentes: *Audis quid isti dicunt?* HIERONYMUS (super *Jesus autem dicit eis*). Sed Christi responsio moderata fuit. Non dixit quod scribae audire cupiebant: Bene faciunt pueri, ut mihi testimonium perhibeant: nec rursum: Errant, pueri sunt, debetis aetati ignoscere: sed profert exemplum de 8 Psalmo, ut tacente Domino, testimonium Scripturarum puerorum dicta firmaret: unde sequitur: *Jesus autem dicit eis: Utique. Nunquam legistis etc.* CHRYSOSTOMUS super Matth. (hom. 38 in op. imperf.) Tamquam si dicat: Esto, mea culpa est, quia isti clamant. Numquid mea culpa est, quia ante tot millia annorum hoc futurum Propheta praedixit ? Infantes autem et lactentes nec intelligere aliquem nec laudare possunt. Dicuntur ergo infantes non aetate sed simplicitate cordis: lactentes autem, quoniam quasi lactis suavitate,

ita mirabilium delectatione excitati clamabant. Lac enim dicitur opus miraculorum: quia miracula nullum laborem videntibus ponunt, sed videntes admiratione delectant, et ad fidem molliter invitant. Panis autem est doctrina perfectae justitiae; quam accipere non possunt nisi exercitati sensus circa res spirituales. CHRYSOSTOMUS in homil. 68. Hoc autem et typus Gentium erat, et Apostolis non parva consolatio: ut enim non angustiarentur qualiter idiotae existentes possent praedicare, praevenientes pueri eorum ejecerunt timorem: quoniam scilicet dabit eis sermonem qui hos fecit laudem cantare. Hoc etiam miraculum significat quod Christus conditor erat naturae: quia pueri significativa loquebantur, et Prophetis consona; viri autem insipientia et insania plena.

3. CHRYSOSTOMUS super Matth. (hom. 38 in opere imperf.). Malum hominem melius lo, um dando potest aliquis vincere, quam respondendo: quia malitia non instruitur sermonibus sed excitatur: et ideo Dominus recedendo compescere studuit quos respondendo non compescuit: unde dicitur *Et relictis illis, abiit foras extra civitatem in Bethaniam*: HIERONYMUS (super *his verbis*). Hinc autem intelligendum est quod Dominus tantae fuerit paupertatis, et ita nulli adulatus sit, ut in urbe maxima nullum hospitem, nullam invenerit mansionem; sed in vico parvulo apud Lazarum sororesque ejus habitaret; eorum quippe viculus Bethania est; unde sequitur *Ibique mansit*. CHRYSOSTOMUS super Matth. (hom. 38 operis imperf.). Ut scilicet ibi maneret corporaliter ubi et spiritualiter repausabat: nam sanctorum virorum est quod non gaudent ubi epulae largae sunt, sed ubi sanctitas floret. HIERONYMUS (super *Mane autem*). Discussis autem noctis tenebris, cum in civitatem reverteretur Dominus esuriit: unde sequitur: *Mane autem revertens in civitatem, esuriit*, veritatem scilicet humanae earnis ostendens. CHRYSOSTOMUS super Matth. (hom. 33 in oper. imperf.). Quando enim concessit carni quod proprium erat pati, tunc demonstrat ejus passionem (1). RABANUS. Nota autem majorem studiosi operatoris affectum, dum dicitur mane revertisse in civitatem, ut praedicaret, et ut aliquos Deo Patri acquiret. HIERONYMUS. Dominus autem passurus in populis, et bajulaturus scandalum crucis, voluit discipulorum animos signi anticipatione firmare: unde sequitur: *Et videns arborem unam secus viam, venit ad eam, et nihil invenit in ea nisi folia tantum.* CHRYSOSTOMUS in hom. 68. Non propter hoc veniebat quia esuriebat, sed propter discipulos: quia enim ubique benefaciebat, nullum autem puniebat, oportebat et punitricis (2) ejus virtutis demonstrationem tribuere. Noluit autem in hominibus hoc ostendere, sed in planta. HILARIUS (can. 21 super Matth.). Et in hoc quidem bonitatis dominicae argumentum reperimus: nam ubi afferre voluit procuratae per se salutis exemplum, virtutis suae potestatem in humanis corporibus exercuit, spem futurorum et animae salutem. curis praesentium aegritudinum commendans: nunc vero, ubi in contumaces formam severitatis constituebat, futuri speciem damno arboris indicavit: unde sequitur: *Et ait illi: Nunquam ex te fructus nascatur in sempiternum.* HIERONYMUS (super *Videns arborem fici*). *In saeculum*, utrumque enim ἐῶνα, eona, graecus sermo significat. CHRY-

(1) *Al.* orationis.
(2) *Al.* inveniet.
(3) *Al.* terreni.
(4) *Al. deest* autem.

S. Th. Opera omnia. V. 11.

(1) BEDA (*Ex edit. P. Nicolai*).
(2) *Al.* et punituris.

sostomus in hom. 67. Suspicionis autem discipulorum erat existimare propter hoc eam esse maledictam quia non habebat fructum: cur igitur maledicta est? Discipulorum gratia, ut discant quoniam
poterat siccare eos qui crucifixerunt eum: unde sequitur: *Et arefacta est continuo ficulnea.* Ideo autem
non in alia planta, sed in omnium humidissima
miraculum hoc fecit, ut et hinc majus hoc miraculum appareat. Cum autem in plantis vel in brutis fit
aliquid tale, non quaeras qualiter juste siccata est fic-
cus, si tempus non erat (hoc enim quaerere est
est ultimae dementiae, quia scilicet in talibus non
invenitur culpa et poena); sed miraculum inspice, et
admirare miraculi factorem: unde sequitur: *Et videntes discipuli mirati sunt, dicentes: Quomodo continuo aruit?* GLOSSA (ordinaria). Non facit creator
injuriam possidenti; sed creatura suo arbitrio ad
utilitatem aliorum mutatur (1). CHRYSOSTOMUS in
hom. (68 in Matth.). Et ut discas quoniam propter eos hoc factum est, scilicet ut ad confitendum eos erigat, audi quid deinceps dicatur: sequitur enim: *Respondens autem Jesus ait illis: Amen
dico vobis, si habueritis fidem.* HIERONYMUS (super
Amen dico vobis) Latrant contra nos gentilium
canes, asserentes Apostolos non habuisse fidem, quia
montes transferre non potuerunt. Quibus respondemus multa facta esse signa a Domino quae scripta
non sunt: igitur et haec credimus fecisse Apostolos;
sed ideo scripta non esse ne infidelibus (2) con-
tradicendi major daretur occasio: alioquin interrogemus eos, utrum credant his signis quae scripta
narrantur, an non? Et cum incredulos viderimus,
consequenter probabimus, nec majoribus eos credituros fuisse qui minoribus non crediderunt. CHRY-
SOSTOMUS in hom. 68. Hoc autem quod Dominus
dicit, orationi ascribit et fidei: unde iterum dicit:
*Omnia quaecumque petieritis in oratione, credentes
accipietis:* (3) discipuli enim Christi, nihil eorum
quae non oportet petunt: et quasi credentes magistro, nihil aliud petunt nisi magna et caelestia.
RABANUS. Quotiescumque autem petentes non exaudimur, ideo fit quia vel contra auxilium nostrae salutis petimus, vel quia eorum pro quibus petimus, perversitas ne impetremus obsistit; vel in futurum petitionis nostrae differtur
effectus, ut desideria crescant, et perfectius capiant
gaudia quae requiruntur. AUGUSTINUS de cons. Evang.
(lib. 2, cap. 68). Considerandum autem, quod
miratos esse discipulos de hoc quod arbor aruerat,
et eis Dominum respondisse quod dictum est de
fide, non ipso secundo die quo maledixerit arbori,
sed tertio die Marcus dicit: ipso quippe die secundo commemoravit Marcus de templo ejectos vendentes, quod primo die factum praetermiserat: i-
pso ergo secundo die dicit, facta vespera, egressum
de civitate; et cum mane transirent, vidisse discipulos mane factam ficum aridam. Matthaeus autem
sic loquitur tamquam secundo die hoc totum sit
factum: unde intelligitur quod cum Matthaeus dixisset, *Arefacta est continuo ficulnea,* praetermissis
ceteris ad secundam diem pertinentibus, adjunxit
statim: *Et videntes discipuli admirati sunt;* ita tamen quod alio die discipuli mirati sunt: intelligitur enim non tunc aruisse quando viderunt arefa-

ctam, sed continuo quando maledicta est: non enim
arescentem, sed penitus arefactam viderunt, ac sic
eam continuo in verbo Domini aruisse intellexerunt.
ORIGENES (tract. 16). Mystice autem relinquens Dominus principes et scribas, factus est extra Hierusalem terrenam, quae ideo cecidit. Venit autem in
Bethaniam ad domum obedientiae, idest Ecclesiam:
ubi cum requievisset post principium constituendi
Ecclesiam, revertitur in civitatem quam paulo ante
reliquerat et revertens esuriit. CHRYSOSTOMUS super
Matth. (in oper. imperf., hom. 39). Si autem quasi
homo esurisset cibum carnalem, nunquam mane
esurisset: sed mane esurit qui aliorum esurit salutem. HIERONYMUS. Arborem autem quam vidit in via,
intelligimus synagogam, quae juxta viam erat: quia
legem habebat, non tamen credebat in viam, idest
in Christum. HILARIUS (can. 21 in Matth.) Quae
ficus arbori comparatur, quia credentes primi ex
Israel Apostoli crasso modo (1), ceteros resurrectionis gloria et tempore anteibunt. CHRYSOSTOMUS super Matth. (hom. 39 oper. imperf.). Ficus etiam
propter multitudinem granorum sub uno cortice,
est quasi congregatio multorum fidelium. Nihil
autem invenit in ea nisi folia tantum, idest traditiones pharisaicas, jactationem legis absque fructibus veritatis. ORIGENES (tract. 16). Et quoniam
arbor illa erat figuraliter animam habens, quasi
audienti dicit: *Nunquam ex te fructus nascatur in
sempiternum:* ideo infructuosa est synagoga Judaeorum: et hoc erit usque ad consummationem saeculi, donec intraverit Gentium multitudo: et aruit
ficulnea adhuc peregrinante in hac vita Christo;
et videntes discipuli oculis spiritualibus mysterium
fidei siccatae (2), mirati sunt: sed et discipuli Christi fideles, et non haesitantes, relinquentes eam,
siccam faciunt, cum vitalis virtus transierit ab eis
ad Gentes; sed et a singulis qui adducuntur ad
fidem, tollitur mons ille satanas, et mittitur in mare,
idest in abyssum. CHRYSOSTOMUS (3) super Matth.
(hom. 39 in op. imp.). Vel *in mare,* idest in istum
mundum, ubi sunt aquae salsae, idest populi iniqui.
RABANUS. Exclusionem enim suam ab electis amplius
saeviendo vindicat in reprobis. AUGUSTINUS de Quaest.
Evang. (lib. 1, cap. 29). Vel hoc sibi servus Dei
dicere debet de monte superbiae, ut eam a se repellat; vel quia per eos Evangelium praedicatum
est, ipse Dominus, qui mons appellatus est, a Judaeis in Gentes tamquam in mare jacitur. ORIGENES
(ubi supra ante med.). Omnis etiam qui obedit
verbo Dei, Bethania est, et requiescit Christus in
eo: malos quidem et peccatores relinquit; quando
autem fuerit apud justos, fit et apud alios post illos
et cum illis: non enim dicitur quod relinquens
Bethaniam venit in civitatem. Esurit autem semper
Dominus in justis, volens manducare fructum Spiritus sancti in eis, qui sunt caritas, gaudium, et
pax. Erat autem secus viam haec ficus quae folia tantum habuit sine fructu. CHRYSOSTOMUS super
Matth. (homil. 39 in oper. imperf.). Idest juxta
mundum: si enim homo juxta mundum vixerit,
non potest in se fructum justitiae tenere. ORIGENES
(ibidem). Si autem venerit Dominus in tentationibus, fructum requirens, et inventus fuerit aliquis
nihil justitiae habens, nisi professionem tantummodo fidei, quod est folia sine fructu: mox exsicca-

---

(1) *P. Nicolai habet si creatura sua pro arbitrio ad utilitatem aliorum mutatur.*
(2) *Al.* fidelibus.
(3) *Al.* ORIGENES, *quem habet etiam Nicolai.*

---

(1) *Al.* grossorum modo.
(2) *Al.* fidei siccitate, *item* fidei siccare.
(3) Hom. 68, ut supra (*Ex edit. P. Nicolai*).

tur hoc ipsum etiam quod videtur fidelis amittens: sed et unusquisque discipulorum ficum arescere facit, manifestum faciens, eum esse vacuum a Christo: sicut Petrus dixit ad Simonem, Actor. 7: « Cor tuum non est rectum coram Deo. » Melius est enim fallacem ficum, quae vivere aestimatur, non autem fructificet, siccari verbis discipulorum Christi, et fieri manifestam, quam ut furetur per figmentum innocentium corda. Est autem et in unoquoque infideli mons secundum mensuram infidelitatis suae, qui verbis discipulorum Christi tollitur.

4. CHRYSOSTOMUS (homilia 59 oper. imperf.). Quia viderant sacerdotes Christum eum magna gloria introeuntem in templum, invidia torquebantur. Itaque non sufferentes (1) in pectore suo invidiae stimulantis ardorem, prorumpunt in vocem; unde dicitur (2): Et cum venisset in templum, accesserunt ad eum docentem principes sacerdotum et seniores populi, dicentes: In qua potestate haec facis? CHRYSOSTOMUS in hom. 67. Quia enim signis detrahere non habebant, ex his quae inhibebantur in templo vendere, afferunt reprehensionem; ac si dicerent: Numquid magistralem suscepisti thronum? Sacerdos consecratus es, quoniam tantam demonstrasti potestatem? CHRYSOSTOMUS (super Matth. hom. 59 oper. imperf.). Per hoc autem quod subdunt, Aut quis dedit tibi hanc potestatem? ostendunt multas esse personas quae dant hominibus potestatem, sive corporalem, sive etiam spiritualem; quasi dicerent: de sacerdotali familia genitus non es; Senatus tibi hoc non concessit; Caesar non donavit. Si autem credidissent quia omnis potestas ex Deo est, nunquam interrogassent: Quis dedit tibi hanc potestatem? Omnis enim homo secundum se aestimat alterum: fornicarius neminem aestimat castum: castus non facile de fornicario suspicatur: sic qui non est ex Deo sacerdos, nullius sacerdotium putat ex Deo. HIERONYMUS (super Et cum venisset in templum). Vel his verbis eamdem quam supra calumniam struunt, quando dixerunt supra 12: In Beelzebub principe daemoniorum ejicit daemonia. Quando enim dicunt, In qua potestate haec facis? dubitant de Dei potestate, et subintelligi volunt, diaboli esse quod faciat. Addentes quoque, Qui tibi dedit hanc potestatem? manifestissime Dei Filium negant, quem putant non suis, sed alienis viribus signa facere. Poterat autem Dominus aperta responsione tentatorum calumniam confutare: sed prudenter interrogavit, ut suo ipsi vel silentio vel scientia condemnarentur. unde sequitur: Respondens Jesus dixit eis: Interrogabo vos et ego unum sermonem. CHRYSOSTOMUS super Matth. (in oper. imperf. hom. 59). Non quidem ut respondentes audiant, sed ut impediti non interrogent; quia ipse praeceperat, supra 7, Nolite sanctum dare canibus. Deinde etiam si dixisset, nihil proficeret: quia non potest sentire quae lucis sunt, tenebrosa voluntas (3): interrogantem enim oportet docere (4), tentantem autem rationabili percussione confundere, non autem ei virtem mysterii publicare Dominus ergo simplici interrogatione laqueum ponit in sua interrogatione; et quia eum vitare non poterant, subdit: Quem si dixeritis mihi, et ego vobis dicam in qua potestate haec facio. Est autem interrogatio talis: Baptismus

(1) Al. sufficientes.
(2) Al. sequitur.
(3) Al. voluptas.
(4) Al. dicere.

Joannis unde erat: ex caelo, an ex hominibus? AUGUSTINUS super Joan. (tract. 5 et 7). Accepit quidem Joannes ut baptizare posset ab eo quem postmodum baptizavit; baptismus autem quem accepit, baptismus Joannis hic dicitur. Solus tale donum accepit, nullus ante ipsum justorum, nullus post ipsum accepit baptismum, qui baptismus diceretur ipsius. Venit enim Joannes baptizare in aqua poenitentiae, viam Domino praeparando, non interius mundando quod purus homo non potest. HIERONYMUS (super Respondens autem dixit). Ipsi autem sacerdotes quid in sua malitia pertractaverint, ostenditur cum subditur: At illi cogitabant inter se. Si enim respondissent, baptisma Joannis esse (1) de caelo; consequens erat responsio: Quare ergo non estis baptizati a Joanne? Si autem dicere voluissent humana deceptione compositum et nihil habere divinum, seditionem populi formidabant. Omnes enim congregatae multitudines, Joannis receperant baptisma, et sic habebant eum ut Prophetam. Respondit itaque impiissima factio (2), et humilitatis verbo, quo nescire se diceret, versa est ad insidias cooperiendas: unde sequitur: Et respondentes Jesu, dixerunt Nescimus. In hoc quod nescire se responderant, mentiti sunt: consequens ergo erat juxta responsionem eorum, Dominum quoque dicere, Nec ego scio. Sed mentiri veritas non potest: sequitur enim: Ait illis et ipse: Nec ego dico vobis in qua potestate haec facio. Ex quo ostendit et illos scire, sed respondisse nolle: et se nosse, et ideo non dicere, quia illi quod sciant taceant. ORIGENES (trac. 17). Sed dicet aliquis contra hoc, quia ridiculum erat interrogare in qua potestate haec faceret Jesus: nec enim poterat fieri ut responderet quia in potestate diaboli faceret; sed nec ipse responderet quod erat verum, quoniam in potestate propria facit. Si quis autem dicat, quoniam interrogabant principes ut illum terrerent, ut puta, si facit aliquis quod nobis non placet in nostris, dicimus ei: Quis te jussit hoc facere? eum terrentes ut recedat ab actu: sed quid est quod et Christus ita respondit: Dicite mihi vos hoc, et ego vobis dicam in (3) qua potestate haec facio? Forte ergo sic intelligitur hic locus. Generaliter quidem sunt duae potestates diversae: una ex parte Dei, altera ex parte diaboli: specialiter autem sunt plures; non enim una potestas omnibus Prophetis facientibus signa cooperabatur; sed alia istis, alia illis: et ad res forsitan inferiores inferior, ad res autem eminentiores eminentior. Principes autem sacerdotum videbant Jesum multa prodigia facientem; et ideo potestatis sibi cooperantis speciem et proprietatem volebant audire a Christo. Alii quidem qui signa fecerunt, in primis quidem in ista potestate fecerunt; proficientes autem in alia potestate majori; tamen Salvator universa fecit in una potestate, quam accepit a Patre Quoniam autem non erant digni talia audire mysteria propterea non dat eis responsum. RABANUS. Ob duas enim causas scientia veritatis est occultanda quaerentibus: cum scilicet is qui quaerit aut minus capax est ad intelligendum, aut odio vel contemptu veritatis indignus est cui debeat aperiri quod quaerit.

5. HIERONYMUS (immediate ante Quid vobis videtur). Post praemissa, infert Dominus parabolam, qua et illos impietatis arguat, et ad gentes regnum

(1) Al. omittitur esse.
(2) Al. fictio.
(3) Al. dico.

Dei doceat transferendum, dicens: *Quid autem vobis videtur* ? CHRYSOSTOMUS super Matth. (hom. 40,
oper. imperf.). Quos reos proponit in causa, ipsos
et judices petit, ut a nullo mereantur solvi qui
seipsos condemnant. Magna est fiducia justitiae ubi
adversario ipsi causa committitur. In parabolis ergo
figurat personas eorum, ut non intelligant quomodo
ipsi adversus se sententiam dicerent: sequitur enim:
Homo quidam habebat duos filios. Quis ille nisi
Deus, qui omnes homines creavit; qui cum sit natura dominus, tamen vult magis diligi quasi pater,
quam timeri ut dominus ? Major filius, Gentium
populus erat; minor vero, populus Judaeorum:
quoniam gentes quidem erant ex tempore Noe.
Sequitur: *Et accedens ad primum dixit: Fili vade
hodie operari in vineam meam. Hodie,* idest tempore saeculi hujus. Locutus est autem non in facie,
ut homo, sed in corde, ut Deus, sensibus ingerens
intellectum. Operari autem in vinea est justitiam
facere: nescio autem si totam quis hominum sufficiat operari. HIERONYMUS (super *Homo habebat
duos filios*). Primo ergo dicitur Gentilium populo
per naturalis legis notitiam: *Vade, et operare in
vineam meam*; hoc est, quod tibi non vis fieri,
alteri ne feceris: qui superbe respondit: unde sequitur: *Ille autem respondens ait, Nolo.* CHRYSOSTO-
MUS super Matth. (homil. 40 oper. imperf.). Gentes enim a principio relinquentes Deum et justitiam
ejus, et transeuntes ad idola et peccata, in cogitationibus suis respondere videntur. Nolumus facere Dei
justitiam. HIERONYMUS (ubi supra). Postea vero in
adventu Salvatoris, Gentium populus, acta poenitentia, operatus est in vinea Dei, et sermonis con-
tumaciam labore correxit; et hoc est quod dicitur:
Postea poenitentia motus abiit. Sequitur: *Accedens
autem ad alterum, dixit similiter. At ille respondens ait, Eo domine.* Secundus enim filius, populus
Judaeorum est, qui respondit Moysi, Exod. 24,
« Omnia quaecumque dixerit nobis Dominus, fa-
« ciemus. » CHRYSOSTOMUS super Matth. (hom. 40
oper. imperf.). Sed postea aversi, mentiti sunt
Deo, secundum illud Psal. 17, « Filii alieni men-
« titi sunt mihi: » et hoc est quod dicitur, *Et
non ivit.* Interrogat ergo Dominus consequenter:
*Quis ex duobus fecit voluntatem patris? Dicunt ei,
Primus.* Vide quomodo adversus se protulerunt
sententiam, dicentes, priorem filium voluntatem
patris fecisse, idest populum Gentium: quia melius
est non promittere Deo justitiam et facere, quam
promittere et mentiri. ORIGENES (tract. 18). Unde
potest considerari Dominum esse locutum in parabola ista ad eos qui modicum aut nihil promittunt, operibus autem ostendunt; et contra eos qui
magna promittunt, nihil autem secundum promissionem suam agunt. HIERONYMUS (super *Dicunt ei,
Primus*). Sciendum est autem, in veris exemplaribus non haberi *novissimum,* sed *primum,* ut proprio judicio condemnentur. Si autem *novissimum*
voluerimus legere, ut quidam habent; manifesta
est interpretatio, ut dicamus intelligere quidem
veritatem Judaeos, sed tergiversari, et nolle dicere
quid sentiunt; sicut et baptismum (1) Joannis scientes esse de caelo, dicere noluerunt. CHRYSOSTOMUS
super Matth. (homil. 40 in oper. imperf.). Eorum
autem judicium Dominus abundanter confirmat;
unde sequitur: *Dixit Jesus: Amen dico vobis, quia*

*publicani et meretrices praecedent vos in regno
Dei;* ac si dicat: Non solum populus Gentium melior est vobis, sed etiam publicani et meretrices.
RABANUS. Potest autem regnum Dei Evangelium
vel Ecclesia praesens intelligi; in quo Gentes Judaeos praecedunt, quia citius credere voluerunt.
ORIGENES (tract. 18). Per hoc autem non excluditur quin Judaei aliquando intrent in regnum
Dei; sed « cum plenitudo Gentium intraverit, tunc
« omnis Israel salvus fiet: » Rom. 11. CHRYSOSTO-
MUS super Matth. (hom. 40). Puto autem, quod ex
persona omnium virorum peccatorum publicani
ponuntur, et ex persona omnium mulierum peccatricum, meretrices: quia avaritia praecipue in viris
abundat, fornicatio autem in mulieribus: mulier
enim in quiete sedet inclusa; fornicatio autem maxime ex otio nascitur: vir autem quoniam in actibus rerum diversarum est assidue, in avaritiae
peccatum facile incurrit; in fornicationem autem
non facile, nisi multum sit lascivus: nam occupatio
virilium solicitudinum, voluptatem plerumque excludit: unde proprium est hoc adolescentium nihil
agentium. Consequenter exponit causam ejus quod
dixerat, dicens: *Venit enim Joannes ad vos in via
justitiae, et non credidistis ei.* RABANUS. Viam justitiae Joannes praedicans venit, quia Christum,
qui consummatio legis est, digito monstravit. CHRY-
SOSTOMUS super Matth. (homil. 40 in oper. imperf.). Vel venit in via justitiae sic manifeste ut
conversatio ejus venerabilis peccatorum corda con-
cuteret: unde sequitur: *Publicani autem et meretrices crediderunt ei.* Considera quomodo conversatio bona praedicatoris praedicationi praestet virtutem, ut etiam (1) indomita domet corda. Sequitur:
*Vos autem videntes, nec poenitentiam habuistis po-
stea, ut crederetis ei*; ac si diceret: Illi fecerunt
quod majus est, credendo; isti autem neque poenitentiam fecerunt, quod minus est. In hac autem
expositione, quam secundum multorum expositionem tractavimus, aliquid mihi videtur esse contrarium. Si enim duo filii, Judaei et Gentes, intelligendi sunt; postquam sacerdotes interrogati responderunt priorem filium patris voluntatem fecisse, concludens Christus parabolam, sic debuit dicere: Amen dico vobis, quia gentes praecedent vos
in regnum Dei. Nunc autem dicit: *Quia publicani
et meretrices praecedent vos in regno Dei*; quod
magis popularium hominum ostendit conditionem
quam Gentium: nisi forte intelligamus, ut prius
dictum est: Intantum Gentium populus magis placet Deo quam vos, ut etiam publicani et meretrices sint acceptabiliores Deo quam vos. HIERONY-
MUS (super illud *Quid vobis videtur ?*). Unde alii
putant non Gentilium et Judaeorum esse parabolam: sed simpliciter peccatorum et justorum: eo quod
illi quidem per mala opera Deo servire negaverant,
postea poenitentiae baptismum acceperant a Joanne; Pharisaei autem, qui justitiam praeferebant, et
legem Dei se facere jactabant, Joannis contempto
baptismate, ejus praecepta non fecerunt. CHRYSOSTO-
MUS super Matth. (homil. 40 in opere imperf.).
Hoc autem ideo introducit, quia sacerdotes non
discendi causa, sed tentandi interrogaverant: *In
qua potestate hoc facis ?* Multi autem ex populis
crediderant: et ideo introducit parabolam duorum
filiorum, ostendens eis per eam, quia meliores sunt

(1) *Al*. ad baptismum.

(1) *Al*. et etiam.

populares (1), qui a principio saecularem profitentur vitam, quam sacerdotes, qui a principio profitentur Deo servire: quoniam populares quidem aliquando compuncti convertuntur ad Deum; sacerdotes autem impoenitibiles constituti, nunquam desinunt peccare in Deum. Prior enim filius populus est: non enim populus est propter sacerdotes, sed sacerdotes propter populum.

6. CHRYSOSTOMUS in hom. 69. Post priorem parabolam, aliam ponit, ut ostendat eorum accusationem esse majorem, et venia indignam: unde dicitur: *Aliam parabolam audite. Homo erat paterfamilias qui plantavit vineam.* ORIGENES (tract. 19). Homo paterfamilias Deus est, qui dicitur homo in quibusdam parabolis; sicut si pater cum parvulo filio suo loquatur infantilia, ut descendat ad verba filii sui, et instruat eum. CHRYSOSTOMUS super Matth. (homil. 40 oper. imperf.). Homo autem dicitur nomine, non natura; similitudine, non veritate: praescius enim Filius, quia propter appellationem humani nominis, quasi homo purus fuerit blasphemandus, etiam Deum Patrem invisibilem hominem appellavit, qui Angelorum et hominum natura dominus est, benevolentia pater. HIERONYMUS (super *Homo erat pater*). Plantavit autem vineam, de qua loquitur Isaias cap. 5: « Vinea Domini Sabaoth, « domus Israel est. » Sequitur: *Et sepem circumdedit ei,* vel murum urbis, vel Angelorum auxilia. CHRYSOSTOMUS super Matth. (hom 40 in oper. imperf.). Vel per sepem intellige custodiam patrum justorum, qui tamquam murus facti sunt populo Israel. ORIGENES Vel custodia Dei fuit sepes ipsius; torcular autem locus libationum, de quo sequitur: *Et fodit in ea torcular.* HIERONYMUS (super *Qui plantavit*). Altare scilicet, aut torcularia illa, quorum titulo tres Psalmi praenotantur, 8, 80, 83, scilicet martyres. HILARIUS (can. 22). Vel Prophetas quasi quaedam torcularia aptavit, in quos musti modo quaedam ubertas Spiritus sancti ferventius influeret. CHRYSOSTOMUS super Matth. (hom. 40 op. imp.). Vel torcular est verbum Dei, quod cruciat hominem, contradicente carnis natura.

Sequitur: *Et aedificavit turrim.* HIERONYMUS (ubi supra). Idest templum, de quo dicitur per Michaeam cap. 5: « Et tu turris nebulosa, filia Sion. » HILARIUS (canon. 22 in Matth.). Vel in turre eminentiam legis extruxit, quae et in caelum ex solo egressa (2) proveheret, et ex qua speculari Christi posset adventus.

Sequitur: *Et locavit eam agricolis.* CHRYSOSTOMUS super Matth. (homil. 40 oper. imperf.). Quando scilicet per legem constituti sunt sacerdotes et levitae, et procurationem regendi populum susceperunt. Sicut autem colonus, quamvis de suo munere obtulerit Domino, non sic eum placat sicut si de vinea ejus reditus ei obtulerit; sic et sacerdos non tantum propter suam justitiam placet Deo, quomodo si populum Dei in sanctitate docuerit: quoniam ipsius justitia una est, populi autem multiplex.

Sequitur: *Et peregre profectus est.* HIERONYMUS. Non loci mutatione: nec enim Deus alicubi abesse potest, quo complentur omnia: sed abire videtur a vinea, ut vinitoribus liberum operandi arbitrium derelinquat. CHRYSOSTOMUS in hom. 69. Vel peregre profectus est, cum longanimitatem habuit, non semper eorum peccatis poenam inducens. ORIGENES tract.

19 in Matth). Vel quia Dominus, qui fuerat cum illis in nube diei et in columna ignis per noctem, nequaquam postea similiter apparuit illis. In Isaia ergo Judaicus populus vinea nominatur, et comminatio (1) patrisfamilias contra vineam fit; in Evangelio autem vinea non culpatur: sed forte in Evangelio vinea est regnum Dei, idest doctrina, quae Scripturis inserta est sanctis (2); vita autem irreprehensibilis hominum, est vineae fructus. Littera autem Scripturae est vineae sepes circumposita, ut non videantur ab his qui foris sunt, fructus qui sunt in absconso. Profunditas autem eloquiorum Dei est vineae torcular; in quod qui profecerunt de eloquiis Dei, infundunt studia sua quasi fructus. Turris autem aedificata, est verbum de ipso Deo et de dispensationibus Christi. Hanc vineam tradidit colonis, idest populo ante nos, tam sacerdotibus quam laicis. Et peregre profectus est, ad suam profectionem dans occasionem colonis. Appropinquat autem tempus fructuum, et secundum unumquemque, et generaliter populo universo . Primum enim vitae tempus est secundum infantiam; et tunc nihil vinea ostendit, nisi tantum habens in se vitalem virtutem: cum autem inceperit posse loqui, tempus est generationis. Quantum autem proficit anima pueri, tantum et vinea, idest verbum Dei; et post profectum, vinea operatur fructum maturum caritatis, et gaudii et pacis, et hujusmodi. Sed et populo qui acceperunt legem per Moysen, tempus fructuum appropinquat aliquando: unde sequitur: *Cum autem tempus fructuum appropinquasset, misit servos ad agricolas, ut acciperent fructus ejus.* RABANUS. Unde (3) tempus fructuum posuit, non proventum: nullus enim est fructus populi contumacis. CHRYSOSTOMUS in homil. (69 in Matth.). Servos dicit Prophetas, qui offerunt, quasi sacerdotes Domini, populi fructus, et obedientiae ostensonem per opera. Hi autem non solum malitia potiti sunt in non dando fructum, sed etiam indignando ad eos qui venerunt; et sanguine manus impleverunt: unde sequitur: *Agricolae autem apprehensis servis ejus, alium occiderunt, alium vero lapidaverunt.* HIERONYMUS (super *Cum autem tempus fructuum*). Caeciderunt quidem, ut Hieremiam; occiderunt, ut Isaiam; lapidaverunt, ut Naboth et Zachariam, quem interfecerunt inter templum et altare. CHRYSOSTOMUS super Matth. (hom. 41 oper. imper.) Per singulos autem gradus malitiae, Dei misericordia addebatur; et per singulos gradus divinae misericordiae malitia Judaeorum crescebat; et sic contra Dei clementiam malignitas humana certabat: unde sequitur: *Iterum misit alios servos plures prioribus, et fecerunt illis similiter.* HILARIUS (can. 22). Missi autem plures prioribus, illud tempus designant quo post singulorum Prophetarum praedicationem plurimus simul numerus prophetantium emissus est. RABANUS. Vel primi servi qui missi sunt, ipse legifer Moyses intelligitur, et Aaron primus sacerdos Dei, quos caesos flagello linguae vacuos emiserunt: alios autem servos, Prophetarum choros intellige. HILARIUS (ubi supra). In filio autem ad ultimum misso, Domini nostri adventus significatur: sequitur enim: *Novissime autem misit ad eos filium suum.* CHRYSOSTOMUS in hom. 69. Quare autem non confestim misit ? Ut ex his quae ad alios fecerant, seipsos

(1) *Al.* saeculares.
(2) *Al.* ex solo egressu.

(1) *Al.* et continuatio.
(2) *Al.* Scriptoris (*item* scripturis) inserta est scientia.
(3) *Apud* P. *Nicolai est* Bene.

accusarent. et furorem dimittentes, verecundarentur
propter filium advenientem: unde sequitur: *Verebuntur filium meum*. Chrysostomus (hom. 40 in op. imperf.). Hunc autem misit, non quasi ad obnoxios
poenae sententiam bajulantem, sed poenitentiae
veniam: misit eum eos confundere, non punire.
Hieronymus (super *Novissime misit filium suum*)
Quod autem dicit, *Verebuntur filium meum*, non
de ignorantia venit Quid enim nesciat paterfamilias,
qui hoc loco Deus intelligitur ? Sed semper ambigere Deus dicitur, ut libera voluntas homini reservetur. Chrysostomus in hom. 69. Vel hoc dicit, annuntians quid fieri debebat, quoniam oportebat eos
verecundari: per hoc enim vult ostendere peccatum
eorum magnum, et omni excusatione privatum.
Origenes(tract. 19). Vel illud quod ait, *Verebuntur
forte filium meum*, videtur impletum in illis Judaeis
qui intelligentes Christum, crediderunt in eum.
Hoc autem quod sequitur. *Agricolae autem videntes
filium, dixerunt inter se: Hic est heres: venite, occidamus eum*: in illis impletum est qui videntes Christum, et cognoscentes Filium Dei, nihilominus crucifixerunt eum. Hieronymus (ubi supra). Interrogemus
Arium et Eunomium: Ecce Pater dicitur ignorare.
Quicquid pro Patre responderint, hoc intelligant de
Filio, qui se dicit ignorare consummationis diem.
Chrysostomus super Matth (hom. 40 op. imperf.).
Dicuntur autem quidam, quia post incarnationem dic
tus est Christus filius ex baptismo, sicut ceteri sancti
quos ex hoc loco convincit Dominus, ubi dicitur,
Mittam filium meum. Quando ergo adhuc cogitabat
ad transmittendum filium post Prophetas, jam filius
erat: deinde si eo modo dicitur filius sicut omnes
sancti ad quos factum est verbum Dei, debent et
Prophetas dicere filios sicut et Christum, aut et
Christum servum dicere sicut et ceteros Prophetas (1). Hieronymus (haec habet Rabanus hoc loco),
Per hoc autem quod dicunt, *Hic est heres*, manifeste Dominus probat, Judaeorum principes non per
ignorantiam, sed per invidiam Dei Filium crucifixisse. Intellexerunt enim eum esse illum cui Pater
per Prophetam dicit, Psal. 2: « Postula a me. et
« dabo tibi gentes hereditatem tuam. » Hereditas
quippe Filio sancta Ecclesia data est: quam non
moriens Pater illi reliquit; sed ipse sua morte mirabiliter acquisivit. Chrysostomus super Matth. (hom.
40 op. imperf.). Tamen postquam introivit in templum, et vendentes animalia quae ad sacrificium
pertinebant, foras ejecit, tunc praecipue cogitaverunt eum occidere: unde dicunt: *Venite, occidamus
eum*. Dicebant enim intra se: Necesse est ut populus
per istum dimittat consuetudinem hostiarum, quae
ad nostrum pertinent lucrum, et acquiescat offerre
sacrificium justitiae, quod ad gloriam pertinet Dei:
et sic jam non erit populus iste possesio nostra,
sed Dei. Si autem occiderimus eum dum non est
qui justitiae fructum a populo quaerat. semper
durabit consuetudo offerendarum hostiarum; et sic
populus iste erit nostra possessio: et hoc est quod
sequitur: *Et nostra erit hereditas*. Haec est cogitatio
communis omnium sacerdotum carnalium, qui non
sunt soliciti quomodo vivat populus sine peccato;
sed aspiciunt quid in Ecclesia offeratur et hoc aestimant sacerdotii sui lucrum. Rabanus (super *Hic est
heres*). Vel hereditatem, occiso eo, praeripere
moliebantur Judaei, cum fidem quae per eum est,

extinguere, et suam magis quae ex lege est justitiam praeferre, ac Gentibus imbuendis conabantur
inserere.

Sequitur: *Et apprehensum eum, ejecerunt extra
vineam, et occiderunt*. Hilarius (can 22 in Math.)
Christus enim extra Hierusalem, tamquam extra
vineam in sententiam damnationis abjectus est.
Origenes (tract. 19, a med.) Vel quod dicit, *Ejecerunt extra vineam*, tale mihi videtur: quantum
ad se alienum eum esse judicaverunt a vinea et
colonis.

Sequitur: *Cum ergo venerit dominus vineae, quid
faciet agricolis illis ?* Hieronymus (super *Cum ergo
venerit*). Interrogat quidem eos Dominus, non quod
ignoret quid responsuri siunt, sed ut propria responsione damnentur.

Sequitur: *Ajunt illi: Malos male perdet, et vineam suam locabit aliis agricolis*. Chrysostomus
super Matth. (hom. 40 in opere imperf.). Quod
autem verum responderunt, non est illorum qui
juste judicaverunt, sed ipsius causae: veritas enim
ipsis violentiam fecit. Origenes (tract 19). Sicut
enim Caiphas, sic et isti non ex se prophetaverunt
contra se, quoniam tollenda ab eis erant (1) eloquia
Dei, et danda Gentibus fructum in tempore daturis.
Vel Dominus quem occiderunt, statim venit resurgens a mortuis, et malos quidem colonos male perdidit, aliis autem colonis, idest Apostolis, vineam suam
consignavit, idest eis qui ex Judaico populo crediderunt. Augustinus de cons. Evang (lib. 1, cap. 70).
Marcus autem hoc ab ipsis non responsum esse commemorat; sed Dominum hoc consequenter locutum,
post interrogationem suam, ipsum sibi quodammodo
respondisse. Sed facile potest intelligi, vel illorum vocem ita subjectam, ut non interponeretur, Illi responderunt, sed tamen intelligeretur: aut ideo responsionem istam Domino potius attributam, quia cum verum dixerunt, etiam de illis hoc ipse respondet, qui
veritas est. Chrysostomus in hom. (69 in Matth.).
Vel non est contradictionis: etenim utraque facta sunt:
quia scilicet et ipsi primo hoc responderunt, et postea
Dominus iteravit (2). Augustinus de cons. Evang.
(lib. 2, cap 70). Sed illud magis movet quod
Lucas non solum eos hoc respondisse non dicit,
verum etiam contrariam retulisse responsionem: ita
enim narrat cap. 20: « Quo audito (scilicet hac
« sententia ex ore Domini prolata) dixerunt, Ab-
« sit » Restat ergo ut intelligamus, in plebe quae
audiebat, quosdam respondisse quod Matthaeus commemorat, quosdam vero illud quod Lucas dicit, i-
dest, Absit. Nec moveat quod Mattheus principes
sacerdotum et seniores populi dixit accessisse ad
Dominum; et sic sine interpositione alicujus personae sermo contexitur usque ad hoc quod de loca-
ta agricolis vinea commemoratur: potest enim putari, omnia haec cum principibus sacerdotum locutum fuisse: sed Matthaeus brevitatis causa tacuit
quod Lucas non tacuit, parabolam scilicet istam
non (3) ad eos solos dictam qui de potestate interrogaverant, sed ad plebem in qua erant qui dicerent: *Perdet illos et vineam suam dabit aliis*: quae
vox recte etiam ipsius Domini fuisse intelligitur.
sive propter veritatem, sive propter membrorum
ejus cum suo capite unitatem. Erant etiam qui
talia respondentibus dicerent, « Absit: » quia intel-

---

(1) Rabanus (*Ex edit. P. Nicolai*).

(1) *Al.* omittitur erant.
(2) *Al.* interrogavit, *item* intravit.
(3) *Al* deesi non.

ligebant contra seipos parabolam esse dictam. CHRY-
SOSTOMUS super Matth. (hom. 49 in op. imperf.).
Vel aliter. Lucas quidem secundum responsionem
oris eorum narravit, Matthaeus autem secundum responsionem cordis: nam vere visibiliter quidam in facie
contradixerunt dicentes. « Absit: » in conscientia
autem susceperunt, dicentes, *Malos male perdet.*
Sicut cum homo deprehensus fuerit in malo, verbis
quidem excusat, intus autem ejus conscientia recognoscit. CHRYSOSTOMUS in homil. 69. Vel aliter.
Dominus propter hoc eis parabolam proposuit ut
ipsi non intelligentes, contra se sententiam proferrent; sicut et ad David dictum (1) est per Nathan.
Rursus autem intelligentes quae dicta sunt contra
se esse, dixerunt, « Absit. » RABANUS. Moraliter
autem cuique vinea locatur colenda, cum baptismi
mysterium (2) datur, quod operando exerceat. Mittitur servus unus, alter et tertius, cum Lex, Psalmus, Prophetia legitur, ad quorum monita bene
operetur. Sed missus caeditur et ejicitur, cum
sermo contemnitur, vel, quod pejus est, blasphematur. Heredem quantum ad se occidit, qui Filium
Dei conculcaverit, et spiritui gratiae contumeliam
fecerit. Perdito malo cultore, vinea alii datur, cum
donum gratiae, quod superbus spreverit, humilis
accipit. CHRYSOSTOMUS super Matth. (hom. 40 op.
imperf.). Deinde quasi non acquiescentibus illis,
testimonium Scripturae inducit: sequitur enim: *Dicit
illis Jesus: Nunquam legistis in Scripturis: Lapidem quem reprobaverunt aedificantes, hic factus
est in caput anguli?* idest, si parabolam meam non
intelligitis, vel istam Scripturam cognoscatis. HIE-
RONYMUS (super *Dicit illis Jesus*). Variis autem
parabolis res eaedem contexuntur: quos enim supra operarios et agricolas appellavit, nunc aedifi-
catores, idest caementarios vocat. CHRYSOSTOMUS in
hom. 69. Lapidem autem Christum vocat, aedifi-
catores autem doctores Judaeorum, qui Christum
reprobaverunt, dicentes. Joan. 9: « Hic non est a
« Deo. » RABANUS (super *Lapidem quem reprobaverunt*). Sed illis nolentibus, idem lapis caput
anguli firmavit: quia de utroque populo quotquot
ipse voluit, sua fide conjunxit: unde sequitur: *Hic factus est in caput anguli.* HILARIUS (can. 22 in Matth.).
Est enim caput anguli factus: quia est inter legem
et gentes lateris utriusque conjunctio. CHRYSOSTOMUS
in hom. 69. Deinde ut discant quoniam nihil eorum quae fiebant, Deo contrarium erat, subdit: *A
Domino factum est.* ORIGENES (tract. 19). Idest lapis donum est, donatum a Deo aedificio universo,
et admirabile caput in oculis nostris, qui possumus eum videre oculis mentis. CHRYSOSTOMUS super
Matth. (hom 40 in op. imperf.). Quasi diceret:
Quare non intelligitis, in cujus aedificii angulo
ponendus est ille lapis, non in vestro (3), quando
reprobatus est, sed in alio: Si autem aliud aedificium est futurum, ergo vestra (4) aedificatio est
contemnenda. Unde subdit: *Ideo dico vobis, quia
auferetur a vobis regnum Dei, et dabitur Gentibus
facientibus fructum ejus.* ORIGENES (tract. 19). Regnum Dei dicit mysteria regni Dei, idest divinas
Scripturas, quas tradidit Dominus, primo quidem
populo illi priori, cui credita sunt eloquia Dei,
secundo autem Gentibus facientibus fructum: nemi-

ni enim datur verbum Dei nisi facienti fructum
de eo; et nemini in quo peccatum regnat, datur
regnum Dei: quomodo ergo illi datum est a quo
et ablatum est? Sed considera quomodo quod datur, intelligitur gratis datum. Quibus ergo locavit,
non omnino quasi electis et fidelibus dedit; quibus
autem donavit, cum judicio electionis donavit.
CHRYSOSTOMUS super Matth. (hom. 40 in op. imp.).
Lapis autem dicitur Christus, non solum propter
firmitatem, sed etiam quia est inimicorum magna
confractio: unde sequitur: *Et qui ceciderit super
lapidem istum etc.* HIERONYMUS (super *Qui ceciderit
super lapidem*). Qui peccator est et tamen in illum
credit, cadit quidem super lapidem et confringitur,
sed non omnino conteritur; reservatur enim per
patientiam ad salutem; super quem vero ille ceciderit. hoc est cui lapis ille irruerit, et qui Christum penitus negaverit, sic conteret eum ut nec
testa quidem remaneat, in qua hauriatur aquae
pusillum. CHRYSOSTOMUS super Matth. (hom. 40 in
op. imperf.). Aliud est enim confringi, et aliud
comminui: de eo enim quod confringitur, aliquid
remanet; quod autem comminuitur, quasi in pulverem convertitur. Quod autem cadit ad lapidem,
non frangitur secundum quod est lapidis virtus,
sed inquantum fortiter cadit, aut propter pondus
suum, aut propter altitudinem casus; sic et Christianus peccans, non tantum perit, quantum potest
perdere Christus: sed quantum ipse se perdit per
opera sua: aut propter magnitudinem peccati, aut
propter altitudinem dignitatis. Infideles autem pereunt tantum quantum potest eos perdere Christus.
CHRYSOSTOMUS in hom. 69 Vel hic duas perditiones
eorum ostendit: unam ab eo quod offenderunt, et
scandalizati sunt; quam designat dicens: *Qui ceciderit super lapidem:* aliam a captivitate (1) eis
superventura; quam manifestat dicens: *Super quem
vero ceciderit.* AUGUSTINUS de quaest. Evang. (lib.
1, cap. 30). Vel de his dicit quod cadent super
eum, qui illum modo contemnunt vel injuriis afficiunt: ideo nondum penitus intereunt; sed tamen
confringuntur, ut non recte ambulent: super quos
cadet, dum veniet desuper in judicio cum poena
perditionis: ideo dixit, *Conteret eos,* ut sint impii,
« tamquam pulvis, quem projicit ventus a facie
« terrae: » Psal. 1.

7. HIERONYMUS (super *Cum audissent principes.*).
Quamvis duro corde Judaei propter incredulitatem
essent, tamen intelligebant contra se omnes Domini
sententias dirigi: unde dicitur: *Et cum audissent
principes sacerdotum et Pharisaei parabolas ejus;
cognoverunt quod de ipsis diceret.* CHRYSOSTOMUS
super Matth. (hom. 40 in op. imperf.). Haec
est autem differentia bonorum hominum et malorum: bonus enim comprehensus in peccato, gemit quia peccavit; malus autem fremit, non quia
peccavit, sed quia comprehensus est in peccato: et
non solum poenitentiam non agit, sed magis adversus corripientem irascitur: unde et isti comprehensi, magis ad malitiam sunt excitati, sequitur
enim: *Et quaerentes tenere eum, timuerunt turbas,
quoniam sicut Prophetam eum habebant.* ORIGENES.
(tract. 19). Sapiunt quidem aliquid de eo quod
verum est, Prophetam eum aestimantes; non autem
magnitudinem ejus intelligunt, secundum quod erat
Filius Dei. Turbas autem sic sapientes de eo, et pa-

---

(1) *Al.* factum.
(2) *Al.* ministerium.
(3) *Al.* nostro.
(4) *Al.* nostra.

(1) *Al.* in captivitate.

ratas pro eo pugnare timent principes: neque enim ad eorum scientiam pertingere possunt, nihil dignum sentientes de eo. Deinde sciendum est, quoniam volentium Jesum tenere, differentia est. Aliter enim principes et pharisaei quaerebant eum tenere; aliter sponsa quae dicit Cant. 4: « Tenui « eum, nec dimittam: » adhuc eum tentura melius sicut dicit ibid. 7: « Ascendam in palmam, et te- « nebo altitudinem ejus. » Omnes enim non recte sapientes de divinitate, tenere volunt Jesum, et perdere eum. Et alia quidem verba, praeter verbum Christi, possibile est comprehendere et tenere; verbum autem veritatis nemo potest comprehendere, idest intelligere; neque tenere, idest convincere;

neque separare a sensu credentiu m; neque mortificare, idest destruere. CHRYSOSTOMUS super Matth. (hom. 40 in op. imperf.). Omnis etiam homo malus, quantum ad voluntatem suam, et manus mittit in Deum et occidit eum. Qui enim praecepta Dei conculcat. qui murmurat contra Deum, et turbato vultu aspicit caelum, nonne, si fieri potuisset, manus mitteret in Deum et occideret eum ut jam licenter peccaret? RABANUS (circ. fin. Com. in 21 cap. Matth.). Sed tamen quod timent mittere manum in Jesum propter turbam, quotidie in Ecclesia geritur, cum quilibet solo nomine frater, fidei et pacis unitatem, quam non diligit, propter bonos cohabitantes, vel erubescit impugnare, vel timet.

CAPUT VIGESIMUMSECUNDUM.

1. Et respondens Jesus, dixit iterum in parabolis, eis dicens: Simile factum est regnum caelorum homini regi, qui fecit nuptias filio suo; et misit servos suos vocare invitatos, ad nuptias; et nolebant venire. Iterum misit alios servos, dicens: Dicite invitatis: Ecce prandium meum paravi: tauri mei et altilia occisa sunt, et omnia parata: venite ad nuptias. Illi autem neglexerunt, et abierunt, alius in villam suam, alius vero ad negotiationem suam; reliqui vero tenuerunt servos ejus, et contumeliis affectos occiderunt. Rex autem cum audisset iratus est, et missis exercitibus suis perdidit homicidas illos, et civitatem illorum succendit. Tunc ait servis suis: Nuptiae quidem paratae sunt; sed qui invitati erant, non fuerunt digni. Ite ergo ad exitus viarum, et quoscumque inveneritis vocate ad nuptias. Et egressi servi ejus in vias congregaverunt omnes quos invenerunt, bonos et malos: et impletae sunt nuptiae discumbentium. Intravit autem rex ut videret discumbentes: et vidit ibi hominem non vestitum veste nuptiali; et ait illi: Amice, quomodo huc intrasti, non habens vestem nuptialem? At ille obmutuit. Tunc dixit rex ministris: Ligatis manibus et pedibus ejus, mittite eum in tenebras exteriores: ibi erit fletus et stridor dentium. Multi enim sunt vocati, pauci vero electi.

2. Tunc abeuntes Pharisaei, consilium inierunt, ut caperent eum in sermone. Et mittunt ei discipulos suos cum herodianis dicentes: Magister, scimus quia verax es, et viam Dei in veritate doces, et non est tibi cura de aliquo: non enim respicis personam hominum. Dic ergo nobis, quid tibi videtur? Licet censum dari Caesari, an non ? Cognita autem Jesus nequitia eorum, ait: Quid me tentatis hypocritae? Ostendite mihi numisma census. At illi obtulerunt ei denarium. Et ait illis Jesus: Cujus est imago haec et superscriptio? Dicunt ei: Caesaris. Tunc ait illis: Reddite ergo quae sunt Caesaris Caesari, et quae sunt Dei Deo. Et audientes, mirati sunt, et relicto eo abierunt.

3. In illa die accesserunt ad eum Sadducaei, qui dicunt non esse resurrectionem, et interrogaverunt eum, dicentes: Magister, Moyses dixit, si quis mortuus fuerit non habens filium, ut ducat frater ejus uxorem illius, et suscitet semen fratri suo. Erant autem apud nos septem fratres, et primus uxore ducta defunctus est; et non habens semen, reliquit uxorem suam fratri suo. Similiter secundus et tertius, usque ad septimum. Novissime autem omnium et mulier defuncta est. In resurrectione ergo cujus erit de septem uxor? Omnes enim habuerunt eam. Respondens autem Jesus, ait illis: Erratis, nescientes Scripturas neque virtutem Dei: in resurrectione enim neque nubent neque nubentur: sed erunt sicut Angeli Dei in caelo. De resurrectione autem mortuorum non legistis quod dictum est a Deo dicente vobis: Ego sum Deus Abraham, et Deus Isaac, et Deus Jacob. Non est Deus mortuorum, sed viventium. Et audientes turbae, mirabantur in doctrina ejus.

4. Pharisaei autem audientes quod silentium imposuisset Sadducaeis, convenerunt in unum, et interrogavit eum unus ex eis legis doctor, tentans eum: Magister, quod est mandatum magnum in lege ? Ait illi Jesus: Diliges Dominum Deum tuum ex toto corde tuo, et ex tota anima tua, et in tota mente tua: hoc est maximum et primum mandatum. Secundum autem simile est huic: Diliges proximum tuum sicut teipsum. In his duobus mandatis universa lex pendet et Prophetae.

5. Congregatis autem Pharisaeis, interrogavit eos Jesus dicens: Quid vobis videtur de Christo? Cujus filius est? Dicunt ei, David. Ait illis: Quomodo ergo David in spiritu vocat eum Dominum, dicens: Dixit Dominus Domino meo: Sede a dextris meis, donec ponam inimicos tuos scabellum pedum tuorum ? Si ergo David vocat eum Dominum, quomodo filius ejus est? Et nemo poterat ei respondere verbum: neque ausus fuit quisquam ex illa die eum amplius interrogare.

1. CHRYSOSTOMUS in hom. 70. Quia dixerat, *Dabitur genti facienti fructus ejus*, hic ostendit cui genti: unde dicitur: *Et respondens Jesus, dixit iterum in parabolis eis, dicens: Simile factum est regnum caelorum etc.* GLOSSA (interlinearis). Dicit autem, *Respondens*, idest obvians pravae cogitationi eorum de morte sua. AUGUSTINUS de cons. Evang. (lib. 2, cap. 71). Parabolam autem istam solus Matthaeus narrat: simile quidem etiam Lucas commemorat: sed non est hoc, sicut et ipse ordo indicat. GREGORIUS in hom. (36, al. 38 in Evang.). Hic per nuptias, praesens Ecclesia; illic per coenam, aeternum et ultimum convivium designatur; quia et in hanc nonnulli exituri intrant; ad illud quisquis semel intraverit, ulterius non exibit. At si quis forte contendat hanc eamdem esse lectionem, in-

telligi forsitan potest quia de projecto eo, qui cum nuptiali veste non intraverat, quod Lucas tacuit. Matthaeus dixit; quod vero per illum coena, per hunc autem prandium dicitur, nequaquam obsistit: quia cum ad horam nonam apud antiquos prandium fieret quotidie, ipsum quoque prandium coena vocabatur. ORIGENES (tract. 20). Regnum autem caelorum simile est. secundum eum quidem qui regnat, homini regi; secundum eum autem qui conregnat. filio regis; secundum ea vero quae sunt in regno regis, servis et invitatis ad nuptias; inter quos est et exercitus regis. Additum est autem, *Homini regi*, ut hominibus quasi homo loquatur, et dispenset homines non cupientes dispensari a Deo. Sed tunc cessabit regnum caelorum esse simile homini, cum cessante zelo et contentione et

ceteris passionibus et peccatis cessaverimus secundum hominem ambulare, et videbimus eum sicuti est. Nunc enim videmus eum non sicuti est,
sed sicuti per nostram dispensationem factus fuerit
nobis. GREGORIUS in hom. (38 in Evang). Tunc
autem Deus Pater Deo Filio nuptias fecit quando
hunc in utero Virginis humanae naturae conjunxit.
Sed quia ex duabus personis fieri solet nuptiarum
conjunctio, absit hoc ab intellectibus nostris ut
personam Redemptoris nostri ex duabus personis
credamus esse unitam. Ex duabus quippe atque
in duabus hunc naturis existere dicimus, sed ex
duabus personis credere compositum ut nefas vitamus. Securius ergo dici potest, quia in hoc rex
Pater regi Filio nuptias fecit quod ei per incarnationis mysterium sanctam Ecclesiam sociavit. U-
terus autem genitricis Virginis hujus sponsi thala-
mus fuit. CHRYSOSTOMUS super Matth. (hom. 41 in
op. imperf.). Vel aliter. Cum resurrectio fuerit
facta sanctorum, tunc suscipiet hominem vita, quae
est Christus, mortalitatem ejus sua immortalitate (1)
absorbens. Nunc enim quasi arrhas futuri conjugii
Spiritum sanctum accipimus; tunc autem ipsum
Christum plenius in nobis habebimus. ORIGENES
(can. 20). Vel conjunctionem sponsi ad sponsam,
idest Christi ad animam, Verbi susceptionem intellige; partus autem opera bona. HILARIUS (can.
22). Merito autem a Patre jam sunt hae nuptiae
factae, quia aeternitatis hujus societas et novi corporis desponsata conjunctio habetur jam perfecta
in Christo.

Sequitur: *Et misit servos suos vocare invitatos
ad nuptias; et noluerunt venire.* CHRYSOSTOMUS super
Matth. (hom. 41 op. imperf.). Ergo quando misit
servos suos, jam invitati prius erant. Invitati sunt
enim homines a tempore Abrahae, cui Christi incarnatio promittebatur. HIERONYMUS (in Comment.
cap. 22 Matth. sub princ.). *Misit* autem *servum
suum*; nec dubium quin Moysen, per quem legem
invitatis dedit: Si autem *servos* legerimus, ut plura (2) habent exemplaria, ad Prophetas referendum est: quia invitati per eos, venire contempserunt. Sequitur: *Iterum misit alios servos, dicens:
Dicite invitatis etc.* Servi qui secundo missi sunt,
melius est ut Prophetae intelligantur, quam Apostoli;
ita tamen si *servus* supra fuerit scriptus; sin autem
servos ibidem legas, hic servi secundi, Apostoli sunt
intelligendi. CHRYSOSTOMUS super Matth. (hom. 41
op. imp.). Quos misit cum eis dixit, supra 10: *In
viam Gentium ne abieritis... sed potius ite ad oves
perditas domus Israel.* ORIGENES (tract. 20). Vel qui
primi mittuntur servi vocare invitatos ad nuptias,
habentur Prophetae convertentes ex populo per
suas prophetias ad laetitiam et restitutionem Ecclesiae (3) ad Christum. Qui autem noluerunt venire in primis invitati, sunt qui noluerunt audire
verba Prophetarum. Iterum alii transmissi, alia
congregatio Prophetarum est. HILARIUS (can. 22).
Vel servi primo missi, qui invitatos vocarent. Apostoli sunt; qui autem admonentur ut veniant, invitati antea, populus Israel est: in gloriam enim
aeternitatis per legem est advocatus. Apostolorum
ergo erat proprium commonefacere eos quos in-
vitarent Prophetae. Qui vero iterum cum praeceptorum conditione mittuntur, apostolici viri sunt

(1) *Al.* mortalitate
(2) *Al.* pleraque.
(3) *Apud Nicolai est* ad laetitiam constitutionis Ecclesiae.

successores eorum. GREGORIUS (hom. 38 in Evang.)
Sed quia hi qui prius invitati sunt, ad nuptiarum
convivium venire noluerunt, in secunda invitatione
jam dicitur: *Ecce prandium meum paravi.* HIERONY-
MUS (super *Dicite invitatis*). Prandium paratum,
et tauri, et altilia occisa, vel per metaphoram opes
regiae describuntur, ut ex carnalibus intelligantur
spiritualia; vel certe dogmatum magnitudo et doctrina Dei lege plenissima sentiri potest. CHRYSO-
STOMUS super Matth. (hom. 41 in oper. imperf.).
Cum ergo Dominus Apostolis dixit Matth. 10: « Eun-
« tes praedicate, dicentes, quia appropinquavit re-
« gnum caelorum, » hoc significavit quod hic
dicitur: *Prandium meum paravi:* idest, ex lege et
Prophetis Scripturarum mensas ornavi: unde sequitur: *Tauri mei et altilia occisa sunt.* GREGORIUS
in hom. (38 ut supra). Per tauros autem patres
veteris testamenti significantur (1); qui ex permissione legis inimicos suos virtutis corporeae cornu
feriebant. Altilia vero saginata dicimus: ab eo enim
quod est alere, *altilia,* quasi alitilia (2), vel quasi
alita vocamus. Per altilia ergo patres novi testamenti figurantur; qui dum gratiam pinguedinis
internae dulcedinis percipiunt, a terrenis desideriis
ad sublimia contemplationis suae penna sublevantur. Dicit ergo: *Tauri mei, et altilia occisa sunt:* ac
si diceret Patrum praecedentium mortes aspicite,
et remedia vitae vestrae cogitate. CHRYSOSTOMUS
super Matth (hom. 41 in op. imperf.). Vel aliter. Ideo dicit et saginata et tauros, non quia et
tauri non fuerint saginati; sed quia non omnes
saginati fuerunt tauri: ergo saginata tantummodo
dicit Prophetas, qui fuerunt Spiritu sancto repleti;
tauros autem qui Prophetae fuerunt et sacerdotes,
sicut Hieremias et Ezechiel: ut enim tauri duces
sunt gregis, ita et sacerdotes principes sunt populi.
HILARIUS. Vel aliter. Tauri gloriosa martyrum species est, qui confessioni Dei, tamquam hostia electa,
sunt immolati: saginata vero sunt homines spirituales, tamquam caelesti pane ad evolandum aves
pastae, ceteros accepti cibi ubertate expleturae.
GREGORIUS (hom. 36, al. 38, ut supra). Notandum
vero, quod in priore invitatione nil de tauris et
altilibus dicitur; in secunda autem jam tauri et
altilia mactata memorantur: quia omnipotens Deus,
cum verba ejus audire volumus, adjungit exempla:
ut omne quod impossibile credimus, tanto nobis
ad superandum (3) fiat facilius, quanto per hoc
transisse et alios audimus (4). ORIGENES (tract.
20) Vel quia prandium quod paratur, est eloquium
Dei; fortia quaeque (5) eloquiorum Dei, tauri intelligantur; suavia vero et delectabilia eorum, sunt
saginata. Si quis enim proferat quaedam dicta modica et non firma, et non magnam virtutem rationis habentia, videntur vacua esse quae proferuntur: saginata autem sunt cum ad unamquamque
propositionem exempla multa rationis probatione
repleta inducuntur: puta si aliquis de castitate
sermonem loquitur, recte intelligitur turtur: sed
cum ipsum sanctitatis sermonem cum rationis probatione de Scripturis repletum protulerit, ita ut
delectet et confirmet animum audientis, protulit
eum saginatum. CHRYSOSTOMUS super Matth. (hom.

(1) *Al.* figurantur.
(2) *Al. omittitur* quasi alitilia.
(3) *Al.* sperandum.
(4) *Al.* audivimus.
(5) *Al.* fortia quoque.

41 in oper. imperf.). Quod autem dicitur, *Et omnia parata sunt.* intelligitur quia quicquid quaeritur ad salutem, jam adimpletum est in Scripturis: qui enim ignorans est, invenit ibi quod discat; qui contumax est, invenit ibi quod timeat; qui laborat, invenit ibi promissa, quibus excitetur ad opus. GLOSSA (1) (interlinearis). Vel *omnia parata sunt,* idest (2), introitus regni paratus est per fidem meae incarnationis, qui ante fuerat clausus. CHRYSOSTOMUS super Matth. (hom. 41, in oper. imperf.). Vel omnia parata dicit quae pertinent ad mysterium dominicae passionis et nostrae redemptionis. Dicit autem, *Venite ad nuptias,* non pedibus, sed fide et moribus.

Sequitur: *Illi autem neglexerunt.* Quare autem neglexerint, manifestat cum subdit: *Et abierunt alius in villam suam, alius vero ad negotiationem suam.* CHRYSOSTOMUS in hom. 70. Quamvis autem videantur rationabiles occasiones esse; sed hinc discimus quod (3), etiam si necessaria sint quae detinent, omnibus tamen praeponere spiritualia oportet. Mihi autem videtur quod his occasionibus usi, negligentiae velamina proponebant. HILARIUS (can. 22). Ambitione enim saeculi, tamquam villa, homines occupantur; plures vero propter pecuniae cupiditatem negotiatione detinentur. CHRYSOSTOMUS super Matth. (hom. 41 in oper. imperf.). Vel aliter. Cum labore manuum nostrarum aliquid facimus, puta exercentes agrum vel vineam, aut opus ligni vel ferri, villam colere videmur: cum autem non labore manuum nostrarum alia lucra sequimur, totum hoc negotiatio appellatur. O miserrimus mundus. et miseri qui eum sequuntur! Semper enim mundialia opera homines excluserunt a vita. GREGORIUS (hom. 38 in Evang.). Qui ergo intentus labori terreno, vel mundi actionibus deditus, mysterium incarnationis dominicae pensare, et secundum illud vivere dissimulat (4), quasi ad villam vel negotium pergens, venire ad regis nuptias recusat; et plerumque, quod est gravius, nonnulli vocati gratiam non solum respuunt, sed etiam persequuntur: unde subditur: *Reliqui vero tenuerunt servos ejus, et contumeliis affectos occiderunt.* CHRYSOSTOMUS super Matth. (hom. 41 op. imp.). Vel per occupationem villae, populares Judaeorum significat, quos mundi delectatio separavit a Christo; per occupationem vero negotiationis, sacerdotes, ceterosque ministros templi significavit, quos lucri obtentu venientes ad ministerium legis et templi, avaritia separavit a fide: de (5) quibus non dixit quod malignati sunt, sed *Neglexerunt:* qui enim odio aut invidia crucifixerunt Christum, malignati sunt: qui autem negotiis impediti non crediderunt, illi neglexisse dicuntur, non malignari. De sua tamen morte Dominus tacet, quia in priori parabola dixerat; sed ostendit mortem discipulorum suorum, quos post ascensum ipsius occiderunt Judaei Stephanum lapidantes, et Jacobum Alphaei occidentes: propter quae Hierusalem destructa est a Romanis. Et notandum, quod ira in Deo non proprie, sed translative dicitur: tunc enim irasci dicitur quando ulciscitur: unde et hic dicitur: *Rex autem cum audisset, iratus est.* HIERONYMUS. Quando invitabat ad nuptias, et agebat opera clementiae, hominis nomen appositum est: nunc autem quando ad ultionem venit, homo siletur, et rex tantum dicitur. ORIGENES (tract. 20) Dicant autem qui peccant in Deum legis et prophetarum et totius creationis; utrum iste qui et homo dicitur et iratus proponitur, ipse est Pater Christi. Quod si dixerint hunc ipsum esse, cogendi sunt confiteri quoniam multa in eo secundum passibilem hominum naturam esse dicuntur: non quia ipse passibilis est, sed quia morem (1) gerit passibilis naturae hominum. Et secundum hanc consequentiam suscipere convenit et iram Dei et poenitentiam et cetera hujusmodi in Prophetis.

Sequitur: *Et missis exercitibus suis.* HIERONYMUS (super *Missis exercitibus*). Per hos exercitus, Romanos intelligimus sub Duce Vespasiano et Tito, qui, occisis Judaeae populis, praevaricatricem incenderunt civitatem. CHRYSOSTOMUS super Matth. (hom. 41 in op. imperf.). Romanus autem exercitus dicitur exercitus Dei: quia « Domini est terra et plenitudo ejus: » Psal. 25: nec etiam venissent Romani Hierusalem, nisi eos Dominus excitasset (2). ORIGENES (tract. 10). Vel Angelorum agmina sunt exercitus regis nostri. Missis ergo exercitibus extinxisse homicidas dicitur, quia in hominibus omne judicium per Angelos exercetur. Homicidas ergo perdit, quia persequentes interimit; civitatem eorum igni succendit, quia illorum non solum animae, sed caro quoque in qua habitaverant, aeternae gehennae flamma cruciantur. ORIGENES (ibidem). Vel civitas impiorum est, secundum unumquodque dogma, congregatio eorum qui conveniunt in sapientia principum hujus saeculi: quam succendit rex et exterminat, quasi ex malis aedificationibus consistentem GREGORIUS (homil. 36 al. 38). Sed is qui invitantem se contemni conspicit, filii sui nuptias vacuas non habebit: quandoque (5) enim sermo Dei inventurus est ubi requiescat: unde subditur: *Tunc ait servis suis.* ORIGENES (ibidem). Idest Apostolis, aut Angelis, qui praepositi erant in vocatione Gentium.

Nuptiae quidem paratae sunt. REMIGIUS. Idest, omne sacramentum humanae dispensationis jam peractum atque completum est. *Sed qui invitati erant,* idest Judaei, *non fuerunt digni:* quia « Dei justitiam « ignorantes, et suam statuere volentes, indignos « se judicaverunt aeternae vitae: » Rom. 10. Reprobato ergo Judaico populo, ad has nuptias gentilis populus est susceptus: unde sequitur: *Ite ergo ad exitus viarum, et quoscumque inveneritis vocate ad nuptias.* HIERONYMUS (super *Nuptiae paratae.*) Gentilis enim populus non erat in viis, sed in exitibus viarum. REMIGIUS. Qui sunt errores Gentilium. CHRYSOSTOMUS super Matth. (hom. 12 in oper. imperf.). Vel viae sunt omnes professiones hujus mundi, ut puta Philosophiae, militiae, et hujusmodi. Dicit ergo: *Ite ad exitus viarum:* ut cujuslibet conditionis homines vocent ad fidem. Adhuc sicut castitas via est quae ducit ad Deum, sic fornicatio via est quae ducit ad diabolum; et sic de aliis virtutibus et vitiis. Jubet ergo, ut cujuscumque conversationis vel conditionis homines invitent ad fidem. HILARIUS (canon. 22). Per viam etiam tempus saeculi intelli-

---

(1) Non tamen super illud, *Omnia parata sunt,* sed super illud, *Ecce prandium meum paravi;* prout exemplaria ejus nunc habent (*Ex edit. P. Nicolai*).

(2) *Al. omittitur* idest.

(3) *Al. desideratur* quod.

(4) *Al. scilicet* dissimulat.

(5) *Al. omittitur* de.

---

(1) *Al.* mortem.

(2) GREGORIUS ut supra (*Ex edit. P. Nicolai*).

(3) *Al.* quemque.

gendum est; atque ideo ad exitus viarum jubentur ire, quia omnibus retroacta donantur. GREGORIUS (homil. 36, al. 38). Vel aliter. In Scriptura sacra vias actiones accipimus; exitus viarum intelligimus defectus actionum, quia illi plerumque facile ad Deum veniunt quos in terrenis actionibus prospera nulla comitantur ORIGENES (tract. 20 super Matth. cap. 22). Vel aliter. Puto hanc primam vocationem fuisse ad nuptias aliquarum ingenuarum animarum: principaliter enim Deus vult venire ad epulationem divini eloquii eos qui ad intelligendum sunt ingeniosiores: et quoniam qui hujusmodi sunt, nolunt ad istam vocationem venire, transmittuntur alii servi provocantes eos, et promittentes quod, si venerint, percipient prandium paratum a rege. Sicut enim in corporalibus alia est quae nubit sponsa, alii invitatores, alii qui invitantur ad nuptias, sic Deus scit diversos ordines animarum, earumque virtutes, et causas ob quas hi quidem in constitutione sponsae accipiuntur, alii in ordine servorum vocantium, alii in numero invitatorum ad nuptias. Sed qui principaliter quidem fuerant invitati, primos invitatores quasi pauperes sensu neglexerunt, et abierunt sua sequentes, in quibus magis sunt delectati quam in his quae rex per servos suos promittebat. Sed hi leviores sunt his qui servis transmissis injuriantur et interficiunt; qui scilicet praeparatione contentiosorum verborum ausi sunt tenuisse servos missos, qui non sunt praeparati ad solvendas quaestiones eorum versutas; et contumeliis afficiuntur, vel interficiuntur ab eis.

Sequitur: *Et egressi servi ejus in vias, congregaverunt omnes quos invenerunt bonos et malos.* ORIGENES (ubi supra). Egredientes servi, sive de Judaea et Hierusalem Apostoli Christi, sive ab interioribus Angeli sancti, et venientes ad vias diversas diversorum morum, congregaverunt quoscumque invenerunt: et non curant, utrum aliquando ante vocationem mali fuerint aut boni. Bonos autem intelligere hic simpliciter convenit humiliores et rectiores ex eis qui veniebant ad cultum Dei: quibus conveniebat quod Apostolus ait Rom. 2: « Cum « Gentes quae legem non habent, ea quae legis « sunt faciunt, ipsi sibi sunt lex. » HIERONYMUS (super *Nuptiae quidem paratae sunt*). Inter ipsos enim Gentiles infinita est diversitas; cum alios sciamus esse procliviores ad vitia, alios ad honestatem morum virtutibus deditos. GREGORIUS (homilia 36, al. 38). Vel hoc dicit, quia in hac Ecclesia nec mali sine bonis nec boni sine malis esse possunt. Bonus autem non fuit qui malos tolerare recusavit.

Sequitur: *Et impletae sunt nuptiae discumbentium.* ORIGENES (tract. 20). Nuptiae, scilicet Christi et Ecclesiae, sunt impletae dum restituti Deo qui ab Apostolis sunt inventi recubuerunt ad epulandum in nuptiis. Sed quoniam bonos et malos oportuit quidem vocari, non autem ut mali permanerent mali, sed ut deponerent vestimenta contraria nuptiis et induerent nuptialia indumenta, scilicet viscera misericordiae et benignitatis; ideo rex egreditur, ut videat discumbentes priusquam apponatur eis prandium, ut retineat habentes nuptialia vestimenta, et delectet (1); condemnetque contrarios: unde sequitur: *Intravit autem rex, ut videret discumbentes.* CHRYSOSTOMUS super Matth. (homil. 41 op. imperf.). Non quia alicubi ipse non est; sed

ubi vult per judicium aspicere, ibi dicitur praesens; ubi autem non vult, absens videtur. Dies autem aspectionis est dies judicii, quando visitaturus est Christianos, qui super mensam Scripturarum recumbunt. ORIGENES (tract. 20). Ingrediens autem invenit quemdam qui non mutaverat proprios mores: unde sequitur: *Et vidit ibi hominem non vestitum veste nuptiali.* Singulariter dixit, quia unius sunt generis omnes qui servant malitiam post fidem, quam habuerant ante fidem. GREGORIUS (homilia 36, al. 38). Quid autem debemus intelligere per nuptialem vestem nisi caritatem ? Quia hanc in se Dominus habuit, dum ad sociandae sibi Ecclesiae nuptias veniret. Intrat ergo ad nuptias, sed sine veste nuptiali, qui in Ecclesia fidem habet, sed caritatem non habet. AUGUSTINUS contra Faustum (lib. 2, cap. 19). Vel sine veste nuptiali nuptias adit qui quaerit ibi gloriam non sponsi, sed suam. HILARIUS (can. 22 in Matth.). Vel vestis nuptialis est gratia Spiritus sancti, et candor habitus caelestis, qui bonae interrogationis confessione susceptus, usque in coetum regni caelorum immaculatus et integer est reservandus. HIERONYMUS (super *Vidit unum non vestitum*). Vel vestis nuptialis praecepta sunt Domini, et opera quae complentur ex lege et Evangelio, novique hominis efficiunt vestimentum; quod qui in die judicii inventus fuerit sub nomine Christiano non habere, statim corripitur: unde sequitur: *Et ait illi: Amice, quomodo huc intrasti non habens vestem nuptialem?* Amicum vocat, quia est invitatus ad nuptias, quasi sit amicus per fidem. Arguit autem impudentiae, quod veste sordida munditias polluerit nuptiales. ORIGENES (tract. 20). Et quoniam qui peccat et non induit Dominum Jesum Christum, non habet excusationem aliquam, ideo sequitur, *At ille obmutuit.* HIERONYMUS. In tempore enim illo non erit locus impudentiae, nec negandi facultas; cum omnes Angeli et mundus ipse testes sint peccatorum GREGORIUS (homil. 36, al. 38) (1). Non autem solum rejectus est a nuptiis qui injuriam nuptiis fecit, sed adhuc a ministris regis super vincula constitutis ligatus incessione, qua non est usus ad bonum, et apprehensoria virtute, qua nullum opus ad bonum implevit; et condemnatus est in loco ab omni lumine alieno, qui vocatur tenebrae exteriores: unde sequitur: *Tunc rex dixit ministris: Ligatis manibus et pedibus, mittite eum in tenebras exteriores.* GREGORIUS (homil. 36, al. 38). Ligantur tunc pedes et manus per districtionem sententiae, qui modo a pravis operibus ligari noluerunt per meliorationem vitae; vel tunc ligat poena quos modo a bonis operibus ligavit culpa. AUGUSTINUS, 11 de Trin. (cap. 6). Pravarum vero atque distortarum voluntatum implicatio vinculum est quo alligatur qui hoc agit, ut projiciatur in tenebras exteriores. GREGORIUS (hom. 38 in Evang.). Interiores autem tenebras dicimus caecitatem cordis, exteriores vero tenebras (2) aeternam noctem damnationis. CHRYSOSTOMUS super Matth. (homil. 41 op. imperf.). Vel per hoc designatur differentia tormentorum in peccatoribus. Sunt enim primae tenebrae exteriores, interiores autem minores, et novissima loci.

Sequitur: *Ibi erit fletus et stridor dentium.* HIERONYMUS (super illud, *Ligatis pedibus et manibus*). In fletu oculorum et stridore dentium, per

---

(1) *P. Nicolai legit* quibus delectetur.

(1) ORIGENES, ut supra (*Ex edit. P. Nicolai*).
(2) *Al. deest* tenebras.

metaphoram membrorum corporalium, magnitudo ostenditur tormentorum. Manus quoque ligatas et pedes, fletum oculorum, stridorem dentium, ad comprobandam resurrectionis intellige veritatem. GREGORIUS (hom. 58, ut supra). Ut illic dentes strideant, qui de edacitate gaudebant; illic oculi defleant, qui hic per illicitas concupiscentias versabantur; quatenus singula membra supplicio subjaceant, quae hic singulis quibusque vitiis subjecta serviebant. HIERONYMUS (super *Multi sunt vocati*). Et quia in convivio nuptiali non initium, sed finis quaeritur, subditur: *Multi enim sunt vocati, pauci vero electi*. HILARIUS (can. 22). In invitante enim sine exceptione, publicae bonitatis humanitas est; in invitatis vero, vel vocatis, de judicio meritorum probitatis electio est. GREGORIUS (hom. 56, al. 58). Nonnulli enim bona nec incipiunt, nonnulli vero in bonis quae inceperunt, minime persistunt. Tanto ergo sibi unusquisque solicite metuat quanto ignorat quae restant. CHRYSOSTOMUS super Matth (hom. 41 in opere imp.). Vel aliter. Quoties Deus tentat Ecclesiam suam, ingreditur ad eam, ut videat discumbentes: et si invenerit aliquem non habentem vestem nuptialem. interrogat eum: Ut quid factus es Christianus, si haec opera negligebas (1)? Talem ergo Christus tradit ministris suis, idest aliquibus magistris seductionis; et ligant manus ejus, idest opera, et pedes, idest motus animae; et mittunt eum in tenebras, idest in errores vel Gentium, vel Judaeorum, vel haeresim: propinquiores enim sunt tenebrae Gentilium, quia veritatem spernunt quam non audierunt; sed exteriores Judaeorum, qui audierunt, sed non crediderunt; sed magis exteriores haereticorum, qui audierunt et didicerunt.

2. CHRYSOSTOMUS super Matth. (homilia 42 in oper. imperf.) Sicut si aliquis claudere voluerit aquae currentis meatum, si exclusa fuerit per aliquam violentiam, alunde sibi semitam quaerit; sic Judaeorum malignitas, ex una parte confusa, alium sibi aditum adinvenit: unde dicitur: *Tunc abeuntes Pharisaei consilium inierunt, ut caperent eum in sermone*. Abierunt, inquam, ad herodianos. Quale consilium, tales et consiliatores: et ideo sequitur: *Et mittunt ei discipulos suos cum herodianis*. GLOSSA (2) (ordinaria) Tamquam ignotis, ut facilius deciperent, et per eos illum caperent; cum timentes turbam, hoc per se non praesumerent facere. HIERONYMUS (super *Tunc abeuntes Pharisaei*). Nuper quidem sub Caesare Augusto Judaea subjecta Romanis, quando in toto orbe est celebrata descriptio, stipendiaria facta fuerat; et erat in populo magna seditio, dicentibus aliis pro securitate et quiete, qua Romani pro omnibus militarent, debere tributa persolvi; Pharisaeis vero qui sibi applaudebant in justitia, e contrario nitentibus non debere populum Dei, qui decimas solveret, et primitias daret, et cetera quae in lege scripta sunt, humanis legibus subjacere. Caesar autem Augustus Herodem filium Antipatris alienigenam et proselytum regem Judaeis constituerat, qui tributis praeesset, et Romano pareret imperio. Mittunt igitur Pharisaei discipulos suos cum herodianis, idest militibus Herodis, seu quos illudentes Pharisaei, quia Romanis tributa solvebant, herodianos vocabant, et

non divino cultui deditos. CHRYSOSTOMUS in homil. 71. Propter hoc autem suos discipulos et Herodis milites simul mittunt, ut quodcumque dixerit reprehendatur: cupiebant enim magis adversum herodianos eum aliquid dicere: quia enim eum detinere timebant propter turbas, voluerunt ei periculum immittere ex hoc quod esset publicis tributis obnoxius. CHRYSOSTOMUS super Matth. (hom. 42 in opere imperf.). Haec est autem hypocritarum prima simulatio, quia laudant quos perdere volunt et ideo in laudem prorumpunt, dicentes: *Magister, scimus quia verax es*. Magistrum eum vocant, ut quasi honoratus et laudatus mysterium sui cordis simpliciter eis aperiat, tamquam volens eos habere discipulos. GLOSSA (1). Tripliciter autem contingit aliquem veritatem non docere. Primo ex parte ipsius docentis: quia scilicet veritatem vel non novit, vel non amat; et contra hoc dicunt: *Scimus quia verax es*. Secundo ex parte Dei, cujus timore postposito, quidam veritatem de eo (2), quam noverunt, non pure annuntiant; et contra hoc dicunt: *Et viam Dei in veritate doces*. Tertio ex parte proximi, ex cujus timore vel amore aliquis veritatem tacet; et ad hoc excludendum dicunt: *Et non est tibi cura de aliquo*, scilicet homine: *non enim respicis personam hominum*. CHRYSOSTOMUS in hom 71. Hoc de Herode et Caesare occulte insinuabant. HIERONYMUS. (super *Licet tributum dare*). Blanda quidem et fraudulenta interrogatio illuc (3) provocat respondentem ut magis Deum quam Caesarem timeat: unde dicunt: *Dic ergo nobis quid tibi videtur: licet censum dari Caesari, an non?* Ut si dicat non debere tributa solvi, statim audientes herodiani, seditionis reum contra Romanum Principem eum teneant. CHRYSOSTOMUS in hom. 71. Quia enim sciebant quod quidam hanc discordiam meditantes occisi erant, volebant et ipsum per sermones hos in talem suspicionem immittere.

Sequitur: *Cognita autem Jesus nequitia eorum, ait: Quid me tentatis hypocritae?* CHRYSOSTOMUS super Matth. (homil. 42 op. imperf.). Non secundum sermones eorum pacificos blande respondit; sed (4) secundum conscientiam eorum crudelem, aspera dixit: quia Deus voluntatibus respondet, non verbis. HIERONYMUS (super *Quid me tentatis?*) Prima ergo virtus est respondentis, interrogantium mentes cognoscere, et non discipulos, sed tentatores vocare. Hypocrita ergo vocatur qui aliud est, et aliud simulat. CHRYSOSTOMUS super Matth. (homil. 42, op. imperf.). Dicit ergo eis, *Hypocritae*, ut considerantes eum humanorum cordium cognitorem, quod facere cogitabant, perficere non auderent. Vide ergo quod Pharisaei blandiebantur ut perderent; sed Jesus confundebat eos ut salvaret: quia utilior est homini Deus iratus quam homo propitius. HIERONYMUS (super *Ostendite mihi*). Sapientia enim semper sapienter agit, ut suis potissimum tentatores sermonibus confutentur: et ideo sequitur: *Ostendite mihi numisma census. At illi obtulerunt ei denarium*. Hoc genus nummi est quod pro decem nummis computabatur, et habebat imaginem Caesaris: unde sequitur: *Et ait illis Jesus: Cujus est imago haec et superscriptio?* Qui putant interrogationem Salvatoris ignorantiam esse, et non

---

(1) Al. diligebas: *sic etiam habet P. Nicolai*.

(2) Partim interlinealis; partim collateralis, verbis paululum immutatis quo ad posteriorem partem (*Ex edit. P. Nicolai*).

(1) Quod subjungitur ex Glossa non occurrit (*Ex edit. P. Nicolai*).

(2) *Al.* de Deo.

(3) *Al.* illic.

(4) *Al.* omittitur sed.

dispensationem, discant ex praesenti loco, quod utique poterat scire Jesus, cujus imago esset in nummo. Sequitur: *Dicunt ei, Caesaris*. Caesarem non putemus Augustum, sed Tiberium (1) significari, sub quo et passus est Dominus. Omnes autem reges Romani a primo Cajo Caesare, qui imperium arripuerat, Caesares appellantur. Sequitur: *Reddite ergo quae sunt Caesaris Caesari*, idest nummum, tributum et pecuniam. HILARIUS (can. 25 in Matth. par. a princ). Si enim nihil quod Caesaris est, penes nos resederit, conditione reddendi ei quae sua sunt non tenebimur. Porro autem si rebus illius incumbamus, si jure potestatis suae utimur, extra querelam injuriae est reddere Caesari quod Caesaris est. CHRYSOSTOMUS (hom. 71 in Matth.). Tu autem cum audieris, *Reddite quae sunt Caesaris Caesari*, illa scito eum dicere solum quae in nullo pietati nocent: quia si aliquid tale fuerit, non adhuc Caesaris est, sed diaboli tributum. Deinde ut non dicant quoniam hominibus nos subjicis, subdit: *Et quae sunt Dei Deo*. HIERONYMUS (super *Reddite quae sunt Caesaris Caesari*). Idest decimas, primitias, oblationes et victimas; sicut et ipse Dominus reddidit Caesari tributa pro se et Petro; et Deo reddidit quae Dei sunt, Patris faciens voluntatem. HILARIUS (can. 25, post principium). Deo etiam quae ejus sunt reddere nos oportet, idest corpus et animam et voluntatem. Numisma enim Caesaris in auro est, in quo est ejus imago depicta. Dei autem (2) numisma homo est, in quo est Dei imago figurata: ideo divitias vestras date Caesari, Deo autem innocentiae vestrae conscientiam servate ORIGENES (tract. 21). Ex hoc loco discimus Salvatoris exemplo, ut non his quae a multis dicuntur, propterea gloriosa videntur, occasione et pietatis attendamus: sed quae convenienter secundum ordinem rationis dicuntur. Possumus autem et moraliter intelligere locum istum, quoniam debemus corpori quaedam dare quasi tributum Caesari, idest necessaria. Quaecumque autem sunt convenientia animarum naturae, idest ea quae ducunt ad virtutem, debemus Deo offerre. Qui ergo supra modum docent legem Dei, et de rebus debitis corpori nihil curare praecipiunt, sunt Pharisaei qui reddere Caesari tributum vetabant, prohibentes scilicet nubere, et abstinere a cibis quos Deus creavit: qui vero supra modum aestimant oportere corporibus indulgere, ipsi sunt herodiani. Salvator autem noster vult ut nec virtus minoretur dum supra modum carni servimus, nec carnis natura gravetur, dum abundantius virtutibus adhaeremus. Vel princeps mundi, idest diabolus, dicitur Caesar: non enim possumus reddere Deo quae Dei sunt, nisi prius reddiderimus principi quae sunt sua, idest, nisi deposuerimus malitiam universam. Hoc etiam discamus ex loco praesenti: quod contra tentantes nec omnino tacere debemus, nec simpliciter respondere, sed circumspecte, ut praecidamus occasionem quaerentium in nobis occasionem, et doceamus irreprehensibiliter quae possunt salvare volentes salvari. HIERONYMUS (super *Et audientes mirati sunt*). Qui autem credere debuerant, ad tantam sapientiam mirati sunt quod calliditas eorum insidiandi non invenissent locum: unde sequitur: *Et audientes mirati sunt, et relicto eo abierunt*, infidelitatem pariter cum admiratione reportantes.

(1) *Al.* Tiberium privignum ejus, *item* eum.
(2) *Al. deest* autem.

5. CHRYSOSTOMUS in hom. 71. Confutatis Pharisaeorum discipulis cum herodianis, Sadducaei se immittunt; cum tamen ex confusione priorum eos oporteret (1) effici pigriores. Sed praesumptio inverecundum quid est et pertinax et impossibilia tentans: propter hoc et Evangelista stupens eorum dementiam, hoc ipsum significat, dicens: *In illa die accesserunt ad eum Sadducaei*. CHRYSOSTOMUS super Matth. (homil. 42 oper. imperf.). Quando recedebant Pharisaei, accedebant Sadducaei; forte tali consilio, quia decertabant quis eum ante deprehendere posset: vel si ratione eum non possent superare, saltem per ipsam frequentiam subverterent sensum ejus. HIERONYMUS (super *Accesserunt ad eum Scribae*). Duae haereses erant in Judaeis; una Pharisaeorum, et altera Sadducaeorum: Pharisaei traditionum et observationum justitiam praeferebant (2), unde et divisi vocabantur a populo; Sadducaei autem, qui interpretantur justi, et ipsi vindicabant sibi quod non erant; ac prioribus et corporis et animae resurrectionem credentibus confitentibusque, et Angelos et spiritum, sequentes, juxta Actus Apostolorum, omnia denegabant; unde et hic dicitur: *Qui dicunt resurrectionem non esse*. ORIGENES (tract. 22). Non solum autem carnis resurrectionem negabant, sed etiam animae immortalitatem tollebant. CHRYSOSTOMUS super Matth. (hom. 42 oper. imperf.). Videns enim diabolus quia justitiam Dei omnino extinguere non potuit, introduxit haeresim Sadducaeorum, qui dicerent non esse resurrectionem mortuorum; quae res omne propositum faciendae justitiae frangit: quis enim contentus erit adversus seipsum quotidie luctamina exercere, nisi ad spem resurrectionis aspiceret? GREGORIUS 15 Moral. (cap. 59 in nov. exemp. 28). Sunt autem nonnulli qui (3) considerantes quod spiritus a carne solvitur, quod caro in putredinem vertitur, quod putredo in pulverem reducitur, quod pulvis in elementa solvitur, ut nequaquam ab humanis oculis videatur, resurrectionem fieri posse desperant; et dum arida ossa inspiciunt, haec vestiri carnibus, rursumque ad vitam virescere, posse fieri diffidunt. AUGUSTINUS in Enchir. (cap. 88). Non autem perit Deo terrena materies, de qua mortalium creatur caro; sed in quemlibet pulverem cineremve solvatur, in quoslibet halitus aurasque diffugiat, in quamcumque aliorum corporum substantiam, vel in ipsa elementa vertatur, in quorumcumque animalium, aut etiam hominum, cibum cedat, carnemque mutetur, animae illi humanae in puncto temporis redditur quae eam primitus, ut homo fieret, viveret et cresceret animavit. CHRYSOSTOMUS super Matth. (hom. 42 in op. imperf.). Ad defensionem autem sui erroris invenisse se argutissimam rationem Sadducaei putabant: unde sequitur: *Et interrogaverunt eum, dicentes: Magister, Moyses dixit, si quis mortuus fuerit etc*. CHRYSOSTOMUS in homil. 71. Quia enim immitigabile malum mors erat apud Judaeos, qui omnia pro praesenti vita faciebant, in legem deduxit Moyses, defuncti sine filiis uxorem fratri dari oportere, ut defuncto filius nasceretur ex fratre, et non excideret nomen ejus; quod erat quaedam mortis mitigatio: non autem alius quam frater vel propinquus jubebatur accipere uxorem defuncti: quoniam non ita putaretur qui ex tali conjunctione erat nasciturus, esse

(1) *Al.* oportet.
(2) *Al.* quas illi justitiam praeferebant.
(3) *Al. deest* qui.

filius ejus qui obiit; et iterum extraneus non ita
haberet necessitatem statuere domum ejus qui obie-
rat, sicut frater, qui etiam ex cognatione hoc facere justum erat.

Sequitur: *Erant autem apud nos septem fra-*
tres. Hieronymus (super *Moyses dixit*). Qui resurrectionem corporum non credebant. et animam putabant interire cum corporibus, recte istiusmodi
fingunt fabulam, quae deliramenti arguat eos qui
resurrectionem afferant mortuorum. Turpitudinem
ergo fabulae opponunt, ut resurrectionis denegent
veritatem: unde concludunt: *In resurrectione ergo*
cujus erit? Potest autem fieri ut vere in gente
eorum hoc aliquando acciderit. Augustinus de Quaest.
Evang. (lib. 1, cap. 32). Per hos autem septem
fratres mystice intelliguntur homines impii, qui
fructum justitiae non potuerunt afferre in terra
per omnes septem mundi aetates, quibus ista terra
consistit: postea enim et ipsa terra transiet, per
quam omnes illi quasi septem (1) steriliter transierunt.

Sequitur: *respondens autem Jesus, ait illis: Er-*
ratis nescientes Scripturas, neque virtutem Dei. Chrysostomus super Matth. (hom. 42 in oper. imperf.).
Sapienter primum arguit stultitiam eorum, quia
non legebant; secundo ignorantiam, quia non cognoscebant Deum. Ex diligentia enim dilectionis
nascitur scientia Dei: ignorantia autem negligentiae
filia est. Hieronymus (super *Erratis nescientes*).
Propterea ergo errant, quia Scripturas nesciunt; et
quia Scripturas nesciunt, consequenter ignorant virtutem Dei. Origenes (tract. 22). Duas autem res
dicit eos nescire: unam quidem Scripturas, alteram
autem virtutem Dei, per quam resurrectio fit, et
nova vita in ea. Vel Dominus arguens Sadducaeos
nescire virtutem Dei, se eos non cognoscere arguebat: ipse enim erat virtus Dei, et non cognoscebant
eum, quasi nescientes Scripturas quae loquuntur
de eo: propterea nec resurrectionem credebant,
quam facturus fuerat ipse. Quaeritur autem, cum
Salvator dicat, *Erratis nescientes Scripturas,* an dicat
quod in quibusdam Scripturis positum est quod sequitur: *In resurrectione neque nubent neque nubentur:*
quod in veteri testamento non legitur scriptum.
Nos autem dicimus, quia scriptum est non in ipsis
sermonibus manifeste ista dicentibus, sed in mysterio indicantibus secundum intellectum moralem:
nam cum sit lex umbra futurorum bonorum, dicens quodlibet de viris et uxoribus, de spiritualibus nuptiis principaliter dicit. Sed nec hoc invenio
alicubi Scripturam dicentem, sanctos post exitum
fore sicut Angelos Dei: nisi forte quis et hoc moraliter intelligat, secundum illud quod dicitur
Gen. 15: « Tu autem ibis ad patres tuos: » item
ibid. 25: « Appositus est ad populum suum. » Dicet autem aliquis: Ideo eos increpabat, quia non
legebant ceteras Scripturas quae sunt extra legem,
et ideo errabant. Alius autem dicit, quod nesciebant
Mosaicae legis Scripturas ex eo quod divinum sensum earum non scrutabantur. Chrysostomus super
Matth. (in op. imperf. ubi supra). Vel quod
dicit, *In resurrectione neque nubent neque nubentur,*
retulit ad hoc quod dixerat, *Nescitis virtutem Dei:*
quod autem dixit, *Ego sum Deus Abraham, etc.*
ad illud quod dixit, *Nescitis Scripturas.* Et quidem
calumniatoribus primum oportet in aliqua quae-

stione auctoritatem Scripturae proferre: deinde rationem exponere; interrogantibus autem per ignorantiam
prius rationem exponamus; postea auctoritate con-
firmemus: quoniam calumniatores convincere oportet, interrogatores autem docere: ideo his interrogantibus per ignorantiam, prius rationem exposuit,
dicens, *In resurrectione etc.* Hieronymus (super *In*
resurrectione neque nubent). In hoc autem quod
dicitur, *Neque nubent, neque nubentur,* latina consuetudo graeco idiomati non respondet. Nubere e-
nim apud latinos proprie dicuntur mulieres. Sed
nos simpliciter dictum intelligamus quod nubere de
viris, et nubi de mulieribus dictum sit. Chrysostomus super Matth. (hom. 42 in oper. imperf.). In
hoc quidem saeculo, quia morimur, ideo nascimur;
quia nascimur, ideo uxores ducimus. ut quod moriendo minuitur, nascendo suppleatur: ibi autem
moriendi necessitas tollitur. unde et nascendi causa
soluta est. Hilarius (can. 23 in Matth.). Et quidem
suffecerat adversus Sadducaeos opinionem illecebrae
corporeae rescidisse, et officiis cessantibus inania
haec corporum gaudia sustulisse: sed adjecit: *Sed*
sunt sicut Angeli Dei in caelo. Chrysostomus in homil. 71. Per quod ad interrogatum convenienter
respondet: quia enim haec erat eis causa aestimandi resurrectionem non esse, quia credebant
eamdem fore resurgentium conditionem; hanc causam removit, ostendens eos alterius conditionis futuros. Chrysostomus super Matth. (hom. 42 in op.
imperf.). Notandum vero, quod cum de jejuniis et
eleemosynis ceterisque virtutibus spiritualibus locutus fuit, nunquam Angelorum similitudinem introduxit nisi cum de absolutione a coitu loqueretur: quoniam sicut omnes actus carnales opera sunt
animalium, praecipue tamen actus libidinis; sic
omnes virtutes sunt res angelicae, praecipue tamen
castitas, per quam vincitur natura virtutibus. Hieronymus (ubi supra). Quod ergo infertur, *Sed sunt*
sicut Angeli Dei in caelo, spiritalis conversatio repromittitur. Dionysius (1). Tunc enim quando incorrupti-
biles, et immortales erimus, visibili quidem ipsius Dei
apparitione in castissimis contemplationibus adimple-
bimur; intelligibilis autem luminis dationem partici-
pabimus in impassibili et in immateriali mente secundum imitationem supercaelestium mentium: propter quod dicitur. quod erimus Angelis aequales.
Hilarius (can. 23). Eamdem autem calumniam quam
Sadducaei afferunt de conjugio, afferre plures solent, in quam formam muliebris sexus resurgat.
Sed qualis in Scripturis auctoritas est de Angelis
opinandi, talem (2) in resurrectione speciei (3)
nostrae sensum oportet esse de feminis. Augustinus,
20 de civit. Dei (cap 17). Sed mihi melius videntur sapere qui utrumque sexum resurrecturum
esse non dubitant: non enim libido ibi erit, quae
confusionis causa est: nam priusquam peccassent,
nudi erant: natura autem servabitur, quae tunc
quidem et a concubitu et a partu immunis erit:
erunt tamen membra feminae non accommodata usui
veteri. sed decori novo; quo non allicitur aspicien-
tis concupiscentia, quae nulla erit, sed Dei laude-
tur sapientia atque clementia, qui et quod non
erat fecit, et liberavit a corruptione quod fecit.
Hieronymus (ubi supra). Nemo enim dicit de lapide et arbore, et his rebus quae non habent mem-

---

(1) *P. Nicolai* sic (quasi septem mariti).

---

(1) De divinis Nominibus cap. 4 (*Ex edit. P. Nicolai*).
(2) Al. de Angelis: opinando talem.
(3) Al. spei.

bra genitalia, quod non nubent neque nubentur: sed de his qui cum possint nubere, tamen aliqua ratione non nubunt. Rabanus (super *Sicut Angeli in caelo*). Haec autem quae dicta sunt de resurrectionis conditionibus, propositae reddidit quaestioni; de ipsa vero resurrectione contra eorum infidelitatem convenienter loquitur. Chrysostomus in hom. (71, a medio). Et quia illi interrogando, Moysen praemiserant, per Moysen eos confutat: unde subdit: *De resurrectione autem mortuorum non legistis.* Hieronymus (super *De resurrectione mortuorum*). Ad comprobandum resurrectionis veritatem multis aliis exemplis manifestioribus uti potuit, ex quibus est illud Isai. 26, « Resuscita-« buntur mortui, et resurgent qui in monumentis « sunt: » et in alio loco (Dan. 12): « Multi dor-« mientium de terrae pulvere resurgent. » Quaeritur ergo quid sibi voluerit Dominus hoc proferre testimonium quod videtur ambiguum, vel non satis ad resurrectionis pertinens veritatem; et quasi hoc prolato probaverit quod volebat, statim intulerit: *Non est Deus mortuorum, sed viventium.* Supra diximus autem, Sadducaeos nec angelum nec spiritum nec resurrectionem corporum confitentes, et animarum quoque interitum praedicasse: hi quinque tantum libros Moysi recipiebant, Prophetarum vaticinia respuentes. Stultum autem erat inde proferre testimonia cujus auctoritatem non sequebantur. Porro ad aeternitatem animarum probandam de Moyse ponit exemplum, *Ego sum Deus Abraham;* statimque infert: *Non est Deus mortuorum, sed viventium:* at cum probaverit animas permanere post mortem (neque enim poterat fieri ut eorum esset Deus qui nequaquam subsisterent) convenienter introduceretur et corporum resurrectio, quae cum animabus bona malaque gesserunt. Chrysostomus in homil. 71. Sed qualiter alibi (Rom. 14) ait: « Ut vivorum et mortuorum dominetur? » Sed hoc non est simile ei quod hic (1) dicitur: mortuorum enim ibi dicitur esse (2) Dominus, eorum scilicet qui victuri sunt; non autem eorum qui semel disparuerunt (3), et ultra non resurgent (4). Hieronymus (super *Ego sum Deus Abraham*). Considerandum etiam, quod sermo hic ad Moysen factus fuerat (5), sanctis istis Patriarchis jam pridem quiescentibus: erant ergo quorum Deus erat: nihil enim habere poterant, si non erant: quia in natura rei est ut esse id necesse sit cujus sit alterum; atque ita habere Deum, viventium est; cum Deus aeternitas sit, et non sit eorum quae mortua sunt, habere id quod aeternum est: et quomodo esse illi futuri semper negabuntur, quorum se esse profiteatur aeternitas? Origenes tract. 22). Deus etiam est qui dicit Exod. 5: « Ego sum qui sum. » Sic ergo impossibile est ut dicatur eorum Deus esse qui non sunt. Et vide, quia non dixit: Ego sum Deus Abraham, Isaac et Jacob: sed *Deus Abraham, Deus Isaac et Deus Jacob.* In alio autem loco sic dixit, Exod. 7: « Deus Hebraeorum « misit me ad te. » Qui enim perfectissime sunt circa Deum, quantum ad comparationem ceterorum hominum, totum habent Deum in se: propterea

non communiter, sed singulariter dicitur eorum Deus; ut puta si dicamus, Ager ille illorum est, ostendimus quod unusquisque eorum non habet eum in toto. Si autem dicimus, quod ager ille illius est, demonstramus quia totum, agrum possidet ille. Ubi ergo dicitur, Deus Hebraeorum, imperfectio demonstratur eorum: quia unusquisque eorum aliquid modicum de Deo habebat. Dicitur autem, *Deus Abraham, Deus Isaac, et Deus Jacob:* quia singuli eorum totum habebant Deum. Non autem ad modicam laudem respicit Patriarcharum quod Deo (1) vivebant. Augustinus contra Faustum (lib. 16, cap. 24). Opportune itaque eadem voce nunc convincuntur Manichaei, qua tunc convicti sunt Sadducaei: nam et ipsam resurrectionem alio quidem modo, sed tamen etiam ipsi negant. Augustinus super Joannem (tract. 11, a med.). Ideo autem specialiter *Deus Abraham, Deus Isaac, et Deus Jacob* dicitur, quia in istis tribus omnes modi generationis filiorum Dei vocantur. Generat enim Deus multotiens de bono praedicatore bonum filium, et de malo malum: quod significatur per Abraham, qui de libera uxore fidelem filium habuit, et de ancilla infidelem genuit. Aliquando vero generat per bonum praedicatorem bonum, et malum filium: quod significatur in Isaac, qui de libera unum bonum, et alterum malum generavit. Aliquando generat bonos per bonum et malum praedicatorem: quod significatur per Jacob, qui bonos filios genuit et de liberis et de ancillis. Chrysostomus super Matth (hom. 42 op. imp.). Et vide quomodo sit infirmior congressio Judaeorum contra Christum. Prima fuit cum terrore dicendo, *In qua potestate haec facis?* contra quam necessaria fuit constantia cordis. Secunda fuit cum dolo, contra quam necessaria fuit acuta sapientia. Haec autem fuit cum praesumptione ignara, quae praecedentibus facilior est. Hominem enim putantem se aliquid scire, cum nesciat, viro scienti facile est convincere. Sic et operatio inimici in primis gravis est; sed si quis forti animo sustinuerit, inveniet eum infirmiorem.

Sequitur: *Et audientes turbae mirabantur in doctrina ejus.* Remigius. Non quidem Sadducaei, sed turbae mirantur. Hoc etiam quotidie agitur in Ecclesia: cum enim (2) divina inspiratione adversarii Ecclesiae superantur, turbae fidelium laetantur.

4. Hieronymus. Quia supra Pharisaei in ostensione denarii fuerant confutati, et adversae partis viderant factionem subrutam, debuerant ex hoc moveri, ne ultra molirentur insidias; sed malevolentia et livor nutrit impudentiam: unde dicitur: *Pharisaei autem audientes quod silentium imposuisset Sadducaeis, convenerunt in unum.* Origenes (tract. 52). Silentium autem Sadducaeis imposuit Jesus, volens ostendere quoniam mendacii vocem obmutescere facit claritas veritatis. Sicut enim proprium est justi tacere cum sit tempus tacendi, et loqui cum sit tempus loquendi, non tamen obmutescere; sic proprium est omnium qui mendacii sunt doctores, obmutescere quidem quantum ad rem; non autem tacere. Hieronymus (super *Audientes autem Pharisaei*). Pharisaei ergo et Sadducaei, qui inter se contrarii sunt, ad tentandum Jesum pari mente consentiunt. Chrysostomus super Matth. (homil. 42 oper. imperf.). Vel convenerunt

(1) *Al.* hodie.
(2) *Al.* semel esse: *forte* simul esse.
(5) *Al.* desperaverunt.
(4) Hilarius can. 25, ut supra. Quod subjungitur ex Hilario, prius ex Hieronymo notabatur (*Ex edit. P. Nicolai*).
(5) *Al.* jam factus fuerat.

(1) *Al.* omittitur Deo.
(2) *Al.* deest enim.

in unum Pharisaei, ut multitudine vincerent quem
rationibus superare non poterant; a veritate nudos
se professi sunt, qui multitudine se armaverunt.
Dicebant enim apud se: Unus loquatur pro omnibus, et omnes loquamur per unum; ut si quidem
vicerit, omnes videamur vicisse, si autem convictus fuerit, vel solus videatur confusus: et ideo sequitur: *Et interrogavit eum unus ex eis legis doctor, tentans eum.* ORIGENES (tract. 25). Omnes
ergo qui non discendi sed tentandi causa interrogant aliquem doctorum. aestimare debemus illius
Pharisaei fratres, secundum illud infra 25, *Quod
uni ex minimis meis fecistis, mihi fecistis.* AUGU-
STINUS (de cons. Evang. lib. 2. cap. 75). Non moveat autem quod Matthaeus hic dicit tentantem
fuisse a quo Dominus interrogatus est; Marcus autem hoc tacet, et in fine (cap. 12) ita concludit,
quod ei Dominus Jesus (1) sapienter respondenti
dixerit: « Non longe es a regno Dei. » Fieri enim
potest ut quamvis tentans accesserit, Domini tamen
responsione correctus sit. Aut certe ipsam tentationem, de qua loquitur Jacobus (2), non accipiamus
malam tamquam decipere volentis inimicum, sed
cautam (3) potius tamquam experiri amplius volentis ignotum: neque frustra scriptum est Eccli.
19: « Qui facile credit, levis est corde. » Quid
autem interroget, subditur: *Magister, quod est mandatum magnum in lege?* ORIGENES (tract. 25).
Tentans dicebat. *Magister*, quoniam non tamquam
discipulus Christi proferebat hanc vocem. Si quis
ergo non discit aliquid a Verbo, nec tradit se ei
ex toto animo suo; dicit autem ei, *Magister*, frater
Pharisaei est Christum tentantis. Cum ergo ante
Salvatoris adventum legeretur lex, forsitan quaerebatur quod est mandatum magnum in ea: neque
enim interrogasset hoc Pharisaeus, ni diu apud
illos de hoc quaesitum fuisset et non inventum,
donec veniens Jesus hoc doceret. CHRYSOSTOMUS super Matth. (hom. 22 op. imperf.). De magno tamen mandato interrogat qui nec minimum obser-
vabat Ille debet interrogare de majori justitia qui
jam minorem complevit. HIERONYMUS. Vel non de
mandatis interrogat. sed quod sit primum mandatum magnumque: ut cum omnia quae Deus man-
daverit, magna sint, quicquid ille respondeat, occasionem habeat calumniandi. CHRYSOSTOMUS super
Matth. (in op. imperf. ut supra). Dominus autem
sic ei respondit ut interrogationis ejus fictam conscientiam statim primo responso percuteret: unde
sequitur: *Ait illi Jesus: Diliges Dominum Deum
tuum ex toto corde tuo, et ex tota anima tua, et
in tota mente tua. Diliges,* inquit, non Timebis (4),
quia diligere magis est quam timere: timere enim
servorum est, diligere filiorum; timor sub necessitate est, dilectio in libertate. Qui in timore servit
Deo, poenam quidem evadit, mercedem vero justi-

tiae non habet, quia invitus (1) fecit bonum propter timorem. Non vult ergo Deus ut timeatur
serviliter ab hominibus quasi dominus; sed ut diligatur quasi pater, qui adoptionis spiritum donavit
hominibus. Diligere autem Deum ex toto corde, est
ut cor tuum non sit inclinatum ad alicujus rei dilectionem magis quam Dei. Diligere autem Deum
in tota anima, est certissimum animum habere in
veritate, et firmum esse in fide. Alius est enim a-
mor cordis, et alius est amor animae. Amor cordis
quodammodo carnalis est, ut etiam carnaliter diligamus Deum; quod facere non possumus. nisi
recedamus ab amore mundialium rerum. Cordis
ergo amor sentitur in corde; amor vero animae
non sentitur, sed intelligitur, quia in judicio animae consistit. Qui enim credit apud Deum esse
omne bonum, et nihil boni esse (2) extra ipsum,
hic diligit Deum in tota anima. Tota vero mente
diligere Deum est ut omnes sensus Deo vacent:
cujus enim intellectus Deo ministrat, cujus sapientia circa Deum est, cujus cogitatio, ea quae Dei
sunt tractat, cujus memoria quae bona sunt recordatur, tota mente diligit Deum. AUGUSTINUS de doct.
Chris. (lib. 1, cap. 22). Vel aliter. Deum *ex toto
corde* diligere praeciperis, ut omnes cogitationes
tuas; *ex tota anima,* ut omnem vitam tuam; *ex
tota mente tua,* ut omnem intellectum tuum in
illum conferas a quo habes ea quae confers. Nullam ergo vitae nostrae partem reliquit quae vacare debeat, et quasi locum dare ut alia re velit
frui. Sed quicquid aliud diligendum venerit in a-
nimum, illuc rapiatur quo totus dilectionis impetus
currit: tunc enim est optimus homo eum tota vita
sua pergit in incommutabile bonum. GLOSSA (interlinearis). Vel *ex toto corde,* idest intellectu, *a-
nima,* idest voluntate, *mente,* idest memoria, ut nihil ei contrarium velis, sentias, aut recorderis.
ORIGENES (tract. 25). Vel aliter. *Ex toto corde,*
idest secundum totam recordationem et operationem et cogitationem; *ex tota anima,* idest ut parati sint eam ponere pro pietate Dei; *in tota mente,* nihil aliud scilicet proferentes nisi quae Dei
sunt. Et vide si potes cor quidem accipere pro
intellectu, quo intelligibilia speculamur, mentem
autem (3) ad proferendas res: mente enim proferimus singulas res, et per unumquodque quod significatur quasi mente nostra inambulamus atque
proferimus. Si autem tentanti Pharisaeo Dominus
non respondisset. aestimare possemus non esse
unum mandatum majus altero. Sed Dominus respondens subdit: *Hoc est maximum et primum mandatum:* ubi discimus sententiam de mandatis, quod
est magnum, et sunt inferiora usque ad minima.
Respondet autem Dominus non solum, quod est
magnum mandatum; sed etiam primum, non pro
ordine Scriptoris, sed pro dignitate virtutis. Hi autem soli hujus mandati in se suscipiunt magnitudinem et primatum qui non solum diligunt Dominum Deum suum, sed etiam illa tria susceperint, scilicet ex toto corde etc. Docuit autem, quod
non solum est magnum et primum, sed etiam
quod esset secundum simile priori: unde sequitur:
*Secundum autem simile est huic: Diliges proximum
tuum sicut teipsum.* Si autem « qui diligit iniqui-
« tatem, odit animam suam: » Psal. 10; manife-

---

(1) *Al. desideratur* Jesus.
(2) *In Veneta ed. an.* 1521, *omittitur* de qua loquitur
Jacobus; *reliquae autem quas prae manibus habemus, et
alibi citamus, editiones haec eadem habent quae Romana.
Omittit pariter P. Nicolai, quin in Augustino non habentur,
haec verba, licet reperiri fateatur in editionibus Parisiensi
et Antuerpiensi (quae tamen pro* Jacobus *legit* Jacob) *quas
tantum consuluisse Nicolaium tum ex eo probabile fit quod
hic nullam aliam citet, tum ex eo quod plures velut proprio Marte emendet errores tum sententiae tum indicum, qui
in editionibus Romana et Veneta jam pridem correcti fuerant.*
(3) *Al.* sed causam.
(4) *Al.* timere.

(1) *Al.* injustus.
(2) *Al. omittitur* esse.
(3) *Al.* speculantur, mente autem etc.

stum est quod non diligit proximum sicut seipsum, cum nec seipsum diligat. AUGUSTINUS, 1 de doctr. Christ. (cap. 30). Manifestum est autem omnem hominem proximum esse putandum, quia erga neminem operandum est malum. Jam vero si vel cui praebendum, vel a quo praebendum est nobis officium misericordiae, recte proximum dicitur; manifestum est hoc praecepto, quo tenemur diligere proximum, etiam sanctos Angelos contineri, a quibus nobis tanta misericordiae impenduntur officia, quanta nobis in Scripturis animadvertere facile est. Ex quo et ipse Dominus noster proximum se nobis dici voluit, quoniam seipsum Dominus Jesus significat opitulatum esse semivivo jacenti in via. AUGUSTINUS, 8 de Trin. (cap. 6, in fine). Qui autem amat homines; aut quia justi sunt, aut ut justi sint, amare debet; sic enim et seipsum amare debet, aut quia justus est, aut ut (1) justus sit: sic enim diligit proximum sicut seipsum sine ullo periculo. AUGUSTINUS, 1 de doctrin. Christ. (cap. 22). Si autem teipsum non propter te debes diligere, sed propter illum ubi dilectionis tuae rectissimus finis est; non succenseat aliquis homo, si et ipsum propter Deum diligis. Quisquis ergo recte proximum diligit, hoc cum eo debet agere ut etiam ipse toto corde diligat Deum. CHRYSOSTOMUS super Matth. (hom. 42 in oper. imperf.). Qui autem hominem amat, simile est sicut qui Deum amat: quia imago Dei est homo, in quo Deus diligitur, sicut rex in sua imagine honoratur. Et propter hoc dicitur hoc mandatum simile esse primo. ORIGENES (2). Vel aliter Quod mandatum sequens primo est simile, significat idem esse officii et meriti in utroque: neque enim aut (3) Dei sine Christo, aut Christi sine Deo potest utilis esse dilectio ad salutem.

Sequitur. In his duobus mandatis tota lex pendet, et Prophetae. AUGUSTINUS de quaest. Evang. (lib. 1, cap. 33). Pendet, dixit, idest illuc refertur ubi habet finem. RABANUS. Ad duo enim haec praecepta pertinet totus decalogus: praecepta quidem primae tabulae ad dilectionem Dei; praecepta secundae ad dilectionem proximi. ORIGENES (tract. 23). Vel quia qui omnia implevit quae scripta sunt de Dei dilectione et proximi, dignus est magnas gratias a Deo percipere, ut intelligat omnem legem et Prophetas. AUGUSTINUS, 8 de Trin. (cap. 7). Cum autem sint duo praecepta, in quibus pendet lex et Prophetae, dilectio Dei et proximi; non immerito Scriptura plerumque pro utroque unum ponit: sive dilectionem Dei, sicut est illud Rom. 8: « Scimus enim quoniam diligentibus Deum omnia « cooperantur in bonum: » sive dilectionem proximi, sicut est istud Galat. 5: « Omnis lex in uno « sermone impletur: Diliges proximum tuum sicut « teipsum. » Sed hoc ideo quia qui proximum diligit, consequens est etiam ut Deum diligat: ex una enim eademque caritate Deum proximumque diligimus; sed Deum propter Deum; nos autem et proximum propter Deum. AUGUSTINUS, 1 de doct. Christ. (cap. 26). Sed tamen quoniam excellentior et supra nostram naturam est divina substantia, praeceptum quo diligimus Deum a proximi dilectione distinctum est: quod si te totum intelligas, idest animam et corpus, et proximum tuum, idest

animam et corpus, nullum diligendarum rerum genus in his duobus praeceptis praetermissum est. Cum enim praecurrat dilectio Dei, sequatur dilectio proximi, ejusque dilectionis modus praescriptus sit, ut eum sicut te ipsum diligas; simul (1) et tui abs te dilectio praetermissa non est.

5. CHRYSOSTOMUS (2) in homil. 72. Judaei aestimantes Christum esse hominem purum, eum tentabant; nec eum tentassent, si Filium Dei credidissent. Volens ergo Christus ostendere quod cognoscebant fallaciam cordis eorum, et quia Deus erat, nec manifeste voluit dicere (3) veritatem, ne occasionem blasphemiae invenientes Judaei amplius insanirent, nec omnino tacere, quia ad hoc venerat ut veritatem annuntiaret: ideo talem interrogationem eis proposuit, ut ipsa interrogatio eis ostenderet quis esset: unde dicitur: Congregatis autem Pharisaeis, interrogavit eos Jesus, dicens: Quid vobis videtur de Christo? Cujus filius est? CHRYSOSTOMUS in hom. 72. Discipulos quidem primum interrogavit quid alii dicerent de Christo, et tunc quid ipsi dicerent; hos autem non ita. Profecto enim seductorem eum dixissent et malum. Existimabant autem quoniam Christus purus homo erat; et ideo dixerunt eum esse filium David: et hoc est quod subditur: Dicunt ei, David. Ipse autem hoc reprehendens, inducit Prophetam dominationem ejus et proprietatem filiationis, et cohonorationem quae est ad Patrem, testantem: unde dicitur (4): Quomodo ergo David in spiritu vocat eum Dominum. dicens, Dixit Dominus Domino meo: Sede a dextris meis, donec ponam etc. HIERONYMUS Testimonium hoc de 109 Psalmo sumptum est. Dominus ergo David (5) vocatur, non secundum id quod de eo natus est, sed secundum id quod natus ex Patre semper fuit, praeveniens ipsum carnis suae patrem. Vocat autem eum Dominum suum, non errore incerto, nec propria voluntate, sed Spiritu sancto. REMIGIUS. Quod autem dicit, Sede a dextris meis, non intelligendum est quod Deus corporeus sit, ut dexteram vel sinistram habeat; sed a dextris Dei sedere, est in honore et aequalitate paternae dignitatis manere. CHRYSOSTOMUS super Matth. (hom. 42 in oper. imperf.). Puto autem quod hanc interrogationem non solum contra Pharisaeos, sed etiam contra haereticos posuit: nam secundum carnem vere filius erat David, Dominus autem secundum divinitatem. CHRYSOSTOMUS in hom. 72. Non autem in hoc stat; sed ut timeant, subdit: Donec ponam inimicos tuos scabellum pedum tuorum: ut saltem ita eos inducat. ORIGENES (tract. 23). Deus etiam non ad perditionem solum ponit scabellum pedum Christi inimicos ipsius, sed ad eorum salutem. REMIGIUS. Tonec autem pro infinito ponitur, ut sit sensus: Sede semper (6), et inimici tui in sempiternum subjicientur pedibus tuis. GLOSSA (7). Quod autem a Patre inimici subjiciuntur Filio, non infirmitatem Filii, sed unitatem naturae significat: nam et Filius subjicit inimicos Patri, quia Patrem clarificat super

---

(1) Al. deest ut
(2) HILARIUS (Ex edit. P. Nicolai).
(3) Al. omittitur aut.

(1) P. Nicolai ordinat sic: ejusque dilectionis modus praescriptus sit, sequitur dilectio proximi, ut eum sicut teipsum diligas, eoque simul etc.
(2) In op. imperf ut supra, non sicut prius. CHRYSOSTOMUS in hom. per quem verus intelligitur (Ex edit. P. Nicolai).
(3) Al. vincere.
(4) Al. subditur.
(5) Al. filius David.
(6) Al. sed semper.
(7) Sive Anselmus (Ex edit. P. Nicolai).

terram. Et ex hac auctoritate concludit: *Si ergo David vocat eum Dominum, quomodo filius ejus est?* HIERONYMUS (super *Congregatis autem*). Interrogatio haec nobis proficit usque hodie contra Judaeos: et hi enim, qui confitentur Christum esse venturum, hominem simplicem et sanctum virum asserunt de genere David. Interrogemus ergo eos docti a Domino: Si simplex homo est, et tantum filius David, quomodo David vocat eum Dominum suum? Judaei autem ad diluendam interrogationis veritatem, frivola multa confingunt, vernaculum Abrahae asserentes, cujus filius fuit Damascus Eliezer, et ex ipsius persona scriptum Psalmum, quod post caedem quinque regum, Dominus Deus Domino suo Abraham dixerit. *Sede ad dexteram meam, donec ponam etc.* Quos interrogemus, quomodo dixerit Abraham ea quae sequuntur; et respondere cogamus quando Abraham ante Luciferum genitus sit, et quomodo sacerdos fuerit secundum ordinem Melchisedech, pro quo Melchisedech obtulerit panem et vinum, et a quo decimas praedae acceperit. CHRYSOSTOMUS in hom. 72. Hoc tantum imposuit finem ipsorum disputationibus, quasi magnum et sufficiens praecludere eorum ora: unde sequitur: *Et nemo poterat respondere ei Verbum, neque ausus fuit quisquam ex illa die eum amplius interrogare.* Siluerunt enim ex tunc non volentes, sed non habendo aliquid dicere. ORIGENES (tract. 23). Si autem interrogatio eorum fuisset ex voluntate discendi, nunquam eis talia proposuisset ut amplius non essent ausi eum interrogare. RABANUS cir. finem Comment.). Ex hoc autem intelligimus venena invidiae superari posse, sed difficile quiescere.

CAPUT VIGESIMUMTERTIUM.

1. Tunc Jesus locutus est ad turbas et ad discipulos suos. dicens: Super cathedram Moysi sederunt Scribae et Pharisaei. Omnia ergo quaecunque dixerint vobis, servate et facite; secundum opera vero eorum nolite facere: dicunt enim et non faciunt. Alligant autem onera gravia et importabilia, et imponunt in humeros hominum; digito autem suo nolunt ea movere.

2. Omnia vero opera sua faciunt ut videantur ab hominibus. Dilatant enim phylacteria sua, et magnificant fimbrias. Amant autem primos recubitus in caenis, et primas cathedras in synagogis, et salutationes in foro, et vocari ab hominibus Rabbi. Vos autem nolite vocari Rabbi. Unus est enim magister vester: omnes autem vos fratres estis. Et patrem nolite vocare vobis super terram: unus est enim pater vester qui in caelis est. Nec vocemini magistri, quia magister vester unus est Christus. Qui major est vestrum, erit minister vester qui autem se exaltaverit, humiliabitur, et qui humiliaverit, exaltabitur.

3. Vae autem vobis Scribae et Pharisaei hypocritae, qui clauditis regnum caelorum ante homines. Vos enim non intratis, nec introeuntes sinitis intrare.

4. Vae vobis Scribae et Pharisaei hypocritae, qui comeditis domos viduarum, orationes longas orantes: propter hoc amplius accipietis judicium.

5. Vae vobis Scribae et Pharisaei hypocritae, qui circuitis mare et aridam ut faciatis unum proselytum: et cum fuerit factus, facitis eum filium gehennae duplo quam vos.

6. Vae vobis duces caeci, qui dicitis: Quicumque juraverit per templum, nihil est; qui autem juraverit in auro templi, debitor est. Stulti et caeci: quid enim majus est: aurum, an templum quod sanctificat aurum? Et quicumque juraverit in altari, nihil est; quicumque autem juraverit in dono quod est super illud, debet Caeci: quid enim majus est: donum, an altare quod sanctificat donum? Qui ergo jurat in altari, jurat in eo, et in omnibus quae super illud sunt; et quicumque juraverit in templo, jurat in illo, et in eo qui habitat in ipso; et qui jurat in caelo, jurat in throno Dei, et in eo qui sedet super ipsum.

7. Vae vobis Scribae et Pharisaei hypocritae, qui decimatis mentam et anethum et cyminum; et reliquistis quae graviora sunt legis, judicium, et misericordiam, et fidem. Haec oportuit facere, et illa non omittere. Duces caeci, excolantes culicem, camelum autem glutientes.

8. Vae vobis Scribae et Pharisaei hypocritae, qui mundatis quod deforis est calicis et paropsidis; intus autem pleni estis rapina et immunditia. Pharisaee caece, munda prius quod intus est calicis et paropsidis, ut fiat et id quod deforis est, mundum.

9. Vae vobis Scribae et Pharisaei hypocritae: quia similes estis sepulcris dealbatis, quae a foris parent hominibus speciosa, intus vero plena sunt ossibus mortuorum et omni spurcitia Sic et vos a foris quidem paretis hominibus justi; intus autem pleni estis hypocrisi et iniquitate.

10. Vae vobis Scribae et Pharisaei hypocritae, qui aedificatis sepulcra Prophetarum, et ornatis monumenta justorum, et dicitis: Si fuissemus in diebus patrum nostrorum, non essemus socii eorum in sanguine Prophetarum. Itaque testimonio estis vobismetipsis, quia filii estis eorum qui Prophetas occiderunt.

11. Et vos implete mensuram patrum vestrorum. Serpentes, genimina viperarum, quando fugietis a judicio gehennae? Ideo dico vobis: Ecce ego mitto ad vos Prophetas et sapientes et scribas: et ex illis occidetis et crucifigetis, et ex eis flagellabitis in synagogis vestris, et persequemini de civitate in civitatem, ut veniat super vos omnis sanguis justus qui effusus est super terram, a sanguine Abel justi usque ad sanguinem Zachariae filii Barachiae, quem occidistis inter templum et altare. Amen dico vobis, venient haec omnia super generationem istam.

12. Hierusalem, Hierusalem, quae occidis Prophetas, et lapidas eos qui ad te missi sunt: quoties volui congregare filios tuos, quemadmodum gallina congregat pullos suos sub alas, et noluisti? Ecce relinquetur vobis domus vestra deserta. Dico enim vobis, non me videbitis amodo, donec dicatis, Benedictus qui venit in nomine Domini.

1. CHRYSOSTOMUS super Matth. (homil. 43. in oper. imperf.). Postquam Dominus sacerdotes responsione (1) prostravit, et incorrigibilem eorum conditionem ostendit: sicut clerici, si male fecerint, inemendabiles sunt, laici vero delinquentes facile emendantur: tunc convertit sermones ad Apostolos, et ad populum: unde dicitur: *Tunc locutus est Jesus ad turbas, et ad discipulos suos.* Infructuosum namque est verbum in quo sic alter confunditur ut alter non erudiatur. ORIGENES (tract. 24). Sunt autem meliores discipuli Christi reliquis turbis; et invenies in Ecclesiis quosdam affectuosius accedentes ad verbum Dei esse discipulos Christi, ceteros autem populum esse ipsius. Et interdum quaedam discipulis solis dicit, quaedam vero turbis simul atque discipulis, sicut haec: unde sequitur:

(1) *Al.* sacerdotum sponsionem.

Dicens: Super Cathedram Moysi etc. Qui legem Moysi profitentur, et interpretari se gloriantur, hi sedent super cathedram Moysi. Qui ergo non recedunt a littera legis, scribae dicuntur; qui autem majus aliquid profitentes, dividunt seipsos quasi meliores a multis, Pharisaei dicuntur. quod interpretatur divisi; qui autem Moysen secundum spiritualem virtutem intelligunt et exponunt, sedent quidem super cathedram Moysi, sed non sunt Scribae et Pharisaei, sed his meliores dilecti Christi discipuli. Post adventum autem Christi sedent super cathedram Ecclesiae, quae est cathedra Christi. CHRYSOSTOMUS super Matth. (hom. 43 oper imperf.). Videndum est tamen quomodo quis super cathedram sedeat: quia non cathedra facit sacerdotem, sed sacerdos cathedram; non locus sanctificat hominem, sed homo locum. Ideoque malus sacerdos de sacerdotio suo crimen acquirit, non dignitatem. CHRYSOSTOMUS in hom. 73. Ne autem aliquis dicat quoniam propter hoc desidior factus sum ad agendum quia malus est doctor; hanc destruit occasionem, cum subdit: *Omnia ergo quaecumque dixerint vobis, servate et facite:* non enim sua dicunt, sed quae Dei sunt, quae per Moysen Deus in legem deduxit. Et intuere quanto circa Moysen utitur honore, eam iterum quae ad vetus est testamentum concordiam ostendens. ORIGENES (tract. 24). Si autem Scribae et Pharisaei sedentes super cathedram Moysi, sunt Judaeorum doctores, secundum litteram docentes legis mandata; quomodo jubet nos Dominus secundum omnia quae dicunt illi, facere; cum Apostoli in Actibus vetent fideles vivere secundum litteram legis? Sed illi docent secundum litteram, legem spiritualiter non intelligentes Quaecumque ergo dicunt nobis ex lege, intelligentes sensum legis, facimus et servamus, nequaquam facientes secundum opera eorum; non enim sicut lex docet faciunt, nec intelligunt velamen esse super litteram legis. Vel cum omnia audieris, non omnia intelligas praecepta legis, puta multa quae de escis sunt et quae de hostiis et similia; sed ea quae corrigunt mores. Sed quare non de lege gratiae hoc mandavit, sed de doctrina Moysi? Quia scilicet nondum erat tempus praecepta novae legis ante tempus passionis manifestare. Mihi autem videtur quod et aliquid aliud praedispensans hoc dicit: quia enim accusaturus erat Scribas et Pharisaeos in sequentibus sermonibus; ne videretur apud stultos ex hoc eorum principatum cupere, vel propter inimicitias hoc facere; primum a se hanc suspicionem removet, et tunc eos incipit reprehendere, ut turbae non in eadem vitia incidant; et ideo etiam ne existimant quod, quia debent eos audire, ideo eos debeant in operibus imitari: subditur enim: *Secundum vero opera eorum nolite facere.* Quid est autem doctore illo miserabilius cujus vitam discipuli cum non sequuntur salvantur, cum imitantur perduntur? CHRYSOSTOMUS super Matth (hom. 43 in op. imperf.). Sicut autem aurum de terra eligitur, et terra relinquitur; sic et auditores doctrinam accipiant, et mores relinquant; frequenter enim de homine (1) malo bona doctrina procedit. Sicut autem sacerdotes melius judicant propter bonos malos docere, quam propter malos bonos negligere; sic et subditi propter bonos sacerdotes etiam malos honorent, ne propter malos boni etiam contemnan-

tur: melius est enim malis injusta praestare, quam bonis justa subtrahere. CHRYSOSTOMUS in hom. 73. Considera vero unde incipit eos reprehendere; nam sequitur: *Dicunt enim, et non faciunt.* Maxime enim accusatione dignus est qui doctrinae auctoritatem habens, legem transgreditur: primo quidem quia praevaricatur qui alios corrigere debet; deinde quia peccans, majore poena dignus est, propter honorem; tertio quia plus corrumpit velut in ordine doctoris peccans. Rursus autem et aliam eorum reprehensionem ponit, quoniam graves sunt sibi subjectis: unde sequitur: *Alligant enim onera gravia:* in quo duplicem eorum malitiam ostendit: unam quidem in hoc quod sine venia expetunt a subjectis summam diligentiam vitae; aliam vero in hoc quod sibiipsis multam concedunt licentiam. Oportet autem bonum principem e contrario se habere: in his enim quae secundum seipsum sunt, gravem judicem esse; in subjectis autem mansuetum. Intende autem qualiter et eorum reprehensionem aggravat: non enim dixit, Non possunt, sed *Nolunt*; neque dixit, Portare, sed *Digito movere*: idest, neque prope fieri, neque tangere. CHRYSOSTOMUS super Matth (hom. 43 in op. imperf.). Et quidem quantum ad Pharisaeos et Scribas, de quibus loquitur, onera gravia et importabilia dicit legis mandata, de quibus Petrus in Actibus cap. 15 dicit: « Ut quid « vultis imponere jugum super cervices discipulo- « rum, quod neque nos neque patres nostri por- « tare potuimus ? » Onera enim legis quibusdam rationibus fabulosis commendantes, auditoribus quasi vincula super humeros cordis eorum alligabant, ut velut rationis vinculo constricti, non rejicerent ea a se; ipsi autem nec ex modica parte ea implebant; idest (ut non dicam pleno opere) sed nec modico tactu, idest digito. GLOSSA (interlinearis). Vel *alligant onera;* idest, undecumque traditiones colligunt, quae conscientiam non levant, sed gravant. HIERONYMUS (super *Alligant onera gravia*). Humeri autem et digitus et onera et vincula, quibus alligant onera, spiritualiter sunt intelligenda. Hic etiam generaliter Dominus adversus omnes magistros loquitur qui grandia jubent, et minora non (1) faciunt. CHRYSOSTOMUS super Matth. (hom. 43 in ope. imperf.) Tales autem sunt qui grave pondus venientibus ad poenitentiam imponunt; et sic dum poena praesens fugitur, contemnitur poena futura. Si enim fascem super humeros adolescentis quem non potest bajulare, posueris: necesse habet ut aut fascem rejiciat, aut sub pondere confringatur: sic et homini cui grave pondus poenitentiae imponis, necesse est ut aut poenitentiam rejiciat, aut suscipiens, dum sufferre non potest, scandalizatus amplius ( ) peccet. Deinde etsi erramus modicam poenitentiam imponentes; nonne melius est propter misericordiam reddere rationem, quam proper crudelitatem ? Ubi paterfamilias largus est, dispensator non debet esse tenax Si Deus benignus, ut quid sacerdos ejus (3) austerus ? Vis apparere sanctus ? Circa tuam vitam esto austerus, circa aliorum benignus: audiant te homines parva mandantem, et gravia facientem. Talis est autem sacerdos qui sibi indulget, et alios exigit (4), quemad-

---

(1) Al *deest* homine.

(1) *Al omittitur* non.
(2) *Al.* melius.
(3) *Al. deest* ejus.
(4) *P Nicolai legit* et ab aliis gravia **exigit**.

modum malus descriptor tributi in civitate, qui se relevat et onerat tribuentes.

2. CHRYSOSTOMUS in hom. 73. Supra Dominus arguerat Scribas et Pharisaeos crudelitatis et negligentiae; consequenter autem arguit eos inanis gloriae, quae fecit eos a Deo recedere: unde dicit: *Omnia autem opera sua faciunt, ut videantur ab hominibus.* CHRYSOSTOMUS super Matth. (homil. 43 op. imperf.) In omni re nascitur quod ipsam exterminat, sicut ex ligno vermis, et ex vestimento tinea: unde sacerdotum ministerium, qui positi sunt ad aedificationem sanctitatis, corrumpere diabolus nititur, ut hoc ipsum bonum, dum propter homines fit, fiat malum. Tolle hoc vitium de clero, et sine labore omnia resecabis: ex hoc enim fit ut difficile clerici peccantes poenitentiam agant. Vult autem Dominus in hoc ostendere causam propter quam non poterant credere Christo; hoc est quia omnia faciunt ut videantur ab hominibus: impossibile enim est ut credat Christo caelestia praedicanti qui gloriam hominum concupiscit terrenam. Legi enim aliquem interpretantem hunc locum: Supra cathedram, idest in honore et gradu quo fuerat Moyses, constituti sunt Scribae et Pharisaei indigne, qui legem prophetantem (1) de Christo venturo praedicabant aliis, ipsi autem non recipiebant praesentem. Propter hoc hortatur populum audire legem quam praedicabant idest credere in Christum praedicatum a lege et non imitari Scribas et Pharisaeos incredulos. Et reddit causam quare praedicabant ex lege Christum venturum, et non credebant in eum: quia scilicet omnia opera sua faciunt ut ab hominibus videantur; idest, quia non praedicabant Christum venturum desiderio adventus ejus: sed ut doctores legis esse ab hominibus viderentur. ORIGENES (tract. 24). Ad hoc autem opera sua faciunt ut ab hominibus videantur, visibilem suscipientes circumcisionem, et visibiliter corporalia fermenta auferentes de domibus suis, et similiter his similia agentes. Christi vero discipuli legem in occultis implent, quasi in occulto constituti Judaei, ut Apostolus dicit. CHRYSOSTOMUS in hom. 73 Vide autem hic, quod cum quadam intensione (2) eos incusat. Non enim simpliciter ait quod faciant opera sua ut videantur ab hominibus, sed addidit *omnia.* Deinde monstrat quod neque in magnis vane gloriabantur, sed in quibusdam vilibus rebus: unde subditur; *Dilatant enim philacteria sua, et magnificant fimbrias.* HIERONYMUS super *Dilatant philacteria*). Dominus enim cum dedisset mandata legis per Moysen (Deut. 5), ad extremum intulit: « Ligabis ea in manu tua, et erunt semper ante « oculos tuos: » et est sensus: Praecepta mea sint in manu tua, ut opere compleantur; sint ante oculos tuos, ut die ac nocte mediteris in eis. Hoc Pharisaei male interpretantes, scribebant in membranis decalogum Moysi. idest decem legis verba, complicantes ea, et ligantes in fronte, et quasi coronam capitis facientes, ut semper ante oculos moverentur. Jusserat quoque aliud Moyses (Num. 15), ut in quatuor angulis palliorum hiacynthinas fimbrias facerent, ad Israelis populum discernendum: ut quomodo in corporibus circumcisio signum Judaicae gentis daret, ita vestis haberet aliquam differentiam. Superstitiosi vero magistri captantes auram popularem, atque ex mulierculis captantes lucra, faciebant grandes fimbrias, et acutissimas in eis spinas

ligabant, ut videlicet ambulantes et sedentes interdum pungerentur, et quasi hac commonitione retraherentur ad ministeria servitutis Dei. Pictariola ergo illa decalogi, philacteria vocabant, idest conservatoria: eo quod quicumque habuissent ea, quasi ob custodiam et munimentum sui haberent: non intelligentibus Pharisaeis quod haec in corde portanda sunt, non in corpore; alioquin et armaria et arcae habent libros, et notitiam Dei non habent. CHRYSOSTOMUS (hom. 43 in op. imperf.). Illorum autem exemplo adhuc (1) multi aliqua nomina Hebraica Angelorum confingunt, et scribunt et alligant; quae non intelligentibus metuenda videntur: quidam vero aliquam partem Evangelii scriptam circa collum portant. Sed nonne quotidie Evangelium in Ecclesia legitur, et auditur ab omnibus? Cui ergo in auribus posita Evangelia nihil prosunt, quomodo eum possunt circa collum suspensa salvare? Deinde ubi est virtus Evangelii? In figuris litterarum, an in intellectu sensuum? Si in figuris, bene circa collum suspendis; si in intellectu, ergo melius in corde posita prosunt quam circa collum suspensa. Alii vero sic exponunt hunc locum: quia dilatabant verba sua de propriis observantiis, quasi philacteria, idest conservatoria salutis, ea populo assidue praedicantes. Fimbrias autem vestimentorum magnificatas dicit superminentias eorumdem mandatorum. HIERONYMUS (parum ante illud, *Vos autem nolite vocari Rabbi*). Cum autem superflue philacteria dilatent, et magnas faciant fimbrias, gloriam cupientes (2) ab hominibus, consequenter arguuntur in reliquis: unde dicitur (3): *Amant enim primos accubitus in coenis, et primas cathedras in synagogis.* RABANUS. Notandum, quod non salutari in foro, non primo sedere vel discumbere vetat eos quibus hoc officii ordine convenit; sed eos qui haec, sive habita sive non habita, indebite amant, a fidelibus quasi improbos dicit (4) esse cavendos. CHRYSOSTOMUS (homil. 43 in oper. imperf.). Non enim vituperat eos qui in primo loco recumbunt, sed eos qui amant discubitus; ad voluntatem vituperationem referens, non ad factum. Sine causa enim loco se humiliat qui corde se praefert: aliquis enim jactator audiens laudabile esse in ultimo loco discumbere, discumbit post omnes; et non solum jactantiam cordis non dimittit, sed adhuc aliam jactantiam humilitatis acquirit, ut qui vult videri justus, et humilis videatur. Multi enim superbi corpore quidem in novissimo recumbentes, cordis autem elatione videntur sibi in capite recumbere; et multi sunt humiles in capite recumbentes, et conscientia se in ultimo esse existimant. CHRYSOSTOMUS in homilia 73. Intende ubi in eis vana gloria dominabatur: in synagogis scilicet, in quas intrabant alios directuri: in coenis hoc pati qualitercumque tolerabile erat, quamvis doctorem in admiratione esse oporteat, non in Ecclesia solum, sed ubique. Si autem diligere talia est incusatio, quam malum est studere ut his aliquis potiatur? CHRYSOSTOMUS super Matth. (hom. 43 in oper. imperf.). Primas etiam salutationes amant, non solum in tempore, ut eos primum salutemus; sed etiam in voce, ut clamantes dicamus, Ave Rabbi; et in corpore, ut flexis capitibus eis incurvemur: et in loco, ut in publi-

(1) *Al.* qui prophetantes.
(2) *Al.* intentione.

(1) *Al.* et nunc.
(2) *Al.* captantes.
(3) *Al.* sequitur.
(4) *Al.* docet.

eo salutentur: unde dicit *Et salutationes in foro.*
RABANUS (super *Nolite vocari Rabbi*). Quamvis in
hoc culpa non careant, si idem in foro litibus interesse qui in cathedra Moysi magistri synagogae
cupiunt appellari, et vocari ab hominibus Rabbi.
CHRYSOSTOMUS super Matth. (homil 43 op. imperf.).
Idest, vocari volunt, et non esse: nomen appetunt,
et officium negligunt. ORIGENES (tract. 24). In Ecclesia etiam Christi invenientur mensarum suscipientes primatum, ut diacones fiant: consequenter
autem primas cathedras eorum qui dicuntur presbyteri, praeripere ambiunt: quidam autem machinan-
tur ut Episcopi vocentur ab hominibus, hoc est
Rabbi. Christi autem discipulus diligit quidem in
spiritualibus coenis recubitus primos, ut meliora
spiritualium ciborum manducet: diligit etiam cum
Apostolis sedentibus super duodecim thronos primas
cathedras, actibus bonis dignum se praebere festinans cathedris hujusmodi: sic autem et salutationes
diligit quae fiunt in nundinis caelestibus, idest caelestibus primitivorum congregationibus. Vocari autem Rabbi neque ab hominibus neque ab aliquo alio
diligit justus, quia unus est Magister omnium: unde
subdit: *Vos autem nolite vocari Rabbi.* CHRYSOSTOMUS
in homilia 73. Vel aliter. Praemi sorum, de quibus
Pharisaeos incusaverat, alia quidem sicut parva, et vilia
praetermisit quasi discipulis de his instrui non indigentibus; sed quod erat omnium malorum causa, idest
thronum appetere magistralem, hoc in medium ducit
ad discipulos instruendum: unde subdit: *Vos autem
nolite vocare Rabbi: unus est enim magister vester.*
CHRYSOSTOMUS super Matth. (hom. 43 in op. imperf.). Quasi dicat: *Nolite vocari Rabbi*, ne quod
Deo debetur, vobis praesumatis. Nolite et alios vocare Rabbi, ne divinum honorem hominibus defe-
ratis. Unus est enim Magister omnium, qui omnes
homines naturaliter docet. Si enim homo hominem
erudiret, omnes homines discerent qui habent doctores: nunc autem quia non homo docet, sed
Deus; multi quidem docentur, pauci autem discunt.
Non enim homo intellectum praestat homini docendo, sed a Deo praestitum per admonitionem
exercet. HILARIUS (can. 24). Et ut meminerint discipuli se filios parentis unius, et per novae nativitatis generationem terreni ortus excessisse primor-
dia, subdit: *Omnes autem vos fratres estis.* HIERO-
NYMUS contra Helvidium (a medio). Omnes autem
homines affectu fratres dici possunt: quod in duo
dividitur: in speciale et commune. In speciale, quia
omnes Christiani fratres vocantur; porro in commune, quia omnes homines ex uno patre nati, pari
inter nos germanitate conjungimur.

Sequitur: *Et patrem nolite vocare vobis super
terram.* CHRYSOSTOMUS super Matth. (hom. 43 operis imperf.). In mundo enim, quamvis homo hominem generat, tamen unus est pater qui omnes
creavit. Non enim initium vitae habemus ex parentibus, sed transitum vitae per eos accipimus.
ORIGENES (tract. 24). Sed quis non vocat patrem
in terris? Qui per omnem actum secundum Deum
impletum dicit: *Pater noster, qui es in caelis*: supra 6. GLOSSA (!). Quia vero apparebat quis esset
omnium pater, in hoc quod dixerat, *Qui es in caelis*, vult exponere quis sit omnium magister: unde
praeceptum de magistro iterum repetit, dicens:
Ne vocemini magistri, quia magister vester unus est

(1) Nec in Glossa quae nunc extat, nec in Anselmo, nec
alibi occurrit (*Ex edit. P. Nicolai*).

Christus. CHRYSOSTOMUS in homilia 73. Non tamen,
dum dicitur Christus Magister, excluditur Pater:
sicut neque ex hoc quod Deus Pater noster dicitur,
hominum Pater excluditur Christus. HIERONYMUS
(ubi supra). Quaeritur autem quare adversum
hoc praeceptum Apostolus doctorem Gentium se
esse dixerit, aut quomodo in monasteriis vulgato
sermone se invicem patres vocant. Quod sic solvitur. Aliud est esse natura patrem vel magistrum (1),
aliud indulgentia. Nos si hominem patrem vocamus,
honorem aetati deferimus, non auctorem nostrae
ostendimus vitae. Magister enim dicitur ex consortio veri magistri: et ne infinita replicem, quomodo
unus per naturam Deus, et unus Filius non praejudicat ceteris, ne per adoptionem dii vocentur et
filii; ita et unus Pater et Magister non praejudicat
aliis, ut abusive vocentur et patres et magistri.
CHRYSOSTOMUS in hom. 73. Non solum autem Dominus primatus cupere prohibet, sed ad contrarium
auditorem inducit: unde subdit: *Qui major est vestrum, erit minister vester.* ORIGENES (tract. 24).
Vel aliter. Et si ministrat quis verba divina, sciens
quia Christus in eo fructificat, nequaquam se magistrum, sed ministrum profitetur: unde sequitur:
Qui major est vestrum, erit minister vester: quoniam
et ipse Christus cum esset vere magister, ministrum
se esse professus est, dicens: *Ego sum in medio
vestrum, quasi qui ministrat.* Bene autem post omnia quibus vanae gloriae vetavit concupiscentiam,
addidit dicens: *Qui autem se exaltaverit, humiliabitur; et qui se humiliaverit, exaltabitur.* REMIGIUS.
Quod sic intelligitur. Omnis qui se de suis meritis
extollit, apud Deum humiliabitur; et qui se de beneficiis humiliat, apud Deum exaltabitur.

3. ORIGENES (tract. 25). Christus quasi vere
Filius Dei illius qui legem dedit, secundum similitudinem benedictionum quae sunt in lege, dixit
et ipse beatitudines eorum qui salvantur; secundum
similitudinem autem maledictionum positarum in
lege ponit *vae* adversus peccatores, dicens: *Vae vobis
Scribae et Pharisaei hypocritae.* Qui fatentur bonitatis esse adversus peccatores ista pronuntiare,
intelligant quia simile est propositum Dei in ma-
ledictionibus legis; sive autem illa maledictio, sive
istud *vae*, non ex pronuntiante contingit peccanti,
sed ex peccatis, quibus dignum se praebet ad susceptionem istorum, quae Deus disciplinae causa praenuntiavit, ut convertantur homines ad bonum:
sicut pater increpans filium, profert verba maledictionis; nec tamen vult illum dignum fieri ma-
ledictionibus illis ; sed magis ab eis divertere.
Hujus autem *vae* causa subdit: *Quia clauditis regnum caelorum ante homines; vos autem non intratis, nec introeuntes sinitis intrare.* Haec duo praecepta naturaliter inseparabilia sunt: quoniam hoc
ipsum sufficit ad expulsionem quod alios non permittit intrare. CHRYSOSTOMUS super Matth. (homil.
44 in op. imperf.). Regnum caelorum dicuntur
Scripturae, quia in illis insitum (2) est regnum
caelorum: janua est intellectus earum. Vel regnum
caelorum est beatitudo caelestis: janua autem est
Christus, per quem introitur in eam. Clavicularii
autem sunt sacerdotes, quibus creditum est verbum
docendi et interpretandi Scripturas: clavis autem
est verbum scientiae Scripturarum, per quam aperitur hominibus janua veritatis. Apertio autem ejus

(1) *Al.* vel matrem.
(2) *Al.* insertum.

est interpretatio vera. Vide autem, quia non dixit, *Vae vobis qui aperitis*, sed *qui clauditis*: ergo non sunt Scripturae clausae (1), licet sint obscurae. ORIGENES (tract. 25). Pharisaei ergo et Scribae nec intrabant, nec eum volebant audire qui dixit Joan. 10: « Si quis per me introierit, salvabitur: » et nec intrantes, idest eos qui credere poterant propter ea quae a lege et prophetis ante fuerant declarata de Christo, introire sinebant, cum omni terrore januam claudentes: adhuc derogabant doctrinae ejus, et subvertebant omnem propheticam Scripturam de eo, et blasphemabant omne opus ipsius quasi falsum et a diabolo factum. Sed et omnes qui mala conversatione sua dant exemplum peccandi in populo; et qui faciunt injuriam, scandalizantes pusillos, claudere videntur ante homines regnum caelorum. Et hoc peccatum invenitur quidem in popularibus; maxime autem in doctoribus, qui docent quod decet secundum justitiam Evangelii homines, non autem faciunt quod docent. Bene autem viventes et bene docentes aperiunt hominibus regnum caelorum; et dum ipsi intrant, alios provocant introire. Sed et multi non permittunt intrare in regnum caelorum intrare volentes, quando et sine ratione excommunicant quosdam propter aliquem zelum, qui meliores sunt quam ipsi; et ipsi quidem non permittunt eos introire. Illi autem qui sobrii sunt mente, patientia sua tyrannidem eorum vincentes, quamvis vetiti, tamen intrant et hereditant regnum. Sed et qui cum multa temeritate seipsos dederunt ad professionem docendi priusquam discerent, et Judaicas fabulas imitantes, detrahunt eis qui ea quae sursum sunt in Scripturis requirunt, claudunt quantum ad se ante homines regnum caelorum.

4. CHRYSOSTOMUS in hom. 74. De reliquo Dominus de gula eos reprehendit; et, quod deterius est, quoniam non a divitibus, sed a viduis accipiebant unde ventrem implerent; et illorum inopiam conterebant quam relevare oportebat: unde dicitur: *Vae vobis Scribae et Pharisaei hypocritae, qui comeditis domos viduarum* GLOSSA (2). Idest, qui vestra superstitione nihil intenditis nisi ut praedam de subjecta plebe faciatis CHRYSOSTOMUS super Matth. (hom. 44 op. imperf.). Sexus autem mulierum incautus est, quia non omnia quae videt aut audit, cum ratione considerat: mollis etiam est, quia facile flectitur vel de malo ad bonum, vel de bono ad malum. Virilis autem sexus et cautior et durior est. Propterea simulatores sanctitatis circa mulieres maxime negotiantur: quia nec intelligere eorum simulationes possunt, et facile ad eorum dilectionem inclinantur religionis causa. Praecipue tamen circa viduas negotiantur: primo quidem quia mulier non facile decipitur habens consiliarium virum; deinde quia non facile de facultatibus suis aliquid dant, cum sint in potestate viri. Propterea ergo Dominus, dum Judaicos sacerdotes confundit, Christianos monet ne viduis mulieribus amplius commorentur quam ceteris: quia etsi voluntas mala non sit, tamen suspicio mala est. CHRYSOSTOMUS in homil. 74. Deinde et hujus rapinae modus erat gravior: additur enim, *Orationes longas orantes*. Quicumque enim malum facit, dignus est poena; sed qui a religione causam accipit nequitiae, graviori est obnoxius poenae: unde sequitur: *Propter hoc amplius accipietis judicium.* CHRYSOSTOMUS super

(1) *Al.* clausulae.
(2) Interlinealis (*Ex edit. P. Nicolai*).

Matth. (hom. 44, in op. imperf.). Primum quidem pro eo quod estis iniqui; alterum pro eo quod figmentum accipitis sanctitatis: avaritiam enim vestram, religionis colore depingitis; et quasi praestatis diabolo arma Dei, ut ametur iniquitas, dum pietas aestimatur. HILARIUS (can. 24). Vel quia hinc procedit (1) regni caelestis observatio (2), ut in obeundis viduarum domibus retineatur ambitio; ideo accipient amplius judicium quia poenam proprii peccati et reatum alienae ignorantiae debebunt. GLOSSA (interlinearis). Vel quia « servus « sciens et non faciens, vapulabit multis: » Luc. 12.

5. CHRYSOSTOMUS in hom. 74. Post praemissa, rursus eos Dominus aliter incusat: et quia inefficaces sunt ad multorum salutem, cum multo labore indigeant ut ad salutem unum convertant; et quia non solum desides sunt circa eos quos convertunt, sed eorum etiam destructores, dum eos corrumpunt pravae vitae exemplis: unde dicitur: *Vae vobis Scribae et Pharisaei hypocritae, qui circuitis mare et aridam, ut faciatis unum proselytum.* HILARIUS (can. 24) Maris autem et terrae peragratione significat in totius orbis finibus eos esse Christi Evangelio obtrectaturos, et legis jugo contra justificationem fidei aliquos subdituros. Proselyti enim sunt ex Gentibus in synagogam recepti, quorum futurorum raritas in uno indicatur. Neque enim post Christi praedicationem doctrinae eorum fides relicta est; sed quisquis acquisitus fuerit ad fidem Judaeorum, filius fit gehennae. ORIGENES (tract. 25). Quicumque enim post Salvatorem judaizant, docentur imitari affectum eorum qui dixerunt in illo tempore, *Crucifige, crucifige eum*: infra 27: unde sequitur: *Et cum factus fuerit, facitis eum filium gehennae duplo quam vos.* HILARIUS (can. 24). Ideo autem poenae duplicatae erit filius, quia neque sit remissionem peccatorum Gentilium consecutus, et societatem eorum qui Christum persecuti sunt, sit secutus. HERONYMUS (super *Vae vobis qui circuitis*). Vel aliter. Scribae et Pharisaei totum lustrantes orbem, id studii habebant, de Gentibus facere proselytum; idest, advenam incircumcisum miscere populo Dei. CHRYSOSTOMUS super Matth. (hom. 44 oper. imperf.) Non autem propter misericordiam, volentes eum salvare quem docebant; sed aut propter avaritiam, ut additis in synagoga Judaeis, sacrificiorum adderetur oblatio: aut propter vanam gloriam. Qui enim seipsum mergit in gurgite peccatorum, quomodo alterum a peccatis velit eripere ? Numquid magis misericors potest alteri aliquis esse quam sibi ? Ex ipsis ergo actibus ostenditur qui propter Deum aliquem vult convertere, aut propter vanitatem. GREGORIUS (31 Moral. (3) cap. 7). Quia vero hypocritae, quamvis perversa semper operentur, loqui tamen recta non desinunt; bene loquendo quidem in fide vel conversatione filios pariunt, sed eos bene vivendo nutrire non possunt: quanto enim se libentius terrenis actibus inserunt, tanto negligentius eos quos genuerant (4), agere terrena permittunt. Et quia obduratis cordibus vivunt, ipsos etiam quos generant filios nulla pietate debiti a-

(1) *Al.* procedebat.
(2) *P. Nicolai habet* obsecratio.
(3) Super illud Job 39, de Struthione dictum, *relinquit in terra ova sua;* sed in antiquis codd. partim cap. 7, partim 8, nec eadem serie in Gregorii textu haec habentur, sed multis interjectis, ut nec occasione hujus loci Matthaei, de quo nec leviter meminit (*Ex edit. P. Nicolai*).
(4) *U.* generant.

moris agnoscunt: unde et hic de hypocritis dicitur: *Et cum fuerit factus, facitis eum filium gehennae duplo quam vos.* AUGUSTINUS cont. Faustum (lib. 18, cap. 29). Hoc autem, non quia circumcidebantur, dixit; sed quia eorum mores imitabantur a quibus imitandis suos cohibuerat, dicens: *Super cathedram Moysi etc.* In quibus verbis utrumque debet adverti: et quantus honor delatus sit doctrinae Moysi, in cujus cathedra etiam mali sedentes. bona docere cogebantur; et inde fieret proselytus filius gehennae, non quidem verba legis audiendo, sed eorum facta (1) sectando. Propterea autem duplo quam illi. quia hoc negligebat implere quod propria voluntate susceperat, non ex Judaeis natus, sed sponte Judaeus factus. HIERONYMUS (ubi supra). Vel quia ante, dum esset Gentilis, simplicitate (2) errabat, et erat semel filius gehennae; videns autem (3) magistrorum vitia et intelligens destruere eos opere quod verbo docebant, revertitur ad vomitum suum, et Gentilis factus, quasi praevaricator majori poena dignus erat. CHRYSOSTOMUS super Matth. (hom. 44 oper. imperf.). Vel quia forte sub cultura idolorum constitutus, vel propter homines justitiam servabat; factus autem Judaeus malorum magistrorum provoc tus exemplo, fiebat pejor magistris. CHRYSOSTOMUS in hom. 74. Cum enim virtuosus fuerit magister, discipulus imitatur: cum autem fuerit malus, superexcedit (4). Filius autem vocatur gehennae, quomodo filius perditionis, et filius hujus saeculi: unusquisque enim cujus opera facit, hujus filius appellatur. ORIGENES (tract. 25). Ex hoc autem loco discimus quoniam et eorum qui in gehenna futuri sunt, erit differentia tormentorum; quando alter est simpliciter filius gehennae, alter vero dupliciter. Sed et hic videre oportet si generaliter est fieri aliquem filium gehennae, ut puta Judaeum aut Gentilem, aut etiam specialiter, ut per singulas species peccatorum fiat quis filius gehennae: ut justus quidem secundum numerum justitiarum suarum augeatur in gloria, peccator autem secundum numerum peccatorum suorum multiplicetur in gehenna.

6. HIERONYMUS (ubi supra) Sicut in phylacteriis et fimbriis dilatatis opinio sanctitatis captabat gloriam, et per occasionem gloriae quaerebant lucra; sic alia traditionis fraude inventa, impietatis arguit transgressores (5). Si quis enim in contentione, seu in aliquo jurgio, vel in causae ambiguo, jurasset in templo, et postea convictus esset mendacii, non tenebatur criminis: et hoc est quod dicit: *Vae vobis duces caeci, qui dicitis: Quicumque juraverit per templum, nihil est;* quasi dicat, Nihil debet. Sin autem jurasset in auro et pecunia, quae in templo sacerdotibus offerebatur, statim id in quo jurabat, cogebatur exsolvere: unde sequitur: *Qui autem juraverit in auro templi, debet* vel *debitor est.* CHRYSOSTOMUS super Matth. (hom. 44 in op. imperf.). Templum quidem ad gloriam Dei pertinet, et ad hominum spiritualem salutem: aurum autem templi, etsi ad gloriam Dei pertineat, tamen magis ad delectationem hominum et ad utilitatem sacerdotum offertur. Judaei ergo aurum quo ipsi delectabantur, et dona quibus pascebantur, sanctiora dicebant esse quam ipsum templum: ut homines promptiores facerent

ad offerenda dona quam ad preces fundendas in templo. Unde convenienter reprehendit Dominus, dicens: *Stulti et caeci: quid enim majus est: aurum, an templum, quod sanctificat aurum?* Multi autem nunc Christiani sic insipienter intelligunt. Ecce enim si aliqua causa fuerit, modicum videtur facere qui jurat per Deum; qui autem jurat per Evangelium, majus aliquid fecisse videtur. Quibus similiter dicendum est, *Stulti et caeci:* nam Scripturae propter Deum scriptae sunt, non Deus propter Scripturas. Major ergo est Deus, qui sanctificat evangelium, quam evangelium quod sanctificatur ab eo. HIERONYMUS (super *Vae qui dicitis, Quicumque juraverit*). Rursus si quis jurasset in dono vel in victimis, in simila, et ceteris quae offerunt Deo super altare; hoc studiosissime repetebant. Totum autem faciebant non ob Dei timorem, sed ob divitiarum cupiditatem: unde sequitur: *Et qui juraverit in altari, nihil est; qui autem juraverit in dono quod super illud est, debet.* Arguit enim eos Dominus stultitiae et fraudulentiae: quod multo majus sit altare quam hostiae, quae sanctificantur ab altari: unde sequitur: *Caeci: quid enim majus est: donum, an altare, quod sanctificat donum?* GLOSSA (1). Et ne forte in tantam insaniam prorumperent ut dicerent. aurum sanctius esse templo, et donum altari; eos alia ratione convincit: quia videlicet in juramento quod fit per templum et altare, continetur juramentum quod fit per aurum vel per donum: et hoc est quod subdit: *Qui ergo jurat in altari, jurat in eo, et in omnibus quae super illud sunt.* ORIGENES (tract. 35). Similiter quoniam Judaei consuetudinem habebant per caelum jurare, ad reprehensionem eorum subdit; *Qui jurat in caelo, jurat in throno Dei, et in eo qui sedet super ipsum.* Non ergo, sicut arbitrantur, evadunt periculum in eo quod non per Deum jurant, sed per thronum Dei, scilicet caelum. GLOSSA (ordinaria). Qui enim per subjectam creaturam jurat, et per praesidentem creaturae jurat. ORIGENES (tract. 25). Est autem juramentum confirmatio verbi de quo juratur. Juramentum ergo intelligendum est testimonium Scripturarum, quod profertur ad confirmationem verbi quod loquimur: ut sit quidem templum Dei Scriptura divina; aurum autem sensus positus (2) in ea. Sicut autem aurum quod fuerit extra templum, non est sanctificatum: sic omnis sensus qui fuerit extra divinam Scripturam, quamvis admirabilis videatur, non est sanctus. Non ergo debemus ad confirmandam doctrinam nostros intellectus assumere, nisi ostenderimus eos esse sanctos, ex eo quod in Scripturis continentur divinis. Altare autem est hominis cor, quod principale habetur in homine. Vota autem, et dona quae ponuntur super altare, est omne quod supponitur cordi, ut orare, psallere, eleemosynas facere et jejunare. Sanctum ergo facit omne votum hominis cor ejus, ex quo votum ei offertur. Ideo non potest honorabilius esse votum quam cor hominis, ex quo transmittitur votum. Si ergo conscientia hominis non pungat, fiduciam habet ad Deum, non propter dona, sed quia, ut dicam, altare cordis sui bene construxit. Tertium est ut dicamus quod super templum, idest super omnem Scripturam, et super altare, idest super omne cor, est intel-

---

(1) *Al.* sectam. — (2) *Al.* simpliciter. — (3) *Al. deest* autem.
(4) HIERONYMUS. Ejus nomine praetermisso prius ista confundebantur cum Chrysostomi nota (*Ex edit. P. Nicolai*).
(5) *P. Nicolai legit* praeceptum.

(1) Nec in Glossa quae nunc est, nec in Anselmo, nec alibi occurrit (*Ex edit. P. Nicolai*).
(2) *Al. deest* positus.

lectus quidam qui dicitur caelum et thronus i-
psius dicitur Dei, in quo est videre (1) facie revelata, cum venerit quod perfectum est, faciem veritatis. HILARIUS (can. 24). Adveniente etiam Christo,
inutilem docet esse fiduciam legis: quia non in
lege Christus; sed lex sanctificatur in Christo; in
quo veluti sedes thronusque sit positus; atque ita
stulti caecique sunt, qui sanctificante praetermisso,
sanctificata venerantur. AUGUSTINUS de Quaest. Evang.
(lib. 1, cap. 34). Templum etiam et altare, ipsum Christum intelligimus; aurum et donum, laudes et sacrificia precum, quae in eo et per eum
offerimus. Non enim ille per haec, sed ista per
illum sanctificantur.

7. CHRYSOSTOMUS in hom. 74. Supra Dominus
dixerat, quod ligabant graviora onera, et aliis imponebant quae ipsi nec tangere volebant; hic autem rursus ostendit, quod in parvis quaerentes diligentiam, magna contemnebant: unde dicitur: *Vae*
vobis Scribae et Pharisaei hypocritae, qui decima-
tis mentam et anethum et cyminum. HIERONYMUS
(super *Vae vobis qui decimatis*). Pharisaei enim,
quia praeceperat Dominus propter alimoniam sacerdotum et levitarum, quorum pars erat Dominus,
omnium rerum offerri in templo decimas, ut intellectus mysticos dimittamus, hoc unum habebant
studii, ut quae vilia fuerant comportarentur; cetera
quae erant majora, parvipendebant: unde sequitur:
Et reliquistis quae graviora sunt legis, judicium,
et misericordiam, et fidem. Ex hoc capitulo arguit
eos avaritiae, quod studiose etiam vilium olerum decimas exigant, et judicium in disceptatione negotiorum, misericordiamque in pauperes, et fidem in
Deum, quae magna sunt, praetermittant. CHRYSOS-
TOMUS sup. Matth. (hom. 44 op. imperf.). Vel quia
sacerdotes avaritia pleni, si quis decimas alicujus rei
minimae non obtulisset, corripiebant eum quasi magnum crimen fecisset: si quis autem (2) alterum laede-
bat, aut in Deum peccabat, non curabant eum corripe-
re:de lucro quidem suo soliciti, et de gloria Dei ac salute hominum negligentes. Servare enim justitiam. et facere misericordiam, et habere fidem propter suam gloriam Deus mandavit: decimas autem offerre propter u-
tilitatem sacerdotum. ut sacerdotes quidem populo in
spiritualibus obsequantur, populi autem in carnalibus
sacerdotibus subministrent. Sic et modo fit, quia
omnes de honore suo sunt soliciti, de honore autem Dei nulli; portiones etiam suas vigilanter defendunt, sed circa obsequium Ecclesiae curam impendere non attendunt Si populus recte decimas non
obtulerit, murmurant omnes; si peccantem populum
viderint, nemo murmurat contra eos. Sed quia
Scribarum et Pharisaeorum, ad quos loquebatur,
quidam populares erant; non est incongruum ut
aliam expositionem faciamus, propter eos qui de-
cimam dabant: nam et qui accipit decimas, recte decimare dicitur, et qui dat. Scribae ergo
et Pharisaei minimarum quidem rerum decimas
offerebant, ostendendae religionis gratia; in judiciis
autem erant injusti, in fratres (3) sine misericordia,
in veritatem increduli. ORIGENES (tract. 25). Sed
quoniam contingens erat ut audientes quidem Dominum ista loquentem, contemnerent minimarum
rerum decimationem; sapienter addidit: *Et haec*

oportuit facere, hoc est judicium, misericordiam
et fidem, *et illa non omittere,* idest decimationem
mentae, anethi et cymini. REMIGIUS. Ostendit quippe Dominus his verbis quoniam omnia praecepta
legis, tam maxima quam minima, sunt implenda.
Redarguuntur autem qui eleemosynas de fructibus
terrae faciunt putantes se minime posse peccare;
quibus nihil prosunt eleemosynae, nisi a peccatis
studeant cessare. HILARIUS (can. 24). Et quia minoris periculi (1) esset decimationem oleris quam
benevolentiae officium praeterire, irridet eos consequenter Dominus, dicens: *Duces caeci, excolantes*
culicem, camelum autem glutientes. HIERONYMUS (super *Duces caecorum*). Camelum puto esse magnitudinem praeceptorum; judicium, misericordiam et
fidem; culicem decimationem mentae, anethi et
cymini et reliquorum olerum vilium. Haec autem
praecepta Dei, quae magna sunt, devoramus atque
negligimus; et operationem religionis in parvis,
quae lucrum habent, cum diligentia demonstramus.
ORIGENES (trac. 25). Vel *excolantes* (2) *culicem;*
idest, expellentes a se minima delicta, quae culices
nominavit; *camelum autem glutientes* (3); idest,
committentes maxima delicta, quae nominat came-
los, animalia videlicet tortuosa et grandia. Scribae
autem moraliter sunt qui amplius nihil aestimant
positum in Scripturis quam simplex sermo demonstrat; Pharisaei autem sunt omnes qui justificant
semetipsos, et dividunt se a ceteris, dicentes: Noli
mihi appropinquare, quoniam mundus sum. Menta
autem et anethum et cyminum, ciborum condi-
turae sunt, non principales cibi. Sic in conversatione nostra, quaedam sunt necessaria ad justificationem, ut judicium, misericordia et fides; alia sunt
quasi (4) condientia actus nostros, et suaviores eos
facientia; ut abstinentia risus, jejunium, flexio ge-
nuum et hujusmodi. Quomodo autem non aestimantur caeci qui non vident? Quoniam nihil prodest cautum esse dispensatorem in rebus minimis,
cum principalia negliguntur. Hos ergo sermo praesens confundit, non quidem levia prohibens observare, sed principalia praecipiens cautius custodire.
GREGORIUS, 1 Moral. (5) (cap. 14). Vel aliter.
Culex susurrando vulnerat, camelus autem sponte
se ad suscipienda onera inclinat. Liquaverunt ergo
culicem Judaei, qui seditiosum latronem dimitti
petierunt: camelum vero glutierunt, quia eum qui
ad suscipienda nostrae mortalitatis onera sponte
descenderat, extinguere clamando conati sunt.

HIERONYMUS (super *Vae vobis qui mundatis quod*
deforis est). Diversis verbis, eodem sensu quo supra arguit Pharisaeos simulationis et mendacii;
quod aliud ostendant hominibus foris, aliud domi
agant: unde dicitur: *Vae vobis Scribae et Pharisaei*
hypocritae, qui mundatis quod deforis est calicis et
paropsidis. Non hoc dicit quod in calice et paropside eorum superstitio moraretur; sed quod foris
hominibus ostenderent sanctitatem: quod manifestum
est ex eo quod addidit, dicens *Intus autem pleni*
estis rapina et immunditia. CHRYSOSTOMUS super
Matth. (hom. 44 oper. imperf.). Vel hoc dicit,
quia Judaei quoties ingressuri erant in templum,

---

(1) *In Veneta Nicolini edit. an.* 1595 *necnon in Romana*
S. Pii V. *est* caelum, in quo est videre *etc. intermediis omissis.*
(2) *Al.* omittitur autem.
(3) *Al.* in fratribus.

(1) *P. Nicolai legit* piaculi.
(2) *Al.* excolentes.
(3) *Al.* gluiunt.
(4) *Al.* sunt etiam quasi etc.
(5) Cap. 7, vel in antiquis exem. cap. 14, super illud Job
1: *Fuit possessio ejus septem millia ovium, et tria millia*
camelorum (*Ex edit P. Nicolai*).

aut sacrificia oblaturi, aut per dies festos, seipsos
et vestimenta sua et utensilia lavabant (1); et a
peccatis nemo seipsum purgabat; dum Deus neque
corporis munditiam laudet, neque sordes condemnet. Pone tamen quod Deus odit sordes corporum
et vasorum, quae necesse est ut ipso usu sordi-
dentur; quanto magis sordes conscientiae horret,
quam, si volumus, semper mundam servamus ?
Hilarius (can. 24). Arguit ergo eos quia jactantiam inutilis studii sequentes, utilitatis perfectae
ministerium derelinquunt. Calicis namque usus interior est; qui si obsorduerit, quid proficit lotus
exterior? Atque ideo interioris conscientiae nitor
est obtinendus, ut ea quae corporis sunt, forinsecus abluantur: et ideo subdit; *Pharisaee caece,
munda prius quod intus est calicis et paropsidis,
ut fiat et id quod deforis est, mundum.* Chrysostomus super Matth. (hom. 44 oper. imperf.). Non
autem hoc dicit de sensibili calice aut paropside,
sed de intelligibili: qui si nunquam tetigerit aquam,
mundus potest esse apud Deum; si autem peccaverit, et tota aqua pelagi et fluminum se laverit,
sordidus est, et miser ante Deum. Chrysostomus in
homil. 74. Attende autem, quod ubi de decimis
loquebatur, convenienter dixit: *Haec oportuit facere,
et illa non omittere* . Decima enim eleemosyna
quaedam est. Quid autem nocet eleemosynam dare ?
Non tamen hoc dixit sicut legalem observationem
inducens. Hic autem, ubi de purgationibus et immunditiis disputat, non hoc addit; sed ostendit
quod de necessitate ad interiorem munditiam exterior sequitur; quod quidem extra est calicis, et
paropsidis, corpus vocans; quod autem intus est,
animam. Origenes (tract. 25). Hic sermo nos instruit, ut festinemus esse justi, non apparere. Qui
enim studet ut appareat justus, quae a foris sunt,
mundat, et quae videntur curat; cor autem et conscientiam negligit. Qui autem studet ea quae intus
sunt, idest cogitationes, mundare, consequens est ut
etiam ea quae a foris sunt, faciat munda. Sed omnes falsi dogmatis professores, calices sunt a foris
quasi mundati, propter speciem religionis quam
simulant; ab intus autem pleni rapina et simulatione, dum rapiunt homines ad errorem. Calix e-
tiam est vas ad potum, paropsis ad cibum. Omnis
ergo sermo per quem potamur spiritualiter, vel
omnis narratio per quam nutrimur, vasa sunt
potus et cibi. Qui ergo student compositum proferre sermonem magis quam salutari sensu repletum, calix ejus a foris mundatus est, ab intus autem
sordibus vanitatis impletus. Sed et litterae legis et
Prophetarum calices spiritualis potus et paropsides
necessariarum escarum sunt. Scribae quidem et Pharisaei student sensum exteriorem mundum demonstrare; discipuli autem Christi sensum spiritualem
mundare festinant

9. Origenes (tract. 25). Sicut habetur superius,
intus pleni rapina et intemperantia; similiter hic
pleni sunt hypocrisi et iniquitate; qui comparantur
ossibus mortuorum, et immunditiae universae: unde
dicit: *Vae vobis Scribae et Pharisaei hypocritae,
qui similes estis sepulchris dealbatis.* Chrysostomus
super Matth. (hom. 45 op. imperf.). Merito quidem justorum corpora templa dicuntur, quia anima in corpore justi (2) dominatur, sicut Deus in
templo; vel quia ipse Deus in corporibus habitat

justis. Corpora autem peccatorum sepultura dicuntur mortuorum, quia anima mortua est in corpore
peccatoris: nec enim vivens putanda est quae nihil
vivum aut spirituale agit in corpore. Hieronymus
(super *Quia similes estis*). Sepulcra autem forinsecus laevigata sunt calce, et ornata marmoribus
in auro, coloribusque distinctis (1): intus autem
plena sunt ossibus mortuorum: unde dicitur: *Quae
apparent hominibus speciosa; intus autem plena
sunt ossibus mortuorum, et omni spurcitia.* Sic
autem et perversi magistri, qui alia docent et alia
faciunt, munditiam habitu vestis et verborum humilitate demonstrant; intus autem pleni sunt omni
spurcitia et avaritia et libidine: et hoc manifeste
exprimit inferens: *Sic et vos a foris quidem appa-
retis hominibus justi; intus autem pleni estis hypocrisi et iniquitate.* Origenes (tract. 25). Omnis
enim justitia simulata mortua est, quae propter
Deum non fit; magis autem nequam justitia est;
sicut mortuus homo, non est homo; et sicut mimi,
qui personas suscipiunt aliorum, et non sunt ipsi
quos simulant. Tanta ergo sunt ossa in eis et immunditiae, quanta bona simulant ex malo affectu.
Videntur autem a foris justi coram hominibus; non
eis quos Scriptura appellat deos, sed coram eis
qui sicut homines moriuntur. Gregorius 26 Moral. (cap. 28, in novis exemp. cap. 23). Ante
districtum vero judicem excusationem ideo de ignorantia habere non possunt, quia dum ante oculos
hominum omnem modum sanctitatis ostendunt, ipsi
sibi sunt testimonio quia bene vivere non ignorant.
Chrysostomus super Matth. (hom. 45 in oper.
imperf.). Dic autem, hypocrita: si bonum est esse
malum, ut quid non vis apparere quod vis esse?
Nam quod turpe est apparere, turpius est esse; quod
autem formosum est apparere, formosum est esse.
Ergo aut esto quod appares, aut appare quod es.

10. Hieronymus (hoc loco). Prudentissimo syllogismo arguit eos esse filios homicidarum, dum ipsi
opinione bonitatis et gloria in populo, aedificant
sepulcra Prophetarum, quos majores eorum inter-
fecerant: et hoc est quod dicit: *Vae vobis Scribae
et Pharisaei hypocritae, qui aedificatis sepulcra Prophetarum, et ornatis monumenta justorum.* Origenes
(tract. 26). Non satis rationabiliter comminari videtur adversus eos qui aedificant sepulcra Prophetarum: quantum enim ad hoc laudabile aliquid
faciebant: quomodo ergo erant digni suscipere *vae*?
Chrysostomus in hom. 75. Non ergo eos incusat
quoniam sepulcra aedificant, sed intentioni eorum
detrahit, cum qua aedificant: quoniam non propter
honorem eorum qui occisi fuerant, sed sicut pom-
pam sibi statuentes in occisionibus illorum, et formidantes ne forte tempore procedente, sepulcris
destructis, tabescat tantae audaciae memoria. Chrysostomus super Matth. (hom 45 in op. imperf.).
Vel quia dicebant apud se: Si bene fecerimus pauperibus, non multi vident, et pro tempore vident:
nonne ergo melius aedificia facimus, quae omnes
aspiciunt, non solum in hoc tempore, sed etiam
in posterum ? O insipiens homo: quid tibi prodest
post mortem ista memoria; si ubi es torqueris, et
ubi non es laudaris? Dum autem Judaeos castigat
Dominus, Christianos docet; nam si ad illos solos
dixisset haec, dicta fuissent tantum, non etiam scripta; nunc autem et dicta sunt propter illos, et

_____

(1) *Al.* lavant.
(2) *Al.* Christi.

(1) *Apud P. Nicolai est* lita quae sunt calce et ornata
marmoribus, et auro coloribusque distincta.

scripta propter istos. Si ergo juxta alia bona fecerit homo aedificia sancta, additamentum est bonis operibus; si autem sine aliis bonis operibus, passio est gloriae saecularis. Non enim gaudent martyres quando ex illis pecuniis honorantur in quibus pauperes plorant. Semper etiam Judaei praeteritorum sanctorum cultores fuerunt, et praesentium contemptores, magis autem et persecutores. Non enim sustinentes increpationes Prophetarum suorum, persequebantur eos et occidebant; postea vero nascentes filii intelligebant culpas patrum suorum: et ideo quasi de morte innocentium Prophetarum dolentes aedificabant memorias eorum; et ipsi tamen similiter persequebantur et interficiebant suos Prophetas, increpantes eos propter peccata sua, et ideo subditur: *Et dicitis: Si fuissemus in diebus patrum nostrorum, non essemus socii eorum in sanguine Prophetarum.* HIERONYMUS (parum ante illud, *Et vos implete*). Hoc autem etsi sermone non dicant, opere loquuntur, ex eo quod ambitiose, et magnifice aedificant memorias occisorum. CHRYSOSTOMUS super Matth. (hom. 44 in op. imperf.). Qualia ergo cogitabant in corde, talia loquebantur et factis. Naturalem autem consuetudinem omnium malorum hominum hic Christus exponit: quia alter alterius culpam cito intelligit, suam autem difficile: homo enim in causa alterius tranquillum habet cor, in sua vero turbatum. In causa ergo alterius de facili possumus omnes justi judices esse. Ille autem vere justus et sapiens est qui sibi ipsi judex fieri potest.

Sequitur: *Itaque testimonio estis vobismetipsis quia filii estis eorum qui Prophetas occiderunt.* CHRYSOSTOMUS in hom. 75. Qualis autem est incusatio, filium esse homicidae eum qui non communicat menti patris? Patet quod nulla: unde manifestum est quod propterea hoc dicit, quia occulte insinuat malitiae similitudinem. CHRYSOSTOMUS super Matth. (hom. 44 in op. imperf.). Testimonia enim sunt de filiis mores parentum: si enim pater fuerit bonus et mater mala, aut e converso: filii interdum patrem sequuntur, interdum matrem. Si autem ambo fuerint aequales, fit quidem aliquando ut de bonis parentibus mali exeant filii aut e converso, sed raro. Sic enim hoc est sicut cum extra regulam naturae nascitur homo aut sex digitos habens, aut oculos non habens. ORIGENES (tract. 26). Sed et in propheticis dictis narratio secundum historiam est corpus, spiritualis autem sensus est anima; sepulcra ipsae litterae Scripturarum et libri. Qui ergo solam historiam attendunt, corpora Prophetarum colunt in litteris posita, quasi in quibusdam sepulcris; et dicuntur Pharisaei idest praecisi, quasi animam Prophetarum praecidentes a corpore.

12. CHRYSOSTOMUS in hom. (1) 75. Quia dixerat contra Pharisaeos et Scribas, quod filii essent eorum qui occiderunt Prophetas, nunc manifestat quod in malitia eis similes erant, et quod fictio erat hoc quod dicebant quod non communicassent operibus eorum, si fuissent in tempore illo: et ideo dicit: *Et vos implete mensuram patrum vestrorum.* Non quidem hoc dicit quasi injungens, sed quasi praedicens quod futurum erat. CHRYSOSTOMUS super Matth. (hom. 45 op. imperf.). Prophetizat enim illis futurum esse ut sicut patres eorum interfecerunt Prophetas, sic et ipsi interficerent Christum, et Apostolos et ceteros sanctos: utputa si contra

(1) Non, ut prius indicabatur, super Matth. quasi ex Chrysostomo supposito opere imperfecto (*Ex edit. P. Nicolai*).

aliquem litigas adversarium, dicis illi, Fac mihi quod es facturus; non jubes ut faciat, sed ostendis te intelligere quod cogitat facere. Et quidem quantum ad veritatem, excesserunt mensuram patrum suorum: illi enim homines occiderunt, isti Deum crucifixerunt. Sed quia voluntate sua descendit in mortem (1), non imputat illis suae mortis peccatum: imputat autem illis mortem Apostolorum, ceterorumque sanctorum: et ideo dicit, *Implete*; et non *Superimplete*: nam benigni et justi judicis est suas injurias contemnere, et aliorum injurias vindicare. ORIGENES (tract. 26). Implent etiam mensuram paternae iniquitatis per hoc ipsum quod non credunt in Christum. Causa autem incredulitatis fuit quoniam semper animum suum dederunt circa historias corporales, nihil spirituale in eis volentes intelligere. HILARIUS (can. 24). Quia ergo mensuram paternae voluntatis implebunt, ideo et serpentes et viperina generatio sunt: unde sequitur: *Serpentes, genimina viperarum, quomodo fugietis a judicio gehennae?* HIERONYMUS (super illud, *Serpentes, genimina viperarum*). Hoc ipsum et Joannes Baptista dixerat. Sicut ergo de viperis, inquit, nascuntur viperae, sic de homicidis patribus vos nati estis homicidae. CHRYSOSTOMUS super Matth. (hom. 45 in op. imperf.). Genimina autem viperarum dicuntur, quoniam talis est viperarum natura ut filii rumpant uterum matris, et sic procedant; et sic Judaei semper parentes condemnant, reprehendentes eorum facta. Dicit autem: *Quomodo fugietis a judicio gehennae?* Numquid sepulcra sanctorum aedificantes? Sed primus gradus pietatis est sanctitatem diligere, deinde sanctos: sine causa enim justos honorat qui justitiam spernit. Non possunt sancti amici esse illorum quibus Deus est inimicus. An forsitan nomen vacuum vos liberabit, quia videmini esse in populo Dei? Porro autem quod melior est inimicus apertus, quam amicus falsus; sic et apud Deum odibilior est qui servum Dei se dicit, et mandata diaboli facit. Apud Deum quidem qui hominem occidere disponit antequam occidat, homicida habetur: voluntas enim est quae aut remuneratur pro bono, aut condemnatur pro malo. Opera autem testimonia sunt voluntatis. Non ergo quaerit Deus opera propter se ut sciat quomodo judicet, sed propter alios, ut omnes intelligant quia justus est Deus. Providet autem Deus occasioni peccandi malis, non ut peccare faciat, sed ut peccatorem ostendat, et bonis praebeat occasionem, per quam ostendat propositum voluntatis suae. Sic ergo Scribis, et Pharisaeis dedit occasionem ostendendi voluntatem suam: unde concludit: *Ideo ecce mitto ad vos Prophetas et sapientes et scribas.* HILARIUS (can. 24). Idest Apostolos, qui de futurorum revelatione Prophetae sunt, de Christi agnitione sapientes, de legis intelligentia scribae. CHRYSOSTOMUS (super illud, *Ecce ego mitto*). Vel observa juxta Apostolum scribentem ad Corinthios, varia dona esse discipulorum Christi: alios Prophetas, qui ventura praedicant; alios sapientes, qui noverunt quando debent proferre sermonem; alios scribas in lege doctissimos; ex quibus lapidatus est Stephanus, Paulus occisus, Petrus crucifixus; flagellati in Actibus Apostolorum discipuli: et persecuti sunt eos de civitate in civitatem, expellentes de Judaea, ut ad Gentium populos transmigrarent,

(1) Al. in montem.

ORIGENES (tract. 26). Vel scribae qui mittuntur a Christo sunt secundum Evangelium, quos et spiritus vivificat, et littera non occidit, sicut littera legis, quam sequentes in vanas superstitiones incurrunt. Simplex autem Evangelii narratio sufficit ad salutem. Scribae autem legis, scribas novi testamenti adhuc per detractionem flagellant in synagogis suis: sed et haeretici, qui sunt spirituales Pharisaei, linguis suis Christianos flagellant, et persequuntur de civitate in civitatem, interdum corporaliter, aliquando autem spiritualiter, volentes eos expellere quasi de propria civitate legis et Prophetarum et Evangelii in aliud Evangelium. CHRYSOSTOMUS super Matth. (hom. 75). Deinde ut ostendat quoniam non impure hoc faciunt, ineffabilem eis ex his timorem incutit: unde subditur: *Ut veniat super vos omnis sanguis*. RABANUS. Idest, omnis debita ultio pro effuso sanguine justorum. HIERONYMUS (super *Ut veniat super vos omnis sanguis*). De Abel quidem nulla est ambiguitas quin is sit quem Cain frater occiderit. Justus autem non solum ex Domini nunc sententia, sed ex Genesis testimonio comprobatur, ubi accepta ejus a Deo narrantur munera. Quaerimus autem quis fuerit iste Zacharias filius Barachiae, quia multos legimus Zacharias: et ne libera nobis tribueretur erroris facultas, additum est: *Quem occidistis inter templum et altare*. Alii Zachariam filium Barachiae dicunt qui in duodecim Prophetis undecimus est, patrisque in eo nomen consentit; sed ubi occisus sit inter templum et altare, Scriptura non loquitur, maxime cum temporibus ejus vix ruinae templi fuerint. Alii Zachariam patrem Joannis intelligi volunt. ORIGENES (tract. 26). Venit enim ad nos quaedam (1) traditio talis, quasi sit aliquis locus in templo ubi virginibus quidem licet adorare Deum; expertae autem torum virilem non permittebantur in eo (2) consistere. Maria autem postquam genuit Salvatorem, ingrediens ad orandum stetit in illo virginum loco. Prohibentibus autem eis qui noverant eam jam filium genuisse, Zacharias dixit, quoniam digna est virginum loco, cum adhuc sit virgo. Ergo quasi manifestissime adversus legem agentem occiderunt eum inter templum et altare viri generationis illius: et sic verum est verbum Christi quod dixit ad praesentes, *Quem occidistis*. HIERONYMUS (super eodem loco). Hoc tamen quia de Scripturis non habet auctoritatem, eadem facilitate contemnitur qua probatur. Alii istum volunt esse Zachariam qui occisus sit a Joas rege Judae inter templum et altare, idest in atrio templi. Sed observandum, quod ille Zacharias non fuit filius Barachiae, sed Jojadae sacerdotis. Sed Barachia in lingua nostra benedicens Deum (3) dicitur: et sacerdotis Jojadae justitia Hebraeo nomine demonstratur. In Evangelio vero quo utuntur Nazareni, pro filio Barachiae filium Jojadae reperimus. REMIGIUS. Quaerendum est autem quomodo usque ad sanguinem Zachariae dixerit, cum plurimorum sanctorum sanguis postea fuerit effusus ? Solvitur autem sic. Abel pastor ovium fuit in campo occisus: Zacharias fuit sacerdos in atrio templi interfectus. Ideo ergo Dominus hos duos commemorat, quoniam per hos omnes sancti Martyres designantur, laicalis scilicet et sacerdotalis

ordinis. CHRYSOSTOMUS in hom. 75. Abel etiam commemoravit, ostendens quoniam ex invidia essent Christum et discipulos ejus occisuri. Zachariae autem mentionem fecit, quoniam duplex praesumptio fuit in ejus occisione: non enim solum in sanctum hominem facta est, sed et in loco sancto. ORIGENES (tract. 26). Zacharias etiam interpretatur memoria Dei. Omnis ergo qui memoriam Dei disperdere festinat, in eis quos scandalizat, Zachariae sanguinem videtur effundere filii Barachiae. Per benedictionem enim Dei, memores sumus Dei. Ab impiis etiam memoria interficitur Dei, quando et templum Dei a lascivis corrumpitur, et altare ejus per negligentiam orationum (1) sordidatur. Abel autem luctus interpretatur. Qui ergo non recipit quod scriptum est supra 5. *Beati qui lugent*, sanguinem effundit Abel, hoc est veritatem luctus salutaris. Effundunt etiam aliqui veritatem Scripturarum quasi sanguinem earum: quia omnis Scriptura, nisi secundum veritatem intelligatur, mortua est. CHRYSOSTOMUS in hom. 75. Et ut omnem excusationem illis adimeret, ne dicerent: Quoniam ad Gentes eos misisti, propter hoc scandalizati sumus: praedixerat quod ad eos essent mittendi discipuli: et ideo de ultione eorum subditur: *Amen dico vobis: venient haec omnia super generationem istam*. GLOSSA (2) (ordinaria). Non hos tantum praesentes dicit, sed omnem generationem praecedentem et futuram: quia omnes una civitas sunt, et unum corpus diaboli. HIERONYMUS (ut supra). Regula autem Scripturarum est duas generationes, bonorum et malorum, nosse. De generatione bonorum dicitur Psal. 111: « Generatio justorum benedicetur: » de malis vero in praesenti loco, *Generatio viperarum*. Ergo et isti, quia similia sicut Cain et Joas, contra Apostolos gesserunt, de una generatione esse referuntur. CHRYSOSTOMUS in homil. 75. Vel aliter. Qui gehennae poenam, quam eis comminatus fuerat, tardabat, comminatur etiam eis praesentia mala, cum dicit: *Venient haec omnia super generationem istam*. CHRYSOSTOMUS super Matth. (homil 46 in op. imperf.). Sicut enim omnia bona quae in singulis generationibus a constitutione mundi omnes sancti merebantur, illis novissimis sunt donata qui receperunt Christum; sic omnia mala quae in singulis generationibus a constitutione mundi pati meruerunt omnes iniqui, super novissimos Judaeos venerunt, quia Christum repulerunt. Aut ita. Sicut omnis justitia praecedentium sanctorum, immo omnium sanctorum, tantum mereri non potuit quantum gratiae datum est hominibus in Christo: sic omnium peccata impiorum tantum malum mereri non potuerunt quantum venit super Judaeos, ut corpore talia (3) paterentur, qualia passi sunt a Romanis: et sic postmodum omnes generationes eorum usque in finem saeculi projicerentur a Deo, et ludibrium fierent Gentibus universi. Quid enim pejus potest fieri quam Filium cum misericordia et humilitate venientem non suscipere, sed tali modo interficere? Vel ita. Omnis gens vel civitas non statim cum peccaverit, punit eam Deus; sed expectat per multas generationes: quando autem placuerit Deo perdere civitatem illam aut gentem, videtur omnium generationum praecedentium peccata red-

---

(1) *Al. omittitur* quaedam.
(2) *Al.* ex parte autem earum, torum virilem non permittebant in eo etc.
(3) *Nicolai* benedictus Domini.

(1) *Al.* orationum sordidarum.
(2) Et nulla Glossa refert; sed insinuat Hieronymus (*Ex edit. P. Nicolai*).
(3) *Al.* corporalia. *Nicolai* talia *tantum habet.*

dere illis: quoniam quae omnes merebantur, haec sola passa est: sic et generatio Judaeorum pro patribus suis videtur punita. Vere autem non pro illis, sed pro se condemnati sunt CHRYSOSTOMUS hom. 75. Qui enim multos jam peccantes vidit, et incorrectus permansit, eadem rursus vel graviora faciens, majori est poenae obnoxius.

12. CHRYSOSTOMUS in hom. 25. Post praedicta, ad civitatem convertit Dominus sermonem, ex hoc erudire volens auditores: unde dicit: *Hierusalem, Hierusalem* Haec autem duplicatio miserentis est, et valde diligentis. HIERONYMUS (super *Hierusalem, Hierusalem*). Hierusalem autem non saxa et aedificia civitatis, sed habitatores vocat, quam patris plangit affectu. CHRYSOSTOMUS super Matth. (hom. 66 in oper. imperf.). Praevidens ruinam civitatis illius, et plagam quae a Romanis superventura erat, recordabatur quidem sanguinis sanctorum qui effusus erat ab illis, et postmodum effundendus: unde addit: *Quae occidis Prophetas et lapidas eos qui ad te missi sunt.* Missum ad te Isaiam (1) occidisti, et servum meum Hieremiam lapidasti, Ezechielem tractum per lapides excrebrasti: quomodo salvaberis, quae ad te medicum non venire permittis? Et non dixit Occidisti, aut lapidasti; sed *Occidis et lapidas,* idest, quasi hanc propriam et naturalem consuetudinem habes ut occidas et lapides sanctos. Eadem enim (2) fecit Apostolis quae fecerat aliquando Prophetis. CHRYSOSTOMUS in hom. 75. Deinde, cum vocasset eam, et abominabiles ejus occisiones dixisset, quasi se excusando dixit: *Quoties volui congregare filios tuos?* quasi dicat: Neque prae dictis occisionibus me a tua benevolentia avertisti; sed volui te mihi adjungere, non semel aut bis, sed multoties. Magnitudinem autem amoris sub similitudine gallinae ostendit. AUGUSTINUS de quaest. Evang. (lib. 1, cap. 36). Hoc enim genus animantis magnum affectum in filios habet, ita ut eorum infirmitate affecta infirmetur et ipsa: et, quod difficile in ceteris animantibus invenies, alis suis filios protegens contra milvum pugnat; sic et mater nostra Dei Sapientia, per carnis susceptionem infirmata quodammodo, secundum illud Apostoli 1 Corinth. 1: « Quod infirmum est Dei, fortius « est hominibus: » protegit infirmitatem nostram, et resistit diabolo, ne nos rapiat. ORIGENES (tract. 26). Filios autem Hierusalem dicit, secundum quod

(1) *Al.* missum ad Isaiam.
(2) *Al. deest* enim.

dicimus semper civium successores praecedentium filios. Dicit autem, *Quoties volui,* ut sit manifestum semel eum docuisse in corpore Judaeos: semper enim Christus praesens fuit et in Moyse et in Prophetis et in Angelis, ministrantibus saluti humanae per singulas generationes. Si quis autem non fuerit congregatus ab eo, judicabitur quasi noluerit congregari. RABANUS. Cessent igitur haeretici Christo principium ex Virgine dare: omittant alium legis et Prophetarum Deum praedicare. AUGUSTINUS in Enchiridion (cap. 99). Ubi est autem illa omnipotentia qua in caelo et in terra omnia quaecumque voluit fecit; si colligere filios Hierusalem voluit, et non fecit? An non potius illa quidem filios suos ab ipso colligi noluit; sed ea quoque nolente, filios ejus collegit ipse quos voluit? CHRYSOSTOMUS in hom. 75. Deinde comminatur poenam quam semper formidaverunt, scilicet civitatis et templi eversionem, dicens: *Ecce relinquetur vobis domus vestra deserta.* CHRYSOSTOMUS super Matth. (homil. 46 in oper. imperf.). Sicut enim corpus, anima recedente, prius quidem frigescit, deinde putrescit et solvitur: sic et templum nostrum, Dei spiritu recedente, prius seditionibus et indisciplinatione replebitur, deinde veniet ad ruinam. ORIGENES (tract. 26). Semper etiam eis qui noluerunt congregari sub alis, ejus, comminatur Christus: *Ecce relinquetur vobis domus vestra deserta,* idest anima et corpus. Sed et si quis ex vobis noluerit congregari sub alis Christi, ex tempore illo ex quo congregationem refugit actu magis quam corpore, non videbit pulchritudinem Verbi donec poenitens a proposito malo dicat: *Benedictus qui venit in nomine Domini.* Tunc enim Verbum Dei benedictum venit super cor hominis quando fuerit quis conversus ad Deum: unde sequitur: *Dico enim vobis: non me videbitis amodo donec dicatis: Benedictus qui venit in nomine Domini.* HIERONYMUS (in fin. Comment. in cap 23 Matth.). Quasi dicat. Nisi poenitentiam egeritis, et confessi fueritis ipsum esse me, de quo Prophetae cecinerunt, Filium omnipotentis Patris, faciem meam non videbitis. Habent ergo Judaei datum sibi tempus poenitentiae. Confiteantur benedictum qui venit in nomine Domini; et Christi ora conspicient. CHRYSOSTOMUS in hom. 75. Vel aliter. Per hoc occulte secundum adventum significavit: quoniam tunc omnino eum adorabunt. Quod autem dicit, *Amodo,* ad tempus crucis refertur.

CAPUT VIGESIMUMQUARTUM.

1. Et egressus Jesus de templo, ibat. Et accesserunt ad eum discipuli ejus, ut ostenderent ei aedificationes templi. Ipse autem respondens, dixit illis: Videtis haec omnia? Amen dico vobis, non relinquetur hic lapis super lapidem, qui non destruatur.

2. Sedente autem eo super montem Oliveti, accesserunt ad eum discipuli secreto, dicentes: Dic nobis quando haec erunt; et quod signum adventus tui et consummationis saeculi? Et respondens Jesus, dixit eis: Videte ne quis vos seducat: multi enim venient in nomine meo, dicentes, Ego sum Christus; et multos seducent.

3. Audituri enim estis praelia, et opiniones praeliorum: videte ne turbemini. Oportet enim haec fieri, sed nondum

statim est finis. Consurget enim gens in gentem, et regnum in regnum, et erunt pestilentiae, et fames, et terraemotus per loca Haec autem omnia initia sunt dolorum.

4. Tunc tradent vos in tribulationem, et occident vos, et eritis odio omnibus gentibus propter nomen meum. Et tunc scandalizabuntur multi, et invicem tradent, et odio habebunt invicem. Et multi pseudoprophetae surgent, et seducent multos; et quoniam abundabit iniquitas, refrigescet caritas multorum. Qui autem perseveraverit usque in finem, hic salvus erit. Et praedicabitur hoc Evangelium regni in universo orbe, in testimonium omnibus gentibus; et tunc veniet consummatio.

5. Cum ergo videritis abominationem desolationis, quae

dictà est a Daniele Propheta, stantem in loco sancto (qui legit intelligat); tunc qui in Judaea sunt, fugiant ad montes; et qui in tecto, non descendat tollere aliquid de domo sua; et qui in agro, non revertatur tollere tunicam suam. Vae autem praegnantibus et nutrientibus in illis diebus. Orate autem ut non fiat fuga vestra hieme vel sabbato Erit enim tunc tribulatio magna, qualis non fuit ab initio mundi usque modo, neque fiet. Et nisi breviati fuissent dies illi, non fieret salva omnis caro; sed propter electos breviabuntur dies illi.

6. Tunc si quis vobis dixerit: Ecce hic est Christus, aut illic; nolite credere. Surgent enim pseudochristi et pseudoprophetae, et dabunt signa magna et prodigia; ita ut in errorem inducantur, si fieri potest, etiam electi. Ecce praedixi vobis. Si ergo dixerint vobis, Ecce in deserto est, nolite exire; ecce in penetralibus nolite credere: sicut enim fulgur exit ab oriente et apparet usque in occidentem, ita erit et adventus filii hominis. Ubicumque fuerit corpus, illuc congregabuntur et aquilae.

7. Statim autem post tribulationem dierum illorum, sol obscurabitur, et luna non dabit lumen suum, et stellae cadent de caelo, et virtutes caelorum terrae commovebuntur; et tunc apparebit signum Filii hominis in caelo; et tunc plangent omnes tribus.

8. Et videbunt Filium hominis venientem in nubibus caeli cum virtute multa et majestate.

9. Et mittet Angelos suos cum tuba et voce magna, et congregabunt electos ejus a quatuor ventis, a summis caelorum usque ad terminos eorum.

10. Ab arbore autem fici discite parabolam: cum jam ramus ejus tener fuerit et folia nata, scitis quia prope est

aestas; ita et vos cum videritis haec omnia, scitote quia prope est in januis. Amen dico vobis, quia non praeteribit generatio haec donec omnia fiant Caelum et terra transibunt, verba autem mea non praeteribunt.

11. De die autem illa et hora nemo scit, neque Angeli caelorum, nisi Pater solus. Sicut autem in diebus Noe. ita erit adventus Filii hominis. Sicut enim erant in diebus ante diluvium comedentes et bibentes, nubentes et nuptui tradentes usque ad eum diem quo intravit Noe in arcam, et non cognoverunt donec venit diluvium, et tulit omnes; ita erit et adventus Filii hominis. Tunc duo erunt in agro: unus assumetur, et unus relinquetur. Duae molentes in mola: una assumetur, et una relinquetur. Duo in lecto: unus assumetur, et unus relinquetur.

12. Vigilate ergo, quia nescitis qua hora Dominus vester venturus sit. Illud autem scitote: quoniam si sciret paterfamilias qua hora fur venturus esset, vigilaret utique, et non sineret perfodi domum suam. Ideo et vos estote parati: quia nescitis qua hora Filius hominis venturus est.

13. Quis putas est fidelis servus et prudens, quem constituit dominus super familiam suam, ut det illis cibum in tempore? Beatus ille servus, quem cum venerit dominus ejus, invenerit sic facientem. Amen dico vobis, quoniam super omnia bona sua constituet eum. Si autem dixerit malus servus ille in corde suo: Moram facit dominus meus venire, et coeperit percutere conservos suos; manducet autem et bibat cum ebriosis: veniet dominus servi illius in die qua non sperat, et hora qua ignorat; et dividet eum, partemque ejus ponet cum hypocritis: illic erit fletus et stridor dentium.

1. Origenes (tract. 27). Postquam omnia quae super Hierusalem ventura erant, Christus praedixit, exiit de templo qui conservaverat templum ne caderet donec fuit in eo: unde dicitur: *Et egressus Jesus de templo, ibat*. Sed et unusquisque cum sit templum Dei propter Spiritum Dei inhabitantem in se, ipse fit causa suae desertionis ut egrediatur ab eo Christus. Sequitur: *Et accesserunt ad eum discipuli ejus, ut ostenderent ei aedificationes templi*. Dignum est videre quomodo ostendunt ei structuras templi, quasi nunquam viderit templum. Ad quod respondendum est, quod cum Christus prophetizasset superius ruinam templi futuram, audientes discipuli mirati sunt, talem ac tantam templi structuram ad nihilum redigendam; propterea ostendunt ei, ut flecterent eum ad misericordiam loci illius, ne faceret quod fuerat comminatus. Sed et cum sit humanae naturae admirabilis constructio, facta videlicet templum Dei; discipuli ceterique sancti etiam modo miranda opera Dei erga figmentum humanum confitentes, ante conspectum Christi intercedunt, ne deserat genus humanum propter peccata ipsorum.

Sequitur: *Ipse autem respondens dixit eis: Videtis haec omnia? Amen dico vobis: non relinquetur hic lapis super lapidem qui non destruatur*. Rabanus. Juxta historiam manifestus est sensus: quia quadragesimo secundo anno post passionem Domini, sub Vespasiano et Tito Romanis Principibus, civitas eversa est cum templo. Remigius. Divinitus autem procuratum est ut revelata jam luce gratiae, templum cum suis tolleretur: ne forte aliquis parvulus in fide, dum videret omnia illa quae a Domino fuerant instituta, et a Prophetis sanctificata adhuc permanere; paulatim recedendo a sinceritate fidei, ad carnalem judaismum transiret. Chrysostomus in homilia 76. Sed qualiter verum est quod nec mansit lapis super lapidem? Vel enim desolationem ejus ostendens omnimodam, hoc dixit; vel secundum illum locum ubi erat: sunt enim ejus partes usque ad fundamenta destructae. Cum his et illud dicam, quoniam ex his quae (1) facta

sunt, et de reliquis oportet credere quod peribunt perfecte. Hieronymus (in princ. Com. in cap. 24 Matth.). Mystice autem, recedente Domino de templo, omnia legis aedificia et compositio mandatorum ita destructa est ut nihil a Judaeis possit impleri, et capite sublato universa inter se membra compugnent. Origenes (tract. 27). Omnis etiam homo, qui suscipiens in se verbum Dei, templum est; si post peccatum adhuc servat ex parte vestigia fidei et religionis, templum est ex parte destructum, et ex parte consistens Qui autem postquam peccaverit curam sui non habet, paulatim minuitur, donec ad plenum recedat a Deo vivente: et sic *non relinquetur lapis super lapidem*, mandatorum Dei. *qui non destruatur*.

2. Remigius. Perseverans Dominus in itinere, pervenit ad montem Oliveti: et quibusdam discipulis in via ostendentibus et laudantibus aedificationem templi, ipse palam praedixerat omnia esse destruenda: idcirco cum pervenissent ad montem Oliveti, accesserunt ad eum interrogantes: unde dicitur: *Sedente autem eo super montem Oliveti*. Chrysostomus (homil. 76). Propter hoc autem secreto accesserunt, quia de magnis erant interrogaturi: etenim cupiebant discere diem adventus ejus, quia vehementer desiderabant gloriam ejus videre. Hieronymus (super *Sedente autem eo super montem*). Et interrogant tria. Primo, quo tempore Hierusalem destruenda sit, dicentes, *Die nobis, quando haec erunt?* Secundo, quo tempore Christus venturus sit: unde dicunt: *Et quod signum adventus tui?* Tertio, quo tempore consummatio saeculi sit futura: unde dicunt: *Et consummationis saeculi?* Chrysostomus (hom. 76). Lucas autem ait unam esse interrogationem, quae est de Hierosolyma, quasi aestimantibus discipulis tunc futurum esse Christi adventum et finem mundi quando Hierosolyma destrueretur. Marcus autem non omnes eos de consummatione Hierosolymae interrogasse (1), sed Petrum, Jacobum, Joannem et Andream, quasi liberius et securius Christo loquentes. Origenes

---

(1) *Al. deest* quae.

(1) *Al omittitur* interrogasse.

(tract. 27). Puto autem montem Oliveti mysterium esse Ecclesiae quae ex Gentibus est. REMIGIUS. Mons enim Oliveti non habet infructuosas arbores, sed oliveta, quibus lumen nutritur ad fugandas tenebras, et quibus fessis requies, infirmis salus praestatur. Sedens autem Dominus supra montem Oliveti contra templum, de ruina ipsius et excidio Judaicae gentis disputat, ut etiam ipso situ corporis monstret quia quietus manens in Ecclesia, impiorum superbiam condemnat. ORIGENES (tr. 27). Agricola enim residens in monte Oliveti verbum Dei est in Ecclesia confirmatum, Christus scilicet, qui semper oleastri ramos inserit in bonam olivam patrum. Qui habent fiduciam ante Christum, discere volunt signum adventus Christi et consummationis saeculi. Est autem duplex adventus Verbi in animam. Primus quidem stulta praedicatio de Christo, quando praedicamus Christum natum et crucifixum; secundus autem adventus est in viris perfectis, de quibus dicitur, 1 Corinth. 3: « Sapientiam loquimur inter perfectos: » et huic secundo adventui adjungitur consummatio saeculi in viro perfecto, cui mundus crucifixus est. HILARIUS (can. 25). Et quia tria a discipulis quaesita sunt, distinctis et temporis (1) et intelligentiae significationibus separantur. Respondetur ergo primo de civitatis occasu, et deinde (2) confirmatur veritate doctrinae, ne quis fallax ignorantibus possit obrepere: unde sequitur: *Et respondens Jesus, dixit eis: Videte ne quis vos seducat: multi enim venient in nomine meo, dicentes, Ego sum Christus.* CHRYSOSTOMUS (homil. 75 super Matth.). Neque enim de Hierosolymae destructione, neque de secundo adventu respondit statim; sed de malis quibus statim obviandum erat. HIERONYMUS (hoc loco). Unus autem eorum de quibus loquitur fuit Simon Samaritanus, quem (3) in Actibus Apostolorum legimus; qui se magnam dicebat esse virtutem, haec quoque inter cetera in suis voluminibus scripta dimittens: Ego sum sermo Dei, ego omnipotens, ego omnia Dei. Sed et Joannes Apostolus in Epistola sua 1, cap. 2, loquitur: « Audistis quia Antichristus venturus est; nunc autem antichristi multi sunt. » Ego reor omnes haeresiarchas antichristos esse, et sub nomine Christi ea docere quae contraria sunt Christo. Nec mirum si aliquos ab his videamus seduci, cum Dominus dixerit, *Et multos seducent.* ORIGENES (tract. 27). Multi autem sunt qui seducuntur: quia larga est porta quae ducit ad perditionem, et multi sunt qui intrant per eam. Hoc autem solum sufficit ad cognoscendum seductionem antichristorum, qui dicunt, *Ego sum Christus,* quod nunquam legitur Christus divisse. Sufficiebant enim ad credendum quod ipse est Christus, opera Dei, et sermo quem docebat, et virtus ipsius. Omnis etiam sermo qui profitetur expositionem Scripturarum secundum fidem earum, et non habet veritatem, antichristus est, (4) Veritas enim Christus est, et simulata veritas antichristus. Sed et omnes virtutes invenimus esse Christum, omnes simulatas virtutes antichristum: quoniam omnes species boni quascumque habet

Christus in se in veritate ad aedificationem hominum, omnes eas habet diabolus in specie ad seductiones sanctorum. Opus ergo est nobis Deo auxiliatore, ne quis nos seducat, vel sermo, vel virtus. Malum enim est invenire aliquem secundum mores vitae errantem; multo autem pejus arbitror esse non secundum verissimam regulam Scripturarum sentire.

3. AUGUSTINUS ad Hesychium (epist. 80 circa medium). Interrogantibus discipulis ea Dominus respondit quae jam ex illo tempore fuerant secutura, sive de excidio Hierusalem, unde orta est ipsius interrogationis occasio; sive de adventu suo per Ecclesiam, in qua usque ad finem venire non cessat; in suis enim veniens agnoscitur, dum ejus quotidie membra nascuntur: sive de ipso fine, in quo apparebit vivos judicaturus et mortuos. Cum itaque signa dicat quae ad ista tria pertinent, quod eorum trium signorum ad aliquid horum referendum sit, diligenter considerandum est; ne forte quod pertinet ad unum referendum putemus ad alterum. CHRYSOSTOMUS (hom. 76). Hic autem loquitur de praeliis quae Hierosolymis erant futura, cum dicit: *Audituri enim estis praelia et opiniones praeliorum.* ORIGENES (tract. 28). Qui audit ipsas voces quae fiunt in praeliis, audit praelia: qui autem de praeliis longe gestis audit, opiniones vel rumores audit praeliorum. CHRYSOSTOMUS in homil. 76. Quia vero per hoc turbari etiam discipuli poterant, ideo subdit: *Videte ne turbemini.* Deinde quia aestimabant post illud bellum quo Hierusalem destrueretur, statim finem mundi esse venturum, eos in vera opinione stabilit, dicens: *Oportet enim haec fieri, sed nondum statim est finis.* HIERONYMUS (super *Sed nondum est finis*). Idest, non putemus diem instare judicii, sed in tempus aliud reservari; cujus signum perspicue in consequentibus ponitur.

Consurget enim gens in gentem, et regnum in regnum. RABANUS (1) Vel admonentur Apostoli ne his advenientibus terreantur, ut Hierosolymam Judaeamque deserant; quia non statim finis, sed in quadragesimum annum desolatio provinciae, ultimumque urbis et templi sequetur excidium: de quibus subditur, *Consurget enim gens in gentem, et regnum in regnum.* Constat autem hic acerbissimos dolores, quibus omnis vastata est provincia, ad litteram contigisse. CHRYSOSTOMUS in hom. 76. Deinde ut ostendat quoniam et ipse (2) praeliabitur contra Judaeos, non solum bella praenuntiat, sed et plagas divinitus illatas: unde subdit: *Et erunt pestilentiae et fames, et terraemotus per loca.* RABANUS. Notandum quod in hoc quod dicit, *Consurget gens in gentem,* ostenditur perturbatio hominum; *erunt pestilentiae:* ecce inaequalitas corporum: *erit fames,* ecce sterilitas terrae; *terraemotus per loca,* ecce respectus irae desuper. CHRYSOSTOMUS in homil. 76. Et non simpliciter haec fient secundum consuetudinem antea in hominibus existentem; sed ex ira quae erit desuper: et propter hoc non simpliciter dixit ea esse ventura, neque repente; sed cum quadam significatione subdit: *Haec autem omnia sunt initia dolorum,* idest Judaicorum malorum. ORIGENES (tract.

---

(1) *Al.* et temporibus.
(2) *Al.* et ante, *item* et quando.
(3) *Al.* et Simon magus, quem etc.
(4) *Quod sequitur usque ad* Sed et omnes *deest in editionibus Romana an.* 1570, *et Veneta Nicolini an.* 1593 *quam ex quatuor saepe citatis exemplis restituimus.*

(1) Haec in Rabani novis editionibus non habentur, nec alia quae subjunguntur inferius: quia propter militum vastantium omnia invasionem exciderunt dum in excudendis incumberetur, ut notatur ibidem, et in praefatione praemittitur. In Glossa tamen fere iisdem verbis extant, sed nullius nomine designantur (*Ex edit. P. Nicolai*).
(2) *Al.* ut quoniam et ipse.

28). Vel aliter: Sicut aegrotant corpora ante mortem, sic necesse est ante corruptionem mundi ut quasi languens terra frequentius terraemotibus conquassetur; aer etiam (1) vim mortiferam concipiens pestilens fiat; et vitalis virtus terrae deficiens, suffocet fructus. Consequens autem est ut propter inopiam ciborum, in avaritiam et bella homines excitentur: sed quia insurrectiones et lites interdum fiunt propter avaritiam, interdum autem propter concupiscentiam principatus, et gloriam vanam; adhuc profundiorem dabit aliquis causam eorum quae ante finem mundi sunt ventura. Sicut enim adventus Christi in pluribus gentibus divina virtute fecit pacem, sic consequens est ut propter abundantiam iniquitatis refriguerit caritas multorum; et ideo dereliquerit illos Deus, et Christus ejus; iterum fieri praelia, dum non prohibentur a sanctitate operationes seminatrices bellorum: sed et adversariae virtutes dum non vetantur a sanctis et a Christo, absque prohibitione operabuntur in cordibus hominum, ut excitent gentem adversus gentem, et regnum adversus regnum. Si autem, sicut quibusdam placet, et fames et pestilentiae ab angelis satanae fiunt; haec (2) etiam tunc invalescent ab adversis virtutibus, quando non fuerint sales terrae et lux mundi, Christi discipuli, destruentes quae ex daemonum malitia seminantur. Et aliquando quidem in Israel fames et pestilentiae fiebant propter peccata quas orationes sanctorum solvebant. Bene autem *per loca*: non enim insimul vult Deus perdere humanum genus; sed judicans per partes, dat poenitentiae locum. Si autem incipientibus hujusmodi malis, non fuerit facta correptio, proficient ad pejus: unde sequitur: *Haec autem omnia initia sunt dolorum*, generalium scilicet in universo mundo, et eorum qui secuturi sunt adversus impios, ut in doloribus acutissimis crucientur. HIERONYMUS (super *Consurget gens contra gentem*). Mystice autem videtur regnum contra regnum consurgere, et pestilentia eorum quorum sermo serpit ut cancer, et fames audiendi verbum Dei, et commotio universae terrae, et a vera fide separatio, in haereticis magis intelligi, quia contra se invicem dimicantes, Ecclesiae victoriam faciunt. ORIGENES (tractat. 28). Oportet autem haec fieri antequam videamus perfectionem sapientiae quae est in Christo: sed non statim erit finis quem quaerimus: pacificus enim finis longe est ab hominibus istis. HIERONYMUS (super *Haec omnia sunt initia dolorum*). Quod autem dixit: *Haec omnia initia sunt dolorum*, melius transfertur *parturitionum*, ut quasi conceptus quidam adventus Antichristi, non partus intelligatur.

4. RABANUS. Quo merito Hierosolymis, ac Provinciae Judaeorum universae tot irroganda fuerint adversa, Dominus manifestat subdens: *Tunc tradent vos etc.* CHRYSOSTOMUS in hom. 76. Vel aliter. Quia discipuli audientes ea quae de Hierosolyma dicebantur sic dispositi erant ut extra turbationem essent, quasi de alia poena audientes, sibi vero prospera superventura sperabant, quae advenire valde | desiderabant; propter hoc eis gravia praenuntiat, in solicitudine eos statuens. Et prius quidem jusserat eos vigilare contra deceptionem seductorum; nunc autem tyrannorum violentiam eis praedicit, dicens: *Tunc tradent vos in tribulationem, et occident vos.* Opportune enim eorum mala interposuit mitigatio-

nem habentia a communibus malis: nec solum ita eos consolatus est, sed ostendendo tribulationis causam, adjungens quod propter nomen ejus haec essent passuri: unde sequitur: *Et eritis odio omnibus hominibus propter nomen meum.* ORIGENES (tract. 28). Sed quomodo etiam in ultimis partibus terrae commorantibus gentibus odio habetur populus Christi ? Nisi forte et hic aliquis dicat propter exaggerationem positum *omnibus* pro multis. Sed et hoc quod dicit, *Tunc tradent vos,* habet quaestionem: nam et priusquam haec fierent, traditi sunt Christiani in tribulationes. Sed aliquis respondebit, quoniam tunc maxime tradentur Christiani in tribulationem quemadmodum unquam. Amant enim qui in calamitatibus sunt, causas earum discutientes invenire aliquid quod loquantur. Consequens ergo est ut quasi derelinquentibus hominibus deorum culturam propter multitudinem Chistianorum, dicant fieri bella, fames, et pestilentias; sed et terraemotus causam dicant Christianos propter quod et persecutiones passae sunt Ecclesiae. CHRYSOSTOMUS in homil. 76. Postquam autem jam duplex praelium posuit, scilicet quod est a seductoribus, et quod est ab inimicis; consequenter tertium praelium ponit, quod est falsis fratribus, unde subdit: *Et tunc scandalizabuntur multi, et invicem tradent, et odio habebunt invicem.* Vide autem et Paulum haec plorantem, et dicentem 2 Corinth. 7: « Foris pugnae, « intus timores: » et alibi (2 Corinth. 11): « Pericula in falsis fratribus » de quibus ibi (1) dicit » « Tales sunt pseudoapostoli operarii subdoli. » Unde et hic subdit; *Et multi pseudoprophetae surgent, et seducent multos.* REMIGIUS. Imminente enim captivitate Hierusalem, multi insurrexerunt, Christianos se esse dicentes, et multos seduxerunt: quos Paulus nominat falsos fratres; Joannes vero antichristos. HILARIUS (can. 25). Ut Nicolaus unus ex septem diaconibus fuit, qui multos mentita veritate pervertit. CHRYSOSTOMUS in hom. 76. Deinde quod his difficilius est ostendit quia tales pseudoprophetae nullam mitigationem a caritate accipient: unde sequitur: *Et quoniam abundabit iniquitas, refrigescet caritas multorum.* REMIGIUS. Idest (2) vera dilectio erga Deum et proximum: nam quanto magis ab unoquoque iniquitas suscipitur, tanto magis in corde ipsius ardor caritatis extinguitur. HIERONYMUS (super *Refrigescet*). Considerandum autem, quod non negavit omnium futuram esse caritatem (3), sed multorum: nam in Apostolis et eorum similibus permansura est caritas, de qua Paulus dicit Rom. 8: « Quis nos separabit a caritate Christi? » Propter quod et hic subdit: *Qui autem perseveraverit usque in finem, hic salvus erit.* REMIGIUS. Usque in finem dicit usque ad terminum vitae suae: qui enim usque ad terminum vitae suae (4) in confessione nominis Christi perseveraverit, et in caritate, salvus factus est. CHRYSOSTOMUS in homil. 76. Deinde ne dicerent, Qualiter ergo inter tot mala vivemus ? quod plus est promittit: quod non solum viverent (5), sed etiam ubique docerent: unde subditur: *Et praedicabitur hoc Evangelium*

---

(1) *Al.* enim.
(2) *Al.* hi.

(1) *Al.* alibi.
(2) *Al. omittitur* idest.
(2) *Al.* non negavit omnium minuendam esse caritatem etc. *Apud P. Nicolai* est non negavit omnium fidem vel caritatem etc
(4) *Al. deest* qui enim usque ad terminum vitae suae.
(5) *Al.* viderent.

regni in universo orbe. Remigius. Quia enim noverat Dominus corda discipulorum contristanda esse de excidio Hierusalem et perditione suae gentis, hoc solatio consolatur eos, quod multo plures credituri erant de Gentibus quam de Judaeis perirent. Chrysostomus in hom. 76. Quod autem et ante captionem Hierosolymae ubique praedicatum est Evangelium, audi quod ait Paulus Rom. 10. In omnem terram « exivit sonus eorum. » Et vides eum a Hierusalem ad Hispaniam currentem. Si autem unus tantam portionem accepit, excogita reliqui quanta operati sunt. Unde et quibusdam scribens, de Evangelio dicit (Coloss. 3) quod « fructificat. et crescit in « omni creatura quae sub caelo est » Hoc autem est maximum signum virtutis Christi, quod in triginta annis vel parum amplius Evangelii sermo fines orbis terrarum implevit. Quamvis autem Evangelium ubique praedicatum fuerit, non tamen omnes crediderunt: propter quod subdit: *In testimonium omnibus gentibus,* idest in accusationem his qui non crediderunt. Qui enim crediderunt, testabuntur (1) adversus eos qui non crediderunt, et condemnabunt eos. Convenienter autem postquam praedicatum est Evangelium per orbem terrarum, tunc Hierosolyma periit: unde sequitur: *Et tunc veniet consummatio;* idest finis Hierosolymorum. Qui enim viderunt Christi virtutem ubique refulgentem. et in brevi tempore orbem terrarum supergressam. quam veniam habere debuerunt in ingratitudine permanentes? Remigius. Potest autem et totus locus iste referri ad consummationem saeculi. Tunc enim plurimi scandalizabuntur recedentes a fide, videntes multitudinem et divitias malorum, et miracula Antichristi, et consocios persequentur; et Antichristus mittet pseudoprophetas qui seducent multos; et abundabit iniquitas, quoniam numerus malorum augebitur; et refrigescet caritas, quoniam numerus bonorum minuetur. Hieronymus. Signum etiam dominici adventus est in toto orbe Evangelium praedicari, ut nullus sit excusabilis. Origenes (tract. 28). Quod autem dicitur, *Eritis odio omnibus hominibus propter nomen meum,* sic salvare quis poterit, quia nunc quidem in unum consenserunt omnes gentes adversus Christianos. Cum autem contigerint quae Christus praedixit, tunc fient persecutiones jam non ex parte, sicut ante, sed generaliter ubique adversum populum Dei. Augustinus ad Hesychium (epist. 80, circa finem). Sed qui putant hoc quod dicitur, *Praedicabitur Evangelium regni in universo orbe,* per ipsos Apostolos factum esse, non ita esse certis documentis probatum est. Sunt enim in Africa barbarae innumerabiles gentes, in quibus nondum praedicatum esse Evangelium ex his qui ducuntur inde captivi, addiscere in promptu est. Neque tamen ullo modo recte dici potest, istos ad promissionem Dei non pertinere. Non enim Romanos solum sed omnes gentes Dominus semini Abrahae jurando promisit. In quibus ergo gentibus nondum est Ecclesia, oportet quod sit, non ut omnes qui ibi fuerint credant: quomodo enim illud implebitur, *Eritis odio omnibus gentibus propter nomen meum,* nisi in omnibus gentibus sint et qui oderunt et quos oderint? Non est igitur ab Apostolis praedicatio ista completa, quando adhuc sunt gentes in quibus nondum coepit impleri. Quod autem dixit

Apostolus Rom. 10: « In omnem terram exivit so- « nus eorum. » quamvis locutio sit praeteriti temporis, verbis tamen quod futurum erat dixit, non quod jam factum atque completum: sicut et ipse Propheta, quo usus est (1) teste, fructificare et crescere dixit Evangelium in universo mundo, ut ita signaret usque quo crescendo esset venturum (2). Si ergo latet quando Evangelio universus orbis implebitur, proculdubo latet (3) quando finis erit: ante quippe non erit. Origenes (tract. 28). Cum ergo omnis gens audiverit Evangelii praedicationem, tunc erit saeculi finis; et hoc est quod sequitur: *Et tunc erit consummatio.* Multae enim non solum barbarorum, sed etiam nostrarum gentium nondum audierunt Christianitatis verbum. Glossa (4). Utrumque autem dictorum tueri potest, si tamen diverso modo diffusio praedicationis Evangelii intelligatur. Si enim intelligatur quantum ad fructum praedicationis, qui est ut in singulis gentibus fundetur Ecclesia credentium in Christum, ut Augustinus (in epist. 80) exponit, est signum quod oportet praecedere ante finem mundi; non tamen praecessit ante destructionem Hierosolymae. Si autem intelligatur quantum ad famam praedicationis; sic ante finem Hierosolymae fuit completum, discipulis Christi per quatuor mundi partes dispersis. Unde Hieronymus (super *Praedicabitur*) dicit: Non puto aliquam remansisse gentem quae Christi nomen ignoret; et quamquam non habuerit praedicatorem, tamen ex vicinis gentibus opinionem fidei non potest ignorare. Origenes (tract. 27). Moraliter autem qui visurus est secundum Dei adventum gloriosum illum in animam suam, necesse est ut secundum mensuram profectus sui insidias a contrariis operationibus patiatur quasi magnus athleta, et Christus in eo ab omnibus odiatur; non tantum a gentibus secundum carnem quantum a gentibus spiritualium nequitiarum. Sed et in quaestionibus pauci erunt veritatem plenius attingentes: plures autem scandalizabuntur, et cadent ab ea, proditores et accusatores alterutrum propter dissensionem dogmatum veritatis: quod causa fiet ut odiant se invicem. Multi etiam erunt non sane tradentes de futuris sermonem, et quomodo non oportet interpretantes Prophetas: quos pseudoprophetas dicit, seducentes multos: et ferventem dilectionem, quae prius fuerat in simplicitate fidei, refrigescere facient. Sed qui potuerit manere in apostolicae traditionis proposito, ipse salvabitur; et sic praedicatum Evangelium in animis omnium, erit in testimonium omnibus gentibus, idest omnibus cogitationibus incredulis animarum.

5. Chrysostomus in hom. 77. Quia supra occulte insinuavit Hierosolymae finem, consequenter idem manifeste ostendit, prophetiam inducens quae destructionem Judaeorum credere facit: unde dicit: *Cum ergo videritis abominationem desolationis, quae dicta est a Daniele Propheta, stantem in loco sancto, qui legit intelligat.* Hieronymus (super *Cum videritis abominationem*). Hoc autem quod dictum est, *Qui legit intelligat,* ponitur ut ad intelligentiam

---

(1) *Al.* tamen testabuntur.

(1) *Al. desideratur* est.
(2) *Al. futurum.*
(3) *Al. lateret.*
(4) Nihil tale in Glossa quae nunc extat, nec in Anselmo vel alibi occurrit; quamvis quae sub junguntur ex Hieronymo, et cum appendice praesenti connectuntur, habeat Glossa (*Ex edit. P. Nicolai*).

mysticam provocemus. Legimus autem in Daniele (cap. 9) hoc modo: « Et in dimidio hebdomadis « auferetur sacrificium et libamina, et in templo « desolationum abominatio erit usque ad consum- « mationem temporis, et consummatio dabitur super « solitudinem. » Augustinus ad Hesychium (epist. 80, circ. med.). Lucas quidem, ut ostenderet tunc factam fuisse abominationem desolationis quae a Daniele praedicta est, quando expugnata est Hie- rusalem, eodem loco (cap. 21) haec Domini verba commemorat: « Cum videritis circumdari ab exer- « citu Hierusalem, tunc scitote quia appropinquabit « desolatio ejus. » Chrysostomus super Matth. (hom. 49 in opere imperf). Unde abominationem deso- lationis videtur mihi exercitum dicere, quo scilicet desolata est civitas sancta Hierusalem. Hieronymus (ubi supra). Aut potest intelligi de imagine Cae- saris, quam Pilatus posuit in templo, aut de Adriani equestri statua, quae in ipso Sancta sanctorum loco stetit usque in praesentem diem. Abominatio enim secundum veterem Scripturam idolum nuncupatur; et idcirco additur desolationis, quod in desolato templo atque deserto idolum positum sit. Chryso- stomus in hom. 76. Vel quia ille qui desolavit ci- vitatem et templum, statuam intus posuit. Ut au- tem discant quoniam viventibus quibusdam eorum haec erunt, propter hoc dixit, Cum videritis. Ex quo admirare Christi virtutem et discipulorum fortitudinem, qui in talibus temporibus praedica- bant in quibus omnia Judaica impugnabantur. A- postoli autem ex Judaeis existentes, leges introdu- xerunt novas adversus Romanos tunc dominantes. Infinita millia Judaeorum ceperunt Romani, et duo- decim viros non superaverunt nudos et inermes. Quia vero multoties contigerat in gravibus prae- liis Judaeos restauratos fuisse, sicut temporibus Sennacherib et Antiochi; ne aliquis suspicetur tale aliquid futurum, suis fugiendum esse praecepit, cum subdit: Tunc qui in Judaea sunt, fugiant ad montes. Remigius. Haec enim, imminente desolatione Hierusalem, constat fuisse impleta: appropinquante namque Romano exercitu, omnes Christiani qui in provincia erant, sicut Historia ecclesiastica refert, divino miraculo moniti, longius recesserunt, et tran- seuntes Jordanem, venerunt in Pellam civitatem, et ibi sub tutela Agrippae regis, cujus mentio in Actibus Apostolorum fit, aliquanto tempore manse- runt; ipse autem Agrippa, cum parte Judaeorum quae sibi obtemperabat, Romano subditus erat im- perio. Chrysostomus in hom. 77. Deinde ostendens inevitabilia mala futura esse Judaeis et infinitam calamitatem, subdit: Et qui in tecto est, non de- scendat tollere aliquid de domo sua: eligibilius e- nim erat nudo corpore salvari, quam intrare domum ut tolleret vestimentum, et occidi: pro- pter quod et de eo qui est in agro subdit: Et qui in agro est, non revertatur tollere tunicam suam. Si enim qui in civitate sunt fugiunt, mul- to magis qui foris sunt non oportet ad civitatem refugere. Et quidem pecunias contemnere facile est, et providere sibi in vestimentis non difficile; quae autem a natura sunt, qualiter aliquis fugiet? Qua- liter enim praegnans fiet levis ad fugam, aut la- ctans poterit eum quem peperit deserere? Propter quod subdit: Vae autem praegnantibus et nutrien- tibus in illis diebus: his quidem, quia pigriores sunt, et quia facile fugere non possunt, onere con- ceptionis gravatae; his autem, quia detinentur vin-

S. Th. Opera omnia. V. 11.

culo compassionis filiorum, et non possunt simul salvare eos quos lactant. Origenes (tract. 29). Vel quoniam non erit tunc tempus miserendi neque super praegnantes neque super lactantes, neque super infantes earum. Et quasi ad Judaeos loquens, qui arbitrabantur in sabbato non oportere ambulare viam amplius quam est sabbati iter, subdit: Orate autem ut non fiat fuga vestra hieme, vel sabbato. Hieronymus (super Orate ut non fiat fuga). Quia scilicet in altero durit a frigoris prohibet ad soli- tudines pergere, et in montibus desertisque latita- re (1): in altero autem transgressio legis est, si fugere voluerint; aut mors imminens, si remanse- rint. Chrysostomus in hom. 77. Vide autem quo- niam adversus Judaeos est hic sermo: non enim Apostoli sabbatum erant observaturi, neque ibi man- suri, cum Vespasianus hoc egit; etenim plures eo- rum jam praemortui erant. Si autem aliquis remanse- rat, in alis partibus orbis terrarum tunc conversabatur. Propter quid autem hoc orandum esse dixerit subdit: Erit enim tunc tribulatio magna, qualis non fuit ab initio mundi usque modo, neque fiet. Augustinus ad Hesychium (epist. 80, circ. med.). Apud Lucam cap. 21, sic legitur: « Erit autem pressura ma- « gna super terram, et ira populo huic; et ca- « dent in ore gladii, et captivi ducentur in omnes « gentes. » Nam et Josephus, qui Judaicam scripsit Historiam, talia mala dicit illi populo tunc accidisse ut vix credibilia videantur. Unde non immerito di- ctum est, talem tribulationem nec fuisse a creatu- rae initio, nec futuram: sed etsi tempore Antichri- sti talis aut major forsitan erit, intelligendum est de illo populo dictum, quod eis talis amplius futura non erit. Si enim Antichristum illi primitus et praecipue recepturi sunt, facturus est tunc idem populus tribulationem potius quam passurus Chry- sostomus in hom. 77. Interrogo autem Judaeos, unde tam intolerabilis ira divinitus venit super eos, om- nibus quae ante factae sunt difficilior. Nam mani- festum est quoniam propter crucis manifestationem. Sed adhuc ostendit ipsos graviori poena fuisse dignos, in hoc quod dicitur: Et nisi breviati fuis- sent dies illi, non fieret salva omnis caro; ac si diceret: Si amplius durasset praelium Romanorum adversus civitatem, universi periissent Judaei: om- nem enim carnem Judaicam dicit, et qui foris et qui intus erant: non enim solum eos qui in Judaea impugnabant Romani, sed et eos qui ubique dispersi erant persequebantur. Augustinus ad Hesychium (epist. 80 cir. medium). Quidam autem convenien- ter mihi intellexisse videntur mala ipsa significata nomine dierum, sicut sunt dicti dies mali in aliis Scripturae divinae locis: neque enim dies ipsi mali sunt, sed ea quae fiunt in eis: ipsa enim dicta sunt breviati (2), ut Deo tolerantiam donante, minus sentirentur; ac si quae magna essent, fierent bre- via. Chrysostomus in hom. 77. Ne vero Judaei di- cerent, quoniam propter praedicationem et disci- pulos Christi haec mala venerunt, ostendit quod nisi illi essent, radicitus periissent: unde subditur: Sed propter electos breviabuntur dies illi. Augusti- nus ad Hesychium (epist 80, circ. medium). Non enim debemus ambigere, quando eversa est Hieru- salem, fuisse in illo populo electos Dei qui ex cir- cumcisione crediderant, sive fuerant credituri, electi ante constitutionem mundi, propter quos breviarentur

(1) Al. et in montibus desertis latitare.
(2) Al. breviati.

illi, ut tolerabilia mala fierent. Non autem desunt qui existimant ita breviores dies illos futuros quod cursus solis celeriores brevientur, sicut fuit longior dies orante Jesu Nave. HIERONYMUS (super *Nisi breviati fuissent*). Nec recordantur illius scripti Psal. 118: « Ordinatione tua perseverat dies. » Sed juxta temporum qualitatem (1), idest abbreviatos non mensura sed numero, ne temporum mora concutiatur credentium fides. AUGUSTINUS ad Hesychium (epist. 80, circ. medium). Non tamen putemus hebdomadas Danielis, vel propter dierum breviationes fuisse turbatas, vel illo jam tempore non fuisse completas, sed in fine temporum esse complendas: apertissime enim Lucas testatur Danielis prophetiam tunc fuisse completam quando eversa est Hierusalem. CHRYSOSTOMUS in hom. 77. Intellige autem (2) Spiritus sancti dispensationem, quoniam nihil horum scripsit Joannes, ut non videretur ex ipsa eorum quae facta sunt historia scribere: etenim post capionem Hierusalem vixit multo tempore. Sed qui ante mortui sunt et nihil horum viderunt, ipsi scribunt, ut undique fulgeat praenuntiationis virtus. HILARIUS (can. 25). Vel aliter. Totum indicium adventus futuri Dominus ponit, dicens: *Cum videritis abomi ationem*. De Antichristi enim temporibus haec locutus est Propheta. Abominatio ex eo dicta est quod adversus Deum veniens honorem Dei sibi vindicet; desolationis autem abominatio, quia bellis et caedibus terram desolaturus sit, atque ob id a Judaeis susceptus loco sanctificationis instituitur, ut ubi sanctorum precibus Deus invocabatur, ibi ab infidelibus receptus Dei honore venerabilis sit: et quia proprius iste Judaeorum error erit, ut qui veritatem respuerunt suscipiant falsitatem, Judaeam deseri monet, et transfugere in montes, ne admixtione plebis illius Antichristo crediturae, vis aut contagium afferatur. Quod autem ait: *Et qui in tecto sunt, non descendant tollere aliquid de domo sua*, sic intelligitur. Tectum est domus fastigium, et habitationis totius excelsa perfectio Qui igitur in consummatione domus suae, idest in cordis sui perfectione constiterit, regeneratione spiritus novi celsus, non descendere in humiliora rerum saecularium cupiditatem debebit. *Et qui in agro erit non revertatur tollere tunicam suam;* idest positus in operatione praecepti, non ad curas pristinas revertatur, ob quas veterum exinde peccaminum, quibus antea contegebatur, erit tunicam relaturus. AUGUSTINUS ad Hesychium (epist 80, circ. medium). In tribulationibus enim cavendum est ne quisquam devictus ad carnalem vitam de spirituali sublimitate descendat: aut qui profecerat in anteriora se extendens, deficiendo in posteriora respiciat. HILARIUS (can. 25 a medio). Quod autem dicitur, *Vae praegnantibus et nutrientibus in illis diebus;* non de fetarum onere Dominum admonuisse credendum est, sed animarum peccatis repletarum ostendisse gravitatem, quod neque in tecto positae, neque in agro manentes, repositae irae tempestatem vitare possint. Illis quoque vae erit qui nutrientur: infinitatem enim animarum quae ad cognitionem Dei tamquam lacte educantur, in his ostendit: et idcirco vae ipsis erit, quia ad fugiendum Antichristum graves, et ad sustinendum imperitae (3), nec pec-

cata effugerunt nec cibum veri panis acceperunt. AUGUSTINUS de ver. Dom. (serm. 20). Vel praegnans est qui res alienas concupiscit: nutriens est qui jam rapuit quod concupiverat: istis enim *vae* erit in die judicii.

Quod autem Dominus dixit. *Orate ne fiat fuga vestra hieme vel sabbato*. AUGUSTINUS de Quaest. Evang. (lib. 1, cap. 37). Idest ne in laetitia vel tristitia rerum temporalium quis inveniatur in die illa HILARIUS (can. 25). Vel ne aut (1) in peccatorum frigore aut in otio bonorum operum reperiamur, quia gravius vexatio incumbet: nisi quod causa electorum Dei diebus illis sit brevitas afferenda, ut vim malorum coarctatum tempus exsuperet. ORIGENES (tract 29). Mystice autem in loco sancto omnium Scripturarum, tam veteris testamenti quam novi. Antichristus, qui est falsum verbum, stetit frequenter; qui autem hoc vident, ex Judaeae littore fugiant ad sublimes veritatis montes. Et si quis inventus fuerit ascendisse supra tectum verbi, et stare super fastigium ejus; non descendat inde, occasione ut auferat aliquid de domo sua. Et si fuerit in agro in quo absconditus est thesaurus, et reversus fuerit retro, incurrit in seductionem verbi mendacis; et maxime si spoliaverit se vestimentum vetus, idest veterem hominem, et iterum conversus fuerit tollere ipsum. Tunc autem anima in utero habens, quae necdum fructificavit ex verbo, incurrit in *vae*: projicit enim conceptum et evacuatur a spe, quae est in actibus veritatis: similiter autem si videatur formatum et fructificatum verbum, non autem fuerit enutritum sufficienter. Orent autem qui fugiunt in montes, ne fuga eorum fiat hieme vel sabbato: quoniam in tranquillitate animae constitutae possunt impetrare viam salutis: et in sabbato (2), quando homo bona opera non facit, fuga vestra non fiat: nemo enim in periculo falsi dogmatis facile superatur, nisi qui nudus fuerit ab operibus bonis. Quae est autem major tribulatio quam videre fratres nostros seduci, et quod aliquis videat seipsum moveri et conturbari? Dies autem intelliguntur praecepta et dogmata veritatis: omnes autem intellectus a scientia falsi nominis venientes, additamenta sunt dierum, quae Deus abbreviavit (3) per quos vult.

6. CHRYSOSTOMUS in hom. 77. Cum complesset Dominus ea quae de Hierosolymis sunt, ad suum de cetero pervenit adventum, et dicit ejus signa non illis utilia solum, sed et nobis, et his qui post nos erunt omnibus: unde dicit: *Tunc si quis vobis dixerit, Ecce hic est Christus aut illic, nolite credere*. Sicut autem cum supra, cap. 3, dixit Evangelista, *In diebus illis venit Joannes Baptista*, non tempus quod immediate est consequens exposuit, cum triginta anni in medio essent; ita et hic cum dicit, *Tunc*, totum medium tempus praetermisit, quod futurum erat a captione Hierosolymae usque ad initia consummationis mundi. Dans autem eis signa sui secundi adventus, de loco eos certificat, et de seductoribus: non enim sicut in priori adven-

---

(1) *Legit P Nicolai:* sed juxta temporum qualitatem abbreviatos sentire debemus: idest abbreviatos non mensura.
(2) *Al.* intende autem.
(3) *Al.* impedire.

(1) *Al.* deest aut.
(2) *Supplet ex Origene P. Nicolai:* quoniam in tranquillitate animae constitutae possunt impetrare viam salutis; hieme autem comprehendente incurrunt in eos quos fugiunt: ideo orent ut non fiat eorum fuga hieme vel sabbato. Quidam autem ab operibus malis sabbatizant, sed non faciunt opera bona: in tali ergo sabbato, quando homo bona opera non facit etc.
(3) *Al.* abbreviat.

tu in Bethlehem apparuit, in parvulo angulo orbis terrarum, et nullo sciente a principio, ita et tunc erit; sed manifeste veniet, ita quod non indigeat quod aliquis ejus adventum annuntiet: propter quod dicit: *Si quis vobis dixerit, Ecce hic est Christus aut illic, non credatis.* HIERONYMUS (super illud *Sicut fulgur exit*). In quo ostendit quod secundus adventus non in humilitate, ut primus, sed in gloria demonstrandus est. Sultum est itaque eum in parvo loco vel in abscondito quaerere, qui totius mundi lumen est. HILARIUS (can. 25). Et tamen, quia in magna vexatione positi erunt homines; pseudoprophetae, tamquam praesentem in Christo opem sint indicaturi, multis in locis Christum esse atque haberi mentientur, ut in Antichristi famulatum depressos vexatosque deducant; et ideo subdit: *Surgent enim pseudochristi et pseudoprophetae.* CHRYSOSTOMUS in hom. 77. Hic de Antichristo loquitur, et de quibusdam ejus ministris quos pseudochristos' et pseudoprophetas appellat: quales et tempore Apostolorum multi fuerunt: sed ante secundum adventum Christi, erunt multo prioribus amariores: unde subdit: *Et dabunt signa magna et prodigia.* AUGUSTINUS in lib. 83 Quaest. (qu. 77, circa medium). Admonet autem hic Dominus, ut intelligamus quaedam miracula etiam sceleratos homines facere, qualia sancti facere non possunt: nec tamen ideo potioris loci apud Deum arbitrandi sunt. Non enim acceptiores erant Deo quam populus Israel magi Ægyptiorum, quia non poterat ille populus facere quod illi faciebant; quamvis Moyses in virtute Dei majora potuerit. Sed ideo non omnibus sanctis ista attribuuntur, ne perniciosissimo errore decipiantur infirmi, existimantes in talibus factis majora dona quam in operibus justitiae, quibus vita aeterna comparatur. Cum ergo talia faciunt magi qualia nonnunquam faciunt sancti, diverso fine et diverso jure fiunt: isti enim faciunt quaerentes gloriam suam, illi quaerentes gloriam Dei; et illi faciunt per quaedam potestatibus concessa in ordine suo quasi privata commercia vel beneficia: isti autem in publica administratione jussu ejus cui cuncta creatura subjecta est. Aliter enim cogitur possessor equum dare militi, aliter tradit emptori, vel cuilibet donat aut commodat, et quemadmodum plerique mali milites, quos imperialis disciplina commendat, signis imperatoris sui nonnullos possessores territant, et ab eis aliquid quod publice non jubetur extorquent; ita nonnunquam mali Christiani, per nomen Christi, vel per verba vel sacramenta christiana exigunt aliquid a potestatibus; cum autem malis jubentibus voluntate cedunt, ad seducendos homines cedunt, quorum errore laetantur. Quapropter aliter faciunt miracula magi, aliter boni Christiani, aliter mali Christiani: magi per privatos contractus (1), boni Christiani per publicam justitiam, mali Christiani per signa publicae justitiae. Nec hoc etiam oportet mirari; quia omnia quae visibiliter fiunt, etiam per inferiores potestates aeris hujus non absurde fieri posse creduntur. AUGUSTINUS, 3 de Trin. (cap. 28). Nec ideo tamen putandum est transgressoribus angelis ad nutum servire hanc visibilium rerum materiam, sed Deo potius, a quo eis potestas datur; nec sane creatores, illi mali angeli dicendi sunt: sed pro subtilitate sua semina rerum istarum nobis occultiora noverunt, et ea per

congruas temperationes elementorum (1) latenter spargunt, atque ita et gignendarum rerum et accelerandorum incrementorum praebent occasiones: nam et multi homines noverunt ex quibus herbis aut carnibus aut succis aut humoribus ita obrutis vel commixtis quae animalia nasci soleant; sed haec ab hominibus tanto difficilius fiunt, quanto desunt sensuum subtilitates et corporum mobilitates in membris terrenis et pigris. GREGORIUS, 15 Moral. (cap. 30, in nov. exempl. 21). Cum ergo Antichristus coram carnalium oculis miranda prodigia fecerit, post se tunc homines trahet: quia qui bonis praesentibus delectantur, potestati illius se absque retractione subjicient: unde sequitur: *Ita ut in errorem inducantur, si fieri potest, etiam electi.* ORIGENES (tract. 25). Exaggeratorius sermo est, dicens, *Si possibile est*: non enim pronuntiavit, neque dixit ut in errorem mittantur electi: sed ostendere vult quoniam frequenter valde persuasorii sunt sermones haereticorum, et commovere potentes etiam eos qui sapienter agunt. GREGORIUS, 33 Moral. (cap. 36, in nov. exemp. 27). Vel quia electorum cor et trepida cogitatione concutitur, et tamen eorum constantia non movetur, una sententia Dominus utrumque complexus est: quasi enim jam errare est in cogitatione titubare. Sed, *si fieri potest* subjungitur, quia fieri non potest ut in errorem electi capiantur. RABANUS (2). Vel non ideo hoc dicit quod electio divina frustretur; sed qui humano judicio electi videbantur, illi in errorem mittentur. GREGORIUS in hom. 55 in Evang.). Minus autem jacula feriunt quae praevidentur: et propter hoc subditur: *Ecce praedixi vobis.* Dominus enim noster perituri mundi praecurrentia mala denuntiat, ut eo minus perturbent venientia quo fuerint praescripta: propter quod consequenter concludit: *Si ergo dixerint vobis, Ecce in deserto est, nolite exire; ecce in penetralibus, nolite credere.* HILARIUS (tract. 25). Nam pseudoprophetae, de quibus supra dixerat, nunc in desertis Christum esse dicent, ut homines errore depravent; nunc in penetralibus asserent eum esse, ut homines dominantis Antichristi potestate concludant. Sed Dominus se nec loco occultandum, nec a singulis seorsum contuendum esse profitetur; sed ubique et in conspectu omnium praesentem se futurum esse denuntiat: unde sequitur: *Sicut enim fulgur exit ab oriente et apparet usque in occidentem, ita erit adventus Filii hominis.* CHRYSOSTOMUS in hom. 77. Sicut enim supra praedixit qualiter Antichristus venturus est; ita et per hoc ostendit qualiter ipse sit venturus. Sicut enim fulgur non indiget annuntiante aut praecone, sed in instanti momento temporis monstratur secundum universum orbem terrarum etiam his qui in thalamis sedent; ita et adventus Christi simul apparebit ubique propter gloriae fulgorem. Consequenter autem dicit et aliud signum sui adventus, cum subdi: *Ubicumque fuerit corpus, illuc congregabuntur et aquilae:* per aquilas multitudinem Angelorum, martyrum et sanctorum omnium designans. HIERONYMUS (super *Ubicumque fuerit*). De exemplo enim naturali quod quotidie cernimus, Christi instruimur sacramento: aquilae enim et vultures, etiam transmarina dicuntur sentire cadavera, et ad escam hujuscemodi congregari. Si ergo irrationabiles volucres naturali sensu tantis

(1) *Al.* tractus.

(1) *Al.* tentationes electorum.
(2) *Al.* ORIGENES.

terrarum spatiis separatae, parvum cadaver sentiant ubi jaceat; quanto magis omnis multitudo credentium debet ad Christum festinare, cujus fulgur exit ab oriente et paret usque ad occidentem ? Possumus autem per corpus, idest ptoma (1) ($\pi\tau\tilde{\omega}\mu\alpha$), quod significantius latine dicitur cadaver. ab eo quod per mortem cadat, passionem Christi intelligere. HILARIUS. Unde ut nec loci in quo venturus esset, essemus ignari, dicit: *Ubicumque fuerit corpus, ibi congregabuntur et aquilae.* Sanctos de volatu spirituali corporis aquilas nominavit, quorum congregantibus Angelis conventum futurum in loco passionis ostendit: et digne illic claritatis adventus expectabitur ubi nobis gloriam aeternitatis passione corporeae humilitatis operatus est. ORIGENES (tract. 30). Et vide, quia non dixit: *Ubicumque fuerit corpus, ibi congregabuntur* vultures, aut corvi, sed *aquilae*: volens ostendere magnificos et regales omnes qui in passione Domini crediderunt. HIERONYMUS. Aquilae enim appellantur quibus juventus renovata est ut aquilae, et qui assumunt pennas, ut ad Christi veniant passionem. GREGORIUS, 14 Moral. (2). Potest etiam intelligi: *Ubicumque fuerit corpus*; ac si dicat: Quia caelesti sede incarnatus praesideo, electorum animas, cum carne solvero, ad caelestia sublevabo. HIERONYMUS. Vel aliter. Quod hic dicitur, de pseudoprophetis intelligi potest (3). Multi enim tempore captivitatis Judaicae principes extitere qui Christos se esse dicerent, intantum ut obsidentibus Romanis, tres intus fuerint factiones. Sed melius de consummatione mundi dicitur, ut expositum est. Potest autem et tertio de haereticorum contra Ecclesiam pugna intelligi, et de istiusmodi antichristis, qui sub opinione falsae scientiae (4) contra Christum dimicant. ORIGENES (tract. 30). Generaliter enim unus est Antichristus, species autem ejus multae; tamquam si dicamus, Mendacium nihil differt a mendacio. Sicut autem veri Christi fuerunt sancti Prophetae, sic intellige secundum unumquemque pseudochristum, multos ejus falsos prophetas, qui antichristi alicujus falsos sermones praedicant quasi veros. Quando ergo dicet aliquis, *Ecce hic est Christus, ecce illic* (5), non quasi extra Scripturam foras aspiciendum est: ex lege enim et Prophetis et Apostolis proferunt quae videntur defendere mendacium. Vel per hoc quod dicit, *Ecce hic est Christus, ecce illic*, ostendunt non Christum, sed aliquem fictum ejusdem nominis, utputa secundum Marcionis doctrinam, aut Valentini et Basilidis. HIERONYMUS (super *Si vobis dixerint*). Si quis ergo promiserit vobis quod in deserto Gentilium et Philosophorum dogmate Christus moretur, aut in haereticorum penetralibus, qui Dei pollicentur arcana, nolite credere, sed quod ab oriente usque in occidentem fides catholica in Ecclesis fulget. AUGUSTINUS de quaest. Evang. (lib. 1, cap. 38). Orientis et occidentis nomine totum orbem voluit signare, per quem futura erat Ecclesia. Secundum autem illum sensum, quo dixit, in-

fra 27, *Amodo videbitis Filium hominis venientem in nubibus*, convenienter etiam nunc fulgur nominavit, quod maxime solet emicare de nubibus. Constituta ergo auctoritate Ecclesiae per orbem terrarum clara atque manifesta, convenienter discipulos admonet, atque omnes fideles, ne schismaticis atque haereticis credant. Unumquodque schisma aut unaquaeque haeresis locum suum habet, in orbe terrarum aliquam tenens partem; aut obscuris atque occultis conventiculis curiositatem hominum decipit: quo pertinet quod ait: *Si quis vobis dixerit, Ecce hic est Christus, aut illic*; quod significat terrarum partes aut provinciarum; aut *in penetralibus* aut *in deserto*; quod significat occulta et obscura conventicula haereticorum. HIERONYMUS (ubi supra). Vel per hoc quod dicit, *In deserto in penetralibus* ostenditur quod persecutionis et angustiarum tempore semper pseudoprophetae decipiendi inveniunt locum. ORIGENES (tract. 29). Vel quando secretas et non vulgatas scripturas proferunt ad confirmationem mendacii sui, videntur dicere: Ecce in solitudine verbum est veritatis. Quoties autem canonicas proferunt Scripturas, in quibus omnis Christianus consentit, videntur dicere: Ecce in domibus est verbum veritatis. Sed nos exire non debemus a prima ecclesiastica traditione. Vel eos (1) sermones qui sunt omnino extra Scripturam ostendere volens, dixit: *Si dixerint vobis, Ecce in penetralibus est, nolite credere.* Veritas enim similis est fulguri egredienti ab oriente, et apparenti usque ad occidentem. Vel hoc dicit, quoniam veritatis fulgur ex omni Scripturarum loco defenditur. Exit ergo veritatis fulgur ab oriente, idest ab initiis Christi, et apparet usque ad passionem ipsius, in qua est occasus ejus; vel a primo initio creaturae mundi, usque ad novissimam Apostolorum Scripturam. Vel oriens quidem est lex, occidens autem finis legis et prophetiae Joannis. Sola autem Ecclesia neque subtrahit hujus fulguris verbum et sensum, neque addit (2) quasi prophetiam aliquid aliud. Vel hoc dicit, quia non debemus attendere eis qui dicunt, *Ecce hic Christus*; non autem ostendunt eum in Ecclesia, in qua tota totus est adventus Filii hominis dicentis, infra 28, *Ecce ego vobiscum sum omnibus diebus usque ad consummationem saeculi*. HIERONYMUS (super *Ubicumque fuerit corpus*). Provocamur autem ad passionem Christi; ut ubicumque in Scripturis legitur, congregemur, ut per illam venire possimus ad verbum Dei.

7. GLOSSA (3). Postquam Dominus praemunivit fideles contra seductionem Antichristi et ministrorum ejus, ostendens se manifeste esse venturum, nunc ordinem et modum sui adventus demonstrat, dicens: *Statim autem post tribulationem dierum illorum sol obscurabitur*. CHRYSOSTOMUS in hom. 77. Tribulationem dicit dierum Antichristi et pseudoprophetarum: tribulatio enim tunc erit magna tot existentibus deceptoribus. Sed non extendetur per temporis longitudinem. Si enim Judaicum bellum propter electos decurtatum est, multo magis propter eos haec tribulatio abbreviabitur: et propter hoc non simpliciter dixit: *Post tribulationem* ; sed addit *statim*: ipse enim confestim aderit. HILARIUS (can. 26). Gloriam autem

---

(1) *Al.* corpus ptoma, *item* corpus, idest Joathan, *item* corpus, idest Jonathan.

(2) 31 Moral cap. 22, vel in antiquis codd. cap. 36, super illud Job 39, de aquila: *Ubicumque fuerit cadaver statim adest (Ex edit. P. Nicolai)*.

(3) *Al.* quod hic de pseudoprophetis dicitur intelligi potest; *forte* Quod hic de pseudoprophetis dictum intelligi potest.

(4) *Al.* conscientiae.

(5) *Al.* quorum dicet aliquis, *Ecce hic est Christus, ecce illic*, quasi non extra Scripturam foris etc.

(1) *Al.* eis.

(2) *Al.* addidit.

(3) Quod subjungitur ex Glossa, nec in Glossa quae nunc est, nec in Anselmo, nec alibi occurrit (*Ex edit. P. Nicolai*).

adventus sui indicat obscuritate solis, et defectione lunae, et casu stellarum: nam sequitur: *Et luna non dabit lumen suum, et stellae cadent de caelo.* ORIGENES (tract. 30). Dicit autem aliquis. Sicut in magnis ignibus succendi incipientibus tenebrae ex fumo plurimo videntur extolli, sic in consummatione mundi ab igne, qui succendendus est, obscurabuntur etiam luminaria magna; marcescente autem stellarum lumine, reliquum earum corpus, cum exaltari non valeat, sicut primum cum a lumine ipso portatum extollebatur, cadet de caelo. His accidentibus consequens est caelorum rationabiles virtutes stuporem (1) et commotionem aliquam pati, et conturbari, remotas a primis functionibus suis: unde sequitur: *Et virtutes caelorum commovebuntur, et tunc apparebit signum Filii hominis in caelo,* in quo scilicet caelestia facta sunt, idest virtus quam operatus est Filius suspensus in ligno; et in caelo apparebit maxime signum illius, ut homines de omnibus tribubus quae prius non crediderunt christianitatem annuntiari (2), tunc recognoscentes per signum illud manifestatam (3), plangent, et lamentabuntur propter ignorantiam suam, atque peccata: unde sequitur: *Et tunc plangent omnes tribus terrae.* Alius autem aliter arbitrabitur: quoniam sicut lucernae paulatim deficit lumen, sic caelestium luminum deficiente nutrimento, sol obscurabitur, et luna, et stellarum lumen deficiet, et quod remanserit in eis, quasi terrenum cadet de caelo. Sed quomodo potest dici de sole quoniam obscurabitur lumen ejus, cum Isaias Propheta profectum aliquem solis in consummatione fore declaret? Similiter et de luna Isaias profert (4) quoniam erit sicut sol. De stellis autem quidam dicere tentant, aut omnes aut plures earum majores esse tota terra. Quomodo ergo cadent de caelo, cum magnitudini earum non sufficiat terra? HIERONYMUS (super *Sol obscurabitur*) Non ergo diminutione luminis hujusmodi (5) accident; alioquin solem legimus septuplum habiturum luminis; sed comparatione verae lucis omnia visui apparebunt tenebrosa. RABANUS. Nihil tamen prohibet intelligi veraciter tunc solem et lunam cum ceteris sideribus ad tempus suo lumine privari, sicut de sole factum constat tempore dominicae passionis: unde et Joel dicit cap. 2: « Sol convertetur in tenebras et luna « in sanguinem, antequam veniat dies Domini ma- « gnus et manifestus. » Ceterum, peracto die Judicii et clarescente futurae gloriae vita, cum fuerit caelum novum et terra nova, tunc fiet quod Isaias Propheta dicit cap. 30: « Erit lux lunae sicut lux « solis, et lux solis erit septempliciter. » Quod autem de stellis dictum est, *Et stellae cadent de caelo,* in Marco cap. 14, ita scriptum est: « Et « stellae caeli erunt decidentes, » idest suo lumine carentes HIERONYMUS (ubi supra). Per virtutes autem caelorum, Angelorum multitudines intelligimus. CHRYSOSTOMUS in hom. 77. Qui valde decenter commovebuntur vel concutientur, videntes tantam transmutationem fieri, et conservos suos puniri, et orbem terrarum terribili assistentem judicio ORIGENES (tract. 30). Sicut autem in dispensatione crucis,

sole deficiente, tenebrae factae sunt super terram; sic et signo Filii hominis apparente in caelo, deficient lumina solis, lunae et stellarum, quasi consumpta ex multa virtute signi illius: unde sequitur: *Tunc apparebit signum Filii hominis in caelo.* Signum autem crucis hic intelligamus, ut videant, juxta Zachariam et Joannem, Judaei quem compunxerant et signum victoriae. CHRYSOSTOMUS in hom. 77. Si autem sol quidem obtenebraretur, crux non appareret, nisi multo solaribus radiis luculentior esset. Ne autem discipuli verecundentur et doleant de cruce, eam signum nominat cum quadam claritate. Apparebit autem signum crucis, ut Judaeorum inverecundiam confutet: adveniet enim Christus in judicio non vulnera solum, sed mortem exprobratissimam ostendens: unde sequitur: *Et tunc plangent omnes tribus terrae.* Visa enim cruce considerabunt quod mortuo eo nihil profecerunt, et quoniam crucifixerunt eum quem adorari oportebat. HIERONYMUS (super *Et plangent*). Recte autem dicit, *Tribus terrae:* hi enim plangent qui mancipatum non habent in caelis, sed scripti sunt in terra. ORIGENES (tract. 30). Moraliter autem dicit aliquis obscurandum solem, esse diabolum, qui in consummatione est arguendus, cum sit tenebrae, simulat autem solem: luna autem quae videtur homini (1) illuminari sole, est omnis ecclesia malignantium, quae frequenter lumen se habere et dare promittit, tunc autem redarguta cum reprobatis dogmatibus suis claritatem suam amittet; sed et quicumque, sive in dogmatibus sive in virtutibus falsis, hominibus quidem veritatem promittebant, mendaciis autem seducebant, hi convenienter dicendi sunt stellae cadentes de caelo, ut ita dicam, suo, ubi erant in altitudine confutatae, extollentes se adversus scientiam Dei. Ad commendationem autem sermonis hujus utemur exemplo Proverbiorum 4, dicente: « Lumen justorum semper inextinguibile « est; lumen autem impiorum extinguetur. » Tunc claritas Dei apparebit in omni qui portavit imaginem caelestis; et caelestes laetabuntur, terreni autem plangent. Vel Ecclesia est sol, luna et stellae, cui dictum est Can. 6, « Speciosa ut luna, electa « ut sol. » AUGUSTINUS ad Hesychium (ep. 80, post medium). Tunc enim sol obscurabitur et luna non dabit lumen suum, quia Ecclesia non apparebit, impiis tunc persecutoribus ultra modum saevientibus. Tunc *stellae cadent de caelo, et virtutes caelorum commovebuntur:* quoniam multi qui gratia Dei (2) fulgere videbantur, persequentibus cedent et cadent; et quidem fideles fortissimi turbabuntur. Hoc autem post tribulationem dierum illorum dicitur esse futurum, non quia transacta tota illa persecutione accidant ista, sed quia praecedet tribulatio, ut sequatur quorumdam defectio: et quia per omnes dies illos ita fiet, propterea post tribulationem dierum illorum, sed tamen eisdem diebus, fiet.

8. CHRYSOSTOMUS in homil. 77. Quia crucem audiverant; ne rursus existimarent aliquid turpe esse futurum, subjungit: *Et videbunt Filium hominis venientem in nubibus caeli cum virtute multa et majestate.* AUGUSTINUS ad Hesychium (epist. 80 prope finem) Cujus quidem proprior (3) sensus est, ut cum hoc quisque audierit vel legerit, ipsum

---

(1) *Al.* virtutes patientiae stuporem.
(2) *Al.* christianitatem annuntianti. *P. Nicolai legit* christianitati annuntiatae.
(3) *Al.* manifestatum.
(4) *Al.* refert
(5) *Al.* hujus mundi.

(1) *P. Nicolai habet* ab hujusmodi.
(2) *Al.* omittitur Dei.
(3) *P. Nicolai ex Augustino legit* promptior.

esse adventum accipiet, quando venturus est ad vivos et mortuos judicandos in corpore suo; in quo sedet ad dexteram Patris, in quo etiam mortuus est et resurrexit, et ascendit in caelum: et sicut in Actibus Apostolorum cap. 1, legitur: « Nu- « bes suscepit eum ab oculis eorum: » et quia illic dictum est ab Angelis, « Sic veniet, quomodo « vidistis eum euntem in caelum: » merito credendus est non solum in eodem corpore, verum etiam in nube venturus. ORIGENES (tract. 30). Videbunt ergo oculis corporalibus Filium hominis in specie humana venientem in nubibus caeli, idest supernis. Sicut enim quando transformatus est, vox venit de nube; sic cum veniet iterum in speciem transformatus gloriosam, et non super unam nubem, sed super multas, quae erunt vehiculum ejus. Et siquidem ut ne terram calcaret Filius Dei Hierosolymam ascendens, diligentes eum, straverunt vestimenta sua in via, neque asellum qui portabat eum volentes terram calcare; quid mirum, si Pater et Deus omnium nubes sternat caelestes sub corpore Filii descendentis ad opus consummationis? Dicet autem aliquis, quoniam sicut in factione hominis accepit Deus limum de terra, et finxit hominem; sic ut appareat gloria Christi, accipiens Dominus de caelo et de caelesti corpore, corporavit primum quidem in transfiguratione in nubem lucidam; in consummatione autem in nubes lucidas (1): propter quod nubes caeli dicuntur, secundum quod et limus terrae est dictus: et decet Patrem talia miranda dare Filio suo, qui se humiliavit; et propterea exaltavit illum non solum secundum spiritum, sed etiam secundum corpus, ut super talibus nubibus veniret; et forsitan super nubibus rationabilibus, ne irrationabile esset vehiculum filii hominis glorificati. Et (2) primum quidem venit Jesus cum virtute, ex qua faciebat signa et prodigia in populo; omnis autem illa virtus comparatione illius virtutis multae cum qua in fine venturus est, modica erat: virtus enim erat exinanientis seipsum. Consequens est etiam ut ad majorem gloriam reformetur quam fuit transformatus in monte: tunc enim propter tres tantummodo transformatus est: in consummatione autem mundi totius, apparebit in gloria multa, ut videant eum omnes in gloria. AUGUSTINUS ad Hesychium (epist. 80 post medium). Sed quoniam Scripturae scrutandae sunt , nec earum superficie debemus esse contenti; diligenter sunt inspicienda sequentia: post pauca enim sequitur: *Cum videritis haec omnia fieri, scitote quia prope est jam in januis*: tunc enim scimus prope esse, cum non (3) aliqua videmus esse praemissorum, sed haec omnia, in quibus et hoc est quod videbitur Filius hominis veniens. Et mittet Angelos suos de quatuor partibus mundi; idest, de toto orbe terrarum congregabit electos suos: quae (4) tota hora novissima facit veniens in suis membris tamquam in nubibus, vel in tota ipsa Ecclesia tamquam in nube magna, sicut nunc venire non cessat; sed ideo cum potestate magna et majestate, quia major potestas et majestas illius apparebit sanctis, quibus magnam virtutem dabit, ne tanta persecutione vincantur. ORIGENES (tract. 30). Vel cum magna virtute venit quotidie ad animam hominis credentis in

nubibus propheticis; idest in Scripturis Prophetarum et Apostolorum, qui verbum Dei super humanam naturam in intellectibus suis declarant: sic etiam eis qui intelligunt dicimus apparere gloriam multam; quae quidem videtur in secundo Verbi adventu, quod est perfectorum: et sic fortasse omnia quae a tribus Evangelistis dicta sunt de Christi adventu, diligentius inter se collata et bene discussa, invenientur ad hoc pertinere quod quotidie venit in corpore suo, quod est Ecclesia; de quo adventu suo alibi dixit (infra 26): *Amodo videbitis Filium hominis sedentem a dextris virtutis Dei, et venientem in nubibus caeli*; exceptis his locis ubi ab eo ille adventus ultimus in seipso promittitur.

9. ORIGENES (1) (tract. 30). Quia de planctu mentionem fecerat, qui ad hoc erit ut sponte contra se sententiam proferant, et seipsos condemnent; ne putetur quod in isto planctu mala eorum terminentur, subdit: *Et mittet Angelos suos cum tuba et voce magna*. REMIGIUS. Haec autem tuba non revera corporea est intelligenda, sed archangelica vox, quae adeo magna erit ut ad clamorem illius omnes mortui de terrae pulvere resurgant. CHRYSOSTOMUS (hom. 77). Sonus autem tubae pertinet ad resurrectionem, ad gaudium, ad repraesentandum stuporem qui tunc erit, ad dolorem illorum qui relinquentur et in nubibus non rapientur. ORIGENES tract. 30, a medio) Scriptum est autem in Numeris, cap. 10, quod ex quatuor ventis congregabunt (2) sacerdotes tibicinantes eos qui sunt ex castris Israel: secundum quorum comparationem de Angelis Christi consequenter dicitur: *Et congregabunt electos ejus a quatuor ventis*. REMIGIUS. Idest, a quatuor climatibus mundi, idest oriente, occidente, aquilone et austro. ORIGENES (tract. 30) Et simpliciores quidem opinantur eos tantum qui tunc inventi fuerint in corpore, aggregandos; sed melius est dicere congregandos ab Angelis (3) Christi esse omnes, non solum ab adventu Christi et usque ad consummationem vocatos atque electos, sed omnes qui a constitutione fuerint mundi qui viderunt, sicut Abraham, Christi diem, et exultaverunt in illa. Quoniam autem non tantum illos qui in corpore fuerint comprehensi, dicit congregandos Christi electos, sed etiam illos qui de corporibus sunt egressi, manifestat sermo dicens, congregatos electos non solum a quatuor ventis, sed etiam subdens: *A summis caelorum usque ad terminos eorum*: quod nemini super terram existenti arbitror convenire. Vel caeli sunt Scripturae divinae, aut auctores earum, in quibus habitat Deus. Summa autem Scripturarum sunt initia illarum, termini autem consummationes earum. Congregantur ergo sancti a summis caelorum, idest ab eis qui vivunt in initiis Scripturarum usque ad eos qui vivunt in consummationibus earum Congregabuntur enim tuba, et voce magna, ut qui audierint et adverterint parent se ad viam perfectionis quae ducit ad Filium Dei. REMIGIUS. Vel aliter. Ne forte aliquis putaret quod solummodo a quatuor partibus mundi, et non a mediterraneis regionibus et locis; ideo addit: *A summis caelorum usque ad terminos eorum*. Per summum enim caeli medium

---

(1) *Al.* idest in consummatione in nubes lucidas.
(2) *Al. omittitur* et.
(3) *Al. deest* non.
(4) *Al.* qui.

(1) Sic in edit Antuerpiensi, non Chrysostomus, ut in Parisiensi prius notabatur; etsi nec Origenes haec adeo expresse quae tamen subindicat (*Ex edit. P. Nicolai*).
(2) *Al.* congregabant.
(3) *Al.* non solum ab Angelis.

orbis intelligitur, quia medio orbis summum caeli (1) praesidet. Per terminos autem caelorum, fines
terrae significat, ubi longe distantibus circulis caeli
terrae insidere videntur. Chrysostomus (homil 77).
Quod autem per Angelos Dominus electos vocat, ad
electorum honorem pertinet: nam et Paulus dicit
quod rapientur in nubibus: quia eos quidem qui
resurrexerunt congregabunt Angeli; congregatos
autem recipient nubes.

11. Chrysostomus (in hom. 78) Quia dixerat
quod statim post tribulationem dierum illorum,
quae praedicta sunt contingerent, ipsi autem quaerere poterant, post quantum tempus ? ideo exponit,
exemplum ponens de ficu, dicens: *Ab arbore fici
discite parabolam: cum jam ramus ejus tener fuerit, et folia nata, scitis quia prope est aestas.* Hieronymus (super *Ab arbore fici discite*) Quasi dicat:
Sicut quando teneri fuerint in arbore ficus cauliculi,
et gemma erumpit in florem, cortexque folia parturit, intelligitis aestatis adventum, et favonii ac
veris introitum; ita cum omnia quae scripta sunt
videritis, nolite putare jam adesse consummationem
mundi; sed quasi praevia et praecursores quosdam
venire, ut ostendant quod prope sit, et in januis;
unde sequitur: *Ita et vos cum videritis haec omnia,
scitote quia prope est in januis.* Chrysostomus in
homilia 78. Per quod ostendit quod non multum
erit temporis medium; sed statim adventus Christi
occurret. Per ramum autem (2) et aliud quiddam
praenuntiat, aestatem spiritualem, et tranquillitatem
justis post hiemem esse futuram; peccatoribus autem e contrario hiemem post aestatem. Origenes
(tract. 30). Sicut enim ficus in tempore quidem
hiemis, vitalem virtutem habet in se absconditam,
postmodum autem cum virtus ipsa vitalis prodire
coeperit ad manifestationem praetereunte hieme, et
ipsa valetudine ejus ramus efficitur tener, et folia
producit: sic et, mundus, et unusquisque eorum
qui salvantur ante Christi adventum, quasi in hieme
in se absconsam habent vitalem virtutem; Christo
autem inspirante fiunt teneri et non duri cordis
rami: et quae abscondita erant in eis, progrediun-
tur in folia, et manifestos fructus ostendunt: talibus autem prope est aestas, et adventus gloriae
Verbi Dei. Chrysostomus in homil. 78 Propter hoc
etiam istud posuit, ut credere faciat hunc sermonem omnino ita esse venturum: ubicumque enim
quod omnino eventurum est (3) dicit, naturales
necessitates in exemplum inducit. Augustinus ad
Hesychium (epistola 80). Quod autem de signis
evangelicis et propheticis, quae fieri cernimus,
propinquum Domini adventum sperare debeamus
quis negat ? Quotidie quippe magis magisque fit
proximus; sed quanto intervallo propinquat, de hoc
dictum est Actor. 1 « Non est vestrum scire tem-
« pora vel momenta. » Vide (4) quando dixit Apostolus Rom. 13: « Nunc propior est nostra salus
« quam cum credidimus: » et ecce tot anni transierunt, nec tamen quod dixit falsum est; quanto
magis nunc dicendum est propinquare Domini adventum quando tantus factus est ad finem accessus ? Hilarius (can. 26). Mystice autem synagoga
ficus arbori comparatur: ramus igitur ficus Antichristus esse intelligitur, diaboli filius, peccati portio,

legis assertor; qui cum virescere coeperit et fron-
descere quadam peccatorum exultantium viriditate,
tunc proxima est aestas, idest, dies judicii sentie-
tur. Remigius. Vel cum haec ficus rursum germina-
bit, idest cum synagoga verbum sanctae praedicationis accipiet, praedicantibus Enoch et Elia, intelligere debemus quia prope est dies consummationis.
Augustinus de Quaest. Evangel (lib. 1, capit. 39).
Vel per arborem fici intellige genus humanum propter pruritum carnis. Cum jam ramus ejus tener
fuerit: idest, cum filii hominum per fidem Christi,
ad spirituales fructus profecerint, et in eis honor
adoptionis filiorum Dei emicuerit. Hilarius (can.
26). Ut autem fides certa esset futurorum, subjungit: *Amen dico vobis, quia non praeteribit generatio
haec donec omnia fiant.* Amen autem dicendo, professionem veritatis adjunxit. Remigius. (1) Et simplices quidem ad destructionem Hierusalem referunt
verba, et de illa generatione aestimant dicta quae
passionem Christi aspexit, quod non esset transitu-
ra priusquam fieret destructio civitatis illius. Nescio
autem si verbum a verbo exponere possint, ab eo
quod ait, *Non relinquetur hic lapis super lapidem,*
usque ad illud quod ait, *Prope est in januis*: forsitan enim in quibusdam poterunt, in aliis autem
non poterunt omnino. Chrysostomus (in hom. 78).
Haec ergo omnia de fine Hierosolymorum dicta sunt,
et quae de pseudoprophetis et pseudochristis et
alia omnia quae diximus usque ad Christi adventum futura. Quod autem dixit, *Generatio haec*, non
de ea quae tunc erat dixit, sed de ea quae est
fidelium: consuevit enim Scriptura generationem
non solum a tempore designare, sed a loco, cultu,
et conversatione; sicut cum dicitur Psal. 23: « Haec
« est generatio quaerentium Dominum. » Ex hoc
autem ostendit (2) quod Hierusalem peribit, et
amplior pars Judaeorum destruetur; generationem
autem fidelium nulla separabit tentatio. Origenes
(tract. 30). Generatio tamen Ecclesiae transibit
aliquando totum (3) hoc saeculum, ut hereditet futurum; tamen donec haec omnia fiant, non transibit. Cum autem omnia haec facta fuerint, transibit
non solum terra, sed etiam caelum: unde sequitur:
Caelum et terra: idest non solum homines quorum
vita terrena est, et propterea terra dicuntur; sed
etiam illi quorum conversatio est in caelis, et ideo
caelum vocantur: transibunt autem ad futura, ut
veniant ad meliora. Verba autem quae a Salvatore
sunt dicta, non transibunt: quoniam quae sua
propria sunt, operantur et semper operabunt: perfecti autem, et qui non recipiunt ut jam meliores
efficiantur, transeuntes quod sunt perveniunt (4)
ad illud quod non sunt: et hoc est quod subditur;
Verba autem mea non praeteribunt. Et forte quidem verba Moysi et Prophetarum transiverunt,
quoniam, quae prophetizabantur ab illis, impleta
sunt: verba autem Christi semper sunt plena, et
quotidie implentur, et adhuc sunt implenda in sanctis. Aut forte neque Moysi verba aut Prophetarum
dicere debemus impleta omnino: proprie (5) enim
et illa verba Filii Dei sunt, et semper implentur.
Hieronymus (super *Non praeteribit generatio*). Vel
hic per generationem omne hominum significat

---

(1) *Al.* summi caeli.
(2) *Al.* per hoc autem.
(3) *Al.* esse.
(4) *Al.* vel.

(1) Vel Origenes ut supra (*Ex edit. P. Nicolai*).
(2) *Al.* dicit.
(3) *Al.* aliquando tamen totum.
(4) *Al.* deerat perveniunt.
(5) *Al.* prope.

genus, aut specialiter Judaeorum. Deinde ut magis eos ad fidem praemissorum inducat, subdit (1). *Caelum et terra transibunt; verba autem mea non praeteribunt*, ac si dicat: Facilius est fixa et immobilia destrui, quam sermonum meorum aliquid decidere. RABANUS (cap. 26). Caelum enim et terra ex conditione suae creationis nihil habent in se necessitatis ut non sint: verba autem Christi ex aeternitate deducta, id in se continent virtutis ut maneant. HIERONYMUS (super illud, *Caelum et terra transibunt*). Caelum autem et terra transibunt in mutatione, non abolitione sui: alioquin quomodo sol obscurabitur, et luna non dabit lumen suum, si caelum, in quo ista sunt. terraque non fuerint ? RABANUS. Caelum tamen quod transibit, non sidereum, sed aereum intelligere debemus, quod prius diluvio periit. CHRYSOSTOMUS in hom. 78 Elementa autem mundi in medium adducit, ostendens quoniam pretiosior caelo et terra est Ecclesia: simul etiam et hinc conditorem se omnium ostendit.

12. CHRYSOSTOMUS in hom. 78. Cum dixisset Dominus omnia quae praecedunt Christi adventum, et ad ipsas januas narrationem duxisset, diem tacere voluit: unde dicit: *De die autem illa et hora nemo scit, neque Angeli caelorum, nisi solus Pater.* HIERONYMUS (super *De die autem illa*). In quibusdam autem latinis codicibus additum est: *Neque Filius*, cum in graecis, et maxime Adamantii, et Pierii (2) exemplaribus hoc non habeatur adscriptum. Sed quia in nonnullis legitur, disserendum videtur. REMIGIUS. Marcus etiam Evangelista non solum dicit Angelos nescire, sed etiam Filium. HIERONYMUS (ubi supra). In quo gaudent Arius et Eunomius: dicunt enim: Non potest aequalis esse qui novit et qui ignorat: contra quos breviter ista dicenda sunt. Cum omnia tempora fecerit Jesus, hoc est Verbum Dei (« omnia enim per ipsum « facta sunt, et sine ipso factum est nihil: » Joan. 1); in omnibus autem temporibus cum dies judicii sit, qua consequentia potest ejus ignorare partem cujus totum noverit? Hoc quoque dicendum est. Quid est majus: notitia Patris, an notitia judicii? Si majus novit, quomodo ignorat quod minus est? HILARIUS (can. 26). Numquid etiam Deus Pater cognitionem illius diei Filio denegavit, cum dictum ab eo sit Luc. 10: « Omnia mihi tradita « sunt a Patre meo. » Ergo non omnia sunt tradita, si est aliquid quod negatur. HIERONYMUS (ubi supra). Igitur, quia probavimus non ignorare Filium Dei consummationis diem, causa reddenda est cur ignorare dicatur. Post resurrectionem quidem interrogatus ab Apostolis de hac die, manifestius respondit (Act 1): « Non est vestrum scire « tempora et momenta, quae Pater posuit in sua « potestate. » In quo ostendit quod ipse sciat, sed non expedit nosse Apostolis, ut semper incerti de adventu judicis, sic quotidie vivant, quasi die illa (5) judicandi sint. AUGUSTINUS 1 de Trin. (cap. 12). Quod ergo dicit, Nescit: intelligendum est nescientes facit; idest, quod non ita sciebat ut tunc discipulis indicaret: sicut dictum est ad Abraham Genes. 22: « Nunc cognovi quoniam times Deum; » idest, nunc feci ut cognosceres: quia et ipse sibi in illa tentatione innotuit. AUGUSTINUS de ver. Dom.

(ser. 12). Quod autem dixit Patrem scire, ideo dixit, quia in Patre et Filius scit. Quid enim est in die quod in Verbo factum sit, per quod factus est dies? AUGUSTINUS in lib. 85 Quaest. (quaest. 60). Bene autem accipitur quod dictum est, solum Patrem scire. secundum praedictum modum sciendi, quia facit Filium scire; Filius autem nescire dicitur, quia non facit homines scire. ORIGENES (tract. 50. inter med. et fin.). Vel aliter. Donec Ecclesia, quae est corpus Christi, nescit diem illum et horam, tamdiu nec ipse Filius dicitur diem illum et horam scire. Dicitur autem scire secundum propriam significationem, sicut est in consuetudine Scripturarum. Apostolus enim Salvatorem dicit nescientem peccatum, quia non peccavit. Praeparat autem Filius scientiam diei illius et horam coheredibus suae promissionis, ut omnes simul sciant, idest re ipsa experiantur in illa hora et die quae praeparavit Deus diligentibus se. BASILIUS (1). Legi quoque in cujusdam libro, Filium hunc non unigenitum, sed adoptivum debere intelligi: non enim Unigenito filio Angelos praeposuisset: sic enim ait: *Neque Angeli caelorum, neque Filius.* AUGUSTINUS ad Hesychium (epist. 70, prope princ.). Sic ergo Evangelium dicit. *De die illa et hora nemo scit*; tu autem dicis: Ego autem dico, neque mensem neque annum adventus ipsius sciri posse: ita enim hoc videtur sonare tamquam non possit sciri quo anno venturus sit; sed possit sciri qua hebdomada annorum, vel qua decade; tamquam dici possit atque definiri inter illos septem annos, aut decem, aut centum, vel quodlibet, seu majoris numeri seu minoris. Si autem hoc te non comprehendisse praesumis, hoc sentis quod ego. CHRYSOSTOMUS in homil. 88. Ut autem addiscas quod non ignorantiae suae est quod de die et hora judicii tacet, aliud signum inducit, cum subdit: *Sicut autem fuit in diebus Noe ... ita fiet adventus Filii hominis.* Hoc autem dixit ostendens quod repente venit, et inopinate, et pluribus lascivientibus: hoc enim et Paulus dicit 1 Thessal. 5: « Cum dixerint, Pax et securitas, tunc repen-« tinus eis superveniet interitus: » unde et hic subditur: *Sicut enim erant in diebus illis ante diluvium, comedentes et bibentes.* RABANUS. Non igitur hic juxta Marcionis et Manichaei errorem, conjugia vel alimenta damnantur, cum in his successionis, in illis naturae sint posita subsidia; sed immoderatus licitorum usus arguitur. HIERONYMUS (super *Sicut in diebus*). Quaeritur autem quomodo supra scriptum est: *Surget gens contra gentem, et regnum contra regnum, et erunt pestilentiae et fames et terraemotus*: et nunc ea futura memorentur quae pacis indicia sunt ? Sed aestimandum quod post pugnas, et cetera quibus vastatur genus humanum, brevis subsecutura pax sit, quae quieta omnia repromittat ut fides credentium comprobetur. CHRYSOSTOMUS in hom. 78. Vel lascivia erit et pax his qui insensibiliter dispositi sunt: propter hoc non dixit Apostolus, Cum fuerit pax; sed « Cum dixerint, pax et securitas » insensibilitatem eorum ostendens, sicut illorum qui fuerunt in diebus Noe: quoniam mali lasciviebant, non autem justi; sed in tribulatione et tristitia pertransibant. Hinc autem

---

(1) *Al.* deinde magis eos ad fidem praemissorum inducit cum subdit.

(2) *P. Nicolai habet* et Pierii.

(5) *Al.* de alia.

(1) In Basilio nihil tale occurrit; etsi hunc locum ex professo interpretetur lib. 4 contra Eunomium, solvens objectiones quam Eunomius contra Filii divinitatem apponebat, eademque disserens quo ad istam, quae jam ex Hieronymo notata sunt (*Ex edit. P. Nicolai*).

ostendit quoniam, cum Antichristus venerit, inde-
centes voluptates assumentur apud eos qui iniqui
erunt, et de propria desperabunt salute; et ideo
exemplum ponit huic rei conveniens. Cum enim
area fabricaretur, praedicabat quidem in medio,
futura praedicens mala (1): mali autem non credentes, ac si nullum fuisset futurum malum, lasciviebant: et quia futura apud multos (2) non creduntur,
ex praeteritis credibilia facit quae praedicit. Deinde
aliud signum ponit per quod ostendit et quod inopinabiliter dies ille veniet, et quod ipse diem illum
non ignorat, dicens: *Tunc duo erunt in agro: unus
assumetur, et alius relinquetur*: ex quibus verbis
ostenditur quod assumentur, et relinquentur et
servi et domini, et qui in otio, et qui in labore (3).
HILARIUS (can. 26). Vel duos in agro, duos populos fidelium, et infidelium in saeculo, tamquam
in vitae hujus opere, dies Domini deprehendet;
separabuntur tamen relicto alio, et alio assumpto:
in quo fidelium et infidelium discretio (4) docetur:
Dei enim ira ingravescente, sancti in promptuario
secondentur, perfidi vero ad caelestis ignis materiam relinquentur. De molentibus etiam (5) par
ratio est: unde sequitur: *Duae erunt molentes in
mola: una assumetur, et alia relinquetur*. Mola e-
nim opus legis est: sed quia pars Judaeorum, ut
per Apostolos credidit, ita per Eliam est creditura,
et justificanda per fidem; ideo una per eadem
fidem boni operis apprehendetur, alia vero infructuosa legis opere relinquetur, molens incassum,
et non factura caelestis cibi panem. HIERONYMUS
(super *Tunc duo erunt in agro*). Vel duo in agro
pariter invenientur eumdem habentes laborem, et
quasi parem sementem; sed fructus laboris non
aeque recipientes. In duobus etiam qui pariter
molunt, vel synagogam intelligere debemus, et (6)
Ecclesiam, quod simul molere videantur in lege,
et de eisdem Scripturis sanctis farinam terere praeceptorum Dei; vel ceteras haereses, quae aut (7)
de utroque testamento, aut de altero videntur molere farinam doctrinam suarum.

Sequitur: *Duo in lecto: unus assumetur, et alius
relinquetur*. HILARUS (can. 26). Duo autem in lecto, sunt eamdem passionis dominicae requiem
praedicantes; circa quam haereticorum et catholicorum eadem confessio est: sed quia unitatem
divinitatis Patris et Filii catholicorum fides prae-
dicabit, et haereticorum falsitas impugnabit; fidem
confessionis utriusque divini arbitrii judicium com-
probabit, unum assumendo et alium relinquendo.
REMIGIUS. Vel his verbis tres ordines Ecclesiae demonstrantur: per duos in agro ordo praedicatorum
quibus commissus est ager Ecclesiae; per duos in
mola ordo conjugatorum, qui dum per divisas curas nunc ad haec nunc ad illa flectuntur, quasi
molas in circuitu trahunt: per duos in lecto ordo
continentium, quorum requies nomine lecti designatur. In his autem ordinibus sunt boni et mali,
justi et injusti: et ideo ex eis quidam relinquentur, et quidam assumentur. ORIGENES (tract. 31).

(1) *Al.* praejacebat quidem in medio, futura praedicans
mala.

(2) *Al.* apud multos creduntur ex praeteritis, credibilia
facit etc.

(3) *Al.* et labore.

(4) *Al.* destructio.

(5) *Al.* etiam.

(6) *Al.* vel.

(7) *Al.* deest aut.

Vel aliter. Corpus quidem quasi infirmum in lecto
est carnalium passionum; anima autem molit in
gravi mola mundi; vel corporis sensus (1) in agro
mundi operantur.

13. HIERONYMUS (super *Vigilate*). Perspicue
ostendit Dominus, quia supra dixit, *De die autem
illa nemo novit nisi Pater solus*: quia scilicet non
expediebat Apostolis scire, ut pendulae expectationis incerti semper credant eum esse venturum,
ignorant quando venturus sit; et ideo quasi ex
superioribus concludens dicit: *Vigilate ergo, quia
nescitis qua hora Dominus vester venturus sit*. Et
non dicit, Quia nescimus, sed *Nescitis*, scilicet ut
ostendat se diem judicii non ignorare. CHRYSOSTO-
MUS in hom. 78. Vult autem eos semper in solicitudine esse: propter hoc dicit, *Vigilate*. GREGORIUS
(hom. 13 in Evang.). Vigilat qui ad aspectum
veri luminis oculos apertos tenet; vigilat qui servat
operando quod credit; vigilat qui a se corporis
et negligentiae tenebras repellit. ORIGENES (tract.
31). Dicit autem qui simplicior est, quoniam de
secundo adventu, in quo venturus fuerat, hunc
dicebat sermonem; alius autem quod intelligibi-
lem et futurum in sensum discipulorum Verbi
dicebat adventum: quia nondum erat in sensu
eorum , quemadmodum erat futurus. AUGUSTINUS
ad Hesychium (epist. 80, cir. princ.). Non solum autem illis dixit, *Vigilate*, quibus tunc audientibus loquebatur; sed etiam illis qui fuerunt
post illos annos, et ad nos ipsos, et qui erunt post
nos usque ad novissimum ejus adventum, quia ad
omnes pertinet quodammodo: tunc enim unicuique
veniet dies ille, cum venerit ejus dies ut talis hinc
exeat qualis judicandus est illa die: ac per hoc vigilare debet omnis Christianus, ne imparatum eum
inveniat Domini adventus: imparatum enim inveniet ille dies quem imparatum invenerit suae vitae
ultima dies (2). ORIGENES (3). Vani autem sunt
omnes, sive qui consummationem mundi scire se
profitentur quando erit, sive qui vitae propriae finem scire se gloriantur, quem nemo cognoscere
potest, nisi Spiritu sancto illuminatus. HIERONYMUS
(ubi supra). Praemisso autem patrisfamilias e-
xemplo, cur reticeat consummationis diem, manifestius docet cum subdit: *Illud autem scitote, quoniam
si sciret paterfamilias qua hora fur venturus esset,
vigilaret utique, et non sineret perfodi domum suam*.
ORIGENES (tract. 31). Paterfamilias domus est sensus
hominis, domus autem ejus est anima, fur autem
diabolus. Est autem omnis sermo contrarius qui
non per naturalem introitum intrat ad animam
negligentis, sed quasi qui foderit domum, primum
destruens quaedam naturalia (4) aedificia animae,
idest naturales intellectus, et per ipsam dirutionem
ingressus, spoliat animam. Aliquoties invenit quis
furem in ipsa possessione, et comprehendens eum,
percussorem sermonem immittens, interfici ipsum.
Non autem in die fur venit, quando illuminata est
a sole justitiae anima hominis studiosi; sed in
nocte, idest in tempore adhuc malitiae permanentis:
in qua cum fuerit aliquis, possibile est, etsi non
habuerit virtutem solis, quod tamen illustretur ex
aliquo splendore Verbi, quod est lucerna ; adhuc

(1) *Legit P. Nicolai*: corporis autem sensus.

(2) GLOSSA (*Ex edit. P. Nicolai*).

(3) *Editio Veneta Nicolini an.* 1592, *habet ad marginem*
Al. August. 2 de Praedestinatione sanctorum.

(4) *Al.* naturalis.

quidem manens in malitia, sed tamen habens propositum meliorum et vigilantiam (1) ne perfodiatur
hoc ejus propositum. Vel in tempore tentationum
vel quarumcumque calamitatum maxime fur solet
venire, volens perfodere animae domum, GREGORIUS
(hom. 13 in Evang). Vel nesciente patrefamilias
fur domum perfodit, quia dum a sui custodia spiritus dormierit, improvisa mors veniens carnis nostrae habitaculum irrumpit; et cum quem dominum
domus dormientem invenerit, necat: quia dum ventura damna spiritus minime praevidet, hunc mors
ad supplicium nescientem rapit. Furi autem resi-
steret, si vigilaret: quia adventum judicis, qui occulte animas rapit, praecavens, ei poenitendo occurreret, ne impoenitens periret. Horam vero ultimam
idcirco Dominus voluit esse incognitam ut semper
possit esse suspecta; ut dum illam praevidere minime possumus, ad illam sine intermissione praeparemur: propter quod sequitur : *Ideoque estote
parati, quia nescitis qua hora Filius hominis venturus est.* CHRYSOSTOMUS in hom. 77. Hic videtur
confundere eos qui non tantum studium faciunt
animae suae, quantum student circa pecunias qui
furem expectant.

13. HILARIUS (can. 27). Quamvis Dominus supra
in communi nos ad indefessam vigilantiae curam
fuerit adhortatus, specialem tamen populi principibus, idest Episcopis, in expectatione adventuque
suo solicitudinem mandat. Hunc enim servum fidelem atque prudentem praepositum familiae significat, commoda atque utilitates populi sibi commissi
curantem: unde dicit: *Quis putas est fidelis servus
et prudens quem constituit Dominus super familiam
suam ut det illis cibum in tempore?* CHRYSOSTOMUS
in hom. 77. Quod autem dicit, *Quis putas,* non est
ignorantis: invenitur enim et pater interrogando
loquens: ut cum dicit Gen. 3: « Adam ubi es? »
REMIGIUS Nec enim signat haec interrogatio impos-
sibilitatem perficiendae virtutis, sed difficultatem.
GLOSSA (ordinaria). Rarus enim est fidelis servus,
domino propter dominum serviens, oves Christi
non ad lucrum, sed pro amore Christi pascens ;
prudens qui subditorum capacitatem, vitam et mores discutiat: quem constituat Dominus qui scilicet
sit vocatus a Deo, et non se injecerit. CHRYSOSTOMUS
in hom. 78. Duo autem expetit ab hujusmodi servo,
scilicet prudentiam et fidem : fidelem enim eum
dicit, quoniam nihil quod domini sui est, sibi proprium fecit, nihil etiam de rebus sui domini vane
et inaniter consumpsit. Prudentem autem eum vocat, quoniam cognovit id ad quod oportet dispensare quae data sunt. ORIGENES (tract. 34). Vel qui
in fide proficit, etsi nondum in ea perfectus est,
communiter fidelis vocatur; et qui naturalem habet
mentis velocitatem, dicitur prudens. Si quis autem
consideret, inveniet fideles multos et studium fidei
exercentes, non autem et prudentes: « quoniam quae
« stulta sunt mundi elegit Deus: » 1 Corinth. 1.
Et iterum videbit alios veloces quidem esse et
prudentes, modicae autem fidei Convenire autem
in unum fidelem atque prudentem, rarissimum est.
Ut autem in tempore det cibum, necessariam habet
quis prudentiam; ut autem non adimat cibos indigentium, opus est fide: quoniam et secundum simplicem intellectum opus habemus ut fideles simus
ad dispensandum Ecclesiae redditus, et ut non de-

voremus quae sunt viduarum, et ut memores simus
pauperum, et ne occasionem accipientes ex eo quod
scriptum est 1 Corinth. 9. « Dominus constituit
« his qui Evangelium praedicant, de Evangelio vi-
« vere, » amplius (1) quaeramus quam cibum
simplicem et necessaria vestimenta, et ut nec amplius teneamus nobis quam his qui necessitatem
patiuntur. Prudentes autem (2), ut prudenter intelligamus indigentium causas propter quas sunt
indigentes, et uniuscujusque dignitatem, quomodo
educatus est, et quantum necessarium habet. Multa
enim sapientia opus est ei qui bene vult dispensare
ecclesiasticos reditus. Sit etiam fidelis servus et
prudens ut non effundat rationabilem et spiritualem
cibum quibus non oportet, volens ostendere se esse
prudentem; illis scilicet qui magis necessarium habent verbum quod mores eorum aedificet et vitam
componat, quam quod illuminat scientiae lucem ;
aut ne eis qui possunt acutius audire, pigeat exponere altiora, ne exponentes vilia contemnantur
ab his qui naturaliter sunt ingeniosi, aut per exercitationem saecularis sapientiae acuti. CHRYSOSTOMUS
in hom. 78. Adaptatur etiam et ad principes saeculares haec parabola: unumquemque enim his quae
habet, ad communem utilitatem uti oportet, non
ad nocumentum conservorum neque ad perditionem
sui ipsius, sive habeat sapientiam sive principatum,
sive aliud quodcumque. RABANUS. Dominus autem
Christus est: familia autem supra quam constituit,
est Ecclesia catholica. Difficile est ergo invenire in
uno, ut et prudens sit et fidelis, non autem impossibile: nec enim beatificaret eum qui non potest
esse, cum subdit: *Beatus ille servus quem cum
venerit dominus ejus, invenerit sic facientem.* HILARIUS
(can. 27). Idest praecepto Domini sui obedientem,
ut doctrinae opportunitate verbum vitae in aeternitatis cibum alendae familiae dispenset. REMIGIUS.
Notandum autem, quod sicut magna distantia est
meritorum inter bonos praedicatores et bonos
auditores, ita magna distantia est praemiorum. Bonos
enim auditores, si vigilantes invenerit, faciet discumbere, ut Lucas dicit; bonos autem praedicatores
super omnia bona sua constituet; unde sequitur :
*Amen dico vobis, quoniam super omnia bona sua
constituet eum.* ORIGENES (tract. 52) Ut scilicet
conregnet cum Christo, cui omnia sua tradidit
Pater: sicut (3) boni Patris Filius, super omnem
Patris substantiam constitutus, participat hujusmodi
dignitatem et gloriam fidelibus et prudentibus di-
spensatoribus suis, ut sint et ipsi super omnem
creaturam. RABANUS. Non ut soli, sed ut prae ceteris
praemia habeant, tum pro sua vita, tum pro gregis
custodia. HILARIUS (can. 27). Vel *super omnia bona
constituetur*; idest, in Dei gloria collocabitur: quia
nihil est ultra quod melius sit. CHRYSOSTOMUS (hom.
78). Deinde non solum ab honore qui imminet
bonis, sed a poena quam minatur malis, erudit
auditorem, cum subiit: *Si autem dixerit malus
servus ille in corde suo: Moram facit dominus meus
venire; et coeperit percutere conservos suos etc.* AU-
GUSTINUS ad Hesychium (epist. 80, in princ.). Ex
moribus hujus servi apparet animus ejus: quos
mores licet breviter, Magister bonus curavit exprimere; idest superbiam, cum dicit, *Et coeperit percutere conservos suos*; atque luxuriam, cum dicit:

(1) *Al.* et vigilantium.

(1) *Al.* nec amplius.
(2) *Il. deest* autem.
(3) *Nicolai habet* nam sicut.

Manducet autem et bibat cum ebriosis: ne quod dicebat, *Moram facit dominus meus*, desiderio sui domini dicere crederetur; quo ardebat (1) ille qui dixit Psal. 41 : « Sitivit anima mea ad te Deum « vivum: quando veniam? » Dicendo enim, Quando veniam? moras se perpeti moleste ferebat: quia etiam quod tempore acceleratur, desiderio tardum videtur. ORIGENES (tract. 31). Peccat autem in Deum quicumque Episcopus qui non quasi conservus ministrat, sed quasi dominus, et frequenter ut amarus dominus per vim dominatur; et non esurientes suscipit, sed epulatur cum ebriosis, et semper somniat quia post multum temporis venturus est dominus. RABANUS. Typice etiam potest intelligi conservos percutere, conscientias infirmorum verbo vel exemplo vitiare. HIERONYMUS (super *Veniet dominus servi*). Quod autem dicit, *Veniet Dominus servi illius in die qua non sperat, et hora qua ignorat*, ad hoc dicit ut sciat, quando non putatur dominus, tunc eum esse venturum; et vigilantiae ac solicitudinis dispensatores admonet. Porro quod dicit, *Dividet eum*, non est intelligendum quod gladio eum dissecet, sed a sanctorum consortio eum separet. ORIGENES (tract. 31). Vel dividet eum quando spiritus ejus, idest spirituale donum, revertetur ad Deum qui dedit eum; anima autem cum corpore suo vadit in gehennam. Justus autem non dividitur; sed anima ejus vadit cum spiritu, idest spirituali dono, ad regna caelestia. Qui autem dividuntur, non habent postmodum in se partem spiritualis doni, quae erat a Deo; sed relinquetur pars quae erat ipsorum, idest anima, quae cum corpore punietur : *Et partem ejus ponet cum hypocritis*. HIERONYMUS (in fin. Comment. ad cap. 24 Matth). Cum his videlicet qui erant in agro, et qui molebant, et nihilominus derelicti sunt. Saepe enim dicimus hypocritam aliud esse, et aliud ostendere; sicut et in agro et in mola idem facere videbatur, sed exitus diversae voluntatis apparuit. RABANUS. Vel cum hypocritis suscipit partem suam, scilicet duplicem gehennae poenam, idest ignis et frigoris : unde sequitur: *Ibi erit fletus et stridor dentium*: ad ignem enim pertinet fletus oculorum, ad frigus stridor dentium. ORIGENES (tract. 31). Vel fletus erit eis

(1) *Al.* quomodo enim arcebat etc.

qui male in hoc mundo ridentes fuerunt; et his qui requieverunt irrationabiliter, erit dentium stridor : nolentes enim dolores materialiter sufferre, compulsi tormentis, dentibus strident, illi scilicet qui manducaverunt acerbitatem malitiae Ex his autem cognoscere est quoniam non solum qui fideles sunt et prudentes, constituit Dominus super familiam suam, sed etiam malos; et quod non salvat (1) eos hoc quod constituti sunt a Domino super familiam ejus, sed illud ut dent in tempore cibos, et ut abstineant a percussionibus (2) et comessationibus. AUGUSTINUS ad Hesychium (epist. 80, in fin.). Hoc autem servo malo remoto, qui proculdubio domini sui odit adventum, constituamus ante oculos tres servos bonos, adventum domini sui desiderantes. Si unus eorum citius, alter tardius dominum suum dicit esse venturum, tertius de hac re suam ignorantiam confitetur. Videamus (3) tamen quis magis Evangelio consonet. Unus dicit (4): Vigilemus et oremus, quia citius venturus est Dominus. Alter dicit: Vigilemus, quia brevis et incerta est vita ista, quamvis tardius venturus sit Dominus. Tertius dicit: Vigilemus, quia brevis et incerta est vita ista, et nescimus tempus (5) quando venturus est Dominus. Quid autem aliud hic dicit quam quod cum audimus Evangelium dicere: *Vigilate, quia nescitis qua hora venturus sit Dominus?* Omnes quidem prae desiderio regni Dei, hoc volunt esse verum quod putat primus: proinde si factum fuerit (6), gaudebit cum illo secundus et tertius; si autem factum non fuerit, metuendum est ne inter ipsas moras perturbentur qui crediderant quod dixerat primus, et incipiant Domini adventum non tardum putare sed nullum Qui autem credit quod dicit secundus, tardius Dominum esse venturum, si falsum fuerit, nulli turbabuntur in fide, sed inopinato gaudio perfruentur. Qui autem quid horum verum sit ignorare se confitetur, illud optat, hoc tolerat, in nullo eorum errat, quia nil eorum aut affirmat aut negat.

(1) *Al.* non salvat.
(2) *Al.* a speculationibus.
(3) *Al.* videmus.
(4) *Al.* unde dicit.
(5) *Al. omittitur* tempus.
(6) *Al.* deinde factum fuerit.

CAPUT VIGESIMUMQUINTUM.

1. Tunc simile erit regnum caelorum decem virginibus, quae accipientes lampades suas, exierunt obviam sponso et sponsae. Quinque autem ex eis erant fatuae, et quinque prudentes. Sed quinque fatuae, acceptis lampadibus, non sumpserunt oleum secum; prudentes vero acceperunt oleum in vasis suis cum lampadibus. Moram autem faciente sponso, dormitaverunt omnes, et dormierunt. Media autem nocte clamor factus est: ecce sponsus venit: exite obviam ei. Tunc surrexerunt omnes virgines illae, et ornaverunt lampades suas. Fatuae autem sapientibus dixerunt: Date nobis de oleo vestro, quia lampades nostrae extinguuntur. Responderunt prudentes, dicentes: Ne forte non sufficiat nobis et vobis, ite potius ad vendentes, et emite vobis. Dum autem irent emere, venit sponsus; et quae paratae erant, intraverunt cum eo ad nuptias, et clausa est janua. Novissime vero veniunt et reliquae virgines, dicentes: Domine, Domine, aperi nobis. At ille respondens ait: Amen dico vobis, nescio vos. Vigilate itaque, quia nescitis diem neque horam.

2. Sicut enim homo peregre proficiscens vocavit servos suos, et tradidit illis bona sua; et uni dedit quinque talenta, alii atem duo, alii vero unum, unicuique secundum propriam virtutem, et profectus est statim. Abiit autem qui quinque talenta acceperat, et operatus est in eis, et lucratus est alia quinque. Similiter et qui duo acceperat, lucratus est alia duo. Qui autem unum acceperat, abiens fodit in terram, et abscondit pecuniam domini sui Post multum vero temporis venit dominus servorum illorum, et posuit rationem cum eis. Et accedens qui quinque talenta acceperat, obtulit alia quinque talenta, dicens: Domine, quinque talenta tradidisti mihi: ecce alia quinque superlucratus sum. Ait illi dominus ejus: Euge serve bone et fidelis: quia super pauca fuisti fidelis, super multa te constituam: intra in gaudium domini tui. Accessit autem et qui duo talenta acceperat, et ait: Domine, duo talenta tradidisti mihi; ecce alia duo superlucratus sum. Ait illi dominus ejus: Euge serve bone et fidelis: quia super pauca fuisti fidelis, super multa te constituam: intra in gau-

dium domini tui Accedens autem et qui unum talentum acceperat, ait: Domine, scio quia homo durus es: metis ubi non seminasti, et congregas ubi non sparsisti: et timens abii, et abscondi talentum tuum in terra. Ecce habes quod tuum est. Respondens autem dominus ejus, dixit ei: Serve male et piger, sciebas quia meto ubi non semino, et congrego ubi non sparsi: oportuit ergo te committere pecuniam meam nummulariis: et veniens ego recepissem utique quod meum est cum usura. Tollite itaque ab eo talentum, et date ei qui habet decem talenta. Omni enim habenti dabitur, et abundabit; ei autem qui non habet, et quod videtur habere, auferetur ab eo. Et inutilem servum ejicite in tenebras exteriores: illic erit fletus et stridor dentium.

3. Cum autem venerit Filius hominis in majestate sua, et omnes Angeli cum eo, tunc sedebit super sedem majestatis suae, et congregabuntur ante eum omnes gentes, et separabit eos ab invicem, sicut pastor segregat oves ab haedis. Et statuet oves quidem a dextris, haedos autem a sinistris. Tunc dicet rex his qui a dextris ejus erunt: Venite benedicti Patris mei, possidete paratum vobis regnum a constitutione mundi. Esurivi enim, et dedistis mihi manducare; sitivi, et dedistis mihi bibere; hospes eram, et collegistis me; nudus, et ope-

ruistis me; infirmus, et visitastis me; in carcere eram, et venistis ad me. Tunc respondebunt ei justi, dicentes: Domine, quando te vidimus esurientem, et pavimus te; sitientem, et dedimus tibi potum? Quando autem te vidimus hospitem, et collegimus te; aut nudum, et cooperuimus te? Aut quando te vidimus infirmum aut in carcere, et venimus ad te? Et respondens rex dicet illis: Amen dico vobis, quamdiu fecisti uni de his fratribus meis minimis, mihi fecistis. Tunc dicet et his qui a sinistris erunt: Discedite a me maledicti in ignem aeternum, qui paratus est diabolo, et angelis ejus. Esurivi enim, et non dedistis mihi manducare; sitivi, et non dedistis mihi potum; hospes eram, et non collegistis me; nudus, et non operuistis me; infirmus, et in carcere, et non visitastis me. Tunc respondebunt ei et ipsi, dicentes: Domine, quando te vidimus esurientem aut sitientem, aut hospitem, aut nudum, aut infirmum, aut in carcere, et non ministravimus tibi? Tunc respondebit illis dicens: Amen dico vobis, quamdiu non fecistis uni de minoribus his, nec mihi fecistis.

4. Et ibunt hi in supplicium aeternum, justi autem in vitam aeternam.

1. CHRYSOSTOMUS (hom. 79). In superiori parabola Dominus poenam ostendit ejus qui percutiebat et inebriabatur, et bona domini sui dispergebat; in hac autem parabola punitionem inducit etiam ei qui utilitatem non affert, neque copiose haec quibus indiget, sibi praeparat; habebant enim fatuae virgines oleum, sed non copiose: unde dicitur: *Tunc simile erit regnum caelorum decem virginibus.* HILARIUS (can. 27). Ideo autem dicitur, *Tunc*, quia de magno die Domini, de quo supra agebatur, omnis hic sermo est. GREGORIUS (hom. 12, in Evang.). Regnum autem caelorum praesentis temporis Ecclesia dicitur, sicut et ibi (supra 15): *Mittet Filius hominis Angelos suos, et colligent de regno ejus omnia scandala.* HIERONYMUS (in princ. Comment. ad cap. 26). Similitudinem autem decem virginum fatuarum atque prudentum quidam simpliciter interpretantur in virginibus, quarum aliae, juxta Apostolum, et corpore et mente sunt virgines, aliae virginitatem tantum corporum reservantes, vel cetera opera non habent, vel parentum custodia reservante, nihilominus mente nupserunt. Sed mihi videtur ex superioribus alius esse sensus qui dicitur; et non ad virginalia corpora, sed ad omne hominum genus hanc comparationem pertinere. GREGORIUS in hom. (12 in Evang.). In quinque enim corporis sensibus unusquisque subsistit geminatus; geminatus autem quinarius denarium perficit. Et quia ex utroque sexu fidelium multitudo colligitur, sancta Ecclesia decem virginibus similis denuntiatur; ubi quia (1) mali cum bonis, reprobi cum electis admixti sunt, recte similis (2) virginibus prudentibus et fatuis perhibetur. CHRYSOSTOMUS in hom 79, Ideo autem ponit parabolam hanc in virginum persona, ut ostendat quod licet virginitas magnum quid sit, tamen si ab operibus misericordiae sit deserta, cum adulteris foras ejicietur. ORIGENES (tract. 32). Vel sensus omnium qui receperunt verbum Dei, virgines sunt. Tale enim est verbum Dei ut de sua munditia accommodet omnibus qui per suam doctrinam recesserunt ab idolorum cultura, accesserunt autem per Christum ad Dei culturam: unde sequitur: *Quae accipientes lampades suas, exierunt obviam sponso et sponsae.* Accipiunt enim lampades suas, idest organa sua naturalia, et egrediuntur de mundo et de erroribus, et veniunt

obviam Salvatori, qui semper paratus est venire, ut ingrediatur simul cum dignis ad beatam sponsam Ecclesiam. HILARIUS (can. 27). Vel sponsus atque sponsa, Dominus noster est in corpore Deus: namque spiritui caro sponsa est. Lampades autem quas acceperunt, animarum splendentium lumen est, quae sacramento baptismi splenduerunt. AUGUSTINUS de verbis Domini (serm. 22). Vel lampades quae manibus gestantur, opera sunt: dictum est enim supra 5, *Luceant opera vestra coram hominibus.* GREGORIUS (hom. 12, in Evang.) Qui autem recte credunt et juste vivunt, assimilantur quinque prudentibus; qui autem profitentur quidem fidem Jesu, non autem praeparant se bonis operibus ad salutem, reliquis quinque virginibus fatuis: unde subditur: *Quinque autem ex eis erant fatuae et quinque prudentes.* HIERONYMUS (paulo a princ. Comment. ad cap. 25). Sunt enim quinque sensus, qui festinant ad caelestia, et superna desiderant. De visu autem et auditu et tactu specialiter dictum est 1 Joan. 1. « Quod vidimus, quod audivimus, quod « oculis nostris perspeximus, et manus nostrae « palpaverunt. » De gustu Psal. 33: « Gustate, et « videte quoniam suavis est Dominus. » De odoratu Cant. 1: « In odorem unguentorum tuorum « currimus ». Alii autem sunt quinque sensus terrenis faecibus inhiantes. AUGUSTINUS de ver. Dom. (1) (serm. 22). Vel per quinque virgines significatur quinquepartita continentia a carnis illecebris: continendus est enim animi appetitus a voluptate oculorum, aurium, olfaciendi, gustandi et tangendi. Sed quia ista continentia partim coram Deo fit ut illi placeatur interiori gaudio conscientiae; partim coram hominibus tantum, ut gloria humana capiatur; quinque dicuntur sapientes, et quinque stultae: utraeque tamen virgines, quia utraque continentia est, quamvis diverso fomite gaudeat. ORIGENES (tract. 32). Sicut autem sequuntur se ipsas invicem virtutes ut qui (2) unam habuerit, omnes habeat; sic et sensus omnes alterutrum se subsequuntur: propterea necesse est ut aut omnes quinque sensus sint prudentes, aut omnes fatui. HILARIUS (can. 27).

---

(1) Al. deest quia.
(2) Al simile.

(1) Immo potius lib. 83 Qq quaest. 59, quamvis et sermone 22 de verbis Domini quaestio ista tunc notaretur, et nunc etiam indicetur eadem esse, immo et in edit. Basiliensi expresse habeatur inter sermones illos (*Ex edit. P. Nicolai*).

(2) Al. et qui.

Vel absolute in quinque prudentibus et quinque fatuis, fidelium atque infidelium est constituta divisio. GREGORIUS (homil. 12, ut supra) Notandum vero est, quod omnes lampades habent, sed non omnes oleum habent: sequitur enim: *Sed quinque fatuae, acceptis lampadibus, non sumpserunt oleum secum: prudentes vero acceperunt oleum in vasis suis cum lampadibus.* HILARIUS (can. 27). Oleum, boni operis fructus est; vasa, humana sunt corpora, intra quorum viscera thesaurus bonae conscientiae recondendus est. HIERONYMUS (hoc loco). Oleum ergo habent virgines quae juxta fidem operibus adornantur: non habent oleum quae videntur simili quidem fide confiteri, sed virtutum opera negligunt. AUGUSTINUS de ver. Domini (1) (serm. 22). Vel per oleum ipsam laetitiam significari arbitror, secundum illud Psal. 44: « Unxit te Deus tuus oleo « exultationis. » Qui ergo non propterea gaudet quia Deo intrinsecus placet, non habet oleum secum: gaudium enim non habent, dum continenter vivunt (2), nisi in laudibus hominum. *Prudentes autem acceperunt oleum cum lampadibus*: idest laetitiam bonorum operum, *in vasis suis*, idest in corde atque conscientia posuerunt, sicut Apostolus monet Galat. 6: « Probet autem seipsum homo; « et tunc gloriam habebit in seipso, et non in « altero » CHRYSOSTOMUS in hom. 79 Vel oleum hic vocat caritatem et eleemosynam, et quodcumque circa indigentes auxilium; lampades autem vocat virginitatis charismata: propter hoc (3) stultas eas vocat (4), quoniam majorem sustinentes laborem, propter minorem omnia perdiderunt: majori enim labore vincitur carnis cupido quam pecuniarum. ORIGENES (tract. 32). Vel oleum est verbum doctrinae, quo vasa animarum implentur: nihil enim sic confortat sicut moralis sermo, qui oleum luminis appellatur. Prudentes ergo acceperunt hujusmodi oleum, quod satis sit eis, etiam tardante exitu et morante Verbo, venire ad consummationem eorum: fatuae autem acceperunt lampades, in primis quidem accensas; sed tantum oleum non acceperunt ut eis sufficeret usque ad finem, negligentes circa susceptionem doctrinae, quae confortat fidem et bonorum actuum lumen illuminat: unde dicitur: *Moram autem faciente sponso, dormitaverunt.* AUGUSTINUS de ver. Dom. (serm. 22). Ex utroque enim genere hominum moriuntur hoc intervallo temporis, donec sub adventu Domini fiat resurrectio mortuorum. GREGORIUS (hom. 12 in Evang.). Dormire etenim, mori est: ante somnum vero dormitare, est ante mortem a salute languescere: quia per pondus aegritudinis pervenitur ad somnum mortis. HIERONYMUS (super *Moram autem faciente*). Vel *dormitaverunt*; idest, mortuae sunt. Consequenter autem dicitur, *Dormierunt,* quia postea suscitandae sunt. Per hoc autem quod dicit, *Moram autem faciente sponso,* ostendit quod non parum temporis inter priorem et secundum Domini adventum praetergreditur. ORIGENES (tract. 32). Vel sponso tardante, et non cito veniente Verbo ad consummationem vitae, patiuntur aliquid sensus, dormitantes, et quasi

in nocte mundi agentes: *et dormierunt,* ut puta remissius agentes a sensu illo vitali; non tamen lampades perdiderunt, neque desperaverunt de conservatione olei illae prudentes: unde sequitur: *Media autem nocte clamor factus est: ecce sponsus venit: exite obviam ei.* HIERONYMUS (super *Media autem nocte*). Traditio Judaeorum est, Christum media nocte venturum in similitudinem Ægypti temporis (1); quando pascha celebratum est, et exterminator venit, et Dominus super tabernacula transiit, et sanguine agni postes nostrarum frontium consecrati sunt: unde reor et traditionem apostolicam permansisse, ut die vigiliarum paschae ante noctis dimidium, populum dimittere non liceat, expectantes Christi adventum: postquam illud tempus transierit, securitate praesumpta festum cuncti agant diem: unde Psalmista dicebat Psal. 118: « Media nocte surgebam ad confitendum tibi. » AUGUSTINUS de verb. Dom. (serm. 22). Vel *Media nocte,* idest nullo sciente aut sperante. HIERONYMUS. Subito ergo quasi intempesta nocte, et securis omnibus, quando gravissimus sopor est, per Angelorum clamorem et tubas praecedentium fortitudinum, Christi resonabit adventus: quod significatur cum dicitur: *Ecce sponsus venit: exite obviam ei.* HILARIUS (can. 27). Tuba enim excitante, sponso tantum obviam proceditur (2): erunt enim jam ambo unum, idest caro et Deus, quia in gloriam spiritualem humilitas carnis transformata est (3). AUGUSTINUS de ver. Dom. (serm. 22). Vel quod dicit, sponso tantum obviam venire virgines, sic intelligendum puto ut ex ipsis virginibus constet ea quae dicitur sponsa: tamquam si omnibus Christianis in Ecclesia concurrentibus filii ad matrem currere dicantur, cum ex ipsis filiis congregatis constet ea quae dicitur mater. Nunc enim desponsata est Ecclesia, et virgo est ad nuptias perducenda illo tempore quo universa mortalitate in ea praetereunte, immortali conjunctione habeatur (4. ORIGENES (tract. 32). Vel *media nocte,* idest in altitudine remissionis, *factus est clamor,* omnes suscitare volentium, sicut existimo, Angelorum, qui sunt administratorii spiritus intus clamantes in sensibus omnium dormientium: *Ecce sponsus venit: exite obviam ei.* Et suggestionem quidem hanc omnes audierunt, et surrexerunt; non autem omnes decenter imposuerunt lampadibus suis ornatum: unde sequitur: *Tunc surrexerunt omnes virgines illae, et ornaverunt lampades suas.* Ornantur autem lampades sensuum evangelicis usibus atque rectis (5). Qui autem male utuntur sensibus, ornamentum nullum habent in sensibus. GREGORIUS (hom. 12 in Evang.). Vel tunc quidem omnes virgines surgunt, quia et electi et reprobi a somno suae mortis excitantur: lampades ornant, quia sua secum opera numerant, pro quibus aeternam recipere beatitudinem expectant. AUGUSTINUS de ver. Dom. (serm. 22). Aptaverunt enim lampades suas, idest rationes reddendas operum suorum. HILARIUS (can. 27). Vel lampadarum assumptio, animarum est reditus in corpora, earumque lux est conscientia boni operis

---

(1) Sive, ut supra notatum est, lib. '85 Qq. quaest. 59, *quod pro iis quoque qui proximi sequuntur indicibus intelligendum (Ex edit. P. Nicolai).*

(2) *Al.* dum incontinenter vivunt. *Nicolai* dum continenter non vivit

(3) *Al.* charisma.

(4) *Al.* propter hoc quod.

(1) *Al.* Aegyptiis *item* Aegyptii, *omittendo* temporis.

(2) *Apud P. Nicolai est* Sponsa tantum obviam procedit.

(3) *Al.* erat. *P Nicolai habet* erit.

(4) *Idem ex August no ponit* illo autem tempore nubet quo, universa mortalitate in ea pereunte immortali conjunctione fruetur.

(5) *Al.* atque erectis: *item omittitur utrumque.*

elucens, quae vasculis corporum continetur. ORIGE-
NES (1). Sed lampades fatuarum virginum extinguuntur, quia earum opera quae clara hominibus
foris apparuerunt, in adventu judicis intus obscurantur: unde sequitur: *Fatuae autem sapientibus
dixerunt: Date nobis de oleo vestro, quia lampades
nostrae extinguuntur.* Quid est autem quod tunc a
prudentibus oleum petunt, nisi quod in adventu
judicis, cum se intus vacuas invenerint, testimonium
foris quaerunt? ac si a sua fiducia deceptae, proximis dicant: Quia nos quasi sine opere repelli
conspicitis, dicite de nostris operibus quod vidistis.
AUGUSTINUS de v r. Dom. (serm. 22). De consuetudine enim id semper inquirit unde gaudere animus solet. Itaque hominum, qui corda non vident,
testimonium volunt habere apud Deum, qui cordis
inspector est. Sed quorum facta aliena laude ful-
ciuntur, eadem subtracta deficiunt: unde et earum
lampades extinguuntur (2). Vel virgines quae lampades suas queruntur extingui, ostendunt eas ex
parte lucere; et tamen non habent lumen indefi-
ciens, nec opera perpetua. Si quis igitur habet
animum virginalem et amator est pudicitiae, non
debet mediocriter esse contentus his qui cito exa-
rescunt, et orto caumate aresiunt; sed perfectas
virtutes sequatur. ut lumen habeat sempiternum.
CHRYSOSTOMUS in hom. 79. Vel aliter (3). Non solum
hae virgines stultae erant quoniam hinc recesserunt
misericordia carentes; sed quia aestimabant ibi se
accepturas ubi importune quae ierunt. Quamvis
autem illis virginibus prudentibus nihil misericor-
dius sit, quae propter misericordiam maxime fuerunt approbatae; non tamen stultae virgines sua
petitione potitae sunt. Sequitur: *Responderunt prudentes dicentes: Ne forte non sufficiat nobis et vobis.*
Hinc autem discimus quod nullus nostrum adire (4)
poterit nisi operibus cum quibus inventi erimus.
HIERONYMUS (super *Responderunt prudentes dicentes*).
Non enim hoc virgines prudentes de avaritia, sed
de timore respondent: unde quisque pro suis operibus mercedem accipiet; neque possunt in die judicii aliorum virtutes, aliorum vitia sublevare. Dant
autem prudentes consilium, ut non debeant sine
oleo lampadarum sponso occurrere: et hoc est quod
sequitur: *Ite potius ad vendentes, et emite vobis.*
HILARIUS (can. 27). Vendentes hi sunt qui misericordia fidelium indigent, reddunt ex se petita (5)
commercia indigentiae, sua satietate boni operis
nostri conscientiam venumdantes. Haec est enim
indefessi luminis copiosa materia, quae misericordiae fructibus et emenda est, et recondenda.
CHRYSOSTOMUS in hom. 79. Vides ergo quanta nobis sit a pauperibus negotiatio: pauperes autem
non sunt ibi, sed hic; ideoque hic oleum congregare oportet, ut illic utile sit, cum tempus non
vacet (6). HIERONYMUS (super *Ite potius*). Venditur
etiam hoc oleum, et multo emitur pretio. ac difficili labore conquiritur; quod non solum in eleemosynis, sed in cunctis virtutibus et consiliis intelligimus magistrorum. ORIGENES (trac. 32). Vel aliter.

(1) *Al* GREGORIUS hom 12 in Evang. *et sic etiam habet P. Nic.*
(2) HIERONYMUS. Ejus nomine praetermisso, prius ista confundebantur cum Augustini verbis (*Ex edit. P. Nicolai*).
(3) *Al. deest* vel aliter.
(4) *P. Nicolai ponit* adjuvari.
(5) *Al.* commerita indigentiae suae, societate boni operis
nostri etc.
(6) *Al.* cum tempus nos vocet *P. Nicolai habet* cum Christus nos vocet.

Etsi fatuae erant, tamen hoc intelligebant quoniam
cum lumine debebant obviam ire sponso. omnes
lampades sensuum habentes illuminates. Videbant autem et illud, quoniam ex eo quod minus habebant o-
leum rationabile. jam propinquantibus tenebris, lampades earum fuerant obscurandae. Sed sapientes transmittunt fatuas ad olei venditores, videntes quoniam
non tantum oleum, idest verbum doctrinae, congre-
gaverant ut sufficeret ipsis ad vitam, et illas docerent:
unde dicunt: *Ite potius ad vendentes,* idest ad doctores, *et emite vobis*: idest, ab eis accipite: et pretium
est perseverantia, et amor discendi et diligentia, et
labor cupientium discere. AUGUSTINUS de ver. Dom.
(serm. 22). Vel non sunt putandae dedisse consilium;
sed crimen earum ex obliquo commemorasse. Vendunt enim adulatores oleum. qui sive falsa, sive ignorata laudando; animas in errores mittunt, et eis vana
gaudia tamquam fatuis consiliando aliquam de his
mercedem commodi temporalis accipiunt. Dicitur ergo, *Ite ad vendentes, et emite vobis*: idest, videamus
nunc quid vos adjuvent qui vobis laudes vendere consueverunt. Dicunt autem: *Ne forte non sufficiat nobis
et vobis*: quia alieno testimonio non juvatur quisquam apud Deum, cui secreta cordis apparent; et vix
quisque sibi sufficit cui testimonium perhibeat conscientia sua. HIERONYMUS (super illud, *Dum autem irent
emere*). Verum quia jam emendi tempus excesserat, et adveniente judicii die locus non erat poenitentiae, non nova patrare opera. sed praeteritorum
rationem coguntur exsolvere: unde sequitur: *Cum
autem irent emere, venit sponsus, et quae paratae
erant intraverunt cum eo ad nuptias.* HILARIUS (can.
27). Nuptiae autem immortalitatis assumptio est,
et inter corruptionem atque incorruptionem ex nova societate conjunctio. CHRYSOSTOMUS in hom. 79.
Per hoc autem quod dicit, *Dum irent emere,* ostendit quia etsi misericordes efficiamur post mortem,
nihil hinc lucrabitur ad effugiendum: sicut nec di-
viti profuit quod factus est misericors et solicitus
circa eos qui sibi attinebant. ORIGENES (tract. 32
in Matth.). Vel dicit, *Dum irent emere:* est enim
invenire quosdam qui quando debuerunt, negleve-
runt aliquid utile discere; in ipso autem exitu vitae
suae, dum disponunt discere; comprehenduntur a
morte. AUGUSTINUS de Ver. Dom. (ser. 22). Vel
aliter. Euntibus illis emere, idest inclinantibus se
in ea quae foris sunt, et solitis gaudere quaerentibus quia gaudia interna non noverant, venit ille
qui judicat; *et quae paratae erant,* idest quibus coram Deo conscientia testimonium perhibebat, *intraverunt cum eo ad nuptias;* idest ubi (1) munda anima. puro ac perfecto Dei verbo fecunda copulatur.
HIERONYMUS (super *Et quae paratae erant*). Post judicii autem diem bonorum operum et justitiae occasio non relinquitur: unde sequitur, *Et clausa est
janua.* AUGUSTINUS, de verb. Dom. (serm. 22, inter
med. et fin) Receptis enim illis qui sunt in angelicam vitam commutati, clauditur aditus ad regna
caelorum: non enim post judicium patet precum
ac meritorum locus. HILARIUS (can. 27, circa med.).
Et tamen cum jam poenitentiae nullum est tempus,
fatuae occurrunt, aperiri sibi aditum rogant: unde
sequitur: *Novissime autem veniunt et reliquae virgines dicentes: Domine, Domine, aperi nobis.* HIERONY-
MUS (super his verbis). Egregia in Domini appellatione confessio indicium fidei est (2). Sed quid

(1) *Al. deest* ubi.
(2) *Legit P. Nicolai* idemque repensum indicium fidei est.

prodest voce invocare quem operibus neges ? (1).
Gregorius (hom. 12). Dolore autem repulsionis
compulsae appellationem ingeminant dominationis,
invocando patrem, cujus in vita sua misericordiam
contempserunt. Augustinus de ver. Dom. (ser. 22).
Non autem dicium est quod emerunt oleum: et
ideo intelligendae sunt, nullo jam remanente de
alienis laudibus gaudio, in angustiis et magnis
afflictionibus redire ad implorationem Dei. Sed magna ejus est severitas post judicium, cujus ante
judicium ineffabilis misericordia praerogata est: propter quod sequitur: *At ille respondens ait: Amen
dico vobis, nescio vos:* ex illa scilicet regula, quia
non habet ars Dei, idest ejus sapientia, ut intrent
in gaudium ejus qui non coram Deo, sed ut placerent hominibus, conati sunt aliquid secundum
praecepta ejus operari. Hieronymus (super *Amen
dico vobis, nescio vos*). « Novit enim Dominus eos
» qui sunt ejus: » 2 Timoth, 2: et qui ignorat
ignorabitur: et licet virgines sint vel corporis puritate vel verae fidei confessione; tamen quia o-
leum non habent, ignorantur a sponso. Ex hoc
autem quod infert, *Vigilate itaque, quia nescitis
diem neque horam,* intelligit universa quae dicta
sunt esse praemissa, ut quia ignoramus judicii diem,
solicite nobis lumen bonorum operum praeparemus.
Augustinus de verb. Dom. (serm. 22, paul. ante
finem). Non autem solum illius futuri temporis
quo venturus est sponsus, sed suae quisque dormitionis diem et horam nescit, ad quam quisquis
paratus est, etiam paratus invenitur cum illa vox
sonuerit qua omnes evigilaturi sunt. Augustinus ad
Hesychium (epist. 80). Non defuerunt autem qui
docere voluerunt, has quinque et quinque virgines ad hunc ejus adventum qui nunc fit per Ecclesiam, pertinere; sed haec non sunt temere pol-
licenda, ne aliquid occurrat quod valde contradicat.

2. Glossa (2). In praecedenti parabola demonstrata est eorum condemnatio qui oleum sibi sufficienter non praeparaverunt; sive per oleum nitor
operum, sive gaudium conscientiae, sive eleemosyna,
quae est (3) per pecuniam, intelligatur. Haec autem
parabola inducitur contra eos qui non solum pecuniis, sed nec verbo nec alio modo prodesse proximis volunt, et omnia occultant: unde dicit: *Sicut
enim homo peregre proficiscens, vocavit servos
suos, et tradidit illis bona sua.* Gregorius (hom.
9 in Evang.) Homo autem iste qui peregre
proficiscitur, Redemptor noster est, qui in ea carne
quam assumpserat, abiit in caelum. Carnis enim
locus proprius terra est, quae quasi ad peregrinan-
dum ducitur, cum per Redemptorem nostrum in
caelo collocatur. Origenes (tract. 33). Secundum
enim divinitatis suae naturam non peregrinatur,
sed secundum dispensationem corporis quod suscepit. Qui enim dicit discipulis suis (infra ult.), *Ecce
ego vobiscum sum usque ad consummationem saeculi,* Unigenitus Dei est, qui non est corporeo habitu circumclusus. Hoc autem dicentes non solvimus
Jesum; sed unicuique substantiae proprietatem ejus
salvamus. Possumus et talia dicere, quod peregri-

natur Dominus per fidem ambulantibus, et non
per speciem (1). Si autem peregrinantes a corpore cum Domino fuerimus, tunc et ipse erit nobiscum.
Simul etiam considera, quod non videtur redditio
sermonis ita conscripta: Sicut homo peregrinans,
ita ego aut Filius hominis: quoniam ipse est qui
in parabola proponitur peregrinans quasi homo,
non sicut Filius Dei. Hieronymus. Vocatis autem
Apostolis, doctrinam eis Evangeliorum tradidit, non
quasi pro largitate et parcitate, alteri plus et alteri minus tribuens, sed pro accipientium viribus;
quomodo et Apostolus eos qui solidum cibum capere non poterant, lacte potasse se dicit: unde sequitur: *Et uni dedit quinque talenta, alii autem duo,
alii vero unum, unicuique secundum propriam virtutem.* Chrysostomus (hom. 79) (2). In quinque
et duobus et uno talento diversas gratias intelligimus, quae unicuique traditae sunt. Origenes (tract.
33 in Matth.). Si quando enim videris eorum qui
acceperunt a Christo dispensationem eloquiorum
Dei alios quidem habere amplius, alios autem minus, et ut ita dicam, neque in dimidio intelligentes rerum negotia comparatione meliorum: alios
autem adhuc minus habere: videbis differentias eorum qui eloquia Domini susceperunt a Christo:
quoniam alia fuit virtus eorum quibus data sunt
quinque talenta, alia quibus duo, alia cui unum,
et alter alterius non capiebat mensuram; et qui
accepit talentum unum, accepit quidem datum non
contemptibile: multum est enim et unum talentum
talis domini. Tamen tres sunt proprii servi, sicut
tria sunt genera eorum qui fructum faciunt: et
quinque quidem accepit talenta qui omnia sensibilia Scripturarum potest adducere ad sensus divi-
niores: duo autem qui est corporalem doctrinam
edoctus: duo enim videtur carnalis numerus esse;
sed adhuc minus potenti unum talentum paterfamilias dedit. Gregorius (hom. 9, ut supra). Vel
aliter. Quinque talentis dona quinque sensuum, idest
exteriorum scientia exprimitur; duobus vero intellectus et operatio designantur: unius autem talenti
nomine, intellectus tantum designatur.

Sequitur: *Et profectus est statim.* Glossa (ordinaria). Non locum mutans, sed liberam eis operandi potestatem permittens, et suo arbitrio relinquens.

Sequitur: *Abiit autem qui quinque talenta acceperat, et operatus est in eis, et lucratus est alia
quinque.* Chrysostomus (super hoc verbo). Acceptis
enim terrenis sensibus, caelestium sibi notitiam duplicavit, ex creaturis intelligens creatorem, ex corporalibus incorporalia, ex brevibus sempiterna.
Gregorius (hom. 9 in Evang.). Sunt etiam nonnulli
qui, etsi interna ac mystica penetrare nesciunt,
pro intentione tamen supernae patriae docent recta
quae possunt de ipsis exterioribus quae acceperunt;
dumque se carnis petulantia, a terrenarum rerum
ambitu, atque a visibilium voluptate custodiunt, ab
his etiam alios admonendo compescunt. Origenes
(tract. 25). Vel qui habent sensus exercitatos, conversati salubriter (3), et ad majorem scientiam seipsos erigentes, et studiose docentes, lucrati sunt
alia quinque: quia nemo facile additamenta accipit
virtutis alterius, nisi ejus quam habet; et quanta
ipse scit, tanta alterum docet, et non amplius.

---

(1) Glossa. Interlinealis quo ad priorem partem; sed posterior est Anselmi (*Ex edit. P. Nicolai*).

(2) Nec in Glossa quae nunc extat nec in Anselmo est, qui
substitui pro illa solet, nec alibi occurrit; sed pars ejus
insinuatur a Chrysostomo hom. 76 in Matth. (*Ex edit. P.
Nicolai*).

(3) *Al. omittitur* est.

---

(1) *Al.* per spem.

(2) *Al.* hom. 59, in op. imperf. P. Nicolai autem omittit.

(3) *Al.* salutariter.

HILARIUS (can. 27). Vel servus ille qui quinque talenta accepit, populus ex lege credentium est, ex qua profectus meritum ipsius recte impleta evangelicae fidei operatione duplicavit.

Sequitur: *Similiter et qui duo acceperat, lucratus est alia duo*. GREGORIUS (hom. 9, ut supra). Sunt enim nonnulli qui dum intelligendo et operando aliis praedicant, quasi duplicatum de negotio lucrum reportant: quia dum utrique sexui praedicatio impenditur, quasi accepta talenta geminantur. ORIGENES (tract. 33). Vel *lucrati sunt alia duo*, idest corporalem eruditionem (1), et aliam paulo sublimiorem. HILARIUS (can. 27). Vel ille servus cui duo talenta commissa sunt, Gentium populus est fide atque confessione et Filii justificatus, et Patris; Dominum nostrum Jesum Christum Deum atque hominem ex spiritu et carne confessus (2). Haec ergo huic sunt duo talenta commissa. Sed ut populus Judaeorum omne sacramentum quod in (3) quinque talentis, idest in lege, cognoverat, idipsum fide Evangelii duplicavit; ita iste incremento duorum talentorum, intellectum atque operationem promeruit.

Sequitur: *Qui autem unum acceperat, abiens fodit in terra, et abscondit pecuniam domini sui*. GREGORIUS (hom. 6, ut supra). Talentum quippe in terra abscondere, est acceptum ingenium in terrenis actibus implicare. ORIGENES (tract. 33). Vel aliter. Si quando videris aliquem qui virtutem habet docendi et animabus proficiendi et hanc virtutem occultat, quamvis habeat quamdam religionem conversationis, non dubites dicere talem esse qui accepit unum talentum, et abscondit ipsum in terra. HILARIUS (can. 27). Vel iste servus qui unum talentum accepit et in terra recondidit, populus est in lege persistens, qui propter invidiam salvandarum Gentium, in terra acceptum talentum abscondit: in terra enim talentum abscondere, est novae praedicationis gloriam sub obtrectatione corporeae passionis occultare. Sequitur: *Post multum vero temporis venit dominus servorum illorum, et posuit rationem cum eis*. In ratione autem ponenda judicii examen est. ORIGENES (tract. 33). Et observa in hoc loco, quoniam non servi ad dominum vadunt ut judicentur; sed dominus venit ad eos, cum tempus fuerit impletum; de quo dicit, *Post multum vero temporis*, idest, postquam dimisit aptos ad negotiandum animarum salutem: et ideo forsitan non facile invenitur quis ex eis qui apti fuerint ad hujusmodi opus, ut cito transeat de hac vita; sicut est manifestum ex eo quod et Apostoli senuerunt: ex quibus dicitur ad Petrum (Joan. 21): « Cum senueris, extendes manum tuam: » de Paulo autem dictum est ad Philemonem: « Nunc autem « ut Paulus senex. » CHRYSOSTOMUS in hom. 79. Vide et Dominum ubique non confestim expetentem rationem, ut discas ejus longanimitatem. Mihi autem videtur quod resurrectionem occulte insinuans, hoc dicit. HIERONYMUS. Ideo ergo dicit, *Post multum temporis*, quia grande tempus est inter ascensionem Salvatoris, et secundum ejus adventum. GREGORIUS (hom. 9 in Evang.). Haec autem lectio hujus Evangelii considerare nos admonet, ne qui plus ceteris in hoc mundo accepisse aliquid cernuntur, ab auctore mundi gravius judicentur: eum

enim augentur dona, rationes etiam crescunt donorum. Tanto ergo humilior quisque debet esse ex munere, quanto se obligatiorem esse conspicit in reddenda ratione. ORIGENES (tract. 33). Fiducia autem fecit eum qui quinque talenta acceperat, audere ut ad dominum prius accederet: sequitur enim: *Et accedens qui quinque talenta acceperat, obtulit alia quinque talenta, dicens: Domine, quinque talenta tradidisti mihi, ecce alia quinque superlucratus sum*. GREGORIUS (homil. 9, ut supra). Servus ergo qui geminata talenta retulit, laudatur a Domino, et ad aeternam remunerationem perducitur: unde subditur: *Ait illi dominus, Euge*. RABANUS. *Euge* interjectio est laetantis; per quod gaudium suum Dominus insinuat, qui bene laborantem servum ad gaudium aeternum invitat; de quo Propheta ait Psal. 15: « Laetificabis nos in gaudio « cum vultu tuo. » CHRYSOSTOMUS in homil. 79. *Serve bone*, quia de bono loquitur, quod est ad proprium, *et fidelis*, quia nihil eorum quae sunt domini sibi appropriavit. HIERONYMUS (super *Ait illi dominus*). Dicit autem, *Super pauca fuisti fidelis*, quia omnia quae in praesenti habemus licet magna, videantur et plurima, tamen comparatione futurorum parva et pauca sunt. GREGORIUS (hom. 9 in Evang.). Sed tunc fidelis servus supra multa constituitur, quando, devicta omnis corruptionis molestia, de aeternis gaudiis in illa caelesti sede gloriatur. Tunc etiam ad Domini sui gaudium perfecte intromittitur, quando in aeterna illa patria assumptus, atque Angelorum coetibus admixtus, sic interius gaudet de munere ut non sit quod exterius doleat jam de corruptione. HIERONYMUS (loc. cit.). Quid autem potest majus dari fideli servo quam esse cum domino et videre gaudium domini sui? CHRYSOSTOMUS in hom. 29. Per hoc enim verbum omnem beatitudinem ostendit. AUGUSTINUS 1 de Trin. (cap. 10). Hoc enim erit plenum gaudium nostrum, quo amplius non est, frui Deo Trinitate, ad cujus imaginem facti sumus. HIERONYMUS (super *Homo peregre proficiscens*). Utrique autem servo et qui de quinque talentis decem fecerat, et qui de duobus quatuor, idem patrisfamilias sermo blanditur; utrumque etiam simili recipit gaudio, non considerans lucri magnitudinem, sed studii voluntatem: unde sequitur: *Accessit autem et qui duo talenta acceperat*. ORIGENES (tract. 33). Quod autem dicit vel in eo qui quinque talenta acceperat, vel in isto qui duo, *Accedens*; intellige accessum transitum de hoc mundo ad illum: et vide quoniam eadem dicta sunt ambobus, ne forte et qui minorem habuit virtutem, et totam illam quam habuit secundum quod oportebat, exercuit, nihil minus habiturus sit apud Deum quam ille qui fuerit in majori virtute: hoc enim solum quaeritur, ut quicquid habuerit homo ex Deo, toto eo utatur ad gloriam Dei. GREGORIUS (hom. 9 in Evang.). Servus autem qui operari de talento noluit, ad dominum cum verbis excusationis redit: unde sequitur: *Accedens autem et qui unum talentum acceperat ait: Domine, scio quia homo durus es*. HIERONYMUS (super *Accedens autem*). Vere enim hoc quod scriptum est Psal. 140: « Ad excusandas excusationes in « peccatis, » etiam huic servo contigit, ut ad pigritiam et negligentiam, superbiae quoque crimen accederet. Qui enim debuit simpliciter inertiam confiteri, et orare patremfamilias; e converso calumniatur, et dicit se prudenti fecisse consilio, ne

(1) *Al.* editionem.
(2) *Al.* confessus est.
(3) *Al.* deest in.

dum lucra pecuniae quaereret, etiam de sorte periclitaretur (1). ORIGENES (tract. 33). Videtur enim mihi iste servus fuisse inter credentes quidem, non autem fiducialiter agentes, sed latere volentes, et omnia facientes ut non cognoscantur quasi Christiani. Adhuc videntur mihi qui hujusmodi sunt timorem Dei habere, et sapere de eo quasi de aliquo austero et implacabili: hoc enim significat cum dicit: *Domine, scio quia homo durus es.* Intelligimus autem, quod vere Dominus noster metit ubi non seminavit; quoniam justus seminat in spiritu, ex quo metet vitam aeternam. Metit etiam ubi non seminat, et congregat ubi non spargit: quia sibi computat esse collata quaecumque in pauperibus fuerint seminata. HIERONYMUS (super *Respondens dominus dixit*). Ex eo etiam quod hic servus ausus est dicere, *Metis ubi non seminasti,* intelligimus etiam Gentilium et Philosophorum bonam vitam recipere Dominum. GREGORIUS (homil. 9, in Evang.). Sunt autem plerique intra Ecclesiam, quorum iste servus imaginem tenet, qui melioris vitae vias aggredi metuunt; et tamen jacere in sui corporis ignavia non pertimescunt; cumque se peccatores considerant, sanctitatis vias arripere (2) trepidant, et remanere in suis iniquitatibus non formidant. HILARIUS (can. 27) Vel per hunc servum intelligitur populus Judaeorum in lege persistens, qui dicit, Timui te; tamquam metu veterum praeceptorum ab usu evangelicae libertatis abstineat, dicatque, *Ecce quod tuum est,* velut in his quae a Domino praecepta sunt fuerit immoratus; cum tamen sciverit, metendos illic justitiae fructus ubi lex sata non sit, et colligendos ex Gentibus qui non ex Abrahae sint stirpe dispersi. HIERONYMUS (loc. cit.). Sed quod putaverat se pro excusatione dixisse, in culpam propriam vertitur: unde sequitur: *Respondens autem dominus ejus dixit ei: Serve male et piger, sciebas quia meto ubi non semino.* Servus autem malus appellatur, quia calumniam domino fecit: piger, quia talentum noluit duplicare: ut in altero superbiae, in altero negligentiae condemnetur. Si, inquit, durum et crudelem me noveras, et aliena sectari; tu scires me mea diligentius quaesiturum, et dares pecuniam meam, sive argentum nummulariis: utrumque enim ἀργύριον, *argyrion,* graecus sermo significat. « Eloquia (inquit Psal. 11) Domini, « eloquia casta, argentum igne examinatum. » Pecunia ergo et argentum, praedicatio Evangelii et sermo divinus est; qui dari debuit nummulariis, idest vel ceteris doctoribus, quod fecerunt Apostoli, per singulas provincias presbyteros et Episcopos ordinantes; vel cunctis credentibus, qui possunt pecuniam duplicare et cum usuris reddere, ut quicquid sermone didicerant, opere explerent. GREGORIUS (hom. 9 in Evang.). Sicut ergo periculum doctorum aspicitur, si dominicam pecuniam teneant, ita et auditorum: quia cum usuris ab eis exigitur quod audierunt, ut scilicet ex eo quod audiunt, etiam studeant intelligere non audita. ORIGENES (tract. 33). Non autem confessus est Dominus se esse durum, sicut ille arbitrabatur: ceteris autem ejus sermonibus concessit. Sed vere durus est his qui misericordia Dei abutuntur ad negligentiam suam, non ad conversionem. GREGORIUS (hom. 9 in Evan.). Pigrum vere servum qua sententia Dominus feriat, audiamus. *Tollite itaque ab eo talentum,*

et date ei qui habet decem talenta. ORIGENES (tract. 33). Potest quidem Dominus suae divinitatis virtute auferre sufficientiam ab eo qui pigrius est ea usus, et dare ei qui eam multiplicavit. GREGORIUS (ibidem). Opportunum autem videbatur ut ei potius qui duo quam qui quinque talenta acceperat daretur: illi enim dari debuit qui minus habebat. Sed cum per quinque talenta exteriorum scientia designetur, per duo autem intellectus et operatio; plus habuit qui duo quam qui quinque talenta acceperat: quia qui per talenta quinque exteriorum administrationem meruit, ab intellectu aeternorum adhuc vacuus fuit. Unum ergo talentum, per quod intellectum significari diximus, illi dari debuit qui bene exteriora quae acceperat, ministravit: quod quotidie in sancta Ecclesia cernimus, ut etiam interna intelligentia polleant qui exteriora fideliter administrant. HIERONYMUS (ubi supra). Vel datur ei qui decem talenta fecerat, ut intelligamus, licet aequale sit domini gaudium in utriusque labore, ejus scilicet qui quinque et qui duo duplicavit, tamen majus deberi praemium ei qui plus in domini pecunia laboravit. GREGORIUS (ubi supra inter med. et fin). Generalis etiam mox sententia subditur, qua dicitur: *Omni enim habenti dabitur, et abundabit: ei autem qui non habet, et quod videtur habere, auferetur ab eo.* Quisquis autem caritatem habet, alia etiam dona percipit; quisquis autem caritatem non habet, etiam dona quae percepisse videbatur, amittit. CHRYSOSTOMUS in hom. 79. Qui etiam gratiam sermonis et doctrinae ad proficiendum habet, non utens ea, gratiam perdit; qui autem studium adhibet, amplius attrahit donum. HIERONYMUS (super *Omni habenti dabitur*). Multi etiam cum sint sapientes naturaliter, et habeant acumen ingenii; si fuerint (1) negligentes, et desidia bonum naturae corruperint; ad comparationem ejus qui paululum tardior labore et industria compensavit quod minus habuit, perdunt bonum naturae; et praemium quod eis fuerat repromissum, vident transire ad alios. Potest etiam sic intelligi. Ei qui fidem habet, et bonam in Domino voluntatem, etiam si quid minus, ut homo, in opere habuerit, dabitur a bono judice: qui autem fidem non habuerit, etiam ceteras virtutes quas videbatur naturaliter possidere, perdet. Et eleganter inquit: *Quod videtur habere, auferetur ab eo:* quicquid enim sine fide Christi est, non ei debet imputari qui male eo usus (2) est, sed illi qui etiam malo servo naturae bonum tribuit. (3) GREGORIUS (hom. 9 in Evang.). Vel quisquis caritatem non habet, etiam ea quae percepisse videbatur, amittit. HILARIUS (can. 27 in Matth. in fine). Habentibus etiam usum Evangeliorum et legis honor redditur; non habenti autem fidem Christi, etiam quod ex lege sibi esse videbatur honoris auferetur. CHRYSOSTOMUS (in hom. 79 par. a medio). Servus autem malus non solum damno punitur, sed etiam intolerabili poena, et cum poena accusabili denuntiatione: unde sequitur: *Et inutilem servum ejicite in tenebras exteriores* ORIGENES (tract. 33 in Matth. cir. fin.). Ubi scilicet nulla illuminatio est, forsitan nec corporalis; nec est respectio Dei illic, sed quasi indignis speculatione Dei, qui talia peccaverunt,

---

(1) *Al.* etiam forte periclitaretur.
(2) *Al.* accipere.

(1) *Al.* et fuerint.
(2) *Al.* abusus.
(3) *In editione Herbipolensi ex recensione P. Nicolai omittitur sequens index, et appendix Gregorii.*

condemnantur in his quae exteriores tenebrae appellantur. Legimus etiam aliquem ante nos exponentem de tenebris abyssi quae est extra mundum, ut quasi (1) indigni toto mundo in abyssum illam foras ejiciantur, in qua sunt tenebrae. nemine eas illuminante. Gregorius (hom. 9 in Evangel.). Et sic per poenam in tenebras exteriores cadet qui per suam culpam sponte in interiores tenebras decidit. Hieronymus (super illud, *Et inutilem servum ejicite*). Quid autem sit fletus et stridor dentium supra diximus. Chrysostomus in hom. 79. Vide autem quia non solum qui rapit aliena aut qui mala operatur, punitur ultima poena, sed etiam qui bona non facit. Gregorius (hom. 9 in Evang.). Habens igitur intellectum, curet omnino ne taceat; habens rerum affluentiam, a misericordia non torpescat; habens artem qua regitur, usum illius cum proximo partiatur; habens loquendi locum, apud divitem pro pauperibus intercedat (2). Talenti enim nomine cuilibet reputabitur quod vel minimum acceperit. Origenes (tract. 35, par. ant. med.). Si autem displicet tibi quod dicitur, si propter quod non docuit, quis judicatur, recordare illud Apostoli 2 Corinth. 9: « Vae mihi est, si non evangelizavero. »

5. Rabanus. Post parabolas de fine mundi, jam exequitur Dominus modum futuri judicii. Chrysostomus in homil. 80. Est autem haec pars delectabilissima, quam continue in animo vertentes, cum studio audiamus, et omni compunctione: nam et ipse Christus terribilius et lucidius hunc pertractat sermonem. Idcirco non dicit de cetero: *Simile factum est regnum caelorum*; sed revelate seipsum ostendit dicens: *Cum autem venerit Filius hominis in majestate sua*. Hieronymus (super *Cum autem venerit Filius*). Post biduum quidem pascha facturus. et tradendus cruci, et illudendus ab hominibus, recte promittit gloriam triumphantis, ut secutura scandala pollicitationis praemio compensaret. Et notandum, quod qui in majestate cernendus est, Filius hominis sit. Augustinus super Joannem (tract. 21). In forma humana videbunt cum impii, videbunt ad dexteram positi: in judicio enim apparebit in forma quam ex nobis accepit; sed postea futurum est ut videatur in forma Dei, quam sciunt (3) omnes fideles. Remigius. Destruitur autem his verbis illorum error qui dixerunt, Dominum non in eadem forma servi manere. Majestatem autem appellat divinitatem, qua aequalis est Patri et Spiritui sancto. Origenes (tract. 34). Vel quia cum gloria huc revertetur, ut corpus ejus sit quale fuit cum transfiguratus fuit in monte. Sedes autem ejus aut quidam perfectiores sanctorum dicuntur, de quibus scriptum est Psalm. 121: « Quoniam « illic sederunt sedes in judicio, » aut quaedam virtutes angelicae, de quibus dicitur Coloss. 1: « Sive throni, sive dominationes. » Augustinus, 20 de civit. Dei (cap. 24). Descendet enim cum Angelis, quos advocabit de supernis locis ad faciendum judicium: unde dicitur: *Et omnes Angeli ejus cum eo*. Chrysostomus in hom. 80. Omnes enim Angeli

cum ipso aderunt, testantes et ipsi quantum administraverunt missi a Domino ad hominum salutem. Augustinus de Poenitentia (1). Vel Angelorum nomine significavit homines qui cum Christo judicabunt: Angeli enim nuntii sunt: nuntios autem rectissime accepimus omnes qui salutem caelestem hominibus nuntiaverunt.

Sequitur: *Et congregabuntur ante eum omnes gentes*. Remigius. His verbis vera hominis futura demonstratur resurrectio. Augustinus, 20 de civitat. Dei (cap. 24). Haec autem congregatio per ministerium angelicum fiet, quibus in Psalm. 49, dicitur: « Congregate illi sanctos ejus. » Origenes (tract. 34). Vel non localiter intelligamus quod congregabuntur ante eum omnes gentes, sed quia jam non erunt dispersae in dogmatibus falsis et multis de eo Manifesta enim fiet divinitas Christi, ut non solum nullus justorum, sed nec aliquis peccatorum ignoret: non enim in aliquo loco apparebit Filius Dei et in altero non apparebit; sicut ipse secundum comparationem fulguris voluit demonstrare. Quamdiu ergo iniqui nec se cognoscunt nec Christum, vel justi per speculum in aenigmate vident, tamdiu non sunt segregati boni a malis; cum autem propter manifestationem Filii Dei, omnes ad intellectum venerint suum, tunc Salvator segregabit bonos a malis: unde sequitur: *Et separabit eos ab invicem, sicut pastor segregat oves ab haedis* quia et peccatores cognoscent sua delicta, et justi manifeste videbunt semina justitiae suae ad qualem eos perduxerint finem. Oves autem dicti sunt qui salvantur, propter mansuetudinem quam didicerunt ab eo qui dicit, supra 11: *Discite a me quia mitis sum*; et propter quod usque ad occisionem parati fuerunt venire, imitantes Christum, qui « sicut ovis ad occisionem ductus est: » Isai. 53. Haedi autem dicuntur mali, qui aspera et dura saxa ascendunt, et per praecipitia eorum incedunt. Chrysostomus in hom. 80. Vel hos vocat haedos, illos autem oves. ut horum infructuositatem ostendat, nullus enim fit ab haedis fructus; illorum autem. utilitatem, multus enim est ovium fructus et a lana et a lacte et a fetibus qui parturiuntur. Nomine autem ovis in Scripturis divinis simplicitas, et innocentia solet designari. Pulchre ergo in hoc loco per oves electi designantur. Hieronymus (super *Cum venerit Filius hominis*). Haedus enim lascivum est animal et fervens semper ad coitum, et semper pro peccatis offertur in lege: nec dicit capras, quae possunt habere fetus et tonsae egrediuntur de lavacro. Chrysostomus in hom. 80. Deinde segregat eos etiam situ: nam sequitur: *Et statuet oves quidem a dextris, haedos autem a sinistris*. Origenes (tract. 34). Sancti enim, qui dextera opera operati sunt, acceperunt pro mercede suorum dexterorum dexteram regis, in qua requies et gloria est; mali vero propter opera sua pessima et sinistra, ceciderunt in sinistram. idest in tristitiam tormentorum. Sequitur: *Tunc dicet rex eis qui a dextris ejus erunt, Venite*: ut quicquid minus fuerit eis, cum perfectius uniti fuerint Christo consequantur. Addit autem, *Benedicti Patris mei*, ut eminentia benedictionis eorum manifestetur: quia prius « be- « nedicti sunt a Domino, qui fecit caelum et ter-

---

(1) *Al*. et quasi.
(2) Haec appendix in Gregorio praemittitur priori; sequens autem ex Origene paulo plenius apud illum habetur in hunc modum: *Si propter illud quod scriptum est eum talem mitti in tenebras exteriores, displicet quod dicitur, si propterea quod non docuit quis judicatur*, idest aliquis; *quasi, qui data sibi virtute ad animarum profectum non est usus, recordare Apostoli dictum etc*. (*Ex edit. P. Nicolai*).
(3) P. Nicolai legit sitiunt.

(1) Scilicet lib. 1 homil., hom. 4, quam de poenitentia Beda inscribit, ut in 1 Cor. 5, et alibi etiam videre est; sed nunc de necessitate atque utilitate poenitentiae inscribitur (*Ex ed t. P. Nicolai*).

« ram: » Psalm. 113 Rabanus (hoc loco). Vel vocantur benedicti quibus pro bonis meritis debetur aeterna benedictio. Patris autem sui dicit esse regnum, quia ad eum refert potestatem regni a quo ipse rex est genitus; unde per auctoritatem regiam, qua ipse solus exaltabitur in die illa, proferet judicii sententiam: unde signanter dicitur: *Tunc dicet rex.* Chrysostomus in hom. 80. Nota autem, quod non dixit, Accipite, sed *possidete*, sive hereditate, sicut familiaria bona sive paterna, sicut vestra vobis antiquitus debita: unde dicitur: *Paratum vobis regnum a constitutione mundi.* Hieronymus (super *Venite benedicti*). Haec autem juxta praescientiam Dei accipienda sunt, apud quem futura jam facta sunt. Augustinus 20 de civit. Dei (cap. 9). Excepto autem illo regno, de quo in fine dicturus est, *Possidete paratum vobis regnum,* licet longe impari modo, etiam praesens Ecclesia dicitur regnum ejus; in quo adhuc cum hoste confligitur, donec veniatur ad illud pacatissimum regnum, ubi sine hoste regnabitur. Augustinus de Poenitentia (ubi supra). Sed dicet aliquis: Regnare nolo, sufficit mihi salvum esse: in quo primum eos fallit, quia eorum nec salus est ulla quorum iniquitas perseverat; deinde si est aliqua differentia inter regnantes et non regnantes, oportet tamen ut in uno regno sint omnes, ne in hostium aut aliorum numero deputentur, et ceteris regnantibus ipsi pereant. Omnes enim Romani Romanum regnum possident, quamvis non omnes in eo regnent. Chrysostomus in hom. 80. Pro quibus ergo sancti, caelestis regni bona accipiant, manifestatur cum subditur: *Esurivi et dedistis mihi manducare.* Remigius Et notandum, quod in hoc loco sex opera misericordiae a Domino commemorantur; quae quicumque implere studuerit, regnum a constitutione mundi praeparatum electis percipere merebitur. Rabanus. Mystice autem qui esurientem et sitientem justitiam pane verbi reficit, vel potu sapientiae refrigerat, et qui errantem per haeresim vel per peccatum in domum matris Ecclesiae recipit, et qui infirmum in fide assumit, verae dilectionis observat jura. Gregorius 26 Moral. (1) (cap. 23). Hi autem quibus Judex veniens in dextera consistentibus (2) dicit, *Esurivi etc.,* sunt qui ex parte electorum judicantur et regnant, qui vitae maculas lacrymis tergunt; qui mala praecedentia factis sequentibus redimentes, quidquid illicitum aliquando fecerant, ab oculis judicis eleemosynarum superductione cooperiunt. Alii vero sunt qui non judicantur et regnant, qui etiam praecepta legis perfectionis virtute transcendunt. Origenes (tract. 34). Humilitatis autem (3) causa laude beneficiorum suorum indignos se proclamant, non obliti eorum quae fecerunt. Ipse autem eis ostendit suam compassionem in suis: unde sequitur: *Tunc respondebunt ei justi, dicentes: Domine, quando te vidimus etc.* Rabanus (in hoc loco). Hoc quidem dicunt non diffidentes de verbis Domini; sed stupent de tanta sublimatione, et de majestatis suae magnitudine; vel quia videbitur eis parvum esse bonum quod egerant, secundum illud Apostoli Rom. 8: « Non sunt condignae passiones hujus

« temporis ad futuram gloriam quae revelabitur « in nobis. »

Sequitur. *Et respondens rex dicet eis: Amen dico vobis: quamdiu fecistis uni de his fratribus meis minimis, mihi fecistis.* Hieronymus (super *Amen dico vobis*). Libera quidem nobis erat intelligentia, quod in omni paupere Christus esuriens pasceretur, sitiens potaretur, et sic de aliis; sed ex hoc quod sequitur, *Quamdiu fecistis uni de his fratribus meis minimis etc.,* non mihi videtur generaliter dixisse de pauperibus, sed de his qui pauperes, spiritu sunt; ad quos extendens manum dixerat supra 12: *Fratres mei sunt qui faciunt voluntatem Patris mei.* Chrysostomus (hom. 80) (1). Sed si fratres ejus sunt, quare eos minimos vocat? Propter hoc quia sunt humiles, quia pauperes, quia abjecti. Non autem per hos, monachos solum intelligit, qui ad montes secesserunt; sed unumquemque fidelem, etiam si fuerit saecularis, et fuerit esuriens, aut aliud hujusmodi, vult misericordiae procuratione potiri: fratrem enim baptisma facit et mysteriorum (2) communicatio.

Sequitur: *Tunc dicet et his qui a sinistris ejus erunt: Discedite a me maledicti in ignem aeternum, qui praeparatus est diabolo et angelis ejus.* Origenes (tract. 34). Sicut justis dixerat, *Venite,* ita et injustis dicit, *Discedite;* nam propinqui sunt Verbo qui servant Dei mandatum, et vocantur ut adhuc propinquiores efficiantur; longe autem ab eo sunt, etsi videantur ei assistere, qui non faciunt mandata ipsius: propter hoc audiunt, *Discedite,* ut qui modo vel videntur esse ante eum, postea nec videantur. Considerandum est autem, quoniam in sanctis dictum est, *Benedicti Patris mei*; non autem nunc dicitur, Maledicti Patris mei: nam benedictionis quidem ministrator est Pater; maledictionis autem unusquisque sibi est auctor, qui maledictione digna est operatus. Qui autem recedunt a Jesu, decidunt in ignem aeternum, qui alterius est generis ab hoc igne quem habemus in usu. Nullus enim ignis inter homines est aeternus, sed nec multi temporis. Et considera quoniam regnum quidem non Angelis praeparatum dicit, ignem autem aeternum diabolo et angelis ejus: quia quantum ad se, homines non ad perditionem creavit; peccantes autem conjungunt se diabolo; ut sicuti qui salvantur, sanctis Angelis coaequantur, sic qui pereunt diaboli angelis coaequentur (3). Augustinus, 20 de civ. Dei (cap. 10). Ex hoc autem patet (4) quod idem ignis erit hominum supplicio attributus et daemonum. Si autem erit corporali tactu noxius ut eo possint corpora cruciari, quomodo in eo erit poena spirituum malignorum, nisi quia sunt quaedam daemonibus corpora, sicut quibusdam visum est, ex isto aere crasso atque humido? Si autem aliquis nulla habere daemones corpora asserat, non est de hac re contentiosa disputatione certandum. Cur enim non dicamus, quamvis miris, tamen veris modis, etiam spiritus incorporeos posse poena corporalis ignis affligi; si spiritus hominum, etiam ipsi profecto incorporei, et nunc potuerunt concludi corporalibus membris, et tunc poterunt corporum suorum vinculis insolubiliter alligari? Adhaerebunt ergo daemones, licet incorporei, corporalibus ignibus crucian-

---

(1) Cap. 24. Vel in antiquis codd. cap. 23, super illud Job 36: *Judicium pauperibus tribuit:* non sicut prius 15 Moral. sine alio indice (*Ex edit. P. Nicolai*).
(2) *Al.* consistentium.
(3) *Al.* ergo.

(1) *Al.* Rabanus
(2) *Al.* ministeriorum.
(3) *Al.* comparantur.
(4) *Al.* habetur.

di, accipientes ex ignibus poenam, non dantes ignibus vitam. Ignis autem ille corporeus erit, et cru-
ciabit hujusmodi corpora cum spiritibus; daemones
autem spiritus sine corporibus. ORIGENES (tract. 34).
Vel forsitan ignis ille talis substantia est ut invisibilia comburat, ipse invisibilis constitutus, secundum quod ait Apostolus 2 Corinth. 4: « Quae vi-
« dentur, temporalia sunt; quae autem non viden-
« tur, aeterna. » Ne autem mireris audiens esse invisibilem ignem et punientem, cum videas interius
calorem hominibus (1) accidentem, et non mediocriter cruciantem. Sequitur: *Esurivi enim et non
dedistis mihi manducare.* Scriptum est ad fideles
2 Corinth. 12: « Vos estis corpus Christi. » Sicut
ergo anima habitans in córpore, cum non esuriat
quantum ad suam substantiam spiritualem, esurit
tamen corporis cibum, quia copulata est corpori
suo; sic et Salvator patitur quae patitur corpus ejus
Ecclesia, cum sit ipse impassibilis (2). Et hoc considera, quia loquens ad justos, per singulas species
eorum beneficia dinumerat; ad injustos autem prae-
scindens narrationem, adunavit utrumque, dicens:
Infirmus fui et in carcere et non visitastis me:
quoniam misericordis judicis erat bene facta quidem hominum largius praedicare et ampliare;
malefacta autem eorum transitorie memorari et
abbreviare. CHRYSOSTOMUS in hom. 80. Intuere autem quia non in uno tantum vel duobus, sed in
omnibus misericordiam deseruerunt: non enim esurientem solum non cibaverunt, sed neque, quod
levius erat, infirmum visitaverunt. Et vide qualiter
levia injungit: non enim dixit. In carcere eram,
et non eripuistis me; infirmus eram, et non cura-
st s me; sed *non visitastis*, et non venistis ad me.
In esuriendo etiam non pretiosam petit mensam,
sed necessarium cibum. Omnia ergo sufficientia
sunt ad poenam. Primo quidem facilitas petitionis, panis enim erat; secundo miseria ejus qui
petebat, pauper enim erat; tertio compassio naturae, homo enim erat; quarto desiderium promissionis, regnum enim promisit; quinto dignitas ejus
qui accipiebat, Deus enim erat qui per pauperes
accipiebat; sexto superabundantia honoris quoniam
dignatus est ab hominibus accipere; septimo justitia dationis, ex suis enim nobis accipit : sed
contra universa haec homines per avaritiam ex-
caecantur. GREGORIUS 26 Moral. (cap. 24, super
illud Job. 36: « Sed non solvat impios ») (3).
Isti autem quibus hoc dicitur, sunt mali fideles,
qui judicantur et pereunt; alii vero, scilicet infideles, non judicantur et pereunt: non enim eorum
tunc causa discutitur qui ad conspectum districti
judicis jam cum damnatione suae infidelitatis accedunt; professionem vero fidei retinentes, sed professionis opera non habentes, redarguuntur ut pereant. Isti enim saltem verba judicis audiunt, quia
ejus fidei saltem verba tenuerunt: illi in damnatione
sua aeterni judicis nec verba suscipiunt (4), quia
ejus reverentiam nec verbo tenus servare voluerunt: nam et princeps terrenam rempublicam re-
gens aliter punit civem interius delinquentem, atque aliter hostem exterius rebellantem: in illo enim
jura sua consulit; contra hostem vero bellum mo-

(1) *Al.* corporibus.
(2) *Al.* passibilis.
(3) Vel in antiquis codd. cap. 24, [super illud Job 36:
Judicium pauperibus tribuit (*Ex edit.* P. *Nicolai*).
(4) *Al.* percipiunt.

vet, et de poena ejus quid lex habeat non requirit.
CHRYSOSTOMUS in hom. 80. Verbis autem judicis
redarguti, cum mansuetudine loquuntur: sequitur
enim: *Tunc respondebunt ei et ipsi dicentes: Domine quando te vidimus?* ORIGENES (tract. 34).
Considera, quia justi immorantur in unoquoque
verbo, injusti autem non ita per singula, sed cur-
sim dicunt: quoniam proprium est justorum bene
facta sua relata sibi in facie, diligenter et per
singula refutare causa humilitatis: malorum autem
hominum est culpas suas excusationis causa aut
nullas esse ostendere, aut leves et paucas. Sed et
responsio Christi hoc ipsum signat: unde sequitur:
Tunc respondebit illis, dicens: Amen dico vobis.
Volens enim justorum bene facta ostendere grandia, peccatorum autem culpas non grandes; ad justos quidem dicit: Ex eo quod fecistis uni ex minimis meis fratribus: ad injustos autem non adjecit
Fratribus: revera enim fratres ejus sunt qui perfecti sunt. Gratius est autem apud Deum opus bonum quod fit in sanctioribus quam in minus sanctis; et levior culpa est negligere minus sanctos
quam sanctiores. AUGUSTINUS, 20 de civit. Dei (cap.
1). Nunc autem de novissimo judicio agitur, quando Christus de caelo venturus est, vivos et mortuos judicaturus. Divini judicii ultimum hunc
diem dicimus , idest novissimum tempus: nam
per quot dies istud judicium protendatur incertum est; sed Scripturarum sanctarum more dies
poni solet pro tempore. Ideo autem dicimus
ultimum judicium vel novissimum, quia et nunc
judicat, et ab humani generis initio judicavit, a
ligno vitae separans primos homines, et angelis
peccantibus non parcens; in illo autem finali judicio simul et homines, et angeli judicabuntur: fiet
enim virtute divina ut cuique opera sua vel bona
vel mala cuncta in memoriam revocentur, et mentis intuitu mira celeritate cernantur, ut accuset
vel excuset scientia conscientiam.

4. AUGUSTINUS de Fide et Operibus (cap. 25).
Nonnulli seipsos seducunt, dicentes ignem aeternum
dictum, non ipsam poenam aeternam. Hoc praevidens Dominus, sententiam suam ita conclusit dicens: *Et ibunt hi in supplicium aeternum, justi vero
in vitam aeternam.* ORIGENES (tract. 34). Attende
quoniam, cum prius dixisset, *Venite benedicti*, deinde, *Discedite maledicti*, propterea quod proprium
boni Dei est primum recordari benefacta bonorum
quam malefacta malorum; hic prius nominat poenam malorum, deinde vitam bonorum: ut primum
quae timoris sunt, evitemus mala; postea quae honoris sunt, appetamus bona. GREGORIUS 25 Moral.
(cap. 9, in nov. exempl.). Si ergo tanta poena
mulctatur qui non dedisse convincitur; qua poena
feriendus est qui redarguitur abstulisse aliena ? AU-
GUSTINUS, 19 de Civ. Dei (cap. 11). Est autem
vita aeterna summum bonum nostrum, et finis Civitatis Dei; de quo fine dicit Apostolus, Rom. 6:
« Finem vero vitam aeternam. » Sed rursus, quia
vita aeterna ab his qui familiaritatem non habent
cum Scriptoris sanctis, potest accipi etiam in vita
malorum propter animae immortalitatem, vel propter interminabiles poenas impiorum: profecto finis
Civitatis hujus, in quo summum habebitur bonum
vel pax in vita aeterna, vel vita aeterna in pace,
dicendus est, ut ab omnibus (1) possit intelligi.

(1) *Al.* ab hominibus.

Augustinus 1 de Trinit. (cap. 13). Quod enim dixit Dominus famulo suo Moysi Exod. 7: « Ego « sum qui sum, » hoc contemplabimur cum viventibus in aeternum. Ita enim Dominus ait Joan. 17: « Haec est vita aeterna ut cognoscant te verum « Deum. » Haec enim nobis contemplatio promittitur actionum omnium finis, atque aeterna perfectio gaudiorum, de qua dicit Joannes, Epist. 1. cap. 3: « Videbimus eum sicuti est. » HIERONYMUS. Prudens autem lector intende, quod et supplicia aeterna sunt: et vita perpetua metum deinceps non habeat ruinarum. GREGORIUS (1) (lib. 4 Dial. cap. 44). Inquiunt. Ideo peccantibus minatus est, ut eos a peccatis compesceret; quibus respondemus: Si falsa minatus est ut injustitiam (2) corrigeret, etiam falsa promiserat, ut ad justitiam provocaret; et sic dum satagunt Deum perhibere misericordem, non verentur praedicare fallacem. At, inquiunt, sine fine puniri non debet culpa cum fine: quibus respondemus, quod recte dicerent, si judex justus non corda hominum, sed facta pensaret. Ad districti ergo judicis justitiam pertinet ut nunquam careant supplicio quorum mens in hac vita nunquam voluit carere peccato. AUGUSTINUS de civ. Dei (lib. 21, cap. 1). Nullius etiam legis justitia attendit ut tanta mora temporis quisque puniatur, quanta unde (3) puniretur admisit. Nullus enim extitit qui censeret tam cito nocentium finienda esse (4) tormenta, quam cito factum est homicidium vel adulterium. Qui vero pro aliquo grandi crimine morte mulctatur, numquid moram qua occiditur ejus supplicium leges existimant, et non quod eum in sempiternum auferant a societate viventium ? Jam vero damnum, ignominia, exilium, servitus, cum plerumque sic infligantur ut nulla venia relaxentur, nonne pro hujus vitae modo similia poenis videntur aeternis ? Ideo quippe aeterna esse non possunt, quia ipsa vita quae his plectitur, porrigitur in aeternum. Sed inquiunt: Quomodo ergo verum est quod ait Christus, supra 7, *In qua mensura mensi fueritis, remetietur vobis*: si temporale peccatum supplicio punitur aeterno ? Nec attendunt non propter aequale (5) temporis spatium, sed propter vicissitudinem mali: idest, ut qui mala fecerit, mala patiatur, eamdem dictam mensuram fuisse. Factus est autem homo malo dignus aeterno, qui hoc in se peremit bonum quod esse posset aeternum. GREGORIUS (6) (lib. 4 Dial. cap. 44). At inquiunt: Nullus justus crudelitatibus pascitur, et delinquens servus a justo domino idcirco caedi praecipitur, ut a nequitia corrigatur. Iniqui autem gehennae ignibus traditi, quo fine semper ardebunt ? Quibus respondemus, quod omnipotens Deus, quia pius est, miserorum cruciatu non pascitur; quia autem justus est, ab iniquorum ultione non sedatur; et tamen ad aliquid iniqui semper concremantur: ut scilicet justi tanto in aeternum magis divinae gratiae debitores se esse cognoscant, quanto in aeter-

num mala puniri conspiciunt, quae ejus adjutorio vitare potuerunt. AUGUSTINUS, 21 lib. de civ. Dei (cap. 17). Sed nullum est, inquiunt, corpus quod dolere possit, mori non possit. Necesse est autem ut vivat dolens, non est necesse ut occidat dolor; quia nec corpora ista mortalia omnis dolor occidit: et ut dolor aliquis possit occidere, illa causa est, quoniam sic connexa est anima huic corpori ut summis doloribus cedat atque discedat; tunc autem tali corpori anima et eo connectitur modo ut illud vinculum nullo dolore vincatur. Non ergo tunc nulla, sed sempiterna mors erit, quando nec vivere anima poterit Deum non habendo, nec doloribus corporis carere moriendo. Inter hujusmodi autem aeternitatem supplicii negantes misericordior fuit Origenes, qui et ipsum diabolum et angelos ejus post graviora pro meritis et diuturna supplicia ex illis cruciatibus eruendos et sociandos sanctis Angelis credidit. Sed illum et propter hoc et propter alia nonnulla non immerito reprobavit Ecclesia: quia et hoc quod misericors videbatur amisit, faciendo veras miserias (1), quibus poenas luerent, et falsas beatitudines in quibus securum et sempiternum boni gaudium non haberent. Longe autem aliter aliorum misericordia ab humano errat affectu (2), qui hominum illo judicio damnatorum miserias temporales, hominum vero qui vel citius vel tardius liberantur, aeternam felicitatem putant. Cur autem haec misericordia ad universam naturam manat humanam, et cum ad angelicam ventum fuerit, mox arescit ? GREGORIUS (3) (lib. 4 Dial. cap. 44). At inquiunt: Ubi est quod sancti sunt, si pro inimicis suis, quos tunc ardere viderint, non orabunt ? Orant quidem pro inimicis suis eo tempore quo possunt ad fructuosam poenitentiam eorum corda convertere; quomodo autem tunc (4) orabitur pro illis qui jam nullatenus possunt ab iniquitate commutari ? AUGUSTINUS 21 de civit. Dei (cap. 19). Item sunt alii ab aeterno supplicio liberationem non omnibus hominibus promittentes, sed tantummodo Christi baptismate ablutis, qui participes sunt corporis ejus quomodolibet vixerint: propter illud quod ait Dominus Joan. 6: « Si quis manducaverit ex « hoc pane, non morietur in aeternum » (cap. 20). Item sunt qui non omnibus habentibus Christi sacramentum, sed solum (5) catholicis, quamvis male viventibus, hoc pollicentur, qui non solum sacramento, sed re ipsa manducaverunt corpus Christi, in corpore ejus quod est Ecclesia constituti, etiam si postea in aliquam haeresim vel in gentilium idolatriam fuerint lapsi (cap. 21). Sunt autem qui propter id quod scriptum est supra 24: *Qui perseveraverit usque in finem, hic salvus erit*, non nisi in catholica Ecclesia perseverantibus hoc promittunt, quod merito fundamenti, idest fidei, per ignem salventur; quo igne in ultimo judicio punientur mali. Sed omnibus his contradicit Apostolus dicens, Gal. 6: « Manifesta sunt opera carnis, « quae sunt immunditia, fornicatio, et his similia: « quae praedico vobis quoniam qui talia agunt, « regnum Dei non possidebunt. » Si quis autem temporalia in corde suo praeponit Christo, etsi vi-

---

(1) 24 Moral. cap. 16. Quod subjungitur ex Gregorio, est in antiquis codd. cap. 11, super illud Job 31: *Aestimabit abyssum quasi senescentem (Ex edit. P. Nicolai).*

(2) *Al.* ab injustitia.

(3) *Al.* quanta mora temporis unde etc.

(4) *Al. omittitur* esse.

(5) *Al.* attendunt propter aequale etc.

(6) 24 Moral. ut supra: nempe cap. 16, in codd. novis, cap. tamen 12, in aliis. Eadem quoque habet lib. 4 Dialogorum cap. 44, ad interrogationem Petri respondens (*Ex edit. P. Nicolai*).

(1) *Al.* misericordias, *et sic infra. P. Nicolai habet* faciendo sanctis veras miserias etc.

(2) *Al.* ab humano erat affectu.

(3) 24 Mor. ut supra (*Ex edit. P. Nicolai*).

(4) *Al.* ergo, *item* autem ergo.

(5) *Al.* non solum.

deatur habere fidem Christi, non est tamen in eo
fundamentum Christus, cui alia praeponuntur: quanto magis si committat illicita, non praeposuisse,
sed postposuisse Christum, convincitur? (cap. 22).
Comperi etiam quosdam putare eos solum arsuros
illius aeternitate supplicii qui pro peccatis dignas
eleemosynas facere negligunt; ideo judicem ipsum
noluisse existimant aliud commemorare se esse
dicturum, nisi eleemosynas sive factas sive non
factas (cap. 27). Sed qui digne pro peccatis suis
eleemosynas facit, prius eas facere incipit a seipso:
indignum est enim ut ipse sibi non faciat qui facit
in proximum, cum audiat dicentem Deum, supra
22: *Diliges proximum tuum sicut teipsum:* itemque
audiat Eccli. 30. « Miserere animae tuae, placens
« Deo. » Hanc eleemosynam, idest ut Deo placeat, non faciens animae suae, quomodo dignas
pro peccatis suis facere eleemosynas dicendus est?
Propter hoc ergo eleemosynae faciendae sunt, ut
cum de praeteritis peccatis deprecamur, exaudiamur;
non ut in eis perseverantes, licentiam male faciendi nos per eleemosynas comparare credamus. Ideo
autem Dominus a dextris eleemosynas ab eis factas
in sinistris non factas se imputaturum esse prae-

dixit, ut hinc ostenderet quantum valent eleemosynae ad priora delenda, non ad perpetua impune
committenda peccata. ORIGENES (tract. 34). Vel
non unius tantum justitiae species remuneratur, sicut existimant multi. In quibuscumque
enim causis mandatum Christi quis fecerit, Christum cibat et potat, qui fidelium justitiam et veritatem manducat et bibit. Item Christo algenti
teximus vestimentum, accipientes sapientiae textu-
ram, adeo ut per doctrinam aliquos doceamus, et
induamus eos viscera misericordiae. Quando etiam
praeparamus cor nostrum diversis virtutibus ad re-
ceptaculum ejus vel illorum quae sunt ipsius, ipsum peregrinantem suscipimus in domum pectoris
nostri. Item cum fratrem infirmum sive in fide
sive in bono opere visitaverimus. aut per doctrinam
aut increpationem aut per consolationem ipsum (1)
Christum visitamus. Deinde omne quod hic est,
carcer est Christi, et eorum qui sunt ejus, qui
sunt in hoc mundo degentes, quasi etiam in carcere naturae necessitate constricti. Cum ergo
bonum opus in eis fecerimus, visitamus eos in carcere, et Christum in eis.

(1) *Al.* qui ipsum.

CAPUT VIGESIMUMSEXTUM.

1. Et factum est, eum consummasset Jesus sermones hos
omnes, dixit discipulis suis: Scitis quia post biduum pascha
fiet, et Filius hominis tradetur ut crucifigatur.

2. Tunc congregati sunt principes sacerdotum, et seniores
populi in atrium principis sacerdotum, qui dicebatur Caiphas;
et consilium fecerunt, ut Jesum dolo tenerent, et occiderent.
Dicebant autem: Non in die festo, ne forte tumultus fieret
in populo.

3. Cum autem esset Jesus in Bethania in domo Simonis
leprosi, accessit ad eum mulier habens alabastrum unguenti
pretiosi, et effudit super caput ipsius recumbentis. Videntes
autem discipuli, indignati sunt dicentes: Ut quid perditio
haec? Potuit enim istud venumdari multo, et dari pauperibus.
Sciens autem Jesus ait illis: Quid molesti estis huic mulieri?
Opus enim bonum operata est in me. Nam semper pauperes
habebitis vobiscum; me autem non semper habebitis. Mittens
enim haec unguentum hoc in corpus meum, ad sepeliendum
me fecit. Amen dico vobis: ubicumque praedicatum fuerit
hoc Evangelium in toto mundo, dicetur et quod haec fecit in
memoriam ejus.

4. Tunc abiit unus de duodecim, qui dicebatur Judas
Iscariotes, ad principes sacerdotum, et ait illis: Quid vultis
mihi dare, et ego vobis eum tradam? At illi constituerunt
ei triginta argenteos. Et exinde quaerebat opportunitatem ut
eum traderet.

5. Prima autem die azymorum accesserunt discipuli ad
Jesum, dicentes: Ubi vis paremus tibi comedere pascha? At
Jesus dixit: Ite in civitatem ad quemdam, et dicite ei: Ma-
gister dicit: Tempus meum prope est: apud te facio pascha
cum discipulis meis. Et fecerunt discipuli sicut constituit illis
Jesus, et paraverunt pascha.

6. Vespere autem facto, discumbebat cum duodecim discipulis suis: et edentibus illis dixit: Amen dico vobis, quia unus
vestrum me traditurus est. Et contristati valde, coeperunt
singuli dicere: Numquid ego sum, Domine? At ipse respondens ait: Qui intingit mecum manum in paropside, hic me
tradet. Filius quidem hominis vadit, sicut scriptum est de
illo. Vae autem homini illi per quem Filius hominis tradetur.
Bonum erat ei, si natus non fuisset homo ille. Respondens
autem Judas, qui tradidit eum, dixit: Numquid ego sum, Rabbi? Ait illi: Tu dixisti.

7. Coenantibus autem eis, accepit Jesus panem, et benedixit ac fregit, deditque discipulis suis, et ait: Accipite et
comedite; hoc est corpus meum.

8. Et accipiens calicem, gratias egit, et dedit illis, dicens:
Bibite ex hoc omnes: hic est enim sanguis meus novi testamenti, qui pro multis effundetur in remissionem peccatorum.
Dico autem vobis: non bibam amodo de hoc genimine vitis
usque in diem illum cum illud bibam vobiscum novum in
regno Patris mei.

9. Et hymno dicto, exierunt in montem Oliveti. Tunc
dicit illis Jesus: Omnes vos scandalum patiemini in me in
ista nocte. Scriptum est enim: Percutiam pastorem, et dispergentur oves gregis. Postquam autem resurrexero, praecedam
vos in Galilaeam Respondens autem Petrus, ait illi: Et si
omnes scandalizati fuerint in te, ego numquam scandalizabor.
Ait illi Jesus: Amen dico tibi, quia in hac nocte, antequam
gallus cantet, ter me negabis. Ait illi Petrus: Etiam si oportuerit me mori tecum, non te negabo. Similiter et omnes discipuli dixerunt.

10. Tunc venit Jesus cum illis in villam quae dicitur
Gethsemani; et dixit discipulis suis: Sedete hic, donec vadam
illuc, et orem. Et assumpto Petro et duobus filiis Zebedaei,
coepit contristari et moestus esse. Tunc ait illis: Tristis est
anima mea usque ad mortem. Sustinete hic, et vigilate mecum.

11. Et progressus pusillum, procidit in faciem suam, orans,
et dicens: Pater mi, si possibile est, transeat a me calix iste.
Verumtamen non sicut ego volo, sed sicut tu. Et venit ad
discipulos suos, et invenit eos dormientes; et dicit Petro: Sic
non potuisti una hora vigilare mecum? Vigilate et orate, ut
non intretis in tentationem. Spiritus quidem promptus est,
caro autem infirma. Iterum secundo abiit, et oravit dicens:
Pater mi, si non potest hic calix transire nisi bibam illum,
fiat voluntas tua. Et venit iterum, et invenit eos dormientes:
erant enim oculi eorum gravati. Et relictis illis, iterum abiit,
et oravit tertio, eumdem sermonem dicens.

12. Tunc venit ad discipulos suos, et dicit illis: Dormite
jam, et requiescite. Ecce appropinquavit hora; et Filius hominis tradetur in manus peccatorum. Surgite, eamus. Ecce
appropinquavit qui me tradet.

13. Adhuc eo loquente, ecce Judas unus de duodecim
venit, et cum eo turba multa cum gladiis et fustibus, missi
a principibus sacerdotum et senioribus populi. Qui autem
tradidit eum, dedit illis signum, dicens: Quemcumque osculatus fuero, ipse est; tenete eum. Et confestim accedens ad
Jesum, dixit, Ave Rabbi; et osculatus est eum. Dixitque illi
Jesus: Amice, ad quid venisti? Tunc accesserunt ad eum, et
manus injecerunt in Jesum, et tenuerunt eum.

14. Et ecce unus ex his qui erant cum Jesu, extendens manum exemit gladium suum, et percutiens servum principis sacerdotum, amputavit auriculam ejus. Tunc ait illi Jesus: Converte gladium tuum in locum suum; omnes enim qui acceperint gladium, gladio peribunt. An putas quia non possum rogare Patrem meum, et exhibebit mihi modo plus quam duodecim legiones Angelorum? Quomodo ergo implebuntur Scripturae, quia sic oportet fieri?

15. In illa hora dixit Jesus turbis: Tamquam ad latronem existis cum gladiis et fustibus comprehendere me. Quotidie apud vos sedebam docens in templo, et non me tenuistis. Hoc autem totum factum est ut adimplerentur scripturae Prophetarum. Tunc discipuli omnes relicto eo fugerunt. At illi tenentes Jesum duxerunt ad Caipham principem sacerdotum, ubi scribae et seniores convenerant. Petrus autem sequebatur eum a longe, usque in atrium principis sacerdotum. Et ingressus intro, sedebat cum ministris, ut videret finem.

16. Principes autem sacerdotum et omne concilium quaerebant falsum testimonium contra Jesum, ut eum morti traderent, et non invenerunt, cum multi falsi testes accessissent. Novissime autem venerunt duo falsi testes, et dixerunt: Hic dixit: Possum destruere templum Dei, et post triduum reaedificare illud. Et surgens princeps sacerdotum ait illi: Nihil respondes ad ea quae isti adversum te testificantur? Jesus

autem tacebat. Et princeps sacerdotum ait illi: Adjuro te per Deum vivum, ut dicas nobis si tu es Christus Filius Dei. Dicit illi Jesus: Tu dixisti. Veruntamen dico vobis: amodo videbitis Filium hominis sedentem a dexteris virtutis Dei, et venientem in nubibus caeli. Tunc princeps sacerdotum scidit vestimenta sua, dicens: Blasphemavit. Quid adhuc egemus testibus? Ecce nunc audistis blasphemiam. Quid vobis videtur? At illi respondentes dixerunt: Reus est mortis. Tunc expuerunt in faciem ejus, et colaphis eum ceciderunt, alii autem palmas in faciem ejus dederunt, dicentes: Prophetiza nobis Christe, quis est qui te percussit.

17 Petrus vero sedebat foris in atrio: et accessit ad eum una ancilla dicens: Et tu cum Jesu Galilaeo eras. At ille negavit coram omnibus, dicens: Nescio quid dicis. Exeunte autem illo januam, vidit eum alia ancilla, et ait his qui erant ibi: Et hic erat cum Jesu Nazareno. Et iterum negavit cum juramento: Quia non novi hominem. Et post pusillum accesserunt qui stabant, et dixerunt Petro: Vere tu ex illis es; nam et loquela tua manifestum te facit. Tunc coepit detestari, et jurare quia non novisset hominem. Et continuo gallus cantavit. Et recordatus est Petrus verbi Jesu quod dixerat: Priusquam gallus cantet, ter me negabis. Et egressus foras flevit amare.

1. HILARIUS (can 28 in Matth.). Post sermonem quo venturum se Dominus in reditu claritatis ostenderat, tunc passurum esse se admonet, ut sacramentum crucis admixtum esse gloriae aeternitatis cognoscerent: unde dicitur. *Factum est, cum consummasset Jesus sermones hos omnes.* RABANUS. De consummatione saeculi et de die judicii: vel quia ab initio Evangelii usque ad passionem omnia faciendo et praedicando compleverat. ORIGENES (tract. 35). Non simpliciter autem dixit omnes, sed *hos omnes*: adhuc enim oportebat eum etiam alios loqui sermones priusquam traderetur.

Dixit discipulis suis: Scitis quia post biduum pascha fiet. RABANUS (1). Sicut ex Joannis narratione colligitur, ante sex dies paschae venit Jesus in Bethaniam, inde venit Hierusalem sedens super asellum, postea geruntur ea quae narrantur Hierosolymis gesta. Ex illo ergo die quo venit in Bethaniam, intelligimus consummatum quatriduum, ut occurreret dies ante biduum paschae. Hoc autem inter pascha et azyma distat, quod pascha ipse solus dies appellatur in quo agnus occidebatur ad vesperam, hoc est decimaquarta luna primi mensis; decimaquinta autem luna, quando egressus est populus de Ægypto, succedebat festivitas azymorum. Verum Evangelistae unum pro altero ponere solent. HIERONYMUS (non procul a princ. Comment. in 26 cap. Matth.). Pascha autem, quod Hebraice dicitur phase, non a passione, ut plerique arbitrantur, sed a transitu nominatur; eo quod exterminator videns sanguinem in foribus Israelitarum pertransierit, nec percusserit eos; vel ipse Dominus praebens auxilium populo suo desuper ambulaverit. REMIGIUS. Sive quia auxiliante Domino populus Israeliticus liberatus ab Ægyptiaca servitute transivit ad libertatem. ORIGENES (tract. 35). Non autem dixit, Post biduum pascha erit, aut veniet, ne ostenderet illud pascha futurum quod fieri solebat secundum legem, sed *Pascha fiet*, hoc est quale nunquam factum fuerat. REMIGIUS. Mystice enim pascha dicitur, sive quia ea die Christus transivit de mundo ad Patrem, de corruptione ad incorruptionem, de morte ad vitam: sive quia salubri transitu a daemoniaca servitute mundum redemit. HIERONYMUS (ubi supra) Post duos etiam dies clarissimi luminis veteris et novi testamenti, verum pro

mundo celebratur pascha. Transitus etiam noster, idest phase, ita celebratur, si terrena dimittentes ad caelestia festinemus. ORIGENES (tract. 31). Praedicit autem discipulis se tradendum, cum subdit: *Et Filius hominis tradetur ut crucifigatur*: praemuniens eos ne priusquam audiant quae fuerant futura, subito videntes tradi magistrum ad crucem, obstupescant. Ideo autem impersonaliter posuit *tradetur*, quia Deus tradidit eum propter misericordiam circa genus humanum, Judas propter avaritiam, sacerdotes propter invidiam, diabolus propter timorem ne avelleretur de manu ejus genus humanum per doctrinam ipsius: non advertens, quoniam magis fuerat eripiendum genus humanum per mortem ipsius, quàm ereptum fuerat per doctrinam et miracula.

2. GLOSSA (1). Ostendit Evangelista apparatum et machinationem dominicae passionis, quam Christus praenuntiaverat: unde dicit: *Tunc congregati sunt principes sacerdotum.* REMIGIUS. Quod autem dicit, *Tunc*, superioribus verbis conjungitur: idest antequam pascha celebraretur. ORIGENES (tract. 35). Non autem veri sacerdotes et seniores, sed (2) illius qui videbatur populus Dei, vere autem erat populus Gomorrhae, non intelligentes summum sacerdotem Dei, insidiati sunt ei: et non cognoscentes primogenitum universae creaturae, etiam seniorem omnibus, consiliati sunt contra eum. CHRYSOSTOMUS in hom. 80. Iniqua vero negotia tentantes ad principem sacerdotum veniunt, inde volentes potestatem accipere unde prohibere oportebat. Multi autem erant tunc principes sacerdotum; lex vero unum esse volebat: unde manifestum est quod Judaica dissolutio accipiebat principium. Moyses enim unum principem sacerdotum esse jussit, et eo mortuo alterum fieri; postea vero annui facti sunt. Eos igitur ait hic principes sacerdotum qui de principibus sacerdotum erant. REMIGIUS. Condemnantur autem isti, et quia congregati sunt, et quia principes sacerdotum (3) fuerant: quo enim plures ad peragendum aliquod malum conveniunt, et quo sublimiores et nobiliores fuerint, eo deterius habetur ma-

---

(1) Ex Augustino mutuatus lib. 3 de cons. Evang. cap. 78 (*Ex edit. P. Nicolai*).

(1) Non est in Glossa quae nunc extat, sed in Anselmo (*Ex edit. P. Nicolai*).
(2) *Al. omittitur* sed.
(3) *Al.* et sacerdotes.

lum quod committitur, et eo major poena illis (1)
praeparatur. Ad ostendendam autem Domini simplicitatem et innocentiam, addit Evangelista: *Ut
Jesum dolo tenerent, et occiderent*: in quo enim
nullam mortis causam invenire poterant, consilium
fecerunt ut dolo tenerent, et occiderent. CHRYSOSTO-
MUS in hom. 80. Consiliati sunt ergo ut tenerent
eum occulte et interimerent: formidabant autem
populum, ideoque expectabant festivitatem praeterire: propter quod sequitur: *Dicebant autem, Non in
die festo*. Diabolus enim nolebat in pascha Christum
pati, ut non manifestam ejus constitueret passionem.
Principes autem sacerdotum non ea quae Dei sunt
timuerunt, ne scilicet peccato in hoc tempore peracto major ejus inquinatio fieret, sed ubique quae
humana sunt cogitabant: unde sequitur: *Ne forte
tumultus fieret in populo* ORIGENES (tract. 35). Propter diversa studia populi, diligentis Christum et
odientis, credentis et non credentis. LEO PAPA in
serm. 7 de Pass. Providentibus ergo principibus ne
in sancto die tumultum oriretur, non festivitati
sed facinori studebant; seditiones enim turbarum
fieri in praecipua solemnitate metuebant, non ut
populus non peccaret, sed ne Christus evaderet. CHRY-
SOSTOMUS in homil. 80. Sed tamen furore ferventes
immutati sunt a suo consilio: quia enim traditorem
invenerunt, in ipsa festivitate Christum occiderunt.
LEO PAPA in serm. 7 de Pass. Divino autem intelligimus dispositum fuisse consilio ut Judaeorum
principes, qui saeviendi in Christum occasiones
saepe quaesierant, non nisi in solemnitate paschali
exercendi furoris sui acciperent potestatem. Oportebat enim ut manifesto implerentur effectu quae
diu figurata fuerant promissa mysteria, ut ovem
significativam vera removeret ovis, et uno explere-
tur sacrificio variarum differentia victimarum. Ut
ergo umbrae cederent corpori, et cessarent imagines sub praesentia veritatis, hostia in hostiam transit, sanguine sanguis aufertur, et legalis festivitas
dum mutatur impletur.

3. GLOSSA (2). Ostenso consilio principum de
Christi occisione, vult exequi Evangelista completio-
nem ejus, ostendens qualiter Judas habuit conven-
tionem cum Judaeis, ut Christum traderet; sed
prius causam proditionis praemittit. Doluit enim
quia non erat venumdatum unguentum quod mulier
super caput Christi effudit, ut de pretio aliquid tolleret:
unde voluit hoc damnum proditione magistri recom-
pensare. Dicit ergo: *Cum autem esset Jesus in Bethania in domo Simonis leprosi.* HIERONYMUS (super
illud, *Cum Jesus esset in Bethania*). Non quod leprosus illo tempore permaneret; sed quia antea
leprosus, postea a Salvatore mundatus est, nomine
pristino permanente ut virtus curantis appareat.
Sequitur: *Accessit ad eum mulier habens alabastrum unguenti pretiosi.* RABANUS (super *Habens
alabastrum*). Est autem alabastrum genus marmoris candidi variis coloribus intincti, quod ad vasa
unguentaria cavare solent (3), eo quod optime servare ea incorrupta dicatur. HIERONYMUS (super *Accessit ad eum mulier*). Alius autem Evangelista pro
alabastro unguenti pretiosi nardum pisticum posuit,
hoc est verum et absque dolo. RABANUS. Pistis enim
Graece, Latine dicitur fides; unde pisticum, idest

fidele. Erat enim illud unguentum fidele, idest
purum, et non adulteratum.
Sequitur: *Et effudit super caput ipsius recumbentis.* ORIGENES (tract. 35). Forsitan quis diceret
quatuor fuisse mulieres de quibus scripserunt Evangelistae; ego autem magis consentio tres fuisse: et
unam quidem de qua scripserunt Matthaeus et
Marcus, alteram autem de qua scripsit Lucas, aliam
de qua scripsit Joannes. HIERONYMUS (ubi supra).
Nemo enim putet eamdem esse quae super caput
unguentum, et quae super pedes effudit: illa enim
lacrymis lavit et crine tersit, et manifeste meretrix
appellatur; de hac autem nihil tale scriptum est:
nec enim poterat statim capite Domini meretrix
digna fieri. AMBROSIUS super Lucam (cap. 7). Potest ergo non eadem esse, ne sibi contraria dixisse
Evangelistae videantur. Potest etiam quaestio meriti et temporis diversitate dissolvi, ut adhuc illa
peccatrix sit, jam ista perfectior. CHRYSOSTOMUS in
homil. 81. Et secundum hoc apud tres Evangelistas, scilicet Matthaeum, Marcum et Lucam, una
et eadem esse videtur. Non autem absque ratione leprae Simonis meminit Evangelista; sed ut
ostendat unde fiduciam sumens haec mulier accessit ad Christum: quia enim lepra immunda passio
esse videbatur, videns quod Jesus illum hominem
curaverat apud quem manebat, confidit quod et
animae ejus immunditiam facile expurgaret (1);
et aliis mulieribus pro curatione corporis ad Christum accedentibus, sola ipsa honoris gratia ad Christum accessit, et propter animae curationem, cum
nihil in corpore infirmum haberet. Quapropter
maxime aliquis eamdem admirari debet. Apud Joannem autem non est eadem mulier, sed altera quaedam mirabilis Lazari soror. ORIGENES (tract. 35).
Quoniam Matthaeus quidem et Marcus in domo
Simonis leprosi hoc factum fuisse exponunt; Joannes autem quod venit Jesus ubi erat Lazarus; et
non Simon, sed Maria et Martha ministrabant.
Adhuc, secundum Joannem, ante sex dies paschae
venit in Bethaniam, quando fecerunt ei coenam
Maria et Martha: hic autem quando recumbit in domo Simonis, post biduum pascha erat futurum. Et
apud Matthaeum et Marcum, discipuli indignantur ex bono proposito: apud Joannem autem solus
Judas furandi affectu; apud Lucam autem murmurat nemo. GREGORIUS in hom. (33 in Evang.). Vel
dicendum, quod hanc eamdem quam Lucas peccatricem mulierem, Joannes Mariam nominat. AUGU-
STINUS de cons. Evang. (lib. 2, cap. 79). Lucas
autem quamvis simile factum commemoret ei quod
hic dicitur, nomenque conveniat ejus apud quem
convivabatur Dominus, nam et ipsum Simonem
dicit: tamen, quia non est contra naturam vel morem hominum unum nomen habere duos homines,
potius credibile est fuisse illum alium Simonem,
non leprosum. in cujus domo haec in Bethania
gerebantur. Nihil igitur aliud arbitror nisi non quidem aliam fuisse mulierem quae peccatrix tunc accessit ad pedes Jesus, sed eamdem Mariam bis
hoc fecisse: semel scilicet quod Lucas narravit: nam
et Joannes Mariam commendans commemoravit antequam veniret in Bethaniam: « Erat (inquit cap.
« 11) languens Lazarus in Bethania de castello
« Mariae, et Marthae sororis ejus. Maria autem
« erat quae unxit Dominum unguento, et extersit

---

(1) *Al.* illius.
(2) Quod subjungitur ex Glossa, nec in Glossa occurrit,
nec alibi (*Ex edit. P. Nicolai*).
(3) *Al.* solebant.

(1) *Al.* expurgabit.

« pedes ejus capillis suis, cujus frater Lazarus in-
« firmabatur. » Jam itaque hoc Maria fecerat.
Quod autem in Bethania rursus fecit, aliud est
quod ad Lucae narrationem non pertinet, sed pariter narratur a tribus, Joanne scilicet, Matthaeo et
Marco. Quod autem Matthaeus et Marcus caput
Domini unguento illo perfusum dicunt, Joannes
autem pedes, ostenditur non esse contrarium, si
accipiamus non solum caput, sed et pedes Domini
perfudisse mulierem: nisi forte quoniam Marcus
fracto alabastro perfusum caput commemorat, tam
quisque calumniosus est ut aliquid in vase fracto
neget remanere potuisse, unde etiam pedes Domini perfunderet. Ille autem qui sic calumniatur, prius
accipiat perfusos pedes antequam illud fractum
esset, ut in integro remaneret unde etiam caput
perfunderetur, ubi fractura illa totum effuderat.
Augustinus de doctr. Christ. (lib. 3, cap. 12).
Neque ullo modo quisquam fieri crediderit Domini pedes ita unguento pretioso a muliere perfuso
ut luxuriosorum et nequam hominum solent. In
omnibus enim talibus non usus rerum, sed libido
utentis in culpa est. Quisquis enim rebus sic utitur
ut metas consuetudinis bonorum inter quos versatur excedat; aut aliquid significat, aut flagitiosus est. Itaque quod in aliis personis plerumque flagitium est, in divina vel prophetica persona magnae (1) cujusdam rei signum est. O-
dor enim bonus fama bona est, quam quisquis bonae vitae operibus habuerit, dum vestigia
Christi sequitur, quasi pedes ejus pretiosissimo
odore perfundit. Augustinus de con. Evang. (lib. 2
cap. 78). Sed hoc videri potest esse contrarium
quod Matthaeus et Marcus posteaquam dixerunt pascha post biduum futurum, deinde commemoraverunt quod erat Jesus in Bethania, ubi (2) de unguento
eadem narraturus Joannes dicit cap. 12: « Ante sex
dies paschae. « Sed qui ita moventur, non intelligunt Matthaeum et Marcum illud quod in Bethania
de unguento factum erat, recapitulando posuisse.
Non enim quisquam eorum cum dixisset post biduum pascha futurum, sic adjunxit ut diceret: Post
haec cum esset Bethaniae. Chrysostomus in hom.
81. Sed quia discipuli audierant Magistrum dicentem, supra 9: Misericordiam volo et non sacrificium, apud se cogitabant: Si holocausta non ac-
ceptat, multo minus olei hujusmodi usum: unde sequitur: Videntes autem discipuli indignati sunt, dicentes: Ut quid perditio haec? Potuit enim istud
venundari multo, et dari pauperibus. Hieronymus
(super Videntes autem discipuli). Scio quosdam
hunc locum calumniari, quare Joannes Judam solum dixerit contristatum, eo quod loculos tenuerit
et fur ab initio fuerit, et Matthaeus scribat omnes
discipulos indignatos, nescientes tropum qui vocatur
συλληψις syllipsis (3), quo (4) et pro multis unus,
et pro uno multi soleant appellari: nam et Paulus
in epistola ad Hebraeos cap. 11, dicit. « Secti
« sunt, » cum unum tantummodo, scilicet Isaiam,
sectum autumet. Augustinus de cons. Evang. (lib.
2, cap. 79). Potest etiam intelligi, quod et alii
discipuli aut senserunt hoc, aut dixerunt, aut eis

Juda dicente persuasum sit, atque omnium voluntatem Matthaeus et Marcus etiam expresserint; sed
Judas propterea dixerat quia fur erat, ceteri vero
propter pauperum curam: Joannes autem de solo illo
id commemorare voluit cujus ex hac occasione furandi consuetudinem credidit intimandam (1). Chrysostomus in hom. 81. Discipuli ergo ita existimabant: sed Dominus mentem mulieris videns permittit: multa enim erat ejus religio, et ineffabile
studium: idcirco condescendens concessit super caput
suum unguentum effundi. Sicut enim Pater ejus
odorem victimae et fumum patiebatur; ita et Christus mulierem devote ungentem, cujus discipuli
mentem nesciebant, querelam facientes: unde sequitur: Sciens autem Jesus ait illis: Quid molesti
estis huic mulieri? Remigius. Per quod aperte o-
stendit quod Apostoli aliquid moleste locuti fuerant adversus eam. Pulchre autem subdit: Opus
bonum operata est in me; ac si dicat: Non est perditio unguenti, sicut vos dicitis; sed opus bonum,
idest pietatis et devotionis obsequium. Chrysostomus hom. 80. Ideo autem non simpliciter dixit, Bonum opus operata in me; sed prius posuit, Quid
molesti estis huic mulieri? erudiens nos quodcumque geritur bonum a quocumque, etsi non valde
diligenter factum fuerit, suscipere et augere et
fovere, et non ex principio omnem diligentiam
expetere. Quisquis enim eum interrogasset antequam fecisset hoc mulier, non mandasset hoc fieri;
sed post effusum unguentum non habebat locum
discipulorum increpatio; et ideo ipse, ut non ob-
tunderet desiderium mulieris, omnia haec in consolationem mulieris dixit.

Sequitur: Nam pauperes semper habebitis vobiscum. Remigius. Ostendit enim Dominus his verbis
quasi ex quadam ratione, quoniam non erant illi
culpandi qui sibi adhuc in mortali corpore con-
versanti aliquid de suis facultatibus ministrarent:
cum pauperes semper habendi essent in Ecclesia,
quibus fideles cum vellent, benefacere possent; ipse
vero brevi tempore corporaliter mansurus erat cum
eis: unde sequitur, Me autem non semper habebitis.
Hieronymus (super Sciens autem Jesus ait illis).
Oritur autem hic quaestio, quare Dominus post
resurrectionem dixerit ad discipulos, infra 28: Ecce
ego vobiscum sum usque ad consummationem mundi:
Et nunc loquitur: Me autem non semper habebitis.
Sed mihi videtur in hoc loco de praesentia dicere
corporali, quod nequaquam cum eis ita futurus
sit post resurrectionem quomodo nunc, in omni
convictu et familiaritate. Remigius. Vel solvitur ita
ut intelligatur quod soli Judae dictum sit; sed ideo
non dixit, Habetis, sed habebitis, quia in persona
Judae omnibus imitatoribus illius dictum est. Ideo
autem dicit, Non semper, cum nec ad tempus habeant: quia mali videntur habere Christum in praesenti saeculo, quando miscent se membris Christi,
et accedunt ad mensam ejus; sed non semper sic
habebunt, quando solis electis dicturus est: Venite
benedicti Patris mei: supra 25.

Sequitur: Mittens enim haec unguentum hoc in
corpus meum, ad sepeliendum me fecit. Consuetudo erat illius populi ut corpora mortuorum diversis aromatibus condirentur, quatenus diutius illaesa
conservarentur. Et quia futurum erat ut haec mulier
corpus Domini mortuum vellet perungere, et tamen

---

(1) Al. magnum.
(2) Al. ubi de unguento illo pretioso dicitur; Joannes autem ante sex dies paschae de unguento eadem narraturus.
P. Nicolai ponit narret.
(3) Al. synecdoche.
(4) Al. omittitur quo.

(1) Al. imitandam.

non posset quia resurrectione anticiparetur, idcirco divina providentia actum est ut vivum Domini corpus perungeret. Hoc est ergo quod dicit, *Mittens haec*; idest, cum haec mulier corpus meum vivum perungit, me moriturum et sepeliendum ostendit. CHRYSOSTOMUS in homil. (81 in Matth.). Quia ergo sepulcrum et mortem commemoraverat, ut non videatur in tristitiam mittere mulierem, rursus eam consolatur per ea quae consequuntur: *Amen dico vobis: ubicumque praedicatum fuerit hoc Evangelium in toto mundo, dicetur et quod haec fecit in memoriam ejus.* RABANUS (hoc loco). Idest, in quocumque loco dilatabitur Ecclesia per totum mundum, dicetur et quod hoc fecit. Illud *et* appositum notat, quod sicut Judas contradicens adeptus est perfidiae infamiam, sic et ista piae devotionis gloriam. HIERONYMUS (super *Amen dico vobis*). Attende notitiam futurorum, quod passurus post biduum, et moriturus, sciat Evangelium suum in toto orbe celebrandum. CHRYSOSTOMUS in homil. 81. Ecce autem quod dixit, factum est; et ubicumque terrarum abieris, videbis hanc mulierem famosam effectam; quod virtus praedicentis effecit. Et regum quidem multorum et ducum victoriae silentur: et multi qui civitates construxerunt, et gentes multas servituti subegerunt, neque ex auditu neque ex nomine sunt cogniti: quoniam autem haec mulier oleum effudit in domo leprosi cujusdam duodecim viris praesentibus, hoc omnes concinunt per orbem terrarum; et tempus tantum pertransit; et memoriam ejus quod factum est non est tabefacta. Sed quare nihil speciale promisit mulieri, sed sempiternam memoriam? Quia ex his quae dixit intelligi potuit: si enim opus bonum fecit, manifestum est quod et mercedem dignam suscipiet. HIERONYMUS (super *Cum Jesus esset in Bethania*). Mystice autem passurus pro omni mundo moratur (1) in Bethania in domo obedientiae, quae quondam fuit Simonis leprosi Simon quoque ipse obediens dicitur. qui juxta aliam intelligentiam mundus interpretari potest, in cujus domo curata est Ecclesia. ORIGENES (tract. 35 in Matth.). Oleum autem ubique in Scripturis aut opus misericordiae intelligitur; quo lucerna verbi enutrita (2) clarescit; aut doctrina, cujus auditu verbum fidei quod est accensum nutritur. Generaliter ergo omne quo quis ungitur, oleum appellatur, olei autem aliud est unguentum; item unguenti aliud est pretiosum: sic omnis actus justus opus bonum dicitur; operis autem boni aliud est quod facimus propter homines vel secundum homines; aliud quod propter Deum et secundum Deum. Item hoc ipsum quod facimus propter Deum, aliud proficit ad usum hominum, aliud tantum ad gloriam Dei: ut puta aliquis benefacit homini naturali justitia motus, non propter Deum, quomodo faciebant interdum et Gentes: opus illud oleum est vulgare, non magni odoris; et ipsum tamen acceptabile apud Deum; quoniam, ut dicit Petrus apud Clementem, opera bona quae fiunt ab infidelibus in hoc saeculo eis prosunt, non in alio ad consequendum vitam aeternam. Qui autem propter Deum faciunt, magis illis in illo saeculo proficit: hoc est unguentum boni odoris. Sed aliud fit ad utilitatem hominum, ut puta eleemosyna, et cetera hujusmodi. Hoc qui facit in Christianos, pedes Domini ungit: quia ipsi sunt Domini pedes: quod praecipue solent

(1) *Al.* moritur.
(2) *Al.* contriti.

facere poenitentes pro remissione peccatorum suorum. Qui autem castitati studet, et in jejuniis et orationibus permanet, et ceteris quae tantum ad gloriam Dei perficiunt: hoc est unguentum quod ungit Domini caput, et hoc est unguentum pretiosum, ex cujus odore tota repletur Ecclesia; et hoc est opus proprium non poenitentium. sed perfectorum. Aut doctrina, quae necessaria est hominibus, hoc est unguentum quo pedes Domini unguntur: agnitio autem fidei, quae ad solum pertinet Deum, est unguentum quo ungitur caput Christi, quo consepelimur Christo per baptismum in mortem. HILARIUS (can. 24 in Matth.). Mulier autem haec in praefiguratione plebis Gentium est, quae in passione Christi gloriam Deo reddidit (1): caput enim perunxit: caput autem Christi Deus est, nam unguentum, boni operis est fructus. Sed discipuli favore salvandi Israelis vendi hoc in usum pauperum: dicunt debuisse; pauperes autem Judaeos fide indigentes, instinctu prophetico nuncupant, quibus Dominus ait plurimum esse temporis quo habere curam pauperum possent. Ceterum non nisi ex praecepto suo salutem Gentibus posse praestari, quae secum, infuso mulieris hujus unguento, sunt consepultae, quia regeneratio non nisi cum mortuis in baptismi professione reddetur: et idcirco ubi praedicabitur hoc Evangelium, narrabitur opus ejus: quia cessante Israel, Evangelii gloria fide Gentium praedicatur.

4. GLOSSA (2). Posita occasione proditionis, consequenter de proditione Judae agit Evangelista: unde dicit: *Tunc abiit unus de duodecim.* CHRYSOSTOMUS in hom. 81. Tunc scilicet quando hoc audivit quoniam praedicabitur hoc Evangelium ubique: timuit enim: nam virtutis ineffabilis erat quod dictum est. AUGUSTINUS de cons. Evang. (lib. 2, cap. 80). Ita enim sermo dirigitur dicente Domino: *Scitis quia post biduum pascha fiet..... tunc congregati sunt principes sacerdotum..... tunc abiit unus de duodecim.* Inter illud enim quod dictum est, *Ne tumultus fieret in populo.* et hoc quod dicitur, *Tunc abiit unus de duodecim,* interpositum est illud de Bethania, quod recapitulando dictum est. ORIGENES (tract. 35). Abiit autem adversus unum principem sacerdotum, qui factus fuerat sacerdos in aeternum, ad multos principes sacerdotum, ut venderet pretio volentem redimere totum mundum. RABANUS (hoc loco). *Abiit* autem dicit, quia non coactus, non invitatus (3), sed sponte sceleratum iniit consilium. CHRYSOSTOMUS in homil (81 in Matth.) Addit autem, *Unus de duodecim,* ac si diceret, de primo choro eorum qui sublimiter electi sunt: et ad designationem ejus adjungit; *Qui dicitur Judas Iscariotes:* erat enim et alius Judas. REMIGIUS. Iscariotas namque fuit villa, unde ortus est iste Judas. LEO Papa in serm. 11 de Pass. Qui non timoris perturbatione Christum deseruit, sed pecuniae cupiditate distraxit: amore enim pecuniae vilis est omnis affectio, et anima lucri cupida, etiam pro exiguo perire non metuit; nullumque est justitiae in illo corde vestigium in quo sibi avaritia facit habitaculum. Hoc perfidus Judas inebriatus veneno, dum sitit lucrum, ita stulte impius fuit ut Dominum venderet et Magistrum: unde dixit principibus sacerdotum: *Quid vultis mihi*

(1) *Al.* reddit.
(2) Quod subjungitur ex Glossa, nec in Glossa occurrit, nec alibi (*Ex edit. P. Nicolai*).
(3) *Al.* invitus.

dare, et ego vobis eum tradam? HIERONYMUS (super *Quid vultis mihi dare*). Infelix Judas damnum quod ex effusione unguenti se fecisse credebat, vult Magistri pretio compensare; nec certam tamen postulat summam, ut saltem lucrosa videretur proditio; sed quasi vile tradens mancipium, in potestate ementium posuit quantum vellent dare. ORIGENES (tract. 36). Hoc autem faciunt omnes qui accipiunt aliquid corporalium aut mundialium rerum ut tradant, et ejiciant ab anima sua Salvatorem et verbum veritatis quod erat in eis. Sequitur: *Et illi constituerunt ei triginta argenteos:* tantam mercedem constituentes, quantos annos Salvator conversatus fuerat in hoc mundo, HIERONYMUS (super *Constituerunt ei triginta argenteos*). Joseph autem, non, ut putant multi juxta septuaginta Interpretes, triginta aureis venditus est, sed juxta Hebraicam veritatem, triginta argenteis: neque enim poterat servus pretiosior esse quam Dominus AUGUSTINUS de Quaest. Evang. (lib. 1, capit. 61). Quod autem Dominus triginta argenteis (1) venditus est, significavit per Judam Judaeos, iniquosque, qui persequentes carnalia et temporalia quae ad quinque pertinent sensus corporis, Christum habere noluerunt; et quia sexta mundi aetate fecerunt, sexies quinque eos quasi pretium venditi Domini accepisse signatum est; et quia eloquium Domini argentum est, illi autem ipsam legem etiam carnaliter intellexerunt, tamquam in argento impresserant saecularis principatus imaginem, quam amisso Domino tenuerunt.

Sequitur: *Et exinde quaerebat opportunitatem ut eum traderet.* ORIGENES (tract. 35). Qualem autem opportunitatem quaerebat Judas, Lucas manifestius explanat dicens cap. 22: « Et quaerebat opportunitatem ut traderet eum sine turba; » idest, quando populus non erat circa eum, sed secretus erat cum discipulis; quod et fecit, tradens eum post coenam, cum secretus esset in praedio Gethsemani: et inde usque nunc opportunitas ista videtur his qui volunt prodere Dei verbum in tempore persecutionis, quando multitudo credentium non est circa verbum veritatis.

5. GLOSSA (2). Prosecutus fuerat Evangelista de his quae erant praeambula ad Christi passionem, scilicet de praenuntiatione passionis, de consilio principum, et de tractatu proditionis: nunc autem tempus et seriem passionis incipit prosequi, dicens, *Prima autem die azymorum.* HIERONYMUS (super *Prima die*). Prima dies azymorum quartadecima dies mensis primi est, quando agnus immolatur, et luna plenissima est, et fermentum abjicitur REMIGIUS. Et notandum, quod apud Judaeos primo die pascha celebratur, reliqui vero septem sequentes dies azymorum vocabantur: sed nunc dies azymorum dicitur pro die paschae. CHRYSOSTOMUS in homil. 81. Vel hanc primam diem azymorum dicit, quia septem dies azymorum erant; assueverunt enim Judaei a vespera semper numerare diem: unde hujus diei facit mentionem, secundum quam in vespera pascha erat immolandum, quod quinta feria fuit. REMIGIUS. Sed forte dicet aliquis Si ille typicus agnus figuram hujus veri agni gestabat, quare non ea nocte passus est Christus quando solebat agnus immolari? Sed sciendum, quia eadem nocte mysteria sanguinis et corporis sui discipulis celebranda

tradidit: et sic tentus et ligatus a Judaeis, suae immolationis, idest passionis, sacravit exordium. Sequitur; *Accesserunt ad Jesum discipuli dicentes. Ubi vis paremus tibi comedere pascha?* Inter eos autem discipulos qui accesserunt ad Jesum interrogantes, et Judam fuisse aestimo proditorem. CHRYSOSTOMUS in hom. 82. Ex hoc autem manifestum est quoniam non erat ei domus neque tugurium: ego autem aestimo neque discipulos habuisse: profecto enim cum illuc rogassent venire.

Sequitur: *At Jesus dixit: Ite in civitatem ad quemdam.* AUGUSTINUS de cons. Evangel. (lib. 2, cap. 80). Eum scilicet quem Marcus et Lucas dicunt patremfamilias, vel dominum domus. Quod ergo interposuit Matthaeus, *Ad quemdam,* tamquam ex persona sua studio brevitatis illud compendio voluit insinuare: nam neminem sic loqui ut dicat: *Ite ad quemdam,* quis nesciat? Ac per hoc cum Matthaeus verba Domini posuisset dicentis, *Ite in civitatem,* interposuit ipse, *Ad quemdam:* non quia ipse Dominus hoc dixerit; sed ut ipse nobis insinuaret tacito (1) nomine, fuisse quemdam in civitate ad quem Domini discipuli mittebantur, ut praepararent pascha: manifestum est enim discipulos a Domino non ad quemlibet, sed ad quemdam hominem, idest ad certum aliquem missos esse. CHRYSOSTOMUS in homilia 82. Vel dicendum, quod per hoc dicit, *Ad quemdam,* ostendit quod ad ignotum hominem mittit, monstrans hinc quoniam poterat non pati. Qui enim menti hujus persuasit ut eos susciperet, quid non utique operatus esset in his qui eum crucifigebant, si tamen voluisset non pati? Ego autem non hoc admiror solum quoniam eum suscepit, ignotus existens; sed quoniam suscipiendo Christum, multorum odium contempsit. HILARIUS (can. 30). Vel ideo hominem cum quo pascha celebraturus esset non nominat, nondum enim Christiani nominis honor credentibus erat praestitus (2). RABANUS (super *Ite in civitatem*). Vel nomen praetermittit, ut omnibus verum pascha celebrare volentibus, Christumque hospitio suae mentis suscipere, danda facultas designetur. HIERONYMUS (ibid.) In hoc etiam morem veteris testamenti nova Scriptura conservat: frequenter enim legimus: Dixit ille illi, et in loco illo et illo; et tamen nomen personarum locorumque non ponitur Sequitur: *Et dicite ei: Magister dicit: Tempus meum prope est.* CHRYSOSTOMUS in hom. 82. Hoc autem dixit discipulis, passionem commemorans, ut ex multiplici passionis enuntiatione exercitati meditarentur quod futurum erat; simul autem demonstrans quod volens ad passionem venit. Sequitur: *Apud te facio pascha:* in quo demonstrat quoniam usque ad ultimum diem non erat contrarius legi. Addit autem, *Cum discipulis meis,* ut sufficiens fieret praeparatio, et ut ille ad quem mittebat non existimaret eum occultari velle.

Sequitur: *Et fecerunt discipuli sicut constituit illi Jesus et paraverunt pascha.* ORIGENES (tract. 35). Forsitan autem aliquis requiret, ex eo quod Jesus celebravit more Judaico pascha, quia convenit et nos imitatores Christi similiter facere: non considerans quod Jesus factus est sub lege, non ut eos qui sub lege erant, sub lege relinqueret, sed ut ex lege educeret: quanto ergo magis non convenit illos

---

(1) *Al. deest* argenteis.
(2) Nec in Glossa quae nunc extat, nec in Anselmo est, nec apud aliud interpretem occurrit (*Ex edit. P. Nicolai*).

(1) *Al.* tanto.
(2) *Al.* non enim Christianus honor credentibus erat praescitus.

introire in legem, qui prius fuerant extra legem ? Sed
spiritualiter celebrantes quae in lege corporaliter
celebranda mandantur, ut in azymis sinceritatis et
veritatis celebremus pascha, secundum voluntatem
agni dicentis, Joan. 6: « Nisi manducaveritis carnem
« meam, et biberitis sanguinem meum, non habe-
« bitis vitam in vobis. »

6. HIERONYMUS (super *Amen dico vobis*). Quia
supra Dominus de passione sua praedixerat, nunc
etiam de proditore praedicit, dans ei poenitentiae
locum, ut cum intelligeret sciri cogitationes suas
et occulta cordis consilia, poeniteret eum facti sui:
unde dicitur: *Vespere autem facto, discumbebat cum
duodecim discipulis suis.* REMIGIUS. *Cum duodecim*
dicit, quia Judas adhuc erat in numero, qui jam
recesserat merito. HIERONYMUS. Omnia enim sic agit
Judas ut tollatur suspicio proditoris. REMIGIUS. Et
notandum, quia pulchre vespere facto discubuisse
dicitur, quoniam ad vesperam agnus immolari solebat. RABANUS. Ideo etiam vespere discubuit cum
discipulis, quia in passione Christi, quando verus
sol ad occasum properavit, refectio aeterna omnibus fidelibus praeparata fuit. CHRYSOSTOMUS in hom.
82. Designat autem Evangelista quod comedentibus
illis disputabat Jesus de traditione Judae, ut et a tempore et a mensa ostendat malitiam proditoris; et
ideo sequitur: *Et edentibus illis, dixit: Amen dico
vobis, quia unus vestrum me traditurus est.* LEO
Papa in ser. 7, de Pass. In quo notam sibi esse
proditoris sui conscientiam demonstravit, non aspera
ac aperta impium increpatione conveniens, ut facilius
corrigeret poenitudo (1) quam nulla deformasset
abjectio. ORIGENES (tract. 35). Vel dixit generaliter,
ut testimonio percussi cordis singulorum qualitas
probaretur: et ut Judae ostenderet malitiam, qui
nec cognitori consiliorum suorum credebat; esto
quia in primis putavit latere quasi hominem; qui
postquam vidit conscientiam suam positam in verbis
ipsius (2) quorum primum infidelitatis erat, secundum impudentiae: et ut etiam discipulorum ostenderet bonitatem, quia plus credebant verbis Christi
quam conscientiae suae: unde sequitur: *Et contristati
valde coeperunt singuli dicere: Numquid ego sum,
Domine?* Unusquisque enim discipulorum sciebat ex
his quae docuerat Jesus, quoniam ad malum vertibilis
est humana natura, et in colluctatione adversus rectores
hujus mundi tenebrarum; et propter hanc causam
unusquisque eorum timens interrogavit: unde et de
omnibus futuris timendum est nobis infirmis. Videns autem Dominus de seipsis timentes discipulos,
demonstravit proditorem inditio propheticae vocis
dicentis Psal. 40: « Qui manducavit panem mecum,
« ampliavit adversum me supplantationem: » unde
sequitur: *At ipse respondens ait: Qui intingit mecum manum in paropside, hic me tradet.* HIERONYMUS
(super *Qui intingit mecum manum*). O mira Domini patientia! prius dixerat, *Unus vestrum me
tradet:* perseverat proditor in malo; manifestius
arguit, et tamen nomen proprium non designat.
Judas enim, ceteris contristatis et retrahentibus
manum, et interdicentibus cibos ori suo, temeritate
et impudentia qua proditurus erat, etiam manum

cum magistro mittit in paropsidem, ut audacia bonam
conscientiam mentiretur. CHRYSOSTOMUS in hom. 82.
Mihi autem videtur et hoc Christum fecisse, quod
scilicet Judas cum eo in paropside intingeret, magis eum confundens, et in amorem suum attrahens.
RABANUS. Quod autem dicit hic Matthaeus. *In paropside.* Marcus dicit, « In catino. » Paropsis enim
est vas escarum quadrangulatum a paribus assibus,
idest aequis lateribus, dictum: catinum vero vas
fictile aptum (1) ad immittendum liquorem: et
potuit fieri ut in mensa vas fictile quadrangulatum
contineretur. ORIGENES (tract. 35). Haec est autem
propria consuetudo hominum nimis malorum, ut
post salem et panem insidientur hominibus, maxime nihil inimicitiae ab eis habentibus. Si autem et
post spiritualem mensam, abundantius videbis multitudinem malitiae ejus (2), non recordatus nec in
corporalibus bonis magistri dilectionem, nec in
spiritualibus doctrinam. Tales sunt omnes in Ecclesia qui insidiantur fratribus suis, cum quibus ad
eamdem mensam corporis Christi frequenter simul
fuerunt. HIERONYMUS. Judas autem nec primo nec
secundo correctus, a proditione retrahit pedem;
sed patientia Domini nutrit impudentiam suam; et
ideo poena praedicitur, ut quem pudor non vicerat. corrigant denuntiata supplicia: unde sequitur:
*Filius quidem hominis vadit, sicut scriptum est de
illo.* REMIGIUS. Humanitatis namque est ire et redire; divinitatis semper manere et esse; et quia humanitas pati potuit et mori, idcirco pulchre dicitur Filius hominis abire. Aperte etiam dicit, *Sicut
scriptum est de eo:* quoniam quaecumque passus
est, prius a Prophetis praedicta sunt. CHRYSOSTOMUS
in hom. 82. Hoc autem dixit ad consolandum discipulos, ut non existimarent infirmitatis id esse
quod passurus erat; et ut etiam (3) corrigeret proditorem. Quamvis autem scriptum fuerit passurum
esse Christum, nihilominus tamen incusatur Judas:
non enim traditio Judae salutem nostram operata
est, sed sapientia Christi, qui aliorum nequitiis ad
id quod nobis expediebat utebatur: unde sequitur:
*Vae autem homini illi per quem Filius hominis
tradetur.* ORIGENES (tract. 35). Non autem dixit,
Vae homini illi a quo traditur, sed *per quem tradetur:* ostendens alterum a quo tradebatur, idest a
diabolo; ipsum autem Judam ministrum esse traditionis. Vae autem omnibus traditoribus Christi:
quicumque enim discipulos Christi tradit, ipsum
Christum tradit. REMIGIUS. Vae etiam (4) erit omnibus qui maligna conscientia et polluta ad mensam
Christi accedunt: quamvis enim Christum non tradant Judaeis crucifigendum, tradunt tamen suis
iniquis membris sumendum: et ad majorem exaggerationem subdit: *Bonum erat illi si natus non
fuisset homo ille.* HIERONYMUS (super *Bonum erat
ei si natus non fuisset*). Non autem ideo putandus
est ante fuisse quam nasceretur quia nulli possit
esse bene, nisi ei qui fuerit: sed simpliciter dictum
est multo melius esse non subsistere quam male
subsistere. AUGUSTINUS de quaest. Evang. (lib. 1,
cap. 40). Et si quispiam contendit aliquam vitam
esse ante istam, non Judae tantum ut non nasce-

---

(1) *Al.* poenitendo.
(2) *Sensum sic implet P. Nicolai:* puto quia in primis putavit latere quasi hominem; qui postquam vidit
conscientiam suam notam Christo, amplexus est occultationem
positam in verbis ipsius etc. *Forte legendo* qui postea vidit
pro qui postquam vidit, *sensus constabit.*

(1) *Al.* apertum.
(2) *Legit P. Nicolai:* Si autem et post spiritualem mensam abundantius videbis multitudinem malitiae ejus qua tradidit magistrum non recordatus etc.
(3) *Al.* et utinam etiam.
(4) *Al.* vel etiam.

retur, sed nulli expedire convincitur. An diabolo dicit non expedire nasci, scilicet ad peccatum? An etiam bonum erat illi ut Christo non nasceretur per vocationem, ne esset apostata? ORIGENES (tract. 55). Judas autem post omnium Apostolorum interrogationes, et post Christi narrationem de ipso, vix aliquando et ipse interrogavit versuto consilio, ut similia ceteris interrogando, celaret proditionis consilium: nam vera tristitia non sustinet moram: unde sequitur: *Respondens autem Judas, qui tradidit eum, dixit: Numquid ego sum, Rabbi?* HIERONYMUS (super hoc verbo): In quo blandientis fingit affectum, sive incredulitatis signum. Ceteri enim, qui non erant praedituri, dicunt *Numquid ego sum, Domine?* Iste qui proditurus erat, non Dominum, sed Magistrum vocat; quasi excusationem habeat, si Domino denegato, saltem Magistrum prodiderit. ORIGENES (tract. 55). Vel hoc ipsum quasi subsannans dicit, quia vocabatur Magister, cum non esset hoc vocabulo dignus. CHRYSOSTOMUS in homil. 82. Quamvis autem Dominus poterat dixisse: Argentum es pactus accipere, et adhuc audes interrogare? sed nihil horum dixit mitissimus Jesus, nobis terminos et regulas praefigens: sequitur enim: *Et ait illi, Tu dixisti.* REMIGIUS. Quod sic potest intelligi. Tu dicis; et verum dicis, sive tu dixisti, et non ego: ut adhuc ei locus poenitentiae concederetur, dum non apertius ejus perversitas manifestatur RABANUS (super *Numquid ego sum, Rabbi?*). Potuit (1) hoc etiam sic dici a Juda, et a Domino responderi, ut non omnes adverterent quod dictum erat.

7. HIERONYMUS (super *Coenantibus autem eis*). Postquam typicum pascha fuerat impletum, et agni carnes cum Apostolis comederat, ad verum paschae transgreditur sacramentum; ut quomodo (2) omni praefiguratione ejus Melchisedech summi Dei sacerdos, panem et vinum offerens fecerat, ipse quoque in veritate sui corporis et sanguinis repraesentaret: unde dicitur: *Coenantibus autem illis.* AUGUSTINUS ad Januarium (epist. 118). In quo liquido apparet, quando primo acceperunt discipuli corpus et sanguinem Domini, non eos accepisse jejunos. Numquid tamen propterea calumniandus est ritus universae Ecclesiae, quod a jejunis semper accipitur? Placuit enim Spiritui sancto ut in honorem tanti sacramenti in os Christiani prius dominicum corpus intraret quam ceteri cibi. Salvator namque quo vehementius commendaret mysterii hujus altitudinem, ultimum hoc (3) voluit infigere cordibus et memoriae discipulorum, a quibus ad passionem digressurus erat; et ideo non praecepit quo deinceps ordine sumeretur, ut Apostolis per quos Ecclesiam dispositurus erat, servaret hunc locum. GLOSSA (4). Sub alia tamen specie carnem et sanguinem suum tradidit Christus, et deinceps sumendum instituit (5), ut fides haberet meritum, quae de his est quae non videntur. AMBROSIUS de Sacramentis (lib. 4, cap. 4). Et ut nullus horror cruoris fit, et pretium tamen operetur redemptionis. AUGUSTINUS super Joan. (tract. 26). Commendavit autem Dominus corpus et sanguinem suum in eis rebus

quae ad unum aliquid rediguntur ex multis. Panis namque in unum ex multis granis conficitur, vinum vero in unum ex multis acinis confluit: ita Dominus Jesus Christus nos signavit, et mysterium pacis ac unitatis nostrae in sua mensa consecravit. REMIGIUS Ante etiam fructum terrae obtulit, ut per hoc demonstraret quia ad hoc venerat ut illam maledictionem auferret qua maledicta est terra propter peccatum primi hominis. Congruenter etiam jussit offerri quae de terra nascuntur et pro quibus homines maxime laborant, ut non esset difficultas in acquirendo, et homines de labore manuum suarum sacrificium Deo offerrent. AMBROSIUS de Sacramentis (lib. 4, cap. 5). Ex hoc autem accipe anteriora esse mysteria Christianorum quam Judaeorum. Obtulit enim Melchisedech panem et vinum, similis per omnia Filio Dei, cui dicitur Psal. 109: « Tu es sacerdos in aeternum se- « cundum ordinem Melchisedech: » de quo et hic dicitur: *Accepit Jesus panem.* GLOSSA (1). Quod de pane frumenti intelligi debet: grano enim frumenti se comparavit Dominus dicens. Joan. 12: « Nisi « granum frumenti cadens in terram etc » Talis etiam panis competit sacramento, quia ejus usus est communior: nam alii panes propter ejus defectum fiunt Quia vero Christus usque ad ultimum diem demonstravit se non esse contrarium legi, ut supra ex verbis Chrysostomi habitum est, in vespera vero quando pascha immolabatur secundum legis praeceptum azyma comedendum erat, et omne fermentatum abjiciendum; manifestum est quod panis iste quem Dominus accepit ut discipulis traderet, azymus fuit. GREGORIUS in Registro (2). Solet autem nonnullos movere quod in Ecclesia alii offerunt panes azymos, alii fermentatos. Ecclesia namque Romana offert azymos panes, propterea quod Dominus sine ulla commixtione suscepit carnem; aliae vero Ecclesiae offerunt fermentatum pro eo quod Verbum Patris indutum est carne, et est verus Deus et verus homo: nam et fermentum commiscetur farinae: sed tamen tam azymum quam fermentatum dum sumimus, unum corpus Domini nostri Salvatoris efficimur. AMBROSIUS de Sacramentis (lib. 4, cap 4). Iste autem panis ante verba sacramentorum, panis est usitatus; ubi accesserit consecratio, de pane fit caro Christi. Consecratio autem quibus verbis est, et quibus sermonibus, nisi Domini Jesu? Si enim tanta vis est in ejus sermone ut inciperent esse quae non erant; quanto magis operatorius est ut sint quae erant, et in aliud commutentur? Si enim operatus est sermo caelestis in aliis rebus, non operatur in caelestibus sacramentis? Ergo ex pane corpus fit Christi, et vinum fit sanguis consecratione verbi caelestis. Modum requiris? Accipe. Consuetudo est ut non generetur homo nisi ex viro et muliere; sed quia voluit Dominus, de Spiritu sancto et Virgine natus est Christus. AUGUSTINUS de ver. Dom. (3). Sicut ergo per Spiritum sanctum vera caro sine coitu creatur, ita et per eumdem substantia panis et vini, idest corpus Christi et sanguis consecratur; et ideo quia

---

(1) *Al.* ponit.
(2) *Al.* quando.
(3) *Al.* in hoc.
(4) Quod subjungitur ex Glossa, non occurrit (*Ex edit. P. Nicolai*).
(5) Usurpatum ex Gregorio in hom. 20 super Evang. (*Ex edit. P. Nicolai*).

(1) Nec in Glossa quae nunc est, nec in Anselmo extat, nec alibi occurrit (*Ex edit. P. Nicolai*).
(2) In Gregorio non occurrit, nec Leo IX Papa vel Humbertus Episcopus Sylvae candidae, qui contra Graecos haec ex professo tractant, quidquam referunt tom. 4 Biblioth. Patrum (*Ex edit. P. Nicolai*).
(3) Vel Paschalis de corpore et sanguine Domini (*Ex edit. P. Nicolai*).

verbo Domini fit praedicta consecratio, subditur, *benedixit*. REMIGIUS. Per hoc etiam monstravit quia humanam naturam, una cum Patre et Spiritu sancto, gratia divinae virtutis implevit, et aeternae immortalitatis munere ditavit. Sed ut monstraret quia corpus ejus non absque sua voluntate subjectum erat passioni, subditur, *Ac fregit*. AUGUSTINUS in lib. senten. Prosperi (1). Cum enim frangitur (2) hostia, dum sanguis de calice in ora fidelium funditur, quid aliud quam dominici corporis immolatio in cruce, ejusque sanguinis effusio de latere designatur? DIONYSIUS in eccle Hierar. (cap. 3, versus fin.) In hoc etiam ostenditur quod unum et simplex Dei Verbum per humanationem compositum et visibile, ad nos pervenit, et ad se nostram societatem benigne peragens, spiritualium bonorum distributorum nos participes fecit: unde sequitur, *Deditque discipulis suis*. LEO Papa in ser. 7 de Pass. Nec ab hoc quidem mysterio traditore submoto, ut ostenderetur Judas nulla injuria exasperatus, qui impietate voluntaria erat praescitus AUGUSTINUS super Joan. (tract. 26). De uno enim pane et Petrus accepit et Judas; sed Petrus accepit ad vitam, Judas ad mortem. CHRYSOSTOMUS in hom. 83. Et hoc Joannes ostendit dicens, quoniam post haec intravit in eum satanas. Etenim majus ei peccatum est factum, et quoniam cum tali mente ad mysteria accessit, et quoniam cum accessisset, non factus est melior neque timore neque beneficio neque honore. Christus autem non prohibuit eum, quamvis omnia noverit, ut discas quoniam nihil dereliquit eorum quae in correptionem conveniunt. REMIGIUS. In hoc etiam facto reliquit exemplum Ecclesiae, ut neminem a societate sui neque a communione corporis et sanguinis Domini segreget, nisi pro aliquo manifesto et publico crimine. HIERONYMUS (can. 30 in Matth.). Vel sine Juda, Pascha, accepto calice et fracto pane, conficitur: dignus enim aeternorum sacramentorum communione non fuerat. Discessisse autem eum hinc intelligitur quod cum turbis reversus ostenditur

Sequitur: *Et ait: Accipite et comedite*. AUGUSTINUS (3) (de verb. Dom. (4)). Invitat Dominus servos, ut praeparet eis cibum seipsum. Sed quis audeat manducare Dominum suum ? Et quidem quando manducatur reficit, sed non deficit: vivit manducatus, quia surrexit occisus: nec quando manducatur, partes de illo facimus; et quidem in sacramento sic fit. Norunt fideles quemadmodum manducent carnem Christi: unusquisque partem suam accipit. Per partes manducatur in sacramento, et integer manet: totus in caelo, totus in corde tuo. Ideo autem ista dicuntur sacramenta, quia in eis aliud videtur, et aliud intelligitur: quod videtur habet speciem

corporalem, quod intelligitur, fructum habet spiritualem. AUGUSTINUS super Joan. (tract. 27). Carnem autem Christi non edamus tantum in sacramento, quod et multi mali faciunt; sed usque ad spiritus participationem manducemus, ut in Domini corpore tamquam membra maneamus, ut ejus spiritu vegetemur. AMBROSIUS de Sacramentis (lib. 4, cap. 5). Ante enim quam consecretur, panis est; ubi autem verba Christi accesserint dicentis, *Hoc est corpus meum*, corpus Christi est.

8. REMIGIUS. Quia corpus suum sub specie panis Dominus discipulis dederat, pulchre etiam calicem sui sanguinis tradit eisdem: unde dicitur: *Et accipiens calicem, gratias egit*: in quo demonstrat quantum de nostra salute gratuletur, pro quibus etiam sanguinem suum funderet. CHRYSOSTOMUS in hom. (82 in Matth.). Ideo etiam gratias egit ut nos doceret qualiter oporteret nos hoc mysterium perficere: et etiam monstravit quoniam ad passionem non venit nolens. Erudivit enim nos quodcumque patimur cum gratiarum actione ferre, et etiam ex hoc bonam spem nobis dedit. Si enim figura hujus sacrificii, scilicet immolatio agni paschalis, facta est liberatio populi ab Aegyptiaca servitute; multo magis veritas liberabit orbem terrarum. Sequitur: *Et dedit illis, dicens, Bibite ex hoc omnes*. Ne autem haec audientes turbarentur, primum ipse sanguinem suum bibit, inducens eos sine turbatione ad communionem mysteriorum. HIERONYMUS contra Helvidium. Sic igitur Dominus Jesus fuit conviva et convivium, ipse comedens et qui comeditur.

Sequitur: *Hic est sanguis meus novi testamenti*. CHRYSOSTOMUS in homil. 83. Hoc est, annuntiationis legis novae: hoc enim promittebat vetus testamentum quod continet novum: sicut enim vetus testamentum habuit sanguinem vitulorum et ovium, ita novum habet sanguinem dominicum. REMIGIUS. Sic enim legitur Exod. 24, quia (1) accepit Moyses sanguinem agni, et misit in craterem, et intincto fasciculo hyssopi aspersit populum, dicens: « Hic « est sanguis testamenti quod mandavit ad vos « Deus. » CHRYSOSTOMUS in hom. 82. Sanguinem autem nominans, et passionem suam praenuntiat, dicens, *Qui pro multis effundetur*. Et rursus dicit mortis causam, cum subdit, *In remissionem peccatorum*; quasi dicat: Sanguis agni in Aegypto effusus est pro salute primogenitorum populi Israelis, hic autem in remissionem peccatorum. REMIGIUS. Et notandum, quia non ait, Pro paucis, aut pro omnibus; sed *Pro multis*: quia non venerat unam tantum gentem redimere, sed multos de omnibus gentibus. CHRYSOSTOMUS in hom. 83. Hoc autem dicens ostendit quod passio ejus mysterium est salutis humanae, per quod etiam discipulos consolatur. Et sicut Moyses ait Exod. 12: « Hoc erit « vobis memoriale sempiternum; » ita et ipse dixit, ut Lucas refert cap. 22: « Hoc facite in meam « commemorationem. » REMIGIUS. Non solum autem panem, sed etiam vinum offerendum docuit, ut esurientes et sitientes justitiam his mysteriis doceret esse recreandos. GLOSSA (2). Sicut enim corporalis refectio fit per cibum et potum, ita sub specie cibi et potus nobis spiritualem refectionem Dominus praeparavit. Conveniens etiam fuit ad si-

---

(1) *Editio Veneta Nicolini an.* 1593. *ad marginem habet* Gratianus de Conf. dist. 2, cap. « Cum frangitur. »
(2) Quod velut ex lib. Sent. Prosperi sequitur, referturque sic in eadem dist. (2 *de Consecr.*). cap. *Cum frangitur* ac ab Algero lib. 1, cap. 19, habetur in Lanfranco sine indice, nec in Prosperi Sententiis occurrit (*Ex edit*. P. *Nicolai*).
(3) *In eadem ad marginem est:* Beda in cap. 10, 1 ad Corinth. citat hunc locum ex Ser. quopiam de Verb. Evang.
(4) Ut ex quodam sermone de verbis Evang refertur in Decret. cap *Invitat* quo ad priorem appendicem; quo ad posteriorem vero ab illis verbis, *Et quidem in sacramento sic fit*, ut ex serm. 2 de verbis Apostoli cum praemissis aliis promiscue notatur cap. *Qui manducant*; sed apud Bedam 1 ad Corinth. 10, ut ex serm. ad infantes (*Ex edit*. P. *Nicolai*).

(1) *Al.* sicut.
(2) Quod subjungitur ex Glossa, nec in Glossa est quae nunc extat nec alibi occurrit (*Ex edit*. P. *Nicolai*).

gnandum domini am passionem, ut sub duplici specie hoc sacramentum institueretur. In passione enim sanguinem suum effudit, et sic sanguis ejus fuit a corpore separatus. Oportuit ergo ad dominicam passionem repraesentandam, seorsum proponi panem et vinum, quae sunt corporis et sanguinis sacramentum. Sciendum tamen est, quod sub utraque specie totus Christus continetur: sub specie quidem panis simul sanguis cum corpore, et sub specie vini simul corpus cum sanguine. AMBROSIUS in Epist ad Corinth. (2). Ideo etiam in duabus speciebus celebratur: valet enim ad tuitionem corporis et animae quod percipimus. CYPRIANUS ad Caecilium (epist. 3, lib. 2). Calix vero Domini non est aqua sola et vnum solum, nisi utrumque misceatur; quomodo nec corpus Domini potest esse farina sola aut aqua sola, nisi utrumque fuerit adunatum. AMBROSIUS de Sacramentis (lib. 5, capit. 1). Si autem Melchisedech panem et vinum obtulit, quid sibi vult aquae mixtio? Accipe rationem. Tetigit Moyses petram, et petra undam maximam fudit; petra autem erat Christus, et unus de militibus lancea tetigit latus Christi, et de latere ejus aqua fluxit et sanguis; aqua ut mundaret, sanguis ut redimeret. REMIGIUS. Sciendum etiam, quod ut Joannes dicit, aquae multae populi sunt. Et quia nos oportet semper manere in Christo, et Christum in nobis; vinum aquae mixtum offertur, ut ostendatur quia caput et membra, idest Christus et Ecclesia, unum sunt corpus; vel ut demonstretur quia nec Christus passus est absque amore nostrae redemptionis, nec nos salvari possumus absque illius passione. CHRYSOSTOMUS in hom. 83. Quia vero de passione et cruce eis locutus erat, consequenter eum qui de resurrectione est sermonem inducit, dicens: *Dico autem vobis, non bibam amodo de hoc genimine vitis usque in diem illum cum illud bibam vobiscum novum in regno Patris mei.* Regnum autem resurrectionem suam nominat. Ideo autem hoc de resurrectione dixit, quod scilicet cum Apostolis esset bibiturus ne aliqui existimarent phantasiam esse resurrectionem; et ideo persuadentes hominibus de Christi resurrectione dixerunt. Act. 10: « Simul comedimus et bibimus cum eo, postquam resurrexit a mortuis. » Per hoc ergo ostendit quod videbunt eum suscitatum, et cum ipsis rursus erit. Quod autem dicit, *Novum*, clare intelligendum est nove, idest novo modo, non quasi corpus passibile habens, et indigens cibo: non enim post resurrectionem comedit et bibit quia cibo indigeret, sed propter resurrectionis certitudinem. Quia vero sunt quidam haeretici in sacris mysteriis aqua utentes, non vino; demonstrat per haec verba quoniam et cum sacra mysteria tradidit, vinum dedit, quod et resuscitatus bibit: propter hoc dicit, *Ex hoc genimine vitis*: vitis enim vinum, non aquam generat. HIERONYMUS (super *Non bibam de genimine vitis*). Vel aliter. De carnalibus Dominus transit ad spiritualia. Quod vinea de Ægypto transplantata populus sit Israel, sacra Scriptura testatur. Dicit ergo Dominus se de hac vinea nequaquam esse habiturum, nisi in regno Patris. Regnum Patris fidem puto esse credentium. Ergo cum Judaei regnum receperint Patris, tunc de vino eorum Dominus

bibet. Attende autem quod dicat, *Patris*, et non Dei: omnis enim pater nomen est filii: ac si diceret, cum crediderint in Deum Patrem et adduxerit eos Pater ad Filium. REMIGIUS. Vel aliter. *Non bibam de genimine vitis hujus*; idest, non ultra synagogae carnalibus oblationibus delectabor, in quibus illa paschalis agni immolatio praecipuam locum tenere solebat. Aderit autem tempus meae resurrectionis, et dies in quo in regno Patris constitutus, idest gloria aeternae immortalitatis sublimatus, *vobiscum illud bibam novum*, hoc est de salvatione illius populi jam renovati per aquam baptismatis, quasi novo gaudio laetabor. AUGUSTINUS de quaest. Evangel. (lib. 1 cap. 42). Vel aliter. Cum dicit, *Bibam illud novum*, vult intelligi hoc vetus esse. Quia ergo de propagine Adam, qui vetus homo appellatur, corpus suscepit, quod in passione morti traditurus erat (unde etiam (1) per vini sacramentum commendavit sanguinem suum); quid aliud (2) novum vinum quam immortalitatem renovandorum corporum intelligere debemus ? Quod autem dicit: *Vobiscum bibam*, etiam ipsis resurrectionem corporum ad induendam immortalitatem promittit: *Vobiscum* enim non ad idem tempus, sed ad eamdem innovationem esse dictum accipiendum est: nam et nos dicit Apostolus resurrexisse cum Christo, ut spes rei futurae jam laetitiam praesentem afferat. Quod autem *de hoc genimine vitis* etiam illud novum esset dicit; significat utique eadem corpora resurrectura secundum innovationem caelestem, quae nunc secundum terrenam vetustatem sunt moritura. HILARIUS (can. 30 in Matth.) Videtur autem ex hoc quod Judas cum eo non biberit, quia non erat bibiturus in regno: cum universos tunc bibentes ex vitis istius fructu, bibituros secum postea polliceretur. GLOSSA (3). Sed sustinendo aliorum sanctorum sententiam, quod scilicet Judas sacramenta receperit a Christo, dicendum est, quod hic dicit, *Vobiscum*, ad plures eorum, non ad omnes referendum esse (4).

9. ORIGENES (tract. 25 in Matth.). Discipulos qui acceperant benedictionis panem, et biberant calicem gratiarum actionis, docebat Dominus pro his omnibus hymnum dicere Patri: unde dicitur: *Et hymno dicto exierunt in montem Oliveti*: ut de alto transirent ad altum, quia fidelis non potest aliquid agere in convalle (5). CHRYSOSTOMUS in hom. 83. Audiant quicumque velut porci simpliciter manducantes cum ebrietate surgunt, cum deceret gratias agere, et in hymnum mensam desinere. Audiant quicumque ultimam orationem in sacris mysteriis

---

(1) 4l. inde etiam.

(2) *Al.* puncto praemisso Sed quia aliud etc.

(3) Nec in Glossa quae nunc est, nec in Anselmo extat nec alibi occurrit (*Ex edit. P. Nicolai*).

(4) *Al.* est.

(5) *In editione P. Nicolai sequentes appendices interponuntur.* BEDA. Pulchre discipulos sacramentis sui corporis ac sanguinis imbutos, hymno etiam piac intercessionis Patri commendatur in montem ducit olivarum, ut typice designet nos per actionem sacramentorum suorum, perque opem suae intercessionis, ad altiora virtutum dona et charismata Spiritus sancti, quibus in corde perungamur, conscendere debere. RABANUS Potest autem hymnus ille intelligi quem Dominus apud Joannem Patri gratias agens decantabat: in quo et pro seipso et pro eis qui per verbum eorum credituri erant elevatis sursum oculis precabatur Joan. 17. GLOSSA. Hoc est quod Psalmus dicit (Psalm 21): « Edent pauperes, et saturabuntur, et laudabunt Dominum. » *Tum sequitur* CHRYSOSTOMUS (in hom. 73, ut sup.). Audiant etc.

---

(1) Immo sub Ambrosii nomine alter Auctor qui et in Glossa passim Ambrosiaster appellatur, quasi supposititius Ambrosius, et fuisse creditur Hilarius Romanus Diaconus Luciferiani Schismatis propagator (*Ex edit. P. Nicolai*).

non expectant: ultima enim oratio Missae (1) illius hymni est signum. Gratias ergo egit antequam sacra mysteria discipulis daret, ut et nos gratias agamus (2); hymnum dixit postquam dedit, ut et nos hoc ipsum faciamus. HIERONYMUS (super *Et hymno dicto exierunt*). Juxta hoc exemplum Salvatoris, qui pane Christi et calice saturatus et inebriatus fuerit, potest laudare Deum, et conscendere montem Oliveti, ubi laborum refectio dolorisque solatium et veri luminis notitia est. HILARIUS (can. 30). Per hoc etiam ostendit quod homines consummati in universis divinorum mysteriorum virtutibus, gaudio exultationeque in caelestem gloriam efferuntur. ORIGENES (tract. 35). Apte etiam mons misericordiae est electus, ubi pronuntiaturus fuit scandalum infirmitatis discipulorum, jam tunc paratus ut non repelleret discipulos discedentes, sed ut reciperet revertentes: unde sequitur: *Tunc dixit illis Jesus: Omnes vos scandalum patiemini in me in ista nocte.* HIERONYMUS (super *Tunc dicit illis Jesus*). Praedicit quidem quod passuri sunt, ut cum passi fuerint non desperent salutem, sed agentes poenitentiam, liberentur. CHRYSOSTOMUS in hom. 83. In quo etiam docet nos, quales ante crucem fuerunt discipuli, et quales post crucem. Etenim qui neque cum Christo, dum crucifigebatur, stare poterant, post mortem Christi adamante fuerunt fortiores. Fuga enim discipulorum et timor demonstratio est mortis Christi, ut confundantur qui haeresi Marcionis aegrotant. Si enim neque ligatus est neque crucifixus: unde Petro et reliquis Apostolis incussus est tantus timor ? HIERONYMUS (super *Vos omnes scandalum patiemini*). Et signanter addit, *In ista nocte*: quia quomodo qui inebriantur, nocte inebriantur, sic et qui scandalum patiuntur, in nocte et tenebris sustinent. HILARIUS (can. 30). Hujus etiam praedictionis (3) fides auctoritate prophetiae veteris continebatur: unde sequitur: *Scriptum est enim: percutiam pastorem et dispergentur oves gregis.* HIERONYMUS super *Scriptum est enim*). Hoc aliis verbis in Zacharia Propheta cap. 13, scriptum est, et ex persona Prophetae ad Deum dicitur: « Percute pastorem, et dispergentur oves. » Percutitur autem pastor bonus, ut ponat animam suam pro ovibus suis, et de multis gregibus errantium (4) fiat unus grex, et unus pastor. CHRYSOSTOMUS in hom. 92. Hanc autem prophetiam inducit, simul quidem suadens eis attendere semper quae scripta sunt, simul etiam ostendens quoniam secundum Dei consilium crucifigebatur, et undique monstrans non alienum se esse a veteri testamento (5), qui in eo praenuntiabatur. Non autem permisit eos in tristibus permanere: sed et laeta praenuntiat dicens: *Postquam autem resurrexero, praecedam vos in Galilaeam:* non enim confestim post resurrectionem in caelo eis apparuit, neque in longam quamdam regionem ut eis appareat, vadit; sed in ipsa gente et in ipsis fere regionibus: ut hinc crederent quoniam qui crucifixus est, ipse est qui resurrexit. Propter hoc etiam se in Galilaeam abire dicit, ut a timore Judaeorum liberati crederent ei quod dicebatur. ORIGENES (tract. 35). Praedicit etiam hoc eis, ut qui ad modicum dispergun-

tur, scandalum passi, post congregentur a resurgente Christo et praecedente eos in Galilaeam Gentium. HILARIUS (can. 30). Sed Petrus intantum et affectu et caritate Christi efferebatur ut et imbecillitatem carnis suae et fidem verborum Domini non contueretur. quasi dicta ejus efficienda non essent: unde sequitur: *Respondens Petrus ait illi: Et si omnes scandalizati fuerint in te, ego nunquam scandalizabor.* CHRYSOSTOMUS in hom. 83. Quid ais, o Petre ? Propheta dicit, « Dispergentur oves, » Et Christus confirmavit quod dictum est: et tu dicis, Nequaquam. Quando dixit, *Unus ex vobis me tradet,* timebas ne tu esses traditor, quamvis nihil tibi tale conscius eras; nunc autem, manifeste eo dicente quoniam omnes scandalizabimini, contradicis. Sed quia erutus erat ab anxietate quam de proditione habuerat, confidens de reliquo, dicebat: *Ego nunquam scandalizabor.* HIERONYMUS (super *Respondens Petrus*). Non tamen est temeritas nec mendacium, sed fides est Apostoli Petri, et ardens affectus erga Dominum Salvatorem. REMIGIUS. Quod ergo ille dicit praevidendo, iste denegat amando: ubi moraliter instruimur ut quantum confidimus de ardore fidei, tantum timeamus de carnis fragilitate. Videtur tamen accusabilis Petrus, et quoniam contradixit, et quoniam aliis seipsum praeposuit, et tertio quoniam totum sibi attribuit, quasi fortiter esset perseveraturus. Ut hoc igitur in eo sanaret, permisit fieri ejus casum, non impellens eum ad negandum, sed eum sibi deserens, et naturam humanam de fragilitate convincens. ORIGENES (tract. 35). Unde alii discipuli scandalizati sunt in Jesu, Petrus autem non solum scandalizatur, sed abundantius relinquitur ut ter denegaret: unde sequitur: *Ait illi Jesus: Amen dico tibi, quia in hac nocte, antequam gallus cantet, ter me negabis.* AUGUSTINUS de concor. Evangelist. (lib. 3, capit. 2). Potest autem movere quod tam diversa non tantum verba, sed etiam sententias Evangelistae praemittunt, quibus praemonitus Petrus, illam praesumptionem proferret, vel cum Domino vel pro Domino moriendi; ita ut cogant intelligi ter (1) eum expressisse praesumptionem suam diversis locis sermonis Christi, et ter illi a Domino responsum, quod eum esset ante galli cantum ter negaturus: sicut etiam post resurrectionem ter illum interrogat utrum illum amet, et mandatum de pascendis ovibus ter praecepit. Quid enim habent haec verba Matthaei vel sententiae simile illis vel (2) quibus secundum Joannem, vel quibus secundum Lucam Petrus protulit praesumptionem suam ? Marcus autem pene ipsis verbis hoc commemorat (cap. 14) quibus et Matthaeus, nisi quod distinctius quemadmodum futurum esset, expressit dictum esse a Domino: « Amen dico tibi, « quia tu hodie in nocte hac priusquam bis gallus « vocem dederit, ter me es negaturus. » Unde nonnullis, qui parum attendunt, Marcus videtur non congruere ceteris: tota enim negatio Petri trina est; quae si post primum galli cantum inciperet, falsum dixisse viderentur tres Evangelistae, qui dicunt dixisse Dominum, quod antequam gallus cantaret, eum Petrus esset negatus. Rursus si totam trinam negationem ante peregisset quam cantare gallus inciperet, superfluo dixisse Marcus deprehenderetur ex persona Domini: « Priusquam gallus bis « vocem dederit, ter me es negaturus. » Sed quia

(1) *Al. deest* missae.
(2) *Al.* ageremus.
(3) *Al.* praedicationis.
(4) *Al.* errorum.
(5) *In quatuor saepe citatis exemplis additur* et a Deo.

(1) *Al.* intelligibiliter.
(2) *Al. omittitur* vel.

ante primum galli cantum coepta est illa trina negatio, attenderunt tres Evangelistae non quando eam completurus esset Petrus, sed quanta (1) futura esset, et quando incepta, idest ante galli cantum: quamquam in anima ejus et ante primum galli cantum tota possit intelligi, quoniam ante galli cantum tantus timor obsederat mentem, qui eam posset usque ad tertiam negationem perducere. Multo minus igitur movere debet quia trina negatio, etiam trinis negantis vocibus, ante galli cantum coepta, etsi non ante primum galli cantum peracta est; tamquam si alicui diceretur: Antequam gallus cantet, ad me scribes epistolam, in qua mihi ter conviciaberis: non utique si eam ante omnem galli cantum scribere inciperet, et post primum galli cantum finiret; ideo dicendum erat falsum fuisse praedictum. ORIGENES (tract. 35). Quaeres autem (2) si possibile erat ut non scandalizaretur Petrus, semel Salvatore dicente, quoniam *omnes vos scandalum patiemini in me.* Ad quod aliquis respondebit, quoniam necesse erat fieri quod praedicatum erat a Jesu: alius autem dicet, quoniam qui exoratus a Ninivitis, quae praedixerat per Jonam non fecit, possibile fuit ut repelleret etiam scandalum a Petro deprecante. Nunc autem promissio ejus audax in affectu quidem prompto, non (3) tamen prudenti, facta est ei causa ut non solum scandalizaretur, verum etiam ter denegaret. Postquam autem cum affirmatione juramenti pronuntiavit; dicet aliquis, quod non erat possibile ut non denegaret. Si enim juramentum erat Christi, *Amen,* mentitus fuisset dicendo, *Amen dico tibi,* si verum dixisset Petrus, quia *non te negabo.* Videntur autem mihi ceteri discipuli cogitantes quod primum fuerat dictum: *Omnes vos scandalum patiemini.* Ad hoc autem quod dictum est Petro, *Amen dico tibi,* promiserunt similiter Petro, quia non erant comprehensi in illa prophetia: unde sequitur: *Ait illi Petrus: Etiam si oportuerit me mori tecum, non te negabo. Similiter et omnes discipuli dixerunt.* Hic etiam Petrus, nescit quid loquatur: cum Jesu enim mori pro omnibus moriente hominum non erat: quoniam omnes fuerant in peccatis, et omnes opus habebant ut pro eis alius moreretur, non ipsi pro aliis. RABANUS (super *Si oportuerit me mori tecum*). Sed quia intellexerat Petrus Dominum, prae timore mortis eum se praedixisse negaturum, ab hoc dicebat, quod licet periculum immineret mortis, nullo modo ab ejus fide posset avelli: et similiter alii Apostoli per ardorem mentis non timerunt damnum mortis: sed vana fuit praesumptio humana sine protectione divina (4). CHRYSOSTOMUS in hom. 83. Hinc ergo magnum discimus

(1) *Al.* quando.
(2) *Al.* quaereres.
(3) *Al.* non sint.
(4) *Multo plura habet P. Nicolai: videlicet:* Chrysostomus (in hom. 82, ut supra). Puto autem ambitione quoque aliqua, et jactantia in ea verba Petrum fuisse lapsum: nam et in coena disceptabant quisnam ex eis major esset: adeo illos inanis gloriae amor vehementer turbabat Christus autem ab his eum passionibus liberare cupiens, opem suam ei subtraxit. Vide porro quomodo post resurrectionem hinc eruditus Christo submissius loquitur, nec idem coarguenti alterius repugnat: haec omnia casus ille perfecit: nam ante sibi totum tribuebat, cum dicere potius debuisset: Non te negabo, si me patrocinio tuo juveris: e contrario autem totum postea Deo tribuendum ostendit: « Quid nobis attenditis (inquit « Act. 3), quasi propria virtute hanc ambulare fecerimus? » Hinc ergo etc.

dogma: quia non sufficit desiderium hominis, nisi divino aliquis potiatur auxilio.

10. REMIGIUS. Paulo superius Evangelista dixerat, quia hymno jam dicto, exiit cum discipulis in montem Oliveti: et ut ostenderet ad quem locum ipsius montis diverterit, consequenter adjunxit: *Tunc venit Jesus cum illis in villam quae dicitur Gethsemani.* RABANUS. Lucas dicit cap. 22: « In montem « Oliveti »: Joannes, « Trans torrentem Cedron. » quod idem est quod Gethsemani: et est locus, in quo oravit ad radicem montis Oliveti, ubi hortus est, ubi etiam Ecclesia est aedificata. HIERONYMUS. (super *Tunc venit Jesus in Gethsemani*). Gethsemani interpretatur vallis pinguissima, in qua jussit discipulos sedere paulisper, et expectare redeuntem, donec pro cunctis Dominus solus oraret. ORIGENES (tract. 35). Non enim conveniebat ut ibi caperetur ubi cum discipulis manducaverat pascha; conveniebat autem et priusquam proderetur orare, et eligere locum mundum ad orationem: unde sequitur: *Et dixit discipulis suis: Sedete hic donec vadam illuc, et orem.* CHRYSOSTOMUS in hom. 84. Hoc autem dicit, quia discipuli indivisibiliter sequebantur Christum: consuetudo enim ei (1) erat sine discipulis orare; hoc autem faciebat erudiens nos in orationibus quietem nobis constituere, et solitudinem quaerere. DAMASCENUS in lib. 3 (2) (cap. 24). Sed cum oratio sit ascensus intellectus ad Deum, vel petitio decentium a Deo, qualiter Dominus orabat? Neque enim ascensione quae ad Deum est, indigebat intellectus ejus, semel secundum personam Deo Verbo unitus; neque etiam ea quae a Deo est petitione: unus enim Deus et homo Christus est. Sed formans in seipso quod nostrum est, docuit nos a Deo Patre petere, et ad ipsum extendi: sicut enim passiones sustinuit, ut triumphans adversus eas victoriam nobis tribueret; ita orat, nobis viam faciens ad eam quae ad Deum est ascensionem, et pro nobis omnem justitiam implens, et reconcilians nobis Patrem suum; et ut principium ipsum honorans, et monstrans quod non est Deo contrarius. REMIGIUS. Cum autem Dominus in monte oravit, docuit nos in oratione pro caelestibus Dominum supplicare: cum vero in villa oravit, nos instruxit ut in oratione semper humilitatem servare studeamus. RABANUS (super *Venit in villam*). Pulchre autem appropinquans passioni, in valle pinguedinis orasse dicitur, ut demonstraret quod per vallem humilitatis et pinguedinem caritatis mortem pro nobis susceperit. Moraliter etiam nos instruxit ut non gestemus cor aridum a pinguedine caritatis. REMIGIUS. Appropinquans morti Dominus, in valle pinguedinis oravit: quia per vallem humilitatis et pinguedinem caritatis pro nobis mortem subiit. Quia vero fidem discipulorum et constantiam devotae sibi voluntatis acceperat; sed turbandos illos et dispergendos praesciebat: ideo jussit eos in loco sedere: nam sedere requiescentis est: laboraturi enim erant eum negaturi. Qualiter autem progressus sit, manifestat cum subjungitur; *Et assumpto Petro, et duobus filiis Zebedaei, coepit contristari et moestus esse.* Illos videlicet assumpsit quibus in monte claritatem suae majestatis ostenderat. HILARIUS (can. 31). Sed quia dicit, *Coepit contristari et moestus esse,* haereticorum omnis hic sensus est ut opinentur metum mortis in Dei

(1) *Al.* omittitur ei.
(2) Nempe Fidei orthodoxae (*Ex edit. P. Nicolai*).

Filium incidisse, quia asserunt non de aeternitate prolatum, neque de infinitate paternae substantiae extitisse, sed ex nihilo per eum qui omnia creavit, effectum; et ideo in eo doloris anxietas, ideo metus mortis: ut qui mortem timere potuit, et mori possit; qui vero mori potuit, licet in futurum erit, non tamen per eum qui se genuit ex praeterito, sit aeternus. Quod si per fidem capaces Evangeliorum essent, scirent Verbum in principio Deum, et hoc in principio apud Deum, et eamdem esse aeternitatem gignentis et geniti. Sed si virtutem illam incorruptae substantiae, imbecillitatis suae sorte assumptio carnis infecerit, ut sit ad dolorem infirma, ad mortem trepida, jam et corruptioni subdita erit; ac sic aeternitate demutata in metum, hoc quod in ea est poterit aliquando non esse. Deus autem sine mensura temporum semper est; et qualis est, talis semper aeternus est. Mori igitur nihil in Deo potuit, nec ex se metus Deo ullus est. HIERONYMUS. Nos autem ita dicimus hominem passibilem a Deo Filio susceptum ut Deitas impassibilis permaneret. Passus est enim Dei Filius non putative, sed vere, omnia quae Scriptura testatur, secundum illud quod pati poterat; secundum scilicet substantiam assumptam. HILARIUS de Trin. (lib. 10). Puto autem non alia hic ad timendum quam passionis et mortis causa a quibusdam praetenditur. Interrogo autem eos qui hoc ita existimant, an ratione subsistat ut mori timuerit qui omnem ab Apostolis timorem mortis expellens ad gloriam eos sit martyrii adhortatus: quid enim ipse in mortis sacramento doluisse existimandus est qui pro se morientibus vitam rependit? Deinde quem dolorem mortis timeret, potestatis suae libertate moriturus? Si etiam passio honorificatura eum erat, quomodo tristem eum metus passionis effecerat? HILARIUS (can. 31). Quia ergo moestum Dominum fuisse legimus, causas moestitiae reperiamus. Admonuerat superius omnes scandalizandos; Petrum etiam Dominus ter negaturum esse respondit: assumptisque eo et Jacobo et Joanne, coepit tristis esse. Ergo non ante tristis est quam assumit; sed omnis metus illis esse coepit assumptis: atque ita non de se orta est, sed de eis quos assumpserat, moestitudo. HIERONYMUS (super *Assumpto Petro*). Contristabatur ergo Dominus non timore patiendi, qui ad hoc venerat ut pateretur, et Petrum temeritatis (1) arguerat; sed propter infelicissimum Judam, et scandalum omnium Apostolorum, et rejectionem vel reprobationem populi Judaeorum, et eversionem miserae Hierusalem. DAMASCENUS in lib. 3 (cap. 23). Vel aliter. Omnia quae non ante ad esse deducta sunt a conditore, existendi naturaliter desiderium habent, et non existere naturaliter fugiunt (2). Deus igitur Verbum homo factus habuit (3) hoc desiderium, quo desideravit escam et potum et somnum, quibus scilicet conservatur vita, et naturaliter experientia horum usus est, et e contrario, corruptiva reformidavit (4): unde et tempore passionis, quam voluntarie sustinuit, habuit mortis timorem naturalem et tristitiam: est enim timor naturalis quo anima non vult

dividi a corpore, propter naturalem familiaritatem (1), quam ei a principio conditor rerum imposuit. HIERONYMUS (super *Coepit contristari et moestus esse*). Dominus ergo noster, ut veritatem assumpti probaret hominis, vere quidem contristatus est (2); sed ne passio in animo illius dominaretur, per passionem (3) coepit contristari: aliud est enim contristari, et aliud incipere contristari. REMIGIUS. Destruuntur autem in hoc loco Manichaei, qui dixerunt illum phantasticum corpus assumpsisse; nihilo minus et illi qui dixerunt eum veram animam non habuisse, sed loco animae divinitatem. AUGUSTINUS in lib. 83. Quaest. (quaest 80). Habemus enim Evangelistarum narrationes, per quas Christum et natum de Beata Virgine Maria cognovimus, et comprehensum a Judaeis, et flagellatum et crucifixum atque interfectum, et sepultum in monumento: quae omnia intelligere sine corpore nemo potest facta esse: nec figurate accipienda quisquam vel dementissimus dixerit, cum dicta sint ab eis qui res gestas ut meminerant narraverunt. Sic ergo isti corpus eum habuisse testantur, sicut et eum habuisse indicant animam affectiones illae quae non possunt esse nisi in anima; quas nihilominus eisdem Evangelistis narrantibus legimus. Et miratus est Jesus, et iratus, et contristatus. AUGUSTINUS de civ. Dei (lib. 14, cap. 9) (4). Cum ergo in Evangelio ista referantur, non falso utique, referuntur; verum ille hos motus (5) certissimae dispensationis gratia ita cum voluit suscepit animo humano, ut cum voluit factus est homo. Habemus quidem et nos hujusmodi affectus ex humanae conditionis infirmitate; non autem ita Dominus Jesus, cujus infirmitas fuit ex potestate. DAMASCENUS in 3 lib. (cap. 20). Quapropter naturales nostrae passiones secundum naturam et supra naturam fuerunt in Christo: secundum naturam enim, quia permittebat carni pati quae propria; super naturam autem, quia non praecedebant in eo voluntatem naturalia: nihil enim coactum in Christo consideratur, sed omnia voluntaria: volens enim esurivit, volens timuit et contristatus est. Et ideo de manifestatione tristitiae subditur: *Tunc ait illis: Tristis est anima mea usque ad mortem.* AMBROSIUS super Lucam (6) (lib. 10, in titulo de tristitia Christi). Tristis autem est non ipse, sed anima: non enim tristis sapientia, non divina substantia, sed anima: suscepit enim animam meam, suscepit corpus meum. HIERONYMUS (super *Tunc ait illis*) Non autem propter mortem, sed usque ad mortem dicitur contristatus, donec Apostolos sua liberet passione. Dicant qui irrationabilem Jesum sumpsisse animam suspicantur, quomodo contristetur, et noverit tempus tristitiae: quamvis enim et bruta moereant animalia, tamen non noverunt nec causas neque tempus usque ad quod debeant contristari. ORIGENES (tract. 35). Vel aliter. *Tristis est anima usque ad mortem*; quasi dicat: Tristitia coepta est in me, non semper, sed usque ad tempus mortis: ut cum mortuus fuero peccato, moriar et universae tristitiae, cujus principium

---

(1) *P. Nicolai* timiditatis.
(2) *Al.* existendi naturaliter fugiunt.
(3) *Al.* factus est: *item* factus habuit: et hoc est desideravit escam etc.
(4) *Al.* desiderans, et naturaliter in experientiam horum factus, et a contrario desideravit corruptivorum amotionem.

(1) *Al.* est enim timor naturalis anima nolens: *item* nolente dividi a corpore propter eam quae ex principio a conditore imposita est naturalem familiaritatem.
(2) *P. Nicolai legit* Dominus ergo noster vere quidem contristatus est, *intermediis omissis.*
(3) *Idem habet* per propassionem.
(4) *Al.* Ambrosius super Lucam.
(5) *Al.* deest motus.
(6) Lib. ... super Lucae 22 (*Ex edit. P. Nicolai*).

tantum fuit in me. Sequitur: *Sustinete hic, et vigilate mecum*; ac si dicat: Ceteros quidem jussit sedere ibi. quasi infirmiores, ab agone isto servans eos securos; vos autem quasi firmiores adduxi, ut collaboretis mecum in vigiliis et orationibus: tamen et vos manete hic, ut unusquisque in gradu suae vocationis consistat: quoniam omnis gratia, quamvis fuerit magna, habet superiorem. Hieronymus (super *Tristis est anima mea*). Vel ideo a somno prohibet (1), cujus tempus non erat imminente discrimine; sed a somno infidelitatis et torpore mentis.

11. Origenes (tract. 35). Petrum magis de se confidentem et alios adduxit, ut videant cadentem in faciem et orantem, et discant non magna sed humilia de se sapere, nec veloces esse ad promittendum, sed soliciti ad orandum: et ideo dicitur: *Et progressus pusillum*: nolebat enim longe fieri ab eis, sed juxta eos constitutus orare: et qui dixerat, supra 11: *Discite a me quia mitis sum et humilis corde*, laudabiliter se humilians cadit in faciem: unde sequitur: *Procidit in faciem suam orans, et dicens: Mi Pater, si possibile est, transeat a me calix iste.* Manifestans autem in oratione sua devotionem, quasi dilectus et complacens dispositioni Patris, addidit: *Verumtamen non sicut ego volo, sed sicut tu*: docens, ut non oremus fieri nostram voluntatem, sed Dei. Secundum autem quod coepit pavere et tristari. secundum hoc orat calicem passionis transire; et non sicut ipse vult, sed sicut Pater; hoc est, non secundum substantiam ejus divinam et impassibilem, sed secundum naturam humanam et infirmam: suscipiens enim naturam carnis humanae, omnes proprietates implevit, ut non in phantasia habuisse carnem aestimaretur, sed in veritate. Proprium est autem hominis fidelis primum quidem nolle pati aliquid doloris, maxime quod ducit usque ad mortem, quia homo carnalis est; si autem sic voluerit Deus, acquiescere, quia fidelis est: nam sicut multum confidere non debemus, ne nostram virtutem videamus proficeri; sic diffidere non debemus, ne Dei adjutoris nostri impotentiam videamur pronuntiare. Notandum est autem, quoniam Marcus quidem et Lucas hoc ipsum scripserunt; Joannes autem orantem Jesum, ut transiret ab eo calix. non introducit: quoniam hi quidem (2) magis secundum humanam naturam ejus exponunt de eo quam secundum divinam; Joannes autem magis secundum divinam. Aliter autem Jesus videns qualia erant Judaei passuri petentes eum ad mortem, dicebat: *Pater, si possibile est, transeat a me calix iste.* Hieronymus (super *Progressus ille pusillum*). Unde signanter dicit, *Calix iste*, hoc est populi Judaeorum, qui excusationem ignorantiae habere non possunt si me occiderint, habentes legem et Prophetas. qui me vaticinantur. Origenes (tract. 35, super *Non sicut ego volo*) Rursus videns quanta utilitas totius mundi esset futura per passionem ipsius, dicebat: *Sed non sicut ego volo, sed sicut tu*; idest, si possibile est ut sine passione mea omnia ista bona proveniant. quae per passionem meam sunt proventura; transeat passio haec a me, ut et mundus salvetur, et Judaei in passione mea non pereant. Si autem sine perditione quorumdam, multorum salus non potest introduci, quantum ad justitiam tuam, non transeat. Calicem autem hunc qui bibitur. passionis in multis locis

nominat Scriptura. Bibit autem calicem totum qui patitur pro testimonio quicquid fuerit ei illatum. Effundit autem accipiens qui denegat, ne aliquid patiatur. Augustinus de con. Evang. (lib. 3, cap. 4). Et ne quis eum putaret Patris minuisse potestatem, non dixit. Si facere potes; sed *Si fieri potest*, vel *si possibile est*; ac si diceretur. Si vis. Fieri enim potest quod ille voluerit: unde et Lucas hoc ipsum planius intimavit: non enim ait, *Si fieri potest*, sed « Si vis. » Hilarius (can. 31 in Matth.). Vel aliter. Non ait, *Transeat a me calix iste*: haec enim esset pro se timentis oratio. Quod autem ut a se transeat rogat, non ut ipse praetereatur orat, sed ut in alterum illud quod a se transit, accedat (1) Totus igitur supra eos qui passuri erant metus est; atque ideo pro his orat qui passuri post se erant, dicens: *Transeat calix a me*; idest, quomodo a me bibitur, ita ab his bibatur, sine spei diffidentia, sine sensu doloris, sine metu mortis. Ideo autem ait, *Si possibile est*, quia carni et sanguini horum terror est; et difficile est eorum acerbitate corpora non vinci humana. Quod autem ait, *Non sicut ego volo, sed sicut tu*: vellet quidem eos non pati, ne forte in passione diffidant, si coherederitas suae gloriam sine passionis suae difficultate mereantur. Non ergo ut non patiantur rogat, dicens (2). *Non ut ego volo. Sed ut tu*, ait, eo quod Pater vult ut bibendi calicis in eos ex ipso transeat fortitudo: quia ex voluntate Patris non tam per Christum vinci diabolum, quam etiam per ejus discipulos oportebat. Augustinus in Enchir. (3). Sic igitur Christus hominem gerens ostendit privatam quamdam hominis voluntatem: in qua et suam et nostram figuravit, qui caput nostrum est, cum dicit, *Transeat a me*. Haec enim erat humana voluntas proprium aliquid tamquam privatum volens. Sed quia rectum vult esse hominem et ad Deum dirigi, subdit: *Verumtamen non sicut ego volo, sed sicut tu*; ac si diceret: Vide te in me, quia potes (4) aliquid proprium velle; et si Deus aliud velit, conceditur hoc humanae fragilitati (5). Leo Papa in ser. 7 de Pass. Haec vox capitis, salus est totius corporis: haec vox omnes fideles instruit, omnes confessores accendit, omnes martyres coronavit: nam quis mundi odia, quis tentationum turbines, quis posset persecutorum superare terrores, nisi Christus in omnibus et pro omnibus Patri diceret, *Fiat voluntas tua*? Discant igitur hanc vocem omnes Ecclesiae filii; ut cum adversitas violentae alicujus tentationis incumbit, superato timore formidinis, accipiant tolerantiam passionis. Origenes (tract. 35). Pausillum autem progrediente Jesu ab eis, nec una hora potuerunt vigilare eo absente: propter quod oremus. ut nec modicum aliquando Jesus progrediatur.

Sequitur: *Et venit ad discipulos suos, et invenit eos dormientes.* Chrysostomus in hom. 84. Quia tempus intempestae noctis erat, et oculi eorum a tristitia erant gravati. Hilarius (can. 31 in Matth.). Postquam ergo ad discipulos redit, et dormientes

---

(1) Apud P. Nicolai est Vel eos non a somno prohibet.
(2) Al. omittitur quidem.

(1) Al. accidat.
(2) Omittit P. Nicolai illud Non ergo ut non patiantur rogat, dicens: et textum sequentem totum eum iis pariter quae sequuntur conjungit.
(3) In expos. Psal 32, super illud ex vers. 1: Rectos decet collaudatio, non in Enchiridion sicut prius (Nicolai). Similis nota extat in Veneta Nicolini edit. an. 1593.
(4) P. Nicolai legit Videte in me quia potest.
(5) Al ponebatur index Leonis post vocem corporis.

deprehendit, Petrum arguit: unde sequitur: *Et dicit Petro: Sic non potuistis una hora vigilare mecum?* Petrum ideo prae omnibus ex tribus arguit, quia prae ceteris non se scandalizandum fuerat gloriatus. CHRYSOSTOMUS in homil. 84. Sed quia et alii idem dixerunt, omnium etiam infirmitatem arguit: qui enim mori simul cum Christo elegerant, neque simul cum eo potuerunt vigilare. ORIGENES (tract. 35). Inveniens autem eos dormientes, suscitat verbo ad audiendum, et praecipit vigilare, dicens: *Vigilate et orate, ne intretis in tentationem:* ut primum vigilemus, et sic vigilantes oremus. Vigilat qui facit opera bona, et qui solicite agit ne in aliquid tenebrosum dogma incurrat: sic enim vigilantis exauditur oratio. HIERONYMUS (super *Vigilate et orate*). Impossibile est humanam animam non tentari. Ergo non ait, *Vigilate et orate* ne tentemini, sed *ne intretis in tentationem;* hoc est, ne vos tentatio superet. HILARIUS (can. 31). Cur autem ne in tentationem venirent admonere eos voluisset orare, ostendit dicens: *Spiritus quidem promptus est, caro autem infirma.* Non enim de se hoc dicit: ad eos enim hic sermo conversus est. HIERONYMUS (super *Spiritus promptus est*). Hoc autem est adversus temerarios, qui quod crediderint putant se posse consequi. Itaque quantum de ardore mentis confidimus, tantum de fragilitate carnis timeamus. ORIGENES (tract. 35). Hic considerandum est utrum sicut omnium caro infirma est, sic omnium spiritus promptus est; an omnium quidem caro infirma est, non autem et omnium hominum spiritus promptus est, sed tantum sanctorum; infidelium autem spiritus segnis est, et caro infirma. Est autem et alio modo caro infirma eorum solum quorum spiritus promptus est, qui cum spiritu prompto opera carnis mortificant. Hos ergo vult vigilare et orare, ut non intrent in tentationem: quoniam qui spiritualior est solicitior debet esse, ne magnum bonum ipsius gravem habeat lapsum. REMIGIUS. Vel aliter. His verbis ostendit se veram carnem ex Virgine sumpsisse, et veram animam habuisse; unde et nunc dicit spiritum suum promptum esse ad patiendum, carnem vero infirmam timere dolorem passionis.

Sequitur: *Iterum secundo abiit, et oravit dicens: Pater mi, si non potest calix iste transire nisi bibam illum, fiat voluntas tua.* ORIGENES (tract. 35 in Matth.). Aestimo quod calix ille passionis omnino a Jesu fuerat transiturus, sed cum differentia: ut si quidem biberet eum, et ab ipso transiret, postmodum et ab universo genere hominum; si autem non biberet eum, ab ipso quidem forsitan transiret; ab hominibus autem non transiret. Hunc ergo calicem passionis volebat quidem a se transire sic ut omnino neque gustaret amaritudinem ejus: si tamen possibile esset, quantum ad justitiam Dei. Si autem non poterat fieri, magis volebat ut sumeret eum, et sic transiret ab eo et ab universo hominum genere, quam ut contra voluntatem paternam, bibitionem ejus effugeret. CHRYSOSTOMUS in hom. 84. Quod quidem secundo vel tertio orat, ex affectu scilicet humanae infirmitatis, quo mortem timebat, certificat quod vere factus est homo. Secundo enim vel tertio aliquid fieri, veritatis est maxime demonstrativum in Scripturis: unde Joseph dixit Pharaoni Gen. 41: « Quod vidisti secun- « do ad eamdem rem pertinens, somnii firmitatis « indicium est. » HIERONYMUS Vel aliter. Secundo orat, ut si Ninive, idest Gentilitas, aliter salvari non

potest nisi aruerit cucurbita idest Judaea, fiat voluntas Patris, quae non est contraria Filii voluntati, dicente ipso per Prophetam Psal. 39: « Ut facerem « voluntatem tuam, Deus meus, volui. » HILARIUS (can. 31) Vel aliter. Passuris discipulis omnem in se corporis nostri infirmitatem assumpsit; cruci- que secum universa quibus infirmamur affixit: et ideo transire ab eo calix non potest nisi illum bibat, quia pati, nisi ex ejus passione, non possumus. HIERONYMUS (super *Venit iterum*). Christus autem solus orat pro omnibus, sicut et solus patitur pro universis: sequitur enim: *Et venit iterum, et invenit eos dormientes; erant enim oculi eorum gravati.* Languescebant enim et opprimebantur Apostolorum oculi negatione vicina. ORIGENES (tract. 35). Puto enim quod non tantum corporum oculis quantum animarum gravati erant: nondum enim erat eis Spiritus datus: unde non eos reprehendit, sed vadens iterum oravit, docens ut non deficiamus, sed permaneamus in oratione, donec impetremus ea quae postulare jam coepimus: unde sequitur: *Et relictis illis, iterum abiit, et oravit tertio, eumdem sermonem dicens.* HIERONYMUS (ibidem). Tertio autem oravit, ut in ore duorum vel trium testium staret omne verbum. RABANUS (super *Iterum abiit etc.*) Vel ideo tribus vicibus Dominus oravit, ut nos a peccatis praeteritis veniam, et praesentibus malis tutelam, et futuris periculis cautelam oremus, et ut omnem orationem ad Patrem et ad Filium et ad Spiritum sanctum dirigamus: et ut integer spiritus noster et anima et corpus servetur. AUGUSTINUS de Quaest Evangel. (lib 2, cap. 47). Non absurde etiam intelligitur propter trinam tentationem passionis ter Dominum orasse. Sicut enim tentatio cupiditatis trina est, ita tentatio timoris trina est. Cupiditati quae in curiositate est, opponitur timor mortis: sicut enim illa cognoscendarum rerum est aviditas, ita et in ista metus amittendae talis notitiae. Cupiditati vero honoris vel laudis opponitur timor ignominiae et contumeliarum. Cupiditati autem voluptatis opponitur timor doloris. REMIGIUS. Vel ter orat pro Apostolis, et maxime pro Petro, qui ter erat eum negaturus.

12. HILARIUS, (can. 31, parum ante finem). Post orationem frequentem, post discursus recursusque multiplices, metum demit, securitatem reddit, in requiem adhortatur: unde dicitur: *Tunc venit ad discipulos suos, et ait illis: Dormite jam et requiescite.* CHRYSOSTOMUS in homil. 84. Et quidem tunc vigilare oportebat; sed hoc dixit, ut ostenderet quoniam neque visum possent ferre futurorum malorum, et quoniam eorum non indiget auxilio: et quoniam omnino tradi eum oportebat. HILARIUS (can. 31). Vel hoc dicit, quia voluntatem Patris de discipulis jam securus expectabat: de qua dixerat, *Fiat voluntas tua;* qua scilicet transiturum in nos calicem bibens, infirmitatem corporis nostri, et timoris solicitudinem, et ipsum dolorem mortis absorbuit. ORIGENES (tract. 35). Vel non est ille ipse somnus quem jubet nunc discipulos suos dormire, et ille qui eis superius scribitur contigisse. Illic enim dormientes invenit, non requiescentes, sed gravatos oculos habentes: non autem praecepit eis non simpliciter dormire, sed cum requie; ut ordo servetur, ut primum quidem vigilemus orantes, ut non intremus in tentationem; ut postea dormiamus et requiescamus; ut cum aliquis invenerit locum

Domino, tabernaculum Deo Jacob, ascendat supra lectum stratus sui et det somnum oculis suis: Psal. 131. Forsitan autem et anima non potens semper sufferre labores, quasi incarnata (1), remissiones aliquas sine reprehensione consequetur: quae moraliter dormitiones dicuntur, ut usque ad aliquantum temporis habens remissionem renovata resuscitetur. Hilarius (can. 31). Quod autem ad eos revertens, dormientesque reperiens, primum reversus objurgat, secundo silet, tertio quiescere jubet: ratio ista est, quod primum post resurrectionem dispersos eos et diffidentes ac trepidos reprehendit; secundo, misso Spiritu paraclito, gravatis (2) ad contuendam Evangelii libertatem oculis, visitavit: nam aliquamdiu legis amore detenti, quodam fidei somno occupati sunt; tertio vero, idest claritatis suae reditu, securitati eos quietique restituet. Origenes (tract. 35). Postquam autem resuscitavit eos a somno, videns in spiritu appropinquantem Judam traditioni, qui nondum videbatur a discipulis ejus, dicit: Ecce appropinquavit hora, et Filius hominis tradetur in manus peccatorum. Chrysostomus in hom. 84. Per hoc autem quod dicit, Appropinquavit hora, ostendit quoniam divinae dispositionis erat quod gerebatur: per hoc autem quod dicit, In manus peccatorum, demonstrat quoniam illorum nequitiae hoc opus erat, non quod ipse delicto esset obnoxius. Origenes (tract. 35). Sed et nunc in manus peccatorum traditur Jesus; quando hi qui videntur Jesum credere, habent eum in manibus suis, cum sint peccatores. Sed et quotiescumque justus habens in se Jesum, in potestate factus fuerit peccatorum, Jesus est traditus in manus peccatorum. Hieronymus. Postquam ergo tertio oraverat, et Apostolorum timorem sequente poenitentia impetraverat corrigendum, securus de passione sua pergit ad persecutores, et ultro se ad interficiendum praebet: unde sequitur: Surgite, eamus: quasi dicat: Non vos inveniant quasi timentes: ultro pergamus ad mortem, ut confidentiam et gaudium passuri videant: sequitur enim: Ecce appropinquavit qui me tradet. Origenes (tract. 35). Non dicit, Appropinquavit mihi: nec enim ipsi appropinquabat traditor ejus, qui se elongaverat peccatis suis ab eo. Augustinus de concor. Evang. (lib. 3. cap. 4). Videtur autem hic sermo secundum Matthaeum sibi ipsi esse contrarius. Quomodo enim dixit, Dormite jam, et requiescite: cum connectat, Surgite eamus? Qua velut repugnantia quidam commoti conantur ita pronuntiare quod dictum est, Dormite jam, et requiescite, tamquam ab exprobrante, non a permittente sit dictum; quod recte fieret, si esset necesse. Cum vero Marcus ita commemoravit, ut eum dixisset « Dormite jam et « requiescite, » adjungeret (3); « Sufficit, » et deinde inferret: « Venit hora: ecce tradetur Filius « hominis: » utique intelligitur post illud quod eis dictum est, Dormite et requiescite, siluisse Dominum aliquantum, ut hoc fieret quod promiserat: et nunc intulisse, Ecce appropinquavit hora. Propter quod secundum Marcum, positum est, « idest « quod jam requiescitis.

13. Glossa (4). Quia superius dictum est quod Dominus ultro se persecutoribus exhibebat, conse-

quenter Evangelista ostendit quomodo sit a persecutoribus detentus: unde dicit: Adhuc eo loquente, ecce Judas unus de duodecim venit. Remigius. Unus, videlicet numero, non merito. Hoc autem dixit ad ostendendum immane facinus illius qui de apostolica dignitate factus fuerat proditor. Sequitur: Et cum eo turba multa cum gladiis et fustibus. Ut autem ostenderet Evangelista invidentiae causa illum deprehensum, subjungit: Missi a principibus sacerdotum et senioribus populi. Origenes. Potest dicere aliquis, quoniam propter multitudinem eorum qui jam crediderant, multi venerunt adversus eum, timentes ne multitudo credentium de manibus eorum tollerent eum; ego autem aestimo etiam alteram causam, quoniam qui putabant in Beelzebub ejicere solere daemonia, arbitrabantur eum ex quibusdam maleficiis posse effugere de medio volentium eum tenere. Multi etiam nunc spiritualibus gladiis militant contra Jesum, variis scilicet et diversis de Deo dogmatibus. Sequitur: Qui autem tradidit eum, dedit eis signum, dicens: Quemcumque osculatus fuero, ipse est, tenete eum. Dignum est autem quaerere, cum secundum faciem notus esset omnibus habitantibus in Judaea, quare quasi non cognoscentibus effigiem ejus dedit eis signum. Venit autem traditio talis de eo ad nos (1) quoniam non solum duae formae in eo fuerunt: una secundum quam eum omnes videbant, altera secundum quam transfiguratus est coram discipulis in monte; sed etiam unicuique apparebat secundum quod fuerat dignus: sicut et de manna scriptum, quod habebat saporem ad omnem usum convenientem, et Verbum Dei non simile cunctis apparet. Propter hujusmodi ergo transfigurationem ejus, signo indigebant. Chrysostomus in hom. 84. Vel ideo signum eis dedit, quia multoties detentus ab ipsis, pertransiit nescientibus eis, quod et tunc factum esset, si ipse voluisset.

Sequitur: Et confestim accedens ad Jesum, dixit, Ave Rabbi; et osculatus est eum. Rabanus. Suscipit Dominus osculum traditoris: non quod simulare nos doceat, sed ne proditionem fugere videatur. Origenes (tract. 35). Si autem aliquis quaerat cur osculo Judas tradidit Jesum: secundum quosdam quidem voluit reverentiam ad magistrum servare, non audens manifeste in eum irruere; secundum alios autem hoc fecit, timens ne si forte se manifestum adversarium praebuisset, ipse ei fieret causa evasionis, cum posset secundum opinionem ejus effugere, et facere se impervium. Ego autem puto quod omnes proditores veritatis amare veritatem fingentes, osculi signo utuntur. Omnes etiam (2) haeretici, sicut et Judas, Jesu dicunt Rabbi. Jesus autem placabilia respondet: unde sequitur: Dixitque illi Jesus: Amice, ad quid venisti? Dicit autem, Amice, improperans simulationem: hoc enim nomine neminem bonorum in Scripturis cognoscimus appellatum: ad malum enim dicitur supra 22, Amice, quomodo huc intrasti? et supra, 20: Amice, non facio tibi injuriam. Augustinus in ser. de Pass. (3). Dicit autem, Ad quid venisti? tamquam si diceret: Ocularis et insidiaris: novi quare vene-

(1) P. Nicolai ponit incurvata.
(2) Al. gratis.
(3) Al. adjungens.
(4) Nec in Glossa quae nunc extat, nec in Anselmo est; nec alibi occurrit (Ex edit. P. Nicolai).

(1) Al. omittitur ad nos.
(2) Al. enim.
(3) Quod subjungitur ex Augustino, non occurrit; etsi tale aliquid indicatur serm. 48, in appendice de diversis, qui tamen ejus non est (Ex edit. P. Nicolai).

ris; amicum fingis (1), cum proditor sis. REMIGIUS
Sive *Amice ad quid venisti?* hoc fac, sub intelligitur.
Sequitur: *Tunc accesserunt, et manus injecerunt in
Jesum, et tenuerunt eum.* Tunc scilicet quando ipse
permisit: frequenter enim voluerunt, sed non potuerunt. RABANUS (2). Exulta, Christiane, in commer-
cio inimicorum tuorum vicisti: quod Judas vendidit
et quod Judaeus emit, tu acquisivisti.

14. CHRYSOSTOMUS in hom. 85. Sicut Lucas refert
cap. 22. Dominus in coena discipulis dixerat: « Qui
« habet saeculum, tollat similiter et peram; et qui
« non habet, vendat tunicam suam, et emat gla-
« dium: » et discipuli responderunt: « Ecce gladii
« duo hic. » Conveniens autem erat illic gladios
esse, propter agnum scilicet paschalem, quem comederent. Audientes quoque quoniam venirent persecutores ad Christum capiendum, a coena exeuntes gladios sumpserunt in auxilium adversus persecutores, quasi pro magistro praeliaturi: unde hic
dicitur: *Et ecce unus ex his qui erant cum Jesu
extendens manum exemit gladium suum.* HIERONYMUS
(super *Et ecce unus qui erat cum Jesu*). In alio
Evangelio (Joan. 18), scriptum est, quod Petrus
hoc (3) fecerit eodem ardore quo et cetera fecit:
unde sequitur: *Et percutiens servum principis sacerdotum, amputavit auriculam ejus.* Servus principis sacerdotum Malchus appellatur; auricula quoque quae amputatur, dextera est. Transitorie dicendum (4) est, quod Malchus, idest rex quondam
populi Judaeorum, servus factus est impietatis, et
devorationis sacerdotum; dexteramque perdidit auriculam, ut litterae veritatem audiat in sinistra (5).
ORIGENES (tract. 35). Nam si videntur legem audire modo, cum sinistro auditu audiunt umbram
traditionis de lege, non veritatem. Populus autem
ex Gentibus significatur per Petrum, per hoc ipsum
quod crediderunt in Christum, facti sunt causa ut
praecideretur Judaeorum auditio dextera. RABANUS
(hoc loco). Vel Petrus non tollit audientibus sensum, sed de divino ablatum (6) judicio negligentibus pandit: verum eadem dextera auris in his
qui ex eodem populo crediderunt, divina pietate
pristino restituta est officio. HILARIUS (can. 32, inter
princ. et med). Vel aliter Servo principis sacerdotum auricula ab Apostolo resecatur; populo scilicet sacerdotio servienti, per Christi discipulorum
inobediens auditus exciditur; et ad capacitatem veritatis hoc quod erat non audiens, amputatur. LEO
Papa in serm. 1 de Pass. Dominus autem zelantis
Apostoli pium motum progredi ultra non patitur:
unde sequitur: *Tunc ait illi Jesus: Converte gladium tuum in locum suum.* Contra sacramentum
enim (7) erat redemptionis nostrae ut qui mori
pro omnibus venerat, capi nollet. Dat ergo in se
furentibus licentiam saeviendi, ne dilato gloriosae
crucis triumpho, et dominatio diabolica fieret longior, et captivitas humana diuturnior. RABANUS (super *Converte gladium tuum*). Oportuit etiam ut
auctor gratiae fideles patientiam suo exemplo doceret, et potius ad sustinendum fortiter adversa

---

instrueret quam ad vindicandum provocaret. CHRY-
SOSTOMUS in hom. 85. Ad hoc autem ut discipulo
persuaderetur, comminationem addit, dicens: *Omnes
enim qui acceperint gladium, gladio peribunt.* AU-
GUSTINUS contra Faustum (lib. 22, cap. 70). Idest,
omnis qui usus fuerit gladio. Ille autem utitur
gladio, qui nulla superioritate aut legitima potestate vel jubente vel concedente, in sanguinem
alicujus armatur. Nam utique Dominus jusserat ut
ferrum discipuli ejus ferrent; sed non jusserat ut
ferirent. Quid ergo indignum si Petrus post hoc
peccatum factus est pastor Ecclesiae, sicut Moyses
post percussum Aegyptium factus est rector et
princeps (1) synagogae? Uterque enim non detesta-
bili immanitate, sed emendabili animositate regulam excessit; uterque odio improbitatis alienae; sed
ille fraterno, iste dominico, licet adhuc carnali, tamen amore peccavit. HILARIUS. Sed non omnibus
gladio utentibus mors solet esse per gladium:
nam plures aut febris aut alius accidens casus
absumit, qui gladio, aut judicii officio, aut resistendi latronibus necessitate sunt usi. Et si secundum
sententiam ejus, omnis gladio utens, gladio peri-
meretur, recte ad necem eorum gladius eximebatur
qui eodem utebantur ad facinus. HIERONYMUS (super
Tunc ait illi Jesus). Quo ergo gladio peribit
quicumque gladium sumpserit? Illo nempe qui igneus
vertitur ante paradisum, et gladio spiritus, qui in
Dei describitur armatura. HILARIUS (can. 31 inter
princ. et med.) Recondi ergo gladium praecipit
Dominus: quia eos non humano, sed oris sui gladio
esset perempturus. REMIGIUS. Vel aliter. Qui gladio
utitur ad occidendum hominem, ipse suae prius
malitiae moritur gladio. CHRYSOSTOMUS in hom. 85.
Non solum autem mitigavit discipulos per comminationem poenae, sed etiam ostendendo quod voluntarie hoc sustinebat: unde sequitur: *An putas
quia non possum rogare Patrem meum; et exhibebit mihi modo plus quam duodecim legiones Angelorum?* Quia multa humanae infirmitatis ostenderat, non videretur credibilia dicere, si dixisset
quod eos perdere posset; et ideo dicit: *An putas
quia non possum?* etc. HIERONYMUS (super *An putas
quia non possum?*). Quasi diceret: Non indigeo
duodecim Apostolorum auxilio, etiam si omnes
me defenderent, qui possum habere duodecim legiones angelici exercitus. Una legio apud veteres
sex millibus hominum complebatur: de duodecim
ergo legionibus, septuaginta duo millia Angelorum
fiunt, in quot gentes hominum lingua divisa (2)
est. ORIGENES (tract 35). Ex hoc autem demonstratur quoniam secundum similitudinem legionum
militiae mundialis sunt et Angelorum legiones militiae caelestis militantium contra legiones daemonum: militia enim omnis propter adversarios intelligitur constituta. Non autem quasi indigens auxilio Angelorum hoc dicebat, sed secundum aestimationem Petri volentis ei auxilium ferre. Magis
enim Angeli opus habent auxilio unigeniti Filii
Dei quam ipse illorum. REMIGIUS. Possum etiam
intelligere per Angelos Romanorum exercitum: cum
Tito enim et Vespasiano omnes linguae adversus
Judaeam surrexerunt, et impletum est: « Quia pu-
« gnabit pro eo orbis terrarum contra insensatos: »
Sap. 5. CHRYSOSTOMUS in hom. 85. Non solum autem per hoc timorem discipulorum evacuat, sed

---

(1) *Al.* fugis.
(2) Quod sequitur ex Rabano, est Augustini quoque, a quo
Rabanus mutuatus est, lib. 2 de Symbolo ad catechumenos
cap. 6 (*Ex edit. P. Nicolai*).
(3) *Al. omittitur* hoc.
(4) *Al.* ostendendum est.
(5) *P. Nicolai habet* ut litterae vilitatem audiat sinistra.
(6) *Al* ablato.
(7) *Al. omittitur* enim.

---

(1) *Al.* deest et princeps.
(2) *Al.* dolosa.

etiam per hoc quod Scripturas in medium introducit, dicens: *Quomodo ergo implebuntur Scripturae quia sic oportet fieri?* Hieronymus (loc. cit.). Haec sententia promptum ad patiendum demonstrat animum: quod frustra Prophetae cecinerint, nisi Dominus eos vera dixisse sua passione asseveret.

15 Origenes (tract. 35) Postquam dixit Petro, *Reconde gladium tuum.* quod est patientiae; postquam etiam auriculam restituit amputatam, sicut alter dicit Evangelista, quod summae benignitatis indicium fuerat, et divinae virtutis: subditur: *In illa hora dixit Jesus turbis:* ut si praeterita beneficia non recordantur, vel praesentia recognoscant: *Tamquam ad latrones existis cum gladiis et fustibus comprehendere me.* Remigius. Ac si diceret: Latronis officium est nocere et latitare: ergo vero nemini nocui, sed plures sanavi, et in synagogis semper docui; et hoc est quod subditur: *Quotidie apud vos sedebam in templo docens, et non me tenuistis.* Hieronymus (super *In illa hora dixit Jesus*). Quasi diceret: Stultum est eum cum gladiis et fustibus quaerere qui ultro se vestris tradit manibus et in nocte quasi latitantem per proditorem investigare qui quotidie in templo doceat. Chrysostomus in hom. 85. Ideo autem eum in templo non tenuerunt, quia non ausi erant propter turbam: propter quod et Dominus foras exivit, ut ex loco et tempore daret eis aptitudinem se capiendi. Ex hoc ergo docet quoniam nisi voluntarius permisisset, nequaquam eum capere valuissent. Deinde Evangelista quaestionem solvit propter quod Dominus capi voluit, cum subdit: *Hoc autem totum factum est ut adimplerentur Scripturae Prophetarum.* Hieronymus (super hoc verbo): « Foderunt manus « meas et pedes meos: » Psal. 21, et alibi (Isai. 55): « Sicut ovis ad victimam ductus est: » et in alio (1) loco: « Ab iniquitatibus populi mei ductus « est ad mortem. » Remigius. Quia enim omnes Prophetae praedixerunt Christi passionem, ideo non posuit fixum testimonium, sed generaliter dicit impleri vaticinia omnium Prophetarum. Chrysostomus in hom. (85, ante medium). Discipuli autem qui quando detentus est Dominus permanserunt, quando locutus est haec ad turbas, fugerunt: unde sequitur: *Tunc discipuli omnes, relicto eo fugerunt,* sciebant enim quoniam jam non erat possibile effugere, eo se voluntarie illis tradente. Remigius. In hoc tamen facto demonstratur fragilitas Apostolorum: qui enim de ardore fidei promiserant se mori cum eo, nunc timore fugiunt immemores suae promissionis. Quod etiam videmus impleri in his qui pro amore Dei magna se promittunt facturos, et postmodum non implent: non tamen desperare debent, sed cum Apostolis resurgere et per poenitentiam resipiscere. Rabanus (super *Relicto eo omnes fugerunt*). Mystice autem sicut Petrus, qui culpam negationis poenitentiae lacrymis abluit, recuperationem eorum ostendit qui in martyrio labuntur: ita ceteri discipuli fugientes, cautelam fugiendi docent eos qui se minus idoneos ad toleranda supplicia sentiunt.

Sequitur: *At illi tenentes Jesum duxerunt ad Caipham principem sacerdotum.* Augustinus de con. Evang. (lib. 3, cap. 6). Sed tamen primo ad Annam ductus est socerum Caiphae, sicut Joannes dicit: ductus est autem ligatus cum adessent in illa turba tribunus et cohors, ut Joannes comme-

morat. Hieronymus (super *At illi tenentes Jesum*). Refert autem Josephus istum Caipham unius tantum anni pontificatum pretio redemisse; cum tamen Moyses Deo jubente praeceperit ut pontifices patribus succederent, et generationis in sacerdotibus series texeretur. Non ergo mirum est si iniquus pontifex iniqua judicet. Rabanus (super *Quaerebant falsum testimonium*). Convenit etiam nomen actioni; *Caipha,* idest investigator, vel sagax ad implendam suam nequitiam, vel vomens ore, quia impudens fuit ad proferendum mendacium, et ad perpetrandum homicidium. Ideo autem illuc eum adduxerunt ut cum consilio omnia facerent: unde sequitur: *Ubi scribae et seniores convenerant.* Origenes (tr. 55). Ubi Caiphas est princeps sacerdotum, illic congregantur scribae, idest litterati, qui praesunt litterae occidenti; et seniores non in veritate, sed in vetustate litterae. Sequitur: *Petrus autem sequebatur eum a longe:* non enim poterat de proximo eum sequi, sed de longinquo; nec tamen omnino recedens ab eo. Chrysostomus (in hom. 85). Multus enim erat fervor Petri, qui cum alios fugientes vidisset, non fugit, sed stetit, et intravit. Si autem et Joannes intravit, tamen notus erat principi sacerdotum. Longe autem sequebatur, quia erat Dominum negaturus. Remigius. Neque enim negare potuisset, si Domino proxime adhaesisset. Per hoc etiam significatur quod Petrus Dominum ad passionem euntem erat secuturus, idest imitaturus. Augustinus de Quaest. Evang. (lib. 1, cap. 42). Significatur etiam Ecclesiam secuturam quidem, hoc est imitaturam, passionem Domini, sed longe differenter: Ecclesia enim pro se patitur, at ille pro Ecclesia.

Sequitur: *Et ingressus intro sedebat cum ministris, ut videret finem.* Hieronymus (super *Et ingressus intro*). Vel amore discipuli, vel humana curiositate scire cupiebat quid judicaret de Domino pontifex: utrum eum neci addiceret, an flagellis caesum dimitteret.

16. Chrysostomus (in hom. 85). Congregatis principibus sacerdotum, tota pestilentiae conventicula volebant suis insidiis judicii formam imponere: unde dicitur: *Principes autem sacerdotum et omne concilium quaerebant falsum testimonium contra Jesum, ut eum morti traderent.* Sed quod fictum erat judicium, et omnia tumultus et turbationis plena, manifestatur per hoc quod subditur: *Et non invenerunt, cum multi falsi testes accessissent.* Origenes (tract. 35). Falsa enim testimonia tunc locum habent quando cum colore aliquo proferuntur. Sed nec color inveniebatur qui posset contra Jesum adjuvare mendacia; quamvis essent multi gratiam tribuere volentes principibus sacerdotum: quod maximam laudem exhibet Jesu, qui sic omnia irreprehensibiliter dixit et fecit ut nullam verisimilitudinem invenirent in eo reprehensionis et mali et multi astuti.

Sequitur: *Novissime autem venerunt duo falsi testes, et dixerunt: Hic dixit: Possum destruere templum Dei, et post triduum reaedificare illud.* Hieronymus (super *Novissime venerunt duo falsi testes*). Quomodo autem falsi testes sunt, si ea dicunt quae Dominum dixisse legimus? Sed falsus testis est qui non eodem sensu dicta intelligit quo dicuntur: Dominus enim dixerat de templo corporis sui; sed in ipsis verbis calumniantur, ut paucis additis vel mutatis quasi justam calumniam faciant. Salvator

(1) *Pro* eodem.

dixerat Joan. 2: « Solvite templum hoc; » isti commutant, et ajunt: *Possum destruere templum Dei*. Vos, inquit, solvite, non ego; quia illicitum est ut nobisipsis inferamus manus. Deinde illi vertunt: *Et post triduum reaedificare illud*, ut proprie de templo Judaico dixisse videretur; Dominus autem, ut ostenderet animale et spirans templum, dixerat: « Et ego in triduo resuscitabo illud. Aliud est aedificare, aliud resuscitare. CHRYSOSTOMUS (in homil. 85). Sed quare non attulerunt in medium accusationem de solutione sabbati? Quia multoties eos super hoc confutaverat. HIERONYMUS (super *Nihil respondes ad ea*). Ira autem praeceps et impatiens non inveniens calumniae locum, excutit de solio pontificem, ut vesaniam mentis motu corporis demonstraret: unde sequitur: *Et surgens princeps sacerdotum ait illi: Nihil respondes ad ea quae isti adversum testificantur?* CHRYSOSTOMUS (in hom. 85, circ. med.). Hoc autem dixit, volens ab eo inexcusabilem responsionem elicere, ut ex ipsa eum caperet. Inutilis autem erat excusationis responsio, nullo eam exaudiente: et ideo sequitur: *Jesus autem tacebat*: etenim solum figura judicii ibi erat: in veritate autem latronum erat incursus, sicut in spelunca; et ideo silet. ORIGENES (tract. 35). Ex hoc autem loco discimus contemnere calumniantium et falsorum testium voces, ut nec responsione dignos eos habeamus qui non convenientia dicunt adversus nos, maxime ubi majus est libere et fortiter silere quam defendere sine ullo profectu. HIERONYMUS (loc. cit.). Sciebat enim quasi Deus, quicquid dixisset, torquendum ad calumniam. Quanto ergo Jesus magis tacebat ad indignos responsione sua falsos testes, et sacerdotes impios, tanto magis pontifex furore superatus, eum ad respondendum provocat, ut ex qualibet occasione sermonis, locum inveniat accusandi: unde sequitur: *Et princeps sacerdotum ait illi: Adjuro te per Deum vivum, ut dicas nobis si tu es Christus Filius Dei*. ORIGENES (tract. 35). In lege quidem adjurandi usum aliquoties invenimus; aestimo autem quoniam non oportet ut vir qui vult secundum Evangelium vivere, adjuret alterum: si enim jurare non licet, nec adjurare. Sed et qui respicit Jesum imperantem daemonibus, et potestatem dantem discipulis super daemonia, dicet quod secundum potestatem datam a Salvatore, non est adjurare daemonia. Princeps autem sacerdotum peccatum faciebat insidians Jesu; et ideo imitabatur proprium patrem, qui bis dubie interrogavit Salvatorem, supra 4: *Si tu es Christus Filius Dei?* Unde quis recte dicere potest, quoniam dubitare de Filio Dei utrum ipse sit Christus, opus diaboli est. Non decebat autem Dominum ad adjurationem principis respondere sacerdotum, quasi vim passum: propter quod nec denegavit se Filium Dei esse, nec manifeste confessus est: unde sequitur: *Dicit illi Jesus, Tu dixisti*. Non enim erat dignus Christi doctrina: propterea non eum docet, sed verbum oris ejus accipiens, in redargutionem ipsius convertit. Sequitur: *Verumtamen dico vobis: amodo videbitis Filium hominis sedentem a dextris virtutis Dei*. Videtur mihi quoniam firmitatem quamdam regalem significat sessio Filii hominis: juxta virtutem ergo Dei, qui solus est virtus, fundatus est qui accepit omnem potestatem a patre, sicut in caelo et in terra. Erit autem quando hanc fundationem videbunt etiam adversarii, quod a tempore dispensationis incepit impleri. Viderunt enim ejus discipuli eum resurgentem a mortuis, et per hoc viderunt eum fundatum ad dexteram virtutis. Vel quia secundum longitudinem sempiternam, quae est apud Deum, a constitutione mundi usque ad finem est unus dies: nihil ergo mirum quod hic dicit Salvator, *Amodo*, spatium esse (1) brevissimum usque ad finem ostendens et non solum sedentem eum ad dexteram virtutis visuros prophetabat, sed etiam venientem in nubibus caeli: unde sequitur: *Et venientem in nubibus caeli*. Hae nubes sunt Prophetae et Apostoli Christi, quibus mandat pluere cum oportet; et sunt nubes caeli non transeuntes; quasi portantes imaginem caelestis; et dignae sunt ut sint sedes Dei, quasi heredes Dei et coheredes Christi. HIERONYMUS (super *Tunc princeps scidit vestimenta*). Pontificem autem quem de solio sacerdotali furor excusserat, eadem rabies ad scindendum vestes provocat: unde sequitur: *Tunc princeps sacerdotum scidit vestimenta sua, dicens, Blasphemavit*. Consuetudinis enim Judaicae est quod cum aliquid blasphemum et quasi contra Deum audierint, scindant vestimenta sua. CHRYSOSTOMUS (in homil. 85). Hoc igitur fecit, ut accusationem redderet graviorem; et quod verbis dicebat, factis extolleret. HIERONYMUS (ubi supra). Per hoc autem quod scidit vestimenta sua, ostendit Judaeos sacerdotalem gloriam perdidisse, et vacuam sedem habere pontificis. Dum enim vestem sibi discidit, ipsum quo tegebatur velamentum legis abrupit. CHRYSOSTOMUS (in hom. 85). Cum ergo scidisset vestimenta sua, non fert sententiam a seipso, sed ab aliis eam exquirit, dicens, *Quid vobis videtur?* Sicut in confessis peccatis et blasphemia manifesta fieri solet, et quasi cogens et violentiam inferens ad sententiam proferendam, praevenit auditorem, dicens: *Quid adhuc egemus testibus? Ecce nunc audistis blasphemiam*. Quae autem fuit illa blasphemia? Etenim ante, cap. 22, eis (2) congregatis dixerat: *Dixit Dominus Domino meo, Sede a dextris meis*: et interpretatus est eis, et siluerunt, nec de cetero contradixerunt: qualiter ergo nunc quod dictum est, blasphemiam vocant? Sequitur: *At illi respondentes dixerunt: Reus est mortis*: ipsi accusantes, ipsi discutientes, ipsi sententiam proferentes. ORIGENES (tract. 35). Quantum putas fuit erroris, ipsam principalem omnium vitam ream mortis pronuntiare, et per tantorum resurgentium testimonia non respicere fontem vitae, de quo in omnes resurgentes vita fluebat? CHRYSOSTOMUS (in homil. 86). Ut autem venatores fera inventa, ita (3) suam demonstrabant ebrietatem, et insania ferebantur.

Sequitur: *Tunc expuerunt in faciem ejus et colaphis eum ceciderunt*. HIERONYMUS (hoc loco). Ut compleretur quod dictum est Isai. 50: « Dedi maxillam meam alapis, et faciem meam non averti « a confusione sputorum. »

Sequitur: *Alii autem palmas in faciem ejus dederunt, dicentes: Prophetiza nobis Christe, quis est qui te percussit?* GLOSSA (ordinaria). in contumeliam ei hoc dicitur, qui se Prophetam haberi voluit a populis. HIERONYMUS. Stultum autem erat verberantibus respondere, et prophetare

---

(1) Al. est.
(2) Al. omittitur eis.
(3) I. venationem invenientes, ita etc.

caedentem, cum palam percutientis insania videretur. Chrysostomus in hom. 86. Attende autem, quod Evangelista cum summa diligentia ea quae videntur esse exprobratissima exponit, nihil occultans aut verecundans; sed gloriam existimans maximam, dominatorem orbis terrarum pro nobis talia sustinere. Hoc autem legamus continuo, hoc nostrae menti inscribamus, et in his gloriemur. Augustinus, de quaest. Evang. (lib. 1, cap. 44). Quod autem dictum est, *Expuerunt in faciem ejus*, significavit eos qui praesentiam gratiae ejus respuunt. Item tamquam colaphis eum caedunt qui ei honores suos praeferunt; palmas in faciem ejus dant qui perfidia caecati, cum non venisse affirmant, tamquam praesentiam ejus exterminantes et repellentes.

18. Augustinus de cons. Evang. (lib. 3, cap. 6). Inter praedictas Domini contumelias trina negatio Petri facta est, quam non omnes Evangelistae eodem ordine narrant. Lucas enim explicat prius tentationem Petri, tunc demum contumelias Domini; sed Matthaeus et Marcus eas primo commemorant, et deinde Petri tentationem Sic enim hic sequitur: *Petrus vero sedebat foris in atrio*. Hieronymus (super *Petrus autem foris sedebat*). Foris sedebat, ut videret exitum rei; et non appropinquabat Jesu, ne ministris aliqua suspicio nasceretur. Chrysostomus in homil. 86. Et qui quando detentum Magistrum vidit solum, ita efferbuit ut gladium evaginaverit, et auriculam absciderit; quando contumelias Christi audivit, negator efficitur, et vilis puellae minas non sustinet: sequitur enim: *Et accessit ad eum una ancilla, dicens: Et tu cum Jesu Galilaeo eras*. Rabanus. Quid sibi vult quia prima eum prodit ancilla, cum viri magis eum potuerint recognoscere; nisi quod (1) iste sexus peccare in nece Domini videretur, ut ejus passione redimeretur ? Sequitur: *At ille negavit coram omnibus dicens: Nescio quid dicis*. Palam coram omnibus negavit, quia se manifestare expavit: quod dicebatur se nescire respondit, quia pro Salvatore adhuc mori noluit. Leo Papa in sermone de passione (serm. 9, prope finem illius). Ob hoc autem, sicut apparet, haesitare permissus est, ut in Ecclesiae principe remedium poenitentiae conderetur, et nemo auderet de sua virtute confidere, quando mutabilitatis periculum nec beatus Petrus potuisset evadere. Chrysostomus in hom. 86 (aliq. a princ.). Non solum autem semel, sed et secundo et tertio negat in brevi tempore: unde sequitur: *Exeunte autem eo januam, vidit eum alia ancilla, et ait his qui erant ibi: Et hic erat cum Jesu Nazareno*. Augustinus de con. Evang. (lib. 2, cap. 6). Intelligitur autem quod postquam exiit foras, cum jam semel negasset, gallus cantavit primum, quod Marcus dicit. Chrysostomus in hom. 86. Ut ostendat quod neque vox galli eum a negatione detinuit, neque in memoriam suae promissionis reduxit. Augustinus de concor. Evang. (lib. 3, c. 6). Non autem foris ante januam iterum negavit, sed cum rediisset ad focum: neque enim exierat, et foris eum vidit altera ancilla; sed cum exiret, eum vidit: idest, cum surgeret et exiret, animadvertit, *et dixit his qui erant ibi*, idest qui simul aderant ad ignem in atrio: *Et hic erat cum Jesu Nazareno*. Ille autem qui foras exierat, hoc audito regressus est, ut se quasi purgaret negando. Vel, quod est credibilius, non audivit quod de eo dictum fuerat cum foras exiret, et posteaquam rediit, dictum est ei quod Lucas commemorat (1)

Sequitur: *Et iterum negavit cum juramento, Quia non novi hominem*. Hieronymus (super *Et iterum negavit cum juramento*). Scio quosdam pio affectu erga Apostolum Petrum locum hunc ita interpretatos ut dicerent, Petrum hominem negasse, non Deum; et esse sensum: Nescio hominem, quia scio Deum. Hoc quam frivolum sit, prudens lector intelligit: si enim iste non negavit, ergo mentitus est Dominus, qui dixerat, *Ter me negabis*. Rabanus. In hac autem negatione Petri dicimus (2), non solum abnegare Christum qui dicit eum non esse Christum, sed qui cum sit, negat se esse Christianum. Augustinus de cons. Evang. (lib. 3, cap. 6). Nunc jam de tertia negatione inspiciamus: sequitur enim: *Et post pusillum accesserunt qui stabant, et dixerunt Petro: Vere et tu ex illis es*. Lucas autem dixit, cap. 22: « Intervallo facto quasi horae unius: » et ut eum convincant, consequenter adjungunt: *Nam et loquela tua manifestum te facit*. Hieronymus (super *Vere et tu ex illis es*). Non quod alterius sermonis esset Petrus, aut gentis externae: omnes quippe Hebraei erant, et qui arguebant et qui arguebantur: sed quia unaquaeque provincia et regio habeat proprietates suas, et vernaculum loquendi sonum vitare non possit. Remigius. Vide autem quam sint noxia pravorum hominum colloquia: ipsa quippe coegerunt Petrum negare Dominum, quem prius confessus fuerat esse Dei Filium: sequitur enim: *Tunc coepit detestari et jurare, quia non novisset hominem*. Rabanus (super hoc verbo). Nota, quia primum ait, *Nescio quid dicis*; secundo cum juramento negat; tertio quia *coepit detestari et jurare, quia non novit hominem*. Perseverare quippe in peccato dat incrementum scelerum; et qui minima spernit, cadit in majora. Remigius. Spiritualiter autem per hoc quod Petrus ante primum galli cantum negavit, illi designantur qui ante Christi resurrectionem non credebant eum esse Deum, ejus morte turbati. Per hoc autem quod post galli cantum negavit, illi designantur qui in utramque Domini naturam, et secundum Deum et secundum hominem erant. Per primam autem ancillam designatur cupiditas; per secundam carnalis delectatio; per illos qui astabant, daemones intelliguntur: his enim trahuntur homines ad Christi negationem. Origenes (tract. 35). Vel per primam ancillam intelligitur synagoga Judaeorum, qui frequenter compulerunt denegare fideles; per secundam congregatio Gentium, qui etiam persecuti sunt Christianos; per tertios stantes in atrio, ministri haeresum diversarum. Augustinus de quaest. Evang. (lib. 1, quaest. 45). Ter etiam Petrus negavit: nam et error haereticorum de Christo, tribus generibus terminatur: aut enim de divinitate, aut de humanitate, aut de utroque falluntur. Rabanus (super *Et continuo gallus cantavit*). Post tertiam autem negationem sequitur galli cantus; et hoc est quod subdit: *Et continuo gallus cantavit*: per quem Doctor Ecclesiae intelligitur, qui somnolentos increpans ait: « Evigilate justi, et no- « lite peccare: « 1 Corinth. 15. Solet autem « sacra Scriptura saepe meritum causarum per

---

(1) *Habet Nicolai*: posteaquam redit, dixerunt ei ancilla, et ille alius quem Lucas commemorat.
(2) *Forte* discimus.

statum designare temporum: unde Petrus, qui media nocte peccavit, ad galli cantum poenituit: unde sequitur: *Et recordatus est Petrus verbi Jesu quod dixerat: Priusquam gallus cantet, ter me negabis.* HIERONYMUS (super *Tunc coepit detestari*). In Evangelio legimus, quod post negationem Petri et galli cantum respexit Salvator Petrum, et intuitu suo eum ad amaras lacrymas provocavit: non enim fieri poterat ut in negationis tenebris permaneret quem lux respexerat mundi: unde et hic sequitur: *Et egressus foras, flevit amare.* In atrio enim Caiphae sedens non poterat agere poenitentiam: unde foras egreditur de impiorum concilio, ut pavidae

negationis sordes amaris fletibus lavet. LEO PAPA (serm. 9, de Passione). Felices, o Apostole sancte, lacrymae tuae, quae ad diluendam culpam negationis, virtutem sacri habuere baptismatis Affuit enim dextera Domini Jesu Christi, quae labentem te priusquam dejicereris exciperet; et firmitatem standi (1) in ipso cadendi periculo recepisti. Cito itaque ad soliditatem rediit Petrus (2), tamquam recipiens fortitudinem; ut qui tunc in Christi expaverat passione, in suo post supplicio non timeret sed constans permaneret.

(1) *Al.* decipereris: et firmitatem standi etc.

.(2) *Al.* Petra.

CAPUT VIGESIMUMSEPTIMUM.

1. Mane autem facto, consilium inierunt omnes principes sacerdotum et seniores populi adversus Jesum, ut eum morti traderent. Et vinctum adduxerunt eum, et tradiderunt Pontio Pilato praesidi. Tunc videns Judas, qui eum tradidit, quod damnatus esset, poenitentia ductus, retulit triginta argenteos principibus sacerdotum et senioribus, dicens: Peccavi, tradens sanguinem justum. At illi dixerunt: Quid ad nos? Tu videris. Et projectis argenteis in templo, recessit, et abiens, laqueo se suspendit.

2. Principes autem sacerdotum acceptis argenteis dixerunt: Non licet eos mittere in corbonam, quia pretium sanguinis est. Consilio autem inito, emerunt ex illis agrum figuli in sepulturam peregrinorum. Propter hoc vocatus est ager ille Haeldema, hoc est ager sanguinis, usque in hodiernum diem Tunc impletum est quod dictum est per Hieremiam Prophetam, dicentem: Et acceperunt triginta argenteos pretium appretiati quem appretiaverunt a filiis Israel, et dederunt eos in agrum figuli, sicut constituit mihi Dominus.

3. Jesus autem stetit ante praesidem; et interrogavit eum praeses, dicens: Tu es rex Judaeorum? Dicit illi Jesus: Tu dicis. Et cum accusaretur a principibus sacerdotum et senioribus, nihil respondit. Tunc dicit illi Pilatus: Non audis quanta adversum te dicunt testimonia? Et non respondit ei ad ullum verbum; ita ut miraretur praeses vehementer.

4. Per diem autem solennem consueverat praeses populo dimittere unum vinctum quem voluissent. Habebat autem tunc unum vinctum insignem, qui dicebatur Barabbas. Congregatis ergo illis dixit Pilatus: Quem vultis dimittam vobis, Barabbam, an Jesum qui dicitur Christus? Sciebat enim quod per invidiam tradidissent eum. Sedente autem illo pro tribunali, misit ad eum uxor ejus, dicens: Nihil tibi et justo illi: multa enim passa sum hodie per visum propter eum. Principes autem sacerdotum et seniores persuaserunt populis ut peterent Barabbam, Jesum vero perderent. Respondens autem praeses ait illis: Quem vultis vobis de duobus dimitti? At illi dixerunt, Barabbam. Dicit illis Pilatus: Quid igitur faciam de Jesu qui dicitur Christus? Dicunt omnes: Crucifigatur. Ait illis praeses: Quid enim mali fecit? At illi magis clamabant, dicentes: Crucifigatur. Videns autem Pilatus quia nihil proficeret, sed magis tumultus fieret, accepta aqua, lavit manus coram populo, dicens: Innocens ego sum a sanguine justi hujus; vos videritis. Et respondens universus populus, dixit; Sanguis ejus super nos et super filios nostros. Tunc dimisit illis Barabbam; Jesum autem flagellatum tradidit eis ut crucifigeretur.

5. Tunc milites praesidis suscipientes Jesum in praetorio, congregaverunt ad eum universam cohortem; et exuentes eum, chlamydem coccineam circumdederunt ei; et plectentes coronam de spinis posuerunt super caput ejus, et arundinem in dextera ejus; et genu flexo ante eum, illudebant ei, dicentes: Ave rex Judaeorum. Et expuentes in eum, acceperunt arundinem, et percutiebant caput ejus.

6. Et postquam illuserunt ei, exuerunt eum chlamyde, et induerunt eum vestimentis ejus, et duxerunt eum ut crucifigerent Exeuntes autem, invenerunt hominem Cyrenaeum, nomine Simonem; hunc angariaverunt, ut tolleret crucem

ejus. Et dederunt ei vinum bibere cum felle mixtum. Et cum gustasset, noluit bibere.

7. Postquam autem crucifixerunt eum, diviserunt vestimenta ejus, sortem mittentes, ut impleretur quod dictum est per Prophetam, dicentem: Diviserunt sibi vestimenta mea, et super vestem meam miserunt sortem Et sedentes servabant eum. Et imposuerunt super caput ejus causam ipsius scriptam: Hic est Jesus rex Judaeorum. Tunc crucifixi sunt cum eo duo latrones, unus a dextris, et unus a sinistris.

8 Praetereuntes autem blasphemabant eum, moventes capita sua, et dicentes: Vah qui destruis templum Dei, et in triduo illud reaedificas: salva temetipsum: si Filius Dei es, descende de cruce. Similiter et principes sacerdotum illudentes eum scribis et senioribus dicebant: Alios salvos fecit; se ipsum non potest salvum facere. Si rex Israel est, descendat nunc de cruce, et credimus ei. Confidit in Deo, liberet nunc eum si vult: dixit enim, Quia Filius Dei sum. Idipsum autem et latrones qui crucifixi erant cum eo, improperabant ei.

9. A sexta autem hora tenebrae factae sunt super universam terram usque ad horam nonam: et circa horam nonam clamavit Jesus voce magna, dicens: Eli Eli, lamasabachtani; hoc est, Deus meus, Deus meus, ut quid dereliquisti me? Quidam autem illic stantes et audientes dicebant: Eliam vocat iste. Et continuo currens unus ex eis acceptam spongiam implevit aceto, et imposuit arundini, et dabat ei bibere. Ceteri vero dicebant: Sine videamus an veniat Elias liberans eum. Jesus autem iterum clamans voce magna, emisit spiritum.

10. Et ecce velum templi scissum est in duas partes, a summo usque deorsum; et terra mota est, et petrae scissae sunt, et monumenta aperta sunt, et multa corpora sanctorum, qui dormierant, surrexerunt; et exeuntes de monumentis post resurrectionem ejus venerunt in sanctam civitatem, et apparuerunt multis Centurio autem, et qui cum eo erant custodientes Jesum, viso terraemotu et his quae fiebant, timuerunt valde, dicentes: Vere Filius Dei erat iste. Erant autem ibi mulieres multae a longe, quae secutae erant Jesum a Galilaea ministrantes ei: inter quas erat Maria Magdalene, et Maria Jacobi et Joseph mater, et mater filiorum Zebedaei.

11. Cum autem sero factum esset, venit quidam homo dives ab Arimathaea nomine Joseph, qui et ipse discipulus erat Jesu. Hic accessit ad Pilatum, et petiit corpus Jesu. Tunc Pilatus jussit reddi corpus. Et accepto corpore, Joseph involvit illud in sindone munda, et posuit illud in monumento suo novo, quod exciderat in petra. Et advolvit saxum magnum ad ostium monumenti, et abiit. Erat autem ibi Maria Magdalene et altera Maria sedentes contra sepulcrum.

12. Altera autem die, quae est post Parasceven, convenerunt principes sacerdotum et Pharisaei ad Pilatum, dicentes: Domine, recordati sumus quia seductor ille dixit adhuc vivens: Post tres dies resurgam. Jube ergo custodiri sepulchrum usque in diem tertium, ne forte veniant discipuli ejus, et furentur eum, et dicant plebi, Surrexit a mortuis: et erit novissimus error pejor priore. Ait illis Pilatus: Habetis custodiam: ite, custodite, sicut scitis. Illi autem abeuntes munierunt sepulchrum, signantes lapidem cum custodibus.

1. Augustinus de cons. Evang. (lib. 3, cap. 7). Contexuerat superius Evangelista narrationem in his quae cum Domino acta sunt usque ad mane ; sed postea rediit ad narrandam Petri negationem; qua terminata rediit ad mane ut inde cetera contexeret: et hoc est quod dicitur: *Mane autem facto consilium inierunt omnes principes sacerdotum et seniores populi adversus Jesum, ut eum morti traderent.* Origenes (tract 35). Putantes per mortem extinguere ejus doctrinam et fidem apud eos qui crediderunt in eum, quasi in Filium Dei. Talia autem contra eum consiliantes, alligaverunt Jesum solventem a vinculis: unde sequitur: *Et vinctum adduxerunt eum, et tradiderunt Pontio Pilato praesidi.* Hieronymus (in princ. Comm. ad cap. 27 Matth.). Vide solicitudinem sacerdotum in malum: tota nocte vigilarunt ut homicidium facerent; et vinctum tradiderunt Pilato: habebant enim hunc morem ut quem adjudicassent morti, ligatum judici traderent. Rabanus (hoc loco) Attamen notandum, quod non tunc primum ligaverunt, sed mox comprehensum in horto, ut Joannes declarat. Chrysostomus in homil. 86. Ideo autem eum non occulte interfecerunt, quia volebant ejus gloriae detrahere: multi enim eum admirabantur; et propter hoc studuerunt publice et coram omnibus eum occidere: et ideo ad praesidem eum duxerunt. Hieronymus (super *Tunc videns Judas*). Videns autem Judas Dominum adjudicatum morti, pretium retulit sacerdotibus, quasi in potestate sua esset persecutorum immutare sententiam: unde sequitur: *Tunc videns Judas qui tradidit eum, quod damnatus esset, poenitentia ductus, retulit triginta argenteos principibus sacerdotum et senioribus populi, dicens: Peccavi, tradens sanguinem justum.* Origenes (tract. 35). Respondeant mihi qui de naturis quasdam fabulas introducunt: unde est quod Judas agnoscens peccatum suum dixit: *Peccavi tradens sanguinem justum,* nisi ex bona plantatione mentis, et seminatione virtutis, quae seminata est in qualibet rationali anima (1)? quam non coluit Judas; et ideo cecidit in tale peccatum. Si autem naturae pereuntis est aliquis hominum, magis hujus naturae fuit Judas. Et si quidem post resurrectionem Christi hoc divisset Judas, forsitan erat dicendum quoniam compulit eum poenitere de peccato ipsa virtus resurrectionis. Nunc autem videns eum traditum esse Pilato, poenituit: forsitan recordatus quae frequenter Jesus dixerat de sua resurrectione futura. Forsitan et satanas, qui ingressus in eum fuerat, praesto fuit ei donec Jesus traderetur Pilato; postquam autem fecit quod voluit, recessit ab eo; quo recedente poenitentiam capere potuit. Sed quomodo vidit Judas quod condemnatus est? Nondum enim a Pilato fuerat interrogatus. Forsitan dicet aliquis, quoniam consideratione mentis suae vidit exitum rei ex eo quod traditum aspexit Alius autem dicet, quoniam quod scriptum est, *Videns Judas quia condemnatus est,* ad ipsum Judam refertur: tunc enim sensit malum suum, et intellexit se condemnatum. Leo Papa (serm. 1 de Passione Dom.) Dicendo tamen, *Peccavi, tradens sanguinem justum,* in impietatis suae perfidia perstitit, qui Jesum non Dei Filium, sed nostrae tantummodo conditionis hominem, etiam inter extrema mortis suae pericula credidit; cujus flexisset misericordiam,

si ejus omnipotentiam non negasset. Chrysostomus in hom. 66. Vide autem quoniam poenitentiam agit quando completum est, et finem accepit peccatum: non enim permittit diabolus eos qui non vigilant, videre malum antequam perficiant.

Sequitur: *At illi dixerunt: Quid ad nos? Tu videris.* Remigius. Ac si dicant: *Quid ad nos pertinet si justus est? Tu videris,* idest, opus tuum quale sit manifestabitur. Quidam autem conjunctim voluerunt legere haec verba, ut sit sensus: Cujus aestimationis deputaris apud nos, qui eum quem tradidisti, justum confiteris? Origenes (tract. 35). Recedens autem ab aliquo diabolus (1) observat tempus iterum; et postquam cognoverit, et ad secundum peccatum induxerit, observat etiam tertiae deceptionis locum. Sicut ille qui primo uxorem patris habuit, de hoc malo postea poenituit; sed postea diabolus voluit hanc ipsam tristitiam exaggerare, ut ipsa tristitia abundantior facta absorberet tristantem. Simile aliquid factum est in Juda; postquam enim poenituit, non servavit cor suum, sed suscepit abundantiorem tristitiam a diabolo sibi submissam, quia voluit eum absorbere: unde sequitur: *Et abiens, laqueo se suspendit.* Si autem locum poenitentiae requisisset, et tempus poenitentiae observasset, forsitan invenisset eum qui dixit Ezech. 33, « Nolo mortem peccatoris. » Vel forte existimavit praevenire magistrum moriturum, et occurrere ei cum anima nuda, ut confitens et deprecans misericordiam mereretur; nec vidit quia non convenit servum Dei seipsum expellere de hac vita, sed expectare Dei judicium. Rabanus. Suspendit autem se laqueo, ut se ostenderet caelo terraeque perosum. Augustinus de Quaest nov. et vet. test. (quaest. 94). Sed occupatis principibus sacerdotum ad necem Domini a mane usque ad horam nonam, quomodo Judas eis retulisse pretium sanguinis quod acceperat, ante crucem Domini, probatur, et divisse illis in templo: *Peccavi, quod tradiderim sanguinem justum?* cum constet, omnes principes et seniores ante passionem Domini non fuisse in templo, quippe cum in cruce posito insultarent ei. Nec enim inde potest probari quia ante passionem Domini relatum est, cum sint multa quae ante facta probantur, et novissima ordinantur. Sed ne forte post horam nonam factum sit, ut videns Judas occisum Salvatorem, et ob hoc velum templi scissum, terram tremuisse, saxa scissa, elementa conterrita, ipso metu correptus doluerit. Sed post horam nonam occupati erant, ut existimo, seniores et principes sacerdotum ad celebrationem paschae: sabbato autem secundum legem non licet nummos portare: ac per hoc non est probabile apud me quo die, immo tempore, laqueo vitam finierit Judas.

2. Chrysostomus in hom. 86. Quia principes sacerdotum noverant, occisionem emerant, a propria conscientia condemnati fuerunt: et ad hoc ostendendum subdit Evangelista: *Principes autem sacerdotum acceptis argenteis dixerunt: Non licet eos mittere in corbonam, quia pretium sanguinis est.* Hieronymus (super *Principes sacerdotum*). Vere culicem liquantes, et camelum glutientes: si enim ideo non mittunt pecuniam in corbonam, hoc est gazophylacium, et dona Dei, quia pretium sanguinis est, cur ipse sanguis effunditur ? Origenes

(trac. 35). Videbant autem quoniam circa mortuos magis eam pecuniam conveniebat expendi quae pretium sanguinis erat. Sed quia et inter loca mortuorum sunt differentiae, usi sunt pretio sanguinis Jesu ad comparationem agri figuli alicujus, ut in eo peregrini sepeliantur, non secundum votum suum in monumentis paternis: unde sequitur: *Consilio autem inito, emerunt ex illis agrum figuli in sepulturam peregrinorum.* Augustinus in serm. de coena Dom. (1) (serm. 2 inter ser. vero est 128). Providentia autem Dei factum puto ut pretium Salvatoris non peccatoribus sumptum praebeat, sed peregrinis requiem subministret; ut jam exinde Christus et vivos sanguinis sui passione redimat, et mortuos pretiosa passione suscipiat. Pretio ergo dominici sanguinis ager figuli comparatur. Legimus in Scripturis, quod totius generis humani salus redempta sit in sanguine Salvatoris. Ager ergo iste, mundus hic totus est. Figulus autem qui mundi possit habere dominatum, ipse est qui vascula corporis nostri fecit de limo. Istius itaque figuli ager Christi sanguine emptus est: peregrinis, inquam, qui sine domo et patria, toto orbe exules jactabantur, requies Christi sanguine providetur. Istos autem peregrinos esse dicimus devotissimos Christianos, qui renuntiantes saeculo, nihil possidentes in mundo, in Christi sanguine requiescunt: sepultura enim Christi nihil aliud est quam requies Christiani: « consepulti enim sumus (sicut ait Apostolus Rom. 6) « cum illo per baptismum in morte: » Nos ergo peregrini in hac luce versamur. Hieronymus (super *Consilio inito*). Qui etiam peregrini eramus a lege et prophetis, prava Judaeorum studia suscepimus in salutem. Origenes (tract. 35). Vel peregrinos dicimus qui usque ad finem extranei sunt a Deo: nam justi consepulti sunt Christo in monumento novo quod excisum est in petra. Qui autem alieni sunt a Deo usque in finem, sepulti sunt in agro figuli operantis lutum; qui pretio sanguinis comparatur, et ager sanguinis nominatur: unde sequitur: *Propter hoc vocatus est ager ille Haceldama, hoc est ager sanguinis, usque in hodiernum diem.* Glossa (2). Quod referendum est ad tempus quo Evangelista hoc scripsit. Deinde confirmat idem prophetico testimonio, dicens: *Tunc impletum est quod dictum est per Hieremiam Prophetam, dicentem: Et acceperunt triginta argenteos pretium appretiati, quem appretiaverunt a filiis Israel, et dederunt eos in agrum figuli, sicuti constituit mihi Dominus.* Hieronymu (super *Tunc impletum est*). Hoc in Hieremia penitus non invenitur, sed in Zacharia cap. 11, qui penultimus est duodecim Prophetarum, quaedam similitudo refertur; et quamquam sensus non multum discrepet, tamen ordo et verba diversa sunt. Augustinus de cons. Evang. (lib. 3, cap. 7). Si quis ergo putat ideo fidei Evangelistae aliquid derogandum, primo noverit non omnes codices Evangeliorum habere quod per Hieremiam dictum sit, sed tantummodo per Prophetam. Mihi autem haec non placet defensio: quia et plures codices habent Hieremiae nomen, et antiquiores; et nulli fuit causa

cur adderetur hoc nomen, et mendositas fieret. Cur autem tolleretur. fuit utique causa ut hoc audax imperitia faceret, praedicta quaestione turbata. Potuit autem fieri ut animo Matthaei Evangelium scribentis, pro Zacharia (1) Hieremias occurreret, ut fieri solet: quod tamen sine ulla dubitatione emendaret saltem ab his admonitus qui ipso adhuc in carne vivente haec legere potuerunt. nisi cogitaret recordationi suae. quae Spiritu sancto regebatur (2). non occurrisse aliud pro alio nomen Prophetae, nisi quia Dominus hoc ita scribi constituit. Cur autem constituerit, prima causa est. quia sic insinuatur ita omnes Prophetas uno spiritu locutos, mirabili inter se consensione constare. ut hoc multo amplius sit quam si omnium verba Prophetarum uno unius hominis ore demonstrentur; et ideo indubitanter accipi debet, quaecumque per eos Spiritus sanctus dixit, et singula esse omnium, et omnia singulorum. Si enim hodie quisquam volens alicujus verba indicare, dicat nomen alterius a quo dicta sunt. qui tamen sit amicissimus illius cujus verba dicere voluit, et continuo recordatus. alium pro alio se dixisse. ita se corrigat ut tamen dicat, Bene dixi, nihil aliud intuens nisi inter ambos esse concordiam: quanto magis de Prophetis sanctis hoc commendandum fuit ? Est et alia causa, cur hoc nomen Hieremiae in testimonio Zachariae sit manere permissum: vel potius sancti Spiritus auctoritate praeceptum sit. Est apud Hieremiam cap. 23, quod emerit agrum a filio fratris sui, et dederit ei argentum, non quidem sub hoc nomine pretii, quod positum est apud Zachariam, triginta argenteis. Quod autem prophetiam de triginta argenteis ad hoc interpretatus sit Evangelista quod modo de Domino completum est, manifestum est; sed ad hoc pertinere etiam illud de agro empto quod Hieremias dicit, hinc potest mystice significari, ut non hic Zachariae nomen poneretur qui dixit, *Triginta argenteis*, sed Hieremiae qui dixit de agro empto; ut lecto Evangelio, atque invento nomine Hieremiae, lecto autem Hieremia, et non invento testimonio de triginta argenteis. invento tamen agro empto, admoneatur lector utrumque conferre, et inde sensum enucleare prophetiae, quomodo pertineat ad hoc quod in Domino completum est. Nam illud quod subjecit huic testimonio Matthaeus cum ait, *Quem appretiaverunt a filiis Israel, et dederunt eos in agrum figuli, sicut constituit mihi Dominus*, nec apud Zachariam, sed apud Hieremiam reperitur: unde magis ex persona Evangelistae accipiendum est, et mystice insertum, quia hoc Domini revelatione cognoverit, ed ad hanc rem quae de Christi pretio facta est. hujusmodi pertinere prophetiam. Hieronymus de Optimo genere interpretandi (3) (parum ante med.). Absit ergo de pedissequo Christi quod possit argui de falso, cui cura fuit non verba et syllabas accupari, sed sententias dogmatum ponere. Hieronymus (4) (super illud *Tunc adimpletum est*. Legi nuper in quodam Hebraico volumine, quod Nazaraeae sectae mihi Hebraeus contulit, Hieremiae apocryphum. in quo hoc ad verbum scriptum reperi; sed tamen mihi videtur magis de Zacharia

---

(1) Nempe serm. 328 de tempore, qui secundus in die coenae annotatur, et inscribitur de Juda Iscariote; sed rejectus in appendicem de diversis, ubi notatur serm. 48, nec Augustini putatur esse, sed Maximi, cujus in Operibus invenitur (*Ex edit. P. Nicolai*).

(2) Quod autem subjungitur ex Glossa non occurrit (*Ex edit. P. Nicolai*).

(1) *Al.* quo Zacharia.

(2) *Al.* rogabatur.

(3) Ad Pammachium epistola 101 (*Ex edit. P. Nicolai*).

(4) *In* Romana edit. an. 1570, Chrysostomus in hom.: *in* Veneta 1593, Hieronymus in homil. *cum iis quae intra parenthesim sequuntur.*

sumptum testimonium, Evangelistarum et Apostolorum more vulgato, quo (1), verborum ordine praetermisso, sensus tamen de veteri testamento proferunt exemplum.

5. AUGUSTINUS de conc. Evangelist. (lib. 5. cap. 7). Finitis his quae Matthaeus de Juda proditore interposuit, ad ordinem narrationis revertitur, dicens: *Jesus autem stetit ante praesidem.* ORIGENES (tract. 55). Judex totius creaturae constitutus a Patre vide quantum se humiliavit, ut acquiesceret stare ante judicem tunc terrae Judaeae; et interrogatus est interrogationem, quam forsitan deridens, aut dubitans Pilatus interrogat: unde sequitur: *Et interrogavit eum praeses, dicens: Tu es Rex Judaeorum ?* CHRYSOSTOMUS in homilia 87. Id Pilatus interrogat quod adversarii contra Christum (2) continue resolvebant. Quia enim sciebant Pilatum nullam curam facientem legalium, ad publicas accusationes rem ducunt. ORIGENES (tract. 55). Vel pronuntiative hoc dixit Pilatus: unde et alibi scripsit in titulo, *Rex Judaeorum.* Principi ergo sacerdotum respondens, *Tu dixisti,* oblique arguit ejus dubitationem; Pilati vero sententiam confirmat pronuntiantis: unde sequitur: *Dicit ei Jesus, Tu dicis.* CHRYSOSTOMUS in hom. 87. Confessus est se esse regem, sed caelestem, ut in alio Evangelio manifestius legitur. « Regnum (inquit Joan. 18) meum « non est de hoc mundo: » ut neque Judaei neque Pilatus excusationem habeant, huic accusationi insistentes. HILARIUS (can. 52). Vel interroganti pontifici an ipse esset Jesus Christus, dixerat, *Tu dixisti,* quia semper futurum Christum ex lege ipse dixisset; huic vero legis ignaro interroganti, an ipse esset rex Judaeorum, dicitur, *Tu dicis,* quia per fidem praesentis confessionis salus Gentium est. HIERONYMUS (super illud, *Dixit illi Jesus, Tu dicis*). Attende autem quod Pilato, qui invitus promebat sententiam, aliqua ex parte respondit; sacerdotibus autem et principibus sacerdotum respondere noluit indignos eos suo sermone judicans: unde sequitur: *Et cum accusaretur a principibus sacerdotum et senioribus, nihil respondit.* AUGUSTINUS de conc. Evang. (lib. 5, cap. 8). Lucas autem ipsa crimina quae accusantes objecerunt, aperuit: dicit enim capit. 25: « Coeperunt illum accusare, « dicentes: Hunc invenimus subvertentem gentem « nostram, et prohibentem tributa dari Caesari, « et dicentem se Christum regem esse. » Nihil autem interest ad veritatem quo ordine ista retulerint, sicut nihil interest si alius aliquid tacet quod alius commemorat. ORIGENES (tractat. 55). Accusatus autem Jesus, sicut tunc illis nihil respondit, sic nec modo; non fit enim eis verbum Dei, sicut aliquando factum fuerat ad Prophetas: sed neque dignum erat ut Pilato interroganti responderet, qui non habebat permanens et firmum de Christo judicium, sed ad contraria trahebatur: unde sequitur: *Tunc dixit ei Pilatus: Non audis quanta adversum te dicunt testimonia ?* HIERONYMUS. Gentilis quidem est qui condemnat (5) Jesum; sed causam refert in populum Judaeorum. CHRYSOSTOMUS in hom. 86. Ideo autem hoc dicebat, quia volebat eum liberare dum se excusando responderet. Sequitur: *Et non respondit ei ad ullum verbum, ita ut miraretur praeses vehementer.* Quia enim multas habentes

demonstrationes ex ipsis rebus, virtutis et mansuetudinis ejus et humilitatis, tamen in ipsum indignabantur, et perverso judicio agebantur contra ipsum; propter hoc nihil respondet: et si aliquando respondet, brevia quidem dicit, ne continua taciturnitate pertinaciae opinio de ipse accipiatur. HIERONYMUS (super *Non audis*). Vel ideo Jesus nihil respondere voluit, ne crimen diluens dimitteretur a praeside, et crucis utilitas differretur. ORIGENES (tract. 55). Miratus est autem praeses constantiam ejus: forsitan sciens, quod idoneus est pronuntiare crimen, et tamen videbat eum in tranquilla et quieta sapientia, et gravitate non turbabili stare. Sed vehementer miratur: dignum enim ei videbatur magno miraculo ut exhibitus Christus ad criminale judicium, imperturbabilis staret ante mortem, quae apud omnes homines terribilis aestimatur.

4. CHRYSOSTOMUS in hom. 87. Quia Christus ad accusationes Judaeorum nihil responderat, per quod posset eum Pilatus ab accusationibus Judaeorum excusatum habere, aliud machinatur per quod eum liberare possit: unde dicitur: *Per diem autem solemnem consueverat praeses dimittere populo vinctum unum quem voluissent.* ORIGENES (tractat. 55). Sic enim quasdam gratias praestant Gentes eis quos subjiciunt sibi, donec confirmetur super eos jugum ipsorum; tamen consuetudo haec aliquando fuit apud Judaeos: Saul enim non interfecit Jonatham, omni populo petente eum ad vitam. CHRYSOSTOMUS in homil. 87 Per hanc autem consuetudinem Christum eripere tentavit, ut neque umbram excusationis Judaei sibi derelinquant. Manifestus homicida in comparatione Christi adducitur, de quo sequitur: *Habebat autem tunc unum vinctum insignem, qui dicebatur Barabbas.* Non simpliciter dicit latronem, sed insignem, hoc est in malitia diffamatum. HIERONYMUS (super *Habebat tunc unum vinctum in carcere*). Iste Barabbas in Evangelio quod inscribitur juxta Hebraeos, filius magistri eorum interpretatur qui propter seditionem et homicidium fuerat condemnatus. Offert autem optionem eis Pilatus dimittendi quem vellent, latronem an Jesum, non dubitans Jesum potius eligendum: unde sequitur; *Congregatis autem illis, dixit Pilatus: Quem vultis dimittam vobis, Barabbam, an Jesum qui dicitur Christus ?* CHRYSOSTOMUS in homil. 87. Quasi dicat: Si non vultis sicut innocentem dimittere, saltem condemnatum festivitati donetis (1). Si enim oportebat in peccatis manifestis existentem dimittere, multo magis in dubiis. Vide autem ordinem conversum. Petitio pro condemnatis solet esse plebis, concessio autem Principis: nunc autem contrarium gestum est: Princeps enim petit a plebe, et plebs ferocior redditur. GLOSSA (2). Quare autem Pilatus ad liberationem Christi laboravit, manifestat Evangelista cum subdit: *Sciebat enim quod per invidiam tradidissent eum.* REMIGIUS. Quae autem invidia fuerit, Joannes manifestat, qui narrat, cap. 1, eos dixisse: « Ecce mundus totus post eum vadit, « et si dimittimus eum sic, omnes credent in eum. » Notandum etiam, quia loco ejus quod Matthaeus dicit, *An Jesum qui dicitur Christus ?* Marcus dicit, cap. 15: « Vultis dimittam vobis regem Judaeorum ? » Soli namque reges Judaeorum ungebantur, et ab

---

(1) *Al.* qui.
(2) *Al.* contra ipsum.
(5) *Al.* qui condemnit.

(1) *Al.* dimittatis.
(2) Nec in Glossa quae nunc est, nec alibi occurrit (*Ex edit. P. Nicolai*).

ipsa unctione, Chr⸱sti vocabantur. Chrysostomus in homilia 87. Deinde subditur aliud quod sufficiens erat omnes a passione revocare; sequitur enim: *Sedente autem illo pro tribunali, misit ad eum uxor ejus dicens: nihil tibi et justo illi*. Cum demonstratione enim quae erat a rebus et somnus non parvum quid erat. Rabanus. Notandum vero, quia tribunal sedes est judicis, solium regum, cathedrae magistrorum. In visionibus autem et somniis gentilis viri uxor hoc intellexit quod Judaei vigilantes nec credere nec intelligere voluerunt. Hieronymus (super *Sedente autem illo*). Nota etiam, quod Gentilibus saepe a Deo somnia revelantur. et quod in Pilato et uxore ejus justum Dominum confitentibus gentilis populi testimonium sit. Chrysostomus in homil. 87. Sed cujus gratia non ipse Pilatus somnium vibebat ? Quia illa magis digna erat: vel quia si Pilatus vidisset, non aequaliter sibi creditum esset; vel forte neque dixisset: propter hoc dispensatur a Deo quod mulier vidit ut manifestum omnibus fieret. Et non simpliciter videt, sed et patitur multa: sequitur enim: *Multa enim passa sum hodie per visum propter eum*: ut scilicet a compassione quae erat ad uxorem, desidior fieret vir circa occisionem. Sed et tempus non parum conferebat; etenim eadem nocte vidit. Augustinus in ser. de Pass. (1). Sic ergo Judex terretur in conjuge: et ut crimini Judaeorum non praebeat in judicio consensum, pertulit in uxoris afflictione judicium: judicatur ipse qui judicat, et torquetur antequam torqueat. Rabanus (super *Nihil tibi et justo illi*). Vel aliter. Nunc demum diabolus intelligens per Christum se spolia sua amissurum; sicut primum per mulierem mortem intulerat, ita per mulierem vult Christum de manibus Judaeorum liberare, ne per ejus mortem mortis amittat imperium. Chrysostomus in homil 87. Nihil autem praemissorum Christi adversarios movit. quia eos omnino invidia excaecaverat: unde ex propria malitia plebem corrumpunt: et hoc est quod sequitur: *Principes autem sacerdotum, et seniores persuaserunt populo ut peterent Barabbam, Jesum vero perderent*. Origenes (tract. 35). Et est videre nunc quomodo populus Judaeorum a senioribus suis et Judaicae culturae doctoribus suadetur, et excitatur adversus Jesum, ut perdant eum.

Sequitur: *Respondens autem praeses ait illis: Quem vultis vobis de duobus dimitti?* Glossa (2) Respondisse autem dicitur Pilatus haec dicens, sive ad ea quae uxor nuntiaverat, sive ad petitionem populi, qui juxta consuetudinem aliquem in die festo sibi dimitti petebat. Origenes (ut supra). Turbae autem quasi ferae, quae spatiosam ambulant viam, voluerunt sibi Barabbam habere solutum: unde subditur: *At illi dixerunt, Barabbam*. Ideo gens illa habet seditiones et homicidia et latrocinia, secundum quosdam gentis suae in rebus quae foris habentur, secundum autem omnes, intus in anima. Ubi enim non est Jesus; illic lites et praelia sunt; ubi autem est, ibi sunt omnia bona et pax. Omnes etiam qui Judaeis sunt similes, vel in dogmate vel in vita, Barabbam sibi solvi desiderant: quicumque enim mala agit, solutus est in

corpore ejus Barabbas, Christus autem vinctus; qui autem bona agit, Christum habet solutum. Barabbam vinctum. Voluit autem Pilatus pudorem tantae iniquitatis eis incutere: unde sequitur: *Dicit illis Pilatus: Quid igitur faciam de Jesu qui dicitur Christus ?* Non solum autem hoc, sed et mensuram colligere volens impietatis eorum. Illi autem nec hoc erubescunt, quod Pilatus Jesum Christum esse confitebatur, nec modum impietatis servant, unde sequitur: *Dicunt omnes, Crucifigatur*: in quo multiplicaverunt impietatis suae mensuram, non solum homicidam postulantes ad vitam, sed etiam justum ad mortem, et ad mortem turpissimam crucis Rabanus Pendentes siquidem in ligno crucifixi, clavibus ad lignum pedibus manibusque confixi, producta morte necabantur, et diu vivebant in cruce, non quia longior vita eligebatur, sed quia mors ipsa protendebatur, ne dolor citius finiretur. Verum Judaei de morte pessima cogitabant. sed a Domino, non intelligentibus eis. electa erat; ipsam enim crucem diabolo superato erat tamquam trophaeum in frontibus fidelium positurus. Hieronymus (super *Quid igitur faciam de Jesu ?*). Cum autem hoc responderent, non statim acquievit, sed juxta suggestionem uxoris, quae mandaverat, *Nihil tibi, et justo illi*, ipse quoque respondit: unde sequitur: *Ait illis praeses: Quid enim mali fecit ?* Hoc dicendo Pilatus, absolvit Jesum. Sequitur: *At illi magis clamabant dicentes, Crucifigatur*: ut impleretur quod in Psalmo dicitur: « Circumdederunt me canes multi, congregatio malignantium obsedit me »: et illud Hieremiae cap. 12: « Facta est mihi hereditas mea sicut leo in silva; dederunt super me vocem suam ». Augustinus de cons. Evan. (lib. 3, cap. 8). Saepius autem Pilatus cum Judaeis egit, volens ut dimitteretur Jesus: quod paucissimis verbis testatur Matthaeus cum subdit: *Videns Pilatus quia nihil proficiebat, sed magis tumultus fieret*: quod non diceret, nisi multum ille conatus fuisset, quamvis tacuerit quoties hoc tentavit ut erueret Jesum furori eorum.

Sequitur: *Accepta aqua, lavit manus coram populo, dicens: Innocens ego sum a sanguine justi hujus*. Remigius. Mos enim erat apud antiquos ut cum vellet quis se ostendere immunem ab aliquo crimine, accepta aqua, lavaret manus suas coram populo. Hieronymus (super *Videns Pilatus quod nihil proficeret*). Pilatus ergo accepit aquam, juxta illud propheticum, Psal. 25: « Lavabo inter innocentes manus meas: » quodammodo in hoc contestans, et dicens: Ego quidem innocentem volui liberare: sed quoniam seditio oritur, et rebellionis mihi contra Caesarem crimen impingitur, innocens sum a sanguine justi hujus. Judex ergo qui cogitur contra Dominum ferre sententiam, non damnat oblatum, sed arguit offerentes, justum esse pronuntians eum qui crucifigendus est. Sequitur, *Vos videritis*, quasi dicat: Ego minister legum sum, vox vestra sanguinem fundit. Sequitur: *Et respondens universus populus dixit: Sanguis ejus super nos, et super filios nostros*. Perseverat usque in praesentem diem haec imprecatio super Judaeos, et sanguis Domini non aufertur ab eis. Chrysostomus in hom 88. Intuere autem et hic Judaeorum multam insaniam: eorum enim impetus et perniciosa concupiscentia non permittit eos quae oportet, inspicere, et sibi maledicunt dicentes: *Sanguis ejus super nos*; quin et ad filios maledictionem attrahunt, dicentes:

---

(1) Nihil tale in sermonibus qui nunc extant, sed inter Chrysostomi sermones; et est serm. 3, in fer. 5 in Coena Domini (*Ex edit. P. Nicolai*).

(2) Nec in Glossa nunc est, nec alibi occurrit (*Ex edit. P. Nicolai*).

Et super filios nostros. Sed tamen misericors Deus eorum sententiam non firmavit; sed ex eis et eorum filiis suscepit qui poenitentiam egerunt: etenim et Paulus ex ipsis fuit et multa millia eorum qui in Hierosolymis crediderunt. LEO PAPA in ser. 8 de Pass. Excessit ergo Pilati culpam facinus Judaeorum; sed nec ipse evasit reatum, qui reliquit proprium judicium, et in crimen transivit alienum: sequitur enim: *Tunc dimisit illis Barabbam, Jesum autem flagellatum tradidit eis, ut crucifigeretur.* HIERONYMUS (super *Tunc dimisit illis* Sciendum est autem Pilatum Romanis legibus ministrasse, quibus sancitum est ut qui crucifigitur, prius flagellis verberetur. Traditur igitur (1) Jesus militibus verberandus, et illud sanctissimum corpus pectusque Dei capax flagellis secuerunt. AUGUSTINUS in serm, de Pass. (2). Ecce Dominus aptatur ad verbera, ecce jam caeditur: rupit sanctam cutem violentia flagellorum; repetitis ictibus crudelia verbera scapularum terga conscindunt. Proh dolor ! jacet extensus ante hominem Deus, et supplicium patitur rei in quo nullum peccati vestigium potuit inveniri. HIERONYMUS. Hoc autem factum est ut quia scriptum erat Psal. 51: « Multa flagella peccato- « rum, » illo flagello nos a verberibus liberemur. In lavacro etiam manuum Pilati, Gentilium omnia opera purgantur, et ab impietate Judaeorum nos alieni efficimur. HILARIUS (can. 55). Hortantibus autem sacerdotibus populus Barabbam elegit, qui interpretatur patris filius, in quo arcanum futurae infidelitatis ostenditur, Christo Antichristum peccati filium praeferendo. RABANUS (super *Tunc dimisit illis Barabbam.*). Barabbas etiam, qui seditiones faciebat in turbis, dimissus est populo Judaeorum, idest diabolus, qui usque hodie regnat in eis; et idcirco pacem habere non possunt.

5. AUGUSTINUS de concor. Evang. (lib. 5, cap. 9). Post accusationes Christi, consequens est ut ipsam Domini passionem videamus, quam Matthaeus sic incipit: *Tunc milites praesidis suscipientes Jesum in praetorio, congregaverunt ad eum universam cohortem.* HIERONYMUS (super *Tunc milites praesidis*). Quia enim rex Judaeorum fuerat appellatus, et hoc ei scribae et sacerdotes crimen objecerant, quod sibi in populo Israel usurparet imperium, illudentes hoc faciunt, ut nudatum pristinis vestibus induant chlamydem coccineam pro rufo linteo, quo reges veteres utebantur, et pro diademate imponant ei coronam spineam, pro sceptro regali dent calamum, et adorent quasi regem: et hoc est quod subditur: *Et exuentes eum, chlamydem coccineam circumdederunt ei, et plectentes coronam de spinis posuerunt super caput ejus.* AUGUSTINUS de conc. Evang. (lib. 5, cap. 9). Per hoc autem intelligitur Marcum dixisse indutum purpura. Pro regia enim purpura chlamys illa coccinea ab illudentibus adhibita erat; et est rubra quaedam purpura cocco simillima. Potest etiam fieri ut purpuram etiam Marcus commemoraverit, quam chlamys habebat, quamvis esset coccinea. CHRYSOSTOMUS in homil. 88. Quae igitur erit nobis cura de reliquo, si contumelias ab aliquo patiamur, postquam Christus hoc passus est? Etenim quod fiebat in Christum, ultimus terminus contumeliae erat; nec una particula tantum, sed universum corpus patiebatur

injurias: caput per coronam et arundinem et colaphos: facies, quia inspuebatur; genae, quia alapis caedebatur; corpus totum per flagella, et quia denudatum est per circumdationem chlamydis, et per fictam adorationem; manus per arundinem, quam dederunt ei pro sceptro; ac si timerent ne aliquid praetermitterent gravissimae praesumptionis, AUGUSTINUS de conc. Evang. (lib. 5, cap. 9). Apparet autem Matthaeum recapitulando ista commemorasse, non quod tunc factum sit cum eum Pilatus crucifigendum tradidisset. Joannes enim antequam diceret quod eum Pilatus crucifigendum tradiderit, ista commemoravit. HIERONYMUS (hoc loco). Nos autem omnia haec intelligamus mystice. Quomodo enim Caiphas dixit, Oportet unum hominem mori pro omnibus, nesciens quid diceret; sic et isti quodcumque fecerunt, licet alia mente fecerint, tamen nobis qui credimus, sacramenta tribuebant. In chlamyde coccinea, opera Gentium cruenta sustentat; in corona spinea maledictum solvit antiquum, in calamo venenata occidit animalia; sive calamum tenebat in manu, ut sacrilegium scriberet Judaeorum HILARIUS (1) (can. 55, ut supra). Vel aliter. Susceptis omnibus corporis nostri infirmitatibus a Domino, omnium deinde martyrum (2), quibus regnum secum erat debitum, sanguine cocci colore (3) perfunditur, spinis quoque, idest compungentium quondam peccatis Gentium, coronatur: est enim aculeus in spinis, ex quibus Christo victoriae corona contexitur. In calamo vero earumdem Gentium infirmitas atque inanitas manu comprehensa firmatur; quin etiam capiti ejus illiditur, ut infirmitas Gentium manu Christi comprehensa etiam in Deum Patrem, qui caput ejus est, conquiescat. ORIGENES (tract. 55). Vel calamus mysterium fuit, quod priusquam crederemus, confidebamus in virga arundinea Ægypti, vel cujuscumque regni contrarii Deo; quem accepit, ut triumphet eum in ligno crucis. Percutiunt autem cum hoc calamo caput Christi Jesu, quoniam semper regnum illud verberat Deum Patrem caput Salvatoris. REMIGIUS. Vel aliter. Per (4) chlamydem coccineam caro Domini designatur, quae rubra dicitur propter sanguinis effusionem; per spineam coronam susceptio peccatorum nostrorum, quia in similitudinem carnis peccati apparuit. RABANUS (super *Et expuebat*). Calamo igitur Christi caput percutiunt qui divinitati ejus contradicentes, errorem suum auctoritate sanctae Scripturae, quae calamo scribitur, confirmare conantur. Spuunt in faciem ejus qui praesentiam gratiae illius verbis execrandis respuunt, et Jesum in carne venisse denegant. Falso autem illum adorant qui in eum credunt, sed perversis actibus despiciunt. AUGUSTINUS de quaest. Evang. (lib. 2, quaest. 51). Quod autem Dominum in passione exuerunt veste propria, et induerunt fucata, signati sunt haeretici, qui eum dicunt verum corpus non habuisse, sed fictum.

6. GLOSSA (5). Postquam Evangelista commemoravit ea quae ad illusionem Christi pertinent, nunc narrare incipit processum crucifixionis ipsius:

---

(1) *Al. deest* igitur.
(2) Quod subjungitur ex Augustino, est Chrysostomi eo loco qui jam antea notatus est (*Ex edit. P. Nicolai*).

(1) HIERONYMUS ubi supra. *P. Nicolai omittit,* Vel aliter.
(2) *Al.* omne deinde nostrum.
(5) *P. Nicolai legit* in cocci colore.
(4) *Al.* omittitur per.
(5) Non est in Glossa quae nunc extat, nec in Anselmo, sed nec apud alium interpretem occurrit (*Ex edit. P. Nicolai*).

unde dicitur: *Et postquam illuserunt ei, exuerunt eum chlamyde, et induerunt eum vestimentis suis, et duxerunt eum ut crucifigerent.* AUGUSTINUS de conc. Evang. (lib. 3, cap. 9). Hoc autem in fine factum esse intelligitur, cum jam duceretur ad crucifigendum; postquam scilicet Pilatus tradidit eum Judaeis. HIERONYMUS (super *Postquam illuserunt ei*). Notandum autem, quod quando flagellatur Jesus et conspuitur, non habet propria vestimenta, sed ea quae propter peccata nostra sumpserat ; cum autem crucifigitur et illusionis pompa praeterierit, tunc pristinas vestes recipit, et proprium assumit ornatum; statimque elementa turbantur, et creatori dat testimonium creatura (tract. 35). Et de chlamyde quidem scriptum est, quoniam denuo expoliaverunt eum; de corona autem spinea nihil tale Evangelistae scripserunt; ut jam non sint spinae nostrae antiquae, postquam semel eas a nobis abstulit Jesus super venerabile caput suum. CHRYSOSTOMUS in ser. de Pass. (1). Non autem voluit Dominus pati sub tecto, non in templo Judaico, ne putares pro illa tantum plebi oblatum; et ideo foras civitatem, foras muros, ut scias sacrificium esse commune quod totius terrae est oblatio , quod communis est purificatio; et hoc signatur cum dicitur: *Exeuntes invenerunt hominem Cyrenaeum nomine Simonem: hunc angariaverunt ut tolleret crucem ejus.* HIERONYMUS (super *Exeuntes invenerunt*). Ne quis autem putet huic loco Evangelistae Joannis historiam esse contrariam: ille enim dicit, exeuntem Dominum de praetorio portasse crucem suam; Matthaeus autem refert, quod invenerunt hominem Cyrenaeum, cui imposuerunt crucem Jesu. Sed hoc intelligendum est quod egrediens de praetorio Jesus, ipse portaverit crucem suam; postea obviam habuerunt Simonem, cui portandam crucem imposuerunt. ORIGENES (tract. 35). Aut egressi quidem angariaverunt Simonem; appropinquantes autem ad locum in quo eum fuerant suspensuri, imposuerunt crucem et ipsi, ut ipse eam portaret. Non fortuito autem angariatus est Simon; sed secundum dispositionem Dei ductus est ad hoc ut evangelica Scriptura dignus inveniretur, et ministerio crucis Christi. Non solum autem Salvatorem conveniebat accipere crucem suam, sed et nos conveniebat eam portare, salutarem nobis angariam adimplentes: nec tamen sic profecisset nobis eam accipere, sicut cum ipse eam (2) accepit. HIERONYMUS. Mystice Christum suscipiunt (3) nationes, et peregrinus obediens portat ignominiam Salvatoris. HILARIUS (can. 33). Indignum enim Judaeis erat (4) Christi crucem ferre, quia fidei Gentium erat in reliquum et crucem accipere et compati. REMIGIUS. Iste enim Simon non (5) erat Hierosolymita, sed peregrinus et advena, scilicet Cyrenaeus: Cyrene enim civitas est Lybiae. Interpretatur autem Simon obediens et Cyrenaeus heres: unde pulchre per eum designatur populus Gentium, qui peregrinus erat testamentorum Dei, sed credendo factus est civis sanctorum, et domesticus et heres Dei. GREGORIUS in hom. (in Evang. 32, et lib. 8 Moral. cap. 30). Vel aliter. Per Simonem, qui crucem

dominicam in angariam portat, designantur abstinentes et arrogantes: quia per abstinentiam quidem carnem afficiunt, sed fructum abstinentiae interius non requirunt: unde idem Simon crucem portat, sed non moritur, quia abstinentes et arrogantes per abstinentiam quidem corpus afficiunt, sed per desiderium gloriae mundo vivunt.

Sequitur: *Et venerunt in locum qui dicitur Golgotha, quod est Calvariae locus.* RABANUS. Golgotha enim Syrum nomen est, et interpretatur Calvaria. HIERONYMUS (super *Venerunt in locum*). Audivi quemdam exposuisse Calvariae locum, in quo sepultus est Adam; et ideo sic appellatum, quia ibi antiqui hominis sit conditum caput. Favorabilis interpretatio et mulcens aurem populi, nec tamen vera. Extra urbem enim et foris portam loca sunt in quibus truncantur capita damnatorum et Calvariae, idest decollatorum, sumpsere nomen. Propterea autem ibi crucifixus est Jesus, ut ubi prius erat area damnatorum, ibi erigerentur vexilla martyrii. Adam vero sepultum juxta Ebron et Arbec, in Jesu filii Nave volumine legimus. HILARIUS (can. 33) Locus autem crucis talis est, ut positus in medio terrae, ad capessendam Dei cognitionem universis gentibus esset aequalis.

Sequitur: *Et dederunt ei vinum bibere cum felle mixtum.* AUGUSTINUS de concor. Evang. (lib. 3, cap. 11). Hoc Marcus ita narrat cap. 15: « Et dabant ei bibere myrrhatum vinum. » Fel quippe pro amaritudine Matthaeus posuit: myrrhatum enim vinum amarissimum est: quamquam fieri possit ut fel et myrrha vinum amarissimum redderent. HIERONYMUS (super *Et dederunt ei acetum bibere*). Amara vitis amarum vinum facit; quo potant Dominum Jesum, ut impleatur quod scriptum est Psal. 67: « Dederunt in cibum meum fel: » Et Deus loquitur ad Hierusalem Hier. 2: « Ego te plantavi « vineam veram: quomodo facta es in amaritudi- « nem vitis aliena? »

Et cum gustasset, noluit bibere. AUGUSTINUS de conc. Evang. (lib. 3, cap. 11). Quod autem Marcus ait loc. cit. « Et non accepit, » intelligitur, non accepit ut biberet; gustavit autem, sicut Matthaeus testis est: et quod idem Matthaeus ait, *Noluit bibere*; hoc Marcus dixit, « Non accepit. » Tacuit etiam, quod gustavit; quod autem cum gustasset noluit bibere, hoc indicat, quod gustavit quidem pro nobis mortis amaritudinem, sed tertia die resurrexit. HILARIUS (can. 33). Vel ideo oblatum vinum felle admixtum bibere recusavit: non enim aeternae gloriae incorruptioni, peccatorum amaritudo miscetur.

7. GLOSSA (1). Praemisso quomodo Christus ad locum passionis est ductus, hic Evangelista ipsam passionem prosequitur, genus mortis exponens, cum dicit: *Postquam autem crucifixerunt eum.* AUGUSTINUS in lib. 83 Quaestionum (quaest. 25). Sapientia quidem Dei hominem ad exemplum quo recte viveremus, suscepit. Pertinet autem ad vitam rectam ea quae non sunt metuenda non metuere. Sunt autem homines qui quamvis mortem ipsam non timeant, genus tamen mortis horrescunt. Ut ergo nullum mortis genus recte viventi homini metuendum esset, illius hominis cruce ostendendum fuit. Nihil enim erat inter omnia genera mortis, illo genere execrabilius et formidabilius. AUGUSTINUS

---

(1) Sive in homilia *de Cruce et Latrone* cujus initium est *Hodierna die Dominus noster* (*Ex edit. P. Nicolai*).

(2) Al. *deest* eam.

(3) Al. mystice enim crucem suscipiunt.

(4) Al. indignus enim Judaeos erat.

(5) Al. *deest* non.

(1) Nec in Glossa quae nunc est, nec alibi occurrit (*Ex edit. P. Nicolai*)

in ser. de Passione (1). Quantum autem valeat virtus crucis, advertat sanctitas vestra. Contempsit Adam praeceptum, accipiens ex arbore pomum; sed quicquid Adam perdidit, Christus in cruce invenit. De diluvio aquarum humanum genus arca lignea liberavit: de Ægypto Dei populo recedente, Moyses mare virga divisit, Pharaonem prostravit, et populum Dei redemit. Idem Moyses lignum in aquam misit, et amaram aquam in dulcedinem commutavit. Ex lignea virga de spirituali petra salutaris unda profertur: et ut Amalec vinceretur, circa virgam Moyses expansis manibus extenditur: et lex Dei arcae testamenti creditur ligneae: ut his omnibus ad lignum crucis, quasi per gradus quosdam, veniatur. Chrysostomus in serm. de Pass. (2). Ideo et in excelso ligno, non sub tecto, passus est, ut etiam ipsius aeris natura mundetur; sed et terra simile beneficium sentiebat, decurrentis de latere sanguinis stillatione mundata. Glossa (3). Lignum etiam crucis significare videtur Ecclesiam in quatuor mundi partibus diffusam. Rabanus (super *Postquam crucifixerunt*). Vel secundum moralem sensum, crux per suam latitudinem significat hilaritatem operantis, quia tristitia angustias facit: latitudo enim crucis est in transverso ligno, ubi figuntur manus; per manus autem opera intelligimus. Per altitudinem autem, cui caput adjungitur, significatur expectatio retributionis de sublimi justitia Dei. Longitudo autem qua totum corpus extenditur, tolerantiam designat: unde longanimes dicuntur qui tolerant. Profundum autem quod terrae infixum est, secretum sacramenti praefigurat. Hilarius (can. 33). Sic ergo in ligno vitae cunctorum salus et vita suspenditur: unde dicitur: *Postquam autem crucifixerunt eum*, diviserunt *vestimenta ejus, sortem mittentes*. Augustinus de concor. Evang. (lib. 3, cap. 12). Hoc breviter a Matthaeo dictum est; Joannes autem distinctius explicat quemadmodum gestum est cap. 20: « Milites (inquit) eum crucifixissent eum, acceperunt vestimenta ejus, et fecerunt quatuor partes, unicuique militi partem, et tunicam. Erat autem tunica inconsutilis. » Chrysostomus in hom. 88. Notandum ergo, quod non parva haec abjectio Christi erat: quasi enim circa dehonoratum et omnium vilissimum in Christo hoc agebant; in latronibus autem nihil tale operati sunt. Dividere enim vestimenta in condemnatis valde vilibus et abjectis fit, et nihil aliud habentibus. Hieronymus (ubi supra). Hoc autem quod circa Christum gestum est, in Psalmo 22 fuerat prophetatum: et ideo sequitur: *Ut adimpleretur quod dictum est per Prophetam dicentem: Diviserunt sibi vestimenta mea, et super vestem meam miserunt sortem.* Sequitur: *Et sedentes servabant eum*, scilicet milites. Diligentia militum et sacerdotum nobis profuit, ut major et apertior resurgentis virtus appareat. Sequitur: *Et imposuerunt super caput ejus causam ipsius scriptam: Hic est Jesus rex Judaeorum.* Non possum autem digne admirari pro rei magnitudine, quod emptis falsis testibus, et ad seditionem clamoremque

infelici populo concitato, nullam aliam invenerunt causam interfectionis ejus, nisi quod rex Judaeorum esset: et illi forsitan illudentes ridentesque hoc fecerunt. Remigius. Divinitus autem procuratum fuit ut talis titulus super caput ejus poneretur, ut per hoc Judaei agnoscerent quoniam nec etiam occidendo facere potuerunt ut eum regem non haberent: per mortis enim patibulum non amisit imperium, sed potius corroboravit. Origenes (tract. 35). Et princeps quidem sacerdotum, secundum litteram legis, portabat in capite suo sanctificationem Domini scriptam; verus autem Princeps sacerdotum et rex Jesus in cruce quidem habet scriptum, *Hic est rex Judaeorum*; ascendens autem ad Patrem, pro litteris et pro nomine quo nominatur, habet ipsum Patrem. Rabanus. Quia enim rex simul et sacerdos est, cum suae carnis hostiam in altari crucis offerret, regis quoque dignitatem titulus praetendit: qui non infra, sed supra crucem ponitur: quia licet in cruce pro nobis hominis infirmitate dolebat, super crucem tamen regis majestas fulgebat; quam per crucem non perdidit, sed potius confirmavit.

Sequitur: *Tunc crucifixi sunt cum eo duo latrones, unus a dextris, et unus a sinistris.* Hieronymus. Sicut enim pro nobis maledictum crucis factus est Christus, sic pro omnium salute inter noxios, quasi noxius crucifigitur. Leo Papa in ser. 4 de Passione Domini. Duo autem latrones, unus ad dexteram et unus (1) ad sinistram, crucifiguntur, ut ipsa patibuli specie monstraretur illa quae in judicio ipsius omnium hominum est facienda discretio. Passio igitur Christi salutis nostrae continet sacramentum; et de instrumento quod iniquitas Judaeorum paravit ad poenam, potentia Redemptoris, gradum fecit ad gloriam. Hilarius (can. 33). Vel aliter. Duo latrones laevae ac dexterae affiguntur, omnem humani generis universitatem vocari ad sacramentum passionis Domini ostendentes; sed quia per diversitatem fidelium ac infidelium fit omnium secundum dexteram sinistramque divisio, unus ex duobus ad dexteram ejus situs, fidei justificatione salvatur. Remigius. Vel per istos duos latrones designantur omnes qui arctioris vitae continentiam apprehendunt: quicumque enim sola intentione placendi Deo hoc faciunt, designantur per illum qui a dextris Dei crucifixus est; qui vero pro appetitu humanae laudis vel aliqua minus digna intentione, designantur per illum qui a sinistris crucifixus est.

9 Chrysostomus in homil. 88. Cum Christum denudassent et crucifixissent, ultra procedunt, et in cruce videntes affixum exprobrant ei: unde dicitur: *Praetereuntes autem blasphemabant eum moventes capita sua.* Hieronymus. Blasphemabant quidem, quia praetergrediebantur viam, et in vero itinere Scripturarum ambulare nolebant. Movebant autem capita sua, quia jam ante moverant pedes, et non stabant supra petram. Idipsum autem insultans dicit fatuus populus, quod falsi testes confixerant: unde sequitur: *Et dicentes: Vah qui destruis templum Dei, et in triduo illud reaedificas.* Remigius. *Vah* interjectio est insultantis, sive irridentis. Hilarius (can. 33). Quid ergo veniae erit, cum post triduum reaedificatum templum Dei in corporis resurrectione cernetur? Chrysostomus in hom. 88. Et quasi prioribus signis incipientes detrahere, subjungunt: *Salva temetipsum. Si Filius Dei es, descende de cruce.*

---

(1) Ex serm. 2 *de Parasceve* citat Milleloquium; sed nihil tale ibi colligitur: simile quiddam ex serm. *de Serpente aeneo*, feria 2 post dom. 4 quadrag., sed non iisdem verbis, quae nec occurrunt *(Ex edit. P. Nicolai).*

(2) Sive in hom. *de Cruce et Latrone* ut supra *(Ex edit. P. Nicolai).*

(3) Non est in Glossa quae nunc extat; sed in Anselmo et Rabano *(Ex edit. P. Nicolai).*

(1) *Al.* et alius.

CHRYSOSTOMUS in serm. de Passione (1). Sed e contrario, quia Filius Dei est, ideo non descendit de cruce: nam ideo venit ut crucifigeretur pro nobis.

Sequitur: *Similiter et principes sacerdotum illudentes cum scribis et senioribus dicebant: Alios salvos fecit, seipsum non potest salvum facere.* HIERONYMUS (super *Alios salvos fecit*). Etiam nolentes Scribae et Pharisaei confitentur quod alios salvos fecerit. Itaque vestra vos condemnat sententia: qui enim alios salvos fecit, utique si vellet, et seipsum salvare poterat.

Sequitur: *Si rex Israel est, descendat nunc de cruce; et credimus ei.* CHRYSOSTOMUS in serm. de Passione Domini (2). Considera autem nunc vocem filiorum diaboli, quomodo imitantur vocem paternam. Diabolus enim dicebat, supra 4: *Mitte te deorsum, si Filius Dei es,* et Judaei dicunt: *Si Filius Dei es, descende de cruce.* LEO Papa (ser. 4 de Passione). De quo erroris fonte, Judaei, talium blasphemiarum venena potastis? Quis vobis magister tradidit? Quae doctrina persuasit, quod illum regem Israel, illum Dei Filium credere debeatis, qui se aut crucifigi non sineret, aut a confixione clavorum liberum corpus excuteret? Non haec vobis legis mysteria aut Prophetarum ora cecinerunt sed illud vere legistis Isa. 1: « Faciem meam non « averti a confusione sputorum. » Et iterum Psalm. 21: « Foderunt manus meas et pedes meos: dinu- « meraverunt omnia ossa mea. » Numquid legistis: Dominus descendit de cruce? Sed legistis Psal. 98: « Dominus regnavit a ligno. » RABANUS (super *Si Filius Dei es*). Si autem tunc de cruce surgeret, insultantibus cedens, virtutem nobis patientiae non demonstraret; sed expectavit paululum, irrisionem sustinuit ; et qui de cruce surgere noluit, de sepulcro resurrexit. HIERONYMUS (ibidem). Fraudulenta autem est promissio cum addunt, *et credimus ei.* Quid enim plus est, de cruce adhuc viventem desendere, an de sepulcro mortuum resurgere? Resurrexit, et non credidistis; ergo etiam si de cruce descenderet, non crederetis. Sed mihi videntur hoc daemones immittere. Statim enim ut crucifixus est Dominus, senserunt virtutem crucis et intellexerunt fractas vires suas esse; et hoc agunt ut de cruce descendat. Sed Dominus sciens adversariorum insidias, permanet in patibulo, ut diabolum destruat.

Sequitur: *Confidit in Deo: liberet eum nunc si vult.* CHRYSOSTOMUS in hom. 88. O inquinati valde! Numquid Prophetae et justi non erant, quia eos non eripuit a periculis Deus? Si autem illorum gloriae non obfuit quod eis pericula induxistis: multo magis in isto non oportebat vos scandalizari per ea quae patitur, quia semper per ea quae dixit, hanc vestram removit suspicionem. Sequitur: *Dixit enim, Quia Filius Dei sum:* per quod ostendere volebant eum pati ob seductoris et erronei causam, et sicut superbum et vane gloriantem in his quae dicebat. Sic ergo non solum Judaei et milites desubtus eum deridebant, sed et desuper latrones cum eo crucifixi: unde sequitur: *Idipsum autem et latrones, qui crucifixi erant cum eo, improperabant ei.* AUGUSTINUS de cons. Evang. (lib.

3 cap. 16). Potest autem putari Lucas repugnare ei quod hic dicitur, qui dicit, quod unus de latronibus blasphemabat eum, quem alter increpabat, nisi intelligamus Matthaeum breviter restringentem hunc locum, pluralem numerum pro singulari posuisse; sicut in epistola ad Hebraeos cap. 11, legimus pluraliter dictum, « Clauserunt ora leonum, » cum solus Daniel significari intelligatur Quid autem usitatius quam ut aliquis dicat, En rustici mihi insultant, etiamsi unus insultet ? Esset autem contrarium, si Matthaeus dixisset, ambos latrones conviciatos Domino; cum vero dictum est *latrones,* nec additum est Ambo, potuit usitato locutionis modo per pluralem numerum significari. HIERONYMUS (super *Latrones improperabant*). Vel potest dici, quod primum uterque simul (1) blasphemaverit; deinde, sole fugiente, terra commota, saxisque diruptis, et ingruentibus tenebris, unus crediderit in Jesum, et priorem negationem sequenti confessione emendaverit. CHRYSOSTOMUS in hom. 88. Ut enim non existimes ex quadam conniventia (2) id gestum fuisse, neque latronem fuisse qui latro videbatur; a contumelia ostendit tibi quoniam etiam in cruce positus latro erat et inimicus, et repente transmutatus est. HILARIUS (can. 33). Quod autem latrones ambo conditionem ei passionis exprobrant, universis etiam fidelibus scandalum crucis futurum esse significat. HIERONYMUS (ubi supra . Vel in duobus latronibus uterque populus Gentilium et Judaeorum primo Dominum blasphemavit; postea signorum multitudine alter exterritus egit poenitentiam, et usque hodie Judaeos increpat blasphemantes. ORIGENES (tract. 35). Sed et latro qui salvatus est potest esse mysterium eorum qui post multas iniquitates crediderunt in Christum.

9. CHRYSOSTOMUS in ser. de Passione (3). Non poterat ferre creatura injuriam creatoris: unde sol retraxit radios suos, ne videret impiorum facinora: et ideo dicitur: *A sexta autem hora tenebrae factae sunt super universam terram usque ad horam nonam.* ORIGENES (tract. 35). Ab hoc textu quidam calumniantur evangelicam veritatem. Defectio enim solis a saeculo semper fuit in suo tempore facta: sed defectio solis, quae secundum consuetudinem temporum ita currentium fieri solet, non in alio tempore fit nisi in conventu solis et lunae, quando luna subtus currens, solis impedit radios occurrentis ei: in tempore autem quo passus est Christus, manifestum est quoniam conventus non erat lunae ad solem, quoniam tempus erat paschale, quod consuetudinis est agere quando luna plena est. Quidam autem credentium volentes defensionem aliquam inducere contra hoc, dixerunt quoniam illa defectio solis convenienter secundum cetera prodigia nova contra consuetudinem facta est. DIONYSIUS in epistola 7 ad Polycarpum. Cum ambo apud Heliopolim essemus, ambo simul incidentem mirabiliter soli lunam notabamus (non enim ejusce conjunctionis tunc aderat tempus) ipsamque rursus ab hora nona usque in vesperam ad solis diametrum supra naturae vires restitutam. Insuper et eam lunae incidentiam observavimus ab oriente coepisse, et usque ad solaris corporis finem pervenisse, ac tum demum resilisse, nec ex ea ut assolet, parte

---

(1) Idest in homil. de *Cruce et Latrone* (*Ex edit.* **P. Nicolai**).

(2) Non eodem quo supra, sed proxime sequente, cujus initium est: *Hodie incipimus, carissimi, crucis trophaeum praedicare* (*Ex edit.* P. Nicolai).

(1) *Al.* scilicet.

(2) *Al.* convenientia.

(3) Sive in hom. *de Cruce et Latrone,* cujus initium est *Hodie incipimus,* ut jam supra (*Ex edit.* P. Nicolai).

luminis defectum et restitutionem contigisse, sed ex adverso diametri (1). Chrysostomus in hom. 89. Tribus etiam horis tenebrae permanserunt, cum eclipsis in momento transeat; non enim habet moram, ut sciunt illi qui consideraverunt. Origenes (tract. 35). Sed adversus hoc filii hujus saeculi dicunt: Quomodo hoc factum tam mirabile nemo graecorum aut barbarorum scripsit eorum qui notaverunt, si quid tale novum factum est aliquando? Et Phlegon quidem in Chronicis suis scripsit, in principatu Tiberii Caesaris factum, sed non signavit in luna plena. Arbitror ergo sicut cetera signa quae facta sunt in passione ipsius, scilicet velum scissum et terra tremens (2), et cetera in Hierusalem tantummodo facta sunt. Aut si latius voluerit quis extendere, ad terram Judaeam, sicut in tertio libro Regum cap. 18, dixit Abdias ad Eliam: « Vivit « Deus tuus, si est gens aut regnum, ubi non mi- « sit Dominus meus quaerere te: » ostendens quoniam satis eum in Gentibus quaesierat circa Judaeam. Est autem consequens intelligere quasdam tenebrosissimas nubes et multas et magnas concurrisse super Hierusalem et terram Judaeae; et ideo factae sunt tenebrae profundae a sexta hora usque ad nonam. Duae enim creaturae in sexta die factae fuisse intelliguntur: ante sextam quidem animalia, in sexta autem homo; et ideo conveniebat pro salute hominis morientem in hora sexta suspendi, et a sexta hora propter hoc tenebras fuisse factas super omnem terram usque ad nonam. Et sicut Moyse manus extendente in caelum factae sunt tenebrae super Ægyptios, servos Dei tenentes in servitute; similiter et Christo in sexta hora manus extendente in cruce ad caelum super populum qui clamaverat, *Crucifige eum*, factae sunt tenebrae, et ab omni lumine sunt privati, in signum futurarum tenebrarum, quae comprehensurae erant gentem Judaeam. Item sub Moyse factae sunt tenebrae super omnem terram Ægypti tribus diebus; omnibus autem filiis Israel erat lumen: sub Christo autem factae sunt tenebrae super omnem Judaeam tribus horis: quoniam propter peccata sua privati sunt a lumine Dei Patris, et a splendore Christi, et ab illuminatione Spiritus sancti. Lumen autem super omnem reliquam terram, quod ubique illuminat omnem Ecclesiam Dei in Christo. Et si usque ad horam nonam tenebrae factae fuerunt super Judaeam, manifestum est quoniam iterum eis lumen refulsit: quia « cum ple- « nitudo Gentium intraverit, tunc omnis Israel sal- « vus fiet: » Rom. 10. Chrysostomus in homil. 89. Vel aliter. Hoc admirandum erat quod in omnem terram tenebrae sunt factae, quod nunquam prius contigerat In Ægypto enim solum tenebrae factae sunt, quando pascha perficiendum erat: quae enim tunc agebantur, horum typus erant. Et intuere, quod fuerint tenebrae in media (3) die, quando

ubique terrarum dies erat: ut omnes qui habitabant terram, hoc miraculum cognoscerent. Hoc autem est signum quod petentibus (1) promittebat dare, dicens, supra 12, *Generatio prava et adultera signum quaerit; et signum non dabitur ei, nisi signum Jonae Prophetae:* crucem signans et resurrectionem. Etenim multo mirabilius est in eo qui crucifixus erat hoc fieri, quam ambulante eo super terram. Hoc autem sufficiens erat eos convertere, non solum magnitudine miraculi, sed quia hoc gestum est postquam omnia locuti fuerant quae voluerant, et satietatem acceperant contumeliarum. Qualiter autem non admirati sunt universi, neque aestimaverunt eum esse Deum? Quia scilicet hominum genus tunc multa malitia et desidia detinebatur: et hoc miraculum factum confestim transiit, et noverant quae esset causa ejus quod gerebatur. Et propter hoc ipse postea loquitur, ut ostendat se vivere (2), et quod ipse hoc miraculum fecit: unde sequitur: *Et circa horam nonam clamavit Jesus voce magna dicens: Eli Eli, lamasabachtani; hoc est: Deus meus Deus meus, ut quid dereliquisti me?* Hieronymus (super *Circa horam nonam*). Principio vigesimi primi Psalmi usus (3) est. Illud vero quod est in medio versiculi, « Respice in me, » superfluum « est: legitur enim in Hebraeo: » Eli Eli lama sa- « bactani; » hoc est, Deus meus, Deus meus, quare me dereliquisti? Ergo impii sunt qui Psalmum ex persona David, sive Esther et Mardochaei dictum putant, cum etiam Evangelistae testimonia ex eo sumpta super Salvatore intelligantur; ut est illud: « Diviserunt sibi vestimenta mea: » et « fo- « derunt manus meas: » Chrysostomus in hom. 80. Ideo autem emisit propheticam vocem, ut usque ad ultimam horam testimonium perhibeat veteri testamento, et ut videant quoniam honorat Patrem, et non est Deo contrarius: et ideo Hebraicam vocem emisit, ut eis fieret cognita et manifesta. Origenes (tract. 35). Requirendum est autem: Quid est quod a Deo derelictus est Christus? Et quidem quia non possunt exponere derelinqui Christum a Deo, dicunt quod per humilitatem dictum est. Sed manifeste intelligere poteris quid sit quod dicit, faciens comparationem gloriae illius quam habuit apud Patrem ad confusionem quam contemnens sustinuit crucem. Hilarius (4) (can. 33). Per haec autem verba ingenia contendunt haeretica, quod aut defecisse omnino Dei Verbum in animam corporis voluit, dum corpus officio animae vivificat; aut omnino nec fuerit Christus homo natus, quia in eo Dei Verbum modo spiritus habitaverit prophetalis; quasi Jesus Christus animae solum et corporis homo communis, hoc habeat sui exordium quo esse coepit homo qui nunc a Dei Verbo contracta rursum professione desertus clamet: *Deus meus, quare me dereliquisti?* Vel certe in animam Verbi natura mutata, paterno Christus in omnibus usus auxilio, nunc inops ejus mortique permissus solitudinem suam conqueratur, relinquentemque se arguat. Sed inter has impias infirmasque sententias, Ecclesiae fides imbuta apostolicis doctrinis non partitur (5) Jesum Christum, ne Filius Dei et non Filius hominis intelligatur: nam querela derelicti morientis infirmi-

---

(1) *In quatuor saepe memoratis exemplis sic legitur.* Inopinabiliter enim soli lunam incidentem videbamus (non enim erat conventus tempus) et rursus ipsam a nona hora usque ad vesperam ad diametrum solis supernaturaliter restitutum: eclipsim etiam ex oriente vidimus inchoatam, et usque ad solarem terminum venientem, postea regredientem, et rursus non ex eodem et defectum et repugnationem, sed e contrario secundum diametrum factam.

(2) *Al.* tremuit. *Sic autem sensum implet P. Nicolai.* Arbitror ergo, quod sicut cetera signa quae facta sunt in passione ipsius (scilicet velum scissum et terra tremens etc.) in Hierusalem tantummodo facta sunt sic et istud etc.

(3) *Al.* fiunt.

(1) *Al.* poenitentibus.
(2) *Al.* videre.
(3) *Al.* abusus.
(4) Lib. 10 de Trinitate (*Ex edit. P. Nicolai*).
(5) *Al.* patitur.

tas est; promissio autem paradisi, viventis Dei regnum est. Habes in conquerente ad mortem relictum se esse, quia homo est; habes eum qui moritur profitentem se in paradiso regnare, quia Deus est. Non ergo mireris verborum humilitatem, et querimonias derelicti, cum formam servi sciens, scandalum crucis videas. GLOSSA (1). Dicitur autem Deus eum deseruisse in morte, quia potestati persequentium eum exposuit; subtraxit enim protectionem, sed non solvit unionem. ORIGENES (tract. 55). Postquam autem vidit super omnem terram Judaeam tenebras, hoc dixit, ostendere volens: Dereliquisti me Pater; idest, talibus exinanitum calamitatibus tradidisti, ut populus qui fuerat apud te honoratus, recipiat quae in me ausus est, ut privetur a lumine tuae prospectionis; sed et pro salute Gentium dereliquisti me. Quid autem tam bonum fecerunt qui ex Gentibus crediderunt, ut pretioso sanguine super terram effuso pro eis, eruerem (2) eos a maligno? Aut quid tale dignum facti sunt homines, pro quibus patior ista ? Forsitan autem et videns peccata hominum pro quibus patiebatur, dixit: *Quare me dereliquisti?* ut fierem quasi qui colligit stipulam in messe, et racemos in vindemia. Non autem aestimes humano more Salvatorem ista dixisse, propter calamitatem quae comprehenderat eum in cruce: si enim ita acceperis, non audies magnam vocem ejus, quae ostendit aliquid esse magnum absconditum. RABANUS (super *Deus Deus meus*). Vel Salvator hoc dixit, nostros circumferens motus, qui in periculis positi, a Deo deseri nos putamus. Humana enim natura propter peccatum a Deo fuerat derelicta: sed quia Filius Dei factus est noster advocatus, quorum suscepit culpam, deplorat miseriam: in quo ostendit quantum flere debeant qui peccant, quando sic flevit qui nunquam peccavit.

Sequitur: *Quidam autem illic stantes et audientes, dicebant: Eliam vocat iste.* HIERONYMUS. Non omnes, sed quidam: quos arbitror milites fuisse Romanos, non intelligentes Hebraici sermonis proprietatem; sed ex eo quod dixit, *Eli, Eli*, putant Eliam ab eo invocatum. Sin autem Judaeos, qui hoc dixerint, intelligere voluerimus, hoc more sibi solito fecisse, ut Dominum imbecillitatis infament, qui Eliae auxilium deprecetur.

Sequitur: *Et continuo currens unus ex eis, acceptam spongiam implevit aceto, et imposuit arundini, et dabat ei bibere.* AUGUSTINUS in ser. de Passione (3). Sic ergo propinator fontium potatur aceto, mellis dator cibatur felle, flagellatur remissio, condemnatur venia, illuditur majestas, ridetur virtus, perfunditur largitor imbrium sputis. HILARIUS (can. 55). Est autem acetum vinum quod per vitium aut incuriae (4) aut vasis acescit; vinum autem est honor immortalitatis aut virtus. Cum igitur in Adam coacuisset, ipse accepit et potavit ex Gentibus. In calamo enim et spongia ut potaret

offertur; idest ex corporibus (1) Gentium in se ad communionem immortalitatis ea quae in nobis erant vitiata transfudit. REMIGIUS. Vel aliter. Judaei acetum erant degenerantes a vino Patriarcharum et Prophetarum; habebant fraudulenta corda, quasi spongiam cavernosis atque tortuosis latibulis. Per arundinem designatur sacra Scriptura, quae in hoc facto implebatur: sicut enim lingua Hebraea vel graeca dicitur loquela, quae fit per linguam; sic et arundo dici posset littera, vel scriptura, quae fit per arundinem (2). ORIGENES (tract. 55). Et forsitan quicumque secundum doctrinam ecclesiasticam sapiunt, vivunt autem male, dant ei vinum bibere felle permixtum; qui autem alienas a veritate sententias applicant Christo quasi eas dicenti, hi spongiam implentes aceto imponunt calamo Scripturae, et offerunt ori ejus.

Sequitur: *Ceteri vero dicebant: Sine, videamus an veniat Elias liberans eum.* RABANUS (hoc loco). Quia enim milites prave sonum vocis dominicae intelligebant, ideo inaniter adventum Eliae expectabant. Deum ergo, quem Salvator Hebraico sermone invocabat, inseparabiliter semper secum habebat. AUGUSTINUS in serm. de Passione (3) (ubi supra . Cum ergo nil jam Christo restaret ex poenis, mors moratur, quia suum esse ibi nil sentit. Suspecta est vetustati novitas. Hunc primum, hunc solum vidit hominem peccati nescium, noxa liberum, juris sui legibus nil debentem. Accedit tamen confoederata Judaico mors furori, et desperata vitae invadit auctorem: unde sequitur: *Jesus autem iterum clamans voce magna, emisit spiritum.* Quare autem displicet, si Christus de sinu Patris ad nostram servitutem venit, ut nos suae redderet libertati; nostram mortem suscepit, ut nos ejus morte liberemur; quando nos despectu mortis mortales in deos retulit, terrenos caelestibus aestimavit ? Quantum enim divina virtus operum contemplatione lucebat, tantum pati pro subjectis, pro servis mori, insigne est caritatis immensae. Ergo haec prima causa est dominicae passionis, quia s iri voluit quantum amaret hominem Deus, qui plus amari voluit quam timeri. Secunda causa est ut sententiam mortis, quam juste dederat, justius aboleret. Quia namque primus homo, adjudicante Deo, de reatu incurrerat mortem, et eam transmisit ad posteros; venit de caelo secundus homo peccati nescius, ut mors damnaretur, quae rapere jussa reos, innocentiae ipsum invadere praesumpsit auctorem. Nec mirandum est, si pro nobis, posuit quod suscepta a nobis, scilicet animam, qui propter nos fecit tanta, et talia largitus est nobis. AUGUSTINUS contra Felicianum (cap. 14). Absit enim a fidelibus ista suspicio, ut sic Christus senserit mortem nostram, ut quantum in se est, vita perderet vitam. Nam si hoc ita esset, quomodo illo triduo potuisse dicimus aliquid vivere, si vitae fons dicitur aruisse? Sensit igitur mortem deitas Christi participatione humana, sive humani affectus, quem sponte susceperat: nor naturae suae potentiam perdidit, per quam cuncta vivificat. In morte enim

---

(1) Nec in Glossa quae nunc est, nec alibi occurrit, etsi ex Damasceno quo ad sensum colligi potest lib. 5 Fidei orthod. cap. 25, et ex Commentario expressius (*Ex edit. P. Nicolai*).

(2) *Al.* emerem.

(5) Non reperitur in Augustini sermonibus qui modo extant, sed inter Chrysostomi sermones, nempe serm. 6 quintae fer. passionis, verbis aliquantulum transpositis (*Ex edit. P. Nicolai*).

(4) *Al.* injuriae.

(1) *Al. omittitur* idest. *Sic autem supplet Nicolai*: idest ex corporibus Gentium vitia corruptae aeternitatem accepit et in se etc.

(2) *Al. repetitur hic* quae in hoc facto implebatur.

(5) Neque tale in sermonibus de Pasch. nec in sermonibus de Pass. qui nunc extant, ut nec alibi occurrere potuit (*Ex edit. P. Nicolai*).

nostra sine dubio destitutum vita corpus animam nostram non perimit, dum di cedens anima non vim suam perdit, sed quod vivificaverat hoc dimittit, et quantum in se est, alterius mortem facit, ipsa non recipit. De Salvatoris nunc anima dicimus, qui, ut non dicam propter inhabitantem divinitatem, et propter justitiam singularem, certe propter communem moriendi sortem corpus illo triduo sic potuit deserere, ut ipsa non posset penitus interire. Credo enim Dei Filium mortuum esse, non secundum poenam injustitiae, quam ex toto non habuit, sed secundum legem naturae, quam pro humani generis redemptione suscepit. DAMASCENUS (lib. 3 de Fid. orth., cap. 27). Etsi tamen mortuus est ut homo, et sancta ejus anima ab incontaminato divisa est corpore; tamen deitas inseparabilis ab utrisque permansit; ab anima, dico, et corpore. Et neque sic (1) una hypostasis in duas divisa est: corpus enim et anima, sicut a principio in Verbi hypostasi habuerunt existentiam, ita etiam in morte. Nunquam enim neque anima (3) neque corpus propriam habuerunt hypostasim, praeter eam quae Verbi est hypostasis (3). HIERONYMUS (4) (super Voce magna). Divinae autem potestatis indicium est emittere spiritum, ut ipse quoque dixerat Joan. 10: « Nemo potest tollere animam « meam a me; sed ego pono eam, et iterum sumo « eam: » spiritum enim in hoc loco pro anima intelligamus; seu quod vitale aut spirituale corpus faciat, seu quod ipsius animae substantia spiritus sit, juxta id quod scriptum est Psal. 103: « Aufe-« res spiritum eorum, et deficient. » CHRYSOSTOMUS in hom. 89 Propter hoc autem et voce magna clamavit, ut ostendatur quoniam secundum ejus potestatem id geritur. Per hoc enim quod moriens vocem emisit magnam, apertissime se verum Deum esse ostendit: quoniam homines cum moriuntur, vix tenuem vocem emittere possunt. AUGUSTINUS de conc. Evang. (lib. 3, cap. 88). Quid autem voce magna dixerit, Lucas declaravit: dixit enim cap. 23 « Et clamans Jesus voce magna, ait: Pater, in « manus tuas commendo spiritum meum. » HILARIUS (can. 33). Vel spiritum cum clamore magnae vocis emisit, dolens se non omnia peccata portare.

10. ORIGENES (tract. 35). Magna facta sunt ex eo quod magna voce clamavit Jesus: unde sequitur: Et ecce velum templi scissum est in duas partes a summo usque deorsum. AUGUSTINUS de conc. Evang. (lib. 3, cap. 19). In quo satis ostendit tunc esse scissum cum emisit spiritum. Si autem non addidisset, Et ecce; sed (5) simpliciter dixisset, Et velum templi scissum est: incertum esset utrum ipse et Marcus hoc recapitulando commemorassent; Lucas autem ordinem tenuisset, qui cum dixisset cap. 53. « Sol obscuratus est, » continuo subjungendum aestimavit, « Et velum templi scissum est: » an Lucas recapitulasset quod illi ordine posuissent. ORIGENES (tract. 35) Duo autem fuisse vela intelliguntur: unum quod velat sancta sanctorum, aliud exterius sive tabernaculi, sive templi In passione ergo Domini Salvatoris, velum quod erat a foris,

conscissum est a sursum usque deorsum, ut a initio mundi usque ad finem conscisso velamine, mysteria publicentur, quae usque ad adventum Domini rationabiliter fuerunt occulta. Cum autem venerit quod perfectum est, tunc auferetur etiam secundum velum, ut videamus etiam quae interius sunt occulta, scilicet veram arcam testamenti, et sicut ipsa se habet natura, videamus Cherubim et alia. HILARIUS (can. 33). Vel ideo velum templi scinditur, quia exinde populus est divisus in partes, et veli honor cum custodia Angeli protegentis aufertur. LEO Papa in ser. de Passione (10 et 17). Est autem ad testimonium venerandae passionis sufficiens signum elementorum inopinata (1) turbatio: unde sequitur: Et terra mota est, et petrae scissae sunt, et monumenta aperta sunt. HIERONYMUS (super Terra mota est). Nulli enim dubium est quid significet juxta litteram magnitudo signorum, ut crucifixum Dominum suum et caelum et terra et omnia demonstrarent. HILARIUS (can. 33). Movetur terra, quia capax hujus mortui esse non poterat; petrae scissae sunt, omnia enim valida et fortia penetrans Dei Verbum et potestas aeternae virtutis irruperat; et monumenta aperta sunt, erant enim mortis claustra (2) reserata. Sequitur: Et multa corpora sanctorum qui dormierant surrexerunt: illuminans enim mortis tenebras, et infernorum obscura collustrans, mortis spolia detrahebat. CHRYSOSTOMUS in homil. 89 Ipso quidem in cruce manente eum irridentes dicebant: Alios salvos fecit: seipsum non potest salvum facere. Sed quod (3) in se facere noluit, in servorum corporibus, cum multa superabundantia demonstravit. Si enim quatriduanum Lazarum exurgere magnum fuit, multo magis eos repente qui olim dormierant, apparere viventes; quod futurae resurrectionis erat indicium. Ut autem non putaretur esse phantasma quod factum est, Evangelista subjungit: Et exeuntes de monumentis post resurrectionem ejus, venerunt in sanctam civitatem, et apparuerunt multis. HIERONYMUS. Quomodo autem Lazarus mortuus resurrexit, sic et multa corpora sanctorum resurrexerunt, ut Dominum ostenderent resurgentem; et tamen cum monumenta aperta sunt, non ante resurrexerunt quam resurgeret Dominus, ut esset primogenitus resurrectionis ex mortuis. Sanctam autem civitatem in qua visi sunt resurgentes, aut Hierusalem caelestem intelligamus, aut hanc terrenam, quae ante sancta fuerat: sancta enim appellabatur civitas Hierusalem propter templum et sancta sanctorum, et ob distinctionem aliarum urbium, in quibus idola colebantur. Quando vero dicitur, Apparuerunt multis, ostenditur non generalis fuisse resurrectio quae omnibus appareret, sed specialis ad plurimos, ut hi viderent qui cernere merebantur. REMIGIUS. Quaeret autem aliquis quid de illis factum sit qui resurgente Domino surrexerunt. Credendum quippe est quoniam ideo surrexerunt ut testes essent dominicae resurrectionis. Quidam autem dixerunt, quod iterum mortui sunt, et in cinerem conversi, sicut et Lazarus, et ceteri quos Dominus resuscitavit. Sed istorum dictis nullo modo est fides accommodanda: quoniam majus illis esset tormentum qui surrexerunt, si iterum mortui essent, quam si non resurgerent. Incunctanter ergo credere debe-

---

(1) Al. deest sic.
(2) Al. neque enim anima.
(3) Al. praeter hypostasim verbi.
(4) Non eadem serie qua hic, quo ad primam partem super illud, Iterum clamans emisit spiritum: quo ad secundam super illud, Vere Filius Dei erat iste (Ex edit. P. Nicolai).
(5) Al. omittitur sed.

---

(1) Al. inordinata.
(2) Al. clausura.
(3) Al. et quod.

mus quia qui resurgente Domino a mortuis resurrexerunt, ascendente eo ad caelos, et ipsi pariter ascenderunt. Origenes (tract. 35). Semper autem haec (1) eadem magna quotidie fiunt: velum enim templi ad revelandum quae intus habentur scinditur sanctis. Terra etiam movetur, idest omnis caro, novo verbo et novis rebus secundum novum testamentum. Petrae autem scinduntur, quae mysterium fuerunt Prophetarum, ut in profundis eorum posita spiritualia mysteria videamus. Monumenta autem dicuntur corpora peccatricum animarum, idest mortuarum Deo: cum autem per gratiam Dei animae hujusmodi fuerint suscitatae, corpora eorum, quae prius fuerunt monumenta, fiunt corpora sanctorum, et videntur a seipsis exire, et sequuntur eum qui resurrexit, et in novitate vitae ambulant cum eo: et qui digni sunt habere conversationem in caelis, ingrediuntur in sanctam civitatem per singula tempora, et apparent multis videntibus opera bona ipsorum.

Sequitur: *Centurio autem, et qui cum eo erant custodientes Jesum, viso terraemotu et his quae fiebant, timuerunt valde, dicentes: Vere Filius Dei erat iste.* Augustinus de conc. Evang. (lib. 3, cap. 20). Non est contrarium quod Matthaeus viso terraemotu dicit admiratum Centurionem et eos qui cum eo erant; cum Lucas dicat hoc admiratum, quod emissa magna voce expirasset: in eo enim quod Matthaeus non solum dixit, *Viso terraemotu,* sed et addidit, *his quae fiebant,* integrum locum fuisse demonstravit Lucae, ut diceret Centurionem ipsum Domini mortem fuisse miratum: quia et hoc inter illa est quae tunc mirabiliter facta erant. Hieronymus (super *Centurio autem*) Ex hoc considerandum, quod Centurio in ipso scandalo passionis vere Dei Filium confiteatur, et Arius in Ecclesia praedicet creaturam. Rabanus (super *Videns haec Centurio*). Unde merito per centurionem fides Ecclesiae designatur, quae velo (2) mysteriorum caelestium per mortem Domini reserato, continuo Jesum et vere justum hominem, et vere Dei Filium, synagoga tacente, confirmat. Leo in serm. de Pas. 13. Exemplo igitur Centurionis contremiscat in Redemptoris sui supplicio terrena substantia, rumpantur infidelium mentium petrae; et qui mortalitatis gravabantur sepulcris, discussa obstaculorum mora prosiliant; appareant nunc quoque in civitate sancta, idest Ecclesia Dei, futurae resurrectionis indicia; et quod credendum est in corporibus, fiat in cordibus.

Sequitur: *Erant autem ibi mulieres multae a longe, quae secutae erant Jesum a Galilaea, ministrantes ei.* Hieronymus (super *Erant autem ibi mulieres*). Consuetudinis enim Judaicae fuit, nec ducebatur in culpam more gentis antiquo (3) ut mulieres de substantia sua victum atque vestitum praeceptoribus ministrarent. Hoc, quia scandalum facere poterat in Gentibus, Paulus abjecisse se memorat. Ministrabant autem Domino de substantia sua, ut meteret illarum carnalia, cujus illae metebant spiritualia: non quia indigebat cibis Dominus creaturarum; sed ut typum ostenderet magistrorum, quia victu atque vestitu ex discipulis deberent esse contenti. Sed videamus quales comites habuerit: sequitur enim: *Inter quas erat Maria Magdalena,*

(1) *Al.* hic.
(2) *Al.* vero.
(3) *Al.* antiquae.

et Maria Jacobi et Joseph mater, et mater filiorum Zebedaei. Origenes (tract. 35). Apud Marcum autem tertia illa Salome appellatur. Chrysostomus in hom. 89. ante med.). Haec autem mulieres considerabant quae gerebantur, quae maxime erant compassibiles: et (1) quae sequebantur ministrantes usque ad pericula affuerunt (2), maximam fortitudinem ostendentes: quia cum discipuli fugerunt, ipsae affuerunt. Hieronymus contra Helvidium (parum a med. illius). Ecce, inquit (3) Helvidius, Jacobus et Joseph sunt filii Mariae matris Domini, quos Judaei appellaverunt fratres Christi. Dicit autem Jacobi minoris ad distinctionem Jacobi majoris qui erat filius Zebedaei. Impium enim dicit esse Helvidius hoc sentire de Maria, ut cum aliae feminae ibi fuerint, matrem ejus abesse dicamus; aut alteram esse Mariam, nescio quam confingamus, praesertim cum Evangelium Joannis testetur eam illic fuisse praesentem. O furor caecus, et in proprium exitium mens vesana! Audi quid Joannes Evangelista dicat cap. 19: « Stabant juxta crucem « Jesu mater ejus, et soror matris ejus Maria Cleo« phae, et Maria Magdalenae. » Nulli (4) dubium est duos fuisse Apostolos, Jacobi nuncupatos vocabulo; Jacobum Zebedaei, et Jacobum Alphaei. Iste autem nescio quis minor Jacobus, quem Mariae filium Scriptura commemorat, si Apostolus est, Alphaei filius erit: si non est Apostolus, sed tertius nescio quis Jacobus, quomodo putandus est frater Domini, et quomodo tertius ad distinctionem majoris minor appellabitur? cum major et minor non inter tres, sed inter duos soleant praebere distantiam; et frater Domini Apostolus (5) sit. Paulo dicente ad Gal. 1: « Alium Apostolorum vidi neminem, nisi « Jacobum fratrem Domini. » Ne autem hunc Jacobum putes filium Zebedaei, lege Actus Apostolorum cap. 12: jam ab Herode fuerat interemptus. Restat conclusio, ut Maria ista, quae Jacobi minoris scribitur mater, fuerit uxor Alphaei, et soror Mariae matris Domini, quam Mariam Cleophae Joannes Evangelista commemorat. Si autem inde tibi alia atque alia videtur, quod alibi dicatur Maria Jacobi minoris mater, et alibi Maria Cleophae, disces Scripturae consuetudinem, eumdem hominem diversis nominibus appellari; sicut Raguel socer Moysi Jetro dicitur. Et similiter dicitur Maria Cleophae uxor Alphaei: haec eadem dicta est Maria mater Jacobi minoris; quae si mater esset Domini, magis eam, ut in omnibus locis, matrem alterius voluisset intelligi Verum etsi alia fuerit Maria Cleophae, et alia Maria Jacobi et Joseph mater; hoc tamen constat non eamdem Mariam Jacobi et Joseph esse quam matrem Domini. Augustinus de conc. Evang. (lib. 3, cap. 21). Possemus autem dicere alias mulieres a longe, ut tres Evangelistae dicunt, et alias juxta crucem fuisse, ut Joannes dicit; nisi (6) Matthaeus et Marcus (7) Mariam Magdalene nominassent inter stantes longe, quam scilicet Joannes nominavit inter stantes juxta crucem. Quomodo autem hoc intelligitur, nisi quia eo in

(1) *Al.* omittitur et. *Legit P. Nicolai:* Et vide constantiam earum: sequebantur etc.
(2) *Al.* afferunt.
(3) *Al.* innuit.
(4) *In Veneta Nicolini edit. an.* 1593, *hic interponitur* et Maria Jacobi minoris.
(5) *P. Nicolai ponit* appellatus.
(6) *Al.* ubi.
(7) *Al.* Lucas.

tervallo erant ut et juxta dici possent, quia in conspectu ejus praesto aderant, et a longe in comparatione turbae propinquus circumstantis cum Centurione et militibus Possumus etiam intelligere quod illae quae simul aderant cum matre Domini, postquam eam discipulo commendavit, abire jam coeperant, ut a densitate turbae se eruerent (1), et cetera quae facta sunt, longius intuerentur: ut Evangelistae, qui post mortem Domini eas commemoraverunt, et longe stantes commemorent.

11. GLOSSA (2). Postquam Evangelista retulerat ordinem dominicae passionis et mortem, nunc agit de ejus sepultura, dicens: *Cum sero autem factum esset, venit quidam homo dives ab Arimathaea nomine Joseph, qui et ipse discipulus erat Jesu.* REMIGIUS. Arimathaea ipsa est et Ramatha civitas Helcanae et Samuelis, quae sita est in regione Chananitica, juxta Diospolim. Iste autem Joseph, secundum saeculi statum, magnae fuit dignitatis: sed multo majoris meriti apud Deum fuisse laudatur, siquidem justus fuisse describitur. Decebat quippe eum talem existere qui corpus Domini sepeliret, quatenus per justitiam meritorum dignus esset tali officio. HIERONYMUS (super *Cum sero esset factum*). Dives autem refertur non de jactantia Scriptoris, quo virum nobilem atque ditissimum referat Jesu fuisse discipulum; sed ut ostendat causam quare a Pilato corpus Christi potuerit impetrare. Sequitur: *Hic accessit ad Pilatum, et petiit corpus Jesu:* pauperes enim et ignoti non essent ausi ad Pilatum praesidem Romanae potestatis accedere et crucifixi corpus impetrare. In alio autem Evangelio Joseph iste Bulites appellatur, idest consiliarius; et de ipso quidem putant primum Psalmum fuisse compositum: « Beatus vir qui non abiit in consilio « impiorum. » CHRYSOSTOMUS in hom. 89. Inspice autem hujus viri fortitudinem: in mortis enim periculum se tradidit, inimicitias ad omnes assumens, propter benevolentiam Christi; et non solum audet corpus Christi petere, sed et sepelire:unde sequitur: *Et accepit corpus Jesu, et involvit illud in sindone munda.* HIERONYMUS (super *Et recepto Joseph corpore*). Ex simplici sepultura Domini, ambitio divitum condemnatur, qui nec in tumulis quidem possunt carere divitiis. Possumus autem juxta intelligentiam spiritualem et hoc sentire: quod corpus Domini non auro, non gemmis, non serico, sed linteamine puro obvolvendum sit; quamquam et hoc significet, quod ille in sindone munda involvit Jesum qui pura mente eum susceperit. REMIGIUS. Vel aliter. Quia sindon lineus pannus est; linum autem ex terra procreatur, et cum magno labore ad candorem perducitur; designatur quia corpus illius, quod ex terra, idest ex virgine, sumptum est, per laborem passionis pervenit ad candorem immortalitatis. RABANUS (super *Et involuit eum in sindone*). Hinc etiam Ecclesiae mos obtinuit ut sacrificium altaris non in serico neque in panno tincto, sed in lino terreno celebretur, ut a beato Papa Silvestro legimus esse statutum.

Sequitur: *Et posuit illud in monumento suo novo, quod exciderat in petra.* AUGUSTINUS in serm. de Sabbato sancto (3) (serm. 2, et est in ord.

ser. 133). Ideo autem Salvator in aliena sepultura ponitur, quia pro aliorum moriebatur salute. Ut qui ! ergo in propria sepultura qui in se mortem propriam non habebat? Ut quid illi tumulus in terris, cujus sedes manebat in caelis? Ut quid illi sepultura propria qui tridui tantum temporis spatio in sepulcro non tam mortuus jacuit, quam velut in lectulo conquievit? Sepulcrum autem mortis est habitaculum necessarium: ergo non erat mortis habitaculum Christo, quia vita est: nec opus habebat semper vivens habitaculo defunctorum. HIERONYMUS (super *Et posuit*). In novo autem ponitur monumento, ne post resurrectionem, ceteris corporibus remanentibus, surrexisse alius fingeretur. Potest autem et novum sepulcrum, Mariae virginalem uterum demonstrare. In monumento autem exciso in petra conditus est, ne si ex multis lapidibus aedificatus fuisset, suffossis tumuli fundamentis ablatus furto diceretur. AUGUSTINUS in serm. de Sabbato sancto (1) (ut supra). Si etiam sepulcrum fuisset in terra, dicere poterant, Suffoderunt terram, et furati sunt eum. Si fuisset lapis parvulus superpositus, dicere poterant, Dormientibus nobis tulerunt eum unde sequitur: *Et advolvit saxum magnum ad ostium monumenti, et abiit.* HIERONYMUS (super *Posuit in monumento*). Saxum enim magnum appositum ostendit, non absque auxilio plurimorum sepulcrum potuisse reserari. HILARIUS (can. 33). Mystice autem Joseph Apostolorum habet speciem. Hic in munda sindone corpus involvit, et quidem in hoc eodem linteo reperimus de caelo ad Petrum universorum animantium genera submissa: ex quo intelligitur sub lintei illius nomine consepeliri Christo Ecclesiam. Domini ergo corpus infertur in vacuam et novam requiem lapidis excisi, quia per Apostolorum doctrinam in pectus (2) duritiae gentilis quodam doctrinae opere excisum Christus infertur, rude scilicet ac novum, et nullo antea ingressu timoris (3) Dei pervium. Et quia nil praeter eum oporteat in pectora nostra penetrare lapis ostio advolvitur: ut quia nullus antea in nos divinae cognitionis auctor fuerat illatus, nullus absque eo postea inferatur. ORIGENES (tract. 35). Non autem fortuito scriptum est, quoniam involvit corpus in sindone munda, et posuit in monumento novo, et quod advolvit lapidem magnum: quoniam omnia quae sunt circa corpus Jesu, munda sunt et nova, et omnia magna valde. REMIGIUS. Postquam autem corpus Domini sepultum est, ceteris ad propria remeantibus, solae mulieres, quae eum arctius amaverunt, perseveraverunt, et diligenti cura notaverunt locum in quo corpus Domini poneretur; quatenus congruo tempore munus suae devotionis ei offerrent: et ideo sequitur: *Erant autem ibi Maria Magdalene et altera Maria sedentes contra sepulcrum.* ORIGENES (tract. 35). Mater autem filiorum Zebedaei non scribitur sedere contra sepulcrum: forsitan enim usque ad crucem pervenire potuit. Istae autem, quasi majores in caritate, neque his quae postea gesta sunt defuerunt. HIERONYMUS (super *Erant autem ibi Maria Magdalena etc.*). Vel, ceteris relinquentibus Dominum, mulieres in officio perseverant, expectantes quod promiserat Jesus; et ideo merue-

---

(1) *Al.* emerent.
(2) Nec in Glossa quae nunc est, nec alibi occurrit (*Ex edit. P. Nicolai*).
(3) Qui est 33 de temp. Hoc autem etiam inter Ambrosii sermones reperitur (*Ex edit. P. Nicolai*).

(1) Nec apud Augustinum in alterutro sermonum qui de sabbato sancto inscribuntur, nec alibi occurrit (*Ex edit. P. Nicolai*).
(2) *Al.* impetu.
(3) *Al.* timore.

runt primae videre resurrectionem, quia *qui perse-*
veraverit usque in finem, hic salvus erit: supra 10
et 24. REMIGIUS. Quod usque hodie sanctae mulieres, idest humiles animae sanctorum, in hoc saeculo faciunt, et pia curiositate attendunt quemadmodum passio Christi completa sit.

12. HIERONYMUS (super *Jube custodiri sepulcrum*).
Non suffecerat principibus sacerdotum crucifixisse
Dominum Salvatorem, nisi sepulcrum custodirent,
et quantum in illis est, manus imponerent resurgenti: unde dicitur: *Altera autem die, quae est post*
parasceven. RABANUS (super *Altera autem die post*
parasceven). Parasceve dicitur praeparatio: hoc
nomine vocatur sexta sabbati, in qua praeparabant
necessaria sabbato, ut de manna dictum est Exod.
16: « Sexta die colligetis duplum: » quia enim
sexta die factus est homo, in septima requievit
Deus; ideo sexto die Jesus pro homine moritur, et
in sabbato quievit in sepulcro. HIERONYMUS (1).
Principes autem sacerdotum licet immensum facinus in nece Domini perpetraverint, tamen non
sufficit eis, nisi etiam post mortem ejus conceptae
nequitiae virus exerceant, famam ejus lacerantes;
et quem innocentem sciebant, seductorem vocant:
unde dicunt: *Domine, recordati sumus quia sedu-*
ctor ille dixit. Sicut autem Caiphas ignorans ante
prophetaverat dicens Joan. 11: « Expedit unum
« hominem mori pro populo, et non tota gens
« pereat: » sic modo: seductor enim erat Christus;
non a veritate in errorem mittens; sed a falsitate
in veritatem, a vitiis ad virtutes, a morte ad vitam
ducens. REMIGIUS. Ex hoc autem dicunt eum dixisse,
Post (2) *tres dies resurgam*, quia dixerat, supra 22,
Sicut fuit Jonas tribus diebus et tribus noctibus in
ventre ceti etc. Sed videndum quomodo post tres
dies resurrexerit. Nonnulli voluerunt tres horas tenebrarum, unam intelligi noctem; et lucem quae secuta est tenebras, diem; sed hi vim figuratae locutionis ignoraverunt. Figurate enim sexta feria qua
passus est, comprehendit noctem praecedentem;
sequitur autem nox sabbati cum suo die; nox vero
dominici diei comprehendit suum diem: ac per hoc

(1) Quod subjungitur ex Hieronymo, ex quo etiam Glossa
citat, non occurrit in Hieronymo, sed in Rabano (*Ex edit.*
P. Nicolai).

(2) *Al.* quod post etc.

verum est quod post triduum resurrexit. AUGUSTINUS
in serm. de Pass. (1) (ubi supra). Ideo autem
post tres dies resurrexit, ut in passione Filii totius
Trinitatis monstraretur assensus: triduum enim legitur in figura, quia Trinitas, quae in principio
fecerat hominem, ipsa in fine hominem per Christi reparat passionem.

Sequitur: *Jube ergo custodiri sepulcrum usque*
in tertium diem. RABANUS (super *Furentur, et di-*
cant plebi). Discipuli enim Christi fures spiritualiter erant: quia ab ingratis Judaeis scripta novi et
veteris testamenti ablata in usum Ecclesiae confe-
rebant, et Salvatorem qui eis promissus fuerat,
illis nocte dormientibus, hoc est infidelitate torpen-
tibus, abstulerunt, Gentibus credendum tradentes,
HILARIUS (can. 33). Metus furandi corporis, et sepulcri custodia atque obsignatio, stultitiae atque
infidelitatis testimonium est: quod signare sepulcrum
ejus voluerunt, cujus praecepto conspexissent de
sepulcro mortuum suscitatum RABANUS (hoc loco).
In hoc autem quod dicunt, *Et erit novissimus er-*
ror pejor priore, ignoranter verum dicunt: pejor
enim fuit contemptus poenitentiae in Judaeis quam
error ignorantiae. CHRYSOSTOMUS in hom. 90. Vide
etiam qualiter nolentes concertant ad demonstran-
dam veritatem: irrefragabilis enim demonstratio
resurrectionis facta est per ea quae praetenderunt:
quia enim custoditum est sepulcrum, nulla fraus
facta est. Si autem fraus facta non est, manifeste
et irrefragabiliter Dominus surrexit. Quid autem
Pilatus respondeat subjungitur: *Ait illis Pilatus:*
Habetis custodiam: ite, custodite, sicut scitis. RABA-
NUS (super *Habetis custodiam*). Quasi dicat: Sufficiat vobis quod consensi in necem innocentis: de
cetero vester error vobiscum permaneat.

Sequitur: *Illi autem abeuntes munierunt sepul-*
crum, signantes lapidem cum custodibus. CHRYSO-
STOMUS in hom. 110. Non autem permittit Pilatus
solos milites sigillare: si enim soli milites sigillassent,
possent dicere quoniam milites permiserunt quod
discipuli corpus Domini furarentur; et ita resurrectionis infringere fidem: nunc hoc dicere non possunt, cum ipsimet sepulcrum sigillassent.

(1) Neque rursus in sermonibus Augustini occurrit, ut nec
alibi; etsi non semel triduanae resurrectionis Christi causam
reddit (*Ex edit. P. Nicolai*).

CAPUT VIGESIMUMOCTAVUM.

1. Vespere autem sabbati, quae lucescit in prima sabbati,
venit Maria Magdalene et altera Maria videre sepulcrum. Et
ecce terraemotus factus est magnus; Angelus enim Domini
descendit de caelo, et accedens revolvit lapidem, et sedebat
super eum. Erat autem aspectus ejus sicut fulgur, et vestimentum ejus sicut nix. Prae timore autem ejus exterriti
sunt custodes, et facti sunt velut mortui. Respondens autem
Angelus dixit mulieribus: Nolite timere vos: scio enim quod
Jesum qui crucifixus est quaeritis. Non est hic: surrexit enim
sicut dixit. Venite, et videte locum ubi positus erat Dominus:
et cito euntes, dicite discipulis ejus, quia surrexit, et ecce praecedet vos in Galilaeam; ibi eum videbitis: ecce praedixi vobis.

2. Et exierunt cito de monumento cum timore et gaudio
magno, currentes nuntiare discipulis ejus. Et ecce Jesus occurrit illis, dicens, Avete. Illae autem accesserunt, et tenuerunt pedes ejus, et adoraverunt eum. Tunc ait illis Jesus:
Nolite timere: ite, nuntiate fratribus meis ut eant in Galilaeam; ibi me videbunt.

3. Quae cum abiissent, ecce quidam de custodibus venerunt in civitatem, et nuntiaverunt principibus sacerdotum
omnia quae facta fuerant. Et congregati cum senioribus, consilio accepto, pecuniam copiosam dederunt militibus, dicentes:
Dicite: Quia discipuli ejus nocte venerunt, et furati sunt eum
nobis dormientibus. Et si hoc auditum fuerit a praeside, nos
suadebimus ei, et securos vos faciemus. At illi, accepta pecunia, fecerunt sicut erant edocti. Et divulgatum est verbum
istud apud Judaeos usque in hodiernum diem.

4. Undecim autem discipuli abierunt in Galilaeam in
montem ubi constituerat illis Jesus: et videntes eum adoraverunt; quidam autem dubitaverunt. Et accedens Jesus locutus est eis, dicens: Data est mihi omnis potestas in caelo et
in terra. Euntes ergo docete omnes gentes, baptizantes eos
in nomine Patris et Filii et Spiritus sancti, docentes eos
servare omnia quaecumque mandavi vobis. Et ecce ego vobiscum sum omnibus diebus usque ad consummationem
saeculi.

1. Augustinus in serm. de Resur. (1). Post illusiones et verbera, post aceti et fellis pocula mixta, post supplicia crucis et vulnera, et postremo post ipsam mortem et inferos, surrexit de suo funere caro nova, redit ab occiduo latens vita, et in morte salus reservata resurgit, pulchrior reditura post funus. Augustinus de cons. Evang. (lib. 3, cap. 54). De hora vero qua mulieres venerunt ad monumentum, non contemnenda exoritur quaestio. Cum enim Matthaeus hic dicat: *Vespere autem sabbati quae lucescit in prima sabbati*: quid est quod dicit Marcus, « Et valde mane una sabbatorum « venit Maria Magdalena et altera Maria videre « sepulcrum? » Aperte quippe prima noctis, quod est vespere, ipsam noctem voluit significare Matthaeus, cujus noctis fine venerunt ad monumentum; ergo quoniam sabbato impediebantur ut non ante facerent, ab eo tempore nominavit noctem ex quo eis licere coepit ut facerent quodcumque vellent tempore ejusdem noctis. Sic itaque dictum est, *Vespere sabbati*, ac si diceretur, nocte sabbati; idest nocte quae sequitur diem sabbati: quod ipsa verba ejus satis indicant: sic enim ait: *Quae lucescit in prima sabbati*: quod fieri non potest nisi tantummodo primam noctis particulam, idest solum initium noctis, intellexerimus dicto vespere significatum. Neque enim ipsum initium noctis lucescit in prima sabbati; sed ipsa nox quae (2) in luce incipit terminari; et usitatus modus loquendi est divinae Scripturae a parte totum significare. Vespere ergo noctem significavit, cujus extremum est dilucendum: diluculo enim venerunt ad monumentum. Rabanus (3) (hoc loco). Quod dictum est quia sanctae mulieres vespere sabbati quae lucescit in prima sabbati, venerunt videre sepulcrum; ita intelligendum: quia vespere quidem venire coeperint; sed lucescente mane in prima sabbati ad sepulcrum pervenerunt; idest, vespere aromata paraverunt, quibus corpus Domini ungere desiderabant, sed aromata vespere praeparata, mane ad sepulcrum detulerunt: quod Matthaeus quidem brevitatis causa obscurius posuit; sed Evangelistae alii quo ordine factum sit evidentius ostendunt. Sepulto namque sexta feria Domino, reversae a monumento mulieres praeparaverunt aromata et unguenta, quamdiu operari licebat: et sabbato quidem siluerunt secundum legis mandatum, sicut Lucas aperte designat; cum autem transisset sabbatum, vesperaque adveniente, tempus operandi rediisset, prompte ad devotionem emerunt quae minus praeparaverant aromata, sicut Marcus cap. 16, commemorat: « ut venientes un- « gerent Jesum: et valde mane veniunt ad monu- « mentum. » Hieronymus (in initio Com. in cap. 18 Matth.). Vel aliter. Quod diversa tempora istarum mulierum in Evangeliis describuntur, non mendacii signum est, ut impii objiciunt, sed sedulae visitationis officia, dum crebro abeunt et redeunt, et non patiuntur a sepulcro Domini diu abesse vel longius. Remigius. Sciendum autem, quia Matthaeus mystice loquens studuit nobis insinuare, illa sacratissima nox quantam dignitatem et honore devictae mortis et dominicae resurrectionis accepit: ideo dixit: *Vespere autem sabbati quae lucescit in*

prima sabbati. Cum consuetus ordo temporum habeat ut vesperae non lucescant in diem, sed potius obtenebrescant in noctem; ostenditur his verbis quod Dominus totam hanc noctem luce suae resurrectionis festivam et coruscam reddidit. Beda in hom. (1) (in vigilia Paschae). Ab exordio etiam mundanae creationis usque huc ita temporum cursus distinguebatur, ut dies noctem praecederet: quia homo a luce paradisi peccando lapsus in hujus saeculi tenebras aerumnasque decidit. Aptissime autem nunc dies sequitur noctem, quando per fidem resurrectionis a peccati tenebris et umbra mortis ad lucem vitae, Christo largiente, reducimur. Severianus (2) in serm de Pass. Est autem vespera sabbati quae lucescit: quia illuminatur per Christum sabbatum, non deletur. *Non*, inquit supra 5, *veni solvere legem, sed adimplere*. Illuminatur, ut in diem dominicam luceat, clarescat in Ecclesia quod in synagoga, Judaeis obscurantibus, fuscabatur. Sequitur: *Venit Maria Magdalene et altera Maria videre sepulcrum*. Sero quidem mulier currit ad veniam, quae mature cucurrit ad culpam: quae de paradiso perfidiam sumpserat, festinat fidem sumere de sepulcro; contendit rapere de morte vitam quae de vita rapuerat mortem. Non autem dixit, Venerunt, sed *Venit*, sub uno nomine. Veniunt duae mysterio, non casu: venit ipsa, sed altera, ut mutaretur mulier virtute, non sexu (3). Praecedunt autem Apostolos feminae quae Ecclesiarum typum ad dominicum deferunt sepulcrum, Maria scilicet, et Maria. Maternum Christi unum nomen in duas geminatur feminas: quia haec Ecclesia ex duobus populis veniens, idest ex Gentibus et Judaeis, una esse figuratur. Venit autem Maria ad sepulcrum, sicut ad resurrectionis uterum, ut iterum Christus ex sepulcro nasceretur fidei, qui carni fuerat generatus ex ventre; et eum quem clausa virginitas ad praesentem tulerat vitam, clausum sepulcrum ad vitam redderet sempiternam. Divinitatis insigne est clausam virginem reliquisse post partum, et de sepulcro clauso exisse cum corpore.

Sequitur: *Et ecce terraemotus factus est magnus*. Hieronymus (ubi supra). Dominus noster unus atque idem Filius Dei et hominis, juxta utramque naturam divinitatis et carnis, nunc magnitudinis suae, nunc humilitatis signum demonstrat: unde et in praesenti loco quamquam homo sit qui crucifixus est, qui sepultus, tamen quae foris aguntur, ostendunt Filium Dei. Hilarius (can. ult. in Matth.). Motus enim terrae resurrectionis est virtus, cum concusso mortis aculeo, et illuminatis illius tenebris, resurgente virtutum caelestium Domino, inferorum trepidatio commovetur. Chrysostomus in homil. 90. Vel ideo terraemotus factus est, ut exurgant et evigilent mulieres: etenim accesserant, ut unguentum mitterent: et quia in nocte haec gerebantur, probabile est quasdam obdormisse. Beda in hom. (idest inter aestivales de tempore). Quod etiam terraemotus, resurgente Domino de sepulcro, sicut etiam moriente in cruce, factus est magnus, significat terrena quidem corda per fidem passionis

(1) In Augustino non habetur inter sermones qui nunc extant, sed apud Chrysostomum homil. 3 de Resurr. (*Ex edit. P. Nicolai*).
(2) *Al omittitur* quae.
(3) Beda (*Ex edit. P. Nicolai*).

S. Th. Opera omnia. V. 11.

(1) Inter aestivales (*Ex edit. P. Nicolai*).
(2) Immo potius Chrysologus partim serm. 74, qui est 2 de Resur., partim serm. 75 qui est 3 de eadem; adeoque perperam prius notabatur de Pass. pro de Pasc. sive de Pascha (*Ex edit P. Nicolai*).
(3) Apud P. Nicolai est mutaretur mulier vita, non nomine; virtute, non sexu.

prius, ac resurrectionis ejus ad poenitentiam concutienda salubri pavore permota. SEVERIANUS in ser. Paschae (1). Si autem sic terra tremuit cum Dominus ad veniam sanctorum resurgeret: quomodo contremiscet, cum anxiorum omnium surget ad poenam? dicente Propheta Psal. 75: « Terra tre- « muit, cum resurgeret in judicio Deus. » Et quomodo Domini praesentiam sustinebit quae Angeli praesentiam sustinere non valuit? *Angelus Domini descendit de caelo.* Surgente siquidem Christo, morte pereunte, terrenis redditur caeleste commercium, et mulieri cui fuerat cum diabolo lethale consilium, cum Angelo colloquium fit vitale. HILARIUS (canon. ult. in Matth.). Misericordiae enim Dei Patris insigne est, resurgente Filio ab inferis, virtutum caelestium ministeria (2) mittere; atque ideo prior resurrectionis ipse est index (3), ut quodam famulatu paternae voluntatis resurrectio nuntiaretur. BEDA in homilia (ubi supra). Quia enim Christus Deus et homo est, inter acta humanitatis semper ei Angelorum ministeria Deo debita non desunt. Sequitur: *Et accedens revolvit lapidem:* non ut egressuro Domino januam pandat, sed ut egressus ejus jam facti hominibus praestet indicium. Qui enim mortalis clauso virginis utero potuit nascendo ingredi mundum, ipse factus immortalis, clauso sepulcro potuit resurgendo exire de mundo. REMIGIUS. Significat autem revolutio lapidis reserationem sacramentorum Christi, quae littera legis tegebantur: lex namque in lapide scripta fuit, et ideo per lapidem designatur. SEVERIANUS (4). Non autem dixit, Volvit, sed *Revolvit lapidem:* quia lapis advolutus probavit mortem, et revolutus extitit resurrectionis assertor. Mutatur hic ordo rerum: sepulcrum mortem, non mortuum devorat; domus mortis mansio fit vitalis; uteri (5) nova forma mortuum recipit, reddit vivum. Sequitur: *Et sedebat super eum:* sedebat inquam, cui nulla inerat lassitudo, ut fidei doctor, ut resurrectionis magister: sedebat supra petram, ut soliditas sedentis daret credentibus firmitatem: ponebat Angelus super petram fundamenta fidei, super quam Christus erat Ecclesiam fundaturus. Vel per lapidem monumenti potest designari mors, qua omnes premebantur: per hoc ergo quod Angelus super lapidem sedit, significatur quod Christus mortem sua virtute subjecit. BEDA in hom. (ubi supra). Et recte stans apparuit Angelus qui adventum Domini in mundo praedicebat, ut stando designaret quia Dominus ad debellandum mundi principem veniret. Praeco autem resurrectionis sedisse memoratur, ut sedendo significaret eum, superato mortis auctore, sedem regni jam conscendisse perpetui. Sedebat autem super lapidem revolutum quo ostium monumenti claudebatur, ut claustra inferorum sua ipsum virtute dejecisse doceret. AUGUSTINUS de cons. Evang. (lib. 3, cap. 24). Potest autem movere quomodo

secundum Matthaeum Angelus super lapidem sedebat revolutum la monumento, cum Marcus dicat mulieres introeuntes in monumentum vidisse juvenem sedentem in dextris; nisi intelligamus aut Matthaeum tacuisse de Angelo quem intrantes viderunt, Marcum autem de illo quem viderunt sedentem super lapidem: ut duos viderint, et a duobus sigillatim audierint quae dixerunt Angeli de Jesu: aut certe quod dicit (Marc. 16): » Intran- « tes in monumentum, » in aliqua septa maceriae debemus accipere, qua communitum locum tunc fuisse credibile est, idest in aliquod spatium ante petram, in qua excisa locus factus fuerat sepulturae, ut ipsum viderint in eodem spatio sedentem a dextris, quem dicit Matthaeus sedentem super lapidem.

Sequitur: *Erat autem aspectus ejus sicut fulgur, et vestimenta ejus sicut nix.* SEVERIANUS (1). Vultus claritas a vestium candore separatur, (2) et facies fulguri, nivi vestis Angeli comparatur: quia fulgur de caelo, nix de terra: unde Propheta Psal. 146: « Laudate Dominum de terra . . . . . . ignis, gran- « do, nix etc. » In facie ergo Angeli claritas caelestis servatur naturae, in veste significatur gratia communionis humanae: et sic temperatur species Angeli colloquentis, ut carnalis oculi et vestium ferant placidam claritatem, et ex fulgore (3) vultus nuntium sui tremerent, et reverentur auctoris. IDEM (4) in alio serm. Quid autem facit indumentum ubi tegendi necessitas non habetur? Sed Angelus nostrum habitum, nostram formam in resurrectione praefigurat, ubi homo ipsa corporis sui claritate vestitur. HIERONYMUS. In candido etiam vestitu Angelus significat gloriam triumphantis. GREGORIUS in homil. de Pasch. (5) (homilia 21 in Evangel.). Vel aliter. In fulgure terror timoris est, in nive autem blandimentum candoris: quia vero omnipotens Deus et terribilis est peccatoribus et blandus justis, recte testis resurrectionis ejus Angelus et in fulgure vultus et in candore habitus demonstratur, ut de ipsa sua specie et terreret reprobos et mulceret pios: unde sequitur: *Prae timore autem ejus exterriti sunt custodes, et facti sunt velut mortui.* RABANUS. Timoris anxietate sunt exterriti qui amoris fiduciam non habebant; et facti sunt velut mortui qui resurrectionis veritatem credere noluerunt. SEVERIANUS (6) in serm. Pasch. Custodiebant enim crudelitatis studio, non pietatis obsequio: stare enim non potest quem conscientia destituit et impellit reatus. Hinc est quod Angelus percellit impios, pios alloquitur et solatur.

Sequitur: *Respondens autem Angelus dixit mulieribus.* HIERONYMUS (super *Prae timore autem exterriti sunt*). Custodes quidem timore perterriti ad instar mortuorum stupefacti jacent; et Angelus tamen non illos, sed mulieres consolatur, dicens: *Nolite timere vos:* quasi dicat: Illi timeant in quibus remanet incredulitas: ceterum vos, quia Jesum quaeritis crucifixum, audite quod surrexerit, et promis-

---

(1) Quod sequitur ex Severiano rursus in Chrysologo sparsim habetur tum serm. 74 circa med quo ad posteriorem appendicem, tum serm. 77 quo ad priorem, sed inversa serie (*Ex edit. P. Nicolai*).

(2) *Al.* mysteria.

(3) *Al.* videri.

(4) Et haec rursus in Chrysologo, sicut prius, habentur in ser. 74 post medium, nisi quod pro his verbis *mortuum recipit, reddit vivum,* habet aptius ad metaphoram uteri *mortuum concipit, parit vivum;* nec appendicem illam habet, *Vel per lapidem* etc. quae nec occurrit (*Ex edit. P. Nicolai*).

(5) *Al.* veteri.

(1) Sive iterum, ut supra, Chrysologus serm. 75 post med. (*Ex edit. P. Nicolai*).

(2) *Al.* superior.

(3) *Al.* et ex fulgure.

(4) Idem scilicet Chrysologus ser. 77 versus finem (*Ex edit. P. Nicolai*).

(5) Scilicet hom. 21 in Evang. quae de Paschate hic appellatur quia legitur in Paschate, non sicut prius, de Passione (*Ex edit. P. Nicolai*).

(6) Immo autem Chrysologus ser. 75 versus finem (*Ex edit. P. Nicolai*).

sa perfecerit: unde sequitur: *Scio enim quod Jesum, qui crucifixus est, quaeritis.* SEVERIANUS (1). Adhuc enim crucifixum et mortuum requirebant, quarum fidem saeva passionis procella turbaverat, et tentationis ita eas pondus incurvaverat: ut caeli Dominum quaererent in sepulcro.

Non est hic. RABANUS (super *Non est hic, surrexit*). Per praesentiam carnis, qui tamen nusquam deest per praesentiam majestatis.

Sequitur: *Surrexit enim, sicut dixit.* CHRYSOSTOMUS in hom. 90. Quasi dicat: Et si mihi non creditis, illius mementote verborum. Deinde et alia sequitur demonstratio, cum subditur: *Venite, et videte locum ubi positus erat Dominus.* HIERONYMUS. Ut si meis verbis non creditis, vacuo credatis sepulcro. SEVERIANUS (2). Angelus ergo praedicit nomen, crucem dicit, loquitur passionem; sed mox resurrectionem, mox Dominum confitetur: et Angelus post tanta supplicia, post sepulcrum agnoscit Dominum suum; cur homo aut minoratum Deum in carne judicat, aut in passione existimat defecisse virtutem ? Dicit autem crucifixum, et ostendit locum ubi positus erat Dominus, ne alter, et non idem resurrexisse crederetur ex mortuis. Et si Dominus in eadem redit carne, et suae resurrectionis facit indicia; quare homo in alia putat se carne rediturum ? Aut carnem forte servus dedignatur suam, cum nostram Dominus non mutavit ? RABANUS super *Venite, et videte locum*). Non autem solis vobis (3) hoc gaudium magnum concessum est occulto corde tenere, sed similiter amantibus debetis illud pandere: unde sequitur: *Et cito euntes dicite discipulis ejus, quia surrexit.* SEVERIANUS (4). Quasi dicat: Revertere ad virum mulier jam sancta, et suade fidem, quae perfidiam ante suasisti: refer homini resurrectionis indicium cui ante consilium ruinae dedisti.

Sequitur: *Et ecce praecedet vos in Galilaeam.* CHRYSOSTOMUS in hom. 90. Hoc autem dicit eripiens eos a periculis, ne timor fidem impediret. HIERONYMUS (super *Quia resurrexit*). Mystice autem *praecedet vos in Galilaeam,* hoc est in volutabrum Gentilium, ubi ante error erat et lubricum, et firmo ac stabili pede vestigium non tenebat.

Sequitur: *Ibi eum videbitis: ecce praedixi vobis.* BEDA in hom. (1, inter aestivales). Bene autem Dominus in Galilaea videtur a discipulis. qui jam de morte ad vitam, jam de corruptione ad incorruptionem transierat: Galilaea quippe transmigratio interpretatur. Felices feminae quae triumphum resurrectionis mundo nuntiare meruerunt; feliciores animae quae in die judicii, percussis pavore reprobis, gaudium beatae resurrectionis intrare meruerint.

2. HILARIUS (can. ult.). Mulieribus per Angelum adhortatis confestim Dominus occurrit, ut nuntiaturae expectantibus discipulis resurrectionem non Angeli potius quam Christi ore loquerentur; unde dicitur: *Et exierunt cito de monumento cum timore et gaudio magno.* AUGUSTINUS de cons. Evang. (lib. 5, cap. 24). Egressae autem dicuntur a monumento, hoc est ab illo ubi erat horti spatium ante lapidem effossum. HIERONYMUS (super *Exierunt cito de*

monumento). Duplex autem mentes mulierum tenebat affectus: timoris et gaudii: et alter de miraculi magnitudine, alter ex desiderio resurgentis: et tamen uterque femineum concitabat gradum: unde sequitur: *Currentes nuntiate discipulis ejus.* Pergebant enim ad Apostolos, ut per illos fidei seminarium spargeretur. Quae autem sic quaerebant, quae ita currebant, merebantur obviam habere Dominum resurgentem: unde sequitur: *Et ecce Jesus occurrit illis; dicens, Avete.* RABANUS (statim ante *Et occurrit illis Jesus*). Per hoc ostendit, se omnibus iter virtutum inchoantibus, ut ad salutem perpetuam pervenire queant, adjuvando occurrere. HIERONYMUS (ibidem). Primae mulieres merentur audire, *Avete,* ut maledictum Evae mulieris. in mulieribus solveretur. SEVERIANUS (1) (ibidem). In istis vero feminis Ecclesiae figuram manere evidenter ostendit: quia discipulos suos Christus de resurrectione arguit trepidantes: occurrens autem istis non potestate terret, sed praevenit caritatis (2) ardore: Christus enim in Ecclesia se salutat, quam suum recipit in corpus. AUGUSTINUS de cons. Evangelistarum (lib 5, cap. 24) Colligimus et Angelorum allocutionem bis numero eas habuisse venientes ad monumentum. scilicet cum viderunt unum Angelum, de quo narrant Matthaeus et Marcus: et cum postea viderunt duos, ut narrant Lucas et Joannes: et similiter ipsius Domini bis: semel scilicet illic quando Maria hortulanum putavit; et nunc iterum cum eis occurrit in via, ut eas ipsa repetitione firmaret, atque a timore recrearet. SEVERIANUS (3) (ubi supra). Sed ibi Mariae nec tangendi datur facultas; hic non solum tangendi, sed tenendi copia tota conceditur: unde sequitur: *Illae autem accesserunt et tenuerunt pedes ejus, et adoraverunt eum.* RABANUS (super *Tenuerunt*). Superius quidem dictum est, quia clauso surrexit monumento, ut immortale jam factum doceret esse corpus quod in monumento clausum fuerat mortuum; tenendos autem mulieribus tunc praebuit pedes, ut intimaret veram se carnem habere, quae a mortalibus tangi posset. SEVERIANUS (4) (in serm. de Resurr.). Istae quidem tenent pedes Christi quae in Ecclesiae (5) typo, evangelicae praedicationis tenent et merentur excursum, ac sic fide astringunt sui vestigia Salvatoris ut totius deitatis perveniant ad honorem. Illa autem merito audit Joan. 20: « Noli me tangere », quae in terris deflet Dominum, et sic in sepulcro quaerit mortuum ut in caelis eum nesciat regnare cum Patre. Quod ergo eadem Maria, nunc in fidei vertice constituta, tangit Christum, ac tenet toto sanctitatis affectu, nunc imbecillitate carnis et feminea infirmitate dejecta dubitat, et tactum sui non meretur auctoris, non facit quaestionem. Siquidem illud de figura est, hoc de sexu; illud est de divina gratia, hoc de humana natura: quia nos ipsi cum divina scimus, Deo vivimus; cum humana sapimus, caecamur ex nobis (6). Tenuerunt autem

---

(1) Et hoc etiam Chrysologi est ser. 77 versus finem (*Ex edit. P. Nicolai*).

(2) Adhuc est Chrysologi ser. 76, paulo post initium (*Ex edit. P. Nicolai*).

(3) *Al. deest* vobis. P. Nicolai legit verbis.

(4) Vel Chrysologus rursus ser. 77 prope finem (*Ex edit. P. Nicolai*).

(1) Rursus ex Chrysologo id habetur ser. 76 prope med. quo ad priorem partem, et paulo ante quo ad posteriorem, interjectis quibusdam quae hic desunt (*Ex edit. P. Nicolai*).

(2) *Al.* claritatis.

(3) Vel Chrysologus serm. 76, ut supra (*Ex edit. P. Nicolai*).

(4) Vel Chrysologus rursus, sicut supra (*Ex edit. P. Nicolai*).

(5) P. Nicolai habet quae in Ecclesia typum evangelicae praedicationis tenent, et merentur ex cursu; ac sic etc.

(6) Serm. 80, qui cum praecedentibus confundebatur prius quasi omnium series una esset (*Ex edit. P. Nicolai*).

pedes ejus, ut scirent in capite Christi virum esse, se autem esse in pedibus Christi, et datum sibi virum sequi, non praeire ipsum. Quod autem dixerat Angelus, dicit et Dominus; ut quas firmaverat Angelus, Christus redderet firmiores.

Sequitur: *Tunc ait illis Jesus, Nolite timere.* Hieronymus. Et in veteri et in novo testamento hoc semper observandum est: quod quando aliqua augustior apparuerit visio, primum timor pellatur; ut sic mente placata, possint quae dicuntur, audiri. Hilarius (can. ult.). In contrarium autem ordo causae principalis est redditus: ut quia a sexu muliebri coepta mors esset, ipsi primum resurrectionis gloriae et visus et nuntius redderetur: unde Dominus subdit: *Ite, nuntiate fratribus meis ut eant in Galilaeam: ibi me videbunt.* Severianus (1) (ser. de Resurrect.). Vocat fratres quos corporis sui fecit esse germanos; vocat fratres quos benignus heres sibi praestitit coheredes; vocat fratres quos Patris sui adoptavit in filios. Augustinus de concor. Evangelist. (lib. 3, cap. 25). Quod autem Dominus non ubi primum se monstraturus erat, sed in Galilaea, ubi postea visus est, se videndum mandavit et per Angelum et per seipsum, quemvis (2) fidelem facit intentum ad quaerendum, in quo mysterio dictum intelligitur: Galilaea namque interpretatur vel transmigratio, vel revelatio. Prius itaque, secundum transmigrationis significationem, quid aliud occurrit intelligendum, nisi quia Christi gratia de populo Israel transmigratura erat ad Gentes, quibus Apostoli praedicantes Evangelium nullo modo crederent, nisi eis ipse Dominus viam in cordibus hominum praepararet? Et hoc intelligitur, *Praecedet vos in Galilaeam.* Quod autem subditur, *Ibi eum videbitis,* sic intelligitur: idest, ibi membra ejus invenietis: ibi vivum corpus ejus in his qui vos susceperint, agnoscetis. Secundum autem quod Galilaea interpretatur revelatio, non jam in forma servi intelligendum est, sed in illa in qua aequalis est Patri. Illa erit revelatio tamquam vera Galilaea, cum « similes ei « erimus, et videbimus eum sicuti est: » 1 Joan. 3. Ipsa etiam erit beatior transmigratio ex isto saeculo in illam aeternitatem.

3. Chrysostomus (in hom. 91). Signorum quae circa Christum apparuerunt, quaedam fuerunt orbi terrarum communia, puta tenebrae, quaedam propria militibus custodientibus, sicut mira Angeli apparitio et terraemotus, quae propter milites facta sunt, ut stupefierent, et ab ipsis fiat testimonium veritatis: veritas enim a contrariis divulgata magis refulget: quod et contigit: unde dicitur: *Quae cum abiissent,* scilicet mulieres, *ecce quidam de custodibus venerunt in civitatem, et nuntiaverunt principibus sacerdotum omnia quae facta fuerant.* Rabanus (hoc loco). Simplex quidem animi qualitas et indocta hominum rusticitas saepe veritatem rei, ut est, sine fraude manifestat: et contra versuta malignitas falsitatem verisimilibus verbis pro vero commendare decertat. Hieronymus (super *Et congregati cum senioribus*). Principes ergo (5) sacerdotum qui debuerant converti ad poenitentiam, et Jesum quaerere resurgentem, perseverant in mali-

tia, et pecuniam quae ad usus templi data fuerat, vertunt in redemptionem mendacii, sicut et ante triginta argenteos inde dederunt (1) proditori: unde sequitur: *Et congregati cum senioribus consilio accepto, pecuniam copiosam dederunt militibus, dicentes: Dicite, quia discipuli ejus nocte venerunt, et furati sunt eum nobis dormientibus.* Severianus (de Resurrect.). Non enim contenti sunt interfecisse magistrum; immo etiam quomodo discipulos perdere possint (2), moliuntur; et discipulorum crimen esse faciunt virtutem magistri (3). Plane amiserunt milites, perdiderunt Judaei; sed discipuli magistrum suum non furto, sed fide; virtute, non fraude; sanctitate, non crimine; vivum, non mortuum, sustulerunt. Chrysostomus (in homil. 91). Qualiter enim furarentur discipuli homines pauperes et idiotae, et neque apparere audentes? Si enim adhuc Christum vivum videntes fugerunt, qualiter mortuo eo non timuissent tot militum multitudinem? Numquid ostium sepulcri poterant evertere? Lapis enim imminebat magnus, multis indigens manibus. Numquid etiam non erat sigillum superimpositum? Propter quid autem non furati sunt prima nocte, quando nullus sepulcro affuit? Sabbato enim petierunt a Pilato custodiam. Quid autem sibi volunt haec sudaria quae Petrus vidit jacentia? Si enim vellent furari, non essent nudum corpus furati; non solum ne injuriarentur, sed ne etiam in exeundo tardarent et (4) tribuerent militibus se detinendi facultatem; maxime quia myrrha erat corpori et vestimentis affixa, ita glutinosa ut non facile esset a corpore avellere vestimenta: quare non persuasibilia sunt quae de furto dicta sunt. Unde per quae resurrectionem obumbrare conantur, per haec eam faciunt clarere. Dicentes enim quod discipuli furati sunt, confitentur non esse corpus in sepulcro; furtum autem ostendit esse mendax custodia militum et discipulorum pavor. Remigius. Sed si custodes dormierunt, quomodo furtum viderunt? Et si non viderunt, quomodo testes fuerunt? Et ideo quod voluerunt facere non potuerunt. Glossa (5). Ne autem timore principis a mendacio revocarentur, timentes propter negligentiam puniri, subdunt: *Et si hoc auditum fuerit a praeside, nos suadebimus ei, et securos vos faciemus.* Chrysostomus (in hom. 91). Vide omnes corruptos. Pilatus enim ipse persuasus est, plebs Judaica commota est, milites corrupti sunt: unde sequitur: *At illi, accepta pecunia, fecerunt sicut erant edocti.* Si pecunia apud discipulum tantam habuit virtutem ut eum faceret magistri proditorem; non mireris si pecunia milites superantur. Hilarius (6) (in fin. Comm. in 28 cap. Matth.). Emitur ergo resurrectionis silentium et mendacium furti argento, quia honore scilicet saeculi, qui in pecunia est et cupiditate, Christi gloria denegatur. Rabanus (super *Divulgatum est verbum*). Sicut autem sanguinis reatus, quem sibi et posteris suis ipsi imprecabantur, gravi peccatorum sarcina illos premit; ita emptio mendacii, per quod resurrectionis denegant

---

(1) Vel Chrysologus rursum serm. 80, *quod et infra intelligi oportet* (*Ex edit. P. Nicolai*).

(2) *Al.* quamvis.

(3) *Al* deest ergo.

(1) *Al.* Judae dederunt.

(2) *Al.* possunt.

(3) *Al.* discipulorum crimen esse faciunt magistri.

(4) *Al.* omittitur et.

(5) Nec est in Glossa quae nunc extat, nec alibi occurrit (*Ex edit. P. Nicolai*).

(6) Ex Hilario etiam citat appendix Glossae in hunc locum; sed prima tantum verba ex Hilarii textu colligi possunt (*Ex edit. P. Nicolai*).

veritatem, reatu eos constringit perpetuo: unde sequitur: *Et divulgatum est verbum istud apud Judaeos usque in hodiernum diem.* SEVERIANUS (1). Apud Judaeos quidem divulgatum est. non apud Christianos quod enim in Judaea Judaeus obscurabat auro, fide toto claruit in mundo (2). HIERONYMUS (super *Congregati cum senioribus*). Omnes autem qui stipe templi et his quae conferuntur ad usus Ecclesiae abutuntur in aliis rebus quibus suam expleant voluntatem, similes sunt scribarum et sacerdotum redimentium mendacium et Salvatoris sanguinem.

4. BEDA (in homil. supra). Postquam dominicam resurrectionem ab Angelo nuntiatam beatus Matthaeus asseruit, visionem Domini etiam a discipulis impletam refert, dicens: *Undecim autem discipuli abierunt in Galilaeam in montem ubi constituerat illis Jesus*: nam pergens Dominus ad passionem, ait discipulis (supra 26): *Postquam surrexero praecedam vos in Galilaeam.* Angelus quoque mulieribus ait Marc. 16: « Dicite discipulis ejus, quia « praecedet vos in Galilaeam. » Quapropter jussioni magistri obedientia discipulorum obsequitur. Recte autem undecim discipuli ad adorandum pergunt: jam enim unus perierat, qui Dominum ac magistrum suum tradiderat. HIERONYMUS (3) (super *Undecim abierunt*). Post resurrectionem ergo Jesus in Galilaeae monte conspicitur, ibique adoratur; licet quidem dubitent, et dubitatio eorum nostram augeat fidem.

Sequitur: *Et videntes eum adoraverunt, quidam autem dubitaverunt.* REMIGIUS. Hoc autem Lucas Evangelista plenius manifestat: refert enim quia cum Dominus resurgens a mortuis ipse apparuisset discipulis, ipsi conturbati et exterriti, existimabant se spiritum videre. RABANUS. In monte quidem apparuit eis Dominus, ut significaret quoniam corpus quod de communi (4) generis humani terra nascendo susceperat, resurgendo jam super terrena omnia sublevaverat; et ut admoneret fideles, si illic celsitudinem resurrectionis ejus cupiunt videre, hic ab infirmis voluptatibus ad superna studeant desideria transire. Jesus autem discipulos in Galilaeam praecedit, quia Christus resurrexit a mortuis primitiae dormientium. Sequuntur autem hi qui sunt Christi, et suo ordine ad vitam de morte transmigrant, in sua specie divinitatem contemplantes: et huic congruit quod Galilaea revelatio interpretatur. AUGUSTINUS de conc. Evang. (lib. 3, cap. 25). Sed considerandum est quomodo corporaliter in Galilaea Dominus videri potuerit: quia enim non ipso die quo resurrexit, visus est, manifestum est: nam in Hierusalem visus est eo die in initio noctis, ut Lucas et Joannes apertissime consonant: neque etiam in sequentibus octo diebus. post quos dicit Joannes discipulis apparuisse Dominum, ubi primo vidit eum Thomas, qui eum non viderat die resurrectionis ejus: nisi quis dicat non illos undecim qui jam tunc Apostoli vocabantur, sed discipulorum illic undecim fuisse ex multo numero discipulorum. Sed occurrit aliud quod obsistit: Joannes enim

quando commemoravit non in monte ab undecim, sed ad mare Tiberiadis a septem piscantibus visum esse Dominum: « Hoc jam tertio (inquit): mani « festavit se Jesus discipulis suis: » quod intelligendum est ad numerum dierum retulisse, non ad numerum manifestationum. Si autem acceperimus (1) intra illos octo dies, antequam eum Thomas vidisset, ab undecim discipulis quibusque Dominum visum, non erit hoc ad mare Tiberiadis tertio manifestatum esse (2), sed quarto: ac per hoc cogimur intelligere, post omnia factum esse quod eum in monte Galilaeae discipuli undecim viderunt. Invenimus itaque apud quatuor Evangelistas decies commemoratum Dominum visum ab hominibus esse post resurrectionem: semel ad monumentum a mulieribus; iterum eisdem egredientibus a monumento in itinere; tertio Petro; quarto duobus euntibus in castellum; quinto pluribus in Hierusalem, ubi non erat Thomas; sexto ubi vidit eum Thomas; septimo ad mare Tiberiadis; octavo in monte Galilaeae secundum Matthaeum; nono, quod dicit Marcus, novissime recumbentibus, quia jam non erant in terra cum illo convivaturi; decimo in ipso die non jam in terra, sed elevatum in nube, cum in caelum ascenderet: quod Marcus et Lucas commemorant. Sed non omnia scripta sunt, sicut Joannes fatetur: crebra enim erat ejus cum illis conversatio per dies quadraginta, priusquam ascendisset in caelum. REMIGIUS. Videntes ergo discipuli Dominum cognoverunt, et idcirco dimissis in terram vultibus adorabant; et ideo pius et clemens magister, ut omnem dubietatem auferret a cordibus eorum, accedens ad eos corroboravit in fide: unde sequitur: *Et accedens Jesus locutus est eis, dicens: Data est mihi omnis potestas in caelo et in terra.* HIERONYMUS (super *Data est mihi omnis potestas*). Illi autem potestas data est qui paulo ante crucifixus, qui sepultus in tumulo, qui postea resurrexit. RABANUS (ibidem). Non enim hoc (3) de coaeterna Patri divinitate, sed de assumpta loquitur (4) humanitate, secundum quam minoratus est paulo minus ab Angelis. SEVERIANUS (5) Filius quippe Dei Virginis filio, Deus homini, divinitas carni contulit quod semper ipse cum Patre possedit. HIERONYMUS (ibidem). In caelo autem et in terra potestas data est, ut qui ante regnabat in caelo, per fidem credentium regnet in terris. REMIGIUS. Quod ergo Psalmista de resurgente Domino dicit Psal. 8 « Constituisti eum super opera manuum tuarum. » hoc nunc Dominus dicit: *Data est mihi omnis potestas in caelo et in terra.* Et hic sciendum, quia antequam Dominus surrexisset a mortuis, noverant Angeli se subjectos homini Christo. Volens ergo Christus etiam hominibus notum fieri quod data esset sibi omnis potestas in caelo et in terra, praedicatores misit, qui verbum vitae cunctis nationibus praedicarent: unde sequitur: *Euntes ergo docete omnes gentes.* BEDA in hom. (ut supra). Qui enim ante passionem suam dixerat. supra 10, *In viam Gentium ne abieritis*, surgens a mortuis dicit: *Ite, docete omnes gentes.* Quapropter confundantur Judaei, qui dicunt Christum tantummodo ad suam

---

(1) Vel Chrysologus rursum serm. 76 prope finem (*Ex edit. P. Nicolai*).

(2) HILARIUS (*Ex edit. P. Nicolai*).

(3) Habet eadem Hilarius, ex quo haec et alia etiam ante dicta mutuatus est Hieronymus iisdem plane verbis (*Ex edit. P. Nicolai*)

(4) *Al.* communis.

(1) *Al.* acciperemus.

(2) *Al.* non erit ad mare Tiberiadis manifestum esse.

(3) *Al.* hic.

(4) *Al.* loquor.

(5) Vel Chrysologus rursum serm. 80 versus finem: *quod etiam infra notandum est* (*Ex edit. P. Nicolai*).

ˢalutem esse venturum: erubescant et Donatistae, qui localiter Christum concludere cupientes, dixerunt eum tantummodo in Africa esse, non in aliis regionibus. HIERONYMUS (super *Euntes docete omnes gentes*). Primum ergo docent omnes gentes, deinde doctas intingunt in aqua: non enim potest fieri ut corpus baptismi recipiat sacramentum, nisi ante anima fidei susceperit veritatem. *Baptizantes eos in nomine Patris et Filii et Spiritus sancti*: ut quorum est una divinitas, sit una largitio, nomenque Trinitatis unus Deus. SEVERIANUS. Omnes ergo gentes potestas una eademque recreat ad salutem, quas creavit ad vitam. DIDYMUS in libro 2 de Spiritu sancto (1). Licet autem quis possit existere saxei (2), ut ita dicam, cordis, et penitus mentis alienae, qui ita baptizare conetur ut unum de praedictis nominibus praetermittat, videlicet contrarius Christo legis datori; tamen sine perfectione baptizabit, immo penitus a peccatis liberare non poterit quos a se existimaverit baptizatos. Ex his autem colligitur quam indivisa sit substantia Trinitatis: et Patrem vere Filii esse Patrem, et Filium vere Patris Filium, et Spiritum sanctum vere Patris et Dei Filii esse Spiritum, et insuper sapientiae et veritatis, idest Filii Dei. Haec est salus credentium, et dispensatio ecclesiasticae disciplinae in hac Trinitate perficitur. HILARIUS (3) (can. ult.). Quid enim in hoc sacramento salutis humanae non continetur? Plena sunt omnia, ut a pleno et perfecto prolata. Habet enim naturae suae nomen in Patre, sed Pater tantum est: non enim humano modo habet aliunde quod Pater est: ipse ingenitus, aeternus, habens in se semper ut semper sit soli Filio notus. Filius autem est progenies ingeniti, unus ex uno, verus a vero, vivus a vivo, perfectus a perfecto, virtutis virtus, sapientiae sapientia, gloriae gloria, imago invisibilis Dei, forma Patris ingeniti. Spiritus autem sanctus non potest a confessione Patris et Filii separari. Et quidem ubique non deest hoc expectationis nostrae solatium. Hic in donorum operationibus futurae spei pignus est, hic mentium lumen, hic splendor animorum est. Haec igitur licet mutare non possint haeretici, afferunt tamen humana commenta: ut Sabellius Patrem ex quo tendat (4) in Filium, idque nominibus potius confitendum putat esse quam rebus, cum ipsis Filium proponat et Patrem: ut Ebion, omne initium ex Maria concedens, non ex Deo hominem, sed ex

homine Deum proferat, ut Ariani, qui ex nihilo atque ex tempore formam et sapientiam et virtutem Dei (1) procedunt. Quid autem mirum est ut de Spiritu sancto diversa sentiant, qui in Filio largitore ejus tam temerarii sunt auctores? HIERONYMUS (super *Docentes eos*) Consideratur autem hic ordo praecipuus. Jussit Apostolos, ut primum docerent universas gentes, deinde fidei tingerent sacramento, et post fidem ac baptisma, quae essent observanda praeciperent: unde sequitur: *Docentes eos servare omnia quaecumque mandavi vobis.* RABANUS (hoc loco). Quia sicut corpus sine spiritu mortuum est; ita fides sine operibus mortua est. CHRYSOSTOMUS in hom. (91 in Matth.). Quia vero eis magna injunxerat, erigens eorum sensus, dicit: *Et ecce ego vobiscum sum omnibus diebus usque ad consummationem saeculi*; quasi dicat: Ne dicatis difficile esse injunctum negotium, ego sum vobiscum, qui omnia facio levia. Non autem cum illis solum dixit se futurum esse, sed et cum omnibus qui post illos credunt: non enim usque ad consummationem saeculi Apostoli mansuri erant; sed sicut uni corpori fidelibus loquitur. RABANUS (hoc loco). Ex hoc autem intelligitur quod usque ad finem saeculi non sunt defuturi in mundo qui divina mansione et inhabitatione sunt digni. CHRYSOSTOMUS (hom. 91 in Matth.). Rememorat autem eis et consummationem, ut eos magis attrahat, et ne praesentia solum inspiciant, sed et futura bona, et sine fine mansura; quasi dicat: Tristitia quam sustinebitis, simul cum praesenti vita consumetur, et totum saeculum in consummationem deveniet; bona autem quibus potiemini, sunt in aeternum permansura. BEDA in hom. (ubi supra). Quaeritur autem quare hic dicat, *Ecce ego vobiscum sum*; cum alibi dixisse legatur, Joan. 16: « Vado ad eum « qui me misit. » Sed alia sunt quae humanitati ascribuntur, et alia quae divinitati. Ivit ad Patrem per humanitatem, manet autem cum discipulis in forma qua est Patri aequalis. Quod autem dicit, *Usque ad consummationem saeculi*, finitum pro infinito ponitur: nam qui in praesenti saeculo manet cum electis, eos protegendo, ipse post finem cum eis manebit, eos remunerando. HIERONYMUS (in Comment. in Matth.). Qui ergo usque ad consummationem saeculi cum discipulis esse promittit, et illos ostendit semper esse victuros, et se nunquam a credentibus recessurum. LEO Papa in serm. de Pass. (2). Qui enim ascendit in caelos, non deserit adoptatos, et ipse deorsum confortat ad patientiam qui sursum invitat ad gloriam: cujus gloriae participes nos faciat ipse Christus rex gloriae, qui est Deus benedictus in saecula. Amen.

---

(1) Quod subditur ex Didymo, habes inter opera Hieronymi, qui ex Graeco latinum fecit Didymi Opus, et ex lib. 2 colligitur paulo post principium (*Ex edit. P. Nicolai*).

(2) *In quatuor exemplis citari solitis deest* saxei, ut ita dicam, cordis.

(3) Lib. 10 de Trinit. partim ab initio quo ad aliqua, partim quo ad alia in progressu, non tamen continua serie nec eodem ordine, sed prioribus posteriorem praemittendo (*Ex edit. P. Nicolai*).

(4) *Nicolai legit* extendat, *et infra* ipsum Filium *pro* ipsis Filium.

(1) *Idem* producunt.

(2) Ser. de Pasch. sive Resurrect. Domini, serm. 2 circa medium, non serm. de Passione, sicut prius (*Ex edit. P. Nicolai*).

SANCTI
THOMÆ AQUINATIS
CATENA
SUPER MARCI EVANGELIUM

EPISTOLA DEDICATORIA

Reverendo in Christo Patri Domino Hannibaldo, Basilicae duodecim Apostolorum venerabili Presbytero Cardinali, Frater Thomas de Aquino Ordinis Fratrum Praedicatorum se totum. Rerum opifex Deus solo suae bonitatis intuitu cuncta in esse producens naturalem boni amorem omnibus indidit creaturis, ut dum unaquaeque res bonum sibi conveniens naturaliter amat et appetit, quadam conversione mirabili in suum recurrere demonstretur auctorem. Sed in hoc praefertur ceteris rationalis natura, quod ipsum universalem bonitatis fontem per sapientiam intueri potest, et per caritatis amorem suaviter degustare: unde fit ut sapientiae bonum, quo ad ipsum fontem bonitatis accedimus, omnibus humanis bonis secundum rectae rationis judicium praeferatur. Haec est enim quae fastidium nescit: ita ut qui eam edit, adhuc esuriat, et qui eam bibit, sitire non cesset. Haec est quae intantum peccato repugnat ut qui secundum ipsam operantur, non peccant. Haec est quae indeficientem fructum suis ministris largitur, ut qui eam elucidant, vitam possideant sempiternam. Praecellit itaque voluptates dulcedine, securitate sedes et regna, utilitateque divitias universas. Hujusmodi igitur delectatos muneribus, evangelicae sapientiae a saeculis in mysterio absconditae, quam in lucem produxit Dei sapientia incarnata, ministerium expositionis adhibui, sacrorum Doctorum sententias compilando; ad quod me induxit primitus felicis recordationis Urbani Papae quarti mandatum. Verum quia, eo summo Pontifice ex hac vita subtracto, tria Evangelia, Marci, Lucae et Joannis exponenda restabant, ne opus quod obedientia inceperat, negligentia imperfectum relinqueret, cum multo labore diligens adhibui studium, ut quatuor Evangeliorum expositionem complerem, eadem in omnibus forma servata in ponendis Sanctorum auctoritatibus et eorum nominibus praescribendis. Et ut magis integra et continua praedicta sanctorum expositio redderetur, quasdam expositiones Doctorum graecorum in latinum feci transferri, ex quibus plura expositionibus latinorum Doctorum interserui, auctorum nominibus praenotatis. Verum quia congruit ut de laborum fructibus oblationes sacerdotibus offerantur, Expositionis evangelicae opus, laboris mei fructum, Apostolorum Presbytero censui offerendum: in quo vestra suscipiat auctoritas debitum, ut scientis industria judicii censuram exerceat; et antiqua dilectio, amoris affectum in offerentis munere comprehendat.

PRAEFATIO

Deus meus factus est fortitudo mea, et dixit: Parum
est ut sis mihi servus ad suscitandas tribus Jacob,
et faeces Israel convertendas. Dedi te in lucem Gentium, ut sis salus mea usque ad extremum terrae.
Isa. 49, 6.

Glossa (super illud, *Formans me*). Vocationem
Gentium et causam salutis earum Isaias Propheta
manifesto praenuntiat oraculo, dicens: *Deus meus
factus est fortitudo mea etc.* Hieronymus super Isaiam (lib. 13). In quibus verbis ostenditur Christum
appellari servum inquantum est formatus ex utero:
nam ante verba ista praemittitur: *Haec dicit Dominus, formans me ex utero servum sibi.* Fuerat siquidem voluntas Patris, ut pessimi vinitores missum susciperent Filium: unde de ipsis Christus ad
discipulos loquitur Matth. 10: « In viam Gentium
« ne abieritis; sed ite magis ad oves perditas do-
« mus Israel. » Quia igitur Israel non est reductus
ad Deum, propterea Dei Filius loquitur Judaeis
non credentibus, dicens: *Deus meus factus est fortitudo mea*: qui et consolatus est me super abje-
ctione populi mei, *et dixit: Parum est si servias
mihi* (1) *ad suscitandas tribus Jacob*, quae suo
vitio corruerunt, *et ad faeces*, sive reliquias, *Israel
convertendas*: pro illis enim *dedi te in lucem Gentium* omnium, ut illumines universum mundum, et
salutem meam per quam homines salvi fiunt, usque ad extrema terrae facias pervenire. Glossa (2).
Ex praemissis igitur verbis duo possumus colligere:
quorum primum est divina virtus, quae fuit in
Christo, et qua efficax fuit ad Gentium illuminationem; quia dicitur: *Deus meus factus est fortitudo mea.* « Deus igitur erat in Christo mundum
« reconcilians sibi; » ut Apostolus 1 ad Corinth.
5, dicit: unde et Evangelium, per quod credentes
salvantur, « virtus Dei est in salutem omni cre-
« denti; » ut idem Apostolus ad Rom. 1, dicit.
Secundum autem est illuminatio Gentium et salus
mundi ex dispositione Patris per Christum completa (3): quia dicitur: *Dedi te in lucem Gentium:*
unde post resurrectionem suam Dominus ut dispositionem Patris impleret, ad praedicandum discipulos
misit, dicens Matth. ult. « Docete omnes gentes: »
quorum quidam ad praedicandum Judaeis, quidam
ad praedicandum Gentibus ministerium acceperunt.
Quia vero Evangelium oportuit non solum praedicari propter praesentes « sed etiam scribi propter
futuros, eadem distinctio est in scriptoribus Evangelii observata: nam Matthaeus Judaeis Evangelium
Hebraico sermone scripsit; Marcus autem primus
Evangelium scripsit in Gentibus. Eusebius in Eccle.
Hist. lib. 2, cap. 15). Cum enim Romanae urbi
clarum Verbi Dei lumen fuisset exortum, sermo
veritatis et lucis, qui per Petrum praedicabatur,
universorum mentes placido illustravit auditu; ita

ut quotidie audientibus eum nulla unquam satietas fieret: unde neque eis auditio sola sufficiebat; sed
Marcum discipulum ejus omnibus precibus exorant,
ut ea quae ille verbo praedicabat, ad perpetuam
eorum commonitionem habendam scripturae traderet, quo domi forisque in hujusmodi verbi meditatio-
nibus permanerent; nec prius ab obsecrando desistunt
quam quae oraverant, impetrarent: et haec fuit causa
scribendi Evangelium secundum Marcum. Petrus vero
ut per Spiritum sanctum religioso se comperit furto
spoliatum, delectatus est, fidem eorum per hoc devo-
tionemque considerans; factumque confirmavit et in
perpetuum legendam scripturam Ecclesiis tradidit.
Hieronymus super Marcum (1) (in Praefat.). Principium autem (2) a perfectioris aetatis Christi
praedicatione inchoat, nec laborat in nativitate
infantuli qui loquitur de perfectione Filii Dei. Chrysostomus (3). Compendiosam autem brevem narrationem facit, in quo magistrum imitatus est, scilicet Petrum, brevitati studentem. Augustinus de
cons. Evang. (lib. 1, cap. 30). Unde Matthaeus
qui regiam Christi personam narrandam susceperat,
habuit Marcum sibi tamquam comitem et abbre-
viatorem adjunctum, qui sua vestigia quodammodo
sequeretur: regum enim est non esse sine comitum
obsequio. Sacerdos autem quoniam in sancta sanctorum solus intrabat, propterea Lucas, cujus circa
sacerdotium Christi erat intentio, non habuit tamquam socium obsequentem, qui suam narrationem
quodammodo breviaret. Beda (quasi in princ. Com.
in Marc.). Notandum est etiam, quod Evangelistae
sancti diversum narrationis suae primordium, singuli
diversum statuere terminum. Matthaeus namque a
nativitate dominica exordium sumens ad tempus
usque dominicae resurrectionis seriem suae narrationis perduxit: Marcus ab initio evangelicae praedicationis incipiens, pervenit usque ad tempus ascensionis
Domini et praedicationis discipulorum ejus cunctis Gentibus per orbem; Lucas autem a nativitate praecursoris
inchoans Evangelium, terminavit in ascensione dominica; Joannes ab aeternitate Verbi Dei principium
sumens, usque ad tempus dominicae resurrectionis
evangelizando pertingit. Ambrosius super Lucam
(in Praefatione). Quia igitur Marcus a potentiae

(1) Al. omittitur *Parum est si servias mihi.*
(2) Non est in Glossa quae nunc extat (*Ex edit. P. Nicolai*).
(3) Al. complexa.

(1) Immo alius Hieronymo difficillimus Auctor, qui ejus
nomine tunc vigebat cum S. Thomas ista scripsit; sed nunc
in calce Operum Hieronymi a Mariano Victorio rejectus, ac
velut suppositivus passim ab omnibus agnitus, ut in ejus
inscriptione videre est; quod ab initio ipso notari debet propter alias continuas ejusdem appendices quae in operis hujus progressu sub eodem nomine notabuntur (*Ex edit. P.
Nicolai*)
(2) Al. *additur* quia.
(3) *In Veneta Nicolini editione an.* 1593 (super Marcum).
P. Nicolai (homil. 4 in Matth.).

coeperat expressione divinae, recte sub Leonis imagine figuratur. Remigius super Marcum. Per Leonem etiam signatur Marcus: quia sicut Leo terribilem vocem in deserto emittit, sic Marcus a voce in deserto incepit, dicens cap. 1: *Vox clamantis in deserto.* Augustinus de cons. Evang. (lib. 1, cap. 6). Quamvis et de figura aliter dici possit. Marcus enim qui neque stirpem regiam ut Matthaeus, ob hoc per Leonem significatus, neque sacerdotalem

ut Lucas signatus per vitulum, vel cognationem vel consecrationem narrare voluit; et tamen in eis versatus ostenditur quae homo Christus operatus est, per hominis figuram in illis quatuor animalibus signatus videtur. Theophylactus (in Evang. Marc.). Vel Evangelium secundum Marcum Aquila innuit: a prophetia enim Joannis incepit. Prophetia (1) vero acute quae a longe sunt, speculatur ut aquila.

(1) *Al.* enim.

SANCTUM JESU CHRISTI EVANGELIUM SECUNDUM MARCUM

CAPUT PRIMUM.

1. Initium Evangelii Jesu Christi Filii Dei.
2. Sicut scriptum est in Isaia Propheta: Ecce mitto Angelum meum ante faciem tuam, qui praeparabit viam tuam ante te. Vox clamantis in deserto: Parate viam Domini, rectas facite semitas ejus.
3. Fuit Joannes in deserto baptizans, et praedicans baptismum poenitentiae in remissionem peccatorum. Et egrediebatur ad eum omnis Judaea regio, et Hierosolymitae universi, et baptizabantur ab illo in Jordanis flumine, confitentes peccata sua. Et erat Joannes vestitus pilis camelorum, et zona pellicea circa lumbos ejus, et locustas, et mel silvestre edebat, et praedicabat dicens: Veniet fortior me post me, cujus non sum dignus procumbens solvere corrigiam calceamentorum ejus. Ego baptizo vos aqua, ille vero baptizabit vos Spiritu sancto.
4. Et factum est in diebus illis, venit Jesus a Nazareth Galilaeae, et baptizatus est a Joanne in Jordane. Et statim ascendens de aqua, vidit caelos apertos, et Spiritum sanctum tamquam columbam descendentem, et manentem in ipso: et vox facta est de caelis: Tu es Filius meus dilectus, in te complacui.
5. Et statim Spiritus expulit eum in desertum. Et erat in deserto quadraginta diebus, et quadraginta noctibus, et tentabatur a satana; eratque cum bestiis, et Angeli ministrabant illi.
6. Postquam autem traditus est Joannes, venit Jesus in Galilaeam praedicans Evangelium regni Dei, dicens: Quoniam impletum est tempus, et appropinquabit regnum Dei, poenitemini, et credite Evangelio.
7. Et praeteriens secus mare Galilaeae, vidit Simonem, et Andream fratrem ejus mittentes retia in mare: erant enim piscatores. Et dixit eis Jesus: Venite post me, et faciam vos fieri piscatores hominum. Et protinus, relictis retibus, secuti sunt eum. Et progressus inde pusillum, vidit Jacobum Zebedaei, et Joannem fratrem ejus, et ipsos componentes retia in navi, et statim vocavit illos. Et relicto patre suo Zebedaeo in navi cum mercenariis, secuti sunt eum.
8. Et ingrediuntur Capharnaum, et statim sabbatis ingressus in synagogam docebat eos. Et stupebant super doctrina ejus: erat enim docens eos quasi potestatem habens, et non sicut scribae.
9. Et erat in synagoga eorum homo in spiritu immundo

et exclamavit dicens: Quid nobis, et tibi Jesu Nazarene? Venisti ante tempus perdere nos? Scio quod sis Sanctus Dei. Et comminatus est ei Jesus dicens: Obmutesce, et exi de homine. Et discerpens eum spiritus immundus et exclamans voce magna, exiit ab eo. Et mirati sunt omnes, ita ut conquirerent inter se dicentes: Quidnam est hoc? Quaenam doctrina haec nova? Quia in potestate etiam spiritibus immundis imperat, et obediunt ei. Et processit rumor ejus statim in omnem regionem Galilaeae (1): quoniam invidia diaboli mors intravit in orbem terrarum contra ipsum.
10. Et protinus egredientes de synagoga venerunt in domum Simonis et Andraeae, cum Jacobo, et Joanne. Decumbebat autem socrus Simonis febricitans: qui statim dicunt ei de illa. Et accedens elevavit eam, apprehensa manu ejus: et continuo dimisit eam febris, et ministrabat eis.
11. Vespere autem facto, cum occidisset sol, afferebant ad eum omnes male habentes, et daemonia habentes; et erat omnis civitas congregata ad januam. Et curavit multos, qui vexabantur variis languoribus, et daemonia multa ejiciebat, et non sinebat ea loqui, quoniam sciebant eum.
12. Et diluculo valde surgens abiit in desertum locum, ibique orabat. Et prosecutus est eum Simon, et qui cum illo erant Et cum venissent ad eum, dixerunt ei: Quia omnes quaerunt te. Et ait illis: Eamus in proximos vicos, et civitates, ut et ibi praedicem: ad hoc enim veni. Et erat praedicans in synagogis eorum in omni Galilaea, et daemonia ejiciens.
13. Et venit ad eum leprosus deprecans eum, et genuflexo dixit: Si vis, potes me mundare. Jesus autem misertus ejus, extendit manum suam, et tangens eum ait illi: Volo: mundare. Et cum dixisset, statim discessit ab eo lepra, et mundatus est. Et comminatus est ei; statimque ejecit illum, et dixit ei: Vide nemini dixeris; sed vade, ostende te principi sacerdotum, et offer pro emundatione tua quae praecepit Moyses in testimonium illis. At ille egressus coepit praedicare, et diffamare sermonem, ita ut jam non posset manifeste introire in civitatem, sed foris in desertis locis esset. Et conveniebant ad eum undique.

(1) *Quod sequitur* quoniam etc. *Nicolai omittit, nec est in Bibliis.*

---

1. Hieronymus in Prologo. Marcus Evangelista sacerdotium in Israel agens, secundum carnem Levita, ad Dominum conversus, Evangelium in Italia scripsit, ostendens in eo quid et generi suo deberet Christus. Nam initium Evangelii in voce propheticae exclamationis instituens ordinem leviticae electionis ostendit, praedicans Joannem Zachariae filium in voce Angeli emissum, dicens: *Initium Evangelii Jesu Christi Filii Dei.* Hieronymus (in prin. Commen. in Mar.), ἐυαγγελιον, Evangelion, graece dicitur, latine bona annuntiatio praedicatur,

quod proprie ad regnum Dei, et remissionem pertinet peccatorum: est enim Evangelium per quod venit redemptio fidelium, et beatitudo sanctorum. Quatuor autem Evangelia unum sunt, et unum quatuor. In hebraeo Jehosua (1), in graeco σωτηρ Soter, in latino Salvator (2) dicitur. Masciach Hebraice, χρισος, Christos graece, Unctus latine, idest rex, et Sacerdos dicitur. Beda (in princ. Comm. in Marc.). Conferendum autem est hoc Evangelii prin-

(1) *Al.* Jesus.
(2) *Al. deest* dicitur, *legiturque* Messias.

cipium principio Matthaei quo ait: « Liber genera-
« tionis Jesu Christi filii David, filii Abraham: »
hic autem dicitur, *Filii Dei*: ex utroque enim unus
Dominus Jesus Christus Dei, et hominis filius est
intelligendus. Et apte primus Evangelista Filium
hominis eum, secundus Filium Dei nominat, ut a
minoribus ad majora paulatim sensus noster assur-
geret, ac per fidem et sacramenta humanitatis assumptae, ad agnitionem divinae aeternitatis ascenderet. Apte etiam qui humanam erat generationem
descripturus a Filio hominis coepit, David scilicet,
sive Abraham: apte etiam is qui librum suum ab
initio evangelicae praedicationis inchoabat Filium
Dei magis appellare voluit Jesum Christum, quia
humanae erat naturae de progenie Patriarcharum
veritatem carnis suscipere, et divinae fuit potentiae
Evangelium mundo praedicare. HILARIUS (1) (lib.
2 de Trin. circa medium). Non autem solo nomine contestatus est Christum Filium Dei, sed etiam
proprietate. Nos filii Dei sumus; sed non talis hic
Filius: hic enim verus et proprius est Filius origine, non adoptione; veritate, non nuncupatione;
nativitate, non creatione.

2. BEDA (prope princ. Commen.). Scripturus
Evangelium Marcus, congrue primo ponit testimonia Prophetarum, ut eo cunctis sine scrupulo du-
bietatis suscipienda quae scriberet intimaret, quo
haec a Prophetis antea praedicta esse demonstraret.
Simulque uno eodemque Evangelii sui principio et
Judaeos qui legem, ac Prophetas susceperant, ad
suscipiendam Evangelii gratiam, ac sacramenta,
quae ipsorum Prophetae praedixerant, instituit; et
Gentiles, qui per Evangelii praeconia ad Dominum
venerant, ad auctoritatem quoque legis et Prophetarum suscipiendam, venerandamque provocat: unde
dicit: *Sicut scriptum est in Isaia Propheta: Ecce
ego mitto Angelum meum ante faciem tuam.* HIERO-
NYMUS de optimo Genere interpretandi (2) (cap. 3).
Hoc autem non scribitur in Isaia; sed in Malachia (3)
novissimo duodecim Prophetarum. CHRYSOSTOMUS in
Marc. (hom. 1). Potest autem dici, quod falsitas est
scriptoris. Vel aliter dicetur, quod duas prophetias
in diversis locis dictas a duobus Prophetis, in unum
congregans posuit. In Isaia enim Propheta post
Ezechiae describitur historiam, *Vox clamantis in deserto;* in Malachia vero, *Ecce mitto Angelum meum.*
Secundus igitur (4) Evangelista duas prophetias
posuit ut ab Isaia dictas, et ad unam lectionem
hoc referens, tacens vero a quo dicatur, *Ecce mitto
Angelum.* AUGUSTINUS (5) de Quaest. nov. et veter.
testam. (6) (quaest. 58). Sciens enim omnia ad
auctorem referenda, dicta haec ad Isaiam revocavit,
qui sensum istum prior intimaverat. Denique post
verba Malachiae statim subjecit dicens: *Vox clamantis in deserto:* ut jungeret verba utriusque Prophetae ad unum sensum pertinentia, sub prioris
Prophetae persona. BEDA (Marc. 1, super *Ecce mit-*

to). Vel aliter intelligendum est: quia etsi non haec
verba inveniuntur in Isaia, sensus tamen eorum
invenitur in multis aliis locis; et manifestius in hoc
quod subjunxit: *Vox clamantis in deserto.* Nam quod
dixit Malachias mittendum Angelum ante faciem
Domini, qui praepararet vias ejus, hoc est quod
dixit Isaias vocem clamantis in deserto audiendam,
quae diceret: *Parate viam Domini.* In utraque autem sententia similiter paranda via Domini praedicatur (1). Potuit autem fieri ut animo Marci E-
vangelistae conscribentis pro Malachia Isaias occurrerit, ut fieri solet; quod tamen sine ulla dubitatione emendaret, saltem ab aliis admonitus, qui
ipso adhuc in carne vivente legere potuerunt; nisi
cogitaret, recordationi suae, quae sancto Spiritu regebatur, non frustra occurrisse aliud pro alio nomen
Prophetae. Sic enim insinuatur quaecumque per
Prophetas Spiritus sanctus dixit, et singula esse
omnium, et omnia singulorum. HIERONYMUS (parum
a princ. Comm. in Marc.). Vox (2) πνευματος ἁγίου
pneumatos agiu per Malachiam ad Patrem sonat
de Filio, qui est facies Patris, unde agnitus est.
BEDA (Marc. 1, ubi supra). Angelus autem vocatur
Joannes, non naturae societate, juxta haeresim Origenis, sed officii dignitate. Angelus enim graece, latine
nuntius dicitur: quo nomine recte appellari potuit
homo ille qui fuit missus a Deo, ut testimonium
perhiberet de lumine, et venientem in carne Dominum mundo nutiaret: cum constet omnes qui
sacerdotio funguntur ob evangelizandi officium Angelos posse vocari, dicente Propheta Malachia cap.
2: « Labia sacerdotis custodiunt scientiam; et legem
« requirunt ex ore ejus, quia Angelus est Domini
« exercituum. » THEOPHYLACTUS (circa princ. Comment. in Marc.). Praecursor igitur Christi Angelus
dicitur propter vitam angelicam et reverentiam
excelsam. Quod autem dicitur, *Ante faciem tuam,*
hoc significat quasi diceret, juxta te est nuntius
tuus: unde ostenditur propinquitas praecursoris ad
Christum: etenim juxta reges ambulant qui propinqui sunt magis. Sequitur: *Qui praeparabit viam
tuam ante te:* per baptismum enim praeparavit
animas Judaeorum, ut Christum susciperent. HIE-
RONYMUS (in princ. Comment.). Vel via Domini
qua ad homines ingreditur, poenitentia est, per
quam Deus ad nos descendit, et nos ad illum a-
scendimus: hinc autem initium praedicationis Joannis fuit, Poenitentiam agite. BEDA (super *Ecce ego
mitto*). Sicut autem Joannes Angelus potuit vocari
pro eo quod faciem Domini evangelizando praevenit; ita recte appellari et vox potuit, quia Verbum
Dei sonando praeibat: unde sequitur: *Vox clamam-
tis in deserto* (3). Constat enim quod unigenitus
Filius Verbum Patris vocatur; et ex ipsa nostra
locutione cognoscimus quia prius vox sonat, ut
verbum postmodum possit audiri. HIERONYMUS (ibidem). Dicitur autem vox *clamantis,* quia clamor
ad surdos, et longe positos, sive cum indignatione
fieri solet; quae Judaico certum est populo evenisse,

---

(1) Non super Lucam, sicut prius, cum id potius dicat
explicando illud Joan. 17, ex verbis Christi *Clarifica filium
tuum,* indeque paulo aliter exprimat quam hic priorem appendicem, *Non solum nomine contestatus est esse se Filium*
etc. (*Ex edit. P. Nicolai*).

(2) Ad Pammachium epist. 101 (*Ex edit. P. Nicolai*).

(3) *Al.* in novissimo.

(4) *P. Nicolai ponit* secans.

(5) De quaest. Evang. sive potius in Quaest. nov. et vet.
testamen. quaest. 57, quae tamen Augustini non sunt (*Ex
edit. P. Nicolai*).

(6) *Al.* de quaest. Evang.

---

(1) Ex Augustino usurpata est haec appendix lib. 3 de
consens. Evang. cap. 8, non eadem occasione, qua pro Malachia ponatur Isaias, ut hic dicitur, sed potius pro Zacharia
Hieremias (*Ex edit. P. Nicolai*).

(2) *Quatuor exempla saepe citata legunt:* Per Malachiam
ergo vox Patris sonat ad Filium etc.

(3) Haec etiam appendix desumpta est ex Gregorio, qui
eadem omnino dicit homil. 8, in Evang. super illud Joan.
1, *Ego vos etc.* ut et alia quae subjunguntur (*Ex edit. P.
Nicolai*).

dum longe a peccatoribus salus: et aures suas obturaverunt sicut aspides surdae; et indignationem, et iram, et tribulationem a Christo audire meruerunt. CHRYSOSTOMUS. Per hoc autem quod dicitur, *In deserto*, manifeste ostendit prophetia, non in Hierusalem divina fieri dogmata, sed in deserto. Quod implebatur ad litteram Joanne Baptista in deserto Jordanis Verbi Dei apparitionem salutiferam praedicante. Ostendit etiam sermo propheticus praeter desertum quod a Moyse ostensum fuit, ubi semitas faciebat, aliud esse desertum, in quo (1) praesentem esse salutem Christi praedicabat. HIERONYMUS (ibidem). Vel in deserto fit vox, et clamor quia deserti erant a spiritu Dei, sicut domus vacans, et scopata; deserti etiam a Propheta, rege atque Sacerdote. BEDA. Quid autem clamaret aperitur cum subditur: *Parate viam Domini, rectas facite semitas ejus*. Omnis enim qui fidem rectam, et opera bona praedicat, quid aliud quam venienti Domino ad corda audientium viam parat, ut haec scilicet corda vis gratiae penetret, et lumen veritatis illustret? Rectas autem semitas facit, dum mundas in animo cogitationes per sermonem praedicationis format. HIERONYMUS (ibidem). Vel aliter. *Parate viam Domini*; hoc est, poenitentiam agite, et praedicate: *rectas facite semitas ejus*, ut via regia incedentes proximos nostros ut nos, et nosmetipsos ut proximos diligamus: qui enim semetipsum diligit, et non diligit proximum, ad dexteram declinat: nam multi bene agunt (2), sed bene non corrigunt, ut fuit Heli: et qui semetipsum odiens, proximum diligit ad sinistram divertit: multi enim bene corrigunt, sed non bene agunt, ut fuerunt Scribae et Pharisaei. Semitae autem post viam sequuntur, quia mandata moralia post poenitentiam explanantur. THEOPHYLACTUS (ibidem). Vel via est novum testamentum, semitae vero vetus, quasi attritum: ad viam enim necesse erat praeparari, scilicet ad novum testamentum; veteris autem testamenti semitas rectas fieri oportebat.

3. HIERONYMUS (super *Parate viam Domini*). Secundum praemissam Isaiae prophetiam via Domini a Joanne paratur per fidem, et baptismum, et poenitentiam; rectae semitae fiunt per austera indicia vestis cilicinae, et zonae pelliceae, et cibi locustini, et mellis silvestris, et humillimae vocis: unde dicitur: *Fuit Joannes in deserto*. Joannes enim, et Jesus quaerunt quod in deserto amissum est; ubi vicit diabolus, ibi vincitur, ubi cecidit homo, ibi exurgit. Joannes autem gratia Dei interpretatur; a gratia autem narratio incipit; sequitur enim, *Baptizans*: per baptismum enim gratia datur, qua peccata gratis dimittuntur. Quod autem consummatur per sponsum, initiatur per paranymphum: unde catechumeni, hoc est instructi, incipiunt per sacerdotem, et chrismantur per Episcopum; et ad hoc designandum subditur: *Et praedicans baptismum poenitentiae in remissionem peccatorum*. BEDA (cap. 3, secundum ord Bedae). Liquet quia Joannes baptismum poenitentiae non solum praedicavit, verum etiam quibusdam dedit; sed baptismum in remissionem peccatorum dare non potuit; remissio etenim peccatorum in solo baptismo Christi nobis tribuitur. Dicitur ergo: *Praedicans baptismum poenitentiae in remissionem peccatorum*: quoniam baptismum quod peccata solveret, quia dare non pote-

(1) *Al.* serpentem esse.
(2) *Al.* et non.

rat, praedicabat: ut sicut incarnatum Verbum Patris praecurrebat verbo praedicationis, ita baptismum poenitentiae quo peccata solvuntur praecurreret suo baptismate, quo peccata solvi non possunt. THEOPHYLACTUS (parum a princ. Com. in Marcum). Baptisma (1) Joannis non habebat remissionem peccatorum, sed poenitentiam solam afferebat hominibus: praedicabat ergo baptisma poenitentiae, hoc est quo duceret baptismus poenitentiae, nempe in remissionem peccatorum, ut hi qui poenitentiam agentes, Christum reciperent, remissionem reciperent peccatorum. HIERONYMUS (super *Fuit in deserto Joannes*). Per Joannem autem sicut per amicum sponsi inducitur sponsa ad Christum, sicut per puerum Rebecca ad Isaac: unde sequitur: *Et egrediebatur ad illum omnis Judaea regio, et Hierosolymitae universi, et baptizabantur ab illo in Jordane flumine*: « confessio enim, et pulchritudo in conspectu « ejus, » scilicet sponsi: Psal. 95. Desilit enim sponsa de camelo, cum humiliat se nunc Ecclesia viso viro Isaac, idest Jesu Christo. Jordanis autem descensio aliena interpretatur, ubi peccata abluuntur. Nos enim olim alienati a Deo per superbiam, per baptismi symbolum humiliati erigimur in alta. BEDA (cap. 3). Exemplum autem hinc sumitur confitendi peccata, ac meliorem vitam promittendi, eis qui baptisma desiderant, per hoc quod subditur: *Confitentes peccata sua*. CHRYSOSTOMUS (homil. 10. in Matth.). Quia vero Joannes poenitentiam praedicabat, poenitentiae signa gerebat in vestitu et cibo: unde sequitur: *Et erat Joannes vestitus pilis camelorum*. BEDA (cap. 3, in 1 cap. Marci). Pilis, inquit, vestitus non lana. Aliud austerae vestis indicium est, aliud luxuriae est mollioris. Zona autem pellicea, qua accinctus fuit, ut Elias, mortificationis indicium est. Porro quod sequitur: *Et locustas et mel silvestre edebat*, habitatori solitudinis congruum est, ut non delicias ciborum, sed necessitatem humanae carnis expleret. HIERONYMUS (super *Et Joannes vestitus pilis*). Vestis autem Joannis et cibus et potus totam austeram vitam praedicantium significat, et futuras gentes ad gratiam Dei, quae est Joannes, intus, et foris esse conjungendas: pilis enim cameli divites Gentium significantur, et zona pellicea pauperes mundo mortui, et locustis errantibus sapientes hujus mundi; qui stipulas Judaeis aridas relinquentes, frumenta mystica curribus trahunt, et in calore fidei saltus in altum dant, et melle silvestri fideles inspirati de inculta silva saginantur. THEOPHYLACTUS (Marc. 1 super *Vestitus pilis camelorum*). Vel aliter. Vestis de pilis camelorum doloris erat ostensivum, innuente Joanne, quod poenitentem dolere (2) oportet. Dolorem enim saccus significat, zona vero pellicea mortificationem Judaici significat populi; esca autem Joannis non solum abstinentiam notat, sed etiam est (3) indicium spiritualis escae, qua tunc populus vescebatur, non quid altum intelligens, sed tamen in alta saliens, iterumque se deprimens: talis enim est locusta, in

(1) *Quatuor exempla saepe citata sic habent.* Vel aliter. Baptismus Joannis, etsi non haberet peccatorum remissionem, tamen homines ad poenitentiam inducebat. Suum ergo baptismum poenitentiae praedicabat; sed haec praedicatio poenitentiae ducebat in remissionem peccatorum; quasi qui poenitentes Christum reciperent, in remissionem reciperent peccatorum. *Ex his iisdem exemplis desumpta sunt aliae si quae hujusmodi occurrunt, varietates.*
(2) *Al.* debet.
(3) *Al.* indicativum intelligibilis escae.

altum saliens, et iterum cadens. Sic igitur et mel
lem quidem vescebatur populus quod erat ex apibus
natum, scilicet ex Prophetis, non tamen (1) domesticum, sed silvestre, habebant enim Scripturas Hebraei, sicut mel quoddam; sed non bene intelligebant. Gregorius 31 Mor. (cap. 19 super illud Job
39: « Numquid suscitabis eum quasi locustas ? »
cap. 12 in nov. exempl.). Vel ipsa ciborum specie
designavit Dominum quem praevenit (2) qui, quia
infructuosae gentilitatis dulcedinem sumpsit, mel silvestre edit; quia vero Judaeorum plebem in suo
corpore (3) ex parte convertit, in cibo locustas accepit, quae subito saltus dantes, protinus ad terram
cadunt. Saltus enim Judaei dabant, cum praecepta
Domini se implere promitterent; sed ad terram
cadebant, cum per prava opera hoc se audisse de-
negarent. Habebant ergo saltum per vocem et casum per actionem. Beda (Marc. 1, cap. 3). Potest
enim habitus, et victus Joannis qualitatem internae conversationis ejus exprimere: namque austerioribus utebantur indumentis, quia vitam peccantium non blandimentis fovit, sed vigore asperae invectionis increpavit: zonam pelliceam habebat circa
lumbos, quia carnem suam crucifixit cum vitiis et
concupiscentiis; locustas et mel silvestre edebat,
quia dulce quiddam sapiebat turbis praedicatio ejus,
existimante populo ne ipse esset Christus; sed (4)
potius finem sortita est, intelligentibus ejus auditoribus quia non ipse Christus, sed Praecursor, et
Propheta esset Christi. In melle etenim dulcedo, in
locustis est alacer volatus: unde sequitur: *Et prae-*
dicabat dicens: Veniet fortior me post me. Glossa (5).
Hoc dicebat ad removendum turbae opinionem, quae
eum Christum esse credebat; fortiorem autem Christum esse praenuntiat, qui remissurus erat peccata,
quod ipse facere non valebat. Hieronymus (super
Et praedicabat dicens). Quis etiam fortior est gratia qua abluuntur peccata, quam Joannes significat ?
Ille (6) nimirum qui septies et septuagies dimittit
peccata. Gratia quidem prior est, sed semel dimittit peccata per baptismum; misericordia vero ad
Adam usque ad Christum per septuaginta septem
generationes, et usque ad centum quadraginta quatuor millia pervenit. Chrysostomus (hom. 11 in
Matth.). Ne autem aestimaretur hoc secundum:
comparationem sui ad Christum dicere subjungit:
Cujus non sum dignus procumbens solvere corrigiam
calceamentorum ejus. Non est autem idem solvere
corrigiam calceamentorum ejus, quod hic Marcus
dicit, et calceamenta portare, quod dicit Matthaeus.
Et quidem narrationis ordinem prosequentes Evàn-
gelistae, nec in aliquo fallentes, dicunt utrumque
Joannem dixisse secundum alterum sensum; com-
mentantes vero circa hoc differenter exposuerunt
unumquodque: corrigiam enim vocant ligamen
calceamentorum. Ad excellentiam igitur potestatis
Christi, et divinitatis magnitudinem extollendam hoc
dicit; ac si diceret: Neque in ministri ordine deputari sufficiens sum. Magnum enim est in his quae
sunt corporis Christi quasi procumbendo inferius
attendere, et imaginem supernorum inferius videre,

et solvere unumquodque inexplicabilium quae sunt
circa mysterium incarnationis. Hieronymus (Marc. 1
super hoc loco). Calceamentum enim in extrema
parte corporis est: in fine enim ad justitiam est
Salvator incarnatus: unde per Prophetam dicitur
Psal. 9: « In Idumaeam extendam calceamentum
« meum. » Gregorius in hom. (7 in Evang. par.
a med.). Calceamenta etiam ex mortuis animalibus
fiunt. Incarnatus ergo Dominus veniens quasi cal-
ceatus apparuit, qui in divinitate sua morticinia
nostrae corruptionis assumpsit. Vel aliter. Mos apud
veteres fuit, ut si quis eam quae sibi competeret
accipere uxorem nollet, ille ei calceamentum solveret qui ad hanc sponsus jure propinquitatis veniret:
Recte ergo se indignum esse ad solvendam corrigiam calceamenti ejus denuntiat; ac, si aperte dicat:
Ego Redemptoris vestigia denudare non valeo, quia
sponsi nomen mihi immeritus non usurpo. Theophylactus (Marc. 1 super *Cujus non sum dignus*).
Intelligitur vero etiam sic. Omnes qui veniebant,
et a Joanne baptizabantur, per poenitentiam solvebantur a ligamine peccatorum in Christum credendo. Igitur omnium aliorum Joannes sic solvebat
corrigiam, idest vinculum peccatorum: Jesu vero
non valuit corrigiam solvere, quia non invenit in
eo peccatum. Beda (Marc. 1, cap. 3, secundum ord.
Bedae). Sic ergo Joannes Dominum non adhuc
manifeste Dominum, aut Dei Filium, sed tantum (1)
virum se fortiorem praedicat. Non enim rudes adhuc auditores tanti capiebant arcana sacramenti,
quod Filius Dei aeternus homine assumpto ex Virgine, denuo natus esset in mundum: sed paulatim
per agnitionem glorificatae humilitatis introducendi
erant ad fidem divinae aeternitatis: quibus tamen
latenter Deum hunc esse verum declarans subdit:
Ego baptizo vos in aqua; ille vero baptizabit vos
in Spiritu sancto. Cui enim dubium est nullum
posse alium gratiam Spiritus sancti nisi Deum dare ? Hieronymus (super *Ego baptizo vos*). Quid
enim interest inter aquam et Spiritum sanctum qui
ferebatur super aquas ? Aqua (2) ministerium est
hominis, spiritus vero mysterium Dei est. Beda
(Marc. 1, cap. 3 secundum Bedam). Baptizamur autem a Domino in Spiritu sancto, non solum cum in
die baptismatis fonte vitae in remissionem peccatorum abluimur, verum etiam quotidie per gratiam
ejusdem Spiritus ad agenda quae Deo placent ac-
cendimur.

4. Hieronymus (super *Factum est in diebus illis*).
Marcus Evangelista, sicut cervus ad fontes aquarum
desiderant, saltus in planis, et arduis dat et velut apis
melliflua flores summatim degustat, unde a Nazareth venientem Jesum enarravit dicens: *Et factum*
est in diebus illis, venit Jesus a Nazareth Galilaeae,
et baptizatus est a Joanne in Jordane. Chrysostomus.
Alterum siquidem baptisma ordinans, ad Joannis venit baptisma; quod respectu sui baptismi incompletum
erat, a Judaico vero baptismate alienum, tamquam
in amborum medio existens, ut per baptismi naturam ostendat, quia non in peccati remissionem baptizatur, aut quasi indigens Spiritus sancti acceptio-
ne: his enim ambobus baptisma Joannis carebat. Baptizatus est autem ut notus omnibus fieret, et in
eum crederent; et ad implendum omnem justitiam,
quae est observatio mandatorum: mandatum siquidem erat hominibus baptismum subire Prophetae.

---

(1) *Al.* cultum.
(2) *Al. deest* qui.
(3) *Al.* in partem.
(4) *Forte* protinus.
(5) Non est in Glossa quae nunc extat (*Ex edit. P. Nicolai*).
(6) *Al. deest* nimirum.

(1) *Al.* unum se fortiorem.
(2) *Al. utrobique legitur* mysterium, *item* ministerium.

BEDA (Marc. 1, cap. 4, secundum Bedam). Baptizatus est, et ut baptismate suo Joannis baptisma comprobaretur, et ut Jordanis aquam sanctificans, per descensionem columbae, Spiritus sancti in lavacro credentium monstraret adventum: unde sequitur: *Et statim ascendens de aqua, vidit apertos caelos, et Spiritum sanctum tamquam columbam descendentem, et manentem in ipso.* Aperiuntur autem caeli non reseratione elementorum, sed spiritualibus oculis, quibus Ezechiel in principio voluminis sui eos apertos esse commemorat. Hoc autem, quod apertos caelos post baptisma vidit, nostri utique gratia factum est, quibus per lavacrum regenerationis janua panditur regni caelestis. CHRYSOSTOMUS (1) (homil. 12 in Matth.). Vel ut de caelis hominibus sanctificatio tribuatur, ac terrena caelestibus conjungantur. Spiritus autem sanctus super eum descendisse dicitur, non tamquam tunc primum ad eum accesserit (non enim ab eo umquam fuerat derelictus) sed ut ostenderet Christum qui a Joanne praedicabatur, tamquam digito quodam fidei omnibus demonstratum. BEDA (ubi supra). Quod etiam in baptismum descendere visus est Spiritus sanctus, signum erat conferendae nobis in baptismo gratiae spiritualis. HIERONYMUS (Marc. 1 super *Ego baptizavi vos aqua*). Haec est unctio Christi secundum carnem, scilicet Spiritus sanctus, de qua dicitur Psal. 44, Unxit te Deus Deus tuus oleo laetitiae prae consortibus tuis (2). » BEDA (Marc. 1, cap. 4 secundum ord Bedae). Bene autem in specie columbae descendit Spiritus sanctus, quod multum simplex est animal, atque a malitia fellis alienum, ut figurate nobis insinuaret quia simplicia corda quaerit, nec habitare dignatur in mentibus impiis. HIERONYMUS (Marc. 1, super *Cujus non sum dignus etc.*). In specie etiam columbae Spiritus sanctus descendit, quia in Cantico cap. 2, de Ecclesia canitur: « Sponsa mea amica mea, dilecta mea, co-« lumba mea. » Sponsa in Patriarchis, amica in Prophetis, proxima in Joseph, et mea dilecta in Joanne Baptista, columba in Christo et Apostolis, quibus dicitur Matth. 10, «Estote prudentes sicut ser-« pentes, et simplices sicut columbae. » BEDA (ubi supra). Sedit autem columba (3) super caput Jesu, ne quis putaret vocem Patris ad Joannem factam, non ad Dominum. Bene autem addidit, *Manentem in ipso*: hoc enim est Christo speciale ut implens eum semel Spiritus sanctus nunquam recedat. Nam fidelibus ejus ad signa virtutum, et miracula facienda aliquando gratia Spiritus confertur, aliquando tollitur; quibus tamen ad operationem pietatis et justitiae, ad amorem Dei, et proximi conservandum nunquam gratia Spiritus abest. Ipsum autem qui baptizandus cum aliis ad Joannem venit, verum esse Filium Dei in Spiritu sancto baptizare volentem vox Patris docuit: unde sequitur: *Et vox facta est de caelis: Tu es Filius meus dilectus, in te complacui.* Non autem per hoc ipse Filius quod nesciebat docetur; sed nobis quid credere debeamus ostenditur. AUGUSTINUS de cons. Evang. (lib. 2, cap. 14, circ. med.). Unde Matthaeus cap. 17, ait dictum esse: « Filius meus dilectus: » quia ostende-

re voluit ad id valere quod dictum est, « Hic est « Filius meus, » ut illis potius qui audiebant indicaretur, quod ipse Filius esset Dei. Si autem quaeris quid horum in illa voce sonuerit; quodlibet accipe, dummodo intelligas eos qui non eamdem locutionem retulerunt, eamdem retulisse sententiam. Quod autem Deus in Filio sibi placuisse videatur, admonemur ex eo quod dictum est *In te complacui.* BEDA (Mar. 1 et cap. 3 secundum Bedam). Nos quoque vox eadem docuit per aquam ablutionis, et Spiritus sanctificationis Dei posse filios (1) effici: mysterium etiam Trinitatis in baptismate demonstratur. Filius baptizatur, Spiritus descendit in specie columbae, Patris vox Filio testimonium perhibentis auditur. HIERONYMUS (super *Et factum est in diebus illis*). Moraliter et nos de volubilitate mundi, odore florum, et munditie tracti cum adolescentulis (2) post sponsum currimus, et baptismi sacramento de duobus fontibus dilectionis Dei et proximi, gratia remissionis abluimur, et ascendentes spe caelestia secreta mundi cordis oculis intuemur. Dehinc Spiritum sanctum spiritu contrito et humiliato cum simplici corde descendentem ad mansuetos, et cum caritate nunquam cadente manentem suscipimus. Et vox Domini de caelis ad nos a Deo dilectos dirigitur: « Beati pacifici, quoniam filii Dei vocabuntur: » Matth. 5, tunc in nobis complacet Pater cum Filio, et Spiritu sancto quando (3) efficimur unus spiritus cum Deo.

5. CHRYSOSTOMUS (hom. 13 in Matth.). Quia Christus omnia ad doctrinam nostram operabatur, et sustinebat, incepit post baptismum ab eremi habitatione, et pugnavit contra diabolum, ut unusquisque baptizatorum tentationes majores patienter sustineat post baptismum, nec turbetur tamquam praeter spem hoc contingente, sed omnia sustinens maneat triumphator. Etsi enim Deus permittat tentationes fieri multis aliis modis, ob hoc etiam permittit, ut cognoscas quod homo tentatus in majori honore constituitur: non enim accedit diabolus nisi ubi aliquem in majori honore viderit constitutum: et ideo dicitur: *Et statim expulit eum Spiritus in desertum.* Propter hoc autem non ostendit eum simpliciter euntem in desertum, sed expulsum, ut hoc intelligas fieri juxta divinae dispositionis verbum: per quod etiam innuit ne homo seipsum in tentationem ingerat, sed aliunde in tentationem quasi expulsos victores existere. BEDA (Marc. 1, cap. 5 secundum ord. Bedae). Verum ne cui veniret in dubium a quo eum spiritu expulsum diceret in desertum consulte (4) Lucas primo posuit cap. 4: « quod Jesus plenus Spiritu sancto regressus est a « Jordane: » ac deinde intulit: « Et agebatur a « Spiritu in desertum: » ne quid contra eum valuisse spiritus putaretur immundus qui plenus Spiritu sancto, quo volebat digrediens, quae volebat agebat. CHRYSOSTOMUS (hom. 13 in Matth. non rem. a princ.). Expulit autem eum Spiritus in desertum: quia enim diabolum ad tentandum provocare proponebat, non solum fame, sed etiam loco occasionem dedit: tunc enim maxime diabolus se ingerit, cum videt aliquos solitarios permanentes. BEDA (Marc. 1, cap. 6 secundum ord. Bedae). Secedit etiam in desertum, ut nos doceat relictis mundi illecebris,

---

(1) Velut ex hom. 12 in Matth. editio Antuerpiensis notat, sed nihil ibi huc pertinens nisi columbam ideo visam esse ut veluti vice digiti Filium Dei demonstraret (*Ex edit. P. Nicolai*).

(2) *Al.* ejus.

(3) *Al. omittitur* columba.

(1) *Al.* post filios.

(2) *Al.* cum adolescentibus.

(3) *Al.* scilicet quando.

(4) *Al.* occulte.

et societate pravorum, divinis per omnia servire mandatis. Tentatur solus a diabolo, ut nobis insinuet, quia « omnes qui volunt pie vivere in Christo, « persecutiones patiuntur: » 2, Tim. 3: unde sequitur: *Et erat in deserto quadraginta diebus, et quadraginta noctibus, et tentabatur a satana.* Tentatur autem quadraginta diebus, et quadraginta noctibus, ut indicet quia quamdiu hic viventes Domino servimus, sive prospera blandiantur, quod ad dies pertinet, seu adversa fiant, quod noctis figurae congruit, toto tempore adversarius adsit, qui iter nostrum tentando impedire non cessat: quadraginta enim dies et noctes totum hujus saeculi tempus insinuat: quia quadripartitus est mundus, in quo Domino famulamur; decem vero sunt praecepta per quorum observantiam contra hostem certamus; decem autem quater ducta, quadraginta fiunt.

Sequitur: *Eratque cum bestiis.* CHRYSOSTOMUS (1). Hoc autem dicit ut ostendat quale erat desertum: invium enim erat hominibus, et bestiis plenum. Sequitur: *Et Angeli ministrabant ei.* Post tentationem, et victoriam contra diabolum, operatus est hominum salutem. Et sicut Apostolus dicit Heb. 1; « Angeli in ministerium mittuntur propter eos « qui hereditatem capiunt salutis. » Notandumque est, quod vincenti tentationem assistunt Angeli ministrantes. BEDA (ubi supra a med.) Considerandum etiam, quod Christus inter bestias commoratur ut homo, sed ministerio utitur angelico ut Deus. Et nos cum in eremo sanctae conversationis bestiales hominum mores impolluta mente toleramus, ministerium Angelorum meremur; a quibus corpore absoluti ad aeternam beatitudinem transferemur. HIERONYMUS (super *Factus est in diebus illis*). Vel tunc bestiae pacatae nobiscum sunt, sicut in arca animalia munda cum immundis, cum caro non concupiscit adversus spiritum: post hoc Angeli ministri mittuntur nobis, ut responsa, et solatia cordibus vigilantibus dent.

6. CHRYSOSTOMUS. Marcus Evangelista Matthaeum in ordine sequitur; et ideo postquam dixit Angelos ministrare, subjungit: *Postquam autem traditus est Joannes, venit Jesus in Galilaeam.* Post tentationes, et Angelos ministrantes recedit in Galilaeam, instruens nos non resistere violentiis malignorum. THEOPHYLACTUS (Marc. 1, super *Secessit in Galilaeam*). Et ut ostendat nobis quod in persecutionibus decet recedere, et non expectare; cum vero inciderimus decet sustinere. CHRYSOSTOMUS. Recessit etiam ut ad doctrinam et sanationes seipsum conservaret priusquam pateretur; hisque omnibus adimpletis, fieret obediens usque ad mortem. BEDA (cap. 5 a med). Joanne tradito; recte incipit Dominus praedicare: unde sequitur: *Praedicans Evangelium regni Dei.* Desinente enim lege consequenter oritur Evangelium. HIERONYMUS (super *Postquam traditus est Joannes*). Cessante umbra, adest veritas; Joannes in carcere, lex in Judaea, Jesus in Galilaea, Paulus in Gentibus praedicans Evangelium regni. Regno enim terreno succedit paupertas, paupertati Christianorum regnum tribuitur sempiternum. Honor autem terrenus spumae aquae, vel fumo, vel somnio comparatur. BEDA (cap. 5 in Matth.) Nemo autem putet traditionem Joannis in carcerem statim post

jejunium quadraginta dierum Domini factam (1). quisquis enim Evangelium Joannis legerit, inveniet Dominum ante traditionem Joannis multa docuisse, et multa miracula fecisse: habes enim in Evangelio ipsius cap. 2: « Hoc fecit initium signorum « Jesus: » et postea: « Necdum enim erat missus « Joannes in carcerem. » Fertur autem quia cum legisset Joannes Matthaei, Marci, et Lucae volumina, probaverit quidem textum historiae, et vera eos dixisse firmaverit, sed unius tantum anni, in quo et passus est, post carcerem Joannis, historiam texuisse. Praetermisso itaque anno cujus acta a tribus exposita fuerant, superioris temporis, antequam clauderetur Joannes in carcere, gesta narravit. Cum ergo dixisset Marcus, quia *venit Jesus in Galilaeam, praedicans Evangelium regni*, subjungit dicens: *Quoniam impletum est tempus, et appropinquabit regnum Dei.* CHRYSOSTOMUS. Siquidem completo tempore, quando scilicet venit plenitudo temporis, misitque Deus Filium suum, conveniens fuit humanum genus ultimam consequi Dei dispensationem: et ideo dicit, quod *appropinquabit regnum Dei.* Regnum autem Dei idem est secundum substantiam cum regno caelorum, quamvis differt ratione: regnum enim Dei intelligitur quo Deus regnat; hoc vero est in regione viventium, quando facie ad faciem Deum videntes, in bonis promissis existent. Sive amorem quis velit suscipere illam regionem, sive aliquam aliam confirmationem eorum qui imaginem induunt supernorum, quae per caelos intelliguntur. Satis enim apparens est quod regnum Dei neque loco, neque tempore concluditur. THEOPHYLACTUS (super *Quoniam adimpletum est*). Vel completum esse dicit Dominus tempus legis; quasi diceret: Usque ad tempus praesens operabatur lex; amodo operabitur regnum Dei, quod est secundum Evangelium conversatio, quae convenienter assimilatur regno caelorum. Cum enim vides aliquem carne indutum secundum Evangelium vivere, numquid non dices quoniam iste habet regnum caelorum, quod non esca, et potus; sed justitia, et pax, et gaudium in Spiritu sancto.

Sequitur: *Poenitemini.* HIERONYMUS (super *Poenitemini, et credite Evangelio*). Poenitentiam enim agit qui vult aeterno bono, scilicet regno Dei, adhaerere. Qui enim designat nucleum, frangit nucem. Amaritudinem radicis, dulcedo pomi compensat; periculum maris, spes lucri delectat; dolorem medicinae, spes salutis mitigat. Praeconia autem Christi illi narrare digne possunt qui ad palmam indulgentiae meruerunt pervenire: et ideo postquam dixit, *Poenitemini*, subjunxit, *Et credite Evangelio:* nam nisi credideritis, non intelligetis. *Poenitemini* igitur, *et credite;* idest, renuntiate operibus mortuis: quid enim prodest credere sine bonis operibus? Non tamen bonorum operum meritum adducit ad fidem; sed fides incipit, ut bona opera consequantur.

7. GLOSSA (2). Posita praedicatione Christi ad turbas, agit Evangelista de vocatione discipulorum, quos fecit suae praedicationis ministros: unde sequitur: *Et praeteriens secus mare Galilaeae, vidit Simonem, et Andream fratrem ejus.* THEOPHYLACTUS (super *Vidit Simonem, et Andream*). Sicut Joannes

---

(1) Aliquid ex his obiter insinuat hom. 13, in Matth. ut supra; sed alia potius Victor Antiochenus tom. 1 Biblioth. Patrum. etsi minus expresse quam hic (*Ex edit. P. Nicolai*).

(1) *Al.* post tentationem quadraginta dierum, et jejunium Domini factam.
(2) Nihil tale in Glossa quae nunc extat (*Ex edit. P. Nicolai*).

Evangelista refert: praecursoris erant discipuli Petrus, et Andreas. Videntes vero quod Joannes de Jesu testimonium dederat, adjuncti sunt ei; post haec dolentes, quia Joannes traditus erat, ad artem propriam sunt reversi: unde sequitur: *Mittentes retia in mare : erant enim piscatores.* Vide autem eos de laboribus propriis enutritos, et non ex iniquitate: tales enim digni erant Christi primi discipuli fieri: unde subditur: *Et dixit eis Jesus: Venite post me.* Nunc secundo illos vocat: est enim haec secunda vocatio respectu illius quae legitur in Joanne. Ad quid autem vocentur, ostenditur cum subditur: *Faciam vos fieri piscatores hominum.* Remigius. Quia per rete sanctae praedicationis, pisces, idest homines de profundo pelagi, idest infidelitatis, ad lucem fidei traxerunt. Admiranda autem est ista piscatio. Pisces enim cum capiuntur, mox moriuntur; homines cum capti sunt, verbo praedicationis potius vivificantur. Beda (cap. 6, secundum ord. Bedae). Piscatores autem, et illitterati mittuntur ad praedicandum, ut fides credentium in virtute Dei, non in eloquentia (1) atque in doctrina esse putaretur.

Sequitur: *Et protinus, relictis retibus, secuti sunt eum.* Theophylactus. Non enim oportet intervallum facere; sed statim sequi Dominum. Post hos vero piscatur Jacobum et Joannem: quia et illi pauperes existentes, tamen senectutem nutriebant paternam: unde sequitur: *Et progressus inde pusillum, vidit Jacobum Zebedaei.* Reliquerunt autem patrem, quia in sequela Christi eos erat impediturus. Sic et tu cum a parentibus impediris, relinque eos, et accede ad Deum. Ostenditur autem quod Zebedaeus non credidit; mater vero Apostolorum credidit, quae secuta est Christum mortuo Zebedaeo. Beda (cap. 6, in princ.). Quaeri autem potest quomodo binos vocaverit de naviculis piscatores, Primo Petrum et Andream, deinde progressus paululum alios duos filios Zebedaei; cum Lucas, dicat cap. 5. Jacobum, et Joannem vocatos fuisse ad adjuvandum Petrum et Andream, et Christum Petro tantum dixisse: « Noli timere: ex hoc jam homines eris capiens: » simul tamen, subductis ad terram navibus, eos fuisse secutos. Unde intelligendum est, hoc primo esse factum quod Lucas insinuat, et postmodum ad capturam piscium eos ex more remeasse, ut postea fieret quod Marcus hic narrat. Tunc enim secuti sunt Dominum, non subductis ad terram navibus, tamquam cura redeundi, sed tamquam vocantem, ac jubentem ut sequerentur. Hieronymus. Mystice autem hac quadriga piscatorum vehimur ad aethera, ut Elias; his quatuor angulis construitur prima Ecclesia; his quatuor litteris hebraicis, τετραγράμματον nomen Domini agnoscitur a nobis, quibus simili exemplo praecipitur ut audiamus vocem Domini vocantis, et obliviscamur populum vitiorum, et domum paternae conversationis, quae est stultitia Deo, et rete aranearum, in quo nos velut culices pene lapsos tenebat aer inanis (2), qui pendet in nihilum, navem pristinae conversationis abominantes. Pellibus enim mortuis tegitur Adam, qui est genitor noster secundum carnem; et nunc, deposito vetere homine cum actibus suis, novum sequentes hominem, pellibus tegimur Salomonis, quibus sponsa gloriatur se esse formosam factam.

(1) *Al.* in eloquentia Dei.
(2) *Al. omittitur* inanis.

Simon autem autem obediens, Andreas virilis, Jacobus supplantans, Joannes gratia in latino sonant: quibus quatuor nominibus in agmen (1) Domini conjungimur, obedientia ut audiamus, virilitate ut pugnemus, supplantatione ut perseveremus, gratia ut conservemur: quae quatuor virtutes cardinales dicuntur: per prudentiam enim obedimus, per justitiam viriliter agimus, per temperantiam serpentem calcamus; per fortitudinem gratiam Dei meremur. Theophylactus (Marc. 1, a med. Comm.). Scias item primum hic vocari actionem, deinde contemplationem: Petrus enim activae symbolum est, ferventior enim erat aliis, sicut activa est; Joannes vero contemplationem significat, plus enim de rebus divinis disserit Joannes (2).

8. Hieronymus (Marc. 1, immediate ante illud, *Et ingrediuntur Capharnaum*). Marcus dicta Evangelii in seipso, non in seipsis (3) disponens, ordinem historiae non secutus, mysteriorum ordinem servat; unde sabbatis primam virtutem, narrat dicens: *Et ingrediuntur Capharnaum.* Theophylactus (ibid.). A Nazareth recedens In die autem sabbati, quando scribae congregabantur, tunc docens synagogam intravit: unde sequitur: *Et statim sabbatis ingressus in synagogam docebat eos:* etenim lex ad hoc sabbatis otio vacare (4) jubebat, ut lectioni studentes convenirent in unum. Docebat autem Christus arguendo, non adulando, sicut pharisaei: unde sequitur: *Et stupebant super doctrina ejus: erat enim docens eos quasi potestatem habens, et non sicut scribae.* Docebat etiam in potestate, transmutans homines ad bonum, et per poenam non credentibus minabatur. Beda (cap. 6, in Marc. 1). Scribae etiam docebant populos quae scripta sunt in Moyse et Prophetis; Jesus vero quasi Deus et Dominus ipsius Moysi pro (5) libertate voluntatis suae, vel ea quae minus videbantur, addebat in lege, vel commutans praedicabat populis (6), ut in Matthaeo legimus cap. 5. « Dictum est antiquis.... ego autem « dico vobis. »

9. Beda (cap. 7, secundum ordin. Bedae). Quoniam invidia diaboli mors intravit in orbem terrarum (7), ideo contra ipsum mortis auctorem primo debuit medicina salutis operari; et ideo dicitur: *Et erat in synagoga eorum homo in spiritu immundo.* Chrysostomus. Spiritus quidem Angelus, et aer, et anima nuncupatur, et etiam Spiritus sanctus. Ne igitur propter communicantiam nominis, in errorem decidamus, addit, *Immundo:* immundus autem dicitur propter impietatem, ac elongationem a Deo, et quia omnibus immundis, et pravis operationibus se immiscet. Augustinus de civit. Dei (lib. 9, cap. 20 et 21). Contra superbiam porro daemonum quantam virtutem habeat Dei humilitas, quae in forma servi apparuit, ipsi daemones ita sciunt ut eidem Domino infirmitate carnis induto haec exprimerent: sequitur enim: *Et exclamavit di-*

(1) *Al.* in imaginem.
(2) *Quatuor supra citata exempla sic legunt:* Sciendum est etiam, hoc quoniam primo vocatur actio, deinde contemplatio. Qui quidem est circa Petrum, actionem significat; qui vero circa Joannem, contemplationem: Petrus enim fervidissimus, ac magis solicitus aliis; Joannes vero Theologus fuit excellentissimus.
(3) *Al. deest* non in se ipsis.
(4) *Al.* festare.
(5) *Al. omittitur* pro.
(6) *Al.* populo.
(7) *Al. incipit* mortis auctorem primo debuit etc.

cens: *Quid nobis, et tibi Jesu Nazarene? Venisti ante tempus perdere nos.* Clarum est in his verbis quod in eis et scientia erat, et caritas non erat: poenam quippe suam formidabant ab illo, non in illo justitiam diligebant. BEDA (Marc. 1, cap. 7 secundum ord. Bedae). Daemones enim Dominum in terris cernentes, se continuo judicandos credebant (1). CHRYSOSTOMUS. Vel hoc ita dicit, quasi diceret: Auferens immunditiam, divinamque imponens cognitionem hominum animabus, nobis locum in hominibus non das. THEOPHYLACTUS. Exire enim ab homine perditionem suam existimat daemon (2): immisericordes enim existunt daemones, malum aliquod pati se existimantes cum homines non molestant.

Sequitur: *Scio quod sis Sanctus Dei.* CHRYSOSTOMUS. Quasi diceret: Considero adventum tuum: non enim firmam ac certam adventus Dei habebat notitiam. Sanctum autem dicit eum, non unum de pluribus, quia et sanctus erat unusquisque Prophetarum; sed unum eum esse denuntiat: per articulum euim qui in graeco ponitur unum ostendit; per timorem vero, omnium Dominum recognoscit. AUGUSTINUS (lib. 9 de civ. Dei, cap. 21). Tantum enim eis innotuit quantum voluit; tantum autem voluit quantum oportuit. Sed innotuit non sicut Angelis sanctis, qui ejus, secundum id quod est Dei (3) Verbum, participata aeternitate perfruuntur; sed sicut eis terrendis innotescendus fuit, ex quorum tyrannica potestate fuerat liberaturus praedestinatos. Innotuit ergo daemonibus, non per id quod est vita aeterna, sed per quaedam temporalia suae virtutis effecta, quae angelicis sensibus etiam malignorum spirituum potius quam infirmitati hominum possint esse conspicua. CHRYSOSTOMUS. Non autem volebat veritas testimonia spirituum immundorum: unde sequitur: *Et comminatus est ei Jesus, dicens: Obmutesce, et exi de homine.* Unde dogma salutiferum nobis datur, ne credamus daemonibus quantumcumque denuntient veritatem. Sequitur: *Et discerpens eum spiritus immundus, et exclamans voce magna exivit ab eo.* Quia enim homo ille tamquam sapiens loquebatur, ac discrete verba proferebat, ne putaretur quod non ex daemone, sed ex corde verba componeret, virum discerpi permisit a daemone, ut ostenderet daemonem esse qui loquebatur. THEOPHYLACTUS (super *Et discerpens eum*). Ut (4) videntes cernerent a quo malo liberabatur homo, et propter miraculum crederent. BEDA. Potest autem videri contrarium, quomodo discerpens, vel, sicut quidam codices habent, convexans eum exiverit, cum nihil ei nocuerit secundum Lucam. Sed et ipse Lucas dicit cap. 4: « Et « cum projecisset eum daemonium in medium, « exiit ab eo, nihilque ei nocuit. » Unde intelligitur hoc dixisse Marcum, *Convexans eum,* sive *discerpens,* quod Lucas dicit, « Cum projecisset eum « in medium: » et quod secutus ait, « Nihilque « ei nocuit, » hoc intelligitur, quod illa jactatio membrorum, atque vexatio non eum debilitavit, sicut solent daemonia exire etiam quibusdam membris amputatis, aut evulsis. Visa autem virtute miraculi, novitatem dominicae admirantur doctrinae,

atque ad inquisitionem eorum quae audierant, per ea quae viderant, excitantur: unde sequitur: *Et mirati sunt omnes, ita ut conquirerent*: ad hoc enim fiebant signa, ut per hoc Evangelio regni Dei quod praedicabatur, certius crederetur, dum hi qui caelestia terrigenis gaudia promittebant, caelestia in terris ac divina opera monstrabant. Prius autem, teste Evangelista, erat docens eos quasi potestatem habens, et nunc turba attestante, in potestate imperat spiritibus immundis et obediunt ei.

Sequitur: *Et processit rumor ejus statim in omnem regionem Galilaeae.* GLOSSA (1). Ea enim quae homines multum mirantur prompte divulgant: quia « ex abundantia cordis os loquitur: » Matth. 12. HIERONYMUS (super *Ingrediuntur Capharnaum*). Mystice autem Capharnaum villa consolationis interpretatur, sabbatum autem requies. *Homo in spiritu immundo* requie, et consolatione sanatur, ut locus et tempus congruant saluti. *Homo in spiritu immundo* genus humanum est, in quo immunditia regnavit ab Adam usque ad Moysen: nam sine lege peccaverunt, et sine lege perierunt. Qui sciens Sanctum Dei, obmutescere jubetur, dum scientes quidem Deum, non sicut Deum glorificaverunt, sed servierunt potius creaturae quam creatori. *Spiritus discerpens hominem exiit ab eo.* Appropinquante salute (2), appropinquavit tentatio: Pharao dimissurus Israel persequitur Israel; diabolus contemptus surgit in scandala.

10. BEDA (Marc. 1, cap. 7, secundum ord. Bedae). Primo debuit lingua serpentina, ne ultra virus spargeret, concludi; deinde femina, quae primo seducta est, a carnalis concupiscentiae febre sanari: unde dicitur: *Et protinus egredientes de synagoga, venerunt in domum Simonis et Andreae cum Jacobo, et Joanne.* THEOPHYLACTUS (Marc. 1, a medio Comment.). Recessit enim, ut consuetudo erat in sabbato, circa vesperam ad edendum in discipulorum domum. Quae autem ministrare debebat, febribus tenebatur; unde sequitur: *Recumbebat autem socrus Simonis febricitans.* CHRYSOSTOMUS. Discipuli autem tamquam exinde utilitatem aliquam recepturi, non expectantes vespere, socrum Petri sanari precabantur: unde sequitur: *Qui statim dicunt ei de illa.* BEDA (ubi supra). In Evangelio autem Lucae cap. 4, scriptum est, quod « rogaverunt illum pro « ea. » Modo enim Salvator rogatus, modo (3) ultro curat aegrotos, ostendens se, contra vitiorum quoque passiones, et precibus semper annuere fidelium, et ea nonnunquam quae ipsi minime intelligunt, vel intelligenda dare, vel pie petentibus, etiam non intellecta, dimittere, juxta id quod Psalmista postulat Psal. 18, « Delicta quis intelligit (4)? « Ab occultis meis munda me, Domine. » Unde et hic rogatus sanat: sequitur enim: *Et accedens elevavit eam, apprehensa manu ejus.* THEOPHYLACTUS (Marc. 1, super *Socrus Simonis*). Per hoc significatur, quod si aliquis infirmetur, a Deo curabitur, si sanctis ministraverit ob Christi amorem. BEDA super Lucam (cap. 4). Quod autem sabbatis maxime medicinae, doctrinaeque suae dona frequentat, docet se non sub lege esse, sed supra legem, nec Judaicum eligere sabbatum; dilectamque Domino

(1) *Al.* cernebant.
(2) *Al.* praedicationem suam dicebat daemonum, *lege* daemonium.
(3) *Al. deest* Dei.
(4) *Al.* et ut.

(1) Nihil tale in Glossa quae nunc extat (*Ex edit. P. Nicolai*).
(2) *Al. omittitur* appropinquante salute.
(3) *Al. deest* modo.
(4) *Al. omittitur* delicta, quis intelligit.

esse requiem, si saluti studentes animarum ab o-
pere servili, idest a cunctis contineamus illicitis.
Sequitur: *Et continuo dimisit eam febris: et ministrabat eis.* Sanitas quae Domini confertur imperio,
simul tota redit, tanto robore comitante, ut eis
continuo qui se adjuvant, ministrare sufficiat. Si
autem virum a daemonio liberatum, moraliter animum ab immunda cogitatione purgatum significare
dixerimus; convenienter femina a febribus ad imperium Domini curata carne ostendit a concupiscentiae suae fervore, per continentiae praecepta
frenatam. HIERONYMUS (ubi supra). Febris enim
intemperantiam significat, de qua nos filii synagogae per manum disciplinae, desiderii elevatione
sanamur, et hujus qui sanat nos ministramus voluntati. THEOPHYLACTUS (ut supra). Febricitat autem qui irascitur, ut ex ira manus effrenatus extendat; sed si ratio retineat manum ejus, surgit,
et sic ratio ministrat.

11. THEOPHYLACTUS (super *Et cum sol occidisset*).
Quia turbae considerabant neminem licere die sabbati curare, hujus gratia solis expectabant occasum,
ut curandos ad Jesum adducant: unde dicitur:
Vespere autem facto, cum occidisset sol.

Sequitur: *Et curavit multos qui vexabantur variis languoribus.* CHRYSOSTOMUS. Per hoc autem quod
dicit *multos*, omnes oportet (1) intelligere, juxta
Scripturae consuetudinem. THEOPHYLACTUS (ubi supra). Vel *multos* dicit: erant enim quidam infideles, qui minime curati sunt propter incredulitatem
eorum. Multos ergo ex oblatis sanavit, illos scilicet
qui fidem habebant.

Sequitur: *Et daemonia multa ejiciebat, et non
sinebat ea loqui, quoniam sciebant eum.* AUGUSTINUS
de quaest. nov. et vet. testam. (cap. 64). Sciebant
enim daemonia Christum esse, qui per legem fuerat repromissus: omnia enim signa videbant in eo
quae dixerant Prophetae: mysterium autem divinitatis ejus ignorabant; sicut et principes eorum. « Si
« enim cognovissent, numquam Dominum majesta-
« tis crucifixissent. » BEDA (cap. 9, secundum or.
Bedae). Quem enim dierum quadraginta jejunio
fatigatum diabolus hominem cognoverat, nec tentando valuit an Dei Filius esset, experiri; eam nunc
per signorum potentiam vel intellexit, vel potius
suspicatus est esse Filium Dei (2) Non igitur ideo
Judaeis eum crucifigere persuasit, quia Dei Filium
non esse putavit, sed quia se morte illius non
praevidit esse damnandum. THEOPHYLACTUS (Marc. 1,
super illud *Et non sinebat*). Ideo autem non sinebat loqui daemonia, docens nos non credere eis,
etiam si vera dicunt: si enim invenerint aliquos
sibi credentes, veritatibus mendacia miscent: CHRY-
SOSTOMUS. Non est autem contrarium ei quod hic
dicitur hoc quod Lucas dicit cap. 4, quod « exi-
« bant daemonia a multis clamantia, et dicentia.
« Quia tu es Christus Filius Dei: » subjunxit enim:
Et increpans non sinebat ea loqui. Marcus enim
multa sub brevitate pertransiens, circa finem prae-
dictorum verborum loquitur. BEDA (cap. 8, secundum ord. cir. medium). Mystice autem solis occubitus passionem, mortemque significat illius qui
dixit Joan. 8: « Quamdiu in mundo sum, lux mun-
« di sum: » et sole occidente plures quam ante
daemoniaci, et aegroti sanantur, quia temporaliter
in carne vivens paucos Judaeorum docuit, omnibus

(1) *Al.* debet.
(2) *Al. deest* Dei.

S. Th. Opera omnia. V. 11.

per orbem Gentibus fidei, salutisque dona transmisit. HIERONYMUS. (Marc. 1, super *Et erat omnis civitas*). Janua autem regni moraliter poenitentia est
cum fide, quae operatur salutem languoribus variis:
varia etenim sunt vitia quibus languescit civitas
mundi.

12. THEOPHYLACTUS (Marc. 1, super *Et mane
diluculo*). Postquam Dominus infirmos curavit,
seorsum recedit: unde dicitur: *Et diluculo valde
surgens, egressus abiit in desertum locum:* in quo
docuit nos non facere aliquid ad apparentiam, sed,
et si boni aliquid operamur, non propalare.

Sequitur, *Ibique orabat.* CHRYSOSTOMUS (1). Non
quia oratione indigeret: ipse enim erat qui hominum orationes suscipiebat; sed haec quidem dispensative agens, forma bonae operationis nobis
est factus. THEOPHYLACTUS (super *Abiit in deserto
locum.*). Ostendit enim nobis quod Deo debet at-
tribui, si aliquid boni facimus, et ei debemus dicere: Quoniam omne datum optimum desuper est
descendens a te.

Sequitur: *Et prosecutus est illum Simon, et qui
cum illo erant.* CHRYSOSTOMUS. Lucas autem dicit
turbas accessisse ad Christum, et dixisse quod Marcus hic dicit dixisse Apostolos, subdens: *Et cum
venissent ad eum dixerunt ei: Quia omnes quaerunt
te.* Non autem invicem contradicunt: suscepit enim
Christus et post Apostolos turbam conjungi Christi
pedibus anhelantem. Gaudens autem eos suscipiebat; sed volebat eos dimittere, ut et reliqui doctrinae ejus participes essent, tamquam non multo
tempore in mundo moraturus: et ideo sequitur:
*Et ait: Eamus in proximos vicos, et civitates, ut
et ibi praedicem.* THEOPHYLACTUS (super *Eamus in
proximos vicos*). Transit enim ad illos magis indigentes: quia doctrinam concludere non convenit
in uno loco, sed ubique radios ejus extendere.

Sequitur: *Ad hoc enim veni* CHRYSOSTOMUS (2).
In quo manifestat exinanitionis, idest incarnationis
mysterium et divinitatis suae dominium, cum scilicet asserit sponte se in mundum venisse. Lucas vero
dicit cap. 4: « Ad hoc missus sum, » denuntians
dispensationem, et Dei Patris bonam volutatem de
Filii incarnatione.

Sequitur: *Et erat praedicans in synagogis eorum in omni Galilaea.* AUGUSTINUS de cons. Evang.
(lib. 2, cap. 19). In hac autem pradicatione quam
dicit eum habuisse in omni Galilaea, intelligitur
etiam sermo Domini habitus in monte, cujus commemorationem facit Matthaeus; quem Marcus omnino non commemoravit, nec aliquid simile ei dixit, nisi quasdam sententias non contextim, sed
sparsim repetivit, quas Dominus aliis locis dixit.
THEOPHYLACTUS (super *Praedicabat in synagogis*).
Doctrinae autem operationem immiscuit: praedicans
enim posmodum fugavit daemonia: sequitur enim,
Et daemonia ejiciens: nisi enim ostenderet Christus
miracula, ejus sermoni non crederetur: sic et tu
post doctrinam, operare, ut non sit in te vacuus
tuus sermo. BEDA (Marc. 1, cap. 8, secundum ord.
Bedae). Mystice autem si occasu solis mors exprimitur Salvatoris, quare non diluculo redeunte resurrectio ejus indicetur ? Cujus manifesta luce abiit

(1) Quod sequitur sub nomine Chrysostomi, habet Victor
Antiochenus (*Ex edit. P. Nicolai*).
(2) Tale aliquod insinuat enim Victor Antiochenus ubi supra, sed expressius appendicem sequentem quae rursus Chrysostomi nomine insignitur (*Ex edit. P. Nicolai*).

44

in desertum Gentium, ibique in suis fidelibus orabat, quia corda eorum per gratiam sancti Spiritus
ad virtutem orationis excitabat.

13. BEDA (ubi supra). Postquam lingua serpentina daemonum occlusa est, et femina, quae primo
seducta est, a febre curata, tertio vir, qui male
suadentis dicta conjugis audivit, ab erroris sui lepra mundatur, ut ipse esset ordo restaurationis in
Domino, qui erat ordo casus in protoplastis: unde
sequitur: *Et venit ad eum leprosus deprecans eum.*
AUGUSTINUS de cons. Evang. (lib. 2, cap. 19). De
hoc leproso talia Marcus connectit ut
ipse intelligatur quem Matthaeus commemorat tunc
esse mundatum quando Dominus post sermonem
de monte descendit. BEDA (Marc. 1, cap. 9). Et
quia Dominus ait Matth. 5: « Non venit solvere
« legem, sed adimplere » ille qui excludebatur
a lege, purgari se Domini potestate praesumens,
non ex lege, sed supra legem esse gratiam indicavit quae leprosi maculam posset abluere. Verum
sicut in Domino potestatis auctoritas, ita in illo
fidei constantia declaratur: sequitur enim: *Et genu
flexo dixit: Domino, si vis, potes me mundare.* In
faciem procidit, quod humilitatis est, et pudoris,
ut unusquisque de vitae suae maculis (1) erubescat;
sed confessionem verecundia non repressit: ostendit
vulnus, et remedium postulavit; et ipsa confessio
religionis, et fidei plena est: in voluntate enim
Domini tribuit potestatem. THEOPHYLACTUS (Marc. 1.
super *Domine si vis*). Non enim dixit, Si Deum
deprecatus fueris, sed *si vis,* quasi ipsum credens
Deum. BEDA. De voluntate autem Domini non quasi
pietatis incredulus dubitavit, sed quasi colluvionis
suae conscius non praesumpsit. Sequitur: *Jesus
autem misertus ejus, extendit manum suam, et tangens eum ait illi: Volo: mundare* (2). Non, ut plerique latinorum putant, injungendum est (3), et
legendum: *Volo mundare*; sed separatim, ut primum
dicat: *Volo,* deinde imperet, *Mundare.* CHRYSOSTOMUS
(hom. 21 in opere imperf. super Matth.). Propter
hoc autem leprosum tangit, et non solo verbo contulit sanitatem, quia in lege a Moyse dictum est
Levit. 22: « Qui leprosum tetigerit, immundus
« erit usque ad vesperum. » Ut enim ostendat
quod secundum naturam est haec immunditia, et
quod lex non erat propter eum posita, sed propter
homines puros, et quod ipse est proprie Dominus
legis, et quia non sicut servus infert, sed sicut Dominus, sanitatem, leprosum tetigit congruenter, non
tamen existente necessario tactu ad curationis o-
perationem. BEDA (Marc. 1, cap. 9, ante med.). Ideo
etiam tetigit ut probaret quia contaminari non poterat qui alios liberabat. Simulque illud mirabile
quod eo sanavit genere quo fuerat obsecratus. *Si vis,*
inquit leprosus, *potes me mundare; Volo,* inquit;
ecce habes voluntatem: *mundare,* et jam habes pietatis effectum. CHRYSOSTOMUS. Per hoc autem non
solum opinionem leprosi non destruxit, sed magis confirmavit: verbo enim morbum fugat, et quod
leprosus verbo dixerat, hoc (4) opere adimplevit:
unde sequitur: *Et cum hoc dixisset: statim di-*

scessit ab eo lepra, et mudatus est. BEDA (ubi supra). Nihil enim medium inter opus Dei atque
praeceptum, quia in* praecepto est opus: dixit enim,
« et facta sunt: » Psal. 148.

Sequitur: *Et comminatus est illi, statimque ejecit eum, et dixit ei: Vide nemini dixeris.* CHRYSOSTO-
MUS Quasi diceret: Tempus nondum est mea opera
praedicari: tua non indigeo praedicatione. Per hoc
autem docet nos ex nostris operibus honorem apud
homines pro retributione non quaerere. Sequitur:
Sed vade, ostende te principi sacerdotum. Propter
hoc autem hunc ad sacerdotem mittit Salvator, ad
probationem medelae, et ne extra templum fieret,
sed in oratione cum populo computetur. |Mittit e-
tiam, quae sunt legis adimplens, ut Judaeorum linguam maliloquam obturaret. Opus quidem ipse
complevit, probationem operis illis dimittens. BEDA
(ubi supra in med.). Ut scilicet intelligeret sacerdos eum non legis ordine, sed gratia Dei supra
legem esse curatum.

Sequitur: *Et offer pro emundatione tua quod
praecepit Moyses, in testimonium illis.* THEOPHYLACTUS
(in fine Comment. in cap. Marc.). Praecepit quidem
munus offerre quod habebant in consuetudine qui
mundabantur offerre, tamquam in hujusmodi testimonium quod non erat contra legem, sed magis
legem confirmabat, intantum quod ipse legis operaretur praecepta. BEDA (ubi supra a medio). Si
quem vero movet quonodo Dominus Judaicum videtur approbare sacrificium, cum id non recipiat
Ecclesia, meminerit quod nondum obtulerat in passione holocaustum suum. Non autem oportebat auferri significantia sacrificia priusquam illud quod
significabatur, confirmatum esset contestatione Apostolorum praedicantium, et fide credentium populorum, THEOPHYLACTUS (parum a fine Com. in 1
cap. Marc.). Leprosus autem, quamvis Dominus prohibuerit, beneficium patefecit: unde sequitur: *At
ille egressus coepit praedicare, et diffamare sermonem.* Oportet enim beneficiatum gratum esse, et
gratias reddere, etiam si benefaciens non indigeat.
GREGORIUS (1) 19 Moral. (cap. 18). Merito autem (2) quaeritur quidnam sit quod Dominus quae
gessit, abscondi jussit, et nec ad horam potuerunt
abscondi ? Sed notandum. Miraculum faciens tacerit
jussit, et tamen taceri non potuit, ut videlicet electi
ejus exempla doctrinae illius sequentes in magnis
quae faciunt latere quidem in voluntate habeant,
sed ut prosint aliis, prodantur inviti. Non ergo voluit quicquam fieri, et minime potuit; sed quid velle ejus membra debeant quidve de eis etiam nolentibus fiat, doctrinae magisterio exemplum dedit.
BEDA. Unius autem perfecta salvatio multas ad
Dominum cogit turbas: unde subditur: *Ita ut jam
non posset manifeste introire in civitatem, sed foris
in desertis locis esset.* CHRYSOSTOMUS (cap. 9, secundum ord. ejus a med). Leprosus enim ubique
praedicabat mirabilem curationem, ita ut omnes
currerent ad visum, et fidem curantis: ut propter
hoc Dominus in civitatibus evangelizare non posset,
sed in eremis conversaretur: unde sequitur: *Et conveniebant ad eum undique.* HIERONYMUS (Marc. 1, super *Et erat praedicans*). Mystice lepra nostra peccatum primi hominis est, quae a capite coepit quando regna mundi desideravit: radix enim omnium

---

(1) *Al.* miraculis.

(2) HIERONYMUS in Matth. 8, cap. ex quo mutuatus est
Beda; sed passivum imperativum καθαρίσθητι (seu *mundare*)
notavit Hieronymus, quod Beda praetermittit (*Ex edit. P.
Nicolai*).

(3) *Al.* intelligendum est.

(4) *Al.* hic.

---

(1) *In editione Veneta Nicolini ad marginem haec subjungitur nota:* Id habet Beda cap. 9, parum a fine.

(2) *Al.* quaerit.

« malorum est cupiditas: » 2 Tim. 6, unde Giezi avaritiam secutus lepra suffunditur. Beda (cap. 9). Extenta vero manu Salvatoris, hoc est incarnato Dei Verbo, humanamque contingente naturam, ab erroris prisci varietate mundatur. Hieronymus (ubi supra). Quae quidem lepra vero Sacerdoti secundum ordinem Melchisedech ostensa, oblatione mundatur, eo dicente nobis Luc. 11; « Date eleemsy- « nam, et omnia munda sunt vobis. » Quod autem non poterat Jesus manifeste in civitatem introire etc, significatur quod non omnibus manifestatus est Jesus, qui latis, atque plataneis (1) serviunt laudibus, et propriis voluntatibus; sed his

(1) *P. Nicolai ponit* plateanis.

qui foras cum Petro -xeunt, et in desertis locis sunt, quae elegit Dominus ad orandum et reficiendum popolum, qui scilicet deserunt (1) delectationes mundi, et omnia quae possident, ut dicant, Portio mea Dominus. Gloria vero Domini manifestatur his qui conveniunt undique, idest per plana, et ardua, quos nihil potest separare a caritate Christi. Beda (Marc. 2, cap. 10). Post factum etiam in civitate miraculum secedit Dominus in desertum ut ostendat se magis quietam, et a saeculi curis remotam diligere vitam, atque ob hujus appetitum se (2) sanandis curam adhibere corporibus.

(1) *Al.* deseruerunt.
(2) *Al. deest* se.

CAPUT SECUNDUM.

1. Et iterum intravit Capharnum post dies octo, et auditum est quod in domo esset, et convenerunt multi, ita ut non caperet eos domus neque ad januam, et loquebatur eis verbum. Et venerunt ad eum ferentes paralyticum, qui a quatuor portabatur, et cum non possent offerre eum illi prae turba, nudaverunt tectum ubi erat, et patefacientes submiserunt grabatum, in quo paralyticus jacebat. Cum autem vidisset Jesus fidem illorum, ait paralytico: Fili, dimittuntur tibi peccata tua. Erant autem illic quidam de scribis sedentes, et cogitantes in cordibus suis: Quid hic sic loquitur? Blasphemat. Quis potest dimittere peccata nisi solus Deus? Quo statim cognito Jesus spiritu suo, quia sic cogitarent intra se, dicit illis: Quid ista cogitatis in cordibus vestris? Quid est facilius, dicere paralytico, Dimittuntur tibi peccata tua, an dicere: Surge, tolle grabatum tuum, et ambula? Ut autem sciatis quia Filius hominis habet potestatem in terra dimittendi peccata, ait paralytico: Tibi dico, surge, tolle grabatum tuum, et vade in domum tuam. Et statim surrexit ille, et sublato grabato, abiit inde coram omnibus, ita ut mirarentur omnes, et honorificarent Deum, dicentes, Quia numquam sic vidimus.

2. Et egressus est rusus ad mare, omnisque turba veniebat ad eum, et docebat eos. Et cum praeteriret, vidit Levi Alphaei sedentem ad telonium, et ait illi, Sequere me, et suergens secutus est eum. Et factum est cum accumberet in domo illius, multi publicani, et peccatores simul discumbebant cum Jesu, et discipulis ejus: erant enim multi, qui sequebantur eum et scribae et pharisaei videntes quia man-

ducaret cum publicanis et peccatoribus, dixerunt discipulsi ejus: Quare cum publicanis et peccatoribus manducat et bibit magister vester? Hoc audito Jesus, ait illis: Non necesse habent sani medico, sed qui male habent. Non enim veni vocare justos sed peccatores.

3. Et erant discipuli Joannis et pharisaeorum jejunantes; et veniunt, et dicunt illi: Quare discipulis Joannis et pharisaeorum jejunant; tui autem discipuli non jejunant ? Et ait illis Jesus: Numquid possunt filii nuptiarum, quamdiu sponsus cum illis est, jejunare ? Quanto tempore habent secum sponsum, non possunt jejunare. Venient autem dies cum auferetur ab eis sponsus, et tunc jejunabunt in illis diebus. Nemo assumentum panni rudis assuit vestimento veteri: alioquin aufert supplementum novum a veteri, et major scissura fit. Et nemo mittit vinum novum in utres veteres: alioquin disrumpet vinum utres, et vinum effundetur et utres peribunt. Sed vinum novum in utres novos mitti debet.

4. Et factum est iterum cum Dominus sabbatis ambularet per sata, et discipuli ejus coeperunt progredi, et vellere spicas. Pharisaei autem dicebant ei: Ecce quid faciunt discipuli tui sabbatis quod non licet. Et ait illis, Numquam legistis quid fecerit David quando necessitatem habuit, et esuriit ipse, et qui cum eo erant. quomodo introvit in domum Dei sub Abiathar principe sacerdotum, et panes propositionis manducavit, quos non licebat manducare, nisi solis sacerdotibus, et dedit eis qui cum eo erant ? Et dicebat eis; Sabbatum propter hominem factum est et non homo propter sabbatum. Itaque dominus est Filius hominis etiam sabbati.

---

1. Beda (cap. 10, paulo a princ.). Quia nec carnales superna pietas deserit, quin etiam his gratiam suae visitationis, per quam et ipsi spirituales effici valeant, indulget; post desertum Dominus redit in civitatem: unde dicitur: *Et iterum intravit Capharnaum post dies octo.* Augustinus de cons. Evang. (lib. 2, cap. 25). Matthaeus autem hoc miraculum quod sequitur, ita scribit tamquam in civitate Domini factum sit; Marcus autem hoc in Capharnaum; quod difficilius solveretur, si Matthaeus etiam Nazareth nominaret. Nunc vero cum potuerit ipsa Galilaea dici civitas Christi, quia in Galilaea erat Nazareth; quis dubitaverit in civitate sua hoc fecisse Dominum, cum hoc fecerit in Capharnaum civitate Galilaeae, praesertim quia et ipsa Capharnaum ita excellebat in Galilaea, ut tamquam metropolis haberetur ? Vel Matthaeus praetermisit quae gesta sunt postquam venit in civitatem suam donec veniret Capharnaum, et sic adjungit de sanato paralytico, subjungens cap. 9. Et ecce offerebant « ei paralyticum; » postquam dixerat, quod venit

in civitatem suam. Chrysostomus (1) (homil. 30 in Matth. in princ.) Vel Capharnaum civitatem ejus dixit Matthaeus, eo quod saepius ibat, ac multa ibidem miracula perpetrabat. Sequitur: *Et auditum est quod in domo esset; et convenerunt multi, ita ut non caperet eos domus neque ad januam.* Laborem enim accedendi desiderium audiendi superabat. Post hoc paralyticum introducunt, de quo et Mattheaus et Lucas dicunt: unde sequitur: *Et venerunt ferentes ad eum paralyticum, qui a quatuor portabatur.* Invenientesque multitudine januam obturatam, per eam non potuerunt aliquatenus introire; sperantes autem portitores eum qui portabatur curationis gratiam posse promereri, lectum

(1) Immo sic tantum Chrysostomus: *Capharnaum propriam ejus dicit civitatem, quia perpetuum ipsius erat habitaculum.* Quod autem hic notatur, potius ex Victore Antiocheno peti potest tom. 1, Biblioth. PP. in hunc locum; sed sequentia quae sub nomine quoque Chrysostomi prius dabantur, non occurrunt: ideoque sine indice relinquimus (*Ex edit. P. Nicolai*).

cum onere sublevantes; nudato tecto intromiserunt cum lecto paralyticum ante faciem Salvatoris; et hoc est quod subditur: *Et cum non possent offerre eum etc.* Sequitur: *Cum vidisset autem Jesus fidem illorum, ait paralytico: Fili, dimittuntur tibi peccata tua.* Non quidem dixit fidem paralytici, sed portantium: contingit enim aliquando quod aliquis fide alterius convalescit. BEDA (ubi supra). Intuendum sane quanti propria cujuscumque fides apud Deum valeat, ubi tanti valuit ut totus homo repente interius exteriusque salvatus exurgeret, et aliorum merito aliis relaxarentur errata. THEOPHYLACTUS (Marc. 2. super *Cum vidisset Jesus*). Ipsius etiam paralytici fidem vidit: etenim ille portari non sineretnisi curationis fidem haberet. BEDA (Marc. 2. super *Cum vidisset Jesus*). Curaturus autem hominem a paralysi Dominus primo peccatorum vincula dissolvit, ut ostenderet eum ob nexus culparum, artuum dissolutione fuisse damnatum, nec nisi his relaxatis membrorum posse recuperatione sanari. Mira autem humilitas: despectum et debilem, totisque membrorum dissolutum compagibus filium vocat, quem sacerdotes non (1) dignarentur attingere: aut certe ideo filium, quia dimittuntur ei peccata sua.

Sequitur: *Erant autem illic quidam de scribis sedentes et cogitantes in cordibus suis: Quid hic sic loquitur? Blasphemat.* CYRILLUS (2). Arguunt autem eum blasphemiae, mortis praecipitantes sententiam: erat enim in lege mandatum, quod quicumque blasphemaret in Deum, morte puniretur, Hoc autem ei imponebant. quia sibi attribuebat divinam potestatem remittendi peccata: unde subditur: *Quis potest dimittere peccata nisi solus Deus?* (3) Solus enim judex omnium potestatem habet dimittendi peccata. BEDA (cap. 10 in Marcum, super *Quis potest dimittere peccata?*) Qui per eos quoque dimittit quibus dimittendi tribuit potestatem: et ideo Christus vere Deus esse probatur, quia dimittere peccata quasi Deus potest. Errant itaque Judaei, qui cum Christum et Deum esse, et peccatum dimittere posse credant: Jesum tamen Christum esse non credunt. Sed multo dementius errant Ariani, qui cum Jesum et Christum esse, et peccata posse dimittere, Evangelii verbis devicti negare non audeant; nihilominus Deum negare non timent. At ipse perfidos salvare desiderans et occultorum cognitione, et virtute operum Deum se esse manifestat: nam sequitur: *Quo statim cognito Jesus spiritu suo, quia sic cogitarent intra se, dicit illis, Quid ista cogitatis in cordibus vestris?* in quo ostendit se Deum, qui potest cordis occulta cognoscere, et quodammodo tacens loquitur: Eadem majestate et potentia qua cogitationes vestras intueor possum et hominibus delicta dimittere. THEOPHYLACTUS. Sed quamvis fuerint eorum cogitationes revelatae, tamen permanent insensibiles, non in hoc consentientes quod peccata valeat dimittere qui novit eorum corda: unde Dominus certificat de curatione animae (4) per curationem corporis, demonstrans per visibile invisibile, per id quod est facile difficilius: quamvis ipsi non ita crederent. Pharisaei enim difficilius credebant sanare corpus tamquam manifestum,

animam vero curare facilius, quia invisibilis est medela: ita ut talia cogitarent: Ecce corpus curare desinit, et invisibilem curat animam; magis autem si valuisset, corpus jam curasset, et non ad invisibile refugisset. Salvator igitur, ostendens quod utraque potest, ait: *Quid est facilius?* quasi dicat: Ego quidem per corporis medelam, quae secundum veritatem facilior est, difficilior autem vobis videtur, ostendam vobis animae sanitatem, quae difficilior est. CHRYSOSTOMUS. Et quia dicere, quam facere facilius est, adhuc manifesta erat contradictio quia opus nondum erat manifestum: unde subdit, *Ut autem sciatis quia potestatem habet Filius hominis etc.* quasi dicat: Quoniam de verbo diffiditis, operationem inducam quod erat invisibile confirmantem. Signanter autem dixit, *In terra dimittendi peccata,* ut ostenderet quod humanae naturae potestatem divinitatis univit indivisibili unione; quia etsi factus est homo, tamen Dei Verbum permansit: et si per dispensationem in terris cum hominibus conversaretur, non tamen prohibebatur miracula perpetrare, ac remissionem tribuere peccatorum: non enim humanitas diminuit aliquid de proprietatibus divinitatis, nec divinitas impedivit Dei Verbum incommutabiliter, et veraciter in terris secundum carnem fieri Filium hominis. THEOPHYLACTUS (Marc. 2. super *Tolle grabatum tuum*). Dicit autem, *Tolle grabatum tuum,* ad majorem miraculi certitudinem; ostendens quod non est secundum phantasiam, simulque ut ostenderet quod non solum curavit sed et fortitudinem dedit sic: animas non solum a peccato convertit, sed eis virtutem tribuit ad operandum mandata. BEDA (Marc. 2, cap. 10). Fit igitur carnale signum, ut probetur spirituale; quamquam ejusdem virtutis sit et corporis et animae vitia dimittere: unde sequitur: *Et statim ille surrexit, et sublato grabato abiit coram omnibus.* CHRYSOSTOMUS. Prius autem id quod quaerere venerat, scilicet animam, remittendo peccata, curavit, ut cum non credentes dubitaverint tunc opus adducat in medium, ut verbum opere confirmetur, et per manifestum occultum, animae scilicet sanitas per medelam corporis ostendatur. BEDA (capit. 10 in Marcum). Datur etiam nobis intelligentia, propter peccata plerasque evenire corporum debilitates; et idcirco forsitan prius dimittuntur peccata, ut, causis debilitatis ablatis, sanitas restituatur. Quinque enim de causis affliguntur homines molestiis carnis: aut propter merita augenda ut Job, et martyres; aut propter humilitatem conservandam, ut Paulus ab angelo satanae; aut ob peccata intelligenda, et corrigenda, ut Maria soror Moysi, et hic paralyticus; aut ad gloriam Dei, sicut caecus natus, et Lazarus, aut ad initium damnationis, sicut Herodes. Miranda est autem divinae potentiae virtus, ubi nulla temporis interveniente morula, jussu Salvatoris salus festina comitatur: unde sequitur: *Ita ut admirarentur* (1). Relinquentes majus, scilicet remissionem peccatorum, admirantur tantummodo quod apparet, corporis scilicet sanitatem. THEOPHYLACTUS (Marc. 2, non remote a princ.). Non est autem hic paralyticus qui a Joanne curatus narratur: ille enim hominem non habebat, hic vero quatuor; ille in probatica piscina curatur, hic vero in domo. Est autem unus qui a Matthaeo et Marco curatus narratur. Mystice au-

---

(1) *Al.* dignabantur.

(2) Nihil tale occurrit in Cyrillo, tametsi blasphemiae ideo a Judaeis improperatae Christo meminit in Joannem lib. 2, cap. 5 (*Ex edit. P. Nicolai*).

(3) CHRYSOSTOMUS. Solus etc.

(4) *Al.* per procurationem.

(1) VICTOR Antiochenus. Ejus nomine praetermisso, prius confundebantur ista cum Bedae verbis (*Ex edit. P. Nicolai*).

tem est, et nunc Christus in Capharnaum, in domo scilicet consolationis, idest in Ecclesia, quae est domus paralytici. BEDA (cap. 10, in Marc.). Praedicante autem Domino in domo, non capiuntur neque ad januam, quia praedicante in Judaea Christo Gentiles ad audiendum nondum intrare valuerunt, ad quos tamen, etsi foris positos doctrinae suae verba per praedicatores direxit. HIERONYMUS (Marc. 2, in initio). Paralysis autem typus est corporis quo piger jacet in mollitie carnis, habens desiderium salutis. THEOPHYLACTUS (Marc. 2, par. a med.). Si ergo ego dissolutis potentiis animae quasi paralyticus (1) invirtuosus labeam ad bonum, et attollar a quatuor Evangelistis, ad Christum adducar, audiamque tunc, *Fili*, et relinquentur mihi peccata: Filius enim Dei fit aliquis propter mandatorum operationem. BEDA (cap. 10 in Marc. inter princ. et medium). Seu quia quatuor sunt virtutes quibus ad promerendam sospitatem homo fiducia mentis erigitur, quas nonnulli prudentiam, fortitudinem, temperantiam et justitiam nuncupant. Desiderant autem paralyticum Christo offerre; sed turba interposita ab omni parte (2) intercluduntur: quia saepe anima post infirmi corporis desidiam, supernae gratiae remedio cupiens innovari, priscae consuetudinis obstaculo retardatur (3): saepe inter ipsas orationis secretae dulcedines, et quasi suave cum Domino colloquium, turba cogitationum interveniens aciem mentis, ne Christus videatur, impedit. Non itaque est in infimis ubi turbae (4) tumultuantur remanendum; sed tectum domus, idest sacrae Scripturae sublimitas est appetenda, lexque Domini meditanda. THEOPHYLACTUS (Marc. 2, ante med.). Sed (5) quomodo ferat ad Christum, nisi tectum aperiatur? Tectum enim est intellectus, qui (6) superponitur omnibus his quae in nobis sunt. Hic multum habet terrae quantum ad lateres fictiles, terrenas dico res (7): sed si haec sublevetur virtus; intellectus in nobis exoneratur. Post hoc submittatur, id est humilietur: non enim decet extolli de hoc quod intellectus est exoneratus, sed magis humiliari. BEDA (cap. 10 in Marc.). Vel patefacto tecto aeger submittitur, quia reseratis Scripturarum mysteriis ad notitiam Christi pervenitur hoc est, ad ejus humilitatem fidei pietate descenditur. Quod autem cum grabato deponitur infirmus (8), significat ab homine adhuc in ista carne constituto Christum deberi cognosci. De grabato autem surgere est animam se a carnalibus desideriis, ubi aegra jacebat, abstrahere. Grabatum tollere est ipsam quoque carnem per continentiae frena correptam spe caelestium praemiorum a deliciis segregare terrenis. Sublato autem grabato domum ire, ad paradisum redire est. Vel sanus qui languerat, domum reportat grabatum, cum ipso suo corpore ad internam sui custodiam se refert. THEOPHYLACTUS (Marc. 2, par. ante med.). Oportet etiam grabatum, id est corpus tollere ad operationem boni: tunc enim ad contemplationem pertingere valebimus, ita ut quae in nobis sunt

(1) *Al.* in virtuosis habear ad bonum, et attollar etc.
(2) *Al.* includuntur.
(3) *Al.* sepes.
(4) *Al.* cumulantur.
(5) *Al.* qui ferat.
(6) *Al.* supponitur.
(7) *Habet forte melius. P. Nicolai* sed si haec subleventur, virtus intellectus in nobis exoneratur.
(8) *Al.* significabat.

cogitationes dicant, Quoniam nunquam sic vidimus, idest nunquam sic intelleximus, sicut nunc (1) a paralysi curati: qui enim a peccatis mundatus est, mundius videt.

2. BEDA (Marc. 2, cap. 10). Postquam Dominus in Capharnaum docuit, egressus est ad mare, ut non solum civilem vitam hominum instrueret, verum etiam habitatoribus maris Evangelium regni praedicaret, eosque fluctivagos rerum labentium motus contemnere, ac fidei firmitate superare doceret: unde dicitur: *Et egressus est Jesus ad mare omnisque turba veniebat ad eum, et docebat eos* THEOPHYLACTUS (Marc. 2, a medio). Vel post miraculum ad mare egreditur, quasi solitarius volens esse; sed turba concurrit iterum: ut addiscas quod quantum fugis gloriam, tantum ipsa te persequitur. Et si quidem tu ipsam persequeris, ipsa te fugiet. Inde autem transiens Dominus vocavit Matthaeum: unde sequitur: *Et cum praeteriret, vidit Levi Alphaei sedentem ad telonium.* CHRYSOSTOMUS. Idem autem est (2) publicanus a tribus Evangelistis nominatus, scilicet Matthaeus a Matthaeo. Levi autem simpliciter a Luca. Levi autem Alphaei a Marco: illius enim erat Alphaei. Binomios autem secundum Scripturam et alios est videre; sicut socer Moysi quandoque Jetro, quandoque Raguel vocatur. BEDA (cap. 2 in Marc. in princ.). Sic et idem est Levi qui et Matthaeus: sed Lucas, Marcusque propter verecundiam, et honorem Evangelistae, nomen ponere nolunt vulgatum, ipse autem Matthaeus juxta illud quod scriptum est Prov. 13: Justus accusator « est sui ». Matthaeum se, et publicanum nominat ut ostendat legentibus, nullum debere conversum de salute diffidere, cum ipse de publicano in Apostolum sit repente mutatus. Ad teloneum autem, idest ad curam, dispensationemque vectigalium sedentem dicit: τέλος, telos, enim graece latine vectigal nominatur. THEOPHYLACTUS (Marc. 2, a medio). Sedebat enim in telonio ut consuetudinis est, aut aliquos impetens, aut verba vendens, aut aliquid hujusmodi faciens, quibus in suis mansionibus telonearii utuntur: qui de hoc statu sic sublevatus est ut relinquens omnia, Christum sequeretur: unde sequitur: *Et ait illi, Sequere me: et surgens secutus est eum.* BEDA (cap. 2, in Marc.). Sequi autem imitari est; ideoque ut pauperem Christum non tam gressu, quam affectu imitari posset, reliquit propria qui rapere solebat aliena. Non solum autem lucra reliquit vectigalium, sed et periculum contempsit quod evenire poterat a principibus saeculi: quia vectigalium rationes imperfectas, atque incompositas reliquit. Ipse enim Dominus, qui hunc exterius humana allocutione ut sequeretur vocavit, intus divina inspiratione, ut mox vocantem sequeretur, accendit. HIERONYMUS (circa finem Commen. ad cap. 2 Marc.). Sic ergo Levi, qui appositus interpretatur, a telonio negotiorum saecularium solum sequitur Verbum quod dicit Luc. 14: « Qui « non renuntiaverit omnibus quae possidet, non « potest meus esse discipulus. » THEOPHYLACTUS (Marc. 2 cap. a medio). Qui autem prius alios impetebat sic factus est benevolus ut ad comestionem plurimos convocaret: unde sequitur: *Et factus est cum accumberet*, scilicet Jesus, *in domo illius, multi publicani, et peccatores simul discumbebant, cum Jesu et discipulis ejus.* BEDA (cap. 12 in Marc.

(1) *Al.* et paralysi.
(2) *Al. omittitur* est.

paul. a princ.). Publicani autem appellantur hi qui vectigalia publica exigunt, sive qui conductores sunt vectigalium fisci, vel rerum publicarum, nec non et hi qui saeculi hujus lucra per negotia sectantur, eodem vocabulo censentur (1). Viderant (2) itaque publicanum a peccatis ad meliora conversum, locum invenisse poenitentiae, et ob id etiam non desperant salutem. Neque vero in pristinis vitiis permanentes publicani veniunt ad Jesum, ut Pharisaei et Scribae; sed poenitentiam agentes, ut sequens Evangelistae sermo designat dicens: *Erant enim multi qui sequebantur eum.* Ibat enim Dominus ad convivia peccatorum, ut occasionem haberet docendi, et spirituales invitatoribus suis praeberet cibos: (3) quod (4) mysteriorum figuris congruit: qui enim domicilio Christum recipit (5) interno, maximis delectationibus exuberantium pascitur voluptatum. Itaque Dominus libenter ingreditur, et in ejus qui crediderit recumbit affectu; et hoc est bonorum operum spirituale convivium, quo dives populus eget, et pauper epulatur. THEOPHYLACTUS (Marc. 2, a med. Comment.). Pharisaei autem hoc arguunt, quasi puros se facientes: unde sequitur: *Et Pharisaei videntes quia manducaret cum publicanis, et peccatoribus, dixerunt discipulis ejus: Quare cum publicanis, et peccatoribus manducat, et bibit magister vester?* BEDA (cap. 12 in Marc. super illud *Videntes Pharisaei*). Si per Matthaei electionem et vocationem publicanorum, fides exprimitur Gentium, quae prius mundi lucris inhiabant: profecto supercilium Scribarum et Pharisaeorum, Judaeorum invidiam insinuat, qui de Gentium salute torquentur. Sequitur: *Hoc audito Jesus ait illis: Non necesse habent sani medico, sed qui male habent.* Sugillat Scribas et Pharisaeos, qui justos se putantes, peccatorum consortia declinabant. Seipsum medicum dicit, qui miro medicandi genere vulneratus est propter iniquitates nostras, et ejus livore sanati sumus: sanos autem, et justos appellat eos, qui suam justitiam nolentes statuere, justitiae Dei sunt subjecti; porro male habentes, et peccatores vocat eos qui suae fragilitatis conscientia devicti, nec per legem se justificari posse videntes, Christi gratiae poenitendo colla submittunt: unde subditur: *Non enim veni vocare justos, sed peccatores:* (6) non quidem ut maneant peccatores, sed ut ad poenitentiam convertantur.

3. GLOSSA (7). Sicut superius apud discipulos magister arguebatur de consortio peccatorum in conviviis; ita nunc e converso apud magistrum discipuli incusantur de jejuniorum omissione, ut sic inter eos materia dissidii oriretur: unde dicitur: *Et erant discipuli Joannis et Pharisaeorum jejunantes.* THEOPHYLACTUS (ubi supra). Joannis enim discipuli in imperfecto positi, in consuetudinibus Judaicis permanebant. AUGUSTINUS de cons. Evangel. (lib. 2,

cap. 18, a med.). Potest autem putari, ideo addidisse Pharisaeos, quod simul cum discipulis Joannis hoc quod sequitur Domino dixerint; cum Matthaeus hoc quod discipulos Joannis tantum dixisse perhibeat: sed verba quae sequuntur magis indicant alios hoc dixisse de aliis: sequitur enim: *Et veniunt, et dicunt illi: Quare discipuli Joannis et Pharisaeorum jejunant, tui autem discipuli non jejunant?* Haec enim verba indicant, convivas qui aderant venisse ad Jesum, et hoc idem discipulis dixisse, ita ut quod ait, *Veniunt,* non de ipsis dixerit de quibus interposuerat: *Et erant discipuli Joannis et Pharisaeorum jejunantes.* Sed cum isti essent jejunantes, veniunt illi quos hoc movet (1). Unde ergo Matthaeus (2) dicit cap. 9: « Et accesserunt ad eum discipuli « Joannis dicentes: » nisi quia et Apostoli aderant, et omnes certatim, ut quisque poterat, haec objecerunt. CHRYSOSTOMUS. Discipuli ergo Joannis, et pharisaeorum contra Christum zelotype se habentes, ipsum interrogant, utrum solus cum discipulis suis absque abstinentia et labore pugnas superet passionum. BEDA (cap. 12 in Marc. ante med.). Sed Joannes vinum et siceram non bibit; Dominus cum peccatoribus manducat et bibit (3): quia illi abstinentia meritum auget cui potentia nulla inerat naturae. Dominus autem, cui naturaliter suppetebat delicta donare, cur eos declinaret quos abstinentibus poterat reddere puriores? Sed jejunavit et Christus, ne praeceptum declinares (4); manducavit cum peccatoribus, ut gratiam cerneres, agnosceres potestatem.

Sequitur: *Et ait illis Jesus: Numquid possunt filii nuptiarum, quamdiu est cum illis sponsus, jejunare?* AUGUSTINUS (lib. 2, de cons. Evang. cap. 27), Marcus hic filios nuptiarum appellat, Matthaeus autem filios sponsi: filios enim nuptiarum non tantum sponsi, sed etiam sponsae intelligimus. CHRYSOSTOMUS. Sponsum ergo seipsum vocat, tamquam Ecclesiam desponsaturus. Est enim desponsatio datio arrhae, scilicet gratiae Spiritus sancti, per quam credidit (5) orbis terrae. THEOPHYLACTUS. Sponsum etiam seipsum vocat, non solum tamquam virginales animas desponsantem, sed quia tempus primi adventus ejus non est doloris neque tristitiae his qui credunt in eum, neque labores continens, sed requiem: est enim absque operatione legali dans requiem per baptismum, per quem facile sine labore salutem consequimur. Filii autem nuptiarum, sive sponsi, sunt Apostoli: quia ipsi Dei gratia digni sunt facti omni bono caelesti, ac omni delectatione participes. CHRYSOSTOMUS. Conversationem autem suam omnis angustiae dicit esse alienam, cum subdit: *Quanto tempore habent secum sponsum, non possunt jejunare.* Ille tristatur qui praesens bonum (6) non habet: qui vero in praesenti accipit, gaudet, et non tristatur. Ut autem elationem illorum destrueret, et ostenderet quod non ad lasciviam proprios discipulos conservabat, subjungit: *Venient autem dies cum auferetur ab eis sponsus, et tunc jejunabunt in illis diebus;* quasi dicat: Tempus erit in quo suam virilitatem demonstrent: quan-

---

(1) *Al.* qui viderant *item* qui scilicet viderant.

(2) *Al.* neque vero in pristinis vitiis permanentes veniunt ad Jesum, ut pharisaei et scribae murmurant; sed poenitentiam agentes etc.

(3) RABANUS in Matth. cap. 9: Ejus nomine praetermisso prius ista dabantur ut ex Beda continuatim cum praedictis ex Ambrosio autem cap. 5 Lucae mutuata sunt; sed sic ante in hoc Opere depravata: *quo dives populus aeger et pauper* (*Ex edit. P. Nicolai*).

(4) *Al.* additur *praepositio* in.

(5) *Al.* recepit.

(6) THEOPHYLACTUS (*Ex edit. P. Nicolai*).

(7) Nihil tale in Glossa quae nunc extat (*Ex edit. P. Nicolai*).

---

(1) *Al.* movit.

(2) *Al.* unde Matthaeus.

(3) *In quatuor saepe citatis exemplis omittitur* Dominus cum peccatoribus manducat et bibit.

(4) *Al.* declinaret.

(5) *Al.* credit.

(6) *Al.* prius bonum.

do enim subtrahetur ab eis sponsus, jejunabunt, ejus affectantes adventum, ut spiritus illi conjungant (1) per corporales angustias emundatos Ostendit etiam quod nulla necessitas est ut sui jejunent, sicut illi (2) qui sponsum humanae naturae, qui ubique praesidet verbis Dei, et qui tribuit semen vitae, secum habebant (3) praesentem. Filii etiam sponsi, quia infantes sunt, non possunt per totum conformari patri et sponso, qui eorum infantiam considerans dignatur eos non tunc jejunare; recedente autem sponso, propter desiderium jejunabunt; sed cum perfecti fuerint, et sponso conjungentur in nuptiis, regalem semper comedent coenam. THEOPHYLACTUS (Marc. 2, post med. Comment.). Intelligendum est autem et sic: quoniam omnis homo qui bene operatur est sponsi filius, et sponsum secum habet, scilicet Christum, et non jejunat, idest opera poenitentiae non ostendit, quia non peccat; quando vero aufertur sponsus, homine in peccatum labente, tunc jejunat, et poenitet, ut curet delictum. BEDA (cap. 12 in Marc. circ. finem). Mystico autem sensu potest sic exponi: quod discipuli Joannis et Pharisaei jejunant: quia omnis qui de operibus legis sine fide gloriatur, et qui traditiones sequitur hominum, et praeconium Christi aure corporis, non fide cordis percipit, spiritualibus abstinens bonis, jejunio corde tabescit; qui vero Christi membris fideli incorporatur amore, non potest jejunare, quia carne ipsius epulatur et sanguine.

Sequitur: *Nemo assumentum panni rudis*, idest novi, *assuit vestimento veteri*. CHRYSOSTOMUS (4). Quasi dicat: Quia hi novi praedicatores testamenti existunt, legibus eos servire veteribus possibile non est; vos autem congrue veteres sequentes consuetudines, Mosaica jejunia observatis; isti vero novas, ac mirabiles observationes tradituri hominibus, veteres observare non est necesse, sed esse mentibus virtuosos: aliquo vero tempore jejunium cum ceteris virtutibus observabunt. Sed hoc jejunium differt a jejunio legis; quia illud erat ex necessitate, hoc ex voluntate, propter fervorem spiritus, cujus nondum sunt capaces; unde sequitur: *Et nemo mittit vinum novum in utres veteres*. BEDA (cap. 12 in Marc. prope finem). Discipulos enim veteribus comparat utribus, quos vino novo, idest spiritualibus praeceptis, facilius disrumpi, quam posse continere dicit. Erunt (5) autem utres novi cum post ascensum Domini desiderio consolationis ejus innovabuntur; et tunc novum vinum novis utribus adveniet; hoc est, Spiritus sancti fervor spiritualium corda replebit. Doctori etiam cavendum est, ne animae in vetustate malitiae perduranti, novorum mysteriorum secreta committat. THEOPHYLACTUS (Marc. 2 a medio). Vel aliter. Discipuli veteribus vestimentis assimilati sunt propter eorum mentis infirmitatem, quibus non erat congruum imponere statutum grave jejunii. BEDA (cap. 12 in Marc.). Neque conveniens erat novum pannum assuere, quod est aliqua particula doctrinae (6), quae ad novae

(1) *P. Nicolai habet* ut spiritus suos illi conjungant etc.
(2) *Al.* sicut illi.
(3) *Al.* habeant.
(4) Haec ipsa Victor Antiochenus expresse habet (*Ex edit. P. Nicolai*).
(5) *Al.* erant *item infra* innovabantur et advenerat, et repleverat.
(6) *Hic Bedae textus in quatuor jam citatis exemplis sic incipit*. Quod est aliqua particula doctrinae *omissis quae hic habentur*.

vitae temperantiam pertinet, quae generale docet jejunium ab homni laetitia temporalium delectationum: quia si hoc fiat, et doctrina scinditur, et non convenit vetustati. Vestimento autem novo bona opera, quae foris aguntur, insinuantur; vino autem novo fervor fidei, spei et caritatis, quo intus reformamur, exprimitur.

4. CHRYSOSTOMUS. Liberati a figura, et veritati (1) uniti Christi discipuli, figurale sabbati festum non servant: unde dicitur: *Et factum est iterum, cum Dominus sabbatis ambularet per sata, et discipuli ejus coeperunt progredi, et vellere spicas*. BEDA (cap. 13 in Marc. in principio). Legimus et in sequentibus, quod erant qui veniebant, et redibant multi, et nec manducandi quidem spatium habebant; et ideo quasi homines esuriebant. CHRYSOSTOMUS. Esurientes autem escam simplicem comedebant, non ad voluptatem, sed propter naturae necessitatem. Pharisaei autem figurae et umbrae servientes, discipulos accusabant tamquam injuste agentes: unde sequitur: *Pharisaei autem dicebant ei: Ecce quid faciunt discipuli tui sabbatis quod non licet*. AUGUSTINUS de Operibus Monachorum (cap. 22, in med.). Populo siquidem Israel per legem (2) praeceptum est ut in agris suis furem nullus teneret, nisi qui secum aliquid vellet auferre: nam qui nihil aliud attigisset, quam id quod comedisset, liberum, impunitumque abire sineret: unde etiam spicas vellentibus discipulis Domini, de sabbato potius quam de furto Judaei calumniati sunt. CHRYSOSTOMUS. Dominus autem David in medium introducit, cui aliquando contigit non secundum legem comedere, cum sacerdotalem tetigit cibum, ut illius exemplo accusationem discipulorum solvat: sequitur enim: *Et ait illis: Numquam legistis quid fecerit David?* THEOPHYLACTUS (Marc. 2, non remote a fine). Fugiens enim David a facie Saul ad principem sacerdotum devenit, et panes propositionis comedit, et gladium abstulit Goliae; quae Domino erant oblata. Quaerunt vero aliqui qualiter nunc Evangelista Abiathar principem sacerdotum nominavit, cum liber Regum hunc nominet Abimelech. BEDA (cap. 13 in Marc.). Hoc autem nihil habet dissonantiae: ambo enim fuerunt lllic, cum veniens David panes petiit, et accepit: Abimelech videlicet princeps sacerdotum, et Abiathar filius ejus. Occiso autem Abimelech a Saule, fugit Abiathar ad David, comes factus totius exilii ejus, postea eo regnante, summi sacerdotii et ipse gradum accepit, multoque majoris excellentiae filius quam pater effectus est; ideo dignus fuit cujus memoriam Dominus, etiam vivente patre, quasi summi sacerdotis faceret. Sequitur: *Et dicebat eis: Sabbatum propter hominem factum est, et non homo propter sabbatum*. Major enim est cura sanitati, et vitae hominis quam custodia sabbati adhibendae, Sic enim (3) mandatum est sabbatum custodiri, ut tamen si necessitas esset, reus non esset qui sabbatum violasset; ideo sabbato circumcidi non est prohibitum, quia necesse erat fieri; et Machabaei necessitate instante sabbato pugnabant: unde discipuli esurientibus quod licitum non erat in lege, necessitate famis factum est licitum: sicut hodie si quis aeger jejunium corruperit, nulla ratione reus tenetur. Sequitur: *Itaque Dominus est Filius hominis etiam sabbati*; quasi dicat,

(1) *Al.* et veritate.
(2) *Al.* per legem scriptam.
(3) *Al.* sic igitur.

David rex sacerdotali cibo pastus excusabilis est; quanto magis Filius hominis, verus rex et Sacerdos, et Dominus sabbati, evulsarum sabbato spicarum noxa non tenetur? CHRYSOSTOMUS. Dominum quidem sabbati, et Filium hominis seipsum proprie vocat: quoniam quidem Dei existens Filius, Filius hominis propter homines dignatus est dici. Legis autem latori, et domino lex non dominatur: plus enim licet regi quam legibus statuatur. Infirmis quidem datur lex, non perfectis, et operantibus supra legem. BEDA (cap. 13 in Marc.). Mystice autem discipuli per sata transeunt, cum doctores sancti quos in fide instituerunt curae piae solicitudinis inspiciunt; quos esurire nihil melius quam salutem intelligimus hominum. Vellere autem spicas est homines a terrena intentione eruere, fricare autem manibus est exemplis virtutum a carnis concupiscentia, quasi e quibusdam folliculis, puritatem mentis exuere: grana manducare est emundatum quemque a sordibus vitiorum per ora praedicantium, Ecclesiae membris incorporari. Et bene hoc discipuli progredientes

ante faciem Domini fecisse memorantur: quia doctoris necesse est (1) sermo praecedat, et sic cor auditoris subsequens gratia supernae visitationis illustret. Bene sabbatis: quia et ipsi doctores in praedicando pro spe futurae quietis laborant, et auditores suos monent pro aeterna requie insudare laboribus. THEOPHYLACTUS (Marc. 2, in fin. Comment.). Vel quia cum habent in passionibus requiem, tunc aliis ad virtutem ductores fiunt, evellentes terrena. BEDA (cap. 13, in Marc. ante med.). Item per sata ambulant cum Domino qui eloquia sacra meditari delectantur: esuriunt cum in eis panem vitae invenire desiderant; et hoc in sabbatis, cum sopita mente a turbulentis cogitationibus vacare gaudent; vellunt spicas, et contritas purgant, donec ad escam perveniant, cum testimonia Scripturarum, ad quae legentes perveniunt, meditando assurunt, et tamdiu discutiunt donec in eis medullam dilectionis inveniant. Verum haec mentium refectio stultis displicet, sed a Domino approbatur.

(1) Al. omittitur est.

CAPUT TERTIUM.

1. Et introivit iterum in synagogam; et erat ibi homo habens manum aridam. Et observabant eum si sabbatis curaret, ut accusarent illum. Et ait homini habenti manum aridam, Surge in medium. Et dicit eis: Licet sabbatis bene facere, an male? Animam salvam facere, an perdere? At illi tacebant. Et circumspiciens eos cum ira, contristatus super caecitate cordis eorum, dicit homini, Extende manum tuam. Et extendit, et restituta est manus illi.

2. Exeuntes autem pharisaei, statim cum herodianis consilium faciebant adversus eum, quomodo eum perderent. Jesus autem cum discipulis suis secessit ad mare: et multa turba a Galilaea, et Judaea secuta est eum, et ab Hierosolymis, et ab Idumea, et trans Jordanem, et qui circa Tyrum et Sidonem, multitudo magna, audientes quae faciebat, venerunt ad eum. Et dixit Jesus discipulis suis, ut in navicula sibi deservirent propter turbam, ne comprimerent eum. Multos enim sanabat, ita ut irruerent in eum, ut illum tangerent. Quotquot autem habebant plagas, et spiritus immundi, cum illum videbant, procidebant ei, et clamabant dicentes: Tu es Filius Dei. Et vehementer comminabatur eis, ne manifestarent eum.

3. Et ascendens in montem vocavit ad se quos voluit ipse, et venerunt ad eum: et fecit ut essent duodecim cum illo, et ut mitteret eos praedicare; et dedit illis potestatem curandi infirmitates, et ejiciendi daemonia. Et imposuit Simoni nomen Petrus, et Jacobum Zebedaei, et Joannem fratrem Jacobi, et imposuit eis nomina Boanerges, quod est filii tonitrui, et Andream, et Philippum, et Bartholomaeum, et

Matthaeum, et Thomam, et Jacobum Alphaei, et Thadaeum, et Simonem Chananaeum, et Judam Scarioth, qui tradidit illum.

4. Et veniunt in domum, et convenit iterum turba, ita ut non possent neque panem manducare; et cum audissent sui, exierunt tenere eum: dicebant enim, quoniam in furorem versus est. Et scribae qui ab Hierosolymis descenderant, dicebant, quoniam Beelzebub habet, et quia in principe daemoniorum ejicit daemonia.

5. Et convocatis eis, in parabolis dicebat illis: Quomodo potest satanas satanam ejicere? Et si regnum in se dividatur, non potest stare regnum illud. Et si domus supra semetipsam dispartiatur, non potest domus illa stare. Et si satanas consurrexerit in semetipsum, dispartitus est, et non poterit stare, sed finem habet. Nemo potest vasa fortis in domum ingressus diripere, nisi prius fortem alliget, et tunc domum ejus diripiet. Amen dico vobis, quoniam omnia dimittentur filiis hominum peccata, et blasphemiae quibus blasphemaverint; qui autem blasphemaverit in Spiritum sanctum, non habet remissionem in aeternum, sed reus erit aeterni delicti: quoniam dicebant: Spiritum immundum habet.

6. Et venerunt mater ejus et fratres, et stantes miserunt ad eum, vocantes eum. Et sedebat circa eum turba; et dicunt ei: Ecce mater tua, et fratres tui foris quaerunt te. Et respondens eis, ait: Quae est mater mea, et fratres mei? Et circumspiciens eos, qui in circuitu ejus sedebant, ait: Ecce mater mea, et fratres mei. Qui enim fecerit voluntatem Dei, hic frater meus, et soror mea, et mater mea est.

1. THEOPHYLACTUS (Marc. cap. 3, init. Comm.) Postquam Dominus Judaeos, qui discipulos accusaverant, quod spicas sabbato evellebant, exemplo David confudit, nunc amplius ipsos ad veritatem reducens, miraculum in sabbato operatur, ostendens quod si operari sabbato miracula in salutem hominum pium est, non est malum in sabbato necessaria corporis operari. Dicit ergo: Et introivit iterum in synagogam, et erat ibi homo habens manum aridam. Et observabant eum si sabbatis curaret, ut accusarent eum. BEDA (cap. 14 in Marc. circa princip.). Quia enim destructionem sabbati, quam in discipulis arguebant, probabili magister (1)

excusaverat exemplo, nunc ipsum observando calumniari volunt, ut si sabbato curet, transgressionis, si non curet, crudelitatis, aut imbecillitatis arguant.

Sequitur: Et ait homini habenti manum aridam, Surge in medium. CHRYSOSTOMUS (1). Statuit quidem illum in medio, ut terrerentur aspectu, ac viso eo compatiantur, et malitiam deponant. BEDA (cap. 14 in Marc.). Et praeveniens calumniam Judaeorum, quam ei paraverant, arguit eos, quia legis praecepta prava tentatione violabant: unde sequitur: Et dicit eis: Licet sabbato bene facere, an male?

(1) Al. deest magister.

(1) Quod subjungitur ex Chrysostomo habet Victor Antiochenus ubi supra; etsi tale quid Chrysostomus indicat hom. 41 in Matth. (Ex edit. P. Nicolai).

Hoc autem quaerit quia aestimabant in sabbato etiam a bonis operibus feriandum, cum lex a malis abstinere jubeat (1), dicens Levit. 23: « Omne opus « servile non facietis in eo, » id est peccatum: quia « qui facit peccatum, servus est peccati: » Joan. 8. Idem autem est quod praemiserat, *Bene facere, an male*, et quod postea subdit: *Animam salvam facere, an perdere?* hoc est, hominem curare, an non: non quod Deus summe bonus, auctor perditionis nobis esse possit: sed quod ejus non salvare Scripturae consuetudine perdere dicitur. Si quem vero movet quare Deminus, cum curpus esset curaturus, de animas salvatione interrogaverit, intelligat vel animam more Scripturarum pro homine positam, sicut dicitur Exod. 1: « Hae sunt animae « quae exierunt de femore Jacob: » vel quod illa miracula propter animae salutem faciebat: vel quod ipsa manus sanatio salutem animae significabat. AUGUSTINUS de cons. Evang. (lib. 2, cap. 35). Sed potest movere quomodo Matthaeus dixerit, quod ipsi interrogaverint Dominum, si licet sabbato curare; cum Marcus illos potius interrogatos a Domino perhibeat: *Licet sabbato bene facere, an male?* Itaque intelligendum est, quod illi prius interrogaverunt Dominum, si licet sabbato curare, deinde quod intelligens cogitationes eorum aditum accusandi quaerentium, constituerit in medio illum quem fuerat sanaturus, et interrogaverit quae Marcus et Lucas eum interrogasse commemorant; ac tunc illis tacentibus proposuisse similitudinem de ove, et conclusiste, quod liceat sabbatis bene facere.

Sequitur: *At illi tacebant.* CHRYSOSTOMUS (2). Sciebant enim quod eum omnino curaret. Sequitur: *Et circumspiciens eos cum ira.* Quod eos cum ira circumspicit, ac tristatur super caecitate cordis eorum, humanitati convenit, quam pro nobis suscipere dignatus est. Verbo autem miraculum conjungit: unde sola voce homo curatur: unde sequitur: *Et extendit, et restituta est manus illi:* per haec omnia pro discipulis respondens, simulque ostendens suam vitam existere supra legem. BEDA (cap. 14 in Marc. in princ.). Mystice autem homo qui manum habebat aridam, humanum genus indicat infecunditate boni operis arefactum, sed Domini miseratione curatum; cujus dextera, quae in primo parente, dum vetitae arboris poma decerperet, aruerat, per Redemptoris gratiam, dum insontes manus in cruce arboris tenderet, bonorum operum succis est restituta saluti. Et bene in synagoga manus erat arida: quia ubi scientiae donum majus est, ibi gravius est inexcusabilis noxae periculum. HIERONYMUS (Marc. 3, in princ. Commen.). Vel significat (3) avaros, qui valentes dare, volunt accipere, praedari, et non largiri; quibus dicitur ut extendant manus suas; id est: « qui furabatur jam non furetur, magis autem laboret operans manu sua quod « bonum est, ut habeat unde communicet indi« gentibus: » Ephes. 4. THEOPHYLACTUS (cap. 3 in Marc. paulo a princ.). Vel aridam dexteram habet manum quisquis non operatur quae sunt dexterae partis: ex quo enim manus nostra constituitur in operibus prohibitis, ex tunc arescit in operatione boni. Iterum vero restaurabitur quando in virtute stabit: unde Christus dicit: *Surge*, scilicet a pecca-

tis, *et sta in medio*: et neque ad diminutum, neque ad superabundantiam se extendit.

2. BEDA (cap. 15 in Marc. circa princ.). Pharisaei reputantes in crimen quod ad verbum Domini salvam qni languebat extendit dexteram, de voce Salvatoris fecerunt consilium: unde dicitur: *Exeuntes autem Pharisaei, statim cum herodianis consilium faciebant adversus eum, quomodo eum perderent:* quasi non ipsorum quisque majora sabbatis ageret, cibos portando, porrigendo calicem, et cetera quae victui sunt necessaria exequendo. Neque enim ille qui dixit, et facta sunt, sabbato laborasse poterat convinci. THEOPHYLACTUS (Marc. 3, super *Egressi Pharisaei cum herodianis*). Herodiani autem dicuntur milites Herodis regis. Haeresis namque quaedam nova surrexerat, quae Herodem Christum esse dicebat. Prophetia (1) enim Jacob innuebat, quod quando deficerent Principes de Juda, tunc Christus veniret: et quia Herodis tempore nullus supererat Jndaicorum Principum, sed ipse solus regnabat alienigena existens; quidam ipsum esse Christum putaverunt, et heresim constituerunt. Isti ergo cum Pharisaei Christum interficere conabantur. BEDA (cap. 15 in Marc. in princ.). Vel herodianos Herodis tetrarchae ministros dicit, qui propter inimicitias quas eorum dominus adversus Joannem habebat, etiam Salvatorem, quem Joannes praedicabat insidiis persequebantur, et odiis. Sequitur: *Jesus autem cum discipulis suis secessit ad mare*; quasi homo fugiens persequentium insidias: quia neque adhuc venerat hora passionis ejus, neque extra Hierusalem fuit locus passionis: ubi et exemplum dedit suis, si in una civitate persecutionem paterentur, in alteram fugiendi. THEOPHYLACTUS (Marc. 3, super *Jussit discipulos ut appellerent in naviculam*). Simul etiam secedit, ut plurimis benefaciat ab ingratis recedens, etenim multi secuti sunt eum et sanavit eos: sequitur enim: *Et multa turba a Galilaea et Judaea secuta est eum.* Tyrii et Sidonii, alienigenae existentes, utilitatem a Christo accipiunt; propinqui vero ejus Judaei scilicet, ipsum persequebantur; et sic nulla est propinquitatis utilitas, nisi similitudo bonitatis existat. BEDA (cap. 15, inter princ. et med.). Illi enim videntes opera virtutum ejus, et verba doctrinae audientes, eum persequebantur; isti autem opinione tantum ducti virtutnm ejus, congesto agmine permaximo veniunt ad audiendum eum, opemque salutis flagitandam: unde sequitur: *Et dixit discipulis suis ut in navicula sibi deservirent.* THEOPHYLACTUS (ubi supra). Vide autem occultatam gloriam ejus: etenim ne lauderet eum turba, petit naviculum, ut intrans in eam conservetur illaesus. Sequitur: *Quotquot autem habebant plagas, et spiritus immundi, cum illum videbant, procidebant ei.* Plagas autem dicit infirmitates: ipse namque Deus nos vulnerat, ut filios pater. BEDA (cap. 15 in Marc. a med.). Procidebant ergo utique Domino, et qui habebant plagas infirmitatum corporalium, et qui spiritibus vexabantur immundis; sed infirmi simplici intentione obtinendae salutis, daemoniaci autem vel potius in eis habitantes daemones, vi divini timoris coacti, non solum ad procidendum ei, verum etiam ad confitendum ejus majestatem compulsi: unde sequitur: *Et clamabant dicentes, Tu es Filius Dei.* Ubi miranda est Arianorum caecitas, qui post resur-

(1) *Al.* jubebat.
(2) Haec rursus Antiochenus, nec apud Chrysostomum occurrunt (*Ex edit. P. Nicolai*).
(3) *Al.* significare.
S. *Th. Opera omnia. V. 11.*

(1) *Al.* Prophta.

45

rectionis gloriam Filium Dei negant, quem daemones adhuc mortali carne indutum Filium Dei profitentur. Sequitur: *Et vehementer comminabatur eis ne manifestarent eum.* « Peccatori enim dixit Deus: « Quare tu enarras justitias meas? » Psal. 49. Prohibetur ergo Dominum praedicare peccator, ne quis dum praedicantem audit, sequatur errantem: improbus enim magister est diabolus, qui falsa veris saepe permiscet, ut specie (1) veritatis testimonium fraudis obtegat. Ceterum non solum daemones, sed et a Christo sanati, et Apostoli ante passionem praecipiuntur reticere de illo: ne, divina majestate praedicata, passionis dispensatio differretur. Juxta allegoriam vero in hoc quod Dominus egressus de synagoga secessit ad mare, Gentium salvationem praefiguravit, ad quas venire per fidem, relicta ob perfidiam Judaea, dignatus est. Recte enim diversis errorum anfractibus jactatae nationes instabilitati pelagi comparantur. Multa autem turba a diversis provinciis secuta est eum qui praedicantibus Apostolis, multas nationes ad se venientes benigne suscepit. Navicula vero Domino in mari deserviens Ecclesia est de Gentibus congregata. Propter turbam autem, ne se comprimat, naviculam ascendit: quia turbidas carnalium mentes fugiens, ad eos qui gloriam saeculi spernunt, venire, et mansionem facere gaudet. Distat autem inter comprimere Dominum et tangere: comprimunt enim eum carnalibus cogitationibus, aut factis pacem turbant, in qua veritas manet; tangit vero qui per fidem, et dilectionem eum suscepit corde: unde qui eum tetigerunt, salvati esse perhibentur. Theophylactus (Marc. 9, super *Egressi Phurisaei una cum herodianis*). Moraliter autem herodiani, idest carnales, Christum interficere volunt: Herodes enim pelliceus interpretatur. Qui vero de patria sua egrediuntur idest a carnali habitudine, hi sequuntur Christum, et eorum plagae curantur, idest peccata, quae conscientiam vulnerant. Jesus autem in nobis est ratio quae praecipit ut navicula nostra, idest corpus ei deserviat, ne rationem turbationes opprimant rerum.

3. Beda (cap. 16 in Marc.). Postquam nefandos spiritus se praedicare prohibuit elegit sanctos, qui et immundos spiritus ejicerent et Evangelium praedicarent: unde dicitur: *Et ascendens in montem vocavit ad se quos voluit ipse.* Theophylactus (cap. 3 in med. Comment.). Lucas autem dicit, quod ascendit ad orandum: post miraculorum enim ostensionem orat, docens nos quod oportet gratias agere cum consequimur aliquid boni, et hoc divinae virtuti appropriare. Chrysostomus. Praelatos etiam Ecclesiae instruit in orationibus pernoctare antequam ordinationem faciant, ut eorum officium non frustretur. Cum ergo, secundum Lucam, dies factus esset, vocavit quos voluit: erant enim plures qui eum sequebantur. Beda (cap. 16, non remote a princ.). Non enim illorum electionis, ac studii sed divinae erat dignationis et gratiae ut in Apostolatum vocarentur. Mons etiam ille in quo Apostolos Dominus elegit, altitudinem designat justitiae in qua erant instituendi, et quam erant hominibus praedicaturi. Hieronymus (super *Et ascendens in montem*). Vel Christus spiritualiter mons est, ex quo aquae vivae fluunt, lac in parvulorum salutem praeparatur, pinguedo spiritualis agnoscitur, et quicquid summe bonum creditur, in montis istius

est gratia constitutum. In montem ergo vocantur excelsi meritis et verbis, ut locus congruat meritis altis. Sequitur: *Et venerunt ad eum; et fecit ut essent duodecim cum illo, et ut mitteret eos praedicare.* Speciem enim Jacob dilexit Dominus, ut sint ipsi super thronos duodecim judicantes duodecim tribus Israel, qui etiam trini et quaterni circa tabernaculum Domini excubant, et sancta Domini verba humeris operum portant. Beda (cap. 16 in Marc.). In hoc enim sacramento quondam filii Israel circa tabernaculum castrametabantur, ut ex omni parte per quadrum ternae tribus manerent. Ter autem quatuor duodecim faciunt, et ter quaterni ad praedicandum sunt missi Apostoli; ut per universas quadrati orbis plagas baptizarent gentes in nomine Patris et Filii, et Spiritus sancti. Sequitur: *Et dedit illis potestatem curandi infirmitates et ejiciendi daemonia*; ut scilicet promissionum caelestium magnitudini attestaretur magnitudo factorum et nova facerent qui nova praedicarent. Theophylactus (cap. 3 a med. Comment.). Numerat autem Apostolorum nomina, ut propter falsos Apostolos evitandos sint noti et veri; et ideo sequitur: *Et imposuit Simoni nomen Petrus.* Augustinus de cons. Evang. (lib. 2, cap. 17). Nullus autem putet nunc accepisse Simonem nomen ut Petrus vocaretur, ne sit contrarium Joanni, qui longe ante dictum esse illi commemorat cap. 1: « Tu voca- « beris Cephas, quod interpretatur Petrus. » Marcus autem recapitulando hoc commemoravit: cum enim vellet nomina duodecim Apostolorum enumerare, et necesse haberet Petrum dicere, breviter insinuare voluit, quod non hoc antea vocaretur, sed hoc ei Dominus nomen imposuerit. Beda (cap. 16 in Marc. super *Et imposuit Simoni nomen*). Ideo autem Dominus voluit eum prius aliter vocari ut ex ipsa commutatione nominis sacramentum commendaretur. Idem est ergo graece, sive latine Petrus quod Syriace Cephas; et in utraque lingua nomen a petra derivatum est, nec dubium quin illa de qua Paulus ait 1 Cor. 1: « Petra autem « erat Christus »: nam sicut lux vera erat Christus, et donavit (1) Apostolis ut lux mundi vocentur; sic et Simoni, qui credebat in Petram Christus Petrae largitus est nomen. Hieronymus (ubi supra). De obedientia autem, quam Simon significat, ascenditur ad agnitionem, quam significat Petrus.

Sequitur: *Et Jacobum Zebedaei et Joannem fratrem Jacobi.* Beda. Subauditur a superioribus, vocavit ad se ascendens in montem. Hieronymus (ubi supra). Jacobum, scilicet qui supplantata habet tota desideria carnis et Joannem, qui gratia accepit quod alii per laborem tenent.

Sequitur: *Et imposuit eis nomina Boanerges.* Chrysostomus. Filios quidem Zebedaei sic nominat propter hoc quod magna et clara divinitatis edicta debebant orbi terrae diffundere. Hieronymus (ubi supra). Vel per hoc trium superiorum sublime ostenditur meritum, qui in monte merentur audire tonitruum Patris per nubem de Filio tonantis, Matth. 17: « Hic est Filius meus dilectus: » ut ipsi per nubem carnis, et ignem verbis, quasi fulgura in pluviam (2), in terris spargerent; quoniam Dominus fulgura in pluviam fecit, ut extinguat misericordia

---

(1) *Al.* ut spiritus.

(1) *Al.* et Christus donavit.
(2) *Legit P. Nicolai* quasi fulgura pluvium.

quod judicium urit. Sequitur, *Et Andream* (1), qui viriliter vim facit perditioni, ut et responsum mortis in se semper habeat, et anima ejus sit semper in manibus suis. BEDA (cap. 16 in Marc. ante med. Com.). Andreas enim graecum nomen est, et interpretatur virilis, ab Ἀνδρος, Andros (2), quod est vir: quia viriliter Domino adhaesit.

Sequitur: *Et Philippum.* HIERONYMUS. Qui est os lampadis, qui illuminare potest ore quod corde concepit, cui dedit Dominus apertionem oris illuminantis. Scimus hunc modum locutionis proprium esse divinarum Scripturarum, quod Hebraea nomina ad aliquod mysterium significationis sunt posita. Sequitur: *Et Bartholomaeum,* qui est filius suspendentis aquas, illius scilicet qui dixit Isai 5: « Et « mandabo nubibus meis ne pluant super eam imbrem. » Nomen vero filii Dei per pacem, et dilectionem acquiritur inimici: « Beati enim pacifici, quoniam filii Dei sunt: » et « Diligite inimicos vestros, ut filii Dei sitis: » Matth. 5. Sequitur, *Et Matthaeum,* qui est donatus, cui donatur a Domino ut non solum remissionem peccatorum adipiscatur, sed numero ascribatur Apostolorum. *Et Thomam,* qui est abyssus: multa enim profunda scientes Dei nomine proferunt. Sequitur, *Et Jacobum Alphaei,* idest docti, vel millesimi, cujus a latere cadent mille. Hic alter Jacobus est, cui colluctatio non est adversos carnem et sanguinem, sed adversus spirituales nequitias. Sequitur, *Et Thadaeum*: idest corculus, idest cordis cultor, qui conservat cor suum omni custodia. BEDA (cap. 16, in Marc. a med. Commen.). Thadaeus autem ipse est quem Lucas in Evangelio et in Actibus Apostolorum Judam Jacobi (3) nominat: erat enim frater Jacobi fratris Domini, ut ipse in Epistola sua scripsit. Sequitur, *Et Simonem Chananaeum, et Judam Scarioth, qui tradidit illum.* Haec cum additamento posuit, ad distinctionem Simonis Petri et Judae Jacobi (4). Simon autem Chananaeus dicitur ab Chana vico Galilaeae; Judas autem Iscariotes a vico in quo ortus est, aut ex tribus Isachar dicitur. THEOPHYLACTUS (Marc. 3, a medio Com.). Sed cur inter Apostolos computatur? Ut discamus (5) quod Deus non repellit aliquem propter futuram malitiam, sed propter praesentem virtutem dignum facit haberi. HIERONYMUS (a med. Commen.). Simon autem ponens tristitiam interpretatur: « Beati namque qui « lugent nunc, quoniam ipsi consolabuntur ». Matth. 5, Chananaeus autem, idest zelotes dicitur quem zelus domus Dei comedit. Judas autem Iscariotes est qui non delet peccatum suum per poenitentiam: Judas enim confitens, vel gloriosus interpretatur: Iscariotes autem memoria mortis. Sunt autem confessores multi in Ecclesia superbi et gloriosi, ut Simon magus et Arius et ceteri haeretici; quorum memoria mortalis ideo in Ecclesia celebratur, ut evitentur.

4. BEDA (cap. 16 in Marc.). Electos in monte Apostolos Dominus ad domum reducit, quasi eos admonens ut post acceptum Apostolatus gradum ad conscientiam suam redeant: unde dicitur: *Et veniunt in domum, et convenit iterum turba, ita*

ut non possent, neque panem manducare. CHRYSOSTOMUS. Ingratae quidem erant principum multitudines, quos impedit a cognitione elatio; grata vero populi multitudo venit ad Jesum. BEDA (cap. 16, super illud *Et convenit multitudo*). Quam beata vero frequentia turbae confluentis, cui. tantum fuit curae ad obtinendam salutem ut auctori salutis cum his qui secum erant nec vescendi quidem hora libera maneret; sed quem turba frequentat externa, hnnc propinquorum aestimatio parvipendit: sequitur enim: *Et cum audissent sui, exierunt tenere eum.* Quia enim altitudinem sapientiae quam andiebant, capere non poterant, quasi in alieno eum sensu locutum esse credebant: unde sequitur: *Dicebant enim, quoniam in furorem versus est.* THEOPHYLACTUS (Marc. 3, super *Dicebant quia in furorem versus est*). Idest, daemonium habet, et furit: et ideo eum tenere volebant, ut incarcerarent tamquam daemoniacum. Et quidem sui hoc volebant, idest propinqui, forte compatriotae ejus, vel fratres ejus (1). Stulta (2) autem fuit insania, quod tantorum miraculorum divinae sapientiae factorem in furiam verti concipiunt. BEDA (cap. 16 in Marc. ib.). Multum autem distat inter eos qui verbum Dei pro mentis tarditate non intelligunt, quales fuerunt de quibus dictum est, et eos qui hoc quod intelligunt, de industria blasphemant, de quibus subditur: *Et scribae qui ab Hierosolymis descenderant dicebant quoniam Beelzebub habet.* Quae enim negare nequiverant, sinistra interpretatione pervertere laborant; quasi non deitatis opera essent sed immundissimi spiritus, idest Beelzebub, qui Deus erat Accaron. Nam Beel quidem ipse est vir (3) Zebub autem musca vocatur, Beelzebub ergo, idest vir muscarum interpretatur; ob sordes immolatitii cruoris, ex cujus spurcissimo ritu principem daemoniorum eum nominabant, cum subdunt: *Et quia in principe daemoniorum ejicit daemonia.* HIERONYMUS (Marc. 3, super *Et veniunt ad domum*). Mystice autem domus ad quam veniunt primitiva est Ecclesia; turbae quae impediunt panem manducari peccata, et vitia sunt: « qui manducat indigne, « judicium sibi manducat et bibit: » 1 Corinth. 11. BEDA (cap. 16 in Marc., non rem. a fine). Scribae etiam ab Hierosolymis descendentes blasphemant; turba vero ab Hierosolymis veniens secuta est Dominum, et ab aliis regionibus Judaeorum sive Gentium: quia sic erat passionis tempus futurum, ut turba illum populi Judaeorum cum palmis, ac laudibus Hierosolymam perduceret, Gentiles videre desiderarent; sed Scribae et Pharisaei de ejus morte tractarent.

5. CHRYSOSTOMUS (hom. 42 in Matth. et hom. 29 in opere imperfecto). Posita blasphemia scribarum, Dominus ostendit impossibile fore quod dicebant, suam probationem exemplo confirmans: unde dicit: *Et convocatis eis, in parabolis dicebat illis: Quomodo potest satanas satanam ejicere?* quasi diceret: Regnum contra se intestino bello divisum necesse est desolari: quod et in domo et in civitate videtur. Quocirca etsi satanae regnum

(1) HIERONYMUS (*Ex edit. P. Nicolai*).
(2) *Al.* ab arach.
(3) *Al.* Jacobus.
(4) *Al.* et Jacobi.
(5) *Al.* HIERONYMUS. Quam inter Apostolos computat, ut discamus etc.

(1) *Nicolai, apposito indice Victoriae Antiocheni, ut infra patet, ita legit.* Stulta autem fuit insania, quod tantorum miraculorum factorem, et caelestis doctrinae (vel divinae sapientiae) doctorem in furiam versum concipiunt.
(2) VICTOR Antiochenus. Quod subjungitur ex victore Antiocheno, prius cnm verbis Theophylacti confundebantur (*Ex edit. P. Nicolai*).
(3) *Al.* est Anal.

in seipsum divisum est, ita quod satanas ab hominibus repellat satanam desolatio regna daemonum appropinquavit: regnum autem eorum est in hoc quod homines subditos teneant. Si igitur ab hominibus pelluntur, hoc non est aliud quam regnum eorum (1) dissolvi. Si autem adhuc in hominibus tenent potestatem, manifestum est quod regnum maligni adhuc stat, et non est contra seipsum divisum. GLOSSA (2). Et quia jam ostendit exemplo quod daemon daemonem non expellit, dicens: *Nemo potest vasa fortis in domum ingressus diripere etc.* THEOPHYLACTUS (3) (Marc. 3, super *Cum fortis armatus*). Exemplum tale est. Fortis est daemon, vasa ejus sunt homines in quibus recipitur: nisi ergo quis prius vincat daemonem et alliget, quomodo vasa ejus, idest daemoniacos, ab eo diripiat? Sic et ego, qui diripio vasa ejus, idest libero homines a daemoniaca passione, prius alligo daemones, supero eos, et inimicus eorum sum. Quomodo ergo dicitis, quod Beelzebub habeo, et daemon amicus existens daemonia ejicio? BEDA (cap. 17, prope princ.). Alligavit etiam Dominus fortem, idest diabolum, hoc est ab electorum seductione compescuit, et ingressus in domum, idest in mundum, domum ejus, et vasa, idest homines, diripuit: quia ereptos a diaboli laqueis, Ecclesiae suae adunavit. Vel domum ejus diripuit, quia omnes mundi partes, quibus olim hostis denominabatur antiquus, Apostolis, eorumque successoribus distribuit, ut populos ad viam vitae converterent. Ostendit autem Dominus quod grande scelus committerent qui hoc quod Dei esse cognoverant, diaboli esse clamabant, cum subdit: *Amen dico vobis, quoniam omnia dimittentur filiis hominum peccata, et blasphemiae quibus blasphemaverint.* Omnia quidem peccata et blasphemiae non passim dimittuntur omnibus hominibus, sed his qui dignam pro erroribus suis in hac vita poenitentiam ederint: et sic neque ullum habet locum vel Novatus, qui poenitentibus (4) qui in martyrio lapsi sunt. veniam neget esse tribuendam; vel Origenes, qui asserit post judicium universale transactis licet saeculorum voluminibus (5), cunctos peccatores veniam peccatorum esse consecuturos: cujus errorem sequentia Domini verba redarguunt, cum subditur: *Qui autem blasphemaverit in Spiritum sanctum non habet remissionem in aeternum.* CHRYSOSTOMUS (6) (hom. 42 in Matth. a med.). Et quidem blasphemiam quae circa eum erat, excusationem habere dicit, quia tunc videbatur homo despectus, et infirmi generis; sed injuria Dei remissionem non habet. Blasphemia autem in Spiritum sanctum contra Deum sit. Est enim Spiritus sancti operatio regnum Dei; et propter hoc irremissibilem dicit esse Spiritus sancti, blasphemiam. Pro eo autem quod hic subditur, *Sed erit reus aeterni delicti*, alius Evangelista dicit (Matth. 12): « Neque in hoc saeculo, neque « in futuro: » per quod intelligitur judicium quod est secundum legem et futurum. Cum enim lex

maledicentem Deum occidi jubeat, in hoc legis secundae excusationem non habet: omnis autem qui baptizatur, extra hoc saeculum sit. Latebat autem Judaeos remissio quae sit per baptismum. Qui ergo miracula et daemonum ejectionem, quae solum sunt propria Spiritus sancti, daemoni appropriat, nulla excusatio sibi de blasphemia relinquetur. Sed neque blasphemia talis, cum sit contra Spiritum sanctum, remitti videtur: unde exponens subdit: *Quoniam dicebant: Spiritum habet immundum.* THEOPHYLACTUS (Marc. 3, ad finem Comment.). Est autem intelligendum, quod veniam non consequentur, nisi poeniteant. Cum vero in carne Christi scandalizabantur, etiam si non poeniterent, aliquid excusationis habebant et remissionis aliquid consequebantur. HIERONYMUS. Vel hoc dicit; quia non merebitur poenitentiam agere ut recipiatur qui Christum intelligens, principem daemoniorum esse dicebat. BEDA (cap. 17 in Marc.). Neque tamen hi qui Spiritum sanctum non esse Deum credunt, irremissibilis blasphemiae crimine tenentur: quia non invidentia diabolica, sed humana ignorantia ducti hoc faciunt. AUGUSTINUS de Verbis Domini (1). Vel ipsa impoenitentia est blasphemia Spiritus sancti, quae non remittetur. Contra enim Spiritum sanctum, quo peccata dimittuntur, verbum dicit, sive cogitatione, sive lingua, qui sibi cor impoenitens thesaurizat. Subjungit autem: *Quoniam dicebat: Spiritum immundum habet*: ut ostenderet hinc fuisse exortam causam ut hoc diceret, eo quod dicerent eum in Beelzebub daemonem expellere; non quia esset blasphemia quae non remittitur, cum et haec remittatur, si recta poenitentia consequatur; sed hinc causa extitit ut a Domino illa sententia proferretur, facta mentione spiritus immundi, quem adversus seipsum divisum Dominus ostendit propter Spiritum sanctum, qui etiam quos colligit efficit indivisos, peccata, quae adversus se divisa sunt, dimittendo; cui dono remissionis non resistit nisi qui duritiam cordis impoenitentis habuerit. Nam alio loco dixerunt Judaei de Domino, quod demonium haberet; nec tamen ibi aliquid dixit de blasphemia Spiritus sancti: quoniam non ita objecerunt spiritum immundum ut in se divisus ex ore eorum posset ostendi, sicut Beelzebub, a quo daemones ejici posse dixerunt.

6. THEOPHYLACTUS (Marc. 3, non procul a fine Comment.). Quia propinqui Domini venerant tenere eum tamquam in furiam versum, mater ejus amoris compassione detenta, venit ad ipsum: unde dicitur: *Et venerunt mater ejus, et fratres, et foris stantes miserunt ad eum vocantes eum.* CHRYSOSTOMUS. Ex hoc autem manifestum sit quod non semper cum eo erant fratres ejus et mater: quia vero dilectus erat, ad eum propter reverentiam et affectum veniunt, de foris expectantes: unde sequitur: *Et sedebat circa eum turba; et dicunt ei: Ecce mater tuae, et fratres tui foris quaerunt te.* BEDA (cap. 17, inter med. et finem). Fratres Domini non filii semper Virginis Mariae, juxta Helvidium, nec filii Joseph ex alia uxore, juxta quosdam, putandi sunt: sed ejus potius intelligendi sunt esse cognati. CHRYSOSTOMUS (2). Alter autem Evangelista

---

(1) *Al. deest* eorum.
(2) Nihil tale in Glossa quae nunc extat (*Ex edit. P. Nicolai*).
(3) *Al.* HIERONYMUS.
(4) *Al.* vel NOVATUS (*P. Nicolai* Novatianus) non poenitentibus qui etc.
(5) *Al.* transactis quinquaginta trium saeculorum volutationibus.
(6) Immo potius Victor Antiochenus tom. 1 Biblioth. PP. super hunc locum (*Ex edit. P. Nicolai*).

(1) Serm. 11, cap. 12 (*Ex edit. P. Nicolai*).
(2) Tale aliquid potius habet Victor Antiochenus ubi supra; immo haec eadem paulo aliis verbis, quae non occurrunt in Chrysostomi textu. (*Ex edit. P. Nicolai*).

dicit (Joan. 7), quod « fratres ejus nondum cre-
« debant in eum: » cui convenit quod hic dicitur,
quod eum quaerebant de foris expectantes: et secundum eamdem intentionem Dominus eorum non
sicut propinquorum meminit: unde sequitur: *Et
respondens eis ait*: *Quae est mater mea, et fratres
mei?* Hoc autem non dixit, matrem et fratres o-
mnino reprobando, sed ostendens quod super omnem
cognationem temporalem oportet propriam animam
praehonorare: unde convenienter hoc dicitur his
qui vocabant ad propinquorum collocutionem, quasi ad aliquid utilius quam sit doctrina salutis. BE-
DA (cap. 17 in Marc. inter med. et finem). Rogatus ergo officio verbi, dissimulat egredi, non
maternae refutans obsequium pietatis; sed paternis
se mysteriis amplius quam maternis debere monstrat affectibus. Nec injuriose fratres contemnit,
sed opus spirituale carnis cognationi praeferens,
religiosiorem cordium copulam docet esse quam
corporum: unde sequitur: *Et circumspiciens eos qui
in circuitu ejus sedebant ait: Ecce mater mea, et
fratres mei.* CHRYSOSTOMUS. In quo Dominus ostendit quod oportet eos qui fidei sunt propinqui, prae
omnibus consanguineis honorare. Jesu quidem aliquis mater efficitur praedicando: quasi enim parit
Dominum quem cordi audientis infuderit. HIERONY-

MUS (in fine Comm. in 3 cap. Marc.). Sciamus
autem nos esse fratres ejus et sorores, si voluntatem Patris impleverimus, ut coheredes (1) simus
ejus: unde sequitur: *Qui enim fecerit voluntatem
Dei, hic frater meus, et soror mea, et mater mea
est.* THEOPHYLACTUS (in fine Commen. in 3 cap.
Marc.). Non ergo negans matrem hoc dixit, sed o-
stendens quod non solum digna est honore propter
hoc quod genuit Christum, sed propter omnem a-
liam virtutem. BEDA (cap 17 in Marc. non remote
a fine). Mystice autem mater, et fratres Jesu sunt
synagoga, ex cujus carne est editus, et populus Judaeorum, qui, Salvatore intus docente, venientes
intrare nequeunt, cum spiritualiter intelligere dicta
nequeunt (2). Praeoccupans autem turba ingreditur,
quia differente Judaea, gentilitas fluxit ad Christum:
foris enim stantes volunt Dominum videre cognati
ipsius, cum Judaei se ad custodiam litterae foris
fixerunt, et Christum potius ad carnalia docenda
cogunt exire, quam se ad discenda spiritualia consentiunt ingredi. Si ergo foris stantes nec ipsi agno-
scuntur parentes, quemadmodum nos agnoscemur,
si foris stemus? Intus enim est verbum, intus est
lumen.

(1) *Al.* et coheredes.
(2) *Legit Nicolai forte melius* negligunt.

CAPUT QUARTUM.

1. Et iterum coepit docere ad mare; et congregata est ad
eum turba multa, ita ut in navim ascendens sederet in mari: et omnis turba circa mare super terram erat: et docebat
eos in parabolis multa, et dicebat illis in doctrina sua: Audite: ecce exiit seminans ad seminandum: et dum seminat,
aliud cecidit circa viam, et venerunt volucres caeli, et comederunt illud: aliud vero cecidit super petrosa, ubi non habuit terram multam; et statim exortum est, quoniam non
habebat altitudinem terrae; et quando exortus est sol, exae-
stuavit, et eo quod non habebat radicem, exaruit: et aliud
cecidit in spinas, et ascenderunt spinae, et suffocaverunt illud, et fructum non dedit: et aliud cecidit in terram bonam,
et dabat fructum ascendentem, et crescentem, et afferebat
unum tricesimum, et unum sexagesimum, et unum centesimum. Et dicebat: Qui habet aures audiendi, audiat. Et cum
esset singularis, interrogaverunt eum hi qui cum eo erant
duodecim, parabolam. Et dicebat eis: Vobis datum est nosse
mysterium regni Dei, illis autem qui foris sunt, in parabolis
omnia fiunt: ut videntes videant, et non videant; et audientes audiant, et non intelligant, ne quando convertantur, et
dimittantur eis peccata. Et ait illis: Nescitis parabolam hanc?
Et quomodo omnes parabolas cognoscetis? Qui seminat, verbum seminat. Hi autem sunt qui circa viam ubi seminatur
verbum, et cum audierunt, confestim venit satanas, et aufert verbum quod seminatum est in cordibus eorum: et hi
sunt similiter qui super petrosa seminantur, qui cum audierint verbum, statim cum gaudio accipiunt illud, et non habent radicem in se; sed temporales sunt, deinde orta tribulatione, et persecutione propter verbum, confestim scandalizantur: et alii sunt qui in spinis seminantur; hi sunt qui
verbum audiunt, et aerumnae saeculi, et deceptio divitiarum,
et circa reliqua concupiscentiae introeuntes, suffocant verbum,
et sine fructu efficitur: et hi sunt qui super terram bonam
seminati sunt qui audiunt verbum, et suscipiunt, et fructificant, unum tricesimum, et unum sexagesimum, et unum
centesimum.

2. Et dicebat illis. Numquid venit lucerna, ut sub modio
ponatur, aut sub lecto? Nonne ut super candelabrum ponatur? Non est enim aliquid absconditum quod non manifestetur, nec factum est occultum quod non veniat in palam.
Si quis habet aures audiendi, audiat. Et dicebat illis: Videte
quid audiatis. In qua mensura mensi fueritis, remetietur
vobis. Qui enim habet, dabitur illi: et qui non habet, etiam
quod habet, auferetur ab eo.

3. Et dicebat: Sic est regnum Dei, quemadmodum si homo jactet semen in terram, et dormiat, et exurgat nocte, et die,
et semen germinet, et increscat dum nescit ille. Ultro enim
terra fructificat primum herbam, deinde spicam, deinde plenum frumentum in spica. Et cum ex se produxerit fructus,
statim mittit falcem, quoniam adest messis.

4. Et dicebat. Cui assimilabimus regnum Dei, aut cui
parabolae comparabimus illud? Sicut granum sinapis, quod
cum seminatum fuerit in terra, minus est omnibus seminibus quae sunt in terra, et cum natum fuerit, ascendit in
arborem, et fit majus omnibus oleribus, et facit ramos magnos, ita ut possint sub umbra ejus aves caeli habitare. Et
talibus multis parabolis loquebatur eis verbum, prout poterant audire; sine parabola autem non loquebatur eis. Seorsum autem discipulis suis disserebat omnia.

5. Et ait illis in illa die, cum sero esset factum: Transeamus contra. Et dimittentes turbam assumunt eum, ita ut
erat in navi, et aliae naves erant cum illo. Et facta est procella magna venti, et fluctus mittebat in navim, ita ut impleretur navis. Et erat ipse in poppi super cervical dormiens; et excitant eum, et dicunt illi: Magister, non ad te
pertinet quia perimus? Et exurgens comminatus est vento,
et dixit mari: Tace, obmutesce. Et cessavit ventus. Et facta
est tranquillitas magna. Et ait illis: Quid timidi estis? Necdum habetis fidem? Et timuerunt timore magno, et dicebant
ad alterutrum: Quis putas est iste, quia mare, et venti obediunt ei?

---

1. THEOPHYLACTUS (in princ. Comm. ad 4 cap.
Marc.). Licet matrem Dominus superius negligere
videretur, tamen reveretur eam: propterea namque

egreditur circa mare: unde dicitur: *Et iterum
coepit Jesus docere ad mare.* BEDA (cap. 18 in
Marc. in princip.). Si enim Evangelium Matthaei

inspicimus, patet hanc doctrinam Domini ad mare eadem die qua superiorem in domo celebratum esse sermonem: terminato enim primo sermone continuo subjunxit Matthaeus cap. 13 dicens: « In « illo die exiens de domo sedebat ad mare. » Hieronymus (Marc. 4, in princ. Comment.). Coepit autem docere ad mare, ut locus docendi indicet auditores amaros fuisse et instabiles. Beda (cap. 18 ubi supra). Relicta etiam domo coepit docere ad mare: quia relicta synagoga ad colligendam per Apostolos populi gentilis multitudinem venit: unde sequitur: *Et congregata est ad eum turba multa, ita ut in navim ascendens sederet in mari.* Chrysostomus Quod non sine causa factum oportet intelligi; sed ut post se neminem dimitteret, sed omnes auditores ante faciem haberet. Beda (ubi supra a med. Comment.). Praefigurabat autem haec navis Ecclesiam in medio nationum aedificandam: in qua Dominus dilectam sibi consecrat mansionem.

Sequitur: *Et dicebat illis in parabolis multa.* Hieronymus (par. a princ. Comment. in cap. 4). Parabola est rerum natura discrepantium, sub aliqua similitudine facta comparatio: παραβολή paravoli enim graeco vocabulo dicitur similitudo, quando illud quod intelligi volumus, per comparationes aliquas indicamus. Sic enim ferreum quempiam dicimus quando durum ac fortem desideramus intelligi: cum velocem, ventis, aut avibus comparamus. Loquitur autem turbis in parabolis more providentiae suae, ut qui caelestia capere non poterant, per similitudinem terrenam audita percipere potuissent. Chrysostomus (hom. 45 in Matth. ante medium). Erigit enim per parabolam audientium mentem, ut manifestiorem sermonem faceret, res, visui ostendens. Theophylactus (Marc. 4, non remote a princ.). Et ut attentiores faceret auditores, primam parabolam proponit de semine, quod est verbum Dei: unde sequitur: *Et dicebat illis in doctrina sua:* non Moysi, non Prophetarum, quia suum praedicat Evangelium: *Exiit seminans ad seminandum.* Seminans autem Christus est. Chrysostomus (homil. 45, in Matth.). Non autem loco exivit qui praesens existit (1) omnibus, et implet; sed habitu, et dispensatione, quia nobis factus est propinquior per carnis amictum. Quia enim non volebamus ire ad eum, peccatis impedientibus iter nostrum, ipse exiit ad nos. Exiit autem praedicans pietatis seminare sermonem, quem copiose loquebatur. Non autem inculcat sermonem eumdem in eo quod dicit: *Exiit seminans ad seminandum:* exit enim aliquando seminans, aut ut faciat novale, aut herbas malas evellat, aut aliquod aliud operetur. Iste autem exiit ad seminandum. Beda (cap. 19 in Marc. non remote a princip.). Vel exiit ad seminandum, cum post vocatam ad fidem suam partem synagogae electam, ad vocationem quoque Gentium gratiae suae dona diffudit: Chrysostomus (homil. 45 in Matth. parum ante med.). Sicut autem seminans non discernit terram subjectam, sed simpliciter, et absque discretione semen mittit; sic et ipse omnes alloquitur: et ad hoc significandum subdit: *Ed dum seminat, aliud cecidit circa viam.* Theophylactus (Marc. 4, super *Et dum seminat*). Vide quia non dixit, quod projecit illud in via, sed quia cecidit: qui enim seminat, quan-

tum in se est, in terram bonam projicit; sed illa si sit mala, corrumpit verbum. Via autem Christus est: infideles autem sunt circa viam, idest extra Christum. Beda (cap. 19 in Marc. non procul a princ.). Vel via est mens sedulo (1) malarum cogitationum motu trita, ne verbi semen in ea germinare sufficiat. Et ideo quiquid boni seminis vicinia talis viae contigerit, perit, et a daemonibus rapitur: unde sequitur: *Et venerunt volucres caeli et comederunt illud.* Recte autem daemones volucres caeli dicuntur, sive quia caelestis spiritualis, que sunt naturae, sive quia in aere habitant. Vel qui sunt circa viam, sunt (2) negligentes et desides. Sequitur: *Aliud vero cecidit super petrosa.* Petram dicit duritiam protervae mentis, terram levitatem animae obedientis, solem fervorem persecutionis saevientis. Altitudo ergo terrae, quae semen Dei debuerat accipere, probitas est animi disciplinis caelestibus exercitati, atque ad obediendum divinis eloquiis regulariter (5) instituti. Petrosa autem loca, quae vim radicis suscipiendae non habent, illa sunt praecordia quae dulcedine tantum auditi sermonis, ac promissis caelestibus ad horam delectantur; sed in tempore tentationis recedunt, quia parum est in eis salutaris desiderii, quod semen vitae concipiat. Theophylactus (Marc. 4, super illud *Aliud cecidit*). Vel petrosa (4) sunt qui modicum adhaerentes petrae, idest Christo, inquantum ad tempus verbum recipiunt, postmodum abjiciunt recedentes. Sequitur: *Et aliud cecidit inter spinas:* per quod significantur animae multa curantes: spinae enim curae sunt. Chrysostomus (hom. 45 in Matth. a med.). Ulterius vero ponit terram bonam, dicens: *Et aliud cecidit in terram bonam.* Secundum enim conditionem terrae est differentia fructuum. Multa est autem dilectio seminantis ad homines: quoniam et primos commoneat, et secundos non rejicit, et tertiis tribuit locum. Theophylactus (hoc loco). Vide etiam quomodo mali sunt plurimi et pauci qui salvantur: quarta enim pars seminis invenitur salvata. Chrysostomus (ubi supra). Non tamen major pars seminis occasione amittitur seminantis, sed terrae recipientis, idest animae audientis. Et quidem materialis agricola hoc modo seminando congrue incusaretur: non enim ignorat lapidem, aut viam, aut terram spinosam, terram pinguem non fieri; in rationalibus vero non est sic: petram enim possibile est fieri terram pinguem, et viam non conculcari, et destrui spinas; quod si fieri non posset, non ibi seminasset. Per hoc ergo nobis tribuit poenitentiae spem. Sequitur: *Et dicebat: Qui habet aures audiendi, audiat* (5). Hieronymus (cap. 4, super *Qui habet aures*). Quoties haec admonitio in Evangelio, aut in Apocalypsi Joannis interponitur, mysticum hoc quod dicitur, atque ad audiendum, discendumque (6) insinuatur: *aures enim audiendi* sunt cordis, et sensus interioris aures, obediendi, et faciendi quae jussa sunt.

Sequitur: *Et cum esset singularis, interrogabant eum hi qui cum eo erant duodecim parabolam ex-*

---

(1) *Al.* exitus.

(1) *Nicolai habet* assiduo.
(2) *Al.* circa viam suam negligentes etc.
(3) *Al.* regularibus.
(4) *Al.* petrosi.
(5) *Editio Veneta Nicolini haec ad marginem notat.* Beda idem habet cap. 19 in Marc. *cui Nicolai consentit apponendo pro Hieronymo indicem Bedae.*
(6) *Nicolai optime apponit* salubre.

ponere. *Et dicebat eis: Vobis datum est scire mysterium regni Dei; illis autem qui foris sunt in parabolis omnia fiunt* (1). BEDA (cap. 19 in Marc.). Quasi diceret: Vos qui estis digni omnia quae ad praedicationem sunt congrua edoceri, parabolarum manifestationem addiscetis. Ad istos autem parabolis usus sum (2), quia digni non sunt addiscere propter eorum malitiam: qui enim legis quam acceperant, obedientiam non tenebant, justum fuit ut novi sermonis participationem non haberent; sed ab utroque sint alieni. Ostendit enim per discipulorum obedientiam quod per contrarium indigni facti sunt reliqui mysticae doctrinae. Postea vero inductione vocis propheticae eorum confundit nequitiam tamquam a longe confutatam: unde sequitur: *Ut videntes videant et non videant, et audientes audiant et non intelligant;* quasi dicat: Ut prophetia impleatur quae hoc praedicit. THEOPHYLACTUS (hoc loco). Deus enim eos fecit videntes, idest intelligentes bonum; ipsi vero non vident, voluntarie se fingentes (3) non videre, ne convertantur, et corrigant se, tamquam suae saluti inviderent.

Sequitur: *Ne quando convertantur et dimittontur eis peccata.* CHRYSOSTOMUS (homil. 56 in Matth.). Sic ergo vident et non vident, audiunt et non intelligunt: quod enim vident et audiunt, contingit eis ex gratia Dei; sed quod vident, et non intelligunt, contingit eis, quia gratiam recipere nolunt, sed oculos claudunt, et fingunt se non videre, neque dictis aequiescunt; et sic a peccatis non mutantur per hoc quod vident et audiunt, sed contrarium patiuntur. THEOPHYLACTUS (hoc loco). Vel potest aliter intelligi, quod reliquis loquebatur in parabolis, ut videntes non videant, et audientes non intelligant. Deus enim dat visum, et intellectum his qui petunt, reliquos autem obcaecat, ne in majorem redargutionem sit eis, quod cum intelligerent, noluerunt facere quae oportet; unde sequitur: *Ne quando convertantur et dimittantur eis peccata.* AUGUSTINUS de Quaest. Evang. (4). Vel hoc intelliguntur peccatis suis meruisse, ut non intelligerent, et tamen hoc ipsum misericorditer eis est factum ut peccata sua cognoscerent, et conversi veniam mererentur. BEDA (5) (cap. 19 in Marc. parum a med.). Illis ergo qui foris sunt, in parabolis omnia fiunt, et facta scilicet, et verba Salvatoris: quod neque in his quae operabatur virtutibus, neque in eis quae praedicabat arcanis eum cognoscere Deum valent; ideoque ad remissionem peccatorum attingere non valent. CHRYSOSTOMUS (6). Quod autem non loquebatur eis, nisi in parabolis, nec omnino loqui desistebat, demonstrat quod his qui bono propinqui sunt, etsi in seipsis bonum non habeant, occultum tamen eis ostenditur. Cum autem aliquis cum reverentia, ac recto corde accedit, occultorum revelationem consequitur abundanter; cum autem non sana sentit, nec in his quae multis facilia sunt dignus fiet, nec etiam eorum auditu.

Sequitur: *Et ait illis: Nescitis parabolam hanc? Et quomodo omnes parabolas cognoscetis?* HIERONYMUS (Marc. 4, in primo Com.). Oportebat siquidem ut illi quibus in parabolis loquebatur, requirerent quod non intelligerent, et per Apostolos quos contemptos habebant, discerent mysterium regni, quod ipsi non habebant. GLOSSA (1). Et ideo Dominus haec dicens, ostendit oportere eos et hanc primam, et omnes consequentes parabolas intelligere: propter quod exponens subdit: *Qui seminat, verbum seminat.* CHRYSOSTOMUS (hom. 45 in Matth. a medio). Et quidem Propheta doctrinam populi plantationi vineae comparavit; hic vero seminationi (2), manifestans per hoc quod brevior est nunc et facilior obedientia, et statim fructum dabit. BEDA (cap. 19 in Marc.). In hac autem Domini expositione omnia eorum qui audire verba salutis potuerunt, sed (3) ad salutem pervenire nequeunt, distantia comprehenditur. Sunt namque qui verbum quod audiunt, nulla fide, nullo intellectu, nulla saltem tentandae utilitatis occasione percipiunt; de quibus dicit: *Hi autem sunt qui circa viam.* Cordibus enim eorum mandatum verbum, confestim immundi spiritus, quasi viae tritae volucres semen, eripiunt. Sunt qui auditi verbi et utilitatem probant et desiderium gustant; sed ne ad id quod probant perveniant, alios hujus vitae adversa terrendo, alios prospera blandiendo retardant, de quorum primis dicitur: *Et hi sunt similiter qui supra pretiosa:* de aliis dicitur: *Et alii sunt qui in spinis.* Spinae autem divitiae vocantur, quia cogitationum suarum punctionibus mentem lacerant; et cum usque ad peccatum pertrahunt, quasi inflictio vulnere cruentant. Dicit autem: *Et aerumnae saeculi, et deceptio divitiarum:* quemcumque enim supervacuus divitiarum decipit appetitus, necesse est mox curarum aerumna continuarum affligat. Addit autem, *Et circa reliqua concupiscentiae:* quia qui (4) mandatis Dei contemptis, circa reliqua concupiscens aberat, ad gaudium beatitudinis non potest attingere. Suffocant autem hujusmodi concupiscentiae verbum: quia bonum desiderium, ad quod (5) intrare non sinunt, quasi aditum flatus vitalis necant. Excipiuntur autem ab his hominum differentiis Gentiles, qui nec audire verba vitae merentur. THEOPHYLACTUS (Marc. 1, parum ante med. Com.). Eorum vero qui semen suscipiunt, convenienter rursus tres sunt gradus: unde sequitur: *Et hi sunt qui super terram bonam seminati sunt.* Qui in centum fructificant, sunt qui perfectam, et obedientem habent vitam, ut virgines, et eremitae; qui autem in sexaginta (6) qui mediocriter se habent, ut continentes, et qui in coenobio sunt; qui autem in triginta, qui parvi quidem sunt secundum propriam virtutem fructum ferentes, ut laici, et qui in conjugio sunt. BEDA (cap. 19 in Marc. non procul a fine). Vel triginta fructificat, cum aliquis fidem sanctae Trinitatis electorum cordibus insinuat; sexaginta, cum perfectionem docet bonae operationis; centum, cum caelestis regni praemia demonstrat: centum namque computando in dex-

---

(1) CHRYSOSTOMUS (*Ex edit. P. Nicolai*).
(2) *Al.* versus sum.
(3) *Al.* fugientes.
(4) Sive in libro Qq. super Matthaeum, vel ex Matthaeo, quaest. 14 (*Ex edit. P. Nicolai*).
(5) *Al.* HIERONYMUS *quem habet etiam Nicolai.*
(6) *Et hic ad marginem supra citatae editionis Venetae legitur:* Haec habet Beda ubi supra.

(1) Nihil tale in Glossa quae nunc extat (*Ex edit. P. Nicolai*).
(2) *Al.* hoc verae seminationis.
(3) *Al.* si.
(4) *Al. omittitur* qui.
(5) *Al.* ad cor. *Legit P. Nicolai.* Quia dum bonum desiderium ad cor intrare.
(6) *Al. deest in, sicut etiam infra in* triginta.

teram transferuntur: unde recte in significatione ponuntur: perpetuae beatitudinis. Terra autem bona est electorum conscientia, quae omnibus praedictis tribus terris contraria facit: quia et commendatum sibi semen verbi libenter excipit, et exceptum inter adversa, et prospera constanter ad fructus usque tempora (1) conservat. HIERONYMUS (Marc. 4, al. a princ. Com.). Vel fructus terrae in triginta et sexaginta (2) et centum continetur; hoc est lege et prophetia et Evangelio.

2. CHRYSOSTOMUS. Post interrogationem discipulorum de parabola, ac explanationem, bene subjungit: *Et dicebat illis: Numquid venit lucerna ut sub modio ponatur, aut sub lecto? Nonne ut super candelabrum ponatur?* quasi dicat: Propter hoc parabola dicta est, non ut immanifesta maneat, aut occulta, tamquam sub modio, aut sub lecto, sed ut dignis manifestetur. Lucerna in nobis est intellectualis natura, quae secundum proportionem illuminationis, aut clare apparet, aut obscure. Si enim meditationes quae nutriunt lumen, ac recordationes, in quibus lucerna talis accenditur, negligantur, mox extinguitur. HIERONYMUS (Marc. 4 super *Numquid venit lucerna*). Vel lucerna verbum est de tribus seminibus; modius, aut lectus, auditus est inobedientium (3); candelabrum Apostoli sunt, quos illuminavit Verbum Dei: unde sequitur: *Non est enim aliquid absconditum.* Absconditum et occultum parabola seminis est; in palam vero venit, dum a Domino tractatur. THEOPHYLACTUS (4) (Marc. 4, circa med. Com.). Vel hic Dominus discipulos monet lucidos esse secundum vitam et conversationem; quasi dicat: Sicut lucerna ad lucendum ponitur, sic ad vitam vestram omnes respicient (5). Itaque studete bonam vitam habere, et non in angulis sedeatis; sed lucerna estote: lucerna enim non sub lecto, sed supra candelabrum posita lucet. Quam quidem lucernam necesse est ponere super candelabrum, idest in altitudine conversationis, quae secundum Deum est, ut et aliis lucere valeat: *non sub modio*, idest circa gulam; *neque sub lecto*, idest otio: nemo enim qui escis studet, et requiem diligit, potest esse lucerna omnibus lucens. BEDA (5) (cap. 20 in Marc. paulo a princ.). Vel quia tempus vitae nostrae sub certa divinae provisionis mensura continetur, recte modio comparatur: lectus vero animae corpus est, in quo temporaliter habitans quiescit. Qui ergo amore vitae temporalis et illecebrarem carnalium occultat verbum Dei, modio vel lecto lucernam operit; supra candelabrum autem ponit lucernam qui corpus suum ministerio verbi Dei subjicit: unde his verbis (7) typice figuram docet praedicandi: unde sequitur: *Non enim aliquid est absconditum quod non reveletur, neque factum est occultum quod non in palam veniat;* quasi dicat: Nolite erubescere Evangelium, sed inter tenebras persecutorum, lumen verbi Dei supra corporis vestri candelabrum levate, fixa mente retinentes illum diem quo illuminabit Deus abscondita tenebrarum: tunc enim et vos laus, et adversarios poena manet aeterna.

CHRYSOSTOMUS (1). Vel aliter. *Non est aliquid absconditum*; quasi dicat: Si vos cum diligentia vitam duxeritis. accusationes lucernam vestram non poterunt obumbrare. THEOPHYLACTUS (Marc. 4, post med. Com.). Unusquisque enim nostrum seu bonum aliquid, seu malum in praeterito fecerit, manifestantur in praesenti, et multo magis in futuro. Quid enim est Deo occultius? Sed tamen et ipse manifestatus est in carne.

Sequitur: *Si quis habet aures audiendi audiat.* BEDA (cap. 20 in Marc. super *Qui habet aures audiendi*). Idest, si quis habet sensum intelligendi verbum Dei, non se subtrahat, non auditum ad fabulas convertat; sed his quae veritas dixit, accommodet aurem scrutandi, manus implendi, linguam praedicandi.

Sequitur: *Et dicebat illis: Videte quid audiatis.* THEOPHYLACTUS (Marc. 4 in med. Com.). Ut scilicet nihil eorum quae vobis a me dicuntur subterfugiatis. *In qua mensura mensi fueritis, remetietur vobis;* idest, quantamlibet mensuram intentionis introducetis, tantam recipietis utilitatem. BEDA (sup. *In qua mensura mensi fueritis*). Vel aliter. Si solerter omnia quae valetis, bona facere, ac proximis intimare studueritis: aderit divina pietas, quae vobis et in praesenti sensum altiora capiendi, ac potiora gerendi affectum (2) conferet, et in futuro aeternam retributionem adjiciet; et ideo subditur, *Et adjicietur vobis.* HIERONYMUS (ubi supra). Vel aliter. Secundum mensuram fidei unicuique dividitur intelligentia mysteriorum, et scientiae etiam adjicientur virtutes. Sequitur: *Qui enim habet dabitur ei;* idest, qui fidem habet, habebit virtutem; et qui habet opus verbi, habebit et intelligentiam mysterii: et qui non habet e contra fidem, deficit virtute; et qui non habet opus verbi, ejus intelligentia caret; et qui non intelligit, jam auditum perdidit. CHRYSOSTOMUS (hom. 31, in opere imper. super Matth. prope fin.). Vel aliter. *Qui habet*, scilicet affectum et voluntatem audiendi, et petendi *dabitur ei,* qui vero *non habet* divini auditus desiderium, *et quod contingit habere* scriptae legis, *auferetur ab eo.* BEDA (cap. 20, in Marc. paulo ante med.). Nonnunquam enim lector ingeniosus negligendo se, privat se sapientia, quam tardus ingenio, studiosius elaborando degustat. CHRYSOSTOMUS (3). Potest autem ideo dici, quod non habet, quia veritatem non habet. Dicit autem (4): *Quod habet,* propter hoc quod mendacium habet: putat enim aliquid se habere, qui mendacis intellectus existit.

3. CHRYSOSTOMUS. Posuit supra parabolam de tribus seminibus, diversimode perditis et uno salvato; cujus, secundum proportionem fidei et operationis, tres differentias ostendit: hic vero parabolam ponit solum de salvatis: unde dicit: *Et dicebat: Sic est regnum Dei quemadmodum si homo jactet semen in terram.* HIERONYMUS (sup. *Sic est regnum Dei*). Regnum Dei Ecclesia est, quae regitur a Deo, et ipsa regit homines et contrarias virtutes,

---

(1) *Al.* ad tempora.
(2) *Al.* in trigesimo, sexagesimo.
(3) *Al.* in obedientiam.
(4) *Al.* BEDA.
(5) *Al.* inspicient.
(6) *Al.* THEOPHYLACTUS.
(7) *Al. deest* verbis.

(1) Hom. 45 in Matth. ut et Victor Antiochenus tom. 1 Biblioth. PP. (*Ex edit. P. Nicolai*).
(2) *Al.* effectum.
(3) Non occurrit in Chrysostomo nec hom. 46 in Matth. nec hom. 31. Operis imperf. ubi similem locum ex Matth. 13, tractat, ut nec in ipsis Commentariis Marci ei perperam attributis hic locus expenditur; sed nec proxime sequentia in eodem occurrunt (*Ex edit. P. Nicolai*).
(4) *Al. deest* Dicit autem, Quod habet.

et vitia calcat. Chrysostomus (1). Vel regnum Dei dicit fidem, quae est in ipsum, ac dispensationem humanitatis; quod quidem regnum est sicut si jaciat sementem (2) homo: ipse enim existens Deus, et Dei Filius, homo incommutabiliter factus pro nobis, terram seminavit; idest, totum mundum verbo divinae cognitionis illuminavit. Hieronymus (ubi supra). Semen enim verbum vitae est; terra corda humana; et dormitio hominis mors est Salvatoris. Exurgit semen nocte, ac die: quia post somnum Christi, numerus credentium per adversa et prospera magis magisque germinavit (3) in fide, et crevit in opere. Chrysostomus (4). Vel exurgit ipse Christus, qui sedebat expectans, per longanimitatem, quod recipientes semen fructificarent. Surgit autem, idest benevolentiae suae verbo ad fructificationem nos erigens per arma justitiae a dextris, quibus significatur dies, et a sinistris, quibus significatur nox persecutionum: per haec enim semen germinat, nec arescit. Theophylactus (hoc loco). Vel aliter. Christus dormit, idest ascendit in caelum, ubi licet dormire videatur, surgit tamen nocte, cum per tentationes nos erigit in suam cognitionem; die vero, cum propter orationes nostram disponit salutem. Hieronymus (ubi supra). Quod autem dicit. *Dum nescit ille,* tropica est locutio; idest, nescire nos facit, quis fructus usque in finem afferat. Chrysostomus (5). Vel dicit, *Nescit ille,* ut ostendit liberam voluntatem eorum qui verbum suscipiunt: voluntati enim nostrae committit opus, et non totum ipse solus operatur, ne bonum involuntarium videatur: unde subdit: *Ultro enim terra fructificat*; idest, non necessitate coacta contra propriam voluntatem, sed voluntate adducitur ad fructificandum

Primum herbam. Hieronymus (ubi supra). Idest timorem: « initium enim sapientiae timor Domini: » Psal. 110. *Deinde spicam,* idest poenitentiam lacrymosam; *deinde plenum fructum in spica,* idest caritatem: « plenitudo enim legis est caritas: » Rom. 12. Chrysostomus (6). Vel primo herbam fructificat in lege naturae, paulatim ad profectum crescens; postmodum producit spicas in manipulum colligendas, et in altari Domino offerendas, in lege scilicet Moysi; postea plenum fructum in Evangelio: vel quia non solum oportet nos frondere per obedientiam, sed esse prudentes, et quasi arudinis spicas erectos persistere, de ventis agitantibus non curantes Oportet nos etiam animam curare per assiduitatem memoriae, ut tamquam spicas fructum gestemus; idest, operationem virtutis completam demonstremus. Theophylactus (Marc. 4, super *Terra fructificat*). Herbam enim germinamus, cum principium boni ostendimus; *deinde spicam,* cum resistere tentationibus possumus; *deinde fructum,* cum perfectum quis operatur.

Sequitur: *Et cum ex se produxerit fructus, statim mittit falcem, quoniam adest messis.* Hieronymus

(1) (super *Mittit falcem*). Falx est mors, vel judicium, quod secat omnia; messis est (2) consummatio saeculi. Gregorius (3) (lib. 22 Moral., cap. 20). Vel aliter. Semen homo jactat in terram, cum cordi suo bonam intentionem inserit; dormit autem qui jam in spe boni operis quiescit; nocte vero exurgit, ac die, quia inter adversa et prospera proficit, dum ille nescit (4) qui adhuc metiri incrementa sua non valet, et tamen concepta virtus ad perfectum ducitur (5). Cum igitur desideria bona concipimus, semen in terram mittimus; cum recte operari incipimus, herba sumus; cum ad profectum (6) boni operis crescimus, ad spicam pervenimus; cum in ejusdem operis perfectione solidamur, jam plenum frumentum in spica proferimus.

4. Glossa (7). Postquam posuit parabolam de fructificatione seminis Evangelii, hic subjungit aliam parabolam ad ostendendam excellentiam doctrinae evangelicae ad omnes alias doctrinas: unde dicitur: *Et dicebat: Cui assimilabimus regnum Dei ?* Theophylactus (Marc. 4, a med. Com.). Parvissimum quidem est fidei verbum. Crede in Deum, et salvus eris. Sed sparsa (8) super terram praedicatio dilatata est et augmentata, ita ut caeli volatilia, idest contemplativi homines, et alti intellectu, et cognitione, sub eo habitent. Quanti enim sapientes Gentilium relinquentes sapientiam, sub praedicatione Evangelii requieverunt? Omnium igitur major praedicatio facta est. Chrysostomus (9). Et etiam quia quod fuit hominibus in brevibus sermonibus nuntiatum, sapientia quae inter perfectos dicitur, dilatavit super omnes sermones: quia nihil majus est hac veritate. Theophylactus (ubi supra). Ramos autem magnos fecit: quidam enim Apostolorum in Romam, et quidam in Indiam, et quidam in alias terrae partes sunt divisi, sicut rami. Hieronymus. Vel semen istud minimum est timore, magnum autem in caritate, quae est major omnibus oleribus, quia Deus caritas est, et omnis caro foenum. Fecit autem ramos misericordiae et compassionis, cum sub umbra pauperes Christi, qui sunt caeli animalia, delectantur habitare. Beda (cap. 20, in Marc.). Homo autem qui seminat a plerisque Salvator ipse intelligitur, ab aliis autem ipse homo seminans in corde suo. Chrysostomus. Postea vero Marcus brevitate gaudens, ostendens parabolarum naturam, subjungit: *Et talibus multis parabolis loquebatur eis verbum prout poterant audire.* Theophylactus (Marc. 4, super illud *Sine parabola non loquebatur*). Quoniam enim turbae erant indoctae, a commestibilibus, et consuetis nominibus instruit eas; et propter hoc subdit: *Sine parabola autem non loquebatur eis,* ut scilicet moverentur ad accedendum et interrogandum. Sequitur: *Seorsum autem discipulis suis disserebat omnia,* scilicet de quibus interrogabant ut ignorantes, non simpliciter omnia

---

(1) Immo potius, in Glossa ipsa refert. Victor Antiochenus tom. 4 Biblioth. PP. in hunc locum; nec occurrit in Chrysostomo; ut nec alius locus infra notatus, qui rursus ex Victore colligi potest, et ex Theophylacto, verbis paululum immutatis (*Ex edit. P. Nicolai*).

(2) *Al. deest* sementem.

(3) *Al.* germinabat.

(4) *Memorata editio Nicolini notat in margine:* Theophylactus haec habet in Commentario hujus loci.

(5) Vel Victor Antiochenus (*Ex edit. P. Nicolai*).

(6) Non occurrunt in Chrysostomo quae sequuntur; sed desumuntur ex Victore Antiocheno.

(1) *Al.* Theophylactus.

(2) *Al. omittitur* est.

(3) Hom. 14, super Ezechielem (*Ex edit. P. Nicolai*).

(4) *P. Nicolai post verbum* proficit *habet* semen germinat dum ille nescit: quia dum adhuc metiri etc.

(5) *Al.* ad profectum dicitur.

(6) *Al.* ad perfectum.

(7) Chrysostomus (*Ex edit. P. Nicolai*).

(8) *Nicolai* sparsim.

(9) Nec in illo, nec in Victore Antiocheno, nec in Theophylacto reperitur, vel in hunc locum, vel in Matth. 13, ubi eadem parabola grani sinapis describitur (*Ex edit. P. Nicolai*).

tam manifesta, quam immanifesta. Hieronymus (super *Seorsum autem discipuli*). Illi enim digni erant seorsum audire mysteria in penetrali, in timore sapientiae qui remoti a cogitationum malarum tumultibus in solitudine virtutum permanebant: sapientia enim in tempore otii percipitur.

5. Hieronymus (ibidem). Post doctrinam dehinc ad mare venerunt, et fluctibus turbantur: unde dicitur: *Et ait illis in illa die, cum sero esset factum: Transeamus contra.* Remigius. Tria enim legitur Dominus habuisse refugia, scilicet navis, montis et deserti: quoties a turbis comprimebatur, ad aliquod istorum refugiebat. Cum ergo vidit Dominus turbas multas circa se, earum importunitatem quasi homo volens declinare, jussit discipulos suos transfretare.

Sequitur: *Et dimittentes turbam, assumunt eum, ita ut erat in navi.* Chrysostomus (1). Discipulos quidem assumpsit Dominus, ut visores fierent futuri miraculi; sed solum ipsos assumit, ne alii cognoscerent ipsos esse tam modicae fidei: unde ad ostendendum quod separatim alii transfretabant, subjungit: *Et aliae naves erant cum illo.* Ne autem superbirent discipuli quod eos solos assumpserat, periclitari eos permittit, et ut etiam per hoc discerent tentationes viriliter sustinere: unde sequitur: *Et facta est procella magna.* Ut autem futuri miraculi maiorem eis imprimat sensum, dat tempus timori, dormiendo: unde sequitur: *Et erat in ipse in puppi super cervical dormiens.* Si enim vigilasset, aut non timuissent, neque rogassent tempestate orta; aut eum aliquid tale facere non putassent. Theohpylactus. Dimisit ergo eos incidere in timorem periclitationis, ut ejus virtutem in seipsis cognoscerent, qui alios ab eo beneficiatos videbant. Dormiebant autem super cervical navis, ligneum siquidem. (2) Chrysostomus (3). Ostendens suam humilitatem, et ex hoc multam sapientiam docens. Nondum autem discipuli, qui circa eum existebant, ejus gloriam cognoscebant: et quidem quod surgens poterat ventis imperare credebant, sed quod quiescens, seu dormiens nequaquam: et ideo sequitur: *Et excitant eum, et dicunt ei: Magister, non ad te pertinet quia perimus?* Theophylactus (Marc. 4, circ. finem Comment.). Ipse autem exurgens, comminatur primo quidem vento, qui maris tempestatem, et fluctus faciebat; et hoc est quod subditur: *Et exurgens comminatus est vento*: deinde praecipit mari: unde sequitur: *Et dixit mari: Tace, obmutesce.* Glossa (4). Ex commotione enim maris quidam sonitus consurgit, qui videtur esse quaedam maris locutio periculum comminantis; et ideo convenienter sub quadam metaphora tranquillitatem imperat taciturnitatis vocabulo; sicut et in cohibitione ventorum, qui sua violentia mare conturbant, comminationem nominavit. Solent enim potestatem

habentes, eos qui violentia pacem hominum conturbant, comminatione poenarum refrenare. Per hoc ergo datur intelligi quod sicut rex aliquis potest comminatione violentos comprimere, et suis edictis murmur subjecti populi mitigare; ita Christus rex universae creaturae existens , sua comminatione ventorum cohibuit violentiam, et mari taciturnitatem indixit: et statim est effectus secutus: sequitur enim: *Et cessavit ventus*, cui scilicet fuerat comminatus, *et facta est tranquillitas magna*; scilicet in mari, cui taciturnitatem indixerat. Theophylactus (Marc. 4, circa finem Comment.). Comminatus est etiam et discipulis tamquam fidem non habentibus: sequitur enim: *Et ait illis: Quid timidi estis? Necdum habetis fidem?* Si enim habuissent fidem, credidissent quod etiam dormiens servare eos potuisset incolumes. Sequitur: *Et timuerunt timore magno, et dicebant ad alterutrum: Quis putas est iste, quia venti, et mare obediunt ei?* Etenim dubie habebant se erga eum: inquantum enim jussu mare placavit, non baculo, ut Moyses, non precibus, ut Eliseus Jordanem, neque arca, ut Jesu Nave, secundum hoc (1) vere Deus eis videbatur; secundum vero quod dormiebat, homo. Hieronymus (super *Et erat ipse in puppi*). Mystice vero puppis Ecclesiae est initium, in qua Dominus corporaliter dormit, quia nunquam dormit qui custodit Israel: puppis enim mortuis pellibus vivos continet, et fluctus arcet, et ligno solidatur; idest, cruce et morte Domini Ecclesia salvatur. Cervical corpus Domini est, cui divinitas sicut caput inclinata est. Ventus autem et mare, daemones et persecutores sunt; quibus dicit, *Tace*, quando compescit edicta regum iniquorum, ut voluerit. Tranquillitas magna est pax Ecclesiae post pressuram, sive theorica post vitam activam. Beda (cap. 21 in Marc. circa princ.). Vel navicula quam ascendit, passionis arbor intelligitur, per quam fideles ad securitatem (2) securi littoris perveniunt. Aliae naves quae fuisse dicuntur cum Domino, illos significant qui fide dominicae crucis imbuti sunt, non tamen turbine tribulationum pulsati; vel post tentationum procellas serenitate pacis utuntur. Discipulis autem navigantibus Christus obdormivit, quia fidelibus futuri regni quietem meditantibus, tempus dominicae passionis advenit: unde hoc sero factum fuisse perhibetur, ut veri (3) solis occubitum non sola Domini dormitio, sed ipsa descendentis lucis hora significet. Ascendente autem illo in puppim crucis, fluctus blasphemantium persecutorum assurgunt daemoniacis excitati procellis; quibus tamen non ipsius patientia turbatur, sed discipulorum imbecillitas concutitur. Excitant autem discipuli Dominum: quia cujus mortem viderant, maximis votis resurrectionem quaerebant. Vento exurgens comminatus est: quia resurrectione celebrata , diaboli superbiam stravit. Mare silere praecepit: quia Judaeorum rabiem resurgendo dejecit. Discipuli autem arguuntur: quia post resurrectionem exprobravit eis incredulitatem eorum. Et nos quoque cum signo dominicae crucis imbuti saeculum relinquere disponimus, navem cum Jesu conscendimus, mare transire conamur: sed nobis navigantibus inter aequoris fremitus abdormit, quando inter medios virtutum

---

(1) Nihil tale in Chrysostomo, nec hom. 5 in Matth. ubi hoc ipsum commentatur, nec in hunc Marci locum, ubi nullum ipsius Commentarium extat; sed ex Theophylacto, et Victore Antiocheno colligitur (*Ex edit. P. Nicolai*).

(2) *Ad marginem Venetae Nicolini editionis haec notantur.* Homil. 29 in Matth. aliquid hujusmodi habet.

(3) Quod subjungitur ex Chrysostomo, iterum ex Victore Antiocheno Glossa refert, etsi ultimam appendicem non eodem tenore habeat Victor; nec omnino in Chrysostomo reperitur, nisi quantum ad initium solum, quod indicatur hom. 29 in Matth. (*Ex edit. P. Nicolai*).

(4) Nec tale quidquam omnino habet Glossa, ut nec alibi usquam occurrit (*Ex edit. P. Nicolai*).

---

(1) *Al.* sed hoc.

(2) *Al. Forte* stabilitatem.

(3) *Al. deest* veri.

usus, vel immundorum spirituum, vel hominum pravorum, vel ipsarum nostrarum cogitationum impetus, amoris flamma refrigescit. Verum inter hujusmodi procellas illum sedulo excitemus: mox tempestatem compescet, refundet tranquillitatem, portum salutis indulgebit.

CAPUT QUINTUM.

1. Et venerunt trans fretum maris in regionem Gerazenorum. Et exeunti ei de navi statim occurrit de monumentis homo in spiritu immundo, qui domicilium habebat in monumentis, et neque catenis jam quisquam poterat eum ligare, quoniam saepe compedibus, et catenis vinctus dirupisset catenas, et compedes comminuisset; et nemo poterat eum domare. Et semper die ac nocte in monumentis, et in montibus erat clamans, et concidens se lapidibus. Videns autem Jesum a longe, cucurrit, et adoravit eum, et clamans voce magna dixit: Quid mihi, et tibi Jesu Fili Dei altissimi? Adjuro te per Deum ne me torqueas. Dicebat enim illi: Exi spiritus immunde ab homine isto. Et interrogabat eum: Quod tibi nomen est? Et dicit ei: Legio mihi nomen est, quia multi sumus. Et deprecabatur eum multum ne se expelleret extra regionem. Erat autem ibi circa montem grex porcorum magnum pascens in agris: et deprecabantur eum spiritus, dicentes: Mitte nos in porcos, ut in eos introeamus. Et concessit eis statim Jesus. Et exeuntes spiritus immundi introierunt in porcos, et magno impetu grex praecipitatus est in mare ad duo millia, et suffocati sunt in mari. Qui autem pascebant eos, fugerunt, et nuntiaverunt in civitatem, et in agros. Et egressi sunt videre quid esset factum; et veniunt ad Jesum, et vident illum qui a daemonio vexabatur, sedentem vestitum, et sanae mentis; et timuerunt. Et narraverunt illis qui viderant qualiter factum esset ei qui daemonium habuerat, et de porcis. Et rogare coeperunt eum ut discedere de finibus eorum. Cumque ascenderet navim, coepit illum deprecari qui a daemonio vexatus fuerat, ut esset cum illo: et non admisit eum, sed ait illi: Vade in domum tuam ad tuos, et annuntia illis quanta tibi Dominus fecerit, et misertus sit tui. Et abiit, et coepit praedicare in Decapoli quanta sibi fecisset Jesus; et omnes mirabantur. **2.** Et cum ascendisset Jesus in navi rursus trans fretum, convenit turba multa ad eum, et erat circa mare. Et venit quidam de archisynagogis, nomine Jairus, et videns eum procidit ad pedes ejus, et deprecabatur eum multum, dicens: Quoniam filia mea in extremis est, veni impone manum tuam super eam, ut salva sit, et vivat. Et abiit cum illo, et sequebatur eum turba multa, et comprimebant eum. Et mulier quae erat in profluvio sanguinis annis duodecim, et fuerat multa perpessa a compluribus medicis, et erogaverat omnia sua, nec quicquam profecerat, sed magis deterius habebat, cum audisset de Jesu, venit in turba retro, et tetigit vestimentum ejus. Dicebat enim: Quia si vel vestimentum ejus tetigero, salva ero. Et confestim siccatus est fons sanguinis ejus, et sensit corpore quia sanata esset plaga. Et statim Jesus cognoscens in semetipso virtutem quae exierat de illo, conversus ad turbam aiebat: Quis tetigit vestimenta mea? Et dicebant ei discipuli sui: Vides turbam comprimentem te, et dicis: Quis me tetigit? Et circumspiciebat videre eam quae hoc fecerat. Mulier vero timens, et tremens, sciens quod factum esset in se, venit, et procidit ante eum, et dixit omnem veritatem. Jesus autem dixit ei: Filia, fides tua te salvam fecit: vade in pace, et esto sana a plaga tua. **3.** Adhuc eo loquente, veniunt nuntii ad Archisynagogum dicentes: Quia filia tua mortua est, quid ultra vexas Magistrum? Jesus autem audito verbo quod dicebant, ait Archisynagogo: Noli timere, tantummodo crede. Et non admittit quemquam sequi se, nisi Petrum et Jacobum et Joannem fratrem Jacobi. Et veniunt in domum Archisynagogi, et vident tumultum, et flentes, ejulantes multum. Et ingressus ait illis. Quid turbamini et ploratis; Puella non est mortua, sed dormit. Et irridebant eum. Ipse vero ejectis omnibus, assumit patrem, et matrem puellae, et qui secum erant, et ingrediuntur ubi puella erat jacens, et tenens manum puellae, ait illi, Thabitha cumi; quod est interpretatum, Puella, tibi dico, surge. Et confestim surrexit puella, et ambulabat. Erat autem annorum duodecim. Et obstupuerunt stupore magno. Et praecepit illis vehementer, ut nemo id sciret. Et jussit illi dari manducare.

1. Theophylactus (in princ. Comment. in 5 cap.). Quia qui in navicula erant conquirebant ad invicem, *Quis putas est iste?* inimicorum testimonio confirmatur quis esset: accessit enim daemoniacus confitens ipsum esse Filium Dei: ad quod narrandum Evangelista accedens, dicit (1): *Et venerunt trans fretum maris, in regionem Gerazenorum.* Beda (cap. 21 in Marc. in princ.). Geraza est urbs insignis Arabiae trans Jordanem, juxta montem Galaad, quam tenuit tribus Manasse, non longe a stagno Tiberiadis, in quod porci praecipitati sunt. Chrysostomus (2). Sed tamen neque Gadaronnorum neque Gerazenorum (3) exquisita Scriptura continet, sed Gergesenorum (4) Gadara (5) enim civitas est Judaeae, cui prope adjacet (6) stagnum, et nullo modo mare; Geraza vero Arabiae civitas est, neque mare, neque stagnum proximum habens. Et ne tam evidens mendacium Evangelistae dixisse videantur, viri tam diligenter scientes ea quae circa Judaeam erant; Gergesa quidem, a qua Gergeseni dicti (1), antiqua civitas fuit, juxta eam quae nunc Tiberias appellatur (2), circa quam praecipuum est circumpositum stagnum.

Sequitur: *Et exeunti ei de navi statim occurrit de monumentis homo.* Augustinus de cons. Evang. (lib. 2, cap. 24). Cum Matthaeus dicat duos fuisse, Marcus et Lucas unum commemorant, ut intelligas unum eorum fuisse personae alicujus clarioris, quem regio illa maxime dolebat. Chrysostomus (homilia 29 in Matth. ante medium). Vel (3) videtur quod Marcus et Lucas illud quod erat miserabilius narraverunt; et propter hoc diffusius quod illi contigerat enarrant: sequitur enim: *Et neque catenis jam quisquam poterat eum ligare.* Dixerunt ergo simpliciter daemoniacum, numerum non quaerendo; vel ut virtutem majorem ostenderent operantis: nam qui unum talem curaverat, non erat ei impossibile multos alios curare. Nec tamen hic dissonantia demonstratur: non enim dixerunt, quod unus solus erat; quod si dixissent Matthaeo contradicere viderentur. Habitabant autem in monumentis daemones, erroneum dogma multis volentes

---

(1) *Al.* accedit dicens.
(2) Immo Victor Antiochenus tom. 1 Biblioth. PP. in hunc locum (*Ex edit. P. Nicolai*).
(3) *Al.* neque Gerasenorum, neque Gerasinorum.
(4) *Al.* Gersinorum, *item* Gergesinorum.
(5) *Al.* Garaza.
(6) *Al.* cui praeceps adjacet: *item* civitas est Judaeae, et nequaquam in ea est mare.

(1) *Al. omittitur* dicti.
(2) *Al.* civitas fuit, nunc Tiberias nuncupata.
(3) *Al. deest* vel.

immittere (1), quod decedentium animae in daemones convertebantur. Gregorius Nissenus. Paraverat autem se coetus daemonum ad resistendum divinae potestati. Cum autem appropinquaret qui potestatem habet super omnia, exclamant eminentem ejus virtutem: unde sequitur: *Videns autem Jesum a longe, cucurrit, et adoravit eum, et clamans voce magna dixit*; *Quid mihi, et tibi Jesus Fili Dei altissimi?* Cyrillus (2). Vide daemonem duplici passione divisum, audacia et timore: reluctatur, et orat: quasi quaestionem aliquam intentans, vult scire quid sibi, et Jesu commune; quasi dicat: Qua de causa ejicis me ab hominibus, cum sint mei? Beda (cap. 21 in Marc., super *Quid mihi, et tibi Jesu*)? Quae autem impietas est Judaeorum eum dicere in principe daemoniorum ejecisse daemonia quem et ipsa daemonia fatentur nihil secum habere commune? Cyrillus. Deinde orans subjungit: *Adiuro te per Deum, ne me torqueas:* emissionem enim reputabat tormentum; vel etiam invisibiliter torquebatur. Chrysostomus (3) (homil. 29 in Matth., super *Venisti ante tempus perdere*). Quamvis enim mali sint daemones, sciunt tamen quod ipsos propter peccata expectat ultimo aliqua poena: quia vero nondum eis tempus ultimae poenae advenerat, firmissime cognoscebant; maxime cum permissum esset eis, hominibus commisceri. Sed quia Christus comprehenderat eos tanta mala perpetrare, putabant, quod propter factorum excessum, ultimum punitionis tempus minime expectarent; propter hoc supplicant ne torqueantur. Beda (cap. 21 in Marc. super *Adjuro te ne me torqueas*). Magnum enim tormentum est daemoni a laesione (4) hominis cessare; et tanto dimittit gravius quanto possidet durius: sequitur enim: *Dicebat enim illi: Exi spiritus immunde ab homine isto.* Cyrillus (5). Attendas inexpugnabilem virtutem Christi: conquassat satanam, cui verba Christi sunt ignis et flamma: secundum quod Psalmista dicit Psalm. 96: « Liquefacti sunt montes a facie Dei, » idest sublimes, et superbae virtutes.

Sequitur: *Et interrogabat eum: Quod tibi nomen est?* Theophylactus (Marc. 4, super *Quod tidi nomen*)? Interrogat quidem Dominus, non ut ipse sciret; sed ut ceteri sciant multitudinem habitantium daemonum. Chrysostomus. Ne si ipse diceret, quod multi sunt, incredibile fieret (6). Vult ergo quod ipsi confiteantur, quod multi erant: unde sequitur: *Et dicit ei: Legio mihi nomen est, quia multi sumus.* Non dicit determinatum numerum sed multitudinem: non enim prodest ad scientiam exquisitio numeri. Beda (cap. 21 in Marc., ibidem). Confessa autem publice peste, quam furens tolerabat, virtus curantis gratior apparet. Sed et nostri temporis sacerdotes, qui per exorcismi gratiam ejicere norunt, solent dicere, patientes non aliter valere curari, nisi, quantum sapere possunt, omne quod ab immundis spiritibus visu, auditu, gustu, tactu, vel alio quolibet corporis, aut animi sensu vigilantes, dormientesve pertulerint, confitendo patenter exponant.

Sequitur: *Et deprecabatur eum multum ne se expelleret extra regionem.* Chrysostomus (1). Aut, ut Lucas dicit, in abyssum (2); abyssus enim est separatio hujus mundi: promerentur enim daemones mitti ad tenebras exteriores, diabolo et suis angelis praeparatas. Hoc autem Christus facere poterat; permisit tamen eos in hac terra esse, ne absentia tentatoris homines corona victoriae privaret. Theophylactus (Marc. 5, super *Mitte nos in porcos*). Et ut nobiscum pugnantes, nos peritiores constituant.

Sequitur: *Erat autem ibi circa montem grex porcorum magnus pascens.* Augustinus de Concor. Evangel. (lib. 2, capit. 24). Quod hic dicit Marcus circa montes fuisse gregem, Lucas autem in monte, nihil repugnat: grex enim porcorum tam magnus fuit ut aliquid ejus esset in monte, et aliquid circa montem.

Sequitur: *Et deprecabantur eum spiritus, dicentes: Mitte nos in porcos, ut in eos introeamus.* Remigius super Matth. Idcirco autem intraverunt in porcos non sponte, sed petierunt ut eis concederetur, ut demonstraretur quia non possunt nocere hominibus, nisi permissione divina. Ideo autem non petierunt mitti in homines, quia illum cujus virtute torquebantur, humanam speciem gestare videbant; nec petierunt ut in pecora mitterentur, quia velut munda animalia in templo Dei offerebantur. Petierunt ut in porcos mitterentur, quia nullum animal est immundius porco, et daemones semper in spurcitiis delectantur.

Sequitur: *Et concessit eis statim Jesus.* Beda (cap. 21 in Marc.). Ideo quidem permisit ut per interfectionem porcorum hominibus salutis occasio praebeatur. Chrysostomus (3) (hom. 29 in Matth.). Volens furiam quam contra homines habent daemones, omnibus demonstrare, et quod multo pejora vellent hominibus infligere, si possent virtute (4) non impediti divina. Et quia in hominibus hanc demonstrationem fieri ejus pietas non ferebat, ipsos in porcos intrare permisit, ut in illis virtus, et furor daemonum videatur.

Sequitur: *Et exeuntes spiritus immundi introjerunt in porcos.* Titus (5). Fugam autem arripuerunt pastores, ne cum porcis perirent, et hujusmodi terrorem civibus intulerunt: unde sequitur: *Qui autem pascebant eos etc.* Illos ad Salvatorem adduxit damni necessitas: frequenter enim cum Deus homines damnat in rebus possessis, confert beneficium animabus: unde sequitur: *Et veniunt ad Jesum, et vident illum qui a daemonio vexabatur sedentem,* scilicet juxta pedes a quibus nactus erat salutem, quem antea nec catenae compescere poterant: vestitum et sanae mentis, qui continuo nudus erat: et obstupuerunt: unde sequitur, *Et timuerunt.* Hoc igitur miraculum partim visu, partim verbis comperiunt: unde sequitur: *Et narraverunt illis qui viderant.* Theophylactus (Marc. 5, parum ante med.). Stupentes autem propter miraculum

---

(1) *Al.* mittere.
(2) *Al.* Chrysostomus, *et sic habet Nicolai.*
(3) Eadem quoque partim Victor Antiochenus, partim Theophylactus insinuat, et expressius quam Chrysostomus (*Ex edit. P. Nicolai*).
(4) *Al.* daemonia a laesione.
(5) Quod ex Cyrillo notatur, non occurrit (*Ex edit. P. Nicolai*).
(6) *Al.* sciret.

(1) Immo Victor Antiochenus tom. 1 Biblioth. PP. ut jam supra; et eadem quo ad posteriorem appendicem Theophylactus habet paulo aliis verbis (*Ex edit. P. Nicolai*).
(2) *Al.* Lucas autem dicit, in abyssum.
(3) Et haec etiam expressius tum ex Theophylacto, tum ex Victore Antiocheno colligitur; quamvis insinuato a Chrysostomo in Matth. super 8, cap. hom. 29 (*Ex edit. P. Nicolai*).
(4) *Al.* non impediri.
(5) Bostrensis in Matth. (*Ex edit. P. Nicolai*).

quod audierant, timuerunt, et propter hoc deprecantur ipsum ut ab eorum recedat finibus, et hoc est quod subditur: *Et rogare eum coeperunt ut discederet a finibus eorum*: timebant enim ne aliquando tale aliquid paterentur. Contristati enim de porcorum perditione, praesentiam renuunt Salvatoris. BEDA (cap. 21, a med.). Vel conscii fragilitatis propriae, praesentia Domini se judicabant indignos.

Sequitur: *Cumque ascenderet navim, coepit illum deprecari qui a daemone vexatus fuerat, ut esset cum illo*. THEOPHYLACTUS (Marc. 5, circ. med.). Timebat enim ne aliquando invenientes eum daemones reintrarent in eum. Dominus vero remittit eum in domum suam, innuens ei quod quamvis ipse praesens non esset, tamen sua virtus ipsum custodiret; simul etiam curatus aliis prosit: unde sequitur: *Et non admisit eum, sed ait illi: Vade in domum tuam ad tuos, et nuntia illis quanta tibi Dominus fecerit, et misertus sit tui*. Vide Salvatoris humilitatem: non dixit, Denuntia omnia quae feci tibi, sed omnia quae fecit tibi Dominus: sic et tu cum aliquid boni feceris, non tibi, sed Deo attribuas. CHRYSOSTOMUS (1). Licet autem aliis sanatis praeceperit nemini dicere, convenienter tamen huic praecepit quod annuntiet: quoniam omnis illa regio (2) daemonibus detenta sine Deo manebat. THEOPHYLACTUS. Ipse igitur coepit (3) praedicare, et omnes mirantur; et hoc est quod sequitur: *Et coepit praedicare*. BEDA (ubi supra cap. 21). Mystice autem Gerasa sive Gergese, ut quidam legunt, colonum ejiciens, sive advena appropinquans interpretatur: quia Gentium populus et hostem corde repulit, et qui erat longe, factus est prope. HIERONYMUS (in princ. Comm. in cap. 5 Marc.). Hic autem daemoniacus, desperatissimus Gentium populus est, nec lege naturae, nec Dei, nec humano timore alligatus. BEDA (cap. 21, a princ.). Qui in monumentis habitabat, quia in mortuis operibus, hoc est in peccatis, delectabatur: semper nocte, ac die furebat, quia in prosperis et adversis a servitio malignorum spirituum non cessabat; sed per operum foeditatem quasi in monumentis jacebat, per fastum superbiae in montibus errabat, per verba durissimae infidelitatis quasi lapidibus se concidebat. Dicit autem, *Legio mihi nomen est*, quia populus Gentium diversis idolatriae cultibus erat mancipatus. Quod autem exeuntes spiritus immundi ab homine intrant porcos, quos in mare praecipitant, significat quod liberato populo Gentium a damnatione daemonum, qui Christo credere noluerunt, in abditis agunt sacrilegos ritus. THEOPHYLACTUS (Marc. 5, super *Mitte nos in porcos*). Vel per hoc significatur quod daemones intrant in homines ad modum porcorum viventes, et volutabro voluptatum se involventes; ac praecipitant eos praecipitio perditionis (4) in mare vitae istius, et suffocantur. HIERONYMUS (Marc. 5, super *Cui nomen Legio*). Vel suffocantur in inferno sine respectu misericordiae per impetum immaturae mortis; a quibus fugiunt multi, quia flagellato stulto, sapiens prudentior sit. BEDA (cap. 21, parum a fine). Quod autem Dominus volentem esse cum illo non admisit, significat quod quisque intelligat post remis

sionem peccatorum ingrediendum sibi esse in conscientiam bonam, et serviendum Evangelio propter aliorum salutem, ut deinde cum Christo requiescat. GREGORIUS (1) 7 Moral. Cum enim quantumlibet parum de divina cognitione percepimus, redire jam ad humana nolumus, quietem contemplationis quaerentes; sed Dominus praecipit, ut mens prius exsudet in opere, et postmodum refici debeat per contemplationem. HIERONYMUS (Marc. 5, ubi supra). Homo autem sanatus praedicabat in Decapoli, dum a Romano nunc regno Judaei convertuntur, qui in littera tantum pendent decalogi.

2. THEOPHYLACTUS (Marc. 5, post med. Comm.). Post miraculum daemoniaci, aliud miraculum Dominus operatur, filiam scilicet Archisynagogi resuscitans; ad cujus miraculi narrationem Evangelista accedens dicit: *Et cum ascendisset Jesus in navi, rursus trans fretum*. AUGUSTINUS de conc. Evang. (lib. 2, cap. 28). Intelligendum est autem quod de Archisynagogi filia subditur, factum esse cum ascendisset Jesus in navi rursus trans fretum; sed quantum post, non apparet: nisi enim fuisset intervallum, non esset quando fieret quod narrat Matthaeus de convivio domus suae; post quod factum nihil aliud continuo sequitur quam illud de Archisynagogi filia: sic enim ipse contexit, ut ipse transitus aperte indicet hoc consequenter narrari quod consequenter est factum.

Sequitur: *Et venit quidam de archisynagogis nomine Jairus*. CHRYSOSTOMUS (2). Nomen posuit propter Judaeos, qui tunc erant, ut nomen miraculi fieret ostensivum. Sequitur: *Et videns eum procidit ad pedes ejus, et deprecabatur eum multum, dicens: Quoniam filia mea in extremis est*. Et quidam Matthaeus narrat Archisynagogum puellam mortuam nuntiasse; Marcus vero graviter infirmatam sed postmodum Archisynagogo, cum quo Dominus ire debebat, nuntiatum fuisse puellam mortuam esse. Matthaeus ergo eamdem rem similiter significat, quod scilicet mortuam suscitaverit, brevitatis causa eam dicens obiisse, quam constat mortuam suscitatam fuisse. AUGUSTINUS de conc. Evang. (lib. 2, cap. 28). Attendit enim non verba patris de filia, sed, quod est potissimum, voluntatem: ita enim desperaverat ut potius eum vellet reviviscere non credens vivam posse inveniri quam morientem reliquerat. THEOPHYLACTUS (Marc. 5, a med. Comm.). Fuit autem hic vir ex parte fideli, inquantum cecidit ad pedes Jesu; inquantum vero deprecatur ut veniat, non quantum oportebat habere fidem, ostendit. Oportebat enim dicere: Dic verbo, et sanabitur filia mea.

Sequitur: *Et abiit cum illo, et sequebatur eum turba multa, et comprimebat eum: et mulier quae erat in profluvio sanguinis duodecim annis... venit in turba retro*. CHRYSOSTOMUS (3). Mulier ista famosa et nota omnibus, propter hoc ad Salvatorem in manifesto accedere non audebat, neque ante eum venire, quia secundum legem immunda erat; pro

---

(1) Non occurrit in Chrysostomo, nec alibi (*Ex edit. P. Nicolai*).

(2) *Al.* sua regio.

(5) *Al.* praecepit.

(4) *Al. deest* perditionis.

---

(1) Moral. 6, cap. 17, et est in antiq. eodd cap. 28, super illud Job 5: *Ingredieris in abundantia sepulcrum* (*Ex edit. P. Nicolai*).

(2) Colligitur potius ex Victore Antiocheno in hunc locum tom. 4, Bibl. PP. verbis paululum immutatis; nec apud Chrysostomum occurrit (*Ex edit. P. Nicolai*).

(5) Non sic expresse Chrysostomus quo ad omnia, quae nec alibi sub his verbis occurrunt (*Ex edit. P. Nicolai*).

pter hoc retro tetigit, et non ante (1), quia nec hoc facere audebat, nec etiam tetigit vestimentum; sed vestimentorum fimbriam. Non autem fimbria sed ejus cogitatio eam salvam fecit.

Sequitur: *Dicebat enim: Quia si vel vestimenta ejus tetigero, salva ero.* THEOPHYLACTUS (Marc. 5 a med.). Fidelissima quidem est haec mulier, quae a fimbriis curationem speravit, propter quod consequitur sanitatem: unde sequitur: *Et confestim, siccatus est fons sanguinis ejus, et sensit corpore quia sanata esset a plaga.* CHRYSOSTOMUS (2). His autem qui fide tangunt Christum, virtutes cum sua voluntate (3) donantur: unde sequitur: *Et statim Jesus cognoscens in semetipso virtutem quae exierat de illo, conversus ad turbam ajebat: Quis tetigit vestimenta mea?* Virtutes quidem Salvatoris exeunt ab eo non localiter, aut corporaliter, ipsum modo aliquo relinquentes: incorporales enim cum sint, ad alios exeunt, aliisque donantur, neque tamen extra eum sunt a quo exire dicuntur; sicut scientiae, quae a doctore discentibus tribuuntur. Dicit ergo: *Cognoscens in semetipso virtutem quae exierat de eo:* ut intelligeres (4) quod eo sciente, non ignorante mulier salutem recepit (5). Interrogabat vero, *Quis me tetigit?* licet sciret tangentem, ut mulierem venientem manifestet, et ejus publicet fidem, et ne virtus miraculosi operis oblivioni tradatur. Sequitur: *Et dicebant ei discipuli sui: Vides turbam comprimentem te, et dicis, Quis me tetigit?* Quaesierat autem Dominus, *Quis me tetigit?* idest cogitatione, et fide: non enim* comprimentes turbae me tangunt, quia non cogitatu, et fide accedunt.

Sequitur: *Et circumspiciebat videre eam quae hoc fecerat.* THEOPHYLACTUS (Marc. 5, a med. Com). Volebat enim Dominus mulierem manifestare, primo quidem ut fidem approbaret (6) mulieris; deinde ut Archisynagogum ad confidentiam provocaret, quia sic ejus filia curaretur; simulque ut mulierem solveret a timore: etenim timebat mulier, quia furata erat sanitatem: propter quod sequitur: *Mulier autem timens et tremens, sciens quid factum esset in se, venit, et procidit ante eum, et dixit ei omnem veritatem.* BEDA (cap. 22 in Marc. ante par med.). Ecce quo tendebat interrogatio: ut scilicet mulier confiteatur veritatem diuturnae infidelitatis, subitae crudelitatis et sanationis: et ita ipsa confirmatur in fide, et aliis praebet exemplum. Sequitur: *Ille autem dixit ei: Filia fides tua te salvam fecit: vade in pace, et esto sana a plaga tua.* Non dixit, Fides tua te salvam factura est, sed *te salvam fecit,* quasi dicat: In eo quod credidisti, jam salva facta es.* CHRYSOSTOMUS (7). Filiam vero vocat salvatam fidei ratione: fides enim Christi, Dei filiationem praestat. THEOPHYLACTUS (Marc. 5, a med.

---

(1) *Al. deest* quia secundum legem immunda erat propter hoc retro tetigit, et non ante.
(2) Haec habet Victor Antiochenus ubi supra, non Chrysostomi qui pro illo substitutus est, aliis tamen verbis et alia serie; similiaque Theophylactus etiam habet (*Ex edit. P. Nicolai*).
(3) *Al.* cum causa sua voluntate. *P. Nicolai legit* cum bona ejus voluntate.
(4) *Al.* intelligens.
(5) *Al.* recipit.
(6) *Al.* approbet.
(7) Aequivalenter tantum hom. 32, in Matth. sed expressius Victor Antiochenus ubi supra, tametsi verbis aliquantulum immutatis; ut et aliud quod sequitur paulo post Chrysostomi nomine (*Ex edit. P. Nicolai*).

Com.). Dicit autem ei, *Vade in pace,* idest in requie; quasi dicat: Vade, requiesce, quia hucusque fuisti in angustis et turbationibus (1). CHRYSOSTOMUS. Vel dicit, *Vade in pace,* mittens eam in finem bonorum: in pace enim Deus habitat; ut cognoscat quod non solum corpore curata est, sed etiam a causis corporalis passionis, idest peccatis, mundata (2). HIERONYMUS (Marc. 5, circa med. Com.). Mistice autem post praedicta venit Jairus archisynagogus: quia « cum intraverit plenitudo Gentium, « tunc omnis Israel salvus fiet: » Rom. 11. Jairus, sive illuminans, sive illuminatus interpretatur; idest, Judaicus populus, umbra litterae deposita, spiritu illustratus et illuminatus (3), procidens ad pedes Verbi, idest ad incarnationem Jesu se humilians, rogat pro filia; quia qui sibi vivit, alios vivere facit. Abraham etiam et Moyses et Samuel rogant pro plebe mortua; et sequitur Jesus preces eorum. BEDA (cap. 22 in Marc. inter princ. et med.). Ad puellam autem sanandam pergens Dominus a turba comprimitur: quia genti Judaeae salutaria monita praebens, noxia carnalium populorum est consuetudine gravatus. Mulier autem sanguine fluens, sed a Domino curata, Ecclesia est, congregata de Gentibus: fluxus enim sanguinis, et super idolatriae pollutione, et super his quae carnis ac sanguinis delectatione geruntur potest recte intelligi. Sed dum Verbum Dei Judaeam salvare decerneret, plebs Gentium paratam promissamque aliis praeripuit spe certa salutem. THEOPHYLACTUS (Marc. 5, a med. Comment.). Vel per mulierem, quae haemorrhoissa erat, intelligas humanam naturam: profluebat enim peccatum, quod animam occidens quasi sanguinem fudit animarum nostrarum. Haec a pluribus medicorum, sapientum dico hujus mundi et legis et Prophetarum, curari non valuit: mox ut fimbriam Christi tetigit, idest carnem ejus, sanata est: qui enim credit Filium Dei incarnatum, hic est qui vestimentorum fimbriam tangit. BEDA (cap. 22 in Marc. parum ante med.). Unde una credula mulier Dominum tangit, turba comprimit: quia qui diversis haeresibus, sive perversibus moribus gravatur, solo Ecclesiae catholicae corde fideliter veneratur. Venit autem Ecclesiae Gentium retro: quia praesentem in carne Dominum non videns, peractis jam sacramentis incarnationis illius, ad fidei eius gratiam pervenit; sicque dum participatione sacramentorum ejus salvari a peccatis meruit, quasi tactu vestimentorum ejus, fontem suis sanguinis siccavit *Circumspiciebat* autem *Dominus videre eam quae hoc fecerat:* quia omnes qui salvari merentur, suo dignos intuitu, ac miseratione judicat.

3. THEOPHYLACTUS (Marc. 5, non proc. a fin.). Hi qui circa Archisynagogum erant, Christum unum ex Prophetis esse credebant, et propter hoc eum deprecandum putabant ut veniens super puellam oraret; quia vero jam expiraverat puella, putabant non esse precandum: et ideo dicitur: *Adhuc eo loquente, veniunt ad Archisynagogum, dicentes: Quia filia tua mortua est, quid ultra vexat Magistrum?* Sed ipse Dominus ad confitendum patrem inducit: sequitur enim (4): *Noli timere: tantummo-*

---

(1) *Al.* approbet.
(2) *Al.* mutata.
(3) *Al.* et illuminans.
(4) *Al.* additur *Jesus autem, audito verbo quod dicebant, ait Archisynagogo.*

do crede. Augustinus de conc. Evang. (lib. 2, cap. 28). Non legitur, quod suis nuntiantibus et prohibentibus, ne jam magister veniret, ille consenserit; ac per hoc quod Dominus dixit ei, *Noli, timere, crede,* non diffidentem reprehendit, sed credentem robustius confirmavit. Si autem Evangelista Archisynagogum commemorasset dixisse quod sui a domo venientes dixerunt, quod jam non vexaretur Jesus, repugnarent ejus cogitationi (1) verba quae posuit Matthaeus, eum dixisse, quod scilicet puella mortua esset.

Sequitur: *Et non admittit quemquam sequi se, nisi Petrum et Jacobum et Joannem fratrem Jacobi.* Theophylactus (Marc. 5 par. a fin. Comment.). Non enim humilis Christus ad ostentationem voluit aliquid operari.

Sequitur: *Et veniunt in domum Archisynagogi, et vident tumultum et flentes et ejulantes multum.* Chrysostomus (2). Ipse autem jubet non ululare (3), tamquam puella non sit mortua, sed dormiens: unde sequitur: *Et ingressus ait: Quid turbamini et ploratis? Puella non est mortua, sed dormit.* Hieronymus (Marc. 5 circ. fin. Comment.). Archisynagogo dicitur: *Filia tua mortua est;* Jesus autem dixit: *Non est mortua, sed dormit.* Utrumque verum est; quasi dicat: Mortua est vobis, mihi dormit. Beda (cap. 22 in Marc. a med.). Hominibus enim mortua erat, qui suscitare nequiverant; Deo dormiebat, in cujus dispositione et anima vivebat et caro resuscitanda quiescebat. Unde mos apud Christianos obtinuit ut mortui, qui resurrecturi non dubitantur, dormientes vocentur.

Sequitur: *Et irridebant eum.* Thophylactus (Marc. 5 circ. fin. Comment.). Derident autem eum tamquam ulterius non posset aliquid facere; sed ipsemet contra seipsos attestantes disputat (4), tamquam vere mortuam suscitaverit; et ideo miraculosum erit, si suscitaverit eam. Beda (cap. 22 in Marc. a med.). Quia ergo verbum resuscitantis irridere quam credere malebant, merito foras excluduntur, utpote indigni qui potentiam resuscitantis (5), ac resurgentis mysterium viderent: unde sequitur: *Ipse vero, ejectis omnibus, assumit secum patrem, et matrem puellae etc.* Chrysostomus (6). Vel ut ostentationem auferret, propter hoc non omnes secum esse sinit; ut vero testes postmodum haberet divinae virtutis, tres praecipuos ex discipulis elegit et patrem et matrem puellae, tamquam prae omnibus magis necessarios. Manu vero et verbo puellam vivificat: unde sequitur: *Et tenens manum puellae ait illi; Thabitha cumi, quod est interpretatum, Puella, tibi dico, surge.* Manus enim Jesu vivificativa existens, mortuum corpus vivificat, vox autem jacentem excitat: unde sequitur: *Et confestim surrexit puella et ambulavit.* Hieronymus de optimo genere interpret. (7) (aliq. ante med.). Arguat aliquis Evangelistam mendacii, quare exponendo addiderit, *Tibi dico;* cum in Hebraico *Thabitha cumi* tantum significet *Puella surge.* Sed ut emphaticoteron faceret, et vocantis sensu (8) et

imperantis exprimeret, addit: *Tibi dico, surge.*

Sequitur: *Erat autem annorum duodecim.* Glossa (1). Hoc Evangelista addit ad ostendendum puellam hujus aetatis esse quod poterat ambulare. In ambulatione ejus non solum suscitata, sed etiam perfecte sanata ostenditur.

Sequitur: *Et obstupuerunt stupore magno: et praecepit illis vehementer, ut nemo id sciret; et jussit illi dari manducare.* Chrysostomus (2). Ad demonstrandum, quod eam vere suscitaverit et non secundum phantasiam. Beda (cap. 22 in Marc. in med.). Mystice autem salvata a profluvio sanguinis muliere, mox filia Archisynagogi mortua nuntiatur: quia dum Ecclesia Gentium a vitiorum labe mundata, et ob fidei meritum filia est cognominata, continuo synagoga perfidiae simul et invidiae zelo soluta est: perfidiae quidem, quia in Christo credere noluit; invidiae vero, quia Ecclesiam credere doluit. Et quod ajebant nuntii Archisynagogo, *Quid ultra vexas magistrum?* per eos hodie dicitur qui a Deo destitutum sinagogae statum vident, ut restaurari posse non credant: ideoque pro resuscitatione illius supplicandum non esse aestimant. Sed si Archisynagogus idest coetus doctorum legis, credere voluerit, et subjecta ei synagoga salva erit. Quia vero synagoga laetitiam dominicae inhabitationis merito infidelitatis amisit, quasi inter flentes et ejulantes mortua jacet. Tenens autem puellae manum Dominus eam suscitavit: quia nisi prius mundatae fuerint manus Judaeorum, quae sanguine plenae sunt, synagoga mortua non resurget. In sanatione autem hemorrhoissae mulieris, et suscitatione puellae, salus ostenditur generis humani, quae a Domino ita dispensata est, ut primo aliqui ex Israel ad fidem venirent, deinde plenitudo Gentium intraret, ac sic omnis Israel salvus fieret. Annorum autem duodecim erat puella, et annis duodecim mulier erat passa: quia peccata non credentium apparuerunt in initio fidei credentium: unde dicitur Gen. 15: « Credidit Abraham Deo, et reputatum est ei ad « justitiam. » Gregorius, 4 Moral. cap. 29 (super illud, « Quare exceptus genibus, lactatus uberibus? » cap. 25 in nov. exemp.). Moraliter vero Redemptor noster puellam in domo, juvenem vero extra portam, in sepulcro autem Lazarum suscitat; adhuc quidem in domo mortuus jacet qui latet in peccato; jam extra portam educitur cujus iniquitas usque ad vecordiam publicae perpetrationis aperitur; sepulturae vero aggere premitur (3) qui perpetratione nequitiae etiam usu consuetudinis pressus gravatur. Beda (cap. 22, aliq. ante finem). Et notandum, quod leviores, et quotidiani erratus, levioris poenitentiae possunt remedio curari: unde jacentem in conclavi Dominus facillima voce puellam resuscitat dicens, *Puella surge;* ut vero quatriduanus mortuus sepulcri claustra evadere posset, fremuit spiritu, turbavit seipsum, lacrymas fudit. Quanto igitur gravior animae mors, tanto acrior necesse est ut poenitentis fervor insistat. Sed et hoc notandum, quia publica noxa publico eget remedio: unde Lazarus de monumento vocatus populis innotuit: levia autem peccata, secreta queunt poenitentia deleri: unde puella in domo jacens

(1) *Al.* cogitationis.
(2) Immo potius Victor Antiochenus ubi supra (*Ex edit. P. Nicolai*).
(3) *Al.* vulgare. *Nicolai sensum habet* jusjulare.
(4) *P. Nicolai posuit* convincit.
(5) *Al.* resuscitaverint.
(6) Homil. 32 in Matth. (*Ex edit. P. Nicolai*).
(7) Ad Pammachium epist. 101 (*Ex edit. P. Nicolai*).
(8) *Al.* sed ut sensum vocantis etc.

(1) Nihil tale in Glossa quae nunc extat (*Ex edit. P. Nicolai*).
(2) Homil. 32 in Matth. ut supra (*Ex edit. P. Nicolai*).
(3) *Al.* agere permittit.

paucis arbitris exsurgit, eisdemque ut nemini manifestent praecipitur. Turba etiam foris ejicitur, ut puella suscitetur: quia si non prius a secretioribus cordis expellitur secularium multitudo curarum, anima quae intrinsecus jacet mortua, non resurgit.

Bene autem surrexit et ambulat (1): quia anima a peccatis resuscitata, non solum a sordibus scelerum exurgere, sed et in bonis proficere debet operibus, et mox necesse est ut caelesti pane satietur, divini scilicet verbi et altaris particeps effecta.

(1) *Al.* et ambulabat.

CAPUT SEXTUM.

1. Et egressus inde, abiit in patriam suam: et sequebantur eum discipuli sui. Et facto sabbato, coepit in synagoga docere: et multi audientes admirabantur in doctrina ejus, dicentes: Unde huic haec omnia; et quae est sapientia quae data est illi, et virtutes tales quae per manus ejus efficiuntur? Nonne hic est faber filius Mariae, frater Jacobi, et Joseph, et Judae, et Simonis? Nonne et sorores ejus hic nobiscum sunt? Et scandalizabantur in illo. Et dicebat illis Jesus, quia non est Propheta sine honore, nisi in patria sua, et in domo sua, et in cognatione sua. Et non poterat ibi virtutem ullam facere; nisi paucos infirmos impositis manibus curavit; et mirabatur propter incredulitatem eorum.

2. Et circuibat castella in circuitu docens. Et vocavit duodecim, et coepit eos mittere binos, et dabat illis potestatem spirituum immundorum Et praecepit eis ne quid tollerent in via, nisi virgam tantum, non peram, neque panem, neque in zona aes, sed calceatos sandaliis, et ne induerentur duabus tunicis. Et dicebat eis: Quocumque introieritis in domum, illic manete donec exeatis inde. Et quicumque non receperint vos, nec audierint vos; exeuntes inde, excutite pulverem de pedibus vestris in testimonium illis. Et exeuntes praedicabant, ut poenitentiam agerent, et daemonia multa ejiciebant, et ungebant oleo multos aegrotos et sanabuntur.

3. Et audivit Herodes rex: manifestum enim factum est nomen ejus: et dicebant, quia Joannes Baptista resurrexit a mortuis, et propterea operantur virtutes in illo; alii autem dicebant, quia Elias est; alii vero dicebant, quia Propheta est, quasi unus ex Prophetis. Quo audito, Herodes ait: Quem ego decollavi Joannem, hic a mortuis resurrexit.

4. Ipse enim Herodes misit, ac tenuit Joannem, et vinxit eum in carcere propter Herodiadem uxorem Philippi fratris sui, quia duxerat eam: dicebat enim Joannes Herodi: Non licet tibi habere uxorem fratris tui. Herodias autem insidiabatur illi, et volebat occidere eum, nec poterat. Herodes autem metuebat Joannem, sciens eum virum justum, et sanctum, et custodiebat eum, et audito eo multa faciebat, et libenter eum audiebat. Et cum dies opportunus accidisset, Herodes natalis sui coenam fecit principibus et tribunis, et primis Galilaeae. Cumque introisset filia ipsius Herodiadis, et saltasset, et placuisset Herodi, simulque recumbentibus, rex ait puellae: Pete a me quod vis, et dabo tibi: et juravit illi: Quia quicquid petieris dabo tibi, licet dimidium regni mei. Quae cum exisset, dixit matri suae. Quid petam? At illa dixit, Caput Joannis Baptistae. Cumque introisset statim cum festinatione ad regem, petivit dicens: Volo ut potinus des mihi in disco caput Joannis Baptistae. Et contristatus est rex, propter jusjurandum, et propter simul discumbentes noluit eam contristare; sed misso spiculatore praecepit afferri caput Joannis in disco, et decollavit eum in carcere. Et attulit caput ejus in disco, et dedit illud puellae, et puella dedit ma-

tri suae. Quo audito discipuli ejus venerunt et tulerunt corpus et posuerunt illud in monumento.

5. Et convenientes Apostoli ad Jesum, renuntiaverunt ei omnia quae egerant et docuerant. Et ait illis: Venite seorsum in desertum locum, et requiescite pusillum: erant enim qui veniebant, et redibant multi, et nec spatium manducandi habebant. Et ascendentes in navim, abierunt in desertum locum seorsum. Et viderunt eos abeuntes, et cognoverunt multi; et pedestres de omnibus civitatibus cucurrerunt illuc, et praevenerunt eos. Et exiens vidit turbam multam Jesus, et misertus est super eos, quia erant sicut oves non habentes pastorem, et coepit illos docere multa.

6. Et cum jam hora multa fieret, accesserunt discipuli ejus dicentes: Desertus est locus hic, et jam hora praeterivit: dimitte illos, ut euntes in proximas villas, et vicos, emant sibi cibos quos manducent. Et respondens ait illis: Date illis vos manducare. Et dixerunt ei: Euntes emamus ducentis denariis panes, et dabimus illi manducare. Et dicit eis: Quot panes habetis? Ite, et videte. Et cum cognovissent, dicunt Quinque, et duos pisces. Et praecepit illis ut accumbere facerent omnes secundum contubernia super viride fenum. Et discubuerunt in partes per centenos, et per quinquagenos. Et acceptis quinque panibus, et duobus piscibus, intuens in caelum, benedixit, et fregit panes, et dedit discipulis suis, ut ponerent ante eos, et duos pisces divisit omnibus: et manducaverunt omnes et saturati sunt. Et sustulerunt reliquias fragmentorum duodecim cophinos plenos, et de piscibus Erant autem qui manducaverunt quinque millia virorum.

7. Et statim coegit discipulos suos ascendere navim, ut praecederent eum transfretum ad Bethsaidam, dum ipse dimitteret populum. Et cum dimisisset eos, abiit in montem orare. Et cum sero esset, erat navis in medio mari, et ipse solus in terra, et videns eos laborantes in remigando: erat enim ventus contrarius eis: et circa quartam vigiliam noctis, venit ad eos ambulans supra mare, et volebat praeterire eos. At illi ut viderunt eum ambulantem supra mare, putaverunt phantasma esse, et exclamaverunt: omnes enim viderunt eum, et conturbati sunt. Et statim locutus est cum eis, et dixit eis: Confidite: ego sum: nolite timere. Et ascendit ad illos in navim, et cessavit ventus. Et plus magis intra se stupebant: non enim intellexerant de panibus: erat enim cor eorum obcaecatum.

8. Et cum transfretassent, venerunt in terram Genezareth, et applicuerunt. Cumque egressi essent de navi, continuo cognoverunt eum, et percurrentes universam regionem illam, coeperunt in grabatis eos qui se male habebant circumferre ubi audiebant eum esse. Et quocumque introibat in vicos, vel in villas, aut civitates, in plateis ponebant infirmos, et deprecabantur eum ut vel fimbriam vestimenti ejus tangerent. Et quotquot tangebant eum salvi fiebant.

1. Theophylactus (Marc. 6, in princ. Comment.). Post praemissa miracula Dominus in patriam suam revertitur, non ignorans quoniam spernerent eum; sed ut occasionem non haberent ulterius dicendi, Quia si venisses, credidissemus tibi: unde dicitur: *Et egressus inde abiit in patriam suam; et sequebantur eum discipuli sui.* Beda (cap. 23 in Marc. in princ.). Patriam ejus Nazareth dicit, in qua erat nutritus. Sed quanta Nazaraeorum caecitas, qui eum quem verbis, factisque illius Christum cognoscere poterant, ob solam gentis notitiam contemnunt? Sequitur: *Et facto sabbato coepit in synago-*

ga docere: et multi audientes admirabantur in doctrina ejus, dicentes: Unde huic haec omnia; et quae est sapientia quae data est illi, et virtutes tales quae per manus ejus efficiuntur? Sapientiam ad doctrinam, virtutes referunt ad sanitates et miracula quae faciebat.

Sequitur: *Nonne hic est faber filius Mariae?* Augustinus de cons. Evang. (lib. 2, cap. 24). Matthaeus quidem fabri filium eum dictum esse dicit; nec mirandum est, cum utrumque dici potuerit: eo enim fabrum credebant quo et fabri filium. Hieronymus (in princ. Comment. in cap. 6 Marc.).

Filius quidem fabri Jesus vocatur, sed fabri qui fabricatus est auroram et solem, idest Ecclesiam primam, et sequentem; in quarum figura mulier, et puella sanatur. Beda. Nam etsi humana non sint comparanda divinis, typus tamen integer est: quia Pater Christi igne operatur et spiritu. Sequitur: *Frater Jacobi, et Joseph, et Juda, et Simonis: nonne et sorores ejus hic nobiscum sunt?* Fratres, et sorores ejus secum esse testantur: qui tamen non liberi Joseph, aut Mariae, juxta haereticos sunt putandi; sed potius, juxta morem sacrae Scripturae, cognati sunt intelligendi; quomodo Abraham, et Lot fratres appellantur, cum esset Lot filius fratris Abrahae. *Et scandalizabantur in illo.* Scandalum, et error Judaeorum salus nostra est, et haereticorum condemnatio. Intantum enim spernebant Dominum Jesum Christum ut eum fabrum, et fabri vocarent filium. Sequitur: *Et dicebat eis Jesus, quia non est Propheta sine honore nisi in patria sua, et in domo sua, et in cognatione sua.* Prophetam dici in Scripturis Dominum Jesum, etiam Moyses testis est, qui futuram ejus incarnationem praedicens filiis Israel ait Deut. 18: « Prophetam vo- « bis suscitabit Dominus Deus vester de fratribus « vestris. » Non solum autem ipse qui Dominus est Prophetarum, sed et Elias, et Hieremias ceterique Prophetae, minores in patria sua quam in exteris civitatibus habiti sunt: quia propemodum naturale est cives semper civibus invidere: non enim considerant praesentia viri opera, sed fragilem recordantur infantiam. Hieronymus (circ. princ. Comment. ad cap. 6 Marci). Comitatur etiam saepe vilitas originem, ut est illud 1 Reg. 23: « Quis « est filius Isai? » quia « humilia Dominus res- « picit, et alta a longe cognoscit: » Psal. 137. Theophylactus (Marc. 6, super *Non est Propheta*). Sive etiam praeclaros consanguineos Propheta habeat, cives odiunt eos, et propter hoc dehonorant Prophetam. Sequitur: *Et non poterat ibi virtutem ullam facere; nisi paucos infirmos impositis manibus curavit* (1). Quod autem dicit, *Non poterat,* intelligere oportet, non volebat (2): quia non ipse impotens, sed illi infideles erant: ergo ibi non operatur virtutes, parcens eis, ne majori reprehensione digni essent, etiam factis miraculis non credentes. Vel aliter. In miraculis faciendis necessaria est virtus operantis, et recipientium fides, quae ibi deficiebat: unde non volebat (3) Jesus ibi signa facere.

Sequitur: *Et mirabatur propter incredulitatem illorum.* Beda (cap. 23, a med.). Non quasi inopinata et improvisa miratur qui novit omnia antequam fiant; sed qui novit occulta cordis, quod mirandum intimare vult hominibus, mirari se coram hominibus ostendit: Judaeorum enim miranda notatur caecitas, qui nec Prophetis suis credere de Christo, nec ipsi inter se nato voluerunt credere Christo. Mystice autem Jesus despicitur in domo, et in patria sua, hoc est in populo Judaeorum; et ideo pauca ibi signa fecit, ne penitus excusabiles ibi nerent. Majora autem signa quotidie in Gentium populo facit, non tam in sanitate corporum quam in animarum salute.

2. Theophylactus (Marc. 6, sup. *Obambulabat*

per vicos). Non solum in civitatibus praedicabat Dominus, sed et in castellis, ut discamus parva non spernere; neque magnas semper quaerere civitates, sed verbum Dei in vicis abjectis et vilibus seminare: unde dicitur: *Et circuibat castella in circuitu docens.* Beda (cap. 24 in Marc. in princ.). Benignus autem et clemens Dominus, ac Magister non invidet servis, atque discipulis suis virtutes suas; et sicut ipse curaverat omnem languorem, et omnem infirmitatem, Apostolis quoque suis dedit potestatem: unde sequitur: *Et convocavit duodecim, et coepit eos mittere binos, et dabat illis potestatem spirituum immundorum.* Sed multa distantia est inter donare et accipere: iste quodcumque agit potestate Domini agit, illi si quid faciunt imbecillitatem suam, et virtutes Domini confitentur, dicentes: Actor. 3: « In nomine Jesu surge et am- « bula. » Theophylactus (Matth. 6, sup. *Coepit eos mittere binos*). Binos autem Apostolos mittit, ut fierent promptiores: quia, ut ait Ecclesiastes cap. 4, « melius est simul duos esse, quam unum. » Si autem plures quam duos misisset, non esset sufficiens numerus ut in plura castella mitterentur. Gregorius (in homil. 17 in Evang.). Binos autem in praedicationem discipulos mittit, quoniam duo sunt praecepta caritatis, Dei videlicet amor, et proximi, et minus quam inter duos caritas haberi non potest. Per hoc ergo nobis innuit quia qui caritatem erga alterum non habet, praedicationis officium suscipere nullatenus debet.

Sequitur: *Et praecepit eis ne quid tollerent in via, nisi virgam tantum, non peram, neque panem, neque in zona aes; sed calceatos sandaliis, et ne induerentur duabus tunicis.* Beda (cap. 24 in Marc. non procul a princ.). Tanta enim praedicatori in Deo debet esse fiducia ut praesentis vitae sumptus, quamvis non provideat, tamen hos sibi non deesse certissime sciat, ne dum mens ejus occupatur ad temporalia, minus aliis provideat aeterna. Chrysostomus (1). Hoc etiam eis Dominus praecepit, ut per habitum ostenderent quantum a divitiarum desiderio distabant. Theophylactus (Marc. 6 sup. *Et praecepit eis*). Instruens etiam eos per hoc non esse amatores munerum, et ut videntes eos praedicare paupertatem, acquiescant, cum Apostoli nihil habeant. Augustinus de conc. Evang. (lib. 2, cap. 30). Vel quia cum secundum Matthaeum Dominus continue subjecerit cap. 10: « Dignus est « enim operarius cibo suo, » satis ostendit cur eos possidere haec, aut ferre noluerit: non quod necessaria non sint necessitati hujus vitae. sed quia sic eos mittebat ut eis hoc deberi demonstraret ab illis quibus Evangelium credentibus nuntiarent: unde apparet hoc non ita praecepisse Dominum tamquam Evangelistae vivere aliunde non debeant, quam eis praebentibus quibus annuntiant Evangelium; alioquin contra hoc praeceptum fecit Apostolus, qui victum de manuum suarum labore transigebat; sed potestatem dedisse, in qua scirent sibi ista deberi. Solet item quaeri quomodo Matthaeus, et Lucas commemoraverint dixisse Dominum discipulis, ut noc virgam ferrent, cum dicat Marcus ? *Et praecepit eis ne quid tollerent in via, nisi virgam tantum.* Quod ita solvitur, ut intelligamus sub alia significatione dictam virgam, quae secundum

---

(1) *In editionibus Romana et Veneta ad marginem haec extat nota.* Expositio Chrysostomi hom. 77 in Joannem.
(2) *Al.* non acceptabat.
(3) *Al. iterum* non acceptabat.

S. Th. Opera omnia. V. 11.

(1) Colligitur potius ex Victore Antiocheno tom. 1 Bibl. PP. super hunc locum, verbis paululum immutatis (*Ex edit. P. Nicolai*).

Marcum ferenda est, et sub alia illam quae secundum Matthaeum et Lucam non est ferenda. Potuit enim sic breviter dici: Nihil necessariorum vobiscum feratis, nisi virgam tantum, ut illud quod dictum est, « Nec virgam, » intelligatur, nec minimas quidem res: quod vero adjunctum est, *Nisi virgam tantum*, intelligatur quia per potestatem a Domino receptam, quae virgae nomine significata est, etiam quae non portantur, non deerunt. Utrumque ergo Dominus dixit; sed quia non utrumque unus Evangelista commemoravit, putatur ille qui virgam sub (1) alia significatione positam tollendam dixit ei qui virgam rursus aliud significantem non tollendam dixit, esse contrarius; sed jam ratione reddita non putetur. Sic et calceamenta cum dicit Matthaeus in via non esse portanda, curam prohibet: quia ideo cogitantur portanda ne desint. Hoc et duabus tunicis intelligendum est, ne quisquam eorum praeter eam qua esset indutis, aliam portandam curaret, solicitus ne opus esset, cum ex illa potestate posset accipere. Proinde Marcus dicendo, calceari eos sandaliis vel soleis, aliquid hoc calceamentum mysticae significationis habere admonet, ut pes neque tectus sit desuper, nec nudus ad terram; idest (2) nec occultetur Evangelium, nec terrenis commodis innitatur. Et quod non haberi, vel portari duas tunicas, sed expressius indui prohibet quid eos monet nisi non dupliciter; sed simpliciter ambulare? Quisquis autem putat non potuisse Dominum in uno sermone quaedam figurate, quaedam proprie ponere eloquia, cetera ejus inspiciat, et videbit quod hoc temere, ac inerudite arbitretur. BEDA (cap. 24, a med). In duabus autem tunicis videtur mihi duplex ostendere vestimentum: non quo in locis Scythiae glaciali nive rigentibus, una quis tunica debeat esse contentus; sed in tunica vestimentum intelligamus, ne aliud vestiti (3), aliud nobis futurorum timore servetur. CHRYSOSTOMUS (4). Vel aliter. Matthaeus et Lucas non calceamenta, neque baculum portare permittit, quod ostendit perfectissimum esse; Marcus vero baculum jubet assumere, et sandaliis calceari; quod dictum est permissive (5). BEDA (ibidem). Allegorice autem perperam onera saeculi, per panem deliciae temporales, per aes in zona occultatio sapientiae designatur: quia quisquis officium doctoris accipit, neque oneribus saecularium negotiorum deprimi, neque desideriis carnalibus resolvi, neque commissum sibi talentum verbi, sub otio debet lenti torporis (6) abscondere. Sequitur. *Et dicebat eis: Quocumque introieritis in domum, illic manete donec exeatis inde*: ubi dat constantiae generale mandatum, ut hospitalis necessitudinis jura custodiant, alienum a praedicatore regni caelestis astruens cursitare per domos. THEOPHYLACTUS (Marc. 6, super *In quamcumque domum*). Ne scilicet de gula contingeret eos reprehendi, ab aliis in alios transeuntes. Sequitur: *Et quicumque non receperint vos, nec audierint vos; exeuntes inde, excutite pulverem de pedibus vestris in testimonium illis*. Hoc autem Dominus praecepit ut ostenderet quod longam propter eos viam ambulaverunt, et nihil eis profuit: vel quia nihil ab eis acceperunt, etiam neque pulverem: sed et hunc excutiunt, ut hoc sit in testimonium illis, idest in redargutionem illis. CHRYSOSTOMUS (1). Vel ut sit in testimonium laboris viae quam sustinebant pro eis, aut tamquam pulvis peccatorum praedicantium convertatur in ipsum. Sequitur: *Et exeuntes praedicabant ut poenitentiam agerent; et daemonia multa ejiciebant, et ungebant oleos multos aegrotos; et sanabantur*. Quod oleo ungerent, solus Marcus enarrat; Jacobus autem in Epistola sua canonica similia dicit. Oleum enim et labores curat, et luminis et hilaritatis causa existit. Significat autem oleum unctionis Dei misericordiam, infirmitatis medelam, et cordis illuminationem; quod totum oratio operatur. THEOPHYLACTUS (Marc. 6, super *Inungebant infirmos*). Significat etiam gratiam Spiritus sancti, per quam a laboribus transmutamur, et lumen et laetitiam spiritualem suscipimus. BEDA (cap. 24, in fin.). Unde patet ab ipsis Apostolis hunc sanctae Ecclesiae morem esse traditum, ut energumeni, vel alii quilibet aegroti, ungantur oleo, pontificali benedictione consacrato.

3. GLOSSA (2). Post praedicationem discipulorum Christi, et miraculorum operationem convenienter Evangelista subjungit de fama quae consurgebat in populo: unde dicit: *Et audivit Herodes rex*. CHRYSOSTOMUS (3). Herodes iste filius erat primi Herodis, sub quo Joseph Jesum duxerat in Aegyptum. Tetrarcham autem Matthaeus nominat hunc, atque Lucas tamquam principantem super quartam partem regni patris sui. Romani enim post mortem patris, regnum in partes quatuor diviserunt. Marcus vero regem eum vocat, aut patris consuetudine, aut quia hoc loco (4) ejus congruum existebat. HIERONYMUS (Marc. 6, super *Et audivit rex Herodes*). Sequitur *Manifestum enim factum est nomen ejus*: lucernam enim sub modio abscondi fas non est. *Et dicebant*, scilicet aliqui de turba, *quia Joannes Baptista resurrexit a mortuis, et propterea operantur virtutes in illo*. BEDA (cap. 25, in princ.). Quanta enim fuit Judaeorum invidia docemur: ecce enim Joannem, de quo dictum est Joan. 10, quia « signum fecit nullum, » a mortuis potuisse resurgere, nullo attestante credebant; Jesum autem approbatum a Deo virtutibus et signis, cujus resurrectionem Angeli, Apostoli, viri ac feminae praecabant, non resurrexisse, sed furtim esse ablatum credere maluerunt: qui cum dicerent Joannem resurrexisse a mortuis, et propterea virtutes operatas esse in illo, bene de virtute resurrectionis senserunt, quod majoris potentiae futuri sunt sancti, cum a mortuis resurrexerint, quam fuerunt cum carnis adhuc infirmitate gravarentur.

Sequitur: *Alii autem dicebant, quia Elias est*. THEOPHYLACTUS (Marc. 6, super *Alii dicebant, Elias est*). Confutabat enim multos homines Joannes

---

(1) *Al.* cum.
(2) *Al. omittitur* idest.
(3) *Al.* vestitum.
(4) Immo Victor Antiochenus, ex quo et Glossa refert (*Ex edit. P. Nicolai*).
(5) *Al.* permissius, *item* permissus.
(6) *Al.* corporis.

(1) Quo ad primam tantum partem hom. 33, in Matth. sed ex Victore Antiocheno cetera petita sunt (*Ex edit. P. Nicolai*).
(2) Nihil tale in Glossa quae nunc extat (*Ex edit. P. Nicolai*).
(3) Est iterum Victoris Antiocheni ubi supra; nec aliud omnino Chrysostomus nisi Herodem qui pueros necavit, hujus patrem fuisse, hom. 49 in Matth. Paulo aliter etiam victor, Herodem dici regem a Marco, et aliis, vel quia hoc paternae consuetudini tribuerunt, vel quia *illa voce licentiosius abusi sunt*; non autem quia *hoc voto ejus congruum existebat*, ut hic (*Ex edit. P. Nicolai*).
(4) *Al.* voce.

quando dicebant Matth. 3: « Genimina viperarum. »
Sequitur: *Alii autem dicebant, quia Propheta est, quasi unus ex Prophetis.* CHRYSOSTOMUS (1). Mihi quidem videtur hunc Prophetam dicere de quo Moyses dixit Deut. 18: « Prophetam suscitabit vo-« bis Deus de fratribus vestris. » Recte quidem; sed quia manifeste dicere trepidabant, Hic est Christus, Moysi utebantur voce, propriam suspicionem velantes, praepositorum suorum timore. Sequitur: *Quo audito, Herodes ait: Quem ego decollavi Joannem, hic a mortuis resurrexit.* Per ironiam hoc Herodes expresse pronuntiat. THEOPHYLACTUS (Marc. 6, super *Quia Joannes Baptista surrexit*). Vel aliter. Sciens Herodes quod Joannem justum existentem sine causa occiderat, credebat eum a mortuis resurrexisse, et quod ex resurrectiones suscepisset miraculorum operationem. AUGUSTINUS de cons. Evang. (lib. 2, cap. 54). In his autem verbis Lucas Marco attestatur, ad hoc dumtaxat quod alii dixerint, non Herodes, Joannem surrexisse; sed haesitantem Lucas cap. 9, commemoravit Herodem, verbaque ejus ita posuit dicentis: « Joannem ego « decollavi. Quis autem est iste, de quo audio « talia? » Intelligendum est autem post hanc haesitationem confirmasse in animo suo quod ab aliis dicebatur, cum ait pueris suis, sicut Matthaeus narrat cap. 14: « Hic est Joannes Baptista, ipse « surrexit a mortuis. » Aut ita pronuntianda sunt haec verba ut haesitantem adhuc indicent; praesertim quia et Marcus, qui superius dixerat ab alii dictum fuisse, quod Joannes a mortuis resurrexerit; in extremo tamen ipsum Herodem dixisse non tacet: *Quem ego decollavit Joannem, hic a mortuis resurrexit.* Quae item verba duobus modis pronuntiari possunt, ut aut confirmantis, aut dubitantis intelligantur.

4. THEOPHYLACTUS (Marc. 6, par. ante med. Comm.). Ex praemissis Marcus Evangelista occasionem sumens, hic de morte commemorat Praecursoris, dicens: *Ipse enim Herodes misit, ac tenuit Joannem. et vinxit eum in carcere, propter Herodiadem uxorem fratris sui, quia duxerat eam.* BEDA (2) (cap. 25, super *Herodes misit*). Vetus narrat historia, Philippum Herodis majoris filium, sub quo Dominus fugit in Ægyptum, fratrem hujus Herodis, sub quo passus est Christus, duxisse Herodiadem uxorem filiam regis Aretae, postea vero socerum ejus, exortis quibusdam contra generum simultatibus, tulisse filiam suam, et in dolorem mariti prioris, Herodis (5) inimici ejus nuptiis copulasse. Ergo Joannes Baptista arguit Herodem et Herodiadem, quod illicitas nuptias fecerint, et non liceat, fratre vivente germano, illius uxorem ducere. THEOPHYLACTUS (Marc. 6, ante med. Comment.). Alii (4) autem dicunt, quod Philippus jam mortuus reliquerit ex se filiam: quapropter non debebat Herodes fratris, quamvis defuncti, uxorem ducere. Lex enim praecipiebat quod frater uxorem fratris acciperet, cum defunctus prolem non haberet; (5) illi autem erat filia, propter quod erant nuptiae sceleratae.

Sequitur: *Herodias autem insidiabatur illi, et volebat occidere eum, et non poterat.* BEDA (cap. 25, par. ante med.). Timebat enim Herodias ne Herodes aliquando resipisceret, vel Philippo fratri suo amicus fieret; atque illicitae nuptiae repudio solverentur.

Sequitur: *Herodes autem metuebat Joannem, quia sciebat eum virum justum et sanctum.* GLOSSA (1). Timebat, inquam, eum reverendo, sciebat enim eum esse justum, quo ad homines, *et sanctum*, quo ad Deum: *et custodiebat eum*, ne scilicet ab Herodiade interficeretur: *et audito eo multa faciebat*: quia putavit eum spiritu Dei loqui; *et libenter eum audiebat*: quia reputabat utilia quae ab eo dicebantur. THEOPHYLACTUS (Marc. 6, par. ante med. Comment.). Vide autem quantum operatur concupiscentiae rabies: quia cum Herodes tantam circa Joannem habebat reverentiam, et timorem. horum fit immemor, ut suae fornicationi provideret, REMIGIUS super Matth. Libidinosa enim voluntas cum coegit in illum manum mittere quem sciebat justum et sanctum. Ac per hoc datur intelligi quia minus peccatum factum est ei causa majoris peccati: secundum illud Apocal. 22: « Qui in sordibus « est, sordescat adhuc. »

Sequitur: *Et cum dies opportunus accidisset, Herodes natalis sui coenam fecit principibus, et tribunis, et primis Galilaeae.* BEDA (cap. 25, ante med.). Soli mortalium Herodes, et Pharao leguntur diem natalis sui gaudiis festivis celebrasse ; sed uterque rex infausto auspicio (2) festivitatem suam sanguine foedavit: verum Herodes tanto majore impietate, quanto sanctum, et innocentem doctorem veritatis occidit; et hoc pro voto, ac petitione saltatricis: sequitur enim: *Cumque introisset filia ipsius Herodiadis et saltasset, et placuisset Herodi, et simul recumbentibus, rex ait: Pete a me quod vis, et dabo tibi.* THEOPHYLACTUS (Marc. 6, cir. med. Comment.). Dum enim convivium fit, satanas per puellam saltat, et jusjurandum perficitur sceleratum: sequitur enim: *Et juravit illi: Quia quidquid petieris dabo tibi, licet dimidium regni mei.* BEDA (cap. 25, paul. ante med.). Non excusatur ab homicidio per juramentum: ideo enim forte juravit, ut occasionem inveniret occidendi; et si patris, aut matris interitum postulasset, non utique concessisset Herodes. Sequitur: *Quae cum exisset, dixit matri suae, Quid petam? At illa dixit, Caput Joannis Baptistae.* Digno operi saltationis, dignum postulatur sanguinis praemium.

Sequitur: *Cumque introisset statim cum festinatione ad regem, petivit dicens: Volo ut protinus demihi in disco caput Joannis Baptistae.* THEOPHYLACTUS (Marc. 6, in med. Comm.). Maligna mulier protinus sibi caput Joannis dari petit, idest statim in illa hora: timebat enim ne Herodes resipisceret.

Sequitur: *Et contristatus est rex.* BEDA (cap. 25). Consuetudinis est Scripturarum ut opinionem multorum sic narret Historicus, quomodo eo tempore ab omnibus credebatur: sicut et Joseph ab ipsa quoque Maria appellatur pater Jesus; ita et nunc Herodes dicitur contristatus, quia hoc discumbentes putabant: dissimulator enim mentis tristitiam praeferebat in facie, cum laetitiam haberet in mente; scelusque excusat juramento, ut sub occa-

---

(1) Immo iterum Victor Antiochenus ubi supra (*Ex edit. P. Nicolai*).

(2) Sic Hieronymus quoque iisdem verbis, quae ab illo mutuatus est Beda (*Ex edit. P. Nicolai*).

(5) *Al. deest* Herodis.

(4) *In quatuor citari solitis exemplis desunt sequentia verba usque ad* Lex enim; *ubi legunt* Lex *etiam* et Nicolai Lex autem.

(5) *Al.* ibi.

(1) Nihil tale in Glossa quae nunc extat (*Ex edit. P. Nicolai*).

(2) *Al.* nativitatem.

sione pietatis impius fieret. unde sequitur: *Propter jusjurandum, et propter simul discumbentes noluit eam contristare.* THEOPHYLACTUS (Marc. 6, in med. Comm.). Herodes quidem non sui compos, sed voluptuosus jusjurandum implevit, et justum interemit (1). Decebat autem magis in hoc perjurare, et non tantum scelus operari. BEDA (cap. 25, in medio). Quod autem subdit, *Et propter simul recumbentes,* vult omnes sceleris sui esse consortes, ut in luxurioso, impuroque convivio cruentae epulae deferrentur: unde sequitur: *Sed misso spiculatore, praecepit afferri caput Joannis in disco.* THEOPHYLACTUS (cap. 6, in med. Comm.). Spiculator carnifex dicitur, qui constituitur ad homines interficiendum. BEDA (cap. 25, in Marc. ante med.). Non autem Herode puduit caput occisi hominis ante convivas inferre. Pharao vero nil talis vesaniae commisisse legitur. Ex utroque tamen exemplo probatur utilius esse nobis diem mortis futurae timendo, et caste agendo saepius in memoriam revocare, quam diem nativitatis luxuriando celebrare. Homo enim ad laborem nascitur in mundo, et electi ad requiem per mortem transeunt e mundo.

Sequitur: *Et decollavit eum in carcere, et attulit caput ejus in disco, et dedit illud puellae, et puella dedit matri suae.* GREGORIUS, 3 Moral. (cap. 4, et in novis exemp. 5, super illud: « Qui testa « saniem radebat »). Non sine gravissima admiratione perpendo, quod ille prophetiae spiritu intra matris uterum impletus, quo inter natos mulierum nemo major surrexit, ab iniquis in carcerem mittitur, et pro puellae saltu capite truncatur, et vir tantae severitatis pro usu turpium moritur. Numquid credimus aliquid fuisse quod in ejus vita, illa sic despecta mors (2) tergeret? Sed quando ille vel in cibo peccavit, qui locustas solummodo, et mel silvestre edit? Quando conversatione sua offendere potuit, qui de eremo non recessit? Quid est quod omnipotens Deus sic vehementer in hoc saeculo despicit quod sic sublimiter ante saecula elegit (5)? nisi hoc quod pietati fidelium patet: quoniam idcirco sic eos premit in infimis, quia videt quomodo remuneret in summis; et foras usque ad despecta dejicit, quia intus usque ad incomprensibilia perducit. Hinc ergo unusquisque colligat, quid illic passuri sint quos reprobat, sic hic sic cruciat quos amat.

Sequitur: *Quo audito discipuli ejus venerunt, et tulerunt corpus ejus, et posuerunt illud in monumento.* BEDA (cap. 25, a med.). Narrat Josephus (4), vinctum Joannem in castellum Macheronta adductum, ibique truncatum; narrat vero ecclesiastica Historia (5) sepultum eum in Sebaste Palestinae urbe, quae quondam Samaria dicta est. Decollatio autem Joannis, minorationem famae illius qua Christus a populo credebatur insinuat, sicut exaltatio Salvatoris in crucem profectum designabat fidei: quia et ipse qui prius a turbis Propheta esse credebatur, Dei Filius a cunctis fidelibus est agnitus: unde Joannes quem oportebat minui, cum diurnum lumen decrescere incipit natus est; Dominus autem eo tempore anni quo dies crescere incipit. THEOPHYLACTUS (Marc. 6, in med. Comm.).

(1) *Al.* intermit.
(2) *Al.* tangeret.
(5) *Al.* elegerit.
(4) Lib. 18 Antiq. Judaic. cap. 7 (*Ex edit. P. Nicolai*).
(5) Quod subjungitur ex Historia eccles. Theodoretus insinuat lib. 3, cap. 6 (*Ex edit. P. Nicolai*).

Mystice autem Herodes, qui interpretatur pelliceus, populus est Judaeorum; qui habebat uxorem, scilicet inanem gloriam, cujus filia saltat, et movetur etiam nunc circa Judaeos, scilicet falsus intellectus Scripturarum: decapitaverunt siquidem Joannem, idest verbum propheticum, et sine capite Christo habent eum. HIERONYMUS (Marc. 6, super *Quo audito Herodes ait*). Vel aliter. Caput legis, quod est Christus, de corpore absciditur proprio, idest Judaico populo, et datur gentili puellae, idest Romanae Ecclesiae, et puella dat matri suae adulterae, idest synagogae crediturae in fine. Corpus Joannis sepelitur, caput in disco collocatur: littera humana tegitur, spiritus in altari honoratur et sumitur.

5. GLOSSA (1). Postquam Evangelista narravit mortem Joannis, narrat ea quae Christus cum suis discipulis post mortem Joannis egerit, dicens *Et convenientes Apostoli ad Jesum, renuntiaverunt ei omnia quae egerant et docuerant.* HIERONYMUS (Marc. 6, super *Convenientes Apostoli ad Jesum*). Ad locum enim unde exeunt flumina, revertuntur. Deo semper referunt gratias missi super his quae acceperant. THEOPHYLACTUS (Marc. 6, a med.). Discamus autem et nos cum in ministerium aliquod mittimur, non elongari, et ultra commissum officium non efferri; sed mittentem visitare et renuntiare ei omnia quae egimus, et docuimus. BEDA (cap. 25, a med.). Non enim solum oportet docere, sed facere. Non solum autem quae ipsi egerant et docuerant, Apostoli Domino renuntiant ; etiam quae Joannes, eis in docendo occupatis, sit passus, et sui, et Joannis discipuli Domino renuntiant, sicut Matthaeus describit.

Sequitur: *Et ait illis: Venite seorsum in desertum locum, et requiescite pusillum.* AUGUSTINUS de cons. Evang. (lib. 2, cap. 45). Hoc continuo post Joannis passionem factum esse commemorat: unde post haec, facta sunt illa quae primo narrata sunt, quibus motus Herodes dixit: Hic est Joannes Baptista quem ego decollavi. THEOPHYLACTUS (Marc. 6, a med. Comm.). In desertum autem recedit locum propter humilitatem. Quiescere autem facit Christus suos discipulos, ut addiscant praepositi, quod qui laborant in opere et sermone, requiem promerentur, et quod non debent continue laborare. BEDA (cap. 25, prope fin.). Quae autem necessitas fuerit concedendae requiei discipulis, ostendit cum subdit: *Erant enim qui veniebant, et redibant multi: et nec spatium manducandi habebant:* ubi temporis illius felicitas de labore docentium simul, et discentium studio demonstratur. Sequitur: *Et ascendentes in navim abierunt in desertum locum seorsum.* Non discipuli soli, sed assumpto Domino ascendentes in navim, locum petiere desertum, ut Matthaeus demonstrat. Tentat autem fidem turbarum: petendo enim solitudinem, an sequi curent explorat: illi sequendo, et non in jumentis, aut vehiculis diversis, sed proprio labore pedum, quantam salutis suae curam gerant, ostendunt. Sequitur: *Et viderunt eos abeuntes, et cognoverunt multi, et pedestres de omnibus civitatibus cucurrerunt illuc, et praevenerunt eos.* Dum pedestres eos praevenisse dicuntur, ostenditur quia non in aliam maris, sive Jordanis ripam navigio pervenerunt discipuli cum Domino, sed proxima ejusdem regionis loca adierunt, quo etiam indigenae pede-

(1) Nihil tale in Glossa quae nunc extat (*Ex edit. P. Nicolai*).

stres poterant praevenire. THEOPHYLACTUS (Marc. 6, a med.). Ita tu Christum non expectans quod ipse revocet, sed praecurrens eum, praevenias. Sequitur: *Et exiens vidit turbam multam Jesus, et misertus est super eos, quia erant sicut oves non habentes pastorem.* Pharisaei lupi existentes rapaces, non pascebant populum, sed devorabant: propter hoc ad Christum verum sed congregantur pastorem; qui: tradidit illis cibum spiritualem, scilicet verbi Dei: unde sequitur: *Et coepit eos docere multa.* Videns enim eos qui miraculorum occasione eum seque-bantur prae longitudine viae fessos, eorum miser-tus, voluit eorum satisfacere voluntati, docendo eos. BEDA (cap. 26 in Marc., in princ.). Matthaeus dicit, quod curavit languidos eorum: hoc est enim veraciter pauperum misereri, eis veritatis viam do-cendo aperire, et molestias corporales auferre. HIERONYMUS (Marc. 6, super *Venite seorsum*). My-stice autem seorsum ducit Dominus quos elegit, ut inter malos viventes, mala non intendant, ut Lot in Sodomis, et Job in terra Hus, et Abdias in domo Achab. BEDA (cap. 25 in Marc.). Derelicta etiam Judaea, in deserto Ecclesiae praedicatores sancti, qui apud Judaeos tribulationum sarcina (1) premebantur, de gratia fidei Gentibus collata re-quiem nacti sunt. HIERONYMUS (Marc. 6, super illud, *Et requiescite*). Pusilla tamen est hic sanctis re-quies, longus labor; sed postea dicitur illis ut re-quiescant a laboribus suis. Sicut autem in arca Noe animalia quae intus erant, foris mittebantur, et quae foris erant, intro erumpebant; sic agitur in Ecclesia: Judas recessit, latro accessit. Sed quam-diu receditur a fide in Ecclesia, non est requies sine moerore: Rachel enim plorans filios suos no-luit consolari. Non est etiam hoc convivium, in quo bibitur vinum novum cum cantabitur canticum novum ab hominibus novis, cum mortale hoc in-duerit immortalitatem. BEDA (cap. 26). Christum autem petentem deserta Gentium, multa fidelium catervae relictis moenibus priscae conversationis sequuntur.

6. THEOPHYLACTUS (Marc. 6, super *Et egressus vidit turbam*). Praeponens Dominus quod utilius est, scilicet cibum sermonis Dei, deinde etiam cor-poralem cibum praebuit turbae; ad cujus narratio-nem Evangelista accedit, dicens: *Et cum jam hora multa fieret, accesserunt discipuli ejus dicentes: De-sertus est locus hic.* BEDA (cap. 26, al. a princ.). Horam multam vespertinum tempus dicit: unde Lucas dicit cap. 9: « Dies autem coeperat decli-« nare. » THEOPHYLACTUS (Marc. 6, a med. Com-ment.). Vide autem quomodo discipuli Christi circa hominum amorem proficiunt: turbarum enim mi-serti accedunt ad Christum, et pro eis intercedunt. Dominus autem tentavit eos si ejus virtutem tan-tam esse cognoverant quod turbas pascere posset: unde sequitur: *Et respondens ait illis: Date eis man-ducare.* BEDA (cap. 26, super *Date eis manducare*). Provocat etiam Apostolos, hoc dicens, ad fractionem panis, ut illis se non habere testantibus, magnitudo signi notior fieret. THEOPHYLACTUS (Marc. 6, a med. Comment.). Discipuli autem arguebant eum tam-quam ignorantem quid illis esset necessarium ad tantam multitudinem turbarum pascendam: unde turbati respondent: sequitur enim: *Et dixerunt ei: Euntes emamus ducentis denariis panes, et dabimus*

illis manducare. AUGUSTINUS de cons. Evang. (lib. 2, cap. 46). Hoc Philippus apud Joannem respon-det; sed Marcus a discipulis responsum esse com-memorat; volens intelligi hoc ex ore ceterorum Philippum respondisse; quamquam et pluralem numerum pro singulari usitatissime ponere potuerit. Sequitur: *Et dicit eis: Quot panes habetis ? Ite, et videte.* Hoc a Domino factum esse ceteri Evangelistae praetermiserunt. Sequitur: *Et cum cognovissent, dicunt: Quinque, et duos pisces.* Quod Andreas a-pud Joannem de quinque panibus, et duobus pi-scibus suggesserat, hoc ceteri Evangelista, pluralem numerum pro singulari ponentes, ex discipulorum persona retulerunt. Sequitur: *Et praecepit illis ut accumbere facerent omnes secundum contubernia super viride fenum. Et discubuerunt in partes per centenos et per quinquagenos.* Quod autem Lucas dicit quinquagenos jussos esse discumbere. Marcus vero quinquagenos et centenos; ideo non hoc mo-vet, quia unus partem dicit, alter totum: qui enim de centenis retulit, hoc retulit quod ille praeter-misit. THEOPHYLACTUS (post med. Comm. in cap. 6). Per hoc autem datur intelligi, quod separa-tim (1) discubuerunt per partes et partes: quod enim hic dicitur *per conturbernia*, in graeco ge-minate dicitur, συμποσία συμποσία, *symposia sym-posia* (2); hoc est, per distributa convivia.

Sequitur: *Et acceptis quinque panibus et duobus piscibus, intuens in caelum, benedixit, et fregit pa-nes, et dedit discipulis, ut ponerent ante eos; et duos pisces divisit omnibus.* CHRYSOSTOMUS (hom. 30, in Matth.). Decenter autem in caelum aspexit: quia in deserto manna accipientes Judaei, de Deo dicere attentaverunt: « Numquid poterit dare panem ? » Psalm. 77. Ne vero hoc contingat, antequam faceret, ad Patrem retullit quod erat facturus. THEOPHYLACTUS. Intuetur etiam in caelum, ut (3) nos instrueret a Deo petere escam, et non a diabolo, sicut faciunt illi qui alienis injuste laboribus nutriuntur. Ex hoc etiam turbis tunc innuit quod non esset Deo contrarius, sed Deum invocaret. Dat autem panem discipulis apponendum turbis, ut tractando panem non du-bium, sed miraculum videatur. Sequitur: *Et man-ducaverunt omnes, et saturati sunt. Et sustulerunt reliquias fragmentorum duodecim cophinos.* Duo-decim cophini superabundant fragmentorum, ut quo-libet Apostolorum unum cophinum super humerum apportante, ineffabile miraculum videatur. Superabun-dantis enim virtutis erat non solum tot homines pascere sed et tantam superabundantiam relinquere fragmen-torum: Moyses enim etsi manna dabat, secundum uniuscujusque necessitatem illud largiebatur, su-perfluum vero vermibus scaturiebat; Elias etiam viduam pascens, quantum ei erat sufficiens tribue-bat; Jesus vero tamquam Dominus superabundanter operabatur. BEDA (cap. 26 in Marc. inter princ. et medium). Mystice autem die declinata turbas esurientes (4) Salvator reficit: quia vel sine saecu-lorum propinquante, vel cum sol justitiae pro no-bis occubuit, a spiritualis inediae sumus tabe sal-vati. Provocat Apostolos ad fractionem panis, insi-nuans quod quotidie per eos jejuna sunt corda

---

(1) *Al.* in tribulationem sarcina.

(1) *Al.* sequestrati.
(2) *In quatuor exemplis supra jam citatis habetur:* In graeco enim quod hic dicitur *secundum contubernia*, dupli-catur: ac si diceretur, per contubernia et contubernia.
(3) *Al. deest* nos.
(4) *Al. omittitur* esurientes.

nostra pascenda, eorum scilicet litteris et exemplis per quinque panes, quinque Mosaicae legis libri; per duos pisces, Psalmi sunt et Prophetae figurati. THEOPHYLACTUS (Marc. 6 inter med. et finem Comm.). Vel duo pisces sunt piscatorum sermones, scilicet Epistolae et Evangelium. BEDA (cap. 26 circa fin.). Quia vero quinque sunt exterioris hominis sensus, quinque millia viri Dominum secuti designant eos qui in saeculari adhuc habitu positi exterioribus bene uti noverunt. GREGORIUS 16 Moral. (cap. 26). Diversi convivantium discubitus distinctiones Ecclesiarum, quae unam catholicam faciunt designant. Jubilaei autem requies quinquagenarii numeri mysterio continetur; et quinquagenarius bis ducitur, ut ad centenarium perveniatur. Quia ergo prius a malo quiescitur opere, ut post anima plenius quiescat in cognitione (1), alii quinquagenarii, alii centeni discumbunt. BEDA (cap. 26 in Marc. circa finem). Super fenum autem discumbentes dominicis pascuntur alimentis, qui per continentiam calcatis concupiscentiis, audiendis implendisque Dei verbis operam impendunt. Salvator autem non nova creat cibaria: quia veniens in carne non alia quam quae praedicata sunt praedicat; sed legis, et Prophetarum scripta quam gravida sint mysteriis gratiae demonstrat. Intuetur in caelum, ut ibi lucem doceat esse quaerendam. Frangit, et ante turbas ponenda distribuit discipulis: quia sacramenta prophetiae sanctis doctoribus, qui haec toto orbe praedicent, patefecit. Quod turbis superest a discipulis tollitur: quia secretiora (2) mysteria, quae a rudibus capi nequeunt, non negligenter omittenda, sed sunt inquirenda perfectis. Nam per cophinos duodecim Apostoli, et sequentes doctores figurantur, foris quidem hominibus despecti, sed intus salutaris cibi reliquiis cumulati. Constat enim cophinis opera servilia geri solere. HIERONYMUS (parum ante fin. Comment. in cap. 6 Marci). Vel duodecim cophini pleni fragmentis colliguntur, cum sedent (3) super thronos judicantes duodecim tribus Israel, qui sunt fragmenta Abraham, Isaac et Jacob, quando ex Israel reliquiae salvae fient.

GLOSSA (4). Dominus quidem in miraculo panum, quod esset conditor rerum ostendit, nunc autem ambulando super undas, quod haberet corpus ab omnium peccatorum gravedine liberum edocuit; et in placando ventos, undarumque rabiem sedando quod elementis dominaretur monstravit: unde dicitur: *Et statim coegit discipulos suos ascendere navim; ut praecederent: eum trans fretum ad Bethsaidam dum ipse dimitteret populum.* CHRYSOSTOMUS (5). Dimittit (6) quidem populum in benedictione, et aliquibus curationibus. Coegit autem discipulos, quia non de facili ab eo poterant separari: et hoc quidem tum propter nimium affectum quem ad eum habebant, tum quia solicitabantur qualiter ad eos veniret. BEDA (cap. 27 in Marc. a med.). Merito autem movet quomodo Marcus dicat, peracto miraculo panum, discipulos venisse trans fretum ad Bethsaidam, cum videatur Lucas

dicere, quod in locis Bethsaidae factum fuerit miraculum illud; nisi forte intelligamus (1), quod Lucas ait in desertum locum, qui est in Bethsaida; non ipsius intima civitatis, sed loca deserti ad eam pertinentis esse designata. Marcus autem dicit: *Ut praecederent eum ad Bethsaidam:* ubi ipsa civitas notatur.

Sequitur: *Et cum dimisisset eos, abiit in montem orare.* CHRYSOSTOMUS (2). Quod decet intelligere de Christo secundum quod est homo: hoc etiam fecit instruens nos assiduos esse in oratione. THEOPHYLACTUS (Marc. 6 ante fin. Comm.). Dimissa autem turba, ascendit orare: requiem enim, et silentium oratio exigit. BEDA (cap. 28 in princ.). Non omnis autem qui orat, ascendit in montem: sed qui bene orat, qui Deum orando quaerit: qui vero de divitiis aut honore saeculi, aut de inimici morte obsecrat; ipse in infimis jacens viles ad Deum praeces mittit. Quare autem Dominus dimisso populo in montem oraturus abjerit, Joannes declarat cap. 6 dicens: « Jesus ergo, cum cognovisset quia « venturi essent ut raperent eum, et facerent eum « Regem, fugit iterum in montem ipse solus. »

Sequitur: *Et cum sero esset, erat navis in medio mari, et ipse solus in terra.* THEOPHYLACTUS (ante fin. Comment. in 6 capit. Marc.). Permisit autem Dominus periclitari discipulos, ut patientes fierent: unde non statim eis astitit, sed per totam noctem periclitari permisit, ut doceret eos patienter expectare, et non a principio sperare in tribulationibus subsidium: sequitur enim: *Et videns eos laborantes in remigando: erat enim ventus contrarius eis, et circa quartam vigiliam noctis venit ad eos ambulans supra mare.* CHRYSOSTOMUS (3). Quatuor vigilias noctis dicit sacra Scriptura, unamquamque dividens in tres horas: unde quartam vigiliam dicit quae est post horam nonam, scilicet in hora decima, vel posteriori hora.

Sequitur: *Et volebat praeterire eos.* AUGUSTINUS de cons. Evangelist. (lib. 2, capit. 47). Quomodo autem hoc intelligere potuerunt, nisi quia in diversum ibat, eos volens praeterire tamquam alienos a quibus ita non agnoscebatur ut phantasma putaretur? sequitur enim: *At illi ut viderunt eum, ambulantem supra mare, putaverunt phantasma esse et exclamaverunt: omnes enim viderunt eum, et conturbati sunt.* THEOPHYLACTUS (Marc. 6 ante fin. Commen.). Vide autem quoniam cum Christus debebat eorum pericula compescere, tunc majorem eis incutit timorem; sed statim per vocem confortavit eos: sequitur enim: *Et statim locutus est cum eis, et dixit eis: Confidite: ego sum: nolite timere.* CHRYSOSTOMUS. Statim autem in voce cognoverunt eum, et timor solutus est. AUGUSTINUS de conc. Evang. (lib. 2, cap. 47). Quomodo ergo eos volebat praeterire quos paventes ita confirmat, nisi quia illa voluntas praetereundi ad eliciendum illum clamorem valebat cui subveniri oportebat? BEDA (cap. 28). Scripsit autem Theodotus, Pharanitanus (4) quondam Episcopus, corporale pondus non habuisse Dominum secundum carnem, sed absque

---

(1) *Al.* cogitatione.
(2) *Al.* sacratiora.
(3) *Al.* sint.
(4) Nihil tale in Glossa quae nunc extat (*Ex edit. P. Nicolai*).
(5) *In editione Veneta Nicolini haec nota margini affigitur.* Hoc habet Theophylactus Marc. 6 aliq. ante finem.
(6) Ex Victore potius Antiocheno, et ex Theophylacto colligitur, sed expressius ex Victore (*Ex edit. P. Nicolai*).

(1) *Al.* intelligendus.
(2) Ex eodem Victore desumpta sunt quae hic ut ex Chrysostomo sequuntur (*Ex edit. P. Nicolai*).
(3) Immo potius rursus Victor Antiochenus ubi supra, et ut illud quod postea sequitur nomine Chrysostomi (*Ex edit. P. Nicolai*).
(4) Samaritanus, *item* Saratanus.

pondere super mare ambulasse; sed fides catholica pondus secundum carnem habere eum praedicat. Nam Dionysius egregius inter ecclesiasticos scriptores, in Opusculo de Divinis Nominibus hoc modo loquitur. Ignoramus (1) qualiter non infusis pedibus corporale pondus habentibus, et materiale onus, deambulabat in humidiam et instabilem substantiam? THEOPHYLACTUS (ante fin. Comm. in 6 cap.). Deinde per introitum in naviculam Dominus compescuit tempestatem: sequitur enim: *Et ascendit ad illos in navim, et cessavit ventus.* Magnum quidem miraculum est quod ambulat Dominus super mare; sed tempestas et venti contrarietas apposita fuerunt propter majus miraculum. Apostoli enim ex miraculo quinque panum non intelligentes Christi potentiam, nunc ex maris miraculo plenius cognoverunt: unde sequitur: *Et plus magis intra se stupebant: non enim intellexerant de panibus.* BEDA (cap. 28). Stupebant quidem carnales adhuc discipuli virtutum magnitudinem, nedum tamen in eo veritatem divinae majestatis cognoscere valebant: unde sequitur: *Erat enim cor eorum obcaecatum.* Mystice autem labor discipulorum in remigando et ventus contrarius, labores sanctae Ecclesiae designat, quae inter undas saeculi adversantes, et immundorum flatus spirituum, ad quietem patriae caelestis pervenire conatur. Bene autem dicitur, quia *navis erat in medio maris, et ipse solus in terra:* quia nonnumquam Ecclesia tantis Gentilium praessuris afflicta est, ut Redemptor ipsius eam prorsus deseruisse videretur. Sed videt Dominus suos laborantes in mari: quia eos ne in tribulationibus deficiant, suae respectu pietatis corroborat, et aliquando manifesto adjutorio liberat. Quarta autem vigilia venit ad eos diluculo appropinquante: quia homo mentem cum ad superni lumen praesidii erexerit, aderit Dominus, et tentationum pericula sopientur. CHRYSOSTOMUS (2). Vel prima vigilia est usque ad diluvium, secunda usque ad Moysen, tertia usque ad adventum Domini, in quarta venit Dominus, et discipulis locutus est. BEDA (cap. 28). Saepe autem fideles in tribulatione positos superna pietas deseruisse visa est, ut quasi laborantes in mari discipulos praeterire Jesus voluisse putaretur. Adhuc autem haeretici putant phantasma fuisse Dominum, nec veram assumpsisse carnem de Virgine.

(1) *In solitis quatuor exemplis legitur:* Ait enim Dionysius: Ignoramus etc.
(2) Immo potius Victor Antiochenus ubi supra (*Ex edit. P. Nicolai*).

HIERONYMUS (in fin. Comm. in 6 cap. Marc). Dicit autem eis: *Confidite: ego sum:* quia videbimus eum sicuti est Cessavit autem ventus, et procella, Jesu sedente, idest regnante, in navi, quae est universa Ecclesia. BEDA (cap. 28, inter med. et fin.). In quocumque etiam corde per gratiam sui adest amoris, mox universa vitiorum et adversantis mundi, sive spirituum malignorum bella compressa quiescunt.

8. GLOSSA (1). Quia Evangelista exposuerat periculum quod discipuli in navigando sustinuerant, et quomodo fuerant liberati, nunc ostendit quo navigando pervenerit, dicens: *Et cum transfretassent pervenerunt in terram Genezareth, et applicuerunt* THEOPHYLACTUS (par. a fin. Comm. in cap. 6 Marc.). Post magnum autem spatium temporis ad praedictum locum Dominus transfretavit; et ideo Evangelista subdit: *Cumque egressi essent de navi, continuo cognoverunt eum,* scilicet incolae. BEDA (cap. 28 parum ante finem). Cognoverunt autem eum rumore, non facie: vel praesignorum magnitudine, et vultu plurimis notus erat. Vide autem quanta fides sit hominum terrae Genezareth, ut non praesentium tantum salute contenti sint, sed mittant ad alias per circuitum civitates, quo omnes currant ad medicum: unde sequitur: *Et percurrentes universam regionem illam, coeperunt in grabatis illos qui se male habebant, circumferre, ubi audiebant eum esse.* THEOPHYLACTUS (in fin. Com.). Non enim ad domos invitabant eum ut curaret, sed magis ipsi male habentes afferebant ad eum: unde etiam sequitur: *Et quocumque introibat in vicos, aut in villas, aut in civitates, in plateis ponebant infirmos, et deprecabantur eum, ut vel fimbriam vestimenti ejus tangerent.* Miraculum enim quod circa mulierem haemorrhoissam contigerat, ad aures multorum devenerat, et multam fidem eis dabat, ex qua sanabantur: sequitur enim: *Et quotquot tangebant eum, salvi fiebant.* BEDA (cap. 28, in fin.). Mystice autem fimbriam vestimenti ejus minimum mandatum intellige; quod quicumque transgressus fuerit, minimus vocabitur in regno caelorum: vel assumptionem carnis, per quam venimus ad Verbum Dei, et illius postea fruimur majestate. HIERONYMUS (in fine Comm.). Quod autem dicitur, *Et quotquot tangebant eum, salvi fiebant,* implebitur quando fugiet dolor, et gemitus.

(1) Nihil tale in Glossa quae nunc extat (*Ex edit. P. Nicolai*).

CAPUT SEPTIMUM.

1. Et convenerunt ad eum Pharisaei, et quidam de Scribis, venientes a Hierosolymis; et cum vidissent quosdam ex discipulis ejus communibus manibus, idest non lotis, manducare panes, vituperaverunt. Pharisaei enim, et omnes Judaei, nisi crebro laverint manus, non manducant, tenentes traditionem seniorum; et a foro, nisi baptizentur, non comedunt; et alia multa sunt quae tradita sunt illis servàre, baptismata calicum, et urceorum, et aeramentorum, et lectorum. Et interrogabant eum Pharisaei et Scribae: Quare discipuli tui non ambulant juxta traditionem seniorum, sed communibus manibus manducant panem? At ille respondens dixit eis: Bene prophetavit Isaias de vobis, hypocritae, sicut scriptum est: Populus hic labiis me honorat; cor autem eorum longe est a me. In vanum autem me colunt docentes doctrinas, et praecepta hominum. Relinquentes enim mandatum Dei, tenetis traditiones hominum, baptismata urceorum, et calicum, et similia his facitis multa. Et dicebat illis: Bene irritum fecisti praeceptum Dei, ut traditionem vestram servetis. Moyses enim dixit: Honora patrem tuum, et matrem tuam; et, Qui maledixerit patri, vel matri, morti moriatur. Vos autem dicitis: Si dixerit homo patri, aut matri: Corban, quod est donum, quodcumque ex me, tibi profuerit, et ultra non dimittis eum quicquam facere patri suo, aut matri, rescindentes verbum Dei per traditionem vestram quam tradidistis. Et similia hujusmodi multa facitis.

2. Et advocans iterum turbam, dicebat illis: Audite me omnes, et intelligite. Nihil est extra hominem introiens in eum quod possit eum coinquinare; sed quae de homine procedunt, illa sunt quae coinquinant hominem. Si quis habet aures audiendi, audiat. Et cum introisset in domum a turba, interrogabant eum discipuli ejus parabolam. Et ait illis: Sic et vos imprudentes estis? Non intelligitis quia omne extrinsecus introiens in hominem non potest eum coinquinare: quia non intrant in cor ejus, sed in ventrem vadit, et in secessum exit, purgans omnes escas? Dicebat autem, quoniam illa quae de homine exeunt, illa coinquinant hominem; ab intus enim de corde hominum malae cogitationes procedunt, adulteria, fornicationes, homicidia, furta, avaritiae, nequitiae, dolus, impudicitiae, oculus malus, blasphemiae, superbiae, et stultitia. Omnia haec mala ab intus procedunt, et coinquinant hominem.

3. Et inde surgens, abiit in fines Tyri, et Sidonis: et ingressus domum, neminem voluit scire, et non potuit latere. Mulier enim statim ut audivit de eo, cujus filia habebat spiritum immundum, intravit et procidit ad pedes ejus: erat enim mulier Gentilis, Syrophoenissa genere. Et rogabat eum ut daemonium ejiceret de filia ejus. Qui dixit illi: Sine prius saturari filios non est enim bonum sumere panem filiorum, et mittere canibus. At illa respondit, et dixit illi: Utique Domine: nam et catelli comedunt sub mensa de micis puerorum. Et ait illi: Propter hunc sermonem, vade: exiit daemonium a filia tua. Et cum abiisset domum suam invenit puellam jacentem supra lectum, et daemonium exiisse.

4. Et iterum exiens de finibus Tyri, venit per Sidonem ad mare Galilaeae, inter medios fines Decapoleos. Et adducunt ei surdum et mutum; et deprecabantur eum ut imponat illi manum. Et apprehendens eum de turba seorsum, misit digitos suos in auriculam ejus, et expuens tetigit linguam ejus, et suspiciens in caelum ingemuit, et ait illi: Ephetha, quod est adaperire. Et statim apertae sunt aures ejus, et solutum est vinculum linguae ejus, et loquebatur recte. Et praecepit illis ne cui dicerent. Quanto autem eis praecipiebat, tanto magis plus praedicabant, et eo amplius admirabantur dicentes: Bene omnia fecit, et surdos fecit audire, et mutos loqui.

1. BEDA (cap. 29, in princ.). Homines terrae Genezareth, qui minus docti videbantur, non solum ipsi veniunt, sed et suos infirmos adducunt ad Dominum, ut vel fimbriam ejus mereantur contingere. At vero Pharisaei et Scribae, qui doctores esse populi debuerant, non ad quaerendum medelam, sed ad movendas quaestionum pugnas ad Dominum concurrunt: unde dicitur: *Et convenerunt ad eum Pharisaei, et quidam de Scribis venientes a Hierosalymis; et cum vidissent quasdam ex discipulis ejus communibus manibus, idest non lotis, manducare panes, vituperaverunt.* THEOPHYLACTUS (in princ. Comment.). Discipuli namque Domini instructi ea quae virtutis tantum sunt operari, non lotis manibus simpliciter comedebant. Pharisaei autem volentes occasionem invenire, hoc acceperunt; et non utique vituperabant eos, ut legis transgressores, sed quia traditiones seniorum transgrediebantur: unde sequitur: *Pharisaei enim, et omnes Judaei, nisi crebro laverint manus, non manducant, tenentes traditionem seniorum.* BEDA (cap. 29, non remote a princ.). Spiritualia enim Prophetarum verba carnaliter accipientes, quae illi de cordis, et operis castigatione praecipiebant, dicentes, Isai. 1: « Lavamini et mundi estote: » et ibid. 52: «Mundamini qui fertis vasa Domini, » isti de corpore solo lavando servabant. Superstitiosa ergo est hominum traditio, semel lotos ob manducandum panem crebrius lavare, et a foro, nisi baptizentur, non comedere. Sed necessarium est eos qui panem de caelo descendentem participare desiderant, crebro eleemosynis, lacrymis et aliis justitiae fructibus sua opera purgare. Necessarium etiam est inquinamenta, quae ex temporalibus negotiorum curis quisquam contraxerit, subsequenti bonorum cogitationum, et actuum permundet instantia. Frustra autem Judaei lavant manus, et a foro baptizantur, quamdiu contemnunt fonte abluit Salvatoris: in vanum baptisma servant vasorum qui corporum suorum et cordium negligunt abluere sordes.

Sequitur: *Et interrogabant eum Pharisaei et Scribae: Quare discipuli tui non ambulant juxta traditionem seniorum, sed communibus manibus manducant panem?* HIERONYMUS (1) super Matth. (cap. 15). Mira Pharisaeorum scribarumque stultitia. Dei Filium arguunt quare traditiones hominum et praecepta non servet. Commune autem hic (2) pro immundo ponitur: populus enim Judaeorum, partem Dei se esse jactitans, communes cibos vocat quibus omnes utuntur. HIERONYMUS (ibidem). Pharisaeorum autem superfluum latratum furca rationis obtundit, idest Moysi et Isaiae interpretatione (1), ut nos adversantes haereticos verbo Scripturae vincamus: unde sequitur: *At ille respondens ait: Bene prophetavit Isaias de vobis, hypocritae, sicut scriptum est. Populus hic labiis me honorat; cor autem eorum longe est a me.* CHRYSOSTOMUS (hom. 52 in Matth.). Quia enim non de legis transgressione, sed seniorum, discipulos accusabant, injuriose ipsos confundit, hypocritas vocans, quasi commendantes cum reverentia quadam id quod non conveniebat. Superaddit autem Isaiae Prophetae verbum, quasi de eis dictum; ac si diceret: Sicut hi de quibus dicitur, quod Deum labiis honorant, cor autem eorum ab eo longe est, in vanum pietatem custodire se dicunt, doctrinas hominum honorantes; ita et vos qui derelinquitis id quod interius curabile est, et justitiam colentes accusatis. HIERONYMUS (circ. princ. Comment. in cap. 7 Marc.). Traditio autem pharisaica in mensis, et vasis abscindenda est et tradenda: saepe enim traditionibus hominum mandata Dei cedunt: unde sequitur: *Derelinquentes mandata Dei, tenetis traditiones hominum, baptismata urceorum.* CHRYSOSTOMUS (hom. 52 in Matth. intr. princ. et med.). Ut autem eos arguat tamquam Dei reverentiam non servantes, propter traditionem a senioribus factam, divinis Scripturis oppositam, subjungit: *Moyses enim dixit: Honora patrem et matrem tuam; et, Qui maledixerit patri vel matri, morte moriatur.* BEDA (cap. 29 in Marc. ante med.). Honor in Scripturis non tantum in salutatione et officiis deferendis, quantum in eleemosyna ac munerum collatione sentitur: « Honora (inquit Apostolus 1 Tim. 5) « viduas quae vere viduae sunt. » CHRYSOSTOMUS (2). Tali autem existente divina lege, ac talibus ministris transgredientibus illatis, vos de levi divinum transgredimini praeceptum, observantes seniorum traditiones: unde sequitur: *Vos autem dicitis: Si dixerit homo patri aut matri: Corban, quod est donum, quodcumque ex me tibi proderit: supple, liber erit ab observatione praemissi mandati, unde sequitur: Et ultra non dimittitis eum quicquam facere patri suo aut matri.* THEOPHYLACTUS (inter princ. et med. Comm. in 7 cap. Marc.). Volentes

(1) *Al.* CHRYSOSTOMUS.
(2) *Al.* hoc.

(1) *Legit Nicolai* increpatione.
(2) Seu potius Victor Antiochenus ubi supra (*Ex edit. P. Nicolai*).

enim Pharisaei quae offerebantur comedere, instrue-
bant filios, quod cum peculia aliqua habebant, et
parentes haec peterent, responderent illis: Corban,
hoc est donum, quod a me petis, jam obtuli Domino: et ita haec non exquirerent, quasi Domino
oblata, idest ad salutem parentum proficua: et sic
decipiebant filios, ut parentes non honorarent, et
ipsi oblata devorarent. Hoc ergo Dominus exprobrat, eis, quia propter lucrum legem divinam transgrediebantur: unde sequitur: *Rescindentes verbum
Dei per traditionem vestram quam tradidistis. Et
multa similia hujusmodi facitis*, scilicet transgredientes praecepta Dei, ut observetis hominum traditiones. Chrysostomus (1) (hom. 52 in Matth.,
ante med.). Vel potest dici, quod Pharisaei juvenes
docebant, quod si quis pro injuria patri aut matri
illata munus offeret Deo, erat immunis, quasi Deo
dans munera quae patri debentur; et hoc dicentes
parentes honorari non permittebant. Beda (cap. 29 in
Marc.). Potest autem et hunc breviter habere sensum. Munus quod ex me est, tibi proderit. Compellitis, inquit, filios ut dicant parentibus suis:
Quodcumque donum oblaturus eram Deo, in tuos
consumo cibos, tibique prodest, o pater et mater; quasi dicant, non prodest; ut sic illi timentes accipere quod Deo videbant mancipatum, inopem magis vellent vitam ducere, quam edere de
consecratis. Hieronymus (circ. princ. Comm. in 7
cap. Marc.). Mystice autem discipulos non lotis
manibus manducare, futuram Gentium communionem significat. Munditia et baptisma pharisaicum
sterile est: communicatio non lota apostolica extendit palmites suos usque ad mare.

2. Chrysostomus (2). Judaeis considerantibus
corporalem munditiam legis, et de hac murmu-
rantibus, Dominus contrarium vult introducere:
unde dicitur: *Et advocans iterum turbam, dicebat
illis; Audite me omnes, et intelligite. Nihil est extra
hominem introiens in eum quod possit eum coinquinare; sed quae de homine procedunt, illa sunt
quae coinquinant hominem*; idest immundum faciunt.
Ea enim quae Christi sunt, intra hominem considerantur; ea vero quae legis sunt, magis cernuntur extra hominem; quibus quasi corporalibus crux
Christi finem in brevi dare debebat. Theophylactus
(Marc. 7, super *Nihil est extra hominem introiens
in eum*). Hoc autem Dominus dicit volens instrue-
re homines, quod observationes escarum, quas lex
commemorat, non oportet corporaliter intelligere;
et ex hoc intentionem legis eis manifestare incepit.
Chrysostomus. Subjungit autem: *Si quis habet aures audiendi, audiat*. Non enim manifeste aperuerat quae essent illa quae de homine procedebant,
et hominem coinquinant; et propter hoc verbum
Apostoli crediderunt quod aliud profundum prae-
dictus Domini sermo innueret: unde sequitur: *Et
cum introisset in domum a turba, interrogabant
eum discipuli ejus parabolam*. Parabolam autem
immanifestum sermonem vocabant. Theophylactus
(Marc. 7, in med.). Dominus autem prius increpat: unde sequitur: *Et ait illis: Sic et vos imprudentes estis?* Beda. Vitiosus enim est auditor qui
obscura manifeste, aut manifeste dicta obscure vult
intelligere. Theophylactus. Deinde Dominus mani-

festat id quod erat occultum, dicens: *Non intelligitis
quia omne extrinsecus introiens in hominem non
potest eum coinquinare?* Beda (cap. 29). Judaei
enim ad partem Dei jactantes. communes cibos
vocant quibus omnes homines utuntur, ut ostrea,
lepores, et hujusmodi animalia. Nec etiam idolothytum, inquantum cibus, et Dei creatura est, sed
daemonum invocatio hoc facit immundum (1). Et
causam subdit, dicens: *Quia non intrat in cor ejus.*
Animae locus principalis, juxta Platonem, in cerebro; sed, juxta Christum in corde est. Glossa. Dicitur ergo, *In cor ejus*, idest in mentem, quae est
principalis pars animae, ex qua tota hominis vita
dependet: unde secundum eam necesse est hominem
mundum, vel immundum aestimari; et sic ea quae
ad mentem non perveniunt, non possunt homini
immunditiam afferre. Cibi ergo quia ad mentem
non perveniunt, secundum suam naturam hominem
inquinare non possunt; sed inordinatus ciborum
usus, qui ex inordinatione provenit mentis, ad hominis immunditiam pertinet (2). Quod autem cibi
ad mentem non perveniant, ostendit per (3) id
quod subdit, dicens: *Sed in ventrem vadit, et in
secessum exit, purgans omnes escas.* Hoc autem
dicit, ne intelligatur quod inde ex cibis in corpore
maneat. Manet enim quod est necessarium ad corporis nutrimentum et augmentum; egreditur autem
quod est superfluum, quasi purgatio quaedam interius remanentis nutrimenti. Augustinus in lib. 83,
Quaest. (4) (quaest. 73). Quaedam enim sic accedunt ut etiam mutent, et mutentur; sicut et ipse
cibus amittens speciem suam, in corpus nostrum
vertitur, et nos refecti in robur (5) commutamur.
Sed et tenuissimus humor, cum in venis, et aliis
arteriis cocta fuerit esca et digesta, per occultos
meatus, quos graeci poros vocant, dilabitur, et in
secessum vadit. Beda (cap. 29, cir. fin.). Sic ergo
cibi non faciunt homines immundos, sed malitia,
quae operatur passiones ab interioribus proceden-
tes: unde sequitur: *Dicebat autem, quoniam quae
de homine exeunt, illa coinquinant hominem* (6),
Glossa (7). Cujus rationem significat cum subdit:
*Ab intus enim de corde hominis cogitationes malae
procedunt*. Et sic patet quod malae cogitationes ad
mentem pertinent, quae hic cor nominantur; secundum quam homo dicitur bonus vel malus, mundus vel immundus. Beda (cap. 29). Hinc autem
arguuntur qui cogitationes a diabolo immitti putant,
non ex propria nasci voluntate. Diabolus incentor,
et adjutor malarum cogitationum esse potest (8):
auctor esse non potest. Glossa. Ex malis autem
cogitationibus ulterius mali actus procedunt; de
quibus subdit: *Adulteria*, quae in violationi alieni

---

(1) *Licet omnia quae vidimus exempla sic habebant, tamen
P. Nicolai sub Theophylacte sic reponit.* Opponit prudens
lector et dicat: Quare igitur idolothytis non vescimur? Sciendum ergo, quod idolothytum per se immundum dici (*non*)
debet. Beda. Inquantum cibus et creatura Dei est; sed idolorum seu daemonum invocatio facit immundum. Et causam
subdit etc.
(2) *Al.* perveniat.
(3) *Al.* omittitur per.
(4) Colligitur ex quaest. 59 (*Ex edit. P. Nicolai*).
(5) *Al.* mutamur.
(6) *Al.* Chrysostomus.
(7) Quod subjungitur ex Glossa, non habetur in illa quae
nunc extat, ut nec aliud quod praemittitur superius; locum
tamen ex Augustino habet ut hic in textu, etsi absque indice loci (*Ex edit. P. Nicolai*).
(8) *Al.* et auctor.

---

(1) Colligitur potius ex Victore Antiocheno ubi supra (*Ex
edit. P. Nicolai*).
(2) Immo Victor Antiochenus ubi supra (*Ex edit. P.
Nicolai*).

tori consistunt, *fornicationes*, quae sunt illiciti coitus personarum matrimonio solutarum, *homicidia*, quibus in personas proximorum nocumentum infertur, *furta*, quibus res subtrahuntur, *avaritiae*, inquantum aliqua injuste retinentur, *nequitiae*, quae consistunt in proximorum calumniis, *dolus*, in eorum deceptione, *impudicitiae*, quantum ad quamlibet corruptionem mentis, vel corporis. THEOPHYLACTUS (Marc. 7, parum ante med.). *Oculus malus*, idest odium, et adulatio: nam qui odit, oculum malum, et invidum habet ad eum quem odit; et adulator non recto oculo videns quae sunt proximi, ad malum ipsum deducit: *blasphemiae*, idest injuriae in Deum: *superbia*, idest Dei contemptus, dum scilicet quis bonum quod operatur, non Deo, sed suae virtuti ascribit: *stultitia,* idest injuria in proximum. GLOSSA. Vel stultitia est cum non recte de Deo sentitur: contrariatur enim sapientiae, quae est divinarum rerum cognitio. Sequitur: *Omnia haec mala ab intus procedunt, et coinquinant hominem.* Hoc enim in culpam homini imputatur quod in sua potestate existit. Talia autem sunt quae procedunt ab interiori voluntate, per quam homo est suorum actuum dominus.

3. THEOPHYLACTUS (Marc. 7, a med. Comment.). Postquam de escis Dominus docuerat; videns incredulos esse Judaeos, fines ingreditur Gentium: Judaeis enim infidelibus existentibus, salus ad Gentes convertitur: unde dicitur: *Et inde surgens abiit in fines Tyri et Sidonis.* CHRYSOSTOMUS (1). Tyrus et Sidon loca Chananaeorum erant. Venit igitur ad eos Dominus, non tamquam ad propinquos, sed tamquam ad eos quibus nihil est commune ad patres, quibus promissio facta est: et ideo sic venit, ut adventus suus Tyriis et Sidoniis non appareret: unde sequitur: *Et ingressus domum neminem voluit scire:* nondum enim tempus advenerat ut cum Gentibus habitaret, et eas ad fidem adduceret: hujus enim tempus debitum erat post crucem, et resurrectionem. THEOPHYLACTUS (Marc. 7, a med.). Vel ideo clam ingreditur, ne occasionem Judaei sumerent contra eum, tamquam ad immundas gentes transisset.

Sequitur: *Et non potuit latere.* AUGUSTINUS de quaest. nov. et vet. testam. (2) (cap. 77). Si autem voluit, et non potuit (3), infirma voluntas ejus esse videtur. Impossibile est autem ut Salvatoris voluntas non impleatur, nec potest velle (4) quod scit fieri non debere; idcirco quod factum est, hoc voluisse dicendus est. Advertendum est autem, quod istud in finibus gestum est Gentilium, quibus adhuc tempus praedicandi non erat; ultro tamen venientes ad fidem non suscipere invidiae erat. Sic ergo factum est ut Salvator a discipulis proditus non esset, ab aliis tamen qui ingredientem domum viderant, proditus est, et incepit sciri quod esset in domo. A suis ergo noluit praedicari; requiri autem se voluit; et ita factum est. BEDA (cap. 30 in Marc.). Ingressus etiam domum praecepit discipulis ne se cuiquam in regione ignota quis esset aperirent, ut exemplo ejus discerent, quibus sanandi infirmos gratiam conferret, in exhibitione mira-

culorum humani favoris gloriam quantum possent declinare, nec tamen a pio virtutis opere cessare, quando hoc fieri vel fides bonorum juste mereretur, vel infidelitas pravorum necessario cogeret. Ipse enim suum illo introitum gentili feminae, et quibuscumque voluit publicavit. AUGUSTINUS de quaest. nov. et vet. testam. (quaest. 77). Denique mulier Chananaea audiens de illo intravit ad eum; quae nisi prius subjecisset se Deo, Judaeorum beneficium consecuta non esset: de qua sequitur: *Mulier enim statim ut audivit de eo, cujus filia habebat spiritum immundum, intravit, et procidit ad pedes ejus.* CHRYSOSTOMUS (1). Per hoc autem voluit Dominus discipulis ostendere quod etiam Gentibus aperuit ostium salutis: unde et mulieris genus describitur cum subditur: *Erat enim mulier gentilis Syrophaenissa genere,* idest de Syria Phoenicis.

Sequitur: *Et rogabat eum ut daemonium ejiceret de filia ejus.* AUGUSTINUS de conc. Evang. (lib. 2, cap. 49). Videtur autem afferre aliquam repugnantiae quaestionem, quia dicit in domo fuisse Dominum, cum ad illum venit mulier pro filia sua rogans. Sed quoniam Matthaeus dicit, cap. 15, discipulos Domino ita suggessisse: « Dimitte illam, « quoniam clamat post nos: » nihil aliud videtur significare quam post ambulantem Dominum mulierem illam deprecatorias voces emisisse. Quomodo ergo in domo, nisi quia intelligendum est dixisse quidem Marcum, quod intraverit ubi erat Jesus, cum eum praedixisset fuisse in domo? Sed quia Matthaeus ait: « Non respondit ei verbum » dedit agnoscere in eo silentio egressum fuisse Jesum de domo illa; atque ita cetera contexuntur, quae jam in nullo discordant.

Sequitur: *Qui dixit illi: Sine prius saturari filios.* BEDA (cap. 30, in med.). Quasi dicat: Futurum est ut etiam vos, qui de Gentibus estis, salutem consequamini; sed prius oportet Judaeos, qui merito antiquae dilectionis (2), filiorum Dei solent nomine censeri, pane caelesti refici; et sic tandem Gentibus vitae pabula ministrari.

Sequitur: *Non est bonum sumere panem filiorum et mittere canibus.* CHRYSOSTOMUS. Hoc autem verbum dixit: non quod in eo sit defectus virtutis ad benefaciendum omnibus, sed quia beneficium ejus distributum Judaeis, et Gentibus, communionem inter se non habentibus, provocationem magis operaretur. THEOPHYLACTUS (Marc. 7, a med. Comm.). Canes vocat Gentiles, tamquam a Judaeis sceleratos reputatos; panem vero dicit beneficium, quod filiis, idest Judaeis, Dominus promisit. Est ergo sensus, quod non decet Gentiles beneficii primo esse participes, quod Judaeis principaliter promissum est. Ideo autem Dominus non statim exaudit, sed gratiam differt, ut etiam ostendat mulieris fidem constantem, et ut discamus non statim deficere cum oramus, sed ut insistamus donec recipiamus. CHRYSOSTOMUS. Similiter etiam ut Judaeis ostenderet, quod non aequaliter eis dabat, et alienigenis sanitatem, et ut patefacta mulieris fide, magis patefieret infidelitas Judaeorum. Mulier enim non graviter tulit, sed vocem Domini cum multa reverentia confirmavit: unde sequitur: *At illa respondit, et dixit ei: Utique Domine: nam et catelli sub mensa de*

---

(1) Immo potius Victor Antiochenus, etsi non eadem serie sed quibusdam aliis interjectis (*Ex edit. P. Nicolai*).

(2) Nempe lib. 2, qui incipit *Deus perfectus est;* sed non est Augustini (*Ex edit. P. Nicolai*).

(3) *Al.* infirmata.

(4) *Al.* quod sic fieri non deberet.

(1) Et haec iterum ex Victore Antiocheno colliguntur, ut et illa quae inferius Chrysostomi titulum praeseferunt, non sunt in Chrysostomo (*Ex edit. P. Nicolai*).

(2) *Al.* electionis.

micis puerorum. Theophylactus (ubi supra). Quasi dicat: Judaei panem totum habent, scilicet descendentem de caelo, et tua etiam beneficia; ego micas postulo, scilicet modicam beneficii partem. Chrysostomus. Quod ergo in ordine canum se reputat, reverentiae est; quasi dicat: Pro gratia habeo etiam in numero canum esse, et non ab aliena sed a propria mensa comedere dominantis. Theophylactus (ibidem). Quia ergo mulier sapientissime respondebat, obtinuit quod optabat: unde sequitur: *Et ait illi etc.* Non dixit, Virtus mea te salvam fecit; sed *Propter hunc sermonem,* idest propter fidem tuam, quae hoc de sermone demonstratur: *vade exiit daemonium a filia tua.*

Sequitur: *Et cum abiisset in domum suam invenit puellam jacentem supra lectum, et daemonium exiisse.* Beda (cap. 30 in Marc. in fine illius). Propter humilem enim matris, fidelemque sermonem filiam deseruit daemonium: ubi datur exemplum catechizandi et baptizandi infantes: quia videlicet per fidem et confessionem parentum in baptismo liberantur a diabolo parvuli, qui necdum per se (1) sapere, vel aliquid agere boni possunt vel mali. Hieronymus (Marc. 7 ante medium Comm.). Mystice autem mulier gentilis quae pro filia rogat, est mater nostra Romana Ecclesia. Nata ejus daemoniaca barbarica est occidentalis natio; cujus fides fecit de cane ovem. Micas autem spiritualis intellectus, non panem infractum litterae sumere cupit. Theophylactus (Marc. 7 a med. Comment.). Unusquisque etiam nostrum cum peccat mulier est anima ejus. Infirmam vero filiam habet haec anima actus pravos; quae filia daemonium habet: nam actus pravi daemonum sunt. Peccatores autem existentes nuncupantur catuli impleti immunditiis. Propter quod non sumus digni panem Dei recipere, aut participes fieri immaculatorum mysteriorum Dei. Si vero cognoscentes nosmetipsos per humilitatem esse catulos, confiteamur peccata nostra, tunc sanabitur filia, scilicet operatio prava.

4. Theophylactus (a medio Comm.). In Gentilium locis moram Dominus facere non volebat, ne occasionem Judaeis daret ut transgressorem legis eum aestimarent, quod se Gentibus admiscebat; et ideo confestim revertitur: unde dicitur: *Et iterum exiens de finibus Tyri, venit per Sidonem ad mare Galilaeae inter medios fines Decapoleos.* Beda (cap. 31, in princ.). Decapolis est regio decem urbium trans Jordanem ad orientem contra Galilaeam. Quod ergo dicitur quod Dominus *venit ad mare Galilaeae inter medios fines Decapoleos,* non ipsos fines Decapolis intrasse significat, neque enim mare navigasse dicitur: sed potius ad mare usque venisse, atque ad ipsum pervenisse locum qui medios fines Decapolis longe trans mare positos respiciebat.

Sequitur: *Et adducunt ei surdum et mutum, et deprecabantur eum ut imponat illi manum.* Theophylactus (Marc. 7 aliq. ante finem Comment.). Quod recte post daemoniaci liberationem ponitur: ex daemonio enim talis passio erat.

Sequitur: *Et apprehendens eum de turba seorsum, misit digitos suos in auriculam ejus.* Chrysostomus (2). Seorsum a turba oblatum surdum, et

mutum (1) apprehendit, ut divina miracula non faceret manifeste, instruens nos vanam gloriam ejicere, et tumorem: nihil enim est ex quo aliquis sic miracula operetur, sicut si humilitatem colat, et modestiam sequatur. Misit vero digitos in auriculam, potens verbo sanare, ut ostenderet quod divina virtute ditatum (2) erat corpus divinitati unitum, et operatio ejus. Quia enim propter transgressionem Adae, natura humana multam incurrerat passionem, ac membrorum, et sensum laesionem, veniens Christus in seipso perfectionem demonstravit humanae naturae; et propter hoc digitis aures aperuit, et sputo loquelam dedit: unde sequitur: *Et expuens tetigit linguam ejus.* Theophylactus (Marc. 7 non remote a fin. Comm.). Ut scilicet ostenderet quod omnia membra sacri corporis ejus divina existunt et sancta; sicut et sputum, quod vinculum linguae dissolvit. Etenim omne sputum superfluitas est; sed in Domino omnia divina fuerunt.

Sequitur: *Et suspiciens in caelum ingemuit, et ait: Ephphetha, quod est adaperire.* Beda (cap. 31, a med.). Suspexit quidem in caelum, ut inde mutis loquelam, inde auditum surdis, inde cunctis infirmantibus medelam doceret esse quaerendam. Ingemuit autem, non quia ipsi opus esset cum gemitu aliquid petere a Patre, qui cuncta petentibus donat cum Patre; sed ut nobis gemendi daret exempla, cum vel pro nostri, vel pro nostrorum erratibus proximorum supernae pietatis praesidia invocamus. Chrysostomus (3). Simul etiam ingemuit, nostram causam suscipiens in seipso, et naturae misertus humanae, videns miseriam in quam humanum genus inciderat. Beda (cap. 31, a med.). Quod autem ait, *Ephphetha,* idest adaperire ad aures proprie pertinet: aures enim ad audiendum aperiendae, lingua vero, ut loqui posset, a retinaculis erat suae tarditatis solvenda: unde sequitur: *Et statim apertae sunt aures ejus, et solutum est vinculum linguae ejus, et loquebatur recte*: ubi utraque natura unius et ejusdem Christi manifeste distincta est. Suspiciens quidem in caelum, quasi homo Deum deprecatus ingemuit, sed mox uno sermone quasi potens divina majestate curavit.

Sequitur: *Et praecepit illis ne cui dicerent.* Hieronymus (Marc. 7 circa finem Comment.). Per quod non in virtutibus gloriandum esse docuit; sed in cruce et humiliatione. Chrysostomus (4). Praecepit etiam miraculum occultare, ne ante tempus accenderet Judaeos ad homicidium per invidiam perpetrandum. Hieronymus (in fin. Comment. in 7 cap. Marc.). Civitas autem in monte posita, undique circumspecta abscondi non potest et humilitas semper praecedit gloriam: unde sequitur: *Quanto autem eis praecipiebat, tanto magis plus praedicabant.* Theophylactus (in finem Comment.). Docemur autem ex hoc cum alicui beneficia elargimur, minime applausus, et laudes petere; cum vero accepimus beneficia, benefactores praedicare et laudare, quamvis nolint. Augustinus de conc. Evang. (5)

---

(1) *Al.* nec de se etc.
(2) *In citata Nicolini editione ad marginem legitur:* Haec habet Theophylactus.

(1) Quod subjungitur ex Chrysostomo, est Victor Antiochenus ubi supra, verbis paululum immutatis (*Ex edit. P. Nicolai*).
(2) *Al.* dicatum.
(3) Immo Victor Antiochenus ubi supra, cum ante dicta mutatione, ac alia serie (*Ex edit. P. Nicolai*).
(4) Et hoc iterum ex Victore Antiocheno colligitur, ut supra (*Ex edit. P. Nicolai*).
(5) In Augustino non occurrit; sed apud Bedam, etsi absque ullo nomine refert Glossa (*Ex edit. P. Nicolai*).

(lib. 4 cap. 4). Si autem sciebat eos (sicut ille qui notas habebat et praesentes et futuras hominum voluntates) tanto magis praedicaturos, quanto magis ne praedicarent eis praecipiebat; ut quid haec praecipiebat; nisi pigris volebat ostendere quanto gaudiosius (1), quanto ferventius eum praedicare debeant, quibus jubet ut praedicent, quando illi qui prohibebantur, tacere non poterant? GLOSSA (2). Ex praedicatione autem salvatorum a Christo, crescebat admiratio turbarum, et confessio beneficiorum Christi: unde sequitur: *Et eo amplius admirabantur dicentes: Bene omnia fecit*, hoc scilicet, *surdos fecit audire: et mutos loqui*. HIERONYMUS (super *Et iterum exiens de finibus.*). Mystice autem Tyrus interpretatur angustia, et significat Judaeam, cui Dominus dicit Isai. 28: « Coangustatum est stratum; » a qua transfert se ad gentes alias. Sidon venatio interpretatur. Fera autem indomita nostra natio est, et mare, quod fluctuosa volubilitas est. Inter medios autem fines Decapoleos, quod interpretatur decalogi mandata, Salvator ad salvandas Gentes venit. Genus autem humanum per multa membra, quasi unus homo varia peste absumptus, enume-

(1) *P. Nicolai ponit* studiosius.
(2) Quod ex Glossa subjungitur non est in illa quae nunc extat (*Ex edit. P. Nicolai*).

ratur in protoplasto: caecatur dum male vidit, surdus fit cum audit, obmutescit cum loquitur. Deprecantur autem eum, ut imponat illi manum, quia incarnatum fore Dominum multi justi et Patriarchae cupiebant et optabant. BEDA (cap. 31, in Marc.). Vel surdus, et mutus est qui nec aures audiendi verba Dei habet, nec os aperit pro loquendis; quales necesse est ut hi qui loqui jam, et audire divina eloquia didicerunt, Domino sanandos offerant. HIERONYMUS. Seorsum autem semper a turbulentis cogitationibus, et actibus inordinatis, sermonibusque incompositis educitur qui sanari meretur. Digiti autem, qui in aures mittuntur, verba, vel dona Spiritus sunt, de quo dicitur Exod. 8: « Digitus Dei est hic. » Sputum autem divina sapientia est, quae solvit vinculum labiorum humani generis, ut dicat: « Credo in Deum Patrem « omnipotentem, » et reliqua. Suspiciens autem in caelum ingemuit, idest gemere nos docuit, et in caelum thesauros nostri cordis erigere: quia per gemitum compunctionis intimae frivola laetitiae carnis purgatur. Apertae sunt autem aures ad hymnos et cantica et psalmos. Solvit linguam, ut eructet verbum bonum, quod non possunt nec verbera (1) cohibere.

(1) *Nicolai legit* verba.

CAPUT OCTAVUM.

1. In diebus illis iterum cum turba multa esset cum Jesu, nec haberent quod manducarent, convocatis discipulis ait illis: Misereor super turbam: quia ecce jam triduo sustinent me, nec habent quod manducent. Et si dimisero eos jejunos in domum suam, deficient in via: quidam enim ex eis de longe venerunt. Et responderunt ei discipuli sui: Unde illos quis poterit hic saturare panibus in solitudine ? Et interrogavit eos, Quot panes habetis? Qui dixerunt, Septem. Et praecepit turbae discumbere super terram: et accipiens septem panes, gratias agens fregit, et dabat discipulis suis ut apponerent; et apposuerunt turbae. Et habebant discipulos paucos; et ipsos benedixit, et jussit apponi. Et manducaverunt, et saturati sunt: et sustulerunt quod superaverat de fragmentis septem sportas: erant autem qui manducaverant quasi quatuor millia: et dimisit eos.

2. Et statim ascendens navim cum discipulis suis, venit in partes Dalmanutha. Et exierunt Pharisaei, et coeperunt conquirere cum eo, quaerentes ab illo signum de caelo, tentantes eum. Et ingemiscens spiritu, ait: Quid generatio ista signum quaerit? Amen dico vobis, si dabitur generationi isti signum. Et dimittens eos, ascendit iterum navim, et abiit trans fretum. Et obliti sunt panem sumere, et nisi unum panem non habebant secum in navi. Et praecipiebat eis dicens: Videte et cavete a fermento Pharisaeorum et fermento Herodis. Et cogitabant ad alterutrum, dicentes, Quia panes non habemus. Quo cognito, ait illis Jesus: Quid cogitatis, quia panes non habetis? Nondum cognoscitis, nec intelligitis? Adhuc caecatum habetis cor vestrum? Oculos habentes non videtis et aures habentes non auditis? Nec recordamini quando quinque panes fregi in quinque millia, et quot cophinos fragmentorum plenos sustulistis? Dicunt ei, Duodecim. Quando et septem panes in quatuor millia, quot sportas fragmentorum tulistis? Et dicunt ei, Septem. Et dicebat eis: Quomodo nondum intelligitis?

3. Et veniunt Bethsaidam, et adducunt ei caecum, et rogabant eum ut illum tangeret. Et apprehensa manu caeci,

eduxit eum extra vicum, et expuens in oculos ejus, impositis manibus suis interrogavit eum si aliquid videret. Et aspiciens ait: Video homines velut arbores ambulantes. Deinde iterum imposuit manus super oculos ejus; et coepit videre, et restitutus est, ita ut clare videret omnia. Et misit illum in domum suam, dicens: Vade in domum tuam, et si in vicum introieris, nemini dixeris.

4. Et ingressus est Jesus, et discipuli ejus castella Caesareae Philippi; et in via interrogabat discipulos suos, dicens eis: Quem me dicunt esse homines? Qui responderunt illi dicentes: Alii Joannem Baptistam, alii Eliam, alii vero quasi unum de Prophetis. Tunc dicit illis: Vos vero quem me esse dicitis? Respondens Petrus ait ei: Tu es Christus. Et comminatus est eis, ne cui dicerent de illo. Et coepit docere eos, quoniam oportet Filium hominis pati multa, et reprobari a senioribus et a summis sacerdotibus et Scribis, et occidi, et post tres dies resurgere: et palam verbum loquebatur. Et apprehendens eum Petrus, coepit increpare eum: Domine propitius esto tibi: nam hoc non erit. Qui conversus, et videns discipulos suos, comminatus est Petro, dicens: Vade retro me satana, quoniam non sapis quae Dei sunt, sed quae sunt hominum.

5. Et convocata turba cum discipulis suis, dixit eis: Si quis vult me sequi, deneget semetipsum, et tollat crucem suam, et sequatur me. Qui enim voluerit animam suam salvam facere, perdet eam; qui autem perdiderit animam suam propter me, et Evangelium, salvam faciet eam. Quid enim proderit homini, si lucretur totum mundum, et detrimentum animae suae faciat? Aut quid homo commutationis dabit pro anima sua? Qui enim me confessus fuerit, et verba mea in generatione ista adultera, et peccatrice, et Filius hominis confitebitur eum cum venerit in gloria Patris sui cum Angelis sanctis. Et dicebat illis: Amen dico vobis, quia sunt quidam de hic stantibus qui non gustabunt mortem donec videant regnum Dei venientis in virtute.

1. TEOPHYLACTUS (in princ. Comm. in 8 cap. Marc.). Postquam Dominus superius miraculum de multiplicatione panum perpetrasset, nunc iterum occasione habita congruenti, adducit simile mira-

culum operari: unde dicitur: *In diebus illis: iterum cum turba esset cum Jesu, nec haberent quod manducarent, convocatis discipulis ait illis. Misereor super turbam: quia ecce jam triduo sustinent me, nec habent quod manducent.* Non enim semper circa alimenta miracula faciebat, ne propter cibum ipsum sequerentur. Et nunc igitur hoc miraculum non fecisset, nisi quia videbat turbis periculum imminere: unde sequitur: *Et si dimisero eos jejunos in domum suam, deficient in via: quidam enim ex eis de longe venerunt.* BEDA (cap. 32, sup. illud, *Misereor*). Quare triduo sustinent de longe venientes: Matthaeus plenius dicit sic cap. 15: « Et « ascendens in montem sedebat; et accesserunt ad « eum turbae multae, habentes multos infirmos, « et projecerunt eos ad pedes ejus, et curavit eos. » THEOPHYLACTUS (Marc. 8, in princ. Comment.). Discipuli adhuc non intelligebant, nec virtuti ejus propter priora miracula credebant: unde sequitur: *Et responderunt ei discipuli sui: Unde istos quis poterit hic saturare panibus in solitudine?* Ipse autem Dominus non eos vituperat, ex hoc instruens nos quod non debemus ignorantibus et non intelligentibus graviter irasci, sed eorum ignorantiae compati: unde sequitur: *Et interrogavit eos, Quot panes habetis? Qui dixerunt, Septem.* REMIGIUS super Matth. Non ideo interrogavit, quia ignoraret quot haberent; sed ut dum illi respondent, *Septem,* quo pauciores essent, eo magis miraculum diffamaretur, et notius fieret. Sequitur. *Et praecepit turbae discumbere super terram.* In superiori refectione supra fenum discubuisse dicuntur; hic vero super terram. Sequitur: *Et accipiens septem panes, gratias agens fregit.* In eo quod gratias egit, nobis reliquit exemplum ut de omnibus donis nobis caelitus collatis, illi gratias referamus. Et notandum, quia Dominus panes non dedit turbae, sed discipulis, discipuli autem dederunt turbis: sequitur enim: *Et dedit discipulis suis ut apponerent; et apposuerunt turbae.* Non solum panes, sed et pisciculos benedicens jussit apponi: sequitur enim: *Et habebat pisciculos paucos; et ipsos benedixit, et jussit apponi. Et manducaverunt, et saturati sunt.* BEDA (cap. 32 in Marc. in princ.). In hac ergo lectione consideranda est in uno eodemque Redemptore nostro distincta operatio divinitatis et humanitatis, atque Euthychetis error, qui unam tantum in Christo operationem dogmatizare praesumit, procul a chistianis finibus expellendus. Quis enim non videat hoc, quod super turbam misereretur Dominus, affectum esse, et compassionem humanae fragilitatis? Quod autem septem panibus et pisciculis paucis quatuor millia hominum satiavit, divinae opus est virtutis.

Sequitur: *Et sustulerunt quod superaverat de fragmentis septem sportas.* THEOPHYLACTUS (Marc. 8, sup. *Sustulerunt septem sportas*). Turbae comedentes et saturatae non secum tollunt panum reliquias, sed ipsas discipuli sustulerunt, sicut et superius cophinos: in quo secundum historiam discimus quoniam oportet nos his quae sufficiunt esse contentos, et non quaerere ultra. Deinde numerus manducantium describitur cum dicitur: *Erant autem qui manducaverant quasi quatuor millia: et dimisit eos.* Ubi considerandum est, quod Christus neminem jejunum dimittit: omnes enim vult sua gratia enutriri. BEDA (cap. 32, paulo a princ.). Hoc vero typice inter hanc refectionem et illam quinque panum, ac duorum piscium distat, quod ibi littera veteris testamenti spirituali gratia plena significata est; hic autem veritas, et gratia novi testamenti fidelibus ministranda monstrata est. Turba

autem triduo Dominum sustinet propter sanationem infirmorum, ut Matthaeus narrat, cum electi in fide sanctae Trinitatis pro peccatis perseveranti instantia supplicant. Vel quia ad Dominum se opere, locutione, atque cogitatione convertunt. THEOPHYLACTUS (Marc. 8, non procul a princip.). Vel per eos qui per triduum expectant, significat baptizatos. Baptismum enim illuminatio dicitur, et trina submersione perficitur. GREGORIUS 1 Moral. (cap. 9, sup. « *Et filii ejus ibant, et faciebant convivia:* » cap. 8, in novis exemp.) Non vult autem eos jejunos dimittere, ne deficiant in via: oportet enim quod in praedicatione verbum consolationis accipiant, ne a veritatis pabulo jejuni remanentes in hujus vitae labore succumbant. AMBROSIUS super Lucam (1). Bonus quidem Dominus studia exigit, vires ministrat, non vult jejunos dimittere, ne deficiant in via; hoc est vel in istius cursu vitae, vel antequam ad caput viae perveniant, scilicet ad Patrem, et intelligant quod ex Patre Christus est: ne forte cum acceperint, quod natus ex Virgine est, incipiant non Dei virtutem, sed hominis aestimare. Dividit ergo escas Dominus Jesus, et ille quidem vult dare omnibus, negat nemini, dispensator est omnium; sed cum ille panes frangat, ut det discipulis: si tu manus tuas non extendas ut accipias tibi escas, deficies in via, nec poteris in eum culpam referre qui miseretur, et dividit. BEDA (cap. 32, super *Quidam ex eis de longe venerunt*). Qui vero post carnis flagitia, post furta, violentias, et homicidia ad poenitentiam redeunt, ad Dominum de longinquo veniunt. Quanto enim quisque plus in pravo opere erravit, tanto ab omnipotente Deo longius recessit; et credentes de Gentibus de longe venerunt ad Christum; Judaei vero de prope, qui legit, et Prophetarum erant litteris edoctis ex illo. Supra autem in refectionis quinque panum turbae super fenum viride discumbebant, hic autem super terram: quia per Scripturam legis desideria carnis comprimere jubemur; in novo autem testamento ipsam quoque terram, ac facultates temporales relinquere praecipimur. THEOPHYLACTUS (aliq. a princ. Commen. 8 cap). Septem autem panes sunt spirituales sermones: nam septenarius numerus Spiritus sancti significativus est, qui perficit omnia: in septenario enim numero dierum nostra vita perficitur HIERONYMUS (in princ. Comment. in 8, cap. Marc.). Vel septem panes dona sunt Spiritus sancti, fragmenta panum mystici intellectus sunt hujus septimanae. BEDA (cap. 32, a med. illius). Quod enim Dominus panes fregit, apertionem significat sacramentorum, quod gratias egit, ostendit quantum de salute humani generis congaudeat; quod panes discipulis dedit ut turbae apponerent, significat quia spiritualis dona scientiae tribuit Apostolis, et per eorum ministerium voluit Ecclesiae suae vitae (2) cibaria distribui. HIERONYMUS (Marc. 8, paulo a princ. Comment). Pisciculi benedictis, libri sunt novi testamenti: quoniam piscis assi partem Dominus resurgens postulat: vel in pisciculis sanctos accipimus (3), quorum Scriptura novi testamenti fidem, vitam et passiones continet; qui e turbulentis hujus saeculi refectionem fluctibus erepti, nobis in-

(1) Cap. 9, super illud nimirum *Accedentes dixerunt, Dimitte turbas, ut escas inveniant:* non tamen hac eadem serie, sed aliis pluribus interjectis (*Ex edit. P. Nicolai*).

(2) *Al. omittitur* vitae.

(3) *Al.* accepimus.

ternam exemplo suo praebuerunt. Beda (cap. 32). Quod autem turbis saturatis supererat, Apostoli tollunt: quia altiora perfectionis praecepta, quae turba nequit attingere, ad illos pertinent qui generalem populi Dei conversationem transcendunt; et tamen turba saturata esse memoratur: quia etsi sua relinquere nequeant, neque explere, quod de virginibus dicitur; tamen audiendo mandata legis Dei ad vitam perveniunt aeternam. Hieronymus (par. a princ. Commen. in 13 cap. Marc.) Septem autem sportae, septem Ecclesiae, Quatuor millia, annus est novi testamenti, cum quatuor temporibus. Bene etiam quatuor millia sunt, ut ipso numero docerent evangelicis se pastos esse cibariis. Theophylactus (al. a princ. Commen. in 8 cap. Marc.). Vel quatuor millia sunt, idest quatuor virtutibus perfectis; et propter hoc veluti fortiores plura comedentes, pauciora relinquerunt. In isto enim miraculo septem sportae remanent, in miraculo autem quinque panum duodecim cophini: quia quinque millia erant, idest quinque sensibus servientes, et propter hoc non potuerunt comedere, sed pauci contenti fuerunt: unde multae superabundant (1) reliquiae fragmentorum.

2. Theophylactus (sup. *Et mox ingressus est in navim*). Postquam Dominus operatus est miraculum panum, statim in alium secedit locum, ne propter miraculum, ipsum turbae caperent, ut facerent Regem: unde dicitur: *Et statim ascendens navim cum discipulis suis, venit in partes Dalmanutha.* Augustinus de cons. Evang. (lib. 2, cap. 51). In Matthaeo autem cap. 16, legitur, quod « venit in fines « Magedam: » Non autem dubitandum est eumdem locum esse sub utroque nomine: nam plerique codices non habent, etiam secundum Marcum, nisi *Magedam.*

Sequitur: *Et exierunt Pharisaei, et coeperunt conquirere cum eo, quaerentes ab illo signum de caelo, tentantes eum.* Beda (cap. 33, parum a princ.). Pharisaei siquidem signum quaerunt de caelo, ut qui multa hominum millia secundo de paucis panibus saturavit, nunc in exemplo Moysi, manna caelitus misso, et per omnia passim disperso, populum omnem in ultimo tempore reficiat: quod in Evangelium Joannis quaerunt dicentes cap. 6: « Quod « signum facis, ut videamus et credamus tibi ? Pa- « tres nostri manducaverunt manna in deserto. sicut « scriptum est: Panem de caelis dedit eis, mandu- « care. » Theophylactus (Marc. 8, super *Quaerentes signum*). Vel quaerunt signum de caelo, scilicet ut solem et lunam sisteret, grandinem peteret, et aerem immutaret. Credebant enim quod de caelo signa facere non poterat, sed quod in Belzebub solum poterat facere signum in terra. Beda. (cap. 33). Sicut autem turbam supra credentem refecturus gratias agebat, ita nunc ob stultam pharisaeorum petitionem gemit: quia humanae naturae circumferens affectus, sicut de hominum salute laetatur, ita super eorum dolet erroribus: unde sequitur: *Et ingemiscens spiritu ait: Quid generatio ista signum quaerit ? Amen dico vobis, si dabitur generationi isti signum*: idest, non dabitur, juxta illud in Psalmo 88: « Semel juravi in sancto meo, si « David mentiar; » idest, non mentiar David. Augustinus de cons. Evang. (lib. 2, cap. 51). Non autem moveat quod Marcus non dicit responsum

esse quaerentibus signum de caelo idem quod Matthaeus de Jona; sed ait Dominum respondisse, *Signum non dabitur ei*: intelligendum est enim quale petebant, hoc est de caelo. Praetermisit autem dicere de Jona, quod Matthaeus commemoravit. Theophylactus (ubi supra). Ideo autem eos Dominus non exaudit, quia aliud est tempus signorum caelestium, scilicet tempus adventus secundi, cum virtutes caelorum commovebuntur, et luna non dabit lumen suum. Tempore autem primi adventus non fiunt talia, sed omnia mansuetudine plena. Beda (cap. 33, ante med) Non etiam dandum erat caeleste signum generationi tentantium Dominum. Ceterum generationi quaerentium Dominum signum de caelo ostendit, quando cernentibus Apostolis ascendit in caelum.

Sequitur: *Et dimittens eos, ascendit iterum navim, et abiit trans fretum.* Theophylactus (sup. illud, *Et relictis illis*). Dimittit quidem Dominus, pharisaeos quasi incorrectos: nam ubi spes est correctionis, ibi morandum est; ubi vero malum incorrigibile est, inde recedendum.

Sequitur: *Et obliti sunt panem sumere et nisi unum panem non habebant secum in navi.* Beda (cap. 33, in med.) Quaerit autem aliquis: Quomodo panes non habebant qui statim impletis septem sportis ascenderunt in naviculam? Sed Scriptura testatur, quod obliti sunt eos secum tollere: quod indicium est quam modicam carnis curam haberent in reliquis, quibus ipsa reficiendi corporis necessitas intentione dominici (1) comitatus mente excesserat. Theophylactus (super *Obliti sunt sumere panes*). Dispensative etiam panes sumere discipuli sunt obliti, ut reprehensi a Christo, fierent meliores, et ad virtutis Christi notitiam pervenirent: sequitur enim: *Et praecipiebat eis, dicens: Videte, et cavete a fermento Pharisaeorum, et fermento Herodis.* Chrysostomus. (2). Matthaeus dicit cap. 16: « A « fermento Pharisaeorum et Sadducaeorum; (3) » Lucas vero cap. 12, Pharisaeorum solum. Tres ergo Pharisaeos nominant, quasi principales (4); Matthaeus vero et Marcus sibi secundarios diviserunt. Congrue autem Marcus posuit *Herodis*, quasi relictis a Matthaeo herodianis in supplementum narrationis ipsius. Hoc autem dicens, paulatim inducit discipulos ad sensum et fidem. Theophylactus (super *Cavete a fermento Pharisaeorum*), Fermentum Pharisaeorum et herodianorum vocat doctrinam eorum, quasi damnosam et corruptivam et malitia veteri plenam. Herodiani enim doctores erant, qui Herodem Christum esse dicebant. Beda (cap. 33, in Marc. a med illius). Vel fermentum Pharisaeorum est decreta legis divinae traditionibus hominum postponere legem verbis praedicare, et factis impugnare; Dominum tentare, doctrinae ejus, aut operibus non credere. Fermentum autem Herodis est adulterium, homicidium, temeritas jurandi, simulatio religionis, et odium in Christum et praecursorem ejus. Theophylactus (parum ante med. Comment). Ipsi autem discipuli de fermento panum dixisse Dominum putaverunt: unde sequitur

---

(1) *Al.* superabundabant.

(1) *Al.* Domini.
(2) Et hic Chrysostomus Victori Antiocheno substituitur (*Ex edit.* P. Nicolai).
(3) P. Nicolai *hic addit* Marcus vero *Pharisaeorum et Herodis.*
(4) *Idem legit* Tres ergo illi Evangelistae Pharisaeos nominarunt, quasi principales etc.

Et cogitabant ad alterutrum, dicentes, Quia panes non habemus. Hoc autem dicebant, quasi non intelligentes Christi virtutem, quod poterat panes facere ex non ente: unde Dominus eos reprehendit: sequitur enim: Quo cognito Jesus ait illis: Quid cogitatis, quia panes non habetis? BEDA (cap. 33, non procul a fine). Per occasionem autem praecepti quod Salvator jusserat, dicens: Cavete a fermento Pharisaeorum et fermento Herodis: docet eos quid significent quinque panes, et septem, de quibus subdit: Nec recordamini quando quinque panes fregi ? etc. Si enim fermentum praedictum traditiones perversas significaret; quare cibi quibus nutritus est populus Dei, non veram doctrinam significent ?

3. GLOSSA (1). Post refectionem turbarum Evangelista de illuminatione caeci subjungit, dicens: Et veniant Bethsaidam et adducunt ei caecum, et rogabant eum ut illum tangeret. BEDA (cap. 34, in princ.). Scientes quia tactus Domini sicut leprosum mundare, ita caecum illuminare valeret.

Sequitur: Et apprehensa manu caeci, eduxit eum extra vicum. THEOPHYLACTUS (parum ante med. Comm.). Videtur namque Bethsaida multa infidelitate fuisse infecta: unde Dominus exprobrat ei Matth. 11: « Vae tibi Bethsaida: quia si in Tyro, « et Sidone factae essent virtutes quae factae sunt « in vobis, olim in cilicio et cinere poenitentiam « egissent. » In hac ergo adductum caecum extra vicum educit: non enim erat vera adducentium fides.

Sequitur: Et expuens in oculos ejus, impositis manibus suis, interrogavit eum si aliquid videret. CHRYSOSTOMUS (2). Spuit quidem, et manus imponit caeco, volens ostendere quod verbum divinum operationi adjunctum mirabiliter proficit. Manus enim operationis est ostensiva, sputum vero sermonis ex per prolati. Interrogat autem si aliquid videret; quod in aliis sanatis non fecit, significans propter imperfectam adducentium fidem, ac ipsius caeci, oculos ejus non esse omnino apertos: unde sequitur: Et aspiciens ait: Video homines velut arbores ambulantes. Quia enim in infidelitate adhuc detinebatur, obscure se videre homines declarabat. BEDA (cap. 34, a med.). Formam quidem corporum inter umbras aspiciens, sed nulla membrorum lineamenta, visu adhuc caligante, discernere valens, quales condensae arbores a longe spectantibus, vel in luce nocturna solent apparere; ita ut non facile arbor, an homo sit, possit dignosci. THEOPHYLACTUS (circ. med. Comment.). Ideo autem non statim eum perfecte (3) facit videre, sed in parte, quia non perfectam fidem habebat: nam secundum fidem datur medela. CHRYSOSTOMUS (4). Deducit autem eum ab initio sensus reddidi in fidei apprehensionem; et sic fecit eum perfecte videre: unde sequitur: Deinde iterum imposuit manus super oculos ejus et coepit videre. Et postea subjungit: Et restitutus est, ita ut clare videret omnia; sensus scilicet, et intellectu perfecte curatus.

Sequitur: Misit eum in domum suam; dicens: Vade in domum tuam; et si in vicum introieris, nemini dixeris. THEOPHYLACTUS (ubi supra). Hoc quidem praecepit ei, quia infideles erant, ut dictum est, ne forte ab eis in anima laederetur, et ipsi non credentes gravius crimen incurrant. BEDA super Lucam (cap. 34, in fine). Vel exemplum suis tribuit ne de his quae faciunt mirandis, favorem vulgi requirant (1). Mystice autem Bethsaida domus, vallis interpretatur, idest mundus, qui est vallis lacrymarum. Adducunt autem ad Dominum caecum; idest qui non videt quid fuit, quid est, et quid erit. Rogant illum, ut eum tangeret. Quis enim est qui tangitur, nisi qui compungitur? BEDA (cap. 34, inter princ. et med.). Tangit enim nos Dominus cum mentem (2) afflatu sui spiritus illustrat, atque ad agnitionem nos propriae infirmitatis, studiumque bonae actionis accendit. Apprehendit manum caeci, ut eum ad executionem bonae operationis confortaret. HIERONYMUS. Et eduxit eum extra vicum, idest vicinitatem malorum. Expuit autem in oculos ejus ut videant voluntatem Domini per flatum Spiritus sancti. Impositis autem manibus interrogat eum si videret: quia per opera Domin. videtur majestas ejus. BEDA (cap. 34, circ. med.), Vel expuens in oculos caeci imponit manus suas ut videat: quia caecitatem humani generis et per invisibilia dona, et per sacramenta assumptae humanitatis extersit. Sputum etiam, quod de capite hominis procedit, gratiam Spiritus sancti designat. Sed quem uno verba totum simul curare poterat, paulatim curat, ut magnitudinem humanae caecitatis ostendat, quae vix et quasi per gradus ad lucem redeat: et gratiam suam nobis indicat, per quam singula perfectionis incrementa adjuvat. Quisquis autem ita longi temporis obscuritate depressus est, ut inter bonum et malum discernere nesciat, quasi ambulantes homines instar arborum cernit, quia facta multitudinis absque luce (3) discretionis videt. HIERONYMUS (super Et aspiciens ait). Vel videt homines velut arbores, quia omnes homines existimat se superiores. Iterum autem manus posuit super oculus ejus, ut videret clare omnia; idest, per opera visibilia intelligeret et quae oculus non vidit, et clarum animae suae statum post rubiginem peccati, mundi cordis oculo contueretur (4), Misit eum in domum suam, idest in (5) cor suum, ut videret in se quod ante non vidit. Non enim putat homo desperans de salute omnino posse quod illuminatus facile potest perficere. THEOPHYLACTUS (circ. med. Comment,). Vel postquam sanavit, mitti in domum: nam domus uniuscujusque nostrum, caelum est, et mansiones quae sunt in eo. HIERONYMUS (super Et si in vicum introieris). Dicit autem ei: Et si in vicum introieris, nemini dixeris; idest, vicinis caecitatem tuam semper enarra, non virtutem.

4. THEOPHYLACTUS (par. a med. Comment.).

---

(1) Nihil tale in Glossa quae nunc extat (Ex edit. P. Nicolai).

(2) Immo potius Victor Antiochenus ubi supra, sed verbis paululum immutatis; et similia quoque Theophylactus habet De Theophylacto notatum pridem fuerat in editione Nicolini (Ex edit. P. Nicolai).

(3) Nicolai habet per fidem.

(4) Sive iterum Victor Antiochenus cum ante dicta mutatione, non sensus quidem, sed verborum (Ex edit. P. Nicolai).

(1) HIERONYMUS idest Auctor Commentarii super Marcum qui sub Hieronymi nomine circumfertur, et cujus verbi prius notabantur ex Beda. Sed quod hic Bethsaida interpretatur domus vallis, a vero Hieronymo de Nominibus Hebraicis in Matth. aliter explicatur, nempe vel Domus frugum, vel Domus venatorum, ut et eadem modo apud Bedam, qui tamen addit quoque domum vallis. Nec male porro domui vallis omnia ista conveniunt (Ex edit. P. Nicolai).

(2) Al. eos Dominus cum mente etc.

(3) Al. dilectionis.

(4) Al. contempletur.

(5) Al. deest in.

Postquam eduxit longe a Judaeis discipulos suos, tunc de seipso interrogat, ut non timentes Judaeos respondeant veritatem; unde dicitur: *Et ingressus est Jesus, et discipuli ejus in castellum Caesareae Philippi* (1). HIERONYMUS (super Matthaeum cap. 16). Philippus iste fuit frater Herodis, de quo supra diximus, qui in honorem Tiberii Caesaris Caesaream Philippi, quae nunc Paneas dicitur, appellavit.

Sequitur: *Et in via interrogabat discipulos suos, dicens eis: Quem me dicunt esse homines?* CHRYSOSTOMUS (2). Sciens quidem interrogat, quia decebat (3) ut discipulis quandoque eum melius laudarent quam turbae. BEDA (cap. 35, in princ.). Unde primum hominum (4) sententiam interrogat, discipulorum fidem exploraturus, ne illorum confessio vulgi videretur opinione firmata.

Sequitur: *Qui responderunt illi, dicentes: Alii Joannem Baptistam, alii Eliam, alii vero quasi unum de Prophetis.* THEOPHYLACTUS (Marc. 8, a med.). Multi namque putabant quod Joannes a mortuis resurrexisset, sicut et Herodes credebat, et post resurrectionem suam miracula perpetrasset. Postquam vero ab eis sciscitaturus est aliorum suspicionem, ipsos interrogat quid de hoc in eorum mente consistat: unde sequitur: *Tunc dicit illis: Vos vero quem me esse dicitis?* CHRYSOSTOMUS (homil. 55, in Matth. super illud: « Vos autem « quem me esse dicitis? ») Ex ipso autem interrogationis modo, in majorem eos reducit sensum ad majus aliquid aestimandum de eo, ne cum turbis conveniant. Quod vero vertex discipulorum, os Apostolorum, interrogatis omnibus, responderit manifestatur cum subditur: *Respondens Petrus ait ei: Tu es Christus.* THEOPHYLACTUS (Marc. 8, a med. illius). Confitetur quidem (5) illum esse Christum a Prophetis denuntiatum. Sed quid ad confessionem Petri responderit Dominus, et qualiter ipsum beatificavit, Marcus Evangelista pertransit, ne hujusmodi narrando, Petro suo magistro gratiam praestare videretur; Matthaeus autem hoc plane pertractat. ORIGENES super Matth. (tract. 1 in Matth. a med.). Vel quia Marcus et Lucas scripserunt Petrum respondentem, *Tu es Christus,* non adjicientes quod positum est in Matthaeo: « Filius Dei « vivi; » propterea non scripserunt ad confessionem relatam beatitudinem.

Sequitur: *Et comminatus est eis, ne cui dicerent de illo:* THEOPHYLACTUS (a med. Comment.). Volebat enim interim suam gloriam occultare, ne multi scandalizarentur de eo, et poenam mererentur majorem. CHRYSOSTOMUS (6). Vel ut scandalo crucis completo puram infigat fidem in mente eorum (7): prius enim passione perfecta, circa ascensionem dixit eis Matth. 28: «Euntes docete omnes gentes. » THEOPHYLACTUS (Marc. 8, a med. Comm.). Postquam autem Dominus confessionem discipulorum

(1) BEDA; *quem indicat etiam Nicolini editio his verbis ad marginem.* Haec omnia habentur in Beda (*Ex edit. P. Nicolai*).

(2) Immo Victor Antiochenus ubi supra, et verbis quoque, sicut etiam supra, paululum immutatis (*Ex edit. P. Nicolai*).

(3) *Al.* dicebat.

(4) *Al.* hominem.

(5) *Al.* confertur quidem.

(6) Quod subjungitur ex Chrysostomo, partim ex illo peti potest hom. 55, in Matth. et ex Victore Antiocheno super hunc locum; partim ex Beda quo ad posteriorem appendicem (*Ex edit. P Nicolai*).

(7) *Al.* prius enim perfecta circa ascensionem etc.

acceptavit dicentium verum Deum, tunc ipsis revelat crucis mysterium: unde sequitur: *Et coepit docere eos quoniam oportet Filium hominis multa pati, et reprobari a senioribus, et a summis sacerdotibus, et scribis, et occidi, et post tres dies resurgere: et palam verbum loquebatur,* scilicet de futura passione. Non autem intelligebant discipuli ordinem veritatis, neque resurrectionem comprehendere poterant; sed putabant esse melius quod non paterentur. CHRYSOSTOMUS (4). Praedixerat tamen hoc eis Dominus hac occasione, ut ostenderet quod oporteret post crucem, et resurrectionem Chistum a testibus praedicari. Rursus Petrus existens fervidus, solus de his sumit audaciam disputandi: unde sequitur: *Et apprehendens eum Petrus, coepit increpare eum: Domine propitius esto tibi: nam hoc non erit.* BEDA (cap. 55). Hoc autem amantis affectu, et optantis dixit; quasi diceret: Hoc non potest fieri, nec recipiunt aures meae ut Dei Filius occidendus sit. CHRYSOSTOMUS (hom. 55, in Matth. super illud: « Propitius esto tibi »). Quid est autem hoc quod Petrus, qui revelatione Patris ponitus erat, sic velociter cecidit et instabilis est effectus? Sed dicimus non esse mirum si hoc ignoravit qui de passione revelationem non accepit. Quod enim Christus Filius Dei vivi esset, revelatione didicerat; mysterium vero crucis, et resurrectionis nondum ei fuerat revelatum. Ipse vero ostendens quod oporteret eum ad passionem venire, Petrum increpavit: unde sequitur: *Qui conversus, et videns discipulos suos, comminatus est Petro, dicens: Vade retro me satana.* THEOPHYLACTUS (super illud, *Abi post me satana*). Dominus namque volens ostendere quod propter salutem hominum debebat ejus passio fieri, et quod solus satanas Christum pati nolebat, ut genus non salvaretur humanum. Petrum, satanam nominavit, eo quod saperet quae sunt satanae, nolens Christum pati, sed adversans eidem; satanas enim adversarius interpretatur. CHRYSOSTOMUS (1). Daemoni autem ipsum tentanti non ait, Vade post me, sed Petro dicit: *Vade retro me;* idest sequere me, et voluntario meae passionis consilio non resistas.

Sequitur: *Quoniam non sapis ea quae Dei sunt, sed quae hominum.* THEOPHYLACTUS (ubi supra). Quae hominum sunt dicit Petrum sapere, secundum quod affectiones carnales quodammodo sapiebat: volebat enim Petrus quod sibi Christus praestaret requiem, et non crucifigeretur.

5. BEDA (cap. 56 in Marc. in princ.). Postquam discipulis mysterium suae passionis, et resurrectionis ostendit, hortatur eos una cum turba ad sequendum suae passionis exemplum: unde sequitur: *Et convocata turba cum discipulis suis, dixit eis: Si quis vult me sequi, deneget semetipsum.* CHRYSOSTOMUS (2) (hom. 56 in Matth. in princ.). Quasi diceret ad Petrum: Tu quidem increpas me passionem sustinere volentem ; ego autem dico tibi, quod non solum prohibere me pati nocivum est; sed neque salvari poteris, nisi ipse moriaris. Dicit

(1) Quod iterum ex eodem Chrysostomo sequitur, est expressius ex Victore Antiocheno; etsi Beda et Chrysostomus id indicent (*Ex edit. P. Nicolai*).

(2) Immo potius Victor Antiochenus ubi sunt (*Ex edit. P. Nicolai*).

(3) Quamvis iterum expressius ex Victore Antiocheno super hunc locum sumi potest. Sed quod sequitur infra est expressius Chrysostomi, quamvis et a Victore indicatur (*Ex edit. P. Nicolai*).

autem, *Si quis vult me sequi*, quasi dicat: Ad bona voco, quae quis velle debet; non ad mala, et gravia, ut cogaris. Qui enim infert violentiam frequenter impedit; qui vero auditorem in libertatem dimittit, magis attrahit ipsum. Aliquis autem abnegat semetipsum, cum nullam sui corporis curam habet, ut sive flagelletur, sive aliquid simile patiatur, sustineat patienter. Theophylactus (super *Abneget semetipsum*). Nam sicut qui abnegat alterum, videlicet fratrem, aut patrem quamvis ille vulneretur, et moriatur, non compatitur, neque condolet ei (1) sic et nos debemus spernere corpus nostrum, ut si vulnerari contigat, vel aliquid simile pati, non curemus. Chrysostomus (hom. 56 in Matth. paul. a princ.). Non autem ait, quod parcat sibi ipsi, sed, quod amplius est quod abneget semetipsum, quas; nihil commune ad se habeat, sed periculis exponat et circa ea sic disponatur, ac si alius pateretur. et hoc est sibi ipsi parcere: quia patres tunc liberis suis ignoscunt, cum tradentes eos doctoribus illis jubent non parci. Usquequo autem oporteat seipsum abnegare, ostendit cum subdit: *Et tollat crucem suam*; quasi dicat: Usque ad mortem exprobrabilissimam. Theophylactus (sup. *Et tollat crucem suam*). Nam tunc crux exprobrabilis videbatur, quia in ea malefici figebantur. Hieronymus (in fin. Commen. in 8 cap. Marc.) Vel aliter. Sicut gubernatur peritus tempestatem in tranquillitate praecavens, nautas suos vult esse (2) paratos; ita et Dominus dicit: *Si quis vult me sequi, deneget semetipsum;* id est, alter ex altero fiat. Beda (3) (cap. 56 paulo a pr.) Tunc enim nos ipsos abnegamus cum vitamus quod per vetustatem fuimus, et ad hoc nitimur quod per novitatem vocamur. Crux autem tollitur cum aut per abstinentiam affligitur (4) corpus, aut per compassionem proximi affligitur animus. Theophylactus (super illud, *Et sequatur me*). Quia vero post crucem virtutem aliam nos habere oportet, adjecit, *Et sequatur me.* Chrysostomus (5) (hom. 56 in Matth.). Hoc autem dicit, quia contingit aliquem patientem non sequi Christum cum scilicet aliquis non patitur propter Christum: sequitur enim Christum qui post eum ambulat, qui morti ejus se conformat. Principes etiam et potestates contemnens, sub quibus ante Christi adventum peccabat. Sequitur: *Qui enim voluerit animam suam salvam facere, perdet eam; qui autem perdiderit animam suam propter me, et Evangelium, salvam faciet eam:* quasi dicat: Haec vobis mundo quasi vobis parcens: etenim qui filio suo parcit, perdit eum; qui vero non parcit, salvat. Oportet ergo nos esse ad mortem continue praeparatos. Si enim in materialibus praeliis qui paratus est ad mortem melior est aliis, nullo post mortem eum resuscitare valente, multo magis in spiritualibus praeliis, cum spes tanta resurrectionis existat, quod qui ponit animam suam in mortem: salvam facit eam. Remigius. Anima autem hoc loco intelligenda est vita praesens, non autem ipsa substantia animae. Chrysostomus (hom. 56, ubi supra par. ante med.). Quia ergo dixerat: *Qui voluerit animam suam sal-*

vam facere, perdet eam: ne quis perditionem hanc, et salutem illam aestimet aequalem subjungit: *Quid enim proderit homini, si lucratur totum mundum et detrimentum faciat animae suae? Aut quam commutationem dabit! o no pro anima sua?* quasi dicat: Ne dicas quoniam animam suam salvavit qui crucis effugit pericula: quando enim cum anima sua, idest vita ista, lucratur aliquis orbem terrae, quid amplius erit ei, anima pereunte? Numquid aliam habet animam pro anima dare? Pretium enim pro domo potest aliquis commutare: animam vero perdens, aliam animam dare non potest. Caute autem dicit: *Aut quam commutationem dabit homo?* Deus enim propter nostram salutem dedit commutationem pretiosum sanguinem Jesu Christi. Beda (cap. 56, a med.). Vel hoc dicit, quia persecutionis tempore ponenda est anima; pacis autem tempore frangenda sunt desideria terrena: quod significat cum dicit: *Quid enim proderit homini?* etc. Plerumque autem verecundiae usu praepedimur, ut rectitudinem quam servamus in mente, non exprimere valeamus in voce; et ideo subditur: *Qui enim me confessus fuerit, et verba mea in generatione ista adultera, et peccatrice, et Filius hominis confitebitur eum, cum venerit in gloria Patris sui cum Angelis sanctis.* Theophylactus (non procul a fin.). Non enim est sufficiens fides que solum in mente consistit, sed oris confessionem Dominus requirit: sanctificata enim per fidem anima, debet et corpus per confessionem sanctificari. Chrysostomus (1). Qui autem hoc didicit subjecit se cum desiderio ad hoc quod sine confusione Christum confiteatur. Dicitur autem adultera generatio, quae Deum verum animae sponsum dereliquit, et non est secuta Christi doctrinam; sed daemonibus prostrata, semina impietatis suscepit, propter quod et peccatrix dicitur. Qui ergo inter hos Christi dominationem negaverit, et verba Dei in Evangelio revelata, dignam impietatis poenam suscipiet, audiens in secundo adventu Matth. 7: « Non novi vos. » Theophylactus (ubi supra). Qui ergo confessus (2) fuerit crucifixum esse suum Deum, et ipse confitebitur illum, non hic ubi Christus reputatur pauper, et miser, sed in gloria (3) et cum multitudine Angelorum. Gregorius in hom. (52 in Evang.). Sunt autem nonnulli qui Christum ideo confitentur, quia cunctos Christianos esse conspiciunt. Non ergo ad probationem fidei vox sufficit quam defendit a verecundia professio generalitatis. Pacis ergo tempore est aliud, ubi ostendamur nobis (4). Veremur saepe a proximis despici, dedignamur injurias verbi tolerare. Si contigerit jurgium fortasse cum proximo, erubescimus priores satisfacere: cor quippe carnale dum hujus vitae gloriam quaerit, humilitatem respuit. Theophylactus (ubi supra). Quia vero de sua gloria dixerat. volens ostendere quod non inania promittebat, subditur: *Et dicebat illis: Amen dico vobis, quia sunt de hic stantibus qui non gustabunt mortem donec videant regnum Dei venientis in virtute;* ac si diceret: Quidam, idest Petrus et Jacobus et Joannes, *non gustabunt mortem,* donec eis osten-

---

(1) *Al.* quamvis vulnerentur et moriantur, non compatitur, nec irritatur; sic etc.

(2) *Al.* omittitur esse.

(5) Quod subjungitur ex Beda, mutuatum est ex Gregorio hom. 52 in Evang. (*Ex edit. P. Nicolai*).

(4) *Al.* affligitur.

(5) Quod sequitur ex Chrysostomo, tum ex illo, tum ex Victore Antiocheno colligitur (*Ex edit. P. Nicolai*).

---

(1) Immo potius Victor Antiochenus ubi supra; excepto initio, pro quo sic habet: *Neque enim frustra nec sua gratia injungit, sed ut ore libero eum profiteamur cum majore dilectionis affectu, adeoque illustriores evadamus* (*Ex edit. P. Nicolai*).

(2) *Al.* confusus *item infra* confundet.

(5) *Al.* cum gloria.

(4) *Al.* vobis.

dam in transfiguratione cum qua gloria venturus sim in secundo adventu: non enim erat aliud transfiguratio, nisi secundi adventus praenuntiatio, in quo et ipse Christus, et sancti lucebunt. BEDA (cap. 56). Pia vero provisione factum est ut, contemplatione semper manentis gaudii ad breve momentum delibata, fortius adversa tolerarent. CHRYSOSTOMUS (hom. 57 in Matth.). Non autem eorum qûi ascensuri erant nomina declaravit, ne reliqui discipuli aliquid paterentur humanum; praedicit autem, ut dociliores circa hujusmodi contemplationem fiant. BEDA (cap. 57). Vel regnum Dei praesens Ecclesia vocatur. Aliqui autem ex discipulis usque adeo in corpore victuri erant ut Ecclesiam constructam

conspicerent, et contra mundi gloriam erectam. Discipuli enim rudibus de presenti vita aliquid promittendum fuit, ut possent robustius in futuro solidari. CHRYSOSTOMUS (1). Mystice autem vita Christus est, mors vero diabolus. Gustavit autem mortem, qui peccatis immoratur: adhuc omnis homo habens dogmata bona, aut prava, mortis, aut vitae panem degustat. Et quidem minus malum est videre mortem: malum autem est eam gustare, sed adhuc pejus eam sequi; pessimum autem ei supponi.

(1) Quod ex Chrysostomo subjungitur, sumi potest potius ex Origene tract. 5 in Matth. nec insinuat Chrysostomus (*Ex edit. P. Nicolai*).

CAPUT NONUM.

1. Et post dies sex assumpsit Jesus Petrum et Jacobum, et Joannem, et duxit illos in montem excelsum seorsum solos, et transfiguratus est coram ipsis. Et vestimenta ejus facta sunt splendentia et candida nimis velut nix, qualia fullo non potest super terram candida facere. Et apparuit illis Elias cum Moyse, et erant loquentes cum Jesu. Et respondens Petrus ait Jesu: Rabbi, bonum est nos hic esse: et faciamus hic tria tabernacula, tibi unum, et Moysi unum, et Eliae unum. Non enim sciebat quid diceret: erant enim timore exterriti. Et facta est nubes obumbrans eos, et venit vox de nube dicens: Hic est Filius meus carissimus; audite illum. Et statim circumspicientes, neminem amplius viderunt nisi Jesum tantum secum.

2. Et descendentibus illis de monte praecepit illis ne cuiquam quae vidissent, narrarent nisi cum Filius hominis a mortuis resurrexerit: et verbum continuerunt apud se, conquirentes quid esset, Cum a mortuis resurrexerit. Et interrogabant eum, dicentes: quid ergo dicunt Pharisaei, et Scribae, quia Eliam oportet venire primum? Qui respondens ait illis: Elias cum venerit primo, restituet omnia: et quomodo scriptum est in Filium hominis, ut multa patiatur, et contemnatur. Sed dico vobis, quia et Elias venit, et fecerunt illi quaecumque voluerunt sicut scriptum est de eo.

3. Et veniens ad discipulos suos, vidit turbam magnam circa eos, et scribas conquirentes cum illis. Et confestim omnis populus videns Jesum, stupefactus est, et expaverunt, et accurrentes salutabant eum. Et interrogavit eos: Quid inter vos conquiritis? Et respondens unus de turba dixit: Magister, attuli filium meum ad te habentem spiritum mutum, qui ubicumque eum apprehenderit, allidit illum, et spumat, et stridet dentibus, et arescit. Et dixi discipulis tuis ut ejicerent illum; et non potuerunt. Qui respondens eis, dixit: O generatio incredula, quamdiu apud vos ero; quamdiu vos patiar? Afferte illum ad me. Et attulerunt eum. Et cum vidisset eum, statim spiritus conturbavit illum; et elisus in terram volutabatur spumans. Et interrogavit patrem ejus: Quantum temporis est ex quo ei hoc accidit? At ille ait, Ab infantia: et frequenter eum in ignem, et in aquam misit, ut eum perderet. Sed si quid potes, adjuva nos, misertus nostri. Jesus autem ait illi. Si potes credere, omnia possibilia sunt credenti. Et continuo exclamans pater pueri cum lacrymis ajebat: Credo, Domine: adjuva incredulitatem meam. Et cum vidisset Jesus concurrentem turbam, comminatus est spiritui immundo, dicens illi: Surde et mute spiritus, ergo praecipio tibi, exi ab eo, et amplius ne introeas in eum. Et excla-

mans, et multum discerpens eum, exiit ab eo, et factus est sicut mortuus; ita ut multi dicerent, quia mortuus est. Jesus autem tenens manum ejus elevavit eum; et surrexit. Et cum introisset in domum, discipuli ejus secreto interrogabant eum: Quare nos non potuimus ejicere? Et dixit illis: Hoc genus in nullo potest exire, nisi in oratione, et jejunio.

4. Et inde profecti praetergrediebantur Galilaeam: nec volebat quemquam scire; docebat autem discipulos suos, et dicebat illis, quoniam Filius hominis tradetur in manus hominum, et occident eum; et occisus, tertia die resurget. At illi ignorabant verbum, et timebant interrogare eum. Et venerunt Capharnaum. Qui cum domi essent, interrogabat eos: Quid in via tractabatis? At illi tacebant: siquidem in via inter se disputaverant quis eorum major esset. Et residens vocavit duodecim, et ait illis: Si quis vult primus esse, erit omnium novissimus, et omnium minister. Et accipiens puerum statuit eum in medio eorum; quem cum complexus esset, ait illis: Quisquis unum ex hujusmodi pueris receperit in nomine meo, me recipit; et quicumque me susceperit, non me suscipit, sed eum qui misit me.

5. Respondit illi Joannes dicens: Magister, vidimus quemdam in nomine tuo ejicientem daemonia qui non sequitur nos, et prohibuimus eum. Jesus autem ait: Nolite prohibere eum: nemo est enim qui faciat virtutem in nomine meo, et possit cito male loqui de me: qui enim non est adversum vos, pro vobis est. Quisquis enim potum dederit vobis calicem aquae frigidae in nomine meo, quia Christi estis, amen dico vobis non perdet mercedem suam; et quisquis scandalizaverit unum ex his pusillis credentibus in me, bonum est ei magis si circumdaretur mola asinaria collo ejus, et in mare mitteretur.

6. Et si scandalizaverit te manus tua, abscinde illam. Bonum est tibi debilem introire in vitam, quam duas manus habentem ire in gehennam, in ignem inextinguibilem, ubi vermis eorum non moritur, et ignis non extinguitur. Et si pes tuus te scandalizat, amputa illum. Bonum est tibi claudum introire in vitam aeternam, quam duos pedes habentem mitti in gehennam ignis inextinguibilis, ubi vermis eorum non moritur, et ignis non extinguitur. Quod si oculus tuus scandalizat te, ejice illum. Bonum est tibi luscum introire in regnum Dei, quam duos oculos habentem mitti in gehennam ignis, ubi vermis eorum non moritur, et ignis non extinguitur. Omnis enim igne salietur, et omnis victima sale salietur. Bonum est sal. Quod si sal insulsum fuerit, in quo illud condietis? Habete in vobis sal, et pacem habete inter vos.

1. HIERONYMUS (Marc. 9, in princ. Comment.). Post consummationem crucis, gloria resurrectionis ostenditur, ut non timerent opprobria crucis qui oculis suis visuri erant gloriam resurrectionis futurae: unde dicitur. *Et post dies sex assumpsit Jesus Petrum, et Jacobum, et Joannem, et duxit illos in montem excelsum solos, et transfiguratus est coram*

ipsis. CHRYSOSTOMUS (1) (hom. 10 in Marc. et 57 in Matth.). Quod autem Lucas dicit post octo dies, non contrariatur huic: Lucas enim et diem quo Christus praedicta locutus fuerat, et diem in quo eos assumpsit, numeravit. Ideo autem post sex dies

(1) Quod ex Chrysostomo subjungitur, habet Victor Antiochenus ubi supra (*Ex edit. P. Nicolai*).

eos assumpsit, ut vehementiori repleti desiderio in horum dierum spatio vigilanti, et solicita mente, ea quae videbant attenderent. THEOPHYLACTUS (circa princ. Com.). Assumit autem tres vertices Apostolorum; Petrum tamquam confitentem et diligentem, Joannem tamquam dilectum, Jacobum vero tamquam altivocum et Theologum. Intantum enim gravis erat Judaeis ut Herodes volens Judaeis placere, ipsum occiderit. CHRYSOSTOMUS. Non autem in domo suam gloriam demonstrat; sed in montem excelsum illos assumit: quoniam montis sublimitas conveniens erat ad gloriae sublimitatem ostendendam. THEOPHYLACTUS (paulo a princ. Comm. in cap. 9). Seorsum autem eos ducit, quia debebat eis mysteria revelare. Transfigurationem autem oportet intelligere, non figurae immutationem, sed quia, manente ut prius erat figura, appositio facta est cujusdam inenarrabilis claritatis. CHRYSOSTOMUS. Neque ergo decet aliquam figurae transformationem in regno Dei esse futuram aut circa ipsum Salvatorem, aut circa eos qui assimilabuntur (1), sed appositionem claritatis. BEDA (cap. 57, super Et transfiguratus est). Transfiguratus igitur Salvator, non substantiam verae carnis amisit, sed gloriam futurae, vel suae, vel nostrae resurrectionis ostendit: qui qualis tunc Apostolis apparuit, talis post judicium cunctis apparebit electis.

Sequitur: Et vestimenta ejus facta sunt splendentia. GREGORIUS 52 Moral. (2). Quia in supernae claritatis culmine ei vitae justitia fulgentes adhaerebunt: vestium enim nomine justos, quos sibi adjungit, insinuat.

Sequitur: Et apparuit illis Elias cum Moyse, et erant loquentes cum Jesu. CHRYSOSTOMUS (homil. 57 in Matth. super Et transfiguratus). Moysen, et Eliam in medio introducit: primo quidem quia turbae dicebant Christum Eliam, aut unum prophetarum, Apostolis se cum eis ostendit, ut differentiam servorum, et Domini cernerent: et etiam quia de transgressione legis Judaei Christum accusabant, et blasphemum eum putabant, tamquam sibi gloriam Patris attribuentem, eos qui in utroque fulserunt, in medium ducit: etenim Moyses legem dedit. et Elias gloriae Dei zelator fuit: unde ei non assisterent, si Deo et legi ejus contrarius esset (5). Et ut scirent quod vitae potestatem, et mortis habet, propter hoc et Moysen, qui mortuus erat, et Eliam qui nondum mortem passus fuerat, in medium introducit. Item per hoc significavit quod doctrinae legis Christi Prophetarum doctrina paedagogus fuit. Significat etiam conjunctionem novi et veteris testamenti, et quoniam in resurrectione cum Prophetis Apostoli conjungentur, et una erit obviatio regi communi.

Sequitur: Et respondens Petrus ait Jesu: Rabbi, bonum est nos hic esse: et faciamus hic tria tabernacula, tibi unum, Moysi unum, et Eliae unum. BEDA (cap. 57 a med.). Si tantum transfigurata Christi humanitas, duorumque societas, sanctorum ad punctum visa delectat (4), ut eas ne discedant etiam obsequio Petrus sistere velit; quanta erit felicitas visioni deitatis inter Angelorum choros

adesse perpetuo ? Sequitur: Non enim sciebat quid diceret. Etsi enim Petrus prae stupore humanae fragilitatis nesciat quid dicat; insiti tamen sibi dat affectus indicium: nesciebat enim quid diceret, quia oblitus est regnum sanctis a Domino non alicubi terrarum, sed in caelis esse promissum; nec recordatus est se suosque Coapostolos mortali adhuc carne circumseptos immortalis vitae statum subire non posse; cui etiam mente excesserat quia in domo Patris quae in caelis est, domus manufacta necessaria non sit. Sed et usque nunc imperitiae notatur quisquis legi, Prophetis et Evangelio tria tabernacula facere cupit, cum haec ab invicem nullatenus valeant separari. CHRYSOSTOMUS (1) Non etiam intellexit Petrus quod ad demonstrationem verae gloriae transfigurationem Dominus est operatus, neque quod propter doctrinam hominum hoc faciebat: nam plurimi erant relicturi multitudinem, in eremo habitantes.

Sequitur: Erant enim timore exterriti. Erat autem hic timor secundum quem de communi mente in statum elevabantur meliorem: quod enim in exterioribus videbatur, Moyses et Elias erat. Ducebatur autem anima ad quemdam divinum affectum, quasi ex divina visione ab humano sensu abstracta. THEOPHYLACTUS (super Bonum est nos hic esse). Vel aliter. Petrus timens a monte descendere, quia jam praesenserat quod Christus crucifigi debebat, dixit: Bonum est nos hic esse; et non illuc descendere, in medium scilicet Judaeorum. Si autem huc venient furentes contra te, habemus Moysen qui Aegyptios debellavit, habemus et Eliam, qui ignem eduxit de caelo, et quinquagenos destruxit. ORIGENES super Matth. (tract. 5, circ. med.). Marcus autem ex persona sua dicit: Non enim sciebat quid diceret. Ubi considerandum, ne forte per excessum mentis hoc loquebatur, motus quodam spiritu alieno, ne forte scilicet ille spiritus qui voluit, quantum ad se, Christum scandalizare, ut recederet a passione omnibus hominibus salutari, ipse operans etiam hic seductorie vult evellere Christum sub colore boni, ut non condescendat hominibus, nec veniat ad eos, nec suscipiat mortem pro eis. BEDA (cap. 57 super Facta est nubes). Quia vero Petrus materiale quaesivit tabernaculum, nubis accepit umbraculum: ut discat, in resurrectione non tegmine domorum, sed Spiritus sancti gloria eos esse protegendos: unde sequitur: Et facta est nubes obumbrans eos. Quia vero imprudenter interrogaverunt, propterea responsionem Domini non merentur; sed Pater respondet pro Filio: unde sequitur: Et venit vox de nube dicens: Hic est Filius meus carissimus: ipsum audite. CHRYSOSTOMUS (hom. 57, in Matth.). A nube quidem vox emittitur, in qua Deus apparere consuevit, ut crederent quod vox illa ferretur a Deo. In hoc autem quod dicit, Hic est Filius meus carissimus, unam voluntatem Patri et Filio protestatur, quod, salva filiatione quantum ad omnia cum eo qui genuit unam esset (2). BEDA (cap. 57, a med.). Quem autem Moyses, cum venerit in carne, audiendum ab omni anima quae salvari vellet prae-

---

(1) P. Nicolai legit qui claritati ejus assimilabuntur.
(2) Cap. 6 vel in antic. codd. cap. 5, super illud Job 40: Circumda tibi decorem, et speciosis induere vestibus (Ex edit. P. Nicolai).
(5) Al. contrarii essent.
(4) Al. societas ad punctum visu delectat.

(1) Quod subditur ex Chrysostomo, nullibi apud illum occurrit, ut nec apud alium quemquam: pro his autem sic tantum Chrysostomus, Petrum prae metu mortis Christi ea verba dixisse, quia videbat solitudinem, et multam praesumebat a loco illo securitatem (Ex edit. P. Nicolai).
(2) Al. esse.

dixit, hunc jam venientem in carne, Deus Pater audiendum discipulis ostendit. Sequitur: *Et statim circumspicientes, neminem amplius viderunt nisi Jesum tantum secum.* Ubi enim coepit Filius designari, mox servi discesserunt, ne ad illos paterna vox emissa putaretur. THEOPYYLACTUS (inter princ. et med. Comm.). Mystice autem post consummationem hujus saeculi, quod in s x diebus factum est, assumet nos Jesus, si ejus sumus discipuli, in montem excelsum, idest in caelum; et tunc videbimus ejus gloriam singularem. BEDA (cap. 57, super *Transfiguratus est*). Vestimenta autem Domini, recte sancti ejus accipiuntur, qui novo candore fulgebunt. Fullo autem intelligendus est cui Psalmista loquitur Psal. 50: « Amplius lava me « ab iniquitate mea, et a delicto meo munda me: » qui non potest suis fidelibus dare claritatem in terra, quae eis conservata manet in caelis. REMIGIUS super Matth. Vel per fullonem sancti designantur praedicatores et animarum purgatores; quorum in hac vita nullus ita vivere valet ut alicujus peccati maculis non obfuscetur; in futura autem resurrectione sancti ab omni macula peccati purgabuntur. Tales ergo eos faciet Dominus, quales nec ipsi membra sua castigando (1), nec ullus praedicatorum suo vel exemplo, vel doctrinae facere potest. CHRYSOSTOMUS (2) (homil. 10 super Marcum a med.). Vel vestimenta alba, evangelica sunt, et apostolica scripta, omnium clarissima, quibus similia nullus expositorum facere potest. ORIGENES super Matth. (tract. 5, par. ante med.). Vel forsitan fullones super terram possumus moraliter existimare sapientes saeculi hujus, qui putantur ornare etiam turpes intellectus, et dogmata falsa fullonicatione ingenii sui; sed illorum ars fullonica potest facere aliquid simile sermoni, qui ostendit spiritualium intellectuum splendorem in dictis Scripturarum imperitis, quae a plurimis contemnuntur. BEDA (cap. 57, super *Apparuerunt Moyses*). Moyses et Elias, quorum unum mortuum et alium in caelis raptum legimus, futuram omnium sanctorum gloriam significant, qui videlicet tempore judicii vel vivi in carne reperiendi, vel ab olim gustata morte resuscitandi, et pariter sunt regnaturi cum illo. THEOPHYLACTUS (ubi supra). Vel hoc significat, quia in gloria videbimus et legem et Prophetas cum ipso loquentes; idest, quae per eum fuerunt dicta per Moysen et alios Prophetas, tunc videbimus esse consona rebus, et tunc audiemus vocem paternam, revelantem scilicet nobis Filium Patris, et dicentem, quoniam hic est Filius meus, obumbrante nube, idest Spiritu sancto qui est sapientiae fons. BEDA (cap. 57, a med.). Et notandum quod (5) sicut, Domino in Jordano baptizato, sic et in monte clarificato, totius sanctae Trinitatis mysterium declaratur: quia gloriam ejus quam in baptismo credentes confitemur in resurrectione videntes collaudabimus. Nec frustra Spiritus sanctus hic in lucida nube, illic apparuit in columba: quia qui nunc simplici corde fidem quam percepit servat, tunc luce apertae visionis quod crediderat contemplabitur. Cum autem fieret vox super Filium, inventus est ipse solus: quia cum manifestaverit ipsum electus, erit Deus omnia in

omnibus: immo cum suis per omnia Christus, caput cum corpore splendebit.

2. ORIGENES super Matth. (tract. 5, a med.). Post mysterium ostensum in monte, descendentibus de monte discipulis, praecepit ut ejus transfiguratio non manifestetur ante gloriam passionis et resurrectionis ipsius: unde dicitur: *Et descendentibus illis de monte praecepit illis ne cuiquam quae vidissent narrarent, nisi cum Filius hominis a mortuis resurrexerit.* CHRYSOSTOMUS (hom. 52 in Matth. ante med.). Ubi non simpliciter silere jubet; sed passionem insinuans, causam insinuat propter quam silere debebunt. THEOPHYLACTUS (super *Praecepit eis ne cui dicerent*). Ne scilicet homines scandalizentur, audientes de Christo tam gloriosa, qui eum crucifixum erant visuri. Non igitur erat congruum talia de Christo dicere antequam pateretur, post resurrectionem vero credibile videbatur. CHRYSOSTOMUS (1). Illi vero resurrectionis mysterium ignorantes, verbum quidem retinentes, invicem disputabant: unde sequitur: *Et verbum continuerunt apud se, conquirentes quid esse, cum a mortuis resurrexerit.* HIERONYMUS (2) (circ. princ. Comment. ad cap. 9). Hoc quod proprie Marci est, id significat quia cum absorta fuerit mors in victoria, non erunt in memoria priora.

Sequitur: *Et interrogabant eum, dicentes: Quid ergo dicunt Pharisaei et Scribae, quia Eliam oportet venire primum?* CHRYSOSTOMUS (5). Intentio quidem discipulorum super hac interrogatione talis mihi esse videtur: Nos quidem Eliam tecum vidimus, et prius te vidimus quam Eliam; scribae vero prius Eliam venire docent: credimus itaque eos mendacium protulisse. BEDA (cap. 56, super *Quid dicunt Pharisaei et Scribae?*). Vel ita aestimabant discipuli transformationem gloriae hanc esse quam in monte viderant, et dicunt: Si jam venisti in gloria, quomodo praecursor tuus non apparet? Maxime quia Eliam viderant recessisse. CHRYSOSTOMUS (hom. 58 in Matth.). Quid autem ad hoc Christus responderit, apparet per hoc quod subditur: *Qui respondens ait: Elias cum venerit primo restituet omnia.* In quo ostendit, quod Elias veniet ante secundum adventum. Scripturae enim duos adventus Christi praenuntiant; unum scilicet qui factus est, et alium qui venturus est. Dominus autem secundi adventus Eliam affert praecursorem. BEDA (cap. 57, paulo ante finem). Restituet autem omnia, utique illa quae Malachias ostendit dicens cap. 4: « Ecce ego mittam vobis Eliam prophetam, ut « convertat cor patrum ad filios, et cor filiorum « ad patres eorum. » Restituet etiam hoc (4) quod morti debet, ac diu vivendo distulit. THEOPHYLACTUS (super *Elias restituet omnia*). Proponit autem haec Dominus ad resistendum opinioni pharisaeorum: qui tenebant quod primi adventus praecursor erat Elias; quasi ad inconveniens ducens: unde subdit: *Et quomodo scriptum est in Filium hominis, ut multa patiatur et contemnatur;* ac si dicat: Elias Thesbites cum venerit, pacificabit Judaeos, et ad fidem adducet ipsos, ita ut sit secundi adventus

---

(1) *Al.* ne ipsi membra sua castiganda.

(2) Haec homilia sub Chrysostomi nomine circumfertur, sed ejus non est (*Ex edit. P. Nicolai*).

(5) *Al. deest* quod.

(1) Immo potius Victor Antiochenus ubi supra; cui similia quoque Theophylactus habet (*Ex edit. P. Nicolai*).

(2) Hoc opus non est Hieronymi, sed ipsi suppositum, ut alibi notatur (*Ex edit. P. Nicolai*).

(5) Quod iterum subjungitur ex Chrysostomo non occurrit (*Ex edit. P. Nicolai*).

(4) *Al.* et in hoc.

praecursor. Si ergo primi adventus Elias est praecursor, quomodo scriptum est, quod Filius hominis
debet pati? Ex his ergo duobus unum erit: aut
quod non sit primi adventus Elias praecursor, et
Scripturae erunt verae; aut quod sit praecursor
primi adventus et Scripturae non erunt verae,
quae dicunt, quod oportet Christum pati, cum Elias
debeat omnia restituere, et non debeat esse Judaeus aliquis incredulus; sed omnes credere debeant
ad praedicationem ejus quicumque audient eum.
Beda (cap. 57, par. ante fidem). Vel ita, *El quomodo scriptum est?* idest, quomodo de Christi passione multifarie Prophetae multa scripserunt. Sed
et Elias cum venerit, multa passurus est, et con-
temnendus ab impiis. Chrysostomus (hom. 58 in
Matth. par. a princ.). Sicut autem Dominus secundi adventus Eliam asseruit praecursorem, sic et
consequenter asserit Joannem esse praecursorem
primi adventus: unde subdit: *Sed dico vobis, quia
et Elias venit.* Glossa (1). Joannem vocat Eliam,
non quia Elias erat in persona, sed quia Eliae ministerium adimplebat: sicut enim ille praecursor
erit secundi adventus, sic iste factus est primi.
Theophylactus (super illud, *Elias venit*). Erat etiam
Joannes redargutor, et zelotes, et eremita ut Elias;
non tamen audierunt illum sicut Eliam audient.
Nefario vero ludo eum occiderunt, caput illius am-
putantes: unde sequitur: *Et fecerunt illi quaecumque voluerunt, sicut scriptum est de eo.* Chrysostomus (2). Vel aliter. Interrogabant discipuli Jesum:
Quomodo scriptum est pati Filium hominis? Ad
hoc autem quasi respondens dicit: Sicut ad similitudinem Eliae Joannes venit, et ei mala intulerunt
sic secundum Scripturas oportet Filium hominis
pati.

3. Theophylactus (super *Et cum ad venisset
discipulos*). Postquam gloriam suam tribus discipulis in monte ostenderat, revertitur ad alios discipulos qui cum eo non ascenderant in montem:
unde dicitur: *Et veniens ad discipulos suos, vidit
turbam magnam circa eos, et scribas conquirentes
cum illis.* Pharisaei namque captantes horam, cum,
praesens non extiterat Christus, accesserunt ut ipsos
ad se attraherent. Hieronymus (ubi supra). Non
est autem homini requies sub sole: semper parvulos occidit invidia; magnos percutiunt fulgura montes: alii discentes cum fide, ut turbae; alii invi-
dentes cum fastu, ut scribae, ad Ecclesiam conveniunt.

Sequitur: *Et confestim omnis populus videns, Jesum, stupefactus est, et expaverunt.* Beda (cap.
58, in princ.). Notanda in omnibus locis distantia (3)
mentis scribarum, et turbae: scribae enim nihil
devotionis, fidei, humilitatis, et reverentiae ei ex-
hibuisse narrantur; sed veniente Domino mox omnis turba stupefacta expavit, eumque salutans ac-
currit: unde sequitur: *Et currens salutavit eum:*
Theophylactus (circa med. Comm.). Affectabant
enim turbae eum videre, ita ut eum venientem a
longe salutarent. Quidam vero dicunt, quod aspectus ejus ex transfiguratione speciosior factus, turbam ad salutationem ejus attrahebat. Hieronymus.
Populus autem videns stupefactus est et expavit,

non discipuli: quia non est timor in caritate: timor
est servorum, stupescere stultorum. Sequitur: *Et
interrogavit eos: Quid inter vos conquiritis?* Quid
scilicet Dominus interrogat? Ut confessio pariat
salutem, et murmur cordis nostri sermonibus piis
solvatur. Beda (cap. 58, par. a princ.). Potest
vero, nisi fallor, intelligi de hoc quaestionem fuisse
motam, quare ipsi, cum essent discipuli Salvatoris,
sanare daemoniacum qui in medio erat positus,
non, possent; quod ex sequentibus potest convinci
cum dicitur: *Et respondens unus de turba dixit:
Magister, attuli filium meum ad te habentem spiritum mutum.* Chrysostomus (hom. 58, aliq. ante
medium). Hunc hominem Scriptura infirmum in
fide ostendit ex hoc quod Christus dicit, *O generatio incredula,* et per hoc quod subdit, *Si potest
credere.* Sed etsi infidelitas ejus occasio extiterit
daemonem non pellendi, incusat tamen discipulos:
unde subditur: *Et dixi discipulis tuis ut ejicerent
illum; et non potuerunt.* Vide autem is ius (1) insipientiam. Jesum in medio turbarum precatur,
discipulos incusans: unde et Dominus coram plebe
multo magis hoc ei imputat non solum in personam ejus accusationem intendens, sed in personam
omnium Judaeorum: probabile enim est multos
praesentium scandalizatos, ea quae non conveniebant de discipulis cogitasse: unde sequitur: *Qui
eis respondens dixit: O generatio incredula, quamdiu vos patiar?* In quo ostendit, et mortem se desiderare, et grave ei esse cum illis conversari. Beda.
Intantum autem non est homini iratus, sed vitio,
ut statim intulerit: *Afferte illum ad me. Et attulerunt eum. Et cum vidisset eum, statim spiritus
conturbavit illum; et elisus in terram volutabatur
spumans.* Chrysostomus (homilia 58 in Matth.).
Hoc autem Dominus permisit propter patrem pueri,
ut cum vexantem daemonem videret, ad fidem
futuro miraculo traheretur. Theophylactus (a medio Commentar.). Permittit etiam vexari puerum,
ut ex hoc sciremus daemonis impietatem, qui occidisset eum, nisi fuisset a Domino adjutus.

Sequitur: *Et interrogavit patrem ejus: Quantum
temporis est ex quo ei hoc accidit? At ille ait: Ab
infantia: et frequenter eum in ignem, et in aquam
misit, ut eum perderet.* Beda (cap. 58, par ante
med.). Erubescat Julianus, qui dicere audet omnes
homines absque peccati contagione nasci in carne,
tamquam innocentes per omnia, ut Adam quando
creatus est. Quid enim habuit iste puer ut ab infantia daemonio vexaretur acerbissimo, si nullo originalis peccati vinculo tenebatur: quia constat illum
adhuc proprium non habere potuisse peccatum?
Glossa (2). Exprimit autem in verbis suae petitionis, fidei defectum: unde subdit: *Sed si quid potes
adjuva nos, misertus nostri.* Cum enim dicit, *Si
quid potest,* manifestat se de ejus potentia dubitare:
quia viderat filium suum a discipulis Christi curatum non esse. Dicit autem, *Misertus nostri,* ut designaret miseriam filii qui patiebatur, et patris qui
compatiebatur.

Sequitur: *Jesus autem ait illi: Si potes credere,
omnia possibilia sunt credenti.* Hieronymus (super
Et ait illi Jesus). Libertatem arbitrii hoc indicat
quod dicit, *Si potes.* Quae autem sunt omnia quae
possibilia sunt credenti, nisi quae in nomine Jesu,

---

(1) Prius ex Glossa notabatur, in qua nunc non est, sed
apud Chrysostomum (*Ex edit. P. Nicolai*).

(2) Immo potius Victor Antiochenus ubi supra; nec tale
quidquam in Chrysostomo (*Ex edit. P. Nicolai*).

(3) *Al.* notandum in omnibus locis distantiam etc.

(1) *Al.* ipsius.

(2) Quod subjungitur ex Glossa, non est in ea quae nunc
extat (*Ex edit. P. Nicolai*).

idest salutis, postulantur cum lacrymis ? Beda (cap.
39, a medio). Aptum autem responsum Dominus dedit petenti: ipse enim ait, *Si quid potes*
adiuva nos; et Dominus. *Si potes*. inquit, *credere.*
At contra leprosos, qui fideliter clamabat Matth.
8: « Domine, si vis, potes me mundare, » congruum
suae fidei accepit responsum: « Volo: mundare. »
Chrysostomus (hom. 58 in Matth. par. ante med.).
Quod autem dicit, tale est. Tanta est virtutis apud
me superabundantia ut non solum hoc possim; sed
et alios hoc faciam operari: quare si credideris. ut
oportet, et hunc ipse curare poteris, et alios multos.
Sic ergo eum ad fidem reducebat qui (1) adhuc
de infidelitate loquitur: unde sequitur: *Et continuo*
exclamans pater pueri cum lacrymis ajebat Domine,
adiuva incredulitatem meam (2). Sed si crediderat
dicens, *Credo* quomodo subdit, *Adjuva incredulita-*
tem meam ? Dicamus igitur, quoniam multiplex est
fides, introductoria scilicet et perfecta. Hic autem
incipiens credere, Salvatorem deprecabatur ut ap-
poneret reliquum ad suam virtutem. Beda (cap.
58). Nemo enim repente fit summus, sed in bona
conversatione a minimis quisque inchoat, ut ad magna perveniat. Alia namque sunt virtutis exordia,
aliud perfectus, aliud perfectio. Quia igitur per occultam inspirationem gratiae, meritorum suorum
gradibus fides crescit, uno eodemque tempore is
qui necdum perfecte crediderat, simul et credebat,
et incredulus erat. Hieronymus (super *Omnia possi-*
bilia sunt credenti). Per hoc etiam monstratur
quod credulitas nostra infirma est, nisi innixa subsistat adjutorio subsidii Dei Fides autem cum lacrymis optata vota capit: unde sequitur: *Et cum*
vidisset Jesus concurrentem turbam, comminatus est
spiritui immundo, dicens illi: Surge, et mute spiri-
tus ego praecipio tibi, exi ab eo. et amplius ne
introeas in eum. Theophylactus (circa med. Comment.) Ideo autem cum videret turbam concurrere,
comminatus est spiritui immundo, quia nolebat (3)
coram turba curare, ut ostentationem fugere doceret. Chrysostomus (4). Quod autem comminatur, et
dicit, *Ego tibi praecipio*, divinae attribuitur potestati: quod vero dicit non solum, *Exi ab eo*, sed, *Et*
amplius noli introire in eum, ostendit quia ad rein-
trandum promptus erat, quia ille nondum erat in
fide perfectus, sed hoc Domini jussio inhibebat. Sequitur: *Et exclamans, et multum discerpens eum exiit*
ab eo, et factus est sicut mortuus. ita ut multi di-
cerent, quia mortuus est. Non enim valuit mortem
diabolus imponere propter verae vitae adventum.
Beda (cap. 58, ad finem). Quem autem hostis
impius mortis similem reddidit, hunc pius Salvator
piae dexterae tactu salvavit: unde sequitur: *Jesus*
autem tenens manum ejus elevavit eum; et surrexit. Ex
quo sicut verum se esse Deum potentia salvandi docuit, ita et veram se habuisse carnis naturam more tactus humani declaravit. Negat namque Manichaeus (5)
insanus, veraciter eum carne indutum fuisse; sed
ipse cum tot languentes suo tactu erexit, mundavit
illuminavit, haeresim illius, et antequam nata esset, damnavit.

Sequitur: *Et cum introisset in domum, discipuli*
ejus secreto interrogabant eum: Quare nos non po-
tuimus ejicere ? Chrysostomus (hom. 58 in Matth.
circa med.). Timebant enim ne forte collatam sibi
gratiam amisissent: receperant enim potestatem jam
spirituum immundorum.

Sequitur: *Et dixit illis: Hoc genus in nullo po-*
test exire, nisi in oratione, et jeiunio. Theophylactus
(super *Hoc genus daemoniorum*). Scilicet lunaticorum, vel simpliciter omnium daemoniorum genus:
oportet namque jejunare eum qui curari debet, et
illum qui curat. Sic enim vera oratio perficitur,
cum conjungitur orationi jejunium, quando non
gravatur qui orat ex sumptione ciborum, sed sobrius est. Beda. Mystice autem Dominus sursum
discipulis mysteria regni referat, deorsum turbis
peccata infidelitatis exprobrat, et spiritus malos ab
his qui vexantur expellit: nam carnales adhuc, et
insipientes confortat, docet, castigat: et perfectos (1)
liberius de aeternis instruit. Theophylactus (a med.
Comment. cap. 9). Daemon autem iste surdus, et
mutus est: surdus, inquantum non vult Dei sermones audire; mutus vero, inquantum non vult alios
quod condecens est docere. Hieronymus (2) (super *Et*
interrogavit). Peccator autem spumat stultitia, stridet iracundia, arescit ignavia. Discerpit autem spiritus appropinquantem ad salutem: et similiter quos
in ventrem suum trahere desiderat, discerpit per
terrores et damna, ut fecit Job. Beda (cap. 58
super illud, *Afferte eum ad me*). Saepe enim dum
converti ad Deum post peccata conamur, majoribus
novisque antiqui hostis pulsamur insidiis: quod facit
ut vel odium virtutis incutiat, vel expulsionis suae
vindicet injuriam. Gregorius 10 Moral. (cap. 27,
super illud Job 12, « Lampas contempta: » cap.
17. in novis exempl.). Velut mortuus autem ostenditur qui a maligni spiritus potestate liberatur: quia
quisquis jam terrena desideria subegit, vitam in se
carnalis conversationis extinguit, et mundo (3) mortuus apparet: quem multi mortuum dicunt, quia qui
spiritualiter vivere nesciunt, eum qui carnalia bona (4) non sequitur, extinctum funditus arbitrantur Hieronymus (super *At ille ait Ab infan-*
tia). Per hoc autem quod ab infantia vexatus est
significatur gentilis populus, cujus a nativitate crevit cultus inutilis idolorum, ut stulte immolaret
filios suos daemonii: unde dicitur, quod in ignem,
et aquam eum misit: alii enim de Gentibus ignem
venerabantur, alii aquam. Beda (cap. 58, super
Ab infantia). Vel in hoc daemoniaco significatur
quod qui originalis culpae reatum astricti veniunt
in mundum, Christi sunt gratia salvandi (5). Ignis
autem ad fervorem iracundiae referendus est aqua
ad voluptates carnis, quae dissolvere mentem per
delicias solent. Non autem puero qui vim patiebatur, sed daemoni qui inferebat comminatus est:
quia qui peccantem emendare desiderat, vitium utique increpando, et execrando debet exterminare,
sed hominem amando refovere. Hieronymus (super
Surde, et mute spiritus). Imputat autem Dominus
spiritui quod homini praestat, dicens: *Surde et*

---

(1) *Al.* quae.
(2) Victor Antiochenus (*Ex edit. P. Nicolai*).
(3) *Al.* nolebat enim.
(4) Immo Victor Antiochenus ubi supra, verbis paululum
immutatis (*Ex edit. P. Nicolai*).
(5) *Quatuor alibi citata exempla habent* Manes, *praeter*
Antuerpiense in quo est Mani.

(1) *Al.* perfectionem: *forte* perfectiores.
(2) *Al.* Chrysostomus.
(3) *Al.* et modo.
(4) *Al.* opera bona.
(5) *Al.* venient in mundum rei, secundum gratiam salvandi. *Legit P. Nicolai* veniunt in mundum, nonnisi secundum Christi fidem et gratiam salvandi.

mute spiritus, quia ille nunquam audiet, nec loquetur quod (1) peccator poenitens audit et loquitur. Exiens autem daemon ab homine nunquam revertitur, si homo cor suum seraverit clavibus humilitatis et caritatis, et ostium obtinuerit immunitatis. Factus est homo sanatus velut mortuus: sanatis etenim dicitur Coloss. 3, « Mortui estis, et vita vestra abscondita est cum Christo in Deo. » Theophylactus (a med. Comm.). Sed si Jesus, idest evangelicus sermo, teneat manum, idest virtutem activam; tunc a daemone liberabimur. Vide etiam quod primo Deus nos juvat, deinde requiritur a nobis quod bonum operemur: unde dicitur, quod *Jesus elevavit illum,* in quo ostenditur Dei auxilium: *et surrexit*, in quo monstratur homini studium. Beda (cap. 38). Dum autem docet Dominus Apostolos quomodo daemon nequissimus debeat expelli, omnes instituit ad vitam; ut scilicet noverimus graviora quaeque, vel immundorum spiritum, vel hominum, tentamenta, jejuniis et orationibus esse superanda: iram quoque Domini, cum in ultionem scelerum nostrorum fuerit accensa, hoc remedio singulari posse placari. Jejunium autem generale est non solum ab escis, sed a cunctis illecebris abstinere carnalibus, immo ab omnibus vitiorum passionibus. Sic et oratio generalis non solum in verbis est quibus divinam clementiam invocamus, verum etiam in omnibus quae in obsequium nostri conditoris fidei devotione gerimus, teste Apostolo qui ait 1 Thessalonic. 5, « Sine intermissione orate. » Hieronymus (super *Hoc genus daemoniorum*). Vel stultitia, quae ad luxuriam carnis pertinet, sanatur; ira, et ignavia oratione depellitur. Medicina cujusque vulneris adhibenda est ei. Non sanat oculum quod calcaneo adhibetur. Jejunio passiones corporis et oratione pestes sanandae sunt mentis.

2. Theophylactus (Marc. 9, a med. Comment.). Post miracula interponit Dominus sermonem de passione, ne putaretur quod involuntarie passus; est: unde dicitur: *Et inde profecti praetergrediebantur Galilaeam: nec volebat quemquam scire, idest* se ibi esse. *Docebat autem et discipulos suos, et dicebat illis: quoniam Filius hominis tradetur in manus hominum; et occident eum.* Beda (cap. 59, in princ.) Semper prosperis miscet tristia, ut cum repente venerit, non terreant Apostolos; sed praemeditatis animis ferant. Theophylactus (a med. Comm.). Postquam vero dixerat quod triste erat, tunc adjungit quod laetificare debet: unde sequitur: *Et occisus, tertia die resurget*: ut disceremus ex hoc, quod post angustias laetitiae subsequuntur.

Sequitur: *At illi ignorabant verbum, et timebant eum interrogare.* Beda (cap. 59). Haec ignorantia discipulorum non tam de tarditate ingenii, quam de amore nascitur Salvatoris, quia carnales adhuc, et mysterii crucis ignari, quem Deum verum cognoverant, mortuum credere nequibant; et quia per figura eum loquentem saepe audire consueverant, horrentes eventum mortis ejus, etiam in eis quae de sua traditione, ac passione aperte loquebatur, figurate aliquid significari volebant.

Sequitur: *Et venerunt Capharnaum.* Hieronymus (super *Et venerunt Capharnaum*): Capharnaum dicitur villa consolationis: et congruit interpretatio ad praedictam sententiam, qua dixerat: *Et occisus, tertia die resurget.*

Sequitur. *Qui cum domi essent, interrogabat eos: Quid in via tractabatis? At illi tacebant.* Chrysostomus (1). Matthaeus autem dicit cap. 19, quod accesserunt ad Jesum discipuli dicentes: « Quis putas major est in regno caelorum ? » Non enim ab initio narrationem incepit, sed tacuit de intelligentia Salvatoris circa discipulorum cogitationes; et dicta; quamvis posset intelligi quod ea etiam quae seorsum cogitabant, aut dicebant, dicebant ad eum, quia omnia erant ei ita cognita ac si ad eum dicta fuissent. Sequitur: *Siquidem inter se in via disputaverant, qui esset illorum major.* Lucas autem dicit cap. 9, quod « cogitatio intravit in discipulos, « quis esset illorum major » Cogitationem enim et intentionem eorum Dominus ex illorum verbis manifestavit secundum historiam evangelicam. Hieronymus (super *Qui cum domi essent*). Recte autem in via tractabant de principatu. Similis enim est haec tractatio loco. Principatus enim sicut ingreditur, sic defertur, et quamdiu tenetur, labitur et incertum est in qua mansione, idest in qua die, finiatur. Beda (cap. 59, non remote a princ.) Inde autem videtur orta disputatio discipulorum de primatu, quia viderant Petrum, Jacobum et Joannem seorsum ductos in montem, secretumque eis ibi aliquid esse creditum; sed et Petro, secundum Matthaeum, claves regni caelorum esse promissas. Videns autem discipulorum cogitationes Dominus, curat desiderium gloriae humilitate sanare et primatum non esse quaerendum, prius simplici humilitatis commonet imperio: unde sequitur: *Et residens vocavit duodecim, et ait illis: Si quis vult primus esse, erit omnium novissimus, et omnium minister,* Hieronymus. Ubi notandum, quod illi euntes disputabant de principatu, ipse sedens docet humilitatem. Principes enim laborant, humiles quiescunt. Chrysostomus. Appetebant quidem discipuli honorem habere a Domino; desiderium etiam eis inerat ut magnificarentur a Christo: quanto enim quis major est, tanto majoribus honoribus dignus existit: propter hoc non eorum desiderium impedivit, sed humilitatem introduxit. Theophylactus (super *Si quis vult esse primus*). Non enim vult ut usurpemus nobis primatus, sed per humilitatem altitudinem consequamur (2). Mox autem monet eos innocentiae puerilis exemplo: unde sequitur: *Et accipiens puerum statuit eum in medio eorum.* Chrysostomus (homil. 59 in Matth. ante med.). Ipso visu eis persuadens humiles esse, et simplices: etenim ab invidia et vana gloria parvulus mundus existit (3), et a concupiscendo primatum. Non solum autem ait, Si tales efficiamini, mercedem magnam accipietis; sed et si alios tales honorabitis propter me: unde sequitur: *Quem cum complexus esset, ait illis: Quisquis unum ex hujusmodi pueris recipit in nomine meo, me recipit.* Beda (cap. 59, super *Statuit eum in medio*). In quo vel simpliciter pauperes Christi ab his qui volunt esse majores, pro ejus ostendit honore recipiendos: vel malitia parvulos ipsos (4) esse suadet, ut simplicitatem sine arrogantia, carita-

---

(1) *Al. omittitur* quod.

(1) Immo potius Victor Antiochenus ubi supra, paulo aliis verbis, et alia serie ordinatis (*Ex edit. P. Nicolai*).

(2) Beda. Antithesis est illius dicti quod ex Beda jam superius notatum est, Christum scilicet *commonere simplici humilitati imperio, primatum non esse quaerendum.* Prius autem nomine Bedae praetermisso, ut ex Theophylacto notabatur (*Ex edit. P. Nicolai*).

(3) *Al.* extitit.

(4) *Al. omittitur* ipsos.

tem sine invidia et devotionem sine iracundia conservent. Quod autem complectitur puerum, significat humiles suo dignos esse complexu, ac dilectione. Addidit autem, *In nomine meo*, ut formam virtutis quam, natura duce, puer observat, ipsi pro nomine Christi rationis industria sequantur. Sed quia se in pueris recipi docebat, ne putaretur hoc esse solum quod videbatur, subjunxit: *Et quicumque me susceperit, non me suscipit, sed eum qui me misit*: talem se utique ac tantum credi volens, qualis et quantus est Pater. THEOPHYLACTUS (a medio Comm.). Vide quantum valet humilitas, Patris namque, et filii inhabitationem meretur, et etiam Spiritus sancti.

5. BEDA (cap. 39 super *Magister, vidimus*). Joannes praecipua devotione Dominum amans, excludendum beneficio putavit eum qui non recte utatur officio: unde dicitur: *Respondit illi Joannes dicens? Magister, vidimus quemdam in nomine tuo ejicientem daemonia, qui non sequitur nos, et prohibuimus eum.* CHRYSOSTOMUS (1). Multi enim credentium charismata receperunt, nec tamen cum Christo erant: qualis erat hic qui daemones ejiciebat: non enim, omnes ad omnia ordinate (2) se habebant: alii enim erant purae vitae, fidem autem tam perfecte non habebant: alii vero e contrario. TEOPHYLACTUS (inter med. et fin. Comm.). Vel etiam quidam increduli videntes nomen Jesu virtuosum, dicebant et ipsi hoc nomen, et signa faciebant, licet divina gratia essent indigni: volebat enim Dominus etiam per indignos nomen suum ampliare. CHRYSOSTOMUS (3). Non autem zelo, seu invidia motus Joannes prohibebat illum qui daemones expellebat; sed volebat quod omnes qui nomen Domini invocabant, sequerentur Christum, et essent cum discipulis unum. Sed Dominus per hos qui miracula faciunt, licet sint indigni, alios provocat ad fidem, et ipsosmet per hanc ineffabilem gratiam inducit ut fiant meliores: unde sequitur; *Jesus autem ait: Nolite prohibere eum.* BEDA (cap. 39 in Marc.). In quo docet nominem a bono quod ex parte, habet, esse arcendum; sed ad hoc potius quod nondum habet: esse provocandum. CHRYSOSTOMUS (4). Decenter autem eum non esse prohibendum ostendit consequenter dicens: *Nemo est enim qui faciat virtutes in nomine meo, et possit cito male loqui de me.* Hoc autem dicit propter eos qui in haeresim ceciderunt, quales erant Simon, et Menander et Cerintus, neque enim illi in nomine Christi miracula faciebat; sed deceptionibus quibusdam facere videbantur. Isti vero etsi non sequuntur nos, non tamen contra nos aliquid firmiter dicere valebunt, eo quod honorant in operando virtutes nomen meum. THEOPHYLACTUS (super *Ne prohibeatis illum*). Qualiter enim male de me loquitur qui ex nomine meo occasionem gloriae habet, et per hoc quod ipsum invocat, miracula operatur ?

Sequitur: *Qui enim non est adversum vos, pro vobis est.* AUGUSTINUS de cons. Evang. (lib. 4, cap. 5, parum a princ.). Videndum est, ne hoc illi sententiae Domini videatur contrarium, ubi ait (Luc. 11): « Qui mecum non est, adversum me est. »

An hoc interesse aliquis dicet, quia hic discipulis ait, *Qui non est adversum vos, pro vobis est*; ibi autem de seipso locutus est, « Qui mecum non « est, adversum me est? » quasi non possit cum illo non esse qui discipulis ejus tamquam membris ejus sociatur. Alioquin quomodo verum erit: « Qui « vos recepit, me recepit? » Matth 10. Aut potest etiam non esse adversus eum qui fuerit adversus discipulos suos? Nam ubi erit illud: « Qui vos « spernit, me spernit? » Luc. 10. Sed nimirum hoc vult intelligi, intantum cum illo non esse aliquem, inquantum est adversus illum; et intantum adversus illum non esse, inquantum (1) cum illo est: exempli gratia, sicut iste qui in nomine Christi virtutes faciebat, et in societate discipulorum non erat, inquantum operabatur virtutes in illo nomine intantum cum ipsis erat, et adversus eos non erat; inquantum vero eorum societati non adhaerebat, intantum cum ipsis non erat, et adversus eos erat. Sed quia illi hoc eum facere prohibuerunt in quo cum ipsis erat, dixit eis Dominus, *Nolite prohibere*: illud enim prohibere debuerunt quod extra eorum erat societatem, ut illi unitatem Ecclesiae suaderent, non illud in quo cum illis erat, nomen scilicet Magistri, et Domini eorum in expulsione daemonum commendans, sicut Ecclesia catholica facit, non improbans in haereticis sacramenta communia, sed divisionem, vel aliquam adversam paci, veritatique sententiam: in hoc enim adversus nos sunt. CHRYSOSTOMUS (2). Vel aliter. Hoc dicitur de credentibus in eum, qui tamen ipsum non sequuntur propter vitae laxationem. Illud autem de daemonibus dicitur, qui a Deo omnes student separare, et congregationem ejus dispergere.

Sequitur: *Quisquis enim potum dederit vobis calicem aquae frigidae in nomine meo, quia Christi estis, amen dico vobis, non perdet mercedem suam.* THEOPHYLACTUS (super *Quisquis ad bibendum dederit*). Quasi dicat: Non solum hunc qui in nomine meo miracula operatur, non prohibeo: sed et quisquis minimum quid dederit vobis propter nomen meum, et receperit vos propter me, non propter humanam gratiam, et mundanam, non perdet mercedem suam. AUGUSTINUS de conc. Evang. (lib. 4, cap. 6, circa med.). Unde ostendit quod ille de quo Joannes suggesserat, non ita separabatur a societate discipulorum ut eam tamquam haereticus improbaret; sed sicut solent homines nondum audere Christi suscipere sacramenta, et tamen nomini favere christiano, ita ut Christianos etiam suscipiant, et non ob aliud eis (3) nisi quia Christiani sunt obsequantur; de quibus dicit, quod non perdent mercedem suam: non quia jam tuti atque securi sibi debeant videri ex hac benevolentia quam erga Christianos habent, etiam si Christi baptismo non abluantur, nec unitati ejus, incorporentur; sed quia ita jam Dei misericordia gubernentur ut ad ea quoque perveniant, atque ita securi de hoc saeculo abscedant. CHRYSOSTOMUS (4). Et ne quis pau-

(1) Immo potius Victor Antiochenus ubi supra, copiosius tamen, et pluribus aliis interjectis (*Ex edit. P. Nicolai*).

(2) *Al.* ordinare.

(3) Et hoc rursus Victoris Antiocheni potius est: quamvis eadem fere Theophylactus habet (*Ex edit. P. Nicolai*).

(4) Sive iterum Victor Antiochenus ubi supra (*Ex edit. P. Nicolai*).

(1) *Al.* et cum illo esse, inquantum etc.

(2) Colligitur potius ex Victore Antiocheno ubi supra, aequivalenter, vel expresse, licet serie paululum immutata (*Ex edit. P. Nicolai*).

(3) *Al.* omittitur eis.

(4) Vel potius iterum ex Victore Antiocheno colligitur: etsi aliquid horum Chrysostomus habet homil. 56 in Matth. et similia quaedam Theophylactus. *De Theophylacto jam notaverat ad marginem editio Veneta Nicolini (Ex edit. P. Nicolai*).

pertatem alleget, ponit illud quo non contingit egere, scilicet calicem aquae frigidae; pro quo etiam consequetur mercedem. Non enim pretium dati, sed dignitas recipientium, et affectus dantium facit opus dignum mercede. Non solum autem recipiendos discipulos verbo ostendit ex mercede quam aliquis consequitur (1), sed etiam quia retrahitur a tormento. Sequitur: *Et qui scandalizaverit unum ex his pusillis credentibus in me, bonum est ei magis, si circumdaretur mola asinaria collo ejus, et in mare mitteretur*; quasi dicat: Si qui vos propter me honorant; mercedem habent; sic et inhonorantes, idest scandalizantes, ultimam accipient ultionem (2). Ex manifestis autem nobis tormentum describit intolerabile, faciens mentionem molae et submersionis: et non ait, Mola suspendatur in collo sed *Bonum est ei* hoc sustinere, demonstrans quoniam eum gravius aliquod malum expectat. Pusillos autem in se credentes dicit eos qui invocant nomen ejus, non solum sequentes; etiam eos qui calicem (3) frigidum offerunt, et non operantur alia majora. Istorum autem neminem vult scandalizari, neque supplantari: hoc enim est prohibere nomen ejus invocare. BEDA (cap. 59 in Marc.). Recte autem qui scandalizari potest, pusillus appellatur: qui enim magnus est, quodcumque passus fuerit, non declinat a fide; qui autem pusillus est animo, et parvus, occasiones quaerit quo scandalizetur. Propterea oportet nos maxime his consulere qui parvi sunt in fide, ne occasione nostri offendantur, et recedant a fide, ac decidant a salute. GREGORIUS super Ezech. (hom. 7). Notandum tamen, quod in nostro bono opere aliquando cavendum est scandalum proximi, aliquando autem pro nihilo contemnendum. Inquantum enim sine peccato possumus vitare proximi scandalum, debemus; si autem de veritate scandalum ponitur, utilius permittitur scandalum nasci, quam veritas relinquatur. GREGORIUS in Pastor. (1 par. cap. 2). Mystice autem in mola asinaria saecularis vitae circuitus, ac labor exprimitur, et per profundum maris extrema damnatio designatur. Qui ergo ad sanctitatis speciem deductus, vel verbo ceteros destruit, vel exemplo; melius profecto erat ut hunc ad mortem sub exteriore habitu terrena acta constringerent, quam sacra officia in culpa ceteris imitabilem demonstrarent: quia nimirum si solus caderet, utcumque hunc tolerabilior inferni poena cruciaret.

6. BEDA (cap. 59 in Marc.). Quia supra docuerat Dominus ne scandalizaremus eos qui credunt in eum, nunc consequenter admonet quantum cavere debeamus eos qui scandalizare nos, idest verbo, vel exemplo suo ad ruinam peccati propellere, certant; unde dicitur: *Et si scandalizaverit te manus tua, abscinde illam*. CHRYSOSTOMUS (4). Non de membris hoc dicit, sed de propinquis amicis, quos quantum ad necessaria in membrorum ordine nos habemus: nihil enim tam nocivum ut perniciosa societas. BEDA (cap. 59). Manum quippe nostram appellat necessarium amicum, cujus auxilio quotidiano opus habemus; sed si talis nos

laedere in causa animae voluerit, excludendus est a nostra societate, ne si cum perdito in hac vita partem habere: volumus, simul in futuro cum illo pereamus: unde sequitur: *Bonum est tibi debilem introire in vitam, quam duas manus habentem ire in gehennam, in ignem inextinguibilem*. GLOSSA (1). Debilem dicit adjutorio alicujus amici privatum: nam melius est absque amico ire in vitam, quam cum eo ire in gehennam. HIERONYMUS (super *Bonum est tibi*). Vel aliter. *Bonum est tibi debilem ingredi in vitam*; idest, sine cupito principatu, *quam duas manus habentem*. Duae manus principatus sunt humilitas et superbia. Abscinde superbiam, tenens humilem principatum. CHRYSOSTOMUS (2). Deinde testimonium propheticum ex Isaia propheta inducit, dicens: *Ubi vermis eorum non moritur, et ignis non extinguitur*. Non de sensibili verme hoc dicit, sed vermem conscientiam vocat mordentem animam, quod non sit operata bonum. Unusquisque enim sui ipsius accusator fiet, rememorans quae gessit in vita mortali, et sic eorum vermis immortalis permanet. BEDA (cap. 59). Sicut autem vermis est dolor interius accusans, sic ignis est poena extrinsecus saeviens. Vel in verme putredinem gehennae, sicut in igne ardorem designat. AUGUSTINUS, 21 de Civ. Dei (cap. 9). Utrumque autem horum, ignem scilicet, ac vermem, qui volunt ad animae poenas, non ad corporis pertinere, dicunt etiam uri dolore animae, sero ac infructuose poenitentis, eos qui fuerint a regno Dei separati; et ideo ignem pro isto dolore urente non incongrue poni posse contendunt, secundum illud Apostoli 2 Corinth. 11: « Quis scandalizatur, et ego non u- « ror? » Eumdem etiam dolorem (3) vermem putant intelligendum esse, secundum illud Proverb. 25: « Sicut tinea vestimentum et vermis lignum, « sic moeror excruciat cor viri. » Qui vero poenas (4) et animae, et corporis in illo supplicio futuras esse non dubitant, igne uri corpus, animam vero rodi quodammodo verme moeroris affirmant; quod etsi credibilius dicitur; quia utique absurdum est ibi dolorem aut corporis, aut animae defuturum; ego tamen facilius existimo ut ad corpus utrumque dicam pertinere quam neutrum: et ideo tacitum esse in istis divinae Scripturae verbis animi dolorem, quia consequens esse intelligitur ut corpore dolente animus quoque crucietur. Eligat ergo quisque quod placet: aut ignem tribuere corpori, animae vermem, hoc proprie, illud tropice; aut utrumque proprie corpori. Possunt enim animalia etiam in ignibus vivere, in ustione sine consumptione, in dolore sine morte per miraculum potentissimi creatoris.

Sequitur: *Et si pes tuus scandalizat te*. BEDA (cap. 59 in Marc. a med.). Pes amicus dicitur propter ministerium discursus, quasi nostris (5) usibus accomodatus. Sequitur: *Quod si oculus tuus scandalizat te*. Oculus dicitur amicus utilis atque solicitus et acutus ad perspiciendum. AUGUSTINUS de cons. Evang. (lib. 4, cap. 6. a med.). Hic profecto apparet quod illi qui nomini Christi, sunt devoti, et priusquam

---

(1) *Al.* sequitur.

(2) *In margine citata Nicolini editionis legitur:* Haec habentur a Chrysostomo hom. 59, in Matth. circa med.

(3) *P. Nicolai ponit* et eos quoque qui invocant nomen ejus, etiamsi eum non sequentes; immo etiam eos qui calicem etc.

(4. Hom. 60 in Matth. Eadem quoque habet Victor Antiochenus super hunc locum (*Ex edit. P. Nicolai*).

(1) Non sic in Glossa quae nunc extat; sed hoc potius quod ex Beda proxime relatum est; vel etiam in Glossa interlineali (*Ex edit. P. Nicolai*).

(2) Quod autem subjungitur ex Chrysostomo, est Victor Antiocheni ubi supra (*Ex edit. P. Nicolai*).

(3) *Al.* deest dolorem.

(4) *Al.* qui si poenas etc.

(5) *Al.* in nostris.

Christianorum numero socientur, utiliores sunt quam
hi qui, cum jam Christiani appellentur et christianis
sacramentis imbuti sint, talia suadent et eos quibus
ea persuaserint, secum in aeternam poenam per-
trahant: quos membrorum corporalium nomine,
tanquam manum vel oculum scandalizantem, jubet erui a corpore, hoc est ab ipsa unitatis
societate; ut sine his potius veniatur ad vitam,
quam cum eis eatur in gehennam. Hoc ipso
autem separantur a quibus separantur, quod eis
mala suadentibus, hoc est scandalizantibus, non
consentiunt. Et si quidem omnibus bonis cum (1)
quibus eis societas est, de hac perversitate inno-
tescunt, ab omni penitus societate atque ab ipsa
divinorum sacramentorum participatione separentur.
Si autem quibusdam ita noti sunt, pluribus autem
ista eorum est ignota perversitas: ita tolerandi sunt
ut neque illis ad iniquitatis communionem consen-
tiatur, neque propter illos bonorum societas deseratur. BEDA (cap. 39. a medio illius). Quia vero
Dominus tertio mentionem vermis et ignis fecerat,
ut hoc valeamus evitare tormentum, subdit: *Omnis
enim igne salietur*. Foetor enim vermium de corruptione solet nasci carnis et sanguinis; ideoque
caro recens sale conditur, ut exsiccato humore san-
guineo, vermescere nequeat. Et quidem quod sale
salitur, vermis putredinem arcet; quod vero igne
salitur, idest ignibus sale aspersis reconditur, non
solum vermes abjicit, sed ipsam quoque carnem
consumit. Caro ergo et sanguis vermes creat: quia
delectatio carnalis, cui condimentum continentiae
non resistit, poenam luxuriosis generat aeternam;
cujus foetorem quisquis vitare desiderat, et corpus
sale continentiae, et mentem studeat condimento sapientiae ab erroris et vitiorum labe castigare. Sal
enim dulcedinem sapientiae, ignis Spiritus sancti
gratiam designat. Dicit ergo: *Omnis igne salietur*:
quia omnis electus sapientia spirituali debet a corruptione concupiscentiae carnalis expurgari. Vel ignis
est tribulationis, quo patientia fidelium, ut perfectum opus habere possit, exercetur. CHRYSOSTOMUS (2).
Simile autem est huic quod dicit Apostolus 1 Corinth. 3: « Uniuscujusque opus quale sit ignis pro-
« babit. »

Postea a Levitici cap. 2, testimonium introducit
dicens: *Et omnis victima salietur*. HIERONYMUS (super illud, *Et omnis victima*). Victima Domini est
genus humanum, quod hic ratione sapientiae salitur
dum corruptio sanguinis, custodia putredinis et
mater vermium, consumetur, et illic purgatorio igne
examinabitur. BEDA (cap. 39, aliq. ante finem).
Possumus et ita intelligere: quod altare Dei sit cor
electorum; hostiae vero et sacrificia in hoc altari
offerenda, bona sunt opera fidelium. In omnibus
autem sacrificiis sal debet offerri: quia nullum est
opus bonum quod non sal sapientiae ab omni corruptione vanae laudis ceterisque pravis sive superfluis cogitationibus expurgat. CHRYSOSTOMUS. Vel
hoc dicitur, quia omne munus victimae nostrae,
quae est secundum orationem et proximi subven-
tionem, salitur igne divino, de quo dicitur, Luc.
12, *Ignem veni mittere in terram*: de quo subditur: *Bonum est sal*, idest ignis dilectionis (3).

Quod si sal insulsum fuerit, idest seipso privatum,
et propria qualitate per quam dicitur bonum, *in
quo illud condietis* ? Sunt enim sales sal habentes.
qui scilicet habent gratiae plenitudinem; et sunt
sales sal non habentes: qui enim non sunt pacifici,
sal sunt insulsum. BEDA (cap. 39, paulo ante
finem). Vel *bonum est sal*: bonum est Dei verbum
audire frequentius et sale sapientiae spiritualis cordis arcana condire. THEOPHYLACTUS (circa finem
Comment.) Sicut enim sal carnes conservat, et
vermes eas non sinit generari; sic et sermo doctoris, si desiccativus erit, carnales homines constringit et in eis inextinguibilem vermem non sinit generari: si vero sit insulsus, idest si virtutem desiccativam et conservativam non habeat, in quo condie-
tur ? CHRYSOSTOMUS (1). Vel secundum Matthaeum,
discipuli Christi sunt sal, qui totum orbem conservant, resistentes putredini, quae est ab idololatria et
fornicatione peccatorum. Potest etiam intelligi quod
unusquisque nostrum habeat tantum salis quantum
capax est Dei gratiarum: unde et Apostolus conjungit gratiam sali, dicens Coloss. 4: « Sermo vester
« sit in gratia sale conditus. » Sal etiam est Dominus Jesus Christus, qui fuit sufficiens totam terram conservare et multos in terra fecit sales: quorum si aliquis marcescat (possibile est enim et bonos in putredinem transmutari) dignum est ut foras mittatur. HIERONYMUS (super illud *bonum est
sal*). Vel aliter. Sal insulsum est qui amat principatum et increpare non audet : unde sequitur:
Habete in vobis sal, et pacem habete inter vos: ut
scilicet salsedinem correptionis amor proximi tem-
peret et dilectionem proximi sal justitiae condiat.
GREGORIUS super Ezech. (2) (ubi supra). Vel hoc
dicitur contra quosdam, quos dum major scientia (3)
erigit, a ceterorum societate disjungit; et quo plus
sapiunt, eo a concordiae virtute respiscunt. GREGO-
RIUS in Pastor. (2 par., cap. 4). Qui etiam loqui
sapienter nititur, magnopere metuat ne ejus eloquio audientium unitas confundatur; ne dum sapiens
videri desiderat, unitatis compagem insipienter ab-
scindat. THEOPHYLACTUS. Vel qui constringit se vinculo dilectionis ad proximum, hic salem habet, et
ex hoc pacem cum fratre suo. AUGUSTINUS de cons.
Evang. (lib. 4, cap. 6). Haec Marcus Dominum locutum fuisse contextim commemorat; et aliqua posuit quae nullus alius Evangelistarum posuit, alia
vero quae Matthaeus quoque posuit, et aliqua quae
Matthaeus et Lucas: sed illi ex aliis occasionibus
et in alio rerum ordine; unde mihi videtur etiam
hoc loco Dominum ideo (4) dixisse quae aliis
locis dixit, quia satis pertinebant ad hanc ipsam ejus
sententiam, qua vetuit prohiberi virtutes in nomine suo fieri, etiam ab illo qui cum discipulis eum
non sequebatur.

---

(1) *Al. deest* cum: *item* cum quibus eis notitia est.
(2) Quod autem subjungitur ex Chrysostomo, est Victoris
Antiocheni ubi supra (*Ex edit. P Nicolai*).
(3) Hanc appendicem Victor Antiochenus ubi supra non
habet; quamvis ex illo tantum cetera desumpta sint, sed

alia serie; nec occurrit unde sit sub his verbis, licet ab eodem Victore ac Theophylacto aliquatenus indicetur (*Ex edit.
P. Nicolai*).
(1) Partim ex illo in Matth. hom. 15, partim ex Victore
Antiocheno super hunc locum, et ex Theophylacto super eumdem colligitur, sed non iisdem verbis (*Ex edit. P. Nicolai*).
(2) Immo potius libro de cura Pastorali par. 3, admonit.
25, licet aliquid huc pertinens habeat hom. 4 et 8 super
illud Ezech. aliis verbis (*Ex edit. P. Nicolai*).
(3) *Al.* conscientia.
(4) *Al. deest* ideo.

CAPUT DECIMUM.

1. Et inde exurgens, venit in fines Judaeae ultra Jordanem; et conveniunt iterum turbae ad eum; et sicut consueverat, iterum docebat illos. Et accedentes Pharisaei interrogabant eum, si licet viro uxorem dimittere, tentantes eum. At ille respondens dixit eis: Quid vobis praecepit Moyses? Qui dixerunt: Moyses permisit libellum repudii scribere, et dimittere. Quibus respondens Jesus ait: Ad duritiam cordis vestri scripsit vobis praeceptum istud. Ab initio autem creaturae, masculum et feminam fecit eos Deus. Propter hoc relinquet homo patrem suum et matrem, et adhaerebit ad uxorem suam, et erunt duo in carne una. Itaque jam non sunt duo, sed una caro. Quod ergo Deus conjunxit, homo non separet. Et in domo iterum discipuli ejus de eodem interrogaverunt eum. Et ait illis: Quicumque dimiserit uxorem suam et aliam duxerit, adulterium committit super eam; et si uxor dimiserit virum suum et alii nupserit, moechatur.

2. Et offerebant illi parvulos, ut tangeret illos. Discipuli autem comminabantur offerentibus. Quos cum videret Jesus, indigne tulit, et ait illis: Sinite parvulos venire ad me, et ne prohibueritis eos: talium enim est regnum Dei. Amen dico vobis: quisquis non receperit regnum Dei velut parvulus, non intrabit in illud. Et complexans eos, et imponens manus super illos, benedicebat eos.

3. Et cum egressus esset in viam, procurrens quidam genuflexo ante eum, rogabat eum, dicens: Magister bone, quid faciam ut vitam aeternam percipiam? Jesus autem dixit ei: Quid me dicis bonum? Nemo bonus nisi unus Deus. Praecepta nostri? Ne adulteres, ne occidas, ne fureris, ne falsum testimonium dixeris, ne fraudem feceris: honora patrem tuum et matrem. At ille respondens ait illi: Magister, haec omnia observavi a juventute mea Jesus autem intuitus eum, dilexit eum, et dixit ei: Unum tibi deest. Vade, quaecumque habes vende, et da pauperibus, et habebis thesaurum in caelo; et veni sequere me. Qui contristatus in verbo, abiit moerens: erat enim habens multas possessiones. Et circumspiciens Jesus, ait discipulis suis: Quam difficile qui pecunias habent in regnum Dei introibunt! Discipuli autem obstupescebant in verbis ejus. At Jesus rursus respondens, ait illis: Filioli, quam difficile est confidentes in pecuniis in regnum Dei introire! Facilius est camelum per foramen acus transire, quam divitem intrare in regnum Dei. Qui magis admirabantur dicentes ad semetipsos. Et quis potest salvus fieri? Et intuens illos Jesus ait: Apud homines impossibile est, sed non apud Deum; omnia enim possibilia sunt apud Deum.

4. Et post haec coepit ei Petrus dicere: Ecce nos dimisimus omnia, et secuti sumus te. Respondens Jesus ait: Amen dico vobis: nemo est qui reliquerit domum aut fratres aut sorores aut patrem aut matrem aut filios aut agros propter me et propter Evangelium, qui non accipiat centies tantum: nunc in tempore hoc domos et fratres et sorores et matres et filios et agros cum persecutionibus, et in saeculo futuro vitam aeternam. Multi autem primi erunt novissimi, et novissimi primi.

5. Erant autem in via ascendentes Hierosolymam, et praecedebat illos Jesus: et stupebant, et sequentes timebant. Et assumens iterum duodecim, coepit illis dicere quae essent eis ventura. Quia ecce ascendimus Hierosolymam, et Filius hominis tradetur principibus sacerdotum et scribis et senioribus et damnabunt eum morte, et tradent eum Gentibus. et illudent ei, et conspuent eum et flagellabunt eum et interficient eum, et tertia die resurget.

6. Et accedunt ad eum Jacobus et Joannes filii Zebedaei, dicentes: Magister, volumus ut quodcumque petierimus facias nobis. At ille dixit eis: Quid vultis ut faciam vobis? Et dixerunt: Da nobis ut unus ad dexteram tuam et alius ad sinistram tuam sedeamus in gloria tua. Jesus autem dixit eis: Nescitis quid petatis. Potestis bibere calicem quem ego bibo, aut baptismo quo ego baptizor, baptizari? At illi dixerunt ei, Possumus. Jesus autem ait eis: Calicem quidem quem ego bibo, bibetis, et baptismo quo ego baptizor, baptizabimini; sedere autem ad dexteram meam vel ad sinistram, non est meum dare vobis, sed quibus paratum est.

7. Et audientes decem indignati sunt de Jacobo et Joanne. Jesus autem vocans eos, ait illis: Scitis quia hi qui videntur principari gentibus, dominantur eis; et principes eorum potestatem habent ipsorum. Non ita est autem in vobis: sed quicumque voluerit fieri major, erit vester minister; et quicumque voluerit in vobis primus esse, erit omnium servus: nam et Filius hominis non venit ut ministraretur ei, sed ut ministraret, et daret animam suam redemptionem pro multis.

8. Et veniunt Hiericho: et proficiscente eo de Hiericho, et discipulis ejus, et plurima multitudine, filius Timaei, Bartimaeus caecus, sedebat juxta viam, mendicans. Qui eum audisset quia Jesus Nazarenus est, coepit clamare et dicere: Jesu fili David miserere mei. Et comminabantur illi multi ut taceret; at ille multo magis clamabat: Fili David, miserere mei. Et stans Jesus praecepit illum vocari. Et vocant caecum, dicentes ei: Animaequior esto: surge, vocat te. Qui projecto vestimento suo. exiliens venit ad eum. Et respondens Jesus dixit illi: Quid tibi vis faciam? Caecus autem dixit ei: Rabboni, ut videam. Jesus autem ait illi: Vade: fides tua te salvum fecit. Et confestim vidit, et sequebatur eum in via.

---

1. BEDA (1) (cap. 40, in Marc. in princ.). Hucusque Marcus ea narravit de Domino quae in Galilaea fecit docuit; hic incipit enarrare quae in Judaea fecit et docuit sive passus est: et primo quidem trans Jordanem ad orientem; et hoc est quod dicitur: *Et inde exurgens venit in fines Judaeae ultra Jordanem.* Deinde etiam circa Jordanem, quando venit Hiericho, Bethaniam et Hierosolymam. Et cum omnis Judaeorum provincia generaliter ad distinctionem aliarum gentium Judaea sit dicta, specialius tamen meridiana ejus plaga appellabatur Judaea, ad distinctionem Samariae, Galilaeae, Decapolis et ceterarum in eadem provincia regionum. THEOPHYLACTUS (Marc. 10, in princ. Comm.). Visitat autem regionem Judaeae, quam saepe propter Judaeorum aemulationem reliquerat: quia passio in ea erat futura: non tamen ascendit tunc Hierorolymam, sed Judaeae confinia, ut turbae non malitiosae proficerent: Hierosolyma enim erat operatrix omnis nequitiae ob malitiam Judaeorum: unde sequitur: *Et conveniunt iterum turbae ad eum: et*

(1) Quo ad posteriorem tantum partem, sed priorem, quam et expresse Glossa ponit, praesupponens (*Ex edit. P. Nicolai*).

sicut consueverat, iterum docebat illos. BEDA (cap. 40, paulo a princ.) Notanda est mentium distantia in turbis et Pharisaeis: hae conveniunt ut doceantur, et sui sanentur infirmi, sicut Matthaeus commemorat; illi accedunt ut Salvatorem tentando decipiant: unde sequitur: *Et accedentes Pharisaei interrogant eum, si licet viro uxorem dimittere, tentantes eum.* THEOPHYLACTUS (cap. 10, circa princ. Commen.) Accedunt quidem non deserentes eum, ne turbae in eum crederent; sed continue accedentes credebant eum in dubitationem deducere, et eum per interrogationes confundere. Proposuerunt autem ei quaestionem ex utraque parte praecipitium habentem: ut si dicat, quod licet viro uxorem dimittere, vel non licet; accusarent ipsum contradicentes eidem ex dogmatibus Moysi. Christus igitur sapientia ipsa respondit eis responsionem illorum laqueos fugientem. CHRYSOSTOMUS (homil. 63 in Matth. aliq. a princ.). Interrogatus enim si licet, non statim respondit, Non licet, ne tumultuentur; sed primo eis legis sententiam voluit respondere, ut quod eum dicere oportebat, hoc illi responderent: unde sequitur: *At ille respondens ait:*

Quid vobis praecepit Moyses ? Sequitur: *Qui dixe-*
runt: Moyses permisit libellum repudii scribere
et dimittere. Proponunt quidem Moysen hoc dixisse, aut propter interrogationem Salvatoris, aut volentes in eum virorum multitudinem incitare. Etenim
hoc Judaeis erat indifferens, et omnes hoc opera-
bantur tamquam a lege permissum. AUGUSTINUS de
cons. Evang. (lib. 4, cap. 62). Nihil autem ad rei
veritatem interest utrum Domino separationem pro-
hibenti, et sententiam suam de lege firmanti, ipsae
turbae, ut Matthaeus narrat, intulerint quaestionem
de libello repudii per eumdem Moysen sibi permis-
so, an hoc quidem illi de praecepto Moysi illos interroganti responderint, ut Marcus hic dicit: nam
et voluntas ejus ita se habebat ut non eis redderet
ratione c cur illud Moyses permiserit, nisi prius
ipsi hoc commemorassent. Cum ergo voluntas loquentium, cui debent verba servire, ab Evangelista
utroque monstrata sit, nihil interest jam, licet diversus inter ambos fuerit modus narrandi. Potest etiam
hoc intelligi quod, sicut dicit Marcus, prius eos de
uxore dimittenda interrogantes, Dominus vicissim
interrogavit quid eis praecepit Moyses; qui cum
respondissent, Moysen permisisse libellum repudii
scribere, et dimittere, repondit eis de ipse lege per
Moysen data, quomodo Deus instituerit conjugium
masculi, et feminae, dicens ea quae ponit Matthaeus
quibus auditis, illi id quod ei primo interroganti
responderant, repetierunt, dicentes: *Quid ergo man-*
davit Moyses ? AUGUSTINUS contra Faustum (lib. 19,
cap. 26). Nolebant autem dimitti uxorem a viro,
qui hanc interposuit moram, ut in dissidium animus praeceps, libelli conscriptione retactus absisteret, praesertim quia, ut perhibent, apud Hebraeos
scribere litteras Hebraeas nulli fas erat nisi solis
scribis. Ad hos igitur quos oporteret esse prudentes legis interpretes, et justos dissidii dissuasores,
lex mittere voluit eum quem jussit libellum dare
repudii, si dimisisset uxorem. Non enim poterat ei
se ibi libellus, nisi ab ipsis, quem per hanc occasionem: et necessitatem venientem quodammodo in
manus suas bono consilio regerent, atque inter
ipsum et uxorem pacifice agendo dilectionem, con-
cordiamque suaderent. Quod si tantum intercede-
ret odium ut extingui, emendarique non posset,
tunc utique scriberetur libellus: quia frustra non
dimitteret quam sic odisset ut ad debitam conjugio caritatem nulla prudentium suasione revocaretur: propter hoc subditur: *Quibus respondens Jesus*
ait: Ad duritiam cordis vestris scripsit vobis prae-
ceptum istud. Magna enim duritia erat, quae nec
per libelli interpositionem, ubi dissuadendi locus
justis, et prudentibus tribuebatur, solvi, vel flecti
posset ad recipiendam, vel revocandam conjugii caritatem. CHRYSOSTOMUS (1). Vel dicitur, *Ad duritiam*
cordis vestri: quia si anima fuerit purgata desi-
deris, et ira: possibile est mulierem nequissimam
tolerare. Multiplicatis autem in anima passionibus
praedictis, multa male contigent circa odiosum con-
nubium. Sic igitur ab incusatione eorum Moysen
eripit, qui dederat legem, et totum in eorum caput convertit. Sed quia grave, erat quod dictum
est, statim ad antiquam legem sermonem reducit,
dicens: *Ab initio autem creaturae, masculum, et*
feminam fecit eos Deus. BEDA (cap. 40, super

Masculum et feminam). Non ait, Masculum et feminas, quod ex priorum repudio quaerebatur; sed
Masculum, et feminam, ut unius conjugi confortio
necterentur. CHRYSOSTOMUS (homil. 63, in Matth.
super « Erunt duo in carne una »). Si autem voluisset hanc quidem dimittit, et alteram introduci,
creasset plurimas mulieres. Nec solum homini Deus
mulierem conjunxit; sed et relinquere parentes praecepit, et mulieri adhaerere: unde sequitur: *Et dixit,*
scilicet Deus per Adam: *Propter hoc relinquet ho-*
mo patrem suum, et matrem suam, et adhaerebit
ad uxorem suam: ex ipso modo locutionis inseparabilitatem matrimonii demonstrans, quia dicit,
Adhaerebit. BEDA (super *Adhaerebit uxori*). Et
similiter quia dicit, *Adhaerebit ad uxorem suam,*
non ad uxores.

Sequitur: *Et erunt duo in carne una.* CRYSOSTO-
MUS (hom. 63 ubi supra). Idest, ex una radice
facti, in unum corpus convenient.

Sequitur: *Itaque jam non sunt duo, sed una caro.*
BEDA (cap. 40). Primum igitur nuptiarum est ex
duabus unam carnem fieri. Castitas juncta spiritui,
unus efficitur spiritus (1). CHRYSOSTOMUS (homil. 63
in Matth. ibid.). Post hoc terribile faciens argumentum, non dixit, Ne dividatis, sed conclusit: *Quod ergo*
Deus conjunxit: homo non separet. AUGUSTINUS contra
Faustum (lib. 19, cap. 29). Ecce Judaei ex libris
Moysi convincuntur, non esse uxorem dimittendam,
qui secundum voluntatem legis Moysi arbitrabantur
se facere (2) cum dimitterent. Similiter et illud
hinc ipso (3) Christo attestante cognoscimus Deum
fecisse, et conjunxisse masculum et feminam; quod
Manichaei negando damnantur; non jam Moysi libris, sed Christi Evangelio resistentes. BEDA (cap.
40). *Quod ergo Deus conjunxit,* unam faciendo
carnem viri et feminae, hoc homo non potest separare, sed solus Deus. Homo separat quando propter desiderium secundae uxoris primam dimittimus
Deus separat quando ex consensu propter servitutem
Dei sic habemus uxores quasi non habentes. CHRYSO-
STOMUS (4). Si autem duo quos Deus conjunxit, separari
non debent; multo magis Ecclesiam, quam Deus Christo conjunxit, ab eo non convenit separare. THEOPYLA-
CTUS (Marc. 10 sup. *Et in domo*). Quia vero scandalizabantur discipuli, tamquam ex praedictis non plene eis
fuerit satisfactum, an propter hoc eum (5) iterum
interrogant: unde sequitur: *Et in domo iterum di-*
scipuli ejus de eodem interrogaverunt eum. HIERONY-
MUS (in princ. Comment. in cap. 10). Secunda interrogatio ab Apostolis iterum dicta est: quia (6)
de eadem re, de qua Pharisaei, eum interrogaverunt, idest de conjugi: statu: et hoc proprie dicit (7)
Marcus. GLOSSA (8). Iterata enim Verbi sententia,
non fastidium, sed esuriem, et sitim praestat: unde
« qui me comedunt, adhuc esurient: et qui me
« bibunt, adhuc sitient: » Eccli. 24. Melliflua enim
sapientiae eloquia gustata, diligentibus multimodum

---

(1) Non expresse quod ad omnia, nec eodem tenore quo
hic, sed sparsim quo ad aliqua tantum hom. 43 in Matth.
nec cetera occurrunt (*Ex edit. P. Nicolai*).

(1) *Legit P. Nicolai.* Praemium igitur nuptiarum est ex
duabus unam carnem fieri: castitate enim juncta spiritui;
unus efficitur spiritus.
(2) *Al.* arbitrantur.
(3) *Al.* cum ipso.
(4) Colligitur potius ex Auctore Operis imperfecti hom.
52 in Matth. et aliquid simile Theophylactus habet in Matth.
cap. 19 (*Ex edit. P. Nicolai*).
(5) *Al.* enim.
(6) *Al. deest* quia.
(7) *In quatuor exemplis supra citatis omittitur* dicit Marcus.
(8) *Omittitur a Nicolai index Glossae.*

saporem reddunt: unde Dominus iterato discipulos instruit: nam sequitur: *Et dixit illis: Quicumque dimiserit uxorem suam et aliam duxerit, adulterium committit super eam.* CHRYSOSTOMUS (1). Adulterium vocat non cum sua simul esse: non enim est sua quam accepit, prima derelicta; et propter hoc committit adulterium super eam, idest super secundam quam introducit. Idem autem est de muliere: unde sequitur: *Et si uxor dimiserit virum suum, et alii nupserit, moechatur.* Non enim alteri, ut proprio viro potest conjungi, si proprium derelinquat. Et quidem lex prohibuit adulterium manifestum; sed (2) Salvator hoc non manifestum, neque ab omnibus notum, naturae tamen contrarium. BEDA (cap. 40, sup. *Quicumque dimiserit*). In Matthaeo vero cap. 19, scriptum est plenius: « Qui- « cumque dimiserit uxorem suam, nisi ob fornica- « tionem. » Una ergo solummodo carnalis est causa fornicatio; una spiritualis, timor Dei, ut uxor dimittatur, sicut multi religionis causa fecisse leguntur. Nulla autem causa est Dei lege perscripta, ut vivente ea quae relicta est, alia adducatur. CHRYSOSTOMUS (3). Quod autem Matthaeus dicit, Pharisaeis haec verba dixisse, Marcus vero discipulis, non est contrarium: contingit enim haec et his et illis dicta esse.

2. THEOPHYLACTUS (Marc. 10, super *Et attulerunt*). Ostensa superius nequitia Pharisaeorum Christum tentantium, nunc ostenditur multa fides turbarum, quae tantum manuum impositione putabant Christum benedicere parvulos quos illi offerebant: unde dicitur: *Et offerebant illi parvulos, ut tangeret eos.* CHRYSOSTOMUS (homil. 63 in Matth.). Sed discipuli prohibebant offerentes, propter Christi dignitatem; et hoc est quod subditur: *Discipuli autem comminabantur offerentibus.* Salvator autem erudiens discipulos sapere moderata et tumorem conculcare mundanum, accipit pueros, et eis praenuntiat regnum Dei: unde sequitur: *Et dixit illis: Sinite parvulos venire ad me, et ne prohibueritis eos.* ORIGENES (tract. 7 in Matth., ante finem). Si quis ergo eorum qui doctrinam ecclesiasticam profitentur, videat aliquem offerentem quosdam stultos mundi et ignobiles et infirmos, qui propter hoc appellati sunt pueri et infantes non prohibeat quasi sine judicio facientem eum qui offert tales (4) Salvatori. Post hoc exhortatur discipulos suos jam viros constitutos condescendere utilitatibus puerorum, ut fiant pueris quasi pueri, ut pueros lucrentur. Nam et ipse cum in forma Dei esset, humilians se factus est puer: unde subdit: *Talium est enim regnum Dei.* CHRYSOSTOMUS (hom. 63, ibid.). Etenim ab omnibus passionibus pura existit anima pueri: propter hoc oportet ut haec ex voluntate operemur quae pueri habent per naturam. THEOPHYLACTUS (super *Talium est regnum caelorum*). Unde non dixit, Horum est regnum Dei, sed *Talium*, scilicet habentium ex studio et labore innocentiam et simplicitatem quam habent pueri ex natura. Puer enim non odit, neque malitiose aliquid operatur, neque verberatus a matre discedit; sed etsi eum vilibus induat vestimentis, praefert ea regalibus indumen-

tis: sic et ille qui vivit secundum virtutem Ecclesiae matris suae. nihil huic praehonorat, neque etiam reginam multorum voluptatem: unde et Dominus subdit: *Amen dico vobis: Quisquis non receperit regnum Dei velut parvulus, non intrabit in illud.* BEDA (cap. 40). Idest, nisi talem habueritis innocentiam, et animi puritatem, sicut parvulus habet, regnum caelorum non poteritis intrare. Aliter, Regnum Dei, idest doctrinam Evangelii, sicut parvulus, recipere jubemur: quia quomodo parvulus in discendo non contradicit doctoribus, neque rationes, et verba componit eis resistens; sed fideliter suscipit quae docent, et cum metu obtemperat, et discit, ita et nos obediendo simpliciter, et sine ulla contradictione Verbum Domini suscipere debemus.

Sequitur. *Et complexans eos, et imponens manus super illos, benedicebat eos.* CHRYSOSTOMUS (1). Bene autem amplexatur eos ad benedictionem tamquam iu proprium sinum elevans, propitiatus facturam suam ab eo cadentem ab initio, et divisam. Imponit autem parvulis manus, docens divinae virtutis operationem. Et quidem secundum consuetudinem aliorum, manus imponit; sed non secundum consuetudinem operatur: Deus enim existens, humanum modum servabat tamquam verus homo factus BEDA (ibid. super *Et complexans eos*). Complexus etiam benedixit parvulos, ut humiles spiritu sua benedictione, et gratia, et dilectione dignos esse significet.

5. BEDA (cap. 40, sup. *Cum ingressus esset*). Audiverat quidam a Domino, tantum eos qui parvulorum volunt esse similes, dignos esse introitu regni caelorum, atque ideo poscit sibi expori non parabolis, sed aperte, quibus operum meritis vitam aeternam consequi possit: unde dicitur: *Et cum egressus esset in viam, procurrens quidem genu flexo ante eum, rogabat eum, dicens: Magister, bone quid faciam ut vitam aeternam percipiam?* THEOPHYLACTUS (super *Quid faciendo vitam aeternam percipiam?*). Miror de hoc juvene, qui, omnibus aliis pro infirmitatibus ad Christum accedentibus, hic vitae aeternae possessionem postulat, cum maligna sit passio avaritiae, propter quam postmodum contristatus est. CHRYSOSTOMUS (homil. 64 in Matth.). Quia vero accesserat ad Christum, tamquam ad hominem (2), et ad unum Judaicorum doctorum; Christus tamquam homo respondit eidem: unde sequitur: *Jesus autem dixit ei? Quid me dicis bonum? Nemo bonus nisi unus Deus.* Haec autem dicens non excludit homines a bonitate, sed a comparatione bonitatis divinae. BEDA (capit. 40, super illud, *Nemo bonus*). Unus autem Deus bonus, non Pater solus intelligendus est, sed et Filius, qui dicit Joan. 10: « Ego sum pastor bonus; » sed et Spiritus sanctus, quia dicitur Luc. 11: « Pater de « caelis dabit Spiritum bonum petentibus se. » Ipsa enim una et individua Trinitas Pater, et Filius et Spiritus sanctus, solus et unus Deus bonus est. Non igitur Dominus se bonum negat, sed esse Deum significat; non se magistrum bonum non esse, sed magistrum absque Deo nullum bonum esse testatur. THEOPHYLACTUS (supra *Vade, et vende omnia quae habes*). Voluit igitur Dominus per (3) haec verba mentem juvenis facere altiorem, ut i-

---

(1) Quod ex Chrysostomo subjungitur, colligi potest ex Victore Antiocheno, etsi aliis verbis (*Ex edit. P. Nicolai*).

(2) *Al. desideratur sed.*

(3) Et hoc iterum est Victoris Antiocheni, verbis paululum immutatis (*Ex edit. P. Nicolai*).

(4) *Al. talem.*

(1) Immo potius Victor Antiochenus ubi supra (*Ex edit. P. Nicolai*).

(2) *Al. tamquam homo ad hominem.*

(5) *Al. omittitur per.*

psum cognosceret tamquam Deum. Sed et aliud quidem innuit in his verbis: ut quando debes conferre cum aliquo, non adulando cum eo conferas, sed respicias radicem bonitatis et fontem Deum, et ei praestes honorem. BEDA (cap. 40, super *Praecepta nosti*). Notandum autem, quod justitia legis suo tempore custodita, non solum bona terrae, verum etiam suis electoribus vitam conferebat: unde Dominus de vita aeterna quaerenti consequenter dixit: *Praecepta nosti? Ne adulteres, ne occidas etc.* Haec est enim puerilis innocentia, quae nobis imitanda proponitur, si regnum Dei volumus intrare: unde sequitur: *At ille respondens ait: Magister, haec omnia observavi a juventute mea.* Non est putandus homo iste vel voto tentantis, ut quidam putaverunt, Dominum interrogasse, vel de sua vita esse mentitus; sed simpliciter ut vixerat esse confessus: quod patet ex hoc quod subditur: *Jesus autem intuitus eum, dilexit eum, et dixit ei.* Si aut mendacii aut simulationis noxa reus teneretur, nequaquam intuitus arcana cordis ejus diligere diceretur Jesus. ORIGENES super Matth. (tract. 8, ante medium). In hoc enim quod dilexit eum vel osculatus est eum, videtur affirmasse professionem ejus, qui dixit se omnia ista implesse. Intendens enim mente in eum, vidit hominem ex bona conscientia confitentem. CHRYSOSTOMUS. Dignum tamen est inquirere qualiter hunc dilexit, qui eum non erat secutus. Est autem hoc dicere, quoniam quantum ad priora dignus erat amore, quae legis sunt observans a juventute; circa finem vero neque diminutionem prioris dilectionis consecutus est, sicut neque perfectionem suscepit. Etsi enim non excesserat mensuram humanam, Christi perfectionem non sequens; nullo tamen crimine existebat reus, juxta possibilitatem hominis legem observans; et in hac observatione Christus eum dilexit. BEDA (cap. 40, super *Haec omnia servavi a juventute mea*). Diligit enim Dominus eos qui mandata legis, quamvis minora, custodiunt; sed nihilominus quae in lege minus fuerat his qui perfecti esse desiderant ostendit: quia non venit solvere legem, sed adimplere: unde sequitur: *Et dixit: Unum tibi deest. Vade, quaecumque habes vende, et da pauperibus, et habebis thesaurum in caelo, et veni, sequere me.* Quicumque enim perfectus esse voluerit, debet vendere quae habet, non ex parte, sicut Ananias fecit et Saphira, sed totum. THEOPHYLACTUS (ubi supra). Et cum vendiderit, dare pauperibus, non histrionibus et luxuriosis. CHRYSOSTOMUS (1) (hom. 6 in Matth. inter princ. et med.). Bene autem non fecit aeternae vitae mentionem, sed thesauri, dicens: *Et habebis thesauros in caelo.* Quia enim de pecuniis erat sermo et de abrenuntiatione omnium, ostendit quod reddit plura his quae praecepit relinquere, quanto majus est caelum quam terra. THEOPHYLACTUS (ut supra). Sed quia multi sunt pauperes non humiles, sed ebrii, aut aliquam aliam habentes malitiam; propter hoc dicit: *Et veni, sequere me.* BEDA (cap. 40, ibid.). Sequitur enim Dominum qui imitator ejus est, et per vestigia ejus graditur.

Sequitur: *Qui contristatus in verbo abiit moerens.* CHRYSOSTOMUS (2) (homil. 64 in Matth. ante med.).

Et causam tristitiae subdit Evangelista dicens: *Erat enim possessiones habens multas.* Non enim eodem modo afficiuntur qui pauca habent, et qui multa. Adjectio enim acquisitarum divitiarum majorem flammam cupiditatis accendit.

Sequitur: *Et circumspiciens Jesus, ait discipulis suis: Quam difficile qui pecuniam habent, in regnum Dei introibunt!* THEOPHYLACTUS (super *Difficile est divites intrare*). Non hoc dicit quod divitiae malae sint, sed habentes ipsas ut custodiant: decet enim non ipsas habere, idest retinere et custodire, sed eis in necessariis uti, et in servitio hominis esse. CHRYSOSTOMUS (homil. 64 in Matth.). Dixit autem hoc Dominus discipulis pauperibus existentibus et nihil possidentibus, instruens eos inopiam non erubescere; et quasi excusando eis respondens, pro eo quod nihil eos habere concesserat. Sequitur: *Discipuli autem obstupuerunt in verbis ejus.* Manifestum est enim quoniam inopes existentes pro aliorum salute dolebant. BEDA (ibidem). Sed quia inter pecunias habere et amare multa distantia est: unde et Salomon Eccle. 5, non ait, Qui habet, sed « Qui amat divitias, fructum non capit ex eis: » ideo Dominus obstupescentibus discipulis verba praemissae sententiae exponit: unde sequitur: *At Jesus rursus respondens ait illis: Filioli, quam difficile est confidentes in pecuniis in regnum Dei introire?* Ubi notandum est, quod non ait, quam impossibile est; sed *Quam difficile est:* quod enim impossibile est, omnino fieri non potest; quod difficile, cum labore potest. CHRYSOSTOMUS (hom. 64 in Matth.). Vel dicens *difficile*, ostendit esse impossibile, et non simpliciter, sed cum quadam intentione; et hoc ostendit exemplo, dicens: *Facilius est camelum per foramen acus transire quam divitem intrare in regnum Dei.* THEOPHYLACTUS (Marc. 10, super illud, *Facilius est*). Camelum siquidem oportet intelligere aut ipsum animal, aut funem illum crassum (1), quo naves magnae utuntur. BEDA (capit. 40 in Marc.). Quomodo ergo vel in Evangelio Matthaeus et Joseph, vel in veteri testamento quamplurimi divites intraverunt in regnum Dei? nisi forte, quia divitias vel pro nihilo habere vel ex toto relinquere, Domino inspirante, didicerunt. Altiore autem sensu, facilius est Christum pati pro dilectoribus suis, quam dilectores saeculi ad Christum posse converti. Cameli enim nomine se intelligi voluit, quia infirmitatis nostrae onera sustulit: per acum autem significat punctiones, idest dolores in passione susceptos. Foramen ergo acus dicit angustias passionis, quia scissa nostrae quasi vestimenta naturae quodammodo resarcire dignatus est. Sequitur: *Qui magis admirabantur, dicentes ad semetipsos: Et quis potest salvus fieri?* Cum incomparabiliter major sit turba pauperum, quae divitibus perditis potest salvari; intellexerunt tamen cunctos qui divitias amant, etiam si adipisci nequeant, in divitum numero deputari (2). Sequitur: *Et intuens eos Jesus ait: Apud homines impossibile est; sed non apud Deum.* Quod non ita intelligendum est quasi cupidi et superbi in regnum caelorum sint intraturi cum cupiditate et superbia;

(1) Eadem quoque habet Victor Antiochenus in hunc locum (*Ex edit. P. Nicolai*).
(2) Rursus eadem habet Victor Antiochenus ubi supra (*Ex edit. P. Nicolai*).

(1) Al. grossum.
(2) *P. Nicolai sic legit.* Cum incomparabiliter major sit turba pauperum quae divitibus perditis, potest salvari; non hoc dixissent, nisi quia cunctos qui divitias amant, etiamsi adipisci nequeunt, in divitum numero deputari: *subaudi* intellexerunt, *vel quid simile.*

sed possibile est Deo ut a cupiditate et superbia ad caritatem et humilitatem convertantur. CHRYSOSTOMUS (hom. 64 ut supra, paulo ante med.). Ideo autem hoc opus Dei esse dixit, ut ostenderet quod multa opus est illi gratia qui ad hoc a Deo dirigitur: unde monstratur quod non parva merces est divitibus volentibus Christi philosophiam sequi. THEOPHYLACTUS (super illud, *Apud homines impossibile est*). Vel intelligendum est quod dicit, *Apud homines impossibile est, sed non apud Deum,* quia cum Deum audimus, hoc fit possibile; cum vero humana sapimus, impossibile. Sequitur: *Omnia enim possibilia sunt apud Deum.* Cum omnia (1) dicit, entia subintelligas: peccatum non est ens: est enim res absque essentia et hypostasi peccatum. Vel aliter. Peccatum non virtutis, sed infirmitatis est; et ideo peccatum sicut et infirmitas impossibile est apud Deum. Sed numquid Deus facere potest ut id quod factum est, non sit factum? Ad quod dicitur, quod Deus est summa (2) veritas; facere autem quod factum est, ut non sit factum, falsum est. Qualiter ergo veritas faciet falsum? Prius igitur destruet propriam naturam, ut quidam dicunt. Numquid potest Deus non esse Deus? Hoc enim ridiculum est.

4. GLOSSA (3). Quia juvenis audito consilio Salvatoris de rerum dimissione, tristis abscesserat, discipuli autem Christi praemissum consilium jam adimpleverant, solicitare coeperunt de praemio, aestimantes se magnum aliquid fecisse, cum juvenis qui praecepta legis impleverat, hoc sine tristitia nec audire potuerit: unde Petrus pro se et aliis Dominum interrogat: et hoc est quod dicitur: *Et coepit ei Petrus dicere: Ecce nos dimisimus omnia et secuti sumus te.* THEOPHYLACTUS (a med. Comm.). Petrus, etsi pauca dimisit, tamen haec omnia vocat: nam et pauca habent vinculum passionis: ita ut beatificetur ille qui pauca relinquit. BEDA (cap. 40). Et quia non sufficit tantum dimittere, jungit quod perfectum est, *Et secuti sumus te;* quasi dicat: Fecimus quod jussisti; quid igitur dabis nobis praemii? Petro autem de discipulis tantum interrogante, Dominus universalem responsionem facit: unde sequitur: *Respondens Jesus ait: Amen dico vobis, nemo est qui reliquerit domum aut fratres.* Hoc autem dicens, non innuit ut patres relinquamus, non adjuvantes eos, neque ut ab uxoribus separemur: sed nos instruit praeferre honorem Dei saecularibus rebus. CHRYSOSTOMUS (hom. 65 in Matth.). Mihi autem videtur quod in hoc intendebat persecutiones futuras occulte praenuntiare: quia futurum erat ut multi patres ad impietatem filios inducerent et uxores viros. Non autem differt dicere, *Propter nomen meum aut Evangelium,* ut Marcus dicit, aut « Propter regnum Dei, » ut ait Lucas cap. 18: etenim nomen Christi virtus Evangelii est et regni: Evangelium enim recipitur in nomine Jesu Christi, et regnum Dei per nomen ipsius cognoscitur, et venit. BEDA (cap. 40, super illud, *Qui reliquerit domum*). Quidam autem ex occasione hujus sententiae qua dicitur, *Accipiet centies tantum, nunc in tempore hoc etc.,* Judaicam mille annorum fabulam post resurrectionem justorum dogmatizant, quando omnia quae propter Deum

dimisimus, multiplici sunt foenore reddenda, insuper et vita aeterna donanda. Nec vident quod etsi in ceteris digna sit promissio, in uxoribus tamen centenis, juxta alios Evangelistas, apparet turpitudo? praesertim cum Dominus in resurrectione nubendum non esse testetur, et ea quae propter se dimissa fuerint, recipienda in hoc tempore cum persecutionibus asseveret: quas mille annis suis abesse affirmant. CHRYSOSTOMUS (1). Est quidem igitur centies tantum merces secundum communicationem, et non secundum possessionem: hoc enim adimplevit eis Dominus non corporaliter, sed alio quodam modo (2). HIERONYMUS (hoc loco). Uxor enim in domo circa viri cibum negotiatur et vestimenta. Vide igitur hoc et in Apostolis: multae enim mulieres solicitae erant de eorum cibo et vestimentis, et ministrabant eis. Similiter et patres et matres plurimas Apostoli habuerunt, scilicet eos qui ipsos diligebant; sed et Petrus unam relinquens domum, postea omnium discipulorum domos habebat. Et majus est, quia cum persecutionibus haec omnia possidebunt sancti, si persecutionem sint passi et angustiati: propter quod sequitur: *Multi autem erunt primi novissimi et novissimi primi*: Pharisaei enim primi existentes, facti sunt novissimi; qui vero omnia reliquerunt, et Christum secuti sunt, fuerunt novissimi in saeculo isto per angustias et persecutiones; sed erunt primi per spem quae est in Deum. BEDA (cap. 40, ibid.). Potest sane hoc quod ait, *Accipiet centies tantum,* altius intelligi. Centenarius quippe numerus de laeva translatus in dexteram, licet eamdem in flexu digitorum videatur habere figuram quam habuerat denarius in laeva, tamen quantitatis magnitudine sursum crescit: quia videlicet omnes qui propter regnum Dei temporalia spreverunt, et in hac vita persecutionibus plenissima, ejusdem regni gaudium fide certa degustant, atque in expectatione patriae caelestis, quae significatur in dextera, omnium electorum delectatione fruuntur. Verum quia multi virtutum studia non eadem qua incipiunt intentione pietatis consummant, mox subinfertur: *Multi autem erunt etc.* Quotidie enim videmus multos in laico habitu constitutos, magnis vitae meritis excellere; et alios a prima aetate spirituali studio ferventes, ad extremum otio torpente lassescere, atque inerti stultitia quod spiritu coepere, carne consummare.

5. BEDA (cap. 40, a med.). Meminerant discipuli sermonis quo Dominus se passurum multa a summis sacerdotibus et Scribis praedixerat: et ideo Hierosolymam tendentes stupebant: et hoc est quod dicitur: *Erant autem in via ascendentes Hierusalem, et praecedebat illos Jesus.* THEOPHYLACTUS (hoc loco) Ut ostendat quod ad passionem praecurrit, et quod non refugit mortem pro nostra salute.

Et stupebant et sequentes timebant. BEDA (ubi supra). Ne vel ipsi cum eo occiderentur, vel saltem ille, cujus vita et magisterio gaudebant, inimicorum manibus occumberet. Praevidens autem Dominus ex passione sua discipulorum animos perturbandos, eis et passionis poenam et resurrectionis suae gloriam praedicit: unde sequitur: *Et assumens*

---

(1) *Al.* cum enim omnia.
(2) *Al. deest* summa.
(3) Nihil tale in Glossa quae nunc extat (*Ex edit. P. Nicolai*).

(1) Colligitur ex hom. 55 imperf. oper. in Matth. ut et ex Origene tract. 9, minus tamen expresse quam hic (*Ex edit. P. Nicolai*).
(2) THEOPHYLACTUS, *quem jam antea in margine insinuaverat editio Veneta Nicolini* (*Ex edit. P. Nicolai*).

iterum duodecim, coepit illis dicere quae ei essent ventura. THEOPHYLACTUS (ubi supra). Ut scilicet discipulorum corda confirmaret, ut cum haec praeaudirent, levius postmodum sustinerent, et in repentinis non formidarent , et etiam ut ostenderet quod voluntarie pateretur (1 . Qui enim praenoscit, et potest fugere, et non fugit manifestum est quod voluntarie seipsum passionibus tradit. Seorsum autem assumit discipulos; namque conveniens erat passionis mysterium propinquioribus sibi revelare. CHRYSOSTOMUS (hom. 66 in Matth.). Commemorat autem singula quae passurus erat, ne si aliquid praetermissum remaneret, cernentes postmodum illud subito turbarentur: unde subdit: *Quia ecce ascendimus Hierosolymam.* GLOSSA (2). Ad quem scilicet pertinet pati: nam divinitas pati non potest. *Tradetur,* scilicet a Juda, *principibus sacerdotum et scribis et senioribus, et condemnabunt eum morte,* judicantes eum esse reum mortis. *Et tradent eum Gentibus,* scilicet Pilato gentili; *et illudent ei* milites ejus; *et conspuent eum, et flagellabunt eum, et interficient eum.* CHRYSOSTOMUS (hom. 66 in Matth.). Ut autem cum fuerint contristati propter passionem et mortem, tunc et resurrectionem expectent, subdit: *Et tertia die resurget:* cum enim tristitias et opprobria quae contigerunt non occultaverit, conveniens erat ut ei et de reliquis crederent.

6. CHRYSOSTOMUS (3). Audientes discipuli Christum frequenter de suo regno loquentem, putabant quod hoc regnum post ejus mortem non esset; et ideo nunc praenuntiata Christi morte, accesserunt ad eum ut honoribus regni statim fierent digni: unde dicitur: *Et accedunt ad eum Jacobus et Joannes filii Zebedaei, dicentes: Magister, volumus ut quodcumque petierimus facias nobis.* Erubescentes enim quod aliquid humanum passi erant, accesserunt ad Christum, seorsum eum a discipulis assumentes. Salvator vero non ignorans quid petere debebant, sed ad respondendum eos inducens, interrogationem subjungit: *At ille dixit eis: Quid vultis ut faciam vobis?* THEOPHYLACTUS (super *Accedunt ad eum*). Credebant autem praedicti discipuli quod propter hoc Hierosolymam ascenderet ut regnaret, et postmodum pateretur quae se passurum praedixerat; et hoc cogitantes dexteram, et sinistram sedem appetebant: unde sequitur: *Et dixerunt: Da nobis ut unus ad dexteram, et alius ad sinistram sedeat in gloria tua.* AUGUSTINUS de cons. Evang. (lib. 2, cap. 64). Hoc ab eis non per eos ipsos, sed per matrem dictum esse Matthaeus expressit, cum illa eorum voluntatem attulisset ad Dominum: unde magis ipsos quam illam dixisse quod dictum est, Marcus breviter intimavit. CHRYSOSTOMUS (hom. 66 in Matth.). Vel convenienter dici potest utrumque factum esse. Videntes enim se prae aliis honoratos, praedictam petitionem se consequi aestimabant, et ut facilius petitionem obtinerent, matrem assumpserunt, ut cum hac simul Christum precarentur. AUGUSTINUS de cons. Evang. (lib. 2, cap. 64). Denique et Dominus etiam secundum Marcum et secundum Matthaeum, ipsis potius quam matri respondit;

nam sequitur: *Jesus autem dixit eis: Nescitis quid petatis.* THEOPHYLACTUS (super illud, *Nescitis quid petatis*). Quasi dicat: Non est hoc quod creditis, quod sim (1) temporaliter in Hierusalem regnaturus; sed omnia haec, quae scilicet ad regnum meum pertinent, supra intellectum sunt. Etenim sedere a dexteris meis tam magnum quid est ut excellat ordines Angelorum. BEDA (cap. 40, ibidem). Vel nesciunt quid petant, qui sedem gloriae a Domino, quam nondum merebantur, inquirunt. CHRYSOSTOMUS (hom. 66. in Matth. super illud « Potestis bibere « calicem? ») Vel dicit, *Nescitis quid petatis,* ac si diceret: Vos de honore loquimini; ego vero de agonibus et sudoribus disputo: non enim est hoc praemiorum tempus, sed occisionis, praeliorum et periculorum: unde subdit: *Potestis bibere calicem, quem ego bibiturus sum, aut baptismo quo ego baptizor, baptizari?* Per modum interrogationis attrahit eos, ut ex communicatione (2) quae est ad ipsum, avidiores fierent. THEOPHYLACTUS (Marc. 10, ibidem). Calicem autem et baptismum crucem nominat: calicem quidem tamquam potum dulciter ab ipso susceptum, baptismum vero tamquam emundationem nostrorum facientem peccatorum. Qui non intelligentes quod dixerat, responderunt: unde sequitur: *At illi dixerunt, Possumus.* Credebant enim quod de calice sensibili et baptismo quo Judaei baptizari solebant lavantes scilicet se antequam comederent, loqueretur. CHRYSOSTOMUS (hom. 66 in Matth.). Responderunt autem tam prompte, expectantes in eo quod petierunt exaudiri. Sequitur: *Jesus autem ait eis: Calicem quidam quem ego bibo, bibetis, et baptismo quo ego baptizor, baptizabimini,* idest, martyrio digni eritis, et patiemini, sicut et ego. BEDA (cap. 40, super *Calicem quidem meum bibetis*). Quaeritur autem quomodo calicem martyrii Jacobus et Joannes biberunt, aut quomodo baptismo Domini fuerunt baptizati; cum Scriptura narret Jacobum tantum Apostolum ab Herode capite truncatum, Joannes autem propria morte finivit vitam? Sed si legamus ecclesiasticas Historias, in quibus fertur, quod et ipse propter martyrium in ferventis olei dolium missus sit, statimque relegatus in Pathmos insulam; sic videbimus martyrium animo non defuisse; et bibisse Joannem calicem confessionis, quem et tres pueri in camino ignis biberunt, licet persecutor non fuderit sanguinem.

Sequitur: *Sedere autem ad dexteram meam vel sinistram, non est meum dare vobis, sed quibus paratum est.* CHRYSOSTOMUS (hom. 66 in Matth., al. ante med.). Ubi duo quaeruntur: unum est, si paratum est alicui sedere a dextris ejus: alterum autem si omnium Dominus his quibus paratum est potestatem tribuendi non habet. Ad primum ergo dicimus, quod nullus a dextris neque a sinistris sedet, invius (3) enim est omni creaturae thronus ille. Quomodo ergo dixit: *Sedere ad dexteram meam, vel ad sinistram, non est meum dare vobis?* quasi quibusdam sessuris. Ad suspicionem quidem interrogantium respondit, eorum intentioni condescendens: neque enim noverant illum thronum excelsum, et cathedram quae est a dextris Patris; sed unum solum petebant, scilicet potiri primatu, et aliis praeesse. Quia (4) enim audierunt dictum

---

(1) *Al.* patitur.
(2) Interlinealis quo ad priorem partem super hunc locum; sed in Matth. 20, quo ad sequentes partim expresse, partim aequivalenter tantum (*Ex edit. P. Nicolai*).
(3) Colligitur ex hom. 66 in Matth. et ex Theophylacto super hunc locum paulo aliis verbis (*Ex edit. P. Nicolai*).

(1) *Al.* fuit.
(2) *Al.* ex communione.
(3) *Al.* invitus.
(4) *Al.* quidam.

de Apostolis, quod super duodecim thronos essent sessuri, quid esset quod dictum est ignorantes, inter ceteros petierunt primatum. Ad secundum dicendum est, quod tale donum potestatem Filii Dei non transcendit, sed quod in Matthaeo cap. 20, dicitur: « Paratum est a Patre meo, » idem est ac si diceret, a me: unde et Marcus non dixit hic, A Patre meo. Quod ergo hic Christus dicit, tale est. Moriemini, inquit, propter me; non tamen hoc sufficit ad hoc quod vos primum ordinem obtineatis. Si enim aliquis alius cum martyrio venerit, omnem aliam virtutem possidens, multa vobis majora possidebit: his enim paratur primatus qui per opera possunt fieri primi. Sic igitur Dominus sua responsione eos instruxit ut non vane et inaniter pro primatibus molestentur; simul autem et eos noluit contristari. BEDA (cap. 40, super *Non est meum dare*). Vel *non est meum vobis dare*, idest superbis: hoc enim adhuc erant. Aliis paratum est; et vos alii estote, idest humiles, et vobis paratum est.

7. THEOPHYLACTUS (Marc. 10, super *Et cum audissent*). Quia reliqui Apostoli vident Jacobum et Joannem honorem petere, patienter ferre non possunt: unde dicitur: *Et audientes decem, indignati sunt de Jacobo et Joanne.* Patientes enim humana, invidia movebantur; sed tunc primo indignati sunt, cum viderunt ipsos a Domino non susceptos: non autem prius indignabantur, quia videbant ipsos aliis praehonorari. Tunc igitur sic imperfecte se habebant Apostoli; sed postea in primatibus sibi cedebant ad invicem. Christus autem eos sanat, primo quidem ad eorum consolationem eos juxta se adducendo; et hoc significatur cum dicitur, *Jesus autem vocans eos:* deinde demonstrando quod usurpare honorem et desiderare primatum, Gentilium est: unde sequitur: *Ait illis: Scitis quia hi qui videntur principari Gentibus, dominantur eis, et principes eorum potestatem habent ipsorum.* Gentilium principes tyrannice et dominabiliter ad principatum se ingerunt.

Sequitur: *Non ita est autem in vobis.* BEDA (cap. 40, super illud, *Reges gentium*). In quo docet, eum majorem esse qui minor fuerit, et illum dominum fieri qui omnium servus fit. Frustra igitur aut illi immoderata quaesierant, aut isti dolent super majorum desiderio, cum ad summitatem virtutum non potentia, sed humilitate veniatur. Deinde proponit exemplum; ut si dicta parvipenderent, erubescerent ad opera: et dicit: *Nam et Filius hominis non venit ut ministraretur ei, sed ut ministraret, et daret animam suam redemptionem pro multis.* THEOPHYLACTUS (Marc. 10, non multum remote a fin.). Quod majus est quam ministrare. Cum enim aliquis pro eo cui ministrat moritur, quid isto potest esse majus et mirabilius? Sed tamen ista ministratio et humilitatis descensus gloria ejus erat et omnium: ante enim quam homo fieret, solum ab Angelis agnoscebatur (1); cum autem factus est homo et crucifixus est, non tantum ipse gloriam habet, sed et alios in participationem suae gloriae suscepit, et dominatus est per fidem orbi terrae. BEDA (cap. 40 in Marcum). Non autem dixit, *Animam suam redemptionem dare* pro omnibus, sed *pro multis,* idest qui credere voluerint.

8. HIERONYMUS. Passioni Domini appropinquanti, civitatis nomen respondet: dicitur enim: *Et veniunt*

Hiericho. Hiericho luna, sive anathema interpretatur. Defectus autem carnis Christi praeparatio est Hierusalem caelestis.

Sequitur: *Et proficiscente eo de Hiericho et discipulis ejus, et plurima multitudine, filius Timaei, Bartimaeus caecus, sedebat juxta viam mendicans.* BEDA (cap. 40, in Marcum). Matthaeus duos juxta viam sedentes, et ad Dominum clamantes, caecos dicit esse illuminatos: Lucas autem, cum appropinquaret Hiericho, pari ordine illuminatum ab eo caecum esse perhibet: ubi nemo saltem sapiens putet Evangelistas sibimet contraria scribere, sed alium plenius scribere quae alter omisit. Intelligendum est ergo unum eorum fuisse potissimum; quod ex hoc apparet quod et nomen ejus et nomen patris ejus Marcus commemoravit. AUGUSTINUS de cons. Evang. (lib. 2, cap. 65). Hinc est ergo quod ipsum solum voluit commemorare Marcus cujus illuminatio tam claram famam huic miraculo comparavit quam erat nota calamitas. Lucas vero quamvis omnino eodem modo factum, tamen in alio caeco intelligendus est par commemorare miraculum, et ejusdem miraculi modum parem.

Sequitur: *Qui cum audisset quod Jesus Nazarenus est, coepit clamare et dicere: Jesu Fili David miserere mei.* CHRYSOSTOMUS (1). Filium David vocat caecus Dominum, praetereuntis turbae laudem audiens, ac Prophetarum expectatione completa certificatus.

Sequitur: *Et comminabantur illi multi ut taceret.* ORIGENES (tract. 15 in Matth. paul. ante medium et circ. finem). Tamquam si dicat: Qui primi crediderant increpabant ei clamanti, *Fili David,* ut taceret, et non appellaret eum contemptibili nomine, sed diceret, Fili Dei miserere mei. Ille autem non destitit: unde sequitur: *Ille autem magis clamabat: Fili David miserere mei:* cujus clamorem Dominus exaudivit: unde sequitur: *Et stans Jesus praecepit illum vocari.* Vide autem quod inferior est caecus de quo Lucas loquitur: nam nec Jesus eum vocavit, ut Matthaeus dicit, nec jussit eum vocari, ut hic dicitur, sed jussit eum ad se adduci, quasi non potentem per se venire. Iste autem caecus ad imperium Domini vocatur: unde sequitur: *Et vocant eum, dicentes ei: Animaequior esto: surge, vocat te. Ille autem abjiciens vestimentum venit ad eum.* Sequitur: *Qui projecto vestimento suo venit ad eum.* Forte vestimentum caeci et mendicantis, velamentum intelligitur caecitatis et mendicitatis, quo fuerat circumdatus; quod abjiciens venit ad Jesum: quem appropinquantem Dominus interrogat: unde sequitur: *Et respondens Jesus ait illi: Quid tibi vis faciam?* BEDA (cap. 40, non mul. remote a fine). Numquid qui lumen reddere poterat, quid vellet caecus ignorabat? Ad hoc ergo requirit ut petatur; ad hoc requirit ut cor ad orationem excitet. CHRYSOSTOMUS (homil. 67 in Matth.). Vel quaerit, ne scilicet aliquis aestimaret, quod aliud volenti accipere aliud daret. Etenim consuetudo erat ejus, voluntatem curandorum universis facere manifestam, et tunc medelam inducere, ut alios duceret in zelum, et ut ostenderet eum qui curandus erat, gratiae dono digne potiri.

Sequitur: *Caecus autem dixit ei: Rabboni, ut videam.* BEDA (ubi supra). Parvipendit enim extra lucem caecus aliquid quaerere; quia etsi habere

---

(1) *Al.* notus est.

S. Th. Opera omnia. V. 11.

(1) Quod autem subjungitur ex Chrysostomo, est Victoris Antiocheni (*Ex edit. P. Nicolai*).

caecus quodlibet potest, sine luce non potest videre quod habet. HIERONYMUS (circ. fin. Comm. in 10 cap). Considerans autem Jesus promptam voluntatem, completione desiderii remunerat. ORIGENES super Matth. (ut supra). Dignius autem est dicere *Rabboni,* vel, sicut in aliis dicitur, *Domine,* quam *Fili David:* unde propter illud quod dixit, *Fili David,* non praestitit ei sanitatem; sed propter hoc quod dicit, *Rabboni:* unde sequitur: *Jesus autem dixit ei: Vade: fides tua salvum te fecit. Et confestim vidit, et sequebatur eum in via.* THEOPHYLACTUS (parum ante fin.). Grata enim est anima caeci in eo quod sanus effectus Jesum non relinquit, sed secutus est eum. BEDA (cap. 4). Mystice autem Hiericho, quae interpretari dicitur luna, defectum nostrae mutabilitatis designat. Appropinquans Dominus Hiericho lumen caeco reddidit: quia veniens in carne et passioni appropinquans, multos ad fidem adduxit. Non enim primis incarnationis suae temporibus, sed paucis antequam pateretur annis, mysterium Verbi mundo exhibuit. HIERONYMUS (super *Et proficiscentes*). Caecitas etiam ex parte facta Judaeis illustrabitur in fine, quando eis mittet Eliam Prophetam. BEDA (cap. 40, inter. med. et fin.). Quod autem appropinquans Hiericho unum illuminavit, ac proficiscens de Hiericho duos; hoc intimavit quod ante passionem suam uni tantum populo Judaeorum praedicavit; post resurrectionem vero atque ascensionem suam per Apostolos et Judaeis et Gentibus, divinitatis et humanitatis suae arcana patefecit. Quod vero Marcus unum illuminatum scribit, ad Gentium salutem respicit, ut eorum quos instruebat ad fidem, salvationi figura congrueret. Matthaeus vero, qui credentibus ex Hebraeis suum scribebat Evangelium, quod in Gentium quoque notitiam erat perventurum, recte duos dicit illuminatos, ut ad utrumque populum fidei gratiam pertinere doceret. Proficiscente igitur Domino et discipulis ejus et plurima multitudine de Hiericho, caecus sedebat juxta viam mendicans: quia ascendente ad caelos Domino, et multis fidelium sequentibus, immo cunctis ab initio mundi electis una cum illo januam regni caelestis ingredientibus, mox Gentium populus coepit suae illuminationis spem habere: qui mendicat juxta viam sedens, quia necdum iter veritatis ingrediens ad hoc pervenire contendit. HIERONYMUS (ubi supra). Populus etiam Judaeorum, qui Scripturam conservat nec complet, juxta viam (1) mendicans esurit. Clamat autem, *Fili David miserere mei:* quia per merita Patriarcharum Judaicus populus illuminatur. Comminantur autem ei multi ut taceat, quia peccata et daemonia compescunt clamorem pauperis; sed ille magis clamabat, quia ingravescente bello, manus ad lapidem adjutorii, hoc est Jesum Nazarenum, cum clamore levandae sunt. BEDA (super illud, *Coepit clamare, Fili Da-*

(1) *Al.* mensam, *item* mensuram.

vid miserere mei). Populus etiam Gentium, agnita fama nominis Christi, particeps ejus fieri quaerebat: cui contradicebant multi, primo Judaei, deinde etiam Gentiles, ne illuminandus mundus Christum invocaret: nec tamen impugnantium furor eos qui ad vitam erant praeordinati valebat salute privare. Clamantem autem caecum transiens audivit: quia per humanitatem suam misertus est qui per divinitatis potentiam mentis nostrae tenebras exclusit: quod enim propter nos natus et passus est Jesus, quasi transiit, quia haec actio temporalis est; stare autem Dei est immutabiliter cuncta disponere. Clamantem autem caecum Dominus vocat, cum populo Gentium per praedicatores verbum fidei mittit: qui vocantes caecum animaequiorem esse et surgere atque ad Dominum venire praecipiunt, cum praedicando indoctis spem eos salutis habere ac de torpore vitiorum erigi atque ad virtutum studia se accingere jubent. Projecto autem vestimento exilit qui, abjectis mundi retinaculis, expedito mentis gressu ad largitorem aeternae lucis properat. HIERONYMUS (super illud, *Qui projecto vestimento*). Venit etiam Judaicus populus exiliens nudus veteri homine, ut hinnulus saliens super montes: quia segnitiem deponens, Patriarchas, Prophetas, Apostolos in altis considerans, ad superna se extendit. Quam conveniens autem est ordo salutis! Audivimus primo per Prophetas, deinde clamamus per fidem, postea vocamur per Apostolos, surgimus per poenitentiam (1), exuimur per baptismum, interrogamur per voluntatem. Caecus autem interrogatus hoc requirit ut videat voluntatem Domini. BEDA (par. ante fin.). Imitemur ergo et nos eum: non divitias, non terrena bona, non honores a Domino, sed lucem quaeramus, quam videre cum solis Angelis possumus, ad quam via fides est: unde et caeco respondetur: *Fides tua te salvum fecit.* Videt autem, et sequitur qui bonum quod intelligit operatur (2): Jesum enim sequitur qui bonum quod intelligit operatur, qui imitatur eum (3) qui prosperari in hoc mundo noluit, opprobria ac irrisiones toleravit. Et quia rerum corporalium delectatione a gaudio interno cecidimus, cum qua amaritudine illuc redeatur ostendit. THEOPHYLACTUS (in fine Comm. in cap. 10 Marc.). Dicit autem quod secutus est Dominum in via, scilicet in hac vita: quia post hanc excluduntur omnes qui hic eum non sequuntur operando (4) mandata ejus. HIERONYMUS (in fine Comm.). Vel via ista est quae dixit, Joan. 14: « Ego sum via, veritas et vita. » Haec est via angusta quae ducit ad ardua Hierosolymae et Bethaniae, ad montem olivarum, qui est mons luminis et consolationis.

(1) *Al.* per potentiam.
(2) *Forte redundans est sententia quae sequitur.*
(3) *Al. omittitur* eum.
(4) *Al.* ab operando.

CAPUT UNDECIMUM.

1. Et cum appropinquaret Hierosolimae et Bethaniae ad montem olivarum, mittit duos ex discipulis suis, et ait illis: Ite in castellum quod contra vos est, et statim introeuntes illuc, invenietis pullum ligatum, super quem nemo adhuc hominum sedit. Solvite illum et adducite. Et si quis vobis dixerit, Quid facitis? dicite quia Domino necessarius est; et continuo illum dimittet huc. Et abeuntes invenerunt pullum ligatum ante januam foris in bivio, et solvunt eum. Et qui-

dam de illic stantibus dicebant illis: Quid facitis, solventes pullum? Qui dixerunt eis sicut praeceperat illis Jesus; et dimiserunt eis et duxerunt pullum ad Jesum, et imponunt illi vestimenta sua,et sedit super eum Multi autem vestimenta sua straverunt in via; alii autem frondes caedebant de arboribus, et sternebant in via.Et qui praeibant et qui sequebantur clamabant dicentes: Hosanna, benedictus qui venit in nomine Domini: benedictum quod venit regnum patris nostri David: Hosanna in excelsis.

2. Et introivit Hierosolymam in templum, et circumspectis omnibus, cum jam vespera esset hora, exiit in Bethaniam cum duodecim. Et alia die, cum exiret a Bethania, esuriit: cumque vidisset a longe ficum habentem folia, venit, si quid forte inveniret in ea; et cum venisset ad eam, nihil invenit praeter folia: non enim erat tempus ficorum. Et respondens dixit ei: Jam non amplius in aeternum ex te quisquam fructum manducet. Et audiebant discipuli ejus.

3. Et veniunt iterum Hierosolymam. Et cum introisset in templum, coepit ejicere vendentes et ementes in templo, et mensas nummulariorum et cathedras vendentium columbas evertit: et non sinebat ut quisquam transferret vas per templum. Et docebat eos, dicens eis: Nonne scriptum est, quia domus mea domus orationis vocabitur omnibus gentibus? Vos autem fecistis eam speluncam latronum. Quo audito principes sacerdotum et scribae, quaerebant quomodo eum perderent: timebant enim eum, quoniam universa turba admirabatur super doctrina ejus.

4. Et cum vespera facta esset, egrediebatur de civitate. Et cum mane transirent, viderunt ficum aridam factam a radicibus. Et recordatus Petrus dixit ei: Rabbi, ecce ficus cui maledixisti, aruit. Et respondens Jesus ait illis: Habete fidem Dei. Amen dico vobis, quia quicumque dixerit huic monti, Tollere et mittere in mare, et non haesitaverit in corde suo, sed crediderit quia quodcumque dixerit fiat, fiet ei. Propterea dico vobis: omnia quaecumque orantes petitis, credite quia accipietis, et evenient vobis. Et cum stabitis ad orandum, dimittite si quid habetis adversum aliquem, ut et Pater vester qui in caelis est dimittat vobis peccata vestra. Quod si vos non dimiseritis, nec Pater vester qui in caelis est dimittet vobis peccata vestra.

5. Et veniunt rursus Hierosolymam. Et cum ambularet in templo, accedunt ad eum summi sacerdotes et scribae et seniores, et dicunt ei: In qua potestate haec facis; et quis dedit tibi hanc potestatem ut ita facias? Jesus autem respondens ait illis: Interrogabo vos et ego unum verbum, et respondete mihi, et dicam vobis in qua potestate haec faciam. Baptismus Joannis de caelo erat, an ex hominibus? Respondete mihi. At illi cogitabant secum, dicentes: Si dixerimus, De caelo, dicet nobis: Quare ergo non credidistis ei? Si dixerimus, Ex hominibus, timemus populum. Omnes enim habebant Joannem quia vere Propheta esset. Et respondentes dicunt Jesu, Nescimus. Et respondens Jesus ait illis: Neque ego dico vobis in qua potestate haec faciam.

1. CHRYSOSTOMUS (hom. 67 in Matth.). Postquam Dominus suae virtutis sufficientem experientiam dederat, et crux instabat in januis, omnia jam cum majori agit claritate (1), quae adversarios inflammatura erant; et ideo quamvis multoties prius ascenderit Hierosolymam, nunquam tamen cum tanta excellentia sicut modo. THEOPHYLACTUS (circa princ. Comm. in cap. 11 Marci). Ut si velint, valeant gloriam ejus agnoscere, et per prophetias de eo completas scirent quod est verus Deus; si vero noluerint, majus fieret eis judicium, quia tot claris miraculis non crediderunt. Hujus igitur adventus claritatem Evangelista describens, dicit: Et cum appropinquaret Hierosolymae et Bethaniae ad montem olivarum, mittit duos ex discipulis suis. BEDA (cap. 41 in Marc.). Bethania villula est, sive civitas in latere montis Oliveti, ubi Lazarus est suscitatus a mortuis. Quomodo autem discipulos miserit et ad quid, ostendit subdens: Et ait illis: Ite in castellum quod est contra vos. THEOPHYLACTUS (par. a princ. Comment.). Considera vero quanta Dominus discipulis praedixerit, scilicet quod invenirent pullum: unde sequitur: Et statim introeuntes illic invenietis pullum ligatum, super quem nemo adhuc hominum sedit: solvite illum et adducite: et quod impedirentur ab accipiendo: unde sequitur: Et si quis vobis dixerit, Quid facitis? dicite quia Domino necessarius est: et quod hoc dicto permitterentur accipere: unde sequitur: Et continuo illum dimittet huc. Et sicut Dominus praedixerat, ita impletur (2): unde sequitur: Et abeuntes invenerunt pullum ligatum ante januam foris in bivio, et solvunt eum. AUGUSTINUS de cons. Evang. (lib. 2, cap. 66, ante med.). Matthaeus asinam dicit et pullum, ceteri autem de asina tacent: ubi ergo utrumque factum potest intelligi, nulla repugnantia est, nec si alius unum, alius alium commemoraret; quanto minus moveri oportet, si alius unum, alius utrumque commemoret?

Sequitur: Et quidam de illic stantibus dicebant illis: Quid facitis, solventes pullum? Qui dixerunt eis sicut praeceperat illis Jesus, et dimiserunt eis. scilicet pullum. THEOPHYLACTUS (ubi supra). Non

autem hoc permitterent, nisi divina virtus eis incumberet, cogens illos; praesertim quia rurales existentes et coloni permiserunt pullum auferre.

Sequitur: Et duxerunt pullum ad Jesum, et imponunt illi vestimenta sua; et sedit super eum. CHRYSOSTOMUS (hom. 67 in Matth.). Non quidem quod ex necessitate a monte Oliveti usque Hierusalem super pullum ire Dominum oportebat, cum Judaeam et omnem Galilaeam pedes perambulaverat; sed signum erat quod fiebat. Sequitur: Multi autem vestimenta sua straverunt in via (1). Magis autem ad ornatum et ad sacramentum pertinet quam ad necessitatem. Sequitur: Et qui preibant et qui sequebantur clamabant dicentes: Hosanna, benedictus qui venit in nomine Domini. Multitudo enim donec corrrupta non fuit, cognovit quod congruum erat: propter hoc honorificavit Jesum unusquisque secundum propriam virtutem: unde laudantes ipsum, hymnum leviticum assumpserunt, dicentes, Hosanna, quod secundum quosdam idem est quod salvum me fac; secundum vero quosdam idem quod hymnus. Æstimo autem primum esse verius: nam in 117 Psalmo habetur: « O Domine « salvum me fac: » quod in Hebraico scriptum est, « Hosanna. » BEDA (cap. 44, in Marc.). Est autem Hosanna verbum Hebraicum compositum ex duobus, corrupto et integro: salva namque sive salvifica apud eos dicitur hosy; at vero anna interjectio est deprecantis, quomodo apud latinos est dolentis heu. HIERONYMUS (super Alii autem). Hosanna igitur, idest salvifica, dicunt, ut homines salventur ab eo benedicto, vincente et veniente in nomine Domini, idest Patris sui; quoniam Filius de Patre nomen suscepit, et Pater de Filio. CHRYSOSTOMUS (2). Sic ergo dant Deo gloriam, dicentes: Benedictus qui venit in nomine Domini. Benedicunt etiam regnum Christi, dicentes: Benedictum quod ve-

(1) P. Nicolai legit caritate.
(2) Al. impleretur.

(1) In quatuor saepe citatis exemplis hic habetur: HIERONYMUS. Sub pedibus pulli asinae. Alii autem frondes cedebant de arboribus, et sternebant in via. Magis autem ad ornatum etc. Infra tamen in alia Hieronymi appendice, consentientibus omnibus quas vidimus editionibus, repetuntur verba sub pedibus pulli asinae.
(2) Nihil tale in Chrysostomo: sed hom. 11, ex iis quae super Marcum ei perperam tribuuntur, sic tantum habet: Tria dicant: Hosanna filio David; et hoc pertinet ad inci-

nit regnum patris nostri David. THEOPHYLACTUS (super *In nomine Domini*). Regnum autem David regnum Christi dicebant, et quia de semine David Christus descenderat, simulque quia David interpretatur manu fortis: quis enim fuit manu fortis nisi Dominus, cujus manus tot et talia miracula operata est? CHRYSOSTOMUS. Unde et multoties Prophetae, David Christum nuncupant, propter originem Christi ex David secundum carnem. BEDA (ubi supra). Legimus autem in Evangelio Joannis, quia ne facerent eum regem, in montem fugit Nunc autem ubi passurus Hierosolymam venit, non refugit eos qui se regem nuncupant, ut aperte doceret quia non temporalis et terreni, sed aeterni in caelis rex esset imperii, atque ad regnum per contemptum mortis perveniret. Notandum autem quanta sit consonantia turbae cum voce Gabrielis, qui ait Luc. 2: « Dabit illi Dominus Deus sedem David patris « sui: » ut scilicet gentem cui David quondam temporalis regni gubernacula praebuit, hanc ipse verbis et factis ad regnum caeleste vocaret. CHRYSOSTOMUS. Et ulterius dant gloriam Deo cum subdunt: *Hosanna in excelsis;* idest, hymnus et gloria sit universorum Deo, qui est in excelsis. HIERONYMUS (super *Alii autem clamabant*). Vel *hosanna,* idest salvifica, *in excelsis* et imis; idest, ut justi aedificentur in ruinam angelorum, et terreni et subterranei etiam salventur. Mystice autem appropinquat Dominus Hierosolymae, quae est visio pacis: in qua manet fixa immobilisque felicitas, quae, secundum Apostolum, est omnium credentium. BEDA (cap. 41, circ. princ.). Bethania autem domus obedientiae dicitur: quia multos ante passionem suam docendo, domum sibi obedientiae effecit: et in monte Oliveti posita esse dicitur: quia Ecclesiam unctione spiritualium charismatum et scientiae pietatisque luce refovet. Misit autem discipulos in castellum quod contra eos erat; hoc est doctores qui indocta orbis loca quasi contra positi castelli moenia evangelizando penetrarent, destinavit. HIERONYMUS (super *Misit duos*). Bini vocantur, et bini mittuntur discipuli Christi: quoniam caritas non consistit cum uno, ut dicitur Eccle. 4: « Vae soli. » Duo educunt Hebraeos de Aegypto, duo deportant botrum de terra sancta, ut semper praepositi jungant opus et scientiam, et duo mandata de duabus tabulis proferant, et duobus fontibus abluantur, et de duobus vectibus arcam Domini portent, et inter duos Cherubim Deum cognoscant, spiritu et mente psallentes. THEOPHYLACTUS (non procul a princ. Comment. in cap. 11 Marc.). Non autem erat ei necessarius pullus; sed eum quaesivit ostendens quod debebat se ad gentilem populum transferre. BEDA (cap. 41, super illud, *Invenerunt pullum alligatum*). Pullus enim asinae lascivus et liber populum nationum significat: *super quem nemo adhuc hominum sedit:* quia nemo rationabilium doctorum frenum correctionis, quo vel linguam cohibere a malo vel in arctam vitae viam ire cogeretur, utilia suadendo contulerat. HIERONYMUS (ubi supra). Invenerunt autem pullum ligatum ante januam foris, quia populus gentilis ligatus erat vinculis peccatorum suorum ante januam fidei, idest, extra Ecclesiam. AMBROSIUS super Lucam (lib. 9,

non remote a princ.). Vel invenerunt eum ligatum ante januam: quia extra Christum quicumque est foris est in via; qui autem in Christo est, foris non est. *In transitu,* sive *bivio* addidit, ubi nullius certa possessio, non praesepe, non alimenta, non stabulum. Misera servitus cui vagum jus est: plures enim dominos habet qui unum non habet. Alieni alligant ut possideant, iste solvit ut teneat: vehementiora enim dona novit esse quam vincula. BEDA (cap. 41). Vel recte in bivio stabat, quia non viam certam vitae fideique tenebat, sed plures dubiosque sectarum calles sequebatur erroneus. HIERONYMUS (ubi supra). Vel *in bivio,* idest in libertate arbitrii, dubitans inter vitam et mortem. THEOPHYLACTUS (ibidem). Vel *in bivio,* idest in vita hac. Solutus est autem a discipulis per baptismum et fidem. HIERONYMUS (ibidem). Quidam autem dicebant, *Quid facitis?* ac si dicerent (Luc. 7): « Quis potest dimittere peccata? » THEOPHYLACTUS (ibidem). Vel prohibentes sunt daemones, quibus fuerunt Apostoli fortiores. BEDA (cap. 41, super *Dimiserunt eis*). Vel magistri errorum, qui venientibus ad salutem Gentium doctoribus obsistebant; at postquam fidei dominicae potestas apparuit credentibus, adversariorum querelis liber credentium populus ad Dominum, quem corde portaret, adducebatur. Vestimenta autem Apostolorum quae illi imponunt, vel doctrina virtutum, vel discretio Scripturarum, vel ecclesiasticorum dogmatum varietates intelligi possunt; quibus illi corda hominum, ante nuda et frigida, quae Christo sessore digna fiant operiunt. HIERONYMUS. Vel *imponunt vestimenta sua;* idest, stolam primam immortalitatis per baptismi sacramenta afferunt. Sedit autem Jesus super, idest in eis regnare coepit, ut non regnet peccatum in lasciva carne, sed justitia et pax et gaudium in Spiritu sancto. *Multi autem straverunt vestimenta sua in via,* sub pedibus pulli asinae. Qui sunt pedes, nisi extremi qui portant, quos ad judicandum (1) constituit Apostolus? Qui et ipsi, etsi non sunt dorsum in quo sedit Dominus, tamen cum militibus a Joanne instruuntur. BEDA (cap. 41, super *Multi straverunt*). Vel multi vestimenta sua in via sternunt, quia sancti martyres propriae se carnis amictu exuentes simplicioribus Dei famulis viam suo sanguine parant. Multi etiam vestimenta sua in via sternunt, quia corpora sua per abstinentiam domant, ut Dei iter ad montem parent, vel exempla bona sequentibus praebeant. Frondes autem vel ramos de arboribus caedunt qui in doctrina veritatis semina patrum de eorum eloquio capiunt (2), et haec (3) in via Dei ad auditoris animum venientis, humili praedicatione submittunt. THEOPHYLACTUS (Marc. 11, super *Sternebant vestimenta sua*). Sternamus et nos viam vitae nostrae, caedentes ramos de arboribus, idest sanctos imitantes: nam arbores sancti sunt, de quibus ille ramos caedit qui virtutem imitatur eorum. HIERONYMUS (ibidem). Justi enim ut palma florebunt, angusti radicibus, lati in floribus et fructibus, quoniam bonus odor Christi sunt. Sternunt viam mandatorum Dei bona fama. Qui praeibant, Prophetae sunt; et qui sequebantur, Apostoli. BEDA (cap. 41, super *Et qui praeibant*). Et quia omnes electi, sive qui in Judaea esse poterant sive qui nunc in Ecclesia existunt, in mediatorem

pientes. Benedictus qui venit in nomine Domini; hoc ad proficientes. Hosanna in excelsis; hoc ad regnantes. Nec id etiam quod sequitur infra Theophylactum, est Chrysostomi (*Ex edit. P. Nicolai*).

(1) *Al.* qui portant quod ad judicandum etc.
(2) *Al.* rapiunt.
(3) *Al.* et hoc, *item* et hic.

Dei et hominum crediderunt et credunt; qui praeeunt, et qui sequuntur *Hosanna* clamabant. THEOPHYLACTUS (super *Et qui praecedebant*). Sed et qui praeeunt et qui sequuntur nostrorum actuum ad laudem sunt Dei: quidam enim in praeterita vita bonum fecerunt initium; sequens vero non est ut prior, neque in laudem Dei finita.

2. BEDA (super *Et intravit in Hierosolymam*). Appropinquante tempore passionis, appropinquare voluit Dominus loco passionis, ut per hoc intimaret quia sua sponte mortem subiret: unde dicitur: *Et introivit Hierosolymam in templum.* Quod autem ingressus civitatem primo templum adit, formam nobis religionis quam sequamur praemonstrat, ut cum forte quemlibet locum in quo sit domus orationis intramus, primo ad hanc divertamus. Hoc quoque intelligendum est quod tantae Dominus fuerit paupertatis, et ita nulli sit adulatus, ut in urbe maxima nullum hospitem, nullam invenerit mansionem; sed in agerulo parvulo apud Lazarum sororesque ejus habitaret: eorum quippe vicus Bethania est: unde sequitur: *Et circumspectis omnibus,* si quis eum hospitio susciperet, *cum jam vespera esset hora, exiit in Bethaniam cum duodecim.* Non hoc semel facit: sed per omnes quinque dies ex quo Hierosolymam ascenderat usque ad tempus passionis hoc ipsum semper agere solebat, ut per diem in templo doceret, nocte vero exiens moraretur in monte Oliveti.

Sequitur: *Et alia die, cum exiret a Bethania esuriit.* CHRYSOSTOMUS (1) (hom. 60 in Matth. aliq. a princ.). Qualiter autem mane esuriebat, ut Matthaeus dicit, nisi quia dispensative hoc carni suae concessit? Sequitur: *Cumque vidisset a longe ficum habentem folia, venit, si quid forte inveniret in ea.* Manifestum est autem, quod hoc secundum suspicionem discipulorum dicitur, qui aestimabant propter hoc Christum ad ficulneam accessisse; et propter hoc ficulneam ipsam maledictam esse, quod in ea fructum non invenit: nam sequitur: *Et cum venisset ad eam, nihil invenit praeter folia; non enim erat tempus ficorum. Et respondens dixit ei: Jam non amplius in aeternum quisquam ex te fructum manducet.* Maledicit ergo ficulneam propter discipulos, ut confidant. Quia enim ubique beneficia tribuebat, nullumque puniebat; oportebat autem ejus punitivae virtutis demonstrationem praebere, ut discerent quia posset etiam Judaeos persequentes siccare; noluit hoc demonstrare in hominibus: unde in planta suae punitivae virtutis praebuit signum: unde ostenditur quod principaliter propter hoc ad ficulneam venit, non propter esuriem. Quis enim tam inscius est ut putet quod matutino tempore tali stimularetur esurie? aut quid est quod impediret eum comedere antequam domum exiret? Neque potest dici quod visio fructus excitavit in esurie appetitum: non enim erat ficorum tempus. Sed si esuriebat, cur de alio comedere non quaerebat, sed de ficu fructus ante tempus tribuere non valente? Qua etiam poena erat dignum ficum fructum non habere ante tempus? (2). Ideo

que ex his sufficienter syllogizari potest, quod propriam volebat demonstrare virtutem, ut non frangerentur animis in ejus passione. THEOPHYLACTUS. Volens ostendere discipulis quod, si vellet, hos qui crucifixuri erant ipsum, in momento posset exterminare. Mystice autem Dominus introivit in templum, sed rursus exivit, ostendens quod ipsum relinqueret desertum et in rapinam. BEDA. Circumspicit autem omnia corda; et cum in contradicentibus veritati non inveniat ubi caput reclinet (1), secedit ad fideles, et in eis qui obediunt, mansionem facit: Bethania namque, domus obedientiae dicitur. HIERONYMUS. Mane autem ad Judaeos venit, atque nos in vespera mundi visitat. BEDA (super *Cum vidisset a longe ficum*). Sicut autem parabolas loquitur, ita et operatur; ideo esuriens in ficu fructum quaerit cujus nondum tempus esse novit, et tamen eam perpetua sterilitate damnavit, ut ostenderet plebem Judaeorum propter folia, idest verba justitiae, quae habebat sine fructu, idest bono opere, non posse salvari, sed scindi, et in ignem mitti. Esuriens ergo, idest salutem humani generis desiderans, vidit ficum, idest Judaeum, habentem folia, idest eloquia legis et Prophetarum, et quaesivit in ea fructum boni operis, docendo, corripiendo, miracula faciendo; et non invenit, et ideo damnavit. Tu quoque, si non vis damnari a Christo in judicio, arbor sterilis esse caveto; sed potius pauperi Christo fructum pietatis quo indiget, offer. CHRYSOSTOMUS (2). Est autem et aliter dicere, quod Dominus ante tempus fructum quaesivit in ficu, et non inveniens maledixit: quia omnes qui mandata legis adimplent, isti suo tempore fructificare dicuntur; sicut est illud mandatum, « Non moechaberis: » qui autem non solum non moechatur, sed permanet virgo, quod est magis, virtutibus excedit. Dominus autem a perfectis non solum exigit ut virtutes observent, sed supra mandata fructificent.

3. BEDA (super *Et veniunt Hierosolymam*). Quod maledicendo (3) ficum infructuosam per figuram Dominus fecit, hoc idem mox apertius ostendit ejiciendo improbos de templo. Ficus enim non peccavit, si ante tempus fructum non habuit; sed sacerdotes: unde dicitur: *Et veniunt Hierosolymam: et cum introisset in templum, coepit ejicere vendentes et ementes in templo.* Et quidem credendum est, quod ea tantum vendi vel emi repererit in templo quae ad ministerium templi necessaria essent. Si ergo ea quae alibi libere geri poterant, Dominus in domo sua temporalia negotia geri non patitur; quanto magis ea quae nunquam fieri licet, plus caelestis irae merentur, si in aedibus Deo sacratis aguntur?

Sequitur: *Et mensas nummulariorum.* THEOPHYLACTUS (super *Et mensas collybistarum*). Nummularios vocat campsores nummorum: nummus enim genus aeris minuti est.

Sequitur: *Et cathedras vendentium columbas evertit.* BEDA (super *Et cathedras vendentium*). Quia Spiritus sanctus in columba super Dominum ap

<hr>

(1) Eadem quoque habet Victor Antiochenus ubi supra, propius ad seriem et textum hujus loci, tametsi sensus idem apud utrumque (*Ex edit. P. Nicolai*).

(2) Apud Chrysostomum haec appendix non habetur: et pro illa potius habet Victor Antiochenus: *Ne ob virium imbecillitatem, vel naturalem esuriem, cibi desiderium pro se gessisse Christum, existimarent, sed alio spectasse (Ex edit. P. Nicolai).*

(1) *Al.* et in contradicentibus veritati, et non inveniens ubi caput reclinet etc.

(2) Nec iterum in Chrysostomo, nec in Victore Antiocheno nec in Theophylacto id occurrit; sed potius ex Origene tract. 16 in Matth. colligi potest aequivalenter, non expresse (*Ex edit. P. Nicolai*).

(3) *Al.* quia maledicendo.

paruit, recte per columbas Spiritus sancti charismata designantur. Columba igitur venditur, quando
manus impositio, per quam Spiritus sanctus recipitur, ad pretium praebetur. Cathedras autem vendentium columbas evertit: quia qui spiritualem gratiam venumdant, vel ante homines, vel ante Dei
oculos sacerdotio privantur. THEOPHYLACTUS (a med.
Comm. cap. 11). Sed et si quis baptismatis gratiam
et puritatem tradiderit daemoni per peccatum, suam
columbam vendidit; et propter hoc foras de templo
ejicitur.

Sequitur: *Et non sinebat ut quisquam transferret vas per templum.* BEDA (super *Et non sinebat
ut quis transferret*). De vasis illis dicit quae mer-
candi gratia inferebantur. Ceterum absit ut vasa
Deo dicata Dominus ejiceret de templo, vel intro
ferre prohiberet in templum: ubi futuri examinis
praetendit exemplum: quia de Ecclesia repellit reprobos, et ne ultra ad interturbandam Ecclesiam
intrent, aeterno eos verbere compescit. Sed et peccata quae cordibus fidelium inerant, divinitus immissa compunctio tollit: et ne ultra repetantur,
divina in eis gratia adjuvat.

Sequitur: *Et docebat eos, dicens: Nonne scriptum est, quia domus mea domus orationis vocabitur cunctis gentibus?* HIERONYMUS (super *Et intravit*). Juxta Isaiam cap. 56. *Vos autem fecistis
speluncam latronum,* juxta Hieremiam cap. 7. BEDA.
Omnibus, inquit, *gentibus,* non uni genti Judaeae,
nec in uno Hierosolymae urbis loco, sed in toto
orbe terrarum: et nequaquam taurorum et hircorum et arietum, sed orationis. THEOPHYLACTUS (Marc.
11, a med. Comment.). Speluncam autem latronum
templum nominat propter lucrum: genus namque latronum ad lucrum se congregat. Quia ergo illa animalia
quae ad sacrificium oblata erant, causa lucri vende-
bant, latrones ipsos dixit (1). Ad hoc enim in templo
erant vel ut non dantes corporaliter persequerentur
vel dantes spiritualiter necarent. Templum etiam
et domus Dei mens est et conscientia fidelium,
quae si in laesione proximi perversas cogitationes
profert, quasi in spelunca latrones resident. Ergo
mens fidelium spelunca latronis fit quando relicta
simplicitate sanctitatis, illud conatur agere quo valeat proximis nocere. AUGUSTINUS de cons. Evangelist. (lib. 2, cap. 67). Joannes autem longe diverso ordine hoc narrat: unde manifestum est non
semel sed iterum hoc esse a Domino factum; sed
illud primum commemoratum a Joanne, hoc ultimum a ceteris tribus. THEOPHYLACTUS. Quod etiam
est in majorem redargutionem Judaeorum: quia
cum Dominus hoc toties fecerit, ipsi minime se
correxerunt. AUGUSTINUS de cons. Evangel. (lib. 2,
cap. 65). In hoc etiam Marcus non eumdem ordinem tenet cum Matthaeo; sed quia Matthaeus ita
connectit cap. 21: « Et relictis illis, abiit foras ex-
« tra civitatem in Bethaniam: » unde mane re-
vertentem in civitatem, arbori maledixisse commemorat; probabilius creditur ipse potius tenuisse ordinem temporis de (2) vendentibus et ementibus
ejectis de templo. Praetermisit ergo Marcus quod

prima die factum est, cum intravit in templum;
et recordatum interposuit, cum dixisset quod non
invenit aliquid in ficulnea praeter folia; quod secundo die factum est, sicut ambo testantur. GLOS-
SA. (1) Quem autem effectum correctio Domini in
ministris templi habuerit, ostendit Evangelista cum
subdit: *Quo audito principes sacerdotum et scribae
quaerebant quomodo eum perderent:* secundum illud
Amos cap. 5, « Odio habuerunt corripientem in
« porta et loquentem perfecte abominati sunt. »
Ab hoc autem tam iniquo proposito ad tempus solo
timore retrahebantur: unde subditur: *Timebant e-
nim eum, quoniam universa turba admirabatur super doctrina ejus.* « Erat enim docens eos sicut
« potestatem habens, et non sicut scribae eorum
« et Pharisaei; » ut alibi dicitur, supra 1.

4. HIERONYMUS (Marc. 11 super illud, *Et cum
vespera esset*). Relinquens Dominus post se tenebras in Judaeorum cordibus, ut sol egrediebatur
de civitate ad aliam quae est benevola et obediens:
et hoc significatur cum dicitur: *Et cum vespera
esset facta, egrediebatur de civitate.* Sed occidit sol,
et oritur sol: lux enim ablata a scribis, lucet in
Apostolis, unde in civitatem revertitur: propter quod
subditur: *Et eum mane transirent,* scilicet in civitatem euntes. *viderunt ficum aridam factam a radicibus.* THEOPHYLACTUS (Marc. 11, a med. comm.).
Quod miraculum magnum videtur in hoc quod tam
humidam et viridem arborem siccaverit. Quamvis
autem Matthaeus dicat ficulneam continuo arefactam,
et quod videntes discipuli admirati sunt, non ad-
mireris si nunc a Marco audis ficum in crastinum
arefactam vidisse discipulos: nam sic intelligendum
est hoc quod dicitur a Matthaeo, scilicet quod non statim viderunt, sed in crastinum. AUGUSTINUS de cons.
Evang. (lib. 2, cap. 67). Intelligitur autem non
tunc aruisse quando viderunt, sed continuo quando
maledicta est: neque enim arescentem, sed penitus
arefactam viderunt; ac sic eam continuo in verbo
Domini aruisse intellexerunt. HIERONYMUS (ubi supra, super *Viderunt ficum arefactam*). Ficus autem aridam a radicibus, synagoga est a Cain et a
ceteris, a quibus omnis sanguis ab Abel usque ad
Zachariam requiritur. BEDA. A radicibus autem arefacta est ficus, ut ostenderetur gens impia non ad
tempus vel ex parte corripienda externorum incur-
sibus, et per poenitentiam liberanda, sicut saepe
factum est; sed aeterna damnatione ferienda. Vel
arefacta est a radicibus, ut ostendatur non solum
humano extrinsecus, sed divino intus favore funditus destituenda: nam et vitam perdit in caelis, et
patriam in terris. HIERONYMUS (super *Et dixit Petrus*). Petrus autem agnoscit aridam et abscissam
radicem, cui succedit oliva fructifera, pulcra vocata a Domino: unde sequitur: *Et recordatus Petrus
dixit ei: Rabbi, ecce ficus cui maledixisti, aruit.*
CHRYSOSTOMUS (2). Quod autem Petrus et alii discipuli mirati sunt, non erat perfectae fidei: non e-
nim magnum erat hoc Deo. Quia ergo non manifeste noverant ejus virtutem, eorum ignorantia fecit
eos in admirationem prorumpere: et ideo subditur:
*Et respondens Jesus ait illis: Habete fidem Dei.
Amen dico vobis, quia qui dixerit huic monti etc.:*
quasi dicat: Non solum lignum siccare poteritis, sed

---

(1) BEDA. Ejus nomine praetermisso, prius ista ut ex
Theophylacto sumpta confundebantur cum praedictis: ex Gregorio autem homil. 39 in Evang. Beda mutuatus est, ubi
non eadem serie, sed multis interjectis habentur. Glossa quoque sub solo Theophylacti nomine refert, unde huc transcri-
pta sunt (*Ex edit. P. Nicolai*).
(2) *Al. omittitur* de.

(1) Nihil tale in Glossa quae nunc extat, nec alibi occurrit (*Ex edit. P. Nicolai*).
(2) Immo potius Victor Antiochenus ubi supra: nec tale
quidquam in Chrysostomo (*Ex edit. P. Nicolai*).

et montem jussu ac praecepto transmutare. Theophylactus (Marc. 11, a med.). Mirare autem divinam misericordiam: qualiter nobis appropinquantibus
ad eum per fidem, miraculorum virtutem condonat
quam ipse possidet per naturam, intantum ut etiam
montes transmutare possimus. Beda (super *Dicetis
monti huic*). Solent autem Gentiles qui contra Ecclesiam maledicta scripsere, improperare nostris,
quia non habuerunt plenam fidem Dei, qui nunquam montes transferre potuerunt. Quibus respondendum est, non omnia scripta esse quae in Ecclesia
sunt gesta; sicut et de factis ipsius Christi Scriptura
testatur. Fieri autem potuit, si necessitas id fieri
poposcisset; quomodo factum legimus precibus beati patris Gregorii Neocaesareae Ponti Antistitis, viri
meritis et virtutibus eximii, ut mons in terra tantum loco cederet, quantum incolae civitatis opus
habebant (1). Chrysostomus (2). Vel aliter. Sicut
ficum non propter se siccavit, sed in signum Hierusalem ad arefactionem perventurae, et ad demonstrationem virtutis suae; sic intelligendum est et de
promissione quae est circa montem; quamvis hujusmodi transmutatio non sit impossibilis secundum Dei
virtutem. Hieronymus (super *Quicumque dixerit huic
monti*). Christus igitur qui est mons crescens de
lapide absciso sine manibus, tollitur et mittitur in
mare, quando Apostoli dicunt digne, Actorum 13:
« Transferamur ad gentes alteras, quia vos indignos
« judicastis audiendi verbum Dei. » Beda (super
iisdem verbis). Vel quia montis nomine diabolus
significatur propter superbiam, mons ad praeceptum
eorum qui fortes sunt in fide, tollitur de terra et
in mare projicitur, cum praedicantibus Verbum Dei
doctoribus sanctis, immundus spiritus ab eorum
corde repellitur qui ad vitam sunt (3) praeordinati, et in turbulentis amarisque infidelium mentibus
vesaniam suae tyrannidis exercere permittitur: in
quos tanto acrius desaevit, quanto amplius se dolet a laesione priorum fuisse depulsum.

Sequitur: *Proptereac dico vobis: omnia quae
orantes petitis credite quia accipietis, et evenient
vobis.* Theophylactus (sup. *Omnia quaecumque o-
rantes petitis*). Qui enim ex affectu credit, manifestum est quod in Deum erigit cor suum, et illi
conjungitur, et certificatur cor ejus calefactum, quasi suam petitionem jam consecutum: quod quidem
intelligibile est ei qui passus est hoc. Et mihi quidem videtur illos hoc pati qui mensuram et modum
attendunt: propter hoc Dominus dicit, quod omnia
accipietis quaecumque fide petieritis. Qui enim credit se totum disponi a Deo, cum lacrymis interce-
dens, et quasi Domini pedes in oratione tenere se
cogitans, quae juste postulat consequetur. Vis autem
et aliter quae petis accipere ? Dimitte, si quid contra te peccaverit frater tuus: et hoc est quod subditur:
*Et dum stabitis ad orandum, dimittite, si quid ha-
betis adversus aliquem, ut et Pater vester qui in
caelis est dimittat vobis peccata vestra.* Hieronymus
(super illud, *Et cum stabitis ad orandum*). Septem
versus orationis dominicae Marcus suo more in una
oratione comprehendit. Is autem cui dimissa sunt

omnia, peccata, quid amplius rogabit nisi ut perseveret in eo quod obtinuit ? Beda (super iisdem
verbis). Notanda est autem distinctio deprecantium.
Qui perfectam habet fidem, quae per dilectionem
operatur, ille orando vel etiam jubendo potest
transferre montes spirituales, quomodo fecit Paulus
de Elyma mago; qui vero tantae vestigium perfectionis necdum conscendere queunt, postulent sibi
peccata dimitti, et impetrabunt, si tamen in se
peccantibus aliis primo ipsi dimittant. Sin autem
hoc facere contemnunt, non solum orando virtutes
facere, sed nec suorum possunt veniam consequi
peccatorum: et hoc est quod subditur: *Quod si vos
non dimiseritis, nec Pater vester qui in caelis est
dimittet vobis peccata vestra* (1).

5. Theophylactus (2) (circ. fin. Comment.).
Quia Dominus de templo ejecerat eos qui templum
quasi tabernam rerum venalium faciebant; irati
fuerant: ideo accedunt ut interrogent et tentent:
unde dicitur: *Et veniunt rursus Hierosolymam. Et
cum ambularet in templo, accedunt ad eum summi sacerdotes et scribae et seniores, et dicunt ei:
In qua potestate haec facis: et quis dedit tibi hanc
potestatem ut ista facias?* Quasi dicant: Quis es tu qui
talia facis ? Numquid doctorem te constituis et te ordi-
nas principem sacerdotum ? Beda (in fin. Comment.
11 cap.). Et quidem quando dicunt, *In qua potestate haec facis?* de Dei dubitant potestate et subintelligi volunt diaboli esse quod facit, addentes
quoque, *Quis dedit tibi hanc potestatem?* manifestissime Dei Filium negant, quem putant non suis
sed alienis viribus signa facere. Theophylactus (in
fine Comment.). Haec autem dicebant, credentes ipsum in judicationem reducere: ut si diceret, In potestate mea, ipsum tenerent; si autem diceret, ita
potestate alterius: ab eo discedere populum pro-
curarent, qui ipsum Deum esse credebant. Dominus vero illos interrogat de Joanne, non frustra neque sophistice, sed quia de eo Joannes
perhibuerat testimonium: unde sequitur; *Ille autem respondens ait illis: Interrogabo vos et ego.*
Beda (cir. fin. cap.). Poterat quidem Dominus,
aperta responsione, tentatorum calumnias confutare;
sed prudenter interrogat, ut suo vel silentio vel
sententia condemnentur: quod apparet ex eo quod
subditur: *At illi cogitabant secum, dicentes: Si dixerimus, De caelo, dicet nobis: Quare ergo non
creditis ei?* Quasi dicat: Quem confitemini de caelo
habuisse prophetiam, mihi testimonium perhibuit,
et ab illo audistis in qua ista facio potestate. Sequitur: *Si dixerimus, Ex hominibus.* Viderunt ergo,
quodlibet horum respondissent, in laqueum se ca-
suros, timentes lapidationem, sed magis timentes
veritatis confessionem: unde sequitur: *Et respondentes, dicunt Jesu, Nescimus.* Hieronymus (3) (in fin.
Comment. in 11 cap. Marc.). De lucerna invidi
obscurantur: unde dicitur Psal. 131: « Paravi lu-
« cernam Christo meo: inimicos ejus induam con-
« fusione. »

Sequitur: *Respondens Jesus, ait illis: Neque ego
dico vobis in qua potestate haec faciam.* Beda (in
fin. Comment. in 11 cap. Marc.). Quasi dicat:

(1) *In quatuor saepe citatis exemplis legitur sic:* prae-
bus Gregorii Neocaesariensis, cujus praecibus mons tantum
spatii reliquit structoribus Ecclesiae quantum opus habuerant.
*Veneta autem Nicolini editio notat ad marginem hoc haberi
ex Eusebio lib. 7 Hist. cap. 25.*

(2) Quod subjungitur ex Chrysostomo non occurrit (*Ex
edit. P. Nicolai*).

(3) *Al. omittitur* sunt.

(1) *Nicolai superaddit sequentia.* Glossa (interlinealis).
Tremenda sententia.

(2) Non Hieronymus, ut inepte antea notabatur, bis repe-
tendo ejus nomen, hic nimirum, et in sequenti appendice,
quasi divisum sensum continerent (*Ex edit. P. Nicolai*).

(3) *Al.* Beda.

Non vobis dico quod scio, quia non vultis fateri quod scitis. Notandum autem, quod duas ob causas maxime scientia veritatis est occultanda quaerentibus; scilicet cum is qui quaerit, aut minus capax est ad intelligendum quod quaerit; aut contemptu veritatis, aut aliquo alio (1) indignus est cui debeat aperiri quod quaerit.

(1) *P. Nicolai habet* odio.

CAPUT DUODECIMUM.

1. Et coepit illis in parabolis loqui. Vineam pastinavit homo, et circumdedit sepem, et fodit lacum, et aedificavit turrim, et locavit eam agricolis, et peregre profectus est. Et misit ad agricolas in tempore servum, ut ab agricolis acciperet de fructu vineae: qui apprehensum eum caeciderunt, et dimiserunt vacuum. Et iterum misit ad illos alium servum; et illum in capite vulneraverunt, et contumeliis affecerunt. Et rursum alium misit; et illum occiderunt, et plures alios, quosdam caedentes, alios vero occidentes. Adhuc ergo unum habens filium carissimum, et illum misit ad eos novissimum, dicens: Quia reverebuntur filium meum. Coloni autem dixerunt ad invicem: Hic est heres: venite, occidamus eum, et nostra erit hereditas. Et apprehendentes eum occiderunt, et ejecerunt extra vineam. Quid ergo faciet dominus vineae? Veniet et perdet colonos et dabit aliis .Nec Scripturam hanc legistis: Lapidem quem reprobaverunt aedificantes, hic factus est in caput anguli? A Domino factum est istud, et est mirabile in oculis nostris? Et quaerebant eum tenere, et timuerunt turbam. Cognoverunt enim quoniam ad eos parabolam hanc dixerit: et relicto eo abierunt.

2. Et mittunt ad eum quosdam ex Pharisaeis et Herodianis, ut eum caperent in verbo. Qui venientes dicunt ei: Magister, scimus quia verax es, et non curas quemquam. Nec enim vides in faciem hominum, sed in veritate viam Dei doces. Licet dari tributum Caesari, an non dabimus? Qui sciens versutiam illorum, ait illis: Quid me tentatis? Afferte mihi denarium ut videam. At illi obtulerunt ei. Et ait illis: Cujus est imago haec et inscriptio? Dicunt ei, Caesaris. Respondens autem Jesus dixit illis: Reddite igitur quae sunt Caesaris Caesari, et quae sunt Dei Deo. Et mirabantur super eo.

3. Et venerunt ad eum Sadducaei, qui dicunt resurrectionem non esse, et interrogabant eum dicentes: Magister, Moyses nobis scripsit, ut si cujus frater mortuus fuerit, et dimiserit uxorem. et filios non reliquerit, accipiat frater ejus uxorem ipsius, et resuscitet semen fratri suo. Septem ergo fratres erant, et primus accepit uxorem, et mortuus est, non relicto semine: et secundus accepit eam, et mortuus est, et nec iste reliquit semen: et tertius similiter: et acceperunt eam similiter septem, et non reliquerunt semen. Novissime omnium defuncta est et mulier. In resurrectione ergo, cum resurrexerint, cujus de his erit uxor? Septem enim habuerunt eam uxorem. Et respondens Jesus ait illis: Nonne ideo erratis, non scientes Scripturas, neque virtutem Dei ? Cum enim a mortuis resurrexerint, neque nubent neque nubentur, sed erunt sicut Angeli Dei in caelis. De mortuis autem quod resurgant non legistis in libro Moysi, super rubum quomodo dixerit illi Deus, inquiens: Ego sum Deus Abraham, et Deus Isaac, et Deus Jacob? Non est Deus mortuorum, sed vivorum. Vos ergo multum erratis.

4. Et accessit unus de scribis, qui audierat illos conquirentes; et videns quoniam bene illis responderit. interrogavit eum quod esset primum omnium mandatorum. Jesus autem respondit ei, quia primum omnium mandatum est, Audi Israel: Dominus Deus tuus, Deus unus est: et diliges Dominum Deum tuum ex toto corde tuo, et ex tota anima tua, et ex tota virtute tua: hoc est primum mandatum. Secundum autem simile est illi: Diliges proximum tuum tamquam te ipsum. Majus horum aliud mandatum non est. Et ait illi scriba: Bene, magister, in veritate dixisti, quia unus est Deus, et non est alius praeter eum: et ut diligatur ex toto intellectu, et ex tota anima, et ex tota fortitudine; et diligere proximum sicut seipsum, majus est omnibus holocautomatibus et sacrificiis. Jesus autem videns quod sapienter respondisset, dixit illi, Non es longe a regno Dei. Et nemo jam audebat eum interrogare.

5. Respondens Jesus dicebat, docens in templo: Quomodo dicunt scribae, Christum filium esse David? Ipse enim David dicit in Spiritu sancto: Dixit Dominus Domino meo: Sede a dextris meis, donec ponam inimicos tuos scabellum pedum tuorum. Ipse ergo David dicit ipsum Dominum, et unde est filius ejus? Et multa turba eum libenter audiebat.

6. Et dicebat eis in doctrina sua: Cavete a scribis, qui volunt in stolis ambulare, et salutari in foro, et in primis cathedris sedere in synagogis, et primos discubitus in coenis; qui devorant domos viduarum sub obtentu prolixae orationis: hi accipient prolixius judicium.

7. Et sedens Jesus contra gazophylacium, aspiciebat quomodo turba jactaret aes in gazophylacium, et multi divites jactabant multa. Cum venisset autem una vidua pauper, misit duo minuta, quod est quadrans. Et convocans discipulos suos, ait illis: Amen dico vobis, quoniam vidua haec pauper plus omnibus misit qui miserunt in gazophylacium. Omnes enim ex eo quod abundabat illis, miserunt; haec vero de penuria sua omnia quae habuit misit totum victum suum.

1. GLOSSA (1). Postquam Dominus prudenti interrogatione tentatorum ora concluserat, consequenter eorum malitiam parabolice demonstrat: unde dicitur: *Et coepit illis in parabolis loqui Vineam pastinavit homo.* HIERONYMUS. Homo Deus Pater dicitur humano affectu; vinea domus Israel est; sepis est custodia Angelorum; lacus est lex; turris templum; agricolae sacerdotes. BEDA (in princ. Comment. in cap. 12). Vel sepis murus est urbis (2), lacus sive torcular altare, aut illa torcularia quorum tres Psalmi praenotantur titulo. THEOPHYLACTUS. Vel sepis est lex, prohibens eos alienigenis commisceri.

Sequitur: *Et peregre profectus est.* BEDA (in initio Comment. ad 12 cap. Marc.). Non loci mutatione; sed abire videtur a vinea, ut vinitoribus liberum operandi arbitrium derelinquat.

Sequitur: *Et misit ad agricolas in tempore ser-* vum, *ut ab agricolis acciperet de fructu vineae.* HIERONYMUS. Servi missi Prophetae, fructus vinea obedientia est. De Prophetis alii caesi, alii vulnerati, alii occisi sunt: unde sequitur: *Qui apprehensum eum caeciderunt et dimiserunt vacuum.* BEDA (ubi supra). Servus qui primo missus est, ipse legifer Moyses intelligitur. Sed caesum eum dimiserunt vacuum: irritaverunt enim Moysen in castris. Sequitur: *Et iterum misit ad illos alium servum, et illum in capite vulneraverunt et contumeliis affecerunt.* Servus alter David regem et ceteros Psalmistas significat; sed hunc affectum contumeliis in capite vulneraverunt, quia Psalmistarum carmina parvipenderunt, ipsum David abjecerunt, dicentes 3 Reg. 12: « Quae nobis pars cum David? » Sequitur: *Et rursus alium misit, et illum occiderunt, et plures alios, quosdam caedentes, alios vero occidentes.* Tertium cum suis sociis servum, Prophetarum chorum intellige; sed quem Prophetarum non sunt persecuti? His sane tribus servorum gradibus, omnium sub lege doctorum figuram posse compre-

(1) Nihil tale in Glossa quae nunc extat (*Ex edit P. Nicolai*).
(2) *Al.* orbis.

hendi Dominus alibi pronuntiat, dicens Luc. 24: « Quoniam necesse est impleri omnia quae scripta sunt in lege et Prophetis et Psalmis de me. » THEOPHYLACTUS (Marc. 12, non remote a princ.). Vel aliter. Per primum servum intellige Prophetas qui circa tempus Eliae fuerunt: quoniam Michaeam verberavit Sedechias pseudopropheta: secundum vero servum quem in capite vulneraverunt, idest affecerunt injuria, intellige Prophetas qui fuerunt circa tempus Oseae et Isaiae: tertium vero servum intellige Prophetas qui fuerunt circa tempus Danielis et Ezechielis.

Sequitur: *Adhuc ergo unum habens filium carissimum, et illum misit ad eos novissimum, dicens: Quia forte reverebuntur filium meum.* HIERONYMUS (non procul a princ. Comm.). Filius carissimus et novissimus, Unigenitus est. Quod autem dicit, *Reverebuntur filium meum,* per ironiam hoc dicitur. BEDA (cap. 42). Vel aliter. Quod ait, *Quia forte reverebuntur filium meum,* non de ignorantia venit; sed ambigere dicitur Deus, ut libera voluntas homini reservetur. THEOPHYLACTUS (non procul a princ.). Vel aliter. Non ignorans quod futurum erat, hoc dixit; sed ostendens quid erat decens et congruum eos operari. *Coloni autem dixerunt ad invicem: Hic est heres: venite, occidamus eum; et nostra erit hereditas.* BEDA (super *Hic est heres*). Manifestissime Dominus probat, Judaeorum principes non per ignorantiam, sed per invidiam crucifixisse Filium Dei. Intellexerunt enim hunc esse cui dictum est Psal. 2: « Dabo tibi gentes hereditatem « tuam. » Hanc occisione ejus (1) mali coloni praeripere moliebantur, cum crucifigentes eum Judaei, fidem quae per eum est, extinguere, et suam magis quae ex lege est justitiam praeferre, ac Gentibus imbuendis conabantur inserere.

Sequitur: *Et apprehendentes eum, occiderunt et ejecerunt extra vineam.* THEOPHYLACTUS (ubi supra). Scilicet extra Hierusalem: extra civitatem quippe crucifixus est Dominus. HIERONYMUS (par. a princ. Comm. in 12 cap.). *Vel ejecerunt eum extra vineam,* idest extra plebem, dicentes, Joan. 8, « Samaritanus es et daemonium habes. » Vel quia quantum in se erat, ex suis eum finibus excludentes, Gentibus suscipiendum dederunt.

Sequitur: *Quid ergo faciet dominus vineae? Veniet, et perdet colonos, et dabit vineam aliis.* AUGUSTINUS de cons. Evang. (lib. 2, cap. 70). Et quidem Matthaeus cap. 21, illos respondisse subjungit, atque dixisse, « Malos male perdet » quod Marcus hic non ab ipsis responsum esse commemorat: sed Dominum post interrogationem suam ipsum sibi quodammodo respondisse. Sed facile potest intelligi vel illorum vocem ita subjunctam ut non interponeretur, illi responderunt, aut illi dixerunt, sed tamen intelligeretur: aut ideo responsionem istam Domino potius attributam, quia cum verum dixerunt, etiam de illis hoc ipse respondit, qui veritas est. THEOPHYLACTUS (Marc. 12, non remot. a princ.). Dominus ergo vineae est Pater Filii interempti, et ipse Filius interemptus, qui perdet colonos, tradens ipsos Romanis ; et populum dabit aliis colonis, id est Apostolis. Perlegas Actus Apostolorum, et invenies tria millia et quinque millia repente credentium, et fructificantium Deo. HIERONYMUS (ubi supra). Vel datur vinea aliis, idest ab oriente et

occidente et austro et ab aquilone venientibus, et recumbentibus cum Abraham, Isaac et Jacob in regno Dei. BEDA (super *Veniet et perdet colonos*). Hoc autem ita divinitus fuisse procuratum prophetico statim affirmavit exemplo, subjiciens: *Nec Scripturam hanc legistis: Lapidem quem reprobaverunt aedificantes, hic factus est in caput anguli ?* quasi dicat: Quomodo implebitur haec prophetia, nisi quia Christus a vobis reprobatus et occisus, traditus est Gentibus praedicandus, ut quasi lapis angularis duos populos condat in semetipsum, atque ex utroque populo unam sibi fidelium civitatem, unum templum aedificet ? Eosdem enim synagogae magistros quos supra colonos dixerat, nunc aedificantes appellat: quia subditam sibi plebem ad ferendos vitae fructus quasi vineam videbantur excolere; ipsi quoque hanc Deo inhabitatore dignam quasi domum construere atque ornare praecipiebantur. THEOPHYLACTUS (Marc. 12, super *Lapidem quem reprobaverunt*). Lapis ergo quem reprobaverunt doctores, hic factus est in caput anguli, idest in caput Ecclesiae: angulus namque Ecclesia est, quasi conjungens Judaeos et Gentiles: hic angulus, scilicet Ecclesia, a Domino factus est, et est mirabilis in oculis nostris, scilicet fidelium: nam ab infidelibus miraculis detrahitur. Mirabilis quidem est Ecclesia quasi miraculis sistens (1), Domino cooperante Apostolis, et sermonem confirmante sequentibus signis: et hoc est quod dicitur: *A Domino factum est istud, et est mirabile in oculis nostris.* HIERONYMUS (aliq. a princ. Commen.). Vel aliter. Hic lapis reprobus, quem gestat angulus conjungens in coena agnum cum pane, finiens vetus, novum inchoans testamentum, praestat mira in oculis nostris, ut topazion. BEDA (super *Quaerebant eum tenere*). Principes autem sacerdotum ostendebant vera esse quae Dominus dixerat; quod patet ex hoc quod subditur: *Et quaerebant eum tenere.* Ipse enim est heres cujus injustam necem dicebat esse vindicandam a Patre. Moraliter autem cuique fidelium cum mysterium baptismi committitur, quasi vinea quam excolat locatur. Sed missus servus contumeliis affectus vel caesus ejicitur, cum sermo auditus vel contemnitur, vel, quod pejus est, blasphematur. Missum insuper heredem, quantum in se est, occidit qui Filium Dei conculcavit. Perdito malo cultore, vinea datur alteri, cum dono gratiae, quod superbus sprevit, humilis quisque ditabitur. Sed hoc quod principes sacerdotum manum mittere quaerentes in Jesum, timore turbae retinentur, quotidie geritur in Ecclesia, cum quilibet solo nomine frater eam quam non diligit ecclesiasticae fidei et pacis unitatem propter cohabitantium fratrum bonorum multitudinem aut erubescit aut timet impugnare.

2. BEDA (cap. 42 super *Mittunt ad eum quosdam*). Quaerentes Dominum comprehendere summi sacerdotes timuerunt turbam: atque ideo quod per se non potuerunt, terrenis potestatibus efficere tentabant, ut vel ipsi a morte ejus viderentur immunes: et ideo dicitur: *Et mittunt ad eum quosdam ex Pharisaeis et Herodianis, ut eum caperent in verbo.* THEOPHYLACTUS (ibid.). Diximus alibi de herodianis, quod haeresis quaedam nova erat dicentium Christum esse Herodem, propter hoc quod defecerant successiones regni Judaeorum. Alii vero dicunt

_____

(1) *Al.* Hanc occisionem ejus, *item* occasionem ejus. *P. Nicolai habet.* Hanc autem occiso eo mali coloni etc.

S. Th. Opera omnia. V. 11.

(1) *Nicolai legit* consistens.

herodianos milites fuisse Herodis, quos pharisaei pro testibus inducebant de his quae dicebantur a Christo, ut eum caperent et adducerent. Vide autem eorum malitiam, qualiter cum adulatione Christum decipere volebant: nam sequitur: *Qui venientes dicunt ei: Magister, scimus.* HIERONYMUS (super *Ut caperent eum*). Mellitis enim verbis (1) eum interrogabant, et circumdabant eum, sicut apes mel portantes in ore, aculeum in tergo. BEDA (super *Magister, scimus*). Blanda autem et fraudulenta interrogatio illuc provocat respondentem ut magis Deum quam Caesarem timeat, et dicat non debere tributa solvi, ut statim audientes herodiani, seditionis contra Romanos auctorem habeant: et ideo subdunt: *Et non curas quemquam; nec enim vides in faciem hominum.* THEOPHYLACTUS (super *Et non respicis*). Ita ut Caesarem non honores, scilicet contra veritatem. Ideo subdunt: *Sed in veritate viam Dei doces: Licet tributum dari Caesari, an non dabimus ?* Totum enim artificium eorum erat undique praecipitium habens: ut si diceret quod licet censum Caesari dari, provocent contra eum plebem quasi in servitutem reducentem ipsum populum; si vero diceret quod non licet dari, sic accusarent eum tamquam excitaret populum contra Caesarem. Sed sapientiae fons fugit dolos eorum: unde sequitur: *Qui sciens versutiam eorum, ait illis: Quid me tentatis ? Afferte mihi denarium, ut videam. At illi obtulerunt ei.* BEDA (cap. 42 in Marc. super *Afferte mihi denarium*). Denarius est genus nummi quod pro decem nummis imputabatur, et habebat imaginem Caesaris: unde sequitur: *Et ait illis: Cujus est imago haec et inscriptio ? Dicunt ei, Caesaris.* Qui putant interrogationem Salvatoris ignorantiam esse, non dispensationem, ex hoc discant quod potuit scire cujus imago esset, sed interrogat, ut ad sermonem eorum competenter respondeat: unde sequitur: *Respondens autem Jesus dixit illis: Reddite igitur quae sunt Caesaris Caesari, et quae sunt sunt Dei Deo.* THEOPHYLACTUS (super *Reddite quae sunt Caesaris Caesari*). Quasi dicat: Date quod imaginem habet imaginato, idest denarium Caesari: potestis enim et censum Caesari dare, et Deo propria offerre. BEDA (ibid.) Idest decimas et primitias et oblationes et victimas, quomodo et ipse reddidit (2) quae Dei sunt, Patris faciens voluntatem. HIERONYMUS (super *Magister, scimus*). Vel aliter. Nummum habentem Caesaris imaginem reddite coactum Caesari, vosipsos libenter Deo reddite. « Signatum est « enim super nos lumen vultus tui Domine, » Psal. 4, non Caesaris. THEOPHYLACTUS (ubi supra). Quasi Caesar etiam est uniuscujusque nostrorum corporum inevitabilis necessitas. Jubet ergo Dominus dari corpori cibaria propria et vestitum, *et quae sunt Dei Deo* (3). Sequitur: *Et mirabantur super eo.* Qui credere debuerant, ad tantam sapientiam sunt mirati, quod calliditas eorum non invenisset locum.

3. GLOSSA (4). Postquam Dominus sapienter Pharisaeorum callidam tentationem evitavit, ostenditur quomodo etiam Sadducaeos tentantes confundit: unde dicitur: *Et venerunt ad eum Sadducaei, qui dicunt resurrectionem non esse.* THEOPHYLACTUS

(Marc. 12, super *Et veniunt Sadducaei ad illum*). Haeresis quaedam Judaeorum erat, qui dicebantur Sadducaei, et hi resurrectionem negabant, et dicebant quod non sit Angelus neque spiritus. Hi ergo accedentes ad Jesum, dolose narrationem quamdam inquisierunt, per quam ostenderent resurrectionem non esse nec factam, nec fiendam. Et ideo subditur: *Et interrogabant eum, dicentes, Magister.* In qua quidem narratione septem ponunt qui mulierem acceperant, ut magis retrahant (1) a resurrectione. BEDA (super illud, *Moyses scripsit nobis*). Recte enim istiusmodi fingunt fabulam, quae deliramenti arguat eos qui resurrectionem asserunt corporum. Potest autem fieri ut vere in gente eorum aliquando hoc acciderit. HIERONYMUS (super *Septem eam habuerunt uxorem*). Mystice autem mulier sterilis non relinquens semen ex septem fratribus, novissime moriens, quid aliud significat quam Judaicam synagogam relictam a Spiritu septiformi, qui septem Patriarchas implevit, qui non reliquerunt ei semen Abrahae, quod est Jesus Christus ? licet enim puer natus est illis, nobis tamen Gentibus datus est, quae mulier mortua erat Christo, nec cuiquam Patriarchae de septem in resurrectione conjungetur. Septenario namque numero universitas perfectorum significatur, ut versa vice per Isaiam cap. 4, dicitur: « Apprehendent septem mulieres « virum unum: » idest, septem Ecclesiae, quas Dominus amat, arguit et castigat, eum una fide adorant: unde sequitur: *Et respondens Jesus ait illis: Nonne ideo erratis, non scientes Scripturas neque virtutem Dei ?* THEOPHYLACTUS (Marc. 12 parum ante finem Commen.) Quasi dicat: Vos non intelligitis qualem resurrectionem Scriptura annuntiet. Creditis enim quod restauratio corporum talium sit futura qualia nunc sunt; non autem sic erit. Sic igitur ignoratis Scripturam, sed etiam virtutem ignoratis divinam. Vos enim consideratis quasi difficile, dicentes: Qualiter potuerunt membra dissoluta conjungi, et animabus adunari ? Hoc enim respectu divinae potentiae quasi nihil est. Sequitur: *Cum enim a mortuis resurrexerint, neque nubent neque nubentur, sed erunt sicut Angeli Dei in caelis:* quasi dicat: Divina quaedam erit vitae restauratio et angelica, cum ulterius non corrumpemur, sed eodem modo manebimus; et propter hoc nuptiae auferentur. Nam nuptiae quidem nunc sunt propter corruptionem ut per successionem generis persistamus et non deficiamus: tunc vero sicut Angeli erimus, qui sunt sine successione nuptiali, et nunquam desinunt. BEDA (2) (super *Neque nubent neque nubentur*). Considerandum est hic quod latina consuetudo hic graeco idiomati non respondet. Nubere enim proprie dicuntur mulieres, et viri uxores ducere; sed nos simpliciter dictum intelligamus, ut nubere de viris, et nubi de uxoribus scriptum sit. HIERONYMUS (super *Nonne ideo erratis*)? Sic igitur errant non intelligentes Scripturas, quia in resurrectione homines *erunt sicut Angeli Dei*; idest, nemo ibi moritur, nemo ibi nascitur; nec infans est ibi nec senex. THEOPHYLACTUS (Marc. 12, a med. Comm.). Et aliter etiam decipiuntur non intelligentes Scripturas. Si enim has intellexissent, intelligerent quomodo per Scripturas resurrectio mortuorum possit probari: unde subdit: *De mortuis quod resurgant*

---

(1) *Al.* melius enim verbis.
(2) *Al.* reddit.
(3) *Nicolai addit ex Theophylacto* scilicet vigilias orationes etc.
(4) Non est in Glossa quae nunc extat (*Ex edit, P. Nicolai*).

(1) *Al.* rem trahant.
(2) Ex Hieronymo mutuatus in 22 caput Matth. (*Ex edit P. Nicolai*).

non legistis in libro Moysi, super rubum quomodo dixit illi Deus, inquiens: Ego sum Deus Abraham et Deus Isaac et Deus Jacob? Hieronymus (super *De mortuis autem quod resurgant*). Dico autem, *Super rubum,* in quo est similitudo vestra, in quo ignis ardebat, sed non ejus spinas consumebat; sic vos inflammat eloquium meum, nec spinas vestras sub maledicto germinatas absumit. Theophylactus (Marc. 12, a med. illius). Dico autem: *Ego sum Deus Abraham, Deus Isaac et Deus Jacob*; quasi dicat, Deus viventium: unde subdit: *Non est Deus mortuorum, sed vivorum.* Non enim dixit, Ego fui, sed *Ego sum,* tamquam illi praesentes existant. Sed forte aliquis dicet, quod hoc dixit solum Deus de anima Abrahae, non de corpore. Ad quod dicimus, quod Abraham utrumque importat, scilicet corpus et animam; ita ut et corporis ipse sit Deus, et corpus vivat apud Deum, idest in Dei ordinatione. Beda (super *Ego sum Deus Abraham*). Vel quia cum probavit (1) animas permanere post mortem (neque enim poterat fieri ut eorum esset Deus qui nequaquam subsisterent); consequenter introduceretur et corporum resurrectio, quae cum animabus bona malaque gesserunt. Hieronymus (super *De mortuis autem non legistis*). Cum autem dicit, *Deus Abraham, Deus Isaac, et Deus Jacob:* ter Deum nominando Trinitatem intimavit. Cum autem dicit, *Non est Deus mortuorum,* unum Deum iterans, unam substantiam significavit. Vivunt autem qui vindicant (2) portionem quam elegerant; mortui autem sunt qui quod vindicaverant, perdiderunt.

Vos ergo multum erratis. Glossa (3). Quia videlicet et Scripturis contradicebant, et virtuti Dei derogabant.

4. Glossa (4). Postquam Dominus confutavit Pharisaeos et Sadducaeos tentantes, hic ostenditur quomodo satisfecit scribae quaerenti: unde dicitur: *Et accessit unus de scribis qui audierat illos conquirentes, et videns quod bene illis responderit, interrogavit eum quod esset primum omnium mandatorum.* Hieronymus (super *Quod est primum mandatum in lege*). Quae est haec quaestio problematis quod est commune omnibus peritis in lege, nisi quod diversa in Exodo et Levitico et Deuteronomio ordinantur mandata? Unde non unum sed duo intulit mandata, quibus quasi duobus uberibus super pectus sponsae elevatis nostra alitur infantia; et ideo subditur: *Primum omnium mandatum est: Audi Israel, Dominus Deus tuus Deus unus est.* Primum omnium maximum mandatum dicit; hoc est quod ante omnia debemus in corde singuli quasi unicum pietatis fundamentum locare, idest cognitio atque confessio divinae unitatis cum executione bonae operationis, quae in dilectione Dei et proximi perficitur: unde subdit: *Et diliges Dominum Deum tuum ex toto corde tuo et ex tota anima tua et ex tota mente tua et ex tota virtute tua: hoc est primum mandatum.* Theophylactus (Marc. 12, a med. Com.). Attende qualiter omnes animae vires enumeravit. Est enim virtus animae animalis, quam expedit (5) in dicendo, *Ex tota*

anima tua, ad quam pertinet ira et desiderium; quae omnia tribui vult divino amori. Est et alia vis quae dicitur naturalis, ad quam pertinet nutritiva et augmentativa; et ista est etiam danda Domino tota, propter quod dicit, *Ex toto corde.* Est et alia vis rationalis, quam mentem vocat; et ista etiam est danda Deo tota. Glossa (1). Quod autem subdit, *Et ex tota fortitudine,* ad vires corporales referri potest.

Sequitur: *Secundum autem simile est huic: Diliges proximum tuum sicut teipsum.* Theophylactus (a med. Comm.). Propter hoc dicit esse simile, quia haec duo mandata alternatim sunt sibi consona, et reciproce convertuntur: nam qui diligit Deum, diligit et facturam suam. Principale autem factorum ejus est homo: unde qui diligit Deum, diligere debet omnes homines; qui vero diligit proximum, qui multoties dat causam scandali, multo magis eum debet diligere qui semper praestat beneficia: et ideo propter cohaerentiam horum mandatorum subdit: *Majus horum aliud mandatum non est.*

Sequitur: *Et ait illi scriba: Bene, Magister, in veritate dixisti.* Beda (super illud, *Bene Magister in veritate*). Ostendit ex hoc quod dicit, *Majus est omnibus holocautomatibus et sacrificiis,* gravem saepe inter scribas et pharisaeos quaestionem esse versatam, quod esset mandatum primum sive maximum divinae legis; quibusdam videlicet hostias et sacrificia laudantibus; aliis vero fidei et dilectionis opera praeferentibus: eo quod plurimi patrum ante legem ex fide tantum, quae per dilectionem operatur, placerent Deo. In hac sententia scriba iste se fuisse declarat.

Sequitur: *Jesus autem videns quod sapienter respondisset, dixit illi: Non longe es a regno Dei.* Theophylactus (Marc. 12, a med. Comment.). In quo non eum esse perfectum testatur: non enim dixit, Intra regnum caelorum es; sed *Non longe es a regno Dei.* Beda (super *Non longe es a regno Dei*). Ideo autem non fuit longe a regno Dei, quia sententiae illius quae novi testamenti et evangelicae perfectionis est propria, fautor extitisse probatus est. Augustinus de cons. Evang. (lib. 2, cap. 73). Nec moveat quod Matthaeus dicit tentantem fuisse, a quo Dominus interrogatus est: fieri enim potest ut quamvis tentans accesserit, Domini tamen responsione correctus sit: aut certe ipsam tentationem non accipiamus malam, tamquam decipere volentis inimicum, sed cautam potius, tamquam experiri amplius valentis ignotum. Hieronymus (super *Et ait illi scriba.* Vel non est longe qui venit callide: longior namque est ignorantia a regno Dei quam scientia: unde supra Sadducaeis, *Erratis,* inquit, *nescientes Scripturam neque virtutem Dei.* Sequitur: *Et nemo audebat jam eum interrogare* (2). Quia enim in sermonibus confutati sunt, ultra non interrogant, sed apertissime comprehensum Romanae tradunt potestati. Ex quo intelligimus, venena invidiae posse quidem superari, sed difficile conquiescere.

5. Theophylactus (Marc. 12, inter med. et finem Comment.). Quia Christus ad passionem venturus erat, opinionem falsam corrigit Judaeorum,

(1) *P. Nicolai ponit.* Vel etiam ut cum probaverit.
(2) *Al.* nec vindicant.
(5) Non est in Glossa quae nunc extat; etsi praecedentia tum ex Beda, tum etiam ex Hieronymo (supposititio tamen) ibi referuntur (*Ex edit. P. Nicolai*).
(4) Nec id rursus in Glossa est qualis nunc extat (*Ex edit. P. Nicolai*).
(5) *Forte* expendit.

(1) Quod subjungitur ex Glossa, nunc in illa non extat (*Ex edit. P. Nicolai*).
(2) Beda. Ejus nomine praetermisso, prius ista confundebantur cum Hieronymi verbis, qui Hieronymus tamen supposititio dumtaxat, non verus est (*Ex edit. P. Nicolai*).

qui Christum filium David esse dicebant, non Dominum ejus: unde dicitur: *Et respondens Jesus, dixit docens in templo.* HIERONYMUS (ubi supra). Idest, palam eis de se loquitur, ut inexcusabiles sint: sequitur enim: *Quomodo dicunt scribae Christum filium David esse?* THEOPHYLACTUS (inter med. et finem Comm.). Ostendit vero Christus se esse Dominum per verba David; nam sequitur: *Ipse autem dicebat in Spiritu sancto: Dixit Dominus Domino meo, Sede a dextris meis*; quasi dicat: Non potestis mihi dicere quod David absque gratia Spiritus sancti hoc dixerit; sed in Spiritu sancto vocavit eum Dominum. Et quod sit Dominus, ostendit per hoc quod subdit: *Donec ponam inimicos tuos scabellum pedum tuorum.* Ipsi enim erat inimici ejus, quos Deus Pater posuit scabellum Christi. Quod autem a Patre subjiciuntur ei inimici, non infirmitatem Filii, sed unitatem naturae, qua in altero alter operatur, significat. Nam et Filius subjicit inimicos Patri, quia Patrem clarificat super terram. GLOSSA (1). Sic ergo Dominus ex praedictis concludit dubitabilem quaestionem: nam ex verbis David praemissis habetur quod Christus sit Dominus David; ex dicto autem scribarum habetur quod sit filius ejus: et hoc est quod subditur: *Ipse ergo David dicit eum Dominum; et unde est filius ejus?* BEDA (super *Quomodo dicunt scribae*)? Interrogatio Jesu nobis profuit usque hodie contra Judaeos: et hi enim qui confitentur Christum esse venturum, hominem simplicem et sanctum virum asserunt de genere David. Interrogemus ergo eos docti a Domino, si simplex homo est et tantum filius David, quomodo vocet eum David Dominum suum in Spiritu sancto. Non autem reprehenduntur quod David filium dicunt, sed quod Dei Filium eum esse non credunt.

Sequitur: *Et multa turba libenter eum audiebat.* GLOSSA (2). Quia scilicet videbant eum sapienter respondentem et interrogantem.

6. HIERONYMUS (Marc. 12, super *Ait illi scriba*). Confutatis scribis et pharisaeis, ut ignis eorum arida exempla incendit: unde dicitur: *Et dicebat eis in doctrina sua: Cavete a scribis, qui volunt in stolis ambulare.* BEDA (super *Cavete a scribis*). Ambulare in stolis, cultioribus vestimentis indutos ad publicum procedere significat: in quo inter cetera dives ille qui epulabatur quotidie splendide, peccasse describitur. THEOPHYLACTUS (aliq. ante finem Comment.). In stolis autem venerabilibus ambulabant, ex hoc volentes praehonorari, et similiter alia appetebant quae cedunt ad gloriam: nam sequitur: *Et salutari in foro, et in primis cathedris sedere in synagogis, et primos discubitus in coenis*, scilicet volunt. BEDA (ubi supra). Notandum autem, quod non salutari in foro, non primos sedere vel discumbere vetat eos quibus hoc officii ordine competit; sed eos qui haec habita sive non habita indebite amant, a fidelibus quasi improbos docet esse cavendos, animum videlicet, non gradum redarguens; licet culpa non careat, si iidem in foro litibus interessent qui in cathedra Moysi synagogae magistri cupiunt appellari. Duplici sane ratione a vanae gloriae cupidis attendere jubemur: ne scilicet eorum vel simulatione seducamur, aestimantes bona esse quae faciunt; vel aemulatione inflammemur, frustra gaudentes in bonis quae simulant,

laudari (1). THEOPHYLACTUS (aliq. ante fin.). Specialiter etiam Apostolos docet ut nullam cum scribis habeant conversationem, sed ipsum Christum imitentur; ordinansque ipsos magistros in his quae sunt circa vitam agenda, alios eis supponit. BEDA (supra *Qui devorant*). Non solum autem laudes ab hominibus, verum etiam pecunias quaerunt: unde sequitur: *Qui devorant domos viduarum sub obtentu prolixae orationis.* Sunt enim qui se justos simulantes, a peccatorum suorum conscientia turbatis (2), quasi patroni pro eis in judicio futuri, pecunias accipere non dubitant: et cum correcta manus pauperi preces juvare soleat, illi ob hoc maxime in precibus pernoctant, ut pauperi nummum tollant. THEOPHYLACTUS (Marc. 12, aliq. ante finem). Accedebant autem scribae ad has mulieres, quae sine protectione viri manebant, quasi earum fierent protectores; et simulatione orationis, et habitu reverentiae, et hypocrisi viduas decipiebant, et sic etiam devorabant divitum domus. Sequitur: *Hi accipient prolixius judicium*, scilicet quam ceteri Judaeorum peccantium.

7. BEDA (super *Et sedens contra gazophylacium*). Dominus qui appetitus primatus (3) et vanae gloriae cavendos esse monuerat, etiam dona ferentes in domum Domini certo examine discernit: unde dicitur: *Et sedens Jesus contra gazophylacium aspiciebat quomodo turba jactaret aes in gazophylacium.* Sermone greco philaxa (4) servare dicitur, et gaza persica lingua divitiae vocantur: unde gazophylacium locus appellari solet, quo divitiae servantur; quo nomine et arca in qua donaria populi congregabantur ad usus templi necessarios, et porticus, in quibus servabantur, appellabantur. Habes exemplum de porticibus in Evangelio: « Haec « (inquit Joan. 8) verba locutus est in gazophylacio, docens in templo. » Habes et de arca in libro Regum 4, cap. 12: « Et attulit Jojada Pontifex gazophylacium unum. » THEOPHYLACTUS (paulo ante finem Comment.). Erat autem laudabilis consuetudo apud Judaeos, ut scilicet habentes et volentes aliquid in gazophylacio ponerent, quod esset pro sacerdotibus et pauperibus et viduis, ut exinde nutrirentur: unde subditur: *Et multi divites jactabant multa.* Multis autem hoc facientibus, accessit et vidua, ostendens affectum in oblatione pecuniae secundum propriam virtutem: unde subditur: *Cum venisset autem una vidua pauper, misit duo minuta, quod est quadrans.* BEDA (non remote a fine). Quadrantem vocant (5) calculatores quartam partem cujuslibet rei, videlicet aut loci, aut temporis, aut pecuniae. Forsitan ergo hoc loco quartam partem sicli, idest quinque obolos significat. Sequitur: *Et convocans discipulos suos ait illis: Amen dico vobis, quoniam vidua haec pauper plus omnibus misit qui miserunt in gazophylacium.* Deus enim non substantiam offerentium, sed conscientiam pensat; nec perpendit quantum in ejus sacrificio, sed ex quanto proferatur: unde subdit: *Omnes enim ex eo quod abundabat illis, miserunt; haec vero de penuria sua omnia quae habuit misit, totum victum suum.* HIERONYMUS. Mystice autem divites sunt qui proferunt de thesauro cordis sui nova et vetera;

---

(1) Non est in Glossa (*Ex edit. P. Nicolai*).
(2) Neque hoc rursum in Glossa est qualis nunc extat (*Ex edit. P. Nicolai*).

(1) *Al.* quae laudari simulant.
(2) *Al.* turbati.
(3) *Al.* appetituros primatus.
(4) *Al.* philattin.
(5) *Al.* vocavit.

quae sunt incerta et occulta sapientiae divinae u-
triusque testamenti; paupercula autem quae est nisi
ego (1), et mei similes, qui mitto quod possum,
et desidero quod non possum vobis explanare?
Nam non quantum vos audistis, sed ex quanto
considerat Deus. Unusquisque autem quadrantem
potest offerre, quae est voluntas prompta; quae
dicitur quadrans, quia cum tribus consistit, scilicet
cogitatu, verbo et facto. Quod dicitur, *Totum victum suum misit,* hoc significat quia tota voluntas
corporis in victu consistit: unde dicitur Eccle. 6:
« Totus labor hominis in ore suo est. » THEOPHY-
LACTUS (circ. finem Comm.). Vel aliter. Vidua ista
anima hominis est, relinquens satanam, cui fuerat
adjuncta; quae mittit in templi aerario duo minuta,
carnem scilicet et mentem: carnem quidem per
abstinentiam, mentem vero per humilitatem: ut sic
audire valeat quod totum victum suum posuit, et

(1) *Al.* ut ego, *et in fine cum puncto affirmationis.*

sacrum fecit, nihil suo de mundo relinquens. BEDA
(prope finem). Allegorice autem divites, qui in
gazophylacium munera mittebant, Judaeos de justitia legis elatos designant. Vidua pauper, Ecclesiae simplicitatem designat: pauper quidem, quia
spiritum superbiae vel concupiscentias temporalium
abjecit; vidua vero, quia Jesus (1) vir ejus pro ea
mortem pertulit. Haec in gazophylacium duo minuta mittit: quia dilectionem Dei et proximi, seu
fidei et orationis munera defert, quae considerantur (2) propriae fragilitatis minuta, sed merito piae
intentionis accepta cunctis superbientibus Judaeorum
operibus praestant. Ex abundanti sibi Judaeus mittit in munera Dei qui de justitia sua praesumit.
Omnem victum suum in Dei munera mittit Ecclesia, quia omne quod vivit, non sui meriti, sed divini muneris esse intelligit.

(1) *Al. deest* Jesus.
(2) *Legit P. Nicolai* consideratu, et *infra* superbientium
pro superbientibus.

CAPUT DECIMUMTERTIUM.

1. Et cum egrederetur de templo, ait illi unus ex discipulis suis: Magister, aspice quales lapides, et quales structurae. Et respondens Jesus ait illi: Vides has magnas aedificationes? Non relinquetur lapis super lapidem, qui non destruatur.
2. Et cum sederet in monte olivarum contra templum,
interrogabant eum separatim Petrus et Jacobus et Joannes
et Andreas: Dic nobis quando ista fient, et quod signum
erit quando haec omnia incipient consummari? Et respondens
Jesus coepit dicere illis: Videte ne quis vos seducat. Multi
enim venient in nomine meo, dicentes, Quia ego sum; et
multos seducent. Cum audieritis autem bella et opiniones
bellorum, ne timueritis. Oportet enim haec fieri, sed nondum
finis. Exurget enim gens contra gentem, et regnum super
regnum, et erunt terraemotus per loca, et fames. Initium
dolorum haec.
3. Videte autem vosmetipsos: tradent enim vos in conciliis, et in synagogis vapulabitis, et ante praesides et reges
stabitis propter me, in testimonium illis. Et in omnes gentes
primum oportet praedicari Evangelium. Et cum duxerint vos
tradentes, nolite praecogitare quid loquamini; sed quod datum fuerit vobis in illa hora, id loquamini. Non enim vos
estis loquentes; sed Spiritus sanctus. Tradet autem frater
fratrem in mortem, et pater filium; et consurgent filii in parentes, et morte afficient eos. Et eritis odio omnibus hominibus propter nomen meum. Qui autem sustinuerit in finem,
hic salvus erit.
4. Cum autem videritis abominationem desolationis stantem ubi non debet (qui legit intelligat), tunc qui in Judaea
sunt fugiant in montes; et qui super tectum, non descendat
in domum, nec introeat ut tollat quid de domo sua; et qui
in agro erit, non revertatur tollere vestimentum suum. Vae

autem praegnantibus et nutrientibus in illis diebus. Orate
ergo ut hieme non fiant. Erunt enim dies illi tribulationis
tales, quales non fuerunt ab initio creaturae quam condidit
Deus, usque nunc, neque fient. Et nisi breviasset Dominus
dies, non fuisset salva omnis caro. Sed propter electos quos
elegit, breviavit dies.
5. Et tunc si quis vobis dixerit, Ecce hic est Christus, ecce
illic; ne credideritis: exurgent enim pseudochristi et pseudoprophetae, et dabunt signa et prodigia ad seducendos, si fieri potest,
etiam electos. Vos ergo videte: ecce praedixi vobis omnia. Sed in
illis diebus post tribulationem illam, sol contenebrabitur, et
luna non dabit splendorem suum, et stellae caeli erunt decidentes, et virtutes quae in caelis sunt, movebuntur. Et tunc
videbunt Filium hominis venientem in nubibus cum virtute
multa et gloria. Et tunc mittet Angelos suos, et congregabit
electos suos a quatuor ventis a summo terrae usque ad summum caeli.
6. A ficu autem discite parabolam. Cum jam ramus ejus
tener fuerit, et nata fuerint folia, cognoscitis quia in proximo
sit aestas. Sic et vos cum videritis haec fieri, scitote quod in
proximo sit in ostiis. Amen dico vobis, quoniam non transibit generatio haec donec omnia ista fiant. Caelum et terra
transibunt; verba autem mea non transibunt.
7. De die autem illo vel hora nemo scit, neque Angeli
in caelo, neque Filius, nisi Pater. Videte, vigilate, et orate:
nescitis enim quando tempus sit. Sicut homo qui peregre
profectus reliquit domum suam, et dedit servis suis potestatem cujusque operis, et janitori praecepit ut vigilet. Vigilate
ergo (nescitis enim quando dominus domus veniat; sero, an
media nocte, an galli cantu, an mane); ne cum venerit repente, inveniat vos dormientes. Quod autem vobis dico, omnibus dico. Vigilate.

---

1. BEDA (capit. 43, in Marc.). Quia fundata
Ecclesia Christi, Judaea dignas suae perfidiae poenas erat luitura, apte Dominus post laudatam in
paupere vidua devotionem Ecclesiae, egreditur de
templo, ruinamque ejus futuram, atque aedificia
nunc admiranda non multo post contemnenda esse
praedixit: unde dicitur: *Et cum egrederetur de templo, ait illi unus ex discipulis suis: Magister, aspice
quales lapides, et quales structurae.* THEOPHYLACTUS
(in princ. Commen. in 12. cap.). Quia enim multa
circa destructionem Hierusalem Dominus locutus
fuerat, discipuli ejus mirabantur quod tam magna
et pulchra aedificia destrui debeant; et propter

hoc ostendunt ei templi decorem; qui non solum ait haec destruenda fore, sed et quod in eis
lapis super lapidem non relinqueretur: unde sequitur: *Et respondens Jesus ait illi: Vides has magnas
aedificationes? Non relinquetur lapis super lapidem
qui non destruatur.* Sed dicerent aliqui, quod multae reliquiae remanserunt, ut Christum mendacem
nitantur ostendere. Sed nequaquam est hoc; etsi
enim aliquae reliquiae (1) remansissent, tamen
usque ad universalem consummationem non relinquetur lapis super lapidem. Praeterea narratur,

(1) *Al. omittitur* reliquiae.

quod Elius Adrianus civitatem et templum a fundamento evertit; ita quod verbum Domini quod hic dicitur, sit impletum. BEDA (ubi supra). Divinitus autem procuratum est ut, patefacta per orbem fidei evangelicae gratia, templum ipsum cum caeremoniis tolleretur: ne quis forte parvulus in fide, si videret illa permanere quae a Deo sunt instituta, paulatim a sinceritate fidei quae est in Christo Jesu, ad carnalem laberetur Judaismum. HIERONYMUS (Marc. 13, in princ. Comm.). In hoc etiam enumerat Dominus discipulis cladem novissimi temporis, idest destructionem templi cum plebe et littera sua; de qua lapis super lapidem non relinquetur, idest testimonia Prophetarum super eos in quos Judaei retorquebant ea, ut in Esdram et Zorobabel, et Machabaeos. BEDA (ubi supra). Recedente etiam Domino de templo, omnia legis aedificia et compositio mandatorum ita destructa est ut nihil a Judaeis impleri possit; et capite sublato, universa inter se membra compugnant.

2. BEDA (non remote a princ. cap. 13). Quia laudantibus quibusdam aedificationes templi Dominus palam responderat haec esse omnia destruenda; discipuli secreto tempus et signa praedictae destructionis interrogant: unde dicitur: *Et cum sederet in monte olivarum contra templum, interrogabant eum.* Sedet Dominus in monte olivarum contra templum, cum de ruina et excidio templi disputat, ut etiam ipso corporis sui situ verbis quae loquitur congruat (1); mystice designans, quod quietus manens in sanctis, superborum detestatur amentiam. Mons enim Oliveti fructiferam designat sanctae Ecclesiae celsitudinem. AUGUSTINUS (epist. 80 ad Hesychium par. ante med.). Interrogantibus autem discipulis ea respondit Dominus quae jam ex illo tempore fuerant secutura, sive de excidio Hierusalem, unde orta est ipsius interrogationis occasio; sive de adventu suo per Ecclesiam, in qua usque ad finem venire non cessat: in suis enim veniens agnoscitur, dum ejus quotidie membra nascuntur: sive de ipso fine, in quo apparebit vivos judicaturus et mortuos. THEOPHYLACTUS (cap. 13 in Marc. prope princ.). Sed antequam eis ad interrogata respondeat, mentem eorum confirmat, ut non seducantur: unde sequitur: *Et respondens Jesus coepit dicere illis: Videte ne quis vos seducat.* Hoc autem dicit, quia incipientibus circa Judaeam passionibus, insurrexerunt quidam qui se doctores esse dicebant: unde sequitur: *Multi enim venient in nomine meo dicentes, Quia ego sum.* BEDA (super *Videte ne quis vos seducat*). Multi enim imminente Hierosolymorum excidio extitere qui se esse Christos dixerunt, tempusque libertatis jam appropinquare: multi etiam in Ecclesia ipsis etiam temporibus Apostolorum haeresiarchae prodiere: multi etiam in nomine Christi venere antichristi, quorum primus est Simon Magus, cui, sicut in Actibus Apostolorum legimus cap. 8, auscultabant qui in Samaria erant, dicentes: « Haec est virtus Dei quae vocatur magna; » unde et hic subditur: *Et multos seducent.* A tempore autem dominicae passionis in populo Judaeorum, qui latronem seditiosum elegerunt, et Christum salvatorem abjecerunt, nec hostium (2), nec seditiones civium cessaverunt: unde sequitur: *Cum audieritis autem bella et opiniones bellorum, ne timueritis.* Sed his adventantibus, Apostoli ne terrean-

tur, ne Hierusalem Judaeamque deserant admonentur: quia videlicet non statim finis; quin potius in quadragesimum differendum sit annum: et hoc est quod subditur: *Oportet enim haec fieri; sed nondum finis,* idest desolatio provinciae, ultimumque urbis ac templi excidium.

Sequitur: *Exurget autem gens contra gentem, et regnum super regnum.* THEOPHYLACTUS (super *Multi venient in nomine meo*). Idest, Romani contra Judaeos; quod Josephus narrat ante destructionem Hierusalem factum. Cum enim gens (1) Judaeorum tributum non redderet, Romani venerunt turbati. Sed quia tunc temporis Romani misericordes erant, cepissent quidem eorum spolia, non fuisset tamen destructio Hierusalem. Sed quod Deus contra Judaeos praeliaretur, ostenditur per id quod subditur: *Et erunt terraemotus per loca et fames.* BEDA (super *Exurget gens contra gentem*). Constat autem hoc tempore Judaicae seditionis ad litteram contigisse. Potest vero regnum super regnum et pestilentia eorum quorum sermo serpit ut cancer, et fames audiendi verbum Dei, et commotio universae terrae, et a vera fide separatio in haereticis magis intelligi, qui contra se invicem dimicantes, Ecclesiae victoriam faciunt.

3. BEDA (super *Videte vosmetipsos*). Quo merito Hierosolymis ac provinciae Judaeorum universae irroganda tot fuerunt adversa, Dominus manifestat cum dicit: *Videte autem vosmetipsos: tradent enim vos in conciliis, et in synagogis vapulabitis.* Ea quippe Judaicae genti maxima causa erat excidii, quod post occisionem Salvatoris, nominis quoque ac fidei ejus praecones impia crudelitate vexabant. THEOPHYLACTUS (super *Cavete vobis*). Convenienter autem proposuit narrationem de his quae circa Apostolos erant, ut in propriis tribulationibus aliqualem consolationem haberent ex communibus tribulationibus et passionibus: sequitur enim: *Et ante Reges et praesides stabitis propter me, in testimonium illis.* Reges autem (2) et praesides dicit, sicut Agrippam, Neronem et Herodem. Quod autem dicit, *Ante Reges et praesides stabitis pro me,* non modicam eis consolationem dedit, quia scilicet propter eum erant passuri. Quod autem dicit, *In testimonium illis,* sic intelligitur, idest in praejudicium eorum, ut scilicet essent inexcusabiles; quod scilicet Apostolis laborantibus, illi non potuerunt veritati conjungi. Deinde ne crederent quod propter tribulationes et pericula praedicatio impediretur, subditur: *Et in omnes gentes primum oportet praedicari Evangelium.* AUGUSTINUS de cons. Evang. (lib. 2, cap. 78). Matthaeus addit cap. 24: « Et tunc « veniet consummatio. » Sed hoc quod Marcus ait, *Primum,* signat utique antequam veniat consummatio. BEDA (super illud, *In omnes gentes primum oportet praedicari*). Hoc ita fuisse completum, ecclesiasticae testantur historiae, in quibus refertur quod Apostoli omnes multo ante excidium Judaeae provinciae ad praedicandum Evangelium toto orbe fuerunt dispersi, excepto Jacobo Zebedaei et Jacobo fratre Domini, qui in Judaea pro verbo Domini prius sanguinem fuderant. Quoniam ergo noverat Dominus corda discipulorum de excidio ac perditione suae gentis esse contristanda, hoc eos solatio allevat, ut nossent sibi, etiam Judaeis abjectis, socios non deesse gaudii regnique caelestis, immo

---

(1) *Al.* construat.
(2) *P. Nicolai supplet* bella.

(1) *Al.* genus.
(2) *Al.* Reges enim, *item* Reges et praesides.

multo plures quam de Judaea perirent, ex omnibus toto orbe hominibus esse colligendos. GLOSSA.
Poterat etiam alia solicitudo in discipulorum cordibus oriri. quia enim audierant quod ante reges
et praesides essent ducendi, ne dubitarent quod ex
defectu propriae scientiae ac facundiae ad respondendum sufficientes essent, Dominus eos consolatur
cum subdit: *Et cum duxerint vos, tradentes, nolite
praecogitare quid loquamini; sed quod datum fuerit vobis in illa hora, id loquamini.* BEDA (super
Cum duxerint vos, tradentes). Cum enim propter
Christum ducimur ad judices, voluntatem tantum
nostram pro Christo debemus offerre. Ceterum ipse
Christus qui (1) in nobis habitat loquitur; et Spiritus sancti in respondendo gratia dabitur: unde
sequitur: *Non enim vos estis loquentes, sed Spiritus
sanctus.* THEOPHYLACTUS super *Traditurus est frater
fratrem in mortem*). Praedicit etiam eis quod erat
gravius, quod scilicet a propinquis persecutionem
patientur: unde sequitur: *Tradet autem frater fratrem in mortem, et pater filium; et consurgent filii
in parentes, et morte afficient eos.* BEDA (ibidem).
Hoc in persecutionibus fieri crebro vidimus; nec
ullus est inter eos fidus affectus quorum diversa
fides est. THEOPHYLACTUS (ubi supra). Hoc autem
dicit, ut audito hoc, praeparent se ut persecutiones
et mala patientius sustinerent. Deinde consolationem
inducit dicens: *Et eritis odio omnibus propter nomen meum.* Quod enim habeamur odio propter
Christum, causa est sufficiens patienter persecutiones sustinendi (2): non enim martyrem facit poena,
sed causa. Sed in hoc etiam quod sequitur, *Qui
autem sustinuerit in finem, hic salvus erit,* non modica consolatio esse videtur inter persecutiones.

4. GLOSSA. (3). Praemissis his quae ante excidium civitatis erant futura, nunc Dominus praedicit
ea quae circa ipsam civitatis destructionem conti-
gerent, dicens, *Cum autem videritis abominationem
desolationis stantem ubi non debet, qui legit intelligat.* AUGUSTINUS de cons. Evang. (lib. 2, cap. 67).
Matthaeus cap. 24, dicit: « Stantem in loco sancto: »
in hac autem mutatione verbi Marcus exposuit eamdem sententiam: ideo quippe dixit, *Ubi non debet,*
quia in loco sancto non debet (4). BEDA (super
Cum videritis abominationem). Quando autem ad
intelligentiam provocamur, mysticum monstratur
esse quod dictum est. Potest autem simpliciter aut de
Antichristo accipi, aut de imagine Caesaris, quam Pilatus posuit in templo, aut de Adriani equestri statua,
quae in ipso sancto sanctorum loco multo tempore stetit. Abominatio quoque secundum veterem Scripturam
idolum nuncupatur: et idcirco addidit, *Desolationis,*
quod in desolato templo, atque deserto idolum positum
sit. THEOPHYLACTUS. Vel abominationem desolationis
dicit ingressum hostium in civitatem per violentiam.
AUGUSTINUS ad Hesychium (epist. 2, quae est 80).
Lucas vero, ut ostenderet tunc factam fuisse abominationem desolationis, quando expugnata est Hie-

rusalem (1), hoc eodem loco Domini verba commemorat: « Cum videritis circumdari ab exercitu
« Hierusalem, tunc scitote quia appropinquavit de-
« solatio ejus: » Luc. 21.

Sequitur: *Tunc qui in Judaea sunt fugiant in
montes.* BEDA (super *Tunc qui in Judaea sunt*).
Haec juxta litteram facta esse constat, cum appropinquante Romano bello, et exterminio Judaicae
gentis, oraculo admoniti omnes qui erant in provincia Christiani, longius discesserunt, ut ecclesiastica narrat Historia (2), et trans Jordanem sece-
dentes (3), manebant ad tempus in civitate Pella,
sub tutela Agrippae regis Judaeorum, cujus in Actibus Apostolorum mentio est, qui cum ea quae sibi
obtemperare volebat parte Judaeorum, semper imperio Romanorum subditus agebat. THEOPHYLACTUS
(ibid.). Bene autem dixit, *Qui in Judaea sunt*; quia
Apostoli in Judaea adhuc non erant, sed ante praelium fugati sunt a Hierusalem. GLOSSA (4). Vel
magis ipsi exierunt, Spiritu ducti divino. Sequitur:
*Et qui super tectum, non descendat in domum, nec
introeat ut tollat quid de domo sua*: desiderabile
enim erit etiam nudo corpore de tanta tribulatione
salvari.

Sequitur: *Vae autem praegnantibus et nutrientibus in illis diebus.* BEDA (super *Vae autem praegnantibus*). Quarum scilicet uteri vel manus filiorum sarcina praegravatae, fugae necessitatem non
minime impediant. THEOPHYLACTUS (ibidem). Mihi
autem videtur quod filiorum esum in his ostendat:
nam fame et pestilentia afflicti manus filiis injecerunt. GLOSSA. Postquam autem fecerat mentionem
de duplici impedimento fugae, quod scilicet posset
esse vel ex cupiditate rerum asportandarum, vel
ex deportatione natorum, tangit tertium impedimentum, quod scilicet est ex parte temporis, dicens: *Orate ergo ut hieme non fiant.* THEOPHYLACTUS
(ubi supra). Ne scilicet ex difficultate temporis
impediantur qui fugere cupiunt. Causam autem
tantae necessitatis ad effugiendum convenienter assignat, cum dicit: *Erunt enim in diebus illis tribulationes tales quales non fuerunt ab initio creaturae quam condidit Deus, usque nunc, nec fient.*
AUGUSTINUS ad Hesychium (epist. 2, ubi supra).
Josephus enim qui Judaicas scripsit Historias, talia
mala dicit illi populo tunc accidisse, ut vix (5)
credibilia videantur. Unde non immerito dictum
est, talem tribulationem nec fuisse a creaturae initio, nec futuram. Sed etsi tempore Antichristi talis
aut major forsitan erit, intelligendum est de illo
populo dictum quod eis talis amplius futura non
erit. Si enim Antichristum illi primi et praecipui
recepturi sunt, facturus est tunc idem populus tribulationem potius quam passurus. BEDA (super *Et
nisi breviasset Dominus dies*). Hoc autem solum
est in tantis malis refugium, ut Deus, qui dat virtutem patiendi, breviet (6) potentiam persequendi:
unde sequitur: *Et nisi breviasset Dominus dies.*

(1) *Al.* quantum.
(2) Haec parenthesis *non enim martyres facit poena, sed
causa,* non est Theophylacti, sed Augustini epist. 167, tum
super Psal. 34, concl. 9, tum contra Cresconium lib. 3, cap.
47 (*Ex edit. P. Nicolai*).
(3) Nihil tale in Glossa quae nunc extat; sed nec etiam
illud quod superius de solicitudine discipulorum propter defectum scientiae vel facundiae notatum est (*Ex edit. P. Nicolai*).
(4) *Al.* scilicet, in loco sancto, ubi non debet. *Optime P.
Nicolai* quia sedet in loco sancto, ubi non debet.

(1) *Al.* aut expugnationem Hierusalem.
(2) Ut apud Eusebium lib. 3, cap. 5, apud Epiphanium
haeres. 29 et 30, apud Baronium in Annal. tom. 1, an. 68,
videre est; indicatque Josephus lib. 2 de Bello Judaico, cap.
25 (*Ex edit. P. Nicolai*).
(3) *Al.* sedentes.
(4) Quod subjungitur ex Glossa, nunc in illa non extat.
ut nec id quod sequitur de triplici impedimento fugae (*Ex
edit. P. Nicolai*).
(5) *Al.* omittitur vix.
(6) *Al.* breviter.

THEOPHYLACTUS. Idest, nisi in brevi spatio bellum Romanorum fuisset, *non fuisset salva omnis caro*; idest, nullus evasisset Judaeus; *sed propter electos, quos elegit,* idest propter Judaeos credentes aut in posterum credituros, *breviavit dies*; idest, cito bellum est terminatum: nam praesciebat Deus quod multi post desolationem civitatis crederent Judaeorum: hujus gratia eorum genus ex toto destrui non permisit. AUGUSTINUS ad Hesychium (epist. 2, ubi supra). Quidam autem convenientius intellexisse mihi videntur mala ipsa significata nomine dierum, sicut dicti sunt dies mali in aliis Scripturae divinae locis: neque enim dies ipsi mali sunt, sed ea quae fiunt in eis. Ipsa ergo dicta sunt breviari, ut Deo donante tolerantiam, minus sentirent, ac sic quae magna essent, brevia fierent. BEDA (super *Erunt dies illi tribulationis*). Vel aliter. Haec quae dicit ab illo loco, *Erunt dies tribulationis,* temporibus Antichristi proprie congruunt, quando non solum tormenta crebriora et acerbiora quam prius consueverant, ingerenda sunt fidelibus; sed, quod gravius est, signorum quoque operatio eos qui tormenta ingerunt, comitabitur. Haec autem tribulatio quanto ceteris, quae praecessere, pressurarum pondere gravior fuit, tanto est temporis brevitate moderatior futura. Namque tribus annis et dimidio, quantum de Prophetia Danielis et Apocalypsi Joannis conjici potest, Ecclesia per orbem impugnanda esse creditur. Juxta vero sensus spirituales, cum viderimus abominationem desolationis stare ubi non debet; hoc est, haereses et flagitia regnare inter eos, qui caelestibus mysteriis videbantur esse consecrati; tunc quicumque in Judaea, hoc est in confessione verae fidei persistimus, tanto altius virtutum culmen debemus ascendere quanto plures ampla vitiorum itinera sequi videmus. HIERONYMUS (non procul a princ. Comm. in 13 cap. Marc.). Fuga enim in montes est, ut non descendat ad ima qui ascendit ad alta. BEDA. Tunc qui super tectum est, hoc est, qui excedens animo carnalia facta, tamquam in aura libera, spiritualiter vivit, ne descendat ad infirmos actus pristinae conversationis, neque ea quae reliquerit mundi, carnisve desideria repetat. Domus namque nostra vel mundus hic, vel ipsa in qua degimus, nostra intelligenda est caro. HIERONYMUS (ibidem). Dicit enim: *Orate, ut hieme non fiat fuga vestra, vel sabbato*; idest, ne finiantur fructus nostri operis cum fine temporis: hieme enim finitur fructus, sabbato vero tempus. BEDA (super *Orate ne fuga vestra fiat*). Si autem de consummatione mundi intelligatur, haec praecipit (1), ut non refrigescat fides nostra et in Christum caritas, neque ut otiosi in opere Dei torpeamus virtutum sabbato. THEOPHYLACTUS. Oportet etiam nos a peccato fugere cum fervore, et non frigide et quiete. HIERONYMUS (ibidem). Tribulatio autem erit ingens, et dies breves propter electos, ne malitia hujus temporis mutet intellectum eorum.

3. THEOPHYLACTUS (super *Tunc si quis vobis dixerit*). Postquam ea quae ad Hierusalem pertinebant Dominus complevit, nunc de adventu loquitur Antichristi, dicens: *Et tunc si quis vobis dixerit, Ecce hic est Christus, ecce illic, ne credideritis.* Hoc autem quod dicit, *Tunc*, non sic intelligas, idest statim cum completa fuerint supradicta circa Hierusalem: sicut et Matthaeus post Christi generationem

dicit capit. 3: « In diebus illis venit Joannes: » numquid immediate post Christi nativitatem ? non, sed indeterminate vel indistincte. Sic et in hoc loco *tunc* accipi potest, non scilicet quando Hierusalem desolabitur, sed circa tempus adventus Antichristi. Sequitur: *Exurgent enim pseudochristi et pseudoprophetae, et dabunt signa et prodigia ad seducendos, si fieri potest, etiam electos.* Multi enim Christi nomen (1) suscipient. ita ut etiam fideles seducant. AUGUSTINUS, 20 de Civit. Dei (cap. 19). Solvetur enim tunc satanas, et per Antichristum in omni virtute sua mirabiliter quidem, sed mendaciter operabitur. Solet autem ambigi utrum propterea dicta sint ab Apostolo signa et prodigia mendacii, quoniam mortales sensus per phantasmata decepturus est, ut quod non facit, facere videatur; an quia illa ipsa, etiam si erunt vera prodigia, ad mendacia pertrahent credituros non ea potuisse nisi divinitus fieri, virtutem diaboli nescientes, maxime quando tantam quantam nunquam habuit acceperit potestatem. Sed propter quodlibet horum dictum sit, seducentur eis signis atque prodigiis qui seduci merebuntur. GREGORIUS super Ezech. (homil. 9). Cur autem sub dubitatione dicitur, *Si fieri potest*, cum quid futurum sit, a Domino praesciatur? Unum vero ex duobus est: quia si electi sunt, fieri non potest; si autem fieri non potest, electi non sunt. Ista ergo dominici sermonis dubitatio in electis exprimit trepidationem mentis; quos et electos nominat, quia cernit quod in fide et bono opere persistent: quia qui (2) electi sunt ad persistendum, per signa praedicatorum Antichristi tentabuntur ad cadendum. BEDA (super *Si quis vobis dixerit*). Quidam autem hoc ad captivitatis Judaicae tempus referunt, ubi multi christos se esse dicentes, deceptas post se catervas populi trahebant; sed in illa civitatis obsidione nullus erat fidelis, ad quem divina exhortatio, ne falsos magistros sequeretur, fieri deberet: unde melius de haereticis accipiendum est, qui contra Ecclesiam venientes christos se esse mentirentur; quorum primus Simon Magus fuit, extremus autem ille major ceteris est Antichristus.

Sequitur: *Vos ergo videte: ecce praedixi vobis omnia.* AUGUSTINUS ad plebem Hippon. (epist. 137). Non enim solum bona quae sanctis et fidelibus suis est redditurus, verum etiam mala quibus erat hic mundus abundaturus, ante praedixit (3) ut bona post saeculi finem secutura certiores expectaremus, quando mala similiter praenuntiata ante saeculi finem praecedentia sentiremus. THEOPHYLACTUS (super *Tunc sol obscurabitur*). Post Antichristi autem adventum alterabitur et mutabitur machina mundialis, obscuratis sideribus propter abundantiam claritatis Christi: unde sequitur: *Sed in diebus illis post tribulationem illam sol contenebrabitur, et luna non dabit splendorem suum, et stellae caeli erunt decidentes.* BEDA (super iisdem verbis). Sidera enim in die judicii videbuntur obscura, non diminutione suae lucis accidente, sed superveniente claritate veri luminis, hoc est summi judicis; quamvis nil prohibeat intelligi veraciter solem tunc et lunam cum sideribus ceteris ad tempus suo lumine privari, quomodo de sole factum constat tempore dominicae passionis. Ceterum peracto die judicii, cum fuerit caelum novum et terra nova, tunc fiet quod Isaias

---

(1) *Al.* intelligatur hoc praecipi.

(1) *Al. deest* nomen.
(2) *Al. deest* qui.
(3) *Al.* aut praedixit.

66, dicit: « Erit lux lunae sicut lux solis, et lux « solis septempliciter. »

Sequitur: *Et virtutes quae sunt in caelo movebuntur.* Theophylactus (ubi supra). Idest, virtutes angelicae stupebunt, tanta magnalia videntes fieri, et eorum judicari conservos. Beda (ibidem). Quid mirum homines ad hoc judicium perturbari, cujus aspectum et ipsae angelicae tremunt potestates ? Quid faciunt ibi tabulae, quando tremunt columnae ? Quid virgula deserti patitur, cum cedrus paradisi concutitur ? Hieronymus (super *Tunc virtutes quae sunt in caelo*). Vel aliter. *Sol obtenebrabitur* ad gelida corda, ut hieme; *et luna non dabit splendorem suum,* serena a tempestate dissensionum; *et stellae caeli erunt decidentes* in lumine, quando pene deerit semen Abrahae, cui sunt similatae; *et virtutes quae sunt in caelis movebuntur* ad irem vindictae, quando mittentur a Filio hominis veniente; de cujus adventu subditur: *Et tunc videbunt Filium hominis venientem in nubibus cum virtute multa,* qui scilicet prius sicut pluvia in vellus Gedeon descendit cum humilitate. Augustinus ad Hesychium (epist. 80, in ord. epist.). Quia enim dictum est Apostolis ab Angelis Act. 1, « Sic veniet « quomodo vidistis eum euntem in caelum »; merito credendus est non solum in eodem corpore, verum etiam in nube venturus; quoniam sic veniet sicut abiit, et nubes suscepit eum abeuntem. Theophylactus (super *Tunc videbunt Filium hominis*). Videbunt autem Dominum tamquam Filium hominis, scilicet in corpore: quod enim videtur corpus est. Augustinus de Trinit. (cap. 13). Visio quippe Filii hominis exhibetur etiam malis: nam visio formae Dei non nisi mundis, quia ipsi Deum videbunt. Et quia Filium Dei, secundum id quod in forma Dei, aequalis est Patri, iniqui videre non possunt; oportet autem ut judicem vivorum et mortuorum, coram quo judicabuntur, et justi videant et iniqui; ideo oportebat ut Filius hominis acciperet judiciariam potestatem; de cujus executione mox subditur: *Et tunc mittet Angelos suos.* Theophylactus (super *Tunc mittet Angelos suos*). Vide quod Christus Jesus mittit Angelos, sicut et Pater. Ubi ergo sunt qui dicunt, quod Patri non est aequalis ? Egrediuntur namque Angeli congregare fideles electos ut in aera (1) rapti obvient Jesu Christo: unde sequitur: *Et congregabit electos suos a quatuor ventis* (2). Hieronymus. Ut triticum ventilatum de area totius terrae. Beda (ibidem). A quatuor autem ventis, a quatuor mundi partibus dicit, oriente, occidente, aquilone et austro. Et ne quisquam putaret, a quatuor solummodo plagis terrae, et non potius a cunctis ejus finibus, simul et mediterraneis regionibus electos esse congregandos, apte subjunxit: *A summo terrae usque ad summum caeli;* idest, ab extremis terrae finibus usque ad ultimos terminos ejus, ubi longe aspectantibus circulus caeli terrae finibus insidere videtur. Nullus ergo in die illa remanebit electus qui non venienti ad judicium Domino in aera occurrat. Veniunt ad judicium et reprobi, ut peracto judicio dissipentur, et pereant a facie Dei.

5. Beda (super *A ficu discite parabolam*). Sub exemplo arboris docuit Dominus consummationis exemplum, dicens: *A ficu autem discite parabolam.*

(1) *Al.* in ea.
(2) *In duabus Venetis edit. 1521 et 1584 nec non Antuerpiensi 1569, omittitur sequens Hieronymi appendix.*

S. Th. Opera omnia. V. 11.

Cum jam ramus ejus tener fuerit et nata fuerint folia, cognoscitis quia in proximo sit aestas: sic et vos, cum videritis haec fieri, scitote quod in proximo sit in ostiis. Theophylactus (ibidem). Quasi dicat: Sicut cum ficui nascuntur folia, statim est aestas; sic et post angustias Antichristi statim, nullo sequento medio, Christi erit adventus; qui aestas erit justis ex hieme, peccatoribus vero hiems ex aestate. Augustinus ad Hesychium (epist. 2, in ord. est 55). Vel aliter. Omnia quae a tribus Evangelistis dicta sunt de Domini adventu, diligentius inter se collata atque discussa fortasse inveniuntur ad hoc pertinere quod quotidie venit in corpore suo, quod est Ecclesia, exceptis his locis ubi ille adventus ultimus ita promittitur ut propinquare dicatur; ut in ultimo (1) sermonis secundum Matthaeum ipse adventus evidenter exprimitur, ubi dicitur cap. 25, « Cum « venerit Filius hominis in majestate sua. » Quid enim est, *Cum videritis haec fieri* ? nisi ea quae supra dixit, in quibus est etiam id quod ait, *Et tunc videbunt Filium hominis venientem in nubibus.* Non itaque tunc erit finis, sed tunc erit in proximo. An dicendum est non omnia quae supra commemorata sunt, esse intelligenda, sed aliqua eorum, hoc videlicet excepto quod dictum est, *Et tunc videbunt Filium hominis venientem* ? Ipse quippe finis erit, non tunc proximus erit. Sed Matthaeus aperuit nullis exceptis esse accipiendum, dicens, « Cum videritis haec omnia, scitote quia prope « est in januis. » Intelligitur ergo quod supra dictum est, sic. Et mittet Angelos suos de quatuor mundi partibus, idest, de toto orbe terrarum congregabit electos suos; quae tota hora novissima facit veniens in suis membris tamquam in nubibus. Beda (ubi supra). Potest autem haec fructificatio fici mystice intelligi super statu synagogae quae veniente ad se Domino, quia fructum justitiae non habebat in eis qui tunc increduli erant, aeterna sterilitate damnata est. Sed quoniam dixit Apostolus Rom. 10, quod « cum plenitudo Gentium in- « traverit, omnis Israel salvus erit: » quid est hoc nisi quod diu sterilis arbor fici fructum quem negaverat reddet ? Quod ubi factum fuerit, aestatem verae pacis esse in proximo non ambiges. Hieronymus (Marc. 13 a medio Comment.). Vel folia fici nata, verba sunt praesentiae; aestas proxima, dies est judicii: in qua unaquaeque arbor manifestabit (2) quae intus habuit, aridum ad comburendum, an viride ad plantandum cum ligno vitae.

Sequitur: *Amen dico vobis, quoniam non transibit generatio haec, donec ista omnia fiant.* Beda (super *Non transibit generatio haec*). Nomine generationis aut omne hominum significat genus, aut specialiter Judaeorum. Theophylactus (ibidem). Vel aliter. *Non transibit generatio haec,* scilicet Christianorum, *donec omnia fiant,* quae circa Hierusalem et Antichristi adventum dicta sunt. Non enim dicit generationem Apostolorum quia major pars Apostolorum non pervenit usque ad Hierusalem consummationem. Dicit autem hoc de generatione Christianorum, volens discipulos consolari, ne crederent quod in illis temporibus fides deficeret: prius enim elementa immobilia deficient, quam verba Christi: unde subditur: *Caelum et terra transibunt; verba autem mea non transibunt.* Beda (ibidem). Caelum quod transibit, non aethereum sive sidereum, sed aereum

(1) *Al.* et quod in ultimo etc.
(2) *Al.* manifestavit.

55

intelligere debemus. Quocumque enim pervenire potuit aqua diluvii, eo, juxta beati Petri sententiam,
ignis judicii perveniet. Transient autem caelum
et terra per eam quam nunc habent imaginem, attamen per essentiam sine fine subsistent.

7. THEOPHYLACTUS (super *De die autem illa ne-
mc scit*). Volens Dominus discipulos impedire ab
interrogatione illius diei et horae, dixit: *De die
autem illo et hora nemo scit, neque Angeli in caelo, neque Filius, nisi Pater.* Si enim dixisset quia
scio (1), tamen nolo vobis revelare; ipsos non modicum contristasset. Nunc vero sapientius egit, et
ipsos exclusit ab hujusmodi interrogatione (2), ne
ei molesti fierent, in hoc quod dixit: Neque Angeli sciunt, neque ego. HILARIUS (3) lib. 9 de Trinitate (non longe a fine). Ignoratio autem diei
atque horae objicitur unigenito Dei, ut Deus ex
Deo natus non sit in ea naturae perfectione qua
Deus est. Sed primum sensu communis judicii sentiendum est an credibile esse possit ut aliquid ex
omnibus nesciat qui omnibus ad id quod sunt atque erunt, auctor est. Quomodo enim extra ejus
naturae scientiam est per quam et in qua id quod
efficiendum sit continetur ? Hanc autem ille diem
ignorat, quae adventus sui dies est ? Humanae
naturae quod agere definiunt, quantum in se est,
praesciunt, et sequitur gerendi (4) cognitio voluntatem agendi. Quomodo ergo Dominus gloriae adventus sui ignorata die, naturae esse imperfectae
creditur, quae et necessitatem habeat adveniendi,
et scientiam adventus sui non adepta sit ? Jam vero quanta impietatis geminatur occasio, si Deo Patri deputabitur indignitatis (5) affectus, si ei ademe-
rit beatitudinis cognitionem, cui mortis induxerit
praescientiam ? Quod si in eo omnes scientiae thesauri sunt, diem hunc non ignorat. Sed meminisse
nos convenit occultos in eo scientiae thesauros esse.
Ignoratio igitur ejus est secundum quod thesauri
scientiae in eo latent. In omnibus enim quae Deus
ignorare se loquitur, ignoratione non detinetur; sed
aut tempus est non loquendi, aut dispensatio non
agendi. Si autem tunc cognovisse Deus dicitur quod
Abraham eum amaverit, cum hoc non celavit Abrahae; necesse est ut et Pater ob id diem scire dicatur, quia non celaverit Filio. Si itaque diem Filius nescit, sacramentum est ut taceat; e contrario
Pater solus ostenditur scire, quia non tacet. Absit
autem corporalium mutationum novitates in Patre
et Filio existimari. Denique ne per infirmitatem i-
gnorare dicatur, continuo subjecit: *Videte, vigilate
et orate: nescitis enim quando tempus sit.* HIERONY-
MUS (super *Vigilate et orate*). Vigilia enim opus
est mentis ante mortem corporis. THEOPHYLACTUS (par.
ante finem Comm.) Docet autem vigilare et orare,
duo haec: multi namque vigilamus, sed noctes ducentes in pravitates. Ad hoc autem consequenter
similitudinem inducit, dicens: *Sicut homo qui peregre profectus reliquit domum suam, et dedit ser-*

(1) *Al.* nescio.
(2) *Al.* exeludit interrogatione.
(3) *Al.* AUGUSTINUS.
(4) *Al.* gerendorum.
(5) *Nicolai legit* malignitatis.

*vis suis potestatem cujusque operis, et janitori prae-
cepit ut vigilet.* BEDA (ante finem Comm.). Homo
qui peregre profectus reliquit domum suam, Christus est, qui ad Patrem post resurrectionem victor
ascendens, Ecclesiam corporaliter reliquit, quam
tamen nunquam divinae praesentiae praesidio destituit. GREGORIUS in hom. (9 in Evang.). Carnis
etenim locus proprie terra est, quae velut ad pe-
regrinandum ducta est, cum per Redemptorem nostrum est in caelis collocata. Dedit autem servis
suis potestatem cujusque operis, quia fidelibus suis
concessa sancti Spiritus gratia, facultatem tribuit
bonis operibus serviendi. Janitori quoque praecepit
ut vigilaret: quia ordini pastorum commissae sibi
Ecclesiae curam jubet impendere. Non solum autem
rectores Ecclesiae, sed omnes vigilare praecipimur,
januas cordium custodientes, ne antiqui hostis mala
suggestio subintret, ne nos Dominus dormientes inveniat. Unde ex hac similitudine concludens subdit: *Vigilate ergo: nescitis enim quando dominus
domus veniat; sero, an media nocte; an galli
cantu, an mane: ne cum venerit inveniat vos
dormientes.* HIERONYMUS (par. a fine Comment.).
Nam qui dormit, non corpora vera, sed phantasmata intendit, et vacuus vigilat de his quae viderat.
Sic nimirum sunt quos mundi amor rapit in vita,
qui deserunt (1) post vitam quod somniabant pro
certo. THEOPHYLACTUS. Vide autem quia non dixit,
Nescio quando tempus erit, sed *Nescitis.* Propter
hoc enim hoc occultavit, quia nobis expediebat:
nam si nunc ignorantes finem non curamus, quid
faceremus, si finem sciremus? malitias namque nostras differemus usque ad ultimum. Attendamus
etiam dictiones: sero namque finis existit, cum quis
moritur in senectute: media nocte, cum quis moritur in medio juventutis; galli cantu vero, cum ratio
completur in nobis. Cum enim incipit puer secundum rationem vivere, tunc gallus in eo vociferatur,
excitans a somno sensualitatis: mane autem puerilis est aetas. Oportet enim omnes istos finem prae-
scire: nam et puero cavendum ne imbaptizatus per-
transeat. HIERONYMUS (in fine Comm. in 13 cap.
Marc.). Hoc autem fine concludit sermonem, ut
commune omnium praeceptum novissimi per primos
audiant: unde subdit: *Quod autem vobis dico, omnibus dico: vigilate.* AUGUSTINUS ad Hesychium (epist.
80). Non solum enim illis dixit quibus tunc audientibus loquebatur, sed etiam illis qui fuerunt
post illos ante nos, et ad nos ipsos, et qui erunt
post nos usque ad novissimum ejus adventum.
Numquid autem omnes inventurus est dies ille in
hac vita, aut quisquam dicturus est quod ad defunctos etiam pertineat quod ait: *Vigilate, ne cum
venerit repente, inveniat vos dormientes?* Cur itaque omnibus dicit quod ad eos solos pertineat qui
tunc erunt, nisi quia ad omnes pertinet, quomodo
dixi? Tunc enim unicuique veniet dies ille cum
venerit ejus dies, ut talis hinc exeat qualis est judicandus illo die; ac per hoc, vigilare debet omnis
Christianus, ne imparatum eum inveniat Domini
adventus. Imparatum autem inveniet dies ille quem
imparatum inveniet suae vitae hujus ultimus dies.

(1) *Al.* sunt quos qui mundi amor rapit in vita deserunt.

CAPUT DECIMUMQUARTUM.

1. Erat autem pascha et azyma post biduum; et quaerebant summi sacerdotes et scribae quomodo eum dolo tenerent, et occiderent. Dicebant enim: Non in die festo, ne forte tumultus fieret in populo.

2. Et cum esset Bethaniae in domo Simonis leprosi, et recumberet, venit mulier habens alabastrum unguenti nardi pistici pretiosi; et fracto alabastro, effudit super caput ejus. Erant autem quidam indigne ferentes intra semetipsos, et dicentes: Ut quid perditio ista unguenti facta est ? Poterat enim unguentum istud venumdari plusquam trecentis denariis, et dari pauperibus. Et fremebant in eam. Jesus autem dixit: Sinite eam, quid illi molesti estis ? Bonum opus operata est in me. Semper enim pauperes habetis vobiscum, et cum volueritis, potestis illis benefacere ; me autem non semper habebitis. Quod habuit, haec fecit; praevenit ungere corpus meum in sepulturam. Amen dico vobis: ubicumque praedicatum fuerit Evangelium istud in universo mundo, et quod fecit haec narrabitur in memoriam ejus.

3. Et Judas Iscariotes unus de duodecim abiit ad summos sacerdotes, ut proderet eum illis: qui audientes gavisi sunt, et promiserunt ei pecuniam se daturos. Et quaerebat quomodo illum opportune traderet.

4. Et primo die azymorum, quando pascha immolabant, dicunt ei discipuli: Quo vis eamus, et paremus tibi ut manduces pascha? Et mittit duos ex discipulis suis, et dicit eis: Ite in civitatem, et occurret vobis homo lagenam aquae bajulans: sequimini eum; et quocumque introierit, dicite domino domus, quia Magister dicit: Ubi est refectio mea, ubi pascha cum discipulis meis manducem? Et ipse vobis demonstrabit coenaculum grande stratum, et illic parate nobis. Et abierunt discipuli ejus, et venerunt in civitatem, et invenerunt sicut dixerat illis, et paraverunt pascha.

5. Vespere autem facto, venit cum duodecim. Et discumbentibus eis et manducantibus, ait Jesus: Amen dico vobis quia unus ex vobis tradet me, qui manducat mecum. At illi coeperunt contristari, et dicere ei singillatim: Numquid ego? Qui ait illis: Unus ex duodecim, qui intingit mecum manum in catino. Et Filius quidem hominis vadit, sicut scriptum est de eo: vae autem homini illi per quem Filius hominis tradetur: bonum erat ei, si non esset natus homo ille.

6. Et manducantibus illis, accepit Jesus panem, et benedicens fregit, et dedit eis, et ait: Sumite, hoc est corpus meum. Et accepto calice, gratias agens dedit eis; et biberunt ex illo omnes. Et ait illis: Hic est sanguis meus novi testamenti, qui pro multis effundetur. Amen dico vobis, quod jam non bibam de hoc genimine vitis usque in diem illum cum illud bibam novum in regno Dei.

7. Et hymno dicto, exierunt in montem olivarum. Et ait eis Jesus: Omnes scandalizabimini in me in nocte ista: quia scriptum est: Percutiam pastorem, et dispergentur oves. Sed postquam resurrexero, praecedam vos in Galilaeam. Petrus autem ait illi: Et si omnes scandalizati fuerint, sed non ego. Et ait illi Jesus: Amen dico tibi, quia tu hodie in nocte hac, priusquam gallus vocem bis dederit, ter me es negaturus. At ille amplius loquebatur: Et si oportuerit me simul commori tibi, non te negabo. Similiter autem et omnes dicebant.

8. Et veniunt in praedium, cui nomen Gethsemani; et ait discipulis suis: Sedete hic donec orem. Et assumit Petrum et Jacobum et Joannem secum; et coepit pavere et taederet Et ait illis: Tristis est anima mea usque ad mortem. Sustinete hic et vigilate. Et cum processisset paululum, procidi super terram, et orabat, ut si fieri posset, transiret ab eo hora: et dixit: Abba Pater, omnia tibi possibilia sunt: transfer calicem hunc a me. Sed non quod ego volo, sed quod

tu. Et venit, et invenit eos dormientes; et ait Petro: Simon, dormis? Non potuisti una hora vigilare mecum ? Vigilate et orate, ut non intretis in tentationem. Spiritus quidem promptus est, caro autem infirma. Et iterum abiens oravit, eumdem sermonem dicens. Et reversus denuo, invenit eos dormientes: erant enim oculi eorum gravati, et ignorabant quid responderent ei. Et venit tertio, et ait illis: Dormite jam et requiescite. Sufficit. Venit hora, ecce Filius hominis tradetur in manus peccatorum. Surgite, eamus. Ecce qui me tradet prope est.

9. Et adhuc eo loquente, venit Judas Iscariotes unus de duodecim, et cum eo turba multa cum gladiis et lignis, missi a summis sacerdotibus et scribis et senioribus. Dederat autem traditor eis signum, dicens: Quemcumque osculatus fuero, ipse est, tenete eum, et ducite caute. Et cum venisset, statim accedens ad eum, ait, Ave Rabbi; et osculatus est eum. At illi manus injecerunt in Jesum, et tenuerunt eum. Unus autem de circumstantibus educens gradium percussit servum summi sacerdotis, et amputavit illi auriculam. Et respondens ait illis: Tamquam ad latronem existis cum gladiis et lignis comprehendere me? Quotidie eram apud vos in templo docens, et non me tenuistis; sed ut impleantur Scripturae. Tunc discipuli ejus relinquentes eum omnes fugerunt. Adolescens autem quidam sequebatur illum, amictus sindone super nudo; et tenuerunt eum; at ille relicta sindone, nudus profugit ab eis.

10. Et adduxerunt Jesum ad summum sacerdotem, et convenerunt omnes sacerdotes et scribae et seniores. Petrus autem a longe secutus est eum usque intro in atrium summi sacerdotis, et sedebat cum ministris ad ignem, et calefaciebat se. Summi vero sacerdotes et omne concilium quaerebant adversus Jesum testimonium, ut eum morti traderent; nec inveniebant. Multi autem testimonium falsum dicebant adversus eum, et convenientia testimonia non erant. Et quidam surgentes, falsum testimonium ferebant adversus eum, dicentes: Quoniam nos audivimus eum dicentem: Ego dissolvam templum hoc manufactum, et post triduum aliud non manufactum aedificabo. Et non erat conveniens testimonium illorum.

11. Exurgens autem summus sacerdos in medium interrogavit Jesum, dicens: Non respondes quidquam ad ea quae tibi objiciuntur ab his? Ille autem tacebat, et nihil respondit. Rursum summus sacerdos interrogabat eum, et dixit: Tu es Christus Filius Dei benedicti? Jesus autem dixit illi: Ego sum: et videbitis Filium hominis sedentem a dextris virtutis Dei, et venientem cum nubibus caeli. Summus autem sacerdos scindens vestimenta sua, ait: Quid adhuc desideramus testes? Audistis blasphemiam. Quid vobis videtur? Qui omnes condemnaverunt eum esse reum mortis. Et coeperunt quidam conspuere in eum, et velare faciem ejus, et colaphis eum caedere, et dicere ei, Prophetiza. Et ministri alapis eum caedebant.

12. Et cum esset Petrus in atrio deorsum, venit una ex ancillis summi sacerdotis: et cum vidisset Petrum calefacientem se, aspiciens illum ait: Et tu cum Jesu Nazareno eras. At ille negavit, dicens: Neque scio, neque novi quid dicas. Et exiit foras ante atrium. et gallus cantavit. Rursus autem cum vidisset illum ancilla, coepit dicere circumstantibus, quia hic ex illis est. At ille iterum negavit. Et post pusillum rursus qui astabant, dicebant Petro: Vere ex illis es: nam et Galilaeus es. Ille autem coepit anathematizare, et jurare: Quia nescio hominem istum quem dicitis. Et statim gallus iterum cantavit: et recordatus est Petrus verbi quod dixerat ei Jesus: Priusquam gallus cantet bis, ter me negabis: et coepit flere.

---

1. Hieronymus (in princ. Comm. in cap. 14). Nunc aspergamus librum nostrum de sanguine et limina domorum, et funem coccineum circumdemus domui orationis nostrae, et coccum in manu nostra ut Zaram (1) ligemus, ut vaccam rufam in valle occisam enarrare possimus. De Christi enim occisione narra-

(1) Al. ut et arcae.

turus Evangelista praemittit: *Erat autem pascha et azyma post biduum.* Beda (in princ. Comm. in 14 cap. Marc.). Pascha, quod Hebraice dicitur phase, non a passione, ut plerique arbitrantur, sed a transitu nominatur: eo quod exterminator videns sanguinem in foribus Israelitarum, pertransierit, nec percusserit eos; vel ipse Dominus praebens auxilium populo suo, desuper ambulavit. Hieronymus (paul. a princ. Comm. in 14, cap.). Vel phase transitus interpretatur, pascha vero immolatio (1). In immolatione agni et transitu populi per mare vel Ægyptum, praefiguratur (2) passio Christi, et redemptio populi de inferno, quando nos post biduum visitat, idest plenissima luna, aetate Christi perfecta: ut nec cum aliqua parte tenebrosa carnes agni immaculati, qui tollit peccata mundi, in una domo, quae est Ecclesia catholica, calceati caritate et armati virtute comedamus. BEDA (cap. 63 in Marc.). Hoc autem, juxta veteris testamenti (3) Scripturam, inter pascha et azyma distat, quod pascha ipse solus dies appellatur, in quo agnus (4) occidebatur ad vesperam, hoc est quartadecima luna mensis primi; decima quinta autem luna, quando egressum est de Ægypto, succedebat festivitas azymorum, quae septem diebus, idest usque ad vigesimum primum diem ejusdem mensis ad vesperam est statuta solemnitas. Verum Evangelistae indifferenter et diem azymorum pro pascha, et pro diebus azymorum pascha ponere solent: unde et Marcus hic dicit: *Erat autem pascha, et azyma post biduum*: quia ut paschae dies in azymis panibus est celebrari praeceptus; et nos quasi pascha perpetuum facientes, semper ex hoc mundo transire praecipimur. HIERONYMUS (super *Et quaerebant summi sacerdotes*). A principibus autem egressa est iniquitas in Babylone, qui templum et vasa et se purificare secundum legem ad esum agni debuerant: unde sequitur: *Et quaerebant summi sacerdotes et scribae quomodo eum dolo tenerent et occiderent*. Occiso autem capite totum corpus enerve efficitur: unde miseri faciunt quod caput moriatur. Vitant autem diem festum, quod convenit (5) illis: non enim est festivitas his qui vitam et misericordiam perdiderunt: unde sequitur: *Dicebant autem: Non in die festo, ne forte tumultus fieret in populo*. BEDA (super *Non in die festo*). Non quidem metuentes seditionem, ut simplex sermo demonstrat; sed caventes ne auxilio populi de suis manibus tolleretur. THEOPHYLACTUS (in princ. Comment.). Ipse tamen Christus tempus sibi constituerat passionis: voluit enim in paschate crucifigi, quia ipse verum erat pascha.

2. BEDA (super *Et cum esset Bethaniae*). Passurus Dominus pro toto mundo, et universas nationes suo sanguine redempturus, moratur in Bethania, idest in domo obedientiae: unde dicitur: *Et cum esset Bethaniae in domo Simonis leprosi, et recumberet, venit mulier*. HIERONYMUS (super *Quaerebant summi sacerdotes*). Hinnulus enim cervorum semper ad lectum suum redit, idest Filius Patris obediens usque ad mortem, a nobis obedientiam petit. BEDA (cap. 43, super *In domo Simonis*). Dicit autem, *Simonis leprosi*, non quod leprosus illo tempore permaneret, sed quod antea leprosus, postea a Salvatore mundatus est, nomine pristino permanente, ut virtus curantis appareat. THEOPHYLACTUS (paulo post princ. Comment.). Quamvis autem quatuor Evangelistae unguentum mulieris commemorent, non est tamen una, sed duae: una quidem quae describitur a Joanne, quae soror est Lazari, quae scilicet ante sex dies paschae unxit pedes

Jesu; alia vero quae a reliquis tribus Evangelistis describitur. Adhuc autem si attendas, invenies has tres esse. A Joanne enim una describitur, altera vero a Luca, a duobus vero reliquis altera. Quae enim a Luca describitur meretrix esse, dicitur in medio praedicationis tempore ad Jesum venisse. Haec vero quae a Matthaeo et Marco describitur, dicitur in tempore passionis venisse, non confitentem se peccatricem (1). AUGUSTINUS de cons. Evang. (lib. 2, cap. 75). Ego autem nihil aliud intelligendum arbitror nisi quod non aliam quidem fuisse mulierem quae peccatrix tunc accessit ad pedes Jesu, sed eamdem Mariam bis hoc fecisse: semel scilicet quod Lucas narravit, cum primo accedens cum humilitate et lacrymis, meruit peccatorum remissionem: nam et hoc Joannes commemoravit, cum de Lazaro resuscitando coepisset loqui, antequam veniret in Bethaniam, dicens cap. 11: « Maria autem erat quae unxit Dominum unguento, et extersit pedes ejus capillis suis, cujus frater Lazarus infirmabatur. » Quod autem in Bethania rursus fecit, aliud est quod ad Lucae narrationem non pertinet; sed pariter narratur a reliquis tribus. Quod ergo Matthaeus et Marcus caput Domini unguento illo perfusum dicunt, Joannes autem pedes, accipiamus non solum caput, sed etiam pedes Domini perfudisse mulierem: nisi forte quoniam Marcus fracto alabastro perfusum caput commemorat, tam quisquam calumniosus est ut in vase fracto neget aliquid remanere potuisse unde etiam pedes Domini perfunderet. Sed religiosius contendet aliquis non ita fractum esse ut totum effunderet; vel prius accipiat perfusos pedes, antequam illud fractum esset, ut in integro remaneret unde etiam caput perfunderetur. BEDA (super illud, *Et attulit alabastrum*). Est autem alabastrum genus marmoris candidi, variis coloribus intertincti, quod ad vasa unguentaria cavare solent, eo quod optime servare ea incorrupta dicatur. Nardus vero est frutex aromaticus grandi, ut ajunt, et crassa radice, sed brevi ac nigra, fragilique. Quamvis autem pinguis sit, tamen redolet ut cupressus, aspero sapore, folio parvo densoque, cujus cacumina in aristas se spargunt, ideoque gemina dote pigmentarii nardi spicas ac folia celebrant. Et hoc est quod ait Marcus, *Unguenti nardi pistici* (2) *pretiosi*: quia videlicet unguentum illud quod attulit Maria Domino, non solum de radice confectum est nardi, verum etiam, quo pretiosius esset, spicarum quoque et foliorum ejus, adjectione odoris (3) ac virtutis illius erat accumulata gratia. THEOPHYLACTUS (non mul. remote a princ.). Vel, sicut in graeco dicitur, *Nardi pistici*, idest fidelis, eo quod unguentum nardi erat absque dolo cum fide confectum. AUGUSTINUS de cons. Evang (lib. 2, cap. 78). Potest autem videri contrarium quod Matthaeus et Marcus posteaquam dixerunt *pascha* et *biduum*, deinde commemoraverunt quod erat Jesus in Bethania, ubi de illo petioso unguento dicitur; Joannes autem ante sex dies paschae dicit Jesum venisse in Bethaniam, de eodem unguento narraturus. Sed qui ita moventur, non intelligunt. Matthaeum et Marcum illud quod in Bethania de unguento factum erat, non post illam praedicationem de biduo, sed

(1) *Al.* vel pascha transitus interpretatur phase vero immolatio. De immolatione, etc.
(2) *Al* praefiguratur autem.
(3) *Al.* instrumenti.
(4) *Al. deest* agnus.
(5) *At.* qui evenit.

(1) *P. Nicolai corrigit sic:* nec peccatricem eam fuisse fatendum est.
(2) *Al.* spicati.
(3) *Al.* odor.

adhuc cum sex dies essent ante pascha recapitulando
posuisse. Hieronymus (ubi supra). Mystice autem
Simon leprosus mundum infidelem primo, et postea
fidelem significat ; mulier autem cum alabastro
ecclesiasticam fidem, quae dicit Cant. 1: « Nardus
« mea dedit odorem suum. » Pistica nardus dicitur, idest fidelis (1) et pretiosa. Domus impleta
odore, caelum et terra est. Fractum alabastrum
carnale desiderium est; quod frangitur ad caput, ex
quo omne corpus compaginatum est; recumbente
ipso, idest humiliante se, ut eum tangeret fides
peccatricis, quae de pedibus ascendit ad caput, et
ad pedes a capite descendit per fidem, idest ad
Christum et ad membra ejus. Sequitur: *Erant autem quidam indigne ferentes intra semetipsos, et
dicentes: Ut quid perditio ista?* Per synecdochen
dicitur unus pro multis, et multi pro uno. Perditus
enim Judas de salute perditionem invenit, et in vi-
te fructifera mortis laqueus nascitur. Sub praetextu
autem avaritiae mysterium fidei loquitur: etenim
nostra fides trecentis emitur denariis, in decem
sensibus, interioribus scilicet et exterioribus, scilicet
per corpus et animam et spiritum triplicatis. Beda
(super *Et fremebant in eam*). Quod autem dicit,
Et fremuerunt in eam, nequaquam debemus de diligentibus Christum Apostolis dictum credere, sed
de Juda potius sub numero plurali. Theophylactus
(aliq. a princ. Comment.). Vel convenienter videtur
innui quod discipuli plures mulierem arguerunt,
eo quod saepe Christum audierant de eleemosyna
docentem. Judas vero non eadem intentione indigne tulit, sed propter amorem pecuniae, et turpe
lucrum: unde et Joannes ipsum solum commemorat, tamquam fraudulenta intentione mulierem ar-
guentem. Dicit autem: *Et fremuerunt in eum*; idest,
molesti erant ei, exprobrantes, et injurias inferentes. Arguit autem Dominus discipulos, eo quod desiderium impediunt mulieris: unde sequitur: *Jesus
autem dixit: Sinite eam: quid illi molesti estis?*
Postquam enim munus obtulerat, illam per opprobria pervertebant. Origenes super Matth. (tract.
25). Doluerunt enim de perditione unguenti, quod
poterat venumdari multo pretio, et dari pauperibus; tamen non debebat fieri hoc, quia conveniens
erat ut super caput Christi funderetur sancta et
decenti infusione : unde sequitur : *Bonum opus
operata est in me.* Usque adeo autem efficax est
laus hujus operis boni, ut exhortetur nos omnes
odoriferis et pretiosis operibus implere Domini caput, ut de nobis dicatur quod bonum opus fecimus
super caput Christi: quia semper quidem habemus,
quamdiu in hac vita sumus, pauperes nobiscum, et
opus habentes cura eorum qui profecerunt in verbo,
et divites facti sunt in sapientia Dei; non autem
possunt sufficere ut semper diebus et noctibus habeant secum Filium Dei, idest Verbum et Sapientiam Dei: sequitur enim: *Semper enim , pauperes
habetis vobiscum, et cum volueritis potestis illis benefacere: me autem non semper habebitis.* Beda (super *Me autem non semper habebitis*). Mihi quidem
videtur in hoc loco de praesentia corporali locutus,
quod nequaquam cum eis ita futurus sit post resurrectionem quomodo tunc in omni convictu et
familiaritate. Hieronymus (Marc. 14, super *Bonum
opus operata est*). Dicit etiam: *Bonum opus operata
est in me*: quia qui credit in Deum, reputatur ei

ad justitiam. Aliud est enim credere ei, et aliud
in eum; idest, totum ejicere se in illum.
   Sequitur: *Quod habuit*, idest quod potuit, *hoc
fecit : praevenit ungere corpus meum in sepulturam.* Beda (ibid.). Quasi diceret: Vos putatis
perditionem esse unguenti : officium sepulturae
est. Theophylactus (ibid) *Praevenit enim*, quasi a Deo ducta, *ungere corpus meum*, in signum
sepulturae; in quo proditorem confundit, ac si
ei (1) diceret: Qua conscientia mulierem confundis, quae in sepulturam corpus meum ungit; teipsum vero non confundis, qui me in mortem tra-
des ? Prophetizat autem Dominus consequenter duas
prophetias: scilicet quod Evangelium praedicabitur
in universo mundo, et quod opus mulieris lauda-
bitur: unde sequitur: *Amen dico vobis: ubicumque
praedicatum fuerit etc.* Beda (super *Ubicumque
fuerit praedicatum Evangelium*). Notandum autem,
quod sicut Maria gloriam adepta est in toto orbe
de obsequio quod Domino exhibuit; ita e converso
ille qui obsequio ejus detrahere non timuit, longe
lateque infamatus est: sed Dominus bonum laude
digna remunerans, futuras impii contumelias tacendo praeteriit.

3. Beda (super *Judas Iscariotes*). Infelix Judas
damnum quod ex effusione unguenti fecisse credebat, vult magistri pretio compensare: unde dicitur:
*Et Judas Iscariotes unus de duodecim abiit ad
summos sacerdotos, ut proderet eum illis.* Chrysostomus in ser. de Pass. (2). Quid mihi ejus patriam
dicis ? Utinam ipsum quoque nescire licuisset. Sed alter erat discipulus, qui Judas Jacobi zelotes vocabatur:
et ne appellatione cognominis (3) fiat confusio personarum, propterea hunc ab illo separavit. Non
autem dixit, Judas proditor, ut doceat detractiones
nescire, et accusationes declinare. Quod autem dicit
Unus de duodecim, auget detestabilitatem proditoris:
nam et alii discipuli erant, qui fuerant numero septuaginta: sed illi non intimi, non tanta confidentia sociati sunt; isti autem duodecim fuerunt com-
probati: haec erat caterva legalis (4), de qua proditor malignus exivit. Hieronymus (super *Praevenit
ungere corpus*). Unus tamen erat de duodecim numero, non unus merito; unus corpore, non unus
animo. Abiit autem ad principes postquam exiit, et
intravit in eum satanas: unumquodque animal ad
simile sibi jungitur. Beda (super *Judas Iscariotes*).
Quod autem dixit, *Abiit*, ostendit eum non a principibus invitatum, non ulla necessitate constrictum;
sed sponte propria sceleratae mentis inisse consilium. Theophylactus (super *Ut traderet illum eis*).
Dicit autem, *Ut proderet eum illis*; idest, ut annuntiaret illis quando solus existeret. Timebant autem in eum irruere quando docebat propter turbam. Hieronymus. Promittit autem se tradere, ut
magister ejus diabolus ante dicebat Luc. 4, « Tibi
« dabo potestatem hanc universam. » Sequitur (5):
*Qui audientes gavisi sunt, et promiserunt ei pecu-
niam se daturos.* Promittunt quidem pecuniam, et
amittunt vitam, quam ipse recipit cum vitam amittit.

---

(1) *Al.* enim.
(2) Sive serm. de Proditione Judae, cujus initium est,
Paucis hodie necessarium Hoc quoque jam pridem notatum
fuerat ad marginem editionis Venetae Nicolini: quod etiam
notandum in sequentibus ejusmodi indicibus (*Ex edit. P.
Nicolai*).
(3) *Al.* cognovimus.
(4) *P. Nicolai habet, forte melius,* regalis.
(5) *Al. deest* sequitur.

---

(1) *Al.* idest mystica.

CHRYSOSTOMUS in ser. de Pass. O dementiam, immo cupiditatem proditoris ! Cuncta enim mala cupiditas procreavit: nam cupiditas animas retinet, et omnibus nodis alligatas constringit, et rerum oblivionem imponit, et alienationem mentis ostendit. Ab hac Judas cupiditatis insania, conversationis, mensae, discipulatus, admonitionis, suasionis oblitus est: nam sequitur: *Et quaerebat quomodo eum opportune traderet.* HIERONYMUS. Sed opportunitas doli nunquam invenitur, ut non vindicetur hic aut illic. BEDA (super *Qui audientes gavisi sunt*). Multi hodie scelus Judae, quod Dominum ac Magistrum Deumque suum pecunia vendiderit, velut immane et nefarium exhorrent, nec tamen cavent: nam cum pro muneribus, caritatis et veritatis jura spernunt, Deum, qui est caritas et veritas, produnt.

4. CHRYSOSTOMUS in serm. Pass. Quando Judas de traditione tractabat, alii discipuli sunt de praeparatione paschae soliciti: unde dicitur: *Et primo die azymorum, quando pascha immolabant, dicunt ei discipuli: Quo vis eamus et paremus tibi comedere pascha?* BEDA (cap. 44, super *Et prima die azymorum*). Primum diem azymorum quartumdecimum diem primi mensis appellat, quando fermento abjecto, immolare, idest agnum occidere, solebant ad vesperam; quod exponens Apostolus ait Coloss. 5: « Pascha nostrum immolatus est Christus:» qui licet die sequenti, idest quintadecima luna, sit crucifixus, attamen nocte qua agnus immolabatur, et corporis sanguinisque sui tradens mysteria celebranda, et a Judaeis tentus ac ligatus, ipsius immolationis, hoc est passionis suae, sacravit exordium. HIERONYMUS (ibid.). Azyma vero, quae cum amaritudine, idest lactucis agrestibus, manducantur, redemptio nostra est; amaritudo vero (1) passio Domini. THEOPHYLACTUS (super *Quo vis eamus ?*) Ex hoc autem quod dicunt discipuli, *Quo vis eamus ?* manifeste videtur quod Christus hospitium aliquod non habebat; sed neque discipuli proprias domos: si enim habuissent, duxissent eum ad illas. HIERONYMUS. Dicunt etiam, *Quo vis eamus ?* ut cum voluntate Dei dirigamus gressus nostros. Dominus autem indicat cum quo manducat pascha; et more suo mittit duos, quod supra exposuimus: unde sequitur: *Et mittit duos ex discipulis suis, et dicit eis, Ite in civitatem.* THEOPHYLACTUS. Mittit quidem ex discipulis suis, Petrum, scilicet. et Joannem, ut Lucas dicit, ad ignotum hominem, innuens ex hoc quod posset non pati. Nam qui mentem ignoti movit (2) ut ipsos reciperet, quid non operaretur in aliis ? Dat etiam eis signum, ut domum scilicet invenirent, cum subdit: *Et occurret vobis homo lagenam aquae bajulans.* AUGUSTINUS de cons. Evang. (lib. 2, cap. 80). Marcus lagenam dicit, quam Lucas amphoram: ille vasis genus, iste modum significavit; uterque veritatem sententiae custodivit. BEDA (Super *Et mittit duos*). Indicium autem praesentiae divinitatis est quod cum discipulis loquens, quid alibi futurum sit novit: unde sequitur: *Et abierunt discipuli ejus, et venerunt in civitatem, et invenerunt sicut dixit illis, et paraverunt pascha.* CHRYSOSTOMUS in serm. de Pass. Non illud quod nostrum, sed interim Judaeorum; illud autem quod nostrum est non solum constituit, sed ipse factus est pascha. Sed et cur illud manducavit ? Quia « factus est « sub lege, ut eos qui sub lege erant redimeret »

(1) *Al.* omittitur vero.
(2) *Al.* novit.

(Galat. 4), et ipse legi requiem daret: et ut nemo dicat quod ideo eam evacuaverit quia eam implere, ut molestam et arduam, non valuit, ipse prius eam complevit, et sic fecit eum requiescere. HIERONYMUS. Mystice autem civitas Ecclesia est, quae muro fidei cingitur: homo occurrens populus primitivus est; amphora aquae lex litterae. BEDA. Vel aqua lavacrum gratiae, lagena fragilitatem designat eorum per quos eadem erat gratia mundo monstranda. THEOPHYLACTUS. Lagenam aquae portat qui baptizatus est; qui autem baptisma bajulat, venit ad requiem secundum rationem vivens, et sicut in domo requie potitur: unde subdit, *Sequimini eum.* HIERONYMUS. Qui scilicet ducit in altum, ubi est refectio Christi. Dominus domus Petrus Apostolus est, cui Dominus domum suam credidit, ut sit una fides sub uno pastore; coenaculum grande Ecclesia magna est, in qua narratur nomen Domini, strata varietate virtutum et linguarum. BEDA (super *Demonstrabit vobis coenaculum*). Vel coenaculum magnum spiritualiter lex est, quae de angustiis litterae egrediens, et sublimi loco, idest in alto mentis solario, recipit Salvatorem. Consulte autem sive aquae bajuli sive domini domus sunt praetermissa vocabula, ut omnibus verum pascha celebrare volentibus, hoc est Christi sacramentis imbui, cumque suae mentis hospitio suscipere quaerentibus, facultas danda signetur. THEOPHYLACTUS. Vel Dominus domus intellectus est, qui ostendit coenaculum grande, idest altitudinem intelligentiarum; quod etsi altum sit, tamen nihil habet vanae gloriae et tumoris: sed sternitur, et planum fit humilitate. Ibi autem, idest in tali mente, pascha Christo paratur, a Petro scilicet et Joanne, idest ab actione et contemplatione.

5. BEDA (super *Vespere autem facto*). Dominus qui de passione praedixerat, etiam de proditore praedicit, dans locum poenitentiae; ut cum intellexisset sciri cogitationes suas, poeniteret eum facti sui: unde dicitur: *Vespere autem facto, venit cum duodecim: et discumbentibus eis et manducantibus ait Jesus: Amen dico vobis, quia unus ex vobis me tradet, qui manducat mecum.* CHRYSOSTOMUS in ser. de Pass. Ubi patet quod non aperte eum omnibus publicabat, ne impudentiorem eum faceret: nec etiam penitus silentio praeteribat, ne celari arbitratus, audacter ad proditionem properaret. THEOPHYLACTUS (super *Et cum recumberent*). Sed quomodo discumbentes coenabant, cum lex praeciperet quod stantes electi deberent pascha comedere ? Probabile autem est prius eos adimplesse pascha legale, deinde di cubuisse, incipiente eo proprium tradere pascha. HIERONYMUS (super *Vespere autem*). Vespera autem dici, vesperam indicat mundi: circa undecimam namque horam veniunt novissimi qui primi denarium aeternae vitae accipiunt. Omnes igitur discipuli tanguntur a Domino; ut fiat harmonia citharae, omnes nervi bene suspensi consona voce respondent: nam sequitur: *At illi coeperunt contristrari, et dicere ei singillatim: Numquid ego ?* Unus autem remissus (1), et pecuniae amore madefactus, dixit. « Numquid « ego sum, Rabbi ? » sicut in Matthaeo legitur cap 27. THEOPHYLACTUS (super *Coeperunt esse moesti.* Coeperunt autem alii discipuli constristari propter Domini verbum: nam etsi extra hanc existerent passionem, magis tamen credunt illi qui omnium novit corda. quam sibi.

(1) *Al.* remissius.

Sequitur: *Qui ait illis: Unus ex duodecim, qui intingit mecum manum in catino.* BEDA (super *Unus ex duodecim qui intingit*). Judas scilicet qui, ceteris contristatis et retrahentibus manum, cum magistro manum mittit in catinum: et quia prius dixerat, *Unus ex vobis me tradet,* et perseverat proditor in malo, manifestius arguit: et tamen nomen proprium non designat. HIERONYMUS (ubi supra). Dicit autem, *Unus de duodecim,* quasi ab eis separatus: separat enim seorsum lupus ovem quam capit. Ovis quae de ovili egreditur, lupi morsibus patet. Judas autem nec primo nec secundo correptus a proditione retrahit pedem: unde poena praedicitur; ut quem pudor non vicerat, corrigant denuntiata supplicia: et hoc est quod subditur: *Et Filius quidem hominis vadit sicut scriptum est de eo.* THEOPHYLACTUS (super *Filius hominis vadit*). Per hoc quod dicitur, *Vadit,* ostenditur quod mors Christi fuit voluntaria, et non necessaria. HIERONYMUS (ubi supra). Sed quia multi bonum, ut Judas, faciunt, sed omnino illis non proficit; recte subditur; *Vae autem homini illi per quem Filius hominis tradetur.* BEDA (ibid.). Sed et hodie quoque in sempiternum vae illi homini qui ad mensam Domini malignus accedit. Etenim ille in exemplum Judaeis Filium hominis tradit, non quidem Judaeis peccatoribus, sed tamen peccatoribus membris suis.

Sequitur: *Bonum erat ei, si non esset natus homo ille.* HIERONYMUS (super *Melius erat illi*). Scilicet intimo latens utero materno: melius enim est non esse, quam ad tormenta esse. THEOPHYLACTUS. Quantum enim ex fine melius fuisset ei quod esset, si non proditor existeret; nam Deus facit ipsum ad opera bona; sed postquam ad tantam devenit malitiam, melius fuisset ei si natus non fuisset.

6. BEDA (super illud, *Manducantibus illis accepit Jesus*). Finitis paschae veteris solemniis transiit ad novum, ut scilicet pro carne agni ac sanguine, sui corporis sanguinisque sacramentum substitueret: unde dicitur: *Et manducantibus illis accepit Jesus panem:* ut scilicet ipsum se esse monstraret, cui juravit Dominus Psal. 109: « Tu es « Sacerdos in aeternum secundum ordinem Mel-« chisedech. »

Sequitur: *Et benedicens fregit.* THEOPHYLACTUS (Marc. 14, super illud, *Gratias agens fregit*). Idest, gratias agens fregit: quod et nos facimus, orationes superaddentes. BEDA. Frangit etiam ipse panem quem discipulis porrigit, ut ostendat corporis sui fractionem non absque sua sponte vel procuratione futuram; quem etiam benedixit, quia naturam humanam quam passurus assumpsit, ipse una cum Patre et Spiritu sancto gratia divinae virtutis implevit. Benedixit panem ac fregit: quia hominem assumptum ita morti subdere dignatus est, ut ei divinae immortalitatis inesse potentiam demonstraret; ideoque velocius eum a morte resuscitandum esse doceret.

Sequitur: *Et dedit eis, et ait: Sumite: hoc est corpus meum.* THEOPHYLACTUS (super *Hoc est corpus*). Hoc scilicet quod nunc do, et quod nunc sumitis. Non autem panis figura tantum corporis Christi est, sed in proprium Christi corpus transmutatur: nam Dominus ait Joan. 6: « Panis quem « ego dabo, caro mea est: » sed tamen caro Christi non videtur propter nostram infirmitatem: panis enim et vinum de nostra consuetudine est; si vero carnem et sanguinem cerneremus, sumere non

sustineremus. Propter hoc Dominus nostrae infirmitati condescendens, species panis et vini conservat: sed panem et vinum in veritatem convertit carnis et sanguinis. CHRYSOSTOMUS in serm. de Pass. Et nunc etiam ille praesto est Christus: qui illam ornavit mensam, ipse istam quoque consecrat. Non enim homo est qui proposita (1) corpus Christi facit et sanguinem; sed ille qui pro nobis crucifixus est Christus. Sacerdotis ore verba proferuntur, et Dei virtute consecrantur et gratia. Hoc verbo quod dicit, *Hoc est corpus meum,* proposita consecrantur: et sicut illa vox quae dicit Gen. 1: « Cre-« scite et multiplicamini , et replete, » semel quidem dicta est, sed omni tempore sentit effectum ad generationem operante natura; ita et vox ista semel quidem dicta est, sed per omnes mensas Ecclesiae usque in hodiernum diem et usque ad ejus adventum praestat sacrificio firmitatem. HIERONYMUS (ubi supra). Mystice autem in panem transfigurat Dominus corpus suum, quod est Ecclesia praesens, quae accipitur in fide. benedicitur in numero, frangitur in passionibus, datur in exemplis, sumitur in doctrinis, formatur in sanguinem suum in calice vino et aqua commixtum: ut alio purgemur a culpis, alio redimamur a poenis. Sanguine namque agni servantur domus a percussione Angeli, et aqua maris rubri extinguuntur inimici; quae sunt mysteria Ecclesiae Christi: unde sequitur: *Et accepto calice, gratias agens dedit eis* gratia enim et non meritis salvati sumus a Deo. GREGORIUS 2 Moral. (super illud: « Sicut Domino placuit, in « factum est: » cap. 24 in nov. exemp.). Cum appropinquaret etiam passioni, accepto pane, gratias egisse perhibetur. Gratias itaque egit qui flagella alienae iniquitatis suscepit; et qui nil percussione dignum exhibuit, humiliter in passione benedicit, ut hinc ostendat quid unusquisque in flagello culpae facere debeat, si ipse aequanimiter flagella culpae portat alienae: ut hinc etiam ostendat quid in correctione faciat subditus, si in flagello positus Patri gratias egit aequalis. BEDA (super *Hic est sanguinis meus*). Quia et nos in Christo, et in nobis Christum manere oportet, vinum dominici calicis aqua miscetur. Attestante enim Joanne, aquae populi sunt; et neque aquam solam neque solum vinum cuiquam licet offerre, ne talis oblatio caput a membris secernendum esse significet, et vel Christum sine nostrae redemptionis amore pati potuisse, vel nos sine illius passione salvari ac posse (2) offerri contingat.

Sequitur: *Et biberunt ex illo omnes.* HIERONYMUS (super *Et biberunt ex eo omnes*). Ebrietas felix, satietas salutaris, quae quanto copiosius sumitur, tanto sobrietatem mentis donare dignatur. TEOPHYLACTUS (ibid.) (3). Quidam autem dicunt Judam mysteriorum non fuisse participem, sed quod exiverit antequam Dominus mysteria largiretur. Alii etiam dicunt, quod illi tradidit de illo mysterio. CHRYSOSTOMUS in ser. de Pass. Christus enim sanguinem ei qui eum vendidit offerebat, ut haberet remissionem peccatorum, si tamen impius existere noluisset. HIERONYMUS (ubi supra). Bibit ergo Judas, sed non saturatur; nec sitim extinguit ignis aeterni, quia

(1) *Al.* propositum.
(2) *Al.* ac pati posse.
(3) Sic Hilarius manifeste can. 3 in Matth. ut S. Thomas ex illo notat, et recitat 3 p., quaest. 2, art. 81 (*Ex edit. P. Nicolai*).

indigne (1) sumit mysteria Christi (2). Sunt enim in Ecclesia quos sacrificium non emundat, sed eos cogitatio insipiens perducit ad culpas, qui se coenosis crudelitatis foetoribus miscuerunt. CHRYSOSTOMUS in serm. de Pass. Nullus ergo sit Judas in Domini mensa. Hoc sacrificium cibus spiritualibus est: nam sicut corporalis cibus, cum ventrem invenerit adversis humoribus occupari, amplius laedit; ita est et iste spiritualis cibus: si aliquem reperit malignitate pollutum, magis eum perdit, non sua natura, sed accipientis vitio. Pura igitur sit mens in omnibus, pura cogitatio, quia et sacrificium purum est.

Sequitur: *Et ait illis: Hic est sanguis meus novi testamenti.* BEDA (ubi supra). Hoc ad distinctionem respicit veteris testamenti, quod hircorum et vitulorum est sanguine dedicatum, dicente inter aspergendum legislatore: « Hic est sanguis testamenti, « quod mandavit ad vos Deus. »

Sequitur: *Qui pro multis effundetur.* HIERONYMUS (ubi supra). Non enim omnes emundat.

Sequitur: *Amen dico vobis, quod jam non bibam de genimine vitis usque in diem illum, cum illud bibam novum in regno Dei.* THEOPHYLACTUS (super *Non bibam de fructu vitis*). Quasi diceret: Non bibam de vino usque ad resurrectionem: regnum enim resurrectionem vocat, quasi tunc regnaverit contra mortem. Post resurrectionem vero bibit cum discipulis et comedit, ostendens quod idem ipse esset qui passus est. Novum autem bibit illud, idest novo quodam modo et alieno: non enim corpus habebat passibile indigens cibo, sed immortale et incorruptibile. Intelligendum est autem et sic. Vitis est ipse Dominus, genimen vitis mysteria et intellectus occultus; quem ipse generat qui docet hominem scientiam. In regno autem Dei, idest in futuro saeculo, bibet cum suis discipulis mysteria et sapientiam, nova quaedam nos docens, et revelans quae nunc occultat. BEDA (ibid.). Vel aliter. Vitem sive vineam Domini appellatam esse synagogam, Isaias cap. 5 testatur dicens: « Vinea Do- « mini sabaoth, domus Israel est. » Iturus ergo Dominus ad passionem ait: *Jam non bibam de genimne vitis;* ac si aperte dicat: Non ultra carnalibus synagogae cerimoniis delectabor, in quibus etiam ista paschalis agni sacra locum tenuere praecipuum. Aderit enim tempus meae resurrectionis; aderit dies ille cum in regno Dei positus, idest gloria vitae immortalis sublimatus, de salute ejusdem populi, fonte gratiae spirituali regenerati, vobiscum gaudio perfundar. HIERONYMUS (ibidem). Considerandum autem, quod hic Dominus mutat tantum sacrificium, sed non mutat tempus, ut nos nunquam coenam Domini ante quartamdecimam lunam faciamus. Qui facit in quartadecima resurrectionem, in undecima luna coenam Domini faciet; quod nunquam in testamento veteri nec in novo factum est.

7. HILARIUS (3). Sicut gratias egerunt antequam biberent, ita etiam gratias agunt et postquam biberunt: unde dicitur: *Et hymno dicto, exierunt in montem Oliveti:* ut scilicet addiscas et ante cibum et post cibum gratiarum reddere actiones HIERONYMUS. Hymnum enim dicit laudem Domini, ut est in Psal. 21: « Edent pauperes et saturabuntur, et « laudabunt Dominum qui requirunt eum: et ado-

« raverunt (1) et manducaverunt omnes pingues « terrae. » THEOPHYLACTUS (super *Et hymno dicto*). Simul etiam et hic ostendit quod amplectibile erat sibi pro nobis mori: quia cum tradendus erat, Deum laudare dignatus est. Docet etiam nos, cum in angustias incidimus propter multorum salutem, non contristari, sed Deo gratias agere, qui in nostra tribulatione operatur multorum salutem. BEDA (ibidem). Potest etiam hymnus ille intelligi quem Dominus, secundum Joannem, Patri gratias agens decantabat; in quo et pro seipso et pro discipulis et pro eis qui per verbum ipsorum credituri erant, elevatis sursum oculis, precabatur. THEOPHYLACTUS (super *Exierunt in montem*). Exivit autem in montem, ut ad eum solitarium existentem accedentes ipsum caperent absque tumultu. Si enim accessissent cum in civitate manebat, forte fuisset multitudo populi conturbata; et tunc manifeste occasionem inimici captantes viderentur ipsum juste interficere tamquam populum concitantem. BEDA (ibidem). Pulchre etiam Dominus discipulos sacramentis imbutos in montem educit olivarum , ut typice designet nos per acceptionem sacramentorum ad altiora virtutum dona et charismata sancti spiritus, quibus in corde perungamur, ascendere debere. HIERONYMUS. In monte etiam Oliveti Jesus tenetur, unde ad caelos ascendit; ut nos sciamus quia inde ascendimus ad caelos unde vigilamus et oramus, et ligamur, nec repugnamus in terra. BEDA (ubi supra). Praedicit autem Dominus discipulis quid passuri sunt; ut cum passi fuerint, non desperent salutem, sed agentes poenitentiam liberentur: unde sequitur: *Et ait illis Jesus: Omnes scandalizabimini in me in nocte ista.* HIERONYMUS (super *Omnes scandalizabimini*). Omnes quidem cadunt, sed non omnes jacent. Numquid enim qui dormit non adjiciet ut resurgat? Carnale est cadere, sed diabolicum est jacere. THEOPHYLACTUS (ubi supra). Permisit autem eos Dominus cadere, ut non in seipsis confidant; et ne videretur hoc quod praedixerat ex quodam argumento apparenti praedixisse, inducit testimonium Zachariae Prophetae: unde sequitur: *Percutiam pastorem, et dispergentur oves gregis.* BEDA (super *Percutiam pastorem*). Hoc aliis verbis in Zacharia Propheta scriptum est cap. 13, et ex persona Prophetae ad Dominum dicitur: « Per- « cute pastorem, et dispergentur oves » (3). Propheta enim postulat passionem Domini; Pater respondet: *Percutiam pastorem,* precibus inferiorum. Filius a Patre mittitur, et percutitur; idest, incartur et patitur. THEOPHYLACTUS (Marc. 14, circ. med.). Dicit autem Pater, *Percutiam pastorem,* quia ipsum percuti dimisit. Oves discipulos dicit, quasi innocentes et quasi absque malitia. Ultimo consolationem inducit, dicens; *Sed postquam resurrexero, praecedam vos in Galilaeam.* HIERONYMUS (super *Exierunt in montem Oliveti*). In quo vera promittitur resurrectio, ut spes non extinguatur. Sequitur: *Petrus autem ait ei: Et si omnes scandalizati fuerint, sed non ego.* Ecce avis sine pennis in altum volare nititur: sed corpus aggravat animam, ut timore humanae mortis timor Domini superetur. BEDA (super *Amen dico tibi*). Et Petrus ergo de ardore fidei promittebat, et Salvator quasi Deus futura noverat: unde sequitur: *Et ait illi Jesus:*

(1) *Al.* in igne.
(2) *Citata quatuor exempla habent* mysteria Christi; cujus sacrificium non emundat etc.
(3) THEOPHYLACTUS (*Ex edit. P. Nicolai*).

(1) *Al.* odoraverunt.
(2) *Al.* exeuntes.
(3) HIERONYMUS (*Ex edit. P. Nicolai*).

Amen dico tibi, quia tu hodie in nocte hac, priusquam gallus vocem bis dederit, ter me es negaturus. AUGUSTINUS de cons. Evang. (lib. cap. 2). Cum omnes Evangelistae dicant praedixisse Dominum quod eum Petrus esset negaturus antequam gallus cantaret; Marcus hoc solum narravit expressius: unde nonnullis videtur non congruere ceteris, quia parum attendunt. Tota enim Petri negatio trina est: quae si tota post primum galli cantum inciperet, falsum dixisse viderentur tres alii Evangelistae: quod scilicet antequam gallus cantaret, ter eum esset negaturus. Rursus si totam trinam negationem ante peregisset quam cantare gallus inciperet, supurfluo dixisset Marcus ex persona Domini: *Priusquam gallus bis vocem dederit ter me negaturuss es.* Sed quia ante primum galli cantum coepta est illa trina negatio, attenderunt illi tres non quando eam completurus esset Petrus, sed quanta futura esset, idest trina, et quando coeptura, idest ante galli cantum: quamquam in animo ejus et ante primum galli cantum tota concepta est. Marcus autem de ipsarum vocum intervallo planius elocutus est. THEOPHYLACTUS (Marc. 14, cir. med. Comment.). Quod sic intelligitur. Petrus semel negavit; deinde gallus cantavit; negante vero eo duabus aliis negationibus, tunc gallus secundo vocem emisit. HIERONYMUS (super *Priusquam gallus*). Gallus lucis nuntius quis est nisi Spiritus sanctus ? cujus voce in prophetia et in Apostolis nos de trina negatione excitamur ad amarissimos post lapsum fletus, qui male cogitavimus de Deo, et male locuti sumus ad proximos, et male fecimus ad nosmetipsos. BEDA (super *Et si omnes scandalizati fuerint*). Fides autem Apostoli Petri et ardens affectus ad Dominum consequenter ostenditur: sequitur enim: *At ille amplius loquebatur: Et si oportuerit me simul commori tibi, non te negabo.* THEOPHYLACTUS (ubi supra). Fervorem etiam intrepidum et alii discipuli ostenderunt: nam sequitur: *Similiter autem et omnes dicebant:* sed tamen resistebant veritati, quam Christus praedixerat.

8. GLOSSA (1). Postquam Dominus scandalum discipulorum praedixerat, nunc Evangelista narrat de oratione ipsius, in qua pro discipulis creditur orasse: et primo describens locum orationis, dicit: *Et veniunt in praedium cui nomen Gethsemani.* BEDA (super *Veniunt in locum cui nomen Gethsemani*). Monstratur usque hodie locus Gethsemani, in quo Dominus oravit ad radices montis Oliveti. Interpretatur autem Gethsemani vallis pinguium, sive pinguedinum. Cum autem Dominus in monte orat, nos docet sublimia orando inquiri debere. At cum in valle pinguedinis orat, insinuat nobis humilitatem semper in orationibus, et internae pinguedinem dilectionis esse servandam. Ipse etiam per vallem humilitatis et pinguendinem caritatis pro nobis mortem subiit. HIERONYMUS (super *Sedete hic*). In valle etiam pinguedinum tauri pingues obsederunt eum. Sequitur: *Et ait discipulis suis: Sedete hic donec orem.* Separantur in oratione qui separantur in passione: quia ille orat, illi dormiunt, pigredine cordis oppressi. THEOPHYLACTUS (ibidem). Singulariter etiam erat consuetudo illi semper orare, formam nobis tradens ut silentium et solitudinem in orationibus requiramus. Sequitur: *Et assumit Petrum et Jacobum et Joannem secum.* Illos

tres tantum assumit qui gloriae ejus in monte Thabor inspectores extiterant, ut qui gloriosa viderant, viderent et tristia, et addiscerent quod verus erat homo in hoc quod tristatur: unde sequitur: *Et coepit pavere et taedere.* Quia enim totum assumpserat hominem, assumpsit et naturales proprietates hominis, pavere et taedere et contristar. naturaliter; nam homines naturaliter inviti tendun[i] ad mortem: unde sequitur: *Et ait illis: Tristis est anima mea usque ad mortem.* BEDA (supra *Tristis est*). Quasi Deus in corpore constitutus fragilitatem carnis exponit, ut eorum qui sacramentum incarnationis objurgant excluderetur impietas; nam qui corpus suscepit, omnia debuit suscipere quae corporis sunt, ut esuriret, sitiret, angeretur, contristaretur: divinitas enim per hos commutari nescit affectus. THEOPHYLACTUS (ibidem). Quidam autem hoc sic intellexerunt, quasi dicat: Tristor enim, non quod mori debeo, sed quod Israelitae propinqui mei me crucifixuri sunt, ac per hoc a regno Dei debent excludi. HIERONYMUS (super *Coepit pavere*). In hoc etiam pavere et tristari docemur ante judicium mortis, quod non possumus per nos dicere, sed per illum: « Venit princeps mundi hujus, et in « me non habet quicquam: » Joan. 14.

Sequitur: *Sustinete hic, et vigilate.* BEDA (super *Sustinete et vigilate*). Non a somno dormitionis prohibet, cujus tempus non erat imminente discrimine, sed a somno infidelitatis et torpore mentis. Paulum autem procedens ruit in faciem suam, et humilitatem mentis habitu carnis ostendit: unde sequitur: *Et cum processisset paululum, procidit super terram, et orabat ut, si fieri posset, transiret ab eo hora.* AUGUSTINUS de cons. Evang. (lib. 3, cap. 4, a med.) Non dixit, Si facere posset, sed *Si fieri posset;* fieri enim potest quod ille voluerit. Sic itaque dictum est, *Si fieri potest,* ac si diceretur. Si vellet. Et ne quis putaret (1) eum Patris minuisse potestatem, manifestavit quo intellectu accipiendum sit quod dictum est: nam sequitur: *Et dixit: Abba Pater, omnia tibi possibilia sunt:* in quo satis ostendit non ex impossibilitate, sed ex voluntate Patris dictum esse, *Si fieri potest.* Quod autem Marcus non solum Pater, sed *Abba Pater* eum dixisse commemorat; hoc est *Abba* hebraice, quod latine *Pater.* Et fortasse Dominus propter aliquod sacramentum utrumque dixit, volens ostendere se illam tristis personam in persona sui corporis (2), idest Ecclesiae, suscepisse, cui factus est angularis lapis, venientibus ad eum partim ex Hebraeis, ad quos pertinet quod ait *Abba;* partim ex Gentibus, ad quos pertinet quod ait *Pater.* BEDA (super *Non sicut ego volo*). Orat autem transire calicem, ut ostendat vere quod homo erat: unde subdit: *Transfer calicem hunc a me.* Reminiscens autem et propter quid missus est, perficit dispensationem ad quam missus est, et clamat: *Sed non quod ego volo, sed quod tu;* quasi dicat: Si moritur mors me non moriente secundum carnem, transeat calix; verum, quia non aliter hoc fiet, *non quod ego volo, sed quod tu.* Multi adhuc contristantur futura morte, sed habeant rectum cor, vitent mortem quam possunt; sed si non possunt, dicant id quod propter nos Dominus dixit. HIERONYMUS (Marc. 14, super illud *Si possibile est*). Ex quo etiam usque in fi-

---

(1) Non est in Glossa quae nunc extat (*Ex edit. P. Nicolai*).
S. Th. Opera omnia. V. 11.

(1) *Al.* neque putaret.
(2) *Al.* in sui corporis. *Nicolai* se illam tristitiam in personam etc.

nem non cessat nos docere patribus obedire et
voluntatem eorum voluntati nostrae praeponere.
Sequitur: *Et venit, et invenit eos dormientes.* Sicut
enim dormiunt mente, sic et corpore. Post orationem autem Dominus veniens, et videns discipulos
dormientes, Petrum solum increpat: unde sequitur:
*Et ait Petro: Simon dormis? Non potuisti una
hora vigilare mecum?* quasi dicat: Qui una hora
non potuisti mecum vigilare, quomodo mortem
spernes tu qui spondes mori mecum?

Sequitur: *Vigilate et orate, ut non intretis in
tentationem,* scilicet negandi me. BEDA (super *Orate ut non intretis in tentationem*). Non ait, Orate
ne tentemini, quia impossibile est humanam animam
non tentari; sed *ne intretis in tentationem:* hoc est,
ne vos tentatio superet. HIERONYMUS (super *Vigilate et
orate*). In tentationem autem intrare dicitur qui
orare negligit.

Sequitur: *Spiritus quidem promptus est, caro
autem infirma.* THEOPHYLACTUS (Marc. 14 a med.
Comment.) Quasi dicat: Spiritus quidem vester
promptus est ad me non negandum, et propterea
hoc promittitis; sed caro vestra intantum infirma est
quod nisi Dominus per orationem virtutem carni
dederit, in tentationem intrabitis. BEDA (super
Spiritus promptus est. Temerarios hic reprimit, qui
quicquid crediderint, putant se consequi posse. Sed
quantum ex mentis ardore confidimus, tantum ex
fragilitate carnis timeamus. Facit etiam hic locus
adversus eos qui dicunt unam in Domino operationem et unam voluntatem fuisse. Duas enim voluntates ostendit: humanam scilicet, quae propter
infirmitatem carnis recusat passionem; et divinam,
quae promptissima est.

Sequitur: *Et iterum abiens oravit eumdem sermonem dicens.* THEOPHYLACTUS (ubi supra). Ut scilicet per secundariam orationem, quod verus homo
esset, affirmaret. Sequitur, *et reversus denuo, invenit eos dormientes;* tamen non vehementer redarguit: *Erant enim oculi eorum gravati,* scilicet somno, *et ignorabant quid responderent ei.* Per hoc
infirmitatem humanam addiscas, ne scilicet gravati
somno promittamus ea quae nobis impossibilia sunt.
Ideo tertio abiit ad orandum ratione (1) praedicta:
unde sequitur: *Et venit tertio, et ait illis: Dormite
jam et requiescite.* Non turbatur contra illos cum
post redargutionem pejus fecerint; sed ironice dicit
illis: *Dormite jam, et requiescite:* quia jam sciebat
quod proditor appropinquabat. Et quod ironice dixerit, apparet per hoc quod subditur: *Sufficit. Venit hora: ecce Filius hominis tradetur in manus
peccatorum.* Hoc dicebat deridens somnum eorum:
quasi diceret: Nunc tempus est ut dormiatis quando
inimicus appropinquat. Deinde subjungit: *Surgite,
eamus: ecce qui me tradet prope est.* Non ut fuge-
rent hoc dicit, sed ut inimicis obviarent. AUGUSTINUS
de cons. Evang. (lib. 3, cap. 4). Vel aliter. Per
hoc quod cum dixisset, *Dormite jam et requiescite,*
adjungit, *Sufficit,* et deinde infert, *Venit hora, ecce
tradetur Filius hominis;* utique intelligendum est
post illud *Dormite et requiescite,* siluisse Dominum
aliquantum, ut hoc fieret quod praemiserat (2); et
tunc intulisse, *Venit hora;* et ideo interponit, *Sufficit,* scilicet quod requievistis. HIERONYMUS (ubi
supra). Trina autem discipulorum dormitio tres
mortuos quos Dominus suscitavit significat: primus

(1) *Al.* oratione.
(2) *Al.* permiserat.

in domo, secundus ad sepulcrum, tertius de sepulcro. Trina autem Domini vigilia docet nos orando
et de praeteritis (1) et de futuris et de praesentibus
veniam rogare.

9. BEDA (super *Surgite eamus*). Postquam tertio Dominus oraverat et Apostolorum timorem sequente poenitentia impetraverat corrigendum, securus de passione sua pergit ad persecutores; de
quorum adventu Evangelista dicit: *Et adhuc eo loquente, venit Judas Iscariotes unus de duodecim.*
THEOPHYLACTUS (super *Accessit Judas*). Hoc non
frustra ponitur, sed ad majorem proditoris redargutionem: quod cum de primo choro discipulorum
existeret, contra Dominum in rabiem versus est.

Sequitur: *Et cum eo turba multa cum gladiis
et lignis, missi a summis sacerdotibus et scribis
et senioribus.* HIERONYMUS (ubi supra). Incumbit
enim virtuti saeculi qui desperat de adjutorio Dei.
BEDA (super *Dedit autem eis signum*). Adhuc tamen habet aliquid Judas de verecundia discipuli,
cum eum non palam tradidit persecutoribus, sed
per signum osculi: unde sequitur: *Dederat autem
traditor eis signum, dicens: Quemcumque osculatus
fuero, ipse est: tenete eum, et ducite caute.* THEO-
PHYLACTUS (super *Deosculatus est eum*). Vide ejus
insensibilitatem, quomodo credebat in osculo Christum decipere, ut quasi amicus aestimaretur. Si
autem amicus eras, o Juda, cujus gratia cum inimicis accessisti? Sed omnis pravitas sine providentia est.

Sequitur: *Et cum venisset, statim accedens ad
eum ait, Ave Rabbi; et osculatus est eum.* HIERONY-
MUS (ibidem). Dat Judas signum osculi cum veneno doli: sic Cain obtulit sacrificium subdolum et
reprobatum. BEDA (ubi supra). Invidens autem
et scelerata confidentia magistrum vocat, et osculum
infert ei quem tradit. Suscipit autem Dominus
osculum traditoris, non quo simulare nos doceat,
sed ne proditionem fugere videatur; simul et illud
Psalm. 119, complens: « Cum his qui oderunt
« pacem eram pacificus. »

Sequitur: *Unus autem de circumstantibus educens gladium, percussit servum summi sacerdotis,
et amputavit auriculam.* BEDA (super *Unus autem
educens gladium*). Petrus hoc fecit, ut Joannes
declarat, eodem mentis ardore quo cetera faciebat:
sciebat enim quomodo Phinees puniendo sacrilegos,
mercedem justitiae et sacerdotii perennis acceperit.
THEOPHYLACTUS (ibidem). Tacet autem nomen ejus
Marcus, ut non videretur suum laudare magistrum
quasi zelantem pro Christo. Innuit autem Petrus
ex hoc quod inobedientes erant et increduli, spernentes Scripturas; nam si habuissent aures audientes Scripturas, non crucifixissent Dominum gloriae.
Amputavit autem auriculam servi summi sacerdotis:
nam summi sacerdotes primo praeteribant Scripturas, quasi servi non audientes facti.

Sequitur: *Et respondens Jesus ait illis: Tamquam
ad latronem existis cum gladiis et lignis?* BEDA
(super *Tamquam ad latronem existis*). Quasi dicat: Stultum est cum gladiis et fustibus quaerere
eum qui ultro se vestris tradidit manibus, et in
nocte quasi latitantem per proditorem investigare
qui quotidie in templo docebat. THEOPHYLACTUS (super *Quotidie eram apud vos*). Istud autem divinitatem ejus ostendit: quando enim in templo doce-

(1) *Al. omittitur* et de praeteritis.

bat, non valuerunt ipsum capere, quamvis in manibus eorum esset, quia nondum tempus advenerat passionis; quando autem ipse voluit, tunc tradidit seipsum, ut adimplerentur Scripturae: quia tamquam agnus ad occisionem ductus est, non clamans neque vociferans, sed voluntarie patiens: Isa. 53.

Sequitur: *Tunc discipuli ejus relinquentes eum omnes fugerunt.* BEDA (super *Ut impleantur Scripturae*). In hoc impletur sermo quem Dominus dixerat, quod omnes discipuli scandalizarentur in illo in ipsa nocte. Sequitur: *Adolescens autem quidam sequebatur illum, amictus sindone super nudo:* subauditur, corpore: quia non aliud indumenti quam solam habebat sindonem. Sequitur: *Et tenuerunt eum. At ille, rejecta sindone, nudus profugit ab eis:* quorum scilicet praesentiam detestabatur et facta, non a Domino (1), cujus amorem et absens corpore fixum servavit in mente. HIERONYMUS (super *Adolescens quidam*). Sicut etiam Joseph, relicto pallio, nudus de manibus impudicae feminae aufugit; qui vult effugere manus iniquorum, relinquens mente quae mundi sunt, fugiat post Jesum. THEOPHYLACTUS (ibid.). Probabile autem videtur quod hic adolescens erat de illa domo in qua pascha comederant. Quidam vero dicunt hunc adolescentem fuisse Jacobum fratrem Domini, qui dicebatur justus, qui ab Apostolis post Christi ascensionem cathedram Hierosolymorum accepit. GREGORIUS, 14 Moral. (cap. 26, super illud: « Pelli meae con- « sumptis carnibus; » in nov. exemp. est 23). Vel hoc de Joanne dicitur, qui, etsi post, ut verba Redemptoris audiret, ad crucem rediit, prius tamen territus fugit. (2) Nam, et illum eo tempore fuisse adolescentem, longa post hoc in carne vita ejus indicio est. Potuit enim fieri ut ad horam tenentium manibus elapsus, mox resumpto indumento redierit, et sub dubia lucis nocte, se turbis ducentium Jesum, quasi unus de ipsis immiscuerit, donec ad atrium pontificis, cui erat notus,perveniret, ut ipse in suo Evangelio commemorat. Sicut autem Petrus, qui culpam negationis poenitentiae lacrymis abluit, recuperationem ostendit eorum qui in martyrio labuntur; ita ceteri discipuli qui articulum comprehensionis fugiendo praevenerunt, cautelam fugiendi docent eos qui se minus idoneos ad toleranda supplicia sentiunt.

10. GLOSSA (3). Narraverat Evangelista superius, quomodo Dominus a ministris sacerdotum fuerat captus; nunc narrare incipit quomodo in domo principis sacerdotum morti adjudicatus fuit: unde dicitur: *Et adduxerunt Jesum ad summum sacerdotem.* BEDA (super *Et adduxerunt Jesum*). Summum sacerdotem significat Caipham, qui, sicut Joannes scribit, erat pontifex anni illius; de quo testatur Josephus, quod pontificatum sibi emerit a Principe Romano.

Sequitur: *Et convenerunt in unum omnes sacerdotes et scribae et seniores.* HIERONYMUS (super *Adolescens quidam*). Tunc facta est congregatio taurorum in vaccis populorum. Sequitur: *Petrus autem a longe sequebatur eum usque intro in atrium summi sacerdotis.* Timor eum retrahit, sed caritas trahit. BEDA (super *Petrus a longe sequebatur*). Merito autem a longe sequebatur qui jam erat

proxime negaturus: neque enim negare posset, si Christo proximus adhaesisset.

Sequitur: *Et sedebat cum ministris ad ignem, et calefaciebat se.* HIERONYMUS (super *Sedebat cum ministris*). In atrio cum ministris calefacit se ad ignem. Atrium sacerdotis est saecularis circuitus; ministri daemonia sunt, cum quibus qui manet, flere peccata non potest; ignis desiderium carnale. BEDA (ibid.). Est enim ignis caritas, de quo dicitur Luc. 12: « Ignem veni mittere in terram: » qui super credentes descendens variis linguis eos laudare Dominum docuit. Est et ignis cupiditatis, de quo dicitur Oseae 7: « Omnes adulterantes, ve- « lut clibanus corda eorum. » Hic ignis in atrio Caiphae instinctu maligni spiritus accensus, ad negandum, ad blasphemandum Dominum perfidorum linguas armabat. Quod enim intus in domo maligna synodus gerebat, hoc ignis in atrio inter frigora noctis accensus figurabat. Quoniam enim abundat iniquitas, refrigescit caritas multorum. Hoc frigore torpens ad horam Petrus, quasi prunis ministrorum Caiphae calefieri cupiebat; quia temporalis commodi solatium perfidorum societate quaerebat.

Sequitur: *Summi vero sacerdotes et omne concilium quaerebant adversus Jesum testimonium, ut eum morti traderent.* THEOPHYLACTUS (super *Summi sacerdotes et omne concilium*). Lege praecipiente quod unus existeret summus sacerdos, tunc multi erant substituti, et destituti annis singulis per Principem Romanorum. Summos ergo sacerdotes dicit illos qui determinatum eis tempus complentes jam compleverant et a sacerdotio destituti erant. Figuram autem judicii, quod in praejudicium agebant, operantur, testimonia quaerentes, ut videantur juste damnare et perdere. HIERONYMUS (super *Multi autem testimonium*). Sed mentita est iniquitas sibi, ut Regina adversus Joseph et sacerdotes adversus Susannam. Sed ignis sine materia deficit: unde sequitur: *Nec inveniebant: multi enim falsum testimonium dicebant adversus eum, et convenientia testimonia non erant.* Quod enim variatur, incertum habetur. Sequitur: *Et quidam surgentes falsum testimonium ferebant.* Moris est haereticorum umbram de veritate trahere. Non ille dixit quod illi dicunt, sed simile verbum de templo corporis sui, quod post biduum resuscitavit. THEOPHYLACTUS (super *Nos audivimus eum dicentem*). Non enim Dominus dixerat, *Ego dissolvam illud;* sed « Solvite: » neque *manufactum* dixit; sed simpliciter, « tem- « plum. » HIERONYMUS. Dixit etiam, Suscitabo, vivum animal significans, et spirans templum. Falsus testis est qui in eo sensu dicta intelligit quo non dicuntur.

11. BEDA (super *Non respondes quidquam ?*). Quanto Jesus tacebat ad indignos responsione sua falsos testes et sacerdotes impios, tanto magis pontifex furore superatus, eum ad respondendum provocat, ut ex qualibet occasione sermonis, locum inveniat accusandi: unde dicitur: *Et exurgens summus sacerdos in medium, interrogavit Jesum, dicens: Non respondes quidquam ad ea quae tibi objiciuntur ab his?* Iratus quidem princeps et impatiens non inveniens calumniae locum, exurgit de solio, ut insaniam mentis motu corporis demonstraret. HIERONYMUS (super *Quidam autem*). Sed ipse Deus et Salvator noster, qui mundo salutem contulit, et humano generi sua pietate subvenit, sicut ovis ad occisionem sine voce ducitur, et obmutuit, et siluit a bonis: unde sequitur: *Ille autem tacebat, et nihil*

---

(1) *Al.* non sic Domino.
(2) BEDA (*Ex edit. P. Nicolai*).
(3) Non est in Glossa quae nunc extat (*Ex edit. P. Nicolai*).

respondit. Taciturnitas Christi apologiam idest excusationem Adae absolvit. THEOPHYLACTUS (super *Ille tacebat*). Tacebat autem, sciens quod non attenderent verbis ejus: unde secundum Lucam cap. 22, respondit: « Si dixero vobis, non credetis mihi: » unde sequitur: *Rursus summus sacerdos interrogavit eum, et dixit ei: Tu es Christus Filius Dei benedicti ?* Interrogat quidem hoc summus sacerdos, non ut addiscens crederet, sed ut ex hoc aliquam occasionem captaret. Quaerit autem: *Tu es Christus Filius Dei benedicti ?* Multi namque erant Christi, idest uncti, sicut reges, et summi Sacerdotes; sed nullus eorum dicebatur Filius Dei benedicti, quasi semper collaudati. HIERONYMUS (super *Tu es Christus ?*). Hunc autem expectabant de longe, quem prope non vident; sicut Isaac caligantibus oculis Jacob sub manibus non agnoscit; sed longe de eo futura canit. Sequitur: *Jesus autem dixit illis, Ego sum*; ut scilicet inexcusabiles fiant. THEOPHYLACTUS (super *Rursum summus sacerdos*). Sciebat namque quoniam non crederent: tamen respondit: ne postea dicerent: Si audissemus aliquid ab eo, credidissemus ei. Hoc autem est in eorum praejudicium: quia audierunt et non crediderunt. AUGUSTINUS de cons. Evang. (lib. 3, cap. 6 et 7). Matthaeus autem cap. 26, non dixit respondisse Jesum, *Ego sum*, sed « Tu dixisti; » sed Marcus tantum valere ostendit quod ei dicit, « Tu dixisti » quantum si diceret, *Ego sum.*

Sequitur: *Et videbitis Filium hominis sedentem a dextris virtutis Dei, et venientem cum nubibus caeli.* THEOPHYLACTUS (super *Videbitis Filium hominis*). Ac si dicat: Videbitis me tamquam Filium hominis a dextris Patris sedentem. Virtutem namque hic Patrem dicit. Non autem sine corpore veniet; sed qualis apparuit crucifigentibus, talis (1) in judicio eis apparebit. BEDA (ibidem). Si ergo tibi in Christo, o Judaee, o Pagane et Haeretice, contemptus, infirmitas et crux contumelia est; vide quia per hoc Filius hominis ad dexteram Dei Patris sessurus, et in sua cum nubibus caeli est majestate futurus. HIERONYMUS (ubi supra). Et quidem sacerdos interrogat Filium Dei, Jesus autem respondet Filium hominis: ut hinc intelligamus Dei Filium idem esse et Filium hominis; et ne quaternitatem faciamus in Trinitate; sed homo in Deo, et Deus in homine sit. Dicit autem, *A dextris virtutis sedentem*; idest, in vita regnantem sempiterna, et virtute divina. *Et venientem cum nubibus caeli.* In nube ascendit, cum nube veniet; idest, in corpore suo solo, quod sumpsit a Virgine, ascendit, et cum multiformi Ecclesia, quae corpus ipsius et plenitudo ejus, ad judicium venturus est. LEO Papa (ser. 6 de Passione Domini). Caiphas autem ad exaggerandam auditi sermonis invidiam, scidit vestimenta sua; et nesciens quid haec significaret insania, sacerdotali se honore privavit: oblitus praecepti illius quod legitur de principe sacerdotum Lev. 21, « De capite suo cidarim non deponet, et « vestimenta sua non disrumpet. » Nam sequitur: *Summus autem sacerdos scindens vestimenta sua, ait: Quid adhuc desideramus testes ? Audistis blasphemiam: quid vobis videtur ?* THEOPHYLACTUS (super *Summus sacerdos scindens vestimenta*). Adimplet quidem sacerdos consuetudinem Judaicam: cum enim aliquid intolerabile et triste illis occurrebat,

vestimenta scindebant. Ut ergo monstraret quod Christus magnam et intolerabilem blasphemiam dixerit, vestimenta scidit. BEDA (ibidem). Altiori autem mysterio factum est ut in passione Domini pontifex Judaeorum sua ipse vestimenta discinderet, hoc est ephod; cum tunica Domini nec ab ipsis qui eum crucifixere militibus scindi potuerit. Figurabatur enim quia sacerdotium Judaeorum pro sceleribus ipsorum pontificum esset scindendum; soliditas vero Ecclesiae, quae vestis sui Redemptoris solet appellari, nunquam valet disrumpi. THEOPHYLACTUS (ibidem). Ex eo autem sacerdotium Judaeorum scindendum erat quod condemnaverunt Christum esse reum mortis: unde sequitur: *Qui omnes condemnaverunt eum esse reum mortis.* HIERONYMUS (ibidem). Condemnant quidem eum esse reum mortis, ut reatu suo reatum nostrum solveret. Sequitur: *Et coeperunt quidam conspuere eum*: ut scilicet sputaminibus susceptis, faciem animae nostrae lavaret; et velamine faciei suae velamen cordium nostrorum auferret; et colaphis, quibus in capite percussus est, caput humani generis quod est Adam, sanaret; et alapis quibus expalmatus est, maxima (1) laus ejus nostris manibus labiisque plauderet: ut dicitur Psal. 46, « Omnes gentes plaudite manibus. » BEDA (super *Prophetiza*). Quod vero dicunt ei: *Prophetiza: quis est qui te percussit ?* quasi in contumeliam faciunt ejus qui se a populis Prophetam haberi voluit. AUGUSTINUS de cons. Evang. (lib. 3, cap. 6). Hoc autem intelligitur passus Dominus usque ad mane in domo principis sacerdotum; quo prius adductus est.

12. AUGUSTINUS de cons. Evang. (lib. 3, cap. 6). De Petri tentatione, quae inter praedictas Domini contumelias facta est, non eodem ordine omnes Evangelistae narrant. Nam Lucas explicat prius tentationem Petri, tum demum has Domini contumelias; Joannes autem incipit Petri tentationem dicere, et interponit (2) quaedam de contumeliis Domini, et adjungit quod inde missus est ad Caipham Pontificem; et inde recapitulat, ut explicet quam coeperat tentationem Petri. Matthaeus autem et Marcus primo commemorant Christi contumelias, deinde Petri tentationem, de qua dicitur, *Et cum esset Petrus in atrio deorsum, venit una ex ancillis summi sacerdotis.* BEDA. Quid autem sibi vult, quod primus eum prodit ancilla; cum viri utique eum magis potuerint recognoscere, nisi ut et iste sexus peccasse in necem videretur Domini, et iste sexus redimeretur per Domini passionem ?

Sequitur: *At ille negavit dicens: Neque scio, neque novi quid dicas.* HIERONYMUS (super *Venit una ex ancillis*). Petrus sine Spiritu voci ancillae cessit, cum Spiritu nec principibus nec regibus cedit. THEOPHYLACTUS (ibid.) Hoc autem eum pati dispensative permisit Dominus, ne scilicet extolleret se; simulque ut peccantibus misericors ostendatur, tamquam ex seipso instructus humanae infirmitatis eventum.

Sequitur: *Et exiit foras ante atrium, et gallus cantavit.* BEDA (super *Exivit foras*). De hoc galli cantu ceteri Evangelistae tacent; non tamen factum negant: sicut et multa alia alii silentio praetereunt quae alii narrant.

Sequitur: *Rursus autem cum vidisset eum ancilla,*

---

(1) *Al. omittitur* talis.

(1) *P. Nicolai habet* quibus expalmatus est in maxillas, laus ejus, etc.

(2) *Al.* et interposuit; *item infra* adjunxit.

coepit dicere circumstantibus, quia hic ex illis est. Augustinus de cons. Evang. (lib. 3, cap. 6). Haec ancilla non eadem, sed alia est, sicut dicit Matthaeus. Sane hoc quoque intelligitur, quia in secunda negatione a duobus compellatus est, ab ancilla, scilicet, quam commemorant Matthaeus et Marcus, et ab alio quem commemorat Lucas. Sequitur: *At ille iterum negavit.* Jam Petrus redierat, ut, quemadmodum dicit Joannes, ad focum stans iterum negaret: unde ancilla dicebat quod supra dictum est, non illi, scilicet Petro, sed his qui illo exeunte ibi remanserant; sic tamen ut ille audiret; unde rediens et rursus ad ignem stans resistebat negando verbis eorum. Liquido enim colligitur collatis de hac re omnibus Evangelistarum testimoniis, non ante januam secundo Petrum negasse, sed intus in atrio ad ignem; Matthaeum autem et Marcum, qui commemoraverunt exisse eum foras, regressum ejus brevitatis causa tacuisse. Beda (super *Cum vidisset eum alia ancilla*). In hac autem negatione Petri discimus non solum abnegari Christum ab eo qui dicit eum non esse Christum; sed ab illo etiam qui cum sit, negat se esse Christianum: Dominus enim non ait Petro, Discipulum meum te negabis, sed *Me negabis.* Negavit ergo (1) Christum cum se negavit ejus discipulum. Sequitur: *Et post pusillum rursus qui astabant dicebant Petro: Vere ex illis es; nam et Galilaeus es.* Non quod alia lingua Galilaei quam Hierosolymitae loquerentur, qui utique fuerunt Hebraei: sed quod unaquaeque provincia et regio suas habeat proprietates, ac vernaculum loquendi sonum vitare non possint. Theophylactus (non remote a fin. Comm.). Igitur timore Petrus

perterritus, et Domini sermonem oblitus, dicentis Matth. 10: « Qui me confessus fuerit coram homi- « nibus, confitebor et ego eum coram Patre meo: » Dominum abnegavit: unde sequitur: *Ille autem coepit anathematizare et jurare: Quia nescio hominem istum quem dicitis:* Beda. Quam noxia sunt pravorum consilia ! Inter infideles hominem negavit se nosse quem inter discipulos Deum fuerat confessus. Solet autem Scriptura sacra meritum causarum per statum designare temporum; unde Petrus, qui media nocte negavit, ad galli cantum poenituit: unde subditur: *Et statim iterum gallus cantavit. Et recordatus est Petrus verbi quod dixit ei Jesus: Priusquam gallus cantet bis, ter me negabis: et coepit flere.* Theophylactus (circ. fin. Comm.). Lacrymae enim Petrum Christo per poenitentiam adduxerunt, Confundantur itaque Novatiani, qui dicunt, quod qui post susceptionem baptismatis peccaverit, non suscipitur ut sibi delictum remittatur. Ecce enim Petrus, qui et Christi corpus sumpsit et sanguinem, per poenitentiam est susceptus. Etenim sanctorum defectus propter hoc scripti sunt ut et nos si per incautelam deciderimus, recursum habeamus (1) per eorum exemplum, et speremus per poenitentiam sublevari. Hieronymus (circ. finem Comm.). Mystice autem prima ancilla, titubatio est; secunda, consensio; tertius vir, actus est. Haec trina negatio, quam abluit per fletus verbi Christi recordatio. Tunc nobis gallus cantat quando praedicator quisquam per poenitentiam corda nostra ad compunctionem excitat; tunc incipimus flere quando ignimur intus per scintillam scientiae; et foris eximus cum extra ejicimus quod intus fuimus.

(1) *Al.* neque ergo.

(1) *Al.* haberemus. *P. Nicolai legit* habeamus ad eorum exemplum.

CAPUT DECIMUMQUINTUM.

1. Et confestim mane consilium facientes summi sacerdotes cum senioribus et scribis et universo concilio, vincientes Jesum, duxerunt et tradiderunt Pilato. Et interrogavit eum Pilatus: Tu es rex Judaeorum? At ille respondens, ait illi, Tu dicis. Et accusabant eum summi sacerdotes in multis. Pilatus autem rursum interrogavit eum, dicens: Non respondes quidquam? Vides in quantis te accusant? Jesus autem nihil amplius respondit, ita ut miraretur Pilatus.

2. Per diem autem festum solebat dimittere illis unum ex vinctis quemcumque petiissent. Erat autem qui dicebatur Barabbas, qui cum seditiosis erat vinctus, qui in seditione fecerat homicidium. Et cum ascendisset turba, coepit rogare, sicut semper faciebat illis. Pilatus autem respondit eis, et dixit: Vultis dimittam vobis regem Judaeorum? Sciebat enim quod per invidiam tradidissent eum summi sacerdotes. Pontifices autem concitaverunt turbam, ut magis Barabbam dimitteret eis. Pilatus autem iterum respondens ait illis: Quid ergo vultis faciam regi Judaeorum? At illi iterum clamaverunt, Crucifige eum. Pilatus vero dicebat illis: Quid enim mali fecit? At illis magis clamabant, Crucifige eum. Pilatus autem volens populo satisfacere, dimisit illis Barabbam, et tradidit Jesum flagellis caesum ut crucifigeretur.

3. Milites autem duxerunt eum in atrium praetorii, et convocant totam cohortem, et induunt eum purpura, et imponunt ei plectentes spineam coronam, et coeperunt salutare eum, Ave rex Judaeorum. Et percutiebant caput ejus arundine, et conspuebant eum, et ponentes genua, adorabant eum. Et postquam illuserunt ei, exuerunt illum purpura, et induerunt eum vestimentis suis.

4. Et educunt illum, ut crucifigerent eum. Et angariaverunt praetereuntem quempiam Simonem Cyrenaeum venien-

tem de villa, patrem Alexandri et Rufi, ut tolleret crucem ejus. Et perducunt illum in Golgotha locum, quod est interpretatum Calvariae locus. Et dabant ei bibere myrrhatum vinum, et non accepit. Et crucifigentes eum, diviserunt vestimenta ejus, mittentes sortem super eis, quis quid tolleret. Erat autem hora tertia, et crucifixerunt eum. Et erat titulus causae ejus inscriptus, rex Judaeorum. Et cum eo crucifigunt duos latrones: unum a dextris, et alium a sinistris ejus. Et impleta est Scriptura quae dicit: Et cum iniquis reputatus est.

5. Et praetereuntes blasphemabant eum, moventes capita sua, et dicentes: Vah qui destruis templum Dei, et in tribus diebus reaedificas. Salvum fac temetipsum, descendens de cruce. Similiter et summi sacerdotes illudentes ad alterutrum cum scribis dicebant. Alios salvos fecit, seipsum non potest salvum facere. Christus rex Israel descendat nunc de cruce, ut videamus et credamus. Et qui cum eo crucifixi erant, conviciabantur ei.

6. Et facta hora sexta, tenebrae factae sunt super totam terram usque in horam nonam. Et hora nona exclamavit Jesus voce magna, dicens: Eli, Eli lammasabactani: quod est interpretatum: Deus meus, Deus meus, ut quid dereliquisti me? Et quidam de circumstantibus audientes dicebant; Ecce Eliam vocat. Currens autem unus, et implens spongiam aceto, circumponensque calamo, potum dabat ei, dicens: Sinite, videamus si veniat Elias ad deponendum eum. Jesus autem emissa voce magna, expiravit.

7. Et velum templi scissum est in duo, a summo usque deorsum. Videns autem Centurio, qui ex adverso stabat, quia sic clamans expirasset, ait: Vere hic homo Filius Dei erat. Erant autem et mulieres de longe aspicientes, inter quas erat Maria Magdalene, et Maria Jacobi minoris et Joseph mater,

et Salome; et cum esset in Galilaea, sequebantur eum, et
ministrabant ei. et aliae multae, quae simul cum eo ascenderant Hierosolymam.

8. Et cum jam sero esset factum, quia erat parasceve, quod
est ante sabbatum, venit Joseph ab Arimathaea nobilis decurio, qui et ipse erat expectans regnum Dei. Et audacter introivit ad Pilatum, et petiit corpus Jesu. Pilatus autem mi-

rabatur, si jam obiisset. Et accersito Centurione, interrogavi[t]
eum, si jam mortuus esset. Et cum cognovisset a Centurione,
donavit corpus Joseph. Joseph autem mercatus sindonem, et
deponens eum, involvit in sindone, et posuit eum in monumento quod erat excisum de petra, et advolvit lapidem ad
ostium monumenti. Maria autem Magdalene et Maria Joseph
aspiciebant ubi poneretur.

1. BEDA (Marc. 15, circ. princ. ' Comm.) Habebant Judaei hunc morem ut quem adjudicassent
morti, ligatum judici traderent: unde post condemnationem Christi subjungit Evangelista: *Et confestim
mane consilium facientes summi sacerdotes cum senioribus et scribis et universo concilio, vincientes
Jesum duxerunt, et tradiderunt Pilato.* Attamen
notandum, quod non tunc primum ligaverunt eum;
sed mox comprehensum nocte in horto, ut Joannes
declarat, ligaverunt. THEOPHYLACTUS (ibid.). Tradiderunt itaque Jesum Romanis; sed et ipsi a Deo
traditi fuerunt in manibus Romanorum, ut adimplerentur Scripturae dicentes Psal. 27: « Secundum
« opera manuum eorum retribue illis. »

Sequitur: *Et interrogavit eum Pilatus: Tu es
rex Judaeorum?* BEDA (super *Tu es rex Judaeorum?*).
Pilato nihil aliud criminis interrogante nisi utrum
rex Judaeorum sit, arguuntur impietatis Judaei,
quod nec falso quidem invenire potuerint quod
objicerent Salvatori. Sequitur: *At ille respondens
ait illi, Tu dicis.* Sic respondet, ut verum diceret,
et sermo ejus calumniae non pateret. THEOPHYLACTUS
(par. a princ. Comment. in cap. 15). Dubiam
enim responsionem emisit: nam *Tu dicis* potest
sic intelligi: Tu dicis hoc, sed ego non dico. Et
nota, quod Pilato, qui invitus fert sententiam, aliqua in parte responderit; sacerdotibus autem et
principibus respondere noluerit, indignosque sermone suo judicaverit.

Sequitur: *Et accusaverunt eum summi sacerdotes
in multis.* AUGUSTINUS de cons. Evang. (lib. 3, cap.
8, a med.). Lucas etiam ista crimina quae falso
objecerunt aperuit: sic enim narrat cap. 23: « Coe-
« perunt accusare eum, dicentes: Hunc invenimus
« subvertentem gentem nostram, et prohibentem
« tributa dari Caesari, et dicentem se Christum
« regem esse ».

Sequitur: *Pilatus autem rursus interrogabat eum,
dicens: Non respondes quicquam? Vides in quantis
te accusant?* BEDA (super *Rursus Pilatus*). Ethnicus
quidem est qui condemnat Jesum; sed causam refert in populum Judaeorum. Sequitur: *Jesus autem
amplius nihil respondit, ita ut miraretur Pilatus.*
Nihil quidem respondere voluit, ne crimen diluens
dimitteretur a praeside, et crucis utilitas differretur.
THEOPHYLACTUS (non procul a princ. Comm.). Mirabatur autem Pilatus: quia cum legis doctor esset,
et eloquens, et potens responsione sua eorum accusationes infringere, non respondebat quicquam,
sed magis accusationes viriliter sustinebat.

2. BEDA (super *Quid vultis ut faciam?*). Multas liberandi Salvatorem Pilatus occasiones dedit;
primo latronem justo conferens: unde dicitur: *Per
diem autem festum dimittere solebat illis unum ex
vinctis quemcumque petiissent.* GLOSSA (1). Quod
quidem solitus erat facere ut gratiam populi captaret, et praecipue in die festo, quando de tota
provincia Judaeorum populus Hierosolymam conflue-

bat. Et ut major Judaeorum improbitas appareat,
describitur consequenter enormitas culpae latronis,
quem Judaei Christo praetulerunt: unde sequitur:
*Erat autem qui dicebatur Barabbas, qui cum sedi-
tiosis vinctus erat, qui in seditione fecerat homicidium*: in quo ostenditur et ex gravitate culpae no-
tabilis, quod homicidium fecerat; et ex modo faciendi, quia cum perturbatione civitatis hoc fecerat,
seditionem concitando; et etiam quia culpa ejus
manifesta erat, nam et cum seditiosis vinctus erat.

Sequitur: *Et cum ascendisset turba, coepit rogare sicut semper faciebat illis.* AUGUSTINUS de cons.
Evang. (lib 3, cap. 8). Nulla quaestio est quod
Matthaeus tacet ipsos petiisse ut aliquis eis dimitteretur, quod Marcus hic dicit. Nihil enim interest
si alius aliud tacet, quod alius commemorat. Sequitur: *Pilatus ergo respondit, et dixit: Vultis dimittam vobis regem Judaeorum? Sciebat enim quod
per invidiam tradidissent eum summi sacerdotes.*
Quaeri potest quae verba Pilatus dixerit, utrum
quae a Matthaeo, an quae a Marco referuntur? Aliud
enim videtur esse: « Quem vultis dimittam vobis:
« Barabbam, an Jesum qui dicitur Christus? » ut
Matthaeus refert cap. 27; aliud, *Vultis vobis dimittam regem Judaeorum?* ut hic dicitur. Sed quia
Christos reges dicebant, et qui dixit, Illum an illum,
manifestum est eum quaesisse (1) an vellent dimitti
regem Judaeorum, idest Christum. Nihil autem interest
sententiae quod hic tacuit Marcus de Barabba, hoc solum volens dicere quod ad Dominum pertinebat; quandoquidem in eorum responsione satis et ipse ostend-
dit quem sibi dimitti voluerint: nam sequitur: *Pontifices autem concitaverunt turbam, ut magis Barabbam
dimitteret eis.* BEDA (super *Pontifices concitaverunt
turbam.* Haeret Judaeis usque hodie sua petitio, quam
tanto labore impetrarunt: quia enim data sibi optione
pro Jesu latronem, pro Salvatore interfectorem elegerunt, merito salutem perdiderunt et vitam, et
latrociniis ac seditionibus se intantum subdiderunt
ut patriam regnumque suum, quod plus Christo
amaverunt, perdiderint; et libertatem, corpus et
animam nunquam receperint (2). Deinde aliam
occasionem dat Pilatus liberandi Salvatorem, cum
sequitur: *Pilatus autem respondens ait illis: Quid
ergo vultis faciam regi Judaeorum?* AUGUSTINUS de
conc. Evang. (lib. 3. cap. 8). Jam satis apparet
quod id Marcus velit ostendere, dicendo *Regem
Judaeorum,* quod Matthaeus dicendo Christum: non
enim dicebantur Christi reges, nisi Judaeorum. In
hoc enim loco secundum Matthaeum dicitur: « Quid
« igitur faciam de Jesu qui dicitur Christus? »

Sequitur: *At illi clamabant, Crucifige eum.* THEO-
PHYLACTUS (non remote a princip Comment.). Vide
autem Judaeorum pravitatem, et Pilati commensu-
rationem; quamvis et ipse dignus sit condemnatione
pro eo quod populo non resistebat. Illi namque
clamabant, *Crucifige*; hic tentat humiliter ab illo
praejudicio eruere Jesum; et ideo rursus interrogat:
unde sequitur: *Pilatus autem dicebat eis: Quid e-*

---

(1) Nihil tale in Glossa quae nunc extat; sed insinuat in
Joannem. quod quia ipsi liberati sunt in pascha, inde ista
consuetudo nata est (*Ex edit. P. Nicolai*).

(1) *Al.* dixisse.
(2) *Al.* receiperent.

nim mali fecit? Occasionem namque ex hoc sumere volebat ut Christum solveret innocentem. BEDA (super *At illi magis clamabant*). Judaei vero insaniae suae satisfacientes, interrogationi praesidis non respondent: unde sequitur: *At illi magis clamabant, Crucifige eum*: ut impleretur illud Hieremiae 12: « Facta est mihi hereditas mea sicut leo in silva; « dederunt super me vocem suam. »

Sequitur: *Pilatus autem volens satisfacere populo, dimisit illi Barabbam, et tradidit Jesum flagellis caesum ut crucifigeretur.* THEOPHYLACTUS (super *Volens turbae satisfacere*). Volebat quidem satisfacere populo, idest eorum facere voluntatem, et non quod erat placitum justitiae et Deo. HIERONYMUS. Hic duo hirci adsunt: unus apompaeos (1), idest emissarius, cum peccato populi in desertum inferni absolutus dimittitur; alter pro peccatis absolutorum ut agnus occiditur. Pars Domini semper mactatur; pars diaboli, qui est magister eorum quod sonat Barabbas, effrenata in tartarum praecipitatur. BEDA (super *Pilatus tradidit Jesum flagellatum*). Jesus autem flagellatus non ab alio quam ab ipso Pilato intelligendus est: scribit namque Joannes cap. 19: « Apprehendit Pilatus Jesum, et « flagellavit: » quod quidem ideo fecisse credendus est, ut satiati poenis ac opprobriis ejus, Judaei mortem ultra sitire desisterent.

3. THEOPHYLACTUS (super *Milites introduxerunt eum*). Militaris vana gloria semper inordinatis gaudens et opprobriis, sibi propria ostendebat: unde dicitur: *Milites autem duxerunt eum in atrium praetorii, et convocant totam cohortem,* idest totum ordinem militiae; *et induunt eum purpura,* sicut regem. BEDA (super *Convocant cohortem*). Quia enim rex Judaeorum fuerat appellatus, et hoc ei scribae et sacerdotes crimen objecerant, quod sibi in populo Israelitico usurparet imperium; illudentes hoc faciunt, et nudatum pristinis vestibus induunt purpura, qua reges veteres utebantur. AUGUSTINUS de cons. Evang. (lib. 3, cap. 9). Intelligitur autem quod Matthaeus ait: « Chlamydem coc- « cineam circumdederunt ei, » hic Marcum dixisse indutum purpura: pro regia enim purpura chlamys illa coccinea ab illudentibus adhibita erat; et est rubra quaedam purpuram cocco simillima. Potest etiam fieri ut purpuram etiam Marcus commemoraverit, quam chlamys habebat, quamvis esset coccinea. BEDA (super *Induunt eum purpura*). Pro diademate autem ponunt ei coronam spineam: unde sequitur: *Et imponunt ei plectentes spineam coronam.* Pro sceptro autem regali dant calamum, ut Matthaeus scribit: et adorant quasi regem: unde sequitur: *Et coeperunt salutare eum: Ave Rex Judaeorum.* Et quod milites eum, quasi qui Deum seipsum falso dixisset, adorabant illudentes, patet ex hoc quod subditur: *Et percutiebant caput ejus arundine, et conspuebant eum, et ponentes genua, adorabant eum:* quasi falso se dixisset Deum. HIERONYMUS (super *Imponunt ei spineam coronam*). Opprobria autem ejus nostrum abstulere opprobrium; vincula ejus nos liberos fecerunt; corona spinea capitis ejus, diadema regni adepti sumus; vulneribus ejus sumus sanati. AUGUSTINUS de conc. Evang. (lib. 3, cap. 9). Apparet autem Matthaeum et Marcum recapitulando ista posuisse, non quod tunc factum sit, cum eum Pilatus jam crucifigendum

tradidisset. Joannes enim apud Pilatum dicit haec gesta. Hoc autem quod sequitur, *Et postquam illuserunt ei, exuerunt eum purpura, et induerunt eum vestimentis suis*; in fine factum intelligitur, cum jam adduceretur ad crucifigendum. HIERONYMUS (super *Induunt eum purpura*). Mystice autem vestimentis suis nudatur Jesus, idest Judaeis: purpura induitur, idest gentili Ecclesia, quae de scopulis collecta est. Item ea exutus in fine scandalizante, Judaica rursum induitur plebe: « cum enim intra- « verit plenitudo Gentium, tunc omnis Israel sal- « vus erit: » Rom. 11. BEDA (ibidem). Vel in purpura qua indutus est Dominus, ipsa ejus caro quam passionibus objecit, insinuatur: in corona vero quam portabat spinea, nostrorum susceptio peccatorum. THEOPHYLACTUS (ibidem). Induamus et nos purpuram stolam regalem: quia ut reges ambulare debemus calcantes super serpentes et scorpiones, et suppeditantes peccatum: Christiani namque dicimur, idest uncti, sicut et tunc reges uncti dicebantur. Sumamus et coronam spineam, idest festinemus coronari vita arcta et abstinentiis et puritate. BEDA (super *Percutiebant caput ejus*). Caput autem Christi percutiunt qui (1) eum verum Deum esse negant. Et quia per arundinem scriptura solet confici; quasi arundine caput Christi feriunt qui divinitati illius contradicentes, errorem suum confirmare auctoritate sacrae Scripturae conantur. Spuunt in faciem ejus qui gratiae praesentiam verbis execrandis respuunt. Sunt et hodie qui eum certa fide ut Deum verum adorant; sed perversis actibus verba ejus quasi fabulosa despiciunt, ac promissa verbi illius temporalibus illecebris postponunt. Sicut autem Caiphas nescius dixit Joan. 11: « Oportet unum hominem mori pro populo; » sic milites nescientes faciunt.

4. GLOSSA (2). Post condemnationem Christi et contumelias condemnato illatas, ad crucifixionem ejus narrandam Evangelista accedit dicens: *Et educunt illum, ut crucifigerent eum.* HIERONYMUS (super *Vultis dimittam?*). Hic educitur Abel in agrum a fratre ut perimatur; hic adest Isaac cum lignis, et Abraham cum ariete vepribus haerente; hic etiam Joseph cum fasce somniato, et tunica talari sanguine lita; hic adest Moyses cum virga et serpente suspenso in ligno; hic est botrus in ligno portatus hic adest Eliseus cum ligno ad quaerendam securim, quae in imo demersa est, et natavit ad lignum idest, genus humanum, quod a ligno vetito in infernum decidit, per lignum crucis Christi, et per baptismum aquae ad paradisum natavit; hic adest Jonas de ligno forti (3) in mare ventremque ceti triduo missus.

Sequitur: *Et angariaverunt quempiam praetereuntem Simonem Cyrenaeum venientem de villa, patrem Alexandri et Ruffi, ut tolleret crucem ejus.* THEOPHYLACTUS (super *Coegerunt hominem*). Joannes autem ait, quod ipsemet bajulabat sibi crucem: utrumque enim fuit: nam ipse quidem primo bajulavit sibi crucem, donec praeteriit quidam quem angariaverunt, et tunc ille portabat. Dixit autem quorum filiorum erat pater ad majorem fidem, et affirmationem: nam homo ille adhuc vivebat, qui poterat omnia quae circa crucem facta sunt, enarrare. HIERONYMUS (super *Patrem Alexandri et*

---

(1) *Al.* apompeius. *P. Nicolai corrigit ex graeco* apompaeus.

(1) *Al.* quoniam.
(2) Nihil tale in Glossa quae nunc extat (*Ex edit. P. Nicolai*).
(3) *Al.* forti. *P. Nicolai legit* fortis.

Ruffi). Cum autem alii per merita patrum suorum
commemorentur, alii per merita filiorum suorum;
hic Simon qui crucem in angaria portat, meritis
filiorum suorum, qui erant discipuli, commemoratur. De hoc nos in praesenti vita admonemur, parentes adjuvari per natorum suorum sapientiam
vel merita: ut populus Judaicus propter Patriarcharum et Prophetarum et Apostolorum merita semper commemoratur, Simon autem iste qui portat
crucem in angaria, ipse est qui laborat pro laude
humana: cogunt enim homines hunc laborare. quem
non cogit timor et dilectio Dei. BEDA (super *An-*
gariaverunt Simonem). Vel quia Simon iste non
Hierosolymita, sed Cyrenaeus esse perhibetur (Cyrene enim Lybiae civitas est); recte per eum populi
Gentium designantur, qui quondam peregrini et hospites testamentorum, nunc obediendo heredes sunt
Dei, coheredes autem Christi. Unde apte Simon
obediens, Cyrene heres interpretatur. De villa autem venisse refertur: villa enim graece pagus dicitur: unde Paganos appellamus eos quos a civitate Dei alienos videmus. De pago igitur egrediens
Simon crucem portat post Jesum, cum populus
nationum paganis ritibus derelictis vestigia dominicae passionis obedienter amplectitur. Sequitur:
Et perduxerunt eum in Golgotha locum, quod est
interpretatum Calvariae locus. Extra urbem et foris
portam loca sunt in quibus truncantur capita damnatorum; et Calvariae, idest decollatorum, sumpsere
nomen. Propterea autem ibi crucifixus est Dominus,
ut ubi prius erat area damnatorum, ibi erigerentur vexilla martyrii. HIERONYMUS (super *Crucifixe-*
runt). Tradunt autem Judaei quod in hoc montis
loca immolatus est aries pro Isaac; et ibi decalva-
tur; idest, a carne sua, carnali videlicet Judaea,
separatur.

Sequitur: *Et dabant ei bibere myrrhatum vi-*
num. AUGUSTINUS de cons. Evang. (lib. 3, cap. 11).
Hoc intelligendum est Matthaeum dixisse cum felle
mixtum: sed quippe pro amaritudine posuit, et
myrrhatum vinum amarissimum est: quamquam
fieri possit ut et fel et myrrha vinum amarissimum redderent. THEOPHYLACTUS (super *Dabant ei*
bibere myrrhatum vinum). Vel ordinatione quadam existente, alii alia afferebant; quidam acetum
et fel; quidam vinum myrrhatum. HIERONYMUS. Vel
myrrhatum vinum, hoc est acetum: per hoc suc-
cus laethalis pomi abstergitur. BEDA (ibidem).
Amara vitis amarum vinum fecit de (1) quo pro-
pinat Dominum Jesum, ut impleatur quod scriptum
est Psal. 68: « Dederunt in cibum meum fel, et
« in siti mea potaverunt me aceto. » AUGUSTINUS de
cons. Evang. (lib. 3, cap. 11). Quod autem subditur, *Et non accepit,* intelligitur, non accepit ut
biberet; gustavit autem, ut Matthaeus testis est; et
sicut idem Matthaeus ait: « Noluit bibere, » hoc
Marcus dixit, *Et non accepit:* tacuit autem quod
gustavit. HIERONYMUS. Non accepit etiam id pro quo
patitur: unde de eo dicitur Psal. 68: « Quae non
« rapui, tunc exolvebam. » Sequitur: *Et crucifi-*
gentes eum, diviserunt vestimenta sua, mittentes
sortem super eis, quid quis tolleret. Hoc loco figuratur salus per (2) lignum. Primum lignum scientiae boni et mali fuit; secundum lignum boni tantum nobis et vitae lignum est. Extensio manus
primae ad lignum mortem apprehendit; extensio

autem secundae, vitam, quae perierat, invenit. Ligno hoc vehimur per mare undosum ad terram
viventium: cruce enim sua Christus cruciatum nostrum absolvit, et morte sua mortem nostram necavit. Cum (1) forma serpentis serpentem necat (2):
quia serpente de virga facto, alii absorbentur serpentes. Ipsa autem species crucis quid est nisi
forma quadrata mundi? Oriens de vertice fulget;
arctos dextra tenet; auster laeva consistit; occidens
sub plantis firmatur. Unde Apostolus Ephes. 3:
« Ut sciamus quae sit altitudo et latitudo et lon-
« gitudo et profundum. » Aves quando volant ad
aethera, formam crucis sumunt; homo natans per
aquas, forma crucis vehitur; navis per maria, an-
tenna cruci similata (3) sufflatur; Tau littera, signum salutis et crucis describitur. BEDA (super
Crucifigentes diviserunt vestimenta). Vel in transverso ligno crucis, ubi figuntur manus, gaudium
spei signatur: per manus enim opera, per latitudinem hilaritatem operantis intelligimus, quia tristitia
facit angustias; per altitudinem, cui caput adjungitur, expectationem retributionis de sublimi justitia Dei; per longitudinem, qua totum corpus extenditur, tolerantiam, unde longanimes dicuntur;
per profundum quod terrae est infixum, ipsum sacramentum secretum. Quamdiu ergo hic agunt
corpora nostra ut destruatur corpus peccati, tempus nobis est crucis. THEOPHYLACTUS (super *Mit-*
tentes sortem). Quod autem ponebant sortem super vestimenta ejus, et hoc (4) illudentes fecerunt,
quasi regis vestimenta dividentes: etenim vilia e-
rant, non valde pretiosa (5). Hoc autem Joannes
Evangelista plenius exponit, quia scilicet milites cetera in quatuor partes juxta suum numerum dividentes, de tunica, quae inconsutilis erat, desuper
contexta per totum, sortem miserunt. HIERONYMUS
(super *Diviserunt vestimenta*). Vestimenta autem
Domini, ejus mandata sunt, quibus tegitur corpus
ejus, idest Ecclesia: quae dividunt inter se milites
Gentium, ut sint quatuor ordines cum una fide,
idest conjugati et viduati, praepositi et separati.
Sortiti sunt tunicam indivisam, quae est pax et
unitas. Sequitur: *Erat autem hora tertia, et cruci-*
fixerunt eum. Hoc vere et proprie Marcus intulit (6):
nam sexta hora tenebrae suffuderunt terram, ut
non quisquam potuisset movere caput. AUGUSTINUS
de cons. Evang. (lib. 3, cap. 13). Si hora quasi
sexta Pilato sedente pro tribunali traditus est Jesus
crucifigendus Judaeis, ut Joannes refert; quomodo
hora tertia crucifixus est, sicut verba Marci non
intelligentes quidam putaverunt? Prius ergo qua
hora crucifigi potuerit videamus: deinde videbimus (7)
cur hora tertia crucifixum dixerit Marcus. Hora
erat quasi sexta cum traditus est crucifigendus a
Pilato sedente pro tribunali, ut dictum est: non
enim jam plena sexta erat, sed quasi sexta, idest
peracta quinta, et aliquid etiam de sexta esse coe-

---

(1) *Al.* omittitur de.
(2) *Al. deest* per.

(1) *Al.* tum.
(2) Non est in Hieronymo haec appendix (*Ex edit. P. Ni-*
colai).
(3) *Al.* navis marina attenta cruci similata.
(4) *Al.* et hoc hodie.
(5) GLOSSA. Praetermisso nomine Glossae, confundebantur
cum prioribus posteriora, quasi Theophylacti essent, cum sint
ex Glossa tantum, quae tamen ea ut ex Theophylacto notat;
et potius ex Augustino ea insinuante (lib. 3 de conc. Evang.
cap. 12), notari potuerunt (*Ex edit. P. Nicolai*).
(6) *Al.* tulit.
(7) *Al.* videmus.

perat, ut peracta quinta et inchoata sexta, gererentur haec quae narrata sunt in crucifixione Domini nostri, donec completa sexta, illo pendente fierent hae quae dicuntur tenebrae. Quaeramus autem jam cur dixerit Marcus: *Erat autem hora tertia, et crucifixerunt eum.* Jam certe dixerat: *Et crucifigentes eum, diviserunt vestimenta ejus:* sic etiam ceteri attestantur, quod eo crucifixo vestimenta divisa sunt. Si enim rei gestae tempus voluit commemorare Marcus, sufficeret dicere, Erat autem hora tertia: ut quid adjunxit, *Et crucifixerunt eum?* nisi quia voluit aliquid recapitulando significare, quod quaesitum inveniretur cum Scriptura ipsa illis temporibus legeretur, quibus universae Ecclesiae notum erat qua hora Dominus ligno suspensus est: unde posset hujusmodi vel error tolli, vel mendacium refutari. Sed quia sciebat a militibus suspensum Dominum, non a Judaeis, sicut Joannes apertissime dicit; occulte ostendere voluit eos magis crucifixisse, quia clamaverunt ut crucifigeretur, quam illos qui ministerium principi suo secundum suum officium praebuerunt. Intelligitur ergo fuisse hora tertia, cum clamaverunt Judaei ut Dominus crucifigeretur; et verissime demonstratur tunc eos crucifixisse quando clamaverunt. In conatibus autem Pilati ad eripiendum (1) Dominum, et in tumultu Judaeorum contradicentium consumptum tempus duarum horarum intelligimus, et circa horam fuisse sextam, qua nondum terminata, gesta sunt quae ab eo tempore quo Pilatus Dominum tradidit usque ad tenebras factas narrantur. Facile autem videbit qui sine impietatis duritia voluerit attendere, quam opportuno loco Marcus hoc de tertia hora posuerit, ubi scilicet factum ministrorum militum commemoratum est. Ergo ne quisquam cogitationem tanti criminis aversus a Judaeis in milites illos converteret, *Erat,* inquit, *hora tertia, et crucifixerunt eum:* ut illi eum potius crucifixisse inveniantur quos hora tertia ut crucifigeretur clamare potuisse diligens inquisitor inveniet, cum adverterit hoc quod a militibus factum est, hora sexta factum esse. AUGUSTINUS de quaest. vet. et nov. testamen. (cap. 65). Judaeorum ergo sententiam de crucifixione Christi tertia hora datam vult intelligi. Omnis enim qui morti addicitur, ex eo jam mortuus computatur, quo sententiam excepit. Manifestavit ergo Marcus, quia non judicis sententia Salvator crucifixus est: difficile est enim innocentem probare eum qui sententia judicis punitur. AUGUSTINUS de cons. Evang. (lib. 3, cap. 13). Quamquam non desint qui parasceve quam Joannes commemorat dicens cap. 19: « Erat « autem parasceve hora quasi sexta, » horam diei tertiam velint intelligi: dicunt enim, die quidem illo, quem dies sabbati sequebatur, parascevem fuisse paschae Judaeorum, quod ab eodem sabbato jam inciperet azyma; sed tamen verum pascha, quod jam in passione Domini celebratur, non Judaeorum, sed Christianorum coepisse praeparari, idest parascevem habere, ab ea hora noctis nona, in eo quod Dominus a Judaeis occidendus praeparabatur: parasceve quippe interpretatur praeparatio. Ab illa ergo hora noctis usque ad ejus crucifixionem occurrit hora parasceve sexta secundum Joannem, et hora diei tertia secundum Marcum. Quis fidelis non huic faveat solutioni quaestionis? Si modo

possit aliquis articulus conjici, unde ab hora nona noctis coepisse parasceve paschae nostrae, idest preparationem mortis Christi, congruenter intelligamus. Si enim dicamus eam coepisse quando a Judaeis apprehensus est Dominus, adhuc noctis partes primae erant; sed quando ad domum perductus est soceri Caiphae, ubi et auditus est a principibus, adhuc gallus non cantaverat. Si autem quando Pilato traditus est jam mane fuisse apertissime scriptum est; restat ergo ut intelligamus tunc coepisse praeparationem mortis Domini quando omnes principes sacerdotum dixerunt (Matth. 26): « Reus est mortis. » Non enim absurde conjiciunt eo tempore nonam horam noctis esse potuisse, ut recapitulando intelligatur de Petri negatione postea dictum esse quod ante factum erat.

Sequitur: *Et erat titulus causae ejus inscriptus, rex Judaeorum.* TEOPHYLACTUS. Scripserunt autem hunc titulum, scilicet causam propter quam crucifixus est, quasi vituperantes ejus opinionem qui regem seipsum faciebat, ut sic praetereuntes misereri non valerent, sed magis ei improperarent tamquam tyranno. HIERONYMUS (super *Et erat titulus causae ejus*). Scripserunt autem hoc tribus linguis: Hebraice *Melech Jeudim* (1), graece *Basileus exomologyton* (2), latine *rex confessorum.* Hae tres linguae ad principatum in crucis titulo consecratae sunt, ut omnis lingua commemoraret perfidiam Judaeorum. BEDA (ibidem). Titulus autem hic positus supra crucem illud ostendit, quia nec occidendo potuerunt efficere ut eum regem non haberent qui eis secundum sua opera redditurus est.

Sequitur: *Et cum eo crucifigunt duos latrones, unum a dextris et unum a sinistris ejus.* TEOPHYLACTUS (parum ante med. Comment.). Ut scilicet homines pravam opinionem contra eum conciperent, quod ipse latro et maleficus esset. Hoc autem dispensative factum est ad implendum Scripturam: unde sequitur: *Et impleta est Scriptura quae dicit: Et cum iniquis reputatus est.* HIERONYMUS (super *Et cum eo duos latrones*). Cum iniquis veritas deputata unum reliquit sinistrum, alterum assumit dexterum, sicut in die judicii faciet: ex simili crimine tam dissimiles sortiuntur fines (3): alter antecedit Petrum in paradisum, alter Judam in infernum. Confessio brevis vitam acquisivit longam; et blasphemia finita, poena plectitur aeterna. BEDA (ibidem). Mystice autem latrones qui cum Domino crucifixi sunt, significant eos qui sub fide et confessione Christi, vel agonem martyrii, vel quaelibet arctioris disciplinae instituta subeunt. Sed qui hoc pro aeterna gloria gerunt, dexteri latronis fide designantur; qui vero humanae laudis intuitu, sinistri latronis mentem imitantur et actus. THEOPHYLACTUS (circa med. Comment.). Vel aliter. Indicium erant duo latrones duorum populorum, scilicet Judaici et Gentilis: ambo namque iniqui: Gentilis quidem tamquam legem naturalem praetergrediens; Judaicus vero scriptam legem quam ei tradiderat Dominus; sed Gentilis poenit... Judaicus usque in finem blasphemus: in quor.. medio crucifigitur Dominus: ipse enim est lapis angularis nos conjungens.

3. HIERONYMUS (ubi supra). Pullo Judaeae li-

(1) *Al.* excipiendum.

(1) *Al.* Malchus Judaeorum.
(2) *Al. Basilios exomologeseon.* Corrigit P. Nicolai *Basileus exomologeseon.*
(3) *Al.* vias.

gato ad vitem, et ejus pallio in sanguine uvae intincto, lacerant haedi vineam, blasphemantes Christum, et moventes capita sua: unde dicitur: *Et praetereuntes blasphemabant eum, moventes capita sua, et dicentes: Vah qui destruis templum Dei.* THEOPHYLACTUS (super *Vah qui destruis templum*). Transeuntes enim Christum blasphemabant, exprobrantes ei tamquam seductori. Diabolus autem movebat illos ad dicendum quod de cruce descenderet: quia enim noverat quod salus fiebat per crucem, rursus ingerebat se ad tentandum Christum, ut si a cruce descenderet, certus fieret quod non est vere Filius Dei, et sic salus quae per crucem est, destrueretur. Sed ipse Dei verus existens Filius non descendit: si enim descendere debuisset, non illuc a principio ascendisset; sed quia videbat quod per hunc modum salutem fieri oportebat, sustinuit crucifigi et multa alia pati, et perficere opus suum. Sequitur: *Similiter et summi sacerdotes illudentes ad alterutrum cum scribis dicebant: Alios salvos fecit, se ipsum non potest salvum facere.* Haec dicebant ejus miracula abolentes, quasi ab eo secundum apparentiam perpetrata fuissent: operans namque miracula multos salvabat. BEDA (super *Similiter et summi sacerdotes dicebant*). Sic etiam nolentes confitentur quod alios salvos fecit. Itaque vos vestra condemnat sententia: qui enim alios salvos fecit, seipsum salvare poterat.

Sequitur: *Christus rex Israel descendat nunc de cruce, ut videamus et credamus.* HIERONYMUS (super *Descendat nunc de cruce*). Et viderunt postea resurgentem de sepulcro, quem de crucis descendere non credebant posse patibulo. Ubi est, o Judaei, infidelitas vestra? Vos ipsos consulo, vos ipsos judices (1) peto. Quanto mirabilius est mortuum posse resurgere, quam adhuc vivum de cruce velle descendere? Parva petistis, dum majora provenerunt; sed infidelitas vestra non potuit sanari signis multo fortioribus quem petistis. Hic « omnes « declinaverunt, simul inutiles facti sunt: » Psal. 15: unde sequitur: *Et qui cum eo crucifixi erant, conviciabantur ei.* AUGUSTINUS de cons. Evangelist. (lib. 3, cap. 16). Quomodo hoc verum est, quandoquidem unus eorum conviciatus est, secundum Lucae testimonium, alter et compescuit eum, et in Deum credidit; nisi intelligamus Matthaeum et Marcum breviter perstringentes hunc locum, pluralem numerum pro singulari posuisse? THEOPHYLACTUS (super *Similiter et qui cum eo crucifixi fuerant*). Vel duo a principio conviciabantur ei; deinde unus cognoscens ipsum innocentem, increpat alterum blasphemantem.

6. BEDA (super *Hora sexta factae sunt tenebrae*). Clarissimum lumen mundo retraxit radios suos, ne aut pendentem videret Dominum, aut impii blasphemantes sua luce fruerentur: unde dicitur: *Et facta hora sexta tenebrae factae sunt per totam terram usque in horam nonam.* AUGUSTINUS de cons. Evang. (lib. 3, cap. 17). Addit autem Lucas, unde factae sunt tenebrae, idest solem obscuratum. THEOPHYLACTUS (super *Tenebrae factae sunt usque in horam nonam*). Si tempus eclipsis fuisset, posset quis dicere quod naturalis fuisset haec passio; sed tunc decima quarta erat luna, cum naturalis eclipsis fieri nequit (2).

Sequitur: *Et hora nona exclamavit Jesus voce*

(1) *Al.* judicium.
(2) *Al.* non posset.

magna dicens, Eli, Eli (1). HIERONYMUS (super *Et hora nona*). Nona hora invenitur, eversa domo, decima dragma quae perierat. BEDA. Nam et Adam peccante, scriptum est quod audiverit vocem Domini Dei ambulantis in Paradiso ad auram post meridiem; et qua hora primus Adam peccando mortem huic mundo invexit, eadem hora secundus Adam mortem moriendo destruxit. Et notandum, quod recedente a centro mundi sole, crucifixus est Dominus; oriente autem sole, resurrectionis suae mysteria celebravit: quia « mortuus est propter peccata « nostra, et resurrexit propter justificationem no« stram: » Rom. 4. Nec mireris verborum humilitatem, querimonias derelicti, eum formam servi scias (2), scandalum crucis videas. Sicut enim esurire et sitire et fatigari, non erant propria deitatis, sed corporales passiones; ita quod dicitur, *Ut quid dereliquisti me?* corporalis vocis erat proprium: quia solet secundum naturam corpus nullatenus velle a sibi conjuncta vita fraudari. Licet enim ipse Salvator dicebat hoc; sed proprie ostendebat corporis fragilitatem: ut homo ergo loquitur in eos (3) circumferens motus, quod in periculis positi a Domino deseri nos putemus (4). THEOPHYLACTUS (super *Deus meus, cur dereliquisti me*)? Vel hoc loquitur homo crucifixus Deo pro me: nos enim homines sumus derelicti, ipse nunquam a Patre derelictus fuit: audi enim quid dicit Joan. 16: « Non sum « solus, sed Pater mecum est. » Etsi etiam hoc pro Judaeis dixerit, quasi et ipse secundum carnem Judaeus existens; ac si diceret: Ut quid Hebraicum populum dereliquisti, ut tuum crucifigerent Filium? Sicut enim aliquando consuevimus dicere, Deus induit me, idest meam naturam, scilicet humanam; sic et hic, *dereliquisti me*, oportet intelligere humanam naturam, vel Judaicum populum.

Sequitur: *Et quidam de circumstantibus audientes, dicebant: Ecce Eliam vocat.* BEDA (super *Quidam dicebant, Eliam vocat*). Sed hos (5) arbitror milites fuisse Romanos, non intelligentes sermonis Hebraici proprietatem; sed ex eo quod dixit, *Eli, Eli*, putantes ab eo Eliam vocatum. Si autem Judaeos qui hoc dixerunt intelligere volueris: hoc faciunt, ut eum imbecillitatis infament, quod Eliae auxilium deprecetur. Sequitur: *Currens autem unus, et implens spongiam aceto etc.* Quam ob causam Domino acetum sit potui datum, Joannes plenius ostendit cap. 19, dicens, quod « Jesus, ut consum« maretur Scriptura, dixit, Sitio. Illi autem spon« giam plenam aceto, obtulerunt ori ejus. » HIERONYMUS (ubi supra). Innuit autem (6) hic Judaeorum similitudinem: spongiam super cannam infirmam, aridam, ignibus aptam implent aceto, hoc est malitia et dolo. AUGUSTINUS de consen. Evang. (lib. 2, cap. 17). De Elia vero non ipsum qui obtulit spongiam cum aceto, sed ceteros dixisse Matthaeus narravit: unde intelligimus et illum et ceteros hoc dixisse. HIERONYMUS (super *Jesus missa voce magna*). Infirmata autem carne, vox invaluit divina, quae dicit: « Aperite mihi portas justitiae: » Psal. 117: unde sequitur (7): *Jesus autem emissa*

(1) Nicolai *Eloi Eloi.*
(2) *Al.* sciens.
(3) *P. Nicolai ponit* meos. *Forte* nostros.
(4) *Al.* putamus.
(5) *Al.* quos.
(6) *Al.* invenit autem.
(7) *Al. deest* sequitur.

voce magna expiravit. Cum ima voce, sive sine voce nos morimur, qui de terra sumus; ille vero cum exaltata voce expiravit, qui de caelo descendit. THEOPHYLACTUS (ibidem). Et qui morti dominatur et praecipit, sicut Dominus potestative expirat. Qualis autem haec vox fuerit, Lucas declarat cap. 23: « Pater (inquit) in manus tuas commendo « spiritum meum. » Etenim Christus ex tunc per hoc nobis voluit declarare quod sanctorum animae in manus Dei ascendunt: nam prius ab inferis omnium animae tenebantur, donec venit qui praedicavit captivis remissionem.

7. GLOSSA (1). Postquam narravit Evangelista passionem et mortem Christi, nunc prosequitur de his quae post mortem Domini contigerunt: unde dicitur: *Et velum templi scissum est in duo, a summo usque deorsum.* HIERONYMUS (super *Velum*). Velum templi scinditur, idest caelum aperitur, THEOPHYLACTUS. Scissum est etiam velum, innuente Deo quod Spiritus sancti gratia a templo recedit, et scinditur ut sancta sanctorum ab omnibus videnda essent, et quod templum lugebit in Judaeis, cum calamitates deplorabunt, et vestimenta scindent. Hoc etiam et templum animatum, scilicet corpus Christi, ostendit, in cujus passione vestimentum ejus laceratum est, scilicet caro. Et aliud etiam significat: caro namque velum est nostri templi, scilicet mentis nostrae; virtus autem carnis scissa est in Christi passionibus a summo usque deorsum, scilicet ab Adam usque ad ultimos homines: nam et Adam effectus est sanus per passionem Christi, et ejus caro non manet sub maledicto, neque digna est corruptione: sed omnes incorruptione honorati sumus. *Videns autem Centurio.* Centurio dicitur qui centum est militum princeps (2). Videns autem quod ita potestative et dominabiliter expirasset, miratus est, et confessus est. BEDA (super *Videns autem Centurio quod sic expirasset*). Manifesta autem causa miraculi Centurionis exponitur, quod videns Dominum sic expirasse, idest spiritum emisisse, dixerit: *Vere homo hic Filius Dei erat*: nullus enim habet potestatem mittendi spiritum nisi qui animarum conditor est. AUGUSTINUS 4 de Trin. (3) (cap. 13). Et hoc maxime miratus est, quod post illam vocem, in qua figuram peccati nostri edidit, continuo tradidit spiritum: demonstravit enim spiritus Mediatoris, quod nulla poena peccati usque ad mortem carnis ejus accesserit: quia non eam deseruit invitus, sed quomodo voluit, quippe Dei Verbo ad unitatem personae conjunctus. HIERONYMUS. (super *Emissa voce magna*). Novissimi autem nunc primi efficiuntur. Gentilis confitetur populus, Judaea caecata negat, ut fiat (4) eis error pejor priore. THEOPHYLACTUS (super *Vere Filius Dei erat*). Et sic ordo convertitur, dum Judaei occidunt et Gentilis confitetur; discipuli fugiunt, et mulieres expectant: sequitur enim: *Erant autem et mulieres de longe aspicientes, inter quas erat Maria Magdalene, et Maria Jacobi minoris et Joseph mater, et Salome.* Salome dicta est mater filiorum Zebedaei. ORIGENES (tract. 35 in Matth.). Opinatus autem (5)

sum hoc videns apud Matthaeum et Marcum, hic tres praecipuas mulieres nominatas: et duas quidem uterque Evangelista exponit, Mariam Magdalene, et Mariam Jacobi; tertia autem a Matthaeo dicitur mater filiorum Zebedaei; a Marco autem tertia illa Salome appellatur. BEDA (super *Maria Magdalena et Maria Jacobi*). Jacobum autem minorem dicit Jacobum Alphaei, qui et frater Domini dicebatur, eo quod esset filius Mariae materterae Domini, cujus meminit Joannes dicens cap. 19: « Stabant juxta crucem Jesu ma- « ter ejus, et soror matris ejus Maria Cleophae, « et Maria Magdalena. » Mariam autem Cleophae videtur eam dicere a patre, sive a cognatione. Vocabatur autem minor Jacobus ad distinctionem majoris Jacobi, videlicet filii Zebedaei, qui inter primos Apostolos vocatus est a Domino. Consuetudinis autem Judaicae fuit, nec ducebatur (1) in culpam more gentis antiquo, ut mulieres de sua substantia victum atque vestitum praeceptoribus ministrarent: unde sequitur: *Et cum esset in Galilaea, sequebantur eum, et ministrabant ei.* Ministrabant Domino quidem de substantia sua: ut meteret earum carnalia, cujus illae metebant spiritualia, et ut typum ostenderet magistrorum, quod victu atque vestitu ex discipulis deberent esse contenti. Sed videamus quales comites habuerit: sequitur: *Et aliae multae, quae simul cum eo ascenderant Hierolymam.* HIERONYMUS (super *Erant autem mulieres de longe*). Sicut non excluditur muliebris sexus a salute per Mariam Virginem; ita non repellitur a mysterio crucis scientia et resurrectionis per viduam Mariam Magdalenam et ceteras matres.

8. GLOSSA (2). Post passionem et mortem Christi, Evangelista sepulturam ejus narrat, dicens: *Et cum jam sero esset factum, quia erat parasceve, quod est ante sabbatum, venit Joseph ab Arimathaea.* BEDA (super *Erat parasceve*). Parasceve graece, latine praeparatio dicitur: quo nomine Judaei qui inter Graecos morabantur sextam sabbati appellabant, eo quod in illo ea quae requiei sabbati necessaria essent praeparare solerent. Quia ergo sexta die homo factus est, septima autem die conditor ab omni opere suo requievit; recte Salvator sexta die crucifixus humanae restaurationis implevit arcanum. Sabbato autem in sepulcro quiescens, resurrectionis, quae octava die ventura erat, expectabat eventum. Sic et nos in hac quidem saeculi aetate mundo necesse est crucifigi; in septima vero die, idest cum mortis quis debitum solvit, corpora quidem in tumulis, animas secreta in pace cum Domino post bona opera oportet quiescere, donec octava aetate etiam corpora ipsa resurrectione glorificata cum animabus incorruptionem accipiant. Talem autem esse decebat qui corpus Domini sepeliret, qui etiam per justitiam meritorum tali ministerio dignus esset, et per nobilitatem potentiae saecularis facultatem posset obtinere ministrandi; et ideo dicitur, quod erat *nobilis decurio expectans regnum Dei.* Decurio vocatur quod sit de ordine curiae, et officium curiae administraret, qui etiam curialis a procurando munera civilia solet appellari. Arimathaea autem ipsa est Ramathain civitas Helcanae et Samuelis. HIERONYMUS (ubi supra). Quae interpretatur deponens, de qua fuit Joseph, qui venit ad deponendum corpus Christi de cruce.

Sequitur: *Et audacter introivit ad Pilatum, et*

(1) Non est in Glossa quae nunc extat (*Ex edit. P Nicolai*).
(2) *Al.* centum militum princeps.
(3) Non eadem serie qua hic, sed prioribus posteriora praemittendo, praeter aliqua verba in sequentibus immutata (*Ex edit. P. Nicolai*).
(4) *Al.* ne fiat.
(5) *Al* deest autem.

(1) *Al.* inducebatur.
(2) Non est in Glossa quae nunc extat (*Ex edit. P. Nicolai*).

petiit corpus Jesu. THEOPHYLACTUS (super *Joseph ab Arimathaea*). Audet ausum laudabilem: non enim excogitavit: A divitiis decidam, et expellar a Judaeis, si corpus petam ejus qui est blasphemus condemnatus. Sequitur. *Pilatus autem mirabatur si jam obiisset.* Putabat enim quod diu viveret in cruce, sicut et latrones in patibulo vivebant diu. Sequitur: *Et accersito Centurione, interrogavit eum si jam mortuus esset,* scilicet ante horam qua ceteri mori consueverunt.

Sequitur: *Et cum cognovisset a Centurione,* scilicet quod mortuus esset, *donavit corpus Joseph.* BEDA (ibid.). Non autem quilibet ignotus aut mediocris ad praesidem accedere, et crucifixi corpus poterat impetrare.

Sequitur: *Joseph autem mercatus sindonem, et deponens eum, involvit in sindone.* THEOPHYLACTUS (paulo ante finem Comm.) Pretiosum corpus pretiose sepeliens: cum enim esset discipulus Domini, sciebat qualiter corpus Domini honorari deberet. BEDA (super *Mercatus est sindonem*). Possumus autem secundum intelligentiam spiritualem hoc sentire, quod corpus Domini non auro, non gemmis et serico, sed linteamine puro obvolvendum sit: hinc Ecclesiae mos obtinuit ut sacrificium altaris, non in serico neque in panno tincto, sed in lino terreno celebretur, sicut corpus est Domini in sindone munda sepultum: juxta quod in gestis Pontificalibus a B. Silvestro legimus esse statutum: quamquam et hoc significet, quod ille sindone munda involvit Jesum qui pura eum mente susceperit. Sequitur: *Et posuit eum in monumento quod erat excisum in petra, et advolvit lapidem ad ostium monumenti.* Dicitur quod monumentum Domini domus rotunda fuit, de subjacente rupe excisa, tantae altitudinis ut homo rectus existens vix extenta manu culmen posset attingere: et habet introitum ab oriente, cui lapis magnus involutus atque impositus est in ejus parte aquilonari. Ipsum sepulcrum, idest locus dominici corporis, de eadem petra factum est septem habens pedes longitudinis; trium palmorum mensura a pavimento altius eminens, qui scilicet locus non desuper, sed a latere meridiano per totum patet, unde corpus inferebatur (1). Color autem monumenti et loculi albo

(1) *Al.* post inferebatur.

et rubeo dicitur esse permixtus. HIERONYMUS (parum ante finem Comment.). Sepultura autem resurgimus, descensione ejus ad inferos nos ascendimus ad caelos. Hic invenitur mel in ore leonis mortui. THEOPHYLACTUS (ibid.). Imitemur ǀautem et nos Joseph, recipientes Christi corpus per unitatem, et ponamus illud in monumento exciso de petra, idest in anima memorante, et non obliviscente Deum: illa enim anima est ex petra excisa, idest ex Christo, qui est petra, quia continet firmitatem. Involvere etiam debemus ipsum in sindone, idest in corpore puro suscipere: sindon namque est corpus, quod est animae indumentum. Docet enim non solum pura anima corpus Christi suscipere, sed in corpore puro (1). Involvere autem oportet, sed non operire: nam secretum clausum est et occultum.

Sequitur: *Maria autem Magdalene et Maria Joseph aspiciebant ubi poneretur.* BEDA (super *Mulieres autem aspiciebant*). In Luca legimus, quod stabant noti ejus a longe, et mulieres quae secutae erant eum. His ergo notis Jesu post depositum ejus corpus ad sua remeantibus, solae mulieres, quae arctius amabant, funus subsecutae, quomodo poneretur respicere curabant, ut tempore congruo munus possent devotionis offerre. Die autem parasceves sanctae mulieres, idest animae humiles, idem faciunt, cum amore Salvatoris ferventes passionis ejus vestigiis in hoc saeculo, quo praeparanda est requies futura, diligenter obsequuntur; et si forte valeant imitari, pia curiositate quo ordine sit ejus passio completa perpendunt. HIERONYMUS (ubi supra). Haec etiam congruunt ad populum Judaicum in fine credentem, qui nobilitatur fide, ut Abrahae sit filius; deponit desperationem; expectat regnum Dei; intrat ad Christianos ut baptizetur; quod significat nomen Pilati, idest malleatoris, idest qui domat ferreas gentes, ut regat eas in virga ferrea; et petit sacrificium quod donatur poenitentibus in fine viaticum, et corde mundo et peccatis mortuo involvit munimine fidei stabilitum, et operculo spei per opera caritatis concludit (« finis enim praecepti est caritas: » 1. ad Tim. 1,) aspicientibus a longe electis, qui sunt stellae maris, quoniam (2) si fieri potest, scandalizabuntur etiam electi.

(1) *Al.* omittitur puro.
(2) *Al.* quando.

CAPUT DECIMUMSEXTUM.

1. Et cum transisset sabbatum, Maria Magdalene et Maria Jacobi et Salome emerunt aromata, ut venientes ungerent Jesum. Et valde mane una sabbatorum veniunt ad monumentum orto jam sole, et dicebant ad invicem: Quis revolvet nobis lapidem ab ostio monumenti? Et respicientes viderunt revolutum lapidem. Erat quippe magnus valde. Et introeuntes in monumentum, viderunt juvenem sedentem in dextris, coopertum stola candida, et obstupuerunt; qui dicit illis: Nolite expavescere: Jesum quaeritis Nazarenum crucifixum; surrexit, non est hic. Ecce locus ubi posuerunt eum. Sed ite, dicite discipulis ejus et Petro, quia praecedet vos in Galilaeam. Ibi eum videbitis, sicut dixit vobis. At illae exeuntes fugerunt de monumento: invaserat enim eas tremor et pavor: et nemini quicquam dixerunt, timebant enim.

2. Surgens autem Jesus mane prima sabbati, apparuit primo Mariae Magdalenae, de qua ejecerat septem daemonia. Illa vadens nuntiavit his qui cum eo fuerant, lugentibus et flentibus. Et illi audientes quia viveret, et visus esset ab ea,

non crediderunt. Post haec autem duobus ex his ambulantibus, ostensus est in alia effigie euntibus in villam, et illi euntes nuntiaverunt ceteris: nec illis crediderunt.

3. Novissime autem recumbentibus illis undecim apparuit, et exprobravit incredulitatem eorum et duritiam cordis, quia iis qui viderant eum resurrexisse, non crediderunt. Et dixit eis: Euntes in mundum universum, praedicate Evangelium omni creaturae. Qui crediderit et baptizatus fuerit, salvus erit; qui vero non crediderit, condemnabitur. Signa autem eos qui crediderint, haec sequentur. In nomine meo daemonia ejicient, linguis loquentur novis, serpentes tollent; et si mortiferum quid biberint, non eis nocebit: super aegros manus imponent, et bene habebunt.

4. Et Dominus quidem Jesus postquam locutus est eis, assumptus est in caelum, et sedet a dextris Dei. Illi autem profecti, praedicaverunt ubique, Domino cooperante, et sermonem confirmante sequentibus signis.

1. Hieronymus (cir. princ. Comment. ad cap. 16). Post sabbati tristitiam felix irradiat dies quae primatum in diebus tenet, luce prima in eo lucescente, et Domino in eo cum triumpho resurgente: unde dicitur: *Et cum transisset sabbatum; Maria Magdalene et Maria Jacobi et Salome emerunt aromata, ut venientes ungerent Jesum.* Glossa (1). Religiosae enim mulieres sepulto Domino, cum licuit operari, idest usque ad solis occasum, unguenta paraverunt, ut Lucas dicit. Et quia prae angustia temporis non poterant explere, mox transacto sabbato, idest occidente sole, ut operandi licentia redit, festinaverunt emere aromata, sicut Marcus dicit hic, ut venientes mane ungerent corpus Jesu; neque vespere sabbati, praeoccupante jam noctis articulo, monumentum adire valuerunt: unde sequitur: *Et valde mane una sabbatorum veniunt ad monumentum orto jam sole.* Severianus (2). Mulieres hoc loco feminea devotione discurrunt; quae non ut viventi fidem, sed ut mortuo unguenta deferunt ad sepulcrum; et ut sepulto parant moeroris obsequia, non ut resurgenti praeparant divinorum gaudia triumphorum. Theophylactus (Marc. ult. in princ. Comment.). Non enim magnitudinem atque dignitatem divinitatis Christi sapiunt. Venerunt autem juxta consuetudinem Judaeorum ungere corpus Christi (3), ut scilicet maneret odoriferum, et ne humiditate scaturiret: nam aromata virtutem habent desiccativam, humiditatem corporis absorbentia: unde incorruptum corpus conservant. Gregorius (in homil. 21 in Evangel.). Nos autem in eum qui est mortuus credentes, si odore virtutum referti (4) cum opinione bonorum operum Dominum quaerimus, ad monumentum illius cum aromatibus venimus.

Sequitur: *Et valde mane una sabbatorum veniunt ad monumentum orto jam sole.* Augustinus de conc. Evangelist. (lib. 3, capit. 24). Quod Lucas dicit « Valde diluculo, » et Joannes, « Mane « cum adhuc tenebrae essent, » hoc intelligitur Marcus dicere, *Valde mane oriente jam sole,* idest cum caelum ab orientis parte albesceret, quod fit utique solis orientis vicinitate. Ejus enim est ille fulgor, qui nomine aurorae appellari solet; ideo non repugnat ei qui ait (Joan. 20): « Cum ad- « huc tenebrae essent. » Die quippe surgente aliquae reliquiae tenebrarum tanto minus sunt quanto magis oritur lux: nec accipiendum est quod ait, *Valde mane orto jam sole,* tamquam sol ipse jam videretur super terram; sed de proximo adveniente in has partes sole, idest ortu suo jam caelum illuminare incipiente. Hieronymus (super *Et valde mane*). Valde ergo mane dicit, quod alius Evangelista dicit diluculo. Diluculum autem est inter tenebras noctis et diei claritatem; in qua salus humani generis provenit, felici vicinitate in Ecclesia declaranda, more solis, qui proxima luce consurgens roseam praemittit auroram, ut gratiam praeclari splendoris praeparatis oculis possit intueri quando tempus dominicae resurrectionis illuxit, ut tunc laudes Christi tota caneret, secundum exemplum feminarum, Ecclesia, quando genus humanum

exemplo suae resurrectionis animavit, quando vitam praestitit, et lumen credulitatis infudit. Beda (ibid.). Sicut autem quod valde mane mulieres venerunt ad monumentum, juxta historiam magnus fervor caritatis ostenditur: ita juxta intellectum mysticum nobis datur exemplum, ut illuminata facie, discussisque vitiorum tenebris, odorem bonorum operum Domino et orationum suavitatem studeamus offerre. Theophylactus (Marc. ult. par. a princ.). Dicit autem, *Una sabbatorum,* idest prima dierum hebdomadae: sabbata namque dies hebdomadae nuncupantur, una vero dicitur prima. Beda (ubi supra). Vel prima sabbatorum prima dies est a die sabbatorum, idest requietionum, quae in sabbatis custodiebantur.

Sequitur: *Et dicebant ad invicem: Quis revolvet nobis lapidem ab ostio monumenti?* Severianus (1). Obscuratum erat vestrum pectus (2); oculi clausi; et ideo patefacti sepulcri gloriam prius non videbatis: sequitur enim: *Et respicientes viderunt revolutum lapidem.* Beda (super *Quis revolvet nobis?*). Quomodo lapis per Angelum revolutus sit, Matthaeus sufficienter exponit. Haec revolutio lapidis mystice reserationem sacramentorum Christi, quae velamine litterae legalis tenebantur, insinuat: lex enim lapide scripta est.

Sequitur: *Erat quippe magnus valde.* Severianus. Et plus jam magnus merito quam forma, qui creatoris mundi corpus et claudere et operire sufficit. Gregorius (homil. 21, sub initio). Mulieres autem Angelos vident, quae cum aromatibus venerunt: quia illae mentes supernos cives aspiciunt quae cum virtutibus ad sancta (3) desideria veniunt. *Et introeuntes in monumentum, viderunt juvenem sedentem in dextris, coopertum stola candida, et obstupuerunt.* Theophylactus (aliq. a princ. Com.). Si Matthaeus dicit Angelum sedere super lapidem, Marcus vero, quod mulieres introeuntes monumentum viderunt sedentem juvenem; non mireris: nam quae viderunt prius sedentem super lapidem, ipsum etiam intus in monumento postmodum viderunt. Augustinus de conc. Evangel. (lib. 3, cap. 24). Aut intelligamus Matthaeum tacuisse de illo Angelo quem intrantes viderunt, Marcum vero de illo quem foris super lapidem sedentem viderunt; ut duos viderint, et a duobus singillatim audierint quae dixerunt Angeli de Jesu: aut certe intrantes in monumentum in aliqua septa maceriae debemus accipere, qua communitum locum tunc fuisse credibile est in aliquo spatio (4) ante petram; qua excisa locus factus fuerat sepulturae, ut ipsum viderint in eodem spatio sedentem a dextris, quem dicit Matthaeus sedentem super lapidem. Theophylactus (non remote a princ.). Quidam autem dicunt, quod aliae fuerunt mulieres quae dicuntur a Matthaeo, aliae quae a Marco; sed Maria Magdalena sequebatur omnes fervidam festinationem habens et ardentem affectum. Severianus (5). Introierunt ergo mulieres ad sepulcrum, ut consepultae Christo, Christo consurgerent de sepulcro: vident

---

(1) Nempe collateralis, quae notatur ex Beda ut et habetur apud illum super hunc locum (*Ex edit. P. Nicolai*).

(2) Immo potius Chrysologus serm. 82, qui *de Christi resurrectione, et quarta manifestatione* inscribitur (*Ex edit. P. Nicolai*).

(3) *Al.* Jesu.

(4) *Al.* refecti.

(1) Sive iterum Chrysologus ibi supra circa medium (*Ex edit. P. Nicolai*).

(2) *P. Nicolai legit* Obseratum est vestrum pectus, *et infra* non videtis.

(3) *Nicolai corrigit* ad Dominum per sancta etc.

(4) *Al.* omittitur spatio.

(5) Immo potius Chrysologus ubi supra, circa medium, paulo plenius quam hic; nisi quod appendicem illam non habet, *Unde juvenem, non senem etc.* (*Ex edit. P. Nicolai*).

juvenem, ut cernerent nostrae resurrectionis aetatem: quia nescit resurrectio senectutem; et ubi
nasci morique homo nescit, ibi aetas nec admittit
detrimenta nec indiget incrementis: unde juvenem
non senem, non infantem. sed jucundam aetatem
viderunt. Beda (super *Viderunt juvenem sedentem*).
Viderunt autem juvenem sedentem in dextris, idest
ad meridianam partem loci illius ubi positum erat:
corpus enim quod supinum jacens, caput habebat
ad occasum, dextram necesse erat habere ad au-
strum. Gregorius (in hom. 21 in Evangel.). Quid
autem per sinistram nisi vita praesens; quid vero
per dexteram nisi vita perpetua designatur? Quia
igitur Redemptor noster jam praesentis vitae corruptionem transierat, recte Angelus qui nuntiare
perennem ejus vitam venerat; in dextra sedebat.
Severianus (1). Vident etiam juvenem sedentem a
dextris, quia resurrectio recipit nil sinistram. Vident etiam coopertum stola candida. Stola ista non
est ex mortali vellere, sed ex virtute vitali splen-
dens caelesti lumine, non colore terreno, dicente
Propheta Psal. 103: « Amictus lumine sicut vestimento: » et de justis Matth. 13: « Tunc justi ful-
« gebunt sicut sol. » Gregorius in homil. (21, ut
supra). Vel stola candida coopertus apparuit, quia
festivitatis nostrae gaudia nuntiavit: candor etenim
vestis, splendorem nostrae denuntiat solemnitatis.
Hieronymus (super *Erat quippe magnus*). Vestis
etiam candida vera laetitia est, hoste depulso re-
gnoque adepto, rege pacis quaesito et invento, et
nunquam dimisso. Hic igitur juvenis (1) formam resurrectionis timentibus mortem ostendit. Quod autem obstupuerunt, id est « quod oculus non vidit
« nec auris audivit nec in cor hominis ascendit,
« quae praeparavit Deus diligentibus se: » Isai. 64.
    Sequitur: *Qui dicit illis, Nolite expavescere.*
Gregorius (in homil. 21, ut supra). Ac si dicat:
Paveant illi qui non amant adventum supernorum
civium; pertimescant qui carnalibus desideriis pressi
ad eorum societatem pertingere se posse desperant:
vos autem cur pertimescitis, quae vestros concives
videtis? Hieronymus (super *Qui dicit illis*). Non
enim est timor in caritate. Quid expavescerent quae
invenerunt quem quaesierunt? Gregorius (in homil. 21, ut supra). Sed jam quid Angelus subjungit audiamus: *Jesum quaeritis Nazarenum.* Jesus
latino eloquio salutaris, idest salvator, interpretatur. At vero tunc multi Jesus dici poterant, nec
tamen substantialiter, sed nuncupative; ideo locus
subjungitur, ut de quo Jesu dictum sit manifestetur, *Nazarenum*; et causam protinus subdit, *Crucifixum.* Theophylactus (Marc. ultim. a princ.). Non
enim erubescit crucem: in hac namque salus hominum est, et beatorum principium. Hieronymus
(ubi supra). Radix autem amara crucis evanuit;
flos vitae cum fructibus erupit, idest, qui jacuit in
morte, surrexit in gloria: unde addit: *Surrexit, non
est hic.* Gregorius (in homil. 21, ut supra). *Non
est hic* dicitur, per praesentiam carnis, qui tamen
nusquam deerat per praesentiam majestatis. Theophylactus (aliq. a princ. Comm.). Et quasi dicat:
Vultis certificari de ejus resurrectione? subdit: ‾cce
locus ubi posuerunt eum: propter hoc enim et re-
volverat lapidem, ut locum ostenderet. Hieronymus

(ubi supra). Ostenditur autem immortalitas mortalibus ad gratiarum actionem debitam, ut intelligamus quid fuerimus, et sciamus quid futuri erimus.
Sequitur: *Sed ite, dicite discipulis ejus et Petro, quia
praecedet vos in Galilaeam.* Mulieribus dicitur ut nun-
tient Apostolis: quia per mulierem mors annuntiata
est, per mulierem vita resurgens. Dicit autem specialiter, *Et Petro*, quia se indignum judicavit disci-
pulatu, cum ter negavit magistrum; sed peccata
praeterita non nocent, quando non placent. Gregorius (in homil. 21, ut supra). Si autem hunc
Angelus non nominatim exprimeret, qui Magistrum
negaverat, venire inter discipulos non auderet. Vocatur ergo ex nomine, ne desperaret ex negatione.
Augustinus de cons. Evangel. (lib. 3, cap. 25).
Quod autem dicit: *Praecedet vos in Galilaeam: ibi
eum videbitis, sicut dixit vobis*: videtur hoc sonare,
quod Jesus non erat demonstraturus se discipulis
post resurrectionem nisi in Galilaea; quam demonstrationem nunc ipse Marcus commemoravit: quod
enim dixit: *Mane prima sabbati apparuit Mariae
Magdalenae.... Post haec duobus euntibus in villam*:
factum est in Hierusalem ipso die resurrectionis:
deinde venit ad ultimam manifestationem. quam
factam scimus in monte Oliveti non longe a Hierusalem. Nunquam igitur commemorat Marcus impletum quod ab Angelo praenuntiatum esse testatur. Matthaeus vero nullum alium locum omnino
commemorat, ubi discipuli, postquam surrexit, viderint Dominum, nisi in Galilaea, secundum Angeli
praedictionem. Sed cum non sit expressum quando
id futurum esset, utrum primum antequam alibi
ab eis visus esset, idque ipsum quod discipulos
Matthaeus dicit iisse (1) in Galilaeam in montem,
non exprimit diem nec narrandi ordinem; non adversatur quidem Matthaeus narrationibus ceterorum;
sed dat eas (2) intelligendi atque accipiendi locum.
Verumtamen quod Dominus non ibi primum se
demonstraturus erat, sed in Galilaea, ubi postea
visus est, se videndum mandavit, quemvis fidelem
facit intentum ad quaerendum in quo mysterio dictum intelligatur. Gregorius in hom. (21, ut supra). Galilaea namque transmigratio interpretatur.
Jam quippe Redemptor noster a passione ad resurrectionem, a morte ad vitam transmigraverat: et
nos resurrectionis ejus gloriam post laeti videbimus,
si modo a vitiis ad virtutum celsitudinem transmi-
gramus. Qui ergo in sepulcro nuntiatur, in transmigratione ostenditur: quia is qui in mortificatione
carnis agnoscitur, in transmigratione mentis videtur.
Hieronymus (super *Praecedet vos in Galilaeam*).
Brevis ergo sententia in syllabis, sed ingens in
quantitate promissio. Ibi est gaudii nostri fons, et
salutis aeternae origo praeparata. Ibi congregantur
dispersiones, et sanantur contriti corde. *Ibi*, inquit,
eum videbitis, sed non sicut vidistis. Augustinus de
cons. Evang. (lib. 3, cap. ult.). Significatur etiam
quod gratia Christi de populo Israel erat transmigratura ad Gentes, a quibus Apostoli nullo modo
praedicantes suscipientur, nisi eis viam Dominus in
eorum cordibus praeveniens praeparasset; et hoc
est, *Praecedet vos in Galilaeam: ibi eum videbitis*;
idest, ibi membra ejus invenietis.
    Sequitur: *At illae exeuntes, fugerunt de monu-
mento: invaserat enim eas tremor et pavor.* Theo-

----

(1) Vel Chrysologus immediate post praedicta, quantum
ad primam partem, sed quibusdam ante sequentem interjectis (*Ex edit. P. Nicolai*).
(2) *Al.* hoc igitur innuens.

(1) *Al.* esse.
(2) *Al.* eis.

PHYLACTUS (super *Invaserat eas*). Idest stupor propter visionem Angeli, et admirationem resurrectionis. SEVERIANUS (1). Angelus quidem sedet in monumento, de monumento fugiunt mulieres: quia ille de caelesti substantia confidit, turbantur istae de conditione terrena. Sepulcrum, qui mori non potest, timere nescit; mulieres autem et de praesenti facto tremunt, et sepulcrum, ut mortales adhuc, mortaliter expavescunt. HIERONYMUS (ubi supra). Hoc etiam dicitur de futura vita, in qua fugiet dolor et gemitus. Imitantur enim mulieres ante resurrectionem omnia quae faciunt post resurrectionem, fugientes mortem et pavorem.

Sequitur: *Et nemini quicquam dixerunt, timebant enim*. THEOPHYLACTUS (super *Habebat eos timor*). Aut propter Judaeos aut timorem visionis detentae tacebant hoc quod audierant. AUGUSTINUS de cons. Evang. (lib. 3, cap. 24). Quaeri autem potest quemadmodum hoc dicat Marcus, cum dicat Matthaeus: « Et exierunt cito de monumento cum ti« more et gaudio magno, currentes nuntiare di« scipulis ejus: » nisi intelligamus ipsorum Angelorum nemini ausas fuisse aliquid dicere, idest respondere ad ea quae ab illis audierant; aut certe custodibus quos jacentes viderunt: nam illud gaudium quod Matthaeus commemorat, non repugnat timori de quo Marcus dicit: debuimus enim utrumque in illarum animo factum intelligere, etiam si Matthaeus de timore non diceret. Cum vero ipse dicat: « Exierunt cito de monumento cum timore « et gaudio magno, » nihil ex hac re quaestionis remanere permittit. SEVERIANUS (2). Signanter etiam dicitur, quod *nemini quicquam dixerunt*: quia mulieribus audire, non loqui datum est; discere, non docere.

2. AUGUSTINUS de cons. Evangelist. (lib. 3, cap. 52). Jam post resurrectionem quemadmodum apparuit Dominus considerandum est: dicit enim Marcus: *Surgens autem mane prima sabbati apparuit primo Mariae Magdalenae, de qua ejecerat septem daemonia*. BEDA (super *Apparuit primo Magdalenae*). Haec apparitio quomodo et ubi facta sit, Joannes plenissime docet. Surrexit autem Dominus mane de monumento, in quo sero jam facto erat depositus, ut adimpleretur illud Psalmistae, Psalm. 29: « Ad vesperam demorabitur fletus, et ad matutinum « laetitia. » THEOPHYLACTUS (super *Cum surrexisset Jesus*). Vel aliter. Quod dicit, *Surgens Jesus*, ibi puncta: deinde dicas: *Mane prima sabbati apparuit primo Mariae Magdalenae*. GREGORIUS in homil. (21. in Evang. Ut enim Samson media nocte non solum de Gaza exiit, sed etiam portas tulit; sic et Redemptor noster ante lucem resurgens non solum liber de inferno exiit, sed ipsa etiam inferni claustra destruxit. De Maria autem hic Marcus septem daemonia ejecta fuisse testatur: et quid septem daemonia, nisi universa vitia significant? Quia enim septem diebus omne tempus comprehenditur, recte septenario numero universitas figuratur. THEOPHYLACTUS (super *De qua exierant septem daemonia*) (3). Septem ergo daemonia Maria habuit, quae universis vitiis plena fuit. Aut septem daemonia septem

virtutibus spiritus contrarios dicit, ut spiritus absque timore, absque sapientia, absque intellectu, et quaecumque alia donis Spiritus sancti opponuntur. HIERONYMUS (super *Praecedet in Galilaeam*). Ei autem de qua ejecerat septem daemonia, primo ostenditur: quia meretrices et publicani praecedent synagogam in regnum Dei, ut latro praecessit Apostolos. BEDA (ubi supra). In principio etiam mulier inductrix culpae viro fuit; nunc quae mortem primo gustavit, resurrectionem primo videt, ne perpetui reatus apud viros opprobrium sustineret: et quae viro culpam transfuderat, transfudit et gratiam: nam sequitur : *Illa vadens nuntiavit his qui cum eo fuerant, lugentibus et flentibus*. HIERONYMUS (ubi supra). Flent et lugent qui nondum viderunt; sed non post multum consolabuntur: « Beati enim qui « lugent nunc, quoniam ipsi consolabuntur: » Matth. 5. BEDA (ubi supra). Recte autem haec mulier, quae laetitiam dominicae resurrectionis prima nuntiavit, a septem daemonibus curata esse memoratur, ne quisquam digne poenitens de admissorum venia desperaret, et ubi abundavit peccatum, superabundasse et gratia monstraretur. SEVERIANUS. Nuntiat autem Maria; sed jam non feminam, sed Ecclesiam gestans (1): ut supra sicut femina tacebat (2), hic in Ecclesia et nuntiet et loquatur.

Sequitur: *Et illi audientes quia viveret, et visus esset ab ea, non crediderunt*. GREGORIUS in hom. (26 in Evang.). Quod resurrectionem dominicam discipuli tarde crediderunt, non tam illorum infirmitas quam nostra, ut ita dicam, futura firmitas fuit. Ipsa namque resurrectio illis dubitantibus per multa argumenta monstrata est: quae dum nos legentes agnoscimus, quid aliud quam de eorum dubitatione solidamur?

Sequitur: *Post haec autem duobus ex his ambulantibus ostensus est in alia effigie euntibus in villam*. AUGUSTINUS de cons. Evang. (lib. 3, cap. ult.). De istis duobus, quorum unus erat Cleophas, Lucas totum narrat, sed Marcus hic breviter perstringit. Castellum quippe illud de quo Lucas loquitur, non absurde accipimus etiam villam potuisse appellari: et in codicibus quidem graecis magis agrum invenimus quam villam; agri autem nomine non castella tantum, verum etiam municipia et coloniae solent vocari extra civitatem, quae quasi caput et mater est ceterarum. Quod autem ait Marcus, eis in alia effigie Dominum apparuisse, hoc Lucas dicit, quod « eorum oculi tenebantur, « ne agnoscerent eum. » Oculis enim eorum acciderat aliquid, quod ita manere permissum est usque ad fractionem panis. SEVERIANUS. Nemo autem putet Christum sua resurrectione sui vultus effigiem commutasse. Sed mutatur effigies dum efficitur ex mortali immortalis; ut hoc sit acquisivisse vultus gloriam, non vultus substantiam perdidisse. Duobus autem visus est, quia duobus populis, idest Gentibus et Judaeis resurrectionis fides praedicanda monstratur. Sequitur: *Et illi euntes nuntiaverunt ceteris; nec illis crediderunt* (3). Quod Marcus dicit, *Nuntiaverunt ceteris, nec illis crediderunt*; cum Lucas dicat, quod jam inde loquebantur vere resurrexisse Dominum, et Simoni apparuisse; quid intelligendum est, nisi aliquos ibi fuisse qui nollent

(1) Vel Chrysologus, ut jam supra: *quod ceteris hujusmodi indicibus est applicandum* (*Ex edit. P. Nicolai*).

(2) *Al.* THEOPHYLACTUS.

(3) Hanc appendicem prius quasi Theophylacti notationem editiones aliae dabant, cum sit ex Gregorio, ut in Breviario ipso legitur, *Ipse autem Nicolai Theophylacti indicem illis verbis praemittit. Aut septem daemonia* (*Ex edit. P. Nicolai*).

(1) *Al.* non femina, sed Ecclesiam gustans.

(2) *P. Nicolai optime restituit ex Chrysologo ut ibi sicut femina taceat, hic ut Ecclesia etc.*

(3) BEDA (*Ex edit. P. Nicolai*).

credere? Theophylactus (a med. Comment. in 16 cap.). Non enim de undecim Apostolis hoc dicit, sed de quibusdam aliis quos ceteros nominat. Hieronymus (ubi supra). Mystice autem intelligitur, quod fides hic laborat agens activam vitam, illic contemplativa secura visione regnat: hic per speculum contuemur imaginem, illic facie ad faciem videbimus veritatem: unde *ambulantibus*, idest laborantibus, *ostensus est in alia effigie*: et nuntiantibus non est creditum, dum, sicut Moyses, viderunt quod non sufficiebat ei, qui dicit Exod. 33: « Ostende mihi « temetipsum: » oblitus enim carnis suae, postulat in vita ista quod speramus in futura.

3. Glossa (1). Completurus evangelicam narrationem Marcus, novissimam apparitionum, qua Christus post resurrectionem discipulis apparuit, commemorat, dicens: *Novissime autem recumbentibus illis undecim apparuit*. Gregorius in homil. (29 in Evang.) Notandum autem quid Lucas in Actibus cap. 1, referat dicens: • Convescens prae- « cepit eis ab Hierosolymis ne discederent: » et post pauca: « Videntibus illis elevatus est. » Comedit enim et ascendit, ut videlicet per effectum comestionis veritas patesceret carnis: unde et hic dicitur, quod recumbentibus illis novissime apparuit. Hieronymus (super *Novissime recumbentibus*). Apparuit autem undecim simul congregatis, ut omnes testes sint, et enarrent (2) omnibus quod communiter viderunt et audierunt.

Sequitur: *Et exprobravit incredulitatem eorum, et duritiam cordis: quia his qui viderant eum resurrexisse, non crediderunt*. Augustinus de cons. Evang. (lib. 3, cap. 25). Quomodo autem novissime hoc factum est ? Novissimum quippe illud est quod Dominum in terra Apostoli viderunt, quod factum est quadragesima die post resurrectionem ejus. Numquidnam tunc exprobraturus erat quod non credidissent eis qui eum viderant resurrexisse, quando jam et ipsi post resurrectionem toties eum viderant ? Restat igitur ut intelligamus, nunc Marcum breviter commemorare voluisse, et jam dixisse, *Novissime*, quia ipso die hoc novissimum fuit jam incipiente nocturno tempore, posteaquam discipuli de castello redierunt in Hierusalem et invenerunt, sicut dicit Lucas, undecim, et qui cum illis erant colloquentes de resurrectione Domini. Sed erant ibi utique non credentes. His ergo, sicut Marcus dicit, discumbentibus, et adhuc inde, sicut dicit Lucas, loquentibus, stetit in medio eorum Dominus, et « ait illis, Pax vobis, » sicut Lucas et Joannes dicunt. Verbis itaque Domini, quae tunc eum locutum esse discipulis, Lucas Joannesque dixerunt, interponitur et illa exprobratio de qua Marcus hic dicit. Sed hoc rursus movet: quomodo discumbentibus undecim, dicit apparuisse Marcus, si illud tempus est diei dominici jam noctis initio; cum aperte Joannes dicat non cum eis fuisse Thomam, quem credimus exiisse inde antequam Dominus ad eos intraret, posteaquam illi duo redeuntes de castello cum ipsis undecim collocuti sunt, sicut apud Lucam invenitur. Sed Lucas in sua narratione dat locum quod possit intelligi, dum haec loquerentur, prius inde exiisse Thomam, et postea Dominum intrasse. Marcus autem qui dicit, *Novissime discumbentibus illis undecim apparuit*, etiam Thomam illic fuisse cogit fateri: nisi forte quamvis uno ab-

(1) Non est in Glossa quae nunc extat (*Ex edit. P. Nicolai*).
(2) *Al.* enarrarent.

sente undecim tamen voluit appellare, quia eadem tunc apostolica societas hoc numero nuncupabatur, antequam Mathias in locum Judae subrogaretur. Aut si hoc datum est accipere, illud accipiamus, post multas demonstrationes ejus, eum novissime recumbentibus undecim apparuisse, idest ipsa (1) quadragesima die. Et quoniam jam erat ab eis ascensurus in caelum, hoc eis illo die magis exprobrare voluisse, quia his qui audierant eum resurrexisse, non crediderant, antequam ipsi eum viderunt; cum utique post ascensionem suam praedicantibus Evangelium etiam Gentes quae non viderunt fuerant credituae: post illam quippe exprobrationem ait idem Marcus: *Et dixit eis: Euntes in mundum universum*: et infra: *Qui vero crediderit, condemnabitur*. Hoc ergo praedicaturi, nonne ipsi primitus fuerant objurgandi, qui antequam Dominum vidissent, non crediderunt eis quibus prius apparuisset ? Gregorius in hom. (29, in Ev.). Idcirco etiam tunc Dominus discipulos increpavit cum corporaliter reliquit, ut verba quae recedens diceret, in corde audientium arctius impressa remanerent. Hieronymus (ubi supra). Exprobrat autem incredulitatem, ut succedat credulitas; exprobrat duritiam cordis lapidei, ut succedat cor carneum caritate plenum. Gregorius in hom. (29 in Evang.). Increpata igitur eorum duritia, quid admonendo dicat audiamus: sequitur enim: *Euntes in mundum universum, praedicate Evangelium omni creaturae*. Omnis creaturae nomine significatur homo: omnis enim creaturae aliquid habet homo: habet namque commune esse cum lapidibus, vivere cum arboribus, sentire cum animalibus, intelligere cum Angelis. Omni enim creaturae praedicatur Evangelium, cum soli homini praedicatur: quia ille videlicet docetur, propter quem in terra cuncta creata sunt, et a quo omnia per quamdam similitudinem aliena non sunt (2). Potest etiam omnis creaturae nomine omnis natio Gentium designari: ante enim dictum fuerat, Matth. 10, « In viam Gentium ne abieritis: » nunc autem dicitur: *Praedicate Evangelium omni creaturae*: ut scilicet prius a Judaea Apostolorum repulsa praedicatio, tunc nobis in adjutorium fieret, cum hanc illa ad damnationis suae testimonium superbe repulisset. Theophylactus (inter med. et fin. Comment.). Vel *omni creaturae*, idest credenti et non credenti. Sequitur: *Qui crediderit et baptizatus fuerit, salvus erit*. Non enim sufficit credere: nam qui credit et nondum est baptizatus, sed catechumenus, nondum est perfecte salutem adeptus. Gregorius in homil. (29 in Evang.). Fortasse autem unusquisque apud semetipsum dicat: Ego jam credidi, salvus ero. Verum dicit, si fidem operibus teneat. Vera etenim fides est quae in hoc quod verbis dicit, operibus non contradicit.

Sequitur: *Qui vero non crediderit, condemnabitur*. Beda. Quid adhuc hic dicemus de parvulis, qui per aetatem adhuc credere non valent ? Nam de majoribus nulla quaestio est. In Ecclesia enim Salvatoris per alios parvuli credunt, sicut ex aliis ea quae illis in baptismo peccata remittuntur pertraxerunt.

Sequitur: *Signa autem eos qui crediderint, haec sequentur. In nomine meo daemonia ejicient, linguis loquentur novis, serpentes tollent*. Theophylactus (paulo ante finem Comment.). Hoc est, dispergent

(1) *Al.* idest Christo.
(2) *Al.* non sunt, *item* aliena sunt.

intellectuales (1), sicut illud Lucae 10: « Calcabitis « super serpentes et scorpiones. » intellectualiter intelligitur. Potest autem intelligi de sensibilibus serpentibus, sicut etiam Paulus a vipera nullum habuit nocumentum. Sequitur: *Et si mortiferum quid biberint, non eis nocebit.* Multa talia facta in historiis legimus: multos namque venena bibita Christi munita signaculo laedere non valebant.

Sequitur: *Super aegros manus imponent, et bene habebunt.* Gregorius in hom. (29 in Evang.). Numquid autem quia ista signa non facimus, minime credimus? Sed haec necessaria in exordio Ecclesiae fuerunt; ut enim fides cresceret credentium, miraculis fuit nutrienda: quia et nos cum arbusta plantamus, tamdiu eis aquam fundimus, quousque ea in terra convaluisse videamus; at si (2) semel radicem fixerint, a rigando cessamus. Habemus de his signis atque virtutibus quae adhuc subtilius considerare debeamus. Sancta quippe Ecclesia quotidie spiritualiter facit quod tunc per Apostolos corporaliter faciebat: nam sacerdotes ejus cum per exorcismi gratiam manum credentibus imponunt, et habitare malignos spiritus in eorum mentibus contradicunt, quid aliud faciunt, nisi daemonia ejiciunt? Et fideles quippe, qui jam saecularia verba derelinquunt, sancta autem mysteria insonant, linguis loquuntur novis; qui dum bonis suis exhortationibus malitiam de alienis cordibus auferunt, serpentes tollunt; et dum pestiferas suasiones audiunt, sed tamen ad operationem pravam minime pertrahuntur, mortiferum est quod bibunt, sed non eis nocebit qui, quoties proximos suos in bono opere infirmari conspiciunt, dum exemplo suae operationis illorum vitam roborant, super aegros manus imponunt ut bene habeant. Quae nimirum miracula tanto majora sunt quanto spiritualia, et quanto per haec non corpora, sed animae suscitantur.

4. Hieronymus (super *Euntes in mundum*). Dominus Jesus, qui de caelo descenderat ad liberandam infirmitatis nostrae naturam, ipse etiam super caelos ascendit: unde dicitur, *Et Dominus quidem Jesus postquam locutus est eis, assumptus est in caelum.* Augustinus de consen. Evang. (lib. 3, cap. ult.). In quo satis videtur ostendere novissimum cum illis in terra praemissum habuisse sermonem, quamvis non omnimodo ad id coarctari (3) videatur: non enim ait, Postquam haec locutus est eis: unde admittit, si necessitas cogeret, non illam fuisse novissimam locutionem, sed ad omnia quae cum eis omnibus illis diebus locutus est, posse pertinere quod dictum est: *Postquam locutus est eis, assumptus est in caelum.* Sed quia ea quae supra diximus, magis suadent novissimum diem fuisse; et ideo post praemissam locutionem quam Marcus commemoravit, adjunctis etiam illis verbis quae commemorantur in Actibus Apostolorum, credendum est assumptum esse Dominum in caelum. Gregorius in hom. (29 in Evang.). In veteri testamento cognovimus quod Elias sit raptus in caelum. Sed aliud est caelum aethereum, aliud caelum aereum. Caelum quippe aereum terrae est proximum (4). In caelum itaque aereum Elias sublevatus est, ut in secretam quamdam regionem terrae repente

duceretur, ubi in magna jam carnis et spiritus quiete viveret, quo ad usque ad finem mundi redeat, et mortis debitum solvat. Notandum quoque est, quod Elias in curru legitur ascendisse, ut videlicet aperte illis demonstraretur quia homo purus adjutorio indigebat alieno. Redemptor autem noster non curru, non Angelis sublevatus legitur: quia qui fecerat omnia, super omnia sua virtute ferebatur. Considerandum vero nobis est, quod Marcus subdit, *Et sedet a dextris Dei;* cum Stephanus dicat Act. 7: « Video caelos apertos, et Filium hominis stantem a dextris Dei. » Sed sedere judicantis est, stare vero pugnantis vel adjuvantis. Stephanus ergo in laboris certamine positus stantem vidit, quem adjutorem habuit; sed hunc post assumptionem Marcus sedere describit: quia post assumptionis suae gloriam judex in fine videbitur. Augustinus de Symbolo (1). Sessionem igitur istam non accipiamus quasi sit in humanis membris positus; tamquam Pater sedeat in sinistra, et Filius sedeat a dextris; sed ipsam dexteram intelligimus potestatem quam accepit ille homo a Deo, ut veniat judicaturus qui primo venerat judicandus. Sedere enim, habitare intelligitur; quomodo dicitur de quocumque homine, In illa patria sedit per tres annos: sic ergo credite habitare Christum in dextera Dei Patris. Beatus enim est, et habitat in beatitudine, quae dextera Patris vocatur: ibi enim omnis dextera est, quia nulla est ibi miseria.

Sequitur: *Illi autem profecti praedicaverunt ubique, Domino cooperante, et sermonem confirmante sequentibus signis.* Beda (super illud, *Domino cooperante*). Nota, quod Marcus Evangelista Evangelium suum quanto inchoavit tardius, tanto in longinquiora tempora scribendo porrexit: ab initio enim evangelicae praedicationis quod a Joanne factum est, coepit, et ad illud usque tempus narrando pervenit quo Apostoli idem Evangelii verbum per totum orbem seminaverunt. Gregorius (hom. 29, ut supra). Quid autem in his considerandum est nisi quod praeceptum obedientia, obedientiam vero signa secuta sunt? Praeceperat enim Dominus: *Euntes in mundum universum, praedicate Evangelium:* et in Actibus cap. 1: « Eritis mihi testes usque ad extremum terrae. » Augustinus ad Hesychium (epist. 80). Quo autem pacto ab Apostolis est praedicatio ista completa, quando usque adhuc sunt gentes in quibus modo coepit, et in quibus nondum coepit impleri? Non utique hoc a Domino sic mandatum est Apostolis, tamquam ipsi soli quibus tunc loquebatur, tantum munus fuerint impleturi; sed sicut eis solis videtur dixisse Matth. ult.: « Ecce ego vobiscum sum usque ad consummationem saeculi: » quod tamen eum universae Ecclesiae promisisse, quae, aliis morientibus, aliis nascentibus, hic usque in saeculi consummationem futura est, quis non intelligat? Theophylactus (circ. finem Com.). Sciendum est autem et hic, quod sermo per opera confirmatur, sicut in Apostolis tunc operationes confirmabant sermonem, sequentibus signis. Fiat autem, o Christe, ut nostri sermones quos de virtute dicimus, per opera confirmentur et actus; ut tandem simus perfecti te cooperante in omnibus verbis et operibus: quia te decet et sermonum et operum gloria. Amen.

(1) *P. Nicolai ex Theophylacto ponit.* Hoc est dispergent serpentes vel sensibiles vel intellectuales.
(2) *Al.* et si.
(3) *P. Nicolai legit* coarctare nos.
(4) *In editione Romana an.* 1570 *et Veneta* 1593, *deest* Caelum quippe aereum terrae est proximum.

S. Th. Opera omnia. V. 11.

(1) Nempe lib. 2 de Symbolo ad Catechumenos cap. 7, paulo post initium capitis quo ad priorem appendicem, sed lib. 4, cap. 4, statim ab initio quo ad posteriorem (*Ex edit. P. Nicolai*).

EXPLICIT VOLUMEN PRIMUM CATENAE SUPER EVANGELIA.